영어박사단어

암기사전 12,000

ENGLISH-KOREAN DICTIONARY

ENGLISH KOREAN DICTIONARY

퀸 출판사

머 • 리 • 말

우리는 지금 새로운 세기(世紀)에 살고 있습니다.

세상(世上)은 너무나 빠르게 변하고 인종과 국경의 담이 낮아진 지구촌 마을의 생활은우리에게 영어의 중요성을 더욱 강조하고 있습니다. 지금이야말로 너나 할 것 없이 우리 모두 영어 공부를 하여야 할 때입니다. 그러나, 단어를 모르고는 영어를 할 수 없으며 지금까지의 영어 단어 암기 방법으로는 노력에 비하여 너무나 그 성과가 없을 뿐 아니라 그렇다고 달리 뾰족한 방법이 없으니 영어 단어를 암기한다는 것은 따분하고 힘든 일인 동시에 할 수도 안 할 수도 없는 골칫거리로만 여겨왔던 것입니다.

폐사(弊社)에서는 이점을 감안하여 지금까지 볼수 없었던 영어박사 단어암기 사전을 출간하게 되었습니다. 표제어로 나오는 각 단어마다 우리말로 암기할 수 있도록 암기법과 삽화를 넣어 입체적으로 단어를 암기할 수 있게 하였으며 각 단어마다 중요한 파생어는 그룹으로 묶어 그 파생어를 하나 하나 풀어 설명하여 놓았습니다. 따라서 본 사전은 중고생은 물론 대학생 및 일반인에게도 가장 좋은 벗이 되리라 믿습니다.

이 사전을 늘 곁에 두고 영어공부를 하다보면 저절로 단어를 암기하게 되어 단어에 자신이 생기고 영어에 흥미를 갖게 될 것입니다. 아무쪼록 이 사전을 통해 영어 공부하는 많은 사람들이 실력을 늘려 새천년 선진 조국의 문화 발전에 이바지하여 주시길 바랍니다.

편자씀

차 · 례

일·러·두·기

1. 표제어

본사전은

- 중학교 기본 어휘 1,500단어(단어 앞에 中으로 표시됨)
- 고등학교 기본 어휘 4,500단어(단어 앞에 高로 표시됨)
- 대학 및 일반 교양 어휘 6,000단어(단어 앞에 大로 표시됨)

도합 12,000단어와 그림 삽화 2,982컷이 들어 있습니다.

2. 기본 단어 및 파생법

모든 기본 단어는 암기법을 넣어 쉽게 암기할 수 있게 하였으며 암기문이 이해가 어려운 것은 옆에 삽화를 넣어 더 쉽게 이해할 수 있게하여 놓았습니다. 그리고 기본 단어에 파생어가 딸려 있을 경우 지면(紙面)에 별도 색을 넣어 이 단어들을 한 그룹으로 묶어서 모든 파생어를 풀이하여 놓았습니다. 또한 그룹으로 묶인 또 다른 단어들이 계속 연결 되었을 시 이 두 그룹 단어들을 쉽게 분간할 수 있게 두가지 바탕색을 번갈아 넣어서 이들 단어가 서로 다른 그룹의 단어 임을 쉽게 알아 볼 수 있게 하여놓았습니다.

예

中	**machine** [məʃíːn]	㉿ 기계 암 **로봇**은 **머신**(멋있는)는 **기계**. (robot) (machine) ▶ All these machines work. 이 기계들 모두 작동한다. 
高	**machinery** [məʃíːnəri]	㉿ 기계류, 기계장치, 조직, 기구 ▶ machin(e)(기계) + ery(명사 어미) = machinery(기계류, 기계장치) ▶ the machinery of government 정치기구
高	**mad** [mæd]	형 미친 동 발광하다. 암 **미친**자가 **매 드**(몽둥이 들고)고 **발광을 하다**. (mad) ▶ He was mad with joy. 그는 미친듯이 기뻐했다. 
大	**madden** [mǽdn]	동 미치게 하다, 미치다, 발광하다. ▶ Mad + d(미친) + en(…하게 하다, 하다) = madden(미치게 하다, 미치다, 발광하다)

3. 발음

(1) 발음기호 표제어의 바로 뒤에 국제 음표문자로써 [ ]속에 표시했습니다.

(2) 영식과 미식 두가지 모두 공통으로 표기할 수 있도록 했으나 둘을 각각 따로 표시할 필요가 있을 때에는 미식 발음을 앞에 영식 발음을 뒤에 표시하되 [미/영]의 형태로 병기하였습니다.

[예] **hot** [hat / hɔt]

(3) 하나의 단어에 두개의 주 액센트가 있을 때는 둘 다 표시했습니다.

[예] **upside** [ʌ́psàid]

약 • 어 • 표

[명] 명사
[대] 대명사
[형] 형용사
[동] 동사
[자] 자동사
[타] 타동사
[부] 부사
[전] 전치사
[조] 조동사
[접] 접속사
[감] 감탄사

((미)) 미어
((영)) 영어
((이)) 이탈리아어
((프)) 프랑스어
((라)) 라틴어
((법)) 법률
((속)) 속어
((영속)) 영국속어
((미속)) 미국속어
((미구)) 미국구어
((영구)) 영국구어
((美史)) 미국역사
((古)) 고어
((접두)) 접두어

p. past
pl. plural
pp. past participle
cf. compare

A

大 **abandon** [əbǽndən/-dɔn]

동 단념하다, 포기하다, 버리다

암 (애가)**어! 벤 돈**을 **버리다.**
(abandon)

大 **abandon*ed*** [əbǽndənd]

형 자포 자기의, 버림받은

▶ abandon(버리다)+ed(형용사를 만듦)=abandoned(버림받은

大 **abate** [əbéit]

동 누그러트리다, 감소시키다

고깃배 이(2) 트기가
암 **어(魚)배 이(2) 트**기가 타고(화를) **누그러뜨리다.**
(abate)

高 **abbey** [ǽbi]

명 수도원, 수녀원, 대수도원

암 **수도원**에서 도 닦는 **애비**(아버지)
(abbey)

▶ Westminister Abbey 웨스트민스터 대수도원

高 **abbreviate** [əbríːvièit]

동 생략하다, 줄이다, 단축하다

어부(漁夫) 이씨가 비에 이틀이나
암 (고기잡이를)**어브(漁夫) 리(李) 비에 이트**리나 **생략하다**
(abbreviate)

▶ abbreviate "verb" to v, verb를 v로 줄이다

高 **abbrevia*tion*** [əbrìːviéiʃən]

명 생략, 단축

▶ abbreviat(e)(생략하다, 줄이다)+ion(명사 어미)=(생략, 단축)

▶ an abbreviation 생략, 단축

大 **abdomen** [ǽbdəmən, æbdóu-]

명 배, 복부

암 **배(복부)** (앞)**앱 더 먼** 곳을 긁는 **고릴라**
(abdomen) (gorilla)

大 **abdomin*al*** [æbdɑ́mənəl, -æbdɔ́-]

형 배(복부의)

▶ abdom(e)n → abdomin(배, 복부)+al(...의)=(배[복부]의)

高 **abhor** [əbhɔ́ːr]

동 대단히 미워하다, 몹시 싫어하다, 거부하다

바보 업호(=상호)
암 **바버 이발사**가 바보란 **업호(業號)**를 **몹시 싫어하다.**
(barber) (abhor)

▶ I abhor violence. 나는 폭력은 질색이다

高 **abide** [əbáid]

㉯《abode or abided》살다, 참다, 머무르다.

▶ (on=a)+(bide=dwell, 살다)=abide (참다, 머무르다)

못(저수지)에서 고기를 봐 이들이

㉱ **풀장**에서 **어(魚) 봐 이드**리 잡고자 **참고 머무르다.**
(pool) (abide)

高 **ability** [əbíləty / əbíləti]

㉮ 능력, 수완 ; (종종 복수) 재능

▶ …할 수 있는=abil)+(ity=…껏 : 추상명사 어미)=ability(능력, 수완)

㉱ 잘못을 **할 수 있는** 한 **능력(수완)**껏 **어!빌러티**(었지)
(ability)

大 **abject** [ǽbdʒekt]

㉰ 천한, 비굴한 • 처참한, 절망적인 (상태)

▶ (멀리=ab)+(ject=젝트 : 던지다)=처참한, 절망적인 ((상태))

▶ 멀리까지 앱(앞) **젝트**기로 폭탄을 **던져**=처참한, 절망적인 ((상태))에 이르다
제트기로

中 **able** [éibəl]

㉰ ~할 수 있는; 유능한

㉱ **애 이블**로 **할 수 있는 스커트.**
(able) (skirt)

高 **abnormal** [æbnɔ́ːrməl]

㉰ 비정상적인, 변칙의, 정상이 아닌

▶ (멀리=ab)+(normal=노멀 : 정상적인)=abnormal(정상이 아닌)

▶ 넋이 **멀리** 떠난 **앱**(앞) **노멀**(놈을) **정상적인**자로 여김은 = abnormal(정상이 아닌)

大 **abnormally** [æbnɔ́ːrməli]

㉲ 이상하게, 병적으로

▶ abnormal(정상적이 아닌, 변칙의)+ly(부사를 만듦)=abnormally
(이상하게, 병적으로)

中 **aboard** [əbɔ́ːrd]

㉲ ㉳ 배에, 배에 올라; [미] 기차[비행기 · 버스 · 배]를 타고

▶ (위로=a)+(board=보드 : 승선하다)=배를 타고

▶ 배 위로 어! 보드고(들고) 승선하여=배를 타고 가네
보자기 들고

中 **abode** [əbóud]

㉮ 주소, 거처 ㉯ abide의 과거, 과거분사

▶ Welcome to my humble abode 누추하지만 어서 오세요

大 **abolish** [əbáliʃ/əbɔ́l-]

㉯ (관례 · 제도 등을)폐지하다.

㉱ **마라톤**을 **어!발리 쉬**게 **폐지하다.**
(Marathon) (abolish)

大 **abolition** [æbəlíʃən]

㉮ 폐지, 철폐

▶ aboli(sh)(폐지하다)+tion(명사 어미)=abolition(철폐, 폐지)

大 **A-bomb** [éibàm/-bɔ̀m]

㉠ 원자 폭탄 ㊀ 원폭으로 공격하다.

▶ (원자의 : Atomic＝A)＋(bomb＝밤 : 폭탄)＝A-bomb(원자 폭탄)

암 적을 **애 이 밤**에 **원자 폭탄으로 공격하다**.
(A-bomb)

大 **abominable** [əbάmənəbəl, əbɔ́m-]

형 지긋지긋한, 아주 싫은

▶ abomin(ate)(몹시 싫어하다)＋able(…할 만한)＝abominable(지긋지긋한, 아주 싫은)

大 **abominate** [əbάmənèit]

동 몹시 싫어하다, 증오(혐오)하다

이 틈에
암 **달** 같은 **문어(魚)봐! 뭐내 이트**메 먹물로 **증오하다**.
(moon) (abominate)

大 **abomination** [əbὰmənéiʃən/əbɔ̀m-]

명 질색, 혐오

▶ abominat(e)(몹시 싫어하다)＋ion(명사 어미)＝abomination(질색, 혐오)

大 **abound** [əbáund]

동 (어떤 장소에)많이 있다, 풍부하다

고기를 봐 운(運)도
암 물에서 **어(魚) 봐 운(運)드** 좋게 **많이 있다**며 **네트로 잡다**.
(abound)
(net)

中 **about** [əbàut]

전 ~에 관(대)하여 부 약; 거의

▶ This book is about dragons. 이 책은 용에 관한 책이다.

中 **above** [əbʌ́v]

전 ~의 위(쪽)에, 보다 위에

어! 법으로 잡어
암 경찰이 **어! 버브**로 **보다 위에 탐관오리**를 **잡버**.
(above) (jobber)

大 **abridge** [əbrídʒ]

동 요약하다, 단축하다, 줄이다.

▶ (어!＝a)＋(bridge＝브리지 : 다리)＝abridge(단축[요약]하다)
시멘트를 어! **다리**위에 (부)**브리지** 그래서 공기를＝abridge(단축[요약]하다)

高 **abroad** [əbrɔ́ːd]

부 외국에(으로), 해외에(으로)

어부로 들어가 선수쳐
암 스파이가 **어브로 드**러가 **외국으로 션**수쳐 **피하다**.
(abroad) (shun)

大 **abrupt** [əbrʌ́pt]

형 (말 · 태도가) 무뚝뚝한, 뜻밖의, 돌연한

어부 엎드리며
암 부인에게 **무뚝뚝한 어브 렆트**리며 **뜻밖에 돌연한 키스하다**.
(abrupt) (kiss)

A

高	**absence** [ǽbsəns]	ⓜ 결석(~from); 부재 ⓐ **결석**해 **부재**중인 **앱선스**(앞 선수). (absence) ▶ He called on me in my absence. 그는 나의 부재 중에 찾아왔었다. 
中	**absent** [ǽbsənt]	ⓗ 결석한, 부재의, 멍한 ▶ absen(ce) (결석,부재)+t(형용사를 만듦, …한[의])=absent(결석한 부재의, 멍한)
高	**absent-minded** [ǽbsənt-máindid]	ⓗ 방심 상태의, 멍하고 있는 ▶ absent(멍한)+minded(마음이 있는)=absent-minded(멍하고 있는, 방심 상태의) ▶ an absent-minded person 맹추, 멍하고 있는 사람
高	**absolute** [ǽbsəlùːt]	ⓗ 절대의, 완전한 ▶ (…으로부터=ab)+(solute=서류트: 풀어주다)=완전한 ▶ 윗선**으로부터 앱**(앞) **서류 트**러(들어)사인해 **풀어주니**=**완전한** 자유 몸이다. ▶ an absolute principle 절대 원리
高	**absolutely** [ǽbsəlùːtli]	ⓑ 절대적으로, 완전히 ▶ absolute(절대의)+ly(부사 어미)=absolutely(절대적으로, 완전히) ▶ It's absolutely impossible. 그것은 절대적으로 불가능하다.
大	**absolution** [æ̀bsəlúːʃən]	ⓜ 면제, 해제, 사면 ▶ absolut(e)(절대의)+ion(명사 어미)→절대적인 것이라 법으로 부터 면제됨=absolution(면재, 해제, 사면)
大	**absolve** [əbzɑ́lv, -sɑ́lv / -zɔ́lv]	ⓓ 용서하다, 방면(사면)하다. ▶ (…으로부터: 어브=ab)+(solve=잘브: 풀어주다)=방면(용서)하다. ▶ 윗선**으로부터 어브**(어부) **잘브**(부)탁하니 **풀어주어서** = 방면(용서)하다.
高	**absorb** [əbsɔ́ːrb, -zɔ́ːrb]	ⓓ 흡수하다, 병합하다. ▶ (…으로부터=ab)+(sorb=소브: 빨아들이다)=흡수(병합)하다. ▶ 망한자**로부터 업소 브**(부)지런히 **빨아들이어서** = 흡수(병합)하다.
大	**absorption** [əbsɔ́ːrpʃən, -zɔ́ːrp-]	ⓜ 흡수, 병합 ▶ absor(b)→p(흡수하다)+tion(명사 어미)=absorption (흡수, 병합)
大	**abstain** [əbstéin]	ⓓ 삼가다, 끊다, 그만두다. ▶ (…으로부터=ab)+(stain=스태인: 더럽히다)=삼가다 끊다. ▶ 갱**으로부터 엎**(옆) **스태인**같이 몸 **더럽히**는 짓을 = 삼가다, 끊다. 수태인(아이밴 사람)

高 **abstract** [æbstrǽkt]

명 추상, 발췌, 요약

동 빼내다, 제거하다, 추상하다.

▶ (떨어져서 : 앱스 = abs) + (tract = 끌어당기다) = 빼내다

▶ 기름이 **떨어져서 앞스 트랙트**에서 **끌어당기**
(앞에 수대의=) 앞 수 트랙터에서
어 = 빼내다.

大 **abstraction** [æbstrǽkʃən]

명 추상(작용), 절취, 훔쳐 냄

▶ abstract(제거하다, 빼내다) + ion(명사 어미) = abstraction(추상[작용], 절취, 훔쳐)

高 **absurd** [əbsə́ːrd, -zə́ːrd]

형 불합리한, 모순된, 터무니없는

▶ (…로부터 = ab) + (surd = 서드 : 무리한) = absurd(터무니없는)

▶ 돈을 친구**로부터 어브 서드**러 빌려 **무리한** = absurd**(터무니없는)**배를 사다.
어부 서둘러 빌려

大 **absurdity** [əbsə́ːrdəti, -zə́ːr-]

명 불합리, 어리석은 일

▶ absurd(불합리한, 터무니없는) + ity(추상명사 어미) = absurdity(불합리, 어리석은 일)

高 **abundance** [əbʌ́ndəns]

명 풍부, 다량, 많음

어 번돈 수 없이
암 삼성이 **어! 번던 스** 없이 **많음**을 알려
(abundance)

▶ Here are wildflowers in abundance.
여기에는 야생화가 많다.

高 **abundant** [əbʌ́ndənt]

명 풍부한, 많은

▶ abund(ance)(많음) + ant(형용사를 만듦) = abundant(풍부한, 많은)

高 **abuse** [əbjúːz]

동 (재능· 지위 등을) 남용하다, 오용하다. 명 남용, 오용, 악용

▶ (잘못 = ab) + (use = 유스 : 이용하다) = abuse(남용[오용]하다)

어브 유스(흐르는 물)
▶ 잘못 **어브 유스(流水)**를 **이용하여** = abuse(남용[오용]하다)

▶ abuse of power 권력 남용

大 **abyss** [əbís]

명 심연(深淵), 지옥, 끝없는 구렁

▶ (…없이 = a) + (byss = 비스 : 밑, 밑바닥) = abyss(심연, 지옥)

▶ 끝 **없이 어! 비스**(수)없이 와도 **밑**을 채울 수 없는 = abyss(심연, 지옥)

大 **academic** [ӕkədémik]

형 학원의, 대학의

▶ academ(y)(학원, 학교) + ic(…의) = academic(학원의, 대학의)

高 **academy** [əkǽdəmi]

명 협회, 학회; 학원, 전문학교, 아카데미

▶ an academy of music 음악 학교

▶ the Royal Academy of Arts (영국) 왕립 미술원

大	**accelerate** [ækséləréit]	ⓢ 속도를 더하다, 가속하다. 속력을 (가속기)액셀로 내 2 트기가 암 **스피드**를 **액셀러 래 이(二) 트**기가 **가속하다.** (speed) (accelerate) 
大	**acceleration** [æksèləréiʃən]	명 가속, 촉진 ▶ accelerat(e)(가속하다)+ion(명사 어미)=acceleration(가속, 촉진)
大	**accelerator** [æksèləréitər]	명 가속기, 액셀러레이터 ▶ accelerat(e)(가속하다)+or(…자[기])=accelerator(가속기, 액셀러레이터)
高	**accent** [ǽksent / -sənt]	명 악센트, 사투리 ⓢ 강하게 발음하다. 암 **사투리**를 **액센트(악센트) 강하게 발음하다.** (accent) ▶ speak with an accent 사투리투로 말하다
中	**accept** [æksépt / ək-]	ⓢ 받아들이다, 승낙하다. 억마리의 새 붙으니 암 돛에 **억(億)새 프트**니 **받아들이다.** (accept) ▶ Finally she accepted the offer. 그녀는 결국 제안을 받아들였다. 
大	**acceptable** [ækséptəbəl / ək-]	형 받아들일 수 있는 ▶ accept(받아들이다)+able(…할 수 있는)=acceptable(받아들일 수 있는)
大	**acceptance** [ækséptəns / ək-]	명 수납, 수리 ▶ (accept(받아들이다, 인정하다)+ance(명사 어미)=acceptance(수납, 수리)
高	**access** [ǽkses]	명 접근, 입구, 통로 ⓢ [컴퓨터](데이터에)접근하다. ▶ (…액=ac)+(cess=**세스[稅收]:다가가다**)=access(접근하다.) 세금징수 **액 세스**(수)가 예상치에 **다가가서**=access(접근하다.) ▶ He is difficult of access. 그는 가까이하기가 어렵다.
大	**accessible** [æksésəbəl]	형 접근하기 쉬운 ▶ (access(접근)+ible(=able.…할 수 있는, …하기에 적합한)=accessible(접근하기 쉬운)
大	**accession** [ækséʃən]	명 접근, 도달 ▶ access(접근)+ion(명사 어미)=accession(접근, 도달)

大 **accessory** [æksésəri]

명 부속물, 장신구/=accessary(부속물, 장신구, 액세서리)

高 **accident** [ǽksidənt]

명 뜻밖의 사고, 사고, 우연

암 **오일액(液) 쉬던 트**레서 샌 **뜻밖의 사고(사고)**
(액(液)이 쉬던 틀에서 / oil, accident)

▶ a plane accident 비행기 사고

高 **accidental** [æ̀ksidéntl]

형 우연의, 뜻하지 않은

▶ accident(사고,우연)+al(형용사를 만듦)=accidental(우연의, 뜻하지 않은)

▶ More people die from accidental poisoning.
더 많은 사람들이 뜻하지 않은 중독으로 사망한다.

大 **accidental error** [æ̀ksidéntl érər]

명 [数] 우연 오차

▶ accidental(우연의)+error(잘못, 오차)=accidental error([数]우연 오차)

高 **accommodate** [əkɑ́mədèit / əkɔ́m-]

동 편의를 도모하다; 숙박시키다. 수용하다.

암 애가 **어! 코머 데이트**하게 **숙박시키다**.
(어! 고모 데이트하게 / accommodate)

▶ accommodate a person for the night
아무를 하룻밤 재워주다

大 **accommdation(s)** [əkɑ̀mədéiʃən, əkɔ̀m-]

명 숙박 시설, 설비, 적응

▶ accommodat(e)(숙박(적응)시키다)+ion(명사 어미)=accommodation(숙박 시설, 적응, 설비)

大 **accompaniment** [əkʌ́mpənimənt]

명 부속물, 딸린 것

▶ accompan(y) → i(함께 가다)+ment(명사를 만듦)=accompaniment(부속물, 딸린 것)

高 **accompany** [əkʌ́mpəni]

동 동반(수반)하다, …와 함께 가다.

암 **보이**가 **어(魚) 컴 퍼니** 그와 **함께 가다**.
(소년이 어씨가 껌 파니 / boy, accompany)

▶ I accompanied him on the trip.
나는 그와 함께 여행을 갔다.

高 **accomplish** [əkɑ́mpliʃ / əkɔ́m-]

동 성취(완성,이룩)하다.

암 **카운트**를 **어! 콤 플이 쉬**잖고 해 **완성하다**.
(셈을 어! 곰이 풀이를 쉬잖고 / count, accomplish)

▶ accomplish a journey 여정을 마치다.

大 **accomplishment** [əkɑ́mpliʃmənt / əkɔ́m-]

명 성취, 완성, 교양, 소양, 재능

▶ accomplish(성취[완성]하다)+ment(명사를 만듦)=accomplishment(성취, 완성, 재능, 교양)

高

accord

[əkɔ́ːrd]

ⓢ 조화되다, 일치하다.

(어! 코 듣고)

암 싱크로나이즈드 스위밍을 **어! 코 드고 일치하다(조화하다).** (accord)

▶ His deeds accord with his words.
그의 언행은 일치한다.

大

accordance

[əkɔ́ːrdəns]

ⓜ 일치; 조화

▶ accord(조화하다, 일치하다)+ance(명사 어미)=accordance(일치, 조화)

中

according

[əkɔ́ːrdiŋ]

ⓟ 따라서, ~에 의해

▶ accord(일치하다)+ing(동명사를 만듦)→서로 일치함에 따라서(…의해)=according(따라서, …에 의해)

▶ according to the Bible[papers]성서[신문]에 의하면

高

accordingly

[əkɔ́ːrdiŋli]

ⓟ 따라서, 그러므로

▶ according(…에 따라[에 의해])+ly(부사를 만듦)=accordingly(따라서, 그러므로)

▶ I accordingly gave up my intention. 따라서 나는 내 뜻을 포기했다.

大

accordion

[əkɔ́ːrdiən]

ⓜ 아코디언, 손풍금

中

account

[əkáunt]

ⓢ 이유를 밝히다, 설명하다. ⓜ 계산, 설명

▶ ac(=to)+count(=reckon 세다)=account(계산, 설명하다)

(고기를 셈(카운트)한)

암 **어(魚) 카운트한 계산을 설명하다.** (account)

▶ cast accounts 계산하다.

大

accountable

[əkáuntəbəl]

ⓗ 책임이 있는, 설명할 수 있는

▶ account(계산, 설명하다, 책임을 지우다)+able(…할 수 있는)
=accountable(책임이 있는, 설명할 수 있는)

大

accountant

[əkáuntənt]

ⓜ 회계원, 회계사

▶ account(계산)+ant(…하는 사람)=accountant(회계원, 회계사)

大

accumulate

[əkjúːmjulèit]

ⓢ 모으다, 축적하다, 쌓아 올리다

(수 톤(ton)의 … 강어귀 물에 … 2 … 트기가)

암 **스(數)톤의 돌을 어큐 뮬레 이(二)트기가 쌓아 올리다.** (stone) (accumulate)

▶ We've accumulated a lot of junk. 잡동사니들이 참 많이 쌓였구나.

高

accumulation

[əkjùːmjuléiʃən]

ⓜ 축적, 누적

▶ accumulat(e)(모으다, 축적하다)+ion(명사 어미)=accumulation(축적, 누적)

▶ accumulation of capital 자본의 축적

高 **accuracy** [ǽkjərəsi]

㉮ 정확, 엄밀, 정밀

▶ accura(te)(정확[정밀]한)+cy(명사를 만듦)=accuracy(정확, 엄밀, 정밀)

高 **accurate** [ǽkjurit]

㉰ 정확(정밀)한

▶ ac(=to)+cura(cure=주의)+ate(동사 어미)
=accurate(정확한)

애 당구봉(=cue)를 연관시켜 기억할 것

㉲ **애큐 릿**따라 잡고 **정확한 조준을 애 임(林)**이 **하다**.
(accurate) (aim)

▶ He is accurate at figures. 그는 계산이 정확하다.

大 **accusation** [ӕkjuzéiʃən]

㉮ 고발, 고소

▶ accus(e)(고발[고소]하다)+ation(명사를 만듦)=accusation(고발, 고소)

高 **accuse** [əkjúːz]

㉯ 고발(고소)하다, 비난하다.

▶ acc(억지)+use(쓰다, 사용하다) → 억지를 써서 고소(고발)하다.

예수를 판 제자 어! 구주를

㉲ **유다**가 **어! 큐즈**를 **고발(고소)하다**.
(Judas) (accuse)

高 **accustom** [əkʌ́stəm]

㉯ 익히다, 습관들이다, 익숙케 하다.

▶ ac(=to)+custom(습관)=accustom(습관들이다)

어! 가시덤불

㉲ **보이**가 **어! 카스텀불** 베는 것을 **습관들이다**.
(boy) (accustom)

高 **accustomed** [əkʌ́stəmd]

㉰ 익숙한, 길든, 습관의

▶ accustom(익숙케 하다, 습관들이다)+ed(형용사를 만듦)=accustomed(익숙한, 길든, 습관의)

大 **ace** [eis]

㉮ 에이스, 최고의 것 ㉰ 우수한 일류의

㉲ **우수한 일류의 에이스 피처(투수)**
(ace) (pitcher)

高 **ache** [eik]

㉯ 아프다, 쑤시다. ㉮ 아픔

애 이가 크느라

㉲ **애 이 크**느라 **쑤시다(아프다)**.
(ache)

高 **achieve** [ətʃíːv]

㉯ 성취(달성)하다.

치부(=致富 : 재물을 모아 부자가 됨)

㉲ **벤처 사업**을해 **어!치브(致富)**를 **달성하다**.
(venture) (achieve)

高 **achievement** [ətʃíːvmənt]

㉮ 업적, 성취, 공적

▶ achieve(성취하다, 달성하다)+ment(명사를 만듦)=achievement(업적, 성취, 공적)

A

高 **acid**
[ǽsid]

㉮ 산 ㉻ (맛이)신, 산성의

애가 쉽게 들어 수캐가 선 터에
㉰ **신 산**을 **애 쉬드**러 **스캐 터**에 **흩뿌리다**.
(acid) (scatter)

高 **acknowledge**
[æknálidʒ, ək- / -nɔ́l-]

㉯ 인정하다; 자백하다, 승인하다

억원을 날리지
㉰ 사고내면 **억(億) 날리지**하며 **인정하다**.
(acknowledge)

▶ ac(=to)+know(=알다)+ledge(명사 어미)=acknowledge(인정하다)

大 **acknowledgement**
[æknálidʒmənt, ək- / -nɔ́l-]

㉮ 승인, 인정

▶ acknowledge(인정[승인]하다)+ment(명사를 만듦)
=acknowledgement(승인, 인정)

大 **acne**
[ǽkni]

㉮ 여드름

애가 크니
㉰ **애 크니** 생긴 **여드름**
(acne)

大 **acorn**
[éikɔːrn, -kərn]

㉮ 도토리, 상수리

애가 이 큰
㉰ **애 이 컨 도토리**를 **색 부대[자루]에 넣다**.
(acorn) (sack)

高 **acquaint**
[əkwéint]

㉯ …에게 알리다, 자세히 알게 하다.

▶ (…을=ac)+(quaint=기이[기묘]한)
=acquaint(자세히 알게 하다)

㉰ 훌라춤을 **어! 쾌인(快人)트**기가 **기이한**춤으로
훌라춤을 어! **쾌활한 인간트기**가 **기이한** 춤으로
=acquaint(자세히 알게 하다)

高 **acquaintance**
[əkwéintəns]

㉮ 면식(이 있음), 아는 사이

▶ acquaint(…에게 알리다, 알게 하다)+ance(명사를 만듦)
=acquaintance(아는 사이, 면식(이 있음))

高 **acquire**
[əkwáiər]

㉯ 얻다, 획득하다, 취득하다.

▶ ac(=to)=quire(=seek 구하다)=acquire(얻다)

고기를 꼬아 이여
㉰ 어부에게 **어(漁)콰 이어** 놓은걸 **얻다**.
(acquire)

大 **acquirement**
[əkwáiərmənt]

㉮ 취득, 획득, 습득

▶ acquire(얻다, 획득하다)+ment(명사를 만듦)=acquirement(취득, 획득, 습득)

大 **acquisition**
[æ̀kwəzíʃən]

㉮ 취득, 획득, 습득

▶ acqui(re) → si(얻다, 획득하다)+tion(명사 어미)=acquisition(취득, 획득, 습득)

大 **acquit**
[əkwít]

동 석방하다 놓아주다.

암 **동정심 퍼시어 어! 퀴트**라미를 **놓아주다**.
(심 - sympathy, 펴시어, 어!, 귀뚜라미를 - acquit)

大 **acquittal**
[əkwítəl]

명 석방, 방면, 놓아줌

▶ acquit+t(석방하다, 놓아주다)+al(명사를 만듦)=acqutta l(석방, 방면, 놓아줌)

中 **acre**
[éikər]

명 에이커[1에이커=커 약 4,047㎡]; (복수) 토지, 논밭

암 수**에이커**나 되는 **토지**와 **논밭**.
(acre)

中 **across**
[əkrɔ́:s, əkrás]

전 ~의 저쪽에 부 가로질러(건너)서

암 **산타클로스**에게 **어!클로스**씨가 **가로질러** 오네.
(Santa Claus) (across)

▶ get[go]across 가로질러 건너가다.

中 **act**
[ækt]

동 행하다. 명 짓, 행동

암 **주스 액(液) 트**는 **짓**을 **행하다**.
(juice) (act)

▶ He always acted on my advice.
그는 언제나 나의 충고에 따라 행동했다.

中 **action**
[ǽkʃən]

명 행동, 활동

▶ act(하다, 행하다)+ion(명사를 만듦)=action(행동, 활동)

암 행동**(활동)**하는 **액션[action]**배우

▶ take action 행동을 취하다 조치를 취하다

高 **active**
[ǽktiv]

형 활동적인, 적극적인

▶ act(행동하다)+ive(형용사의 어미)=active(활동적인 적극적인)

▶ You are so active. 무척 적극적이시군요.

高 **activity**
[æktívəti]

명 활동, 활약

▶ activ(e)(활동적인, 적극적인)+ity(명사 어미)=activity(활동, 활약)

▶ The volcano is in activity. 그 화산은 활동 중이다.

高 **actor**
[ǽktər]

명 배우, 행위자

▶ act(행동하다)+or(사람을 표현하는 명사 어미)=actor(배우, 행위자)

▶ I want to be a great actor. 나는 위대한 영화 배우가 될거야.

高 **actress**
[ǽktris]

명 여자 배우, 여배우

▶ act(행하다)+ess(=ress 여성명사를 만듦)=actress(행동하는 여자 → 여자배우)

▶ She was an actress once. 그녀는 한때 여배우였다.

高 **actual** [ǽktʃuəl]

㊞ 현실의, 실제의

▶ act(행하다)+al(=ual 형용사를 만듦)=actual(현실의, 실제의)

암 **실제의** 예상 **액 추얼**(actual: 액 추월(追越))해 **바겐세일**(bargain sale: 염가판매)하다.

▶ the actual cost of goods 상품의 실제원가

大 **actuality** [æ̀ktʃuǽləti]

명 현실(성), 실제, 사실

▶ actual(현실의, 실제의)+ity(추상명사 어미)=actuality(현실[성], 실제, 사실)

高 **actually** [ǽktʃuəli]

부 현실로, 실제로

▶ actual(실제의, 현실의)+ly(부사 어미)=actually(현실로, 실제로)

高 **acute** [əkjúːt]

형 예리한, 날카로운, (통증, 감정이)심한, 격한

암 **날카로운** 꼴로 **어! 큐(Q) 트**(acute: 어! 큐자 모양을 틀어보는)는 **코브라**(cobra).

▶ an acute leaf 날카로운 잎

高 **A.D.** [éidíː, ǽno(u)dɑ́minài, -niː]

▶ (약어) **기원 후** ([라] anno Domini=in the year of our Lord, 즉 「서기 ~ 년」의 뜻으로 씀) (cf. B.C.)

大 **Adam** [ǽdəm]

명 아담 (하느님이 처음으로 창조한 남자)

高 **adapt** [ədǽpt]

동 (습관·언행을)적합하게 하다, 적응시키다.

암 **어! 댑 트**(adapt: 어! 답을 틀어)러 문제에 **적합하게 하다**.

▶ adapt oneself to a new job
새로운 일에 적응하다.

高 **adaptation** [æ̀dəptéiʃən / æ̀dəp-]

명 적응, 적합, 개작(물)

▶ adapt(적합하게 하다, 적응시키다)+ation(동작, 결과, 상태를 나타냄)=adaptation(적응, 적합, 개작[물])

▶ an adaptation theory [생물]적응(設)

大 **adapted** [ədǽptid]

형 적당한, 알맞은, 개조된

▶ adapt(적응시키다, 개조하다)+ed(형용사를 만듦)=adapted(적당한, 알맞은, 개조된)

中 **add** [æd]

동 더하다, 추가하다, 늘리다.

암 **뭐니**(money: 돈을)를 **애드**(add: 애들이)리 **더하다**.

▶ Add a little water to the soup.
국에 물을 조금 더 더해라.

高 **addition** [ədíʃən]

명 부가, 추가, 덧셈

▶ add(더하다, 추가하다, 늘리다)+ition(동작 결과 상태를 나타냄)=addition(부가, 추가, 셈)

高 **additional** [ədíʃənəl]

형 부가적인, 추가의

▶ addition(부가,덧셈,추가)+al(형용사 어미)=additional(부가적인,추가의)

中 **address** [ədrés]

동 받는 이의 주소, 성명을 쓰다. 명 주소, 성명, 연설

암 **미스 어(魚)드레스 받는 이의 주소 성명을 쓰다.**
(Miss) (address)

▶ What is your e-mail address?
네 이메일 주소는 뭐니?

高 **adequate** [ǽdikwit]

형 충분한, 적당한, 타당한

▶ ad(=to)+equ(=equal)+ate(형용사 어미)
=adequate(적당한)

애 뒤에 귀뚜리(=귀뚜라미)
암 **적당한**데 앉은 **애 뒤 퀴트**리.
(adequate)

高 **adhere** [ædhíər]

동 달라붙다, 고수하다, 집착(고집)하다.

▶ ad(=to)+here(=stick 붙다)=adhere(달라붙다)

고기가 머리를 휘여
암 **풀**장에서 **어(魚)드(頭)휘어 달라붙다.**
(pool) (adhere)

大 **adherent** [ədhíərənt]

형 달라붙는 명 자기편, 당원, 신자

▶ adher(e)(달라붙다, 집착하다)+ent(형용사 어미)=adherent(달라붙는, 자기편, 당원, 신자)

大 **adieu** [ədjúː]

감 안녕 명 작별, 하직

암 **어! 듀**(두) 애가 **안녕(작별)**을 하**고 가다.**
(adieu) (go)

大 **adjacent** [ədʒéisənt]

형 이웃의, 인접한, 부근의(에)

어제 이 선 (두 선) 틀어
암 야크를 **어제 이션 (二線)트**러 **부근에 체인 사슬로 묶어매다.**
(adjacent) (chain)

大 **adject** [ədʒékt]

동 덧붙이다, 더하다.

▶ (…을=ad)+(ject=젝트 : 던지다)=adject(덧붙이다)

▶ 발판**을 어! (젝트기에 던지듯해서)**=adject (덧붙이다)
발판을 어! 제트기에

高 **adjective** [ǽdʒiktiv]

명 (문법)형용사

▶ adject(더하다, 덧붙이다)+ive(…성질을 가진) → 말을 더하여 수식하는 성질을 가진것=adjective([문법]형용사)

A

高 **adjoin** [ədʒɔ́in]

㊍ 인접하다, 이웃하다, 접하다.

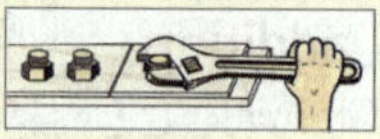

▶ (…를=ad)+(join=조인:결합하다)=인접[이웃]하다.

▶ **볼트를 어! 조인**후에 **결합하니** = 인접[이웃]하다.

▶ The two countries adjoin. 양국은 서로 인접해 있다.

高 **adjoining** [ədʒɔ́iniŋ]

㊌ 인접한; 이웃의

▶ adjoin(이웃하다, 인접하다)+ing(동명사를 만듦)=adjoining(인접한, 이웃의)

高 **adjourn** [ədʒə́ːrn]

㊍ 연기하다, 휴회하다.

▶ (…[을]를=ad)+(journ=전:날[날자])=adjourn(연기[휴회]하다)

▶ 재판**을 어! 전(全)**부 다음 **날(날자)**로=adjourn(연기[휴회]하다)

大 **adjournment** [ədʒə́ːrnmənt]

㊔ (회의 등의) 미룸, 연기, 휴회

▶ adjourn(연기[휴회]하다)+ment(명사 어미)=adjournment([회의 등의]미룸, 연기, 휴회)

大 **adjudicate** [ǽdʒúːdikèit]

㊍ …판결을 내리다. 판결하다.

어! 주님 뒤를 캐 이틈에

㊙ **빌라도**가 **어! 주(主)뒤캐 이트**메 유죄**로 판결을 내리다**.

(Pilate) (adjudicate)

大 **adjunct** [ǽdʒʌŋkt]

㊔ 부속[종속]물

갓난아이는 애정 끝 트머리의

㊙ **베이비**는 **애정 크트**머리의 **부속물(종속물)**

(baby) (adjunct)

高 **adjust** [ədʒʌ́st]

㊍ 맞추다, 조정하다, 조절(적응)하다.

▶ (…으로=ad)+(just=저스(貯水)트:정확히)=조절하다.

▶ 수문**으로 어! 저스[貯水]트**러 댐을 **정확히**=조절하다.

수문으로 어! 저수(모아둔 물)틀어

▶ I adjusted the radio dial. 나는 라디오의 다이얼을 조절했다.

高 **adjustment** [ədʒʌ́stmənt]

㊔ 조절, 조정

▶ adjust(조절하다, 조정하다)+ment(명사를 만듦)=adjustment(조절, 조정)

▶ make an adjustment 조정하다, 조절하다.

大 **administer** [ædmínistər, əd-]

㊍ 관리(통치)하다, 처리하다.

▶ (…를=ad)+(minister=장관)=관리(통치)하다

▶ **국민복지를 어!드 민이스터:장관**이=관리하다

국민복지를 어! 두(분) 민이스터가(장관의)

高 **administration** [ædmìnistréiʃən]

㊔ 경영, 관리, 통치, 행정

▶ administ(e)r(관리하다, 운영하다, 통치하다)+ation(명사 어미)=administration(관리, 운영, 행정)

▶ negligence of administration 관리태만

大 **administrative** [ædmínistrèitiv, -trə-, əd-]

㉻ 관리의, 행정상의

▶ administrat(ion)(관리, 행정) + ive(…의[상의]) = administrative(관리의, 행정상의)

大 **administrator** [ədmínistrèitər]

㉮ 관리자, 행정관, 통치자

▶ administrat(ion)(관리, 행정) + or(행위자) = administrator(관리자, 행정관, 통치자)

大 **admirable** [ǽdmərəbəl]

㉻ 칭찬할 만한, 감탄할 만한

▶ admir(e)(감탄[칭찬]하다) + able(…할 만한) = admirable(칭찬할 만한, 감탄할 만한)

大 **admiral** [ǽdmərəl]

㉮ 해군대장, 제독

애도 뭐를

암 **애드 뭐럴 해군대장**인 **스승**님께 **물어**

(admiral) (mullah)

高 **admiration** [æ̀dməréiʃən]

㉮ 감탄, 칭찬, 찬양

▶ admir(e)(감탄[칭찬]하다) + ation(명사 어미) = admiration(감탄, 칭찬, 찬양)

▶ He is the admiration of all. 그는 여러사람의 칭찬의 대상이다.

高 **admire** [ædmáiər, əd-]

㉢ 감탄하다, 칭찬하다.

애가 두(2) 말을 이여타니

암 **애 드(2) 마(馬) 이어**타니 **감탄하다**.

(admire)

▶ admire the view 경치에 감탄하다.

高 **admirer** [ædmáiərər, əd-]

㉮ 찬미자, 감탄자, 구호자, 숭배자

▶ admir(e)(감탄[찬미]하다) + er(…사람 …자) = admirer(찬미자, 감탄자, 구혼자, 숭배자)

▶ an ardent[intense] admirer 열렬한 숭배자(찬미자)

大 **admiring** [ædmáiəriŋ, əd-]

㉻ 찬미하는, 감탄하는

▶ admir(e)(감탄[찬미]하다) + ing(동명사를 만듦) = admiring(찬미하는, 감탄하는)

高 **admission** [ædmíʃən, əd-]

㉮ 입장, 입학, 승인, 입장료

▶ admi(t) → s(받아들이다, 인정[허락]하다) + sion(추상명사 어미) = admission(입장, 입학, 승인, 입장료)

▶ admission to a school 입학

中 **admit** [ædmít, əd-]

㉢ 받아들이다; 인정하다, 허락하다.

어(고기)도 밑으로

암 새끼를 **어(魚)드 미트**로 오게 **허락하며 받아들이다**.

(admit)

▶ I admit that it is true.
나는 그것이 사실임을 인정하다.

A

大 **admonish** [ædmάniʃ, əd- / -mɔ́n-]

㊐ 타이르다, 충고[경고]하다.

어(漁)씨도 많이 쉬라고

㊞ 보이에게 **어(魚)드 많이 쉬**라고 **충고하다**.

(admonish)

大 **admonition** [ædməníʃən]

㊔ 훈계, 경고, 충고

▶ admoni(sh)(훈계[충고]하다)+tion(명사 어미)=admonition(훈계, 경고, 충고)

大 **ado** [ədúː]

㊔ 야단법석, 소동

▶ (어!=a)+(do=하다)=ado(야단법석, 소동)

▶ 헤딩을 **어! 두(頭)**로 **하며**= **어 두** 야단법석[소동]떠네

헤딩을 어! 두(머리)로 하며

大 **adolescence** [ædəlésəns]

㊔ 청소년기, 사춘기

애 또래 순수한

㊞ **사춘기 애 도래 슨스**한 **데이트를 하다**.

(adolescence) (date)

高 **adopt** [ədάpt / ədɔ́pt]

㊐ (채용)채택하다. 양자(양녀)로 삼다.

㊞ **어! 답(答) 트**러(틀어) **채택하니** 그를 **양자로 삼다**.

(adopt)

大 **adoption** [ədάpʃən / ədɔ́p-]

㊔ 채택, 채용, 결연

▶ adopt(채용하다, 채택하다)+ion(명사 어미)=adoption(채택, 채용, 결연)

大 **adoration** [ædɔréiʃən]

㊐ 숭배, 동경, 사모

▶ ador(e)(숭배하다, 동경하다)+ation(명사를 만듦)=adoration(숭배, 동경)

高 **adore** [ədɔ́ːr]

㊐ 숭배하다, 사모하다, 몹시 좋아하다.

어씨도

㊞ **유태인**의 **주**를 **어(魚)도 숭배(몹시 좋아)하다**.

(Jew) (adore)

▶ I adore baseball. 나는 야구를 몹시 좋아한다.

高 **adorn** [ədɔ́ːrn]

㊐ 장식하다, 꾸미다, 치장하다.

어! 돈

㊞ **홀**을 **어!돈**을 써 **장식하다(꾸미다)**.

(hall) (adorn)

▶ ad(=to)+orn(=deck꾸미다)=adorn(꾸미다)

高 **adult** [ədʌ́lt, ǽdʌlt]

㊔ 성인, 어른 ㊗ 성인의

애들 트집을 얼러봐 이씨가

㊞ **어른**이 **애덜 트**집을 **자장가**로 **럴러봐 이(李)**가

(adult) (lullaby)

中 **advance** [ədvǽns, -vɑ́:ns, əd-]

㉢ 나아가다, 승진하다. ㉥ 전진, 진보

모임에 어(漁)양도

㉮ **파티**에 **어(魚)드 벤스** 타고 **나아가다.**

(party) (advance)

▶ advance an inch at a time. 한 번에 1인치씩 앞으로 나아가다.

高 **advanced** [ədvǽnst, -vɑ́:nst, əd-]

㉨ 전진한, 오래된, 진보한

▶ advanc(e)(나아가다, 승진하다)+ed(형용사를 만듦)=advanced(전진한, 오래된, 진보한)

▶ an advanced country 선진국

大 **advancement** [ədvǽnsmənt, -vɑ́:ns-, əd-]

㉥ 진보, 향상, 승진

▶ advance(나아가다, 향상[승진]하다)+ment(명사를 만듦)=advancement(진보, 향상, 승진)

高 **advantage** [ədvǽntidʒ, -vɑ́:ns-, əd-]

㉥ 우세, 우월, 유리한 입장, 이익, 이득

애도 배는 (눈에)튀지

㉮ 잘 먹어 영양이 **우세(우월)**하면 **애드 밴 튀지.**

(advantage)

▶ advantage of education 교육의 이득

大 **advantageous** [æ̀dvæntéidʒəs]

㉨ 유리한, 이로운

▶ advantage(유리, 편의)+ous(형용사 어미)=advantageous(유리한, 이로운)

大 **advent** [ǽdvent, -vənt]

㉥ 출현, 도래(到來), 모험

애도 배는 틀어서

㉮ **울돌목**으로 **애드 밴 트**러서 **모험**하려고 **출현**하네

(Uldolmok) (advent)

高 **adventure** [ædvéntʃər, əd-]

㉥ 모험 ㉢ 위험을 무릅쓰고 …하다.

▶ ad(=to)+venture(모험)=모험하다.

어씨도 벤처사업을

㉮ **어드 밴처**사업을 **위험을 무릅쓰고 하다.**

(adventure)

大 **adventurer** ædvéntʃərər, əd-]

㉥ 모험가, 투기꾼

▶ adventur(e)(모험)+er(…사람)=adventurer(모험가, 투기꾼)

大 **adventurous** [ædvéntʃərəs, əd-]

㉨ 모험을 즐기는, 모험적인

▶ adventur(e)(모험)+ous(형용사, 어미 …이 많은)=adventurous(모험을 즐기는, 모험적인)

高 **adverb** [ǽdvə:rb]

㉥ (문법) 부사

애도 (문)법으로

㉮ **애드 버브**로 설명하는 **(문법)부사**

(adverb)

A

大	**adversary** [ǽdvərsèri / -səri]	[명] 적, 대항자 ▶ advers(e)(역의, 반대의)+ary(…에 관한 자)=adversary(적, 대항자)
大	**adverse** [ædvə́ːrs]	[형] 역의, 반대의, 거꾸로의, 불행한 [암] **스커트**를 **거꾸로의** 자세로 **애드 버스**리. (skirt) 애두 벗으리 (adverse) ▶ ad(=to)+verse(=turn)=adverse(거꾸로의) 
大	**adversity** [ædvə́ːrsəti, əd-]	[명] 역경, 재난, 불운 ▶ advers(e)(역의, 반대의)+ity(추상명사 어미)=adversity(역경, 불운)
高	**advertise,-tize** [ǽdvərtàiz]	[동] 광고하다, 선전하다. 자외선 차단 크림 애도 별에 타 이즈음 [암] **선 크림**을 **애드 볕 타 이즈**음 **광고하다**. (sun cream) (advertise) ▶ Our company advertises on TV. 우리 회사는 TV에 광고를 낸다. 
高	**advertisement** [æ̀dvərtáizmənt, ædvə́ːrtis-, -tiz-]	[명] (상품 따위의)광고 ▶ (advertise(광고하다)+ment(명사 어미)=advertisement(광고) ▶ an advertisement column 광고란
大	**advertiser** [ǽdvərtàizər]	[명] 광고주, 광고자 ▶ advertis(e)(광고하다)+er(…하는 사람)=advertiser(광고주, 광고자)
大	**advertising** [ǽdvərtàiziŋ]	[명] 광고업, 광고 ▶ advertis(e)(광고하다)+ing(동명사를 만듦)=advertising(광고업, 광고)
中	**advice** [ædváis, əd-]	[명] 충고, 알림 ▶ advi(se)(충고하다, 알리다)+ce(명사 어미)=advice(충고, 알림) ▶ give[offer] advice 충고[조언]하다
大	**advisable** [ædváizəvəl, əd-]	[형] 타당한, 현명한, 권할 만한 ▶ advis(e)(충고하다, 권하다)+able(…할 만한)=advisable(타당한, 현명한, 권할 만한)
高	**advise** [ædváiz, əd-]	[동] 충고하다; 알리다, 권하다. 어씨도 봐서 이즈음 [암] **갱**을 **어(魚)드 봐 이즈**음 **충고하다**. (gang) (advise) ▶ advise strongly 강력히 충고하다. 

大 **adviser, -or**
[ædváizər, əd-]

㉮ 조언자, 충고자, 고문

▶ advis(e)(충고하다, 권하다)+er,or(…사람)=adviser,–or(조언자, 충고자, 고문)

大 **advocate**
[ǽdvəkit, -kèit]

㉯ 주창(지지)하다. ㉮ 변호사, 주창자

애도 부엉에 이씨트가
암 **애드 붜케 이(李)트**기 **변호사**를 **지지하다**.
(advocate)

高 **aerial**
[έəriəl, eiíər-]

㉰ 공기의, 대기의, 항공의

▶ aer(=air,공기)+ial(=al, …의)=aerial(공기의, 대기의, 항공의)

▶ an aerial photograph 항공 사진

高 **aeroplane**
[έərəplèin]

㉮ 비행기 ((복))~s[-z]

▶ aero(항공의)+plane(비행기)=aeroplane(비행기)

大 **aesthetic, esthetic; -cal**
[esθétik] [-ikəl]

㉰ 미적인; 심미적인, 예술적인

S형의 새가 티끌이
암 **예술적인 에스새 티컬**이 **미적인**걸 보여
(aesthetical)

大 **afar**
[əfɑ́ːr]

㉱ 멀리(=far away)

암 **트랙터**로 땅을 **멀리**까지 **어!파**
(tractor) (afar)

高 **affair**
[əfέər]

㉮ 사건, 일

방망이로 어씨를 패여
암 **배트**로 **어(魚)패어** 생긴 **사건**.
(bat) (affair)

▶ a difficult affair 어려운 일

高 **affect**[1]
[əfékt]

㉯ 영향을 미치다; 감동시키다.

어! 팩 틀어
암 **미스**를 **어!팩트**러안아 **감동시키다**.
(Miss) (affect)

▶ She was affected at the news.
그 소식을 듣고 감동되었다.

大 **affect**[2]
[əfékt]

㉯ …체하다, 가장하다.

어! 팩 틀어
암 **미스**를 **어!팩트**러안고 사랑하는 **체[가장]하다**.
(Miss) (affect)

大 **affectation**
[æ̀fektéiʃən]

㉮ 가장, 허식, …인 체함

▶ affect(…체하다, 가장하다)+ation(명사 어미)=affectation(가장, 허식,…인 체함)

A

高 **affection**
[əfékʃən]

명 애정, 감동, 영향

▶ affect(영향을 주다, 감동시키다) + ion(명사 어미)
= affection(부부사움이 애정에 영향을 주다, 애정, 감동, 영향)

高 **affectionate**
[əfékʃənit]

형 애정이 깊은, 애정 어린

▶ affection(애정, 감동, 영향) + ate(…이 있는) = affectionate(애정이 깊은, 애정어린)

大 **affinity**
[əfíniti]

명 인척, 취미, 유사성, 친근성

암 애가 **인척** 등에 (업히)**어피니 티**없는 **친근성**을 보여
(affinity)

高 **affirm**
[əfə́ːrm]

동 단언하다, 확언하다, 긍정하다.

암 **어! 험**한 소리로 **단언(확언)하다.**
(affirm)

▶ He affirmed his innocence.
그는 자기가 무죄임을 확언하였다.

大 **affirmation**
[æ̀fərméiʃən]

명 확언, 단언

▶ affirm(단언하다, 확언하다) + ation(명사 어미) = affirmation(확언, 단언)

高 **affirmative**
[əfə́ːrmətiv]

형 단정적인, 긍정적인, 확언적인

▶ affirm(단언하다, 확언하다) = ative(…적인의 뜻) = affirmative(단언적인, 확언적인, 긍정적인)

高 **afflict**
[əflíkt]

동 (정신적·육체적으로)괴롭히다.

▶ (…에 = af) + (flict = 플익트; 치다) = 괴롭히다.

▶ 어항속**에 어(魚) 플익트**러서 **치며** = 괴롭히다.
어항속에 고기를 풀잎틀어서 치며

▶ afflict oneself with illness 병으로 괴로워하다.

大 **affliction**
[əflíkʃən]

명 고통, 괴로움

▶ afflict(괴롭히다) + ion(명사 어미) = affliction(고통, 괴로움)

高 **afford**
[əfɔ́ːrd]

동 주다, 공급하다, 여유가 있다.

식탁에 생선을 말린 포 들어
암 **테이블**에 **어포(魚脯) 드**러 **공급하다.**
(table) (afford)

▶ Reading affords pleasure.
독서는 즐거움을 가져다 준다.

大 **affront**
[əfrʌ́nt]

동 모욕하다, 모욕주다, 욕보이다.

▶ (…으로 = af) + (front = 프런트 : 앞) = 욕보이다.

▶ 정신병**으로 어!** (풀은)**프런트**러(틀어) **앞**에서
욕보이다.

大 **afire** [əfáiər]

㉿ 불타고

▶ (위에[on] = a) + (fire = 불) → 위에 불이 붙어 = afire(불타고)

大 **afloat** [əflóut]

㉿㉻ (물, 공중에) 떠서, 바다 위에

▶ (…을 = a) + (float = 플로-트 : 뜨다) = 물에 **떠서**가네

▶ 뗏목을 **어! 풀로-트**러(틀어) 엮어 **띄워** = 물에 **떠서**가네

中 **afraid** [əfréid]

㉻ 두려워하여

어! 풀에 이들(벌레들)을 살충제를 살포하다.

암 **어! 프레 이드**를 **두려워하여** **스프레이하다**.
(afraid) (spray)

▶ I'm afraid of snakes. 나는 뱀을 무서워한다.

大 **afresh** [əfréʃ]

㉿ 새로이, 다시

▶ (위에 = a) + (flresh = 플에 쉬 : 신선한) = 다시 새로이

▶ **위에 어! 풀에 쉬**며 **신선한** 마음으로 = **다시 새로이**하다

中 **after** [ǽftər]

㉶ ㉷ ㉿ ~이후, 뒤에

매리 지(池)씨와 부터

암 **매리 지(池)**와 **결혼**한 **뒤에 애 프터** (임신하다).
(mariage) (after)

▶ He came back three days after. 그는 3일 후에 돌아왔다.

中 **afternoon** [æftərnúːn, ɑ̀ːf-]

명 오후 ㉻ 오후의

after(= …뒤에) + noon(= 정오, 한낮) = afternoon(오후, 오후의)

高 **afterward** [ǽftərwərd, ɑ́ːf-]

(英)–wards ㉿ 뒤(나중)에

▶ after(뒤에) + ward(방향을 나타냄) = afterward (뒤[나중]에)

中 **again** [əgén, əgéin]

㉿ 다시

암 **어! 개인** 날에 **다시 비긴**걸 **시작하다**.
(again) (begin)

中 **against** [əgénst, əgéinst]

㉶ ~에 반대하여, ~에 맞서

어씨가 개인의 수(손을) 틀며

암 **반대하여 어! 개인 스(手)트**며 **맞서**.
(against)

▶ I am against it. 나는 그것에 반대한다.

中

age
[eidʒ]

명 나이, 연령, 시대

암 **올드미스**는 **나이 연령**이 꽉 찬 **애 이지**
(노처녀는 = old-miss) (age)

▶ We are the same age. 우리는 동갑이다.

高

aged
[éidʒd]

형 늙은, 나이 든, …살의

▶ ag(e) (나이, 연령, 시대) + ed(형용사를 만듦) = aged(늙은, 나이든, …살의)

▶ an aged man 노인(늙은 사람)

高

agency
[éidʒənsi]

명 대리점, 중개, 주선, 기관, 대리

암 **대리점 애 이 전시**한 물건을 **바겐세일**하다.
(애가 이 전시한 = agency) (bargain sale)

▶ a government agency 정부기관

高

agent
[éidʒənt]

명 대리인, 지배인, 행위자

▶ ag(ency)(대리점, 중개) + ent(…행위자) = agent(대리인, 지배인, 행위자)

▶ a travel agent 여행 안내업자

大

aggravate
[ǽgrəvèit]

동 심화시키다, 심하(성나)게 하다, 괴롭히다

암 **미스**가 **애그려 배 이트**(이틈)에 일을 **심화시키다**.
(Miss) (애 그리워 배고(=임신하고) = aggravate)

大

aggravation
[æ̀grəvéiʃən]

명 심화시키는 것, 심화시킴, 짜증

▶ aggravat(e)(심화시키다) + ion(명사 어미) = aggravation(심화시키는것, 심화시킴, 짜증)

大

aggregate
[ǽgrigèit]

동 ~을 모으다, 모이다, 집합하다, 총계…이 되다.

암 **아르바이트**할 **애 그리 게이트**(문으)로 **모이다**.
(Arbeit) (애들이 그리 게이트(gate=문)로 = aggregate)

大

aggregation
[æ̀grigéiʃən]

명 집합, 집성, 집합체

▶ aggregat(e)(…을 모으다) + ion(명사 어미) = aggregation(집합, 집성, 집합체)

大

aggress
[əgrés]

동 침략하다, 공격하다.

▶ (…으로 ag) + (gress = 그레스 : 가다) = 공격하다.

▶ 격투장**으로 어(魚)**씨 **그 레스**링을 하려고 **가서** = 공격하다.

大

aggression
[əgréʃən]

명 침략, 공격, 침범

▶ aggress(침략[공격]하다) + ion(명사 어미) = aggression(침략, 공격, 침범)

大 **aggressive** [əgrésiv]

(형) 공격적인, 침략적인

▶ aggress(침략(공격)하다) + ive(…한 경향, 공격적인) = aggressive(침략적인, 공격적인)

高 **agitate** [ǽdʒətèit]

(동) 흔들다, 동요시키다, 흥분시키다.

(암) **애젖태 이트**메도 맘음 **동요(흥분)시키다**. (애 젖때(서) 이틈에도)

▶ agitate a crowd 군중을 선동하다

高 **agitation** [æ̀dʒətéiʃən]

(명) 동요, 흥분, 선동

▶ agitat(e)(동요시키다, 흔들다) + ion(명사 어미) = agitation(동요, 흥분, 선동)

大 **agitator** [ǽdʒətèitər]

(명) 선동자

▶ agitat(e)(동요시키다, 흔들다) + or(…사람) = agitator(선동자)

中 **ago** [əgóu]

(부) 이전에, (지금부터)~전에

(암) 조기는 **이전에** 본 **어(魚)고!** (고기고) (ago)

▶ I moved two months ago. 두 달 전에 이사를 했다.

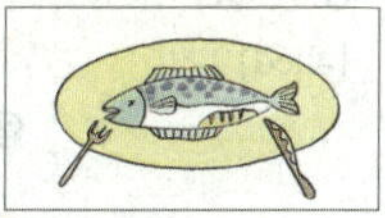

大 **agonize** [ǽgənàiz]

(동) 번민(고민)하게 하다, 번민(고민)하다.

▶ agon(y)(번민, 고민) + ize(…하다) = agonize 번민(고민)하다

高 **agony** [ǽgəni]

(명) 심한 고통, 고통, 고민, 번민

(암) **밸이 콜린 소녀**가 **고통**에 **애거니**하고 **고민**해 (배가 꼴린 (belly) (colleen); (임신)이거니 (agony))

▶ a cute agony 극심한 고통

中 **agree** [əgríː]

(동) 동의하다, 일치하다.

(암) **어!그리**하라며 **동의하다**. (agree)

▶ I quite agree whith you. 나는 너에게 전적으로 찬성하다.

高 **agreeable** [əgríːəbəl / əgríə-]

(명) 기분 좋은, 쾌히 동의하는

▶ agree(동의하다, 일치하다) + able(…할 수 있는) = agreeable(기분 좋은, 쾌히 동의하는)

▶ an agreeable voice 상냥한 목소리

高 **agreement** [əgríːmənt]

(명) 동의, 일치, 협정

▶ agree(동의하다, 일치하다) + ment(명사를 만듦) = agreement(동의, 일치, 협정)

A

高 **agricultural**
[ǽgrikʌ́ltʃərəl]

[형] 농업의, 농학의

▶ agricultur(e)(농업, 농학) + al(…의) = agricultural(농업의, 농학의)

▶ agricultural products 농산물

高 **agriculture**
[ǽgrikʌ̀ltʃər]

[명] 농업, 농학

▶ agri(= field) + cult(경작) = ure(명사 어미) = agriculture(농업)

[암] 애 그리 칼쳐(애 그렇게 가르쳐)(agriculture) 농학 닥터(doctor)(박사)학위를 주다.

▶ The Department of Agriculture [미] 농무성(부)

高 **ah**
[ɑː]

[감] 아아! (고통, 놀라움, 연민, 한탄, 혐오, 기쁨 등을 나타냄)

▶ Ah! me! 아아 어쩌지 Ah, well. …뭐 하는 수 없지…

高 **ahead**
[əhéd]

[부] 전방에, 앞쪽에, 앞에

▶ (부사를 만듦 = a) + (head = 머리) = 전방에, 앞에

[암] 어!헤드(ahead)폰을 앞서서 앞으로 쓰네.

▶ Look straight ahead. 똑바로 앞을 보아라.

高 **aid**
[eid]

[명] 도움 [동] 도와주다, 돕다.

[암] 사환 보이(boy) 애 이드(애 이들이)(aid)리 도와주다(돕다).

大 **ail**
[eil]

[동] 괴롭히다, 고통을 주다.

[암] 갱(gang)이 애 일(ail)삼아 괴롭히다.

大 **ailing**
[eiliŋ]

[형] 병든, 괴로워하는

▶ ail(괴롭히다) + ing(형용사를 만듦) = ailing(병든, 괴로워하는)

大 **ailment**
[éilmənt]

[명] 불쾌, 우환, (만성적인)병

▶ ail(괴롭히다) + ment(명사 어미) = ailment(불쾌, 우환, [만성적인]병)

高 **aim**
[eim]

[동] 겨누다, 겨냥을 하다. [명] 겨냥, 과녁, 조준, 목표

[암] 피스톨(pistol)로 애 임(林)(애 임(임씨)가)(aim)이 과녁을 겨누다.

大 **aimless**
[éimlis]

[형] 목적(목표)없는, 정처없는

▶ aim(겨냥, 목표) + less(…이 없는) = aimless(목적[목표]없는, 정처없는)

中	**air** [ɛər]	명 공기; 공중 암 **어스**선한 **지구**를 **에어**싼 **공기**. (어수선한 / 애워싼) (earth) (air) ▶ Fresh air is good. 신선한 공기는 좋다.
大	**aircraft** [έərkræ̀ft, -krὰ:ft]	명 항공기 ▶ air(공기, 항공교통) + craft(선박, 항공기) = aircraft(항공기)
高	**airline** [έərlàin]	명 정기항공, (정기)항공로 ▶ air(공기, 항공교통) + line(선, 라인) = airline(정기항공, [정기]항공로) ▶ a domestic airline 국내선, 국내정기항공
大	**airliner** [έərlàinər]	명 정기 여객기 ▶ air(공기, 항공교통) + liner(정기항공기) = airliner(정기, 여객기)
高	**airmail** [έərmèil]	명 항공우편 ▶ air(공기, 항공교통) + mail(우편) = airmail(항공우편 ▶ send a letter by airmail 편지를 항공우편으로 보내다.
大	**airman** [έərmən]	명 비행사 ▶ air(공기, 항공교통) + man(사람) = airman(비행사)
中	**airplane** [έərplèin]	명 비행기 ▶ air(공기, 항공교통) + plane(비행기) = airplane(비행기 ▶ an airplane hangar 격납고
中	**airport** [έərpɔ̀:rt]	명 공항 ▶ air(공기, 항공교통) + port(항구) = airport(공항) ▶ an international airport 국제 공항
高	**airship** [έərʃìp]	명 비행선 ▶ air(공기, 항공교통) + ship(배) = airship(비행선) ▶ by airship 비행선으로
大	**airway** [ɛərwèi]	명 항공로 ▶ air(공기, 항공교통) + way(길) = airway(항공로, 항로)

A

大 **airy** [ɛ́əri]
㊞ 공기와 같은, 가벼운, 섬세한
▶ air(공기, 항공교통) + y(형용사 어미 성질 상태의 뜻) = airy(공기와 같은, 가벼운, 섬세한)

大 **aisle** [ail]
㊞ 복도,(건물, 열차 따위의) 통로
암 아(兒)일삼아 복도 통로를 모프로 닦다.
(아이가 일삼아 / aisle) (자루걸레로 / mop)

大 **akin** [əkín]
㊞ 동족의, 같은 종류의, 유사한
암 같은 종류의 유사한 어! 킨 사이더.
(akin) (cider)

大 **Alabama** [æ̀ləbǽmə]
앨라배마(미국의 한주) (略 : Ala)

大 **Aladdin** [əlǽdin]
알라딘(아라비안 나이트에 나오는 마술램프의 (주인공 : 청년의 이름)

高 **alarm** [əlɑ́ːrm]
㊞ 놀라게 하다. ㊞ 놀람; 경보(기)
암 어!람을 놀라게 하다.
(어! 남을 / alarm)
▶ They were alarmed at the news.
그들은 그 소식을 듣고 깜짝 놀랐다.

高 **alarm clock** [əlɑ́ːrm klɑk]
㊞ 자명종
▶ alarm(놀라게 하다) + clock(시계) = alarm clock(자명종)
▶ She set the alarm clock to go off at five.
그녀는 자명종 시계를 5시에 울리도록 맞추었다.

大 **alarming** [əlɑ́ːrmiŋ]
㊞ 놀라운, 걱정(불안)스러운
▶ alarm(놀라게 하다) + ing(동명사를 만듦) = alarming(놀라운 걱정[불안]스러운)

高 **alas** [əlǽs, əlɑ́ːs-]
㊞ 아아! 슬프도다, 불쌍한지고
암 어! 레스링에 저서 아아! 슬프도다.
(어! 레스링 단어를 연관시켜 기억할 것 / alas)
▶ Alas the day! 아! 슬프도다 이날! 아아 참으로

大 **Alaska** [əlǽskə]
㊞ 알라스카 ((미국의 한 주(州))
(略: Alas, 로 표기)

中 **album** [ǽlbəm]

명 앨범, 사진첩

▶ a photograph album 사진첩

大 **alchemist** [ǽlkəmist]

명 연금술사

▶ alchem(y)(연금술) + ist(…하는 사람) = alchemist(연금술사)

大 **alchemy** [ǽlkəmi]

명 연금술, 연단술

(L=엘)커서 미국 가서

암 **미스 엘 커 미(美)**에 가서 배운 **연금술**

(Miss) (alchemy)

高 **alcohol** [ǽlkəhɔ̀(:)l, -hɑ̀l]

명 알코올, 주정(酒精), [化]알코올류(類)

▶ distill alcohol 알코올을 증류하다.

大 **alcoholic** [æ̀lkəhɔ́(:)lik, -hɑ̀l-]]

형 알코올(성)의, 알코올 중독의

▶ alcohol(알코올) + ic(…의) = alcoholic(알코올(성)의, 알코올 중독의)

大 **ale** [eil]

명 에일 맥주(lager beer보다 쓰고 독한 맥주)

애가 일

암 **애 일** 삼아 마신 **에일 맥주**

(ale)

高 **alert** [əlɔ́:rt]

형 방심하지 않는, 빈틈없는, 기민한 명경제, 경보

얼어 틀어져

암 **빈틈없는 경계**에 **얼러 트**러져 **죽었다이**

(alert) (die)

▶ be on the alert(for) 빈틈 없이 경계하고 있다.

高 **algebra** [ǽldʒibrə]

명 대수학, 대수학 서적

애를 집으려는

암 **대수학 서적**으로 **앨 지브러**는 애

(algebra)

▶ elementary algebra 초등 대수학

大 **alibi** [ǽləbài]

명 (*pl.*~s) 현장 부재 증명

동 ((미)) (아무의) 알리바이를 증언하다.

大 **alien** [éiljən, -liən]

형 외국(인)의, 성질이 다른 명 외국인

애 일년간

암 **애 일련**간 **성질이 다른 외국인**과 살어

(alien)

高 **alight** [əláit]

㉶ (말, 탈것에서) 내리다, 하차하다.

암 **체육관**에 갈 **짐**을 **어! 라이트(light : 가볍게)**하게 하려고 **내리다**.
(gym) (alight)

高 **alike** [əláik]

형 서로 같은, 비슷한 부 똑같이

▶ a = (on) + like(닮은) = alike(서로 같은, 비슷한)

어! 나이 크기가
암 **어! 라이 크**기가 **서로 같고 비슷한 보이**.
(alike) (boy)

高 **alive** [əláiv]

형 살아있는, 생생한

얼을 놓아(얼놔) 이불에서
암 정신이 **살아있는 생생한** 자가 **얼롸 이브**레서 조네.
(alive)

大 **alkali** [ǽlkəlài]

명 알카리

中 **all** [ɔːl]

형 모든 명 대 전부

암 풀린 **모든 올**(실올)
(all)

大 **allay** [əléi]

타 (노염, 공포, 불안…) 가라앉히다.

실감는 기구 이여
암 **어머니**가 **맘**을 **얼레 이**여 돌리며 **가라앉히다**.
(mom) (allay)

高 **allege** [əlédʒ]

타 단언하다, 주장하다.

실감는 기구 쥐고
암 **직녀**가 **얼레 쥐**고 자기거라 **주장하다**.
(Jiknyeo) (allege)

大 **allegiance** [əlíːdʒəns]

명 신하의 도리, 충성, 충절

얼이 전수된
암 **충무공**의 **충성(충절)**의 **얼리 전스**된 현충사
(Chungmugong) (allegiance)

大 **allegoric** [æ̀ligɔ́(ː)rik, -gɑ́r-]

형 풍유의, 우화적인, 비유적인

▶ allegor(y)(풍유, 비유, 우화) + ic(…의, …적인) = allegoric(풍유의, 비유적인, 우화적인)

大 **allegory** [ǽligɔ̀ːri / -gəri]

명 풍유, 비유, 우화, 비유담

애 리씨가 거리에서
암 **애 리(李) 거리**에서 들은 **우화(비유담)**
(allegory)

大	**allergy** [ǽlərdʒi]	⑲ 알레르기
大	**alley** [ǽli]	⑲ 좁은길, 오솔길, 뒷길 애를 리(마을)의 류인(=유인) 암 **앨 리(里)**의 **오솔길**로 **루인**해 **처녀성을 빼앗다.** (alley) (ruin)
大	**alliance** [əláiəns]	⑲ 결연, 공통점, 동맹, 협력 ▶ (동맹하다 = all[y] → i) + (ance = 명사 어미) = alliance(결연, 동맹) 얼 아이들이 암 갱에게 **얼 라이**들이 서로 동맹하다. (ally) 
高	**allied** [əláid, ǽlaid]	⑳ 동맹한, 관련있는, 연합국의 ▶ all(y) → i(동맹하다) + ed(형용사를 만듦) = allied(동맹한, 관련있는) ▶ the Allied Forces 연합군
大	**Allies** [əláiz, ǽlaiz]	⑲ 동맹국(자), 연합국 ▶ all(y) → i(동맹하다) + es(…국) = Allies(동맹국(자), 연합국)
大	**alligator** [ǽligèitər]	⑲ (미국산) 악어, 앨리게이터(악어)
高	**all-night** [ɔ:l-náit]	⑳ 철야의, 밤새도록 ▶ (모든, 전체의 = all) + (night = 밤) = all-night (철야의, 밤새도록 ▶ have an all-night conference 철야로 회의를 하다.
高	**allot** [əlɑ́t / əlɔ́t]	⑧ 할당하다, 분배하다 (고기를)어(漁)를 놓드니 암 **테이블**에 **얼 로트**니 **할당(분배)하다.** (table) (allot) ▶ allotted us space 우리들에게 장소를 할당했다. 
大	**allotment** [əlɑ́tmənt / əlɔ́t-]	⑲ 할당, 분배 ▶ allot(할당하다, 분배하다) + ment(명사를 만듦) allotment(할당, 분배)
大	**all-out** [ɔ:l-aut]	⑳ ((ㅁ)) 전력을 다한, 철저[완전]한 ▶ go all-out. 전속력으로 가다. / an all-out effort. 최선의 노력

A

中 **allow** [əláu]

[동] 허락하다, 인정하다, 시인하다.

▶ (모든=all=al)+(low=낮은)=모든 낮은 소리도 인정[시인]하다.

올라우(=올라오)

[암] 나무에 **얼라우**하며 **허락하다**.

(allow)

高 **allowance** [əláuəns]

[명] 수당, 급여액, 용돈

▶ allow(허락하다)+ance(명사 어미)=allowance(허락하며 주는 것)수당, 용돈)

大 **allude** [əlúːd]

[동] 암시하다, 언급하다.

요리사가 어류 들고

[암] **쿡**이 **싱**싱한 **물건**임을 **어류 드**고 **언급하다**.

(cook) (thing) (allude)

大 **allure** [əlúər]

[동] 꾀다, 유혹하다.

(고기를)어를 누어(서)

[암] 미끼로 **얼 루어 유혹하다**.

(allure)

大 **allurement** [əlúərmənt]

[명] 유혹, 매혹, 유혹물

▶ allure(꾀다, 유혹하다)+ment(명사 어미)=allurement(유혹, 매혹, 유혹물)

大 **allusion** [əlúːʒən]

[명] 언급; 암시, 풍자

▶ allu(de)(암시하다,언급하다)+sion(추상명사를 만듦)=allusion(암시, 언급, 풍자)

大 **allusive** [əlúːsiv]

[형] 넌지시 비추는, 암시적인

▶ allus(ion)(암시)+ive(형용사를 만듦)=allusive(암시적인, 넌지시 비추는)

高 **ally** [əlái, ǽlai]

[동] 동맹(제휴)시키다, 동맹하다.

얼 아이들이

[암] 갱에게 **얼 라이**들이 서로 **동맹하다**.

(ally)

大 **almanac** [ɔ́ːlmənæ̀k]

[명] 달력, 책력, 연감

옮아 냄새 크게

[암] **프린트 잉크**내가 **옮머 내 크게** 나는 **달력(책력)**

(print) (ink) (almanac)

高 **almighty** [ɔ́ːlmáiti]

[형] 전능한 [명] (the A-)전능하신 신

▶ (모든:all=al)+(mighty=강력한)=전능하신 신

옮아 있지

[암] 삼손 머리칼엔 **전능하신 신**의 힘이 **올마이티**.

(almighty)

大 **almond** [ɑ́:mənd, ǽlm-]

[명] 아몬드(열매, 나무), 편도선

▶ 편도선에 걸리면 목안이 아몬드 열매처럼 붓기 때문임.

中 **almost** [ɔ́:lmoust]

[부] 거의, 대체로

실올을 어미가 손을 틀어

[암] 실올 **모스(手)트**러 **거의 브러시질하다**.
(almost) (brush)

▶ It's almost time to go. 거의 갈 시각이 되었다.

大 **alms** [ɑ:mz]

[명] 보시(布施), 의연금

암주(庵主 : 암자의 중)

[암] **암-즈**에게 **보시**로 **도울 시주**를 **드리다**.
(alms) (dole)

大 **aloft** [əlɔ́(:)ft, -lɑ́-]

[부] 위에, 높이

얼어 붙으며

[암] 산 **위에 높이**올라 **얼로 프트**며…**죽었다이**
(aloft) (die)

中 **alone** [əlóun]

[형] 다만 홀로의 [부] 홀로

▶ al(=all)+one=오직, 홀로

얼 놓은

[암] **오직 홀로 얼 로운 마담**.
(alone) (madam)

中 **along** [əlɔ́:ŋ / əlɔ́ŋ]

[전] ~을 따라서 [부] 따라서, 함께

어! 농담 익살

[암] **어! 롱(弄)을 따라서 함께**하는 **개그**.
(along) (gag)

大 **alongside** [əlɔ́:ŋsáid]

[전] ~의 곁에 [부]~과 나란히

▶ along(~을 따라서)+side(측면)=alongside(~의 곁에, ~과 나란히)

高 **aloud** [əláud]

[부] 큰 소리로, 소리를 내어

▶ a(=on)+loud(소리 높여)=aloud(큰소리로)

어! 라우(나체의 벗)들이

[암] **어! 라우(裸友)드**리 **큰 소리로 데모하다**.
(aloud) (demo)

中 **alphabet** [ǽlfəbèt / -bit]

[명] 알파벳, 자모

大 **alphabetic, ical** [æ̀lfəbétik]

[형] 알파벳의, 알파벳순의(을 쓴)

▶ alphabet(알파벳)+ic, ical(…의, …을 쓴)=alphabetic-ical(알파벳의, 알파벳순의[을 쓴])

大 **Alpine** [ǽlpain, -pin]

㉑ 알프스 산맥의

암 **앨 파인 알프스 산맥의 어스**선한 **흙에 파묻다.**
(애를 (푹)파인 = Alpine) (어수선한 = earth)

大 **alpine** [ǽlpain, -pin]

㉑ 높은 산의

암 **앨 파인 높은 산의 어스**선한 **흙에 파묻다.**
(애를 (푹)파인 = alpine) (어수선한 = earth)

高 **Alps** [ælps]

명 [the]알프스 산맥

中 **already** [ɔːlrédi]

부 이미, 벌써

▶ (모든=all=al)+(ready=준비가 된)=이미, 벌써

암 **레디고**에 따라 **이미 올레디**하다.
(준비 땅 = ready go) ((전부)all ready(준비) = already)

中 **also** [ɔ́ːlsou]

부 ~도 또한, 역시

암 **그도 또한 역시 올소**(옳소)
(also)

高 **altar** [ɔ́ːltər]

명 제단, 제대, 성찬대

암 **무덤**에 두**툼**히 **제단**을 쌓음은 **옳터**(옳다).
(tomb) (altar)

高 **alter** [ɔ́ːltər]

동 변경하다, (모양·성질 등을) 바꾸다, 개조하다.

암 불도우저로 **올 터**를 **개조하여 바꾸다.**
(all(모든) 땅을 = alter)

▶ I altered my plan. 나는 계획을 변경했다.

大 **alteration** [ɔ̀ːltəréiʃən]

명 개조, 변경

▶ alter(개조하다, 변경하다)+ation(동작 · 결과 상태를 나타내는 명사 어미)=alteration(개조, 변경)

大 **alternate** [ɔ́ːltərnèit, ǽl-]

동 교대(교체)하다, 번갈아하다. 형 번갈아하는, 하나 걸러의

명 ((미)) 대리인,보결

암 불도우저 작업을 **올터 내(內) 이(2)트**기와 **교대하며 번갈아 하다.**
(모든 땅 안에서 이(2) 트기와 = alternate)

大 **alternation** [ɔ̀ːltərnéiʃən, ǽl-]

명 교체, 교대

▶ alternat(e) (번갈아 하는)+ion(명사 어미)=alternation(교체, 교대)

高 **alternative** [ɔːltə́ːrnətiv, æl-]

(형) 어느 한쪽의 (명) 대안, 다른 방도

▶ alternat(e)(번갈아 하는, 교대하다)+ive(형용사 어미)=alternative(어느 한쪽의, 대안)

中 **although** [ɔːlðóu]

(접) 비록 ~일지라도

올 해도 잘 싸우자
(암) **올도 비록** 추울 **지라도 파이팅하자**.
(although) (fighting)

▶ Although it is raining, I will go.
비가 오더라도 나는 갈 것이다.

高 **altitude** [ǽltitjùːd]

(명) 높이, 해발; 고도

▶ alti(=high)+tude(명사 어미)=높이, 해발, 고도

애를 티 추슬러 드게
(암) **높이 앨티(T) 츄우드**게 해 **고도**를 **체크하다**.
(altitude) (check)

▶ at high altitude 높은 고도로

高 **altogether** [ɔ̀ːltəgéðər]

(부) 전적으로, 다합하여, 전부해서

실올 털게
(암) 실 **올 터게 더 전적으로 브러쉬(솔)질하다**.
(altogether) (brush)

▶ Altogether, it was a successful party.
대체로 성대한 연회였다.

高 **aluminium** [æ̀ljumíniəm]

aluminium = aluminum.

高 **aluminum** [əlúːmənəm]

(명) ((미)) 알루미늄(금속원소)

中 **always** [ɔ́ːlweiz, -wiz, -wəz]

(부) 항상, 언제나

올해 심은 오이 있음을
(암) 온실에는 **항상 올 외이스**를 **인(人)폼**잡고, **알리다**.
(always) (inform)

▶ He is always in a hurry. 그는 항상 서두른다.

中 **am** [am, æ̀m, ǽm]

Be의 1인칭 • 단수, 직설법 • 현제

高 **A.M** [éiém]

오전(ante meridiem의 약어)

▶ ante(이전의 뜻)+meridiem(정오의 뜻)=A.M(오전)

高 **amateur** [ǽmətʃùər, æ̀mətə́ːr]

(명) 비전문가, (예술 • 운동 따위의) 아마추어; 호사가(好事家)

(형) 아마추어의

▶ an amateur golfer 아마추어 골퍼

A

高 **amaze**
[əméiz]

Ⓢ 깜짝 놀라게 하다.

▶ a(= on) + amze(당황) = amaze(깜짝 놀라게 하다)

㊞ 애가 **어! 매 이즈**음 **깜짝 놀라게 하다**.
(amaze)

▶ be amazed at[by] …에 깜짝 놀라다.

高 **amazement**
[əméizmənt]

명 놀람, 경탄

▶ amaze(몹시 놀라게 하다) + ment(명사 어미) = amazement(놀람, 경탄)

高 **amazing**
[əméiziŋ]

형 놀랄 만한, 굉장한

▶ amaz(e)(몹시 놀라게 하다) + ing(동명사를 만듦) = amazing(놀랄 만한, 굉장한)

大 **Amazon**
[ǽməzàn / -zɔ̀n]

명 ((그 神))아마존((용맹스러운 여전사(女戰士)), (the~) 아마존 강

高 **ambassador**
[æmbǽsədər]

명 대사, 사절

"M"배 서더니
㊞ **대사 사절**이 탄 **엠배 서더**니 때가 **임박**해 **출항하다**.
(ambassador) (embark)

▶ be appointed ambassador to the U.S.
주미 대사에 임명되다.

大 **ambiguity**
[æ̀mbigjúːəti]

명 애매[모호]함

"M" 비구니었지
㊞ 그는 국적이 **애매(모호)**한 **엠(M)비규 어티**
(ambiguity)

大 **ambiguous**
[æmbígjuəs]

형 애매한, 분명치 못한, 모호한

▶ ambigu(ity)(애매한, 모호함) + ous(형용사 어미) = ambiguous(애매한, 모호한)

高 **ambition**
[æmbíʃən]

명 야심, 야망

M자 비석 선
㊞ **엠비(碑)션** 곳에서 외치는 **야심**가.
(ambition)

▶ Tom has great ambitions. 톰은 큰야망을 품고 있다.

高 **ambitious**
[æmbíʃəs]

형 야심을 품은, 열망하는

▶ ambiti(on)(야심) + ous(형용사 어미) = ambitious(야심을 품은, 열망하는)

▶ an ambitious plan 야심적인 계획

大 **ambulance**
[ǽmbjuləns]

명 구급차, 앰뷸런스

▶ Call an ambulance! 구급차를 불러라!

大 **ambush** [ǽmbuʃ]

명 매복, 잠복 동 숨어서 기다리라

M씨를 부쉬려고(부수다의 방언)

암 깡패가 **엠 부쉬**려고 **잠복**해 **숨어서 기다리다.**

(ambush)

大 **ambusher** [ǽmbuʃər]

명 매복자, 복병

▶ ambush(숨어서, 기다리다, 매복하다) + er(사람을 뜻하는 명사 어미) = ambusher(매복자, 복병)

大 **amen** [éimén, ɑ́ː-]

감 아멘(기독교에서 기도 끝에 하는 말)

그렇게 되어지이다 (so be it!)의 뜻

高 **amend** [əménd]

동 고치다, 수정하다

▶ a(= out of) + mend(= error 잘못, 착오)
= amend(수정하다)

고기를 만들다의 (사투리)

암 애가 **어(魚)맨드**러 놓고 **수정하다.**

(amend)

▶ an amended bill 수정안

高 **amendment** [əméndmənt]

명 개정, 수정(안), 고침.

▶ amend(고치다, 수정하다) + ment(명사를 만듦) = amendment(고침, 수정, 개정)

▶ propose an amendment to a law 법률의 수정안을 내다.

大 **amends** [əméndz]

명 *pl*(單・複数취급) 배상, 보상

▶ amend(수정하다, 개정하다) → 법을 수정해 배상하다 + s(명사를 만듦) = amends(배상 보상)

大 **amenity** [əménəti / əmínəti]

명 기분에 맞음, 쾌적함, 나긋나긋함, 상쾌함

어양이 민어가 새겨진 티를

암 미스 **어(魚) 민어 티(T)**를 입고 **상쾌함**을 **엔조이하다.**

(amenity) (enjoy)

中 **America** [əmérikə]

명 아메리카(합중국)

大 **American** [əmérikən]

형 아메리카의, 미국의, 아메리카 사람(원주민)의

명 아메리카 사람, 원주민, 아메리카 영어

▶ Americ(a)(아메리카[합중국]) + an(…의, …사람[의]) = American(아메리카의, 아메리카 사람의)

大 **amiable** [éimiəbəl]

형 사랑스러운; 상냥한, 온화한

▶ ami(= love) + able(= can)

애가 이미 業을(=직업을) 식당 음식시중

암 **상냥한 애 이미 어블** 택해 **홀 서빙을 하다.**

(amiable) (hall) (serving)

大 **amicable** [ǽmikəbl]

형 우호적인, 친화적인

애미가 컵을(cup을 연관시켜 기어할 것)

암 **우호적인 애미 컵블 세어 분배하다.**
(amicable) (share)

高 **amid** [əmíd]

전 ~의 한복판에, ~의 사이에

▶ a(= on) + mid(middle) = amid(= amidst ~의 한복판에)

어미들이

암 애들 **한복판**에 선 **어미드**리 **플레이하다.**
(amid) (play)

▶ amid shouts of joy 환호속에

高 **amidst** [əmìdst]

전 ~의 사이에(= amid),~의 한복판에

▶ amid(…한복판에, …사이에) + st(…의 복판에) = amidst(…의 사이에, …의 한복판에)

大 **amiss** [əmís]

부형 나쁘게, 언짢게, 어긋나서

▶ (부사 형용사를 만듦 = a) + (miss = 놓치다, 못맞치다) = amiss(나쁘게, 언짢게, 어긋나서)

大 **ammonia** [əmóunjə, -niə]

명 암모니아((기체)), 암모니아수(水)

大 **ammunition** [æ̀mjuníʃən]

명 군수품, 탄약, 병기, 무기

애를 물어서 선수쳐

암 개가 **애 뮨니 션** 수쳐 **탄약**이 든 **병기 피스톨로 사살하다.**
(ammunition) (pistol)

大 **amoeba** [əmí:bə]

명 아메바, ((俗)) 아무 쓸모가 없는 사람

中 **among** [əmʌ̀ŋ]

전 ~중에, ~의 가운데에

고기의 사투리

암 **어망 가운데에** 잡힌 **늪지의 괘기.**
(among) (quaggy)

▶ Among them was kim. 그들 가운데에는 김도 있었다.

大 **amongst** [əmʌ̀ŋst]

전 = among (의 가운데)

▶ among(…중에, …의 가운데에) + st(강조의 뜻) = amongst(…의 가운데)

中 **amount** [əmàunt]

동 총계 ~이 되다. 명 양, 액

고기가 마운트(=산 : mount)

암 **어(魚)마운트**같어 쌓여 **총계**가 (수 톤)**이 되다.**
(amount)

▶ The whole amounts to $100. 총액이 100달러에 이른다.

大 **ampere** [ǽmpiər]

명 [電] 암페어(전류의 단위)

高 **ample** [ǽmpl]

형 충분한, 넉넉한, 풍부한, 넓은

앰 마크 풀
암 접착력이 **충분한(풍부한)** 삼성 **앰(M) 플**.
(ample)

▶ an ample supply of coal 충분한 석탄 공급

高 **amplify** [ǽmplifài]

동 확대하다, 상세히 설명하다, 부연하다

▶ ampl(e) → i(넓은, 충분한) + fy(만들다) = amplify(확대하다, 부연하다, 상세히 설명하다.)

▶ amplify a statement 자세하게 설명하다.

高 **amuse** [əmjúːz]

동 ~을 즐겁게 하다, 재미나게 하다.

어! 무주
암 **어!뮤즈** 구천동이 관객을 **즐겁게 하다**.
(amuse)

▶ amuse greatly 매우 즐겁게 하다.

高 **amusement** [əmjúːzmənt]

명 즐거움

▶ amuse(즐겁게 하다) + ment(명사를 만듦) = amusement(즐거움)

▶ I play the piano for amusement. 나는 재미로 피아노를 친다.

高 **amusing** [əmjúːziŋ]

형 즐거운, 재미있는, 유쾌한

▶ amus(e)(즐겁게 하다) + ing(형용사를 만듦) = amusing(즐거운, 재미있는, 유쾌한)

大 **analogous** [ənǽləgəs]

형 유사한, 닮은, 비슷한

▶ analog(y)(유사, 닮음, 비슷함) + ous(형용사 어미) = analogous(유사한 닮은 비슷한)

高 **analogy** [ənǽlədʒi]

명 유사, 흡사 유사(성), 유추(類推)

고기를 내어 쥐고
암 어항에서 **어(魚)내러 쥐**고 **유사성**을 **체크하다**.
(analogy) (check)

▶ an analogy between two things 두 물건 사이의 유사성

高 **analysis** [ənǽlisis]

명 분석, 분해, 해석

개수대 고기를 내리 씻으며
암 **싱크대**에서 **어(魚) 내리 시스**며 **분해**하네.
(sink) (analysis)

▶ in the last analysis 결국, 요컨대

大 **analyst** [ǽnəlist]

명 분석(분해)자, 애널리스트, 정신 분석(학)자

▶ analy(sis)(분석, 분해) + st(= ist…하는 사람) = 분석(분해)자, 정신 분석(학)자

▶ financial analyst 재정 분석가

A

大 **analytic** [ǽnəlítik]

[형] 분해의, 분석적인

▶ analy(sis)(분석, 분해) + ic(= tic …의) = analytic(분해의, 분석적인)

高 **analyze** [ǽnəlàiz]

[동] 분석하다, 조사하다, 분해하다.

▶ analy(sis)(분해, 분석) + ze(동사를 만드는 어미) = analyze(분해하다, 분석하다, 조사하다)

▶ We can analyze water into oxygen and hydrogen.
물을 산소와 수소로 분해할 수 있다.

大 **anarchy** [ǽnərki]

[명] 무정부상태, 무질서

▶ an(= without) + archy(= leader) = anarchy(무정부 상태)

[암] **무정부 상태**라 **무질서**하게 대학에 **애 넣키**하네.
(anarchy)

高 **anatomy** [ənǽtəmi]

[명] 해부학, 해부술, 해부(학)

민어(漁)를 네 더니(=등분)으로
[암] **인색한**자가 **민어(魚) 네 터미**로 베어 **해부**하네.
(mean) (anatomy)

▶ human anatomy 인체 해부학

高 **ancestor** [ænsestər]

[명] 조상, 선조, 원형

애는 세수 터를 만들듯의 방어
[암] **선조**때 **원형**으로 **앤 세스 터**를 **맨드**듯 **수리하다**.
(ancestor) (mend)

▶ My ancestors were Italian.
나의 조상은 이탈리안이었다.

大 **ancestral** [ænséstrəl]

[형] 조상(대대로)의

▶ ancest(o)r(조상) + al(…의) = ancestral(조상[대대로]의)

大 **ancestry** [ǽnsestri, -səs-]

[명] 조상, 선조

▶ ancest(or)(조상, 선조) + ry(명사 어미) = ancestry(조상, 선조)

高 **anchor** [ǽŋkər]

[명] 닻 믿는 것 [동] 닻을 내리다, 정박하다.

[암] **앵커**맨이 **닻을 내리다(정박하다)**.
(anchor)

▶ cast[drop] anchor 닻을 내리다, 정박하다.

大 **anchorage** [ǽŋkəridʒ]

[명] 닻내림, 정박, 정박지

▶ anchor(닻, 닻을 내리다) + age(명사 어미) = anchorage(닻내림, 정박, 정박지)

大 **anchor-man** [ǽŋkər-mæn]

[명] 중심 인물, 앵커맨

▶ anchor(닻, 닻을 내리다) + man(사람)
→ 닻을 내리는 사람 = anchor-man(중심 인물, 앵커맨)

高 **ancient** [éinʃənt]

㉑ 고대의, 옛날의 ㉑ 노인

㊙ **옛날의 애인 션트**시 맞는 **올드미스**. (애인 션뜻이 = ancient, 노처녀 = old-miss)

▶ ancient history 고대의 역사

中 **and** [ænd, ənd]

㉑ ~와, 그리고

▶ Bill and Tom are good friends. 빌과 톰은 친한 친구다.

高 **anecdote** [ǽnikdòut]

㉑ 일화, 기담

㊙ 삼손은 힘센 **애니 크도 우(牛)트**러 이긴 **일화**가 있다. (아이니 그도 우(소를) 틀어 = anecdote)

▶ anecdotes about Abe Lincoln 링컨의 일화

大 **anemone** [ənéməni]

㉑ ((植))아네모네, ((動))말미잘(sea~)

大 **anew** [ənjúː]

㉑ 새로이, 다시 한 번, 다시

▶ (부사를 만듦 = a) + (new = 새로운) = anew(새로이, 다시 한 번, 다시)

高 **angel** [éindʒəl]

㉑ 천사; 수호신

㊙ **천사**같은 **애인 절** 받고 **팁을 주다**. (애인 절 = angel, 팁 = tip)

▶ a guardian angel 수호천사

大 **angelic,-ical** [ændʒélik]

㉑ 천사의, 천사와 같은

▶ angel(천사) + ic, ical(…의) = angelic,-ical(천사의, 천사와 같은)

高 **anger** [ǽŋgər]

㉑ 노여움, 화

㊙ **노여움**에 앵**앵거**리는 **와이프**. (앵거 = anger, 와이프 = wife)

▶ His act caused my anger. 그의 행동이 나를 화나게 했다.

高 **angle**[1] [ǽŋgl]

㉑ 각, 각도, 모

㊙ **카메라 앵글(각도)**을 맞추다. (camera) (angle)

▶ a right angle 직각, a sharp angle 뾰족한 각

高 **angle**[2] [ǽŋgl]

㉑ 낚시 ㉑ 낚시질하다.

㊙ 릴 **낚시**대를 30도 **앵글(각도)**로 하여 **낚시질하다**. (angle)

▶ angle for trout 송어 낚시를 하다

A

大 **angler** [ǽŋglər]

㉮ 낚시꾼, [魚] 아귀

㉰ angl(e)(낚시) + er(…사람) = angler(낚시꾼, [魚] 아귀)

大 **Anglican** [ǽŋglikən]

㉻ 영국 국교의, 성공회의, 잉글랜드의

㉮ 영국 국교도

大 **Anglo-American** [ǽŋglou-əmérikən]

㉮ ㉻ 영미(간)의, 영국계 미국인(의)

高 **Anglo-Saxon** [ǽŋglou-sǽksn]

㉮ 앵글로 색슨 사람(민족) ㉻ 앵글로 색슨 사람[어]의

高 **angrily** [ǽŋgrili]

㉫ 성나서, 노하여, 화내어

▶ angr(y)→i (화 노여움) + ly(부사를 만듦) = angrily(성나서, 노하여, 화내어)

中 **angry** [ǽŋgri]

㉻ 성난, 화를 내는

깡그리 여자친구

㉰ **앵그리 성난 걸프랜드.**

(angry) (girl-friend)

▶ He was angry with his son. 그는 아들에게 화를 냈다.

大 **anguish** [ǽŋgwiʃ]

㉮ 고민, 고뇌 ㉯ 심히 괴롭히다.

(가슴에) 안기시다의 사투리

㉰ **고민**을 가슴에 **앵귀쉬**어 **심히 괴롭히다.**

(anguish)

大 **angular** [ǽŋgjulər]

㉻ 모서리가 있는, 모난

▶ (모 각도 = ang[le]) + (ular = 형용사를 만듦) = angular(모서리가 있는, 모난)

中 **animal** [ǽniməl]

㉮ 동물, 짐승

㉰ **짐승**같은 **애니 뭘 악어**같이 **먹어.**

(animal) (mugger)

▶ Man is a social animal. 인간은 사회적인 동물이다.

大 **animate** [ǽnimèit]

㉯ 활기를 주다, 고무하다, 생명을 불어넣다.

애님에 이(2) 트기가

㉰ 기절한 **애니메 이 트**기가 **생명을 불어넣다.**

(animate)

大 **animation** [æ̀niméiʃən]

명 생기, 활기, 활발, 만화영화

▶ animat(e)(생명을 불어넣다, 활기를 주다) + ion(명사 어미) = animation(생기, 활기, 만화영화)

高 **ankle, ancle** [ǽŋkl]

명 복사뼈, 발목 자 (美俗)어슬렁어슬렁 걷다.

앵무새 끌려

암 **발목**끈을 **앵(鸚)클**러 **어슬렁어슬렁 걷다.**

(ankle)

大 **annals** [ǽnəlz]

명 (*pl*. 연대기), (역사의) 기록, 연보

애가 널(관) 주워

암 **애 널 즈**워 밝힌 **(역사의) 기록 연보**

(annals)

大 **annex** [ənéks, æn-]

타 부가하다, 첨부하다. 명 부가물

어! 냇수(水)[=냇물]

암 **샴푸**를 **어! 낵스(水)**에 **부가물**로 **첨부하다.**

(shampoo) (annex)

大 **annihilate** [ənáiəlèit]

동 전멸시키다; 패배시키다.

레슬링선수를 어! 나이 어리여 이틈에

암 **레슬러**를 **어! 나이 어레 이트**메 **패배시키다.**

(wrestler) (annihilate)

大 **annihilation** [ənàiəléiʃən]

명 전멸, 절멸, 폐지

▶ annihilat(e)(전멸시키다) + ion(명사 어미) = annihilation(전멸, 절멸, 폐지)

高 **anniversary** [æ̀nivə́ːrsəri]

명 기념일, 기념제

▶ anni(= 일년) + vers(= turn 돌아오다) + ary(명사 어미) = anniversary(기념일)

애니 벗으리

암 개구쟁이 **애니 버서리** 옷을 **기념일**에도...

(anniversary)

中 **announce** [ənáuns]

동 알리다, 발표하다

▶ an(= to) + nounce(= report) = announce(발표하다)

암 **뉴스**를 **어나운스**가 **발표하다.**

(news) (announce)

▶ announcer(= 아나운서)와 구별하여 기억할 것

高 **announcement** [ənáunsmənt]

명 공고; 발표

▶ announce(알리다, 발표하다) + ment(명사를 만듦) = announcement(공고, 발표)

高 **announcer** [ənáunsər]

명 아나운서, 방송원, 고지자, 발표자

▶ announc(e)(알리다) + er(…하는 사람) = announcer(아나운서, 방송원, 고지자, 발표자)

高 **annoy** [ənɔ́i]

[동] 괴롭히다, 못살게 굴다.

[암] **어! 노이**로제 병이 늘 **괴롭히다**.
(annoy)

▶ That annoys me. 저건 골칫거리이다, 저것이 나를 괴롭히다.

大 **annoyance** [ənɔ́iəns]

[명] 성가심, 불쾌감, 괴로움

▶ annoy(괴롭히다) + ance(명사 어미) = annoyance(성가심, 불쾌감, 괴로움)

大 **annoying** [ənɔ́iiŋ]

[형] 성가신, 귀찮은, 지겨운

▶ annoy(괴롭히다) + ing(동명사를 만듦) = annoying(성가신, 귀찮은, 지겨운)

高 **annual** [ǽnjuəl]

[형] 1년의, 해마다의, 연1회의

▶ annu(= year) + al(형용사 어미) = annual(1년의)

애가 유월(6월) (생일)파티를
[암] **애 뉴월**마다 **연1회의 파티를 열다**.
(annual) (party)

大 **annually** [ǽnjuəli]

[부] 해마다, 연년이, 연1회

▶ annual(해마다의) + ly(부사를 만듦) = annually(해마다, 연년이, 연1회)

大 **anoint** [ənɔ́int]

[타](상처에) 기름을 (연고를) 바르다, 성식(聖式)에서 기름을 뿌리다.

[암] **어! 노인 트**는 살갗에 **기름을(연고를)바르다**.
(anoint)

大 **anonymous** [ənɑ́niməs, ənɔ́ni-]

[형] 무명의, 이름없는, 작자 불명의, 세상에 알려져 있지 않는

고기가 노니 머슴이
[암] 물에 **이름 없는 어(魚) 노니 머스**미 **가**에서 **보더**(다)
(anonymous) (border)

中 **another** [ənʌ́ðər]

[형] 또 하나의 [대] 도 다른 한 개

[암] **또 다른 하나의 언어(言語)더** 하지.
(another)

▶ Let's go to another place. 다른 데로 가자.

中 **answer** [ǽnsər, ɑ́ːn-]

[동] 대답하다. [명] 대답, 해답

[암] **안써**놓은 **해답**을 **대답하다**.
(answer)

▶ answer a letter 편지에 답장을 보내다.

大 **answerable** [ǽnsərəbəl, ɑ́ːn-]

[형] 대(답)할 수 있는, 책임이 있는

▶ answer(대답하다) + able(…할 수 있는) = answerable(대[답]할 수 있는, 책임이 있는)

中 **ant** [ænt]

[명] 개미

애는 틀어

[암] **개미**를 **앤 트**러 **보더**니 **괴롭히다**.

(ant) (bother)

大 **antagonism** [æntǽgənìzəm]

[명] 반대, 적대, 반항

▶ ant(= against) + agon(= contest 경쟁) + ism(명사 어미)

암소에 애는 태를 거니 점점

[암] **카우**에 그 **앤 태 거니 점**점 **반항**하네.

(cow) (antagonism)

大 **antagoist** [æntǽgənist]

[명] 반대자, 경쟁자, 적대자

▶ ant(= against) + ago(= contest 경쟁) + ist(…하는 사람)

= antagoist(반대자, 경쟁자, 적대자)

高 **antarctic** [æntɑ́ərktik]

[형] 남극(지방)의 [명] 남극 지방

애는 타 크게 틱!

[암] 속이 **남극지방 앤 타 크 틱!** 쓰러져

(antarctic)

大 **Antarctica** [æntɑ́:rktikə]

[명] 남극 대륙

[암] antarctic(남극의, 남극) + a(명사를 뜻함) = Antarctica(남극 대륙)

高 **antecedent** [æ̀ntisí:dənt]

[형] 앞서는 선행의 [명] 선행자, 선행사(문법)

애는 티를 쉬던 틀에

[암] 센스가 **앞서는 앤 티 쉬던 트**레 **단**을 **감치다**.

(antecedent) (darn)

高 **antenna** [ænténə]

[명] 안테나, (動)촉각, 더듬이

▶ a radio antenna. 라디오 안테나

大 **antennal** [ænténəl]

[형] 촉각의

▶ antenn(a)(안테나, 촉각) + al(형용사를 만듦, …의) = antennal(촉각의)

大 **anterior** [æntíəriər]

[형] (때, 사건) 전의, 먼저의

애는 튀어 이여

[암] **(사건)전에 앤 튀어 리어 선**수쳐 **피하다**.

(anterior) (shun)

高 **anthem** [ǽnθəm]

[명] 성가, 찬송가, 축가 [타] 성가(찬송가)로 찬양하다.

(아이는=)애는 섬을

[암] **독도**에서 **앤 섬**을 **성가(찬송가)로 찬양하다**.

(Dokdo) (anthem)

大 **anthology**
[ænθɑ́lədʒi / -θɔ́l-]

명 명시 선집, (한 작가의) 선집

애는 사려고 하지
암 **명시 선집**을 **앤 사러 지**
(anthology)

大 **anthropologist**
[æ̀nθrəpɑ́lədʒist / -pɔ́l-]

명 인류학자

▶ anthropolog(y)(인류학) + ist(…하는 사람) = anthropologist(인류학자)

大 **anthropology**
[æ̀nθrəpɑ́lədʒ / -pɔ́l-]

명 인류학 [神,哲] 인간학

▶ anthropo(사람, 인류의) + logy(학문) = 인류학

애는 쓸어 팔로 쥐고 쏘옥
암 해골을 **앤 스러 팔러쥐**고 **인류(인간)학**에 **쏙 잠기다**.
(anthropology) (soak)

高 **anticipate**
[æntísəpèit]

동 예기(예상)하다

애는 달아나서, 패거리 2트기가
암 갱패 **앤 튀서, 패 이트**기가 간 곳을 **예상하다**.
(anticipate)

▶ I did not anticipate a refusal. 거절당하리라고 는 생각하지 않았다.

高 **anticipation**
[æntìsəpéiʃən]

명 예기, 예상

▶ anticipat(e)(예상(예기)하다) + ion(명사 어미) = anticipation(예기, 예상)

▶ Take your umbrella in anticipation of rain. 비가 올지 모르니 우산을 갖고 가시오.

大 **anticommunist**
[æ̀ntikɑ́mjunist, -kɔ́m-]

형 방공의 명 반공주의자

▶ anti(반대, 적대, 대항의 뜻) + communist(공산주의자) = anticommunist (반공의, 반공주의자)

大 **antihuman**
[æ̀nihjúːmən / -juː-]

형 인간에게 반항하는, 항인(抗人)의

▶ anti(반대,적대,대항의 뜻) + human(인간) = antihuman(인간에게 반항하는, 항인(抗人)의)

大 **antimissile**
[æ̀ntimísəl / æ̀ntimísail]

형 미사일 방어용(요격용)의 명 대(對)탄도 미사일 무기

▶ anti(반대, 적대, 대항의 뜻) + missile(미사일) = antimissile(미사일 방어용(요격용)의, 대(對)탄도 미사일 무기)

大 **antinational**
[æ̀ntinǽʃənəl]

형 반국가적인, 반국가주의의

▶ anti(반대, 적대, 대항의 뜻) + national(국가적인) = antinational(반국가적인, 반국가주의의)

大 **antipathy**
[æntípəθi]

명 반감, 비위에 안 맞음, 혐오

▶ anti(반대, 적대, 대항의 뜻) + pathy(감정, 고통) = 반감, 혐오

애는 티끌을 퍼쉬 삽을
암 **반감**있는 **앤 티퍼쉬 쉬블**들고 **삽질하다**.
(antipathy) (shovel)

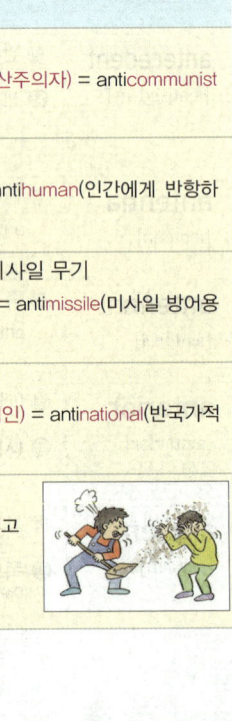

A

大 **antique** [æntíːk]

㉠ 옛날의, 오래된, 고대의 ㉡ 고풍을 나타내다.

애는 티 크다란
암 **앤 티 크**다란 **고대의** 걸 입어.
(antique)

大 **antiquity** [æntíkwiti]

명 먼 옛날; 고대, 낡음

▶ antiqu(e)(고대의) + ity(추상명사 어미) = antiquity(고대, 먼 옛날)

高 **antonym** [ǽntənìm]

명 반의어, 반대말

애는 땅주인님(=지주)
암 소작인이 **앤 터님**의 **반대말**이냐고 **스승**님께 **물어**
(antonym) (mulla(h))

▶ 'Hot' is the antonym of 'cold'. 「hot」은 「cold」의 반의어다.

大 **anvil** [ǽnvəl]

명 모루

애는 벌겋게 달군 쇠를
암 대장장이 **앤 벌**건 쇠를 **모루**에 놓고 **해머로 치다**.
(anvil) (hammer)

高 **anxiety** [æŋzáiəti]

명 근심, 걱정, 갈망, 열망

앵자가 이여 티(T)
암 **걱정 근심**하며 **앵자 이여티 패션 쇼를 보이다**.
(anxiety) (fashion)(show)

▶ He is all anxiety. 그는 몹시 걱정하고 있다.

高 **anxious** [ǽŋkʃəs]

형 걱정되는, 근심하는

앵! 뀌셨으니
암 **미스**가 **걱정되는** 방귀를 **앵!크셔**스니…
(Miss) (anxious)

大 **anxiously** [ǽŋkʃəsli]

부 근심하여, 걱정하여

▶ anxious(근심하는) + ly(부사를 만듦) = anxiously(근심하여, 걱정하여)

中 **any** [éni, əni]

형 대 어떤, 조금도, 어떠한~라도

암 **길동**이는 **어떠한** 것이 **라도** 하는 **애니**?
(Kildong) (any)

▶ Do you have any pencils? 연필을 가지고 있느냐?

中 **anybody** [énibàdi, -bʌ̀di / -bɔ̀di]

대 누구든지, 누군가, 아무도

▶ any(어떤) + body(몸) = anybody(누구든지, 누군가, 아무도)

高 **anyhow** [énihàu]

부 어떻게 해서든지, 아무리 해도, 아무튼

▶ any(어떤, 누구도) + how(어떻게) = anyhow(어떻게 해서든지, 아무리해도, 아무튼)

A

高 **anymore** [ènimɔ́ːr]

[부] 더 이상, 이제는

▶ any(어떤) + more(보다 더) = anymore(이제는, 더 이상)

아이니 모아
[암] (구두쇠)**애니 모어 이제는 더 이상** 넣어
(anymore)

中 **anyone** [éniwʌ̀n, -wən]

[대] 누군가, 누구든

▶ any(어떤, 누구도) + one(사람) = anyone(누군가, 누구든)

▶ Can anyone answer my question? 누군가 내 질문에 대답 할 수 있니?

中 **anything** [éniθìŋ]

[대] 무엇이든, 무엇이고, 아무것도

▶ any(어떤) + thing(물건) = anything(무엇이든, 무엇이고, 아무것도)

▶ Is there anything I can do for you? 무언가 내가 도와 줄 일이라도 있느냐?

高 **anyway** [éniwèi]

[부] 어쨌든, 아무튼

▶ any(어떤) + way(길, 방법) = anyway(어쨌든, 아무튼)

▶ He did the work anyway. 어쨌든 그는 그 일을 하기는 하였다.

高 **anywhere** [énihwɛ̀ər]

[부] 어디에도, 어디엔가, 어디든지

▶ any(어떤) + where(장소) = anywhere(어디에도, 어디엔가, 어디든지)

▶ Can you see my bag anywhere? 어디선가 내 가방 봤어요?

大 **apace** [əpéis]

[부] 급히, 속히 빨리

▶ (부사를 만듦 = a) + (pace = 걸음) = apace(걸음을 **급히[속히]**하다.)

高 **apart** [əpɑ́ːrt]

[부] 따로따로, 떨어져

[암] **따로따로 떨어져** 있는 **아파트**
(apart)

▶ They walked apart. 그들은 떨어져서 걸었다.

高 **apartment** [əpɑ́ːrtmənt]

[명] [미] 아파트

▶ apart(떨어져, 따로따로) + ment(명사 어미) = apartment(아파트)

▶ Mary lives in an apartment. 매리는 아파트에 살고 있다.

大 **ape** [eip]

[명] 원숭이 [타] 흉내내다.

애가 이 푸른
[암] **애 이 프**른 숲에 **원숭이**를 **흉내내다**.
(ape)

大 **apiece** [əpíːs]

[부] 각각, 하나하나

▶ (하나의 뜻 = a) + (piece = 조각, 단편) = apiece(각각, 하나하나)

高 **Apollo** [əpálou, əpɔ́l-]

명 아폴로(그리스 신화에 나오는 신의 이름)

大 **apologetic** [əpɑ̀lədʒétik / əpɔ̀l-]

형 변명의, 사과(사죄)의

▶ apolog(y)(사과, 사죄) + etic(= ic…의) = apologetic(변명의 , 사과(사죄)의)

高 **apologize** [əpálədʒàiz / əpɔ́l-]

동 사과하다, 변명하다.

▶ apolog(y)(사과, 변명) + ize(…화하다) = apologize(사과하다, 변명하다)

高 **apology** [əpálədʒi / əpɔ́l-]

명 사과, 변명

고기를 팔려고 쥐고

암 **어(魚) 팔러 쥐**고 **사과(변명)**하는 **보이**

(apology) (boy)

▶ a letter of apology 사과장, 사과 편지

大 **apostle** [əpásl / əpɔ́sl]

명 사도(使徒), 주창자, 개척자, 선구자

어! 팥을

암 **어! 파슬**가지고 **개척자(선구자)**가 **크림을 만들다**.

(cream)

高 **apostrophe** [əpástrəfi / əpɔ́s-]

명 아포스트로피, 생략부호

大 **appal, appall** [əpɔ́:l]

타 놀라게 하다, 섬뜩하게 하다.

어! 포를(=砲를)

암 **나폴레옹**이 **어!폴**쏘아 (적을) **놀라게 하다**.

(Napoleon) (appal)

大 **appalling** [əpɔ́:liŋ]

형 섬뜩하게 하는, 무서운, 지독한

▶ appall(놀라게 하다) + ing(현재분사 어미) = appalling(섬뜩하게 하는, 무서운, 지독한)

高 **apparatus** [æ̀pəréitəs, -rǽtəs]

명 기구, 기계, 장치

애 팔에 이 터 수차(여러차례)

암 벌초 **기계(장치)**쥔 **애 퍼레 이터 스**차 깍여.

(apparatus)

▶ a piece of apparatus 한 벌의 기계

大 **apparel** [əpǽrəl]

명 의상, 자수한 제복(祭服)

타 치장하다, 차려입다.

어패(魚貝)를(=고기와 조개를)

암 무당이 **어패(魚貝)럴 자수한 제복**을 **차려입다**.

(apparel)

高

apparent
[əpǽrənt, əpέər-]

형 명백한, 눈에 보이는, …같은(이)

암 **눈에 보이는 어(魚)패 런 트**기는 **명백한 집시**
(고기를 패려는 트기는 / apparent / Gypsy)

高

apparently
[əpǽrəntli, əpέər-]

부 명백히, 일견하여, 외관상으로는

▶ apparent(명백한) + ly(부사를 만듦) = apparently(명백히, 일견하여, 외관상으로는)

▶ It is apparently ture. 그것은 분명한 사실이다.

大

apparition
[æ̀pəríʃən]

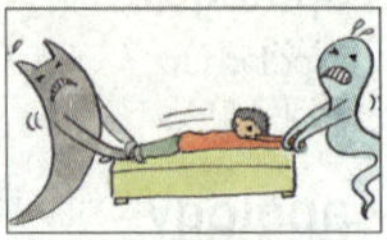

명 유령, 귀신, 허깨비, 환영

암 **귀신**과 **유령**이 당겨서 **애 퍼리 션(線)** 되게...
(애를 펴리 선(線)되게 / apparition)

高

appeal
[əpíːl]

동 호소하다, 애원하다. 명 호소, 애원

암 애가 **어필**(업힐)려고 **애원(호소)하다**.
(appeal)

▶ appeal to the sword 무력에 호소하다.

高

appear
[əpíər]

동 나타나다, ~인 듯하다, 출연하다.

암 **멍키**가 **어피어**(업히어)**나타나다**.
(monkey) (appear)

▶ appear on stage 무대에 출연하다.

高

appearance
[əpíərəns]

명 출현, 외관, 출연

▶ appear(나타나다) + ance(명사 어미) = appearance(나타나는 것 → 출현, 외관)

▶ a quest appearance 찬조출연

大

appease
[əpíːz]

타 달래다, 만족시키다.

암 **드라큐라**를 **어! 피 즈**(주)어 **달래다(만족시키다)**.
(Dracula) (appease)

大

append
[əpénd]

타 달아매다, (표찰 등을)붙이다, (서류에)추가(부가)하다.

암 **어(魚) 펜 드**고 빠트린 걸 **(서류에)추가(부가)하다**.
(어씨가 펜(pen)들고 / append)

高

appendix
[əpéndiks]

명 추가, 부가, 부속물, 부가물, 부록

▶ append(부가[추가]하다) + ix(명사 접미어) = appendix(추가, 부가, 부속물, 부가물, 부록)

▶ add an appendix to a book 책에 부록을 첨가하다.

高

appetite
[ǽpitàit]

명 식욕; 욕구

암 수프에 **애 피 타 이 트**기가 **식욕**을 그 **시기**에 **잃어**
(애가 피를 타 2 트기가 / appetite / era)

▶ have an appetite 식욕이 있다.

A

大	**appetizing** [ǽpitàitziŋ]	ⓗ 식욕을 돋우는, 맛있(어 보이)는 ▶ appeti(te) → z(식욕) + ing(형용사를 만듦) = appetizing(식욕을 돋우는, 맛있(어 보이)는)
高	**applaud** [əplɔ́ːd]	ⓓ 박수 갈채하다, 성원하다. 어씨가 풀로 들어가며 ⓐ **어(魚) 플로 드**러가며 **박수 갈채하다**. (applaud) ▶ She applauded his performance. 그녀는 그의 공연에 박수 갈채를 보냈다. 
高	**applause** [əplɔ́ːz]	ⓜ 박수 갈채, 칭찬 ▶ applau(d)(박수 갈채하다) + se(= ce 추상명사 어미) = applause(박수 갈채, 칭찬) ▶ The performance met with general applause. 그 공연(公演)은 만장의 박수 갈채를 받았다.
中	**apple** [ǽpl]	ⓜ 사과, 사과 나무, 능금 ▶ I eat an apple every day. 나는 매일 사과를 먹는다.
大	**appliance** [əpláiəns]	ⓜ 적용(물), 응용(물), 기구, 설비 ▶ appl(y) → i(적용[신청,응용]하다) + ance(명사 어미) = appliance(적용[물], 응용[물], 기구, 설비)
高	**applicable** [ǽplikəbəl, əplíkə-]	ⓗ 적용(응용)할 수 있는, 들어맞는 ▶ appl(y) → i(적용,[신청, 응용]하다) + cable(= able …할 수 있는) = applicable(적용(응용)할 수 있는, 들어맞는)
大	**applicant** [ǽplikənt]	ⓜ 응모자, 지원자, 출원자 ▶ appl(y) → i(적용[신청,응용]하다) + cant(= ant … 하는 사람) = applicant(응모자, 지원자, 출원자)
高	**application** [æ̀plikéiʃən]	ⓜ 적용, 응용, 원서, 신청(서) ▶ appl(y) → i(적용[신청,응용]하다) + cation(추상명사를 만듦) = application(적용,응용,신청[서], 원서) ▶ Y로 끝나는 동사에서는 Y를 i로 바꾸고 cation을 붙이는 경우가 많음. ▶ Fill in the application form. 지원서 내용을 기입하세요.
大	**applied** [əpláid]	ⓗ 적용된, 응용의 ▶ appl(y) → i(적용[신청, 응용]하다) + ed(형용사를 만듦) = applied(적용된, 응용의)
高	**apply** [əplái]	ⓓ (규칙을) 적용하다, 응용하다, 신청(의뢰)하다. 어! 풀아이 ⓐ **가득한 풀**을 **어! 플아이**가 **응용(사용)하다**. (full) (apply) ▶ He applied the new idea to his plan. 그는 새로운 아이디어를 자기의 계획에 적용했다. 

高

appoint
[əpɔ́int]

동 (시일 • 장소를)정하다, 임명(지정)하다.

▶ ap(= to) + point(점) = appoint(지정하다)

암 **어! 포인트** 찍을 데를 **지정하다**.
(appoint)

大

appointed
[əpɔ́intid]

형 정해진, 지정된, 임명된

▶ appoint(지정하다, 임명하다, 정하다) + ed(형용사를 만듦) = appointed(지정된, 임명된, 정해진)

高

appointment
[əpɔ́intmənt]

명 임명, 지명, (만날)약속, 예약

▶ appoint(지정하다, 임명하다) + ment(명사를 만듦) = appointment(지명, 임명,[만날]약속, 예약)

▶ I made an appointment to meet him on Sunday.
나는 일요일에 그를 만나기로 약속했다.

高

apposition
[æ̀pəzíʃən]

명 병치(竝置), 가까이 놓음, 동격(관계)

▶ (…에, 같은 = ap) + (position = 위치) → 같은 위치에 두다 = apposition(병치, 가까이 놓음, 동격[관계])

▶ a noun in apposition 동격명사

大

appreciable
[əpríːʃiəbl]

형 평가할 수 있는, 감지할 수 있는

▶ appreci(ate)((평가, 식별, 감상)하다) + able(…할 수 있는) = appreciable(평가할 수 있는, 감지할 수 있는)

高

appreciate
[əpríːʃièit]

동 감상하다, 감시하다, 평가하다

어! 풀이 씨에 이틈에
암 **어! 프리 씨에 이트**메 돋음을 **감상하다**.
(apprecate)

▶ She appreciates classical music.
그녀는 클래식 음악을 감상하고 있다.

高

appreciation
[əprìːʃiéiʃən]

명 이해, 진가, 감상, 감사

▶ appreciat(e)(감상(감사)하다, 진가(좋은점)를 인정하다) + ion(명사 어미) = appreciation(이해, 감상, 진가)

▶ appreciation fo music 음악 감상

大

appreciative
[əpríːsiətiv / -ʃièi-]

형 감상할 줄 아는, 감상적인, 눈이 높은

▶ appreciat(e)(평가[식별, 감상]하다) + ive(…한 성질을 가진) = appreciative(감상할 줄 아는, 감상적인, 눈이 높은)

大

apprehend
[æ̀prihénd]

동 이해하다, 깨닫다, 염려하다.

암호를 애가 풀이한 두(머리)로
암 **코드를 애 프리핸 드(頭)**로 **이해하다**.
(code) (apprehend)

大

apprehension
[æ̀prihénʃən]

명 이해(력), 우려, 염려, 견해

▶ apprehen(d)(이해하다, 염려하다) + sion(추상명사를 만듦) = apprehension(이해, 우려, 염려, 견해)

大 **apprentice**
[əpréntis]

명 초심자, 견습생, 견습

어! 풀엔 티끌이 수없이

암 **어! 프렌 티 스**없이 많음을 **견습생**이 **견습**해
(apprentice)

高 **approach**
[əpróutʃ]

동 접근하다, 가까워지다. 명 접근

어! 프로그램 취재를

암 **아나운서**가 **어! 프로 취**재를 위해 **접근하다**.
(announcer) (approach)

大 **approbate**
[ǽprəbèit]

타 인가[면허]하다, 시인[찬동]하다.

애가 풀어 배를 이(2) 트기와

암 묶인 배 **애 프러 배 이(2) 트**기와 타게 **인가[찬동]하다**.
(approbate)

大 **approbation**
[æ̀proubéiʃən]

명 허가, 인가, 시인, 면허, 찬동

▶ approbat(e)(인가[면허, 시인 찬동]하다) + ion(명사 어미) = approbation(인가, 면허, 시인, 찬동)

高 **appropriate**
[əpróuprièit]

동 전용하다, 횡령하다, 전유하다. 형 적당한, 적절한

어! 프로인 벗이 심심풀이에 2 트기와

암 **어!프로우(友) 프리에 이 트**기와 **적당한** 돈을
(appropriate)
횡령하다.

大 **appropriation**
[əpròupriéiʃən]

명 전유, 충당, 착복

▶ appropriat(e)(전유[충당]하다) + ion(명사 어미) = appropriation(전유, 충당, 착복)

高 **approval**
[əprúːvəl]

명 찬성; 승인, 시인

▶ approv(e)(시인(찬성)하다) + al(명사 어미) = approval(시인, 찬성)

高 **approve**
[əprúːv]

동 시인하다, 찬성(승인, 허가)하다.

▶ ap(= to) + prove(= test 시험하다) = approve(시인하다)

앞으로 부(婦)인

암 **미스**가 **엎프루 부(婦)**인 됨을 **시인하다**.
(Miss) (approve)

大 **approximate**
[əprάksəmèit / -rɔ́k-]

형 근사한, 거의 정확한 동 접근하다.

▶ ap(= to) + proxim(= nearest) + ate(형용사·동사 어미) = 접근하다

어! 부락 섬에 이틈에

암 **보트** 타고 **어! 프락 서메 이트**메 **접근하다**.
(boat) (approximate)

大 **approximation**
[əprὰksəméiʃən / -rɔ̀ksi-]

명 접근, 근사, 비슷한 것(일)

▶ approximat(e)(접근하다, 근사한) + ion(명사 어미) = approximation(접근, 근사, 비슷한 것(일))

大 **apricot** [éiprəkɑ̀t, ǽp- / -kɔ̀t]

㉮ 살구(나무), 살구빛

암 애가 풀어 코로 틀게 → **애 프러 코 트**게 해 옮긴 **살구나무** (apricot)

中 **April** [éiprəl]

㉮ 4월 [약]Apr.

암 **4월** 되니 **애 이 프럴**(애가 이 풀얼(을)) (April) **커트하다**(절단하다) (cut).

▶ April Fools' Day 만우절(4월1일)

高 **apron** [éiprən]

㉮ 에이프런, 앞치마, 행주치마

암 **애 이 프런**(애가 이 푸런(푸른)) (apron) **앞치마**를 **디자인하다** (design).

▶ put on [wear] an apron. 앞치마를 입다.

高 **apt** [æpt]

㉱ 적당한, … 하기 쉬운

암 택시가 **적당한** 곳에서 **앱 트**(앞 틀어)러 (apt) **유-턴하다** (U-turn).

▶ We are apt to make mistake 우리는 실수를 저지르기 쉽다.

大 **aptitude** [ǽptitjùːd, -titjùːd]

㉮ 적성, 재능

암 애가 **앱 티 츄우드**(앞 티 추슬러 들어)러 (aptitude) **재능(적성)**껏 **세일하다** (sale).

大 **aptitude test** [ǽptitùːd, tést]

㉮ 적성 검사

▶ aptitude(적성, 재능) + test(검사) = aptitude test(적성 검사)

高 **Arab** [ǽrəb]

㉮ 아라비아[아랍] 사람

㉱ 아라비아[아랍](사람)의

高 **Arabia** [əréibiə]

㉮ 아라비아

高 **Arabian** [əréibiən]

㉱ 아라비아(사람)의 ㉮ 아라비아인, 아라비아 말

▶ Arabi(a)(아라비아) + an(…의, …사람[말]) = Arabian(아라비아의, 아라비아인, 아라비아 말)

大 **Arabic** [ǽrəbik]

㉱ 아라비아의, 아라비아 사람의, 아라비아어(글자)의

▶ Arab(아라비아 사람) + ic(…의) = Arabic(아라비아의, 아라비아 사람의, 아라비아어(글자)의)

大 **arbitrary** [ɑ́ːrbitrèri / –trəri]

㉧ 임의의, 제멋대로의

아이를 비틀어리

㉰ 골 빈 애들이 제멋대로. 아(兒) 비트러리.

(addle) (arbitrary)

大 **arbor** [ɑ́ːrbər]

((英)) arbour ㉢ 정자, 나무그늘, 휴게소

아(아이)버린

㉰ 휴게소 정자에 아(兒) 버린 거리의 매춘부

(arbor) (girlie)

高 **arc** [ɑːrk]

㉢ 호(弧), 아아크, 활모양

아이가 크다랗게

㉰ 아(兒)–크 다랗게 그린 활모양의 호(弧)

(arc)

大 **arcade** [ɑːrkéid]

㉢ 아케이드, 유개(有蓋) 가로(상점가)

지붕이 있는 길가

㉰ 유개(有蓋)가로 상점가인 아케이드 상가

(arcade)

高 **arch** [ɑːrtʃ]

㉢ 아치, 궁형(弓形) ㉣ 아치를 만들다.

㉰ 활 모양이 되게 아치를 만들다.

(arch)

大 **archaeology** [ɑ̀ːrkiɑ́lədʒi / -ɔ́l-]

㉢ 고고학

아(아이) 키 오로지

㉰ 미라에 아(兒) 키 오러지 고고학적으로 체크 하다.

(archaeology) (check)

大 **archbishop** [ɑ̀ːrtʃbíʃəp]

㉢ (신교의)대감독, (카톨릭교, 그리스 정교의) 대주교

▶ (우두머리의 뜻 = arch) + (bishop = 주교) = archbishop(대주교, 대감독)

大 **archer** [ɑ́ərtʃər / ɑ̀ː-]

㉢ 활쏘는 사람, 궁수

▶ (아치 궁형 = arch) + (er = …사람) = 아치같은 활을 쏘는 사람 = archer(활쏘는 사람, 궁수)

大 **archery** [ɑ́ːrtʃəri]

㉢ 궁술, 궁도

▶ (활 쏘는 사람 = arch) + (ery = …술의 뜻) = archery(궁술, 궁도)

高 **architect** [ɑ́ːrkitèkt]

㉢ 건축가, 설계자

▶ archi(= chief) + tect(= builder) = architect(건축가)

악기 택(=집택) 틀어

㉰ 아키 택(宅) 트러 만드는 건축가.

(architect)

大 **architectural** [ὰːrkitéktʃərəl]

㊞ 건축학[술]의, 건축상의

▶ architectur(e)(건축) + al(…의) = architectural (건축학[술]의, 건축상의)

高 **architecture** [áːrkitèktʃər]

명 건축(술)

▶ architect(건축가) + ure(동작, 과장, 존재의 뜻) architecture(건축, 건축술)

▶ modern architecture 현대 건축 양식

高 **arctic** [áːrktik]

형 북극의 명 (the A–) 북극(지방)

암 빙판에서 **북극지방 아(됫)크 틱!** 쓰러져 (아(아이) 크게 틱! / arctic)

▶ the Arctic Circle 북극권 the Arctic Ocean 북극양

大 **ardent** [áːrdənt]

형 열렬한, 불같은, 열심인

암 미스가 **아던 트**기와 **열렬한 키스하다.** ((잘) 알던 트기와 / ardent / kiss)

大 **ardo(u)r** [áːrdər]

명 열심, 열정, 충성

암 **아(됫) 더 충성**과 **열정**으로 **러브하다.** (아이가 더 / ardo(u)r / love)

高 **area** [έəriə]

명 넓이, 지역 영역

암 **애 어리어 지역 넓이**를 **어금니**처럼 **몰러.** (애가 어리여 / area / 몰라 / molar)

▶ This is cold area. 이곳은 추운 지역이다.

中 **aren't** [aːrnt]

are not의 간약형

大 **Argentina** [ὰːrdʒəntíːnə]

명 아르헨티나(남아메리카의 공화국)

大 **Argentine** [áːrdʒəntìːn, -tàin]

형 아르헨티나 (사람)의

명 아르헨티나 사람 (the~)

高 **argue** [áːrgjuː]

동 논하다, 증명하다, 설득하다.

암 **리즌 이유**를 **아(됫) 규**명해 **증명(설득)하다.** (잊은 / reason / 아이가 / argue / 규명(糾明))

▶ His clothes argue that the poor. 그이 옷을 보건대 그는 가난하다.

高	**argument** [ɑ́:rgjəmənt]	ⓜ 논의, 논쟁 ▶ argu(e)(논하다) + ment(명사를 만듦) = argument(논의, 논쟁) ▶ We had an argument about matter. 우리는 그 일에 대해서 의논을 했다.
大	**aright** [əráit]	ⓟ 옳게, 바르게, 정확히 ▶ (부사를 만듦 = a) + (right = 바른) = aright(옳게, 바르게, 정확히)
高	**arise** [əráiz]	ⓙ 일어나다, 생기다, 소생하다. 암 오뚝이 같은 **어(魚)라 이즈**음도 **일어나다**. (어씨라 / 이즈음도 / (arise)) ▶ Many accidents arise from carelessness. 많은 사고는 부주의로 일어난다.
大	**arisen** [ərízn]	arise(일어나다, 발생하다)의 과거분사
大	**aristocracy** [æ̀rəstɑ́krəsi / -tɔ́k-]	ⓜ 귀족 정치(의 나라), (the~) 귀족 ▶ aristocra(t)(귀족) + cy(= cracy, 정치의 뜻) = aristocracy(귀족 정치[의 나라])
大	**aristocrat** [ərístəkræ̀t, ǽrəs-]	ⓜ 귀족, 귀족 정치주의자 암 **귀족 애리(李) 수토(水兎) 크랬**음을 보여 (애리(씨) / 수토(물토끼) / 그랬(그리었다)음을 / (aristocrat)) ▶ The English aristocrat 영국의 귀족 
大	**aristocratic** [ərìstəkrǽtik, æ̀rəs-]	ⓗ 귀족의, 귀족정치의 ▶ aristocrat(귀족) + ic(…의) = aristocratic(귀족의, 귀족정치의)
高	**arithmetic[1]** [əríθmətik]	ⓜ 산수, 셈 암 **어! 리(李) 스머 틱**틱한 데서 **산수 셈**하네 (어! / 리씨 / 숨어 / 칙칙한 / (arithmetic)) ▶ mental arithmetic 암산 
高	**arithmetic[2],-al** [əríθmətik], [-əl]	ⓗ 산수(상)의 ▶ arithmetic(산수) + al(…의) = arithmetical(산수[상]의)
大	**Arizona** [æ̀rəzóunə]	ⓜ 에리조나주(미국 남서부의 주) (略) : Ariz (주도 Phoenix)

大 **ark** [aərk / aːk]

(명) (성)(노아의) 방주

(암) **아! 크**다란 **(노아의) 방주** (ark)

大 **Arkansas** [ɑ́ːrkənsɔ̀ː]

(명) 아칸소(미국 중남부의 주, 주도 : Little Rock; (略) : Ark)

中 **arm**[1] [ɑːrm]

(명) 팔

(암) **팔** 힘을 **앎**으로 (arm) **무기(병기)**를 **무장시키다**.

▶ cross[fold] one's arms 팔짱을 끼다.

高 **arm**[2] [ɑːrm]

(명) (보통 *pl*) 무기, 병기 (동) 무장시키다 무장하다.

(암) **팔** 힘을 **앎**으로 (arm) **무기(병기)**를 **무장시키다**.

▶ arm against …에 대비하여 무장하다[시키다]

大 **armament** [ɑ́ːrməmənt]

(명) 군비, 병기, 병력

▶ arm(a)(무기) + ment(명사를 만듦) = arm(a)ment(군비, 병기, 병력)

高 **armchair** [ɑ́ːrmtʃɛ̀ər]

(명) 안락 의자, 팔걸이 의자

▶ arm(팔) + chair(의자) = armchair(안락 의자, 팔걸이 의자)

▶ an armchair theory 탁상공론

大 **armed** [ɑːrmd]

(형) 무장한

▶ arm(무기, 병기) + ed(…갖춘) = armed(무장한)

大 **armful** [ɑ́ːrmfùl]

(명) 한 아름

▶ arm(팔) + ful(가득찬) = armful(한 아름)

大 **armistice** [ɑ́ːrmistis]

(명) 휴전, 정전

▶ arm(y) → i(군대, 육군) + stice(정지상태) = armistice(휴전, 정전)

(암) **휴전**함을 **아미** (앎이) **스티스**(수치스럽다며) (armistice) 럽다며 **사이**(sigh)사이 **탄식하다**.

高 **armo(u)r** [ɑ́ːrmər]

(명) 갑옷과 투구, 갑주

▶ arm(무기, 병기) + or(= our …하는거, 같은것) = armo(u)r (갑옷과 투구, 갑주)

▶ a soldier in full armo(u)r 완전 무장한 군인

中

army [ɑ́ːrmi]

명 육군, 군(세), 군대

▶ arm(무기) + y(명사를 만듦) = army(군대, 육군, 군(세))

암 **육군**의 **군세**를 **앎이 또한 옳소.**
(army) (also)

高

arose [əróuz]

arise(일어나다, 발생하다)의 과거

中

around [əráund]

부 주위에, 사방에

▶ (부사를 만듦 = a) + (round = 주위에)
= around(주위에)

어씨라 운도좋게
암 미남 **어(魚)라 운드**좋게 **주위에** 싸여
(around)

高

arouse [əráuz]

타 깨우다.

▶ (to = a) + (rouse = 깨우다) = arouse(깨우다)

高

arrange [əréindʒ]

동 정돈하다, 배열하다, ~의 준비를 하다.

▶ ar(= to) + range(줄지어 놓다) = arrange(정돈(준비)하다)

고기를 레인지(=가스 레인지)
암 **어(魚) 레인지** 위에 **정돈(준비)하다.**
(arrange)

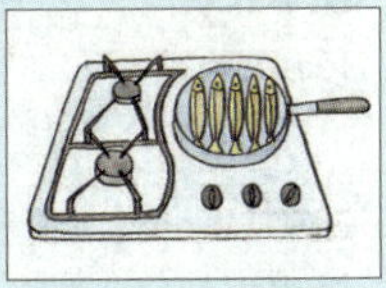

高

arrangement [əréindʒmənt]

명 준비, 협정, 타협, 정돈, 배열

▶ arrange(정돈(준비)하다) + ment(명사를 만듦) = arrangement(타협, 협정, 배열, 정돈, 준비)

大

array [əréi]

타 차리다, 정렬시키다, 배열하다. 명 정렬

어! 레이(=X레이)
암 **어! 레이** 찍은 걸 **정열시키다.**
(array)

高

arrest [ərést]

동 체포하다, 잡다. 명 체포

고기가 레스트(rest : 쉬니)
암 **풀**장에 **어(魚) 레스트**하니 **잡다.**
(pool) (arrest)

高

arrival [əráivəl]

명 도착, 도달

▶ arriv(e)(도착하다, 도달하다) + al(명사 어미) = arrival(도착, 도달)

中

arrive [əráiv]

동 도착하다, 도달하다.

어(魚)씨라 이부합주(二部合奏)
암 **톱싱어 어(魚)라 이브**합주하러 **도착하다.**
(top singer) (arrive)

▶ We arrived in Boston.
우리는 보스턴에 도착했다.

A

大 **arrogance,-cy** [ǽrəgəns]

명 오만, 거만, 건방짐

▶ arrogan(t)(거만한, 오만한) + ce(= cy 명사를 만듦) = arrogance(cy)(오만, 거만, 건방짐)

大 **arrogant** [ǽrəgənt]

형 오만한, 거만한

애로 건을 틀게 사람을 살뜰히

암 **거만한 애러 건(巾)트**게 해 **인(人)살트**리 **모욕하다.**

(arrogant) (insult)

高 **arrow** [ǽrou]

명 화살

암 **화살**이 없어 겪는 **애로**

(arrow)

中 **art** [ɑːrt]

명 예술, 인공, 기술 형 기술적인

아이를 트는

암 **기술적**으로 **아(兒)트**는 **예술 피겨 스케이팅.**

(art) (figure skating)

大 **artery** [ɑ́ːrtəri]

명 동맥

▶ art(인공, 기술) + ery(…써서) → 인공 기술을 써서 동맥을 수술하다 = artery(동맥)

大 **artful** [ɑ́ːrtfəl]

형 교묘한, 기교를 부린, 인위적인

▶ art(인공, 기술) + ful(…이 가득한) = artful(교묘한, 기교를 부린, 인위적인)

中 **article** [ɑ́ːrtikl]

명 물품 동 조목별로 쓰다.

아이가 티끌

암 **아(兒) 티클**만한 **물품**을 **조목별로 쓰다.**

(article)

高 **articulate** [ɑːrtíkjulèit]

동 똑똑하게 발음하다, 분명히 말하다.

형 발음이 분명한

아이가 티셔츠에 귤내 이씨 트기에게

암 **아(兒) 티(T) 큘래 이(李)트**기에게 주며 **분명히 말하다.**

(articulate)

高 **artificial** [ɑ̀ːrtifíʃəl]

형 인공의, 부자연한, 모조의

아이가 티입고 피서를

암 **부자연한** 속에서 **아(兒) 티(T) 피셜**하네.

(artificial)

大 **artillery** [ɑːrtíləri]

명 대포, 포병, 포술

아이가 튀어 달아나리

암 **대포**가 겁나 **포병 아(兒) 튀러리**

(artillery)

高 **artist**
[άːrtist]

명 예술가, (특히)화가, 예능인

▶ art(기술, 예술) + ist(…하는 사람) = artist(예술가, 화가, 예능인)

암 **기술**껏 **[art] 아(兒)트**는 **예술** 피겨스케이팅

▶ a folk artist 민속 예술가

高 **artistic**
[ɑːrtístik]

형 예술적인, 미술적인, 예술가의

▶ artist(예술가, 화가, 예능인) + ic(…적인, …의) = artistic(예술[미술]적인, 예술가의)

▶ artistic effect 예술적인 효과

大 **artwork**
[άːrtwəːrk]

명 (인쇄) 아트워크, 예술적 제작 활동, (수)공예품

▶ art(기술, 예술) + work(일, 노동) = artwork([인쇄]아트워크, 예술적 제작 활동, [수]공예품)

中 **as**
[æz, əz]

접 (원인, 이유)…이므로 전 …으로서 부 …같이

암 **[as]애즈**(주)가 **이므로** **[box]박스**채 **맥주**를 **[beer]비어**(비워)

▶ He did as he was told. 그는 지시받은 대로 하였다.

高 **ascend**
[əsénd]

동 올라가다, 기어오르다, 상승하다.

▶ a(= to) + scend(= climb:오르다) = ascend(올라가다)

암 헤딩하려고 **어(魚) 센드(頭)**로 링에 **올라가다**.
(어씨가 (센) 두(머리)로) (ascend)

高 **ascent**
[əsént]

명 상승, 등반, 올라감

▶ ascen(d)(오르다, 올라가다) + t(= th 명사 어미) = ascent(상승, 등반, 올라감)

▶ make a ascent (of a mountain) (산에) 올라가다

大 **ascertain**
[æ̀sərtéin]

동 확인하다, 알아내다.

암 **와이프**가 **애서 태인(胎人)**임을 **확인하다**.
(wife) (ascertain)

高 **ash**
[æʃ]

명 재; 폐허; (복수) 유골

암 **가득한 [full]풀** 밭에 **[ash]애 쉬**버린 **유골 재**

▶ Peace to his ashes! 그의 영혼이여 평안하소서

高 **ashamed**
[əʃéimd]

형 부끄러워하는, 수줍어 하여

암 **어! 섀임 드**러(들어)오니 **부끄러워하는** 아씨
(ashamed)

▶ deeply ashamed 몹시 부끄러워하는

高 **ashore**
[əʃɔ́ːr]

부 해변으로, 육지로, 땅 위으로

▶ (on = a) + (shore = 해변) = ashore(해변으로, 육지로, 땅 위으로)

암 **어! 쇼**(소)를 **해변으로 스승**이 **몰러**(몰어)
(ashore) (mollah)

中 **Asia** [éiʒə, -ʃə]	명 아시아
高 **Asian** [éiʒən, -ʃən]	형 아시아의 명 아시아 사람 ▶ Asi(a)(아시아) + an(…의, …사람) = Asian(아시아의, 아시아 사람) ▶ Jim came back from his Asian tour. 짐은 아시아 여행에서 돌아왔다.
高 **Asiatic** [èiʒiǽtik, -ʃi-]	형 아시아의 명 아시아 사람 ▶ Asia(아시아) + tic(…의, …사람) = Asiatic(아시아의, 아사아 사람)
高 **aside** [əsáid]	부 곁에(으로), 떨어져서 ▶ (부사를 만듦 = a) + (side = 옆) = aside(곁에[으로], 떨어져서) ▶ step aside. 옆으로 비켜서다. 양보하다.
中 **ask** [æsk, ɑ:sk]	동 묻다, 물어보다. 애수(슬픈 근심) 암 보이에게 **애스(哀愁)크**냐고 **묻다**. (ask) ▶ He asked me a lot of questions. 그는 나에게 많은 질문을 하였다. 
中 **asleep** [əslí:p]	형 잠들어 ▶ (on = a) + (sleep = 잠) = asleep(잠들어) 잠잘때 쓰는 자루 침낭 어! 스리프하다(자다) 암 **슬리핑백**에서 **잠들어 어! 스리프**하다. (sleeping bag) (asleep)
大 **asparagus** [əspǽrəgəs]	명 (植) 아스파라거스
高 **aspect** [ǽspekt]	명 얼굴, 면, 양상, 상황, 외관, 모습 ▶ (하나 = one = a) + (spect = 보다) = aspect(일면, 모습, 외관, 양상) 애 손이 펙! 틀어지는 팔에 쥐나 암 **애스(手) 팩 트**러지는 **양상**이 **팔 쥐**나 **중풍**이 **되다**. (aspect) (palsy) ▶ his humorous aspect 그의 유머러스한 면 
大 **asphalt** [ǽsfɔ:lt / -fælt]	명 아스팔트 타 아스팔트로 포장하다.
高 **aspiration** [æ̀spəréiʃən]	명 열망, 포부, 염원 ▶ aspir(e)(열망하다, 포부를 가지다) + ation(명사 어미) = aspiration(열망, 포부, 염원) ▶ aspirations to independence. 독립의 염원

高 **aspire**
[əspáiər]

[동] 갈망(열망)하다, 동경하다.

고기와 수개의 파 이어
[암] **피자**에 **어(魚) 스(數)파 이어** 넣주기를 **갈망하다**.
(pizza) (aspire)

▶ aspire to success. 성공을 갈망하다.

大 **aspirin**
[ǽspərin]

[명] 아스피린

高 **ass**
[æs]

[명] 당나귀; 바보, 나귀

[암] 짐지고 **애쓰**는 **바보 당나귀**
(ass)

▶ play the ass. 바보짓을 하다. 웃음거리가 되다.

大 **assail**
[əséil]

[타] 습격하다, 공격하다, 비난하다.

▶ (…에 = as) + (sail = 세일 : 항해하다) = assail(적을) 공격하다.
선박에 어 세일 수 없이 돛을 달고 항행하며 = assail(적을) 공격하다.

大 **assailant**
[əséilənt]

[명] 공격자, 습격자, 적 [형] ((古)) 공격하는

▶ assail(공격[습격]하다) + ant(…하는 사람) = assailant(공격자, 습격자, 적,((古))공격하는)

大 **assassin**
[əsǽsin]

[명] 암살자, 자객

어! 새로운 신(新)
[암] **자객**이 쓴 **어! 새 신(新)**무기
(assassin)

大 **assassination**
[əsæ̀sinèiʃən]

[명] 암살

▶ assassin(암살자, 자객) + ation(명사 어미) = assassination(암살)

高 **assault**
[əsɔ́ːlt]

[명] 강습, 습격, 폭행 [타] 강습하다, 습격하다.

어! 솔(소나무) 틀어지게
[암] **허리케인 폭풍우**가 **어! 솔 트**러지게 **강습하다**.
(hurricane) (assault)

大 **assemblage**
[əsémblidʒ]

[명] 회중, 집단, 집회, 조립

▶ assemble(모이다, 모으다) + age(명사 어미) = assemblage(회중, 집단, 집회, 조립)

高 **assemble**
[əsémbəl]

[동] 모이다, 모으다, (기계를) 조립하다.

▶ as(= to) + semble(= 함께) = assemble(모이다)

고기가 샘 불빛
[암] 샘에 **어(魚)샘블**빛 따라 **모이다**.
(assemble)

A

高 **assembly** [əsémbli]

명 집회, 의회, 회합

▶ assembl(e)(모으다, 집합시키다) + y(명사를 만듦) = assembly(집회, 의회, 회합)

▶ the unlawful assembly. 불법 집회

大 **assent** [əsént]

동 동의(승낙)하다.

▶ (…**에 : 어** = as) + (**sent = 센트** : 생각을 하다) = 동의하다, 승낙하다.

안건**에** 대해 **어! 센트**집으로 같은 **생각**을 하니 = 결국 동의(승낙)하다.

高 **assert** [əsə́ːrt]

동 주장하다, 단언하다.

▶ as(= to) + sert(= join 잇다) = assert(주장하다)

암 **올드미스**도 **미스**임을 **어! 서트**(투)르게 **주장**
(oldmiss) (Miss)
(단언)하다.

▶ He asserted his innocence. 그는 자기의 결백을 주장했다.

大 **assertion** [əsə́ːrʃən]

명 단언, 주장

▶ assert(주장[단언]하다) + ion(명사 어미) = assertion(단언, 주장)

大 **assess** [əsés]

타 평가하다, 사정하다, 부과하다.

세리(세금을 받는 관리) 어! 세수(세금 수입)를
암 **세리(稅吏)**들이 **외출**해 **어! 세스(稅收)**를 **사**
(sally) (assess)
정(평가)하다.

大 **assessment** [əsésmənt]

명 평가, 사정, 부과

▶ assess(평가[사정,부과]하다) + ment(명사를 만듦) = assessment(평가, 사정, 부과)

大 **asset** [ǽset]

명 재산, 자산, 유산

암 **유산**으로 남긴 **애 셋**의 재산은 **원 달러**
(asset) (one) (dollar)

大 **assiduous** [əsídʒuəs]

형 부지런한, 근면한

어씨를 두었으니
암 머슴으로 **부지런한 어시 듀어스**니 **생큐하다.**
(assiduous) (Thank you)

高 **assign** [əsáin]

동 할당(배당)하다. (원인을 인기의)~탓으로 돌리다.

▶ as(= to) + sign(= mark 기호, 신호) = assign(할당하다)

암 **스타**가 **팬**들에게 **어! 사인**을 **할당하다.**
(star) (fan) (assign)

大 **assignment** [əsáinmənt]

명 할당, 배당, 임명

▶ assign(할당[선임,배당]하다) + ment(명사를 만듦) = assignment(할당, 임명, 배당)

大 **assimilate** [əsímilèit]

[동] (지식등을)흡수 (이해, 동화)하다[시키다].

▶ as(= to) + simil(= like) + ate(동사 어미) = assimilate(이해하다)

어씨 미래를 이틈에

[암] 굿을 잘해 **어씨 미래 이트**메 **이해해 동화시키다.**

(good) (assimilate)

大 **assimilation** [əsímilèiʃən]

[명] 이해, 동화, 소화

▶ assimilat(e)(이해[동화, 소화]하다) + ion(명사 어미) = assimilation(이해, 동화, 소화)

中 **assist** [əsíst]

[동] 돕다, 거들다, 원조하다.

▶ as(= to) + sist(= stand) = assist(돕다, 거들다)

[암] 공을 넣게 **어시스트**하여 **돕다.(거들다)**

(assist)

▶ assist a person in his work. 아무의 일을 돕다.

高 **assistance** [əsístəns]

[명] 도움, 조력, 원조

▶ assist(돕다, 거들다) + ance(명사 어미) = assistance(도움, 조력, 원조)

▶ Please give me some assistance. 좀 도와 주십시오.

高 **assistant** [əsístənt]

[명] 조수, 보조자

▶ assist(돕다, 거들다) + ant(…의, …하는 사람) = assistant(돕는 사람→조수, 보조자)

▶ I need an assistant 조수가 한 명 필요한데

高 **associate** [əsóuʃièit]

[동] 교제하다, 관련시키다. [명] 동료, 친구

▶ as(= to) + soci(= join) + ate(동사 어미) = associate(교제하다)

어! 적은시에 2 트기가

[암] **어!소시에 이 트**기가 (서로) **교제하다.**

(associate)

高 **association** [əsòusiéiʃən, -ʃi-]

[명] 교제, 친분, 협회, 공동단체

▶ associat(e)(연합시키다, 교제하다) + ion(명사 어미) = association(연합, 교체, 협회)

▶ The Football Association 축구협회

大 **assort** [əsɔ́ːrt]

[동] 분류하다, 유별로 정리하다, 구색을 갖추다.

목동이 어! 소를 틀어

[암] **카우보이**가 **어! 소 트**러 **분류하다(유별로 정리하다)**

(cowboy) (assort)

大 **assorted** [əsɔ́ːrtid]

[형] 다채로운, 유별한, 잡다한

▶ assort(분류하다, 유별로 정리하다) + ed(형용사를 만듦) = assorted(다채로운, 유별한, 잡다한)

大 **assortment** [əsɔ́ːrtmənt]

[명] 유별, 분류, 각종 구색

▶ assort(분류하다, 유별로 정리하다) + ment(명사 어미) = assortment(유별, 분류, 각종 구색)

高 **assume**
[əsjúːm]

㊍ ~이라 가정하다, ~인 체하다, 맡다.

▶ as(= to) + sume(= take) = assume(~인 체하다)

암 어! 슘(숨)을 거두는 **(역할을) 맡아** (죽은) **체하다.**
(assume)

▶ assume to be deaf. 귀가 먹은 체하다.

大 **assumed**
[əsjúːmd]

㊔ 가장한, 꾸민, 가정한

▶ assum(e)(~가정하다. …체하다) + ed(형용사를 만듦) = assumed(가장한, 꾸민, 가정한)

大 **assumption**
[əsʌ́mpʃən]

㊐ (증거 없는) 가정(假定), 가설. 억측

▶ assum(e)(가정하다, …인 체하다) + (p)tion(명사 어미) = assumption(가정, 가설, 억측)

高 **assurance**
[əʃúərəns]

㊐ 확신, 장담, 보증

▶ assur(e)(보증하다, 확실하게 하다) + ance(명사 어미) = assurance(보증, 확신, 장담)

▶ quality assurance 품질 보증

高 **assure**
[əʃúər]

㊍ 보증하다, 확실하게 하다, 확인하다.

▶ as(= to) + sure(확실히) = assure(확실하게 하다)

어! 수어(수마리의 고기)
암 풀장에 **어! 슈어(數魚)**가 있나 **확인하다.**
(pool) (assure)

▶ This assures our success. 이로서 우리의 성공은 확실하다.

大 **assured**
[əʃúərd]

㊔ 보증된, 확실한

▶ assur(e)(보증하다, 확실하게 하다) + ed(형용사를 만듦) = assured(보증된, 확실한)

大 **assuredly**
[əʃúːəridli]

㊕ 확실히, 틀림없이

▶ assured(보증된, 확실한) + ly(부사 어미) = assuredly(확실히, 틀림없이)

高 **astonish**
[əstániʃ / -tɔ́n-]

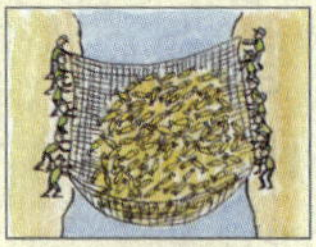

㊍ 놀라게 하다.

고기 수 톤이(=數 ton이)
암 어(魚) 스토니 쉬잡혀 **놀라게 하다.**
(astonish)

▶ astonish greatly[very much]. 경악케하다.

大 **astonished**
[əstániʃt / -tɔ́n-]

㊔ (깜짝) 놀란

▶ astonish(놀라게 하다) + ed(형용사를 만듦) = astonished([깜짝]놀란)

大 **astonishing**
[əstániʃiŋ / -tɔ́n-]

㊔ 놀라게 하는, 놀라운

▶ astonish(놀라게 하는) + ing(현재분사 어미) = astonishing(놀라게 하는, 놀라운)

高 **astonishment** [əstániʃmənt | -tɔ́n-]

명 놀람, 경악

▶ astonish(놀라게 하다) + ment(명사를 만듦) = astonishment(놀람, 경악)

▶ express astonishment 경악을 표하다.

大 **astound** [əstáund]

동 ~을 깜짝 놀라게 하다, 경탄케 하다.

어! 스타(star=배우)를 연관시켜 기억할 것

암 **어! 스타 운드**(도) 없게 죽어 **깜짝 놀라게 하다.**

(astound)

▶ It astounded us that they came. 그들이 와서 우리를 경탄케 했다

大 **astounded** [əstáundid]

형 몹시 놀라

▶ astound(몹시 놀라게 하다) + ed(형용사를 만듦) = astounded(몹시 놀라)

大 **astray** [əstréi]

형 부 길을 잃어, 길을 잘못 들어, 길 잃은

▶ (a = on) + stray(= 방황하여) = astray(길을 잘못 들어)

어! 수틀에 이가

암 **어! 스트레 이**가 **길을 잘못 들어**...헤매네

(astray)

大 **astrology** [əstrálədʒi / -trɔ́l-]

명 점성학

▶ astro(nomy)(별, 우주의 뜻) + logy(학묵, 학) = astrology(점성학)

大 **astronaut** [ǽstrənɔ̀ːt]

명 우주 비행사

▶ astro(nomy)(별, 우주의 뜻) + naut(항행하는 사람[의]) = astronaut(우주비행사)

高 **astronomer** [əstránəmər / -trɔ́n-]

명 천문학자

▶ astro(= star) + nom(= law) + er(명사 어미) = astronomer(천문학자)

▶ astronom(y)(천문학) + er(…사람) = astronomer(천문학자)

大 **astronomical** [æ̀strənámikəl / -nɔ́m-]

형 천문학(상)의

▶ astronom(y)(천문학) + ical(…의) = astronomical(천문학[상]의)

高 **astronomy** [əstránəmi / -trɔ́n-]

명 천문학

어! 수개의 틀 놔(놓아) 넘이(=남이)

암 **어! 스(數)틀롸 너미** 못하는 **천문학**을 해.

(astronomy)

▶ radio astronomy 전파 천문학

大 **asunder** [əsʌ́ndər]

부 따로 떨어져, 산산 조각으로

▶ (a = on) + sunder(끊어지다, 분리되다) = asunder(따로 떨어져, 산산 조각으로)

깨어지다

암 태풍에 **어선(漁船) 더 산산 조각**으로 **브레이크되다.**

(asunder) (break)

A

大	**asylum** [əsáiləm]	명 (보호)시설, 피난처 암 (암행)**어사 이럼**(어사 이름)(asylum)을 딴 **피난처 (보호)시설**.
中	**at** [æt, ət]	전 ~에서, (종사)~하고 암 개구리가 못**에서 앳!**(at)하고 **점프하다.**(jump) ▶ Smoke came out at the chimney. 굴뚝에서 연기가 났다. 
中	**ate** [eit / et]	eat(먹다)의 과거 ▶ He ate himself ill[sick]. 그는 과식하여 병이 났다.
大	**atheism** [éiθiìzəm]	명 무신론, 무신앙 생활 암 **애 이 시점**(atheism)에서 **무신론 (무신앙) 생활**해
大	**atheist** [éiθiist]	명 무신론자, 무신앙자 ▶ athe(ism)(무신론) + ist(…하는 사람) = atheist(무신론자, 무신앙자)
大	**Athenian** [əθí:niən]	형 명 아테네의, 아테네 사람
大	**Athens** [ǽθinz]	명 아테네(그리스의 수도)
大	**athlete** [ǽθli:t]	명 운동 선수, 운동가 ▶ athletic(운동의, 체육의) − ic(…의) = athlete(운동 선수, 운동가)
高	**athletic** [æθlétik]	형 운동의, 운동을 잘하는, 강건한, 체육의 ▶ athlet(e)(운동가) + ic(…의) = athletic(운동의, 체육의) 암 **운동을 잘하는 강건한 애 슬레 틱!**(애 술에 틱!)(athletic) 쓰러져. ▶ an athletic meeting 운동회 
大	**athletics** [æθlétiks]	명 (*pl.*)운동경기, 체육실기, 체육이론 ▶ athletic(운동의, 체육의, 체육적) + s(명사를 만듦) = athletics(운동경기, 체육실기, 체육이론)

高

Atlantic
[ətlǽntik]

명 형 대서양(의), [the~]

고기잡는 틀에는 티끌만

암 **대서양**에서 어로하니 **어(魚)틀엔 틱**끌만 걸려

(Atlantic)

▶ the Atlantic(Ocean) 대서양

高

atlas
[ǽtləs]

명 지도책, 도해집, 도감

애를 틀었으니

암 **보잘것 없는 놈**이 **지도책**으로 **애틀러스**니……

(nom) (atlas)

▶ a world atlas. 세계지도

高

atmosphere
[ǽtməsfiər]

명 분위기, 풍취, 대기, 공기

▶ atmo(= vapor 기(氣)) + sphere(= circle 권(圈)) = atmosphere(분위기)

스케이트 타는 자가 애틀며 수(손을) 펴

암 **스케이터**가 **분위기**있게 **애트머 스(手) 피어**.

(skater) (atmosphere)

大

atmospheric,-ical
[æ̀tməsférik], [-əl]

형 대기(중)의, 공기의, 기압의

▶ atmospher(e)(대기, 공기) + ic(ical, …의) = atmospheric,–ical(대기[중]의, 공기의, 기압의)

高

atom
[ǽtəm]

명 원자, 미분자, 미립자

애가 텁니다

암 **드레스 옷**에 **원자 미립자** 묻으니 **애텀**니다.

(dress) (atom)

高

atomic, -ical
[ətámik / ətɔ́m-]

형 원자의

▶ atom(원자) + ic,–ical(…의) = atomic,–ical(원자의)

大

atone
[ətóun]

자 보상(속죄)하다.

어(어씨) 토운(흙을 운반)

암 미스터 **어(魚) 토운(土運)**반하다 사고 내 **보상(속죄)하다**.

(atone)

大

atonement
[ətóunmənt]

명 보상, 속죄

▶ atone(보상[속죄]하다) + ment(명사를 만듦) = atonement(보상, 속죄)

大

atrocious
[ətróuʃəs]

형 흉악한, 잔학한, 잔인한

▶ atroci(ty)(흉악, 잔학) + ous(형용사 어미) = atrocious(흉악한, 잔학한, 잔인한)

大

atrocity
[ətrásəti / ətrɔ́s-]

명 흉악, 잔학, 잔인

곰이 고기를 틀어 섰지

암 **콤**이 **함께 흉악 잔인**하게 **어(魚)트러 서티**

(com) (atrocity)

A

高 **attach** [ətǽtʃ]

㉤ 붙이다, 부착하다.

어! 태 취해

㉰ 난간에 **어! 태 취**해 **부착하다**.

(attach)

▶ attach a label to a parcel.

소포에 꼬리표를 붙이다.

高 **attachment** [ətǽtʃmənt]

㉢ 부착, 부착물, 애착

▶ attach(붙이다) + ment(명사를 만듦) = attachment(부착, 부착물, 애착)

▶ a deep attachment 깊은 애착

高 **attack** [ətǽk]

㉣ 공격하다, 습격하다. ㉢ 공격

잠수부가 어택(=고기 집)

㉰ **다이버**가 **어택(魚宅)**을 **공격하다**.

(diver) (attack)

高 **attain** [ətéin]

㉤ 성취하다, 도달하다, 이르다.

▶ at(= to) + tain(= touch) = attain(성취하다)

선수권 보유자 어! 태인(클태, 사람인)

㉰ **챔피언**의 꿈을 **어! 태인(泰人)**이 **성취하다**.

(champion) (attain)

大 **attainable** [ətéinəbəl]

㉥ 이룰 수 있는, 도달할 수 있는

▶ attain(이르다, 도달하다) + able(…할 수 있는) = attainable(이룰 수 있는, 도달할 수 있는)

大 **attainment** [ətéinmənt]

㉢ 성취, 도달

▶ attain(성취하다, 도달하다) + ment(명사 어미) = attainment(성취, 도달)

中 **attempt** [ətémpt]

㉣ 시도하다, 꾀하다. ㉢ 시도, 기도

▶ at(= to) + tempt(= try) = attempt(시도하다)

어! 태움에 붙으라고

㉰ 야타족이 여자에게 **어! 탬 프트**라고 접근을 **시도(꾀)하다**.

(attempt)

中 **attend** [əténd]

㉤ 출석하다, 시중들다, …에 주의하다, 수행하다.

▶ (…에 = at) + (tend = 탠드 : 당기다) = 출석(수행)하다.

㉰ 차선행위**에 어! 탠 드**고 도울 마음이 **당기어 출석(수행)하다**.

탠달러들고

高 **attendance** [əténdəns]

㉢ 출석, 참석, 출근

▶ attend(출석하다) + ance(명사 어미) = attendance(출석, 참석, 출근)

高 **attendant** [əténdənt]

㉥ 출석한, 시중드는 ㉢ 하객, 참석자

▶ attend(참석[출석]하다) + ant(형용사, 명사 어미) = attendant(출석한, 시중드는, 하객, 참석자)

中 **attention** [ətén∫ən]

명 주의, 유의, 주목

▶ atten(d)(주의하다) + tion(명사 어미) = attention(주의, 유의, 주목)

▶ close attention 세심한 주의

高 **attentive** [əténtiv]

형 주의 깊은, 경청하는

▶ attent(ion)(주의) + ive(…한 형용사를 만듦) = attentive(주의 깊은, 경청하는)

大 **attest** [ətést]

동 증명하다, 증언하다 : 서약시키다.

고기를 테스트

암 **싱**싱한 **물건**임을 **어(魚) 테스트**하여서 **증명(증언)하다**.

(thing) (attest)

高 **attic** [ǽtik]

명 고미다락방, 다락방

애가 칙칙한

암 **애틱**틱한 **고미다락방**에 **페인트를 칠하다**.

(attic) (paint)

高 **attire** [ətáiər]

동 (나들이옷을) 입히다, (옷을)차려입다.

고기가 타이어

암 **어(魚) 타이어**같은 **의상**을 **차려입다**.

(attire)

▶ casual attire. 평상복

高 **attitude** [ǽtitjùːd]

명 태도, 자세

애기 티를 추슬러 드는 모양을

암 **애 티(T) 츄우 드**는 **자세(태도)**로 **폼을 잡다**.

(attitude) (form)

大 **attorney** [ətə́ːrni]

명 변호사, 대리인

어떠니

암 **파트너(배우자)**로 **변호사**가 **어터니?**

(partner) (attorney)

大 **attorneyship** [ətə́ːrni∫ip]

명 변호사직, 대리권

▶ attorney(변호사, 대리인) + ship(신분 직업을 나타냄) = attorneyship(변호사직, 대리권)

高 **attract** [ətrǽkt]

동 (흥미따위를)끌다, 끌어당기다, 유인하다.

▶ at(= to) + tract(= draw:끌다) = attract(끌어당기다)

어씨가 트랙터(=tractor)을 연상해 기억할 것

암 **어(魚) 트랙트**를 **끌어당기다**.

(attract)

高 **attraction** [ətrǽk∫ən]

명 끌어 당김, 매력, 유혹

▶ attract(끌다, 잡아당기다) + ion(명사 어미) = attraction(끌어 당김, 매력, 유혹)

高 **attractive** [ətrǽktiv]

(형) 사람의 마음을 끄는, 매력이 있는

▶ attract(끌다, 잡아당기다) + ive(…성질을 가진) = attractive(사람의 마음을 끄는, 매력이 있는)

高 **attribute** [ətríbjuːt]

(동) ~탓으로 돌리다, 에 귀결시키다.

▶ at(= to) + tribute(= assign) = attribute(~탓으로 돌리다)

어! 틀이 붙으니(당첨되니)
(암) 복권에 **어 트리 뷰트**니 운수 **탓으로 돌리다**.
(attribute)

大 **auburn** [ɔ́ːbərn]

(형) 적갈색의 (명) 적갈색, 황갈색

(암) 살갗을 **적갈색**으로 **오! 번**번이 태워
(auburn)

大 **auction** [ɔ́ːkʃən]

(명) 경매, 공매 (타) 경매에 부치다, 경매하다.

옥(玉) 선별하여
(암) 좋은 **옥(玉) 선**별하여 **경매에 부치다**.
(auction)

大 **audacity** [ɔːdǽsəti]

(명) 대담, 용감, 대담 무쌍

다섯 대나무가 섯지
(암) **탑 꼭대기**에 **대담무쌍**히 **오(五)대 서티**
(top) (audacity)

大 **audible** [ɔ́ːdəbl]

(형) 들리는, 들을 수 있는

▶ aud(듣다, 들리다) + ible(= able…할 수 있는) = 들리는, 들을 수 있는

오씨더 불러 구혼하다.
(암) 미스가 **들리는** 소리로 **오더 블**러 잡고 **프로포즈하다**.
(audible) (propose)

高 **audience** [ɔ́ːdiəns]

(명) 청중, 관객

▶ audi(ble)(들리는) + ence(명사 어미) = audience(청중, 관객)

大 **auditor** [ɔ́ːditər]

(명) 회계 감사관(검사관), 감사

오씨 뒤를 털어
(암) **회계감사관**이 **오(吳) 뒤 터**러 먼지 나나 **체크하다**.
(auditor) (check)

高 **auditorium** [ɔ̀ːditɔ́ːriəm]

(명) 강당, 방청석

▶ auditor(회계 감사관, 감사) + ium(라틴어계 명사 어미) → 감사들이 듣는 곳 = auditorium(강당, 방청석)

大 **Aug** [ɔ́ːgəst]

Aug = August (명) 8월 (略:Aug)

大 **aught** [ɔːt]

㈹ 무엇이든, 어떤 일(것)

옻으로

암 나전칠기는 **무엇이든 오트**로 **코팅하다**.

(aught) (coating)

大 **augment** [ɔːgmént]

동 늘리다, 증대시키다, 증대하다. 명 증대

오! 그 면(국수) 틀어치며

암 **거친 밀가루**로 **오! 그 면(麵)트**러치며 **늘리다**.

(meal) (augment)

大 **augmentation** [ɔ̀ːgmentéiʃən]

명 늘림, 증대, 증가

▶ augment(늘리다, 증대시키다) + ation(명사 어미) = augmentation(늘림, 증대, 증가)

中 **August** [ɔ́ːgəst]

명 8월 [약어] Aug.

오씨가 거수(큰 나무) 틀어 실고

암 **팔월**에 **오(吳) 거수(巨樹) 트**러 싣**고 가다**.

(August) (go)

▶ August is the eighth month of the year
8월은 한 해의 8번째의 달이다.

大 **august** [ɔ́ːgəst]

형 당당한, 존엄한, 황공한(소문자로 씀)

▶ your august father 춘부장

中 **aunt** [ænt / ɑːnt]

명 아주머니, 숙모, 이모

아니 틀어올리는

암 **파마**하고 쪽을 **안 트**는 **아주머니**.

(perm) (aunt)

▶ I have no aunt. 나는 숙모가 없다.

大 **auntie, aunty** [ǽnti, ɑ́ːnti]

명 ((ㅁ)) 아줌마 (aunt의 애칭)

▶ aunt(아주머니) + ie(y)(명사를 만듦) = auntie,aunty([ㅁ] 아줌마(auntd의 애칭))

大 **Aurora** [ərɔ́ːrə, ɔːrɔ́ː-]

명 [[로神]] 아우로라(새벽의 여신)오로라, 서광(曙光), 극광

大 **auroral** [ɔːrɔ́ːrəl]]

형 새벽의, 서광의, 장밋빛의, 극광의(과 같은)

▶ auror(a)(오로라, 서광, 극광) + al(형용사 어미, …의) = auroral(새벽의, 서광의, 장밋빛의, 극광의[과 같은])

大 **Aust.** [ɔ́ːstriə]

Australia(n); Austria(n)

오스트레일리아(안)

大
austere
[ɔːstíər]

[형] 엄한, 엄격한

[암] **엄격한** 자가 옷에 **오스(汚水) 튀어** **드라이 클리닝**하네
오수(더러운 물) 튀어 (austere) (dry cleaning)

大
austerity
[ɔːstériti]

[명] 엄격, 준엄, 엄숙, 내핍

▶ auster(e)(엄한, 엄격한) + ity(추상명사 어미) = austerity(엄격, 준엄, 내핍, 엄숙)

中
Australia
[ɔːstréiljə / ɔːs-]

[명] 오스트레일리아, 호주

高
Australian
[ɔːstréiljən]

[형] 오스트레일리아의, 오스트레일리아 사람[의]

▶ Australi(a)(오스트레일리아, 호주) + an(…의, …사람[의]) = Australian(오스트레일리아의, 오스트레일리아 사람[의])

高
Austria
[ɔ́ːstriə]

[명] 오스트리아 (수도 Vienna)

高
Austrian
[ɔ́ːstriən]

[형] 오스트리아 (사람)의

[명] 오스트리아 사람

▶ Austri(a)(오스트리아) + an(…[사람]의, …사람) = Austrian(오스트리아[사람]의, 오스트리아 사람)

大
authentic, tical
[ɔːθéntik], [-əl]

[형] 믿을 만한, 확실한

[암] **오센 티컬** 때가 묻어 **확실한 린스세제**로 **씻어내다**.
옷엔 티끌 (authentical) (rinse)

高
author
[ɔːθər]

[명] 저자, 장본인

[암] **저자 장본인**이 **오셔 사인하다**.
(author) (sign)

▶ Shakespeare is my favorite author. 셰익스피어는 내가 좋아하는 작가야.

大
authoritative
[əθɔ́ːritèitiv, əθárə-]

[형] 권위 있는, 정식의, 믿을 만한

▶ authorit(y)(권위) + ative(형용사 어미) = authoritative(권위있는, 정식의, 믿을 만한)

高
authority
[əθɔ́ːriti, əθár- / əθɔ́r-]

[명] 권력, 권위(자), 당국

[암] **오소리 티**를 입은 **당국**의 **권위자**.
오소리가 그려진 티 (authority)

▶ the school authorities 학교 당국

大 **authorize**
[ɔ́:θəràiz]

㊍ 권위를 부여하다, 권한을 주다.

▶ author(ity)(권위) + ize(…화하다, …하다) = authorize(권위를 부여한다, 권한을 주다)

大 **authorized**
[ɔ́:θəràizd]

㊌ 권위를 부여받은, 공인된

▶ authoriz(e)(권위를 부여하다) + ed(형용사를 만듦) = authorized(권위를 부여받은, 공인된)

高 **auto**
[ɔ́:tou]

㊎ ((*pl*,-tos)) ((미)) ((구어)) 자동차, 자기 스스로, 자신의

㊙ **자동차**에서 **자기 스스로** 작동하는 **오토**(기어)장치.
(auto)

大 **autobiography**
[ɔ̀:toubaiɑ́grəfi / -ɔ́g-]

㊎ 자서전

▶ auto(자신의) + biography(전기) = autobiography(자서전)

㊙ 길을 **오토바이 오그러 피**해 놓고 **자서전**을 쓰네.
(오토바이 오도록 피해)
(autobiography)

大 **autocracy**
[ɔ:tɑ́krəsi / -tɔ́k-]

㊎ 독재권, 독재정치

▶ auto(자신의 독자의) + cracy(정치) = autocracy(독재권, 독재정치)

大 **autocrat**
[ɔ́:təkræ̀t]

㊎ 독재 군주, 독재자

▶ auto(자신의, 독자의) + crat(지지자, 일원) = autocrat(독재 군주, 독재자)

大 **autograph**
[ɔ́:təgræ̀f / -grɑ̀:f]

㊎ 자필, 친필, 육필, 서명

▶ auto(자신의 독자의) + graph(…쓴 것) = autograph(자필, 친필, 육필, 서명)

高 **automatic**
[ɔ̀:təmǽtik]

㊌ 자동의, 자동식의, 자동적인

㊙ **자동적인 오토매틱 시스템(조직)**.
(automatic) (system)

▶ an automatic door 자동문

大 **automatical**
[ɔ̀:təmǽtikəl]

㊌ 자동적인

▶ automatic(자동의, 자동적인) + al(…적인) = automatical(자동적인)

大 **automatically**
[ɔ̀:təmǽtikəli]

㊇ 자동적으로

▶ automatical(자동적인) + ly(부사를 만듦) = automatically(자동적으로)

大 **automation** [ɔ̀:təméiʃən]

[명] 자동화, 자동조작

▶ automat(ic)(자동의) + ion(명사 어미) = automation(오토메이션, 자동조작)

高 **automobile** [ɔ́:təməbì:l, ɔ̀:təmóu-]

[명] 자동차

▶ auto(자신의, 독자의 뜻) + mobile(움직일 수 있는) = 독자적으로 움직일 수 있는 것 = 자동차

中 **autumn** [ɔ́:təm]

[명] 가을

[암] **완두콩 피(皮)**를(껍질을) **가을**되니 **오(哭)텀**니다(오씨가 텀니다).
(pea) (autumn)

▶ in (the) autumn. 가을에

大 **autumnal** [ɔ:tʌ́məl]

[형] 가을의. 가을에 피는

▶ autumn(가을) + al(…의) = autumnal(가을의, 가을에 피는)

高 **auxiliary** [ɔ:gzíljəri, -zílə-]

[형] 보조의, 예비의 [명] 보조자

[암] **오! 그질 어리**니(오! 거지를 어리니) **예비의 보조자**로 **정식으로 듀리**
(auxiliary) (duly)

高 **avail** [əvéil]

[동] ~의 소용에 닿다, 쓸모 있다, 이롭게 하다.

[암] **잭나이프**도(접을 수 있는 칼도) **어(魚) 베일**(고기를) 때는 **쓸모있다**.
(jack-knife) (avail)

▶ Our efforts availed us nothing.
우리들의 노력은 우리에게 아무런 소용이 없었다.

高 **available** [əvéiləbəl]

[형] 쓸모있는, 유용한

▶ avail(쓸모있다) + able(…할 수 있는) = available(유용한, 쓸모있는)

大 **avalanche** [ǽvəlæ̀ntʃ, -lɑ̀:nʃ]

[명] 눈사태, 쇄도 [동] 눈사태처럼 떨어지다.

[암] 나무에서 **애 벌렌 취**하려고(애가 벌레는 취(取)하려고) 흔드니 **눈사태처럼 떨어지다**.
(avalanche)

大 **avarice** [ǽvəris]

[명] 담욕, 허욕

[암] 꽃에서 **애버리 스**없이((작은) 애벌이 수 없이) 꿀을 **탐욕**해
(avarice)

大 **avaricious** [æ̀vəríʃəs]

[형] 탐욕한, 욕심 사나운

▶ avaric(e)(탐욕) + ious(= ous, …이 많은) = avaricious(탐욕한, 욕심 사나운)

大

avenge

[əvéndʒ]

동 ~의 복수를 하다, 원수를 갚다.

▶ a(= to) + venge(= punish, take vengeance for) = avenge(복수를 하다)

고기를 벤 지씨에게

암 **상어**가 **샥-! 어(魚) 벤 지(池)**에게 **복수를 하다**.

(shark) (avenge)

高

avenue

[ǽvinjùː]

명 가로수 길; [미]큰 거리 ((약어))Ave.

애가 비누를

암 **가로수 길**에서 **애 비뉴**를 **셀**수없이 **팔다**.

(avenue) (sell)

大

aver

[əvə́ːr]

타 확언하다, 단언(주장)하다. 증언하다.

암 내 **아들**은 **선**한 **아들**임을 **어버**이가 **주장(단언)하다**.

(son) (aver)

高

average

[ǽvəridʒ]

명 평균;보통 수준 타 평균(균분)하다.

암 처녀가 애 낳으면 **보통**은 **애 버리지**.

(average)

大

averse

[əvə́ːrs]

형 싫어하는, 싫은

▶ a(= away) + verse(= turn 향하다) = 싫어하는, 싫은

어! 벗으며

암 스트립 쇼걸이 **어! 버스**며 하기 **싫은 쇼를 보이다**.

(averse) (show)

大

aversion

[əvə́ːrʒən, -ʃən]

명 혐오, 반감, 싫음

▶ avers(e)(싫어하는) + ion(명사 어미) = aversion(혐오, 반감, 싫음)

大

avert

[əvə́ːrt]

타 막다, 비키다, (위험 타격을)피하다.

▶ (…을 = a) + (vert = 돌리다) = 비키다, 피하다.

공격을 어 버 트러서 **돌리어** 비키다, 피하다.

공격을 업 버 틀어서

大

aviate

[éivièit, ǽv-]

자 비행하다, 항공기를 조정하다.

애가 두 비석에 이름을

암 **애 2비에 이트**메 줄을 묶어 **비행하다**.

(aviate)

大

aviation

[èiviéiʃən, æ̀v-]

명 비행, 항공기의 조종(술)

▶ aviat(e)(비행하다) + ion(명사 어미) = aviation(비행, 항공기의 조종(술)

大

aviator

[éivièitər, ǽv-]

명 비행사, 비행가, 비행기 조종사

▶ aviat(e)(비행하다) + or(…하는 사람) = aviator(비행사, 비행가, 비행기 조종사)

A

大
avocation
[æ̀voukéiʃən]

㉢ 부업, 직업, 취미

애가 부업에 이선생의

암 **애 버케 이션**생의 **직업**을 **멍키**같이 **흉내내다**.

(avocation) (monkey)

高
avoid
[əvɔ́id]

동 피하다, 꺼리다, 회피하다.

▶ a(= out) + void(= empty 비우다) = avoid(피하다)

암 **풀**장 **못**에 **어(魚) 보이드**(더)니 **피하다**.

(pool) (avoid)

大
avoidable
[əvɔ́idəbəl]

형 피할 수 있는

▶ avoid (피[회피]하다) + able(…할 수 있는) = avoidable(피할 수 있는)

大
avoidance
[əvɔ́idəns]

명 회피, 도피, 공석

▶ avoid (피[회피]하다) + ance(명사 어미) = avoidance(회피, 도피, 공석)

中
await
[əwéit]

동 기다리다, 기대하다.

▶ a(= to) + wait(기다리다) = await(기다리다)

어! 왜인이 이틀이나

암 **마담**을 **어! 왜(倭) 이트**리나 **기다리다**.

(madam) (await)

中
awake
[əwéik]

동 깨다, 깨우다, 자각하다. 형 깨어 있는

어! 왜인이 이크하며

암 **어! 왜(倭) 이크**하며 **깨다**.

(awake)

高
awaken
[əwéikən]

동 깨우다, 깨다, 일으키다.

▶ awak(e)(깨우다) + en(…하다의 뜻) = awaken(깨우다, 깨다, 일으키다)

高
award
[əwɔ́ːrd]

동 (상을)주다, 수여하다. 명 상품

어! 워드(=word : 단어)를 연관시켜 기억할 것

암 **어! 워드** 실력자에게 **(상을) 주다(수여하다)**.

(award)

高
aware
[əwɛ́ər]

형 알고 있는

암 **어! 외어**서 **알고 있는** 가를 **테스트하다**.

(aware) (test)

中
away
[əwéi]

부 떨어져서, 멀리

암 **어! 왜 이**렇게 **떨어져서 사나이**가 **자니?**

(away) (Johnny)

▶ He is away from home. 그는 부재중이다.

高 **awe**
[ɔː]

[명] 경외, 두려움 [동] 경외하다.

[암] **오!**하며 **두려움**에 **경외하다**.
(awe)

▶ deep awe, 깊은 경외심

高 **awful**
[ɔ́ːfəl]

[형] 무서운; 끔찍한, 대단한

▶ aw(e)(두려움) + ful(…이 많은, …의 성질을 가진) = awful(무서운, 끔찍한, 대단한)

高 **awfully**
[ɔ́ːfəli]

[부] 무섭게, 대단히

▶ awful(무서운, 대단한, 끔찍한) + ly(부사를 만듦) = awfully(무섭게, 대단히)

大 **awhile**
[əhwáil]

[부] 잠깐, 잠시

▶ (어! = a) + (while = 하는 동안에) = awhile(잠깐, 잠시)

高 **awkward**
[ɔ́ːkwərd]

[형] 어설픈, 서투른; 어색한, (물건이) 다루기 힘든

오씨가 꿔 들고
[암] 돈을 **오(吳) 꿔 드**고 **어색한 폼을 하다**.
(awkward) (form)

大 **awning**
[ɔ́ːniŋ]

[명] (창 가리개) 차일, 천막

오(다섯병의) 닝거(ringer) 주사약
[암] **(창 가리개)차일**에 가려진 **오(五) 닝**거 주사약
(awning)

高 **awoke**
[əwóuk]

▶ awake(잠을 깨다)의 과거

高 **ax(e)**
[æks]

[명] (*pl*. axes) 도끼 [동] ~을 도끼로 자르다.

우드 X자형
[암] **우드**커니 선 **나무**를 **엑스**자형 **도끼로 자르다**.
(wood) (ax(e))

▶ Don't play with an ax.
도끼를 가지고 장난치지 말아라.

大 **axis**
[ǽksis]

[명] (*pl*.axes) 축(軸), 굴대; 추축(樞軸)

액(液) 씻으 기사
[암] **굴대**에 묻은 **액(液)씨스**려는 **엔지니어**
(axis) (engineer)

※ ax(e)의 복수형은 azes[æksiz], axis의 복수형은 axes[ǽksiːz]로서 철자는 같지만 발음이 다름

大 **axle**
[ǽksəl]

[명] (차륜의)굴대, 축, 차축

엑셀(가속페달)
[암] 차의 **엑설**이 달려있는 **(차륜의)굴대**
(axle)

高	**ay aye** [ai]	㉮ 찬성!, (표결 할 때의 대답) 예! ㉱ **아이**가 **예!**하며 **찬성!**하네 (ay aye)
大	**azure** [ǽʒər]	㉻ 푸른 빛의 하늘색의 ㉴ 하늘색, 담청색 ㉯ 하늘색이 되게 하다. 애가 저 ㉱ **애 저 푸른 하늘색의 담청색**을 칠해 **하늘색이 되게 하다**. (azure)

B

大	**babble** [bǽbəl]	㉴ 재잘됨 ㉯ 재잘거리다, 종알대다, 지껄거리다. 배불리 ㉱ **걸 프렌드**가 **피자**를 **배블**리 먹고 **재잘거리다**. (girl friend) (pizza) (babble)
高	**babe** [beib]	㉴ 갓난아이, 유아 삼베 이불에 ㉱ **베 이브**레 싸인 **갓난아이(유아)** (babe) ▶ a babe in arms 갓난애, 풋내기
大	**baboon** [bæbúːn / bə-]	㉴ 비비, 개코 원숭이 배분(配分):나누어 줌 ㉱ **바나나**를 **비비**에게 **배분**하는 **개코 원숭이** (banana) (baboon) 
中	**baby** [béibi]	㉴ 갓난아이, 아기, 베이비 ㉻ 소형의, 앳된 ▶ 성별을 말할 때는 baby boy, baby girl이라고 말한다. ▶ a baby toddles 아기가 아장아장 걷다
大	**babysit** [béibisìt]	㉯ (집을 지키며) 아이를 보다(특히 부모 부재중에) ▶ baby(갓난아이, 아이) + sit(앉다) = babysit(집을 지키며) 아이를 보다.
高	**baby-sitter** [béibisìtər]	㉴ 애를 봐주는 사람 ▶ baby(갓난아이, 아이) + sitter(앉아 있는 사람) = baby-sitter(애 봐주는 사람)
高	**bachelor** [bǽtʃələr]	㉴ 미혼남성; 학사, 총각 배추로 ㉱ **배처러** 김치 담는 **학사 총각** (bachelor) ▶ an eligible bachelor. 좋은 신랑감 

大 **bacillus** [bəsíləs]

명 바실루스, 간상균

中 **back** [bæk]

부 뒤로 동 업다 형 뒤쪽의 명 등

암 **백**씨가 애를 **등 뒤에 업다.**
(back)

▶ A beach backed by hills. 언덕을 등진 해안.

高 **backbone** [bǽkbòun]

명 등뼈, 중추, 대들보

▶ back(등, 뒤) + bone(뼈) = backbone(등뼈, 중추, 대들보)

▶ He is the backbone of this country. 그는 이 나라의 대들보이다

高 **background** [bǽkgràund]

명 배경, 이면, 바탕색

▶ back(등, 뒤) + ground(땅, 운동장) → 뒤에 땅 = background(배경, 이면, 바탕색)

▶ a middle-class background. 중산층 배경

高 **backward** [bǽkwərd]

부 뒤쪽으로, 후방에(으로)

▶ back(등, 뒤) + ward(방향을 나타냄) = backward(뒤쪽으로, 후방에[으로])

▶ walk backward. 뒤쪽으로 걸어가다

高 **bacon** [béikən]

명 베이컨(소금에 절여 훈제한 고기)

((英)) streaky bacon. 삼겹살 모양의 베이컨

高 **bacteria** [bæktíəriə]

명 ((*pl*))박테리아, 세균 세균류

▶ grew bacteria. 세균을 배양하다.

大 **bacterial** [bæktíəriəl]

형 박테리아(세균)의, 세균성의

▶ bacteri(a)(박테리아, 세균) + al(…의) = bacterial(박테리아(세균)의, 세균성의)

大 **bacteriology** [bæktìəriálədʒi / -ɔ́l-]

명 세균학, 세균의 상태

▶ bacteri(a)(박테리아, 세균) + ology(…학) = bacteriology(세균학, 세균의 상태)

大 **bacterium** [bæktíəriəm]

명 bacteria의 단수형

▶ bacteri(a)(박테리아, 세균) + um(단수를 뜻함) = bacterium(becteria의 단수형)

B

中 **bad**
[bæd]

[형] (비교급 worse, 최상급 worst) 나쁜

[암] 병들고 **나쁜** 가지를 **베드**니 **헐**떡이며 **내던지다**.
(베더니 / bad) (hurl)

▶ It's bad to lie. 거짓말하는 것은 나쁘다.

高 **bade**
[bæd / beid]

bid(명령하다, 말하다)의 과거

高 **badge**
[bædʒ]

[명] 배지, 기장, 휘장 [타]에 휘장(기장)을 달다.

[암] 옷에 **배지(휘장,기장)을 달다**.
(badge)

大 **badger**
[bǽdʒər]

[명] 오소리, 너구리 [타] 괴롭히다, 지분거리다.

[암] **너구리**가 **오소리 배 저**렇게 찌르며 **지분거리다**.
(복부를 저렇게 / badger)

高 **badly**
[bǽdli]

[부] 나쁘게, 대단히, 몹시, 서투르게

▶ (나쁜 = bad) + (ly = 부사를 만듦) = badly(나쁘게, 대단히, 몹시, 서투르게)

▶ I want it badly. 그것을 몹시 갖고 싶다.

大 **badminton**
[bǽdmintən]

[명] 배드민턴

大 **baffle**
[bǽfəl]

[타] 좌절시키다, 방해하다, 당황하게 하다.

[암] **머시**있게 **자비**를 **베풀**려는 행위를 **방해하다(좌절시키다)**.
(멋이있게 / mercy) (baffle)

中 **bag**
[bæg]

[명] 자루, 가방 [타] 가방(자루)에 넣다.

[암] **핸드 백**. **가방에 넣다**.
(손 가방 / hand)(bag)

▶ The bag is full of money.
그 가방은 돈으로 가득차 있다.

高 **baggage**
[bǽgidʒ]

[명] 수화물 [영, luggage]

▶ bag + g(가방) + age(집합, 수량의 뜻) = 수화물

[암] **수하물**을 나르며 **배기지**(고통을 참고 견디지)
(baggage)

▶ a piece of baggage 수화물 1개

大 **bagpipe**
[bǽgpàip]

[명] (종종이) 백파이프((스코틀랜드 사람이 부는 피리))
[자] 백파이프를 불다.

大 **bail** [beil]

㉠ 보석, 보석금, 보증금 ㉣ 보석을 받게 하다.

암 **제일 감옥**에가 **뵈일**자를 **보석금**을 내고 **보석을 받게 하다.**
(jail) (bail)

高 **bait** [beit]

㉠ 미끼, 유혹물

㉣(낚시 덫에) 끼를 달다, 미끼로 꾀다.

배를 2. 트기가

암 **배 이 트**기가 타고 **미끼로 꾀다.**
(bait)

▶ put a bait on a hook[in a trap]. 낚시[덫]에 미끼를 달다.

高 **bake** [beik]

㉣ (빵 따위를)굽다. ㉠(빵)굽기

배로 이익이 크다며

암 (빵)**굽기**하면 **배 이(利) 크**다며 (빵을)**굽다.**
(bake)

高 **baker** [béikər]

㉠ 빵 굽는 사람, 빵장수, 제빵용

▶ bak(e)(굽다, 빵굽기) + er(…사람) = baker(빵 굽는 사람, 빵장수)

▶ baker's yeast. 제빵용 이스트

大 **bakery** [béikəri]

㉠ 빵집, 제빵소 (美)제과점

▶ bak(e)(굽다, 빵굽기) + ery(…제조소) = bakery(빵집, 제빵소, 제과점)

大 **baking** [béikiŋ]

㉠ 빵 따위를 굽기, 한 번 굽기 ㉬ 빵을 굽는

▶ bak(e)(굽다, 빵굽기) + ing(현재분사 어미) = baking(빵 따위를 굽기, 한 번 굽기, 빵을 굽는)

高 **balance** [bǽləns]

㉠ 균형; 저울, ㉣ ~의 균형을 잡다.

배를 언수(=언손)

암 **피겨 스케이터**가 **밸 언수**로 **균형을 잡다.**
(figure skater) (balance)

▶ He lost his balance and fell. 그는 균형을 잃고 넘어졌다.

高 **balcony** [bǽlkəni]

㉠ 발코니; (극장의) 2층 좌석

高 **bald** [bɔːld]

㉬ 대머리의, 벗어진

볼(ball=공) 두(머리)

암 **볼 드(頭)**같이 **벗어진 대머리의** … ….
(bald)

▶ He is as bald as an egg. 그는 완전한 대머리이다.

大 **bale** [beil]

㉠ (운반용의) 곤포, 화물, 짐짝 ㉣ 짐짝을[으로]꾸리다.

사공이 배의일

암 **보우트 먼**이 **십**퍼런 **배**에서 **배일**하며 **화물 짐짝을 꾸리다.**
(boatman) (ship) (bale)

大	**balk, baulk** [bɔːk]	(명) 장애, 방해물 (동) 방해(저해)하다. (암) **복**수하려고 **방해물**로 **방해하다**. (balk, baulk)
大	**Balkan** [bɔ́ːlkən]	(형) 발칸 반도(산맥, 제국 사람)의 (명)(the~s) 발칸 제국
中	**ball[1]** [bɔːl]	(명) 공, 구(球), 공 같은 것 ▶ Kick a ball. 공을 차다.
高	**ball[2]** [bɔːl]	(명) 무도회 ((俗) (매우) 즐거운 한 때 ▶ have a ball 무도회를 열다
大	**ballad** [bǽləd]	(명) 민요, 속요, 발라드 (자) 발라드를 짓다. (암) **발라드**풍의 **민요(속요)** (ballad)
大	**ballast** [bǽləst]	(명) 밸러스트, (배의)바닥짐 (타) (배에) 바닥짐을 싣다. (암) (배에) **바닥짐(밸러스트를)을 싣다**. (ballast)
大	**ballet** [bǽlei, bæléi]	(명) 발레, 무용극
高	**balloon** [bəlúːn]	(명) 풍선, 기구, 고무 풍선 (암) **광고**할 **애드 벌룬 풍선**(기구). (ad) (balloon) ▶ an observation balloon 관측용 기구 
大	**ballot** [bǽlət]	(명) 투표, 투표 용지 (동) 투표하다. 뱃사람이 밸놓고(배를대고) (암) **마도로스**가 **밸롯**고 **투표 용지**에 **투표하다**. (matroos) (ballot)
大	**ballot box** [bǽlətbɑks]	(명) 투표함, 무기명(비밀)투표 ▶ ballot(투표) + box(상자, 함) = ballot box(투표함, 무기명[비밀]투표)

大 **balm** [bɑːm]	ⓜ 향유, 진통제 ⓣ (통증을) 진정시키다. 암 **밤** 마다 **진통제 향유**로 **(통증을) 진정시키다**. (balm)
大 **balmy** [bάːmi]	ⓗ 향기로운, 향유의, 상쾌한 ▶ balm(향유) + y(형용사를 만듦) = balmy(향기로운, 향유의, 상쾌한)
大 **Baltic** [bɔ́ːltik]	ⓗ 발트해의, 발트해 연안 제국의 ⓜ 발트어, (the~)발트해
大 **bam** [bæm]	ⓜ 속이기 ⓣ 속이다, 감쪽같이 속여 넘기다. 암 **아담**과 **이브**를 **뱀**이 **감쪽같이 속여 넘기다**. (Adam) (Eve) (bam)
高 **bamboo** [bæmbúː]	ⓜ 대, 대나무 ⓗ 대나무의 뱀 붙은 암 **뱀 부**튼 **대나무** (bamboo) ▶ bamboo work 죽세공(竹細工) 
大 **ban** [bæn]	ⓜ 금지, 금지령 ⓓ 금하다. 암 **밴** 아이 낙태를 **금지령**을 내려 **금하다**. (ban)
高 **banana** [bənǽnə]	ⓜ 바나나(과일) ▶ a green banana 파란[익지 않은]바나나
高 **band**[1] [bænd]	ⓜ 밴드, 악단, 악대 암 **악단 밴드**부 (band) ▶ a military band 군악대 
高 **band**[2] [bænd]	ⓜ 띠, 끈 ⓓ 끈으로 묶다. 팥을 암 **파슬**싼 **소포**를 **밴드 띠(끈)으로 묶다**. (parcel) (band) ▶ a wave band 주파대
高 **bandage** [bǽndidʒ]	ⓜ 붕대 ⓣ 붕대를 감다. ▶ band(띠, 끈) + age(집합, 수량의 뜻) = bandage(붕대, 붕대를 감다) ▶ wrap a bandage. 붕대로 싸매다.

大
bandit
[bǽndit]

명 산적, 노상 강도, 도둑

배는 뒤 틀어
암 몰래 **밴 뒤 트**러타고 도주한 **노상 강도**.
(bandit)

高
bang
[bæg]

동 탁 치다. 명 광(쿵)(하는소리)

암 **드럼**을 **뱅** 돌려 **쿵(쾅)소리**내 **탁 치다**.
(drum) (bang)
▶ The clock banged out nine. 시계가 9시를 쳤다.

高
banish
[bǽniʃ]

동 추방하다, 내쫓다, 귀양보내다.
▶ ban(= prohibit 금지하다) + ish(동사 어미) = banish(추방하다)

암 **미스**가 **섬**에서 **아일 배니 쉬**쉬하며 **추방하다(내쫓다)**.
(Miss) (isle) (banish)
▶ Napoleon was banished to Elba in 1814.
나폴레옹은 1814년에 엘바도로 유배되었다.

高
bank[1]
[bæŋk]

명 둑, 제방 동~둑을 쌓다.
암 **뱅크**(은행)에서 돈을 내 **제방 둑을 쌓다**.
(bank)
▶ a river bank 강기슭, 강둑

中
bank[2]
[bæŋk]

명 은행 동 은행에 예금하다. 은행과 거래하다.

암 **달러**를 **뱅크(은행)**에 **예금하다**.
(dollar) (bank)
▶ Who do you bank with?
어느 은행과 거래하십니까?

高
banker
[bǽŋkər]

명 은행가, 은행업자
▶ bank(은행) + er(…사람) = banker(은행가, 은행업자)
▶ an international banker 국제적 은행가

大
bank holiday
[bæŋkhálədèi]

명 (일요일 이외의) 은행 휴일
▶ bank(은행) + holiday(휴일) = bank holiday([일요일 이외의] 은행 휴일)

大
banking
[bǽŋkiŋ]

명 은행업(무) 형 은행(업)의
▶ bank(은행) + ing(현재분사 어미) = banking(은행업[무], 은행[업]의)

大
bank note
[bæŋk nout]

명 은행권
▶ bank(은행) + note(기독, 지폐) = bank note(은행권)

大
bankrupt
[bǽŋkrʌpt, -rəpt]

명 파산자, 지급불능자
▶ bank(은행) + rupt(깨어진 자) = bankrupt(파산자, 지급불능자)

大 **bankruptcy** [bǽŋkrʌptsi, -rəpsi]

[명] 파산, 도산

▶ bankrupt(파산자, 파산한) + cy(성질 상태의 뜻) = bankruptcy(파산, 도산)

大 **banner** [bǽnər]

[명] 기, 국기, 군기, 깃발 [형] 뛰어난

[타] …에 기를 달다.

[암] **기**에 **뛰어난 배(船)넣**어 그린 **군기 깃발**
(banner)

高 **banquet** [bǽŋkwit]

[동] 잔치를 베풀다. [명] 잔치, 연회

▶ banqu(= table 식탁) + et(명사 어미) → 테이블에 앉아 하는 것 = 잔치, 연회

뱅! 뀌뜨니

[암] **연회**석에서 방귀를 **뱅 퀴트**니 **조소 지어 야유하다**.
(banquet) (jeer)

大 **banter** [bǽntər]

[명] (가벼운)조롱, 놀림 [동] 조롱하다, 놀리다.

배는 털며

[암] **보이**가**덩(똥) 밴 터**며 **조롱하다(놀리다)**.
(boy) (dung) (banter)

大 **banterer** [bǽntərer]

[명] 조롱하는(놀리는) 사람

▶ banter(조롱, 놀림) + er(…하는 사람) = banterer(조롱하는[놀리는] 사람)

大 **baptism** [bǽptizəm]

[명] 세례(식), 침례, 영세

▶ bapt(세례, 침례) + ism(주의, 신앙의 뜻) = baptism(세례[식], 침례, 영세)

大 **Baptist** [bǽptist]

[명] 침례교도, 세례자

▶ bapt(세례, 침례) + ist(…주의자) → 침례교회 주의자 = Baptist(침례교도, 세례자)

大 **baptize** [bæptáiz]

[동] 세례[침례]를 베풀다, 세례[침례]하다

▶ bapt(침례, 세례) + ize (… 화 하다, … 하다) = baptize(세례를 주다, 세례하다)

파리시 뵙다 이즈음

[암] **패리시(市)**의 **교구민**을 **본당**서 **뵙타 이즈**음 **세례를 베풀다**.
(parish) (baptize)

高 **bar** [bɑːr]

[명] 막대기; 술집, 바 [동] 빗장을 질러 잠그다.

[암] **술집 바**를 **빗장을 질러 잠그다**.
(bar)

▶ drink at a bar 술집에서 마시다.

大 **barbarian** [bɑːrbɛ́əriən]

[명] 야만인; 미개인 [형] 야만적인

밧줄을 배에 이은

[암] **바 배 리언 야만인**.(**미개인**)
(barbarian)

大

barbarism [bά:rbərìzəm]

명 야만, 미개, 포학

▶ barbar(ian)(야만인, 야만적인) + ism(행동, 상태를 뜻함) = barbarism(야만, 미개, 포학)

大

barbarous [bά:rbərəs]

형 미개한, 야만스러운

▶ barbar(ian)(야만인, 야만적인) + ous(형용사 어미) = barbarous(미개한, 야만스러운)

大

barbecue [bά:rbikjù:]

명 (돼지, 소 등의)통구이

바베큐
암 돼지, 소 따위의 **통구이 바비큐**
(barbecue)

高

barber [bά:rbər]

명 이발사 동 머리를(수염을)깎다.

바보
암 **바버 이발사**가 **머리를 깎다**.
(barber)

▶ His father is a barber. 그의 아버지는 이발사이다.

大

bard [ba:rd]

명 방랑시인, 음유시인

뒤 수 많은 대인(大人) 받으며
암 **뒤 스(数) 대인**에게 **멸시**를 **바드**며 살았던 **방랑시인** 김삿갓
(disdain) (bard)

高

bare [bεər]

형 벌거벗은 동 벌거벗기다. 폭로하다.

배여
암 처녀가 애를 **배어 벌거벗은** 꼴 되게 **폭로하다**.
(bare)

▶ a bare hill 민둥산, 벌거벗은 산

大

barefoot [bεərfùt]

형 부 맨발의(로)

▶ bare(벌거벗은) + foot(발) = barefoot(맨발의[로])

高

barely [bέərli]

부 겨우, 간신히

▶ bare(벌거벗은, 그저, 겨우) + ly(부사를 만듦) = barely(겨우, 간신히)

▶ She is barely sixteen. 그녀는 겨우 16세다.

高

bargain [bά:rgin]

명 거래. 매매 계약 동 흥정을 하다, 계약하다.

(오이)오이를
암 **월 잘 봐 긴** 것만 **매매 계약하다**.
(well) (bargain)

▶ make a bargain 매매계약을 맺다, 협정하다.

大

barge [ba:rdʒ]

명 거룻배, 유람선, 바지선 동 거룻배로 나르다.

암 **콜 탄**을 **바지**선 **거룻배로 나르다**.
(coal) (barge)

B

高	**bark**[1] [bɑːrk]	ⓢ 짖다. ⓜ 짖는 소리 암 개 **봐 크**게 **짖다**. ▶ Our dog gave a loud bark. 우리 개가 크게 짖었다. 
大	**bark**[2] [bɑːrk]	ⓜ 나무 껍질 ⓣ ~의 나무 껍질을 벗기다. 코르크껍질은(병마개용으로씀) 암 **코르크**(cork) 나무를 **봐 크**(bark)게 **나무 껍질을 벗기다**.
高	**barley** [bɑ́ːrli]	ⓜ 보리, 대맥 암 소에 **보리**를 **바리**(barley)바리 싣**고 가다**(go). ▶ a barley bag 보리 섬(자루)
高	**barn** [bɑːrn]	ⓜ 헛간, 마구간, 외양간 암 **헛간 반**(barn)은 **마구간**. ▶ His barn is empty. 그의 헛간은 텅 비어 있다.
大	**barnyard** [bɑ́ːrnjɑ̀ːrd]	ⓜ 헛간의 앞마당, 농가의 안뜰 ▶ barn(헛간) + yard(마당) = barnyard(헛간의 앞마당, 농가의 안뜰)
高	**barometer** [bərɑ́mitər / -rɔ́m-]	ⓜ 기압계, 청우계; 지표, 바로미터 ▶ baro(= weight) + meter(= measure) = barometer(기압계) 암 **기압계** 놓고 똑 **바로 미터**(barometer)기를 봐. ▶ a mercury barometer 수은 기압계 
大	**baron** [bǽrən]	ⓜ 남작, (영지를 받은)귀족, 대실업가 배로는 암 큰 **배론**(baron) 원양업을 하는 **대실업가 남작**
大	**baroness** [bǽrənis]	ⓜ 남작 부인, 여남작 ▶ baron(남작) + ess(여성명사를 만듦) = baroness(남작 부인, 여남작)
大	**baronet** [bǽrənit, -nèt]	ⓜ 준 남작 ▶ baron(남작) + et(작다는 뜻) → 작은 남작 = baronet(준 남작)
大	**baroque** [bəróuk]	ⓜ [建]바로크식, 바로크 작품, 장식이 과다한 양식 ⓗ [建]바로크식의

B

大

barrack
[bǽrək]

명 (보통 복수) 바라크; 병영 동 막사에 수용하다.

암 병사를 **배럭(바라크) 막사에 수용하다.**
(barrack)

高

barrel
[bǽrəl]

명 나무통, 통 타 통에 가득 채워넣다.

암 **배럴**(를) **나무통에 가득 채워넣다.**
(barrel)

▶ a beer barrel 맥주통

高

barren
[bǽrən]

형 불모의, 메마른, 임신 못하는, 무익한

배로는 매리가 지씨와 내버려 두어두
암 **임신 못하는 배론 매리 지(池)**와 **결혼**을 **내버 두**어두 **하지 못하다.**
(barren) (marriage) (never, do)

▶ a barren woman 아니 못 낳는 여자, 석녀

大

barricade
[bǽrəkèid]

명 바리케이드, 방책 타 바리케이드를 쌓다(치다).

암 도로에 **바리케이드 방책을 치다(쌓다).**
(barricade)

高

barrier
[bǽriər]

형 장애물, 울타리 타 둘러치다.

배 이여
암 항구를 **배 리어 울타리**처럼 **둘러치다.**
(barrier)

▶ the language barrier 언어의 장벽

大

barter
[báːrtər]

동 물물교환하다, 교역하다. 명 바터, 물물교환, 교역(품)

암 **오렌지**와 **주스**를 **바터**제로 **물물교환(교역)하다.**
(orange) (juice) (barter)

高

base[1]
[beis]

형 천한, 비열(야비)한, 치사한

암 **천한**그라 **치사한 베이스**볼 **게임을 하다.**
(base) (game)

中

base[2]
[beis]

명 토대, 기초 동 ~에 기초를 두다.

암 **홈런**은 홈 **베이스**에 **기초를 두다.**
(home run) (base)

▶ a film based on a novel 소설을 토대로 한 영화

中

baseball
[béisbɔ̀ːl]

명 야구, 베이스 볼

▶ base(야구의 루(壘)) + ball(공) = baseball(야구, 베이스 볼)

高

basement
[béismənt]

명 (건물의) 지하층, 지하실 (구조물의)최하부, 기초

▶ base(기초) + ment(명사를 만듦) = basement(지하층, 지하실, 기초)

▶ basement garage 지하 주차장

大 **bashful** [bǽʃfəl]

[형] 수줍어 하는, 부끄러워하는

배씨 팔에 / 노처녀

[암] **배씨 펄**에 안겨 **수줍어하는 올드 미스**
(bashful) (old–miss)

高 **basic** [béisik]

[형] 기본의, 근본적인 [명] (복수로)기초, 근본원리

▶ bas(e)(기초,기본) + ic(형용사 어미) = basic(기본의, 근본적인, 기초)

[암] **홈런**은 홈 **베이스**에 **기초(토대)를 두다.**
(homerun) (base)

大 **basically** [béisikəli]

[부] 기본적(근본적)으로, 원래

▶ basic(기본의, 근본적인) + ally(ic로 끝나는 형용사를 부사로 만듦) = basically(기본적[근본적]으로, 원래)

高 **basin** [béisən]

[명] 대야, 세면기

배(갑절로) 이수다(잇다)

[암] 파이프를 **배(倍)이슨**후 **대야**에 **워터를 받다.**
(basin) (water)

高 **basis** [béisis]

[명] 기초, 근거, 출발점, 토대

▶ bas(e)(기초, 기본) + is(활동, 과정의 뜻) = basis(기초, 토대, 근거)

大 **bask** [bæsk, bɑːsk]

[자] 몸을 녹이다, 햇볕을 쬐다.

봐 수종의 크림

[암] 선크림을 **봐 스(数)크**림 바르고 **햇볕을 쬐다.**
(bask)

中 **basket** [bǽskit, bɑ́ːs-]

[명] 바구니 [동] 바구니에 넣다.

[암] **바나나**를 **배스킷(바구니)에 넣다.**
(banana) (basket)

高 **basketball** [bǽskitbɔ̀ːl]

[명] 농구, 농구공

▶ basket(바구니) + ball(공) = basketball(농구, 농구공)

大 **basketful** [bǽskitfùl, bɑ́ːs-]

[명] 한 바구니(분), 바구니 가득, 상당한 양

▶ basket(바구니) + ful(…이 가득찬) = basketful(한 바구니[분], 바구니 가득, 상당한 양)

大 **bass** [beis]

[명] 베이스, 낮은음, 낮은음부 [형] 낮은음(부)의

[암] **낮은 음**인 **베이스** 목소리로 **싱**그럽게 **노래하다.**
(bass) (sing)

B

大 **bastard**
[bǽstərd]

㉮ 서자, 사생아, 잡종 ㉯ 잡종의, 사생아의

오줌물을 내보내는 곳(=음부)
암 첩의 **배스(排水)터 드**디어 통과한 애가 **서자**이지
(bastard)

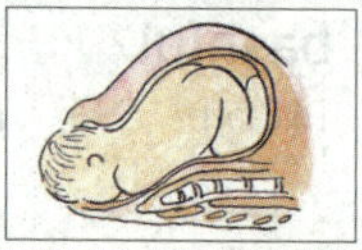

中 **bat**[1]
[bæt]

명 배트, 타봉, 막대기 동 칩, 방망이로 치다.

암 **박쥐**를 **배트 방망이로 치다**.
(bat)

▶ He batted the ball high into the air.
그는 하늘 높이 공을 쳤다.

高 **bat**[2]
[bæt]

명 박쥐, 박쥐 폭탄

암 **박쥐**를 **배트 방망이로 치다**.
(bat)

中 **bath**
[bæθ, bɑːθ]

명 목욕(탕) 동 목욕하다.

배수가
암 **배스**가 잘 되는 **목욕탕**에서 **목욕하다**.
(bath)

▶ I take a bath every day. 나는 매일 목욕을 한다.

高 **bathe**
[beið]

동 끼얹다, 씻다, 미역감다, 목욕하다.

▶ bath(목욕) + e(= en…하다) = bathe(끼얹다, 씻다, 미역감다, 목욕하다)

高 **bathing**
[béiðiŋ]

명 미역감기, 수영, 목욕

▶ bath(목욕) + ing(현재분사 어미) = bathing(미역감기, 수영, 목욕)

高 **bathroom**
[bǽθrù(:)m, bɑ́ːθ-]

명 목욕실, 화장실, 변소

▶ bath(목욕) + room(방) = bathroom(목욕실, 화장실, 변소)

大 **baton**
[bətɑ́n, bæ-, bǽtən]

명 관장(官杖), 배턴(릴레이용)

암 **배턴(바통)**을 받아 **스피드**내 **질주하다**.
(baton) (speed)

大 **battalion**
[bətǽljən]

명 군(軍) 대대, 대부대, 육군

보탤 련대(연대)
암 **육군**에게 힘을 **버탤 련**대는 **대대(대부대)**
(battalion)

高 **batter**[1]
[bǽtər]

명 (야구, 크리켓의) 타자

▶ bat + t(배트로 치다) + er(…하는 사람) = batter(타자)

▶ the batter's box 타자석

B

高 **batter[2]** [bǽtər]

ⓣ 연타[난타]하다, 때려부수다.

▶ bat + t(배트로 치다) + er(반족의 뜻을 가지며 동사를 만듦) = batter(연타[난타]하다, 때려 부수다)

▶ batter against [on] …에 대고 때려부수다.

大 **battery** [bǽtəri]

명 포대, 전지

▶ bat + t(배트로 치다) + ery(…술(術)의 뜻을 가짐) = battery(포대, 전지)

大 **batting** [bǽtiŋ]

명 타격, 배팅

▶ bat + t(배트로 치다) + ing(현재분사 어미) = batting(타격, 배팅)

高 **battle** [bǽtl]

명 전투, 싸움 동 싸우다.

암 **마담**이 **베틀**에서 **싸우다.**
(madam) (battle)

▶ We must fight a battle. 우리는 싸워야만 한다.

大 **battlefield** [bǽtlfìːld]

명 싸우터, 전장

▶ battle(전투) + field(들판, 벌판) = battlefield(싸움터, 전장)

大 **battleline** [bǽtlàin]

명 전선

▶ battle(전투) + line(선) = battleline(전선)

大 **battleship** [bǽtlʃìp]

명 전함

▶ battle(전투) + ship(배) = battleship(전함)

大 **battle station** [bǽtl stéiʃən]

명 전투 기지, 전투 배치(부서)

▶ battle(전투) + station(정거장) = battle station(전투 기지, 전투 배치[부서])

大 **bawl** [bɔːl]

동 고함치다, 외치다, 소리치다.

암 **볼**기치니 **고함[소리]치다.**
(bawl)

高 **bay[1]** [bei]

명 만(灣)

암 **월계관**을 쓴 **구렁말**이 **궁지**에 몰려 **만**이 **뵈이**니 **짖다.**
(bay)

▶ a wide bay 깊은(넓은) 만

大 **bay**[3] [bei]

명 궁지, (짐승이 사냥개에게) 몰린 상태 동 짖다.

암 **월계관**을 쓴 **구렁말**이 **궁지**에 몰려 **만**이 **뵈이**니 **짖다**.
(bay)

大 **bay**[4] [bei]

동 (植) 월계수, 월계관(*pl*) 영관(榮冠)

암 **월계관**을 쓴 **구렁말**이 **궁지**에 몰려 **만**이 **뵈이**니 **짖다**.
(bay)

大 **bay**[5] [bei]

명 구렁말, 적갈색 형 적갈색의

암 **월계관**을 쓴 **구렁말**이 **궁지**에 몰려 **만**이 **뵈이**니 **짖다**.
(bay)

大 **bayonet** [béiənit, -nèt, bèiənét]

명 총검, 무력 동 총검으로 찌르다.

배를 이여서 네트(그물)로
암 고기를 **배 이여 네트**(그물)로 몰아 **총검으로 찌르다**.
(bayonet)

大 **baza(a)r** [bəzɑ́:r]

명 시장, 상점가, 바자 자선시(慈善市)

암 **자선시**에서 **바자**회를 열어 돈을 **버자**.
(baza(a)r)

大 **bazooka** [bəzú:kə]

명 (軍) 마주카포(砲) (탱크공격 용)

高 **BC** [bi:si:]

명 기원 전(Before Christ)의 약어

中 **be** [bi:, bi]

동 (현재 am: are: is, 과거 was: were, 과거분사 been)~이다.

식모(가정부) 비(계집종)
암 **하우스 걸**은 **비(婢)이다**.
(house girl) (be)

▶ It will be fine tomorrow. 내일은 날시가 좋을 것이다.

中 **beach** [bi:tʃ]

명 해안, 해변

(탐조등) 비치다(=비추다의 방언)
암 **서치라이트**로 **해안(해변)**을 **비치**다.
(search–light) (beach)

▶ a sandy beach 모래 해변

大 **beacon** [bí:kən]

명 횃불, 봉화, 봉화대 동 (횃불을) 비추다.

비(갖출비) 큰(=갖추어 놓은 큰)
암 **비(備)컨 봉화대**에서 **봉화를(횃불을) 비추다**.
(beacon)

大
bead
[biːd]

명 구슬, 염주알

빌더니
암 중이 **염주알(구슬)**들고 복을 **비드**니 **인복**을 **간절히 바라다**.
(bead) (invoke)

高
beak
[biːk]

명 (새 따위의) 부리, 주둥이

암 바다제**비 크**다란 **부리**로 먹이를 **펙**펙 **쪼아먹다**.
(beak) (peck)

▶ a bird's beak 새의 부리

高
beam
[biːm]

명 저울, 광선, (대)들보 동 빛을 내다.

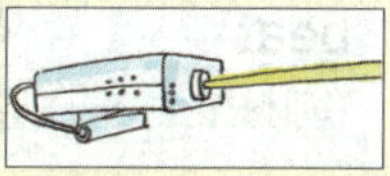

암 **머신**(멋있)는 **기계**로 **레이저 빔(광선)을 내다**.
(machine) (laser) (beam)

▶ a beam of light[hope] 한 줄기의 빛[희망]

大
beaming
[bíːmiŋ]

형 빛나는, 밝은, 웃음을 띤

▶ beam(광선) + ing(현재분사 어미) = beaming(빛나는, 밝은, 웃음을 띤)

高
bean
[biːn]

명 콩, 콩꼬투리

암 속이 **빈 콩(콩꼬투리)**.
(bean)

▶ The farmer planted beans. 그 농부는 강낭콩을 심었다.

中
bear[1]
[bɛər]

명 곰

암 **곰**이 **곰** 새끼를 **배어**
(bear)

▶ the black bear 흑곰(특히 북미산)

中
bear[2]
[bɛər]

동 운반하다, 나르다, 참다, 견디다, 낳다.

암 나무를 **베어 견디며 참다**가 **운반하다**.
(bear)

高
beard
[biərd]

명 턱수염, 꺼끄러기

비어도 비어도
암 **비어드**비어드 자리는 **꺼끄러기 턱수염**
(beard)

▶ a tough beard 거친 수염

大
bearer
[bέərər]

명 짐꾼, 운반인, 하인

▶ bear(운반하다, 참다) + er(…사람) = bearer(짐꾼, 운반인, 하인)

大
bearing
[bέəriŋ]

명 태도, 관계, 베어링

▶ bear(참다) + ing(현재분사 어미) → 사람과 관계시 화가나도 참는 태도는 기계에 있어 베어링 역할을 함과 같다. = bearing(태도, 관계, 베어링)

B

高 **beast** [biːst]

명 짐승, 짐승 같은 놈, 추녀

암 **짐승 같은 놈**이 **비스 트**러(틀어) **짐승**의 **필 벗기다**.
(비스 = 비수(날카로운 단도) (beast); 필 = 피를(皮를:껍질을) (peel))

▶ a beast of burden 짐 운반용 짐승(말. 소, 낙타 등)

大 **beastly** [bíːstli]

형 짐승 같은, 잔인한, 더러운

▶ beast(짐승) + ly(…다운[같은]) = beastly(짐승 같은, 잔인한, 더러운)

中 **beat** [biːt]

명 치기, 고동, (음악의)박자 동 치다, 격파하다.

암 **흑인**이 **바보**의 **목**을 **비트**러 가펴 **치다**.
(흑인 (moke); 비트 = 비 틀어 (beat))

▶ beat a snake to death 뱀을 때려 죽이다.

高 **beaten** [bíːtn]

beat (치다)의 과거 형 두들겨 맞은, 기진 맥진한, 지친

▶ beat(치다) + en(…으로 된) = beaten(두들겨 맞은, 기진 맥진한, 지친)

▶ beaten work 망치로 두들겨 펴서 만든 세공

大 **beating** [bíːtiŋ]

명 때림, 매질, 타도, (심장의)고통

▶ beat(치다) + ing(현재분사 어미) = beating(때림, 매질, 타도, [심장의] 고동)

大 **beauteous** [bjúːtiəs]

형 (詩) 황홀할(믿을 수 없을) 정도로 아름다운

▶ beaut(y) → e(미, 아름다움) + ous(형용사 어미) = beauteous ((詩)황홀할 [믿을 수 없을]정도로 아름다운)

中 **beautiful** [bjúːtifəl]

형 아름다운, 고운, 예쁜, 훌륭한

▶ beaut(y) → i(미, 아름다움) + ful(형용사 어미, …이 가득한) = beautiful(아름다운, 고운, 예쁜, 훌륭한)

▶ a beautiful flower 아름다운 꽃

大 **beautifully** [bjúːtifəli]

부 아름답게, 훌륭히

▶ beautiful(아름다운, 훌륭한) + ly(부사를 만듦) = beautifully(아름답게, 훌륭히)

大 **beautify** [bjúːtifài]

타 아름답게 하다, 미화하다.

▶ beaut(y) → i(미, 아름다움) + fy(…화하다) = beautify(아름답게 하다, 미화하다)

高 **beauty** [bjúːti]

명 아름다움, 미인, 미, 미모

암 **뷰(富)티** 나는 **미인**의 **아름다움**.
(뷰(富)티 = 부(富)티(=부유한 티) (beauty))

▶ She is a real beauty. 그녀는 참으로 미인이다.

高	**beaver** [bíːbər]	명 비버, 해리(海狸), 비버 모피,(일 공부에)끈질긴 사람, 일벌레 ▶ a colony of beavers 비버 무리
中	**became** [bikéim]	become(…이 되다)의 과거 ▶ She became a teacher. 그녀는 선생님이 되었다.
中	**because** [bikɔ́ːz, -káz, -kʌ́z / -kɔ́z]]	왜냐 하면, ~이므로, ~이기 때문에 ▶ be(= by) + cause(원인, 이유) = because(왜냐하면, …이므로) 비꼬즈(= 비꼬지) 암 **비코즈**마리 **왜냐하면** 나쁜 짓 **이므로**. (because)
大	**beckon** [békən]	동 손짓(고갯짓, 몸짓)으로 부르다, 신호하다. 배 큰 것을 암 난파선에서 **배 컨** 것을 보내라고 **신호하다**, **손짓(몸짓)으로 부르다**. (beckon)
中	**become** [bikʌ́m]	동 (*p.*–came. *pp.*–come)~이(으로) 되다, 어울리다. 비가 come(=오니) 암 **비 캄**하니 장마철**이 되다**. (become) ▶ What became of her? 그녀는 어떻게 되었습니까?
大	**becoming** [bikʌ́miŋ]	형 어울리는, 걸맞은 명 적당, 상응 ▶ becom(e)(되다, 어울리다) + ing(현재분사 어미) = becoming(어울리는, 걸맞는, 적당, 상응)
中	**bed** [bed]	명 침대 동 재우다, 자다. 피로우(=피로한 벗) 암 **피로우**가 **베개**를 **베드**니 **침대**에서 **자다**. (pillow) (bed) ▶ a single bed 싱글[1인용]베드 
高	**bedroom** [bédrùːm, -rùm]	명 침실 ▶ bed(침대, 배드) + room(방) = bedroom(침실) ▶ a spare bedroom 손님용[예비]침실
大	**bedside** [bédsàid]	명 침대 곁, 베갯머리, 머리맡 형 침대 곁의, 베갯머리의 ▶ bed (침대, 배드) + side(곁, 옆) = bedside(침대 곁, 베갯머리, 머리맡, 침대 곁의, 베갯머리의)
大	**bedtime** [bédtàim]	명 취침 시간, 잘 시각 ▶ bed(침대, 배드) + time(시간) → 침대에 갈 시간 = bedtime(취침 시간, 잘 시각)

中	**bee** [biː]	㉮ 꿀벌, 일꾼 ㉱ **비**잉비잉 나는 **일꾼 꿀벌** (bee) 
大	**beech** [biːtʃ]	㉮ 너도 밤나무, 그 목재 ㉱ (빛이)**비치** 거무칙칙한 **너도 밤나무**와 **그 목재** (beech)
高	**beef** [biːf]	㉮ 쇠고기 ㉱ **쇠고기**로 만든 **비프 스테이크(불고기)** (beef) (steak)
高	**beefsteak** [bíːfstèik]	㉮ 비프 스테이크, 두껍게 썬 쇠고기 ▶ beef(소고기) + steak(두껍게 썬 고기) = beefsteak(비프 스테이크, 두껍게 썬 쇠고기)
中	**been** [bin biːn]	be(이다 있다)의 과거분사 ▶ I have been to see him off. 그를 배웅하러 갔다 왔다.
高	**beer** [biər]	㉮ 맥주 ㉱ **맥주** 잔을 **비어**내고 **싱**그럽게 **노래하다**. 비워 (beer) (sing) ▶ cold beer 시원한 맥주
大	**beet** [biːt]	㉮ 비트, 사탕무우 ㉱ **사탕무우**를 **비트**며 **풀**처럼 **뽑다**. 비틀며 (beet) (pull)
高	**beetle** [bíːtl]	㉮ 큰 망치 딱정벌레 ㉯ 튀어나온 ㉶ 튀어나오다. ㉱ **가득한 풀**에서 **딱정벌레**가 **비틀**거리며 **튀어나오다**. (full) (beetle) ▶ black beetle 바퀴, 바퀴벌레
中	**before** [bifɔ́ːr]	㉲ ㉳ 앞에, 전에 ~보다는 오히려 ㉱ **앞에 비 포**처럼 와…. 비(雨) 포처럼 (before) 
高	**beforehand** [bifɔ́ːrhæ̀nd]	㉴㉯ 미리, 사전에, 전부터 ▶ before(전에, 이전에) + hand(손) → 일이 터지기 전부터 미리 손을 쓰다 = beforehand(미리, 사전에, 전부터)

大	**befriend** [bifrénd]	[타] ~의 친구가 되다, ~을 도와주다. ▶ (명사에 붙어 타동사를 만듦 = be) + (friend = 친구) → 친구의 일을 도와주다 = befriend(~을 도와주다, ~의 친구가 되다)
高	**beg** [beg]	[동] 청하다, 구걸하다. [암] **목사**님께 **커러지**가 **배 그**리 고파 **구걸하다**. (목사 커러지: clergy) (배 그: beg, 배가 그리도) ▶ He begged for food. 그는 먹을 것을 청했다.
中	**began** [bigǽn]	begin(시작하다)의 과거 ▶ She began to work. 그녀는 일하기 시작했다
大	**beget** [bigét]	[타] (아이를)보다, 낳다, 생기게 하다. ▶ (자동사에 붙어 타동사를 만듦 = be) + (get = 얻다, 받다) = beget([아이를]보다, 낳다, 생기게 하다)
高	**beggar** [bégər]	[명] 거지, 가난뱅이 ▶ (구걸하다 = beg + g) + (ar = er…사람) = beggar(거지, 가난뱅이) ▶ Poor beggar! 가엾어라
中	**begin** [bigín]	[동] (*p*. began, *pp*. begun) 시작하다. [암] **게임**을 **비긴**후 다시 **시작하다**. (게임: game) (비긴: begin) ▶ School begins at eight thirty. 수업은 8시 30분에 시작한다.
高	**beginner** [bigínər]	[명] 초심자, 초학자, 창시(개시)자 ▶ begin + n(시작하다) + er(…사람) = beginner(초심자, 초학자, 창시[개시]자) ▶ an absolute beginner 완전 초심자
中	**beginning** [bigíniŋ]	[명] 처음, 시작, 최초 ▶ begin + n(시작하다) + ing(현재분사 어미) = beginning(처음, 시작, 최초) ▶ from (the) beginning 처음부터
大	**begot** [bigát / -gɔ́t]	beget(생기게 하다)의 과거, 과거분사
大	**begotten** [bigátn / -gɔ́tn]	beget(생기게 하다)의 과거분사

B

大 **beguile** [bigáil]

[동] 속이다, 기만하다.

(婢: 계집종 비)
[암] **마담**을 **비(婢)가 일** 않고 **속이다.**
(madam) (beguile)

中 **begun** [bigʌ́n]

begin(시작하다)의 과거분사

高 **behalf** [bihǽf, -hɑ́:f]

[명] 원조, 편들기, 이익

[암] 장마 **비 해(害) 프**러(풀어)주려고 하는 **편들기 원조**
(behalf)

▶ He said so in your behalf. 그는 너를 위해서 그렇게 말했다.

高 **behave** [bihéiv]

[동] 행동하다, 처신하다.

비 피해를 입을
[암] **비 해(害) 이브**까봐 빨리 **처신하다.**
(behave)

▶ Tom always behaves himself. 톰은 항상 행실이 좋다.

高 **behavio(u)r** [bihéivjər]

[명] 행동, 행위, 품행

▶ behav(e)(행동하다, 처신하다) + io(u)r(추상명사 어미) = behavio(u)r(행위, 행동, 품행)

▶ model behavio(u)r 모범적인 행동

高 **beheld** [bihéld]

behold(보다, 바라보다)의 과거, 과거분사

中 **behind** [biháind]

[부] 뒤에 [전] ~의 뒤에

하녀와 하인들이
[암] **뒤에 비(婢) 하인드**리 **잡 일을 하다.**
(behind) (job)

▶ hide behind a tree 나무 뒤에 숨다.

高 **behold** [bihóuld]

[동] 보다.

비호를 들여다
[암] **주**립 **동물원**에 **비(飛)홀 드**려다 **보다.**
(zoo) (behold)

高 **being** [bí:iŋ]

[동] be의 현재 분사 [명] 존재, 본성, 인류, 인간[B-]신 [접] …이므로

[암] **인간**의 **본성**에 **신**이 **[being]비잉**비잉 돌**므로 존재**하네

▶ a rational being 이성적인 존재

大 **belch** [beltʃ]

[동] 트림을 하다. [명] 분출, 폭발, 트림

들에 곤히 배를 치며
[암] **드레 곤**히 자던 **용**이 **밸 치**며 **트림을 하다.**
(dragon) (belch)

大 **Belgian** [béldʒən]

명 벨기에(사람)의

▶ Belgi(um)(벨기에) + an(…의, …사람의) = Belgian(벨기에 (사람)의)

大 **Belgium** [béldʒəm]

명 벨기에 (수도 Brussels)

高 **belief** [bilíːf]

명 믿음, 신념; 신앙

▶ belie(ve)(믿다) + f(명사를 만듦) = belief(믿음, 신념, 신앙)

▶ I have no great belief in doctors. 나는 의사를 그다지 믿지 않는다.

大 **believable** [bilíːvəbəl, bə-]

형 믿을 수 있는

▶ believ(e)(믿다) + able(…할 수 있는) = believable(믿을 수 있는)

中 **believe** [bilíːv, bə-]

동 믿다; 생각하다.

암 **메시아**가 **비리(非理) 브**수리라 **믿다**.
(메시아: 구세주가 (Messiah), 비리(非理) (believe), 브수리라: 부수리라)

▶ I believe you. 나는 자네를 믿다(믿네)

大 **believer** [bilíːvər, bə-]

명 믿는 사람, 신자

▶ believ(e)(믿다) + er(…사람) = believer(믿는 사람, 신자)

中 **bell** [bel]

명 방울, 종, 벨 동 종을 울리다.

암 **딸랑딸랑 징글 벨 종을 울리다**.
(징글 (jingle), 벨 (bell))

▶ The church bells are ringing.
교회의 종이 울리고 있다.

大 **belle** [bel]

명 미인, 미녀

암 **미녀(미인)**의 **밸 젠틀먼**이 **힝거**웁게 **만지작거리다**.
(밸: 배를 (belle), 젠틀먼: 신사가 (gentleman), 힝거: 힘겨웁게 (finger))

大 **belligerent** [bəlídʒərənt]

형 교전국의, 호전적인 명 교전국, 전투원

암 **호전적인 버리 저런 트**기 **전투원**을 **보더**니 **괴롭히다**.
(버리: 벌이, 저런: 전련, 트기: 트기 (belligerent), 보더: (bother))

大 **bellow** [bélou]

동 큰소리치다, 호통치다, (아픔 따위로)신음하다.

암 **밸 로우(老友)**가 잡고 **(아픔에)신음하다**.
(밸: 배를, 로우: 로우 (늙은 벗이) (bellow))

大

belly
[béli]

명 복부, 배

암 친구가 미스코리아 되니 **복부**인 **밸이 꼴린 소녀**
(밸이 꼴린(뒤틀린))
(belly) (colleen)

B

中

belong
[bilɔ́(:)ŋ, -lɑ́ŋ]

동 속하다, ~의 것이다(~to)

암 **드레 곤**히 자는 **용**도 **비롱**에 **속하다**.
(들에 곤히) (飛龍)비룡(=날으는 용)
(dragon) (belong)

▶ Do these shoes belong to you?
이 신발들은 네 것이니?

大

belonging
[bilɔ́(:)ŋiŋ, -lɑ́ŋ]

명 소유물, 소지품

▶ belong(속하다) + ing(현재분사 어미) = belonging(소유물, 소지품)

高

beloved
[bilʌ́vid, -lʌ́vd]

형 사랑하는, 귀여운 명 당신, 임자

▶ (이다 = be) + (loved = 사랑하는) = beloved(사랑하는, 귀여운, 당신, 임자)

▶ my beloved son 나의 사랑하는 아들

高

below
[bilóu]

전 ~의 아래에 부 아래에(로)

▶ (이다 = be) + (low = 낮은) = below(아래에[로], ~의 아래에)

高

belt
[belt]

명 띠, 혁대 밸트, 가죽 띠 동 ~에 띠를 매다.

암 안전 **벨트 띠를 매다**.
(belt)

▶ Fasten your seat belt. 좌석 벨트를 채우십시오.

中

bench
[bentʃ]

명 벤치, 긴 의자, 재판관 동 벤치에 앉히다.

암 **재판관**을 **긴 의자 벤치에 앉히다**.
(bench)

高

bend
[bend]

동 (*p*., *pp*. bent) 굴복하다, 굽히다, 구부리다.

명 굽음

암 **스파이**가 **벤드(頭)**앞에 **굴복하다**.
(밴 두(머리))
(spy) (bend)

▶ The river bends northward. 강은 북쪽으로 구부러져 있다.

高

beneath
[biníːθ, -níːð]

전 ~의 바로 아래(밑)에

암 **바로 밑에**서 (죄를) **비니 스**르르 **마음 가벼이 플리리**
(beneath) (freely)

▶ the town beneath 아랫동네

大

benefaction
[bènifǽkʃən]

명 기부행위, 자선

▶ benefact(or)(은인, 후원자, 보호자) + ion(명사 어미 …하는자가 행하는 행위) = benefaction(기부행위, 자선)

大 **benefactor** [bénifæ̀ktər]

명 은인, 보호자, 후원자

팩! 털어

암 여자의 빚을 애 **배니 팩! 터**러 없애준 **은인**같은 **후원자**

(benefactor)

大 **beneficial** [bènifíʃəl]

형 유익한, 이로운

▶ benefi(t)(이익, 특전, 은혜) + cial(= al …한, 형용사 어미) = beneficial(유익한, 이로운)

高 **benefit[1]** [bénifit]

명 이익, 특전, 은혜, 혜택

암 여자가 애 **배니 핏** 덩이에게 주는 **특전(혜택)**

(benefit)

▶ have a benefit 특전을 받다.

高 **benefit[2]** [bénifit]

동 이익을 주다, 혜택을 보다.

암 여자가 애 **배니 핏**덩이 덕에 **혜택을 보다**.

(benefit)

高 **benefits** [bénifits]

명 보조금, 수당

암 여자가 애 **배니 핏**덩이에게 주는 **보조금 수당**

(benefits)

▶ old-age benefits 노인생활 보조금

大 **benevolence** [binévələns]

명 자비심, 인자함, 박애, 선행

암 **래인(來人)**에게 준 **우(雨)비 네 벌런 스**님의 **자비심**찬 **선행**.

(rain) (benevolence)

大 **benevolent** [binévələnt]

형 자비심 많은, 인자한

▶ benevolen(ce)(자비심, 인자함) + t(형용사 어미) = benevolent(자비심 많은, 인자한)

大 **bent** [bent]

동 bend(구부리다, 굽히다)의 과거, 과거분사

형 굽은, 마음이 쏠린, 구부러진

명 경향, 성벽, 좋아함

大 **bequeath** [bikwí:ð, -kwí:θ]

타 남기다, 전하다, 유증하다.

빗자루와 키들을

암 기능공이 **비 퀴드**를 만들어(후대에) **전하다**.

(bequeath)

大 **bereave** [birí:v]

타 빼앗다, 앗아가다, 잃게 하다.

긴 의자 비리(비행) 부터

암 **법관**이 **벤치**에서 **비리(非理)브**터 범해 **(희망을)잃게 하다**.

(bench) (bereave)

大 **bereavement** [biríːvmənt]

명 잃음, 사별

▶ bereave (빼앗다, 앗아가다) + ment(명사를 만듦) = bereavement(잃음, 사별)

B

大 **bereft** [biréft]

bereave(빼앗다, 앗아가다)의 과거, 과거분사

형 빼앗긴, 잃은

大 **beret** [bəréi, bérei]

명 베레모, (영국, 군의)베레식 군모

高 **berry** [béri]

명 딸기류의 과실; [식물] 장과(漿果)

암 맛이 배리 **배리**한 **딸기류의 과실**.
(berry)

大 **berth** [bəːrθ]

명 (배, 차의)침대, 정박지, 숙소 동 정박[숙박]하다.

벗으며
암 **정박지 숙소 침대**에서 옷을 **버스**며 **숙박하다**.
(berth)

大 **beseech** [bisíːtʃ]

타 애원하다, 간청하다.

계집종도 쉽게 치료
암 **비(婢)쉬 치**료 할 수 있게 **애원(간청)하다**.
(beseech)

大 **beset** [bisét]

타 포위하다, 장식하다, 둘러싸다.

비(비석) 셋을
암 **라일락**(꽃)으로 **비(碑) 셋**을 **둘러싸서 장식하다**.
(lilac) (beset)

中 **beside** [bisáid]

전 ~의 곁(옆)에

비석(碑石) 사이 들어가
암 **곁에 비(碑)사이 드**러가 우는 **마담**.
(beside) (madam)

▶ He sat beside me. 내 곁에 앉았다.

高 **besides** [bisáidz]

전 ~외에는 부 게다가, 그 밖에

비석 사이엔 두 주(主)인
암 **게다가 비(碑) 사이 드 즈**인 **외에는** 없어.
(besides)

▶ I had nothing besides that.
나는 그것 외에는 아무것도 가지고 있지 않았다.

大 **besiege** [bisíːdʒ]

타 에워싸다, 괴롭히다, 포위 공격하다.

▶ (있는 = 비 = be) + (siege = 쉬지 = 포위, 공격) = besiege(괴롭히다)

▶ 장마에(하늘에) **있는 비 쉬지**않고 **포위공격**하듯 내려 **괴롭히다, 에워싸다**.

大

besought
[bisɔ́:t]

beseech(애원하다, 간청하다)의 과거, 과거분사

中

best
[best]

[형] (good, well의 최상급)최상의, 가장 좋은 [부] 제일, 잘

[암] **가장 좋은** 가요 **베스트 텐(10)**곡.
(best) (ten)

高

best-known
[béstnóun]

[형] 가장 유명한, 가장 잘 알려진

▶ best(가장) + known(알려진) = best-known(가장 유명한, 가장 잘 알려진)

高

bestow
[bistóu]

[동] 주다, 수여하다.

비수(단도) 토우(토인 벗)
[암] **인디언**이 **비스(ヒ首) 토우(土友)**에게 **주다**.
(Indian) (bestow)

大

bestowal
[bistóuəl]

[명] 증여, 선물

▶ bestow(주다, 수여하다) + al(명사 어미) = bestowal(증여, 선물)

高

bet
[bet]

[명] 내기 [동] 내기(하다)

밧줄 배를 틀어가며
[암] **로프**로 **배 트**러가며 **내기를 하다**.
(rope) (bet)

▶ win a bet. 내기에서 이기다.

大

bethink
[biθíŋk]

[타] 잘 생각하다, 숙고하다.

▶ (강조의 뜻 = be) + (think = 생각하다) = bethink(잘 생각하다, 숙고하다)

高

betray
[bitréi]

[동] 배반하다, 누설하다, 밀고하다.

빗자루를 틀에 이씨가
[암] **비 틀에 이**가 넣습을 **누설하다**.
(betray)

▶ He refused to betray their plans.
그는 그들의 계획을 누설하기를 거부했다.

大

betroth
[bitrɔ́:θ, bitróuð]

[타] 약혼시키다, 약혼하다.

빗자루를 틀어 들게하고
[암] 집시 청소부를 **비트러 드**게하고 **약혼시키다**.
(betroth)

中

better
[bétər]

[형] 더 좋은, 보다 나은 [동] 개선하다.

배 대는 터
[암] **인천**항을 **더 좋은 배 터**로 **개선하다**.
(Incheon) (better)

▶ a little better 약간 더 좋은

B

中 **between**
[bitwíːn]

㉠ ~의 사이에 ㉡ 사이로

비가 트인
㉢ **비 트윈** 창 **사이로** 들이 쳐.
(between)

大 **beverage**
[bévəridʒ]

㉣ 마실 것, (보통 물 이외의)음료

▶ **음료**나 **마실 것** 과음하면 **배 버리지**(탈나지)
(beverage)

大 **bewail**
[bewéil]

㉤ 몹시 슬퍼하다, 통곡하다.

㉢ 계집 종 **비(碑) 왜 일**만 하는지 하며 **몹시 슬퍼하다**.
(bewail)

高 **beware**
[biwέər]

㉤ 조심하다, 주의하다, 경계하다.

민비가 왜어(일본 말)
㉢ **심술궂은 민비 왜어(倭語)** 하는 자를 **경계하다**.
(mean) (beware)

高 **bewilder**
[biwíldər]

㉤ 당황하게 하다, 어리둥절케 하다.

두목 비위를 더
㉢ **보스**의 **비윌 더** 거슬리어 **당황하게 하다**.
(boss) (bewilder)

大 **bewildering**
[biwíldəriŋ]

㉥ 어리둥절케(당황케) 하는

▶ bewilder(당황하게(어리둥절케) 하다) + ing(동명사를 만듦)
= bewildering(어리둥절케[당황케] 하는)

大 **bewilderment**
[biwíldərmənt]

㉣ 당황, 어리둥절함

▶ bewilder(당황하게(어리둥절케) 하다) + ment(명사 어미)
= bewilderment(당황,어리둥절함)

大 **bewitch**
[biwítʃ]

㉤ 요술(마법)을 걸다, 호리다, 매혹하다.

㉢ 마술사가 **비(碑) 위치**를 옮기려고 **요술을 걸다**.
(bewitch)

中 **beyond**
[bijánd / bijɔ́nd]

㉠ ~의 저쪽에, 넘어서

비와 요는 들고
㉢ 애가 **저쪽에 비 욘 드고 가다**.
(beyond) (go)

▶ far[way, well] beyond(시간, 장소 …를) 훨씬 넘어선

大 **bias**
[báiəs]

㉣ 비뚤어짐, 기울어짐, 편견

밧줄 이어씀을
㉢ 탑을 **기울어짐**없게 **바 이어스**을 **비웃음 지어** **야유**해
(bias) (jeer)

大 **bias(s)ed** [báiəst]

[형] 치우친, 편견을 가진

▶ bias(s)(= 기울어짐) + ed(형용사를 만듦) = bias(s)ed(치우친, 편견을 가진)

高 **Bible** [báibəl]

[명] (the~)성서, 성경

밧줄과 이불

[암] **바 이블**위에 놓인 **성서**.

(Bible)

▶ the Holy Bible 성서

大 **biblical** [bíblikəl]

[형] (or-B) 성경의, 성경에서 인용한

▶ Bibl(e)(성서, 성경) + ical(형용사를 만듦) = biblical(성경의, 성경에서 인용한)

中 **bicycle** [báisikəl, -sàikəl]

[명] 자전거 [동] 자전거에 타다.

▶ I go to school by bicycle. 나는 자전거로 학교에 간다.

高 **bid** [bid]

[동] 명하다, 말하다. 값을 매기다.

[명] 매긴 값, 입찰

(빗자루=)비 들라고

[암] (청소부에게) **비 드**라고 **명하다**.

(bid)

▶ Bid him depat. 그에게 떠나라고 하시오.

大 **bidden** [bídn]

bid (명하다, 명령하다, 값을 매기다)의 과거분사

▶ bid + d(명령하다, 값을 매기다) + en = bidden(bid의 과거분사 형)

大 **bidder** [bídər]

[명] 값을 부르는 사람, 입찰[경매]자, 입후보자

▶ bid + d(명령하다, 값을 매기다) + er(…하는 사람) = bidder(값을 부르는 사람, 입찰[경매]자, 입후보자)

高 **bidding** [bídiŋ]

[명] 입찰, 명령, 입후보

▶ bid + d(명령하다, 값을 매기다) + ing(동명사를 만듦) = bidding(입찰, 명령, 입후보)

中 **big** [big]

[형] 큰 [부] 크게

[암] **큰 빅 쇼**..

(big) (show)

▶ He eats a big hamburger. 그는 큰 햄버거를 먹는다.

高 **bike** [baik]

[명] 자전거, 오토바이 [동] (오토바이)를 타다.

봐 이 커다란

[암] **보이 봐! 이 크**다란 **오토바이를 타다**.

(boy) (bike)

B

大 **biker** [báikər]

명 (구어) 오토바이 타는 사람

▶ bik(e)(오토바이) + er (…하는 사람) = biker(오토바이 타는 사람)

中 **bill[1]** [bil]

명 계산서, 지폐, 어음

암 **빌**린 **지폐**의 **계산서**.
(bill)

▶ I paid the bill for the lunch. 나는 점심 값을 지불했다.

大 **bill[2]** [bil]

명 부리(가늘고 납작한) 자 (비둘기 등이) 부리를 서로 비벼대다.

암 **펭귄**이 **빌** 붙어 **부리를 서로 비벼대다**.
(penguin) (bill)

大 **billiards** [bíljərdz]

명 *pl*, [종종 단수취급] 당구

빌려주니
암 **당구**장을 **빌려즈**니 **게임**으로 **승부를 겨루다**.
(billiards) (game)

大 **billion** [bíljən]

명 10억 형 10억의

빌려온
암 **빌리언 10억 달러**.
(billion) (dollar)

大 **billow** [bílou]

명 큰 물결, 파도 타 소용돌이 치다.

열대성 폭풍우가 비를 놓으니(=뿌리니)
암 **허리케인**이 **빌 로우**니 **파도**가 **소용돌이 치다**.
(hurricane) (billow)

大 **bin** [bìn]

명 궤, 저장통 타 통에 넣어 저장하다.

암 **옥수수 콘**을 **빈** 궤짝 **통에 넣어 저장하다**.
(corn) (bin)

高 **bind** [báind]

동 (*p*., *pp*. bound) 묶다, 제본하다. 명 끈

봐 인(사람)들이
암 **팔 단지**를 **봐 인(人)드**리 **묶다**.
(pot) (bind)

▶ bind a book in leather. 책을 가죽으로 제분하다.

大 **binder** [báindər]

명 묶는 사람, 바인더, 실, 끈

▶ bind(묶다) + er(… 하는 사람, … 하는 것) = binder(묶는 사람, 바인더, 실, 끈)

大 **binding** [báindiŋ]

형 구속력이 있는 명 묶음, 구속

▶ bind (묶다) + ing (동명사를 만듦) = binding(구속력이 있는, 묶음, 구속)

大 **biographer**
[baiágrəfər, bi- / -ɔ́g-]

명 전기 작가

▶ biograph(y) + er(…사람) = biographer(전기 작가)

大 **biographical**
[bàiougrǽfikəl]

형 전기의, 전기적인

▶ biograph(y)(전기) + ical(…의, …적인) = biographical(전기의 전기적인)

高 **biography**
[baiágrəfi, bi- / -ɔ́g-]

명 전기, 문학, 일대기

▶ bio(= life) + graph(= write) + y(명사 어미) = biography(일대기

암 그의 **전기**는 아는 **바이오 그려 피**알함이 **또한 옳소**
(바이오 그려 피알(=선전): biography) (또한 옳소: also)

大 **biological**
[bàiəládʒikəl]

형 생물학의, 생물학상의

▶ biolog(y)(생물학) = ical(…[상]의) = biological(생물학의, 생물학상의)

大 **biologist**
[baiàlədʒist / -ɔ́l-]

명 생물학자

▶ biolog(y)(생물학) + ist(…사람) = biologist(생물학자)

高 **biology**
[baiálədʒi / -ɔ́l-]

명 생물학(책)

▶ bio(생물) + logy(= science 학문, …론, …학의 뜻) = 생물학(책)

암 **생물학 책**을 **봐 이(李) 오러지 생물학**에 **쏙 잠기다.**
(봐 이씨가 오로지: biology) (쏘옥: soak)

大 **birch**
[bəːrtʃ]

명 박달나무, 자작나무

암 길게 **버치**어 있는 **박달나무(자작나무)**가지.
(뻗치어: birch)

中 **bird**
[bəːrd]

명 새

암 **버드**나무에 **새.**
(bird)

▶ The birds are singing. 새들이 지저귀고 있다.

大 **birdie**
[bə́ːrdi]

명 새, 작은새 타 [골프](홀에) 버디를 넣다.

▶ bird(새) + ie(= y 명사 어미) = birdie(새, 작은새, [골프]버디를 넣다)

大 **bird-man**
[bəːrd-mæn]

명 조류 연구가, 박제사, 비행가

▶ bird(새) + man(사람) = bird-man(조류 연구가, 박제사, 비행사)

B

高 **birth** [bəːrθ]

명 출생, 탄생; 혈통, 가문; 기원 타 (미) ~을 낳다.

암 **출생**한 **버스 데이**.
(birth) (day)

▶ register a birth 출생 신고를 하다.

中 **birthday** [bə́ːrθdèi]

명 탄생일, 생일

▶ birth(= 출생) + day(= 일) = birthday(탄생일, 생일)

▶ Next Sunday is my birthday. 내주 일요일이 내 생일이다.

大 **birthplace** [bə́ːrθplèis]

명 출생지, 발생지, 고향

▶ birth(출생) + place(장소) = birthplace(출생지, 발생지, 고향)

大 **birthright** [bə́ːrθràit]

명 타고난 권리, 생득권, 장자 상속권

▶ birth(출생) + right(옳은, 권리) = birthright(타고난 권리, 생득권, 장자 상속권)

高 **biscuit** [bískit]

명 비스킷(과자의 일종)

▶ a cream biscuit 크림 비스킷

高 **bishop** [bíʃəp]

명 주교, 감독, 비숍(음료)

비서 푸짐히
암 (카톨릭) 주교와 **비셔 프**짐이 마시는 **비숍**(음료)
(bishop) (bishop)

▶ Catholic bishop 카톨릭 주교

大 **bison** [báisən, -zən]

명 (아메리카) 들소

밧줄을 이순 후(잇다)
암 카오보이가 **바 이슨**후 **들소**를 **홀**치어 **잡아끌다**.
(bison) (haul)

中 **bit**[1] [bit]

명 작은 조각, 소량

작은 빵을 비틀어
암 **비스킷**을 **비트**러 쪼갠 **작은 조각(소량)**
(biscuit) (bit)

▶ He spent his money bit by bit. 그는 돈을 조금씩 썼다.

大 **bit**[2] [bit]

bite (물다, 물어 뜯다)의 과거, 과거분사

高 **bite** [bait]

동 (*p*. bit, *pp*. bitten or bit) 깨물다, 물어 뜯다.
명 한 입

맛 봐 이 틈에
암 고기를 **한 입** 맛 **봐 이 트**메 **물어 뜯다**.
(bite)

▶ bite a the bait 미끼를 물다.

大	**biting** [báitiŋ]	ⓗ 물어 뜯는, 날카로운 ▶ bit(e)(물다, 물어 뜯다) + ing(동명사를 만듦) = biting(물어 뜯는, 날카로운)
大	**bitten** [bítn]	bite(물다, 물어 뜯다)의 과거분사
高	**bitter** [bítər]	ⓗ 쓴 쓰라린 ⓜ 고난 암 **쓰라린 고난**의 **비(碑)터**는 **마담**. (bitter) (madam) ▶ This medicine tastes bitter. 이 약은 쓰다. 
高	**bitterly** [bítərli]	ⓑ 쓰게, 몹시 ▶ bitter(쓴, 쓰라린) + ly(부사를 만듦) = bitterly(쓰게, 쓰라리게, 몹시) ▶ cry bitterly 몹시 울다.
大	**bitterness** [bítərnis]	ⓜ 씀, 쓴 맛 ▶ bitter (쓴, 쓰라린) + ness(명사 어미) = bitterness(씀, 쓴 맛)
中	**black** [blæk]	ⓗ 검은, 어두운 ⓜ 흑색 ▶ His hair is black. 그의 머리카락은 까맣다.
大	**blackberry** [blǽkbèri, -bəri]]	ⓜ 검은 딸기 ▶ black(검은, 흑색의) + berry(딸기) = blackberry(검은 딸기)
大	**blackbird** [blǽkbə̀:rd]	ⓜ 검은 새 ▶ black(검은, 흑색의) + bird(새) = blackbird(검은 새)
中	**blackboard** [blǽkbɔ̀:rd]	ⓜ 칠판 ▶ black(검은, 흑색의) + board(판자, 칠판) = blackboard(칠판) ▶ Two pupils were blackboard. 두 학생이 칠판 앞에 있었다.
大	**blacken** [blǽkən]	ⓓ 검게 하다, 검게 되다 ▶ black(검은, 흑색의) + en(… 하다의 뜻) = blacken(검게 하다, 검게 되다)

B

B

大 **blackness** [blǽknis]

[명] 검음, 흑색, 암흑

▶ black(검은, 흑색의) + ness(명사 어미) = blackness(검음, 흑색, 암흑)

大 **Black Power** [blæk páuər]

[명] ((美)) 흑인 지위 향상 운동

▶ Black(검은, 흑색의) + Power(힘) = Black Power(((美)) 흑인 지위 향상 운동)

高 **blacksmith** [blǽksmiθ]

[명] 대장장이

▶ black(검은, 흑색의) + smith(대장장이) = blacksmith(대장장이)

▶ a blacksmith's shop 대장간

高 **blade** [bleid]

[명] 잎; (칼 따위의) 날

불알에 이들이 / 개를 들고

[암] 불독개 **불에 이드**리 **칼날**을 대여 **갤 드**고 **불을 까다.**

(blade) / (geld)

▶ a sharp blade 날카로운 칼날

大 **bladed** [bléidid]

[형] 잎이 있는, 날이 있는

▶ blad(e)(잎, [칼]날) + ed(형용사를 만듦) = bladed(잎이 있는, 날이 있는)

高 **blame** [bleim]

[동] 비난하다, 꾸짖다, 책망하다, 나무라다.

불내 임자가

[암] **사기꾼**이 **집**에 **불래 임**자가 **꾸짖나 (나무라다)**

(gyp) (blame)

▶ They blamed me for the accident.
그들은 그 사고가 내 탓이라고 비난했다.

大 **blameless** [bléimlis]

[형] 비난할 점이 없는, 결백한

▶ blame(비난[책망]하다) + less(…이 없는) = blameless(비난할 점이 없는, 결백한)

大 **blanch** [blæntʃ, blɑːntʃ]

[동] 표백하다, 희게 하다, 희어지다.

불란(서양 직물) 치마를

[암] **스커트**와 **블란(佛蘭)치**마를 **표백하다.**

(skirt) (blanch)

大 **bland** [blænd]

[형] (기후가) 온화한, 온후한, 침착한

불낸 들에도

[암] **블랜 드**레도 **온화한** 봄 되니 **점**점 **싹이 돋다.**

(bland) (germ)

高 **blank** [blæŋk]

[명] 공백, 백지 [형] 공백의 : 백지의 [타] 비우다.

[암] **백지**에 **공백의 블랭크**를 두어 **비우다.**

(blank)

▶ My mind went blank. 나는 정신이 멍해졌다.

高 **blanket** [blǽŋkit]

[명] 담요 [타] (담요로) 온통 싸다.

부처가 얼은 귀뚜라미를

[암] **담요**로 **블(佛)랭(冷)키트**리를 **온통 싸다**.

(blanket)

大 **blaspheme** [blæsfíːm]

[동] (신을) 모독하다, 욕하다, 폭언하다.

불 내 수(손)을

[암] 사탄이 **(신을 향해) 블래 스(手)핌**으로 **모독하다**.

(blaspheme)

大 **blasphemer** [blæsfíːmər]

[명] 모독자, 폭언자

▶ blasphem(e)(모독하다, 포언하다) + er(…하는 자) = blasphemer(모독자, 폭언자)

大 **blasphemy** [blǽsfimi]

[명] 모독하는 말, 폭언

▶ blasphem(e)(모독하다, 폭언하다) + y(명사를 만듦) = blasphemy(모독하는 말, 폭언)

高 **blast** [blæst, blɑːst]

[명] 한바탕의 바람, 돌풍; 폭발 [동] 폭발(시들게)하다.

불 내 서투르게

[암] 버너에 **블래 스트**르게 다루다가 **돌풍**에 **폭발하다**.

(blast)

大 **blaster** [blǽstər]

[명] 발파공

▶ blast(폭발하다) + er(… 하는 사람) = blaster(발파공)

高 **blaze** [bleiz]

[명] 불길, 화염 [동] 타오르다, 널리알리다.

불에 이즈음도

[암] 가스가 **화염 블에 이즈**음도 **타오르다**.

(blaze)

大 **bleach** [bliːtʃ]

[동] 희게 하다, 표백하다, 희어지다. [명] 표백, 표백제

뿌리치고

[암] 양잿물을 **브리치**고 **표백제**로 천을 **표백(희게)하다**.

(bleach)

大 **bleak** [bliːk]

[형] 황폐한, 황량한, 쌀쌀한

불이 크게나

[암] **황량[황폐]한** 벌판에 **브리 크**게나 **번**번이 **타다**.

(bleak) (burn)

大 **bleat** [bliːt]

[타] (양, 염소 등이)매애 울다. [형] 울음소리

사다새 부리 틀어

[암] **펠리컨**이 **브리 트**러 양을 쪼으니 **매애울다**.

(pelican) (bleat)

高 **bleed** [bli:d]

㉢ (*p. pp.*bled) 피를 흘리다, 죽다.

부리 들고

암 **펭귄**이 **브리 드**고 **피를 흘리다**가 **죽다**.

(penguin) (bleed)

▶ bleed for freedom. 자유를 위해 피를 흘리다.

大 **blemish** [blémiʃ]

㉱ 흠, 결점, 오점 ㉤ ~에 흠을 내다.

로마의 폭군 불내 미시(아름다운 시)에

암 **내로**가 **멋있는 도시**에 **블래 미시(美市)에 흠을 내다**.

(Nero) (dossy) (blemish)

高 **blend** [blend]

㉢ (*p. pp.* blended or (시어) blent) 혼합하다, 뒤섞다.

암 **혼합물**을 **섞은 블렌드** 위스키.

(blend)

▶ blend together 한데 섞(이)다, 어울리다.

高 **bless** [bles]

㉤ (*p. pp.* blessed or blest) 축복하다, 은총을 빌다.

암 **올림픽** 성화봉에 **블래 수**없이 **축복하다**.

(Olympic) (bless)

▶ God bless you! 당신에게 신의 가호가 있기를 (빕니다)!

大 **blessed** [blésid / blest]

㉻ 은총 입은, 축복받은

▶ bless(축복하다, 은총을 빌다) + ed(형용사를 만듦) = blessed(축복받은, 은총 입은)

高 **blessing** [blésiŋ]

㉱ 축복, 신의 은총

▶ bless(축복하다, 은총을 빌다) + ing(동명사를 만듦) = blessing(축복, 신의 은총)

▶ It was a blessing for us. 그것은 우리에게 있어서 은총이었다.

大 **blest** [blest]

bless(축복하다, 은총을 빌다)의 과거, 과거분사

高 **blew** [blu:]

blow(바람이 불다)의 과거

▶ The wind blew the door shut. 부는 바람에 문이 닫혔다.

大 **blight** [blait]

㉱ 마름병 ㉢ 마르게 하다, 마르다.

부(아버지)가 라이트(빛)을

암 **브(父) 라이트(빛)**을 쏘여 식물을 **마르게 하다**.

(blight)

中 **blind** [blaind]

㉻ 눈 먼 ㉢ 덮어 가리우다. ㉱ 블라인드

암 창문을 **블라인드**로 **덮어 가리우다**.

(blind)

▶ a school for the blind 맹인학교

大 **blindly** [bláindli]

㊙ 맹목적으로, 무턱대고

▶ blind (눈먼, 덮어 가리우다) + ly(부사를 만듦) = blindly(맹목적으로, 무턱대고)

高 **blindness** [bláindnis]

명 맹목, 무지, 문맹

▶ blind(눈먼, 덮어 가리우다) + ness(추상명사 어미) = blindness(맹목, 무지, 문맹)

大 **blink** [bliŋk]

동 깜작이다, 흘끗 보다, 깜박거리다.

명 깜박거림, 섬광

부처와 잉크

암 **아이**가 **눈**으로 **블(佛)잉크**를 **흘끗 보며 깜작이다.**

(eye) (blink)

高 **bliss** [blis]

명 더없는 행복, 환희, (큰)행복

(방사능 먼지)를 분리 수거

암 낙진을 **블리 스**거 했다니 **(큰) 행복 (다행)**일세.

(bliss)

▶ Ignorance is bliss (속담) 모르는 것이 약이다.

大 **blissful** [blísfəl]

형 더없이 행복한, 기쁨에 찬

▶ bliss(더없는 행복, 환희) + ful(…이 가득찬) = blissful(더없이 행복한, 기쁨에 찬)

大 **blister** [blístər]

명 물집, 수포 동 물집이 생기게 하다.

불뚱불이 수(여러)곳으로

암 불뚱**브리 스(數)터**로 튀어 몸에 **물집이 생기게 하다.**

(blister)

大 **blithe** [blaið]

형 즐거운, 유쾌한, 쾌활한

부인이라 이들이

암 늘 **쾌활한 브(婦)라 이드**리 **웰컴**하며 **환영하다.**

(blithe) (welcome)

大 **blizzard** [blízərd]

명 강한 눈보라, (사물의)쇄도, 돌발

(화염)불이 저들을 들이 부어

암 **브리 저드**를 덮칠때 **강한 눈보라**를 하늘이 **디리 붜 살리다.**

(blizzard) (deliver)

大 **bloc** [blak / blɔk]

명 블록, 권(圈)(정치상 경제상의 목적으로 만든)

암 **경제상의 목적으로 경제 블록 권(圈)**을 만든 **유럽**

(bloc) (Europe)

高 **block** [blak / blɔk]

명 덩어리, 구획 (건축용) 블록 동 막다, 봉쇄하다.

암 **빌딩**에 **블록**을 쌓아 **구획**으로 **막다(봉쇄하다).**

(building) (block)

B

高 **blond(e)** [bland / blɔnd]

형 금발의 명 (눈이 파랗고 피부가 흰)금발의 사람

암 **(눈이 파랗고 피부가 흰) 금발의 블론드**여사.
(blond(e))

▶ a blond(e) beauty 금발 미인

中 **blood** [blʌd]

명 피, 혈통, 집안, 살붙이

암 **집안**에 **블러드**린(불러들인) **혈통**이 같은 **살붙이**.
(blood)

▶ Blood is thicker than water.
(속담) 피는 물보다 진하다.

大 **blood-shed, -shedding** [-sèd], [-sèdiŋ]

명 유혈(의 참사), 살해

▶ blood(피, 혈액) + shed, shedding(흘리다) = blood-shed, -shedding(유혈, 유혈의 참사, 살해)

高 **bloody** [blʌ́di]

형 피나는, 피가 흐르는

▶ blood(피) + y(… 있는, …투성이의) = bloody(피나는, 피가 흐르는)

▶ a bloody nose 피가나는 코

高 **bloom** [bluːm]

명 꽃 동 (화려하게) 꽃이 피다.

암 **블룸**(불음) 당한 **꽃**이 **(화려하게) 꽃이 피다**.
(bloom)

▶ The plumtrees have come into bloom.
오얏꽃이 피었다.

大 **blooming** [blúːmiŋ]

형 활짝 핀, 한창인, 청춘의

▶ bloom(꽃이 피다) + ing(동명사를 만듦) = blooming(활짝 핀, 한창인, 청춘의)

高 **blossom** [blɑ́səm / blɔ́s-]

명 꽃, 만발 동 꽃이 피다.

암 **꽃**이 **불로(不老)섬**(불노(늙지 않는) 섬)에 **만발**하게 **꽃이 피다**.
(blossom)

▶ Let's go to see the cherry blossoms tomorrow. 내일 벚꽃 구경 가자.

高 **blot** [blɑt / blɔt]

명 더러움, 얼룩 동 더럽히다, (압지가) 잘 빨아들이다.

암 **안마당** 수십 **야드**를 **불 로트**(불 놓더니)니 **얼룩**지게 **더럽히다**.
(yard) (blot)

▶ leave a blot 오점을 남기다.

高 **blotting paper** [blɔ́tiŋ, péipər]

명 잘 빨아들이는 종이, 압지

▶ blott(잘 빨아들이다) + ing(현재분사 어미) + paper(종이) = botting paper(잘 빨아들이는 종이, 압지)

大 **blouse** [blaus / blauz]

명 블라우스, 샤쓰식의 웃옷

中 **blow**[1]

[blou]

동 (바람이) 불다, (바람을) 불어대다.

암 놈이 **급습**해 **불 로우**며 **(바람을) 불어대다**.
(불 놓으며 / (blow))

▶ It is blowing hard. 바람이 세게 불고 있다.

高 **blow**[2]

[blou]

명 강타, 구타, 급습

암 놈이 **급습**해 **불 로우**며 **(바람을) 불어대다**.
(불 놓으며 / (blow))

▶ He dealt us a severe blow. 그는 우리에게 강한 일격을 가했다.

高 **blown**

[bloun]

blow의 과거분사

中 **blue**

[bluː]

형 푸른, 우울한

암 **푸른 블루 진 바지**(= 청바지).
((blue)(jeans))

▶ He has blue eyes. 그의 눈은 푸르다.

大 **bluebell**

[blúːbèl]

명 블루벨(식물 이름), [植] 푸른 종 모양의 꽃이 피는 풀

▶ blue(푸른) + bell(종) = bluebell([식물] 푸른 종 모양의 꽃이 피는 풀(초롱꽃 등))

大 **blueberry**

[blúːbèri / -bəri]

명 월귤나무, 그 열매

▶ blue(푸른) + berry(딸기류의 열매) = blueberry(월귤나무, 그 열매)

大 **bluebird**

[blúːbəːrd]

명 푸른 울새

▶ blue(푸른) + bird(새) = bluebird(푸른 울새)

大 **blueprint**

[blúːprìnt]

명 청사진

▶ blue(푸른) + print(인쇄, 인화) = blueprint(푸른 인쇄 → 청사진)

大 **bluff**[1]

[blʌf]

형 절벽의, 가파른 명 절벽, 벼랑, 낭떠러지

암 처녀가 배 **불러 프**대접에 **가파른 절벽**에서 **위협하다**.
(불러 푸대접에 / (bluff))

大 **bluff**[2]

[blʌf]

명 허세, 위협 동 위협하다, 허세를 부리다.

암 처녀가 배 **불러 프**대접에 **가파른 절벽**에서 **위협하다**.
(불러 푸대접에 / (bluff))

B

B

大	**blunder** [blʌ́ndər]	ⓜ 실수, 실책 ⓢ 큰실수를 하다. 불은 더 암 소방관이 **블런 더** 번지게 해 **큰 실수를 하다.** (bunder)
高	**blunt** [blʌnt / blɔnt]	ⓗ 무딘, 무뚝뚝한 ⓢ 무디게 하다. 불 놓은 트기 암 빌딩에 **블 론 트**기 방화범은 **무뚝뚝한 인디언** (blunt) (Indian)
大	**blur** [bləːr]	ⓜ 더러움 얼룩 ⓢ 더럽히다, 더러워지다. 불어 암 황사가 **브러** 옷이 **얼룩**지고 **더러워지다.** (blur)
高	**blush** [blʌʃ]	ⓜ 얼굴을 붉힘, 홍조 ⓩ 얼굴을 붉히다. 배가 불러 쉬 암 애밴 미스가 **밸이 블러 쉬 얼굴을 붉히다.** (belly) (blush)
大	**bluster** [blʌ́stər]	ⓢ (바람, 물결이)거세게 몰아치다. ⓜ 사납게 휘몰아침 불어 수(여러) 터(곳)에 암 **허리케인 폭풍우**가 **브러 스(數)터**에 **(바람이)거세게 몰아치다.** (hurricane) (bluster)
大	**boa** [bóa]	ⓜ 보아, 왕뱀 암 **왕뱀** 좀 **보아!**. (boa) 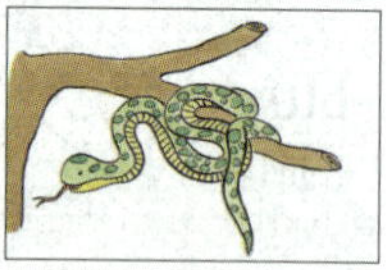
大	**boar** [bɔːr]	ⓜ (불 까지않은) 수퇘지, 그 고기, 멧돼지 암 **멧돼지 수퇘지 그 고기** 맛 좀 **보!** (boar)
中	**board** [bɔːrd]	ⓜ 판자, 널빤지, 칠판, 뱃전 ⓢ 하숙하다. 암 베니어 **보드 판자 널판지**를 깐 방에 **하숙하다.** (board) ▶ an ironing board 다림질 판
高	**boarder** [bɔ́ːrdər]	ⓜ 하숙생 ▶ board (하숙하다) + er(…사람) = boarder(하숙생)
大	**boarding** [bɔ́ːrdiŋ]	ⓜ 널판장, 판자, 하숙 ▶ board (널판지, 하숙하다) + ing(동명사를 만듦) = boarding(널판장, 판자, 하숙)

B

高 **boast** [boust]

명 자랑 동 자랑하다, 자만하다.

암 마담이 **보스(保手) 트**러 뵈며 **자랑하다**.
보수(보증수표) 틀어 (boast)

▶ Hi garden is his boast. 정원은 그의 자랑거리다.

大 **boastful** [bóustfəl]

형 자랑하는, 허풍 떠는, 과장된

▶ boast(자랑하다) + ful(…가득찬) = boastful(자랑하는, 허풍 떠는, 과장된)

中 **boat** [bout]

명 보트, 기선 동 배를 젓다(타다).

▶ He is rowing a boat on the lake. 그는 호수에서 배를 젓고 있다.

大 **boatman** [bóutmən]

명 배젓는 사람, 뱃사공

▶ boat(보트) + man(사람) = boatman(배젓는 사람, 뱃사공)

大 **boat race** [bóut rèis]

명 보트 레이스

▶ boat(보트) + race(경주) = boat race(보트 레이스, 보트 경주)

大 **bob** [bɑb / bɔb]

동 (아래 위로) 가볍게 움직이다.

암 낚시 **바브**로 쓰는 찌가 **(아래 위로)가볍게 움직이다**.
밥으로 (bob)

大 **bobby** [bɑ́bi / bɔ́bi]

명 순경, 경관

암 **카레 라이스 밥비**생긴 **경관(순경)**
(curry－rice) 밥이 (bobby)

高 **bodily** [bɑ́dəli / bɔ́d-]

형 몸의, 육체적인 부 몸소

▶ bod(y) → i(몸, 신체) + ly(형용사, 부사를 만듦) = bodily(몸의, 육체적인, 몸소)

▶ bodily pain 육체적인 고통

中 **body** [bɑ́di / bɔ́di]

명 몸, 신체, 육체

암 **몸**에 칠하는 **보디 페인트(도료)**
(body) (paint)

▶ a healthy body 건강한 몸

大 **bog** [bɑg, bɔ(:)g]

명 수렁, 늪 자 수렁에 가라앉다.

암 **보트**가 **바그**미가 우글대는 **늪 수렁에 가라앉다**.
(boat) (bog)

大 **bogy** [bóugi]

[명] 도깨비, 요귀, 악귀

[암] **보기** 흉한 **도깨비**.
(bogy)

中 **boil** [bɔil]

[동] 끓다, 삶다, 끓이다. [명] 끓임, 삶음, 비등(점)

[암] **보일**러로 **삶다(끓이다)**.
(boil)

▶ Will the water boil soon? 물이 곧 끓을까요?

大 **boiler** [bɔ́ilər]

[명] 보일러, 기관, 끓이는 그릇

▶ boil(끓이다, 삶다) + er(…하는 것) = boiler(보일러, 기관, 끓이는 그릇)

大 **boiling** [bɔ́iliŋ]

[명] 끓음, 비등 [형] 끓는, 비등하는

▶ boil(끓이다, 끓다) + ing(동명사를 만듦) = boiling(끓음, 비등, 끓는, 비등하는)

大 **boisterous** [bɔ́istərəs]

[형] 난폭한, 몹시 사나운[난폭한], 거친

[암] 노른해 **보이 스(手) 터러스**니 **난폭하**고 **거친** 발광해
(boy)소년이 수(손을) 털었으니(=돈 잃었으니)
(boisterous)

高 **bold** [bould]

[형] 대담한, 담력이 있는, 뻔뻔스러운

[암] **대담한** 자가 미스의 **볼 드**고 **키스하다**.
(얼굴=)볼 들고
(bold) (kiss)

▶ a bold explorer 대담한 탐험가

大 **boldly** [bóuldli]

[부] 대담하게, 뻔뻔스럽게

▶ bold(대담한) + ly(부사를 만듦) = boldly(대담하게, 뻔뻔스럽게)

大 **boldness** [bóuldnis]

[명] 대담, 뱃심, 배짱, 철면피

▶ bold(대담한) + ness(추상명사를 만듦) = boldness(대담, 뱃심, 배짱, 철면피)

大 **Bolivia** [bəlíviə]

[명] 볼리비아(남미 중서부의 공화국)

高 **bolt** [boult]

[명] 번개, 전광, 벼락, 나사(죔)못, 빗장

[암] **나사못**에 **벼락**쳐 수만 **볼트**의 **전광**이 흐르다.
(bolt)

▶ a lightning bolt 번개

高	**bomb** [bɑm, bɔm]	ⓜ 폭탄, 폭격 ⓢ 폭격하다. ⓐ 이 **봄**에 **밤**마다 **폭탄**으로 **폭격하다**. (bomb bomb) ▶ drop a bomb 폭탄을 투하하다.
大	**bombard** [bɑmbɑ́:rd / bɔm-]	ⓣ 폭격하다. ▶ bomb(폭격) + ard(매우 …하다) = bombard(폭격하다)
大	**bombardment** [bɑmbɑ́:rdmənt / bɔm-]	ⓜ 폭격 ▶ bombard(폭격하다) + ment(명사를 만듦) = bombardment(폭격)
大	**bomber** [bɑ́mər / bɔ́m-]	ⓜ 폭격기, 폭파범 ▶ bomb(폭탄, 폭격) + er(… 하는 것, …하는 사람) = bomber(폭격기, 폭파범)
大	**bonanza** [bounǽnzə]	ⓜ 행운, 노다지, 운수, 대통 ⓐ **노다지**를 캐 **운수**, **대통**의 삶을 **보낸 저** **두목 보스** (bonanza) (boss)
高	**bond** [bɑnd / bɔnd]	ⓜ 본드, 접착제, 묶는 것, 속박 ⓢ 접착시키다. ⓐ **본드 접착제**로 **속박**하듯 **접착시키다**. (bond) ▶ bond wood to glass 유리에 나무를 붙이다.
大	**bondage** [bɑ́ndidʒ / bɔ́nd-]	ⓜ 속박 ▶ bond (속박) + age(상태, 결과, 등을 나타냄) = bondage(속박)
大	**bondman** [bɑ́ndmən / bɔ́nd-]	ⓜ 농노, 노예 ▶ bond(속박) + man(사람) → 속박된 사람 = bondman(농노, 노예)
中	**bone** [boun]	ⓜ 뼈, 골격, 뼈대 ⓐ **본(本)**은 **뼈대**있는 **집**이라고 **사기꾼**이 **속이다**. (bone) (gyp) ▶ to the bone 뼛속까지
大	**boneless** [bóunlis]	ⓗ 뼈 없는, 무기력한 힘(박력) 없는 ▶ bone(뼈, 뼈대) + less(…없는) = boneless(뼈 없는, 무기력한, 힘[박력] 없는)

B

大	**bonfire** [bánfàiər / bɔ́n-]	명 (축하의) 큰 횃불, 화톳불, 모닥불 ▶ (본 바탕이 될 = bon) + (fire = 불) = bonfire(큰 횃불, 화톳불, 모닥불)
高	**bonnet** [bánit / bɔ́n-]	명 보닛(자동차의 엔진 덮개), 보닛(부인들이 쓰는 모자)
大	**bonny, bonnie** [báni / bɔ́ni]	명 ((古)) 예쁜 처녀(여자) 부 (처녀등이) 아름다운, 귀여운, 고운 암 **귀엽고 예쁜 처녀**를 **보니**… 많이… (bonny[bonnie])
大	**bonus** [bóunəs]	명 상여금, 보너스, 특별 수당
大	**bony** [bóuni]	형 뼈뿐인, 뼈만 앙상한, 여윈 ▶ (뼈 = bon[e]) + (y = 형용사를 만듦) = bony(뼈뿐인, 뼈만 앙상한, 여윈) 암 **뼈만 앙상한(뼈뿐인) 여윈자**를 **보니**…… (bony)
中	**book** [buk]	명 책, 장부 타 예약하다, 기입하다. 암 **북 책**에 **기입하다**. (book) ▶ edit a book 책을 편집하다.
高	**bookcase** [búkkèis]	명 책장, 책꽂이 ▶ book(책) + case(상자, 케이스) = bookcase(책장, 책꽂이) ▶ built-in bookcases 붙박이 책장
大	**booking** [búkiŋ]	명 장부 기입, 예약 ▶ book(기입하다, 예약하다) + ing(동명사를 만듦) = booking(장부 기입, 예약)
大	**bookkeeper** [búkkì:pər]	명 부기, 계원 ▶ book(기장하다) + keeper(지키는 사람) = bookkeeper(부기, 계원)
大	**booklet** [búklit]	명 소책자, 팸플릿 ▶ book(책) + let(작은) = booklet(소책자, 팸플릿)

B

大 **bookseller** [búksèlər]
㉮ 책 장수, 서적상
▶ book(책) + seller(파는 사람) = bookseller(책 장수, 서적상)

大 **bookshelf** [búkʃèlf]
㉮ 서가(書架), 책꽂이
▶ book(책) + shelf(선반) = bookshelf(서가, 책꽂이)

大 **bookshop** [búkʃàp / -ʃɔ̀p]
㉮ 책방, 서점
▶ book(책) + shop(상점) + bookshop(책방, 서점)

大 **bookstore** [búkstɔ̀ːr]
㉮ 책방, 서점
▶ book(책) + store(가게) = bookstore(책방, 서점)

大 **bookworm** [búkwə̀ːrm]
㉮ 빈대좀, 독서광, 책벌레
▶ book(책) + worm(벌레) = bookworm(빈대좀, 책벌레, 독서광)

高 **boom** [buːm]
㉮ 울리는 소리, 벼락 경기, 붐 ㉯ 붐을 일으키다.
암 **벼락 경기 붐을 일으키다.** (boom)
▶ a baby boom 베이비붐

大 **boomerang** [búːməræ̀ŋ]
㉮ 부메랑 ((比)) 자업자득이 되는것
㉰ (부메랑처럼) 되돌아오다

大 **boon** [buːn]
㉮ 은혜, 혜택, 이익
암 **분**에 넘치는 **은혜**와 **혜택** (boon)

大 **boost** [buːst]
㉯ 밀어주다, 밀어 올리다. ㉮ 후원, 지지
암 **잡(雜)일**에 **부(婦) 스트**러 일을 **후원**해 **밀어주다.**
(잡(雜)일: job) (부(婦) 스트: 부(부인) 수 틀어(서툴어), boost)

大 **booster** [búːstər]
㉮ 원조자, 후원자, 승압기
▶ boost(밀어주다) + er(…하는 사람) → 밀어주는 사람 = booster(원조자, 후원자, 승압기)

高 **boot**
[buːt]

명 (미)장화, (영)목이 긴 구두

부뚜막에
암 **부트**막에 둔 **목이 긴 구두(장화)**.
(boot)
▶ We wear boots in the snow.
눈 속에서는 장화를 신는다.

高 **booth**
[buːθ / buːð]

명 칸 막은 작은 방, 공중전화 박스, 매점, 오드막집

부둣가
암 **부드**가 **오드막집**의 **공중전화 박스**.
(booth)

大 **booty**
[búːti]

명 노획물, 전리품, (사업 등의)이득

암 **부(富)티** 나는 자가 **노획물(전리품**으)로 **이득**을 **개인**별로 **얻다**.
(booty) (gain)

中 **border**
[bɔ́ːrdər]

명 국경(선), 변두리, 가장자리

암 **국경(선) 변두리**를 **보터**(보다)
(border)
▶ He was caught at the border. 그는 국경에서 체포되었다.

大 **borderline**
[bɔ́ːrdərlàin]

명 국경선, 경계선

▶ border (가장자리) + line(선) = borderline(국경선, 경계선)

高 **bore**[1]
[bɔːr]

동 ~에 구멍을 뚫다, 도려내다. 명 구멍

암 안을 **보**려고 문**에 구멍을 뚫다**.
(bore)

高 **bore**[2]
[bɔːr]

동 지루하게 하다, 싫증나게 나다.
명 따분한 사람

암 **따분한 사람** 좀 **보** 일을 **싫증나게 하다**.
(bore)
▶ What a bore! 참 따분하군(따분한 사람이군)

大 **boredom**
[bɔ́ːrdəm]

명 지루함, 권태

▶ bore(싫증나게 하다) + dom(습성, 기질의 뜻) = boredom(지루함, 권태)

大 **boring**
[bɔ́ːriŋ]

형 싫증나는, 따분한 명구멍뚫기, 천공작업

▶ bore(싫증나게 하다, 구멍을 뚫다) + ing(명사, 형용사를 만듦) = boring (싫증나는, 구멍뚫기)

中 **born**
[bɔːrn]

형 타고난, 천성의, 천성적인, bear[낳다]의 과거 분사

암 **타고난 천성의 본(本)**은 **비천한** (평)**민**
(born) (mean)
▶ a born poet 타고난 시인

高	**borne** [bɔːrn]	bear(낳다, 참다, 운반하다)의 과거분사
大	**borough** [bə́ːrou / bʌ́rə]	명 자치 읍면, 자치(특권)도시 암 **새벽** 부터 **돈**을 **자치 도시**에서 **버러**(벌어) (dawn) (borough)
中	**borrow** [bɔ́(:)rou, bár-]	동 빌리다, 차용하다, 모방하다. 암 **스카프**를 (책)**보로**쓰려고 **빌리다**. (scarf) (borrow)
高	**bosom** [búzəm, búː-]	명 가슴, 애정, 마음 형 가슴을 품은, 천한 부점(=부자가 되는 點) 암 **부점(富點)**있는 **가슴**. (bosom) ▶ an ample bosom 풍만한 가슴 
高	**boss** [bɔ(:)s, bɑs]]	명 우두머리, 두목((미)) [정당의]당수 타 왕초 노릇하다. 암 **두목**인 **보스**가 **왕초 노릇하다**. (boss) ▶ an absolute boss 절대적인 힘을 가진 두목
大	**botanical** [bətǽnikəl]	형 식물학의, 식물의 ▶ botan(y)(식물학) + ical(…의) = botanical(식물학의, 식물의)
大	**botanist** [bátənist / bɔ́t–]	명 식물학자 ▶ botan(y)(식물학) + ist(…하는 사람) = botanist(식물학자)
高	**botany** [bátəni / bɔ́t-]	명 식물학, 식물학 서적 봤더니 암 **식물학 서적**을 **봐터니 머리가 띵한** 이유는 **뭐지!** (botany) (muzzy) ▶ study the botany of Korea. 한국의 식물을 연구하다. 
中	**both** [bouθ]	동 양쪽의 명 양쪽 다 보수 암 **양쪽 둘다 보스**받고 **잡 일을 하다**. (both) (job) ▶ I like both of them. 나는 그들 두 사람을 모두 좋아한다. 
高	**bother** [báðər / bɔ́ð-]	동 괴롭히다. 명 귀찮음 암 **걸 프렌드**를 **보더**니 **괴롭히다**. (girl friend) (bother) ▶ I'm sorry to bother you. 괴로움을 드려 미안합니다.

中 **bottle**
[bátl / bɔ́tl]

명 술병, 병

암 **병**을 **봐 틀**어가며 **와이프**가 **닦다**.
봐 틀어가며 (bottle) / wife(=아내)를 연상해 기억할 것 (wipe)

▶ a bottle of wine 포도주 한 병

B

大 **bottleneck**
[bátlnèk]

명병목, 애로, 난관

▶ bottle(병) + neck(목) = bottleneck(병목, 애로, 난관)

中 **bottom**
[bátəm / bɔ́t-]

명 밑, 밑바닥

암 **자**그마한 **단지**를 **밑바닥**까지 **봐텀**니다.
(jar) (bottom)

▶ from top to bottom 꼭대기에서 바닥까지

大 **bottomless**
[bátəmlis / bɔ́t-]

형 밑바닥이 없는, 매우 깊은

▶ bottom(밑, 밑바닥) + less(…이 없는) = bottomless(밑바닥이 없는, 매우 깊은)

高 **bough**
[bau]

명 큰 가지, (큰 긴) 나뭇가지

암 **바우** 틈에 끼여 있는 **큰 가지**
바위의 사투리 (bough)

▶ a slender bough 가늘고 긴 나뭇가지

中 **bought**
[bɔːt]

buy(사다, 구입하다)의 과거, 과거분사

▶ We bought her a book.
우리는 그녀에게 책을 사주었다.

大 **boulevard**
[bú(:)ləvàːrd]

명 넓은 가로수길, 큰길

암 님을 **큰 길**에서 **불러봐드**…대답은 **고요한**속에 **캄캄**
불러봐도 (boulevard) (calm)

大 **bounce**
[bauns]

동 되튀다, 뛰어오르다. 명되튐; 허세

암 **인터뷰 면접 봐 운스**가 좋게 **뛰어오르다**.
봐 운수가 (interview) (bounce)

大 **bound**
[baund]

동 bind(묶다, 매다)의 과거, 과거분사 형 묶인, 의무가 있는

高 **bound**[1]
[baund]

형 ~행의, ~로 가는 길인

암 **토플 봐 운드**(도) 좋게 유학 **행의 범위**에 **튀어 오르다**.
(TOEFL) (bound)

▶ bound for London 런던 행의

高 **bound**[2]
[baund]

[명] (보통 복수)경계, 범위 [동] 튀어오르다.

[암] **토 플 봐 운드**(도) 좋게 합격 **범위**에 **튀어 오르다.**
(TOEFL) (bound)

▶ The ball bounded form the wall. 공은 벽에서 튕겨나왔다.

高 **boundary**
[báundəri]

[명] 경계, 경계선

▶ bound(경계, 경계선) + ary(그 위치) = boundary(경계, 경계선)

▶ draw a boundary 경계선을 긋다

大 **boundless**
[báundlis]

[형] 무한한, 끝이 없는

▶ bound(경계. 경계선) + less(…이 없는) = boundless(무한한, 끝이 없는)

大 **bounteous**
[báuntiəs]

[형] 풍부한, 윤택한, 관대한

▶ bount(y)(관대) + eous(형용사를 만듦) = bounteous(관대한, 풍부한, 윤택한)

大 **bounty**
[báunti]

[명] 관대, 하사품, 상여금

[암] **인디언** 좀 **봐 운튀**니 **관대**한 **하사품(상여금)**받네
(Indian) (bounty)

大 **bouquet**
[boukéi, buː-]

꽃다발

[암] 신 **부 케이(K)**가 던져준 **꽃다발**
(bouquet)

大 **bourgeois**
[buərʒwáː]

[명] 중산계급의, 자본가, 부르주아

[암] **중산계급의 자본가 부르주아**
(bourgeois)

大 **bout**
[baut]

[명] 한 판 승부, 시합

봐 우(소를) 틀어
[암] **삼손 봐 우(牛) 트**러가며 **한 판 승부**를 하네
(Samson) (bout)

高 **bow**[1]
[bou]

[명] 활, 활의 사수 [동](악기) 활을 켜다.

[암] **활의 사수**가 들고 있는 **활**좀 **보우**
(bow)

▶ draw a bow (활)시위를 당기다.

高 **bow**[2]
[bau]

[명] 절, 경례 [동] 허리를 굽히다, 절하다.

바위의 사투리
[암] **얼**빠진 **백작**이 **바우**보고 **허리를 굽히다(절하다).**
(earl) (bow)

▶ bow before an emperor 황제 앞에서 절하다.

大 **bow³** [bau]

명 이물, 뱃머리

바위의 사투리

암 **바우**에 닿아 박살난 **뱃머리**
(bow)

高 **bowel** [báuəl]

명 내장, 창자 (*pl*)[지구 따위의] 내부

돌 바우씨가 얼큰하게

암 돌 **바우 얼**큰하게 끓인 **내장 창자**(탕)
(bowel)

▶ the bowels of the earth 지구의 내부, 땅밑

高 **bowl¹** [boul]

명 공기, 사발

암 **볼** 같은 모양의 **공기 사발**
(bowl)

▶ She ate three bowls of rice.
그녀는 밥을 세 공기 먹었다.

高 **bowl²** [boul]

명 나무공 동 공을 굴리다.

볼링 선수

암 **볼 러**가 **볼**링하며 **나무공을 굴리다.**
(bowler) (bowl)

▶ bowl down ((볼링)) 넘어뜨리다, 때려눕히다.

大 **bowler** [boulər]

명 볼링하는 사람, 볼링 선수

▶ bowl(나무공을 굴리다) + er(…하는 사람) = bowler(볼링하는 사람, 볼링 선수)

大 **bowling** [bóuliŋ]

명 볼링

▶ bowl(나무공을 굴리다) + ing(동명사를 만듦) = bowling(볼링)

中 **box** [baks / bɔks]

명 상자 동 상자에 넣다, 권투하다.

암 **박스 상자에 넣다.**
(box)

▶ a black box 블랙박스

大 **boxer** [báksər / bɔ́ks-]

명 복서, 권투 선수

▶ box(권투하다) + er(…하는 사람) = boxer(복서, 권투선수)

高 **boxing** [báksiŋ / bɔ́ks-]

명 권투, 복싱

▶ box(권투[복싱]하다) + ing(동명사를 만듦) = boxing(권투, 복싱)

▶ go in for boxing. 권투에 취미를 붙이다.

中 **boy** [bɔi]

명 소년, 남학생, 사내아이, 급사, 보이

암 **사환 보이**가 된 **소년.**
(boy)

▶ He is an American boy. 그는 미국 소년이다.

B

大 **boycott** [bɔ́ikɑt / -kɔt]

[타] 배척하다, 거부하다. [명] 배척, 공동배척

▶ 미팅을 청해도 boy(소년) + cott(콧대높아) = bocott(배척하다, 거부하다, 배척)

高 **boyfriend** [bɔ́ifrènd]

[명] 남자 친구

▶ boy(소년, 남학생) + friend(친구) = boyfriend(남자 친구)

▶ a steady boyfriend 꾸준히 사귀는 남자 친구

高 **boyhood** [bɔ́ihud]

[명] 소년기, 소년시대

▶ boy(소년) + hood(성질, 계급, 신분을 나타냄) = boyhood(소년기, 소년시대)

大 **boyish** [bɔ́iiʃ]

[형] 아이같은, 유치한, 미숙한, 소년다운

▶ boy(소년) + ish(…같은, …다운) = boyish(아이같은, 유치한, 미숙한, 소년다운)

大 **boyscout** [bɔ́iskàut]

[명] 보이 스카우트 단원, 소년단원, 소년단

▶ boy(소년) + scout(신인을 발견하여 빼내는 것) = boyscout(보이 스카우트 단원, 소년단원, 소년단)

大 **brace** [bréis]

[형] 버팀대 [동] 떠받치다, 기운을 내다.

뱃속에 부레(=물고기의 공기 주머니)

[암] 고기**밸이**에 **브레 있스**니 **버팀대**같이 몸을 **떠받치다**.

(belly) (brace)

大 **bracelet** [bréislit]

[명] 팔찌, 수갑

▶ brace(버팀대) + let(작은 것을 뜻함) →
손목을 두르는 버팀대 같은 것 = bracelet(팔찌, 수갑)

大 **brag** [bræg]

[명] 자랑, 허풍 [동] 자랑하다, 허풍떨다.

불에 그걸

[암] **다이아**를 들고 **블레 그**걸 **자랑하다**.

(dia) (brag)

大 **braid** [breid]

[명] 노끈, 끈 끈 [타] 노끈을 꼬다, 땋다.

불에 이들이

[암] **램프블레 이드**리 둘러앉아 **노끈을 꼬다**.

(lamp) (braid)

中 **brain** [brein]

[명] 뇌, 학자, 이해력

불속에 사람을

[암] **두뇌**를 써 **블에 인(人)**을 구하는 **학자**.

(brain)

▶ He has a good brain. 그는 머리가 좋다.

高 **brake** [breik]	ⓜ 브레이크, 제동기 ⓢ 브레이크를 걸다, 제동을 걸다. ▶ an air brake 공기 브레이크
中 **branch** [bræntʃ, brɑːntʃ]	ⓜ 가지, 갈려져 나온 것 ⓙ 가지를 뻗다. 암 길게 **버치**(뻗치, birch)어 있는 **자작나무가지**는 **브란치**(branch). ▶ The river has a lot of branches. 그 강에는 지류가 많다. 
高 **brand** [brænd]	ⓜ 브랜드, 상표 ⓣ 상표를 붙이다. 암 제품에 **브랜드**(brand) **상표를 붙이다**. ▶ a name brand 유명 상표
大 **brandy** [brǽndi]	ⓜ 브랜디(포도주를 증류해서 만든 술 ▶ brand(상표) + y(친근감을 나타내는 명사 어미) = brandy(브랜디)
高 **brass** [bræs, brɑːs]	ⓜ 고관, 놋쇠 ⓗ 놋쇠로 만든 암 **고관**도 **놋쇠로 만든 브(佛)레 스**(불(佛)에 수없이, brass)없이 **인(人)복**(invoke)을 **빌다**.
中 **brave** [breiv]	ⓗ 용감한 ⓢ 용감히 해내다. 암 **블에 이브**(불속에 이부자리, brave)자리 까는 **용감한 보이**(boy) ▶ a brave soldier 용감한 군인 
高 **bravely** [bréivli]	ⓑ 용감(훌륭)하게 ▶ brave(용감한) + ly(부사를 만듦) = bravely(용감하게) ▶ fight bravely 용감히 싸우다.
高 **bravery** [bréivəri]	ⓜ 용기, 용감(성), 용맹 ▶ brave(용감한) + ry(명사 어미) = bravery(용기, 용감(성))
大 **bravo** [brɑ́ːvou]	ⓖ 잘한다, 브라보 ⓢ 갈채를 보내다. 암 **브라보**(bravo)하며 **잘한다**고 **갈채를 보내다**.
大 **braze** [breiz]	ⓣ 놋쇠로 만들다, 놋쇠로 씌우다. 암 **백정**이 **부처**(butcher)를 **블레 이즈**(불에 이즈음, braze)음 녹여 **놋쇠로 만들다**.

大

brazen
[bréizən]

㉠ 놋쇠로 만든, 놋쇠빛의

▶ braze(놋쇠로 만들다) + en(… 으로 된, …제의) = brazen(놋쇠로 만든, 놋쇠빛의)

高

Brazil
[brəzíl]

㉡ 브라질

▶ 남아메리카의 연방 공화국. 면적은 8,511,965km^2, 수도는 브라질리아(Brasilia)

高

Brazilian
[brəzíljən]

㉠ 브라질의 ㉡ 브라질 사람

▶ Brazil(브라질) + ian(…의, …사람) = Brazilian(브라질의, 브라질 사람)

大

breach
[briːtʃ]

㉡ 위반, 깨뜨림, 파괴 ㉢ 깨뜨리다.

암 **(약속을)위반**코 **브리치**(뿌리치며 / breach)며 **파괴**해 **깨뜨리다**.

中

bread
[bred]

㉡ 빵, 돈

암 **브레 드**(불에 들어가)러가 익혀진 **빵**.

▶ There's no bread for breakfast.
아침에 먹을 빵이 없어요.

高

breadth
[bredθ, bretθ]

㉡ 폭, 너비, 넓이, 넓음

암 빵을 **폭**이 큰 가마 **브레 드스**(불에 한수 두수 / breadth)만에 **토스트**(toast) 되게 **굽다**.

▶ It is ten feet in breadth. 그것은 폭이 10피트이다.

中

break
[breik]

㉣ 깨다, 파손되다, 어기다.

암 **브레이크**(제동기 / brake)가 나빠 **브레이크**(break)가 **파손되다**.

▶ Glass breaks easily. 유리는 쉽게 깨진다.

大

breakdown
[bréikdàun]

㉡ 고장, 파손, 붕괴

▶ brdak(부수다) + down(밑, 내리막의 뜻) = breakdown(고장, 파손, 붕괴)

大

breaker
[bréikər]

㉡ 파쇄기, 깨는 사람(물건)

▶ break(부수다) + er(…하는 것(사람)) = breaker(파쇄기, 깨는 사람(물건))

中

breakfast
[brékfəst]

㉡ 조반, 아침식사 ㉣ 조반을 먹다.

▶ break(파손되다, 깨다) + fast(단식하다) = breakfast(단식을 깨고, 조반을 먹다, 아침식사)

▶ Did you have breakfast? 아침 식사했니?

B

B

高 **breast** [brest]

명 가슴, 유방, 젖퉁이 동 젖을 주다.

불(부처)에 서투르게

암 보살이 **불(佛)에 스트**르게 **유방**을 물려 **젖을 주다**.

(breast)

▶ take the breast (아기가) 젖을 먹다.

高 **breath** [breθ]

명 숨, 호흡 : 미풍

불에 수

암 **불에 스**없이 **호흡**한 **숨**을 **곧장 쉬어**

(breath) (sheer)

▶ Take a deep breath. 심호흡을 하시오.

高 **breathe** [briːð]

동 호흡하다, 숨쉬다.

(새의 주둥이=)부리 들고

암 새가 **브리 드**고 **호흡하다**.

(bresthe)

▶ breath(숨,호흡) + e(동사를 만듦) = breathe(숨쉬다, 호흡하다)

大 **breathing** [bríːðiŋ]

명 호흡 형 호흡의

▶ breath(숨, 호흡) + ing(동명사를 만듦) = breathing(호흡, 호흡의)

大 **breathless** [bréθlis]

형 숨가쁜, 숨찬, 헐떡이는

▶ breath(숨, 호흡) + less(…하기 어려운) = breathless(숨가쁜, 숨찬, 헐떡이는)

大 **breathtaking** [bréθtèikiŋ]

형 아슬아슬한, 깜짝 놀라게 하는

▶ breath(숨, 호흡) + taking(잡는) = breathtaking(아슬아슬한, 깜짝 놀라게 하는)

大 **bred** [bred]

breed (낳다, 사육하다, 기르다)의 과거, 과거분사

형 (부사와 결합하여)…하게 자란

▶ well-bred (예절 바르게) 자란

高 **breed** [briːd]

동 사육하다, 낳다, 기르다. 명 종족, 혈통, 품종

목동이 소를 부리더니

암 **카우보이**가 **밤색 소렬 브리 드**니 **사육하다**.

(cowboy) (sorrel) (breed)

▶ breed cattle 가축을 사육하다.

大 **breeder** [bríːdər]

명(가축의)사육자, 양육자

▶ breed(기르다, 사육하다) + er(…사람) = breeder(사육자, 양육자)

大 **breeding** [bríːdiŋ]

명 번식, 부화, 양식, 사육

▶ breed(낳다, 사육하다) + ing(동명사를 만듦) = breeding(번식, 부화, 양식, 사육)

B

高	**breeze** [bri:z]	ⓜ 미풍, 산들바람 ⓢ 갑자기 떠나다. 부(부인) 이즈음 암 **부(婦) 리즈**음 **산들바람**나 **갑자기 떠나다**. (breeze) ▶ a gentle breeze 산들바람 
大	**breezy** [brí:zi]	ⓗ 산들바람이 부는, 시원한 ▶ breez(e) (미풍, 산들바람) + y(형용사 어미) = breezy(산들바람이 부는, 시원한)
高	**brethren** [bréðrin]	ⓜ (종교상의)형제, 동포, 동업자, 교우 불(부처)에 들인 암 **도울**려고 **시주물**을 **블(佛)레 드린(종교상의)형제** (dole) (brethren)
大	**brevity** [brévəti]	ⓜ 간결, 짧음, 간략 부처앞에 버티어 암 보살이 **블(佛)레 버티**어 서서 **간결**한 **인복(人福)**을 **빌다**. (brevity) (invoke)
大	**brew** [bru:]	ⓢ 양조하다, 차를 끓이다. 상추쌈을 암 **마담**이 **부루**쌈을 써 **차를 끓이다**. (madam) (brew) 
大	**brewery** [brú:əri]	ⓜ 양조장 ▶ brew(양조하다) + ery(…하는 자소) = brewery(양조장)
大	**bribe** [braib]	ⓜ 뇌물 ⓢ 뇌물을 주다. 매수하다. 갑부(부자)라 이(李) 부장을 암 그는 갑 **브(富)라 이(李)브**장을 **뇌물**을 써 **매수하다**. (bribe)
大	**bribery** [bráibəri]	ⓜ 수뢰, 뇌물 ▶ bribe(뇌물을 주다) + ry(명사 어미) = bribery(수뢰, 뇌물)
高	**brick** [brik]	ⓜ 벽돌 ⓢ 벽돌을 깔다, 벽돌을 쌓다. 부와 익(이익을) 암 **브(富) 릭(益)**얻고자 **벽돌을 쌓다**. (brick) 
大	**brickmaker** [bríkmèikər]	ⓜ 벽돌 제조인 ▶ brick(벽돌) + maker(제조인) = brickmaker(벽돌 제조인)

大 **bridal** [bráidl]

[형] 새색시의, 신부의, 혼례의

▶ brid(e)(신부) + al (…의) = bridal(새색시의, 신부의, 혼례의)

高 **bride** [braid]

[명] 새색시, 신부

신부라 이들이

[암] **새색시 신브라 이드**리 **웰컴하며 기꺼이 맞이하다**.

(bride) (welcome)

高 **bridegroom** [bráidgrù(ː)m]

[명] 신랑

▶ bride(신부) + groom(마부, 신랑 그룸(구름) 탄 기분인 신랑) = bridegroom(신랑)

▶ the bride and bridegroom(신랑 신부)

中 **bridge** [bridʒ]

[명] 다리, 교량

수(ton)톤의 부리지(부리다)

[암] **스(數) 톤**의 **돌**을 **다리** 위에 **브리지**.

(stone) (bridge)

高 **bridle** [bráidl]

[명] 구속, 속박, 굴레, 고삐 [동] 구속하다, 속박하다.

부(부자)라 이들을

[암] **거물 두목**은 **돈** 많은 **브(富)라 이들**을 **속박(구박)하다**.

(done) (bridle)

大 **bridle hand** [bráidl hænd]

[명] 고삐 잡는 손, 왼손

▶ bridle(고삐) + hand(손) = bridle hand(고삐 잡는 손, 왼손)

高 **brief** [briːf]

[형] 잠시의, 간단한, 짧은 [동] 요약하다.

부처가 풀어

[암] 번뇌의 해법을 **짧은** 글로 **블(佛)이 프**러 **요약하다**.

(brief)

▶ His answer was brief. 그의 대답은 간결했다.

高 **briefly** [bríːfli]

[부] 간단히

▶ brief(간단한) + ly(부사를 만듦) = briefly(간단히)

大 **brier, briar** [bráiər]

[명] 찔레, 들장미

부(부인이)라 이여 거실 팔어

[암] **들장미**를 파는 **브(婦)라 이여 찔레**도 **객실**에 **팔러**

(brier, briar) (parlo(u)r)

大 **brigade** [brigéid]

[명] 여단, 조 [타] 조편성을 하다.

부리게 이들을

[암] **여단**의 병력을 각 **조**로 **브리게 이드**를 다 **조편성을 하다**.

(brigade)

B

中 **bright** [brait]

㉻ 밝은, 멋진

부인이라 이 틈에도

㉱ **밝고 멋진 브(婦)라 이트**메도 **폼을 잡다**.

(bright) (form)

▶ a bright idea 멋진 생각, 명안

高 **brighten** [bráitn]

㊌ 반짝이게 하다, 빛내다.

▶ bright(빛나는, 밝은) + en(…하다) = brighten(반짝이게 하다)

高 **brightly** [bráitli]

㊇ 밝게, 빛나게, 훌륭하게

▶ bright(빛나는, 밝은) + ly(부사를 만듦) = brightly(밝게, 빛나게, 훌륭하게)

▶ The sun was shining brightly.
태양은 밝게 빛나고 있었다.

大 **brightness** [bráitnis]

㉹ 빛남, 밝음

▶ bright(빛나는, 밝은) + ness(추상명사를 만듦) = brightness(빛남, 밝음)

大 **brilliance** [bríljəns]

㉹ 광휘, 광택

▶ brillian(t)(빛나는, 찬란한) + ce(추상명사 어미) = brilliance(광휘, 광택)

大 **brilliancy** [bríljənsi]

㉹ 광휘, 광택

▶ brillian(t)(빛나는, 찬란한) + cy(명사 어미) = brilliancy(광휘, 광택)

高 **brilliant** [bríljənt]

㉻ 빛나는, 찬란한, 훌륭한

부릴년 틀어 다이아몬드

㉱ 히스테리 **브릴련 트**러 잡은 **빛나는 다이아**.

(brilliant) (dia)

▶ a brilliant idea 명안; 뛰어난 생각

大 **brilliantly** [bríljəntli]

㊇ 찬란히, 찬연히

▶ brilliant(빛나는, 찬란한) + ly(부사를 만듦) = brilliantly(찬란히, 찬연히)

高 **brim** [brim]

㉹ 언저리, 가장자리 ㊌ 넘칠 정도로 차다, 넘치도록 채우다.

부림치며

㉱ 사랑을 **엄마**가 **몸 브림**치며 **언저리**가 **넘치도록 채우다**.

(mom)(brim)

▶ Tears brimmed in her eyes. 눈은 눈물로 그득했다.

大 **brimming** [brímiŋ]

㉻ 넘칠듯한, 넘치게 따른

▶ brim + m(언저리, 넘치도록 채우다) + ing(형용사를 만듦) = brimming(넘칠 듯한, 넘치게 따른)

中 **bring**
[briŋ]

[동] 가져오다, 데려오다.

부인의 링(반지)

[암] **아텀**이 **브(婦) 링**을 **가져오다.**

(Atum) (bring)

▶ Bring a chair to me. 의자를 갖다 다오.

大 **brink**
[briŋk]

[명] 가장자리, 끝

옥내 스케이트장 부(아비가) 링크

[암] **아이스 링크**에 **스펀지**를 **브(父) 링크 가장자리**에 붙여

(ice rink) (sponge) (brink)

大 **brinkmanship**
[bríŋkmənʃip]

[명](아슬아슬한 상태까지 밀고 나가는)극한 정책

▶ brink(가장자리) + manship(…하는 사람의 정신) → 가장자리까지 사람을 밀고 나가는 극한 정책 = brinkmanship(극한 정책)

高 **brisk**
[brisk]

[형] 활발한, 인접한 [동] 활발해지다(하게) 하다.

불(佛)이 수(손)크게

[암] **불(佛)리 스(手)크**게 벌려 포교를 **활발하게 하다.**

(brisk)

▶ He walked at a brisk pace.
그는 빠른 걸음으로 걸었다.

高 **briskly**
[brískli]

[부] 활발히, 팔팔하게, 세차게

▶ brisk(활발한) + ly(부사를 만듦) = briskly(활발히, 팔팔하게, 세차게)

大 **bristle**
[brísəl]

[명] 억센 털 [동] 털을 곤두세우다.

치를 불(佛)이(=부처가)

[암] **칠** 떠는 **냉기**에 **블(佛)리 슬**며시 **털을 곤두세우다.**

(chill) (bristle)

大 **Britain**
[brítən]

[명] 영국

中 **British**
[brítiʃ]

[형] 영국의, 영국 사람의

▶ Brit(ain)(영국) + ish(…의, …사람의) = British(영국의, 영국 사람의)

大 **Briton**
[brítn]

[명] 브리튼 사람

大 **brittle**
[brítl]

[형] 깨지기 쉬운, 무른, 무상한

불(佛)이 틀어져

[암] **무상한** 세월속에 **깨지기 쉬운 블(佛)리 틀**어져.

(brittle)

B

中 **broad** [brɔːd]	ⓗ 폭이 넓은, 관대한, 넓은 ㉧ **폭이 넓은 브로드 웨이 길.** (broad) (way) ▶ a broad road 넓은 도로 
高 **broadcast** [brɔ́ːdkæ̀st / -kàːst]	ⓓ 방송하다. ⓜ 방송 ▶ broad(넓은) + cast(던지다) → 전파를 넓게 던지다. = broadcast(방송하다, 방송) ▶ a broadcast of a baseball game 야구 방송
高 **broadcasting** [brɔ́ːdkæ̀stiŋ, -kàːst-]	ⓜ 방송, 방영 ▶ broadcast(방송하다) + ing(명사를 만듦) = broadcasting(방송, 방영) ▶ a broadcasting station 방송국
高 **broaden** [brɔ́ːdn]	ⓓ 넓히다. ▶ broad (넓은) + en(…하다) = broaden(넓히다) ▶ Travel broadens your mind. 여행도 마음(시야)을 넓혀준다.
大 **broadly** [brɔ́ːdli]	ⓑ 넓게, 널리 ▶ broad(넓은) + ly(부사를 만듦) = broadly(널리, 넓게)
大 **broadminded** [brɔ́ːdmáindid]	ⓗ 마음이 넓은, 도량이 큰 ▶ broad(넓은) + minded(마음이 있는) = broadminded(마음이 넓은, 도량이 큰)
大 **broil** [brɔil]	ⓓ 굽게 하다, 불에 굽다. ⓜ 불고기, 굽기 부(부녀자)로 일삼아 ㉧ **불고기를 브(婦)로 일삼아 굽게 하다.** (broil)
中 **broke** [brouk]	break(깨뜨리다, 부수다)의 과거 ⓗ 파산한, 무일푼의
中 **broken** [bróukən]	break (깨뜨리다, 부수다)의 과거분사 ⓗ 부서진 깨진
大 **brokenhearted** [bróukənhɑ́ːrtid]	ⓗ 단장의, 비탄에 잠긴 ▶ broken(부서진) + hearted(… 한 마음의) = brokenhearted(단장의, 비탄에 잠긴)

大 **broker** [bróukər]

명 중개인, 브로커, (결혼)중매인

高 **bronze** [brɑnz / brɔnz]

명 청동, 동

불안 주어 / 미꾸라지 / 놓치다

암 **브란 즈**어 **동 메달**도 **미꾸리**처럼 **로치**다.

(bronze) (medal) (loach)

▶ a bronze medal 동메달

大 **brooch** [broutʃ, bruːtʃ]

명 브로치(저고리에 꽂는 장식품)

高 **brood** [bruːd]

명 한 배의 병아리, 한 배의 새끼, 종족

동 (알을)품다, 곰곰이 생각하다.

부르더니

암 암탉이 **한 배**의 **병아리**를 **부루드**니 **종족**을 **품다**.

(brood)

▶ a brood of chickens 한 배의 병아리(새끼)

高 **brook** [bruk]

명 시내, 개울

부(부인이) 눅눅한 / 넌더리

암 **브(婦) 룩**룩한 옷을 **개울**에서 **런더**리 내며 **빨다**.

(brook) (launder)

高 **broom** [bru(:)m]

명 비 동 비로 쓸다.

부름

암 **코트**장을 **브룸**받고 **비로 쓸다**.

(court) (broom)

大 **broth** [brɔ(:)θ, brɑθ]

명 묽은 수프, 고깃국

부(부인이) 로스구이

암 **브(婦) 로스**구이 **고깃국**을 **보일**러에 **끓이다**.

(broth) (boil)

高 **brother** [brʌðər]

명 형제, 동료

불어 더 / 매 들고

암 **형제**가 발광증이 **브러 더 매 드**고 **발광하다**.

(brother) (mad)

▶ I have two brothers and two sisters.
나는 두 형제와 두 누이가 있다.

大 **brotherhood** [brʌðərhùd]

명 형제관계

▶ brother(형제) + hood(성질, 계급, 신분을 나타냄) = brotherhood(형제관계)

大 **brother-in-law** [brʌðərinlɔ̀ː]

명 자형, 매부

▶ brother(형제) + in-law(법) → 혼인관계로 맺어진 형제관계 = brother-in-law(자형, 매부)

B

大 **brotherly** [brʌ́ðərli]

㉧ 형제의, 형제다운

▶ brother(형제) + ly(… 다운, …의) = brotherly(형제의, 형제다운)

中 **brought** [brɔːt]

bring(가져오라)의 과거, 과거분사

高 **brow** [brau]

㉨ 이마 눈썹, 벼랑의 끝

부(부인) 이라우!

㉰ **마담**은 **참 매력**있는 **눈썹**과 **이마**를 가진 **브(婦) 라우!**

(madam)(charm) (brow)

▶ Knit one's brows. 눈살을 찌푸리다(찡그리다).

中 **brown** [braun]

㉧ 갈색의 ㉨ 갈색

부러운

㉰ **브라운 갈색의 암갈색 머리.**

(brown) (murrey)

▶ dark brown 진한 갈색 암갈색

大 **brownish** [bráuniʃ]

㉧ 갈색 을 띤

▶ brown(갈색) + ish(…색을 띤) = brownish(갈색을 띤)

高 **bruise** [bruːz]

㉨ 타박상 ㉤ 상하게(멍들게)하다, 상처를 입히다.

부인을 루즈(=입술 연지) 발음을 연상해 기억할 것

㉰ 갱이 **브(婦) 루즈**로 때려 **타박상을 입히다.**

(bruise)

▶ a bruise on the arm. 팔의 타박상

高 **brush** [brʌʃ]

㉨ 솔, 붓 ㉤ 솔로 털다, 솔질하다.

㉰ **코트**를 **브러쉬 솔로 털다.**

(coat) (brush)

▶ She brushed her coat clean. 그녀는 코트를 깨끗이 솔질했다.

大 **brushup** [brʌ́ʃʌ̀p]

㉨ 닦음, 수리, 손질

▶ brush(솔, 솔질하다) + up(종결을 나타냄) = brushup(닦음, 수리, 손질)

大 **brushwork** [brʌ́ʃwə̀ːrk]

㉨ 브러시로 하는 작업, (페인트칠 따위)필법

▶ brush(솔) + work(작업) = brushwork(브러시로 하는 작업, 필법)

大 **brushy** [brʌ́ʃi]

㉧ 솔 같은, 털 많은

▶ brush(솔) + y(…같은, 많은) = brushy(솔 같은, 털 많은)

B

高 **brutal** [brú:tl]

[형] 짐승의, 야수적인, 잔인한, 야만적인

▶ brut(e)(짐승) + al(…의) = brutal(짐승의, 야수적인, 잔인한, 야만적인)

大 **brutally** [brú:təli]

[부] 잔인하게, 야만스레

▶ brutal(잔인한, 야만적인) + ly(부사를 만듦) = brutally(잔인하게, 야만스레)

高 **brute** [bru:t]

[명] 짐승; 짐승같은 사람 [형] 야수적인

[암] **짐승**과 **짐승같은 사람**이 입이 **브루트**(부르트)(brute)게 **키스**(kiss) **하다**.

▶ a brute of a man 짐승 같은 사람

高 **bubble** [bʌ́bəl]

[명] 거품, 끓어오름

[암] **거품**이 이는 **버블**(bubble)(법을) **소년**(boy)에게 **보이**다.

▶ bubble over 거품이 일어 넘치다.

大 **buck** [bʌk]

[명] 수사슴, (양 토끼 따위의)수컷 [형] 수컷의

[암] **러브**(love)하려고 **파트너**(partner) 잔등을 **벅**(buck)벅 긁는 **수사슴**

高 **bucket** [bʌ́kit]

[명] 양동이, 물통 [타] 물통으로 길다(나르다)

[암] **물통 바케츠(버키트)**(bucket)

▶ water bucket 물통

大 **buckle** [bʌ́kəl]

[명] 혁대의 고리(버클), 죔쇠 [동] 죔쇠로 채우다.

[암] **벨트**(혁대)(belt)를 **혁대의 고리 버클(죔쇠)**(buckle)**로 채우다**.

高 **bud** [bʌd]

[명] 싹, 봉오리 [동] 싹트다, 돋다.

[암] **봉오리 싹**이 **버드**(bud)나무에서 **돋다(싹트다)**.

▶ a bud opens 싹이 나다, 봉오리가 맺다.

大 **Buddha** [bú:də]

[명] 불타, 부처

[암] **부처**에게 **부(富) 더**((넉넉한) 부(富)를 더)(Buddha)달라 **별장**(villa)에서 **빌어**.

大 **Buddhism** [bú:dizəm]

[명] 불교

▶ Buddh(a)(부처) + ism(주의, 종교의뜻) = Buddhism(불교)

大 **buddhist** [búːdist]

명 불교도

▶ Buddh(a)(부처) + ist(…사람, …주의자) = buddhist(불교도)

高 **budget** [bʌ́dʒit]

명 예산(안) 동 예산을 세우다.

아버지 틀어

암 **어머니**가 **몸**소 아**버지 트**러 잡고 **예산을 세우다**.

(mom) (budget)

▶ make a budget 예산을 편성하다.

大 **buff** [bʌf]

명 (물소 등의) 모두질한 담황색 가죽

▶ buff(alo)(버펄로, 물소)–(alo) = buff(담황색, 버프가죽)

高 **buffalo** [bʌ́fəlòu]

명 물소, 들소, 버펄로

▶ a herd of buffalo 물소떼

大 **bug** [bʌg]

명 곤충, (기계)고장, (구어) …광(狂)

바구미(=쌀벌레)

암 **버그**미 같은 **곤충**.

(bug)

大 **buggy** [bʌ́gi]

형 벌레투성이의 명 2륜경마차

▶ bug(g)(곤충) + y(형용사의 만듦) = buggy(2륜 경마차를 끄는 벌레투성이의 말)

大 **bugle** [bjúːgl]

명 나팔 동 나팔을 불다.

(form=)폼을 연관시켜 기억할 것

암 애가 **포움**잡고 침**거품**이 **뷰글**거리는 **나팔을 불다**.

(foam) (bugle)

中 **build** [bild]

동 짓다, 건축하다, 세우다.

빌더니

암 **빌딩**을 달라 **빌드**니 **세우다(짓다)**

(building) (build)

▶ She has built a house. 그 여자는 집을 지었다.

高 **builder** [bíldər]

명 건축가, 건설자, 건축업자

▶ build(짓다, 건축하다) + er(…사람) = builder(건축가, 건설자, 건축업자)

▶ a master builder 도편수

中 **building** [bíldiŋ]

명 건물, 빌딩

▶ build (짓다, 건축하다) + ing(명사를 만듦) = building(건물, 빌딩)

▶ a building area 건평

B

中 **built**
[[bilt]

build(짓다, 건축하다)의 과거, 과거분사, 형 조립된
▶ They built a new library for us.
그들은 우리에게 새 도서관을 지어 주었다.

高 **bulb**
[bʌlb]

명 구근, 전구

암 **전구**를 **밟으**며 **터틀**이는 **바다 거북**.
(bulb) 터트리는 (turtle)
▶ take out a bulb 전구를 빼내다.

大 **bulge**
[bʌldʒ]

명 유리, 우세 동 부풀다.

암 **달러돈**을 **유리(우세)**한 자가 **벌지**
(dollar) (bulge)

大 **bulk**
[bʌlk]

명 부피, 크기, 용적 동 크게하여 쌓다.

암 죄인을 **벌 크**게 주려고 **부피**를 **크게하여 쌓다**.
(bulk)

高 **bull**
[bul]

명 황소, 수컷

암 **불**(알)이 큰 **황소**
(bull)
▶ a bull bellows 황소가 큰소리로 울다.

大 **buldog**
[búldɔ(:)g, dɑg]

명 불독, 불독개

大 **bulldoze**
[búldòuz]

타 위협하다, 협박하다. (땅을) 불도저로 고르다.

암 **불도저**타고 **불도즈**로 밀겠다며 **위협(협박)하다**.
(bulldozer) (bulldoze)

大 **bulldozer**
[búldòuzər]

명 불도저; (구어)협박자
▶ bulldoz(e)(협박하다, [땅을]고르다) + er(…하는 사람[것]) = bulldozer(협박자, 불도저)

高 **bullet**
[búlit]

명 총알, 탄알, 탄환, 소총(기관총)

암 화약 **불 잇**따라 터지는 **소총 탄알(총알)**
(bullet)
▶ shoot a bullet 총알을 쏘다.

高 **bulletin**
[búlitin]

명 고시, 소식, 회보 타 게시(고시)하다.

암 **시가**지에 **담배 불이튄** 사실을 **회보**로 **게시하다**.
(cigar) (bulletin)
▶ a daily bulletin 일일 토막소식(회보)

大	**bulletin board** [búlitin-bɔ̀ərd]	ⓜ 게시판 ▶ bulletin(고시, 게시) + board(판자) = bulletin board(게시판)
大	**bully** [búli]	ⓜ 약자를 괴롭히는 자, 골목대장, 난폭한 자 ⓢ (약자를)들볶다, 위협하다. 암 **아이**적 부터 **눈**이 **부리**부리한 **골목대장**이 **(약자를)들볶다**. (eye) (bully)
大	**bum** [bʌm]	ⓜ 똥구멍, 궁둥이, 부랑자 ⓙ 놀고 지내다. 암 **범**같은 **부랑자**가 (처녀)**궁둥이**만 쫓으며 **놀고 지내다**. (bum)
高	**bump** [bʌmp]	ⓜ 충돌, 부딪치는 소리 ⓢ 부딪치다, 쾅하고 소리를 내다. 암 **범 프**러(풀어)놓으니 **쾅하고 소리를 내며 부딪치다**. (bump)  ▶ We bumped into each other. 우리는 서로 쾅하고 부딪쳤다.
大	**bumper** [bʌ́mpər]	ⓜ 완충기 (자동차)범퍼 ▶ bump(부딪치다) + er(…하는 것) → 부딪치는 것의 완충기 곧 범퍼 = bumper(범퍼, 완충기)
大	**bun** [bʌn]	ⓜ 롤빵 (건포도를 넣은 달고 둥근 빵), 둥그런 빵 암 **번**뜻하게 만든 **롤빵(둥그런 빵)** (bun)
高	**bunch** [bʌntʃ]	ⓜ 송이, 다발 ⓢ 다발로 하다, 모으다. 암 **라일락**(꽃을) **번치**않게 **송이 송이 다발로 하다**. 변치 (lilac) (bunch) ▶ a bunch of flowers 한 다발의 꽃
高	**bundle** [bʌ́ndl]	ⓜ 묶음, 다발; 꾸러미, 뭉치 ⓣ 다발로 묶다. 암 **코스모스**를 **번들** 번들한 **꾸러미**되게 **다발로 묶다**. (cosmos) (bundle) ▶ a bundle of flowers 한 뭉치(다발)의 꽃
大	**bungalow** [bʌ́ŋgəlòu]	ⓜ (별장식 단층으로 지은) 방갈로
大	**bunny** [bʌ́ni]	ⓜ ((兒)) (애칭) 토끼 암 **토끼** 소녀 **버니 걸스** (bunny) (girls)

B

大

bunt
[bʌnt]

명 (머리 뿔 따위로)받기, 밀기, (야구)번트 동 (야구)번트하다.

암 야구에서 배트를 공에 가볍게 대고 **번트**로 **받다**.
(bunt)

高

buoy
[búːi, bɔi / bɔi]

명 부표 동 띄우다, 뜨다.

암 **부표**가 **보이**게 **띄우다(뜨다)**.
(buoy)

▶ anchor a buoy 부표를 띄우다(고정시키다).

大

buoyant
[bɔ́iənt, búːjənt]

형 부력이 있는, 뜨기 쉬운, 쾌활한

▶ buoy (부표, 띄우다, 뜨다) + ant(형용사 어미) = buoyant(부력이 있는, 뜨기 쉬운, 쾌활한)

高

burden
[bə́ːrdn]

명 짐; 부담, 무거운 짐

집어 든
암 **놈**이 **지버 든 무거운 짐**.
(gee)(burden)

▶ She felt relieved of the burden.
그녀는 무거운 짐을 던 기분이었다.

高

bureau
[bjúərou]

명 국(局), 부, 처, 큰 책상

비 워 놓고
암 **국(局), 부, 처**에서 **큰 책상**을 **뷰어로**코 **티 테이블로쓰다**.
(bureau) (tea) (table)

▶ an information bureau 정보국

大

bureaucracy
[bjuərάkrəsi / -rɔ́k-]

명 관료정치

▶ bureau (국) + cracy(정치) = bureaucracy(관료정치)

高

burglar
[bə́ːrglər]

명 밤도둑, 야간의, 강도, 도둑

암 돈을 더 **버그러 야간에 강도**질 하는 **밤도둑**
(burglar)

高

burial
[bériəl]

명 매장, 매장식

▶ (매장하다 = bur[y]→i) + (al = 명사 어미) = burial(매장, 매장식)

암 시체를 **(bury)밸이**(배가) 나오잖게 **매장하다**.

▶ the burial at sea 수장(水葬)

大

Burma
[bə́ːrmə]

명 버 마 (미야마의 옛이름)

中

burn
[bəːrn]

동 볕에 타다, 그을라, (불)타다. 명 화상, 볕에 탐

불이 크게나
암 **황량한** 벌판에 **블리 크**거나 **번**번이 **타다**.
(bleak) (burn)

大 **burner** [bə́ːrnər]
㉧ 연소기, 버너
▶ burn(타다, 태우다) + er(…하는것) = burner(연소기, 버너)

高 **burning** [bə́ːrniŋ]
㉬ 타고 있는, 강렬한, 뜨거운
▶ burn(타다) + ing(현재분사 어미) = burning(타고 있는, 강렬한, 뜨거운)
▶ burning water 뜨거운 물

大 **burnish** [bə́ːrniʃ]
㉢ 빛나다, 번쩍이다. ㉧ 광택
▶ burn(타다) + ish(…같은) = burnish(빛나다, 번쩍이다, 광택)

大 **burnt** [bəːrnt]
burn(타다, 태우다)의 과거, 과거분사 ㉬ 탄 그을은

大 **burrow** [bə́ːrou, bʌ́r-]
㉧ 굴;피난(은신)처 ㉢ (굴을) 파다.
몰래 바로
㉰ **두더지**가 **모울**래 **버로** 밑에 **은신처 굴을 파다**.
(mole) (burrow)

高 **burst** [bəːrst]
㉢ 폭발시키다, 폭발하다.
버스(=bus)를 연상해서 기억할 것
㉰ **다이너마이트**를 **버스 트**러(틀어)지게 **폭발시키다**.
(dynamite) (burst)
▶ The bomb burst. 폭탄이 폭발하다.

高 **bury** [béri]
㉫ 묻다, 매장하다; 몰두하다; 잊어버리다.
배가
㉰ 시체를 **밸이** 나오잖게 **매장하다(묻다)**.
(bury)
▶ They buried him alive. 그들은 그를 생매장했다.

中 **bus** [bʌs]
㉧ 버스((구어)) 자동차
▶ catch a bus. 버스를 잡다.

高 **bush** [buʃ]
㉧ 덤불, 수풀, 관목
화를 푼
㉰ **작살**들고 **화(火)푼**다며 **수풀(덤불)**을 **부시**다.
(harpoon) (bush)
▶ tree and bush 교목과 관목

高 **bushel** [búʃəl]
㉧ 부셜(약 36미터, 약2말) 부셜 말통, 부셜들이 그릇
▶ sell by the bushel. 부셸(부셜) 단위로 팔다.

B

大 **bushy** [búʃi]

㉻ 관목과 같은, 덤불이 많은

▶ (숲 덤불 = bush) + (y = …같은, …이 많은) = bushy(관목과 같은, 덤불이 많은)

高 **busily** [bízili]

㉾ 분주하게, 틈이 없이, 열심히

▶ bus(y)→i(바쁜) + ly(부사를 만듦) = busily(분주하게, 틈이 없이, 열심히)

▶ study busily 열심히 공부하다

中 **business** [bíznis]

㉹ 직업, 직무, 일

▶ bus(y)→i(바쁜) + ness(명사 어미) = business(직업, 직무, 일)

▶ a matter of business 사무적인 일

大 **businesslike** [bíznislàik]

㉻ 사무적인, 실제적인

▶ business(직업, 일) + like(…같은) = businesslike(사무적인, 실제적인)

高 **businessman** [bíznismæ̀n]

㉹ 사업가

▶ business(직업, 일) + man(사람) = businessman(사업가)

▶ a good businessman 훌륭한 사업가

高 **bus stop** [bʌs stɑp]

㉻ 버스 정류장

▶ (버스 = bus) + (stop = 정지) = bus stop(버스 정류장)

高 **bust** [bʌst]

㉹ 상반신, 흉상, 여자의 가슴

㉰ **버스 트**러 처박고 **상반신**만 내민 **드라이버** (버스 틀어 (bust), 운전사 (driver))

▶ a bust supporter 코르셋

高 **bustle** [bʌ́sl]

㉹ 야단, 법석, 소동 ㉾ 떠들다, 떠들게 하다.

㉰ **버슬**타려고 **야단 법석 떠들다**. (버슬(=버스를) (bustle))

中 **busy** [bízi]

㉻ 바쁜 ㉾ 바쁘게 일을 시키다.

㉰ **비지**땀이 나게 **바쁘게 일을 시키다**. (busy)

▶ Jane is busy with her homework.
제인은 숙제로 바쁘다.

中 **but** [bʌt, bət]

㉿ 그러나 ㉾ 단지, ~일뿐

㉰ **단지 벗일 뿐**이야 **서플**리 **핑계대다**. (but) (섣불리 (shuffle))

▶ He is but a child. 그는 단지 어린애일 뿐이다.

高 **butcher** [bútʃər]

명 푸주간; 도살자, 백정 타 도살(학살)하다.

암 **백정**이 **부처**를 **도살(학살)하다**.
(butcher)

▶ a butcher knife 고기 써는 칼

大 **butler** [bʌ́tlər]

명 집사(執事), 하인의 우두머리 자 …노릇을 하다.

암 **집사**가 **벗 트러**(벗 틀어) 내쫓고 **하인의 우두머리 노릇을 하**다.
(butler)

大 **butt** [bʌt]

명 (총의)개머리 굵은 쪽의 끝 동 (머리, 뿔로)받다, 밀치다.

암 **(총)개머리**로 **벗**을 **받다(밀치다)**.
(butt)

中 **butter** [bʌ́tər]

명 버터 동 버터를 바르다.

▶ I spread butter on bread. 나는 빵에 버터를 발랐다.

高 **butterfly** [bʌ́tərflài]

명 나비, (수염의)접영

▶ butter(버터같은 걸 배설하며) + fly(날아다니는것) = butterfly(나비,[수영의]접영)

▶ A butterfly is on the flower. 나비 한 마리가 꽃에 앉아 있다.

高 **button** [bʌ́tn]

명 단추 동 단추를 끼우다.

암 **버튼**(벗든) 옷에 **단추를 끼우다**.
(button)

▶ A button fell off his coat.
그의 윗도리 단추가 떨어졌다.

大 **buttonhole** [bʌ́tnhòul]

명 단추구멍

▶ button(단추) + hole(구멍) = buttonhole(단추구멍)

大 **button shoe** [bʌ́tn ʃuː]

명 단추로 채우는 단화

▶ button(단추) + shoe(구두, 단화) = button shoe(단추로 채우는 단화)

中 **buy** [bai]

타 사다

암 **어떤 사람**들이 **약간**의 **섬바이**(섬 바위)를 **사다**.
(some)(button)

▶ Money cannot buy happiness. 돈으로 행복을 살 수는 없다.

高 **buyer** [báiər]

명 사는 사람, 구매원

▶ buy(사다) + er(…사람) = buyer(사는 사람, 구매원)

▶ a buyers' association 구매(자) 조합

B

高 **buzz** [bʌz]

[동] (벌이) 윙윙거리다, (벌레가)와글거리다.

버즘에
[암] **버즈**에 벌레가 **와글거리다**. **윙윙거리다**.
(buzz)

▶ The plane buzzed the wood.
그 비행기는 숲 위를 윙윙거리며 날아갔다.

大 **buzzer** [bʌ́zər]

[명] 윙윙거리는 벌레, 기적, 사이렌

▶ buzz(윙윙거리다) + er(…하는 것) = buzzer(윙윙거리는 벌레, 기적, 사이렌)

中 **by** [bai]

[전] ~의 곁에, ~을 따라, ~에 의하여

[부] 곁에, 옆에

(바이=)바위의 사투리
[암] **바이 곁**에 이끼낀 **록**색 **바위**
(by) (rock)

▶ The man is by the car. 그 남자는 차 옆에 있다.

大 **bye-bye, by-by** [báibái]

[명] 이별, 바이바이 [감] 안녕, 바이바이(Good-bye!)

[암] **바이 · 바이**하며 **안녕**을 **고(告)**하고 **가다**.
(bye-bye 안녕) (go)

大 **bygone** [báigɔ̀ːn / -gàn / -gɔ̀n]

[형] 과거의, 지나간 [명] 과거사

▶ by(지나서 경유해서) + gone(지나간) = bygone(과거의, 지나간, 과거사)

大 **bypass** [báipæ̀s]

[명] (자동차용)우회로 [타] 우회하다.

▶ by(곁에, 옆에) + pass(통행, 통과) = bypass((자동차용)우회로, 우회하다)

大 **by-product** [bai-prάdəkt, -dʌkt / prɔ́d-]

[명] 부산물

▶ by(곁에, 옆에) + product(생산물) = by-product(부산물)

大 **by-road** [báiroud]

[명] 샛길, 옆길

▶ by(곁에, 옆에) + road(길) = by-road(샛길, 옆길)

大 **bystander** [báistænder]

[명] 방관자, 국외자

▶ by(곁에, 옆에) + stander(서 있는 사람) = bystander(방관자, 국외자)

大 **bystreet** [báistriːt]

[명] 뒷골목, 뒷거리

▶ by(곁에, 옆에) + street(길) = bystreet(뒷골목, 뒷거리)

大	**byway** [báiwei]	ⓜ 옆길, 샛길 ▶ by(곁에, 옆에) + way(길) = byway(옆길, 샛길)
大	**Byzantine** [bízəntìːn, -tàin, báizen-, bizǽntin]	ⓗ 비잔티움의, 동로마 제국의 ⓜ 비잔틴 사람(건축가)

C

高	**cab** [kæb]	ⓜ 택시, 역마차 ⓣ 택시(역마차)를 타고 가다. 암 **다이아**를 **캐 브**리나게 **택시(역마차)를 타고 가다**. (캐 부리나게) (dia) (cab) ▶ take a cab 택시를 타다.
大	**cabaret** [kæ̀bəréi]	ⓜ 캬바레(무도장) 암 **캬바레 무도장** (cabaret)
高	**cabbage** [kǽbidʒ]	ⓜ 양배추, 캐비지 암 **캐비지 양배추** (cabbage) ▶ two heads of cabbage 양배추 2통
高	**cabin** [kǽbin]	ⓜ 선실, 객실, 오두막 암 **바보**가 **무**를 **캐 빈 선실**같은 **오두막**에 **적당히 두리** (캐서 빈) (moo) (cabin) (duly) ▶ a first class cabin 1등실(선실)
高	**cabinet** [kǽbinit]	ⓜ 장식장, (종종 C-)내각, 캐비닛 암 **내각**에서 **장식장**으로 쓸 **캐비닛**. (cabinet) ▶ a display class cabinet 진열장
高	**cable** [kéibəl]	ⓜ 해저전신, 해외 전보, 굵은 밧줄 암 **굵은 밧줄**같은 **해저전선 케이블** (cable) ▶ a telephone cable. 전화케이블
大	**cacao** [kəkáːou, -kéi-]	ⓜ 카카오, 카카오 나무 암 **카카오**가 열리는 **카카오 나무** (cacao)

大	**cackle** [kǽkl]	동 꼬꼬댁 울다. 명 꼬꼬댁하고 우는 소리 암 닭이 **참깨 세 서미**(세 섬이)(sesame)있으니 **캐 클**(깨 끌)(cackle)러먹자며 **꼬꼬댁 울다**. 
大	**caddie, -dy** [kǽdi]	명 캐디 (골프장에서 심부름하는 사람)
大	**Caesar** [síːzər]	시이저(로마의 정치가, 장군)
大	**cafe** [kæféi / kə-]	명 커피점, 카페, 간이식당 ▶ sidewalk cafe (파리 등지의) 노상 다방
大	**cafeteria** [kæ̀fətiəriə]	명 카페테리아 (셀프서비스 식당)
高	**cage** [keidʒ]	명 새장 동 우리에 넣다. 암 **펭귄**(penguin)을 **케이 쥐**(K씨가 쥐고)(cage)고 **새장 우리에 넣다**. ▶ There's canary in the cage. 새장 속에 카나리아가 한 마리 있다. 
中	**cake** [keik]	명 케이크, 양과자 동 (과자를)굳히다. 암 **양과자 케이크**(cake)를 **굳히다**. ▶ Mary cuts the cake. 메리는 케이크를 자른다.
大	**calamitous** [kəlǽmitəs]	형 비참한, 몹시 불행한 ▶ calamit(y)(재난, 불행, 비운) + ous(형용사 어미) = calamitous(비참한, 몹시 불행한)
高	**calamity** [kəlǽmiti]	명 재난, 불행, 비운 암 **전구**(bulb)를 **밟으**면 신 **컬레 밑티**(켤레 밑이)(calamity) **재난**입지. ▶ A great calamity happened to us. 큰 재난이 우리에게 닥쳤다. 
大	**calcium** [kǽlsiəm]	명 칼슘(금속 원소:기호 Ca)

高 **calculate** [kǽlkjulèit]

㊍ 계산하다; 예상하다, 계획하다.

캘 귤나무에 이틈에

암 귤 값을 **캘 귤에 이트**메 서 **계산(예상)하다**.

(calculate)

▶ We calculated on a large crowd.
우리는 많은 관중이 올 것이라고 예상했다.

高 **calculation** [kæ̀lkjəléiʃən]

㊔ 계산

▶ calculat(e)(계산하다) + ion(명사 어미) = calculation(계산)

▶ His calculation agrees with ours.
그의 계산 결과는 우리의 것과 일치한다.

高 **calendar** [kǽlindər]

㊔ 달력, 캘린더 ㊍ 달력에 적다.

▶ A small calendar is standing on the desk.
작은 달력이 책상 위에 있다.

高 **calf** [kæf, kɑːf]

㊔ 송아지; (하마, 무소, 따위의)새끼, 종아리

(목동)

암 **송아지** 값을 **카프**려는 **카우보이**

(calf) (cowboy)

▶ a cow in(with) calf 새끼[송아지]를 밴 소

大 **caliber, -bre** [kǽləbər]

㊔ (물건의)직경, (총포의)구경

캐러 벌리여

암 **아카시아**를 **캐러 버**얼리여 잰 **직경**

(acacia) (caliber)

高 **California** [kæ̀ləfɔ́ːrnjə, -niə]

㊔ 캘리포니아((미국 태평양 연안의 주 : 주도 Sacramento [약어] Calif.))

中 **call** [kɔ́ːl]

㊔ 부름, 전화 ㊍ 부르다, 소집하다.

암 **콜 택시**를 **콜**하여 **부르다**.

(call taxi) (call)

▶ Let's call a taxi. 택시를 부르자.

高 **caller** [kɔ́ːlər]

㊔ 방문객

▶ call(부르다) + er(…사람) = caller(방문객)

▶ a weekend caller 주말 방문객

大 **calling** [kɔ́ːliŋ]

㊔ 부름, 외침

▶ call(부르다) + ing(현재분사 어미) = calling(부름, 외침)

大 **call sign** [kɔːl sain]

㊔ 콜 사인, 호출부호

▶ call(부르다) + sign(부호) = call sign(콜사인, 호출부호)

C

高 **calm** [kaːm]

[형] (날씨,물결 따위가) 고요한 [동] 달래다.

[암] **미스**를 **캄**캄하고 **고요한** 데서 **달래다**.
(Miss) (calm)

▶ calm water 잔잔한 물

高 **calmly** [ká:mli]

[부] 온화하게, 고요히

▶ calm(고요한) + ly(부사를 만듦) = calmly(온화하게, 고요히)

大 **calmness** [ká:mnis]

[명] 평온, 냉정

▶ calm(고요한) + ness(추상명사를 만듦) = calmness(평온, 냉정)

大 **calorie,-ry** [kǽləri]

[명] 칼로리(열량의 단위)

大 **calves** [kævz / kaːvz]

calf (송아지)의 복수

大 **Cambridge** [kéimbridʒ]

[명] 캐임 브리지(영국 케임브리지)

中 **came** [keim]

come(오다,가다)의 과거

▶ The police came after him. 경찰은 그를 추격했다.

高 **camel** [kǽməl]

[명] 낙타

[암] 노 다지를 **캐 멀**리 **낙타**에 싣**고 가다**.
(camel) (go)

▶ an Arabian [one-humped] camel
아라비안(단봉)낙타

高 **camera** [kǽmərə]

[명] 카메라, 사진기

▶ His camera is out of order.
그의 카메라는 고장났다.

大 **camouflage** [kǽmuflɑ̀ːʒ / -mə-]

[명] 카무프라주, 위장 [동] 위장하다.

中	**camp** [kæmp]	ⓜ 캠프, 야영천막 ⓢ 캠프(야영)하다. 암 **게으른아이들**이 **캠프(야영천막)**치고 **야영하다**. (idle) (camp) ▶ an army camp 군대 야영지
高	**campaign** [kæmpéin]	ⓜ 군사 행동 ⓢ 유세하다. 암 **군사 행동** 같은 **캠페인**을 벌려 **유세하다**. (campaign) ▶ They had a campaign against smoking. 그들은 금연 운동을 벌였다.
大	**camper** [kǽmpər]	ⓜ 야영자, 캠핑하는 사람 ▶ camp(야영하다) + er(…사람) = camper(야영자, 캠핑하는 사람)
大	**campfire** [kǽmpfàiər]	ⓜ 모닥불, 캠프파이어 ▶ camp(야영, 캠프) + fire(불) = campfire(모닥불, 캠프파이어)
大	**campground** [kǽmpgràund]	ⓜ 야영지, 캠프장, 야영, 집회소 ▶ camp(야영, 캠프) + ground(땅, 지(地)) = campground(야영지, 캠프장, 야영, 집회소)
高	**campus** [kǽmpəs]	ⓜ 캠퍼스, 교정, 구내 암 대학의 **교정, 구내 캠퍼스**에서 **데이트를 하다**. (campus) (date) ▶ The dormitory is on campus. 기숙사는 대학 구내에 있다. 
中	**can** [kæn, kən]	ⓩ ~할 수 있다; ~해도 좋다. ⓜ [주로 미] 깡통 암 **깡통**으로 **캔 통조림**을 **할 수 있다(~해도 좋다)**. (can) ▶ He opened a peach can. 그는 복숭아 통조림을 땄다.
中	**Canada** [kǽnədə]	ⓜ 캐나다 (수도 Ottawa)
高	**Canadian** [kənéidiən]	ⓗ 카나다 (사람)의 ▶ Canad(a)(카나다) + ian(… 의, …사람의) = Canadian(카나다[사람]의)
高	**canal** [kənǽl]	ⓜ 운하, 수로(水路) ⓢ 운하를 만들다(파다). 꺼낼 수 암 배를 밖으로 **커낼** 수 없어 **운하를 파다**. (canal) ▶ Venice is well known for its canals. 베니스는 운하로 유명하다.

C

高 **canary**
[kənέəri]

[명] 카나리아 (조류)

▶ a canary sings 카나리아가 울다(지저귀다).

高 **cancel**
[kǽnsəl]

[동] 취소하다, 철회하다.

깡통 사이다 깡통 술
[암] **캔 사이다**와 **캔 술** 마시기를 **취소하다**.
(can cider) (cancel)

▶ Mr. Brown canceled his order for the book.
브라운씨는 그 책의 주문을 취소하였다.

高 **cancer**
[kǽnsər]

[명] 암, 종양, 사회악

[암] **암**같은 **사회악**을 **캔 서**방(님)
(cancer)

▶ stomach[lung, breast] cancer
위(폐, 유방)암

大 **candid**
[kǽndid]

[형] 솔직한, 정직한, 노골적인

캔 뒤 들고
[암] 정보를 **캔 뒤 드**고 **솔직한** 뉴스를 **어나운스**가 **발표하다**.
(candid) (announce)

高 **candidate**
[kǽndidèit, -dət]

[명] 지원자, 후보자

▶ candi(d)(솔직한) + date(날자) → 솔직한 날을 받아 = candidate(지원자, 후보자)

▶ a candidate for a school 입학 지원자

大 **candidly**
[kǽndili]

[부] 솔직하게, 정직하게

▶ candid(솔직한, 정직한) + ly(부사를 만듦) = candidly(솔직하게, 정직하게)

高 **candle**
[[kǽndl]]

[명] 양초, 촉광, 촛불

캔(can=깡통)
[암] **캔들**고 와 세운 **양초**(촛불)
(candle)

▶ She lit the candle.
그녀는 양초에 불을 붙였다.

大 **candlelight**
[kǽndllàit]

[명] 촛불

▶ candle(양초, 초) + light(빛) = candlelight(촛불)

大 **candlestick**
[kǽndlstìk]

[명] 촛대

▶ candle(양초, 초) + stick(막대기, 지팡이, 자루) = candlestick(촛대)

大 **candor, -dour**
[kǽndər]

[명] 공정, 정직, 솔직

[암] **뉴스**를 **정직 공정**하게 **캔더**(캔다, 찾는다).
(news) (candor)

中 **candy**
[kǽndi]

㉮ 캔디, 사탕 ⓢ 달콤하게 하다.

㉤ **캔디 사탕**으로 **달콤하게 하다**.
(candy)

▶ a piece of candy 캔디 한 개

高 **cane**
[kein]

㉮ 지팡이

㉤ **지팡이**에 **캐인 슬리퍼**
(cane) (slipper)

▶ get(give) the cane. 지팡이로 맞다(때리다).

大 **canker**
[kǽŋkər]

㉮ 구강궤양, 말굽 종창 ⓢ 구강궤양에 걸리다.

㉤ **캥커**(거)루가 **구강궤양에 걸리다**.
(canker)

大 **canned**
[kænd]

㉰ 통조림으로 하다. ㉮ 깡통, 통조림통 can²의 과거, 과거분사

高 **cannon**
[kǽnən]

㉮ 대포 ㉸ 대포를 쏘다.

㉤ **폼페이** 화산재에서 **캐 놓은(넌)** 로마시대의 **대포**
(Pompeii) (cannon)

▶ a water cannon (데모 진압용의) 물대포

大 **cannot**
[kǽnɑt, kənɑt / kǽnɔt, kənɔ́t]

㉷ can not의 연결형, ~할 수 없다.

大 **canoe**
[kənúː]

㉮ 카누, 마상이, 가죽 배 ⓢ 카누를 젓다.

㉤ **카누(마상이 가죽배)**를 **젓다**.
(canoe)

▶ We rowed a canoe on the lake.
우리는 호수에서 카누를 저었다.

中 **can't**
[kænt / kaːnt]

can not의 간약형

▶ Can you swim? – No, I can't
당신은 헤엄칠 줄 아십니까? – 아뇨 못 칩니다.

高 **canvas**
[kǽnvəs]

㉮ 캔버스, 화포, 유화(油畵), 텐트

▶ canvas shoes 즈크화(靴)

※ 즈크 → 베실이나 무명실로 두껍게 짠 것

大 **canvass**
[kǽnvəs]

ⓢ ~에게 의뢰하다; 유세하다.

㉮ 선거운동, 유세

화폭에그린
㉤ **캔버스**에 초상화 들고 **캔버스**씨가 **선거운동 유세하다**.
(canvas) (canvass)

大 **canyon** [kǽnjən]

[명] (깊은) 협곡

[암] 미국에 있는 **광대한 그랜드 캐년(협곡)**
(grand) (canyon)

中 **cap** [kæp]

[명] (테 없는)모자 [동] 모자를 쓰다.

[암] **보이**가 캡 모자를 쓰다.
(boy) (cap)

大 **capability** [kèipəbíləti]

[명] 할 수 있음, 가능성, 능력

▶ capab(le)→il(유능한, 할 수 있는) + ity(추상명사 어미) = capability(할 수 있음, 가능성, 능력)

高 **capable** [kéipəbəl]

[형] ~할 능력이 있는; 유능한

케이씨가 퍼불려고 허구한
[암] 키스를 **유능한 케이(K) 퍼불**려고 **허그**한 날 **포옹하다**.
(capable) (hug)

大 **capacious** [kəpéiʃəs]

[형] 수용력 있는, 능력[용적]이 큰, 널찍한

▶ capaci(ty)(수용력, 능력, 용적) + ous(형용사 어미) = capacious(수용력 있는, 능력[용적]이 큰, 널찍한)

高 **capacity** [kəpǽsiti]

[명] 수용력, 능력, 용적

커 황폐한 시티(도시)
[암] **허리케인 폭풍우**가 **능력**이 **커 폐(廢)시티**를 만들다.
(hurricane) (capacity)

高 **cape** [keip]

[명] 곶, 갑(岬), 어깨 망토, 소매 없는 외투

「K」씨가 풀어
[암] 장산 **곶**(마루)에서 **케이(K)프**러 보이는 **소매 없는 외투**
(cape)

大 **caper** [kéipər]

[동] 광태부리다, 가불다. [명] 뛰어 돌아다님

「K」씨가 펴들고
[암] **덩(똥)**을 **케이(K) 퍼**들고 **광태부리다**.
(dung) (caper)

中 **capital** [kǽpitl]

[명] 수도, 머리글자, 대문자, 자본(금) [형] 주요한, 으뜸(수위)의

[암] **주요한 자본(금)**이 몰려있는 **수도 캐피틀**.
(capital)

大 **capitalism** [kǽpitəlìzəm]

[명] 자본주의, 자본의 집중

▶ capital(자본) + ism(주의, 신앙의 뜻) = capitalism(자본주의, 자본의 집중)

大	**capitalist** [kǽpitəlist]	ⓜ 자본가, 전주, 자본주의자 ▶ capital(자본) + ist(…하는 사람) = capitalist(자본가, 전주, 자본주의자)
大	**Capitol** [kǽpitl]	ⓜ (미국)국회의사당 (美) ((the Capitol)) 국회의사당 ※ capital(수도) 단어와 연관시켜 기억할 것
大	**caprice** [kəpríːs]	ⓜ 변덕, 줏대 없음, 무정견 암 살 커프리 스없이 변덕부리듯 홀랑 벗겨지다. (꺼플이 수 없이 = caprice) (fall)
大	**capricious** [kəpríʃəs]	ⓗ 변덕스러운, 변하기 쉬운 ▶ capric(e)(변덕) + ious(= ous 형용사 어미) = capricious(변덕스러운, 변하기 쉬운)
大	**capsule** [kǽpsjuːl / kǽpsəl]	ⓜ 캡슐, 꼬투리 ⓣ 캡슐로 싸다.
中	**captain** [kǽptin]	ⓜ 장, 선장, 육군 대위, 두령 ▶ Who is the captain? 누가 주장이냐? 
大	**captivate** [kǽptivèit]	ⓣ 마음을 사로잡다, 매혹하다. ▶ captiv(e)(사로잡힌) + ate(…하다) = captivate(마음을 사로잡다, 매혹하다)
高	**captive** [kǽptiv]	ⓜ 포로 ⓗ 사로잡힌 포로의 ▶ capt(= caught : 잡다) + ive(형용사 어미) = captive(사로잡힌, 포로의) 암 캡 티(T) 브여잡혀 사로잡힌 포로 ((모자)캡 티셔츠 부여잡혀 = captive) ▶ lead a person captive 사람을 포로로 잡아 끌고 가다. 
大	**captivity** [kæptívəti]	ⓜ 사로잡힘, 포로 ▶ captiv(e)(사로잡힌) + ity(추상명사 어미) = captivity(사로잡힌, 포로)
高	**capture** [kǽptʃər]	ⓜ 포획, 포획물 ⓓ 사로잡다, 체포하다. ▶ capt(= caught : 잡다) + ure(명사 어미) = capture(포획, 사로잡다) 암 스파이를 캡 쳐 사로잡다. (spy) ((모자)캡 쳐서 = capture) 

中 **car** [kɑːr]

[명] 차, 전차, 자동차

자동차 시위 행렬
[암] **카 퍼레이드.**
(car) (parade)

▶ She goes to work by car. 그녀는 승용차로 출근한다.

大 **caramel** [kǽrəməl, -mèl]

[명] 캐러멜, 구운 설탕(색갈 맛을 내는 데 씀)

C

大 **carat** [kǽrət]

[명] 캐럿(보석류의 무게 단위)

高 **caravan** [kǽrəvæ̀n]

[명] 포장 마차; 대상, 캐러밴 [동] ~으로 여행하다.

캐려고 배는
[암] 노다지를 **캐러 밴**못타 **대상**들이 **포장 마차로 여행하다.**
(caravan)

▶ a caravan of buses 탈것(캐러밴)의 행렬

大 **carbine** [kɑ́ːrbin]

[명] 카빈총, (옛날의) 기병총

大 **carbolic** [kɑːrbɔ́lik]

[형] 탄소의, 콜타르성의

▶ carbo(n)(탄소) + lic(= ic …의) = carbolic(탄소의, 콜타르성의)

高 **carbon** [kɑ́ːrbən]

[명] 탄소, 카본지, 복사지, 묵지

[암] **탄소**로 만든 **카번 복사지(묵지)**
(carbon)

▶ carbon paper. 카번지, 묵지

大 **carbonic** [kɑ́ːrbɔ́nik / -bɑ́n-]

[형] 탄소의

▶ carbon(탄소) + ic(…의) = carbonic(탄소의)

大 **carcass** [kɑ́ːrkəs]

((英))carcase [명] (짐승의) 시체 ((蔑)) 인체, 송장

차가 컸으니
[암] **카 커스**니 **(짐승의)시체**나 **송장**을 싣고 **가다.**
(carcass) (go)

中 **card** [kɑːrd]

[명] 카드, 트럼프, 엽서 [동] ~에 카드를 붙이다.

[암] **걸 프렌드에게 카드를 붙이다.**
(girl friend) (card)

▶ a Christmas card 크리스마스 카드

大 **cardboard** [káːrdbɔ̀ːrd]

명 판지, 마분지

▶ card(카드) + board(널판지, 판자) = cardboard(판지, 마분지)

大 **cardinal** [káːrdnəl]

형 주요한, 기본적인, 심홍색의

▶ card(카드) + inal(널 = 너를) → 카드중에 널(너를) 주려고 산 것이 주요한 심홍색의 카드다 = cardinal(주요한, 심홍색의)

中 **care** [kɛər]

명 주의, 조심 동 주의 하다; 돌보다.

암 **생강**을 **진저**리 내며 **조심, 조심 캐어**.
(ginger) (care)

▶ Carry the box with care.
주의해서 상자를 운반해라

高 **career** [kəríər]

명 경력, 이력; 직업 동 질주하다, 무턱대고 달아나다.

암 **갱**이 **직업**과 **경력**을 **커리어 무턱대고 달아나다**.
(gang) 꺼리어 (career)

▶ He has a long career in politics.
그는 정치가로서 오랜 경력이 있다.

大 **carefree** [kɛ́ərfrìː]

형 근심(걱정)이 없는, 태평한

▶ care(걱정하다) + free(자유로운) = carefree(근심(걱정)이 없는, 탱평한)

中 **careful** [kɛ́ərfəl]

형 주의 깊은, 조심스러운

▶ care(조심) + ful(…이 많은) = careful(주의 깊은, 조심스러운)

▶ He is very careful with his work. 일할 때 그는 무척 신중하다.

高 **carefully** [kɛ́ərfəli]

부 주의 깊게, 검소하게

▶ careful(주의 깊은, 조심스러운) + ly(부사를 만듦) = carefully(주의 깊게, 검소하게)

▶ live carefully 검소하게 살다.

大 **carefulness** [kɛ́ərfəlnis]

명 조심, 신중, 주의

▶ careful(주의 깊은, 조심스러운) + ness(추상명사 어미) = carefulness(조심, 신중, 주의)

大 **careless** [kɛ́ərlis]

형 부주의한, 무심한

▶ care(조심, 주의) + less(…이 없는) = careless(부주의한, 무심한)

大 **carelessly** [kɛ́ərlisli]

부 부주의하게, 무심하게

▶ careless(부주의한, 무심한) + ly(부사를 만듦) = carelessly(부주의하게, 무심하게)

大 **caress** [kərés]	명 애무 타 애무하다, 머르다, 포옹하다. 암 **와이프**가 **커 레스**링하듯 **애무(포옹)하다.** (wife) (caress)
高 **cargo** [ká:rgou]	명 뱃짐, 화물 ▶ (차, 자동차 = car) + (go = 가다) = cargo(뱃짐, 화물) ▶ 자동차 카[car]에 **실고 가는**것이 = **카고** 오는게 **(뱃짐 화물)**이다. 가고
大 **caricature** [kǽrikətʃùər, -tʃər]]	명 풍자만화, 풍자문 타 풍자하다. 캐리가 커 추어 암 말 춤을 **캐리 커 추어**가며 **풍자만화**로 **풍자하다.** (caricature)
大 **carnal** [ká:rnl]	형 육체의, 물질[현세]적인, 속세의, 세속적인 (car=)카 늘 암 **카 늘**타고 **속세(육체)**의 **와이프**와 **드라이브하다.** (carnal) (wife) (drive)
高 **carnation** [ka:rnéiʃən]	명 ((植)) 카네이션
高 **carnival** [ká:rnəvəl]	명 카니발, 사육제, 축제, 제전 ▶ a winter carnival 겨울의 제전
高 **carol** [kǽrəl]	명 기쁨의 노래, 축가, 찬가 동 기뻐 노래하다. 암 크리스마스 **캐럴(축가)**로 **기뻐 노래하다.** (carol) ▶ a Christmas carol 크리스마스 캐럴
大 **carp** [ka:rp]	명 잉어 카(차) 풀어 암 **카(car)프러** 세워놓고 **잉어**를 **셀** 수 없이 **팔다.** (carp) (sell)
高 **carpenter** [ká:rpintər]	명 목수 동 목수 일을 하다. (car=)차를 꽂핀 터에 암 **카 핀 터**에 세운 **목수.** (carpenter) ▶ a carpenter's shop 목공소, 목수의 작업장 
高 **carpet** [ká:rpit]	명 융탄, 양탄자, 카펫 타 ~에 융단을 깔다. ▶ carpet the stairs 계단에 융단을 깔다.

C

高 **carriage** [kǽridʒ]

명 마차, 수송, 운반

▶ carr(y)→i(나르다, 운반하다) + age(상태, 동작의뜻) = carriage(마차, 수송, 운반)

高 **carrier** [kǽriər]

명 운반인, 운반설비

▶ carr(y)→i(나르다, 운반하다) + er(… 사람, …하는 것) = carrier(운반인, 운반설비)

▶ a letter[mail] carrier 우체부

大 **carrot** [kǽrət]

명 당근

캐럿(carat = 보석의 무기 단위)을 연관시켜 기억할 것

암 천 **캐럿**짜리 **당근** 모양의 **다이아몬드**.

(carrot) (diamond)

中 **carry** [kǽri]

동 나르다, 운반(운송)하다.

어깨 이여

암 짐을 어**캐 리**어 **나르다**.

(carry)

高 **cart** [kaːrt]

명 짐마차, 손수레

(car=)카 틀어

암 (차)**카 트**러 실은 **짐마차(손수레)**

(cart)

▶ They carried the corn in a cart.
그들은 옥수수를 마차로 실어 날랐다.

大 **cartoon** [kaːrtúːn]

명 만화, 만화 영화

같은

암 **만화 영화 카툰 만화**.

(cartoon)

大 **cartridge** [káːrtridʒ]

명 탄약통, 필름통, 카트리지

암 **탄약통** 같이 생긴 **필름통 카트리지**

(cartridge)

高 **carve** [kaːrv]

동 조각하다; (고기 따위를) 저미다, 새기다.

과부

암 **돌 인형**을 **카브**가 **조각하다**.

(doll) (carve)

大 **carver** [káːrvər]

명 조각가, 고기를 써는 사람

▶ carv(e)(조각하다, 자르다) + er(…사람) = carver(조각가, 고기를 써는 사람)

大 **carving** [káːrviŋ]

명 조각, 조각술

▶ carv(e)(조각하다, 자르다) + ing(현재분사 어미) = carving(조각, 조각술)

大	**cascade** [kæskéid]	명 (작은)폭포 암 (작은) **폭포** 밑에서 **캐 스캐 이드**리(개 수캐 이들이, cascade) **삯일꾼**과 **잡버**(잡어, jobber)
高	**case**[1] [keis]	명 경우 사건 암 이번 **케이스(경우, 사건)**(case)을 **퀀시 더**(권씨 더(더욱), consider) **생각하다**. ▶ The case is different with you. 당신의 경우는 다르다. 
中	**case**[2] [keis]	명 용기, 상자, [창문의]틀 타 상자에 넣다. 암 **용기**를 **케이스(상자)**(case)**에 넣다**. ▶ a record case 레코드 케이스[꽂이] 
大	**casement** [kéismənt]	명 여닫이 창 ▶ case(창문의 틀) + ment(명사 어미) = casement(여닫이 창)
大	**casework** [kéiswə̀ːrk]	명 사회복지 사업(= 여러경우로 실시 되는 일) ▶ case(경우, 사건) + work(일) = casework(사회복지 사업)
高	**cash** [kæʃ]	명 현금 동 (수표, 어음 따위를)현금으로 바꾸다. 암 마담**케 쉬**(마담께 쉽게, cash) 빌린 **현금**. ▶ I'd like to cash this check. 이 수표를 현금으로 바꾸고 싶어요.
大	**cashier** [kæʃíər]	명 출납원, 회계원 ▶ cash(현금) + ier(…직업인 사람) = cashier(출납원, 회계원)
大	**cash register** [kǽʃ-rèdʒistər]	명 현금 등록기 ▶ cash(현금) + register(등록기) = cash register(현금 등록기)
大	**cask** [kæsk, kɑːsk]	명 통 타 통에 담다. 암 **다이아**(dia)를 **캐 스크**루지가(캐스크루지(=수전노이름), cask) **통에 담다**.
大	**casket** [kǽskit, kɑ́ːs-]	명 작은 상자, 관 타~에 넣다. ▶ cask(통, 통에 담다) + et(작다는 의미)→통 중에 작은것 = casket(작은 상자, 관, …에 넣다)

大	**cassette** [kæsét, kə-]	[명] 작은 상자, 카세트 [동] 카세트에 녹음(녹화)하다. [암] **작은상자 카세트에 녹음(녹화)하다.** (cassette)
高	**cast** [kæst, kɑ:st]	[동] 던지다, 배역을 정하다. [명] 배역 Castro(쿠바 수상)을 연상해 기억할 것 [암] 쿠바의 **카스트**로를 국민이 **던지다.** (cast) ▶ He was cast as Hamlet. 그에게 햄릿 역이 주어졌다.
大	**caste** [kæst, kɑ:st]	[명] (인도의 계급제도)카스트
中	**castle** [kǽsl, kɑ́:sl]	[명] 성, 저택 [동] (~에)성을 쌓다. [암] **카슬**(갓을)쓰고, **성을 쌓다.** (castle) ▶ An Englishman's house is his castle. 영국 사람에게 있어서 가정은 그의 성곽이다.(속담) 
高	**casual** [kǽʒuəl]	[형] 우연의, 무심결의, 간편한 [명] 자유[임시]노동자, (*pl*)평상복, 캐주얼 께 주얼(드릴) [암] **자유[임시]노동자께 주얼 간편한 평상복 케주얼** (casual) (casual) ▶ It was a casual meeting. 그것은 우연한 만남이었다.
大	**casually** [kǽʒuəli]	[부] 우연히, 문득 ▶ casual (우연의, 무심결의) + ly(부사를 만듦) = casually(우연히, 문득)
大	**casualty** [kǽʒuəlti]	[명] (불의의)사고, 불상사, 재난 ▶ casual(우연의, 무심결의) + ty(명사 어미) = casualty(불상사, 재난)
中	**cat** [kæt]	[명] 고양이 깨트린 [암] **팥 단지**를 **캣트**린 **고양이.** (pot) (cat) ▶ A cat has nine lives. 고양이는 목숨이 아홉 있다(여간해서는 죽지 않는다).(속담)
高	**catalog-logue** [kǽtəlɔ̀:g / -lɔ̀g]	[명] 카탈로그, 목록, 일람표 ▶ a museum catalog(ue) 박물관 카탈로그
大	**cataloger, -loguer** [kǽtəlɔ̀:gər / -lɔ̀gər]	[명] 목록 편집자 ▶ catalog,-logue(목록) + er(…하는 자) = catalog(u)er(목록, 편집자)

C

大 **catapult** [kǽtəpʌ̀lt]
㉮ 투석기, 노포
(항공 모함의 비행기 사출장치) 캐터펄트 ⑤ 캐터펄트로 쏘다.

大 **catarrh** [kətɑ́:r]
㉮ [醫] 카타르 [[특히]]코 [인후] 카타르, 콧물 ((英)) 감기

大 **catastrophe** [kətǽstrəfi]
㉮ 재난, 비극, (비극의)대단원
암 연산군이 **커 태스(太守) 트러 피**를 부른 **재난**.
(커 태수(옛지방관리) 틀어 피) (catastrophe)

中 **catch** [kætʃ]
⑤ 붙들다, 붙잡다.
암 **볼**을 **캐치**하여 **붙잡다**.
(ball) (catch)
▶ The police caught the thief.
경찰이 도둑을 붙잡았다.

高 **catcher** [kǽtʃər]
㉮ 잡는 사람, (야구)캐처
▶ catch(붙잡다) + er(…사람) = catcher(잡는 사람, [야구]캐처)

大 **category** [kǽtəgɔ̀:ri / -gəri]
㉮ 범주, 부류, 종류, 카테고리
암 삼을 **캐 터고 리(李)**가 **종류(범주)**별로 모아.
(캐 털고 리씨가) (category)

高 **caterpillar** [kǽtərpìlər]
㉮ 유충, 캐터필러, 무한 궤도식 트랙터

大 **catharsis** [kəθɑ́:rsis]
㉮ 배변(排便), 변통(便通), 카타르시스

高 **cathedral** [kəθí:drəl]
㉮ 대성당, 대사원
암 설교를 안이 너무 **커 쉬 드를** 수 없는 **대성당**.
(커 쉬 들을) (cathedral)
▶ a cathedral city 대성당이 있는 도시

高 **Catholic** [kǽθəlik]
㉻ 카톨릭교의 ㉮ 카톨릭교도, 천주교도의 ㉻ 일반적인, 관대한
▶ Catholic Church (로마) 카톨릭 교회, 천주 교회
※ (주의) 소문자로 쓰였을 때는 「일반적인」 「관대한」의 뜻이 됨

C

大 **Catholicism** [kəθɑ́ləsìzəm, -θɔ́l-]

카톨릭교

▶ Catholic(카톨릭 교회의) + ism(주의 신앙) = Catholicism(카톨릭교)

高 **cattle** [kǽtl]

명 소(의 떼), 축우, 가축

암 **팔 단지**를 **캐틀**인 **소**
(팔 단지 = pot, 캐틀 = cattle; 캐틀 = 깨를)

▶ a head of cattle 소 한 마리

中 **caught** [kɔːt]

catch(잡다, 붙들다)의 과거, 과거분사

▶ The kite caught in a tree. 연이 나무에 걸렸다.

大 **cauliflower** [kɔ́ːliflàuər]

명 콜리플라워, 꽃양배추

▶ (양배추의 뜻 = cauli) + (flower = 꽃) = cauliflower(콜리플라워, 꽃양배추)

大 **causal** [kɔ́ːzəl]

원인의, 원인이 되는

▶ caus(e)(원인, 이유) + al(…의) = causal(원인의, 원인이 되는)

中 **cause** [kɔːz]

명 원인, 이유, 명분, 소송 동 일으키다.

암 **코즈**부가 **명분**을 걸고 **소송**을 **일으키다**.
(코즈 = cause; 코즈부 = 코주부)

▶ What is the cause of the fire? 그 화재의 원인은 무엇이니?

高 **caution** [kɔ́ːʃən]

명 조심; 경고 타 경고하다, 주의를 주다.

암 놈의 **코 선** 것을 **조심**하라고 **경고한다**.
(코 선 = caution)

▶ great caution 최대한의 주의

高 **cautious** [kɔ́ːʃəs]

형 주의 깊은, 신중한, 조심스러운

▶ cauti(on)(조심, 경고) + ous(…이 많은) = cautious(주의 깊은, 신중한, 조심스러운)

▶ Be cautious with them. 그것들을 조심해서 다루시오.

大 **cavalier** [kæ̀vəlíər]

명 기사, 무사, 멋쟁이 남자 형 대범한

암 **유니폼**이 **숄더**하며 **어깨 쾌 벌리어** 보이는 **멋쟁이 남자**
(유니폼 = uniform, 숄더 = shoulder, 쾌 벌리어 = cavalier; 제복이 (좁다 =)솔다하며, 쾌(= 매우))

大 **cavalry** [kǽvəlri]

명 기병대, 기병

▶ caval(ier)(기사) + ry(명사 어미) = cavalry(기병대, 기병)

高	**cave** [keiv]	ⓜ 동굴 ⓢ 함몰시키다. (K) 부대가 **암** **케이 브**대가 있는 **동굴**. (cave) ▶ Bats live in this deep cave. 박쥐는 이 깊은 동굴 속에서 산다. 
大	**cavern** [kǽvərn]	ⓜ 동굴 쪽, 굴 ⓣ 동굴에 넣다. ▶ cav(e)(동굴) + ern(…쪽의 뜻) = cavern(동굴 쪽, 굴, 동굴에 넣다.)
高	**cease** [siːs]	ⓜ 중지, 중단 ⓢ 그만두다, ~하지 않게 되다, 중지하다. **암** **펄 시스터**가 **시스**터 생활을 **그만두다**. (pearl sister) (cease) ▶ At last the war has ceased. 마침내 전쟁은 끝났다.
大	**ceaseless** [síːslis]	ⓗ 끊임없는, 부단한 ▶ cease(그만두다, 중지하다) + less(…이 없는) = ceaseless(끊임없는, 부단한)
大	**cedar** [síːdər]	ⓜ 삼목, 서양 삼나무 **암** 이것이 **서양 삼나무 시더**(입니다). (cedar)
中	**ceiling** [síːliŋ]	ⓜ 천장 **암** **천장**에 **시-링**용 **베니어판을 붙이다**. (ceiling) (veneer) ▶ He looked up the ceiling. 그는 천장을 쳐다보았다. 
高	**celebrate** [séləbrèit]	ⓢ 축하하다, (의식) 거축하다, 거행하다. 밤 새러 불에 이(2) 트기와 **암** **인디언**이 밤**새러 브레 이(2) 트**기와 **(의식을) 거행하다.** (Indian) (celebrate) ▶ celebrate solemnly 엄숙하게 경축하다. 
大	**celebrated** [séləbrèitid]	ⓗ 유명한, 저명한 ▶ celebrat(e)(경축하다) + ed(…을 가진, 갖춘) → 경축받을 작품을 발표해 유명해진다 = celebrated(유명한, 저명한)
大	**celebration** [sèləbréiʃən]	ⓜ 축하, 경축 ▶ celebrat(e)(경축하다) + ion(명사 어미) = celebration(축하, 경축)
大	**celebrity** [səlébrəti]	ⓜ 명성, 유명인 ▶ celebr(ate)(경축하다) + ity(추상명사 어미) → 경축을 받을 일을 해 유명인이 되 명성을 얻다 = celebrity(유명인, 명성)

大 **celery** [séləri]

명 셀러리(미나릿과의 일년초)

암 **샐러리맨**(salaryman, 봉급생활자)이 잘먹는 **셀러리 미나리**(celery, 샐러리맨과 연관시켜 기억할 것)무침

高 **cell** [sel]

명 작은 방, 세포

암 **셀**(cell) 수 없이 **작은 방**으로 연결된 **세포**

▶ a cancer cell 암 세포

高 **cellar** [sélər]

명 지하실, 움, 땅광

▶ cell(= 작은 방) + ar(장소를 뜻하는 명사 어미) = cellar(지하실, 움, 땅광)

▶ a wine cellar 지하 포도주 저장실

大 **cello** [tʃélou]

명 첼로

▶ Peter plays the cello. 피터는 첼로를 연주하다.

大 **cellophane** [séləfèin]

명 셀로판

大 **cellulose** [séljulòus]

명 세룰로오스, 섬유소

高 **cement** [simént]

명 시멘트; 유대 타 시멘트를 바르다, ~로 접합시키다.

▶ mix cement 시멘트를 섞다.

高 **cemetery** [sémitèri / -tri]

명 묘지, 공동 묘지

암 **새미트리**(cemetery, 새 미투리(짚신)) 신고 **공동 묘지**에서 **얼빠진 듯**이 **우지**(woozy).

▶ a national cemetery 국립 묘지

大 **censor** [sénsər]

명 검열관, 감찰관 타 검열하다.

암 **와이프**(wife)가 **섹스**(sex)로 밤 **샌 서**(censor)방님을 **검열관**같이 **검열하다**.

大 **censorship** [sénsərʃip]

명 검열

▶ censor(검열하다) + ship(추상명사를 만듦) = censorship(검열)

大	**censure** [sénʃər]	명 비난, 견책 타 비난하다, 나무라다. 암 **두더지**같이 **모울**래(뒤로)**샌 서**방을 **나무라다.** 몰래 / (mole) / (censure)
大	**census** [sénsəs]	명 센서스, 인구 조사, (통계)조사 암 **인구 조사 (통계)조사 센서스** (census)
高	**cent** [sent]	명 (단위로서의)100; 센트(미국에서 1/100달러의 통화) ▶ One hundred cents make one dollar. ▶ 100센트면 1달러가 된다.
大	**centenary** [senténəri / séntənèri / senti:nəri]	형 백년의 ▶ cent(100의 뜻) + en(하다의 뜻) + ary(…의) = centenary(백년의)
大	**centennial** [senténiəl]	형 100년 마다의, 100년간의 ▶ centen(ary)(백년의) + nial(= al, …의) = centennial(100년 마다의, 100년간의)
中	**center, -tre** [séntər]	명 중심지, 한가운데 동 줌심에 두다. 암 **카 센터**를 **한가운데 중심에 두다.** (car)(center) ▶ She stood in the center of the room. 그녀는 방 한가운데 서 있었다.
大	**centigrade** [séntəgrèid]	형 섭씨의 ▶ (100의 뜻 = centi) + (grade = 등급)→끓는 점을 100도로 한 온도(등급)계 이다 = centigrade(섭씨의)
高	**centimeter** [séntəmì:tər]	((英)) –tre 명 (길이)센티, 센티미터 (略 : cm) ▶ He's 160 centimeters tall. 그의 신장은 160 센티미터이다.
大	**centipede** [séntəpì:d]	명 ((動)) 지네 ▶ (100의 뜻 = centi) + (pede = 발을 가진)→100개의 발을 가진 곤충 = centipede(지네)
高	**central** [séntrəl]	형 중심의(에서 가까운); 주요한, 중앙의 ▶ (중앙 = centr) + (al = …의) = central(중앙의, 중심의, 주요한) 암 오일이 **샌 트럴**(틀을)봐 **주요한 중앙의** 부위를 **체크하다.** (central) / (check)

中
centre
[séntər]

= center 참조, 센터, 중심, 중앙

▶ a shopping centre 쇼핑 센터

中
century
[séntʃuri]

명 세기, 100년 (약어)cent.

20 세기
암 **트웬티 센츄리.**
(twenty) (century)

▶ We are living in the 20th century. 우리는 20세기에 살고 있다.

大
cereal
[síəriəl]

명 곡물, 곡류, 곡물식(食)

쉬리라~ 얼(정신)놓고
암 **게으른 아이들**이 **곡물** 위에 **쉬어리!얼**놓고…
(idle) (cereal)

▶ Corn, wheat, and rice are cereals.
옥수수, 밀, 쌀은 곡물이다.

高
ceremonial
[sèrəmóuniəl]

형 의식의, 의식적인

▶ (의식, 예식 = ceremon[y]→i) + (al = …의) = ceremonial(의식의, 의식적인)

大
ceremony
[sèrəmóuni / -məni]

명 의식, 의례, 예법

새로 모우니(모집하니?)
암 **의식**과 **예법**을 아는 사원을 **새러 모우니?**
(ceremony)

▶ a solemn ceremony 엄숙한 의식

高
certain
[sə́:rtən]

형 확실한, 다소의

서툰 잡동사니
암 **다소의 서튼 확실한 잡 일을 하다.**
(certain) (job)

▶ She is certain to come. 그녀는 틀림없이 온다.

中
certainly
[sə́:rtənli]

부 확실히, 반드시

▶ certain(= 확실한) + ly(부사 접미어) = certainly(확실히, 반드시)

▶ I will certainly be there. 반드시 그 곳에 가겠다.

大
certainty
[sə́:rtnti]

명 확실함, 확신

▶ certain(확실한) + ty(…함) = certainty(확실함, 확신)

大
certificate
[sə:rtífikit]

명 증명서; 면허증 타 증명하다.

검문소에서 섞지 피끼 없이
암 **체크포인트**에서 **증명서** 잃고 **서티 피킷**없이.
(checkpoint) (certificate)

大
certification
[sə̀:rtifikéiʃən]

명 증명, 검정, 보증

▶ certificat(e)(증명하다) + ion(명사 어미) = certification(증명, 검정, 보증)

大 **certified** [sə́ːrtəfàid]

[형] 증명된, 보증된

▶ certif(y)→i(증명[보증]하다) + ed(형용사를 만듦) = certified(보증된, 증명된)

大 **certify** [sə́ːrtəfài]

[동] 증명(보증)하다

셔터는 못쓴다며
[암] **셔터 덧문** 옆에 서서 **셔터 파이**라며 **증명하다**.
(shutter) (certify)

大 **certitude** [sə́ːrtətjùːd]

[명] 확신, 확신감

▶ certi(fy)(증명[확신]하다) + tude(성질 상태의 뜻) = certitude(확신, 확신감)

大 **cessation** [seséiʃən]

[명] 정지, 중지

[암] 퇴직후 년년**세세(歲歲) 이션**생의 **정지(중지)**된 직업
(cessation)

大 **chafe** [tʃeif]

[동] 안달나게 하다,(손 따위를) 비벼서 따뜻하게 하다.

최 이쁘니가
[암] **매일남성**을 **미스 최 이프**니가 **안달나게 하다**.
(male) (Miss) (chafe)

大 **chaff** [tʃæf / tʃɑːf]

[명] 왕겨, 여물((사료)) [타] (짚 등을)썰다.

점퍼를 최(최씨) 풀어놓고
[암] **잠바**를 **최(崔) 프**러놓고 **여물 (짚을) 썰다**.
(jumper) (chaff)

中 **chain** [tʃein]

[명] 사슬 [동] 사슬로 매다, 속박하다.

[암] **불독**을 **체인 사슬로 매다**.
(bulldog) (chain)

▶ Tom chained the dog.
톰은 개를 쇠사슬로 매었다.

大 **chain store** [tʃein stɔːr]

[명] 체인스토어, 연쇄점

▶ chain(쇠사슬, 연쇄) + store(스토어, 점포) = chain store(체인스토어, 연쇄점)

中 **chair** [tʃɛ́ər]

[명] 의자, 의장

[암] **바퀴**를 단 **휠 체어(의자)**.
(wheel) (chair)

▶ A dog is sitting on the chair.
개 한 마리가 의자에 앉아 있다.

高 **chairman** [tʃɛ́ərmən]

[명] 의장

▶ chair(의자) + man(사람) = chairman(의자에 앉은 사람 = 의장)

▶ He was elected chairman of the committee.
그는 위원회의 의장으로 선출되었다.

中 **chalk** [tʃɔ:k]

명 분필

(양)초 크기

암 (양)**초 크**기만한 **분필**.

(chalk)

▶ Bring me a piece of chalk, Susie. 수지, 분필을 한 개 갖다 다오.

高 **challenge** [tʃǽlindʒ]

명 도전 동 도전하다.

체를 인이 쥐고

암 모래를 치려고 **첼 인(人) 쥐**고 **도전하다**.

(challenge)

▶ the challenge of a new job.
새로운 직업에의 도전

C

大 **challenger** [tʃǽlindʒər]

명 도전자

▶ challenge(도전하다) + er(…사람) = challenger(도전자)

高 **chamber** [tʃéimbər]

명 방, 셋방, 의원 회의소

최씨의 님이 버려둔 연애편지

암 **의원. 회의소 방**에 **최(崔)임 버**려둔 **러브 레터**.

(chamber) (love letter)

大 **chamberlain** [tʃéimbərlin]

명 의전관, 시종

▶ chamber(방) + lain(방에 딸린 사람) = chamberlain(의전관, 시종)

大 **champagne** [ʃæmpéin]

명 샴페인, 샴페인 포도주 형 사치한, 값진

암 **사치하**고 **값진 샴페인 포도주**.

(champagne)

高 **champion** [tʃǽmpiən]

명 우승자, 선수

암 **우승자**인 **챔피언**.

(champion)

▶ Jim is a tennis champion
짐은 테니스의 챔피언이다.

高 **championship** [tʃǽmpiənʃip]

명 선수권, 우승

▶ champion(참피온) + ship(상태, 신분을 나타냄) = championship(선수권, 우승)

▶ hold a championship. 선수권을 보유하다.

中 **chance** [tʃæns, tʃɑ:ns]

명 우연, 기회 동 기회를 잡다.

암 **찬스**를 봐 **기회**를 **잡다**.

(chance)

▶ Give me a chance. 기회를 주세요.

大 **chancellor** [tʃǽnsələr, tʃɑ́:n-]

명 장관, 대법관

▶ chance(찬스, 기회) + llor(어려[ələr]서부터 장관이 되겠다는 꿈…)
= chancellor(장관 , 대법관)

大 **chandelier** [ʃæ̀ndəlíər]

명 샹들리에, 꽃전등

中 **change** [tʃéindʒ]

명 변화, 거스름돈 동 바꾸다, 변하다.

암 **거스름돈**을 **체인지**(change) 하여 **바꾸다**.

▶ Here's your change. 여기 거스름돈이 있습니다.

高 **changeable** [tʃéindʒəbəl]

형 변하기 쉬운, 변덕스러운

▶ change(변하다) + able(…할 수 있는) = changeable(변하기 쉬운, 변덕스러운)

▶ changeable weather 변덕스러운 날씨

高 **channel** [tʃǽnl]

명 해협, 수로, 채널 동 수로를 통해서 보내다.

암 물건을 **수로**등 여러 **채널**(channel)을 **통해서 보내다**.

▶ the English Channel 영국 해협

大 **chant** [tʃænt, tʃɑːnt]

명 노래 메로디 동 (성가를) 부르다.

암 **크리스천**(Christian, 기독교 신자가)이 **찬(讚)**(chant, 찬송가) **트**러놓고(틀어놓고) **성가를 부르다**.

大 **chaos** [kéiɑs / -ɔs]

명 혼돈, 무질서, 대혼란

암 미스터 **케이 오수(汚水)**(chaos, K씨가 오수(=더러운 물))를 버려생긴 **무질서**와 **대혼란**

大 **chaotic** [keiátik / -ɔ́t-]

형 혼돈된, 무질서한

▶ chao(s)(혼돈) + tic(= ic …의) = chaotic(혼돈된, 무질서한)

高 **chap** [tʃæp]

명 녀석, 놈

암 **녀석**이 **놈**을 **챕**(chap)(잽)싸게 **배트**(bat) **방망이로 치다**.

▶ a good[fine, nice] chap 좋은 녀석

高 **chapel** [tʃǽpəl]

명 예배당, 교회당, 채플

암 **솔로몬**(Solomon)이 **모리아산**(Moriamount) **산채(砦)플**(chapel, 산채(진터채) 풀밭에)밭에 지은 **예배당**

▶ (a) prison chapel 교도소의 예배당

大 **chaplain** [tʃǽplin]

명 (부속교회 담당)목사

▶ chapel→chapl(교회) + ain(인(人), 사람) = chaplain([부속교회 담당]목사)

高
chapter
[tʃǽptər]

명 (책의) 장, 본회, 지사 타 장으로 나누어 정리하다.

최씨가 붙어앉아

암 **각본 드라마**를 **최(崔) 프터**앉아 **장으로 나누어 정리하다**.

(drama) (chapter)

大
char
[tʃɑːr]

명 날품팔이, 잡일 동 잡일을 하다.

암 **마담**이 세**차(車)**하는 **날품팔이 잡일을 하다**.

(madam) (char)

中
character
[kǽriktər]

명 특성, 인물, 성격

산삼을 캘 익(이로운) 터(땅)을

암 산삼 **캘 익(益)터**를 **특성** 있는 **인물**이 찾어.

(character)

▶ the characters in the play 연극의 등장 인물들

高
characteristic
[kæ̀riktərístik]

명 특성, 특색 형 특유한, 독특한

▶ character(특성, 특색, 성격) + istic(= ist … 사람, ic …한 성질의) = characteristic(특성, 특색, 특유한, 독특한)

大
characterize
[kǽriktəràiz]

동 ~의 특색을 이루다, 특징 지우다.

▶ character(특성, 특색) + ize(…화하다) = characterize(~의 특색을 이루다, 특징 지우다)

大
charcoal
[tʃɑ́ːrkòul]

명 목탄, 탄, 숯

차씨가 코울

암 **차(車) 코울 탄**으로 구운 **목탄(숯)**

(charcoal)

中
charge
[tʃɑːrdʒ]

명 대가, 요금, 책임 동 징수하다, 청구하다.

암 **대가**를 **차지**하려고 **요금**을 **청구**하다.

(charge)

大
chariot
[tʃǽriət]

명 (옛날) 전차(戰車), 2륜 전차 동 전차를 몰다.

최씨가 이여 틀어가며

암 코스를 **최(崔) 리어 트**러가며 **이륜전차를 몰다**.

(chariot)

大
charitable
[tʃǽritəbəl]

형 자비로운, 관대한

▶ charit(y)(자비) + able(… 할 수 있는, …할 만한) = charitable(자비로운, 관대한)

高
charity
[tʃǽriti]

명 자비, 자선, 자선 단체

최씨 이씨의 티셔츠

암 **자선 단체**에 자비로 준 **최 리 티**(셔츠)

(charity)

C

高 **charm** [tʃɑːrm]

㉳ 매력, 아름다운 용모
㉢ 매혹하다, 반하게 하다.

암 참 아름다운 용모와 매력으로 반하게 하다.
(charm)

▶ He was charmed by her beauty.
그는 그녀의 아름다움에 매혹되었다.

高 **charming** [tʃάːrmiŋ]

㉳ 매력적인, 아름다운
▶ charm(매력) + ing(현재분사 어미) = charming(매력적인, 아름다운)

大 **charnel** [tʃάːrnl]

㉳ 납골당 ㉳ 섬득한

암 영구 **차(車)늘** 다니는 **섬득한 납골당**.
(charnel)

高 **chart** [tʃɑːrt]

㉳ 해도(海圖), 도표, 차트 ㉳ 해도, 도표를 만들다.
▶ an eye chart 시력 검사표

高 **charter** [tʃάːrtər]

㉳ 특허장; 현장; 전세 ㉳ 특허를 주다; 전세내다.

주차장 터로
암 공원을 **차(車)터**로 쓰도록 **전세(특허)를 주다**.
(charter)

▶ the charter of the U.N. 유엔 헌장

大 **chartered** [ətʃάːrtərd]

㉳ 특허를 받은
▶ charter(특허장) + ed(…을 가진, …받은) = chartered(특허를 받은)

高 **chase** [tʃeis]

㉢ 쫓다, 몰아내다. ㉳ 추적

최씨가 있으니
암 범같은 **부랑자 최(崔) 이스**니 **추적**해 **몰아내다**.
(bum) (chase)

大 **chasm** [kǽzəm]

㉳ (지면, 바위 따위의) 깊게 갈라진 틈

암 불화로 **깊게 갈라진 틈**이 생겨 애정이 **캐즘**(깨짐)니다.
(chasm)

大 **chaste** [tʃeist]

㉳ 정숙한, 순결한, 간결한

최씨가 이수(두손을) 틀며(비비며)
암 순결한 최(崔) 이스(二手)트며 **별장**에서 **빌어**
(chaste) (villa)

大 **chasten** [tʃeisən]

㉳ (신이 사람을)징벌하다, 단련하다
▶ chast(e)(정숙한, 순결한) + en((…하게 하다) → 사람을 정숙하게 하려고, 징벌하다 = chasten(신이 사람을)징벌하다, 단련하다.

大 **chastise** [tʃæstáiz]

㉲ 응징하다, 질책하다.

▶ chast(e)(정숙한, 순결한) + ise(= ize …화하다) → 사람을 정숙하게 하려고 응징하다, 질책하다. = chastise(응징하다, 질책하다)

大 **chastity** [tʃǽstəti]

㊔ 정숙, 순결

▶ chast(e)(정숙한, 순결한) + ity(추상명사 어미) = chastity(정숙, 순결)

高 **chat** [tʃæt]

㊔ 잡담, 한담 ㊐ 잡담(한담)하다.

㉮ **배드민턴**(badminton) **채 트**(chat)러 잡고 **잡담하다**.

▶ Please don't chat during class. 수업 중에 잡담하지 마세요.

高 **chatter** [tʃǽtər]

㊐ 재잘거리다, 말을 빨리 하다.

▶ chat(잡담하다) + er(반복을 표시하며 동사를 만듦) = chatter(재잘거리다, 말을 빨리 하다)

▶ chatter constantly 쉴 새 없이 수다를 떨다.

大 **chatterbox** [tʃǽtərbɑ̀ks / -bɔ̀ks]

㊔ 수다쟁이

▶ chatter(재잘거리다) + box(상자) = chatterbox(수다쟁이)

大 **chauffeur** [[ʃóufər, ʃoufə́:r]

㊔ (자가용차) 운전사

㉲ ~의 운전수로서 일하다.

㉮ **쇼파**(chauffeur)에 앉은 **(자가용 차의) 운전수**.
(소파(sofa; 긴 의자)를 연관시켜 기억할 것)

中 **cheap** [tʃi:p]

㊙ (값이) 싼

㉮ **값싼 치프**(cheap)라기.

高 **cheat** [tʃi:t]

㊐ 속이다, 사취하다. ㊔ 사기, 협잡꾼

㉮ **협잡꾼**이 **치(齒)트**(cheat)러 **사취하다**. (잇발을 틀어)

▶ a notorious cheat 악명 높은 협잡꾼.

中 **check** [tʃek]

㊐ 점검하다, 대조하다. ㊔ 체크, 수표

㉮ **수표**를 **체크**(check)해 **대조하다**.

▶ I paid them by check. 나는 수표로 지불했다.

大 **checker** [tʃékər]

㊔ 바둑판 무늬, 체크 무늬

▶ check(체크하다) + er(…하는 것) → 체크해 바둑판 같은 무늬를 넣다 = checker(바둑판 무늬, 체크 무늬)

C

中
cheek
[tʃiːk]

명 볼, 뺨

이(齒)가 크게
암 **치(齒) 크**게 아파 **볼(뺨)**이 **팅글**팅글부어 **쑤시다**.
(cheek) (tingle)

▶ Grandma has pink cheeks.
할머니의 뺨은 분홍색이다.

高
cheer
[tʃiər]

명 환호, 갈채 동 환호(갈채)하다.

암 **활기**찬 **기분**에 **치어 환호하다**.
(cheer)

▶ the cheers of the crowd 군중의 환호

高
cheerful
[tʃiərfəl]

형 낙관적인, 기분좋은

▶ cheer(기분을 북돋우다) + ful(…이 가득찬) = cheerful(낙관적인, 기분좋은)

▶ They are cheerful about the future. 그들은 미래에 대해 낙관적이다.

大
cheerily
[tʃiərili]

부 기분좋게, 명랑하게

▶ cheer(y) → i(기분좋은, 명랑한) + ly(부사를 만듦) = cheerily(기분좋게, 명랑하게)

大
cheerleader
[tʃiərlìːdər]

명 미(美) (보통 여성인) 응원단장, 치어리더

▶ cheer(기분을 북돋우다) + leader(리더, 지휘자) = cheerleader([보통 여성인] 응원단장, 치어리더)

大
cheery
[tʃiəri]

형 기분좋은, 명랑한

▶ cheer(기분을 돋우다) + y(형용사를 만듦) = cheery(기분좋은, 명랑한)

中
cheese
[tʃiːz]

명 치즈, 일류품

암 **일류품 치즈**.
(cheese)

▶ Cheese is made from milk. 치즈는 우유로 만들어진다.

高
chemical
[kémikəl]

형 화학의 명 화학 제품(약품)

▶ chem(화학) + ical(…의) = chemical(화학의)

개미가 끌러놓은(=흐트러놓은)
암 **캐미 클**러놓은 **화학제품(약품)**
(chemical)

高
chemist
[kémist]

명 화학자

▶ chem(화학의 뜻) + ist(…하는 사람) = chemist(화학자)

▶ Professor Green is a chemist. 그린 교수는 화학자이다.

高
chemistry
[kémistri]

명 화학

▶ chemist(화학자) + ry(명사 어미) = chemistry(화학)

▶ physical chemistry 물리 화학

大	**cheque** [tʃek]	명 (英) 수표 (美) check
高	**cherish** [tʃériʃ]	동 소중히 하다, 귀여워하다; (소망 따위를)품다. 암 **최(崔) 리시**를 **귀여워(소중히)하다**. (최(崔)가 이씨를 / (cherish)) 
高	**cherry** [tʃéri]	명 버찌, 벚나무, 체리 암 **드레스 옷**을 **버찌**로 **채리**어 입은 **벚나무**. (벚나무의 열매 차리어 입다의 사투리 / (dress) (cherry))
高	**cherry blossom** [tʃéri blɑ́səm / blɔ́s-]	명 벚꽃 ▶ cherry(벚나무) + blossom(꽃) = cherry blossom(벚꽃)
高	**cherry tree** [tʃéri triː]	명 벚나무 ▶ cherry (벚나무) + tree(나무) = cherry tree(벚나무)
高	**chess** [tʃes]	명 서양장기, 체스 암 **채(蔡)스** 없이 하는 **서양장기(체스)** (채씨가 수 없이 / (chess)) ▶ a chess master 체스의 명인 
高	**chest** [tʃest]	명 가슴, 금고, 상자 암 **채(蔡) 스트**르게 **가슴**에 안은 **금고** (채씨가 서투르게 / (chest)) ▶ a barrel chest 떡 벌어진 가슴 
高	**chestnut** [tʃésnʌ̀t, -nət]	명 밤, 밤나무 암 **최(崔) 스(數)낫**들고 **밤 필 벗기다**. (채씨가 수 개의 낫 피(皮)를 / (chestnut) (peel)) 
高	**chew** [tʃuː]	동 (음식을) 씹다, 깨물다, 갉다. 암 **미스 추**가 **검**을 **추하게 씹다**. (검을 / (Miss, Chu) (gum) (chew))
大	**chick** [tʃik]	명 병아리, 새새끼 ▶ chicken(치킨, 닭고기)−en = chick(병아리, 새새끼)

中

chicken
[tʃíkin]

명 닭고기, 닭

튀김
암 **닭고기**로 만든 **치킨 프라이**.
(chicken) (fry)

▶ Do you like chicken? 닭고기를 좋아하느냐?

大

chide
[tʃaid]

동 꾸짖다, 비난하다, 꾸짖어 내쫓다.

(차서)차 이들을
암 (잽)**챕**싸게 **놈**을 **차 이드**를 **꾸짖어 내쫓다**.
(chap) (chide)

C

中

chief
[tʃiːf]

형 최고의 명 장, 추장, 우두머리

지푸라기
암 **치프**라기 걸친 **최고의, 우두머리, 추장**
(chief)

▶ an Indian chief 인디언 추장

高

chiefly
[tʃíːfli]

부 주로, 대기

▶ chief (최고의, 주요한) + ly(부사를 만듦) = chiefly(주로, 대개)

▶ chiefly rule 주로 보스에 의한 지배

大

chieftain
[tʃíːftən]

명 두목, 왕초

▶ chief(장(長), 추장) + tain(두목, 캡틴) = chieftain(두목, 왕초)

中

child
[tʃaild]

명 (복수 children) 아이, 어린이

차와 일자 들고
암 **차 일 드**고 노는 **어린이, 아이**
(child)

▶ a child's seat 어린이 좌석

高

childhood
[tʃáildhùd]

명 유년시절, 어릴 때

▶ child(아이) + hood(상태 계급의 뜻을 나타내는 명사 어미)
= childhood(유년시절, 어릴 때)

高

childish
[tʃáildiʃ]

형 어린이 같은, 유치한

▶ child(아이) + ish(… 와 같은, …다운) = childish(어린이 같은, 유치한)

▶ I don't like his childish manner. 나는 그의 유치한 태도가 싫다.

大

childlike
[tʃáildlàik]

형 어린애 같은(다운)

▶ child(어린애) + like(… 같은, …다운) = childlike(어린애 같은, 어린애 다운)

中

children
[tʃíldrən]

child(아이, 어린이)의 복수

▶ child(어린이) + ren(복수의 뜻을 지님)
= children(어린이들)

암 행운의 숫자 일곱 **칠 드런**(들고 있는) **어린이들**
(children)

C

大 **chile** [tʃíli]

[명] 칠레(남아메리카 서남부의 공화국, 수도 Santiago)

高 **chill** [tʃil]

[명] 냉기, 한기, 오한
[동] 차지다, 오싹해지다. 식히다.
치를
[암] **칠** 떠는 **냉기**에 **오싹해지다**.
(chill)
▶ the chill of early morning 이른 아침의 냉기

高 **chilly** [tʃíli]

[형] 차가운; 냉담한, 추운
▶ chill(차가운, 냉기) + y(형용사 만듦) = chilly(차가운, 추운, 냉담한)
▶ It was rather chilly that day. 그 날은 꽤 쌀쌀한 날씨였다.

高 **chime** [tʃaim]

[명] 차임, 한벌의 종 [동] (차임, 종을)울리다.
치를
[암] **차(車)임**자가 클락션 **(차임 종을)울리다**.
(chime) (chime)
▶ The bell chimed noon. 종이 정오에 울렸다.

高 **chimney** [tʃímni]

[명] 굴뚝
침니다(제거합니다)
[암] **부러쉬 솔**로 **굴뚝** 안을 말끔히 **침니**다!
(brush) (chimney)

大 **chimpanzee** [tʃimpænzíː, tʃimpǽnziː / tʃimpənzíː, -pæn-]

[명] (動) 침팬지 (아프리카산)

高 **chin** [tʃin]

[명] 턱
[암] **턱**을 **친 범**같은 **부랑자**
(chin) (bum)
▶ a smooth chin 수염을 깎아 매끈한 턱

中 **China** [tʃáinə]

[명] 중국 (대문자로 썼을 경우)
[암] **중국 도자기**는 다른 것과 **차이나**
(China, china)
※ China(대문자일 때) = 중국 china(소문자일 때) = 도자기
▶ China town 중국인 거리

高 **china** [tʃáinə]

[명] 자기, 도자기(소문자로 썼을 경우)
[암] **중국 도자기**는 다른 것과 **차이나**
(China, china)
▶ a piece of china 자기 그릇 한 개

大 **Chinese** [tʃainíːz, -níːs]

[명] (단수, 복수 동형) 중국인(어) [형] 중국(인,어); 중국풍의
▶ chin(a)(중국) + ese(… 의, … 말, … 사람) = Chinese(중국의, 중국어의, 중국인의)

大

chip
[tʃip]

명 토막 동 깎다, 잘게 썰다.

암 감자 **칩** 하려고 **잘게 썰다**.
(chip)

高

chirp
[tʃəːrp]

명 찍찍, 짹짹(새, 벌레의 울음소리)

동 찍찍(짹짹)울다, 지저귀다)

부인새 프르르

암 **숫컷**에게 **콕**물린 **처(妻)프**르르 떨며 **짹짹울다**.
(cock) (chirp)

大

chisel
[tʃízl]

명 끌 동 끌로 새기다, 깎다.

치즈를

암 **치즐** 끌로 **깎다**.
(chisel)

大

chivalrous
[ʃívəlrəs]

형 기사의, 기사적인

▶ chivalr(y)(기사도) + ous(형용사 어미) = chivalrous(기사의, 기사적인

大

chivalry
[ʃívəlri]

명 기사도, 기사도적 정신, (집합적) 기사들

암 철옹 성문도 **쉬 벌리**는 **기사들**.
(chivalry)

高

chocolate
[tʃɔ́ːkəlit, tʃɑ́k- / tʃɔ́k-]

명 초콜릿(색) 형 초콜릿(색)의

▶ Smith bought a bar of chocolate. 스미스는 초콜릿 한 개를 샀다.

高

choice
[tʃɔis]

명 선택; 골라잡기

초 있으니

암 **초 이스**니 **골라잡기**로 **선택**해.
(choice)

▶ Be careful in your choice of books. 주의해서 책을 선택하여라.

高

choir
[kwáiər]

명 합창대, 성가대 동 (새, 천사 등이)합창하다.

암 **로프**를 **콰이어**놓은 **합창대**석에서 **합창하다**.
(rope) (choir)

▶ a school choir 학교 합창대

高

choke
[tʃouk]

동 질식시키다, 숨이 막히다, (식물을)시들게 하다. 명 질식

암 정글에 잡**초(草) 크**게 자라 **숨이 막히다**.
(choke)

▶ I was choked with smoke.
나는 연기 때문에 숨이 막혔다.

大

choky
[tʃóuki]

형 숨막히는 듯한, 숨막히는

▶ chok(e) (숨이 막히다) + y(형용사를 만듦) = choky(숨막히는 듯한 , 숨막히는)

大 **cholera** [kálərə / kɔ́l-]	ⓜ 콜레라, 호열자
中 **choose** [tʃuːz]	ⓢ 고르다, 선택하다. 암 곡식을 **츄즈**(추수, choose)해 **고르다**. ▶ choose at random 무작위로 고르다 
大 **chop** [tʃap / tʃɔp]	ⓢ 자르다, 잘게 자르다. ⓜ 절단 암 (좁)**촙**(chop)쌀 같이 **절단**해 **잘게 자르다**.
大 **chord** [kɔːrd]	ⓜ (악기의)현, 줄 ⓣ …에 현을 달다(매다). 암 (악기의)**코드**(chord) **줄**을 사서 **현(줄)을 달다**.
高 **chorus** [kɔ́ːrəs]	ⓜ 합창(대) ⓢ 합창하다. 암 **코러스**(chorus) **합창대**에서 **합창하다**. ▶ a male chorus 남성 합창단 
高 **chose** [tʃouz]	choose (고르다, 선택하다)의 과거 ▶ She chose to remain at home. 그녀는 집에 남는 걸 택했다.
高 **chosen** [tʃóuzn]	choose(고르다, 선택하다)의 과거분사 ⓗ 선발된, 선택된
高 **Christ** [kraist]	ⓜ 그리스도 (예수의 칭호), 구세주 ▶ Jesus Christ 예수 그리스도, 구세주
大 **christen** [krísn]	ⓣ 세례를 주다, (세례하여)기독교도를 만들다. ▶ Christ(그리스도) + en(…으로 하다) = christen(세례를 주다, (세례하여) 기독교를 만들다)
大 **Christian** [krístʃən]	ⓜ 기독교도 ⓗ 그리스도의, 기독교의 ▶ Christ(그리스도) + ian(= an… 의, …사람) = Christian(기독교도, 그리스도의, 기독교의)

大

Christianity
[krìstʃiǽnəti]

명 기독교 신앙, 기독교적 정신(주의 사상)

▶ Christian(기독교의) + ity(명사 어미) = Christianity(기독교 신앙, 기독교적 정신 주의사상)

高

Christian name
[krístʃən neim]

명 세례명

▶ Christian(기독교의) + name(이름) = Christian name(세례명)

C

中

Christmas
[krísməs]

명 크리스마스

▶ Christ(그리스도) = mas(축하하는 날) = Christmas(크리스마스)

▶ Happy Christmas to you! 즐거운 성탄절이 되시기를!

大

chronic
[kránik / krɔ́n-]

형 장기간에 걸친, 만성의, 오래 끄는

크다란 란초키워 이익을

암 **크 란(蘭)익(益)**을 얻고자 **장기간에 걸쳐** 기론

(chronic)

목장에 **난초**

(rancho)

大

chronicle
[kránikl / krɔ́n-]

명 연대기, 기록

▶ chronic(장기간에 걸쳐 생긴) + le(작은의 뜻) = 장기간에 걸쳐 생긴 작은 사건까지 기록한 = chronicle(연대기, 기록)

大

chrysanthemum
[krisǽnθəməm]

명 (植) 국화

그리 샌 서씨가 멈추어

암 뒷길로 **크리 샌 서(徐) 멈**쳐 **국화**를 **가**에서 **보다**.

(chrysanthemum) (border)

大

chuck
[tʃʌk]

타 가볍게 치다, 휙 던지다, 팽개치다 .

침대에 처(아내) 크다란

암 **베드**에 **처(妻) 크**다란 몸을 **훽던지다(팽개치다)**.

(bed) (chuck)

高

chuckle
[tʃʌ́kl]

명 낄낄웃음, 미소 자 낄낄 웃다, (혼자서)기뻐하다.

암 **브래지어**를 **처(妻) 클**러들고 **낄낄 웃다**.

(brassiere) (chuckle)

▶ chuckle while reading. 책을 읽으면서 킬킬웃다.

高

chum
[tʃʌm]

명 단짝, 친구 자 사이 좋게 지내다, 방을 함께 쓰다.

암 **첨**부터 **단짝**인 **친구**와 **사이 좋게 지내다**.

(chum)

▶ a childhood chum 소꿉친구

中

church
[tʃəːrtʃ]

명 교회, 예배당

암 **사탄**을 **교회**에서 **처치**하는 **그리스도(구세주)**

(Satan) (church) (Christ)

▶ the Catholic church 카톨릭교

大	**churchman** [tʃə́ːrtʃmən]	ⓜ 성직자, 신부 ▶ church(교회) + man(사람) = churchman(성직자, 신부)
大	**churchyard** [tʃə́ːrtʃjàːrd]	ⓜ 교회구내, (교회 부속의)묘지 ▶ church(교회) + yard(마당, 구내) = churchyard(교회구내, [교회 부속의] 묘지)
大	**churr** [tʃəːr]	ⓙ (자고새, 귀뚜라미 따위가) 쭉쭉 (찍찍)하고 울다. ⓜ (쭉쭉)찍찍 우는 소리 암 **처**량하게 **[귀뚜라미] 찍찍(쭉쭉)하고 울다.** (churr)
大	**cicada** [sikéidə, -kάːdə]	ⓜ 매미(*pl.* cicadas 또는 cicadae) 암 **매미**우는 소리에 (잠이) **쉬 캐이더** (쉬 깨이다) (cicada)
大	**cider** [sáidər]	ⓜ 사고즙, 사과술, 사이다
高	**cigar** [sigάːr]	ⓜ 여송연, 엽궐련, 시가 암 **시가**지에서 파는 **엽궐련(여송연)**담배 (cigar) ▶ smoke a cigar 시가를 피우다.
高	**cigaret(te)** [sigάːr]	ⓜ 궐련, 담배, 엽궐련 암 **엽궐련 담배 시거렛.** (cigaret(te)) ▶ Don't smoke a cigarette! 담배를 피우지 말아라.
大	**cinder** [síndər]	ⓜ 찌꺼기, 뜬숯, 탄 재 암 **신(身) 더 탄재 찌꺼기** 되게 **크리 매 이트**메 **화장하다.** (신 체 더) (cinder) (그리 묶어매염해 이틈에) (cremate)
大	**Cinderella** [sìndərélə]	ⓜ 신데렐라 (동화의 주인공)
高	**cinema** [sínəmə]	ⓜ 영화, (the~) 영화관 암 **시**(市) **너머** 있는 **영화관.** (시(市) 넘어) (cinema) ▶ The cinema was very impressive. 그 영화는 매우 감동적이다.

C

大

cinematize
[sínəmətàiz]

[동] 영화화하다.

▶ cinema(영화) + tize(= ize, …화하다)
= cinematize(영화화하다)

大

cinnamon
[sínəmən]

[명] 계피, 계수나무

쉬 넘은 (폴울-점퍼)
[암] **계수나무**도 **시너먼 장대높이뛰기 선수**
(cinnamon) (a pole-jumper)

大

cinnamon toast
[sínəmən toust]

[명] 시너먼 토스트(설탕과 계피를 발라 구운 빵(토스트)

▶ cinnamon(계피) + toast(구운 빵) = cinnamon toast(시너먼 토스트)

大

cipher((英))cy-
[sáifər]

[명] 영, 제로, 자리수, 암호, 아라비아 숫자 [동] 암호로 나타내다.

[암] **영**과 **아라비아 숫자 사이 퍼**렇게 써 **암호로 나타내다**.
(cipher)

大

circle
[sə́:rkl]

[명] 원, (종종복수)동아리 [동] 에워(둘러)싸다.

[암] **동아리**들이 **서클**로 **에워싸다**.
(circle)

▶ They sat in a circle. 그들은 동그랗게 둘러앉았다.

高

circuit
[sə́:rkit]

[명] 순회, 주위 [전기]회로 [동] 한 바퀴 돌다, 순회하다.

[암] 애들이 **서 킷**(깃)대 **주위를 한 바퀴 돌다**.
(circuit)

高

circular
[sə́:rkjulər]

[형] 원형의, 순환의, 둥근

[암] 똑바로 **서 큐울러**(구울러)가는 **둥근 원형의** 바퀴
(circular)

▶ a circular stair 나선식(원형의) 계단

高

circulate
[sə́:rkjulèit]

[동] 순환하다, 돌리다.

▶ circul(ar)(원형의) + ate(…하다) = circulate(순환하다, 돌리다)

▶ Blood circulates in the body. 혈액은 몸안을 순환한다.

高

circulation
[sə̀:rkjuléiʃən]

[명] 순환, 유통

▶ circulat(e)(순환하다) + ion(명사 어미) = circulation(순환, 유통)

▶ the circulation of the blood. 혈액 순환

大

circumference
[sərkʌ́mfərəns]

[명] 주위, 원주, 원둘레, 영역, 범위

▶ circum(주위) + fer(나르다) + ence(명사 어미) = circumference(주위, 영역, 원주)

서 검 푸른 수(물)
[암] **치타**가 **서 컴퍼런 스(水) 주위**에 **늪**물을 **마셔**다.
(cheetah) (circumference) (marsh)

高 **circumstance** [sə́ːrkəmstæ̀ns / -stəns]

명 [복수] 환경, 형편, 사정, 주위의 사정

▶ circum(= 주위) + stance(= stand 서다) = 환경 형편

암 형편껏 서 컴스(禽獸) 턴 스법. (서, 금수(짐승), 턴, 수법) (circumstance)

高 **circus** [sə́ːrkəs]

명 서커스, 곡마단, [영] 원형 광장

암 원형광장 곡마단 서커스. (circus)

大 **cistern** [sístərn]

명 물탱크, 수조(水槽)

암 항 시(時)스(水) 턴턴히 담아두는 물탱크 수조 (항시(늘) 수(물) 튼튼히) (cistern)

大 **citadel** [sítədl]

명 성, 요새, 최후의 거점

암 성과 요새로 된 시(市)터 들어가 최후의 거점인 변두리를 보더(다). (citadel) (border)

大 **cite** [sait]

타 열거하다, 인용하다, 소환하다.

암 메뉴판을 사 이 트메 값을 열거하다. (menu) (사서 이 틈에) (cite)

高 **citizen** [sítəzən]

명 시민, 주민(나라의) 국민

암 시민과 국민에게 (도시)시티즌(준) 멋있는 도시. (citizen) (dossy)

中 **city** [síti]

명 도시, 시

암 서울 시티(시) (Seoul) (city)

▶ a big city 대도시

大 **civic** [sívik]

형 시의, 도시의, 시민(공민)의

▶ civ(il)(시민의) + ic(…의) = civic(시위, 도시의, 시민(공민)의)

高 **civil** [sívəl]

형 시민의, 국내의; 국가의, 공손한, 민간의

암 공손한 자기 시민의 시빌 선수쳐 피하다. (시비를) (civil) (shun)

▶ a civil reply 정중한 대답

大 **civilian** [sivíljən]

명 일반국민, 비전투원 형 일반인의

▶ civil (시민의, 민간의) + ian(= an …사람) = civilian(일반국민, 비전투원, 일반인의)

大 **civility** [sivíləti]

[명] 정중함, 공손한 태도, 예의

▶ civil(시민의, 예의 바른) + ity(추상명사 어미) = civility(정중함, 공손한 태도, 예의)

高 **civilization** [sìvəlizéiʃən]

[명] 문명, 문화

▶ civiliz(e)(문명화하다, 교화[개화]하다) + ation(명사 어미) = civilization(문명, 문화)

▶ ancient civilization 고대 문명

C

高 **civilize-ise** [sívəlàiz-iz]

[타] 문명화 하다, 교화하다, 개화하다.

▶ civil(시민의, 문명의) + ize, ise(…화하다) = civilize,-ise(문명화[교화, 개화]하다)

▶ civilize away 문명에 의해 만풍(蠻風) 따위를 없애다.

大 **civilized** [sívəlàizd]

[형] 문명화된, 개화된

▶ civiliz(e)(문명화하다, 교화[개화]하다) + ed(형용사를 만듦) = civilized(문명화된, 개화된)

大 **civil war** [sívəl wɔːr]

[명] 내란, 내전,(the C-W) ((美)) 남북 전쟁

▶ civil(시민의, 운명의) + war(전쟁) = civil war(내란, 내전)

大 **clad** [klæd]

clothe (의복을 걸치다)의 과거, 과거분사 [형] 입은, 덮인

高 **claim** [kleim]

[동] (권리·소유 따위를) 요구하다, 청구하다, 주장하다. [명] 요구

클애가 임금을

[암] **사환 보이**로 **클애 임**금을 달라고 **요구(청구)하다**.

(boy) (claim)

▶ He claims that he is innocent

그는 결백하다고 주장하고 있다.

大 **claimant** [kléimənt]

[명] 요구자, 청구자, 신청인

▶ claim(요구하다, 청구하다) + ant(…하는 사람) = claimant(요구자, 청구자, 신청인)

大 **claimer** [kléimər]

[명] 요구자, 청구자, 신청인

▶ claim (요구하다, 청구하다) + er(…하는 사람) = claimer(요구자, 청구자, 신청인)

大 **clam** [klæm]

[명] 대합조개

수 그램(gram)을 연관시켜 기억할 것

[암] 수 **크램** 나가는 **대합조개**

(clam)

大 **clamber** [klǽmər]

[자] 기어오르다. [명] 등반

그램(gram)을 연관시켜 기억할 것

[암] 나무에 수**크 램 버**러지들이 **기어오르다**.
(clamber)

高 **clamo(u)r** [klǽmər]

[명] 소란 [동] 떠들어대다, 시끄럽게 말하다.

그 래 마(그렇게 하겠다)

[암] 조용히 하라하니 **크래머**하면서 **떠들어대다**.
(clamo(u)r)

大 **clamorous** [klǽmərəs]

[형] 떠들썩한, 시끄러운

▶ clamor(소란한 소리) + ous(형용사 어미) = clamorous(떠들썩한, 시끄러운)

大 **clamp** [klæmp]

[명] 죔쇠 [타] (죔쇠로) 죄다.

사환이 그 램프(lamp)를 연관시켜 기억할 것

[암] **보이**가 **크 램프(lamp)**를 **죔쇠로 죄다**.
(boy) (clamp)

大 **clang** [klæŋ]

[명] 뗑그렁, 뗑글랭 [동] 뗑그렁[클랭]하고 울리다.

[암] (종을) **뗑클랭 뗑크랭 하고 울리다**.
(clang) (clang)

大 **clanger** [klǽŋər]

[명] 큰 실책[실수]

▶ clang(뗑크랭하고 울[리]다) + er(…한 것) = clanger(큰 실책[실수])

高 **clap** [klæp]

[동] 찰싹때리다, 박수 갈채하다, (손뼉을)치다.

정상급 가수로 클 랩(=rap) 가수를 연관시켜 기억할 것

[암] **톱 싱어**로 **클 랩** 가수의 노래에 **박수갈채하다**.
(top singer) (clap)

▶ Everybody clapped his hands. 모두 박수를 쳤다.

大 **clapper** [klǽpər]

[명] 박수치는 사람 (俗) 혀, 수다쟁이

▶ clap + p(박수치다) + er(…하는 사람) = clapper(박수치는 사람. 수다쟁이)

大 **clarinet** [klǽrinət]

(樂) [명] 클라리넷

大 **clarion** [klǽriən]

[명] 클라리온 (예전에 전쟁 때 쓰인 나팔)

[동] 큰 소리로 알리다.

[암] **클라리온** 나팔로 전승을 **큰 소리로 알리다**.
(clarion)

C

高 **clash** [klæʃ]

[동] 충돌하다. [명] 충돌, 불일치

클 애가 쉬

[암] **갱**패로 **클애 쉬**잖고 **충돌하다**.

(gang) (clash)

▶ a clash of viewpoints 견해의 불일치

高 **clasp** [klæsp, klɑːsp]

[동] 꽉 잡다, 끌어 안다. [명] 악수, 걸쇠, 포옹

수풀에서

[암] **갱**이 **미스**로 **클애 스프**레서 **포옹**해 **끌어 안다**.

(gang Miss) (clasp)

大 **clasp hook** [klæsp huk]

[명] 채우는 갈고리

▶ clasp(꽉 잡다, 끌어 안다) + hook(갈고리) = clasp hook(채우는 갈고리)

中 **class** [klæs, klɑːs]

[명] 계급, 학급; 등급. 종류, 분류

[동] 등급을 매기다.

[암] **클라스(학급)**별로 **등급을 매기다**.

(class)

▶ There are five children in the class.

그 반에는 다섯 명의 아이들이 있다.

高 **classic** [klǽsik]

[형] 고전의 [명] 대예술가, 고전작품

▶ class(등급, 계급) + ic(… 에 관한, …에 속하는) = classic(고전의, 고전작품)

[암] **대예술가**의 **고전 작품 클래식**.

(classic)

高 **classical** [klǽsikəl]

[형] 고전적인, 정통파의

▶ classic(고전작품, 고전의) + al(…의[적인]) = classical(고전적인, 전통파의)

▶ classical literature 고전적인(주의)문학

大 **classification** [klæ̀səfikéiʃən]

[명] 분류, 유별

▶ classif(y) → i(분류하다, 등급을 나누다) + cation(명사 어미)
= classification(분류, 유별)

大 **classified** [klǽsəfàid]

[형] 분류된, 유별의

▶ classif(y) → i(분류하다, 등급으로 나누다) + ed(형용사를 만듦)
= classified(분류된, 유별의)

高 **classify** [klǽsəfài]

[타] 분류하다, 등급으로 나누다.

▶ class(분류, 등급, 학급) + ify(= fy…화하다) = classify(분류하다, 등급으로 나누다)

高 **classmate** [klǽsmèit]

동급생, 동창생

▶ class(학급) + mate(짝, 동료, 친구) = Classmate(동급생, 동창생)

中 **classroom** [klǽsrù(:)m]

명 교실

▶ class(학급) + room(방) = classroom(교실)

高 **clatter** [klǽtər]

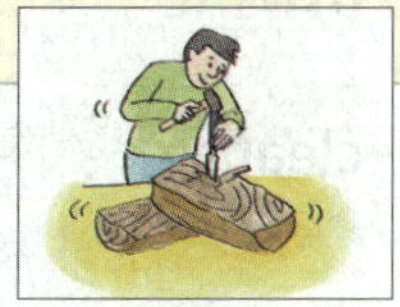

동 덜거덕거리다. 명 덜거덕 덜거덕하는 소리

암 목재가 클레(끌에) 터지느라(터지느라) 덜거덕거리다. (clatter)

高 **clause** [klɔːz]

명 조항; [문법] 절, (조약, 법률 따위의) 조목

암 산타 클로즈(Santa Claus)에게 클로즈(clause)씨가 (조약의)조항을 조목 조목 대다.

▶ a penalty clause (계약서 중의) 위약 조항

高 **claw** [klɔː]

명 집게발 동 손톱(발톱)으로 움켜잡다.

암 매(falcon)가 펠 컨(폐(肺)를 =)펠 큰) 집게발로 클러(claw)(끌어(끌어서)) 움켜잡다.

▶ Claw me and I'll claw you.
네가 할퀴면 나도 할퀴겠다(오는 말이 고와야 가는 말이 곱다.)

高 **clay** [klei]

명 육체, 진흙, 점토 동 ~에 점토를 바르다.

암 진흙에서 크래이(clay)(크거라)하며 육체에 점토를 바르다.

▶ Bricks are made from clay.
벽돌은 진흙으로 만든다.

中 **clean** [kliːn]

형 청결한, 깨끗한 동 깨끗(청결)하게 하다(되다).

암 컵(cup)을 깨끗한 물에 클린(clean)(끓인)후 청결하게 하다.

▶ Keep the park clean. 공원을 깨끗이 합시다.

高 **cleaner** [klíːnər]

명 청소하는 사람, 청소기

▶ clean(깨끗하게 하다, 청소하다) + er(…사람, … 하는 것) = cleaner(청소하는 사람, 청소기)

▶ a street cleaner 거리미화원

高 **cleaning** [klíːniŋ]

명 청소, 세탁, 클리닝

▶ clean(깨끗하게 하다, 청소하다) + ing(현재분사 어미) = cleaning(청소, 세탁, 클리닝)

▶ a spring cleaning 봄맞이 대청소

大 **cleanliness** [klénlinis]

명 청결, 깨끗함, 청결(함)

▶ cleanl(y) → i(청결한, 깨끗한) + ness(추상명사 어미) = cleanliness(청결, 청결함, 깨끗함)

高 **cleanly**[1] [klénli]

형 깔끔한, 청결한, 깨끗한(것을 좋아하는)

▶ clean(깨끗한, 청결한) + ly(…다운) = cleanly(깨끗한 [것을 좋아하는], 깔끔한, 청결한)

C

大 **cleanly²** [klénli]

㊄ 청결하게, 깨끗하게, 정하게

▶ clean(깨끗(청결)하게 하다) + ly(부사 어미) = cleanly(청결하게, 깨끗하게, 정하게)

大 **cleanse** [klénz]

㊈ 깨끗이 하다, 청결하게 하다.

▶ clean(깨끗한, 청결한) + se(ise = ize …화하다) = cleanse(깨끗이 하다, 청결하게 하다)

中 **clear** [kliər]

㊉ 맑은, 깨끗한 ㊄ 완전히 ㊈ 깨끗하게 하다.

끓이여

❸ 물을 **완전히 클리어 깨끗하게 하다.**

(clear)

▶ The sky is clear. 하늘이 맑게 개여 있다.

大 **clearance** [klíərəns]

㊅ 정리 정돈

▶ clear(맑은, 깨끗하게 하다) + ance(명사 어미) = clearance(정리, 정돈)

大 **clearing** [klíəriŋ]

㊅ (삼림속의)개척지, 청산, 청소

▶ clear(맑은, 깨끗하게 하다) + ing(현재분사 어미) = clearing(개척지, 청산, 청소)

高 **clearly** [klíərli]

㊄ 명백히, 똑똑히

▶ clear(맑은, 명백한) + ly(부사 어미) = clearly(명백히, 똑똑히)

▶ Pronounce it more clearly. 좀 더 똑똑히 발음하시오.

大 **clearness** [klíərnis]

㊅ 맑음, 밝음, 밝기, 명료도

▶ clear(맑은, 밝은) + ness(추상명사 어미) = clearness(맑음, 밝음, 밝기, 명료도)

大 **cleave** [kli:v]

㊈ 쪼개다, 가르다, 뚫고 나가다.

끌이 부러져

❸ 나무를 **쪼개다(가르다)**가 **크리브**러져 …일을 **스톱하다.**

(cleave) (stop)

大 **cleft** [kleft]

cleave(쪼개다, 가르다)의 과거 과거분사 ㊉ 갈라진, 터진

大 **clench** [klentʃ]

㊈(이를)악물다. (입을)꾹 다물다.

클 애는 치아가

❸ 사랑 이가 **클 앤 치**아가 아파 **(이를) 악물다.**

(clench)

大 **Cleopatra**
[klìːəpǽtrə, -pɑ́ːtrə]

명 클레오 파트라(고대 이집트의 마지막 여왕)

大 **clergy**
[klə́ːrdʒi]

명 목사, 성직자들

커러지(=거지)의 사투리
암 **크러지**를 돕는 **목사와 성직자들**
(clergy)

高 **clergyman**
[klə́ːrdʒimən]

명 성직자, 목사

▶ clergy(목사, 성직자) + man(사람) = clergyman(성직자, 목사)

大 **clergywoman**
[klə́ːrdʒiwùmən]

명 여자 목사

▶ clergy(목사, 성직자) + woman(여자) = clergywoman(여자 목사)

中 **clerk**
[kləːrk / klɑːrk]

명 서기, 사무원 (미) 점원

그럭 저럭 리씨부인이
암 **서기 점원** 생활로 **클럭** 저럭 **리(李)브**인이 **살다**.
(clerk) (live)

▶ My brother is a bank clerk. 나의 형은 은행원이다.

中 **clever**
[klévər]

형 영리한, 재주있는

클 애를 버린 노처녀
암 **영리한** 애로 **클 애 버**린 **올드미스**.
(clever) (old-miss)

▶ She is a clever student. 그녀는 영리한 학생이다.

大 **cleverly**
[klévərli]

부 영리하게, 솜씨있게

▶ clever(영리한, 재주있는) + ly(부사를 만듦) = cleverly(영리하게, 솜씨있게)

大 **cleverness**
[klévərnis]

명 영리, 교묘

▶ clever(영리한, 교묘한) + ness(명사 어미) = cleverness(영리,교묘)

大 **cliche**
[kli(ː)ʃéi]

명 상투적인 문구, 진부한 표현(말)

클리씨가 새로사귄 이양에게
암 연애 대장으로 **클리(李) 새 이**양에게 **진부한 말**
청혼하다 (cliche)
로 **프로포즈하다**.
(propose)

大 **click**
[klik]

명 찰칵(하는 소리) 자 찰칵하는 소리가 나다.

암 마우스를 **클릭**하니 **찰칵하는 소리가 나다**.
(click)

C

高 **cliff** [klif]

ⓜ 낭떠러지, 절벽, 벼랑

클 리씨가 풀어놓고
ⓐ 등산가로 **클 리(李) 프**러놓고 타는 **낭떠러지 벼랑**
(cliff)

▶ a steep cliff 가파른 절벽

大 **cliffsman** [klífsmən]

ⓜ 절벽타기의 명수

▶ cliffs(절벽[벼랑]들) + man(…하는 사람[명수]) = cliffsman(절벽타기의 명수)

高 **climate** [kláimit]

ⓜ (어느 지방의)기후, 풍토, 환경

클 아이가 밑에
ⓐ 피스로 **클 아이 밑**에 걸친 **기후**와 **풍토**에 맞는 **스커트**
(climate) (skirt)

▶ a warm climate 따뜻한 기후(풍토)

高 **climax** [kláimæks]

ⓜ 절정 ⓓ 절정에 달하다.

클 아이 맥(맥박)수가
ⓐ 뜀박질하며 **클아이 맥(脈)스**가 **절정에 달하다**.
(climax)

中 **climb** [klaim]

ⓓ 기어오르다, 오르다. ⓜ 등반

클 아이가 임씨에게
ⓐ **갱**으로 **클 아(兒) 임**에게 **기어오르다**.
(gang) (climb)

大 **climber** [kláimər]

ⓜ 기어오르는 사람, 등산가, 출세주의자

▶ climb(기어오르다, 오르다) + er(…사람) = climber(기어오르는 사람, 등산가)

大 **clinch** [klintʃ]

ⓓ (권투시 상대를)껴안다, 클린치하다, (박은 못)끝을 두드려 구부리다.

ⓐ (권투시 상대를) **껴안아 클린치하다**.
(clinch)

大 **clincher** [klíntʃər]

ⓜ 죄는 도구, 두드려 구부리는 도구

▶ clinch(껴안다, 두드려 구부리다) + er(…하는 도구) = clincher(죄는 도구, 두드려 구부리는 도구)

大 **cling** [kliŋ]

ⓓ 밀착하다, 달라(들러)붙다, 매달리다.

ⓐ **다이버**에게 **해녀**만큼 **클 잉**어가 **달라붙다**.
(diver) (cling)

大 **clinic** [klínik]

ⓜ 부속 병원, 진찰실, 임상 강의, 클리닉

ⓐ **부속 병원 진찰실 클리닉**
(clinic)

大 **clinical**
[klínikəl]

형 진찰실의 임상(강의)의, 병실용의

▶ clinic(진찰실, 임상 강의) + al(…의) = clinical(진찰실의. 임상[강의]의, 병실용의)

高 **clip[1]**
[klip]

동 자르다, 베다, 가위질하다. 명 깎(아 내)기

암 넓게 **클 잎**을 **가위질하여 베다**.
(clip)

高 **clip[2]**
[klip]

명 클립, 종이(서류)집게 동꽉 쥐다, 꼭 집다.

암 넓게 **클 잎**을 **클립 집게**로 **꼭집다**.
(clip)

高 **cloak**
[klouk]

명 (소매없는)외투, 덮는 것

동 외투를 입다, 가리다.

클 로우(늙은 벗이) 크다란

암 모델로 **클 로우(老友) 크**다란 **(소매없는)망토 외투를 입다**.
(cloak)

大 **cloakroom**
[klóukrù(:)m]

명 (외투등 휴대품) 보관소, 휴게실

▶ cloak(외투, 망토) + room(방) = cloakroom((외투등 휴대품) 보관소, 휴게실)

中 **clock**
[klɑk / klɔk]

명 괘종(탁상)시계

콜록

암 **괘종시계** 옆에서 **클록**이는 **마담**.
(clock) (madam)

大 **clod**
[klɑd / klɔd]

명 흙덩어리, 촌뜨기, 바보

클 로(로씨)들이

암 **바보**로 **클로(魯)드**리 **흙덩어리**로 빚은 **촌뜨기**
(clod)

大 **cloddish**
[klɑ́diʃ / klɔ́d-]

형 흙덩어리 같은, 야비한, 천한

▶ clod + d(흙덩어리) + ish(… 같은. …한) = cloddish(흙덩어리 같은, 야비한, 천한)

大 **cloister**
[klɔ́istər]

명 수도원, 은둔생활 동 은둔시키다.

클 로(프로로) 이곳지키는 곳(터)에

암 **수도원**에서 **은둔생활**하며 **클로(虜) 이스(守)터**에 **은둔시키다**.
(cloister)

中 **close**
[klouz]

형 가까운, 접근한 동 닫다, 접근하여 닫다.

덧문 산타클로스(=Santa Claus)를 연상해 기억할 것

암 **셔터**를 (산타)**클로즈**가 **닫다**.
(shutter) (close)

高	**closed** [klóuzd]	ⓗ 닫힌, 밀폐한, 폐쇄한 ▶ clos(e)(닫다) + ed(형용사를 만듦) = closed(닫힌, 밀폐한, 폐쇄한) ▶ closed today 금일 휴업
高	**closely** [klóusli]	ⓑ 접근하여, 밀접하여 ▶ close(가까운, 접근한) + ly(부사를 만듦) = closely(접근하여, 밀접하여)
大	**closer** [klóuzər]	ⓜ 닫는 것(사람) ▶ clos(e)(닫다) + er(…하는 사람[것]) = closer(닫는 것(사람))
高	**closet** [klázit / klɔ́z-]	ⓜ 작은 방, 벽장 ⓗ 비밀의 ▶ clos(e)(닫다) + et(작다는 의미) = closet(작은 방, 벽장) ▶ a closet consultation 비밀 회의
大	**close-up** [klóusʌ́p]	ⓜ 클로즈업, 근접 촬영 ▶ close(가까운) + up(강조의 뜻) = close-up(사진기를 가까이 대여서하는 근접 촬영, 클로즈업)
大	**closing** [klóuziŋ]	ⓜ 폐쇄, 밀폐 ▶ clos(e) (닫다) + ing(현재분사 어미) = closing(폐쇄, 밀폐)
中	**cloth** [klɔ(:)θ, klɑθ]	ⓜ 천, 옷감 (Santa Claus)를 연상해 기억할 것 **암** **산타 클로스**가 짠 **옷감 천** (Santa) (cloth) ▶ a piece of cloth 천 조각 
高	**clothe** [klouð]	ⓣ 옷을 입히다, 가리다, 덮다. ▶ cloth(천, 옷감) + e(= en …하다의 뜻) = clothe(옷을 입히다, 가리다, 덮다) ▶ He was clothed in wool. 그는 모직옷을 입고 있었다.
中	**clothes** [klouðz]	ⓜ 옷, 의복, 침구, 세탁품 ▶ colth (천, 옷감) + es(복수를 나타냄) = clothes(옷, 의복, 침구, 세탁품) ▶ Fine clothes make the man. (속담) 옷이 날개다.
高	**clothing** [klóuðiŋ]	ⓜ (집합적) 의류, 의복 ▶ cloth(e)(옷을 입히다) + ing(현재분사 어미) = clothing(의류, 의복) ▶ clothing industry 의류산업

中 **cloud** [klaud]

명 구름, 연기, 암운

클 라씨 친구들이

암 공상의 **구름**을 타고 **클 라우(羅友)드**리 **휠**휠 **선회하다**.

(cloud) (whirl)

▶ white clouds 흰 구름

大 **cloud-less** [klaud-les]

형 구름 없는, 맑게 갠, 밝은

▶ cloud (구름) + less(…없는) = cloud–less(구름없는, 맑게 갠, 밝은)

中 **cloudy** [kláudi]

형 흐릿한, 몽롱한, 수상한

▶ cloud(구름) + y(…있는) = cloudy(흐릿한, 몽롱한, 수상한)

高 **clover** [klóuvər]

명 클로버, 토끼풀

▶ A clover with four leaves is the symbol of luck.
네 잎 클로버는 행운의 상징이다.

大 **clown** [klaun]

명 (서커스 등의)어릿광대, 시골뜨기

왕관표

암 **크라운** 맥주 든 **어릿광대 크라운**씨.

(crown) (clown)

中 **club** [klʌb]

명 클럽, 곤봉 동 협력하다.

암 나이트 **클럽**에서 **곤봉**들고 (일을) **협력하다**.

(club)

大 **cluck** [klʌk]

동 (암닭이) 꼬꼬울다, 꼬꼬 거리다.

콜 록 거리듯

암 감기걸려 **클럭**거리듯 **(암탉이) 꼬꼬거리다**.

(cluck)

大 **clue** [kluː]

명 단서, (수수께끼를 푸는)실마리

"(fork)포크로" 발음을 연관시켜 기억할 것.

암 **4인조**가 **포크루** 캔 **단서**.

(four)(clue)

大 **clump** [klʌmp]

명 숲, 덤불, 수풀 동 떼를 짓다, 쿵쿵 걷다.

클 놈 풀려주니

암 **타잔**같이 **수풀**에서 **클럼 프**려주니 **덤불 숲**속을 **쿵쿵걷다**.

(Tarzan) (clump)

大 **clumsy** [klʌ́mzi]

형 솜씨없는, 서툰, 눈치없는

꾸러미의 사투리

암 **솜씨없는 서툰** 자가 엮은 계란 **크럼지**.

(clumsy)

高	**clung** [klʌŋ]	cling (달라붙다)의 과거, 과거분사
高	**cluster** [klʌ́stər]	명 떼, 송이, 무리 동 무리짓다, 몰리다. 암 **데모**대 **무리**들이 들**크러 스(數)터**로 **떼**지어 **몰리다**. (demo) (cluster) (들 끓어 수(여러) 곳(터)로)
高	**clutch** [klʌtʃ]	동 (꼭) 잡다, 움켜쥐다, 자동차의 클러치를 조작하다. 명 꼭 잡다; (자동차의) 클러치 암 **(자동차의) 전동장치 클러치**를 **조작하다**. (clutch) ▶ clutch at a branch. 나뭇가지를 꽉 잡다.
大	**clutter** [klʌ́tər]	명 난장판, 소란 동 떠들다. 암 **워터탱크**가 **크러 터**지니 **난장판**되 **떠들다**. (water, tank) (clutter) (끓어 터지니)
高	**coach** [koutʃ]	명 4륜 마차, 코치 동 지도(코치)하다. 암 **4륜마차** 타고 **코치**가 **코치하다**. (coach) 
大	**coachman** [kóutʃmən]	명 마부 ▶ coach (4륜 마차) + man(사람) = coachman(마부)
中	**coal** [koul]	명 석탄 동 석탄을 공급하다. 암 **콜탄(석탄)**을 **공급하다**. (coal)
大	**coalition** [kòuəlíʃən]	명 연합, 합동, 연립, 제휴 암 **연립**을 청한 맘이 **코우어 리션**생과 **연합(제휴)**해 (coalition) (고워-리선생과)
高	**coarse** [kɔːrs]	형 상스러운, 조잡한, 거친, 야비한 암 **산타 클로스**의 **너절하**고 **조잡한 코스**염. (Santa Claus) (coarse) (콧수염) 
中	**coast** [koust]	명 연안, 해안 암 **택시**가 **해안**으로 **코스트**다(코스를 돌다). (taxi) (coast) (진로=코스(=course)를 연관시켜 기억할 것) ▶ the east coast 동부 해안 

大	**coastal** [kóustəl]	[형] 연안[해안]의, 근해의 ▶ coast (해안) + al(…의) = costal(연안[해안]의, 근해의)
大	**coastline** [kóustlàin]	[명] 해안선 ▶ coast (해안) + line(선) = coastline(해안선)
中	**coat** [kout]	[명] 외투, 코트 [타] (웃옷을)입히다, 덮다. ▶ Put on your coat, please. 외투를 입으세요.
大	**coating** [kóutiŋ]	코팅, 칠을 입힘 ▶ coat((웃옷을)입히다) + ing(현재분사 어미) = coating(코팅 칠을 입힘)
大	**coax** [kouks]	[동] 어르다, 달래다. 꼬욱 쓰러안고 [암] **와이프**를 **코욱 스**러한고 **어르디(달래다)**. (wife) (coax) 
大	**cobalt** [kóubɔːlt]	[명] 코발트(금속 원소; 기호Co)
大	**cobbler** [kɑ́blər / kɔ́bl-]	[명] 구두 고치는 사람, 구두 수선공 까발려 벌리고 [암] 하이힐을 **카블러** 벌리고 수선하는 **구두 수선공** (cobbler) 
大	**cobra** [kóubrə]	[명] 코브라(인도 아프리카산의 독사)
大	**cobweb** [kɑ́bwèb / kɔ́b-]	[명] 거미집(줄) 과부(집) 외부(外部) [암] **카브 외브(外部)**에 걸쳐있는 **거미줄(집)** (cobweb)
高	**cock** [kɑk / kɔk]	[명] 수탉, (새의) 수컷, (통, 수도, 가스 따위의) 마개 [암] (가스)**마개**를 **콕**콕 쪼아대는 **수탉** (cock) ▶ The cock crowed at dawn. 새벽에 수탉이 울었다.

C

大

cockney
[kάkni / kɔ́k-]

명 런던 본토박이

▶ cock(수탉) + ney(니 = 치아 = 부리) = cockney(런던 본토박이)

※ 수탉 부리같이 런던에 꼭 박힌 런던 본토박이

大

cockpit
[kάkpìt / kɔ́k-]

명 투계장, 조종(조타)실

▶ cock(수탉) + pit(피트(투)성이) = cockpit(투계장, 조종(조타)실)

※ 수탉이 피투성이 되게 싸우는 곳: 투계장, 투계장 같이 좁은 곳: 조종(조타)실

大

cocktail
[kάktèil / kɔ́k-]

명 칵테일, 양주를 혼합한 것

▶ cock(수탉) + tail(꼬리) = cocktail(칵테일, 양주를 혼합한 것)

※ 수탉 꼬리털 같은 것으로 저어서 혼합한 양주 : 칵테일

高

cocoa
[kóukou]

명 코코아(카카오 열매의 가루)

▶ a cup of cocoa. 코코아 한 잔

大

coco(a)nut
[kóukounʌt]

명 코코넛, 코코야자 열매

高

cod
[kɔd / kad]

명 대구, (콩, 등의) 꼬투리

동 ((英俗)) 속이다, 놀리다.

암 **사기꾼**이 **집**(gyp)에서 **대구**(고기) **코**(cod) **드**(들어)러 보이며 **속이다.**

中

code
[koud]

명 법전, 암호, 규율

암 **법전**에 표시 된 **암호 코드**(code)

▶ design[make up] a code. 암호를 만들다.

大

coeducation
[kòuedʒukéiʃən]

명 남녀 공학

▶ (공동, 공통의 뜻 = co) + (education = 교육) = coeducation(남녀 공학)

大

coerce
[kouə́:rs]

타 강요(강제)하다.

암 **키스**(kiss)를 **코 어스**(coerce)름 밤에 대고 **강요하다.**

大

coexist
[kòuigzíst]

자 공존하다.

▶ (공동, 공통의 뜻 = co) + (exist = 살아가다)
= coexist(공존하다)

암 다리밑에 **이(二)**(이(두)) **그지**(거지) **스트**(서투르게)르게 **살아가다.** (exist)

大	**coexistence** [kòuigzístəns]	명 공존 ▶ coexist(공존하다) + ence(명사 어미) = coexistence(공존)
中	**coffee** [kɔ́:fi, kɑ́fi / kɔ́fi]	명 커피 ▶ a cup of coffee. 한 잔의 커피
高	**coffin** [kɔ́:fin, kɑ́f-]	명 관 타 입관하다. 암 **코 프스**어진 **시체**를 **코핀** 닦고 **관**에 **입관하다**. (코 부수어진 (corpse), 코피는 (coffin))
大	**cognate** [kɑ́gneit / kɔ́g-]	형 조상이 같은 명 동족 암 **코 그네 잇**는 **조상이 같은 동족**놈들 (코로 그네 잇는 (cognate)) 
大	**cohesion** [kouhí:ʒən]	명 점착(粘着), 응집(력) 암 **응집력** 있는 갯벌에 **코 휘전**는 놈 (코 휘젓는 (cohesion)) 
大	**cohesive** [kouhí:siv]	형 응집력이 있는, 밀착(결합)하는 ▶ cohes(ion)(응집, 밀착) + ive(…한 성질을 가진) = cohesive(응집력이 있는, 밀착(결합)하는)
高	**coil** [kɔil]	명 ((전기)) 코일, 소용돌이 동 사리다, 똘똘 감다. 암 **(전기)코일**을 **똘똘감아 사리다**. (coil) ▶ a primary coil. (변압기의) 1차코일
中	**coin** [kɔin]	명 화폐, 동전 동 화폐를 주조하다. 암 **코인(人)**이 **동전 화폐**를 **주조하다**. (코큰 사람 (coin)) ▶ collect coins. 동전을 수집하다. 
大	**coinage** [kɔ́inidʒ]	명 화폐 주조, 주조 화폐 ▶ coin(동전) + age(상태, 동작, 결과를 나타냄) = coinage(화폐 주조, 주조 화폐)
大	**coincide** [kòuinsáid]	동 일치하다, 부합하다, (사건이) 동시에 일어나다. 암 싱크로나이즈드 스위밍을 **코인(人) 사이 드**러가 **동시에 일어나다**. (코를 찝은 사람 사이 들어가 (coincide)) 

C

大

coincidence [kouínsidəns]

[명] 일치, 부합, 동시에 일어남

▶ coincide(동시에 일어나다) + ence(명사 어미) = coincidence(일치, 부합, 동시에 일어남)

大

coincident [ko(u)ínsidənt]

[형] 부합하는, 동시에 일어나는

▶ coincid(e)(동시에 일어나다) + ent(형용사 어미) = coincident(동시에 일어나는, 부합하는)

中

cold [kould]

[형] 추운, 냉정한 [명] 감기, 냉기 [부] 확실히

코를 들고

[암] **추운**날 **콜 드**고 다니면 **확실히 감기**오지.

(cold)

▶ The cold made me shake. 나는 추워서 떨었다.

高

coldly [kóuldli]

[부] 차게, 춥게, 냉랭하게, 냉담하게

▶ cold (추운, 냉정한) + ly(부사를 만듦) = coldly(춥게, 차게, 냉담하게, 냉랭하게)

大

coldness [kóuldnis]

[명] 한기, 냉담, 추위

▶ cold(추운, 냉정한) + ness(추상명사를 만듦) = coldness(한기, 냉담, 추위)

大

collaborate [kəlǽbərèit]

[자] 함께 일하다, 공동연구하다.

▶ (함께 = col) + (labor, ate = 노동 하다) = (함께 일하다, 공동연구하다)

걸레 벌(통)에 이틈에

[암] **괜찮은 놈**이 **컬레 버레 이트**메 씌워. **공동 연구하다**.

(nom) (collaborate)

大

collaboration [kəlæ̀bəréiʃən]

[명] 함께 일하기, 공동 연구

▶ collaborat(e)(함께 일하다, 공동 연구하다) + ion(명사 어미) = collaboration(함께 일하기, 공동 연구)

大

collaborator [kəlǽbərèitər]

[명] 공동자, 합작자, 공저자

▶ collaborat(e)(함께 일하다, 공동 연구하다) + or(…사람[자]) = collaborator(공동자, 합작자, 공저자)

高

collapse [kəlǽps]

[명] 붕괴, 쇠퇴,쇠약 [동] 붕괴하다, 무너지다, 붕괴시키다.

▶ (함께 = col) + (lapse = 빠지다, 타락하다) = collapse(붕괴, 붕괴하다)

걸레 부스러기

[암] **갱**단이 **컬레 프스**러기 **무너지듯 붕괴하다**.

(gang) (collapse)

▶ an economic collapse. 경제적 붕괴

高

collar [kálər / kɔ́lər]

[명] 칼라, 깃, 목걸이

[암] **와이셔츠**의 **칼라 깃**.

(white shirts) (collar)

▶ This collar is choking me. 이 칼라는 목이 죄어 답답하다.

大 **collateral** [kəlǽtərəl]

형 나란히 있는, 평행한

걸레(빨)터를 / 자루달린 걸레 넌더리

암 **나란히 있는 컬레 터럴** 찾어 **모프**를 **런더**리 나게 **빨다**.
(collateral) (mop) (launder)

大 **colleague** [káliːg / kɔ́l-]

명 (같은 관직, 전문 직업의) 동료, 동업자

암 백정 **동업자**가 쓰는 **칼이 그 대학** 식당 **칼이지**
(colleague) (college)

中 **collect** [kəlékt]

동 모으다, 수집하다

칼로 오징어 먹물 틀어

암 어부가 **컬 액(液) 트**러 **모으다 (수집하다)**.
(collect)

▶ collect data. 자료를 모으다.

高 **collection** [kəlékʃən]

명 수집, 채집, 수집물

▶ collect(모으다, 수집하다) + ion(명사 어미) = collection(수집, 채집, 수집물)a collection of coins 동전 수집

大 **collective** [kəléktiv]

형 집합적인, 집단적인 명 집단, 공동체

▶ collect(모으다, 수집하다) + ive(…한 경향, 성질을 가진) = collective(집합적인, 집단적인, 집단, 공동체)

大 **collector** [kəléktər]

명 수집가(자)

▶ collect(모으다, 수집하다) + or(…사람 (者家)) = collector(수집가[자])

高 **college** [kálidʒ / kɔ́l-]

명 (단과)대학, 전문학교

방망이

암 아는게 중학생이 **배트**라면 **단과대학**생은 **칼이지**.
(bat) (college)

▶ go to college. 대학에 가다.

高 **collision** [kəlíʒən]

명 (의견 등의) 불일치, 충돌

거리 싸움을

암 **데모**대들이 **(의견의)불일치**로 **커리전(戰)**을 하며 **충돌**해
(demo) (collision)

大 **collocate** [kɔ́ləkéit / kál-]

동 한 곳에 두다, 나란히 놓다.

▶ (공동, 공통의 뜻 = col) + (locate = 위치하고 있다) = collocate(한 곳에 두다, 나란히 놓다)

※ 본 사전 643p locate 참조 하세요.

大 **collocation** [kàləkéiʃən / kɔ̀l-]

명 배열, 나란히 둠

▶ collocat(e)(한 곳에 두다, 나란히 놓다) + ion(명사 어미) = collocation(배열, 나란히 둠)

高	**colloquial** [kəlóukwiəl]	형 구어(口語)체의, 이야기투의 암 **이야기투의** 콧방귀를 **코로 퀴얼**려고 **푸푸하다**. (코로 퀴얼려고(뀌려고)) (colloquial) (pooh–pooh) ▶ a colloquial expression 이야기투의 표현(말씨) 
大	**colon** [kóulən]	명 콜론 (: 구두점의 하나)
大	**colonel** [kə́ːrnəl]	명 육군 대령; 연대장 암 **커늘 육군 대령**이 되겠다던 소년. (커서 늘) (colonel)
高	**colonial** [kəlóuniəl]	형 식민지의, 식민의 ▶ colon(y) → i(식민지) + al(…의) = colonial(식민지의, 식민의) ▶ a colonial policy. 식민 정책
高	**colonist** [kɑ́lənist / kɔ́l-]	명 식민지 사람, 해외 이주민 ▶ colon(y) → i(식민지) + ist(…하는 사람) = colonist(식민지 사람, 해외 이주민)
大	**colonize** [kɑ́lənàiz / kɔ́l-]	동 식민지로 만들다(개척하다) ▶ colon(y) → i(식민지) + ize(…화하다) = colonize(식민지로 만들다, [개척하다])
高	**colony** [kɑ́ləni / kɔ́l-]	명 식민지, 거류민, 재류외(국)인 암 **식민지**안을 **카런니** 여긴 **거류민**. (가련히) (colony) ▶ This country was French colony. 이 나라는 프랑스의 식민지였다. 
高	**color, colour** [kʌ́lər, kʌ́lər]	명 빛깔, 색 동 채색(착색)하다. 암 **색** 있는 **칼라 텔레비전** (colo(u)r) (television) ▶ Everything we see has color. 우리가 보는 모든 사물은 색을 갖고 있다.
大	**colored** [kʌ́lərd]	형 착색한, 채색되어 있는 ▶ color (색, 빛깔, 채색하다) + ed(…을 갖춘) + colored(착색한, 채색되어 있는)
高	**colorful** [kʌ́lərfəl]	형 다채로운, 색채가 풍부한, 화려한 ▶ color(색, 빛깔) + ful(…이 가득찬) + colorful(다채로운, 색채가 풍부한, 화려한) ▶ a colorful narrative. 화려한 이야기

高 **coloring**
[kʌ́ləriŋ]

명 채색(법)

▶ color (색, 빛깔, 채색하다) + ing(현재분사 어미) = coloring(채색[법])

大 **colorless**
[kʌ́lərlis]

형 무색의, 핏기가 없는

▶ color (색, 빛깔) + less(…이 없는) = colorless(무색의, 핏기가 없는)

C

大 **colossal**
[kəlɑ́səl / -lɔ́sl]

형 거대한, 굉장한, 광막한

암 **거대한 코로 설**치는 **엘리펀트**(코끼리).
(colossal) (elephant)

高 **colo(u)r**
[kʌ́lər]

명 색, 색깔, 컬러

▶ Everything we see has color.
우리가 보는 모든 사물은 색을 갖고 있다.

大 **colt**
[koult]

명 망아지, 애송이, 미숙한 자

코를 틀어잡는

암 **망아지 콜 트**는 **애송이**
(colt)

大 **Columbus**
[kəlʌ́mbəs]

명 컬럼버스(서인도 제도를 발견한 이탈리아의 탐험가)

高 **column**
[kɑ́ləm / kɔ́l-]

명 (신문의)난(欄), 칼럼; 원주, 기둥

암 **(신문의) 칼럼 난(欄)**
(column)

▶ a sports column. 스포츠 칼럼

高 **comb**
[koum]

명 빗 동 빗질하다.

고움

암 **암적갈색의 머리**를 **코움**을 보이려 **빗**으로 **빗질하다.**
(murrey) (comb)

▶ a fine-tooth comb. 가늘고 촘촘한 빗. 참빗

高 **combat**
[kɑ́mbæt, kʌ́m-]

동 격투하다, 싸우다. 명 싸움, 전투

▶ (함께 = com) + (bat = 배트로 치다) = combat(싸우다)

함께 콤같이 **야구 배트로 치**며 = combat(싸우다)
함께 곰이 야구배트로 치고 받으며 싸우다, 격투하다.

大 **combatant**
[kəmbǽtənt, kɑ́mbət-]

명 싸우는 사람, 전투원 형 격투하는

▶ combat(싸움하다, 전투) + ant(…하는 사람) = combatant(싸우는 사람, 전투원)

高 **combination** [kàmbənéiʃən / kɔ̀m-]	명 결합, 짝맞추기 ▶ combin(e)(결합하다) + ation(명사 어미) = combination(결합, 짝맞추기) ▶ a free combination. 자유결합
高 **combine** [kəmbáin]	명 (농업)컴바인 동 결합하다. ▶ com(= together) + bine(= bind 매다) = 결합하다.  암 **컴바인**에 **(베기와 탈곡)을 결합하다.** (combine)
大 **combined** [kəmbáind]	형 결합한, 합동의 ▶ combin(e)(결합[합동]하다) + ed(형용사를 만듦) = combined(결합한, 합동의)
大 **combustion** [kəmbʌ́stʃən]	명(화학)연소, 산화, 흥분 ▶ (함께 : 같이 = com) + (bustion = 버스 천여대) → 운전 기사들이 함께 버스 천여대로 기름을 연소시키다 = combustion(연소, 산화, 흥분)
中 **come** [kʌm]	동 (계절.때가) 오다 (3단현 comes, 과거 came. 과거분사 come, 현재분사 coming 암 **컴**컴한 데로 **오다**. (come) ▶ Spring has come. 봄이 왔다.
大 **comedian** [kəmí:diən]	명 희극 배우, 코미디언, 익살꾼 ▶ comed(y) → i(희극, 코머디) + an(…하는 사람) = comedian(희극 배우, 코미디언, 익살꾼) 암 **희극 배우 익살꾼 코미디언(comedian).** (comedian)
高 **comedy** [kámədi / kɔ́m-]	명 희극, 코머디(코메디) ▶ musical comedy. 뮤지컬 코미디
大 **comely** [kʌ́mli]	형 잘 생긴, 미모의 암 **잘 생긴 미모의** 얼굴이(왜)**컴 리?** (껌 니?) (comely)
大 **comer** [kʌ́mər]	명 올 사람, 온 사람 ▶ (오다 = com(e)) + (er = …사람) = comer(올 사람, 온 사람)
高 **comet** [kámit / kɔ́m-]	명 혜성, 살별, 꼬리별  암 **혜성**의 **코 미트**로 사라진 **꼬리별**. (코 밑으로) (comet) ▶ a comet group. 혜성군

高

comfort
[kʌ́mfərt]

명 위안, 위로 동 위안하다, 위로하다.

노처녀를 껌(gum) 퍼 틀어
암 **올드미스**를 **컴 퍼트**러 놓고 **위로하다**.
(oldmiss) (comfort)

▶ She was a great comfort to him.
그녀는 그에게 큰 위안이었다.

高

comfortable
[kʌ́mfərtəbl]

형 위안의, 편안한

▶ comfort(편안, 위안) + able(…할 만한) = comfortable(편안한, 위안의)

▶ Please make yourself comfortable. 평안하게 계십시오.

大

comfortablely
[kʌ́mfərtəbli]

부 기분 좋게, 안락하게

▶ comfortable(위한의, 편안한) + ly(부사를 만듦) = comfortablely(기분 좋게, 안락하게)

大

comforter
[kʌ́mfərtər]

명 위로하는 사람(것), 위안자

▶ comfort(위로[위안]하다) + er(…사람[것]) = comforter(위로하는 사람(것), 위안자)

高

comic
[kámik/kɔ́m-]

형 희극의, 익살스런 명 희극 배우

암 **익살스런 희극 배우**의 **코믹**한 **코메디**.
(comic) (comedy)

▶ a comic actor. 희극 배우

大

comical
[kámikəl/kɔ́m-]

형 익살맞은, 얄궂은

▶ comic(희극의) + al(…한 성질의) = comical(익살맞은, 얄궂은)

高

coming
[kʌ́miŋ]

형 (다가)오는, 다음의 명 도래

▶ (오다 = com[e]) + (ing = 현재분사 어미) = coming(오는, 다음의, 도래)

▶ the coming generation. 다음 세대

高

comma
[kámə / kɔ́mə]

명 쉼표, 콤마((,))

▶ place [put in] a comma. 코머를 찍다.

中

command
[kəmǽnd, -mɑ́:nd]

동 명령하다. 명 명령

▶ com(완전히의 뜻) + mand(= order = 명령) = 완저히 명령하다, 명령

죄다 너를 고만두라고
암 **죄 너럴 육군 대장**을 **커만드**라고 **명령하다**.
(general) (command)

高

commander
[kəmǽndər, -mɑ́:nd-]

명 지휘자(관), 사령관

▶ command(명령하다) + er(…사람) = commander(지휘자[관], 사령관)

▶ A commander commands a unit. 사령관은 부대를 지휘한다.

大	**commanding** [kəmɑ́:ndiŋ / -mǽndiŋ]	[형] 지휘하는, 당당한 ▶ command(명령하다) + ing(현재부사 어미) = commanding(지휘하는, 당당한)
大	**commandment** [kəmǽndmənt, -mɑ́:nd-]	[명] 명령(권) 율법,계율 ▶ command(명령하다) + ment(명사를 만듦) = commandment(명령[권],율법, 계율)
大	**commemorate** [kəmémərèit]	[타] 기념하다, 축하하다. ▶ (함께 = com) + (memorate = 메모하다) = commemorate(기념[축하]하다) **함께 커 메머레이트**하여 **잊지않고** = commemorate(기념[축하]하다) 함께 커 날자를 메모하여 두었다가 잊지않고 기념하다, 축하하다.
大	**commemoration** [kəmèməréiʃən]	[명] 기념, 축하 ▶ commemorat(e)(기념[축하]하다) + ion(명상 어미) = commemoration(기념, 축하)
大	**commemorative** [kəmémərèitiv, -rə-]	[형] 기념의, 기념하는 ▶ commemorat(e)(기념하다) + ive(형용사 어미) = commemorative(기념의, 기념하는)
大	**commemorator** [kəmémərèitər]	[명] 축하자, 기념식, 거행자 ▶ commemorat(e)(기념[축하]하다) + or(…사람) = commemorator(축하자, 기념식 거행자)
高	**commence** [kəméns]	[동] 시작하다, 개시하다, 시작되다. ▶ (함께 = com) + (mence = 멘스, 월경) = commence(개시[시작]하다) 도토리 [암] **도터**리 만 하던 **딸**이 **커 멘스**하기 **시작하다**. (daughter) (commence)
大	**commencement** [kəménsmənt]	[명] 시작, 개시, 착수 ▶ commence(시작[개시]하다) + ment(명사를 만듦) = commencement(시작, 개시, 착수)
大	**commend** [kəménd]	[타] 추천하다, 칭찬하다. ▶ (함께 = com) + (mend = 맨드러 개선하다) = 칭찬(추천)하다 함께 **커** 다란걸 **맨드러**(만들어) **개선하니** = 칭찬(추천)하다. 함께 커 다란 일을 맨드러(만들어) 개선하니 
大	**commendable** [kəméndəbl]	[형] 칭찬할 만한, 훌륭한 ▶ commend(칭찬하다) = able(…할 수 있는) = commendable(칭찬할 만한, 훌륭한)

大	**commendation** [kàməndéiʃən / kɔ̀m-]	ⓜ 칭찬, 추천 ▶ commend(칭찬[추천]하다) + ation(추상명사 어미) = commendation(칭찬, 추천)
高	**comment** [kάmənt / kɔ́m-]	ⓜ 논평 ⓢ 논평하다, 주석하다.  암 **보이**가 **넥 타이**로 **코 맨 트**기를 **논평하다**. (boy) (necktie) (comment) ▶ have [make] a comment (on) (…에 대해) 논평하다.
大	**commentary** [kάməntèri / kɔ́məntəri]	ⓜ 주석, 논평 ▶ comment(논평[주석]하다) + ary(명사 어미) = commentary(주석, 논평)
大	**commentator** [kάməntèitər / kɔ́mən-]	ⓜ 주석자 ▶ comment(논평[주석]하다) + ator(…하는 사람) = commentator(주석자)
高	**commerce** [kάməːrs / kɔ́m-]	ⓜ 상업, 무역  ▶ com(= with) + merce(장사하다) = commerce(상업) 코큰 머슴이 코를 암 **상업**하는 **코 머스**미 **쿼럴** 잡고 **말다툼하다**. (commerce) (quarrel)
高	**commercial** [kəmə́ːrʃəl]	ⓗ 상업의, 통상의 ⓜ 광고 방송 ▶ commerc(e)(상업, 무역) + ial(= al…의) = commercial(상업의, 무역의) ▶ a radio commercial 라디오의(상업) 광고방송
大	**commercialize** [kəmə́ːrʃəlàiz]	ⓣ 상업화하다. ▶ commercial(상업의, 무역의) + ize(…화하다) = commercialize(상업화하다)
高	**commission** [kəmíʃ(ə)n]	ⓜ (임무,권한 따위의) 위임; 위원회, 수수료 ⓢ 위임하다. 암 **위원회**에 **수수료**인 **커미션**을 **위임하다**. (commission) ▶ a commission of inquiry 조사 위원회
大	**commissioned** [kəmíʃənd]	ⓗ 임명된 ▶ commission(임명하다) + ed(형용사를 만듦) = commissioned(임명된)
高	**commissioner** [kəmíʃənər]	ⓜ 위원, (행정)장관, 국장 ▶ commission(위임[임명]하다) + er(…사람) = commissioner(위원, [행정]장관, 국장) ▶ a fire commissioner 소방국장

C

C

高 **commit** [kəmít]

㊐ 위탁하다, 맡기다.

▶ com(완전히) + mit(보내다, 맡기다) = 맡기다, 위탁한다.

암 **팥 단지**가 **커 밑**을 **맡기다**.
(pot) 커서 밑을 (commit)

大 **commitment** [kəmítmənt]

㊔ 위탁, 위임

▶ commit(위탁하다, 맡기다) + ment(명사 어미) = commitment(위탁, 위임)

大 **committee** [kəmíti]

㊔ 위원회, 위원

▶ commit + t(위탁하다, 맡기다) + ee(사람을 나타내는 명사 어미) = committee(위원회, 위원)

高 **commodity** [kəmádəti / -mɔ́d-]

㊔ 상품, 물품; 필수품

암 **물품** 중에 **커모디티**한 **필수품**.
검으디티한 (commodity)

▶ a farm commodity 농산물

大 **commodore** [kámədɔ̀ːr / kɔ́m-]

㊔ (군대의)준장

암 **코머도** 좋아하는 **(군대의)준장**
고모도 (commodore)

中 **common** [kámən / kɔ́m-]

㊙ 공통의, 보통의

암 이쁜이가 **보통의 코먼 촌스러운 코니**?
코면 (common) (corny)

▶ We have a lot in common.
우리는 공통점이 많다.

高 **commonly** [kámənli / kɔ́m-]

㊕ 보통으로, 일반적으로

▶ common (공통의, 보통의) + ly(부사를 만듦) = commonly(보통으로, 일반적으로)

高 **commonplace** [kámənplèis / kɔ́m-]

㊙ 평범한, 흔한 ㊔ 평범한 일, 흔한 일

▶ common(보통의) + palce(지위, 일자리, 장소) = commonplace(= 보통의 장소에 있는일) → (평범한, 흔한일)

▶ a commonplace topic 평범한 화제(이야깃거리)

大 **common sense** [kámən sens]

㊔ 상식, 양식

▶ common (공통의, 보통의) + sense(감각) = common sense(상식, 양식)

大 **commonwealth** [kámənwèlθ / kɔ́m-]

㊔ 국가, 공화국

▶ common(공통의, 보통의) + wealth(부, 재산) → 공통으로 부를 고르게 하는 국가 = commonwealth(국가, 공화국)

大 **commotion** [kəmóuʃən]

명 동요, 소요, 흥분

▶ (함께 = com) + (motion = 동작) = commotion(동요, 소요, 흥분)

大 **commune** [kəmjú:n]

명 (중공의)인민공사, 간담, 친교 자 이야기하다, 친하게 사귀다.

암 **스파이**가 **(중공의)인민공사 코뮨**과 **이야기하다**가 **친하게 사귀다**.
(spy) 고문과 (commune)

高 **communicate** [kəmjú:nikèit]

동 알리다, 전달하다.

암 **뉴스**를 **코뮨니 케 이 트**메 **전달하다**.
사건(소식) (news) 고문이 캐서 이 틈에 (communicate)

高 **communication** [kəmjù:nikéiʃən]

명 통신, 전달; 커뮤니케이션

▶ communicat(e)(알리다, 전달하다) + ion(명사 어미) = communication(통신, 전달, 커뮤니케이션)

▶ receive a communication. 통신문을 받다.

大 **communion** [kəmjú:njən]

명 (종교) 단체, 친한 교제

▶ commun(e)(이야기하다, 친하게 사귀다) + ion(명사 어미) = communion([종교]단체, 친한교제)

高 **communism** [kámju:nìzəm]

명 공산주의, 공상주의 정치체제

▶ commun(e)([중공의]인민공사) + ism(주의를 나타내는 명사 어미) = communism(공산주의)

암 중공의 인민공사(고문이)**코뮨니 점**차 신봉하는 **공산주의**.
(communism)

高 **communist** [kámjunist / kɔ́m-]

공산주의자

▶ commun(e)([중공의]인민공사) = ist(…주의자) = communist(공산주의자)

高 **community** [kəmjú:nəti]

명 일반사회, 공동체, 지역사회

▶ commun(e)([중공의]인민공사) + ity(명사 어미, 관할기관) = community(공동체, 지역사회)

高 **compact** [kəmpǽkt, kámpækt]

명 휴대용 분첩, 콤펙트

동 빽빽이 채워 넣다, 계약을 맺다.

▶ com(= together) + pact(= fasten 고정시키다) = compact(빽빽한, 휴대용 분첩, 빽빽이 채워 넣다)

암 분을 **휴대용 분첩 콤팩트**에 **빽빽이 채워 넣다**.
(compact)

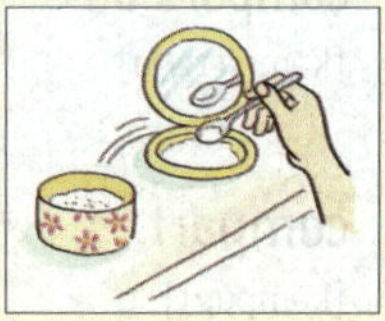

大 **compactly** [kəmpǽktli / kámpæktli]

부 빽빽하게, 조밀하게

▶ compact(조밀한, 빽빽한) + ly(부사 어미) = compactly(빽빽하게, 조밀하게)

C

高 **companion** [kəmpǽnjən]

㉠ 친구, 동료

㉢ 동반하다, 반려자로 삼다, 짝이 되다.

㉮ 동굴에서 **콤 폐(廢)년**을 **반려자로 삼아. 짝이 되다.** (곰이 못 쓰게 된 계집을 / companion)

▶ somebody's close companion …의 친한 친구

C

大 **companionship** [kəmpǽnjənʃip]

㉠ 사귀기, 교우 관계, 교제

▶ companion(동료, 친구) + ship(신분, 상태, 직업을 나타냄) = companionship(사귀기, 교우관계, 교제)

中 **company** [kʌ́mpəni]

㉠ 교제, 동료, 회사

㉮ **보이**가 **회사 동료**와 **교제**해 **캄파니?** (boy / 감을 파니? company)

▶ a bus company 버스 회사

大 **comparable** [kɑ́mpərəbəl / kɔ́m-]

㉡ 비교할 수 있는; 필적하는

▶ compar(e)(비교하다) + able(…할 수 있는) = comparable(…와 비교되는)

大 **comparative** [kəmpǽrətiv]

㉡ 비교의, 비교적인

▶ compar(e)(비교하다) + ative(의[적인]) = comparative(비교의, 비교적인)

大 **comparatively** [kəmpǽrətivli]

㉤ 비교적으로

▶ comparative(비교의, 비교적인) + ly(부사를 만듦) = comparatively(비교적으로)

高 **compare** [kəmpέər]

㉣ 비교하다, 필적하다, 견주다, 비유하다, ~에 비기다.

㉮ **해머**로 **컴 패어** 보며 강도를 **비교하다.** (hammer / 망치로 검(칼)을 패어(두들겨) compare)

高 **comparison** [kəmpǽrisən]

㉠ 비교, 대조

▶ compar(e)(비교하다) + ison(추상명사를 만듦) = comparison(비교, 대조)

▶ There is no comparison between them. 그들은 비교가 되지 않는다.

大 **compart** [kəmpɑ́ːrt]

㉢ 구획하다, 칸을 막다.

▶ (함께,서로 = com) + (part = 부분별로 나누다) = compart(구획하다, 칸을 막다)

大 **compartment** [kəmpɑ́ːrtmənt]

㉠ 칸막이, 구획

▶ compart(구획하다, 칸을 막다) + ment(명사 어미) = compartment(칸막이, 구획)

高 **compass** [kʌ́mpəs]

(명) 범위, 컴퍼스, 콤파스, 나침판, 주위 (타) 둘러싸다.

콤파스
(암) **컴퍼스**를 돌려 **주위**를 원으로 **둘러싸다**.
(compass)

▶ a magnetic compass 자기 나침반(판)

大 **compassion** [kəmpǽʃən]

(명) 불쌍한 생각, 동정심, 측은히 여김

▶ com(= with) + passion(= feeling) = compassion(동정심)

검(칼)과 폐선(못쓰는 배)
(암) **불쌍한 생각**에서 준 **컴(劍) 폐선(廢船)**.
(compassion)

大 **compassionate** [kəmpǽʃənit]

(타) 불쌍히 여기다, 동정하다. (형) 불쌍히 생각하는, 동정적인

▶ compassion(불쌍한 생각) + ate(…하다) = compassionate(불쌍히 여기다, 동정하다)

大 **compatible** [kəmpǽtəbəl]

(형) 양립하는, 조화되는

검(칼)과 못쓰게 된 table을 연관시켜 기억할 것
(암) **컴(劍) 페(廢) 터블**과 **조화되는 소파**.
(compatible) (sofa)

高 **compel** [kəmpél]

(동) 역지로~시키다, 강요하다.

곰 폐(弊)를
(암) 농부가 119에 **콤 펠(弊를)**없애 주길 **강요하다**.
(compel)

大 **compelling** [kəmpéliŋ]

(형) 강제적인, 억지의

▶ compel + l(강요하다) + ing(현재분사 어미) = compelling(강제적인, 억지의)

大 **compensate** [kɑ́mpənsèit / kɔ́m-]

(동) 보상하다, 변상하다.

곰 편에서 세 개의 이를 트기에
(암) 싸움후 **콤 펀(便) 세 이 트**기에게 **보상하다**.
(compensate)

高 **compensation** [kɑ̀mpənséiʃən / kɔ̀m-]

(명) 보상, 배상, 수당

▶ compensat(e)(배상하다, 보상하다) + ion(명사 어미) = compensation(보상, 배상)

高 **compete** [kəmpíːt]

(동) 경쟁하다, 겨루다, 대항하다.

검으(칼)로 피투성이가
(암) 칼잡이가 **컴(劍) 피트**성이가 되게 **겨루다**.
(compete)

大 **competence, -tency** [kɑ̀mpitəns(i) / kɔ̀m-]

(명) 적성 능력

▶ compet(e)(겨루다) + ence, ency(명사 어미) = competence, competency(적성, 능력)

大
competent [kámpətənt / kɔ́m-]

㉻ 능력있는, 유능한

▶ compet(e)(겨루다, 경쟁하다) + ent(형용사 어미) = competent(겨루고 있는 → 능력있는 유능한)

高
competition [kàmpətíʃən / kɔ̀m-]

㉹ 경쟁, 시합

▶ compet(e)(겨루다, 경쟁하다) + ition(명사를 만듦) = competition(경쟁, 시합)

▶ free competition 자유경쟁

大
competitive [kəmpétətiv]

㉻ 경쟁의, 경쟁적인

▶ compet(e))겨루다, 경쟁하다) + itive(형용사를 만듦) = competitive(경쟁의, 경쟁적인)

高
competitor [kəmpétətər]

㉹ 경쟁자, 적수

▶ compet(e)(겨루다, 경쟁하다) + itor(= or …사람) = competitor(경쟁자 적수)

大
compile [kəmpáil]

㉣ 편집하다, 편찬하다.

▶ (함께 = com) + (pile = 파일 : 쌓다, 박다) = 편집하다.

함께 컴(검)으로 **파일**수 있는 데 불경을 **박아** = 편집하다.

大
compiler [kəmpáilər]

㉹ 편집[편찬]자

▶ compil(e)(편집[편찬]하다 + er(… 사람) = compiler(편집[편찬]자)

高
complain [kəmpléin]

㉯ 항의하다, 병(고통)을 호소하다.

검고 퍼레 인(人)이

❸ **가운데 멍**이 **컴프레 인(人)**이 **고통을 호소하다**.

(mong) (complain)

▶ complain loudly. 큰 소리로 항의하다.

大
complainant [kəmpléinənt]

㉹ 원고, 고소인

▶ complain(불평[고소]하다) + ant(~하는 사람) = complainant(불평하는 사람 → 원고, 고소인)

高
complaint [kəmpléint]

㉹ 불평, 고소, 항의

▶ complain(불평[고소]하다) + t(= th 추상명사 어미) = complaint(불평, 고소, 항의)

▶ disregard a complaint. 항의를 무시하다.

高
complement [kámplimənt / kɔ́m-]

㉹ 보충(문법)보어, 보완물

감 뿌리면 틀어

❸ 뿌리가 **캄프리먼 트**러 넣어 약제로 **보충**해.

(complement)

▶ a perfect complement 완벽한 보완물

大	**complementary** [kàmpliméntəri / kɔ̀m-]	ⓗ 보충하는, 보충의 ▶ complement(보충) + ary(… 하는, …의) = complementary(보충하는, 보충의)
高	**complete** [kəmplí:t]	ⓓ 완성하다, 끝내다. ⓗ 완전한, 전부의 ▶ (완전히 = com) + (plete = 채우다) = 완성하다. ㉱ 전부의 길을 컴프리(감) 트(뿌리)려(틀어) 내 완전한 길로 완성하다. (complete) 
大	**completely** [kəmplí:tli]	ⓑ 완전히, 온통 ▶ complete(완전한, 전부의) + ly(부사를 만듦) = completely(완전히, 온통)
大	**completion** [kəmplí:ʃən]	ⓜ 완성, 완료 ▶ complet(e)(완성하다) + ion(명사 어미) = completion(완성, 완료)
高	**complex** [kəmpléks, kámpleks / kɔ́mpleks]	ⓗ 복잡한 ⓜ 강박관념, [심리]콤플렉스 ㉱ 복잡한 강박관념에서 오는 콤플렉스. (complex) ▶ A car is a very complex machine. 자동차는 복잡한 기계이다. 
大	**complexion** [kəmplékʃən]	ⓜ 안색, 외관 ▶ complex(복잡한) + ion(명사 어미) = complexion(복잡한 것…안색, 외관)
大	**complexity** [kəmpléksəti]	ⓜ 복잡성, 착잡 ▶ complex(복잡한) + ity(추상명사 어미) = complexity(복잡성, 착잡)
大	**complexly** [kámpleksli / kɔ́m-]	ⓑ 복잡하여, 뒤얽혀 ▶ complex(복잡한) + ly(부사 어미) = complexly(복잡하여, 뒤얽혀)
大	**compliance** [kəmpláiəns]	ⓜ 응낙, 승낙 ▶ compl(y)…i(따르다, 응낙하다) + ance(명사 어미) = compliance(응낙, 승낙) ※ comply 단어 참조 바람(218p)
大	**compliancy** [kəmpláiənsi]	ⓜ 응낙, 승낙 ▶ compl(y) → i(따르다, 응낙하다) + ancy(명사 어미) = compliancy(응낙, 승낙)

C

大

complicate
[kámplikèit / kɔ́m-]

㊂ 복잡케 하다.

감뿌리를 캐 이틀이나
❸ 길을 **캄프리 캐 이트**리나 **복잡케 하다.**
(complicate)

高

complicated
[kámplikèitid / kɔ́m-]

㊇ 복잡한

▶ complicat(e)(복잡케 하다) + ed(형용사를 만듦) = complicated(복잡한)
▶ a complicated machine 복잡한 기계

C

大

complication
[kàmplikéiʃən / kɔ̀m-]

㊅ 복잡, 분규

▶ complicat(e)(복잡케 하다) + ion(명사 어미) = complication(복잡, 분규)

高

compliment
[kámpləmənt / kɔ́m-]

㊅ 찬사, 칭찬 ㊂ 인사하다, (선물을) 증정하다.

감 풀어 먼 트기(친척이)
❸ 자루에 **캄 플러 먼 트**기에게 주며 **찬사 인사하다.**
(compliment)

▶ the compliments of the season 계절의 (축하)인사

大

complimentary
[kàmpləméntəri / kɔ̀mplə-]

㊇ 칭찬의, 찬사의

▶ compliment(칭찬, 칭찬하다) + ary(형용사 어미) = complimentary(칭찬의, 찬사의)

高

comply
[kəmplái]

㊉ 좇다, 응하다, 따르다, 응낙하다.

검(칼)을 풀옷 입은 아이
❸ **갱** 뒤를 **컴(劍) 플아이** 들고 **따르다(좇다).**
(gang) (comply)

高

compose
[kəmpóuz]

㊂ 구성(작곡, 편성)하다, (마음을)가라 앉히다.

▶ com(= 함께) + pose(놓다, 자세) = 가라 앉히다

곰(이) 포우즈(자세)
❸ **쇼**하려고 **콤 포우즈** 잡고**(마음을) 가라 앉히다.**
(show) (compose)

▶ compose music 음악을 작곡하다.

大

composed
[kəmpóuzd]

㊇ 가라앉은, 침착한, ~으로 구성되어

▶ compos(e)(마음을 가라앉히다, 구성하다) + ed(형요사 어미) = composed(가라앉은, 침착한, ~으로 구성되어)

高

composer
[kəmpóuzər]

㊅ 작곡가, 작자, 구성자

▶ compos(e)(작곡하다) + er(…사람) = composer(작곡가, 작자, 구성자)
▶ a classical composer 클래식 작곡가

大

composing
[kəmpóuziŋ]

㊅ 조립, 저작, 작곡 ㊇ 진정시키는

▶ compos(e)(작곡[조립]하다, 진정시키다) + ing(명사, 형용사를 만듦) = composing(조립, 작곡, 진정시키는)

C

大 **composite** [kampázit, kam- / kɔ́mpɔzit]

㉻ 합성(혼성)의, 구성의

▶ compos(e)(편성[구성]하다) + ite(…의) = composite(합성[혼성]의, 구성의)

高 **composition** [kàmpəzíʃən / kɔ̀m-]

명 구성, 합성, 혼성

▶ compos(e)(구성[편성]하다) + ition(= tion 명사 어미) = composition(구성, 합성, 혼성)

▶ the composition of the atom 원자 구조

大 **composure** [kəmpóuʒər]

명 침착, 냉정, 고요

▶ compos(e)(마음을 가라앉히다) + ure(동작의 결과를 뜻함) = composure(침착, 냉정, 고요)

高 **compound** [kəmpáund, kámpaund / kɔ́mpaund]

명 합성(혼합)물 동 혼합하다, 섞어 만들다.

암 코킹 **컴파운드**를 **혼합물**을 **섞어 만들다**.
(compound)

▶ an organic compound 유기 화합(합성)물

高 **comprehend** [kɔ̀mprihénd / kàmp-]

타 (완전히)이해하다, 깨닫다.

암 **주(州)**립 **동물원**에 **콤 프리 핸드**로 들고 **이해하다**.
(곰이 뿌리 핸드(hand=손))
(zoo) (comprehend)

▶ I cannot comprehend your meaning. 하신 말씀의 뜻을 잘 이해할 수 없군요

大 **comprehensible** [kàmprihénsəbəl / kɔ̀m-]

형 이해할 수 있는

▶ comprehen(d)(이해하다) + sible(= able …할 수 있는) = comprehensible(이해할 수 있는)

高 **comprehension** [kàmprihénʃən / kɔ̀m-]

명 이해, 터득, 이해력

▶ comprehen(d)(이해하다) + sion(추상명사를 만듦) = comprehension(이해, 터득, 이해력)

高 **comprehensive** [kàmprihénsiv / kɔ̀m-]

형 포괄적인, 넓은

▶ commprehen(d)(이해하다) + sive(ive … 이 있는. …적인) = comprehensive(포괄적인, 넓은)

▶ a comprehensive mind 넓은 마음

大 **compress** [kəmprés]

타 압축하다, 압착하다.

▶ (함께 = com) + (press = 프레스:누르다) = compress(압축하다)

암 공기를 **컴프레스**로 **압축하다**.
(compress)

大 **compressed** [kəmprést]

형 압축된, 압착된

▶ comjpress(압축하다) + ed(형용사를 만듦) = compressed(압축된, 압착된)

C

大 **compression** [kəmpréʃən]

[명] 압축, 압착

▶ compress(압축[압착]하다) + ion(명사 어미) = compression(압축, 압착)

大 **compressor** [kəmprésər]

[명] 압축자, 컴프레서, 압축기

▶ compress(압축하다) + or(…하는 사람[것]) = compressor (압축자, 컴프레서, 압축기)

大 **comprise, -prize** [kəmpráiz]

[동] 함유하다, 포함하다, ~으로 이루어져 있다.

검(칼을) 풀아이 이즈음

[암] 묶인 **컴(劍)플아(旡) 이즈**음(쇼에) 무술도 **포함(함유)하다**.

(comprise–prize)

大 **comprisal** [kəmpráizəl]

[명] 포함, 함유

▶ compris(e)(포함[함유]하다) + al(명사를 만듦) = comprisal(포함, 함유)

高 **compromise** [kámprəmàiz / kɔ́m-]

[명] 타협, 절충안, 양보, 화해

[동] 타협하다, 절충(화해)하다.

감을 풀어 많이 주며

[암] 덤을 **캄 프러 마이 즈**며 **절충안**을 **타협하다**.

(compromise)

▶ Finally, both sides reached a compromise.
마침내, 양쪽은 타협을 보았다.

大 **compromiser** [[kámprəmàizər / kɔ́m-]

[명] 타협(주장)자

▶ compromis(e)(타협하다) + er(…사람) = compromiser(타협자, 주장자)

大 **compulsion** [kəmpʌ́lʃən]

[명] 강제, 강요

검(칼을) 펄 션녀께

[암] **컴(劍) 펄 션**녀께 주어 춤을 **강제**로 **강요**해.

(compulsion)

大 **compulsive** [kəmpʌ́lsiv]

[형] 강제적인, 강요적인

▶ compuls(ion)(강제, 강요) + ive(형용사 어미) = compulsive(강제적인, 강요적인)

大 **compulsory** [kəmpʌ́lsəri]

[형] 강제된, 강제적인

▶ compuls(ion)(강제, 강요) + ory(형용사 어미, …의 성질이 있는) = compulsory(강제된, 강제적인)

大 **computation** [kàmpjutéiʃən / kɔ̀m-]

[명] 컴퓨터의 사용(조작), 계산

▶ comput(e)(계산하다) + ation(명사 어미) = computation(계산)

大 **compute** [kəmpjúːt]

㊀ (컴퓨터로) 계산[측정]하다.

암 **컴퓨트**(터)로 **계산 [측정]하다.**
(compute)

高 **computer, -putor** [kəmpjúːtər]

명 전산기, 컴퓨터, 계산기

▶ comput(e)(계산[측정]하다) + er,or(… 하는 기계, …하는 사람) = computer, -putor(전산기, 컴퓨터, 계산기)

高 **comrade** [kámræd, -rid / kɔ́m-]

명 친구, 동료, 같은 조합[당파]의 사람

암 강능 **친구**가 **캄 래 드**고 **동료**에게 **기브**하여 **주다.**
(감을 내서 들고 / 기부)
(comrade) (give)

▶ an old comrade 옛 친구

大 **concave** [kankéiv / kɔn-]

형 옴폭한, 오목한 동 옴폭하게 하다.

▶ (완전히 = con) + (cave = 케이브 : 동굴) = concave(**오목한**코다)
마담의 콘(코는) **케이(K)브**대앞 **동굴**같이 = concave(**오목한**코다)

高 **conceal** [kənsíːl]

동 숨기다, 감추다, 비밀로 하다.

암 **플레이보이**가 **캐비닛**에 미스 **컨 실 숨기다(감추다).**
(바람둥이가 / (방안)캐비닛에 / 권씨를)
(playboy) (cabinet) (conceal)

▶ Conceal nothing form me. 나에게 숨김없이 말해라.

大 **concealment** [kənsíːlmənt]

명 숨김, 은폐, 잠복

▶ conceal(숨기다) + ment(명사를 만듦) = comcealment(숨김, 은폐, 잠복)

大 **concede** [kənsíːd]

타 인정하다, 시인하다, 양보하다.

▶ (함께 = con) + (cede = 시드 : 가다) = 인정(시인)하다.
여자와 **함께 컨(權) 씨(氏) 드**러 **갔음**을 = 인정(시인)하다.
(호텔에 여자와 함께 권씨 들어 갔음을)

高 **conceit** [kənsíːt]

명 자부심, 자만 동 우쭐해 하다.

암 용머리를 **컨씨 트**며 **자부심**에 **우쭐해 하다.**
(권씨 틀며)
(conceit)

▶ be full of conceit 자만심이 강하다.

大 **conceited** [kənsíːted]

형 자부심이 강한, 우쭐한

▶ conceit(자부심, 자만) + ed(형용사를 만듦) = conceited(자부심이 강한, 우쭐한)

大 **conceitedly** [kənsíːtidli]

부 자부심 강하게, 우쭐하게

▶ conceited(자부심이 강한, 우쭐한) + ly(부사를 만듦) = conceitedly(자부심이 강하게, 우쭐하게

大 **conceivable** [kənsíːvəbəl]

㉬ 생각(상상)할 수 있는

▶ conceiv(e)(상상하다, 마음에 품다) + able(…할 수 있는) = conceivable(생각[상상]할 수 있는)

大 **conceive** [kənsíːv]

㉢ 상상하다, 마음에 품다.

바람둥이가 권씨 부인을

㉰ **플레이보이**가 **컨씨 브**인을 **마음에 품다**.

(playboy) (conceive)

高 **concentrate** [kɑ́nsəntrèit / kɔ́n-]

㉢ 집중(전념)하다, 집결시키다.

▶ con(함께) + centr(center 중심) + ate(동사 어미) = concentrate(집중[집결]시키다)

밧줄로 쓸 끈 선을 틀에 2 트기가

㉰ **로프**로 쓸 **콘 선(線)틀에 이트**기가 **집결시키다**.

(rope) (concentrate)

大 **concentration** [kɑ̀nsəntréiʃən / kɔ̀n-]

㉡ 집중, 전념, 정신 통일

▶ concentat(e)(집중[전념]하다) + ion(명사 어미) = concentration(집중, 전념, 정신 통일)

大 **concept** [kɑ́nsept / kɔ́n-]

㉡ 생각, (철학)개념

▶ conception(생각, 개념)−ion(명사 어미) = concept(생각, 개념)

高 **conception** [kənsépʃən]

㉡ 개념, 생각, 임신

큰 요셉 선생님

㉰ **임신**후 **컨 셉션**생님만 **생각**하는 **마담**

(conception) (madam)

高 **concern** [kənsə́ːrn]

㉢ 관계하다, 염려하다, 관심을 갖다. ㉡ 관계, 사업, 염려

큰 선거에만

㉰ **보스**의원이 **컨 선**거에 만 **관심을 갖다(관계하다)**.

(boss) (concern)

▶ I shall not concern yourself about me. 나는 그의 일에 관계하지 않겠다.

大 **concerned** [kənsə́ːrnd]

㉬ 관계하고 있는, 걱정하는

▶ concern(관계하다, 염려하다) + ed(형용사를 만듦) = concerned(관계하고 있는, 걱정하는)

高 **concerning** [kənsə́ːrniŋ]

㉦ ~에 관하여, ~에 대하여

▶ concern(관계하다) + ing(현재분사 어미) = concerning(…에 관하여, …에 대하여)

高 **concert** [kənsə́(ː)rt / kɔ́n-]

㉡ 합주, 연주회, 음악회, 콘서트, 협력, 협조 ㉢ 협정(협조, 협력)하다.

㉰ **톱 싱어**의 **콘서트 음악회**를 여는데 **협력(협조)하다**.

(top singer) (concert)

▶ a benefit[charity] concert 자선 음악회

大 **concession** [kənséʃən]

㉮ 양보, 용인, 이권, 특권

▶ (함께 = con) + (cession = 가다) = concession(양보, 이권, 특권)
함께 컨(큰) **세 선**생이 **가서** = **양보**해 얻은 **이권 특권**

大 **conciliate** [kənsílièit]

㉰ 달래다, 제편으로 끌어들이다, 회유하다.

암 **젠틀먼**이 **컨실리(實利)에 이(2)트**기도 **제 편 으로 끌어들이다.**
(gentleman) (conciliate) — 큰 실질적인 이익에 이(두) 트기도

大 **conciliation** [kənsìliéiʃən]

㉮ 회유, 달램, 무마, 조정

▶ conciliat(e)(달래다, 회유하다) + ion(명사 어미) = conciliation(회유, 달램, 무마)

大 **concise** [kənsáis]

㉻ 간결한, 간명한

암 **간결하**고 **간명한 컨사이스** 책.
(concise)

高 **conclude** [kənklú:d]

㉯ 결론을 내리다, 끝내다.

암 **비너스** 상을 **컨클로 드**디어 **끝내다.**
(Venus) (conclude) — 큰끌로 드디어

▶ conclude an argumet 논증을 마치다.

高 **conclusion** [kənklú:ʒən]

㉮ 결말, 종결, 결론

▶ conclu(de)(끝내다) + sion(추상명사 어미) = conclusion(결말, 종결, 결론)

▶ a logical conclusion 논리적인 결론

大 **conclusive** [kənklú:siv]

㉻ 결정적인, 확실한

▶ conclu(de)(끝내다, 결론을 내리다) + sive(형용사 어미) = conclusive(결정적인, 확실한)

高 **concord** [káŋkərd / kɔ́ŋ-]

㉮ 일치, 조화, 화합 ㉯ 일치(조화)시키다.

암 싱크로나이즈드 스위밍을 미스 **캉 코 드**고 **일치 시키다.**
(concord) — 강(姜) 코 들고

▶ the concord of husband and wife 부부의 화합

大 **concordance** [kankɔ́:rdəns, kən- / kɔn-]

㉮ 조화, 일치, 화합

▶ concord(일치[조화]하다) + ance(명사 어미) = concordance(일치, 조화, 화합)

大 **concourse** [kánkɔ:rs, káŋ- / kɔ́ŋ, kɔ́n-]

㉮ 집합, 합류, 군집, 집합 장소

▶ (함께 = con) + (course = 코스 진로) = concourse(집합 장소, 합류)
함께 강(江) 코스, 진로를 따라 = concourse(집합 장소에 합류해)

高
concrete [kánkriːt]

[형] 구체적인, 굳어진 [명] 콘크리트
[동] 콘크리트를 쳐 굳히다.

엄폐호
[암] **벙커**를 **구체적인** 설계로 **콘크리트를 쳐 굳히다.**
(bunker) (concrete)

▶ Her plan is very concrete. 그녀의 계획은 매우 구체적이다.

大
concubine [káŋkubàin]

[명] 첩, 내연의 처, 제2부인

강(姜)이 큐바(Cuba)인을 연관시켜 기억할 것 / 두다
[암] **캉(姜) 큐바인**을 **제2부인 (첩)**으로 **정당하게 두리**
(concubine) (duly)

大
concur [kənkə́ːr]

[자] 진술이 같다, 일치하다.

▶ (함께 = con) + (cur = 커 : 가다) = concur(일치하다, 진술이 같다)
함께 컨(권)씨 **커 감에** 따라 뜻이 = concur(일치하다, 진술이 같다)

大
concurrent [kənkə́ːrənt]

[형] 동시(발생)의

▶ concur + r(일치하다, 동시에 일어나다) + ent(형용사 어미) = concurrent(동시[발생]의)

高
condemn [kəndém]

[동] 나무라다, 비난하다, (유죄를)판결하다.

겉으로 / 권氏 / 됨을
[암] **와이프**가 **컨트**로 **무뚝뚝한 컨(權) 됨**을 **나무라다.**
(wife) (curt) (condemn)

▶ condemn a fault 과실을 책망하다.

大
condemnation [kàndemnéiʃən / kɔ̀n-]

[명] 비난, 유죄 판결

▶ condemm(비난하다, 유죄판결을 하다) + ation(명사 어미) = condemnation(비난, 유죄판결)

大
condensation [kàndenséiʃən / kɔ̀n-]

[명] 압축, 응축, 응결

▶ condens(e)(응축[압축]시키다) + ation(명사 어미) = condensation(응축, 압축, 응결)

高
condense [kəndéns]

[동] 압축(응축)하다, 응결하다.

권씨가 댄스춤(=dance)을 연관시켜서 기억할 것
[암] **컨(權) 댄스**춤 추며 상대를 **압축하다.**
(condense)

▶ The steam condensed into waterdrops.
수증기가 물방울로 응축되었다.

大
condensed [kəndénst]

[형] 응축(압축)한, 응결한

▶ condens(e)(응축[압축]시키다) + ed(형용사를 만듦) = condensed(응축한, 응결한, 압축한)

大
condenser [kəndénsər]

[명] 응결기, 응축기, 축전기, 콘덴서

▶ condens(e)(응축[압축]시키다) + er(…하는 것) = condenser(응결기, 응축기, 축전기, 콘덴서)

大 **condescend** [kɑ̀ndisénd / kɔ̀n-]

Ⓢ 굽실거리다, 겸손해 하다.

▶ (완전히 = con) + (descend = 뒤 샌드 : 내리다) = 겸손히 하다.

완전히 (짐)**칸** **뒤** **샌드** 백을 **내리며** 일을
완전히 짐칸 뒤 sandbag 내리며 일을
= 겸손히 하다.

中 **condition** [kəndíʃən]

명 조건, 상태 Ⓢ 조건을 조절(개선)하다.

암 **컨디션**을 보아 **상태**(조건)**을 조절하다**.
(condition)

▶ Health is a condition of happiness. 건강은 행복의 필요 조건이다.

大 **conditional** [kəndíʃənəl]

형 조건부의 잠정적인

▶ condition(조건) + al(…의) = conditional(조건부의, 잠정적인)

高 **conduct** [[kɑ́ndʌkt]

명 행위, 안내 Ⓢ 이끌다, 지휘하다, 안내하다.

▶ (완전히 = con) + (duct = 닭트 : 이끌다) = 지휘하다.

완전히 = **컨**(큰) **닭트**러 비트는 법을 **이끌어**
완전히 컨(큰) 닭틀어 비트는 법을 이끌어
= 지휘하다.

高 **conductor** [kəndʌ́ktər]

명 안내자, 차장, 지휘자

▶ conduct(지휘[안내]) + or(…사람) = conductor(안내자, 차장, 지휘자)

▶ an orchestra conductor. 오케스트라 지휘자

大 **cone** [koun]

명 원뿔꼴, 원뿔

고운
암 **원뿔꼴**인 **코운** **캡** **모자**
(cone)(cap)

大 **confederacy** [kənfédərəsi]

명 동맹, 연합, 연합체

▶ confedera(te)(동맹한, 동맹국) + cy(명사 어미) = confederacy(동맹, 연합, 연합체)

大 **confederate** [kənfédərit]

형 동맹한, 연합한 명 동맹국 Ⓢ 동맹하다.

큰 패들이 틀어지잖게
암 **연합한** **동맹국**의 **컨패더리** **트**러지잖게 **동맹하다**.
(confederate)

大 **confederation** [kənfèdəréiʃən]

명 연합, 동맹

▶ confederat(e)(동맹하다) + ion(명사 어미) = confederation(연합, 동맹)

大 **confederative** [kənfédərèitiv, -dərə-]

형 동맹[연합]의, 연방의

▶ confederat(e)(동맹하다) + ive(형용사 어미) = confederative(동맹[연합]의, 연방의)

C

大

confer
[kənfə́ːr]

[동] 수여하다, (물건을)주다, 상담하다, 협의하다.

권이
[암] 수푸를 **권(權) 퍼 주며 상담하다.**
(confer)

高

conference
[kɑ́nfərəns / kɔ́n-]

[명] 회의, 상담, 협의

▶ confer(협의하다, 상담하다) + ence(명사 어미) = conference(회의, 상담, 협의)

▶ hold a press conference. 기자 회견을 열다.

C

高

confess
[kənfés]

[동] 실토하다;자백하다, 인정하다.

▶ con(= wholly) + fess(= say) = confess(자백하다)

권이 폐수(廢水)
[암] **맨홀**에 **권(權) 페스(廢水)** 버렸음을 **실토(자백)하다.**
(manhole) (confess)

高

confession
[kənféʃən]

[명] 실토, 자백, 고백

▶ confess(자백[실토]하다) + ion(명사 어미) = confession(실토, 자백, 고백)

▶ confession of faith 신앙 고백

高

confide
[kənfáid]

[동] 신용[신뢰]하다, (비밀 등을)털어놓다.

안동 권세파가 이들을
[암] **컨파(權波) 이드를 신용하니 (비밀을)털어놓다.**
(confide)

高

confidence
[kɑ́nfidəns / kɔ́n-]

[명] 신용, 신뢰

▶ confid(e)(신용[신뢰]하다) + ence(명사 어미) = confidence(신용, 신뢰)

▶ public confidence 대중의 신뢰

高

confident
[kɑ́nfidənt / kɔ́n-]

[형] 확신하는, 자신이 있는

▶ confid(e)(신용[신뢰]하다) + ent(형용사 어미) = confident(확신하는, 자신이 있는)

大

confidential
[kɑ̀nfidénʃəl / kɔ̀n-]

[형] 확신할 수 있는, 신임이 두터운

▶ confident(확신하는, 자신이 있는) + ial(형용사 어미, …한[할 수 있는]) = confidential(확신할 수 있는, 신임이 두터운)

大

confidently
[kɑ̀nfidəntli / kɔ̀n-]

[부] 확신을 갖고, 자신만만하게

▶ confident(확신하는, 자신이 있는) + ly(부사를 만듦) = confidently(확신을 갖고, 자신만만하게)

高

confine
[kənfáin]

[동] 제한하다, 한정하다, 가두다.

[암] **스파이**를 (큰)**컨 파인** 감옥에 **가두다(제한하다).**
(spy) (confine)

▶ confine a talk to ten minutes. 얘기를 10분으로 제한하다.

大 **confinement** [kənfáinmənt]

명 제한, 한정, 감금

▶ confine(제한[한정]하다, 가두다) + ment(명사를 만듦) = confinement(제한, 한정, 감금)

高 **confirm** [kənfə́:rm]

동 (진술, 증거, 소문등을)확증하다, 확인하다.

▶ (함께 = con) + (frim = 펌 : 단단히) = 확인(확증)하다.

함께 컨(큰) **펌프**가 **단단히** 설치되었나 = 확인(확증)하다.

▶ confirm a rumor. 소문을 확인하다.

大 **confirmation** [kὰnfərméiʃən / kɔ̀n-]

명 확정, 확인

▶ confirm(확인하다) + ation(명사 어미) = confirmation(확정, 확인)

大 **confirmed** [kənfə́:rmd]

형 확인된, 고정된

▶ confirm(확인하다) + ed(형용사를 만듦) = confirmed(확인된, 고정된)

大 **confiscate** [kάnfiskèit, kənfís- / kɔ́n-]

타 몰수하다, 압류하다, 압수하다.

권씨의 가죽스케이트(skate)를 연관시켜 기억할 것

암 **갱**이 **권(權) 피(皮)스케이트**를 **몰수(압수)하다**.
(gang) (confiscate)

大 **confiscation** [kὰnfiskéiʃən / kɔ̀n-]

명 몰수, 압류, 압수

▶ confiscat(e)(몰수[압류]하다) + ion(명사 어미) = confiscation(몰수, 압류)

高 **conflict** [kάnflikt / kɔ́n-]

동 투쟁하다, 다투다, 충돌하다.

명 투쟁, 전투, 충돌, 갈등

▶ con(= togegher) + flict(= strike 치다) = conflict(투쟁하다)

권이 부이익(不利益) 트집

암 **권(權) 플익(不益) 트**집잡아 **투쟁(충돌)하다**.
(conflict)

大 **conflicting** [kənflíktiŋ]

형 서로 싸우는, 충돌하는

▶ conflict(투쟁하다, 충돌하다) + ing(현재분사 어미) = conflicting(서로 싸우는, 충돌하는)

大 **conform** [kənfɔ́:rm]

동 순응하다; (규칙 등에)따르다, 맞게 하다.

▶ (함께 = con) + (form = 폼 : 꼴) = (규칙에)따르다.

게임을 **함께 컨**(큰) **폼(꼴)**을 잡고 = (규칙에) 따르다.

大 **conformity** [kənfɔ́:rməti]

명 비슷함, 일치, 유사

▶ conform(맞게하다, 순응하다) + ity(추상명사 어미) = conformity(비슷함, 일치, 유사)

大

confound
[kənfáund]

㊣ 혼동시키다; 당황케 하다, 혼동하다.

큰 파운드(pound=영국의 화폐)화를 연관시켜 기억할 것

암 **달러와 컨파운드화를 혼동하다.**

(dollar) (confound)

大

confounded
[kənfáundid, kɑn- / kɔn-]

형 당황한, 혼란한

▶ confound(혼동하다, 당황케 하다) + ed(형용사를 만듦) = confounded(당황한, 혼란한)

C

高

confront
[kənfrʌ́nt]

동 직면하다, 맞서다.

권씨가 풀은 틀어

암 **권(權) 프런 트러 잡고 맞서다(직면하다).**

(confront)

▶ His house confronts mine.
그의 집은 우리집과 직면하다.

高

confuse
[kənfjúːz]

동 혼란시키다, 혼동하다, 혼돈시키다.

▶ con(함께) + fuse(= pour 붓다) = confuse(혼란시키다, 혼동하다)

두꺼비집에 큰 퓨즈가

암 **퓨즈박스에 컨 퓨즈가 나가 혼란시키다.**

(fuse box) (confuse)

大

confused
[kənfjúːzd]

형 혼란한, 헛갈리는

▶ confus(e)(혼란시키다, 혼동하다) + ed(형용사를 만듦) = confused(혼란한, 헛갈리는)

大

confusing
[kənfjúːziŋ]

형 혼란시키는, 당황케 하는

▶ confus(e)(혼란시키다, 혼동하다) + ing(현재분사 어미) = confusing(혼란시키는, 당황케 하는)

高

confusion
[kənfjúːʒən]

명 혼란, 혼동

▶ confus(e)(혼란시키다, 혼동하다) + ion(명사 어미) = confusion(혼란, 혼동)

▶ Everything is in confusion. 모든 것이 혼란상태이다.

大

congenial
[kəndʒíːnjəl]

형 성미에 맞는, 같은 성질의

건(두건) 진열한 인도인

암 **성미에 맞는 컨(巾) 진녈한 같은 성질의 인디언**

(congenial) (Indian)

大

congest
[kəndʒést]

동 혼잡하게 하다, 붐비게 하다.

큰 제수(제사음식) 틀어

암 **갱이 컨 제스(祭需) 트러 엎어 혼잡하게 하다.**

(gang) (congest)

大

congestion
[kəndʒéstʃən]

명 혼잡, 붐빔

▶ congest(혼잡하[붐비]게 하다) + ion(명사 어미) = congestion(혼잡, 붐빔)

高 **congratulate** [kəngrǽtʃulèit]

㉢ 축하하다, 축사를 하다.

현수막 큰 글에 줄 내(매고) 이틈에
암 **플래카드 컨 그레 튤래 이트**에 **축하하다.**
(placard) (congratulate)

▶ They congratulated him on his marriage.
그들은 그의 결혼을 축하했다.

高 **congratulation** [kəngrӕtʃuléiʃən]

명 축하, 경하

▶ congratulat(e) + ion(명사 어미) = congratulation(축하, 경하)

▶ a speech of congratulation. 축하의 말, 축사

大 **congregate** [káŋgrigèit / kɔ́ŋ-]]

㉢ 모으다, 모이다, 집합시키다.

깡그리 개의 이 틀어
암 바보 치과의사가 **캉그리 개 이 트**러 **모으다.**
(congregate)

大 **congregation** [kàŋgrigéiʃən / kɔ̀ŋ-]

명 모임 회합

▶ congregat(e)(모이다, 집합시키다) + ion(명사 어미) = congregation(모임, 집합)

高 **congress** [káŋgris / kɔ́ŋgres]

명 회의, 의회, 국회

▶ con(= together) + gress(= go)
= congress(국회)

콩을 그렸으니 여러 패로
암 **국회**에 **콩 그래스**니 **참새**가 **스(數)패로** 와.
(congress) (sparrow)

大 **congressional** [kəŋgréʃənəl]

형 의회의, 국회의, 회의의

▶ congress(의회, 국회, 회의) + ion(명사 어미) + al(…의) = congressional(의회의, 국회의, 회의의)

大 **congressman** [káŋgrismən / kɔ́ŋ-]

명 국회의원

▶ congress(의회, 국회) + man(사람) = congressman(국회의원)

大 **congresswoman** [káŋgriswùmən / kɔ́ŋ-]

명 ((美)) 여자 국회의원 (특히 하원의)

▶ congress(의회, 국회) + woman(여자) = congresswoman(여자, 국회 의원)

大 **conjugate** [kɔ̀ndʒugèit / kɑ́n-]

㉢ 활용하다, 접합하다

코는 죽(대나무)에 이틈에
암 **보잘것 없는 놈**이 **콘 죽(竹)게 이트**메 감고(쇼에) **활용하다.**
(nom) (conjugate)

大 **conjugation** [kàndʒugéiʃən / kɔ̀n-]

명(문법) 활용

▶ conjugat(e)(활용하다) + ion(명사 어미) = conjugation([문법]활용)

C

C

大 **conjunct** [kəndʒʌ́ŋkt, kɑ́ndʒʌ̀ŋkt / kɔ́n-]

㊎ 결합된, 연결된, 공동의

큰 정 끝으머리에
㊙ **컨정 크트**머리에 **연결된 공동의** 작품 **베이비**
(conjunct) (baby)

大 **conjunction** [kəndʒʌ́ŋkʃən]

㊔ (문법) 접속사

▶ conjunct(연결된, 결합된) + ion(명사 어미) = conjunction([문법]접속사)

大 **conjunctive** [kəndʒʌ́ŋktiv]

㊎ 연결 [결합]하는 ㊔ 접속사

▶ conjunct(연결된, 결합된) + ive(형용사 어미 …하는) = conjunctive(연결[결합]하는, 접속사)

大 **conjure** [kɑ́ndʒər / kʌ́n-]

㊍ 마법[요술]을 부리다.

큰 저(젓가락으)로
㊙ **테이블**에 **위치**한 **무당**이 **컨 저(箸)**로 **요술을 부리다.**
(table) (witch) (conjure)

高 **connect** [kənékt]

㊍ 잇다, 연결하다, 접속하다.

▶ (함께 = con) + (nect = 넥트 : 잇다) = 잇다, 연결하다

함께 = **컨 넥트**러 **이여서** = 잇다 연결하다.
함께 큰(=컨) 넥타이 틀어 이여서

高 **connection** [kənékʃən]

㊔ 이음, 연결, 관련

▶ connect(잇다, 연결하다) + ion(명사 어미) = connection(이음, 연결, 관련)

▶ a close connection 밀접한 관계

大 **connector** [kənéktər]

㊔ 연결하는 것, 연결기, 연결수

▶ connect(잇다, 연결하다) + or(…하는 사람[것]) = connector(연결하는 것, 연결기, 연결수)

高 **connexion** [kənékʃən]

㊔ 이음, 연결, 관련

▶ conne(ct) → x(잇다, 연결하다) + ion(명사 어미) = connexion(이음, 연결, 관련)

▶ a direct connexion 직접적인 관련

高 **conquer** [kɑ́ŋkər / kɔ́ŋ-]

㊍ 정복하다, 공략하다, 이기다.

콩고(=Congo)를 연관시켜 기억할 것
㊙ **밤**마다 **폭격해 콩커**를 **정복하다.**
(bomb) (conquer)

▶ conquer a peak 정상을 정복하다.

高 **conqueror** [kɑ́ŋkərər]

㊔ 정복자, 승리자

▶ conquer(정복하다) + or(…사람) = conqueror(정복자, 승리자)

▶ Honggildong the Conqueror 정복자 홍길동

高

conquest
[káŋkwest / kɔ́ŋ-]

명 정복

▶ conque(r)(정복하다) + st(= th 추상명사 어미) = conquest(정복)

▶ The Japanese conquest of Korea. 일본의 한국 정복

高

conscience
[kánʃəns / kɔ́n-]

명 양심, 도의심, 도덕, 관념

코는 선수쳐

암 여인을 **양심**껏 **콘 션스**쳐 가리고 **가**에서 **보더**(다).

(conscience) (border)

▶ a matterof conscience 양심의 문제

大

conscientious
[kànʃiénʃəs / kɔ̀n-]

형 양심적인, 성실한

▶ conscien(ce)(양심, 도덕 관념) + tious(··· 한 ···적인) = conscientious(양심적인, 성실한)

高

conscious
[kánʃəs / kɔ́n-]

명 의식 형 인식하고 있는, 의식적

비비꼰 셔스(셔츠)

암 패션 모델이 **콘 셔스**를 **의식적**으로 두르고 **폼을 내다**.

(conscious) (form)

▶ He is conscious of his own faults.
그는 자기의 결점을 알고 있다.

大

consciously
[kánʃəsli / kɔ́n-]

부 의식하여, 자각하여

▶ conscious(의식적인) + ly(부사를 만듦) = consciously(의식하여, 자각하여)

高

consciousness
[kánʃəsnis / kɔ́n-]

명 의식, 자각

▶ conscious(의식적인) + ness(추상명사를 만듦) = consciousness(의식, 자각)

▶ race consciousness 민족 의식

大

consecrate
[kánsikrèit / kɔ́n-]

타 신성(깨끗)하게 하다, 바치다.

권씨 끌을내 이 틈에

암 부처를 **컨시 크래 이 트**메 새겨 **신성(깨끗)하게 하다**.

(consecrate)

大

consecration
[kànsikréiʃən / kɔ̀n-]

명 신성화, 정화

▶ consecrat(e)(신선하게 하다) + ion(명사 어미) = consecration(신성화, 정화)

大

consecratory
[kánsikrətɔ̀:ri / kɔ́nsikrətəri]

형 신성하게 하는, 봉헌의

▶ consecrat(e)(신성하게 하다, 헌납하다) + ory(형용사 어미) = consecratory(신성하게 하는, 봉헌의)

大

consecutive
[kənsékjətiv]

형 연속적인, 잇따른

큰 새로운 Q자형의 고기 집으려고

암 해녀가 **컨 새 큐어(Q魚) 티브**려고 잇따른 **다이브 하다**.

(consecutive) (dive)

高 **consent**
[kənsént]

㉢ 동의(찬성)하다, 승낙하다. ㉥ 동의, 승낙

권씨의 센 트집에
㉠ **권(權) 센트**집에 일을 **승낙(동의)하다.**
(consent)

▶ Did you get your teacher's consent?
선생님한테 승낙은 받았나?

高 **consequence**
[kánsikwèns / kɔ́nsikwəns]

㉥ 결과, 결말, 영향

곤(=고씨는) 식권 수의
㉠ **콘 식퀀스**의 **결과**대로 **페이하다.**
(consequence) (pay)

▶ inevitalbe consequences 불가피한 결과

大 **consequent**
[kánsikwènt / kɔ́nsikwənt]

㉧ 결과의, 당연한

▶ consequen(ce)(결과, 결말) + t(형용사를 만듦) = consequent(결과의, 당연한)

大 **consequently**
[kánsikwəntli / kɔ́n-]

㉫ 그 결과로서, 따라서

▶ consequent(결과의, 당연한) + ly(부사 어미) = consequently(그 결과로서, 따라서)

大 **conservation**
[kànsəːrvéiʃən / kɔ̀n-]

㉥ (자연, 자연의) 보존, 보호, 관리

▶ conserv(e)(보존[보호]하다) + ation(명사 어미) = conservation(보존, 보호, 관리)

大 **conservatism**
[kənsə́ːrvətìzəm]

㉥ 보수주의

▶ conserv(e)(보존)[보호]하다) + atism(= ism …주의) = conservatism(보수주의)

高 **conservative**
[kənsə́ːrvətiv]

㉧ 보수적인, 보전력 있는

▶ conserv(e)(보존[보호]하다) + ative(= ive 형용사를 만듦)
= conservative(보수적인, 보존력 있는)

▶ deeply conservative 아주(극히)보수적인

大 **conservatory**
[kənsə́ːrvətɔ̀ːri / -təri]

㉧ 보존력이 있는, 보존성의

▶ conserv(e)(보존[보호]하다) + atory(= ory …의, …있는)
= conservatory(보전력이 있는, 보존성의)

大 **conserve**
[kənsə́ːrv]

㉢ 보존하다, 보호하다.

▶ (함께 = con) + (serve = 서부 : 보존하다) = 보존하다

미국사람 컨(=큰) 서부
㉠ **양키**가 **컨 서브** 지방을 **보호(보존)하다.**
(Yankee) (conserve)

中 **consider**
[kənsídər]

㉢ 숙고하다, 생각하다, 고려하다.

권씨 더(더더욱)
㉠ **안써**놓은 **해답**을 **퀀시 더 생각하다(고려하다).**
(answer) (consider)

▶ I'll consider it. 생각해 볼께요.

高	**considerable** [kənsídərəbəl]	[형] 고려해야 할, 무시하지 못하는 상당한, 중요한 ▶ consider(숙고하다, 고려하다) = able(…할 만한) = considerable(고려해야 할, 상당한)
高	**considerably** [kənsídərəbli]	[부] 상당히, 꽤, 매우 ▶ considerab(le)(고려해야 할, 무시하지 못하는 상당한, 중요한) + ly(부사를 만듦) →고려해야 할 만한 것들이 상당히[꽤]많은 = considerably(상당히, 꽤, 매우)
大	**considerate** [kənsídərit]	[형] 이해심 있는, 신중한 ▶ consider(숙고하다, 고려하다) + ate(…이 있는, …한) = considerate(이해심 있는, 신중한)
高	**consideration** [kənsìdəréiʃən]	[명] 숙고, 고려 ▶ consider(숙고하다, 고려하다) + ation(동작, 결과, 상태를 나타냄) = consideration(숙고, 고려) ▶ require consideration. 고려를 요하다.
高	**considering** [kənsídəriŋ]	[전] ~을 숙고하면, ~을 고려하면 ▶ consider(숙고하다, 고려하다) + ing(현재분사 어미) = considering(을 숙고하면,…을 고려하면)
大	**consign** [kənsáin]	[타] 건네주다, 인도하다, 위임하다. ▶ (완전히 = con) = (sing = 서명하다) = 건네주다, 위임하다 권씨가 사인을 [암] **권(權)사인을 건네주다 위임하다.** (consign) 
大	**consignment** [kənsáinmənt]	[명] 위탁, 위탁 판매, 위임 ▶ consign(건네주다, 위탁(위임)하다) + ment(명사 어미) = consignment(위탁, 위탁판매, 위임)
高	**consist** [kənsíst]	[동] 구성하다, ~에 있다, 에 존재하다, 일치하다. ▶ (함께 = con) + (sist = 서다, 놓다) = …에 있다. 일치하다. 권씨 수(손을) 틀어 [암] **레슬링**을 **권시 스(手)트**러 하고 **있다.** (wrestling) (consist) 
大	**consistence** [kənsístəns]	[명] 일관성, 언행 일치 ▶ sonsist(에 있다, 일치하다) + ence(명사 어미) = consistence(일관성, 언행 일치)
大	**consistent** [kənsístənt]	[형] 일관된, 일치하는 ▶ consist(에 있다, 일치하다) + ent(형용사 어미) = consistent(일관된, 일치하는)

大 **consolation** [kɔ́nsəléiʃ(ə)n]

명 위안; 위안이 되는 것(사람)

▶ consol(e)(위로하다, 위안하다) + ation(명사 어미) = consolation(위안, 위로)

大 **console** [kənsóul]

동 위로하다, 위문하다.

▶ con(= 함께) + sole(홀로, 하나의) = 위로하다

목동이 큰 소가 울잖게

암 **카우보이**가 **컨 소 울**잖게 **위로하다**.
(cowboy) (console)

大 **consolidate** [kənsɑ́lədèit / -sɔ́l-]

동 결합하다, 합체하다, 굳히다.

권(權)이 살어 데이트후

암 옆집에 **권(權) 살러 데이트**후 **결합(합체)하다**.
(consolidate)

大 **consolidation** [kənsɑ̀lədéiʃən / -sɔ̀l-]

명 결합, 합동, 합병

▶ consolidat(e)(결합[합체]하다) + ion(명사 어미) = consolidation(결합, 합동, 합병)

高 **consonant** [kɑ́nsənənt / kɔ́n-]

명 자음, 자음글자 형 자음의

코는 선(줄)은 틀어서

암 놈의 **콘 선(線)언 트**러서 **자음글자**를 짓다.
(consonant)

▶ a voiced consonant 유성 자음

大 **consort** [kɑ́nsɔːrt / kən-]

명 동료, 배우자 동 사귀자

▶ (함께 = con) + (sort = 소트:종류) = 배우자 사귀다

함께 컨(權)은 **소트**러 가며 여러 **종류**의 배우
함께 권씨는 소틀어 가며 여러 종류의
자감과 사귀다.

高 **conspicuous** [kənspíkjuəs]

형 현저한, 눈에 띄는, 저명한

큰 숲이 Q자형 고기 수종(여러 종류)을

암 **컨 스피 큐어(Q魚) 스**종을 **눈에 띄는** 곳에 모아.
(conspicuous)

大 **conspiracy** [kənspírəsi]

명 음모, 공모(共謀)

▶ conspir(e)(공모하다) + acy(성질, 상태의 뜻) = conspiracy(음모, 공모(共謀))

大 **conspirator** [kənspírətər]

명 공모자, 음모자

▶ conspir(e)(공모하다, 음모를 꾸미다) + ator(…하는 사람) = conspirator(공모자, 음모자)

大 **conspire** [kənspáiər]

동 (비밀히)공모하다, 음모를 꾸미다.

큰 수개의 파를 이여

암 싼 피자에 **컨 스(數)파 이어** 넣기로 **음모를 꾸미다**.
(conspire)

大
constable
[kάnstəbl / kʌ́n-]]

명 치안관, 순경, 경관

큰 수(수개의) 테이블

암 **컨스(數) 터블**에서 일하는 **치안관 순경**

(constable)

大
constancy
[kάnstənsi / kɔ́n-]

명 굳은 절개, 정조, 불변

▶ constan(t)(끊임없는, 불변의) + cy(성질상태를 뜻함) = constancy(굳은 절개, 정조, 불변)

高
constant
[kάnstənt / kɔ́n-]

형 끊임없는, 불변의, 정숙한

권씨가 수(손) 튼튼히

암 **권(權) 스(手) 튼트**니 하려고 **끊임없는** 연습해

(constant)

▶ a constant wife 정숙한 아내

高
constantly
[kάnstəntli / kɔ́n-]

부 끊임없이

▶ constant(끊임없는) + ly(부사 어미) = constantly(끊임없이)

大
constellation
[kὰnstəléiʃən / kɔ̀n-]

명 별자리, 성좌

코는 수 많은 털에 이선생이

암 겨울밤에 **콘스(數)털레 이선**생이가리고 **별 자리**를 보네

(constellation)

大
constituent
[kənstítʃuənt]

형 구성하는 명 성분

▶ constitu(te)(구성하다) + ent(형용사 어미, 명사 어미) = constituent(구성하는, 성분)

高
constitute
[kάnstitjùːt / kɔ́n-]

동 구성하다, 조작하다, 제정하다.

권씨가 수개의 티를 투우 틀려고

암 **권(權) 스(數)티 튜우 트**려고 이여 **조직하다**.

(constitute)

▶ The parts constitute the whole.
부분이 전체를 구성한다.

高
constitution
[kὰnstitjúːʃən / kɔ́n-]

명 구성, 구조, 헌법

▶ constitut(e)(구성하다, 조직하다) + ion(명사 어미) = constitution(구성, 체질, 헌법)

▶ the constitution of DNA. DNA 구조

大
constitutional
[kὰnstitjúːʃənəl / kɔ̀n-]

형 구조상의, 헌법상의

▶ constitution(구조, 헌법) + al(…의[상의]) = constitutional(구조상의, 헌법상의)

大
constitutionalize
[kάnstitjúːʃənəlὰiz / kɔ̀n-]

동 입헌 제도로 하다.

▶ constitutional(구조상의, 헌법상의) + ize(…하다) = constitutionalize(입헌 제도로 하다)

C

高 **constrain**
[kənstréin]

[타] 억지로 시키다, 강요하다.

▶ (함께 = con) + (strain = 스(數)트레인(人):죄다) = 강요하다.

함께 컨(큰) **수(數)트레 인(人)**을 넣어 **죄이며**
함께 큰(大) 여러 틀에 인(人)을 넣어 죄이며
= 자백을 강요하다.

▶ constrain a person to work. 아무를 억지로 일을 시키다.

C

大 **constraint**
[kənstréint]

[명] 강제, 강요, 압박

▶ constrain(강요하다) + t(= th 추상명사 어미) = constraint(강제, 강요, 압박)

高 **construct**
[kənstrʌ́kt]

[동] 건설하다, 조립하다, 건축하다.

큰 수(수대의) 트럭을 연관시켜 기억할 것
[암] 집을 **컨 수(數) 트**럭 트러(틀어) **건설하다**.
(construct)

▶ The company constructed the bridge.
그 회사가 그 다리를 건설했다.

高 **construction**
[kənstrʌ́kʃən]

[명] 건설, 건축

▶ construct(건설하다, 건축하다) + ion(명사 어미) = construction(건설, 건축)

大 **constructive**
[kənstrʌ́ktiv]

[형] 건설적인, 발전적인

▶ construct(건설하다, 건축하다) + ive(…한 경향 성질을 가진) = constructive(건설적인, 발전적인)

大 **construe**
[kənstrúː]

[명] 직역 [타] 해석하다.

권씨의 수(운수) 진실한 사실대로
[암] 점쟁이가 **퀀(權)스(數) 트루(true)**대로 **직역**해
(construe)
해석하다.

大 **consul**
[kánsəl / kɔ́n-]

[명] 영사, 집정관 [프史] 총독

[암] **총독(집정관)**의 사무실 **칸 설**계를 한 **영사**
(consul)

高 **consult**
[kənsʌ́lt]

[동] 의논하다, 진찰을 받다, 상담하다.

권이 살뜰히도
[암] 닥터에게 **퀀(權) 살트**리도 **진찰을 받다(상담하다)**.
(consult)

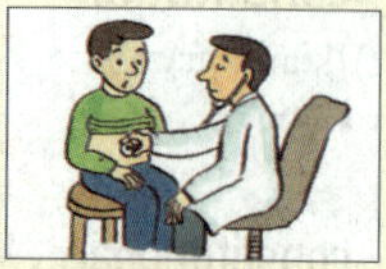

▶ He consulted his doctor.
그는 의사에게 진찰을 받았다.

大 **consultant**
[kənsʌ́ltənt]

[명] 상담역, 컨설턴트

▶ consult(상담하다) + ant(…하는 사람) = consultant(상담역, 컨설턴트)

大 **consultation**
[kànsəltéiʃən / kɔ̀n-]

[명] 상의, 상담, 협의

▶ consult(상담하다) + ation(명사 어미) = consultation(상의, 상담, 협의)

大 **consulting** [kənsʌ́ltiŋ]

㉻ 자문(고문)의 ㉢ 조언, 진찰

▶ consult(상당하다) + ing(현재분사 어미) = consulting(자문의, 고문의, 조언, 진찰)

大 **consultor** [kənsʌ́ltər]

㉢ 상담자, 충고자

▶ consult(상담하다) = or(…사람) + consultor(상담자, 충고자)

高 **consume** [kənsúːm]

㉧ 다 써버리다, 소모하다, 소비하다.

큰 숨

㉲ 산소를 **컨 숨** 쉬는 데 **다 써버리다(소비하다)**.

(consume)

▶ He consumed much of his time in studying every day.
그는 날마다 연구에 많은 시간을 소비했다.

大 **consumer** [kənsúːmər]

㉢ 소비자

▶ consum(e)(소비하다,소모하다) + er(…사람) = consumer(소비자)

大 **consummate** [kɑ́nsəmèit / kɔ́n-]

㉨ 완성하다, 완료하다.

큰 섬에 이(2)트기가

㉲ 여객선 승선을 **컨섬메 이(2)트**기가 가려고 **완료하다**.

(consummate)

大 **consummation** [kɑ̀nsəméiʃən / kɔ́n-]

㉢ 완성, 완료

▶ consummat(e)(완성[완료]하다) + ion(명사 어미) = consummation(완성, 완료)

高 **consumption** [kənsʌ́mpʃən]

㉢ 소비, 소모

※ 위의 consume 단어 참조

▶ (소비[소모]하다 = consum[e]) + (ption = 명사 어미) = consumption(소비, 소모)

▶ fuel consumption 연료 소비

高 **contact** [kɑ́ntækt / kɔ́n-]

㉢ 접촉 ㉧ 접촉하다.

▶ con(= together) + tact(= touch) = contact(접촉하다)

코는 택(집)을 틀려고

㉲ 놈이 **콘 택(宅)트**려고 **접촉한다**.

(contact)

大 **contagion** [kəntéidʒən]

㉢ 접촉 전염(감염)

큰 태(탯줄) 이전에 가위

㉲ 산모의 **컨 태(胎)이전**에 **접촉 감염**되 **가우 쥐**고 **도려내다**.

(contagion) (gouge)

大 **contagious** [kəntéidʒəs]

㉻ 접촉 전염성의, 접촉 감염성의

▶ contagi(on)(접촉 전염) + ous(형용사 어미) = contagious(접촉 전염성의, 접촉 감염성의)

中 **contain** [kəntéin]

㊍ 내포(포함)하다, (속에) 담고 있다.

회원에는 큰 태인(아이벤 사람)
암 **멤버**에는 **컨 태인(胎人)**도 **포함하다**.
(membor) (contain)

▶ This can contains four gallons of oil.
이 깡통에는 4갈론의 기름이 들어 있다.

大 **container** [kəntéinər]

㊔ 그릇, 용기, 컨테이너(화물 수송용의 큰 금속 상자)

▶ contain(포함하다,담고 있다) + er(…하는 것) = container(담는 것 → 그릇, 용기)

大 **contaminate** [kəntǽminèit]

㊍ 더럽히다, 오염시키다.

큰망태 민 애(가) 이 틈에
암 **가운**을 **컨태 민 애 이 트**메 **더럽히다 오염시키다**.
(gown) (contaminate)

大 **contamination** [kəntæ̀minéiʃən]

㊔ 오염, 더러움

▶ contaminat(e)(더럽히다, 오염시키다) + ion(명사 어미)
= contamination(오염, 더러움)

高 **contemplate** [kάntemplèit]

㊍ 계획하다,응시하다, 곰곰이 생각하다.

코는 땜 풀에 이 틈에
암 놈이 **콘 탬플레 이 트**메 넣려고 **계획(생각)하다**.
(contemplate)

▶ I contemplate visiting France.
나는 프랑스로 여행갈까 생각하고 있다.

大 **contemplation** [kὰntempléiʃən]

㊔ 묵상, 응시, 숙고

▶ contemplat(e)(응시하다, 곰곰이 생각하다) + ion(명사 어미)
= contemplation(응시, 숙고, 묵상)

高 **contemporary** [kəntémpərèri]

㊌ 같은 시대의; 현대의, 당시의

현대건설이 큰 댐(dam)을 연관시켜 기억할 것
암 이끼끼어 **당시의 현대**가 만든 **컨 탬 퍼러리**(퍼릴 것이다)
(contemporary)

高 **contempt** [kəntémpt]

㊔ 경멸, 모욕

권양이 태움에 붙으니
암 야타족에게 **퀀(權) 탬 프트**니 보고 **경멸**하네
(contempt)

大 **contemptible** [kəntémptəbəl]

㊌ 경멸할 만한, 멸시할

▶ contempt(경멸, 모욕) + ible(= able,…할 만한) = contemptible(경멸할 만한, 멸시할)

大 **contemptuous** [kəntémptʃuəs]

㊌ 모욕적인, 경멸적인

▶ contempt(경멸, 모욕) + uous(= ous 형용사 어미,…적인)
= contemptuous(모욕적인, 경멸적인)

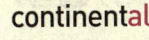

高 **contend**
[kənténd]

[동] 다투다, 경쟁하다.

▸ (함께 = con) + (tend = 텐드:뻗다) = 다투다, 경쟁하다.

함께 = **퀀(權) 텐드**러 올려 **뻗는** 것을 = 다투다, 경쟁하다.
함께 권(權)씨가 텐(10kg)들어올려 팔 뻗는것을 다투다, 경쟁하다

高 **content**
[kəntént]

[형] 만족한 [명] 내용 [동] 만족 시키다.

▸ con(= together) + tent(hold) = content(만족시키다.)

큰 텐트(=천막)
[암] **내용**이 **만족한 컨 텐트** 주어 **만족시키다**.
(content)

大 **contented**
[kənténtid]

[형] 만족하고 있는

▸ content(만족시키다) + ed(형용사를 만듦) = contented(만족하고 있는)

大 **contention**
[kəntén∫ən]

[명] 말다툼, 논쟁

▸ conten(d)(다투다) + tion(명사 어미)
= contention(말다툼, 논쟁)

大 **contentment**
[kənténtmənt]

[명] 만족, 만족함

▸ content(만족시키다) + ment(명사 어미) = contentment(만족, 만족함)

中 **contest**
[kántest / kɔ́n-]

[동] 겨루다, 경쟁하다. [명] 경쟁, 경연, 콘테스트

▸ (함께 = con) + (test = 시험, 검사) = contest(경쟁하다)

[암] **미스코리아 콘테스트**에서 **겨루다.(경쟁하다)**
(Miss Korea) (contest)

大 **contestant**
[kəntéstənt]

[명] 경쟁자

▸ contest(경쟁하다) + ant(…하는 사람) = contestant(경쟁자)

大 **context**
[kántekst / kɔ́n-]

[명] (사건) 경위, 사정 (글의)전후 관계)

▸ (완전히 = con) + (text = 원문, 본문) = (전후 관계)

완전히 **콘 택스 트**러 **원문**을 보게 해 **전후 관계**를 알려
완전히 코는 (김)택수 틀어 원문을 보게해

中 **continent**
[kántinənt / kɔ́n-]

[명] 대륙, 육지

코는 티셔츠는 틀어
[암] 놈의 **콘 티(T)넌 트**러 **육지**로 끌어.
(continent)

高 **continental**
[kàntinéntl / kɔ̀n-]

[형] 대륙의, 대륙성의

▸ continent(대륙) + al(…의) = continental(대륙의, 대륙성의)

▸ a continental climate 대륙성 기후

高	**continual** [kəntínjuəl]	ⓗ 잇따르는, 계속적인 ▶ continu(e)(계속하다) + al(…의[적인]) + continual(계속적인, 잇따른) ▶ continual rain 계속되는 장마(비)
高	**continually** [kəntínjuəli]	ⓑ 계속해서, 끊임없이 ▶ continual(잇따른, 계속적인) + ly(부사를 만듦) = continually(끊임없이, 계속해서)
大	**continuance** [kəntínjuəns]	ⓜ 계속, 지속 ▶ continu(e)(계속하다) + ance(명사 어미) = continuance(계속, 지속)
大	**continuation** [kəntìnjuéiʃən]	ⓜ 계속됨, 연속 ▶ continu(e)(계속하다) + ation(명사를 만듦) = continuation(계속됨,연속)
中	**continue** [kəntínjuː]	ⓓ 계속하다, 지속하다. 달리기를 큰 티를 누이가 암 **조깅**을 **컨 티(T) 뉴**이가 입고 **계속하다.** (jogging) (continue) ▶ Continue reading the book. 계속 그 책을 읽어라. 
大	**continuity** [kàntənjúːəti / kɔ̀ntinjúːiti]	ⓜ 연속성, 계속성 ▶ continu(e)(계속하다) + ity(추상명사 어미) = continuity(연속성, 계속성)
高	**continuous** [kəntínjuəs]	ⓗ 계속적인; 연속적인 ▶ continu(e)(계속하다) + ous(형용사의 어미,…의 성질을 가진) = continuous(계속적인,연속적인) ▶ The brain needs continuous supply of blood. 뇌는 끊임없는 혈액의 공급을 필요로 한다.
高	**continuously** [kəntínjuəsli]	ⓑ 연속적으로, 계속적으로 ▶ continuous(연속적인, 계속적인) + ly(부사를 만듦) = continuously(연속적으로,계속적으로)
大	**contour** [kántuər / kɔ́n-]	ⓜ 윤곽, 외형 ▶ (함께 = con) + (tour = 투어 : 여행) = contour(윤곽, 외형) 함께 컨이 다 **투어**가며 **여행해** = contour(윤곽, 외형)을 보다 함께 권씨가 다 투어가며 여행해
高	**contract** [kántrækt / kɔ́n-]	ⓜ 계약(서) ⓓ 계약하다, 수축하다. ▶ (함께 = con) + (tract = 트랙트:끌어 당기다) = (계약하다) 함께 컨(큰) **트랙트**(터)로 **끌어 당기듯**하여 = **(계약하다)** ▶ a written contract 서류 계약 

大

contraction
[kəntrǽkʃən]

명 단축, 축소

▶ contract(계약하다, 수축하다) + ion(명사 어미) = contraction(단축, 축소)

大

contractor
[kɑ̀ntræktər / kəntrǽk-]

명 계약자, 청부인

▶ contract(계약하다) + or(…사람) = contractor(계약자, 청부인)

大

contradict
[kɔ̀ntrədíkt]

동 (사실, 진술이) 모순되다, 반박하다.

▶ (반대로 = contra) + (dict = 딕트 : 말하다) = 반박하다.

놈이 **반대로 콘 트러 딕!트**러 **말하듯**소리쳐 = **반박하다**.
(놈이 반대로 코는 틀어 딕!틀어 말하듯 소리쳐)

大

contradiction
[kɑ̀ntrədíkʃən / kɔ̀n-]

명 부정, 반박, 모순

▶ contradict(부정하다, 반박하다) + ion(명사 어미) = contradiction(부정, 반박, 모순)

高

contrary
[kɔ̀ntrəri]

형 반대의, 모순된 명 반대, 모순 부 반대로

▶ (반대로 = contra) + ry(…의) = 반대의

암 두놈이 **반대로 콘 트러리**.
(코는 틀어리(틀어보리)) (contrary)

高

contrast
[kɑ́ntræst / kɔ́n-]

명 대조, 차이 동 대조하다.

암 미싱사가 **컨트레 스트**러 솜씨에 **차이**가 나 **대조하다**.
(큰 미싱틀에 서툴러) (contrast)

▶ an unfavorable contrast 좋지않은 대조

高

contribute
[kəntríbjut]

동 공헌하다, 기부하다, 기여하다, 원인이 되다.

▶ 추첨해(함께 = con) = (tribute = 트리뷰트:주다) = 기부하다.

추첨해 **함께 컨**(큰) **트리뷰트**니 고아원에 **주어** = 기부하다.
(추첨해 함께 큰 틀이 붙으니 고아원에 주어 기부하다)

高

contribution
[kɑ̀ntrəbjúːʃən / kɔ́n-]

명 기부; 기여, 기고, 투고, 기고문

▶ contribut(e)(기부하다, 공헌하다) + ion(명사 어미) = contribution(기여, 기부, 기고(문))

大

contrivance
[kəntráivəns]

명 고안, 고안품, 계획

▶ contriv(e)(고안하다, 연구하다) + ance(명사 어미) = contrivance(고안, 고안품, 계획)

高

contrive
[kəntráiv]

동 고안(발명)하다; 용케~하다, 연구하다.

암 복서는 특기가 **컨트라 이브**레서 도 **연구하다**.
(권투라 이불에서) (contrive)

▶ She contrived a smoke detector.
그녀는 연기 감지기를 고안해 냈다.

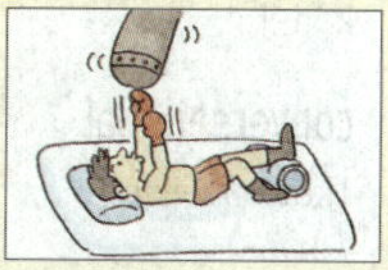

C

中

control
[kəntróul]

[명] 조정, 지배, 제어 [동] 조정[지배, 관리]하다.

권투선수 권투로 울(링) 안을
[암] **복서**가 **컨트로 울** 안을 **지배하다**.
(boxer) (control)

▶ control one's weight 체중을 조절하다.

大

controller
[kəntróulər]

[명] 관리인, 지배자

▶ control + l(지배[관리]하다) + er(…사람) = controller(관리인, 지배자, 감시관)

大

controversy
[kántrəvə̀ːrsi]

[명] 논쟁, 말다툼

코는 틀어 벗이 코를
[암] **말다툼** 끝에 **콘트러 벗시 쿼럴**잡고 **싸우다**.
(controversy) (quarrel)

高

convenience
[kənvíːnjəns]

[명] 편리, 편의

▶ convenien(t)(편리한) + ce(추상명사 어미) = convenience(편리, 편의)

高

convenient
[kənvíːnjənt]

[형] 편리한, 형편 좋은

큰 비녀는 틀어 파마
[암] **형편 좋은** 자가 **컨 비년 트**러 **편리한 퍼머를 하다**.
(convenient) (perm)

▶ It is very convenient. 정말 편리하네요

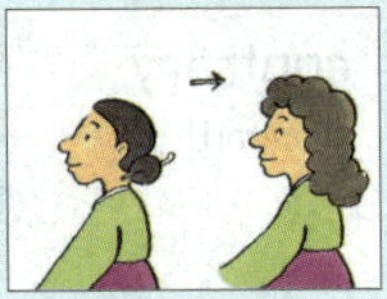

大

convent
[kánvənt / kɔ́n-]

[명] 수도원, 수녀단, 수도회

▶ (함께 = con) + (vent = 번트:오다) = convent(수도원, 수도회)

수녀들이 함께 **컨 번트**시 지은 집에 **와서** = convent 도 닦는 곳, **수도원**
수녀들이 함께 큰 번듯이 지은 집에 와서

高

convention
[kənvénʃən]

[명] 회의, 대회, 인습, 관례, 집합

[암] **회의**하려고 **컨벤션** 센터에 **관례**대로 **집합**해.
(convention)

▶ a convention hall (호텔 등의) 회의장

高

conventional
[kənvénʃənəl]

[형] 전통적인, 틀에 박힌, 협상의

▶ convention(관습, 관례, 협약) + al(…의) = conventional(전통적인, 틀에 박힌, 협상의)

▶ a conventional tariff 협정세율[요금]

中

conversation
[kɑ̀nvərséiʃən / kɔ̀n-]

[명] 회화, 담화

▶ convers(e)(담화하다) + ation(명사 어미) = conversation(회화, 담화)

▶ English conversation 영어 회화

大

conversational
[kɑ̀nvərséiʃənəl / kɔ̀n-]

[형] 회화의, 담화의

▶ conversation(회화, 담화) + al(…의) = conversational(회화의, 담화의)

高 **converse** [kənvə́ːrs]

[동] 담화하다. [형] 거꾸로의

권(권양이) 벗으며
[암] **스커트**를 **거꾸로의** 자세로 **권(權)버스**며 **담화**
(skirt) (converse)
하다.

▶ converse on(about) a matter. 어떤 일에 관하여 이야기하다.

大 **conversion** [kənvə́ːrʒən / -ʃən]

[명] 변환, 전환

▶ convers(e)(거꾸로의) + ion(명사 어미) = conversion(변환, 전환)

高 **convert** [kənvə́ːrt]

[동] 변환시키다; 변화시키다, 바꾸다.

권(권양이) 벗더니
[암] **팬티**를 **컨(權) 벗트**니 **바꾸다. 변화시키다.**
(panties) (convert)

大 **convertible** [kənvə́ːrtəbəl]

[형] 바꿀 수 있는, 개조할 수 있는

▶ convert(바꾸다) + ible(= able, …할 수 있는) = convertible(바꿀 수 있는, 개조할 수 있는)

大 **convex** [kanvéks / kən- / kɔn-]

[형] 볼록한

큰 백수
[암] **팥 단지**같이 **볼록한 컨 백스** 건달의 **밸이**(배)
(pot) (convex) (belly)

高 **convey** [kənvéi]

[동] 나르다, 운반하다, (사상 따위를)전하다, 전달하다.

큰 배 이용해
[암] **오일**을 **컨 배 이**용해 **나르다 운반하다.**
(oil) (convey)

▶ Air conveys sound. 공기는 소리를 전한다.

大 **conveyance** [kənvéiəns]

[명] 운반, 전달, 수송

▶ convey(나르다, 운반하다) + ance(명사 어미) = conveyance(운반, 전달, 수송)

大 **conveyor** [kənvéiər]

[명] 운반인, 운반 장치, 컨베이어

▶ convey(나르다, 운반하다.) + or(…사람[것]) = conveyor(운반인, 운반 장치, 컨베이어)

大 **convict** [kənvíkt]

[동] 유죄를 입증[선고]하다. [명] (기결)죄수

권을 빅! 틀어지게
[암] **죄수**가 **권(權) 빅! 트**어지게 쳐 **유죄를 선고하다.**
(convict)

高 **conviction** [kənvíkʃən]

[명] 유죄 판결, 신념, 확신

▶ convict(유죄를 선고하다) + ion(명사 어미) = conviction(유죄 편결, 신념, 확신

▶ hold a strong conviction. 강한 확신을 품다.

高 **convince** [kənvíns]

동 납득시키다, 확신시키다.

암 거지에게 **권(權) 빈스(手)**임을 **확신시키다.** (권씨가 빈수(빈손) / convince)

▶ She convinced him of its truth. 그녀는 그것이 사실임을 그에게 납득시켰다.

大 **convincible** [kənvínsəbl]

형 설득할 수 있는

▶ convinc(e)(납득시키다) + ible(= able …할 수 있는) = convincible(설득할 수 있는)

大 **convincing** [kənvínsiŋ]

형 설득력 있는

▶ convinc(e)(납득시키다) + ing(현재분사 어미) = convincing(설득력 있는)

大 **convoy** [kɑ́nvɔi / kɔ́n-]

명 호송, 호위 타 호송(호위)하다.

암 **컨보이**를 순경이 **호위하다.** (큰 보이(boy : 소년)를 연관시켜 기억할 것 / convoy)

大 **convulsion** [kənvʌ́lʃən]

명 경련, 웃음의 발작

암 **컨 벌(罰)션**자가 일으킨 **웃음의 발작 경련** (큰 벌(벌을) 선자가 / convulsion)

大 **coo** [kuː]

동 (비둘기 따위가) 꾸꾸꾸 울다. 명 쿠쿠(비둘기 우는 소리)

암 **(비둘기가)쿠쿠 하고 울다.** (큰 벌(벌을) 선자가 / coo)

中 **cook** [kuk]

동 요리하다 명 요리사

암 **피자**를 **요리사**가 **쿡** 찔러 **요리하다.** (pizza / cook)

▶ A cook is baking cookies. 요리사가 쿠키를 굽고 있다.

大 **cookery** [kúkəri]

명 요리법, 조리실

▶ cook(요리하다) + ery(…제조소) = cookery(요리법, 조리실)

大 **cookie, -ey** [kúki-]

명 쿠키(비스킷)

高 **cooking** [kúkiŋ]

명 요리(법)

▶ cook(요리하다) + ing(현재분사 어미) = cooking(요리법, 요리)

▶ home cooking 가정 요리

中

cool

[ku:l]

형 서늘(시원)한

암 **시원하**고 **서늘한** 곳에서 **쿨**쿨…….
(cool)

▶ It's getting cool. 신선해지고 있다.

高

cooler

[kú:lər]

명 냉각기 ((美)) 냉장고

▶ cool(서늘한) + er(…하게 하는 것) = cooler(냉각기, ((美)) 냉장고)

大

coolly

[kú:lli]

부 서늘하게, 냉정하게

▶ cool(서늘한, 시원한) + ly(부사를 만듦) = coolly(서늘하게, 냉정하게)

高

cooperate

[kouάpərèit / -ɔ́p-]

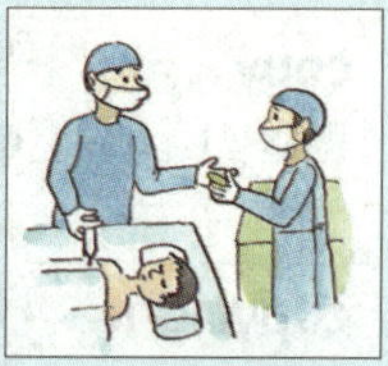

동 협력하다, 서로 돕다, 협동하다

▶ (…와 함께 = co) + (operate = 수술하다) = 서로 돕다.

조수**와 함께 코우(友) 아(兒)퍼레 이트**메
조수와 함께 코큰 벗이 아이 팔에 이름에

수술하며 = **서로 돕다.**
수술하며

高

cooperation

[kouὰpəréiʃən / -ɔ̀p-]

명 협력, 협동

▶ cooperat(e)(협력하다) + ion(명사 어미) = cooperation(협력, 협동)

▶ They worked in close cooperation. 그들은 밀접하게 협력하며 일했다.

大

cooperative

[kouάpərèitiv / -ɔ́p-]

형 협력적인, 협동의

▶ cooperat(e)(협력[협동]하다) + ive(형용사 어미) = cooperative(협력적인, 협동의)

大

cooperator

[kouάpərèitər / -ɔ́p-]

명 협력자, 협동자

▶ cooperat(e)(협력[협동]하다) + or(…사람) = cooperator(협력자, 협동자)

大

coordinate

[kouɔ́:rdənit, -nèit]

동 동등하게 하다. 형 동등의, 대등한

코큰 벗이 오푼을 더내 이름에

암 판돈을 **코우(友) 오(五) 더내 이트**메 **동등하게 하다.**
(coordinate)

大

coordination

[kouɔ̀:rdənéiʃən]

명 동등, 동등하게 함

▶ coordinat(e)(동등[대등]하게 하다) + ion(명사 어미) = coordination(동등, 동등하게 함)

大

coordinator

[kouɔ́:rdənèitər]

명 동격으로 하는 것(사람)

▶ coordinat(e)(동등[대등]하게 하다) + or(…하는 사람[것]) = coordinator(동격으로 하는 것[사람])

C

高 **cope**
[koup]

동 처리하다, (누구와) 맞서다, 대항하다.

통통부어 아니꼬웁게
암 **촌놈**이 **부어** 아니**코웁**게 **맞서다. 처리하다.**
(boor) (cope)

▶ cope with a difficulty. 어려운 문제를 잘 처리하다.

大 **copious**
[kóupiəs]

형 매우 많은, 풍부한

권투선수가
암 **복서**가 **매우 많은**량 흘린게 **코-피어스**니...
(boxer) (copious)

高 **copper**
[kάpər / kɔ́pər]

명 구리, 동전 타 구리를 씌우다.

갚어
암 **분**에 넘치는 **은혜**를 **구리 동전**으로 **캅어(카퍼)**
(boon) (copper)

中 **copy**
[kάpi / kɔ́pi]

명 카피, 복사, (서적의) 원고 타 복사하다.

암 서적 **원고**를 **카피(복사)하다.**
(copy)

▶ make [take] a copy. 복사하다.

大 **copyright**
[kάpiràit]

명 저작권, 판권

▶ copy(사본, 원고) + right(권리) = copyright(저작권, 판권)

大 **copywriter**
[kάpiràitər]

명 광고문안 작성자, 카피라이터

▶ copy(복사하다) + writer(작자, 필기자)
= copywriter(광고문안 작성자, 카피라이터)

大 **coral**
[kɔ́ːrəl]

명 산호 형 산호빛의

코를 잠수부가 티끌
암 **산호 코럴 다이버**가 **티클**로 **간질이다.**
(coral) (diver) (tickle)

高 **cord**
[kɔːrd]

명 새끼, 끈, 줄 타 밧줄로(끈으로)묶다.

상자를 코를 들어
암 **박스**를 놈이 **코 드**러 **새끼 끈으로 묶다.**
(box) (cord)

高 **cordial**
[kɔ́ːrdʒəl / - diəl]

형 성심어린, 진심을 다한, 간곡한

코뒤 얼간이의
암 **코뒤 얼**간이의 **성심어린 마사지.**
(cordial) (massage)

▶ a cordial reception 성심어린 환대

大 **cordiality**
[kɔ̀ːrdʒiǽləti / kɔ̀ːdiǽliti]

명 성실, 진심, 성심

▶ cordial(성심어린, 진심의) + ity(추상명사 어미) = cordiality(성실, 진심, 성심)

大 **cordially** [kɔ́ːrdʒəli / kɔ́ːrdiəli]

[부] 진심으로, 정성껏, 성심껏,

▶ cordial(진심의, 성심의) + ly(부사 어미) = cordially(진심으로, 정성껏, 성심껏)

大 **corduroy** [kɔ́ːrdərɔ̀i]

[명] 코듀로이, 코르덴 양복 [형] 코르덴제(製)의

大 **core** [kɔːr]

[명] 핵심, (과일 따위의) 속, 응어리 [타] 응어리를 뽑다(빼다).

[암] 닥터가 **코 속**에 **핵심 응어리를 뽑다(빼다)**.
(core)

高 **cork** [kɔːrk]

[명] 코르크, ~에 코르크 마개를 끼우다.

[암] **샴페인**병에 **코르크 마개를 끼우다**.
(champagne) (cork)

▶ pop [remove] a cork. (소리나게)코르크 마개를 뽑다.

中 **corn** [kɔːrn]

[명] 곡식; (영); (미) 옥수수, 낟알

[암] **펑 소리나게 튀긴 팝 콘 옥수수. 낟알**
(pop)(corn)

▶ sweet corn 사탕옥수수

大 **corned** [kɔːrnd]

[형] 작은 알, (낟알)로 만든

▶ corn(낟알, 곡물) + ed(형용사를 만듦) + corned(작은 알, (낟알)로 만든)

中 **corner** [kɔ́ːrnər]

[명] 모퉁이 [동] 모퉁이에 몰아넣다.

[암] 놈을 **코너 모퉁이에 몰아넣다**.
(corner)

▶ go around the corner. 모퉁이를 돌아가다.

大 **cornfield** [kɔ́ːrnfiːld]

[명] 곡물밭, 옥수수밭

▶ corn(곡물, 옥수수) + field(들판) = cornfield(곡물밭, 옥수수밭)

大 **corona** [kəróunə]

[명] 코로나, 왕관

大 **coronation** [kɔ̀ːrənéiʃən / kɔ̀r-]

[명] 대관식, 즉위식

▶ corona(왕관) + tion(명사 어미) = coronation(대관식, 즉위식)

大
coronet
[kɔ́:rənit, kɑ́r- / kɔ́r-]

[명] 소관(小冠), 보관(寶冠)

▶ coron(a)(왕관) + et(작다는 뜻) = coronet(소관, 보관)

大
corporal
[kɔ́:rpərəl]

[형] 육체의, 신체의, 상등병

[암] **육체의 코 퍼럴**때까지 매 맞는 **상등병**
(corporal)

大
corporate
[kɔ́:rpərit / kɔ́:pərət]

[형] 법인의, 단체의

코가 퍼렇던 / 사장
[암] 감기 걸려 **코 퍼렇**던 **법인 단체의 보스**
(corporate) (boss)

高
corporation
[kɔ̀:rpəréiʃən]

[명] 법인, 단체

▶ corporat(e)(법인의, 단체의) + ion(명사 어미) = corporation(법인, 단체)

大
corporator
[kɔ́:rpərèitər]

[명] 법인(단체)의 일원, 주주

▶ corporat(e)(법인의, 단체의) + or(…사람) = corporator(법인[단체]의 일원, 주주)

高
corps
[kɔər / kɔ:r]

군단, 병단, 부대, 단

코끼리
[암] **코 부대(군단)** 지휘자 **타잔**
(corps) (Tarzan)

大
corpse
[kɔ:rps]

[명] (보통 인간의) 시체, 송장

코 부수어진
[암] 사고로 **코 프스**어진 **시체**.
(corpse)

大
corpus
[kɔ́:rpəs]

[명] 신체

코를 펴스니
[암] 놈이 **신체**의 **코 퍼스**니 **코 선** 것을 **경계하다**.
(corpus) (caution)

中
correct
[kərékt]

[형] 정확한 [동] 바로잡다, 고치다.

칼로 액체를 틀어
[암] 설탕을 **정확하**고 **올바른**량 **컬 액(液) 트**러 **바로잡다**.
(correct)

▶ a correct judgment [view] 정확한 판단[견해]

大
correction
[kərékʃən]

[명] 정정, 수정

▶ correct(올바른, 고치다) + ion(명사 어미) = correction(정정, 수정)

大 **correctly** [kəréktli]

[부] 바르게, 정확히

▶ correct(정확한, 올바른) + ly(부사 어미) = correctly(바르게, 정확히)

大 **correlate** [kɔ́:rəlèit / kɔ́r-]

[동] 서로 상관하다, 서로 관련시키다.

▶ (서로, 함께 = cor) + (relate = 관련시키다)
= 서로 관련시키다.

코를 내 이(2) 트기를
[암] 놈이 **코럴 래 이(2)트**기를 **서로 관련시키다.**
(correlate)

大 **correlation** [kɔ̀:rəléiʃən / kɔ̀r-]

[명] 상호 관계

▶ correlat(e)(서로 관련[상관]하다) + ion(명사 어미) = correlation(상호 관계)

高 **correspond** [kɔ̀rəspɔ́nd / kɔ̀:rəspɑ́nd]

[동] (구조 양등이)같다, 일치하다, 통신하다, 교신하다

▶ (함께 = cor) + (respond = 대답하다) = 같다, 교신하다.

코로 수판 들고
[암] 놈이 **코러 스판 드**고 셈이 **같다**며 **교신하다.**
(correspond)

高 **correspondence** [kɔ̀:rəspɑ́ndəns]

[명] 일치, 조화, (편지로 하는)통신, 서신 왕래

▶ correspond(일치하다, 통신하다) + ence(명사 어미)
= correspondence(일치, 조화, 통신)

高 **correspondent** [kɔ̀:rəspɑ́ndənt]

[명] 통신원, 특파원 [형] 일치하는, 상응하는

▶ correspond(일치하다, 통신하다) + ent(행위자를 나타냄, 형용사 어미) = correspondent(통신원, 특파원, 일치하는, 상응하는)

▶ our London correspondent 우리 사(社)의 런던 특파원

大 **corresponding** [kɔ̀:rəspɑ́ndiŋ]

[형] 대응하는, 상응하는, 통신의

▶ correspond(일치하다, 통신하다) + ing(현재분사 어미)
= corresponding(대응하는, 상응하는, 통신의)

高 **corridor** [kɔ́ridɔ̀:r / kɔ́:ridər]

[명] 복도, 회랑

고리짝도
[암] **복도(회랑)**에 둔 **코리도 불에이즈**음 **불타다.**
(corridor) (blaze)

▶ a long corridor 긴 복도

高 **corrupt** [kərʌ́pt]

[형] 부패(타락)한, 부정한 [동] 썩다, 타락시키다.

엉덩이가 커 엎드리게
[암] **미스**의 **히프**가 **커 럽트**리게 해**부정한** 짓으로 **타락시키다.**
(Miss) (hip) (corrupt)

▶ corrupt voters 유권자를 타락시키다(매수하다).

大 **corruption** [kərʌ́pʃən]

[명] 부패, 타락, 부정

▶ corrupt(타락한, 썩은, 부정한) + ion(명사 어미) = corruption(부패, 타락, 부정)

大 **corset**
[kɔ́ːrsit]

명 코르셋, 여성용 속옷.

암 **코 씻**다가 젖은 **코르셋(여성용 속옷)**
(corset)

大 **cosmopolitan**
[kɔ̀zməpɑ́lətən / kɑ̀z-]

형 세계적인 명 세계인, 세계주의자

암 코트에 브로치를 **코즈머**(꽂으며) **파러턴**(팔려던) **세계적인 세계주의자.**
(cosmopolitan)

大 **cosmos**
[[kɑ́zməs / kɔ́zmɔs]

형 (질서가 있는)우주, 질서 있는 체계, 코스모스

암 **우주**의 **질서 있는 체계**를 상징한 **코스모스**(꽃)
(cosmos)

高 **cost**
[kɔːst / kɔst]

동 (비용이)들다, 들이다. 명 비용

암 국방에 많은 **비용 코스트를 들이다.**
(cost)

高 **costly**
[kɔ́ːstli / kɔ́st-]

형 값이 비싼

▶ cost(비용) + ly(형용사를 만듦) = costly(값이 비싼)

高 **costume**
[kɑ́stjuːm]

명 (특수한) 복장, 의상

암 (가수춤)**카스튬** 출때 입는 **특수한 복장.**
(costume)

▶ 16th century costume 16세기 복장

高 **cottage**
[kɑ́tidʒ / kɔt-]

명 오두막집, 작은집, 시골집, 별장

암 **국왕**이 **킹**킹거리니 **오두막집**까지 **코 튀지.**
(King) (cottage)

▶ a weekend cottage 주말별장

中 **cotton**
[kɑ́tn / kɔ́tn]

명 목화, 솜; 무명실, 면직물

암 **목화 솜 카튼**(같은)걸로 짠 **면직물**
(cotton)

▶ pure cotton 순면

高 **couch**
[kautʃ]

명 침대, 긴의자

암 **카우보이**(목동)였던 **카우 취**(카우씨가 취해)해 쓰러진 **침대**같은 **긴의자**
(cow boy) (couch)

高 **cough**
[kɔːf / kɔf]

명 기침 동 기침을 하다.

암 **국왕**이 **킹**킹 **코 프**(풀)며 **기침을 하다.**
(King) (cough)

▶ have a (bad) cough. (심한)기침을 하다.

中	**could** [kəd / kúd]	can(할 수 있다)의 과거
中	**couldn't** [kúdnt]	could not의 간약형
高	**council** [káunsəl / káuns(i)l]	명 회의, 협의회; (주, 시 따위의)의회 가운(家運) 실리만 암 **카운(家運) 실**리만 추구하는 **협의회(시, 의회)** (council) ▶ ((美)) a city council 시 의회
大	**council(l)or** [káunsələr]	명 고문관, (시의회) 의원 ▶ council + l(회의, 협의회, 지방의회) + or(…사람) = council(l)or = (고문관, [시의회]의원)
高	**counsel** [káunsəl]	명 상담, 충고, 변호인 동 조언하다, 충고하다. 가운(家運) 설계를 암 **변호인**이 **카운(家運) 설**계를 **조언하다**. (counsel) ▶ He counseled me quit smoking. 그는 내게 담배를 끊으라고 충고하였다.
高	**counselor** [káunsələr]	[영]-sellor 명 상담역, [미]변호사, 카운 셀러 ▶ counsel(조언[충고]하다) + or(사람을 뜻하는 명사 어미) = counselor(상담역, 변호사, 카운 셀러) ▶ a marriage counselor 결혼 상담자
中	**count** [kaunt]	동 세다, 계산하다. 명 합계, 백작 암 **백작**이 **합계**를 **카운트**하여 **계산하다**. (count) ▶ Count up to ten in English. 영어로 10까지 세어 보아라. 
大	**countable** [káuntəbəl]	형 셀 수 있는, 계산할 수 있는 ▶ count(세다) + able(…할 수 있는) = countable(셀 수 있는, 계산할 수 있는)
大	**countdown** [káuntdàun]	명 (로켓 발사 때 등의) 초 읽기, (중대 계획의)최후 점검 ▶ count(세다) + down(아래로) = countdown(초 읽기, 최후 점검)
高	**counter**[1] [káuntər]	명 계산기, 계산대, 계산하는 사람 ▶ count(계산하다) + er(…하는 것(사람)) = counter(계산기, 계산대, 계산하는 사람) ▶ a bargain counter 염가품 판매대(계산대)

C

大	**counter**[2] [káuntər]	ⓗ 반대의 ⓟ 반대로, 거꾸로 ⓢ ~에 반대하다. ⓐ **카운터**(계산대)(counter)로 가서 **거꾸로** 계산**에 반대하다**.
大	**counteract** [kàuntərǽkt]	ⓣ 거스르다, 중화하다. ▶ counter(반대, 역(逆)의 뜻) + act(행동하다) = counteract(거스르다, 중화하다)
大	**counteraction** [kàuntərǽkʃən]	ⓜ 반작용, 중화작용 ▶ counteract(거스르다, 중화하다) + ion(명사 어미) = counteraction(반작용, 중화작용)
大	**counterfeit** [káuntərfit]	ⓜ 모(위)조품 ⓢ 모(위)조하다. ▶ counter(반대로) + feit(맞다) → 반대로 진짜와 꼭 맞게 만들다 = counterfeit(모조품, 위조하다)
大	**counterpart** [káuntərpὰːrt]	ⓜ 부분, 사본, 대조물 ▶ counter(반대의) + part(부분, 쪽) → 정본의 반대에 있는 부분 = counterpart(부본, 사본, 대조물)
大	**counterturn** [káuntərtə̀ːrn]	ⓜ 역방향 전환, 역회전 ▶ counter(반대의) + turn(회전) = counterturn(역방향 전환, 역회전)
大	**countertype** [káuntərtàip]	ⓜ 반대형, 대응하는 형 ▶ counter(반대의) + type(형) = countertype(반대형, 대응하는 형)
大	**counterwork** [káuntərwə̀ːrk]	ⓜ 반대 작용, 반대 행동 ⓙ 반대로 작용하다. ▶ counter(반대의) + work(일) = counterwork(반대 작용, 반대 행동, 반대로 작용하다)
中	**countess** [káuntis]	ⓜ 백작 부인, 여자 백작 ▶ (백작 = count) + (ess = 여성명사를 만듦) = countess(백작 부인, 여자 백작)
高	**countless** [káuntlis]	ⓗ 셀 수 없는, 무수한 ▶ (세다, 계산하다 = count) + (less = ~할 수 없는) = countless(셀 수 없는 무수한)

中 **country** [kʌ́ntri]

㊔ 나라, 시골, 전원

암 **시골**에서 **전원**생활하는 **컨트리 클럽**.
(country) (club)

▶ My parents live in the country. 부모님은 시골에 살고 계신다.

大 **countryman** [kʌntrimən]

㊔ 촌사람, 같은 나라 사람

▶ country(나라, 시골) + man(사람) = countryman(촌사람, 같은 나라 사람)

高 **countryside** [kʌntrisáid]

㊔ 시골, 지방

▶ country(나라, 시골) + side(측면, 쪽) = countryside(시골, 지방)

▶ countryside life 시골 생활

高 **couty** [káunti]

㊔ (영국) 주(州), (미국) 군(郡)

▶ (백작 = count) + (y = 명사를 만듦)→백작이 다스리는 지역 = county[주(州), 군(郡)]

中 **couple** [kʌ́pəl]

㊔ 한 쌍, 부부 ㊗ 짝이 되다.

암 **한 쌍**의 **부부**가 **커플**을 대고 **짝이 되다**.
(살)꺼플 (couple)

大 **coupon** [[kjú:pɑn / -kú:pɔn]]

㊔ 쿠폰, 회수권, 경품권

암 **경품권**인 **쿠폰(회수권)**
(coupon)

中 **courage** [kə́:ridʒ / kʌ́r-]

㊔ 용기, 배짱

암 **보스**도 **갱**의 **배짱**과 **용기**를 **커리지**.
두목 (boss) 깡패의 (gang) 꺼리지 (courage)

▶ have the courage to do. 할 용기가 있다.

高 **courageous** [kəréidʒəs]

㊙ 용기 있는, 용감한

▶ courage(용기) + ous(형용사 어미) = courageous(용기 있는, 용감한)

中 **course** [kɔ:rs]

㊔ 진로, 경로 ㊗ 뒤쫓다.

암 **진로 코스**를 따라 **뒤쫓다**.
(course)

▶ Don't change course. 방향을 바꾸지 마라.

中 **court** [kɔ:rt]

㊔ 궁전, 재판소, 안뜰, 코트

암 **궁정 안뜰**에 있는 **재판소 코트**장
(court)

▶ The court is now sitting. 법원이 개정 중이다.

高 **courteous** [kə́ːrtiəs]

㉳ 예의 바른, 정중한

▶ courte(sy)(공손, 예의) + ous(형용사 어미) = courteous(예의 바른, 정중한)

▶ She is courteous to everyone. 그녀는 누구에게나 예의바르다

大 **courtesy** [kɔ́ːrtəsi]

㉮ 공손, 호의, 예의, 우대

코를 토시로

암 **코 터시**로 가린 **공손**한 **예의**

(courtesy)

大 **courthouse** [kɔ́ːrthàus]

㉮ 법원

▶ (재판소 = court) + house(집) = courthouse(법원)

大 **courtorder** [kɔ́ːrtɔ́rdər]

㉮ 법원 명령

▶ (재판소 = court) + order(명령) = courtorder(법원 명령)

大 **courtyard** [kɔ́ːrtjɑ̀ːrd]

㉮ 안마랑, 안뜰

▶ (국정, 재판소 = court) + yard(마당) = courtyard(안마당, 안뜰)

中 **cousin** [kʌ́zn]

㉮ 사촌, 종형제

엉덩이만 커진

암 **히프**만 **커즌 사촌**.

(hip) (cousin)

▶ cousin－in－law 사촌의 아내(남편)

中 **cover** [kʌ́vər]

㉸ 덮다, 가리다. ㉮ 덮개, 표지

암 **덮개 커버**로 **덮다(가리다)**.

(cover)

▶ Cover the child with a blanket. 아이에게 담요를 덮어 주어라.

大 **coverage** [kʌ́vəridʒ]

㉮ 적용, 범위

▶ cover(덮개, 덮다) + age(상태, 동작, 결과의 뜻) = coverage(적용, 범위)

高 **covering** [kʌ́vəriŋ]

㉮ 엄호, 지붕, 덮기

▶ cover(덮개, 덮다) + ing(현재분사 어미) = covering(엄호, 지붕, 덮기)

▶ a light covering of snow 얇게 덮인(쌓인)눈

大 **coverlet** [kʌ́vərlit]

㉮ 침대의 덮개, 이불

▶ cover(덮개,덮다) + let(… 작은) → 작은 덮개 = coverlet(침대의 덮개, 이불)

大	**covet** [kʌ́vit]	ⓢ (남의 것을) 턱없이 탐내다, 몹시 바라다. 다이아몬드가 커 비(여종) 트기가 암 **다이아**가 **커 비(碑)트**기가 **턱없이 탐내다.** (dia) (covet)
中	**cow** [kau]	명 암소, 젖소 암 **암소(젖소)**몰이 **카우보이**(목동) (cow)(boy) ▶ cows low moo. 암소가 음매하고 울다. 
高	**coward** [káuərd]	명 겁쟁이 형 겁많은 ▶ (암소 = cow) + (ard = 어드:무서워 하는 자) = 겁 많은 겁쟁이 **암소카우 얻으니 무서워 하는 자가 겁 많은 겁쟁이** 
大	**cowardice** [káuərdis]	명 겁, 비겁 ▶ coward(겁쟁이) + (i)ce = ce(추상명사 어미) = cowardice(겁, 비겁)
大	**cowardly** [káuərdli]	형 겁많은, 비겁한 ▶ coward(겁쟁이) + ly(형용사를 만듦) = cowardly(겁많은, 비겁한)
高	**cowboy** [káubɔ̀i]	명 카우보이, 목동 ▶ cow(암소) + boy(소년) → 암소를 치는 소년 = cowboy(카우보이, 목동)
大	**coy** [kɔi]	형 수줍어하는, 부끄러워하는 암 (고)**코이**간직한 ( )을 바치고 **수줍어(부끄러워)하는** 숫처녀 (coy)
大	**cozy** [kóuzi]	형 아늑한, 기분 좋은, 포근한 꼬우지(꼬-지) 암 **어머니**가 **몸**을 **아늑한** 곳에서 **기분 좋은** 듯 **코우지** (mom) (cozy)
高	**crab** [kræb]	명 게 동 게를 잡다. 클 애가 부지런히 암 **사환 보이**로 **클애 브**지런히 **게를 잡다.** (boy) (crab) ▶ the Crab ((천문)) 게자리
大	**crabber** [krǽbər]	명 게잡이 어부(배) ▶ crab + b(게) + er(…하는 사람[것]) = crabber(게잡이 어부[배])

C

高 **crack** [kræk]

명 갈라진 금 동 금가다, 쪼개지다, 갈라지다.

금이

암 벼게 **크랙**이 가 **갈라지다**.

(crack)

▶ cracks in a cup 찻잔의 금

大 **cracked** [krækt]

형 금이 간, 깨진

▶ crack(갈라진 금, 갈라지다) + ed(형용사를 만듦) + cracked(금이 간, 깨진)

大 **cracker** [krǽkər]

명 크래커 (얇은 비스킷의 일종)

▶ crack(갈라진 금, 갈라지다) + er(…하는 것) → 쉬 잘 갈라지는 비스킷 = cracker(크래커[비스킷의 일종])

大 **crackle** [krǽkəl]

명 딱딱(바삭바삭)하는 소리 동 딱딱 소리를 내다.

▶ crack(갈라진 금,갈라지다) + le(반복의 뜻을 지님) = crackle(딱딱하는 소리,딱딱 소리를 내다)

高 **cradle** [kréidl]

명 요람; (학문 따위의)발상지 동 요람에 넣다.

클애 이들을 왜구(=倭寇일본 해적)

암 **요람**에서 **크래 이들**을 **왜그**가 **흔들다**.

(cradle) (wag)

▶ A baby is sleeping in the cradle.
아기가 요람에서 자고 있다.

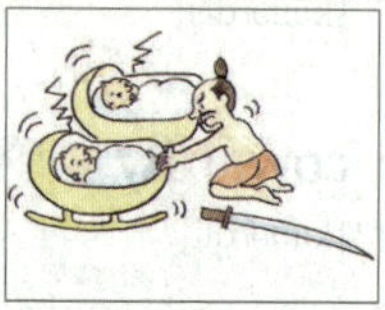

高 **craft** [kræft / krɑːft]

명 솜씨, 기능;재간, 선박 비행기

클애가 붙으며

암 **비행기**에 **재간**있게 **클애 프트**며 **솜씨**를 보여.

(craft)

▶ small craft 소형 선박

大 **craftsman** [krǽftsmən / krɑ́ːfts-]

명 장인, 숙련공

▶ crafts(솜씨) + man(사람) → 솜씨가 있는 사람 = craftsman(장인, 숙련공)

大 **crafty** [krǽfti / krɑ́ːfti]

형 교활한, 간악한

▶ craft(솜씨, 교활함) + y(형용사를 만듦) = crafty(교활한, 간악한)

大 **cram** [kræm]

명 주입식(공부) 동 주입식 공부를 하다.

클애입니다.

암 바보라 **주입식 공부**를 시켜야 지능이 **크램(클앰)**니다.

(cram)

高 **crane** [krein]

명 학, 기중기, 크레인 동 목을 길게 빼다.

암 **학**목 같이 긴 **크레인(기중기)** 빔대

(crane)

▶ operate a crane. 기중기를 운전하다.

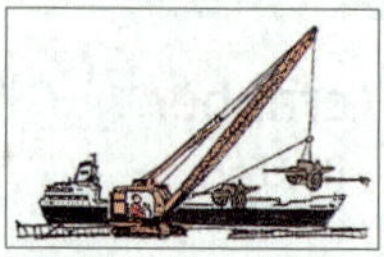

大 **crank** [kræŋk]

명 (기계)크랭크

▶ 왕복 운동을 회전운동으로 바꾸는 기계장치

高 **crash** [kræʃ]

명 충돌, 파괴, 추락

동 와르르 무너지다, 충돌하다.

암 격파 선수로 **클 애 쉬**(클애가 쉬지 않고)잖고 **파괴**하니 **와르르 무너지다**. (crash)

▶ He died from the car crash. 그는 자동차 충돌 사고로 숨졌다.

大 **crater** [kréitər]

명 (달 표면의)크레이터, 운석공(隕石孔), 분화구

암 **(달 표면의) 크레이터(운석공)** 같은 **분화구** (crater)

大 **crave** [kreiv]

동 간절히 원하다, 갈망하다, 열망하다.

암 **플레이보이**(바람둥이)(playboy)로 **클애 이(2)브(婦)**(클애(가) 이(2) 부(婦))(crave)인 두기를 **간절히 원하다**.

大 **craver** [kreiv]

명 열망자, 갈망자

▶ crav(e)(열망[갈망]하다) + er(…사람) = craver(열망자, 갈망자)

大 **craving** [kréiviŋ]

명 열망, 갈망

▶ crav(e)(열망[갈망]하다) + ing(명사를 만듦) = craving(열망, 갈망)

高 **crawl** [krɔːl]

동 기다; 서행하다. 명 서행; 크롤(수영)

암 **다이버**(잠수부)(diver)가 **크롤 수용**(crawl)을 하며 **서행하다**.

▶ Traffic moved at a crawl.
차량이 기듯이 천천히 움직였다.

高 **crayon** [kréiən / -ɑn / -ɔn]

명 크레용 타 크레용으로 그리다.

▶ colored crayons 색 크레용

大 **craze** [kreiz]

동 미치다, 미치게 하다. 명 광기, 지랄발광

암 **지랄발광**하며 **클애 이즈**(craze)음 **미치다**.

高 **crazy** [kréizi]

형 미친, 미치광이의

▶ craz(e)(미치다) + y(형용사를 만듦) + crazy(미친, 미치광이의)

▶ Are you crazy? 너 미쳤니?

高 **cream** [kriːm]

명 크림, 크림이 든 과자

▶ face cream 얼굴에 바르는 크림

大 **creamy** [kríːmi]

형 크림같은, 크림색의

▶ cream(크림) + y(…같은[의]) = creamy(크림같은, 크림색의)

高 **create** [kriːéit]

동 창조하다, 고안하다.

클 리씨 애가 이 틀어 빼는 걸

암 치과의사로 **클 리(李) 애 이트**는 걸 **고안하다**.
(create)

▶ God created the world. 신이 세상을 창조했다.

高 **creation** [kriːéiʃən]

명 창조, 창작

▶ creat(e) + ion(명사 어미) = creation(창조, 창작)

▶ the creation. 천지 창조

大 **creative** [kriːéitiv]

형 창조적인, 창조력이 있는

▶ creat(e)(창조하다) + ive(형용사 어미) = creative(창조적인, 창조력이 있는)

大 **creator** [kriːéitər]

명 창조자, 창작자

▶ creat(e)(창조[창작]하다) + or(…사람) = creator(창조자, 창작자)

高 **creature** [kriːéiʃər]

명 (신의) 창조물, 생물, 산물

▶ creat(e)(창조하다) + ure(동작의 경과를 나타냄) = creature([신의]창조물, 생물, 산물)

▶ a creature of the age 시대의 산물

大 **credible** [krédəbəl]

형 믿을 수 있는

▶ cred(it)(신용, 믿다) + ible(= able, …할 만한) = credible(믿을수 있는)

高 **credit** [krédit]

명 신용 대부, 신용, 명예 동 신용하다, 믿다.

암 **신용 대부**도 가능한 **크레디트** 카드를 **믿다**.
(credit)

▶ He is a credit to the school.
그는 학교의 명예(신용)이다.

大 **creditable** [kréditəbəl]

형 명예로운

▶ credit(명예, 신용) + able(…할 만한) = creditable(명예로운)

大 **creditor** [kréditər]

㉮ 채권자

▶ credit(신용) + or(…사람) → 신용이 있는 사람 = creditor(채권자)

大 **credulity** [kridjú:ləti]

㉮ 믿기 쉬움, 경신(輕信)

▶ cred(it)(신용, 믿다) + ulity(= ity 추상명사 어미) = credulity(믿기 쉬움, 경신(輕信))

大 **credulous** [krédʒələs]

㉯ 믿기 쉬운, 속기 쉬운

▶ cred(it)(신용, 믿다) + ulous(= ous 형용사 어미) = credulous(믿기 쉬운, 속기 쉬운)

高 **creed** [kri:d]

㉮ 신조, 주의, 강령

암 **신조**를 가지고 **클리(李)드**리(클리씨들이 (creed)) 외치는 **주의**와 **강령**

▶ a political creed 정치적 신조

高 **creek** [kri:k / krik]

㉮ 실개천, 작은 내, 샛강

암 **크리 크**지않은(그리 크지않은 (creek)) **작은 내 샛강**

▶ cross a creek. 샛강을 건너다.

高 **creep** [kri:p]

㉱ 기다, 포복하다, 살금살금 기다.

암 옷을 해녀로 **클리(李) 프**러놓고(클리씨가 풀어놓고 (creep)) (물밑을) **살금살금 기다.**

▶ creep into an hole. 구멍에 기어 들어가다.

大 **creeping** [krí:piŋ]

㉯ 기는 ㉮ 기기, 포복

▶ creep(기다, 포복하다) + ing(현재부사 어미) = creeping(기는, 기기, 포복)

大 **crepe** [kreip]

㉮ 크래이프(오글오글 주름진, 비단의 일종)

大 **crepe paper** [kreip / péipər]

㉮ (조화용의) 오글오글한 종이

▶ crepe(오글오글 주름진 크래이프) + paper(종이) = crepe paper([조화용의] 오글오글한 종이)

高 **crept** [krept]

creep(기다, 포복하다)의 과거, 과거분사

▶ The baby crept around the room.
아기가 방을 기어 다녔다.

高 **crest**
[krest]

명 닭의 볏, 산꼭대기, 정상

그 레스트(rest 하우스=휴게실)
암 **닭의 볏**같은 **산꼭대기**에 있는 **크 레스트**(하우스)
(crest)

大 **crest line**
[krest lain]

명 능선(稜線)

▶ crest(산꼭대기, 정상) + line(선) = crest line(능선)

大 **crevice**
[krévis]

명 (벽, 바위등의) 갈라진 틈

끌에 비수까지
암 **클에 비스**까지 박아 생긴 **갈라진 틈**
(crevice)

大 **crew**
[kruː]

명 조, 승무원, 탑승원 동 조(승무)원으로 일하다.

나선추진기를
암 배의 **스크루**를 보는 **크루(조)원으로 일하다**.
(screw) (crew)

大 **crib**
[krib]

명 외양간, 작은 방, 표절 동 표절(도용)하다.

클리씨가 부지런히
암 **작은 방**에서 글을 **표절**해서 **클리(李)브**지런히 글을 **표절하다**.
(crib)

高 **cricket**
[kríkit]

명 귀뚜라미, 크리켓 자 크리켓 경기를 하다.

高 **crime**
[kraim]

명 죄, 범죄

클 아이입니다
암 **갱**은 **죄**만 짓고 **클 아(兒)입**니다.
(gang) (crime)

高 **criminal**
[krímənəl]

명 범인, 범죄자 형 범죄의, 형사상의

▶ crim(e)(죄) + in(…에 속하는) + al(…의, 명사 어미) = criminal(범인, 범죄의, 형사상의)

高 **crimson**
[krímzn]

명 진홍색 형 진홍색의

아이스(cream)크림 준
암 아이스 **크림 즌** 손에 묻은 **진홍색**
(crimson)

高 **cripple**
[krípl]

명 절름발이, 불구자

클 이 풀려나 살어
암 **절름발이 불구자**로 **클이 플**려나 **비통**케 **사러**
(cripple) (sorra)

高 **crisis** [kráisis]

[명] 위기, 고비

[암] 히프를 뚱보로 **클 아이 씨스**려다 당한 **위기**.
(클 아이 씻으려다 / (crisis))

▶ a national crisis 국가 위기

高 **crisp** [krisp]

[형] (음식물이)파삭파삭한

[동] (머리를)지지다, 곱슬곱슬하게 하다.

[암] **바버 이발사**로 **클리 스프**를 **지지어 곱슬곱슬하게 하다**.
(바보 (barber) / 클분이 수풀을 (crisp))

▶ burned to a crisp 바싹 타 버린

大 **crispy** [kríspi]

[형] 파삭파삭한, 곱슬곱슬한

▶ crisp([머리를]곱슬곱슬하게 하다) + y(형용사를 만듦) = crispy(파삭파삭한, 곱슬곱슬한)

高 **critic** [krítik]

[명] 평론가, 비판자, 혹평가

[암] **평론가**가 **혹평가**로 **클이 틱!** 치며 **보더니 괴롭히다**.
(클분을 틱! (critic) / (bother))

▶ a movie critic 영화 평론가

高 **critical** [krítikəl]

[형] 비평적인, 평론의, 비판적인

▶ critic(비평가, 평론가) + al(…의[적인]) = critical(비평적인, 평론의, 비판적인)

大 **critically** [krítikəli]

[부] 비평적으로, 비판적으로

▶ critical(비평적인; 비판적인) + ly(부사어미) = critically(비평적으로, 비판적인)

高 **criticism** [krítisìzəm]

[명] 비평, 평론(문), 비난

▶ critic(비평가, 평론가) + ism(행동, 상태를 뜻함) = criticism(비평, 평론[문], 비난]

高 **criticize** [krítisàiz]

[동] 비평하다, 비판(평론)하다.

▶ critic(비평가, 평론가) + ize(…화하다) = criticize(비평하다, 비판[평론]하다)

大 **crocodile** [krákədàil / krɔ́k-]

[명] (아프리카, 아시안 산의)악어, 크라커다일

[암] **(아프리카 아시안 산의)크라커다일** 악어
((crocodile))

大 **crocus** [króukəs]

[명] 크로커스(꽃이름)

大 **crook** [kruk]

㉠ 굽은 것(물건) ⓓ 구부리다.

노인(老人) 커룩(거룩)하게

㉡ 꼬부랑 **로인**이 **허리**를 **크록**하게 **구부리다**.

(loin) (crook)

高 **crooked** [krúkid]

ⓗ 꼬부라진, 굽은, 비뚤어진, 부정한

▶ crook(구부리다) + ed(형용사를 만듦) = crooked(꼬부라진, 굽은, 비뚤어진, 부정한)

C

中 **crop** [krɑp / krɔp]

㉠ 농작물 수확 ⓓ 수확하다, 베다.

끝 앞으로

㉡ **파인애플 농작물**을 **클랍**으로 **베다, 수확하다**.

(pineapple) (crop)

▶ How is the rice crop? 벼 수확은 어떤가요?

中 **cross** [krɔːs / krɔs]

㉠ 십자로, 교차로 ⓑ 건너다, 교차하다.

㉡ 산타**클로스**가 **십자 교차로**를 **건너다**.

(cross)

▶ He made the sign of the cross.
그는 십자 표시를 했다.

大 **cross-country** [krɔːs-kʌ́ntri]

ⓑ 들판을 (나라를)지나 ㉠ 클로스컨트리 경주, 단교(斷郊), 경주

▶ cross(십자로, 교차하다) + country(나라, 시골) = cross-country(클로스컨트리 경주, 단교(斷郊)경주)

高 **crossing** [krɔ́ːsiŋ / krɔ́s-]

㉠ 횡단, 교차, 교차점

▶ corss(십자로, 교차하다) + ing(현재분사 어미) = crossing(횡단, 교차, 교차점)

▶ a crossing gate 건널목 차단기

大 **crossly** [krɔ́ːsli / krɔ́s-]

ⓑ 가로로, 비스듬히

▶ corss(십자로, 교차하다) + ly(부사 어미) = crossly(가로로, 비스듬히)

大 **corssroad** [krɔ́ːsróud / krɔ́s-]

㉠ 십자로, 네거리

▶ cross (십자로, 교차하다) + road(길) = crossroad(십자로, 네거리)

大 **crosswise** [krɔːs-waiz]

ⓑ 십자형으로, 엇갈리게

▶ cross(십자로, 교차하다) + wise(…한 방식으로) = crosswise(십자형으로, 엇갈리게)

大 **crossword** [krɔ́ːswə̀ːrd]

㉠ 크로스워드 퍼즐

▶ cross(십자로, 교차로) + word(말) = crossword(크로스워드 퍼즐)

高 **crouch** [krautʃ]

[동] 쭈그리다, 웅크리다, 굽실거리다(to) [명] 쭈그림

[암] 주정뱅이로 **클 아우 취(醉)**해 **쭈그리다 굽실거리다**.
(crouch)

▶ He crouched to his master. 그는 주인에게 굽실거렸다.

高 **crow**[1] [krou]

[명] 까마귀

그 로우(늙은 벗이)
[암] **크 로우(老友)**가 **까마귀**고기를 먹고 **수탉처럼 홰치며 울다**.
(crow)

▶ the Crow [천문] 까마귀자리

高 **crow**[2] [krou]

[명] 수탉의, 울음소리 [동] (수탉이)홰치며 울다, 함성을 지르다.

그 로우(늙은 벗이)
[암] **크 로우(老友)**가 **까마귀**고기를 먹고 **수탉처럼 홰치며 울다**..
(crow)

中 **crowd** [kroud]

[명] 혼잡, 군중 [동] 모여들다.

그 라우(나체의 벗) 들에게
[암] **군중**이 **크 라우(裸友)드**레게 **모여들다**.
(crowd)

高 **crowded** [kráudid]

[형] 혼잡한, 붐비는, 민원의

▶ crowd((군중,혼잡) + ed(형용사를 만듦) = crowded(혼잡한, 붐비는, 만원의)

中 **crown** [kraun]

[명] 왕관, 왕위 [타] 왕위에 앉히다.

[암] **크라운 왕관**을 씌워 **왕위에 앉히다**.
(crown)

大 **crucial** [krú:ʃəl]

[형] 결정적인, 중대한, 어려운

그루 설 수 있게 풀앞에
나무 **크루 설** 수 있게 **중대한 버팀목**을 **프랍**에 **대다**.
(crucial) (prop)

大 **crucify** [krú:səfài]

[타] 몹시 괴롭히다, 십자가에 못박다.

▶ cruci(al)(중대한, 어려운) + fy(…화하다) = crucify(몹시 괴롭히다, 십자가에 못박다)

高 **crude** [kru:d]

[형] 거친, 가공하지 않은, 천연 그대로(의)

나무 그루 들고 퍼 심은
[암] 나무**크루 드**고 **천연 그대로 퍼시먼 감나무**
(crude) (persimmon)

大 **curdely** [kru:dli]

[부] 거칠게, 가공하지 않은대로, 천연그대로

▶ crude(거친, 가공하지 않은) + ly(부사 어미) = crudely(거칠게, 가공하지 않은대로,천연 그대로)

C

高 **cruel** [krúːəl]

명 형 잔인한, 무장한

쇼크루(로)(=shock의 발음을 응용하여 기억할 것)
암 **그렇게 소크루 얼** 빠지게 **잔인한 헤딩을 하다.**
(so) (cruel) (heading)

高 **cruelty** [krúːəlti / krúəl-]

명 잔인(함). 잔인성

▶ cruel(잔인한, 잔혹한) + ty(…함, …한성질 추상명사 어미) = cruelty(잔인함, 잔인성)

▶ prevention of cruelty to children 아동 학대 방지

大 **cruise** [kruːz]

동 순항하다. 명 순항, 유람선, 여행

암 **순항(巡航)**하는 **크로즈 미사일.**
(cruise) (missile)

大 **cruiser** [krúːzər]

명 순양함

▶ cruis(e)(순항하다) + er(…하는 것) = cruiser(순양함)

大 **crumb** [krʌm]

명 빵 수스러기, 빵의 속, 약간, 작은 조각

크렴(크거라)
암 **"빵 부스러기** 먹고 **크럼"**하고 **약간** 주다.
(crumb)

高 **crumble** [krʌ́mbl]

동 부스러뜨리다, 가루로 만들다, 무너지다.

▶ crumb(빵 부스러기) + le(반복 어미) = crumble(부스러뜨리다, 무너지다)

大 **crumple** [krʌ́mpl]

동 (상대를)찌부러뜨리다, 압도하다. 명 구김살

클놈 풀 밟듯
암 **갱**패로 **클럼 플** 밟듯 **(상대를)찌부러뜨리다.**
(gang) (crumple)

大 **crusade** [kruːséid]

명 십자군, 개혁운동 동 십자군에 가담하다.

▶ (십자가 = cross = crus) + (ade = 행위자의 뜻)
= crusade(십자군, 개혁운동, 십자군에 가담하다)

클루우(여러벗이) 쇠(창) 이들이
암 **개혁 운동**하며 **클루우(累友)쇠 이드**리 받고
(crusade)
십자군에 가담하다.

大 **crusader** [kruːséidər]

명 십자군 군인, 개혁 운동자

▶ crusad(e)(십자군, 개혁 운동) + er(…사람) = crusader(십자군 군인, 개혁 운동가)

高 **crush** [krʌʃ]

동 눌러서 뭉개다, 으깨다. 명 으깸, 분쇄, 대군중

망치 그럿이(=그릇이)
암 **해머**로 **크러시 분쇄**되도록 **으깨다.**
(hammer) (crush)

▶ My hopes were crushed. 내 희망은 으깨졌다.

高
crust
[krʌst]

명 (빵)껍질; 외피

클려고 서투르게
암 몸이 **크러 스트**르게 벗는 **외피 껍질**.
(crust)

▶ crust movement 지각 운동

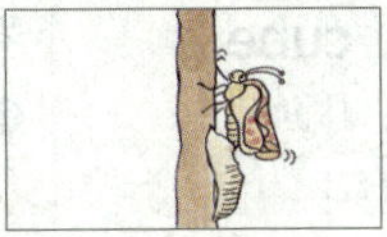

大
crutch
[krʌtʃ]

명 목발, 목다리, 버팀 타 목살로 버티다.

그렇지(치)
암 절름발이가 **크러치**하며 **목발로 버티다**.
(crutch)

中
cry
[krai]

동 소리치다, 울다. 명 고향

도토리 크라이(크거라)
암 **도터**리 만한 **딸**에게 어서 **크라이**하며 **소리치다**.
(daughter) (cry)

▶ She cried out in pain. 그녀는 아파서 소리질렀다.

高
crystal
[krístl / kristəl]

명 수정, 결정체 형 수정과 같은, 투명한

암 **투명한 크리스털 수정체**.
(crystal)

▶ fine crystal 순도 높은 수정

大
crystalline
[krístəlin / -təlàin]

형 수정 같은, 투명한

▶ crystal(수정) + line(계통) = crystalline(수정 같은, 투명한)

大
crystallization
[krìstəlizéiʃən / -lai]

명 결정

▶ crystalliz(e)(결정(結晶)시키다) + ation(명사 어미) = crystallization(결정(結晶))

高
crystallize
[krístəlàiz]

동 결정(화)시키다, 결정(結晶)하다.

▶ crystal + l(수정) + ize(…화하다) = crystallize(결정[화]시키다, 결정(結晶)하다)

大
cub
[kʌb]

명 (야수의)새끼 동 (짐승이) 새끼를 낳다.

커브(=curve 곡선을)를 연상해 기억할 것
암 **커브**진 곳에서 **짐승이 새끼를 낳다**.
(cub)

高
Cuba
[kjúːbə]

명 쿠바(쿠바공화국 수도; Havana)

大
Cuban
[kjúːbən]

형 쿠바의, 쿠바 사람의

▶ Cub(a)(쿠바) + an(… 의, …사람의) = Cuban(쿠바의, 쿠바 사람의)

C

C

高

cube
[kjuːb]

[명] 입방체, 정육면체

Q자형의 부(婦)인

[암] **정육면체** 위의 **큐(Q)브(婦)**인.

(cube)

▶ 6 feet cube 6세제곱 피트, 6피트 입방

高

cubic
[kjúːbik]

[형] 입방체의, 입방의

▶ cub(e)(입방체) + ic(…의) = cubic(입방체의, 입방의)

高

cuckoo
[kú(ː)kuː]

[명] 뻐꾸기, 멍청이 [동] 뻐꾹뻐꾹 울다.

[암] **멍청이 뻐꾸기**가 **쿠쿠**하며 **뻐꾹뻐꾹 울다**.

(cuckoo)

大

cucumber
[kjúːkəmbər]

[명] 오이

Q자형의 곰보

[암] **큐(Q) 컴버 오이**.

(cucumber)

大

cuddle
[kʌ́dl]

[명] 포옹 [동] 꼭 껴안다, 껴안고 귀여워하다.

[암] **와이프**가 **커 들**고 **포옹**하듯 **꼭껴안다**.

(wife) (cuddle)

大

cudgel
[kʌ́dʒəl]

[명] 곤봉, 몽둥이 [타] 몽둥이로 치다.

거절하니

[암] **미스**가 **키스**를 **커절**하니 **곤봉 몽둥이로 치다**.

(Miss) (Kiss) (cudgel)

大

cue
[kjuː]

[명] 신호, (당구의)큐 [동] ~에게 신호를 주다.

[암] 영화감독이 **큐**하고 배우 **에게 신호를 주다**.

(cue)

大

cuff
[kʌf]

[명] (장식용)소매 끝동, 소맷동 [타] 소매동을 달다.

커 풀어 짧은 치수로

[암] **소매 끝동**이 **커 프**러 **쇼트**치수로 **짧게 하다**.

(cuff) (short)

大

culminate
[kʌ́lmənèit]

[동] 정점(절정)에 달하다.

유격대들이 칼과 뭐내 이 틈에

[암] **게릴라**들이 **칼 뭐내 이 트**메 **정점(절정)**에 **달하다**.

(guerilla) (culminate)

大

culmination
[kʌ̀lmənéiʃən]

[명] 최고점, 정상

▶ culminat(e)(정점[절정]에 달하다) + ion(명사 어미) = culmination(최고점, 정상)

大 **culprit**
[kʌ́lprit]

[명] 죄인, 범죄자, 피의자

칼 뿌리 틀어
[암] **범죄자**가 **죄인**을 **칼 프리 트**러 **잽**싸게 **푹 찌르다**.
(culprit) (jab)

大 **cult**
[kʌlt]

[명] 제사의식, 제식, 예배(식)

칼 틀며
[암] **좋은 굿**판에서 **칼 트**며 하는 **제사 의식**
(good) (cult)

高 **cultivate**
[kʌ́ltivèit]

[동] 재배하다, 경작하다, 배양하다.

칼 집에 이(2) 트기가
[암] **박테리아**를 **컬티베 이(二) 트**기가 **배양하다**.
(bacteria) (cultivate)

▶ cultivate crops 작물을 재배하다.

大 **cultivated**
[kʌ́ltivèitid]

[형] 경작된, 배양된, 세련된

▶ cultivat(e)(경작[배양]하다) + ed(형용사를 만듦) = cultivated(경작된, 배양된, 세련된)

高 **cultivation**
[kʌ̀ltivéiʃən]

[명] 경작, 재배, 배양

▶ cultivat(e)(경작[배양]하다) + ion(명사 어미) = cultivation(경작, 재배, 배양)

▶ be under cultivation 경작되고 있다.

大 **cultivator**
[kʌ́ltivèitər]

[명] 경작자 ,재배자, 배양자

▶ cutivat(e)(경작[배양]하다) + or(…사람) = cultivator(경작자, 재배자, 배양자)

高 **cultural**
[kʌ́ltʃərəl]

[형] 문화의, 교양의, 계발적인

▶ cultur(e)(문화, 문명) + al(형용사 어미) = cultural(문화의, 교양의, 계발적인)

▶ cultural studies 교양 과목

大 **culturally**
[kʌ́ltʃərəli]

[부] 교양으로서, 문화적으로

▶ cultural(문화의, 교양의) + ly(부사를 만듦) = culturally(문화적으로, 교양으로서)

大 **culturalize**
[kʌ́ltʃərəlàiz]

[타] 문화의 영향을 받게 하다.

▶ cultural(문화의, 교양의) + ize(…화하다(영향을 받게 하다))
= culturalize(문화의 영향을 받게하다)

高 **culture**
[kʌ́ltʃər]

[명] 문화, 교화, 교양, 경작, 문명 [타] 교화하다.

▶ (경작 = cult) + (ure = 명사 어미) = 경작, 교양, 문화, 문명

갈쳐(=가르치어)
[암] **인디언**에게 **문화**를 **칼쳐 교화하다**.
(Indian) (culture)

大 **cumulate** [kjúːmjəlit / kjúːmjulèit]

Ⓣ 쌓아 올리다, 축적하다.

어귀 물에 이(2)트기가

암 돌을 강 어**큐 물레 이 트**기가 **쌓아올리다**.

(cumulate)

大 **cumulative** [kjúːmjəlèitiv / -lət-]

형 누적하는, 축적적

▶ cumulat(e)(쌓아올리다, 축적하다) + ive(형용사 어미, …적[하는]) = cumulative(누적하는, 축적적)

高 **cunning** [kʌ́niŋ]

형 교활한, 약삭빠른, 교묘한

암 시험때 **약삭빠른**자가 **교묘한 컨닝**을하네

(cunning)

▶ as cunning as a fox 여우처럼 교활한

中 **cup** [kʌp]

명 찻잔, 컵

▶ She took a cup of coffee. 그녀는 커피 한 잔을 마셨다.

高 **cupboard** [kʌ́bərd]

명 찬장, 벽장

▶ cup(컵) + board(판자, 선반) = cupboard(찬장, 벽장)

▶ kitchen cupboard 주방의 찬장

大 **cupful** [kʌ́pfùl]

명 한 컵, 한 컵 가득

▶ cup(컵) + ful(…이 가득찬) = cupful(한 컵, 한 컵 가득)

大 **Cupid** [kjúːpid]

명 [[로神]] 큐피드 (연애의 신, 사랑의 신)

大 **curable** [kjúərəbəl]

형 치료할 수 있는, 낫는

▶ cur(e)(치료하다) + able(…할 수 있는) = curable(치료할 수 있는, 낫는)

※ 다음 page에 있는 cure단어 참조하세요.

大 **curb** [kəːrb]

명 재갈, 구속 Ⓣ (말에)재갈을 물리다, 구속하다.

암 **커브**진 길에서 **커브**씨가 **(말에) 재갈을 물리다**.

(curve) (curb)

大 **curd** [kəːrd]

명 엉켜 굳어진 우유, 응유(凝乳)

커 들고

암 **엉켜 굳어진 우유** 덩이리가 **커 드**고 **나이프로 베다**.

(curd) (Knife)

高 **cure**
[kjuər]

명 치료(법) 동 치료하다.

암 **닥터**가 **큐(Q)어(魚)**를 **치료법**대로 **치료하다**.
(의사가: doctor) (Q자형의 고기를: cure)

▶ a complete cure 완치

大 **cure-less**
[kjuər-les / -lis]

형 불치의, 구제할 수 없는

▶ cure(치료, 치료하다) + less(…이 없는) = cureless(불치의, 구제할 수 없는)

高 **curiosity**
[kjùəriɔ́siti]

명 호기심, 진기한 것, 골동품

▶ curio(u)s(호기심 있는, 이상한) + ity(추상명사 어미) = curiosity(호기심, 골동품, 신기함)

▶ out of curiosity = from curiosity 호기심에서

高 **curious**
[kjúəriəs]

형 알고 싶어하는, 이상한, 호기심 있는

암 애 **큐 어리어스**니 **호기심 있는 게임을 하다**.
(애 큐는 어리었으니: curious) (game)

▶ curious neighbors.
(남의 일을)알고 싶어하는 이웃사람들

大 **curiously**
[kjúəriəsli]

부 호기심으로, 신기하게도

▶ curious(호기심 있는, 이상한) + ly(부사 어미) = curiously(호기심으로, 신기하게도)

高 **curl**
[kəːrl]

명 고수머리, 컬 동 (머리털을)곱슬곱슬하게 하다.

암 **드라이**로 성질이 **컬**컬한 애가**(머리털을) 곱슬곱슬하게 하다**.
(dry) (curl)

▶ natural curl 타고난 곱슬머리

大 **curly**
[kə́ːrli]

형 곱슬곱슬한

▶ curl(곱슬곱슬하게 하다) + ly(형용사를 만듦) = curly(곱슬곱슬한)

高 **currency**
[kə́ːrənsi / kʌ́r-]

명 유통, 통화(通貨)

▶ curren(t)(현행의, 통용하는) + cy(성질, 상태의 뜻) = currency(유통, 통화(通貨))

高 **current**
[kə́ːrənt / kʌ́r-]

형 현재의, 지금의, 통용하는

암 **카런 트**기가 사는 **지금의 홈**은 **드럼통**.
(가련한 트기가: current) (집은: home, drum)

▶ current news 시사 뉴스

大 **currently**
[kə́ːrəntli / kʌ́r-]

부 일반적으로, 지금

▶ current(현행의, 통용하는) + ly(부사를 만듦) = currently(일반적으로 지금)

大
curricular
[kəríkjulər]

[명] 교과 과정의
▶ curricul(um)(교과 과정) + ar(…의) = curricular(교과 과정의)

高
curriculum
[kəríkjuləm]

[명] 교양(교육)과정, 교과과정
(길)거리 귤파는 놈
[암] (길)**커리 큘 럼**도 **교육과정**대로 **코치**가 **가르치다**.
(curriculum) (coach)
▶ the study of curriculum 교육 과정 연구

C

大
curry, currie
[kə́:ri / kʌ́r-]

[명] 카레가루, 카레 요리
[암] 마담이 즐겨먹는 **카리**(카레) **라이스**(밥)
(curry) (rice)

高
curse
[kə:rs]

[동] 저주하다. [명] 저주
[암] **신**께 **죄**지은 바 **커스**니 **저주하다**.
(sin) (curse)
▶ be under a curse. 저주를 받고 있다.

大
cursed, curst
[kə́:rsid / kə:rst / kə́:sid]

[형] 저주받은
▶ curs(e)(저주하다) + ed(형용사를 만듦) = cursed(저주받은)

大
curtail
[kə:rtéil]

[타] 짧게 잘라 줄이다, 단축하다.
원숭이가 꼬리가 커 꼬리를
[암] **멍키**가 **태일**이 **커 태일**을 **짧게 잘라 줄이다**.
(monkey) (tail) (curtail)

中
curtain
[kə́:rtən]

[명] 커튼, 막 [동] 막을 치다.
[암] **발코니**에 **커튼 막을 치다**.
(balcony) (curtain)
▶ lower a curtain. 커튼[막]을 내리다.

大
curtain ring
[kə́:rtən riŋ]

[명] 커튼 고리
▶ curtain(커튼) + ring(고리) = curtain ring(커튼 고리)

高
curve
[kə:rv]

[명] 곡선, 휨 : 커브 [동] 구부리다.
[암] **파이프**를 **커브**지게 **구부리다**.
(pipe) (curve)
▶ This road curves to the left.
이 도로는 왼쪽으로 구부러져 있다.

高
cushion
[kúʃən]

[명] 방석, 쿠션, 완충물
[암] **완충물 쿠션**이 좋은 **방석**
(cushion)
▶ cushioned seats 쿠션을 댄 좌석

大

custody
[kʌ́stədi]

명 보관, 관리

화물 운송용 상자 커 수(여러) 터 뒤에
암 **컨테이너**가 **커 스(數)터 뒤**에 **보관**코 **관리**하네
(container) (custody)

中

custom
[kʌ́stəm]

명 세관, 관습, 관세

가시 덤불
암 **세관**에서 **관습**대로 **커스 텀**블에 매긴 **관세**.
(custom)

▶ follow the custom 관습을 따르다.

高

customary
[kʌ́stəmèri / -məri]

형 습관적인, 통례의, 관습상의

▶ custom(습관, 관습) + ary(…의[적인]) = customary(습관적인, 통례의, 관습상의)

▶ customary law 관습법

高

customer
[kʌ́stəmər]

명 고객, 단골

▶ custom(습관, 관습) + er(…사람) → 습관적으로 늘 오는 사람 = customer(고객, 단골)

▶ a regular customer 단골 손님

大

customhouse
[kʌ́stəmhàus]

명 세관

▶ custom(관세) + house(집) = customhouse(세관)

中

cut
[kʌt]

동 자르다, 베다. 명 절단, 베인 상처

▶ Let's cut the pie in four pieces.
파이를 네 조각으로 자르자.

高

cute
[kjuːt]

형 귀여운, 날렵한

큐자를 트는
암 몸으로 **큐(Q)트**는 **귀여운 걸 프렌드**.
(cute) (girl friend)

▶ what a cute baby! 이 아기는 정말 귀엽구나!

大

cutlet
[kʌ́tlit]

명 (특히, 소, 양의) 얇게 저민 고기, 커틀릿

▶ cut(자르다) + let(작다는 뜻) → 작게 잘라 저민 고기 = cutlet(얇게 저민 고기, 커틀릿)

大

cutter
[kʌ́tər]

명 베는 사람, 절단기

▶ cut + t(자르다 베다) + er(…사람[것]) = cutter(베는 사람, 절단기)

高

cutting
[kʌ́tiŋ]

명 절단, 재단

▶ cut + t(자르다, 베다) + ing(현재분사 어미) = cutting(절단, 재단)

▶ a press cutting 신문에서 오려낸 것

大 **cutworm** [kʌ́twə̀ːrm]	명 뿌리 잘라먹는 벌레 ▶ cut(자르다, 베다) + worm(벌레) = cutworm(뿌리 잘라먹는 벌레)
高 **cycle** [sáikl]	명 순환, 주기; 자전거; 사이클(주파 단위) 자 순환하다; 자전거를 타다. 암 **사이클 자전거를 타다.** (cycle) ▶ a menstrual cycle 월경 주기
大 **cyclic** [sáiklik / sík-]	형 순환하는, 주기의 ▶ cycl(e)(순환하다) + ic(… 의, …하는) = cyclic(순환하는, 주기의)
大 **cycling** [sáikliŋ]	명 사이클링, 자전거 타기(여행) ▶ cycl(e)(자전거) + ing(현재분사 어미) = cycling(사이클링, 자전거 타기[여행])
大 **cyclist** [sáiklist]	명 자전거 타는 사람(선수) ▶ cycl(e)(자전거) + ist(… 하는 사람) = cyclist(자전거 타는 사람[선수])
高 **cylinder** [sílindər]	명 원통, 실린더 암 **원통 실린더**가 6개인 6기통 **엔진** (cylinder) (engine) ▶ a four-cylinder engine 4기통 엔진
大 **cymbal** [símbəl]	명 (樂) (보통 *pl*) 심벌즈(타악기) 
大 **cymbaler** [símbəl]	명 심벌즈 연주자 ▶ cymbal(심벌즈) + er(…하는 사람[연주자]) = cymbaler(심벌즈 연주자)
大 **cynic** [sínik]	명 비꼬는 사람, 냉소하는 사람 암 낙오자는 **신니 크**다며 늘 **비꼬는 사람** ((신발=)신 이 크다며) (cynic)
大 **cynical** [sínikəl]	형 빈정되는, 비꼬는, 냉소적인 ▶ cynic(비꼬는 사람) + al(… 의, …적인) = cynical(빈정되는, 비꼬는, 냉소적인)

C

大 **Czar** [zɑːr]	[명] 황제, (제정 러시아의)황제, 군주 [암] **베드**에서 **자**는 **(제정 러시아의) 황제** (침대에서) (bed) (Czar)
大 **Czech, Czekh** [tʃek]	[명] 체코 사람 [형] 체코 사람(말)의
大 **Czechoslovakia** [tʃèkəsləvάːkiə / -vǽk-]	[명] 체코슬로바키아

D

大 **dabble** [dǽbəl]	[동] 튀기다, 물을 튀기다. [암] **노새**가 **뮬**을 **대블(大佛)**에 **튀기다**. (물을) (대불(큰부처)) (mule) (dabble) 
高 **dad** [dæd]	[명] ((구어)) 아빠, 아버지 [암] 와이프가 **대드**는 **아빠 럴**(를) **달래다**. (달려드는) (dad) (lull)
大 **daddy** [dǽdi]	[명] 아빠 ((구어)) = dad ▶ dad(d)(아빠) + y(친근감을 나타내는 명사 어미) = daddy(아버지)
高 **daffodil** [dǽfədìl]	[명] (植) 나팔수선화 [암] **수선화**를 **데퍼 뒬** 지지는 **닥터**(한의사) (데펴 뒤를) (daffodil) (doctor) 
高 **dagger** [dǽgər]	[명] 단도, 비수 [암] **대 거**므로 만든 **단도(비수)** (대 검으로) (dagger) ▶ draw a dagger (칼집에서) 단검을 뽑다.
大 **dahlia** [dǽljə / dάːl- / déil-]	[명] 달리아, 달리아의 꽃

中 **daily**
[déili]

[형] 매일의 [부] 매일 [명] 일간 신문

▶ da(y) → i(매일, 날) + ly(형용사를 만듦) = daily(매일의, 일간 신문)

▶ a daily paper 일간 신문

高 **dainty**
[déinti]

[형] 우아한, 고상한, 맛좋은, 까다로운

[암] **우아하고 고상한 대인(大人)티** 내는 **올드 미스**(노처녀)
(dainty) (old Miss)

高 **dairy**
[dέəri / dέːri]

[명] 낙농장; 착유장, 버터 제조소(판매점)

[암] **낙농장이 버터 제조소가 되리.**
(dairy)

高 **daisy**
[déizi]

[명] 들국화; (미) 프랑스국화 [형] 멋있는

[암] 놈이 **코 속을 들국화에 데이지.**
닿게하지
(core) (daisy)

高 **dale**
[deil]

[명] 골짜기, 계곡

[암] **허리케인 폭풍우로 대(大)일**이 벌어진 **골짜기 계곡**
(hurricane) (dale)

大 **dally**
[dǽli]

[동] 희롱하다, 농탕치다, 낭비하다.

[암] **플레이보이가 매춘부를 하룻밤 대리고 희롱하다.**
(playboy) (hariot) (dally)

高 **dam**
[dæm]

[명] 댐, 둑, 장애 [동] 댐을 막다.

[암] **라인 리버(강)에 둑으로 댐을 막다.**
(Rhein river) (dam)

▶ build a dam 댐을 건설하다.

高 **damage**
[dǽmidʒ]

[명] 손해 [동] 상처를 입히다, 손상시키다.

[암] **범같은 부랑자 되 미지(未知)인에게 손해(상처)를 입히다.**
되어 미지 (모르는)인
(bum) (damage)

大 **dame**
[deim]

[명] 주부, 귀부인

[암] **스우트 홈에서 대임(大任)을 맡은 주부(귀부인)**
즐거운 가정에서 대임(큰임무)를
(sweet home) (dame)

高 **damn**
[dæm]

[동] 저주하다, 혹평하다.

[암] **갱이 갱 됨을 저주하다.**
(gang) (damn)

▶ God damn you! 에끼 빌어먹을 놈!

大 **damned** [dæmd]
형 저주받은
▶ damn(저주하다) + ed(형용사를 만듦) = damned(저주받은)

高 **damp** [dæmp]
동 축축(눅눅)하게 하다. 형 물기, 축축한

암 둑 (둑)댐 프러(풀어) 물기로 축축하게 하다. (damp)
▶ It is damp in rainy weather.
비오는 날씨에는 눅눅하다.

大 **dampen** [dǽmpən]
동 축축하게 하다.
▶ damp(물기, 축축한) + en(…하다) = dampen(축축하게 하다)

中 **dance** [dæns / dɑːns]
명 댄스, 무도회 동 (춤을)추다.
암 무도회에서 댄스 춤을 추다. (dance)

高 **dancer** [dǽnsər / dɑ́ːns-]
명 춤추는 사람, 무희, 댄서
▶ danc(e)(춤추다) + er(…사람) = dancer(춤추는 사람, 무희, 댄서)
▶ a ballroom dancer 사교 댄서

高 **dancing** [dǽnsiŋ / dɑ́ːns-]
명 댄스
▶ danc(e)(춤추다) + ing(현재분사 어미) = dancing(댄스)
▶ aerobic dancing 에어로빅 댄싱

大 **dandelion** [dǽndilàiən]
명 민들레

암 죽어 민들레가 된 뒤라 이(李) 언제나 그를 가에서 보더 (dandelion) 보다 (border)

大 **dandy** [dǽndi]
명 멋쟁이, 하이칼라
암 하이칼라 멋쟁이 된 뒤에 러브하다. (dandy) (love)

中 **danger** [déindʒər]
명 위험, 위험물

암 위험물은 대인(大人) 저(짊어져) (danger)
▶ create (a) danger 위험(한 상태)을 야기하다.

中 **dangerous** [déindʒərəs]
형 위험한, 위태로운
▶ danger(위험) + ous(형용사 어미) = dangerous(위험한, 위태로운)
▶ extremely dangerous 대단히[극히]위험한

大	**dangle** [dǽŋgəl / -gl]	ⓢ 매달리다, 붙어다니다.  암 **로프 줄**에 **댕글**댕글 **매달리다**. (rope) (dangle)
大	**Danish** [déiniʃ]	ⓗ 덴마크사람의, 덴마크어의 ⓜ 덴마크 어 암 **대인(大人)**니 **쉬**아는 **덴마크사람의 덴마크 어** 대인(어른)이 쉬 (Danish)
高	**dare** [dɛər]	ⓢ 감히~하다, …에 도전하다.  암 **챔피언 되어** 보려고 **감히 (도전)하다**. (champion)(dare) 되어 ▶ He did not dare to dive. 그는 감히 물에 뛰어들지 못했다.
高	**daring** [dέəriŋ]	ⓗ 대담한, 용감한 ⓜ 대담, 용기 ▶ dar(e)(감히…하다) + ing(현재분사 어미) = daring(대담한, 용감한) ▶ a daring attempt 대담한 시도
中	**dark** [da:rk]	ⓗ 어두운, 검은 암 **검은 다크 호스**(말) 검은 말(경마장에서 실력이 확인되지 않은 말) (dark) (horse) ▶ It is getting dark. 어두워지고 있다.
高	**darken** [dá:rkən]	ⓢ 어둡게 하다, 어두워지다. ▶ dark(어두운, 검은) + en(…하다) = darken(어둡게 하다, 어두워지다)
大	**darkly** [dá:rkli]	ⓑ 어둡게, 검게, 음울하게 ▶ dark(어두운, 검은) + ly(부사를 만듦) = darkly(어둡게, 검게, 음울하게)
高	**darkness** [dá:rknis]	ⓜ 암흑, 검음, 무지 ▶ dark(어두운, 검은) + ness(추상명사 어미) = darkness(암흑, 검음, 무지) ▶ deeds of darkness 악행
高	**darling** [dá:rliŋ]	ⓜ 가장 사랑하는 사람, 귀여운 사람 ⓗ 귀여운 암 **오! 마이**(나의) **다아링 귀여운 사람** (oh) (my) (darling) ▶ My darling! (애칭으로) 여보[당신]그대
大	**darn** [da:rn]	ⓣ 감치다, 꿰매다, 깁다. ⓜ 감치기, 깁기 암 **드레스 옷**의 **단**을 **감치다(꿰매다)**. (dress) (darn)

D

高 **dart** [dɑːrt]

명 던지는 창(살) 동 던지다 쏘다.

암 **데모**가 **다 트**러지니 **던지는 창**을 (내)**던지다**.
(데모 = demo; 다 트 = dart → 다 틀어지니)

高 **dash** [dæʃ]

명 돌진, 충돌 동 돌진하다, 충돌하다.

암 **게릴라**들이 **대시(大市)**로 **돌진하다**.
(게릴라 = guerilla; 대시 = dash → 대시(큰 도시))

▶ He made a dash for the goal.
그는 골을 향해 돌진하였다.

大 **dashing** [dǽʃiŋ]

형 용감한, 기운찬

▶ dash (돌진, 돌진하다) + ing(현재분사 어미) = dashing(용감한, 기운찬)

高 **data** [déitə]

명 자료, 근거

암 **근거 자료**가 **되이터**.
(되이터 = data → 되었다)

▶ cite data 데이터를 인용하다.

中 **date** [deit]

명 날짜, 데이트 동 데이트를 하다, 날짜를 기입하다.

암 **날짜**를 정해 **데이트를 하다**.
(데이트 = date)

大 **datum** [déitəm / dɑ́ː- / dǽ-]

명 논거, 여건, 자료

▶ dat(a)(자료, 데이터) + um(라틴어계의 명사 어미) = datum(논거, 여건, 자료)

中 **daughter** [dɔ́ːtər]

명 딸

암 **도터**리만한 **딸**
(도터 = daughter → 도토리)

大 **daughter-in-law** [dɔ́ːtərinlɔ̀ː]

명 며느리, 의붓딸

▶ daughter(딸) + in-law(법률에 의하여) → 법률에 의하여 맺어진 딸 = daughter-in-law(며느리, 의붓딸)

大 **daunt** [dɔːnt]

타 으르다, ~의 기세를 꺾다, 위압하다.

암 **와이프** 앞에서 **돈 트**러 **기세를 꺾다**.
(와이프 = wife; 돈 트 = daunt → 돈을 틀어)

大 **dauntless** [dɔ́ːntlis]

형 겁 없는, 대담한

▶ daunt(위압하다, 기세를 꺾다) + less(…이 없는) = dauntless(겁없는, 대담한)

D

高 **dawn** [dɔːn]

㉠ 새벽, 동틀 녘

암 **새벽**부터 **돈**돈하며 **개인**별로 **돈을 벌다.**
(dawn) (gain)

▶ from dawn till dusk 동틀녘부터 해질 때까지

中 **day** [dei]

㉠ 낮;날

암 **눈**오는 **정오 낮**이 눈**데이**지.
(noon) (day)

▶ He came on a rainy day. 그는 비오는 날에 왔다.

高 **daybreak** [déibrèik]

㉠ 새벽(녘)

▶ day(날) + break(부수다, 깨다) = daybreak(새벽[녘])

▶ at daybreak 새벽에

大 **daydream** [déidrìːm]

㉠ 백일몽, 공상

▶ day(날,낮) + dream(꿈) = daydream(백일몽, 공상)

高 **daylight** [déilàit]

㉠ 일광, 빛

▶ day(날,낮) + light(빛) = daylight(일광, 빛)

▶ in broad daylight 벌건 대낮에

高 **daytime** [déitàim]

㉠낮, 주간

▶ day(날,낮) + time(시간) = daytime(낮, 주간)

▶ in the daytime 낮에

高 **daze** [deiz]

㉣ 현혹시키다, 눈부시게 하다. ㉠ 멍함

암 **매일 남성**을 **거리**의 **매춘부 되 이즈**음 **현혹시키다.**
(male) (girlie) (daze)

▶ He's always in a daze. 그는 항상 멍해 있다.

高 **dazzle** [dǽzl]

㉢ (강한 빛이) 눈을 부시게 하다, 현혹(시키다)되다.

대즐(죽을)정도로

암 **대즐**정도로 **(강한 빛이)눈을 부시게 하다.**
(dazzle)

大 **dazzling** [dǽzliŋ]

㉡ 눈부신, 현혹적인

▶ dazzl(e)(눈부시게 하다) + ing(현재분사 어미) = dazzling(눈부신, 현혹적인)

大 **deacon** [díːkən]

㉠ (개신교의)집사, (카톨릭) 부제(副祭)

엉덩이 뒤가 큰

암 **히프 뒤컨** (교회)**집사**
(hip)(deacon)

中 **dead**
[ded]

[형] 죽은 [명] 고인 사자(死者)

[암] 연산군에게 **대드러**(대들어) **죽은 고인**(dead)

▶ Dead men tell no tales. ((속담)) 죽은 자는 말이 없다.

大 **deadline**
[dédlàin]

[명] 마감 시간,(포로 수용소의)경계선, 최종 기한

▶ dead(죽는) + line(선) → 넘어서면 사살되 죽는 선 = deadline(마감시간[프로 수용소의] 경계선, 최종 기한)

大 **deadlock**
[dédlὰk / -lɔ̀k]

[명] 정돈 [동] 정돈시키다(되다).

▶ dead(죽은) + lock(자물쇠) → 자물쇠를 부스고(죽이고) 문을 열어 안을 정돈시키다 = deadlock(정돈, 정돈시키다)

高 **deadly**
[dédli]

[형] 죽음의, 치명적인

▶ dead(죽은) + ly(…의, …적인) = deadly(죽음의, 치명적인)

▶ a deadly poison 치명적인 독약

高 **deaf**
[def]

[형] 귀머거리의, 귀먹은

[암] **귀먹은** 자에게 **되프**(되풀이)(deaf)리해 **뭐뭐**(murmur)라 **속삭이다**.

▶ I'm deaf in my right ear.
나는 오른쪽 귀가 멀었다.

大 **deafen**
[défən]

[타] 귀먹게 하다,(방음장치로) 소리가 들리지 않게 하다.

▶ deaf(귀먹은) + en(동사를 만듦) = deafen(귀먹게 하다,[방음 장치로]소리가 들리지 않게 하다)

大 **deal**[1]
[di:l]

[명] 분량, 다량, 정도

[암] **거래**처 **뒬**(뒤를)(deal) 조사해 **다량**의 **분량**을 **다루며 거래하다**.

高 **deal**[2]
[di:l]

[동] 거래하다, 다루다. [명] 거래

[암] **거래**처 **뒬**(뒤를)(deal) 조사해 **다량**의 **분량**을 **다루며 거래하다**.

高 **dealer**
[dí:lər]

[명] 장사꾼, …상(商)

▶ deal(거래하다) + er(…사람) = dealer(장사꾼, …상(商))

▶ wholesale dealer 도매상

大 **dealing**
[dí:liŋ]

[명] (남에게 대한) 행동, 교섭, 거래

▶ deal(거래하다) + ing(현재분사 어미) → 거래하는 것 = dealing(남에게 대한) 행동, 교섭, 거래)

高 **dealt** [delt]

deal[2]의 과거, 과거 분사

▶ He dealt the enemy a deathblow.
그는 적에게 치명타를 가했다.

高 **dean** [di:n]

명 과 주임, 학부장, 학장, ((미)) 서기관

암 **학장**과 **학부장 된 업저 브**인이 **잘봐주다**.
(뒤는 앞 저 부인이) (dean)(observe)

大 **dear** [diər]

형 귀여운, 소중한, 사랑하는 명 애인

암 **사랑하는 소중한 애인**의 집은 어**디어**?
(어디여?) (dear)

高 **dearly** [díərli]

부 끔찍이, 애정으로, 비싼 값으로

▶ dear(소중한, 사랑하는) + ly(부사 어미) = dealy(끔찍이, 애정으로, 비싼 값으로)

大 **dearness** [diərnis]

명 친밀한 정, 소중함, 고가(高價)

▶ dear(소중한, 사랑하는) + ness(명사 어미) = dearness(친밀한 정, 소중함, 고가(高價))

大 **dearth** [də:rθ]

명 결핍, 부족, 기근

▶ dear(소중한, 사랑하는) + th(명사 어미) → 소중한 것들의 결핍(부족)으로 생기는 기근 = dearth(결핍, 부족, 기근)

高 **death** [deθ]

명 죽음, 절멸; 운명

암 **죽음**에 이르게 **돼스**니....
(됐으니) (death)

▶ He fought to the death.
그는 끝까지(죽기까지)싸웠다.

大 **deathbed** [déθbèd]

명 죽음의 자리, 임종

▶ daeth(죽음) + bed(침대) = deathbed(죽음의 자리, 임종)

大 **deathly** [déθli]

형 죽음 같은, 치명적인 부 죽은 듯이

▶ death(죽음) + ly(부사, 형용사, 어미) = deathly(죽음 같은, 치명적인, 죽은 듯이)

高 **debate** [dibéit]

명 논의, 토론 동 논의하다, 토론하다.

암 **뒤배 이트**기가 타고 **토론(논의)하다**.
(뒤 배 2 트기가) (debate)

▶ They opened a debate.
그들은 토론을 시작했다.

大 **debater**
[dibéitər]

㉮ 토론자
▶ debat(e)(토론하다) + er(…사람) = debater(토론자)

高 **debt**
[det]

㉮ 빚, 부채, 채무, 은혜
대나무 틀어
㉰ **빚** 갚으려고 **대 트**러 만든 **바스킷(광주리)**
(debt) (basket)
▶ a debt of five dollars 5달러의 빚

大 **debtor**
[détər]

㉮ 채무자, 빚진 사람, 차변(借邊)
▶ debt(빚, 부채) + or(…한 사람) = debtor(채무자, 빚진 사람, 차변(借邊))

大 **debut**
[deibjúː / di- / déi- / déb-]

㉮ 첫 무대[출연] ㉯ 데뷔하다, 첫 무대를 밟다.
㉰ **첫 무대**에 **데뷔하다**.
(debut)

大 **decade**
[dékeid / dékəd]

㉮ 10년간; 열 개 한 벌, 열권
대나무가 커 드디어
㉰ **십년간 대커 드**디어 **컷하다**.
(decade) (cut)

高 **decay**
[dikéi]

㉯ 쇠퇴하다; 썩다, 부패하다, 타락하다. ㉮ 쇠퇴;부패, 부식
뒤에 「K」 양이
㉰ **거리**의 **매춘부**로 **뒤케이**양이 **타락하다**.
(girlie) (decay)
▶ Decayed leaves make rich soil. 썩은 낙엽은 땅을 기름지게 한다.

大 **decease**
[disíːs]

㉮ 사망 ㉱ 사망하다.
등 뒤 씻으려다
㉰ 미스 **백**이 **등 뒤 씨스**려다 **사망하다**.
(back) (decease)

大 **deceased**
[disíːst]

㉲ 죽은, 고(故)
▶ deceas(e)(사망하다) + ed(형용사를 만듦) = deceased(죽은, 고[故])

大 **deceit**
[disíːt]

㉮ 속임, 사기
▶ decei(ve)(속이다, 사기치다) + t(명사 어미) = deceit(속임, 사기)

大 **deceitful**
[disíːtfəl]

㉲ 사기적인, 속임의
▶ deceit(속임, 사기) + ful(형용사 어미) = deceitful(사기적인, 속임의)

大 **deceivable** [disíːvəbl]

㊄ 속기 쉬운

▶ deceiv(e)(속이다, 사기치다) + able(…할 수 있는) + deceivable(속기 쉬운)

高 **deceive** [disíːv]

㊇ 속이다, 기만하다, 사기치다.

뒤에 시부모

암 **와이프**가 **뒤시브**모를 **속이다**.
(wife) (deceive)

大 **deceiver** [disíːvər]

D

㊊ 사기꾼

▶ deceiv(e)(속이다, 사기치다) + er(…사람) = deceiver(사기꾼)

中 **December** [disémbər]

㊊ 12월 (약어) Dec.

뒤의 샘을 버리고

암 **12월**되니 **뒤 샘 버**리**고**(서울로) **가다**.
(December) (go)

大 **decency** [díːsnsi]

㊊ 단정함, 체면, 예의범절

▶ decen(t)(고상한, 예의바른) + cy(성질, 상태의 뜻 명사를 만듦) = decency(단정함, 체면, 예의범절)

高 **decent** [díːsənt]

㊄ 점잖은, 올바른, 고상한, 예의바른

뒤에 옷선을 틀어 / 신사

암 **뒤 선(線) 트**러 잡은 **고상하고 예의바른 젠틀맨**
(decent) (gentleman)

▶ He's quite a decent fellow.
그는 아주 좋은 사람이다.

大 **decently** [díːs(ə)ntli]

㊂ 보기 싫지 않게, 고상하게, 관대하게

▶ decent(고상한, 예의바른) + ly(부사 어미) = decently(보기 싫지 않게, 고상하게, 관대하게)

大 **deception** [disépʃən]

㊊ 사기, 속임, 가짜

▶ dece(ive) → decep(속이다) + tion(명사 어미) = deception(사기, 속임, 가짜)

中 **decide** [disáid]

㊇ 결정하다, 해결하다, 결심하다.

시비를 뒤 사이 들어가

암 **시민의, 시빌 뒤 사이 드**러가 **해결하다**.
(civil) (decide)

▶ decide a question. 문제를 해결하다.

高 **decided** [disáidid]

㊄ 결정적인, 단호한, 과단성 있는

▶ decid(e)(결정하다) + ed(형용사를 만듦) + decided(결정적인, 단호한, 과단성 있는)

▶ a decided person 과단성이 있는 사람

大 **decidedly** [disáididli]

㉮ 결정적으로, 확실히, 단호히

▶ decided(결정적인, 단호한) + ly(부사를 만듦) = decidedly(결정적으로, 확실히, 단호히)

大 **decider** [disáidər]

㉯ 결정자, 결재자

▶ decid(e)(결정하다) + er(…하는 사람) = decider(결정자, 결재자)

大 **decimal** [désəməl]

㉱ 십진법의

암 되로 **되서 뭘 십진법의**(decimal) **셈**으로 **카운트하다**(계산하다)(count).

高 **decision** [disíʒən]

㉯ 결정, 결의

▶ deci(de)(결정하다) + sion(추상명사를 만듦) = decision(결정, 결의)

▶ make[take] a decision. 결정을 내리다.

高 **decisive** [disáisiv]

㉱ 결정적인, 단호한

▶ decis(ion)(결정) + ive(형용사 어미, …적인) = decisive(결정적인, 단호한)

▶ give a decisive answer. 단호한 대답을 하다.

高 **deck** [dek]

㉯ 바닥, 갑판 ㉰ 장식하다.

암 **백조**같은 **수원**(swan) **댁**(deck)이 **갑판**을 **장식하다**.

▶ go on deck. 갑판으로 나가다, 당직을 하다.

高 **declaration** [dèkləréiʃən]

㉯ 선언, 포고; 고백

▶ declar(e)(선언하다) + ation(명사, 접미어, 행위, 동작) = declaration(선언, 포고, 고백)

▶ a declaration of war 선전 포고

大 **declarative** [diklǽrətiv]

㉱ 선언하는, 포고의

▶ declarat(ion)(선언 포고) + ive(형용사 어미) = declarative(선언하는, 포고의)

大 **declaratory** [diklǽrətəri]

㉱ 선언[포고]의

▶ declarat(ion)(선언, 포고) + ory(…의) = declaratory(선언의, 포고의)

高 **declare** [dikléər]

㉲ 선언하다.

암 **치즐**(치즈를)(chisel)을 **끌로 깎겠다**며 **뒤클 래**(뒤에 끌 내어)(declare)어 들고 **선언하다**.

▶ He was declared guilty.
그는 유죄 선고를 받았다.

高

decline
[dikláin]

동 기울다, 쇠퇴하다, 사절(거절)하다.

뒤로 클 라인(등뼈)가

암 **팔 단지**처럼 **뒤 클 라인**(선)이 위로 솟아 **(건강이)**
(pot) (decline)
쇠퇴하다.

▶ His strength slowly declined.
그의 체력은 점차 쇠퇴해졌다.

大

decompose
[dì:kəmpóuz]

동 분해하다, 분해시키다.

암 먹이를 **뒤콤**(곰)**포우즈** 잡고 **분해하다.**
(decompose)

D

大

decomposer
[dì:kəmpóuzər]

명 분해하는 사람(것)

▶ decompos(e)(분해하다) + er(…사람[것]) = decomposer(분해하는 사람[것])

大

decomposition
[dì:kampəzíʃən / -kɔm-]

명 분해, 해체

▶ decompos(e)(분해하다) + ition(= tion 명사 어미) = decomposition(분해, 해체)

高

decorate
[dékərèit]

동 장식하다; 훈장을 주다.

대궐에 이틈에

암 풍선 **아치**를 **대컬에 이트**메 **장식하다.**
(arch) (decorate)

高

decoration
[dèkəréiʃən]

명 장식, 훈장, 꾸밈새

▶ decorat(e)(장식하다, …에게 훈장을 주다) + ion(명사 어미) = decoration(장식, 훈장, 꾸밈새)

▶ interior decoration 실내장식

大

decorative
[dékərèitiv / -rə-]

형 장식[용]의

▶ decorat(e)(장식하다) + ive(형용사를 만듦, …의) = decorative(장식의, 장식용의)

大

decorator
[dékərèitər]

명 장식자, 실내 장식(업)자

▶ decorat(e) 장식하다 + or(…사람) = decorator(장식자, 실내장식[업]자)

大

decoy
[dí:kɔi / dikɔ́i]

명 미끼 동 유인(유혹)하다.

D양이 고이 간직한

암 미스 **디(D) 코이** 간직한 몸을 **미끼**로 **유혹하다.**
(decoy)

高

decrease
[dí:kri:s / dikrí:s]

동 감소하다. 명 감소

▶ de(= down) + crease(= grow) = decrease(감소하다)

뒤 크리스마스(=Christmas)를 연관시켜 기억할 것

암 판매가 **크리스마스 뒤 크리스**마스까지 **감소하다.**
(Christmas) (decrease)

高

decree
[dekríː / dikríː]

㉮ 명령, 포고, 판결 ㉯ (하늘이) 명[판결]하다.

㉰ 주가 곧 **뒤 크리**스도임을 **(하늘이) 명[판결]하다**.
(decree)

▶ a divorce decree 이혼 판결

高

dedicate
[dédikèit]

㉯(시간 등을)바치다, 헌신(헌납)하다.

대학 뒤를 캐 2 트기가
㉰ **대 뒤 캐 이트**기가 진학에**(시간을)바치다**.
(dedicate)

▶ He dedicated his life to peace.
그는 일생을 평화를 위해 바쳤다.

大

dedication
[dèdikéiʃən]

㉮ 바침, 봉납

▶ dedicat(e)(바치다, 봉납하다) + ion(명사 어미) = dedication(바침, 봉납)

大

deduce
[didjúːs]

㊎ (결론, 진리 등을)연역하다, 추론하다.

뒤 한수 두수
㉰ 현장검증 **뒤 듀스(數)** 만에 **결론을 추론하다**.
(deduce)

大

deduct
[didʌ́kt]

㊎ 공제하다, 빼다.

▶ (…에서 = de) + (duct = 닭트:끌다) = 공제하다.
닭장**에서 뒤 (닭트**러(틀어)**끌어가니)** (돈을) **공제하다**.

大

deduction
[didʌ́kʃən]

㉮ 공제, 뺌

▶ deduct(공제하다, 빼다) + ion(명사 어미) = deduction(공제, 뺌)

高

deed
[diːd]

㉮ 행위, 행동, 증서

㉰ 놈의 **뒤 드**는 **행위**를 **잽**싸게 **쿡찌르다**(똥침).
(deed) (jab)

▶ a good[kind] deed 친절한 행동

大

deem
[diːm]

㉯ …라고 보다, …으로 생각하다.

㉰ 색이 **침침한** 디**딤**돌을 디**딤**판**으로 생각하다**.
(dim) (deem)

中

deep
[diːp]

㉱ 깊은, 심원한, 은밀한

(히프)뒤 풀어
㉰ 그녀의 **은밀한 뒤 프**러 **러브**하며 **애무하다**.
(deep) (love)

▶ a deep well 깊은 우물

高

deepen
[díːpn]

㉯ 깊게 하다, 깊어지다.

▶ deep(깊은) + en(…하다) = deepen(깊게 하다, 깊어지다)

D

高 **deepl*y***
[díːpli]

[부] 깊이, 짙게, 심히, 은밀하게
▶ deep(깊은, 은밀한) + ly(부사를 만듦) = deeply(깊이, 짙게, 은밀하게)
▶ I deeply regret your misfortune.
당신의 불운을 심히 유감으로 생각합니다.

高 **deer**
[diər]

[명] 사슴
[암] 에야! **디어** 에야! **디어 사슴** 놀이하자.
▶ a herd of deer 사슴 한 무리

D

高 **defeat**
[diːfíːt]

[타] 패배시키다, 쳐부수다, 좌절시키다.
▶ (아래로 = de) + (feat = 피트:만들다) = 쳐부수다.
아래로쳐 **뒤**를 **피트**(투)성이 되게 **만들어** = **쳐부수다.**
죄인을 아래로 쳐 뒤를 피투성이 되게 만들어

高 **defect**
[difékt]

[명] 결점, 단점, 부족 [동] 피하다, 도망하다.
▶ (결점 = de) + (fect = 팩트:만들다) = 피하다
결점 있는 **뒤**를 **팩트**러 감아 짧게 **만들어** = 피하다
결점 있는 뒤를 팩! 트러 감아 짧게 만들어

大 **defective**
[diféktiv]

[형] 결점(단점)이 있는
▶ defect(결점, 단점) + ive(형용사 어미, …이 있는) = defective(결점[단점]이 있는)

高 **defence**
[diféns]

[명] 방어 (= defense), 수비
▶ defen(d)(방어하다) + ce(추상명사 어미) = defence(방어, 수비)
▶ a strong defence 강력한 방어[수비]

高 **defend**
[difénd]

[동] 방어하다, 보호하다, 막다
▶ (방패로 = de) + (fend = 팬드:치다) = 방어(보호)하다
방패로 **뒤 팬 두(頭)**를 막아 **치는**걸 = **방어(보호)하다**

大 **defendant**
[diféndənt]

[명] 피고, [형] 피고의
▶ defend(방어[보호]하다) + ant(…하는 사람) = defendant(피고, 피고의)

大 **defender**
[diféndər]

[명] 방어자, 옹호자
▶ defend(방어[보호]하다) + er(…사람) = defender(방어자, 옹호자)

高 **defense**
[diféns / díːfens]

[명] 방위, 방어, 수비
▶ defen(d)(방어[보호]하다) + se(= ce 추상명사 어미) = defense(방위, 방어, 수비)
▶ a strong defense 강력한 방어[수비]

大 **defenseless** [difénslis]

[형] 무방비의, 방어할 수 없는

▶ defense(방어) + less(… 이 없는, …할 수 없는) = defenseless(무방비의, 방어할 수 없는)

高 **defensive** [difénsiv]

[형] 방어의, 방어적인

▶ defens(e)(방어) + ive(형용사 어미) = defensive(방어의, 방어적인)

▶ defensive war 수비[방어]전

大 **defer[1]** [difə́ːr]

[동] 연기하다, 미루다.

(등)뒤 펴는 (등)뒤 펴주니

[암] 곱사등이 **뒤 펴**는 걸 **연기하다**가 **뒤 펴**주니 **경의를 표하다**.

(defer) (defer)

大 **defer[2]** [difə́ːr]

[동] 경의를 표하다.

(등)뒤 펴는

[암] 곱사등이 **뒤 펴**는 걸 **연기하다**가 **뒤 펴**주니 **경의를 표하다**.

(defer)

大 **deference** [défərəns]

[명] 복종, 존경, 경의

▶ defer(경의를 표하다) + ence(명사 어미) = deference(복종, 존경, 경의)

大 **defiance** [difáiəns]

[명] 도전, 반항, 무시

▶ def(y) → i(도전하다) + ance(명사 어미)
= defiance(도전, 반항)

[암] 뱀이 **뒤 파이니 덤비다(도전하다)**.

(defy)

大 **defiant** [difáiənt]

[형] 도전적인, 반항적인

▶ def(y) → i(도전하다) + ant(형용사 어미) = defiant(도전적인, 반항적인)

大 **deficiency** [difíʃənsi]

[명] 부족, 결핍

▶ deficien(t)(부족한) + cy(명사를 만듦) = deficiency(부종, 결핍)

大 **deficient** [difíʃənt]

[형] (질, 양 따위가)부족한, 불충분한

뒤 피선(線) 틀어 피를

[암] 닥터가 **뒤 피션(線) 트**러 **부족한 필 보충하다**.

(deficient) (fill)

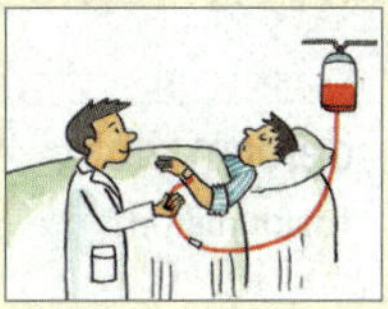

大 **deficiently** [difíʃ(ə)ntli]

[부] 불충분하게

▶ deficient(부족한) + ly(부사 어미) = deficiently(불충분하게)

大 **defile** [difáil]

[타] 더럽히다, (신성을)모독하다, (여성의)순결을 빼앗다.

[암] **백정**이 **부처** (등)**뒤파 일**삼아 **(신성을)모독하다**.
(butcher) (defile)

高 **define** [difáin]

[동] 한계를 정하다, 정의를 내리다, 설명하다.

▶ (아래로 = de) + (fine = 파인:제한하다) = (정의를 내리다, 한계를 정하다)

[암] 뚫은 **아래로 뒤 파인** 곳까지 **제한하여**(정의를 내리다, 한계를 정하다)

▶ define a word as
… 말을, …이라고 정의를 내리다.

高 **definite** [défənit]

[형] 명확한, 한정된, 일정한

대나무를 편이 틀어 / 바구니

[암] **대 퍼니트**러 **일정한** 량 만든 **바스킷**
(definite) (basket)

▶ a definite answer 명확한 대답

高 **definite article** [défənit-ɑ́ːrtikl]

[명] [문법]정관사)

▶ definite(일정한) + article(관사) = definite article([문법] 정관사)

大 **definitely** [dèfənitli]

[부] 명확하게

▶ definite(명확한) + ly(부사 어미) = definitely(명확하게)

大 **definition** [dèfəníʃən]

[명] 정의, 한정

▶ definit(e)(한정된, 일정한) + ion(명사 어미) = definition(정의, 한정)

大 **deflation** [difléiʃən / dìː-]

[명] 디플레이션, 통화수축, 공기를 뺌

[암] **인플레이션(= 통화팽창)** 반대가 **디플레이션(= 통화수축)**이지
(inflation) (deflation)

大 **deform** [diː-fɔːrm]

[동] 병신으로 만들다, 보기 흉하게 만들다.

방망이로 / 뒤 폼(=꼴, 형상)

[암] **배트**로 쳐 **뒤 폼**을 **병신으로 만들다**.
(bat) (deform)

大 **deformation** [dìːfɔːrmèiʃən]

[명] 모양을 망침,

▶ deform(병신으로 만들다) + ation(명사 어미) = deformation(불구, 모양을 망침)

大 **deformed** [difɔ́ːrmd]

[형] 불구의, 볼품 없는

▶ deform(병신으로 만들다) + ed(형용사를 만듦) + deformed(불구의 볼품 없는)

大 **deformity**
[difɔ́ːrməti]

[명] 병신, 불구, 기형

▶ deform(병신으로 만들다) + ity(추상명사 어미) = deformity(병신, 불고, 기형)

大 **defraud**
[difrɔ́ːd]

[동] 속이다, 편취하다.

호주머니 뒤 푸러(풀어)
[암] **달러**를 **포켓 뒤 프러 드**디어 **편취하다**.
(dollar) (pocket) (defraud)

大 **defraudation**
[diːfrɔːdéiʃən]

[명] 속임, 사취

▶ defraud (속이다, 사취하다) + ation(명사 어미) = defraudation(속임, 사취)

大 **defrauder**
[difrɔ́ːdər]

[명] 속이는 자, 사기꾼

▶ defraud(속이다, 사취하다) + er(…사람) = defrauder(속이는 자, 사기꾼)

大 **deft**
[deft]

[형] 능란한, 능숙한

다시 붙으며
[암] 놈에게 **능숙한** 기교로 **되 프트**며 **잽**싸게 **찌르다**.
(deft) (jab)

大 **deftly**
[déftli]

[부] 능란하게, 능숙하게

▶ deft(능숙한, 능란한) + ly(부사를 만듦) = deftly(능란하게, 능숙하게)

高 **defy**
[difái]

[동] 도전하다, 무시하다, 덤비다.

지팡이에 뒤가 파이니
[암] **코브라**가 **스틱**에 **뒤 파이**니 **덤비다**.
(cobra) (stick) (defy)

▶ defy one's superiors. 상관에게 대들다.

大 **degenerate**
[didʒénərèit]

[자] 나빠지다, 퇴보(타락)하다.

▶ (아래 = de) + (generate = 죄 널에이트 : 생산하다) = 나빠지다

[암] 면을 **아래 D**급 자가 **죄 널에 이틈**에 쳐 **생산하니** 질이 **나빠지다**.
국수를 아래 D급 자가 죄 널판에 이틈에 쳐 생산하니

大 **degeneration**
[didʒènəréiʃən]

[명] 악화, 퇴보, 타락

▶ degenerat(e)(나빠지다, 퇴보[타락]하다) + ion(명사 어미) = degeneration(악화, 퇴보, 타락)

大 **degenerative**
[didʒénərèitiv]

[형] 변질적인, 퇴보적인, 타락적인

▶ degenerat(e)(나빠지다, 퇴보[타락]하다) + ive(형용사 어미, …적인) = degenerative(변질적인, 퇴보적인, 타락적인)

大 **degradation** [dègrədéiʃən]

[명] 좌천, 파면, 하락

▶ degrad(e)(지위를 낮추다, 좌천시키다) + ation(명사 어미) = degradation(좌천, 파면, 하락)

大 **degrade** [digréid]

[동] 격하하다, 지위를 낮추다, 품위를 떨어뜨리다.

▶ de(= down) + grade(rank 계급) = degrade(격하하다)

뒤 글에 이들이

[암] **뒤 글에 이드**리 **품위를 떨어뜨리다**.

(degrade)

中 **degree** [digríː]

[명] 도, 정도, 지위, 등급

뒤 그리는 화가

[암] **정도**에 맞게 **뒤 그리**는 **페인터**.

(degree) (painter)

▶ It is a matter of degree. 그건 정도의 문제이다.

大 **deifier** [díːəfàiər]

[명] 예배자

▶ deif(y) → i(신으로 모시다) + er(…하는 사람) = deifier(예배자)

大 **deify** [díəfài]

[타] 신으로 삼다, 신으로 모시다

▶ dei(ty)(신,신격) + fy(…화하다) = deify(신으로 삼다. 신으로 모시다)

大 **deity** [díːəti]

[명] 신(神), 신격, 신위

뒤에 고기를 튀겨

[암] 마담이 **뒤어(魚) 튀**겨 **신**께 올리고 **인(人)복**을 **빌다**.

(deity) (invoke)

大 **deject** [didʒékt]

[타] 낙담시키다, 기를 죽이다

▶ (아래로 = de) + (ject = 젝트:던지다) = deject(기를 죽이다)

폭탄을 **아래로 뒤 젝트**가 **던지어** 적을 = deject(기를 죽이다)

폭탄을 아래로 뒤 제트기가 던지어 적을

大 **dejected** [didʒéktid]

[형] 낙담한, 기를 죽인

▶ deject(낙담시키다, 기를 죽이다) + ed(형용사를 만듦) = dejected(낙담한, 기를 죽인)

大 **dejection** [didʒékʃən]

[명] 낙담, 실의

▶ deject(낙담시키다, 기를 죽이다) + ion(명사 어미) = dejection(낙담, 실의)

高 **delay** [diléi]

[동] 늦추다, 지체하다 [명] 지체, 지연, 연기

▶ (멀리 = de) + (lay = 태이:놓다) = 늦추다

멀리못가게**뒤 래이**(내의)를 묶어 **놓아** 출발을 **늦추다**

멀리 못가게 뒤 내의를 묶어 놓아

高 **delegate**
[déligèit]

[명] 대표자

[타] (대표자로) 파견하다, 대표를 위임하다.

(김)대리가 개와 이(2) 트기를

[암] **대리 개 이(2)트**기를 사냥 **(대표자로)파견하다.**
(delegate)

▶ She was delegated to represent us.
그녀는 우리를 대표해서 파견되었다.

大 **delegation**
[dèligéiʃən]

[명] 위임, 대표단, 파견단

▶ delegat(e)(파견[위임]하다) + ion(명사 어미) = delegation(위임, 대표단, 파견단)

大 **deliberate**[1]
[dilíbərit / dilíbərèit]

[형] 신중한, 사려깊은

뒤 이발이 틀어져 뒤 이발에 이틀이나

[암] **신중한** 자가 **뒤리벌리 트**러져 **뒤리벌레 이트**리나 **숙고하다.**
(deliberate) (deliberate)

大 **deliberate**[2]
[dilíbərèit]

[동] 숙고하다, 잘 생각하다.

뒤 이발이 틀어져 뒤 이발에 이틀이나

[암] **신중한** 자가 **뒤리벌리 트**러져 **뒤리벌레 이트**리나 **숙고하다.**
(deliberate) (deliberate)

高 **deliberately**
[dilíbəritli]

[부] 신중히, 사려깊게

▶ deliberate(신중한, 사려깊은) + ly(부사 어미) = deliberately(신중히, 사려깊게)

大 **deliberation**
[dilìbəréiʃən]

[명] 숙고, 심의

▶ deliberat(e)(숙고하다) + ion(명사 어미) = deliberation(숙고, 심의)

大 **deliberator**
[dilíbərèitər]

[명] 숙고하는 사람, 심의자

▶ deliberat(e)(숙고하다) + or(…하는 사람) = deliberator(숙고하는 사람, 심의자)

大 **delicacy**
[délikəsi]

[명] 우아함, 셈세함, 고움

▶ delica(te)(우아한, 섬세한) + cy(명사 어미, …함) = delicacy(우아함, 섬세함, 고움)

高 **delicate**
[délikət]

[형] 우아한, 고운, 섬세한, 품위있는

김대리 커서 트기와

[암] **우아한** (김)**대리 커 트**기와 **품위있는 러브하다.**
(delicate) (love)

▶ delicate manners 우아한(품위있는)예의 범절

大 **delicately**
[délikətli]

[부] 우아하게 섬세하게

▶ delicate(우아한, 섬세한) + ly(부사를 만듦) = delicately(우아하게, 섬세하게)

高 **delicious** [dilíʃəs]

㉻ 맛있는, 맛좋은

드리셨으니 먹어
㉡ **맛있는** 것을 **디리셔스**니 **악어** 같이 **머거**.
(delicious) (mugger)

▶ a delicious cake 맛있는 케이크

高 **delight** [diláit]

㉠ 기뻐하다, 즐기다. ㉢ 기쁨, 유쾌;즐거움

매리가 지씨와 두라 이틈에도
㉡ **매리 지**와 **결혼 뒤라 이트**메도 **즐기다**.
(marriage) (delight)

▶ She was delighted at the news.
그녀는 그 소식을 듣고 기뻐했다.

大 **delighted** [diláitid]

㉻ 아주 기뻐하는

▶ delight(즐기다) + ed(형용사를 만듦) = delighted(아주 기뻐하는)

高 **delightful** [diláitfəl]

㉻ 유쾌한, 즐거운

▶ delight(즐겁게 하다) + ful(… 이 가득찬, …이 많은) = delightful(유쾌한, 즐거운)

▶ a delightful book(experience) 재미있는 책(경험)

高 **deliver** [dilívər]

㉠ 배달하다, 구원하다.

물을 들이부어
㉡ **노새**에게 **뮬**을 **딜리붜 구해내다.(구원하다)**
(mule) (deliver)

▶ The postman delivers letters.
우편 집배원은 편지를 배달한다.

大 **deliverance** [dilívərəns]

㉢ 구출, 구조

▶ deliver (구원하다, 구해내다) + ance(명사 어미) = deliverance(구출, 구조)

大 **delivered** [dilívərd]

㉻ 배달비 포함의, …인도의

▶ deliver(배달하다) + ed(형용사를 만듦) = delivered(배달비 포함의, …인도의)

大 **deliverer** [dilívərər]

㉢ 구조자, 배달자

▶ deliver(배달하다, 구원하다) + er(…사람) = deliverer(구조자, 배달자)

高 **delivery** [dilívəri]

㉢ 배달, 인도, 구조, 말투, 강연

▶ deliver(배달하다, 구원하다) + y(명사를 만듦) = delivery(배달, 인도, 구조, 말투, 강연)

▶ a good[poor]delivery 능란한[서투른] 강연

大 **delta** [déltə]

㉢ 삼각주, 델타(= 될터)

㉡ **삼각주 될 터**(땅)을 **둑 댐으로 막다**.
(delta) (dam)

大 **delude** [dilúːd]

㊉ 속이다, 미혹시키다, 속이어 …시키다.

사람이 뒤를 들어 뒤로 들어
암 **정말 인(人) 뒤드**러 **뒤루 드**러가며 (맹수인양) **속이다.**
(indeed) (delude)

大 **deluge** [délju:dʒ]

명 대홍수, 큰물 ㊉ 범람하다.

크게 흐르는 지류
암 **큰물**이 **대(大) 류지(流支)**되 **대홍수**로 **범람하다.**
(deluge)

大 **delusion** [dilúːʒən]

명 속임, 기만

▶ delu(de)(속이다, 기만하다) + sion(추상명사 어미) = delusion(속임, 기만)

中 **demand** [dimǽːnd]

동 요구하다, 청구하다. 명 요구, 청구

뒤에 만두를
암 **마담**께 **뒤 만드**를 달라고 **요구하다.**
(madam) (demand)

大 **demandant** [dimǽndənt / -mάːnd-]

명 (法) 원고 요구자

▶ demand(요구[청구]하다) + ant(…하는 자(者)) = demandant(원고, 요구자)

高 **democracy** [dimάkrəsi]

명 민주주의 민중

▶ demo(s)(= people) + cracy(= rule 정치) = 민주주의, 민중

뒤 말을 끌어 시(市)에
암 **민중**이 **뒤마 클어 시**에 세운 **민주주의**(탑)
(democracy)

大 **democrat** [déməkræ̀t]

명 민주주의자 (D–), ((미)) 민주당원

▶ democra(cy)(민주주의) + t(지지자, 일원) = democrat(민주주의자 (D–), ((미)) 민주당원)

高 **democratic** [dèməkrǽtik]

형 민주주의의, 민주적인

▶ democra(cy)(민주주의) + tic(… 의) = democratic(민주주의의, 민주적인)

大 **demolish** [dimάliʃ]

㊉ 부수다, 폭파하다, 분쇄하다.

뒤에 말이 쉬
암 **마구간**을 **반**이나 **뒤말이 쉬**(쉽게) **부수다.**
(barn) (demolish)

大 **demon** [díːmən]

명 악마, 마귀

암 **알프스산 뒤 먼**곳에 사는 **악마(마귀)**
(Alps) (demon)

高	**demonstrate** [démənstrèit]	ⓢ 시위하다, 설명하다, 논증하다. 힘들면 수틀에 2 트기도 **암** 일이 고**되면 스틀레 이 트**기도 **시위하다.** (demonstrate) ▶ demonstrate against a racial prejudice. 인종 차별에 항의해서 시위를 하다. 
高	**demonstration** [dèmənstréiʃən]	ⓜ 데모, 시위운동, 시범, 실연 ▶ demonstrat(e)(시위하다, 논증하다) + ion(명사 어미) = demonstration(시위운동, 시범) ▶ a demonstration against the war 반전시위
大	**demonstrative** [dimánstrətiv / -mɔ́n-]	ⓗ 논증적인, 시위적인 ▶ demonstrat(e)(논증[시위]하다) + ive(형용사를 만듦) = demonstrative(논증적인, 시위적인)
大	**demur** [dimə́ːr]	ⓐ 반대하다, 이의를 제기하다. ⓜ 이의, 반대 **암** **반대**파가 된 **뒤 뭐** 든지 **반대하다. 이의를 제기하다.** (demur)
高	**den** [den]	ⓜ (도둑의)소굴, 밀실, (야수의) 굴 **암** **(도둑의)소굴**이 **된 밀실 굴**속 (den) ▶ a lion's den 사자 우리 [굴]
大	**denial** [dináiəl]	ⓜ 부정, 거절 ▶ (부정[거절]하다 = den[y] → i) + (al = 명사 어미) = denial(부정, 거절) **암** deny → 미스가 올드미스 된 **뒤 나이(deny)**를 **부정(거절)하다.**
大	**Denmark** [dénmaːrk]	ⓜ 덴마크 ((수도 : Copenhagen))
大	**denominate** [dinɔ́minèit]	ⓣ …의 이름을 붙이다 (짓다), …라고 일컫다. 뒤 놈이 내 이 틈에 **암** 칼을 **뒤놈이 내 이트**메 저승사자 **라고 일컫다.** (denominate) 
大	**denomination** [dinɔ̀minéiʃən]	ⓜ 명명, 명칭 ▶ denominat(e)(~의 이름을 짓다) + ion(명사 어미) = denomination(명명, 명칭)
大	**denote** [dinóut]	ⓣ 표시하다, 나타내다. ▶ (완전히 = de) + (note = 노트:기록하다) = denote(표시하다, 나타내다) **완전히 뒤 노트에 기록하여서** = denote(표시하다, 나타내다) 외상값을 뒤 노트에 기록하여서

大 **denounce**
[dináuns]

㉵ (공공연히)비난하다, 고발하다.

▶ (나쁜 = de) + (nounce = 나운스:말하다) = 비난하다

나쁜 점괘 **뒤 나운스**(수)가 나쁘다고 **말하며** = 비난하다

高 **dense**
[dens]

㉻ 밀집한, 무성한, 빽빽한, 아둔한

dance hall을 연상하세요.

㉰ **아둔한** 자가 **빽빽한 댄스**홀에서 **댄스춤추다**.
(dense) (dance)

▶ The garden was dense with grass.
정원에는 풀이 무성했다.

大 **denseness**
[dénsnis]

㉷ 밀집, 우둔

▶ dense(밀집한, 아둔한) + ness(명사 어미) = denseness(밀집, 우둔)

大 **density**
[déns(i)ti]

㉷ 밀도, 농도, 비중, 우둔함

▶ dens(e)(밀집한, 아둔한) + ity(추상명사 어미) = density(밀도, 농도, 비중, 우둔함)

大 **dental**
[déntl]

㉻ 이의,치과의 치과용의

㉰ **치과용의(이의)**대용으로 **된 틀**니
(dental)

高 **dentist**
[déntist]

㉷ 치과의사

▶ dent(al)[이의, 치과용의] + ist(…하는 사람) = dentist(치과의사)

大 **denunciate**
[dinʌ́nsièit]

㉵ 탄핵(비난)하다.

뒤는 시(市)에 이(2) 트기가

㉰ 시장 **뒤넌 시(市)에 이(2) 트**기가 캐 **탄핵하다**.
(denunciate)

大 **denunciation**
[dinʌ̀nsiéiʃən]

㉷ 탄핵

▶ denunciat(e)(비난[탄핵]하다) + ion(명사 어미) = denunciation(탄핵, 고발)

大 **denunciator**
[dinʌ́nsièitər]

㉷ 비난자, 탄핵자, 고발자

▶ denunciat(e)(비난[탄핵]하다) + or(…하는사람) = denunciator(비난자, 탄핵자, 고발자)

高 **deny**
[dinái]

㉸ 부정하다; 거절하다, 받아들이지 않다.

뒤 나이

㉰ **미스**가 **올드미스** 된 **뒤 나이**를 **부정하다. 받아들이지 않다**.
(Miss) (oldmiss) (deny)

▶ She denied the fact. 그녀는 그 사실을 부정하였다.

D

D

高 **depart**
[dipɑ́ːrt]

동 출발하다, 떠나다, 떨어지다.

뒤 파투
암 **고 스톱**한 **뒤 파트**내고 **출발하다.**
(go stop) (depart)

▶ I departed from my home.
나는 고향[집]을 떠났다.

高 **department**
[dipɑ́ːrtmənt]

명 부문, 국(局), …부(部), (백화점)매장 ((미)) 성(省)

▶ depart(떨어지다) + ment(명사 어미) → 떨어진 것들 = department(부문, 국(局),부(部),성(省) (백화점)매장

中 **department store**
[dipɑ́ːrtmənt stɔːr]

명 백화점

▶ department([백화점]매장) + store(가게) = department store(백화점)

高 **departure**
[dipɑ́ːrtʃər]

명 출발, 떠남, 시도

▶ depart(출발하다) + ure(동작 결과를 나타내는 명사 어미) = departure (출발, 떠남, 시도)

▶ a new departure 새로운 시도

高 **depend**
[dipénd]

동 ~에 의지하다, ~에 의뢰하다.

연애편지 뒤에 펜 들어
암 **러브레터**를 **뒤 펜 드**려주며 **의뢰하다.**
(love letter) (depend)

▶ depend on one's parents. 부모님께 의지하다.

大 **dependable**
[dipéndəbl]

형 신뢰할 [믿을]수 있는

▶ depend(의존하다) + able(…할 수 있는) = dependable(신뢰할[믿을]수 있는)

大 **dependence**
[dipéndəns]

명 의뢰, 의존

▶ depend(의존하다) + ence(명사 어미) = dependence(의로, 의존)

高 **dependent**
[dipéndənt]

형 의지하는, 의존하는

▶ depend(의존하다) + ent(형용사 어미) = dependent(의지하는, 의존하는)

▶ Crops are dependent upon weather. 수확은 날씨에 의존된다.

大 **depict**
[dipíkt]

타 (그림, 조각으로)그리다, 묘사(서술)하다.

뒤 픽! 틀어가며
암 **마담**의 **뒤 픽! 트**러가며 **묘사 (서술)하다.**
(madam) (depict)

大 **depiction**
[dipíkʃən]

명 묘사, 서술

▶ depict(묘사[서술]하다) + ion(명사 어미) = depiction(묘사, 서술)

大 **deplorable** [diplɔ́ːrəbl]

[형] 한탄할, 비참할

▶ deplor(e)(비탄[한탄]하다) + able(…할 만한) = deplorable(한탄할, 비참할)

大 **deplore** [diplɔ́ːr / -plɔ́ː]

[동] 슬퍼하다, 한탄하다, 비탄하다.

뒤 플로

[암] 죽음을 **뒤 플로**가 **슬퍼(한탄)하다.**
(deplore)

大 **deport¹** [dipɔ́ːrt]

[타] 국외로 추방하다.

뒤에 포를 틀어

[암] **뒤 포(砲)트**러 빼돌리니 **국외로 추방하다.**
(deport)

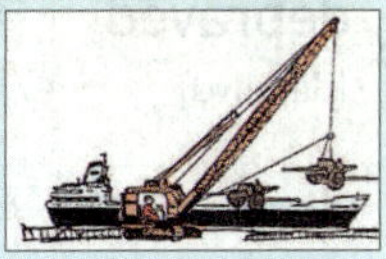

大 **deport²** [dipɔ́ːrt]

[타] 처신하다, 행동하다.

뒤에 포를 틀어

[암] 놈이 **뒤 포(砲) 트**러 빼돌리는 **행동(처신)을 하다.**
(deport)

大 **deportation** [dìːpɔːrtéiʃən]

[명] 국외 추방

▶ deport¹(국외로 추방하다) + ation(명사 어미) = deportation(국외, 추방)

大 **deportment** [dipɔ́ːrtmənt]

[명] 행동, 처신

▶ deport²(행동[처신]하다) + ment(명사 어미) = deportment(행동, 처신)

大 **depose** [dipóuz]

[동](높은 지위에서)물러나게 하다, (왕을)폐하다.

뒷걸음 포즈(=자세)

[암] **뒤 포즈**취해 **(높은 지위에서) 물러나게 하다.**
(depose)

大 **deposer** [dipóuzer]

[명] 지위를 낮추는 (퇴위시키는) 사람

▶ depos(e)([지위에서] 물러나게 하다, [왕을]폐하다) + er(…하는 사람) = deposer(지위를 낮추는(퇴위시키는) 사람)

高 **deposit** [dipázit / -pɔ́z-]

[명] 예금

[동] 예금하다, 맡기다, 놓다, 두다, (알을)낳다.

▶ de(+ down) + posit(= put) = deposit(맡기다)

뒤에 못쓰게 된 종이 틀어(묶어)

[암] 보이가 **뒤 파지(破紙)트**러 묶어 **맡기다.**
(deposit)

大 **depositor** [dipázitər / -pɔ́z-]

[명] 예금자, 공탁자

▶ deposit(예금하다, 맡기다) + or(…사람) = depositor(예금자, 공탁자)

D

大 **depot**
[dí:pou / dép-]

명 (軍) 병참부, 창고, 저장소

암 ((軍)) **병참부 창고**에 있는 **대포**
(depot)

大 **deprave**
[dipréiv]

타 타락시키다, 나쁘게 만들다.

뒤풀에 이씨 부인을
암 **갱**이 **뒤프레 이(李)브(婦)**인을 덮쳐 **타락시키다**.
(gang) (deprave)

大 **depraved**
[dipréivd]

형 타락한

▶ deprav(e)(타락시키다) + ed(형용사를 만듦) = depraved(타락한)

大 **depreciate**
[diprí:ʃièit]

동 가치가(값이) 떨어지다.

뒤 풀이시(시에)
암 **좋은 굿 뒤 프리시(時) 애이(2) 트**기를 써 **값이 떨어지다**.
(good) (depreciate)

大 **depreciation**
[diprì:ʃiéiʃən]

명 가치하락, 가격의 저하

▶ depreciat(e)(가치가 떨어지다) + ion(명사 어미) = depreciation(가치하락, 가격의 저하)

大 **depreciator**
[diprì:ʃiéitər]

명 가치를 떨어뜨리는 사람

▶ depreciat(e)(가치가 떨어지다) + or(…사람) = depreciator(가치를 떨어떠리는 사람)

大 **depress**
[diprés]

동 풀이 죽게 하다, 약화시키다, 내리누르다, 억압하다.

뒤 압착기로
암 **뒤 프레스**로 **내리 눌러 풀이 죽게 하다**.
(depress)

▶ de(= down) + press(누르다) = depress(내리누르다)

高 **depressed**
[diprést]

형 의기소침한, 기가 죽은

▶ depress(풀이 죽게 하다, 약화시키다) + ed(형용사 만듦) = depressed(의기소침한, 기가 죽은)

▶ feel depressed 마음이 울적하다.

高 **depression**
[dipréʃən]

명 의기소침, 우울, 불경기, 불황

▶ depress(풀이 죽게 하다, 억압하다) + ion(명사 어미) = depression(우울, 의기소침, 불경기)

▶ nervous depression 신경 쇠약

高 **deprive**
[dipráiv]

타 빼앗다, 박탈하다.

뒤에 풀옷입은 아이가 부리나케
암 **핸드백**을 **뒤풀아이 브**리나케 **빼앗다**.
(handbag) (deprive)

▶ deprive a person of a title.
아무에게서 칭호를 박탈하다.

高	**depth** [depθ]	명 깊이; (the ~또는 the –s) 깊은 곳, 구렁텅이 암 화산이 터져 **깊은 곳**은 **바다**가 **됩스**니. (depth) ▶ the depths of the ocean 심해, 바다 깊이
大	**deputy** [dépjuti]	명 대표, 대리인 (형) 대리의, 대표(代表) 티를 암 회사 **대표(代表)**된 후 **대퓨(代表)티**를 내는 **대리인** (deputy)
大	**derail** [diréil]	동 달선(일탈)하다 ▶ (떼어지다 = de) + (rail = 레일 : 철로) = derail(탈선[일탈]하다) **열차가 떼어져 뒤 레일(철도)**에서 = derail(탈선[일탈]하다)
大	**deride** [diráid]	동 비웃다, 조소하다, 조롱하다. 뒤라 이들이 암 **챔피언**이 **KO**당한 **뒤라 이드**리 **조소하다**. (champion) (knock out) (deride) 
大	**derision** [diríʒən]	명 조소, 조롱, 웃음거리 ▶ deri(de)(조소[조롱]하다) + sion(추상명사 어미) = derision(조소, 조롱, 웃음거리)
大	**derivable** [diráivəbəl]	명 유도할 (끌어낼) 수 있는 ▶ deriv(e)(끌어내다, 유도하다) + able(… 할 수 있는) = derivable(유도할[끌어낼] 수 있는)
大	**derivation** [dèrəvéiʃən]	명 끌어냄, 유도, 유래 ▶ deriv(e)(끌어내다, 유도하다) + ation(명사 어미) = derivation(끌어냄, 유도, 유래)
大	**derivative** [dirívətiv]	형 끌어낸, 모방한, 유도적인 ▶ deriv(e)(끌어내다, 유도하다) + ative(형용사를 만듦) = derivative(끌어낸, 모방한, 유도적인)
高	**derive** [diráiv]	동 끌어내다, 유래하다, 유도하다, 파행하다 메리가 지씨를 뒤라 이부자리로 암 **메리 지(池)**를 **결혼**한 **뒤라 이브**자리로 **끌어내다**. (marriage) (derive) ▶ derive energy from the sun. 태양에서 에너지를 얻다(끌어내다).
大	**derived** [diráivd]	형 파생한 ▶ deriv(e)(파생하다) + ed(형용사를 만듦) = derived(파생한)

D

高 **descend** [disénd]

㉢ 내리다; (조상에게서) 전해지다, 내려오다.

▶ de(= down) + scend(= climb) = descend(내리다)

뒤 sandbag(을 연관시켜 기억할 것)
㉣ **트럭 뒤 샌드** 백을 **내리다.**
(truck) (descend)

高 **descendant** [diséndənt]

㉠ 자손, 후예

▶ descend(내리다) + ant(…하는 사람) → 대대로 내려가는 사람 = descendant(자손, 후예)

高 **descent** [disént]

㉠ 하강, 내리기, 혈통, 가계

▶ descen(d)(내리다) + t(= th추상명사 어미) = descent(하강, 내리기, 혈통, 가계)

▶ American of Irish descent 아일랜드계 미국인

高 **describe** [diskráib]

㉢ 서술하다, 묘사하다; 평하다(~as)

▶ de(= down) + scribe(= write) = describe(서술하다)

(disc)디스크라 이불에서
㉣ 허리병이 **디스크라 이브**레서 증상을 **서술하다.**
(describe)

高 **description** [diskrípʃən]

㉠ 묘사, 설명, 서술

▶ descri(be)서술하다, 묘사하다) + ption(명사어미) = description(묘사, 서술, 설명)

▶ He gave a full description of the accident.
그는 사고를 상세히 설명했다.

大 **descriptive** [diskríptiv]

㉡ 서술적인, 묘사적인

▶ descri(be)(서술하다, 묘사하다) + ptive(= ive 형용사 어미) = descriptive(서술적인, 묘사적인)

大 **descriptor** [diskríptər]

㉠ [컴퓨터] 서술자

▶ descri(be)(서술하다) + ptor(= or…사람) = descriptor(서술자)

高 **desert[1]** [dézəːrt]

㉠ 사막, 황무지

죽어 틀어
㉣ **황무지 사막**에서 **되저 트**러지다.
(desert)

▶ the Sahara Desert 사하라 사막

大 **desert[2]** [dizə́ːrt]

㉢ 버리다, 도망하다.

죽어 틀어진
㉣ **인디언**이 **디저 트**러진 시체 **버리다. 도망하다.**
(Indian) (desert)

大 **desertion** [dizə́ːrʃən]

㉠ 버림, 도망, 유기

▶ desert(버리다, 도망하다) + ion(명사 어미) = desertion(버림, 도망, 유기)

高
deserve
[dizə́ːrv]

[동] ~할 만하다. ~을 받을 가치가 있다. 보상 할 만하다.

▶ (완전히, 잘 = de) + serve(= 섬기다) = 보상 할 만하다

부모를 **잘 뒤 저 브**(부)인이 **섬기니** = 보상 할 만하다

大
deserved
[dizə́ːrvd]

[형] 당연한(상 · 벌 · 보상 등)

▶ deserv(e)(…할 만하다) + ed(형용사를 만듦)

→ 할 만한 자에게 상 벌 등을 내림은 당연한 = deserved(당연한[상 · 벌 · 보상 등])

大
deserver
[dizə́ːrvər]

[명] 적격자, 유자격자

▶ deserv(e)(…할 만하다) + er(…사람) = deserver(적격자, 유자격자)

中
design
[dizáin]

[동] 디자인, 의장, 설계 [동] 기도하다, 입안하다, 계획하다.

▶ de(= down) + sign(= mark) = design(입안하다)

[암] **디자이너**가 **설계**를 **디자인**해 **입안하다. (계획하다)**
(designer) (design)

高
designate
[dézignèit]

[동] 명시하다, 가리키다, 임명(지명)하다.

살찐자가 그네 2 트기
[암] **돼지 그네 이 트**기에게 매라고 **임명(지명)하다.**
(designate)

▶ designated hitter (야구) 지명 타자

大
designation
[dèzignéiʃən]

[명] 지명, 임명

▶ designat(e)(지명[임명]하다) + ion(명사 어미) = designation(지명, 임명)

高
designer
[dizáinər]

[명] 디자이너, 도안가, 설계자

▶ (디자인, 설계하다 = design) + (er = …사람) = designer(디자이너, 도안가, 설계자)

大
desirability
[dizàiərəbíləti]

[명] 바람직함

▶ desir(e)(바라다) + abil(= able…할 만한) + ity(명사 어미)
= desirability(바람직한)

高
desirable
[dizáiərəbəl]

[형] 바람직한, 탐나는

▶ desir(e)(바라다) + able(…할 만한) = desirable(바람직한, 탐나는)

▶ It is desirable to wait. 기다리는 것이 바람직하다.

中
desire
[dizaiər]

[동] 열망하다, 요구하다, 바라다. [명] 열망, 요구, 욕구

뒤에 아들이 이여
[암] 가업을 **뒤 자(子) 이어** 주기를 **열명하다. 바라다.**
(desire)

▶ animal desires 동물적 욕구

D

大 **desirous** [dizáiərəs]

[형] 원하는, 바라는

▶ desir(e)(바라다) + ous(형용사 어미) = desirous(원하는, 바라는)

中 **desk** [desk]

[명] 책상, 데스크

▶ There are two desks in this room. 이 방에는 책상 두 개가 있다.

高 **desolate** [désəlit]

[형] 고독한, 쓸쓸한

[동] 황폐하게 하다, 외롭게 하다. 쓸쓸하게 하다.

▶ de(= fully) + sol(= lone) + ate(형용사 어미)

대설(큰 눈)에 이틀이나

[암] **대설(大雪)레 이트**리나 맘을 **외롭[쓸쓸하]게 하다**.

(desolate)

大 **desolated** [désəlèitid]

[형] (사람이) 쓸쓸한, 외로운

▶ desolat(e)(외롭게[쓸쓸하게]하다) + ed(형용사 어미) = desolated([사람이]쓸쓸한, 외로운)

大 **desolation** [dèsəléiʃən]

[명] 황폐, 쓸쓸함

▶ desolat(e)(외롭게[황폐하게]하다) + ion(명사 어미) = desolation(황폐, 쓸쓸함)

高 **despair** [dispɛ́ər]

[동] 절망(실망, 단념)하다. [명] 단념, 실망, 절망

원전사가 뒤 스페어(spare)바퀴를 연관시켜 기억할 것

[암] **드라이버**가 **뒤 스페어** 바퀴도 펑크나 **절망(실망)하다**.

(driver) (despair)

▶ He is my despair. 그에게는 두 손을 들었다.

大 **despairing** [dispɛ́əriŋ]

[형] 절망적인

▶ despair(절망하다) + ing(현재분사 어미) = despairing(절망적인)

高 **desperate** [déspərit]

[형] 자포자기의; 필사적인, 극단적인

대(큰) 숫파리 틀어 위부터

[암] 거미가 **필사적인 대(大) 스퍼리 트**러 **위브**터 **엮다**.

(desperate) (weave)

▶ desperate efforts 필사의 노력

高 **desperately** [déspəritli]

[부] 필사적으로, 자포자기하여

▶ desperate(필사적인, 자포자기의) + ly(부사 어미) = desperately(필사적으로, 자포자기하여)

大 **desperation** [dèspəréiʃən]

[명] 필사적인, 자포자기

▶ desperat(e)(필삿거인, 자포자기의) + ion(명사 어미) = desperation(필사적인 자포자기)

D

高

despise [dispáiz]

㊍ 경멸하다, 싫어(혐오)하다, 깔보다, 업신여기다.

뒤 수개의 파를 이즈음

㊙ **챔피언**이 **뒤 스파(數派) 이즈**음 **얕보다(경멸하다).**

(champion) (despise)

▶ I despise liars. 나는 거짓말쟁이를 경멸한다.

高

despite [dispáit]

㉠ ~에도 불구하고 ㊔ 경멸, 악의, 혐오

▶ despi(se)(경멸하다, 혐오하다) + te(명사를 만듦) = despite(경멸, 혐오)

▶ He is very strong despite his age.
그는 노령임에도 불구하고 매우 정정하다.

大

despot [déspɔt / déspət]

㊔ 전제 군주, 독재자, 폭군

대(큰) 수포(수개의 대포) 틀어

㊙ **대(大)스포(數砲) 트**러 **독재자**가 **포**를 **퍼붓다.**

(despot) (pour)

大

despotic [dispɔ́tik / des- / dispátik]

㊕ 전제(독재)적인

▶ despot(전제 군주, 독재자) + ic(…의) = despotic(전제[독재]적인)

高

dessert [dizə́ːrt]

㊔ 디저트, 후식

大

dessert wine [dizə́ːrt wain]

㊔ 디저트와인(포도주)

▶ dessert(디저트) + wine(포도주) = dessert wine(디저트와인[포도주])

高

destination [dèstinéiʃən]

㊔ 목적지, 행선지

▶ destin(e)(운명으로 정해지다, 예정하다) + ation(명사 어미)
= destination(목적지, 행선(예정)지)

▶ What's the destination of the train? 그 열차의 목적지는 어디입니까?

高

destine [déstin]

㊍ 운명으로 정해지다; 정해두다, 운명지어지다.

경기도 포천 대수(큰 운수) 튄자로

㊙ 미스 **포천**의 **운**이 **대스(大數) 튄**자로 **운명지어지다.**

(fortune) (destine)

▶ destine the day for a reception
그 날을 환영회 날로 정해 두다.

大

destined [déstind]

㊕ 예정된, 운명지어진

▶ destin(e)(운명으로 정해지다, 예정하다) + ed(형용사를 만듦)
= destined(예정된, 운명지어진)

高

destiny [déstini]

㊔ 운명, 숙명

▶ destin(e)(운명으로 정해지다, 예정하다) + y(명사를 만듦) = destiny(운명, 숙명)

▶ That decided his destiny. 그것이 그의 운명을 결정했다.

D

大 **destitute** [déstitjùːt]

[형] 없는, 결핍한

투우용의 붉은천이 대수(大秀)씨가 티를 투우 돌리는 데
[암] **카포테**가 **없는 대스(大秀) 티 투유 트**는데 쓰다.
(capote) (destitute)

大 **destitution** [déstitjúːʃən]

[명] 결핍, 빈곤, 없음

▶ destitut(e)(없는, 결핍한) + ion(명사 어미) = destitution(없음, 결핍, 빈곤)

中 **destroy** [distrɔ́i]

[동] 파괴하다, 죽이다.

▶ de(= down) + stroy(= build) = 파괴하다

두 수(손을) 틀어 이씨를
[암] **갱**이 **뒤스(手) 트러 이(李)**를 **죽이다.(파괴하다)**
(gang) (destroy)

大 **destroyer** [distrɔ́iər / -tɔ́iər]

[명] 파괴자

▶ destroy(파괴하다) + er(…사람) = destroyer(파괴자)

大 **destruct** [distrʌ́kt]

[동] (미사일 등을)파괴하다, 자폭시키다, 자폭하다.

▶ de(= 아래) + struct(쌓다, 짓다) = 파괴하다.

유격대가 뒤 수(수대의) 트럭(truck)을 연관시켜 기억할 것
[암] **게릴라**가 **뒤스(數) 트럭 트**러(들어) **파괴하다.**
(guerrilla) (destroy)

高 **destruction** [distrʌ́kʃən]

[명] 파괴, 파멸; 파멸의 원인

▶ destruct(파괴하다) + ion(명사 어미) = destruction(파괴, 파멸, 파멸의 원인)

高 **destructive** [distrʌ́ktiv]

[형] 파괴적인, 해로운

▶ destruct(파괴하다) + ive(…한 경향, …한 성질을 가진 형용사 어미) = destructive(파괴적인, 해로운)

▶ Excessive drinking is destructive of our health.
과도한 음주는 우리들의 건강에 좋지 않다.

高 **detach** [ditǽtʃ]

[동] 분리하다, 떼다(군사 부대, 군함을)파견하다.

▶ de(= off) + tach(= touch) = detach(분리하다)

의사가 뒤에 탯줄 잡고서
[암] **닥터**가 **(출산)뒤태(胎) 취(取)**해서 **분리하다.**
(doctor) (detach)

大 **detached** [ditǽtʃt]

[형] 분리된, 고립된

▶ detach(떼다, 분리하다) + ed(형용사를 만듦) = detached(분리된, 고립된)

大 **detachment** [ditǽtʃmənt]

[명] 분리, 이탈

▶ detach(떼다, 분리하다) + ment(명사를 만듦) = detachment(분리, 이탈)

高

detail
[dí:teil]

명 상세 동 열거하다;상세하게 말하다.

▶ de(= 완전히) + tail(= 꼬리) = detail(꼬리까지) 상세하게 말하다

고문에 뒷 모양이 일그러

암 **인민공사**의 **고문**에 **뒤태(態) 일**그러 짐을 **상세하게 말하다.**

(commune) (detail)

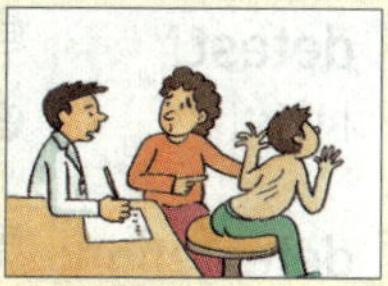

大

detail**ed**
[dí:teild / ditéild]

형 상세한, 정밀한

▶ detail(상세하게 말하다) + ed(형용사를 만듦) = detail**ed**(상세한, 정밀한)

高

detain
[ditéin]

동 붙들다, 만류하다, 보류하다.

시비를 뒤에 태인(큰 사람)이

암 **시민의 시빌 뒤 태인(泰人)**이 **만류하다.**

(civil) (detain)

▶ I was detained by business. 일 때문에 늦었다.

大

detain**ee**
[ditèiní:]

명 (정치적 이유에 의한 외국인) 억류자

▶ detain(붙들다) + ee(…사람) = detain**ee**(억류자)

高

detect
[ditékt]

동 (범죄・정체를)발견하다, 간파(탐지)하다.

▶ de(= off) + fect(= cover) = detect(발견하다)

뒤 집이 틀어

암 지진에 **뒤 택(宅) 트**러짐을 **발견하다.**

(detect)

高

detect**ive**
[ditéktiv]

명 탐정, 형사 형 탐정의

▶ detect(발견하다, 탐지하다) + ive(… 한 경향, …한 성질을 가진) = detect**ive**(탐정, 형사, 탐정의)

▶ a detect**ive** story 탐정(추리)소설

大

detect**or**
[ditéktər]

명 발견자, 간파자, 검출기

▶ detect(발견[간파]하다) + or(…사람) = detect**or**(발견자, 간파자, 검출기)

高

determin**ation**
[ditə̀:rmənéiʃən]

명 결심, 결정

▶ determin(e)(결심[결정]하다) + ation(명사 어미) = determin**ation**(결심, 결정)

▶ come to a determin**ation**. 결심이 서다.

高

determine
[ditə́:rmin]

동 결정하다; 결심하다.

(롯데 사옥) 뒤 터를 민 후

암 **롯데 부지**를 **뒤 터 민** 후 **결정하다.**

(lot) (determine)

▶ He determined to learn English. 그는 영어를 공부하기로 결심했다.

大

determin**ed**
[ditə́:rmind]

형 결의가 굳은, 굳게 결심한

▶ determin(e)(결정[결심]하다) + ed(형용사를 만듦) = determin**ed**(결의가 굳은, 굳게 결심한)

D

高
detest
[ditést]

[타] 몹시 싫어하다, 혐오하다.

뒤를 검사(test)
[암] 치질인가 **뒤 테스트** 하는 걸 **몹시 싫어하다.**
(detest)

大
detestation
[dìːtestéiʃən]

[명] 증오, 혐오

▶ detest(몹시 싫어[혐오]하다) + ation(명사 어미) = detestation(증오, 혐오)

中
develop
[divéləp]

[동] 발달(발전)하다, 개발하다.

기계전문가가 뒤 배를 엎어 놓고
[암] **엔지니어**가 **뒤 밸 엎**어 놓고 **개발하다.**
(engineer) (develop)

▶ develop rapidly 급속히 발전하다.

D

大
developer
[divéləpər]

[명] 개발자, 택지개발(조성)업자

▶ develop(개발하다) + er(…사람) = developer(개발자, 택지개발[조성]업자)

高
development
[divéləpmənt]

[명] 발달;발전, 개발

▶ develop(발달하다, 개발하다) + ment(명사를 만듦) = development(발달;개발, 발전)

▶ economic development 경제 발전

大
deviate
[díːvièit]

[동] (상도, 규칙, 원칙 등에)벗어나게 행동하다, 일탈시키다.

▶ de(= off) + via(= way) + te(동사 어미) = deviate(벗어나게 행동하다)

뒤 비(계집종)애 이틈에
[암] **마담**께 **뒤 비(婢)애 이트**메 예절에 **벗어나게 행동하다.**
(madam) (deviate)

大
deviation
[dìːviéiʃən]

[명] 벗어남, 일탈

▶ deviat(e)(벗어나게 하다, 일탈시키다) + ion(명사 어미) = deviation(벗어남, 일탈)

高
device
[diváis]

[명] 장치, 고안, 고안물, 궁리

[암] **보이**가 **뒤 바이스 장치**를 **궁리** 끝에 **고안**해.
(boy) (device)

▶ safety device. 안전장치

高
devil
[dévl]

[명] 악마, 악당

건물 대불(=큰 불)
[암] **빌딩**에 **대블**지른 **악마.**
(building) (devil)

▶ the Devil 마왕, 사탄(Satan)

大
devilish
[dévliʃ]

[형] 악마같은, 흉악한

▶ devil(악마) + ish(… 와 같은 … 한) = devilish(악마 같은, 흉악한)

高 **devise** [diváiz]

㊄ 궁리하다, 고안하다.

대변을 봐 이즈음

㉮ **거대한 휴지**를 **보이**가 **뒤봐 이즈**음 **고안하다**.

(huge) (boy) (devise)

大 **devis*er*** [deváizər]

㉱ 고안자, 발명자

▸ devis(e)(고안하다) + er(…사람) = deviser(고안자, 발명자)

大 **devoid** [divɔ́id]

㉸ 결여된, ~이 없는

(엉덩이)뒤 보이더니

㉮ 철**이 없는** 애가 **뒤 보이드**니 **피!**하고 **우줌누다**.

(devoid) (pee)

高 **devote** [divóut]

㊄ (노력 · 시간)을 바치다, 전념하다, 헌신하다

뒤에 보트씨가

㉮ **보트** 개발에 **뒤 보트**씨가 **(시간)을 바치다. 헌신하다.**

(boat) (devote)

大 **devot*ed*** [divóutid]

㉸ 헌신적인, 충실한

▸ devot(e)([시간, 노력을]바치다) + ed(형용사를 만듦) = devoted(헌신적인, 충실한)

高 **devot*ion*** [divóuʃən]

㉱ 헌신, 전념

▸ devot(e)([시간, 노력을]바치다) + ion(명사 어미) = devotion(헌신, 전념)

▸ religious devotion 종교적 헌신

高 **devour** [diváuər]

㊅ 게걸스럽게 먹다, 먹어치우다

뒤 바우(밑) 고기를

㉮ **왕뱀** 좀 **보아!** **뒤 바우 어(魚)**를 **게걸스럽게 먹다.**

(boa) (devour)

大 **devout** [diváut]

㉸ 독실한, 경건한

뒤에 바위 틀어 기독교 신자

㉮ 기도로 **뒤 바우 트**러 옮긴 **독실한 크리스천**

(devout) (Christian)

高 **dew** [dju:]

㉱ 이슬, (눈물, 땀 등의) 방울

두

㉮ **아이 눈**에 맺힌 **듀 방울**의 **이슬**

(eye) (dew)

大 **dew*y*** [djú:i]

㉸ 이슬에 젖은, 이슬 맺힌, 이슬의

▸ dew(이슬) + y(형용사를 만듦) = dewy(이슬에 젖은, 이슬 맺힌, 이슬의)

D

大 **dexterity** [dekstérəti]

㉮ 솜씨 좋음, 능란함

▶ dexter(ous)(솜씨 좋은, 능란한) + ity(추상명사 어미) = dexterity(솜씨 좋음, 능란함)

大 **dexterous** [dékstərəs]

㉻ 솜씨 좋은, 능란한

택수(택수씨가) 털었으니

암 **포켓**의 **달러** 돈을 **솜씨 좋은 택스(宅秀)터러스**니(훔쳤으니).

(pocket) (dollar) (dexterous)

大 **diagnosis** [dàiəgnóusis]

㉮ 진단(법), 식별

금강석 다이어를 그 노우(늙은벗이) 씻으며

암 **다이어 그 노우(老友) 씨스**며 **진단법** 대로 **식별**하네.

(diagnosis)

高 **diagram** [dáiəgræ̀m]

㉮ 그림, 도표 ㉯ 그림으로 표시하다.

(금강석=)다이어 그램(g)

암 각각의 **다이어 그램** 무게를 **도표 그림으로 표시하다**.

(diagram)

▶ draw a diagram. 도표(그림을)를 그리다.

高 **dial** [dáiəl]

㉮ 문자판, 다이얼 글자

㉯ 다이얼을 돌리어 전화를 걸다.

암 **문자판 다이얼을 돌리어 전화를 걸다**.

(dial)

高 **dialect** [dáiəlèkt]

㉮ 방언, 사투리

다 이 얼음 될 액체를 틀어가며

암 **마담**이 **다 이 얼 액(液)트**러가며 **사투리로** 말해.

(madam) (dialect)

▶ the Scottish dialect 스코틀랜드 방언 (사투리)

大 **dialectal** [dàiəléktl]

㉻ 방언의, 사투리의

▶ dialect(방언, 사투리) + al(…의) = dialectal(방언의, 사투리의)

大 **dialog** [dáiəlɔ̀:g / -lɔ̀g]

㉮문답, 대화, 토론 ㉯ 대화하다.

▶ ((美)) = dialogue 아래 단어 암기법 참조하세요.

高 **dialogue** [dáiəlɔ̀:g / -lɔ̀g]

㉮ 대화, 문답, 토론 ㉯ 대화하다.

▶ dia(= through) + logue(= speak) = 대화, 토론

다 이어 로구(늙은 몸)

암 전선을 **다 이어 로그(老軀)**가 **대화하다**.

(dialogue)

大 **Dialogue Mass** [dáiəlɔ̀:g mæs]

㉮ [[카톨릭]] 대화 미사

▶ Dialogue(대화) + Mass(미사) = Dialogue Mass(대화 미사)

高

diameter
[daiǽmitər]

명 지름; 직경

▶ dia(= across) + meter(= measure) = diameter(지름)

다 이 애가 미터

암 **지름**을 **다 이애 미터**자로 **체크하다**.
(diameter) (check)

高

diamond
[dáiəmənd]

명 다이아몬드; 유리칼 ; 마름모꼴 ; [야구]내야

▶ grind a diamond. 다이아몬드를 연마하다.

中

diary
[dáiəri]

명 일기(장), 일지

다 이여리(다 이여 놓으리)

암 **일지**를 **일기장** 밑에 **다 이어리**.
(diary)

▶ I keep a diary every day.
나는 매일 일기를 쓴다.

高

dice
[dais]

명 주사위 동 주사위 놀이를 하다.

다 있으니

암 **주사위**가 **다 이스**니 **주사위 놀이를 하다**.
(dice)

高

dictate
[díkteit]

명 명령 동 불러주다, 받아쓰게 하다.

▶ dict(= say) + ate(동사 어미) = dictate(불러주다)

딕태라고 이(2)트기 학생에게

암 **딕태 이(2)트**기에게 **불러주고 받아쓰게 하다**.
(dictate)

高

dictation
[diktéiʃən]

명 받아쓰기, 명령, 구술

▶ dictat(e)(받아쓰게 한) + ion(명사 어미) = dictation(받아쓰기, 명령, 구술)

▶ take a dictation. 말하는 것을 받아쓰다.

高

dictator
[díkteitər]

명 지령을 내리는 사람, 독재자, 받아쓰게 불러주는 사람

▶ dictat(e)(받아쓰게 하다, 명령하다) + or(…사람) = dictator(독재자, 받아쓰게 불러주는 사람)

大

dictatorship
[díkteitərʃip]

명 절대권, 독재정권

▶ dictator(지령을 내리는 사람, 독재자) + ship(추상명사를 만듦) = dictatorship(절대권, 독재정권)

大

diction
[díkʃən]

명 어법, 말씨

▶ (말하다 = say = dict) + (ion = 명사 어미) = diction(어법, 말씨)

中

dictionary
[díkʃənèri / -ʃənəri]

명 사전, 옥편

▶ diction(어법, 말씨) + ary(…에 관한 것) = dictionary(사전, 옥편)

▶ a medical dictionary 의학 사전

D

	단어	뜻
中	**did** [did]	do의 과거
中	**did-n't** [dídnt]	did not의 간약형
中	**die**[1] [dai]	ⓢ 죽다, ~하고 싶어하다. 휴면(休眠) 암 **인간**은 **휴먼**을 취하듯 **다 이** 같이 **죽다**. (human) (die) ▶ When did she die? 그녀는 언제 죽었습니까?
大	**die**[2] [dai]	명 주사위, (*pl*) 주사위 노름(=dice) 암 모두 **다 이**걸로 하는 **주사위 노름** (die)
大	**diesel engine** [dí:zəl-éndʒin]	명 디젤엔진
高	**diet**[1] [dáiət]	명 식사, 규정식 ⓢ 다이어트를 하다. 식이요법을 암 **규정식. 식사**로 **다이어트를 하다**. (diet) ▶ go on a diet. 다이어트를 시작하다. 
高	**diet**[2] [dáiət]	명 정식회의(the D-) 국회, 의회(덴마크, 스웨덴, 일본 등지의) 암 **국회**에서 **다이어트**를 하며 **데모하다**. (Diet) (demo) ▶ The Diet is now sitting. 국회는 현재 개회중이다.
高	**differ** [dífər]	ⓢ 틀리다, 다르다. 엉덩이 뒤 퍼런 암 아기의 **뒤 퍼**런 자국이 **다르다**. (differ) ▶ My ideas differed from hers. 내 생각은 그녀의 생각과 달랐다. 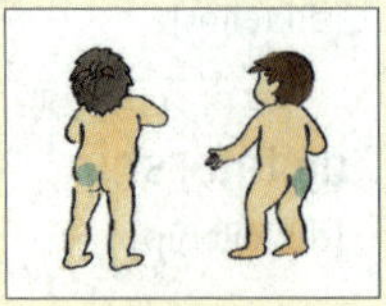
中	**difference** [dífərəns]	명 차이; 차이(점), 다름 ▶ differ(다르다, 틀리다) + ence(명사 어미) = difference(차이[점], 다름) ▶ The difference between 9 and 6 is 3. 9와 6의 차는 3이다.
中	**different** [dífərənt]	형 다른, 서로 다른, 벌개의 ▶ differ(다르다, 틀리다) + ent(형용사 어미) = different(다른, 별개의 각종) ▶ Man is different from other animals. 인간은 다른 동물과 다르다.

大 **differential** [dìfərénʃəl]

㉻ 구별의, 차이의

▶ different(다른) + ial(= al …의) = differential(구별의, 차이의)

高 **differentiate** [dìfərénʃièit]

㉯ 구별짓다, 차별하다.

▶ different(다른) + iate(ia[I] + [a]te, …하다) = differentiate(구별짓다, 차별하다)

大 **differently** [dífərəntli]

㊇ 다르게, 같지 않게

▶ different(다른) + ly(부사를 만듦) = differently(다르게, 같지 않게)

中 **difficult** [dífikʌ̀lt / -kəlt]

㉻ 곤란한, 어려운

등뒤 피칼 틀기란(돌리기란)

암 **갱**이 쥔**뒤 피칼 트**기란 **어렵고 곤란한** 일
(gang) (difficult)

▶ a difficult problem 어려운 문제

中 **difficulty** [dífikʌ̀lti / -kəl-]

㉹ 어려움, 곤란함

▶ difficult(어려운) + y(명사를 만듦) = difficulty(어려움, 곤란함)

▶ personal difficulties 개인적인 어려움

大 **diffidence** [dífidəns]

㉹ 자신 없음, 망설임

▶ diffiden[t](자신 없는) + ce(추상명사 어미) = diffidence(자신 없는, 망설임)

大 **diffident** [dífidənt]

㉻ 자신 없는, 수줍은

암 곱사등 **뒤 피던 트**기의 **수줍고 자신 없는 뒤드**는 **행위**
(diffident) (deed)

高 **diffuse** [difjúːz]

㉯ 보급하다, 퍼뜨리다; (빛 따위를)발산하다.

㉻ 퍼진; (문체 따위)산만한, 지루한

▶ dif(= apart) + fuse(= pour 붓다) = diffuse(보급하다)

뒤 퓨즈(fuse)를 연관시켜 기억할 것

암 **보이**가 **뒤 퓨즈**를 **보급하다**.
(boy) (diffuse)

大 **diffuser** [difjúːzər]

㉹ 유포[보급]하는 사람, 확산기

▶ diffus(e)(퍼뜨리다, 보급하다) + er(…사람) = diffuser(유포[보급]하는 사람, 확산기)

大 **diffusion** [difjúːʒən]

㉹ 보급, 유포, 발산

▶ diffuse(퍼뜨리다, 보급하다) + ion(명사 어미) = diffusion(보급, 유포, 발산)

高 **dig**
[dig]

[동] 파다, 깊이 연구하다.

[암] **콜 탄**(coal)을 **뒤 그**(dig)가 **파다. (깊이 연구하다)**

▶ dig for gold 금을 찾아 땅을 파다.

高 **digest**
[didʒést / dai-]

[동] 소화하다, 터득하다, 요약하다.
[명] 요약, 다이제스트, 법률 요람

[암] **법률 요람**을 **다이제스트**(digest)책에 **요약하다.**

▶ Food is digested in the stomach.
음식물은 위 속에서 소화된다.

大 **digestible**
[didʒéstəbəl / dai-]

[형] 소화할 수 있는, 요약할 수 있는

▶ digest(소화[요약]하다) + ible(= able …할 수 있는) = digestible(소화할 수 있는, 요약할 수 있는)

大 **digestion**
[didʒéstʃən / dai-]

[명] 소화(작용), 삭임, 동화력

▶ digest(소화하다) + ion(명사 어미) = digestion(소화(작용),삭임, 동화력)

大 **digestive**
[didʒéstiv / dai-]

[형] 소화의, 소화를 돕는 [명] 소화제

▶ digest(소화하다) + ive(형용사 어미) = digestive(소화의, 소화를 돕는, 소화제)

高 **digital**
[dídʒitl]

[형] 손가락이 있는, 숫자로 표시[계산]하는, 디지털 방식의 [명] 손가락, 디지털 시계[온도계]

[암] **숫자로 표시하는 뒤 쥐 틀**(digital)로 **쥐 놈**(gee)을 **삭일꾼이**(jobber) **잡어**

高 **dignified**
[dignifàid]

[형] 위엄(품위)있는, 당당한

▶ dignify → (i)(위엄있게 하다) + ed(형용사를 만듦) = dignified(위엄[품위]있는, 당당한)

大 **dignifiedly**
[dignifàidli]

[부] 위엄(품위)있게, 당당하게

▶ dignified(위엄(품위)있는, 당당한) + ly(부사를 만듦) = dignifiedly(위엄[품위]있게, 당당하게)

大 **dignify**
[dígnifài]

[타] 위엄을 갖추다, 위엄 있게 하다.

[암] **위엄있게 한다**며 폼잡는 자기 **뒤 그니 파이**(뒤에 그 니 틀렸다)(dignify)다.

高 **dignity**
[dígniti]

[명] 존엄[성], 위엄, 품위

▶ dign(ify)(위엄있게 하다) + ity(명사 어미) = dignity(존엄[성],위엄, 품위)

▶ the dignity of labor 노동의 존엄성

高

dike, dyke
[daik]

㉻ 둑 제방 ㉰ 제방을 쌓다.

(모두)다
암 여의도에 **다 이 크**다란 **제방 둑을 쌓다.**
(Yeouido) (dike, dyke)

大

dilate
[dailéit / di-]

㉱ 팽창시키다, 넓히다, 부연하다.

그물치는 (모두)다 일에 이(2) 트기도
암 네트치는 걸 **다 일레 이(2) 트**기도 넣어 **넓히다.**
(net) (dilate)

大

dilative
[dailéitiv / di-]

㉻ 팽창성의

▶ dilat(e)(팽창시키다) + ive(형용사 어미) = dilative(팽창성의)

大

dilator
[dailéitər / di-]

㉲ 확장[팽창]시키는 사람, 확장기

▶ dilat(e)(팽창시키다) + or(…사람) = dilator(확장[팽창]시키는 사람, 확장기)

高

dilemma
[dilémə]

㉲ 진퇴 양난, 궁지, 딜레마

암 진퇴 양난의 **딜레마 사이**에서 **한숨쉬다.**
(dilemma) (sigh)

▶ be in a dilemma 진퇴 양난[궁지]에 빠지다.

高

diligence
[dílidʒəns]

㉲ 근면, 부지런

뒤에 리씨가 전수(전하여 받음)
암 좋은 굿을 **부지런** 떨며 **뒤 리(李) 전스**해.
(good) (diligence)

▶ with diligence 근면하게

高

diligent
[dílidʒənt]

㉻ 근면한, 부지런한

▶ dilig(ence)(근면) + ent(형용사 어미) = diligent(근면한, 부지런한)

▶ He is very diligent. 그는 아주 부지런해.

大

diligently
[dílidʒəntli]

㉳ 근면하게, 부지런하게

▶ diligent(근면한, 부지런한) + ly(부사를 만듦) = diligently(근면하게, 부지런하게)

高

dim
[dim]

㉻ 희미한, 칙칙한 ㉱ 어둑하게 하다, 흐려지다, 흐리게 하다.

암 희미하고 **칙칙한** 디**딤** 돌이 주위를 **어둑하게 하다.**
(dim)

▶ a dim idea 희미한 생각

高

dime
[daim]

㉲ 10센트 은화

암 모두 **다 임**자가 있는 **10센트**짜리 **은화**
(dime)

D

高 **dimension** [diménʃən / dai-]	명 치수, 면적, 크기 암 **대저택 맨션 아파트** 주인이 **다 이 맨션**의 **면적**을 알지 (mansion) (dimension)
高 **diminish** [dimíniʃ]	동 줄어들다(줄다), 감소시키다(하다). (명성 따위를) 손상시키다(하다). 암 리어카를 **뒤 미니 쉬** 힘이 **줄다(감소하다)**. (diminish) ▶ diminish in value 가치가 떨어지다. 
大 **diminution** [dìminjúːʃən]	명 감소, 축소 ▶ dimin(ish)(줄다, 감소하다) + ution(= tion 명사 어미) = diminution(감소, 축소)
大 **diminutive** [dimínjətiv]	형 작은, 소형의 ▶ dimin(ish)(줄다, 감소하다) + utive(ive 형용사를 만듦) = diminutive(작은, 소형의)
大 **dimly** [dímli]	부 어둑하게 ▶ (어둑한 = dim) + (ly = 부사를 만듦) = dimly(어둑하게)
大 **dimple** [dímpəl]	명 보조개, 움푹 들어간 곳 입안자가 된(뻑뻑한)의 사투리 암 **디자이너**가 **딤 플(풀)**빠데로 **보조개**같이 **움푹 들어간 곳**을 메우다. (designer) (dimple) 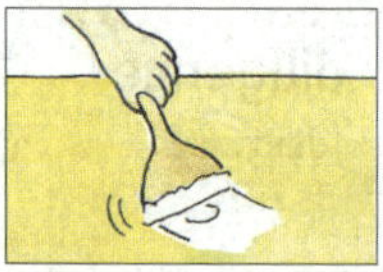
大 **din** [din]	명 소음, 떠듦 동 (귀를) 멍멍하게 하다; 울려퍼지다. 뒤는 암 **슈퍼마켓 뒨 소음**이**(귀를)멍멍하게 하다**. (supermarket)(din)
高 **dine** [dain]	동 정찬을 들다, 식사하다. 다인(많은 사람)이 암 **다인(多人)**이 **정찬을 들다(식사하다)**. (dine) ▶ I dine in town. 나는 시내에서 저녁을 먹었다.
大 **diner** [dáinər]	명 식사하는 사람, 정찬[만찬]손님 ▶ din(e)(정찬을 들다, 식사하다) + er(…사람) = diner(식사하는 사람, 정찬[만찬]손님)
大 **dingy** [dindʒi]	형 음침한, 거무스레한, 더러운 암 어**딘지** 모르게 **거무스레하**고 **음침한 제일 형무소** (dingy) (jail)

大 **dining**
[dáiniŋ]

[명] 정찬 식사
▶ din(e)(식사하다, 정찬을 들다) + ing(현재분사 어미) = dining(정찬, 식사)

中 **dining room**
[dáiniŋrùːm / -rùm]

[명] 식당
▶ dining(정찬, 식사) + room(방) = dining room(식당)

中 **dinner**
[dínər]

[명] 정찬, 만찬
▶ din(e) + n(정찬을 들다) + er(…하는 것) = dinner(정찬, 만찬)
▶ ask a person to dinner. 남을 정찬에 초대하다.

大 **dinner party**
[dínər páːrti]

[명] 만찬[오찬]회, 축하회
▶ dinner(정찬, 만찬) + party(모임, 파티) = dinner party(만찬[오찬]회, 축하회)

高 **dinosaur**
[dáinəsɔ̀ːr]

[명] 공룡
많은 사람을 넣어서
[암] **홀**에 **다인(多人) 넣서** 만든 **공룡**.
(hall) (dinosaur)

大 **dint**
[dint]

[명] 힘, 맞은 자국, 움푹팬 곳 [타] 움푹패게 하다.
뒤는 틀어
[암] **불도저**로 **빌딩 뒨 트**러밀어 **움푹패게 하다**.
(bulldozer) (building) (dint)

高 **dip**
[dip]

[동] 담그다, 적시다, 살짝담그다. [명] 담금, 가라앉음
뒤를 풀어
[암] **보이**가 **히프 뒤 프**러 씻으려 물에 **담그다**.
(boy) (hip) (dip)
▶ She dipped her pen into the ink.
그녀는 펜을 잉크에 (살짝)담그다.

大 **diphtheria**
[difθíəriə / dip-]

[명] 디프테리아 (병명)

高 **diploma**
[diplóumə]

[명] 졸업증서, 상장, 공문서
디(D) 프로(pro)친구 멋있게
[암] **디(D)프로우(友) 머**시있게 받는 **공문서**와 **상장**.
(diploma)

高 **diplomacy**
[diplóuməsi]

[명] 외교, 외교술
▶ diploma(공문서) + cy(…를 하는 일) → 국가간에 공문서를 보내는 일 = diplomacy(외교)

D

高 **diplomat** [dípləmæ̀t]

명 외교관, 외교가

▶ diploma(공문서) + t(= th 추상명사 어미) → 국가간에 공문서를 취급하는 사람 = diplomat(외교관, 외교가)

大 **diplomatic** [dìpləmǽtik]

형 외교의, 외교상의

▶ diplomat(외교관, 외교가) + ic(…의) = diplomatic(외교의, 외교상의)

高 **dipper** [dípər]

명 국자, (the-D) 북두칠성

▶ (담그다 = dip + p) + (er = …하는 것) = dipper(국자)

암 **북두칠성** 같은 **뒤 퍼런 국자**. (뒤가 퍼런 (dipper))

大 **dire** [daiər]

형 무서운, 비참한, 절박한

암 **무서운** 걸 끈에 **다이여**(dire) **홀**(haul)치어 **잡아 당기다**.

中 **direct** [dirékt / dai-]

형 직접의 부 직접, 똑바로 동 지도(지시)하다.

암 무당이 **다 일액(一厄) 트**는 법을 **직접 지도하다**. ((모두) 다 일액(하나의 액운) 돌리는 법을 (direct))

▶ a direct influence 직접적인 영향

中 **direction** [dírékʃən / dai-]

명 방향, 지도, 지시

▶ direct(지도[지시]하다) + ion(명사 어미) = direction(지시, 지도, 방향)

▶ directions for use 사용법

大 **directly** [diréktli / dai-]

부 곧장, 똑바로, 직접

▶ direct(똑바른) + ly(부사를 만듦) = directly(곧장, 똑바로, 직접)

高 **director** [diréktər / dai-]

명 지도자, 관리자

▶ direct(지시하다) + or(…사람) = director(지도자, 관리자)

▶ a music director 음악 감독[지도자]

大 **directory** [diréktəri / dai-]

형 지휘의, 지도적인

▶ direct(지시하다) + ory(… 같은, …의) = directory(지휘의, 지도적인)

高 **dirt** [dəːrt]

명 쓰레기, 진흙, 먼지, 오물

암 **쓰레기 진흙**에 몸을 **터트**(dirt)러 **더티**(dirty)를 **더럽히다**. (더틀어 더 티(T셔츠)를)

▶ in the dirt 진흙(흙)속에서

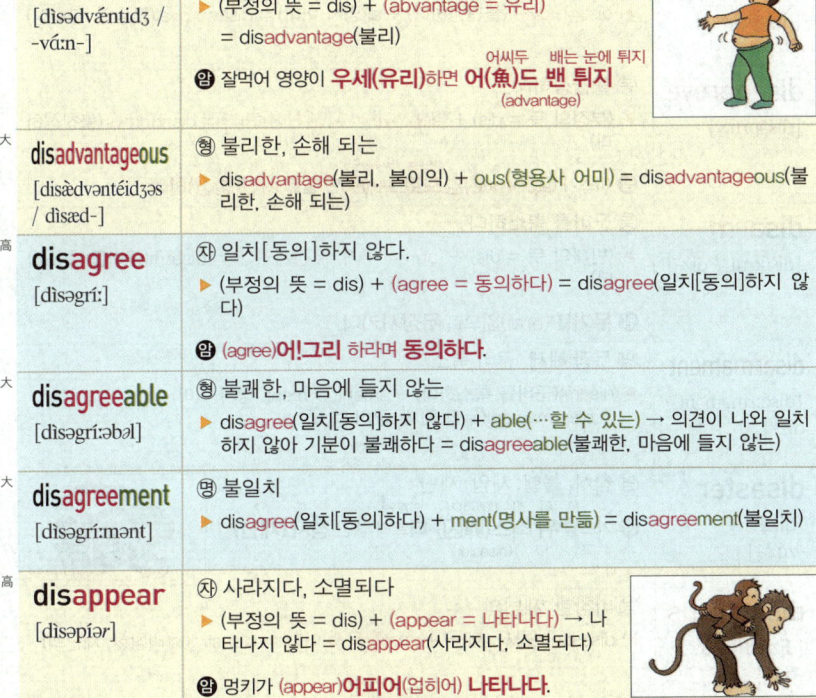

中 **dirty**
[də́ːrti]

㊎ 더러운, 불결한 ⑤ 더럽히다.

▶ dirt(쓰레기, 오물, 불결물) + y(형용사, 동사를 만듦) = dirty(더러운, 불결한, 더럽히다)

▶ dirty money [gains] 부정한(더러운)돈 [돈벌이]

高 **disability**
[dìsəbíləti]

명 무능, 무력

▶ (부정의 뜻 = dis) + (ability = 능력) = disability(무능, 무력)

암 잘못을 능력껏 어(魚) 비러티(= ability) (어씨가 빌었지)

高 **disable**
[diséibəl]

타 무력(무능)하게 하다

▶ (부정의 뜻 = dis) + (able = …할 수 있는) = (무력[무능]하게 하다)

암 (able)애이블(불)로 할 수 있는 스커트(skirt)

高 **disadvantage**
[dìsədvǽntidʒ / -vάːn-]

명 불리 불이익

▶ (부정의 뜻 = dis) + (abvantage = 유리) = disadvantage(불리)

암 잘먹어 영양이 우세(유리)하면 어(魚)드 밴 튀지 (어씨두 배는 눈에 튀지) (advantage)

大 **disadvantageous**
[disæ̀dvəntéidʒəs / dìsæd-]

형 불리한, 손해 되는

▶ disadvantage(불리, 불이익) + ous(형용사 어미) = disadvantageous(불리한, 손해 되는)

高 **disagree**
[dìsəgríː]

자 일치[동의]하지 않다.

▶ (부정의 뜻 = dis) + (agree = 동의하다) = disagree(일치[동의]하지 않다)

암 (agree)어!그리 하라며 동의하다.

大 **disagreeable**
[dìsəgríːəbəl]

형 불쾌한, 마음에 들지 않는

▶ disagree(일치[동의]하지 않다) + able(…할 수 있는) → 의견이 나와 일치하지 않아 기분이 불쾌하다 = disagreeable(불쾌한, 마음에 들지 않는)

大 **disagreement**
[dìsəgríːmənt]

명 불일치

▶ disagree(일치[동의]하다) + ment(명사를 만듦) = disagreement(불일치)

高 **disappear**
[dìsəpíər]

자 사라지다, 소멸되다

▶ (부정의 뜻 = dis) + (appear = 나타나다) → 나타나지 않다 = disappear(사라지다, 소멸되다)

암 멍키가 (appear)어피어(업히어) 나타나다.

高 **disappearance**
[dìsəpíərəns]

명 사라짐, 소멸

▶ disappear(사라지다, 소멸하다) + ance(명사 어미) = disappearance(사라짐, 소멸)

高 **disappoint** [dìsəpɔ́int]

㉮ 실망시키다, 어긋나게 하다.

▶ (부정의 뜻 = dis) + (appoint = 지정하다) → 위원으로 지정하지 않아 실망시키다 = disappoint (실망시키다, 어긋나게 하다)

암 **(appoint)어! 포인트**(점) 찍을 데를 **지정하다**.

大 **disappointing** [dìsəpɔ́intiŋ]

형 실망시키는, 기대에 어긋나는

▶ disappoint(실망시키다) + ing(현재분사 어미) = disappointing(실망시키는, 기대에 어긋나는)

高 **disappointment** [dìsəpɔ́intmənt]

명 실망, 기대에 어긋남

▶ disappoint(실망시키다) + ment(명사 어미) = disappointment(실망, 기대에 어긋남)

大 **disapproval** [dìsəprúːvəl]

명 불승인, 불찬성

▶ disapprov(e)(불찬성하다) + al(명사 어미) = disapproval(불승인, 불찬성)

高 **disapprove** [dìsəprúːv]

동 불찬성하다.

▶ (부정의 뜻 = dis) + (approve = 시인[찬성]하다) = disapprove(불찬성하다)

앞으로 부(婦)인

암 미스가 **(approve)엎프로 브(婦)**인 됨을 **시인(찬성)하다**.

大 **disarm** [disɑ́ːrm / diz-]

동 군비를 축소하다.

▶ (반대의 뜻 = dis) + (arm = 무기, 무장시키다) = disarm(군비를 축소하다)

암 **무기**를 **(arm)암**으로 **무장시키다**.

高 **disarmament** [disɑ́ːrməmənt / diz-]

명 무장 해제, 군비 축소

▶ disarm(군비를 축소하다) + ament(= ment, 명사 어미) = disarmament(무장 해제, 군비 축소)

高 **disaster** [dizǽstər / -zɑ́ːs-]

명 참사, 불행; 재앙, 재난

뒤 죄수(罪囚)가 터트려

암 가스를 **뒤 죄스(罪囚) 터**트려 생긴 **참사.(재난)**

(disaster)

大 **disastrous** [dizǽstrəs / -ɑ́ːs-]

형 비참한, 재난의

▶ disast(e)r(참사, 재난) + ous(형용사 어미) = disastrous(비참한, 재난의)

高 **disbelief** [dìsbilíːf]

명 믿지 않음, 불신, 의혹

▶ (부정의 뜻 = dis) + belief(신념, 믿음) = disbelief(믿지 않음, 불신, 의혹)

大 **disc**
[dísk]

명 원반(디스크)

암 **원반 디스크**
(disc)

高 **discard**
[diskɑ́:rd]

동 버리다, (옷을)벗어 버리다, 해고하다.

▶ (없에다, 빼앗다의 뜻 = dis) + (card = 카드) = discard([카드를]버리다, [옷을]벗어 버리다, 해고하다)

高 **discern**
[disə́:rn / -zə́:rn]

동 분별하다, 식별하다, 인정하다.

손전등으로 뒤에 선자를
암 **플래시**로 **뒤 선**자를 **식별(분별)하다**.
(flash) (discern)

▶ discern good and evil. 선악을 분별하다.

大 **discerning**
[disə́:rniŋ]

형 식별력이 있는

▶ discern(식별하다) + ing(현재분사 어미) = discerning(식별력이 있는)

高 **discharge**
[distʃɑ́:rdʒ]

동 짐을 부리다, 해방하다.

▶ (분리의 뜻 : 벗다 = dis) + (charge = 짐, 짐을 싣다) = discharge(짐을 부리다, 해방하다)

암 **짐을 (charge)차지**하고 **짐을 싣다**.

大 **discharger**
[distʃɑ́:rdʒər]

명 짐을 부리는 사람, 방면자, 이행자

▶ discharg(e)(짐을 부리다, 해방하다) + er(…사람) = discharger(짐을 부리는 사람, 방면자, 이행자)

高 **disciple**
[disáipəl]

명 제자, 문하생, 신봉자

뒤 사이 풀을
암 무덤 **뒤 사이 풀**을 베는 **신봉자(제자)**.
(disciple)

高 **discipline**
[dísəplin]

명 훈련, 징계, 징벌 동 훈련하다.

▶ discipl(e)(제자) + ine(명사및 동사 어미) = discipline → 제자를 엄하게 훈련시키다(훈련, 훈련하다).

▶ military discipline 군사 훈련, 군기(軍紀)

大 **disclaim**
[diskléim]

동 (권리를)포기하다, 기권하다.

▶ (부정의 뜻 = dis) + (claim = 요구하다) → 권리를 요구하지 않고 = disclaim([권리를]포기하다, 기권하다)

클애(가)임
암 가장으로 **(claim)클애 임**금을 **요구하다**.

大 **disclaimer**
[diskléimər]

명 (권리) 포기, 포기자, 기권자

▶ disclaim([권리를]포기[기권]하다) + er(…사람) = disclaimer([권리]포기, 포기자, 기권자)

D

高

disclose
[disklóuz]

㊉ 드러내다, 밝히다, 폭로하다.

▶ (부정의 뜻 = dis) + (close = 닫다) → 닺지않다 = disclose(드러내다, 밝히다, 폭로하다)

大

disclosure
[disklóuʒər]

명 드러남, 발각

▶ disclos(e)(드러내다, 발히다) + ure(명사 어미) = disclosure(드러남, 발각)

高

discomfort
[diskʌ́mfərt]

명 불쾌, 불안

▶ (부정의 뜻 = dis) + (comfort = 위로, 안락) → 안락하지 않다 = discomfort(불쾌, 불안)

껌 퍼틀
암 애를 (comfort)컴퍼트러 놓고 위로하다.

大

discomfortable
[diskʌ́mfərtəbl]

형 불쾌한, 불안한

▶ discomfort(불쾌, 불안) + able(…할 만한) = discomfortable(불쾌한, 불안한)

大

disconcert
[dìskənsə́ːrt]

㊉ 당황하게 하다, 혼란시키다.

▶ (반대의 뜻 = dis) + (concert = 콘서트, 음악회) → 음악회에 가지 않겠다고 하여 = disconcert(당황하게 하다, 혼란시키다)

大

disconcerted
[dìskənsə́ːrtid]

형 당황한, 혼란한

▶ disconcert(당황하게 하다, 혼란시키다) + ed(형용사를 만듦) = disconcerted(당황한, 혼란한)

高

discontent
[dìskəntént]

명 불만, 불평

▶ (반대의 뜻 = dis) + (content = 만족시키다) → 만족하지 않다 = discontent(불만, 불평)

암 노숙자를 (큰)컨 텐 트(content)주어 만족시키다.

大

discontented
[dìskənténtid]

형 불만스러운

▶ discontent(불만, 불평) + ed(형용사를 만듦) = discontented(불만스러운)

大

discontinue
[dìskəntínjuː]

동 그만두다, 중지하다

▶ (반대의 뜻 = dis) + (continue = 계속하다) → 계속하지 않다 = discontinue(그만두다, 중지하다)

큰 티를입은누
암 조깅을 (continue)컨 티(T)뉴이가 계속하다.

大

discontinuity
[dìskɑntənjúːəti / -kɔn-]

형 불연속(성), 단절

▶ discontinu(e)(그만두다, 중지하다) + ity(추상명사 어미) = discontinuity(불연속[성], 단절)

高 **discord** [dískɔːrd]

[명] 불화 [자] 일치하지 않다.

▶ (부정의 뜻 = dis) + (cord = 밧줄로 묶다) = discord(불화, 일치하지 않다)

大 **discordant** [diskɔ́ːrdənt]

[형] 일치하지 않은

▶ discord(일치하지 않다) + ant(형용사 어미) = discordant(일치하지 않는)

高 **discount** [dískaunt]

[명] 할인 [동] 할인하다.

▶ (부정의 뜻 = dis) + (count = 계산하다) = discount(할인, 할인하다)

▶ She sold it at a discount.
그녀는 그것을 할인 가격으로 판매했다.

大 **discounter** [dískauntər]

[명] 싸게 파는 사람

▶ discount(할인, 할인하다) + er(…사람) = discounter(싸게 파는 사람)

高 **discourage** [diskə́ːridʒ / -kʌ́r-]

[동] 용기를 잃게 하다, 낙담시키다.

▶ (부정의 뜻 = dis) + (courage = 배짱, 용기)
= discourage(용기를 잃게 하다, 낙담시키다)

[암] 갱의 **배짱**과 **용기**를 (꺼)**커리지(courage)**

大 **discouragement** [diskə́ːridʒmənt / -kʌ́r-]

[명] 낙담; 낙심

▶ discourage(낙담시키다) + ment(명사를 만듦) = discouragement(낙담, 낙심)

大 **discourse** [dískɔːrs]

[명] 강화, 강연, 설교 [동] 강연(설교)하다.

▶ (없에다, 벗어나게 하다 = dis) + (course = 코스, 진로) → 나쁜 진로에서 벗어나게 강연(설교)하다 = discourse(강연, 설교, 강연[설교]하다)

大 **discourtesy** [diskə́ːrtəsi]

[명] 무례, 버릇없음

▶ (반대의 뜻 = dis) + (courtesy = 예의, 공손)
= discourtesy(무례, 버릇없음)

[암] **(courtesy)코 터시**로 가린 **공손**한 **예의** (코를 토시)

中 **discover** [diskʌ́vər]

[타] 발견하다.

▶ (벗기다 = dis) + (cover = 두껑) = discover(발견하다)

高 **discovery** [diskʌ́vəri]

[명] 발견, 발각

▶ discover(발견하다) + y(명사를 만듦) = discovery(발견, 발각)

▶ a dramatic discovery 극적인 발견

D

高 **discredit** [diskrédit]

명 불신 타 신용하지 않다.

▶ dis(부정의 뜻 = not) + (credit = 신용 대부, 신용) = discredit(불신, 신용하지 않다)

암 **신용 대부**도 가능한 **크레디트(= credit)**카드

大 **discreet** [diskríːt]

형 사려깊은, 신중한, 분별있는

뒤수(나무) 그리 틀어
암 **신중**한 자가 **뒤스(樹) 크리 트**러 용 **트림**한 것
가지치기하다 (discreet) (trim)
처럼 **전지하다**.

大 **discretion** [diskréʃən]

명 사려, 분별, 신중(함)

▶ discre(e)t(신중한, 사려깊은) + ion(명사 어미) = discretion(사려, 신중(함))

大 **discriminate** [diskrímənèit]

동 구별하다; 차별 대우하다.

뒤 수(손)에 그리 뭐내 2 트기와
암 **보이**에게 **뒤스(手) 크리 뭐내 이트**기와 **차별**
(boy) (discriminate)
대우하다.

高 **discrimination** [diskrìmənéiʃən]

명 구별, 식별

▶ discriminat(e)(구별하다) + ion(명사 어미) = discrimination(구별, 식별)

大 **discriminator** [diskrímənèitər]

명 식별(구별)하는 사람, 판별기

▶ discriminat(e)(구별[식별]하다) + or(…사람[것]) = discriminator(식별[구별]하는 사람, 판별기)

高 **discuss** [diskʌ́s]

동 논하다, 논의하다, 토론하다.

뒤에 나무가 컷으니
암 주인과 **뒤 수(樹)컷스**니 벨것을 **논의하다**.
(discuss)

▶ I discussed politics with them.
나는 정치에 대해 그들과 토론했다.

高 **discussant** [diskʌ́snt]

명 (심포지움 따위의)토론(참가)자

▶ discuss(논의[토론]하다) + ant(…사람) = discussant([심포지움 따위의] 토론[참가]자)

高 **discussion** [diskʌ́ʃən]

명 토론, 토의, 논의

▶ discuss(논의하다, 토론하다) + ion(명사 어미) = discussion(토론, 토의)

▶ a quiet[peaceful] discussion 조용한 논의[토론]

大 **disdain** [disdéin]

명 경멸 동 경멸하다.

뒤 수명의 대인(어른)을
암 양키가 **뒤 수(數) 대인**을 **경멸하다**.
(disdain)

高 **disease** [dizí:z]

[명] 병 [동] 병들게 하다.

▶ (반대의 뜻 = dis) + (ease = 편함, 안정) = disease(병, 병들게 하다)

[암] 편찮게해 **뒤 지즈(地主)**를 **병들게 하다**.
(뒤 지주(땅주인) / disease)

大 **diseased** [dizí:zd]

[형] 병에 걸린, 병적인

▶ diseas(e)(병, 질병) + ed(형용사를 만듦) = diseased(병에 걸린, 병적인)

大 **disfigure** [disfígjər / -fígər]

[타] ~의 모양을 손상하다, 볼꼴사납게 하다

▶ (반대의 뜻 = dis) + (figure = 피겨 : 꼴) = disfigure(볼꼴 사납게 하다)

[암] **피겨(figure)**스케이트 타는 **모습(꼴)**

高 **disgrace** [disgréis]

[명] 불명예, 창피

▶ (not = dis) + (grace = 그레이스:고상함) → 고상함의 반대가 = disgrace(불명예, 창피)

[암] **고상함**이 **그레이스(= grace)**니....
(글에 있으)

大 **disgraceful** [disgréisfəl]

[형] 수치스러운

▶ disgrace(불명예, 창피) + ful(형용사 어미) = disgraceful(수치스러운)

大 **disgracefully** [disgréisfəlli]

[부] 수치스러웁게

▶ disgraceful(수치스러운) + ly(부사를 만듦) = disgracefully(수치스러웁게)

大 **disgracefulness** [disgréisfəlnis]

[명] 수치스러움, 창피함

▶ disgraceful(수치스러운) + ness(명사 어미) = disgracefulness(수치스러움, 창피함)

高 **disguise** [disgáiz]

[타] 변장하다, 가장하다

▶ (이중으로 = dis) + (guise = 가이즈:외관) = disguise(변장[가장]하다)

이중으로 = **뒤스 가위즈**니 옷**외관**을 = 변장(가장)하다
이중으로 뒤수(개의) 가위주니 옷외관을

大 **disguised** [disgáizd]

[형] 변장한, 속이는

▶ disguis(e)(변장하다, 가장하다) + ed(형용사를 만듦) = disguised(변장한, 속이는)

大 **disguisement** [disgáizmənt]

[명] 변장함, 속임

▶ disguise(변장하다, 가장하다) + ment(명사 어미) = disguisement(변장함, 속임)

高 **disgust** [disgʌ́st]	ⓜ 혐오감, 넌더리 ⓓ 싫증나게(불쾌하게)하다.  ▶ (부정의 뜻 = dis) + (gust = 거스트:취미) = disgust(실증나게 하다) 암 놈이 **뒤 스(數)거스(巨樹)트**러 먹는 것을 **실 증 나게 하다**. (뒤에 수(수개의) 거수(큰 나무) 틀어 / (disgust))
大 **disgusted** [disgʌ́stid]	ⓗ 싫증난, 정떨어진 ▶ disgust(싫증나게 하다) + ed(형용사를 만듦) = disgusted(실증난, 정떨어진)
高 **disgusting** [disgʌ́stiŋ]	ⓗ 싫증나는, 정떨어지는 ▶ disgust(싫증나게 하다) + ing(현재분사 어미) = disgusting(싫증나는, 정떨어지는) ▶ It was disgusting to watch. 보기가 역겨웠다.
中 **dish** [diʃ]	ⓜ 접시, (접시에 담은)요리 ⓓ 접시에 담다. 암 **접시**를 **디쉬**(시)해서 **셀**수없이 **팔다**. (다시(=DC:할인:discount)을 연관시켜 기억할 것 / (dish) (sell))
大 **dishearten** [dishɑ́:rtn]	ⓣ 낙담시키다. ▶ (부정[반대]의 뜻 = dis) + (hearten = 기운나게 하다) = dishearten(낙담시키다) 암 그의 심장 **하튼(하트는)** 그를 **기운나게 하다**. ((hearten))
高 **dishonest** [disɑ́nist / -ɔ́n-]	ⓗ 정직하지 않은 ▶ (부정(반대)의 뜻 = dis) + (honest = 오니스트:정직한) = dishonest(정직하지 않은) 암 **정직한** 자가 **(honest)오니스트**를 자가 **(shun)션수쳐** 피하다. (오니서투른 / 선수쳐)
大 **dishonesty** [disɑ́nisti]	ⓜ 부정직, 성의 없음 ▶ dishonest(정직하지 않은) + y(명사 어미) = dishonesty(부정직, 성의 없음)
高 **dishono(u)r** [disɔ́nər]	ⓜ 불명예, 수치 ▶ (부정[반대]의 뜻 = dis) + (homo(u)r = 오!너:명예) = dishono(u)r(불명예, 수치) 암 **(hono[u]r)오! 너**의 **명예**를 **존중하다**.
大 **dishono(u)rable** [disɔ́nərəbl]	ⓗ 불명예스러운, 부끄러운 ▶ dishono(u)r(불명예, 수치) + able(…할 수 있는) = dishono(u)rable(불명예스러운, 부끄러운)
大 **disillusion** [dìsilú:ʒən]	ⓓ ~의 환상을 깨우치다. ▶ (없에다 = dis) + (illusion = 일류전:착각, 환상) = disillusion(…의 환상을 깨우치다) 암 집을 **(illusion)일류(一流) 전**당으로 **착각**해

大 **disincline** [dìsinkláin]

㉿ ~할 마음이 내키지 않게 하다.

▶ (부정[반대]의 뜻 = dis) + (incline = 기울이다, 내키게 하다) = disincline(…할 마음이 내키지 않게 하다)

(ink)인크를 line(선)을

암 (incline)**인클 라인**을 치려고 **기울이다**.

大 **disinclined** [dìsinkláind]

형 ~하고 싶지 않은, 내키지 않은

▶ disinclin(e)(…할 마음이 내키지 않게 하다) + ed(형용사를 만듦) = disinclined(~하고 싶지 않은, 내키지 않은)

大 **disinterest** [disíntərist / -rèst]

명 무관심 동 무관심하게 하다.

▶ (부정[반대]의 뜻 = dis) + (interest = 흥미를 갖게 하다) → 아니 흥미를 갖게 하다 = disinterest(무관심하게 하다)

사람 털에 서투

암 이발사가 (interest)**인 털에 스트**르니 **흥미를 갖게 하다**.

大 **disinterested** [disíntəristid]

형 사욕이 없는, 무관심한, 흥미를 갖지 않는

▶ disinterest(무관심하게 하다) + ed(형용사를 만듦) = disinterested(무관심한, 사욕이 없는)

高 **disk = disc** [disk]

명 원반, 디스크

高 **dislike** [disláik]

타 싫어[미워]하다.

▶ (부정[반대]의 뜻 = dis) + (like = 좋아하다) = dislike(싫어[미워]하다)

나이 크

암 (like)**라이 크**기가 같으니 **좋아하다**.

大 **dislocate** [dísloukèit]

타 관절을 삐게 하다, 탈구시키다

▶ (부정[반대]의 뜻 = dis) + (locate = 위치를 알아내다)
분리된 관절의 정위치를 알지 못하다.
= dislocate(관절을 삐게 하다, 탈구시키다)

로(櫓)를 캐 2트

암 (locate)**로(櫓)캐이트**기가 난파선의 **위치를 알아내다**.

大 **dislocation** [dìsloukéiʃən]

명 탈구, 혼란

▶ dislocat(e)(관절을 삐게하다, 탈구시키다) + ion(명사 어미) = dislocation(탈구, 혼란)

大 **disloyal** [dislɔ́iəl]

형 불충실한

▶ (반대[부정]의 뜻 = dis) + (loyal = 로이얼:충실한) = disloyal(불충실한)

놓 이 얼(=놓이게 될)

암 **충실한 충신**의 반열에 **(loyal)로이얼**자

大 **disloyalty** [dislɔ́iəlti]

명 불충, 불실

▶ disloyal(불충실한) + ty(…함, …한 성질) = disloyalty(불충, 불실)

D

高

dismal
[dízməl]

[형] (기분이) 우울한, 음산한, 무시무시한

[암] **음산한** 날 **무시무시한 뒤즈 멀**거니 보는 **사도 세자**.
(뒤주 멀거니 = dismal) (Sadoseaja)

大

dismalness
[dízməlnis]

[명] 우울(함), 음산(함)

▶ dismal(우울한, 음산한) + ness(명사 어미) = dismalness(우울[함],음산[함])

高

dismay
[disméi]

[명] 당황, 놀람

[동] 매우 놀라게 하다, 낙담시키다, 당황하다.

[암] 애가 **뒤스(手) 매이**여 나타나 **낙담시키다**.
(뒤 수(손) 묶여 = dismay)

高

dismiss
[dismís]

[동] 해산시키다; 해고하다.

▶ (멀리:away = dis) + miss(= 보내다) = dismiss(해산시키다, 해고하다)

▶ She was dismissed from her job.
그녀는 직장에서 해고당했다.

大

dismissal
[dismísəl]

[명] 해고, 해산

▶ dismiss(해고하다, 해산하다) + al(명사 어미) = dismissal(해고, 해산)

大

dismount
[dismáunt]

[타] 내리다, 내려놓다. [명] 하차

▶ (반대의 뜻 = dis) + (mount = 산, 오르다) = dismount(내리다, 내려놓다, 하차)

大

diobedience
[dìsəbí:diəns]

[명] 불순종, 불복종

▶ disobe(y) → di(따르지 않다) + ence(명사 어미) = disobedience(불순종, 불복종)

大

disobedient
[dìsəbí:diənt]

[형] 순종치 않는, 따르지 않는

▶ disobe(y) → di(따르지 않다) + ent(형용사 어미) = disobedient(순종치 않는, 따르지 않는)

高

disobey
[dìsəbéi]

[동] 따르지 않다, 말을 듣지 않다.

▶ (부정[반대]의 뜻 = dis) + obey(= 어!배이:따르다) = disobey(따르지 않다, 말을 듣지 않다)

[암] 애가 (obey)**어! 배이**라는 **(명령에) 따르다**.

高

disorder
[disɔ́:rdər]

[명] 무질서 [동] 혼란케 하다.

▶ (부정[반대]의 뜻 = dis) + order(= 오더:질서, 정돈하다) = disorder(무질서, 혼란케 하다)

[암] (order)**오더**니 **질서**있게 **정돈하다**.

▶ civil disorder 시민들의 소요(무질서)

大 **disorderly** [disɔ́ːrdərli]

ⓗ 무질서한, 난잡한

▶ disorder(무질서, 혼란케 하다) + ly(부사 어미) = disorderly(무질서한, 난잡한)

大 **disorganize** [disɔ́ːrgənàiz]

ⓣ ~의 조직을 파괴하다, 혼란시키다

▶ (반대[부정]의 뜻 = dis) + (organize = 오건아이즈:조직하다) → 조직을 부정하다 = disorganize(…의 조직을 파괴하다, 혼란시키다)

암 서클을 (organize)**오(五) 건아(健兒) 이즈**음 **조직하다**.
(다섯명의 건아(건강한 아이))

大 **disorganized** [disɔ́ːrgənàizd]

ⓗ 조직이 파괴된, 무질서한

▶ disorganiz(e)(~의 조직을 파괴하다, 혼란시키다) + ed(형용사를 만듦) = disorganized(조직이 파괴된, 무질서한)

高 **dispatch** [dispǽtʃ]

ⓢ 급송(급파)하다, 재빨리 해치우다. ⓜ 급송, 급파

암 (사건을) **뒤스(數)패(牌) 취**재케 **급파하니 재빨리 해치우다**.
(뒤에 수(數) 패들을 취재케) (dispatch)

大 **dispatchbag** [dispǽtʃbæg]

ⓜ 속달 행낭(가방)

▶ dispatch(급파하다, 재빨리 해치우다) + bag(행낭, 가방) = dispatchbag(속달 행낭[가방])

高 **dispel** [dispél]

ⓣ (근심 등을) 없애다, 일소하다, 쫓아버리다.

암 **배트**로 **뒤 스(首) 팰**려고 해 **쫓아버리다**.
(방망이로 뒤 수(머리수) → 뒤통수) (bat) (dispel)

大 **dispeller** [dispélər]

ⓜ 쫓아버리는 사람

▶ dispell(일소하다, 쫓아버리다) + er(…사람) = dispeller(쫓아버리는 사람)

大 **dispensation** [dìspənséiʃən / -pen-]

ⓜ 분배, 시여(施輿)

▶ dispens(e)(투약하다, 분배하다) + ation(명사 어미) = dispensation(분배, 시여)

高 **dispense** [dispéns]

ⓢ 투약하다, 면제하다, 분배하다.

암 농약을 **뒤 스펜 스**없이 **투약하다**.
(뒤 숲엔 수) (dispense)

大 **dispenser** [dispénsər]

ⓜ 약사, 조제사, 분배자, 시여자

▶ dispens(e)(투약하다, 분배하다) + er(…사람) = dispenser(약사, 조제사, 분배자, 시여자)

D

高

disperse
[dispə́ːrs]

㉪ 흩어지다; 해산시키다, 흩뜨리다.

뒤에 수(물)을 퍼 쓰며
암 탕에서 **뒤 스(水)퍼스**(쓰)며 **흩뜨리다**.
(disperse)

大

dispersion
[dispə́ːrʒən / -ʃən]

명 분산, 산란(散亂), 이산

▶ dispers(e)(흩어지다, 흩뜨리다) + ion(명사 어미) = dispersion(분산, 산란(散亂))

大

displace
[dispéis]

타 바꾸어 놓다, 대신 들어서다

▶ (반대의 뜻 = dis) + (place = 장소, 장소에 놓다) → 장소에 놓지 않다 = displace(바꾸어 놓다, 대신 들어서다)

大

displacement
[displéismənt]

명 바꿔놓음, 전위, 이동

▶ displace(바꾸어 놓다, 대신 들어서다) + ment(명사 어미) = displacement(바꿔놓음, 전위, 이동)

高

display
[displéi]

㉪ 전시(과시)하다, 진열하다. 명 진열, 과시

뒤 수풀에 이씨가
암 **돌 인형**을 **뒤 스플에 이(李)**가 **진열하다**.
(doll) (display)

▶ a display of courage 용기의 과시

大

displayman
[displéimən / -mæ̀n]

명 [실내 전시]디자이너

▶ display(전시[진열]하다) + man(사람) = displayman([실내 전시]디자이너)

高

displease
[displíːz]

타 불쾌하게 하다, 노하게 하다

▶ (반대의 뜻 = dis) + (please = 기쁘게 하다) → 기쁘지 않게 하다 = displease(불쾌하게 하다, 노하게 하다)

암 먹이를 (please)**풀이 즈**(주)어 **기쁘게 하다**.

大

displeasure
[displéʒər]

명 불쾌, 불만

▶ displeas(e)(불쾌[노]하게 하다) + ure(명사 어미) = displeasure(불쾌, 불만)

高

disposal
[dispóuzəl]

명 처분, 처리

▶ dispos(e)(처리하다, 처분하다) + al(명사 어미) = disposal(처리, 처분)

高

dispose
[dispóuz]

㉪ 처리하다, 처분하다, 배치하다, ~할 마음이 내키게 하다.

뒤 수(손을) 포즈
암 **뒤스 포즈**잡고 당겨 춤출 **마음이 내키게 하다**.
(dispose)

▶ dispose of waste. 쓰레기를 처리하다.

大 **disposed** [dispóuzd]

㊔ 배치된, …할 마음이 있는

▶ dispos(e)(할 마음이 내키게 하다) + ed(형용사를 만듦) = disposed(…할 마음이 있는, 배치된)

高 **disposition** [dìspəzíʃən]

㊐ 배열, 배치, 처분

▶ dispos(e)(배치하다, 처분하다) + ition(= tion 명사 어미) = disposition(배열, 배치, 처분)

大 **disprove** [disprúːv]

㊌ 반증을 들다, 논박하다.

▶ (반대의 뜻 = dis) + (prove = 증명하다) → 증명하지 않다 = disprove(반증을 들다, 논박하다)

㊙ 쌈이 **(prove)(부)프루 브**(부)터 좋음을 **증명하다**.

大 **disprovable** [disprúːvəbl]

㊔ 반증을 드는, 논박하는

▶ disprov(e)(반증을 들다, 논박하다) + able(…할 수 있는) = disprovable(반증을 드는,논박하는)

大 **disputant** [dispjúːtənt]

㊐ 논쟁자, 논객

▶ disput(e)(논쟁하다) + ant(…사람) = disputant(논쟁자, 논객)

高 **dispute** [dispjúːt]

㊍ 논쟁하다, 다투다, 저항하다. ㊐ 논쟁

㊙ **야크**가 **뒤 스(獸) 퓨트**니 **저항하다(논쟁하다)**
(야크 = yak, 뒤에 수(짐승) 붙으니, 뒤 스(獸) 퓨트 = dispute)

大 **disqualification** [dìskwɔ̀lifikéiʃən]

㊐ 자격 박탈, 실격

▶ disqualif(y) → i(자격을 박탈하다, 실격시키다) + cation(fy로 끝나는 동사의 명사 어미) = disqualification(자격 박탈, 실격)

大 **disqualify** [diskwɑ́lifài / -kwɔ́l-]

㊌ ~의 자격을 박탈하다, 실격시키다.

▶ (반대의 뜻 = dis) + (qualify = 자격을 따다) = disqualify(자격을 박탈하다, 실격하다)

㊙ 미스 **[qualify)쿠월(九月)이 파이**(피자파이)요 리자 **자격을 따다**.

大 **disquiet** [diskwáiət]

㊐ 불안 ㊌ 불안케 하다.

▶ (반대의 뜻 = dis) + (quiet = 조용한, 진정시키다) → 마음이 조용하지 않는 = disquiet(불안, 불안케하다)

㊙ 몸을 **[quiet]꽈 이여 트**러(틀어) **조용한**데서 **진정시키다**.

大 **disquieting** [diskwáiətiŋ]

㊔ 불안한, 걱정되는

▶ disquiet(불안케하다, 걱정시키다) + ing(형용사를 만듦) = disquieting(불안한, 걱정되는)

D

大

disregard
[dìsrigɑ́ːrd]

㊉ 무시하다. ⓜ 무시

▶ (부정의 뜻 = dis) + (regard = 주시[응시]하다) → 주시[응시]하지 않다 = disregard(무시, 무시하다)

암 브래지어를 **[regard]리(李)가 드**러(들어) **주시(응시)하다**.

大

disregardful
[dìsrigɑ̀ːrdfəl]

ⓗ 무시하는, 경시하는

▶ disregard(무시[경시]하다) + ful(형용사 어미) = disregardful(무시하는, 경시하는)

高

dissatisfaction
[dissæ̀tisfǽkʃən]

ⓜ 불만, 불평

▶ dissatis(fy)(만족시키지않다) + faction(fy로 끝나는 동사의 명사형을 만듦) = dissatisfaction(불만, 불평)

高

dissatisfy
[dissǽtisfài]

㊉ 불만을 느끼게 하다.

▶ (반대의 뜻 = dis) + (satisfy = 만족시키다) → 만족하지 않다 = dissatisfy(불만을 느끼게 하다)

새티셔츠에 수개의 파

암 **[satisfy]새티(T) 스(數)파 이**여 넣어 **만족시키다**.

大

dissect
[disékt]

ⓢ 해부(절개)하다, 분석하다.

뒤 색을 틀어

암 염색공이 **뒤 색(色) 트**러 **분석[해부]하다**.
(dissect)

大

dissection
[disékʃən]

ⓜ 해부, 절개(切開), 분석

▶ dissect(해부[절개, 분석]하다) + sion(명사 어미) = dissection(해부, 절개, 분석)

大

dissector
[diséktər]

ⓜ 해부(학)자, 해부서

▶ dissect(해부[절개, 분석]하다) + or(…사람) = dissector(해부자, 해부학자, 해부서)

大

dissension, -tion
[disénʃən]

ⓜ 의견 차이, (*pl*)알력, 분쟁

▶ dissen(t)(의견을 달리하다, 이의를 말하다) + sion(= tion 추상명사 어미) = dissension/-tion(의견 차이, [pl]알력, 분쟁)

高

dissent
[disént]

ⓙ 의견을 달리하다, 이의를 말하다

▶ (반대의 뜻 = dis) + (sent = 느끼다, 생각하다) = 의견을 달리하다

성욕이 센 트기가

암 **와이프**에게 **뒤센 트**기가 **의견을 달리하며 이의를 말하다**.
(wife) (dissent)

大

dissenting
[diséntiŋ]

ⓗ 의견을 달리하는, 반대하는

▶ dissent(의견을 달리하다) + ing(형용사를 만듦) = dissenting(의견을 달리하는, 반대하는)

大 **dissipate** [dísəpèit]

[동](군중 등을)쫓다, 흩뜨리다, 방산하다.

뒤에서 패 이틈에

[암] 경찰이**(데모군중을)뒤서 패 이트**메 **쫓다(흩뜨리다)**.

(dissipate)

大 **dissolution** [dìsəlúːʃən]

[명] 해산, 분해, 용해

▶ dissol(ve)(용해시키다) + ution(= tion, 명사 어미) = dissolution(분해, 해산, 용해)

高 **dissolve** [dizálv / -zɔ́lv]

[동] 녹이다, 용해시키다.

뒤 졸부(벼락부자)를

[암] **바걸**이 **뒤 졸브(猝富)**를 **녹이다**.

(bar girl) (dissolve)

大 **dissuade** [diswéid]

[타] (설득해)단념시키다, 말리다.

뒤 많은 외 이더니

[암] 썩은 **뒤 스(數)외 이드**니 버리자고 **(설득해)단념시키다**.

(dissuade)

中 **distance** [dístəns]

[명] 거리, 간격

뒤에 나무를 턴 스님

[암] **거리(간격)**를 두고 **뒤 스(樹) 턴 스**님.

(distance)

▶ a long distance call 장거리 전화(시외 전화)

中 **distant** [dístənt]

[형] 떨어진; 소원한; (거리 관계 등이)먼

▶ di(= apart) + stant(stand) = 떨어진, 소원한, 먼

▶ distan(ce)(거리, 간격) + t(형용사를 만듦) = distant(떨어진, 소원한, 먼)

大 **distaste** [distéist]

[명](음식에 대한) 싫음, 혐오

▶ (부정의 뜻 : not = dis) + (taste = 미각, 맛보다) → 맛이 아니어서 맛보기가 싫음 = distaste(싫음, 혐오)

大 **distasteful** [distéistfəl]

[형] 싫은, 맛없는

▶ distaste(싫음, 혐오) + ful(형용사를 만듦) = distasteful(싫은, 맛없는)

大 **distill** [distíl]

[동] 증류하다, (술 등을)증류하여 만들다.

물을 뒤 수(물이) 튈

[암] **바보**가 **뮬**을 **뒤스(水) 튈**정도로 끓여 **증류하다**.

(distill)

大 **distillable** [distíləbl]

[형] 증류할 수 있는

▶ distill(증류하다) + able(… 할 수 있는) = distillable(증류할 수 있는)

高 **distinct** [distíŋkt]

[형] 다른, 독특한, 별난

뒤 스핑크스를 연관시켜 기억할 것

[암] **독특하**고 **별난 뒤 스팅크트**.
(distinct)

▶ Mules are distinct from donkeys.
노새는 당나귀하고는 다르다.

高 **distinction** [distíŋkʃən]

[명] 구별, 차이, 특성

▶ distinct(별난, 독특한) + ion(명사 어미) = distinction(구별, 차이, 특성)

▶ without distinction of race or religion 인종이나 종교의 차별 없이

大 **distinctive** [distíŋktiv]

[형] 구별이 있는, 특유의

▶ distinct(별난, 독특한) + ive(형용사를 만듦) = distinctive(구별이 있는, 특유의)

大 **distinctively** [distiŋktivli]

[부] 독특하게, 특징적으로

▶ distinctive(구별이 있는, 특유의) + ly(부사를 만듦) = distinctively(독특하게, 특징적으로)

大 **distinctly** [distíŋktli]

뚜렷하게, 명백하게

▶ distinct(별난, 독특한) + ly(부사 어미) = distinctly(뚜렷하게, 명백하게)

高 **distinguish** [distíŋgwiʃ]

[동] 구별하다, 식별하다, 두드러지게 하다.

뒤 수(나무) 퉁기시여

[암] 애가 **뒤 스(樹)팅귀시**여 탄력을 **식별하다**.
(distinguish)

▶ distinguish between good and evil.
선악을 구별하다.

高 **distinguished** [distíŋgwiʃt]

[형] 현저한, 두드러진

▶ distinguish(식별[두드러지게]하다) + ed(형용사 어미) = distinguished(현저한, 두드러진)

▶ a distinguished family 명문

高 **distort** [distɔ́:rt]

[타] 찡그리다, 비틀다.

뒤 수(물) 흙을 틀어

[암] **인디언**이 **뒤 스(水) 토(土) 트**러 이기느라 **(얼굴을)찡그리다**.
(Indian) (distort)

高 **distract** [distrǽkt]

[동] (마음을) 흩뜨리다, 혼란시키다, 전환시키다.

▶ dis(= away) + tract(= draw) = distract(혼란시키다)

뒤 수(수대의) 트랙터를 연관시켜 기억할 것

[암] 길을 **뒤스(數) 트랙트**가 막아 **혼란(전환)시키다**.
(distract)

大 **distraction** [distrǽkʃən]

[명] 정신이 흩어짐, 기분 전환

▶ distract([마음]흩뜨리다,전환시키다) + ion(명사 어미) = distraction(정신이 흩어진, 기분 전환)

高 **distress** [distrés]

[명] 고통, 고뇌 [동] 괴롭히다, 슬프게 하다.

▶ (이중의 = dia) + stress(= draw tight) = distress(괴롭히다)

(등)뒤 스트레스(=압박)
[암] 남을 **뒤 스트레스** 주어 **괴롭히다**.
(distress)

高 **distribute** [distríbjuːt]

[동] 배급하다, 분배하다, 배포하다.

▶ dis(= apart) + tribute(= assign) = distribute(분배하다)

뒤 수(수대의) 틀이 붙으니
[암] 추첨 **뒤 스(數) 트리뷰트**니 **분배하다**.
(distribute)

高 **distribution** [dìstribjúːʃən]

[명] 분배, 배포

▶ distribut(e)(분배하다, 배포하다) + ion(명사 어미) = distribution(분배, 배포)

▶ the distribution of wealth 부의 분배

大 **distributor, -uter** [distríbjətər]

[명] 분배자, 배급자, 도매 상인

▶ distribut(e)(분배[배급]하다) + or(= er …사람) = distributor,-uter(분배자, 배급자, 도매 상인)

高 **district** [dístrikt]

[명] 구역, 지역

일한 뒤에 수틀 이익 틀어
[암] 일한 **뒤 스틀 익(益)트**러 **지역(구역)**을 도와.
(district)

高 **distrust** [distrʌ́st]

[타] 믿지 않다, 신용하지 않다. [명] 불신

▶ (부정의 뜻:not = dis) + (trust = 신용하다) = distrust(신용하지 않다, 불신)

[암] **기업합동**인 **트러스트(= trust)**를 **신용하다**.

高 **disturb** [distə́ːrb]

[동] 어지럽히다, 방해하다, 소란케 하다.

뒤 물 고인 터 부근을
[암] **보이**들이 **뒤 수(水)터 브근**을 **어지럽히다**.
(boy) (disturb)

▶ I'm sorry to disturb you. 방해해서 미안합니다.

高 **disturbance** [distə́ːrbəns]

[명] 소란, 방해

▶ disturb(소란케하다, 방해하다) + ance(명사 어미) = disturbance(소란, 방해)

大 **disturbed** [distə́ːrbd]

[형] 어지러운, 불안한

▶ disturb(소란케하다, 방해하다) + ed(형용사를 만듦) = disturbed(어지러운, 불안한)

大 **disturbing** [distə́ːrbiŋ]

[형] 교란시키는, 불온한

▶ disturb(소란케하다, 방해하다) + ing(형용사를 만듦) = disturbing(교란시키는, 불온한)

D

大 **disuse** [disjúːs]

(타) 폐지[폐기]하다. (명) 쓰이지 않음, 폐지

▶ (부정의 뜻 = dis) + (use = 이용하다) → 이용하지 않다 = disuse(폐지[폐기]하다, 쓰이지 않음)

(암) 댐을 막아 (use)유스(流水)를 이용하다. (유 수(흐르는 물))

大 **disused** [dìsjúːzd]

(형) 폐지된, 퇴락한

▶ disus(e)(폐지하다, 폐기하다) + ed(형용사를 만듦) = disused(폐지된, 타락한)

高 **ditch** [ditʃ]

(명) 도랑, 시궁창 (동) 도랑을 치다(파다)

(암) 셔블(삽을)(shovel)들고 시궁창 도랑을 뒤치(ditch)며 도랑을 치다.

高 **dive** [daiv]

(동) 다이빙하다, 뛰어들다. (명) 잠수, 뛰어듦

(암) (잠수복을) 다입(dive)으니 (물속으로) 뛰어들다.

大 **diver** [dáivər]

(명) 다이빙 선수, 잠수하는 사람

▶ div(e)(다이빙하다, 뛰어들다) + er(…사람) = diver(다이빙 선수, 잠수하는 사람)

大 **diverge** [divə́ːrdʒ / dai-]

(동) 갈라지다, 분기(分岐)하다.

(암) 지진에 피해를 다 이버 지(다 입어 지층이)(diverge)층이 갈라지다(분기하다).

大 **divergence** [divə́ːrdʒəns / dai-]

(명) 분기, 차이

▶ diverg(e)(분기하다, 갈라지다) + ence(명사 어미) = divergence(분기, 차이)

大 **divers** [dáivəːrz]

(형) 몇몇의, 여러 가지의

(암) 여러 가지의 옷을 다 이버 즈(다 입어 주는)(divers)는 패션 모델(fashion model)

大 **diverse** [divə́ːrs / dáivəːrs]

(형) 다른, 여러 가지의

(암) 모델이 다른 옷을 다 이버 스(다 입어 수없이)(diverse)없이 포즈(pose)를 취하다.

大 **diversion** [divə́ːrʃən / ʒən / daivə́ːrʃən]

(명) 기분 전환, 오락, 전환

▶ divers(e)(다른, 여러 가지의) + ion(명사 어미) → 다른 여러 가지로 기분을 돌리다 → 기분 전환 오락 = diversion(기분전환, 오락, 전환)

高 **diversity** [divə́ːrsəti / dai-]

명 상이, 상이점

▶ divers(e)(다른, 여러 가지의) + ity(추상 명사 어미) = diversity(상이, 상이점)

高 **divert** [[divə́ːrt / dai-]

타 (주의 따위를) 돌리다, 전환하다; 기분을 풀다.

▶ (apart = di) + (vert = 돌리다) = divert (돌리다, 기분을 풀다)

비워내며 뒤에 벗 틀어진
암 **맥주**잔을 **비어**내며 **뒤 벗 트**러진 **기분을 풀다(돌리다)**.
(beer) (divert)

中 **divide** [diváid]

동 나누다, 쪼개다, 분류하다.

▶ di(apart) + vide(= separate) = divide(쪼개다)

포수 뒤 바위 들어
암 **포스**가 **힘**으로 **뒤 바이 드**러 **쪼개다**.
(force) (divide)

高 **dividend** [dívidènd]

명 나뉨수, 공채이자, 배당금

▶ divide(나누다, 분할하다) + nd(…수) = dividend(나뉨수, 공채이자)

大 **dividual** [divídʒuəl]

형 (古) 분리한, 분할할 수 있는, 분리된

▶ divid(e)(나누다, 분할하다) + ual(형용사 어미) = dividual(분리한, 분할할 수 있는, 분리된)

高 **divine** [diváin]

형 신성한, 신(神)의 명 성직자, 목자
동 점치다, 예언하다.

▶ div(= god) + ine(형용사 어미) = divine(신성한, 성직자, 예언하다)

뒤 운명을 봐 인(人)에게
암 **성직자**가 **뒤 봐 인**에게 **신성한 신의** 뜻을 **예언하다**.
(divine)

高 **diving** [dáiviŋ]

명 잠수, 다이빙

▶ (잠수[다이브]하다 = div(e)) + (ing = 현재분사 어미) = diving(잠수, 다이빙)

大 **divinity** [divínəti]

신(神), 신성, 신학

▶ (신성한 = divin[e]) + (ity = 추상명사 어미) = divinity(신, 신성, 신학)

高 **division** [divíʒən]

명 분할, 분배, 경계선, (군대)사단

암 **뒤 비(碑)전**부를 넣어 **분할**한 **사단**, **경계선**
(division)

▶ the division of labor 분업

大 **divisor** [diváizər]

명 나눗수, 약수

▶ divis(ion)(분할) + or(…하는 것) = divisor(나눗수, 약수)

高 **divorce**
[divɔ́ːrs]

명 이혼; 분리 동 이혼하다; 분리하다.

암 처와 **베틀**에서 **싸움**한 **뒤 보스**주고 **이혼하다**.
(베틀: battle) (뒤 보스(=위자료): divorce)

大 **divulge**
[divʌ́ldʒ / dai-]

타 (비밀을)밝히다, 폭로하다.

암 **스파이**가 **스파이 뒤 밟지**그래 **(비밀을)밝히다**.
(spy) (spy) (뒤를 미행하지: divulge)

高 **dizzy**
[dízi]

형 현기증이 나는, 핑핑 도는 타 현기증나게 하다.

암 **갱**이 **룸펜**을 **디지**도록 패 **현기증나게 하다**.
(gang)(Lumpen) (부랑자를 디지다(=죽다의 방언): dizzy)

中 **do**
[duː]

동 수행하다, 하다.

암 **헤딩**을 **두(頭)**로 **하다**.
(heading) (머리로: do)

高 **dock**
[dɑk / dɔk]

명 부두, 조선소, 도크 동 도크에 넣다(들어가다).

암 배를 (독)**독** – 같이 만든 **조선소 도크에 넣다**.
(dock)

大 **dockyard**
[dákjɑ̀ːrd]

명 조선소 (英)해군 공창

▶ dock(독, 조선소) + yard(마당, 제조장) = dockyard(조선소, (英)해군 공창)

中 **doctor**
[dáktər / dɔ́k-]

명 박사; 의사 동 (구어) 치료하다.

암 **에이즈**를 **닥터**가 **치료하다**.
(AIDS) (의사가: doctor)

高 **doctrine**
[dáktrin / dɔ́k-]

명 교리, 주의, 원칙

암 **닭틀 인**자가 **원칙(주의)**대로 만든 **치킨프라**.
(머리에 인: doctrine) (닭고기 튀김: chickenfry)

▶ Christian doctrine 기독교 교의

高 **document**
[dákjəmənt / dɔ́k-]

명 서류, 문서, 증서, 다큐먼트 서류 동 증거서류를 제출하다.

高 **documentary**
[dɑ̀kjəméntəri / dɔ̀k-]

형 문서의, 서류의, 증서의

명 도큐멘터리, 기록영화(방송)

▶ document(문서, 증서) + ary(…한 것) = 도큐멘터리

암 **도큐멘터리 기록영화(방송)**.
(documentary)

高	**dodge** [dɑdʒ / dɔdʒ]	[명] 몸을 살짝(홱)피하기 [동] 날쌔게 벗어나다. [암] **레슬러**가 **몸을 피하며** 홱**도지**그래서 **날쌔게 벗어나다.** (레슬러: 레슬링선수가, wrestler) (도지: dodge) 
大	**dodger** [dɑ́dʒər / dɔ́-]	[명] 홱 몸을 피하는 사람 ▶ dodg(e)(홱 몸을 피하다) + er(…사람) = dodger(홱! 몸을 피하는 사람)
大	**doer** [dúːər]	[명] 행위자, 실행가 ▶ (하다 = do) + (er = …사람) = doer(행위자, 실행가)
中	**dog** [dɔ(ː)g / dɑg]	[명] 개; (한정 형용사를 수반하여) 놈 [타] 미행하다. [암] (불)**독개**로 **놈**을 **미행하다.** (독개: dog) ▶ a mad[rabid] dog 광견병에 걸린[미친]개
高	**doggy** [dɔ́(ː)gi]	[형] 개의, 개와 같은 [명] 강아지, 멍멍이 ▶ (dog → g = 개) + y(형용사 어미) = doggy(개의, 개와 같은 강아지)
高	**dogma** [dɔ́(ː)gmə / dɑ́g-]	[명] 독단적 주장, 교리, 신조 [암] **마호메트**가 **다 그(其) 머**리를 써 만든 **독단적 주장**과 **교리** (마호메트: 이슬람교교주, Mahomet) (다 그(其) 머: dogma) 
大	**dogmatic** [dɔ(ː)gmǽtik / dɑg-]	[형] 독단적인,고압적인, 교리상의 ▶ dogma(독단적 주장, 교리) + tic(…의) = dogmatic(독단적인, 고압적인, 교리상의)
大	**dogmatical** [dɔ(ː)gmǽtikəl]	[형] 독단적인, 고압적인, 교리상의 ▶ dogmatic(독단적인, 교리상의) + al(…의) = dogmatical(독단적인, 고압적인, 교리상의)
大	**dogmatism** [dɔ́(ː)gmətìzəm / dɑ́g-]	[명] 독단주의 ▶ dogma(독단적 주장, 교리) + tism(…의 주의) = dogmatism(독단주의)
高	**doing** [dúːiŋ]	[명] 함, 하기 ▶ (하다 = do) + (ing = 동명사를 만듦) = doing(함, 하기)

D

大 **dole**[1]
[doul]

명 시주, 분배, 몫, 구호품 타 베풀어[나누어]주다.

암 **비애(비탄)**의 자를 **도울**려고 **구호품**을 **나누어 주다**.
(dole)

大 **dole**[2]
[doul]

명 비애, 비탄 자 비탄하다.

암 **비애(비탄)**의 자를 **도울**려고 **구호품**을 **나누어 주다**.
(dole)

大 **doleful**
[dóulfəl]

형 슬픈, 쓸쓸한, 음울한

▶ dole(비애, 비탄) + ful(형용사를 만듦) = doleful(슬픈, 쓸쓸한, 음울한)

D

中 **doll**
[dɑl / dɔ(:)l]

명 인형

암 **돌 인형**.
(doll)

▶ Tom is playing with a doll.
톰은 인형을 가지고 놀고 있다.

中 **dollar**
[dálər / dɔ́lər]

명 달러(100cents: 미국의 화폐 단위, 기호 $)

▶ He bought the book for three dollars.
그는 그 책을 3달러에 샀다.

大 **dolly**
[dáli / dɔ́li]

명 인형, 각시

▶ doll(인형) + y(친근감을 나타내며 명사를 만듦) = dolly(인형, 각시)

高 **dolphin**
[dálfin / dɔ́(:)l-]

명 돌고래

암 **파트너**(짝을) 보자 안**달핀**(안달을 피운) **돌고래**.
(partner) (dolphin)

大 **domain**
[doʊméin]

명 영토; (개인의) 소유지; 영역

암 **도매인(都賣人)**(물건을 도매로 파는 사람)의 **소유지 영토**.
(domain)

高 **dome**
[doum]

명 도움, 둥근천장, 둥근 지붕 동 둥근 지붕을 올리다.

암 남씨가 남의 **도움**을 받아 집에 **둥근 지붕 도움을 올리다**.
(dome) (dome)

▶ a domed forehead 뒷박이마, 짱구머리

高 **domestic**
[doʊméstik]

명 하인 형 가정적인, 국산의

암 **가정적인 하인**이 만든 **도매(都賣)스틱**.
(domestic)
(도매로 팔 스틱(지팡이=stick)을 연상해서 기억할 것)

▶ a domestic airline 국내 항공사

高

domesticate
[douméstəkèit]

[타] (동물 따위를)길들이다.

▶ domestic(가정의, 길든) + ate(…하다의 뜻) = domesticate(길들이다)

大

dominant
[dámənənt / dɔ́m-]

[형] 지배적인, 우세한

▶ domin(ate)(지배하다) + ant(형용사 어미) = dominant(지배적인, 우세한)

高

dominate
[dámənèit / dɔ́m-]

[동] 지배(위압)하다, 통치하다.

담어 내 2 트기가
[암] 닭을 먹이 **다머 내 이트**기가 **통치(지배)하다.**
(dominate)

▶ The strong dominate over the weak.
강자는 약자를 지배한다.

大

domination
[dàmənéiʃən]

[명] 통치, 지배

▶ dominat(e)(지배하다) + ion(명사 어미) = domination(통치, 지배)

大

dominion
[dəmínjən]

[명] 지배[통치]권, 주권

▶ domin(ate)(지배하다) + ion(명사 어미) = dominion(지배[통치]권, 주권)

大

don
[dɑn / dɔn]

[명] 님, 씨, 거물, 명사 [타] (옷, 모자, 구두 등을)걸치다, 입다.

[암] **거물 명사님**이 **돈**으로 **(옷, 모자, 구두 등을 사)걸치다.**
(don)

中

done
[dʌn]

do(하다)의 과거분사

▶ This meat is done. 이 고기는 잘 구워졌다.

高

donkey
[dáŋki / dɔ́(:)ŋ- / dʌ́ŋ-]

[명] 당나귀

똥 퀸 똥뀌는
[암] **덩 퀸 여왕**따라 **동키**는 **당나귀.**
(dung)(queen) (donkey)

▶ donkeys bray [go heehaw, heehaw]
당나귀가 히히힝 하고 울다.

中

don't
[dount]

do not의 간약형

▶ You know that, don't you? 너는 그것을 알고 있지(그렇지)

高

doom
[du:m]

[명] 운명, 파멸, 종말 [동] 운명짓다, 사형을 선고하다.

[암] **스파이**를 **종말**의 **운명**에 정하여 **둠**으로 **사형을 선고하다.**
(spy) (doom)

▶ That will doom him to oblivion.
그것으로 그는 망각 속으로 사라질 것이다.

D

中	**door** [dɔːr / dɔː]	ⓜ 문짝, 문, 출입구 ▶ Mary shuts the door. 메리는 문을 닫는다.
大	**doorbell** [dɔ́ːrbèl]	ⓜ현관의 벨, 초인종 ▶ door(문) + bell(벨, 종) = doorbell(현관의 벨, 초인종)
大	**doorkeeper** [dɔ́ːrkìːpər]	ⓜ 문지기, 수위 ▶ door(문) + keeper(지키는 사람) = doorkeeper(문지기, 수위)
高	**doorstep** [dɔ́ːrstèp]	ⓜ 현관의 계단(층층대) ▶ door(문) + step(걸음, 계단) = doorstep(현관의 계단[층층대])
高	**doorway** [dɔ́ːrwèi]	ⓜ 문간, 출입문, 현관 ▶ door(문) + way(길) = doorway(문간, 출입문, 현관) ▶ She stood in the doorway. 그녀가 문간에 서 있었다.
高	**dormitory** [dɔ́ːrmitɔ̀ːri / -təri]	ⓜ 기숙사, 합숙소, 교외주택지 암 **테이블**에 **위치**한 **마녀**가 **기숙사 합숙소**에서 (권이) (살뜰히도) (table) (witch) 고기도미를 틀이(틀다) **도미 트리** (dormitory) 
高	**dosage** [dóusidʒ]	ⓜ 투약, 조제, 적량 ▶ dos(e)(복용량, 투약하다) + age(명사 어미) = dosage(투약, 조제, 적량)
高	**dose** [dous]	ⓜ (약의)1회분, 복용량, 한 첩, 성병 임질 ⓓ 투약하다. 암 **미스**에게 **닥터도 우스**며 **성병 일질 약 한 첩을 투약하다**. (Miss) (doctor) (dose)
大	**dossy** [dási / dɔ́si]	ⓗ (영구) 멋있는 암 **멋있는 도시 뉴욕**. (dossy)(New York)
高	**dot** [dɑt / dɔt]	ⓜ 꼬마, 아이, 점; [음악] 부점 ⓣ 점점이 산재시키다, 에 점을 찍다. 암 **꼬마 아이**가 **돛에 점을 찍다**. (dot) ▶ a tiny dot 조그마한 점 

D

中

double [dʌ́bəl]

㉻ 두 배의, 겹친 ㊍ 두 배로 하다.

암 **두 배로 겹친 더블베드**(침대)
(double)(bed)

大

doubly [dʌ́bəli]

㊊ 두 배로, 이중으로

▶ doub(le)(두 배의) + ly(부사를 만듦) = doubly(두 배로, 이중으로)

中

doubt [daut]

㊔ 의심 ㊍ 의심하다, 신용하지 않다.

많은 벗이 틀어져
암 **의심**으로 **다우(多友)트**려져 **신용하지 않다.**
(doubt)

▶ I doubted my own eyes. 내 눈을 의심했다.

高

doubtful [dáutfəl]

㉻ 의심스러운

▶ doubt(의심하다) + ful(형용사 어미) = doubtful(의심스러운)

高

doubtless [dáutlis]

㉻ 의심없는, 의심할 바 없이

▶ doubt(의심하다) + less(…이 없는) = doubtless(의심없는, 의심할 바 없이)

大

dough [dou]

㊔ 밀가루 반죽

암 **도우**넛 만드는 **밀가루 반죽**
(dough)

高

doughnut [dóunʌ̀t]

㊔ 도우넛, 도우넛(과자)

▶ dough(밀가루 반죽) + nut(너트, 암나사) = doughnut(밀가루를 반죽해 너트처럼 만든것 → 도우넛)

高

dove [dʌv]

㊔ 비둘기; 평화의 상징

더불어
암 **평화의 상징**인 **비둘기**와 **더브**러 **힘**차게 **찬미하다.**
(dove) (hymn)

▶ a gentle dove 온순한 비둘기

大

Dover [dóuvər]

㊔ 도버(영국 남동부의 항구도시)

▶ the Strait(s) of Dover 도버 해협

中

down [daun]

㊊ 아래(쪽으)로 ㊍ 넘어뜨리다.

주먹으로
암 **번치**로 **다운**시켜 **아래로 넘어뜨리다.**
(bunch) (down)

▶ Rivers flow down into the sea.
강은 바다로 흐른다.

大	**downcast** [dáunkæ̀st / -kɑ̀:st]	ⓗ (눈이)아래로 향한, 기가 꺾인, 파멸 ▶ down(아래로) + cast(던지다) = downcast([눈이]아래로 향한, 기가 꺾인, 파멸)
大	**downfall** [dáunfɔ̀:l]	ⓜ 낙하, 몰락 ▶ down(아래로) + fall(떨어지다) = downfall(낙하, 몰락)
大	**downhearted** [dáunhɑ́:rtid]	ⓗ 낙담한 ▶ down(아래로) + hearted(…한 마음씨의) = downhearted(낙담한)
大	**downhill** [dáunhìl]	ⓜ 내리막길, 몰락 ▶ down(아래로) + hill(언덕) = downhill(내리막길, 몰락)
大	**downright** [dáunràit]	ⓗ 곧은, 솔직한 ▶ down(아래로) + right(바르게 곧게) = downright(곧은, 솔직한)
高	**downstairs** [dáunstɛ́ərz]	ⓑ 아래층으로, 아래층에 ▶ down(아래로) + stair(층, 계단) + s(부사 어미) = downstairs(아래층으로, 아래층에) ▶ The house has three rooms downstairs. 그 집은 아래층에 방이 셋 있다.
高	**downtown** [dáuntáun]	ⓑ 도심지에(로), 상가에(로) ▶ down(아래로) + town(마을) → 마을 아래로 = downtown(도심지로, 도심지의, 상가에도) ▶ downtown Chicage 시카고의 번화가
高	**downward** [dáunwərd]	ⓗ 아래로 향한, 아래쪽으로 ▶ down(아래로) + ward(방향을 나타냄) = downward(아래로 향한, 아래쪽으로) ▶ a downward slope 내리막길
高	**downwards** [dáunwərdz]	ⓑ = downward(와 같음), 아래쪽으로, 아래로 향한 ▶ from the 16th century downwards. 16세기 이래.
大	**downy** [dáuni]	ⓗ 솜털같은, 부드러운 ⓐ 하늘을 **솜털같이 부드러운 다운(多雲)이 커버하다.** (다운(많은 구름)이 (downy) 덮다 (cover))

高 **doze** [douz]

동 졸다, 꾸벅꾸벅 졸다. 명 졸기

잠꾸러기도 우즈

암 **슬리퍼도 우즈**베키스탄인도 **꾸벅꾸벅 졸다**.

(sleeper) (doze)

高 **dozen** [dʌ́zn]

명 1다스, 12(개), [약어] doz.

암 **12개**를 **더즌**(준)다며 **1다스**를 **기브**(부)**하다**.

(dozen) (give)

▶ by the dozen 한 다스씩, 12개씩

高 **draft** [dræft]

명 도안, 초안 동 입안하다.

암 화가가 (들에) **들레 프트**(불으)며 앉아 **도안**을 **입안하다**.

(draft)

▶ a final draft 최종 원고(초안)

D

大 **drafter** [drǽftər / drɑ́:ftər]

명 입안자, 밑그림 그리는 사람

▶ draft(입안하다) + er(…사람) = drafter(입안자, 밑그림 그리는 사람)

高 **drag** [dræg]

동 (무거운 것을)끌다, 질질 끌다. 명 끌기

암 **치타**가 (들에) **드레 그** 먹이를 **질질 끌다**.

(cheetah) (drag)

▶ walk with dragging feet. 발을 질질 끌며 걷다.

大 **dragnet** [drǽgnèt]

명 저인망, 예인망

▶ drag(끌다) + net(그물) = dragnet(저인망, 예인망)

高 **dragon** [drǽgən / -gɔn]

형 용, (천문) 용자리

들에 곤히

암 **드레 곤**히 자는 **용**

(dragon)

高 **dragonfly** [drǽgənflài]

명 잠자리

▶ dragon(용) + fly(날다) → 용 모양을 하고 날아 다니는 것 = dragonfly(잠자리)

高 **drain** [drein]

동 배수(방수)하다, 물을 빼다. 명 도랑, 배수

암 (들에) **들레 인**접한 **배수 도랑**으로 **물을 빼다**.

(drain)

▶ The water soon drained away. 물은 곧 빠졌다.

大 **drainage** [dréinidʒ]

명 배수(排水)

▶ drain(배수하다) + age(상태, 동작, 결과의 뜻) = drainage(배수)

高

drake
[dreik]

㉠ 숫오리

들어(서) 이 크다란

암 **드레 이 크**다란 **숫오리**가 **꽥꽥 울다.**
(drake) (quack)

高

drama
[drɑ́:mə / drǽmə]

㉠ 극, 희곡, 각본

암 **희곡 각본**인 **드라머.**
(drama)

▶ a historical drama 역사극(드라마)

高

dramatic
[drəmǽtik]

㉥ 극적인, 희곡의

▶ drama(희곡, 극) + tic(…의, 인) = dramatic(희곡의, 극적인)

▶ a dramatic piece 한 편의 희곡

大

dramatist
[drǽmətist]

㉠ 극작가

▶ drama(희곡, 극) + tist(= ist …하는 사람) = dramatist(극작가)

大

dramatize
[drǽmətàiz]

㉣ 각색하다, 극화하다

▶ drama(희곡, 극) + tize(= ize …화하다) = dramatize(각색하다, 극화하다)

中

drank
[dræŋk]

drink (마시다)의 과거

▶ He drank himself to death. 그는 과음으로 죽었다.

大

drape
[dreip]

㉠포장, 휘장 ㉣ 덮다, 꾸미다.

야영할 들에 이 푸른

암 **캠핑**할 **드레 이 프**른 **휘장**을 **덮다.**
(camping) (drape)

大

draper
[dréipər]

㉠ 포목상, 직물상

▶ drap(e)(포장, 덮다) + er(… 사람) = draper(포목상, 직물상)

高

drastic
[drǽstik]

㉥ 맹렬한, 강경한, 철저한, 과감한

들에 스틱(stick=지맥 끊는 쇠 지팡이를 연관시켜 기억할 것)

암 지맥을 끊으려고 **들레 스틱** 박기에 **철저한** 왜인.
(drastic)

高

draught
[drǽft]

㉠ 도안 초안(= draft) ㉣ 입안하다.

들에 붙으면

암 화가가 **들레 프트**며 앉아 **도안**을 **입안하다.**
(draught)

中 **draw** [drɔː]

동 당기다, 그리다.

암 **트럭**을 **드(頭)로 당기다.** (머리로)
(truck) (draw)

▶ draw a chair by the stove.
의자를 난로 옆으로 끌어당기다.

大 **drawback** [drɔ́ːbæ̀k]

명 결점, 약점

▶ draw(당기다, 뽑다) + back(뒤로, 등) → 뒤로 당기면 나타나는것 = drawback(결점, 약점)

高 **drawer** [drɔ́ːər]

명 서랍, 제도사

▶ draw(당기다, 그리다) + er(…것 … 사람) → 당기(그리)는 것(사람) = drawer(서랍, 제도사)

高 **drawing** [drɔ́ːiŋ]

명 그림, 제도

▶ draw(그리다) + ing(동명사를 만듦) = drawing(그림, 제도)

▶ make a drawing 그림을 그리다, 스케치를 하다.

高 **drawing room** [drɔ́iŋrum]

명 응접실

▶ draw(당기다) + ing(동명사를 만듦) + room(방) → 손님을 당기어 모시는 방 = drawing room(응접실)

▶ hold a drawing room. 공식 회견을 하다.

高 **drawn** [drɔːn]

draw(당기다, 끌다)의 과거분사

형 칼을 빼낸, 뽑은, 무승부의, 비긴

高 **dread** [dred]

동 두려(무서)워하다. 명 공포

암 **보이**가 **코브라**있는 (들에)**들레 드**러(들어)가기를 **무서워하다.**
(boy) (cobra) (dread)

▶ People dread falling ill.
사람은 병에 걸리는 것을 두려워한다.

高 **dreadful** [drédfəl]

형 몹시 불쾌한;지독한, 무서(두려)운

▶ dread(두려워하다) + ful(형용사 어미) = dreadful(무서(두려)운, 지독한, 몹시 불쾌한)

▶ I made a dreadful mistake. 나는 끔찍한 실수를 저질렀다.

中 **dream** [driːm]

명 희망, 꿈 동 꿈을 꾸다.

암 **인디언**에게도 **희망**의 **꿈**을 **드림**(드립)니다.
(Indian) (dream)

▶ a childhood dream 어린 시절의 꿈

大 **dreamer** [dríːmər]

명 꿈꾸는 사람, 몽상가

▶ dream(꿈꾸다) + er(…사람) = dreamer(꿈꾸는 사람)

大 **dreamt**
[dremt]

dream(꿈꾸다)의 과거, 과거분사

高 **dreamy**
[drí:mi]

형 꿈많은, 꿈같은

▶ (꿈 = dream) + (y = 형용사를 만듦 …같은;많은) = dreamy(꿈 많은, 꿈 같은)

高 **dreary**
[dríəri]

형 황량한, 쓸쓸한, 따분한

암 도울 구호품을 따분한자에게 드리어리 (dole) (dreary: 드리어 전하리)

▶ It was a dreary night. 쓸쓸한 밤이었다.

D

大 **dreg**
[dreg]

명 찌꺼기, 쓰레기

암 (들에)드레 그가 버린 쓰레기(찌꺼기) (dreg)

高 **drench**
[drentʃ]

타 흠뻑 적시다(젖게 하다) 명 흠뻑 젖음

암 비에 드렌취 코트를 흠뻑 적시다. (drench)

▶ We were drenched to the skin. 우리는 흠뻑 젖었다.

中 **dress**
[dres]

명 드레스, 옷 동 옷을 입(히)다.

암 드레스 옷을 입다. (dress)

▶ She dressed herself quickly.
그녀는 재빨리 옷을 입었다.

高 **dresser**
[drésər]

명 의상 담당자, 옷입히는 사람

▶ dress(옷을 입히다) + er(…사람) = dresser(의상 담당자, 옷입히는 사람)

大 **dressing**
[drésiŋ]

명 마무리, 드레싱, 옷입기

▶ dress(옷, 옷을 입히다) + ing(현재분사 어미) → 옷을 만들고 끝 마무리하다 = dressing(마무리, 드레싱, 옷입기)

大 **dressmaker**
[drésmèikər]

명 양재사, 양장점

▶ dress(옷) + maker(만드는 사람) = dressmaker(양재사, 양장점)

大 **dressmaking**
[drésmèikiŋ]

명 여성, 아동복 제조(업), 양재

▶ dress(옷) + making(만드는) + dressmaking(여성, 아동복 제조업, 양재)

中 **drew**
[druː]

draw (당기다 끌다)의 과거
▶ He drew me aside. 그는 나를 한쪽으로 끌어 당겼다.

高 **dried**
[draid]

dry(마르다)의 과거, 과거분사 ⓗ 건조한
▶ (말리다 = dr[y] → i) + (ed = 과거, 과거분사를 만듦) = dried(dry[마르다]의 과거, 과거분사)
▶ dried fish 건어물

大 **drier**
[dráiər]

ⓜ 말리는 사람, 건조기
▶ (말리다 = dr[y] → i) + (er = … 사람 …하는 것) = drier(말리는 사람, 건조기)

高 **drift**
[drift]

ⓜ 표류, 흐름 ⓓ 표류하다, 떠내려 보내다.
암 보트에 인(人)**들리 프트**며 **표류하다**.
(사람들이 / 붙으며 / (drift))
▶ The boat drifted down the river.
보트가 강 밑으로 표류했다

大 **drifter**
[dríftər]

ⓜ 표류자(물),떠돌이
▶ drift(표류하다) + er(…사람[물건]) = drifter(표류자[물])

高 **drill**
[dril]

ⓓ 훈련하다. 구멍을 뚫다. ⓜ 훈련, 드릴, 송곳
암 **콘크리트**에 **해머 드릴(송곳)**로 **구멍을 뚫다**.
(망치 / 드릴 / (concrete) (hammer) (drill))
▶ drill for oil 석유 시추를 하다.

大 **drillship**
[drílʃip]

ⓜ 해저 굴착선, 시추선
▶ drill(구멍을 뚫다) + ship(배) = drillship(해저 굴착선, 시추선)

中 **drink**
[driŋk]

ⓓ 마시다; 축배하다. ⓜ 마실 것, 음료;술, 주류
암 **드링크**제 **음료**를 **마시다(축배하다)**.
((drink))
▶ I always drink tea from a glass.
나는 항상 홍차를 유리컵에 마신다.

大 **drinker**
[dríŋkər]

ⓜ 마시는 사람, 술꾼
▶ drink(마시다) + er(…사람) = drinker(마시는 사람, 술꾼)

高 **drinking**
[dríŋkiŋ]

ⓜ 마심, 흡입
▶ drink(마시다) + ing(현재분사 어미) = drinking(마심, 흡입)
▶ social drinking 사교적인 음주

D

高	**drip** [drip]	ⓢ 물방울이 똑똑 떨어지다, (액체가) 듣다(듣게하다). ⓜ 물방울, 방울져 떨어짐 암 버**들잎**(drip)에 **물방울이 똑똑 떨어지다.** ▶ Oil dripped on to the road. 기름이 도로 위에 뚝뚝 흘러 내렸다.
高	**dripping** [drípiŋ]	ⓜ 똑똑 떨어짐, 적하(滴下) ▶ drip + p(떨어지다) + ing(현재분사 어미) = driping(뚝뚝떨어짐, 적하)
中	**drive** [draiv]	ⓢ 운전하다; 몰다. 암 **스포츠 카**(sports car)**를 드라이브**(drive)**(운전)하다.** ▶ Drive the dog away. 그 개를 쫓아버려라. 
大	**drive-in** [dráivìn]	ⓜ 드라이브인(차를 탄 채로 들어가는 식당, 휴게소, 극장, 은행, 상점) ▶ drive(운전하다) + in(안에) → 차를 탄 채 들어가다 = drive-in(승차한 채 들어가는 식당, 휴게소, 극장, 은행, 상점)
高	**driven** [drívən]	drive(운전하다, 몰다)의 과거분사 ▶ driv(e)(운전하다) + en(과거분사를 만듦) = driven(drive의 과거분사) ▶ driven snow 눈보라, 바람에 날려 쌓인 눈
高	**driver** [dráivər]	ⓜ 운전자 ▶ driv(e)(운전하다) + er(…사람) + driver(운전자) ▶ a bus driver 버스 운전사(자)
大	**driveway** [dráivwèi]	ⓜ 드라이브 길, 차도 ▶ drive(운전하다) + way(길) = driveway(드라이브 길, 차도)
高	**driving** [dráiviŋ]	ⓗ 정력적인, 추진하는 ⓜ 운전 ▶ driv(e)(운전하다) + ing(현재분사 어미) = driving(정력적인, 추진하는, 운전) ▶ careful driving 안전 운전
高	**drizzle** [drízl]	ⓜ 이슬비, 가랑비 ⓢ 이슬비가 내리다, 이슬비에 젖다. 암 **가랑비**에 **드리**(들이) **즐**(즐비하게)비하게(drizzle) **이슬비에 젖다.** ▶ It drizzled on and off. 이슬비가 오락가락했다.
大	**drizzly** [drízli]	ⓗ 이슬비의, 이슬비 오는, 보슬비가 올 것 같은 ▶ drizzl(e)(이슬비, 이슬비에 젖다) + y(형용사를 만듦) = drizzly(이슬비의, 이슬비 오는, 보슬비가 올것 같은)

大 **drone** [droun]

명 (꿀벌의)수펄, 게으름뱅이 타 빈둥거리다.

두 로(老) 우(友)는(=두 늙은 친구는)
암 **게으름뱅이**인 **드 로(老)운 수펄**처럼 **빈둥거리다**.
(drone)

高 **droop** [druːp]

자 축 늘어지다, 수그리다. 명 숙임

암 (두릅)**드룹**나무 순이 **축늘어지다**.
(droop)

中 **drop** [drɑp / drɔp]

명 물방울, 미량, 떨어지다, 떨어뜨리다.

뜰 앞에
암 **미량**의 **물방울**이 **들앞**에 **떨어지다**.
(drop)

高 **drought** [draut / drauθ]

명 가뭄, 건조, 갈증

두 라우(벗은 벗이) 틀어가며 어! 포즈(=pose:자세)
암 호스를 **드 라우(裸友)트**러가며 **가뭄**과 **어!포즈**
(drought) (oppose)
잡고 **맞서다**.

中 **drove** [drouv]

drive(운전하다)의 과거

▶ I drove across town. 나는 시내를 통과해 차를 몰았다.

高 **drown** [draun]

동 익사하다, 물에 빠져 죽다.

포천(경기도 포천) 더러운
암 **포천**에서 **운(運) 드라운**자가 **익사하다**.
(fortune) (drown)

▶ The boy was drowned. 소년이 물에 빠졌다.

高 **drowsy** [dráuzi]

형 졸음이 오는, 졸리는, 나른한

애들아 울지마라
암 **졸리는** 애**드라 우지**마라 하며 그**럴 달래다**.
(drowsy) (lull)

高 **drug** [drʌg]

명 약, 약품, 약제 동 약품을 섞다.

암 **약**을 (들어)**드러 그 약제 약품을 섞다**.
(drug)

▶ take a drug 약을 먹다.

大 **druggist** [drʌ́gist]

명 약제사

▶ drug + g(약, 약제) + ist(…하는 사람) = druggist(약제사)

高 **drugstore** [drʌ́gstɔ̀ːr]

명 약방

▶ drug(약) + store(상점) = drugstore(약방)

D

高 **drum** [drʌm]

㉠ 북 ㉢ 북을 치다.

암 드럼 북을 치다.
(drum)

▶ Jane is playing his drum.
제인은 드럼을 치고 있다.

大 **drummer** [drʌ́mər]

㉠ 고수(鼓手), 북 연주자

▶ drum + m(북) + er(…사람) = drummer(고수, 북 연주자)

中 **drunk** [drʌŋk]

drink(마시다)의 과거분사 ㉡ 술취한

▶ She is drunk with joy[success]. 그녀는 기쁨[성공]에 도취되어 있다.

大 **drumkard** [drʌ́ŋkərd]

㉠ 술고래, 모주꾼

▶ drunk(취한) + ard(매우…사람) = drunkard(술고래, 모주꾼)

高 **drunken** [drʌ́ŋkən]

㉡ 술취한, 만취한

▶ drunk(마시다의 과거분사) + en(…성질의) = drunken(술취한, 만취한)

中 **dry** [drai]

㉡ 마른 ㉢ 말리다.

헤어(=수량을 세어)
암 머리털을 헤어가며 드라이로 말리다.
(hair) (dry)

▶ The clothes are dry now. 옷이 이제 말랐다.

大 **drying** [dráiiŋ]

㉠ 건조, 말림

▶ dry(말리다, 마르다) + ing(현재분사 어미) = drying(건조, 말림)

大 **dryly, drily** [dráili]

㉣ 냉담하게, 무미 건조하게

▶ dry(말리다, 마르다) + ly(부사 어미) = dryly, drily(냉담하게, 무미 건조하게)

大 **dual** [djú:əl]

㉡ 둘의, 이중의, 두 사람의

두 얼(=정신, 넋)
암 두 사람의 듀 얼이 합쳐져 러브하다.
(dual) (love)

高 **dubious** [djú:biəs]

㉡ 의심스러운, 애매한

두 (머리를) 베었으니 벤 머리
암 사상이 **애매한**자는 **듀(頭) 비어스**니 다 **벤드(頭)**앞에 **굴복하다.**
(dubious) (bend)

高 **duck** [dʌk]

명 (집)오리 동 물속에 쑥 잠기다.

병아리가 업히여
암 **오리 덕**에 **치킨**이 **어피어 나타나다**.
(duck) (chichen) (appear)

▶ Ducks quack. 오리가 꽥꽥 울다.

高 **due** [djuː]

형 정당한, 응당 치러져야 할 명 요금, 세금

두고
암 **듀**고 두고 **응당 치러져야 할 정당한 세금**.
(due)

▶ The note has fallen due. 어음이 만기가 되었다.

大 **duel** [djúːəl]

명 결투, 싸움 동 결투하다.

두 얼간이가
암 **듀 얼**간이가 **싸움**걸어 **결투하다**.
(duel)

大 **duet** [djuét]

명 이중창, 이중주

암 **톱싱어**가 **듀엣**으로 하는 **이중창(이중주)**
(top singer) (duet)

大 **dug** [dʌg]

dig(파다)의 과거, 과거분사

大 **dugout** [dʌ́gàut]

명 방공호, 대피호

▶ dug(파다의 과거) + out(밖으로) → 땅을 파서 흙을 밖으로 퍼내어 만든 방공호 = dugout(방공호, 대피호)

高 **duke** [djuːk]

명 공작, (소국의)군주, 공(公)

머리가 크다란
암 **(頭)듀 크**다란 **공작**.
(duke)

高 **dull** [dʌl]

형 둔한, 무딘, 멍청한 동 둔하게 하다.

암 **코치**가 **코치**해 **둔한**자를 **덜 둔하게 하다**.
(coach) (coach) (dull)

▶ a dull child 우둔한 아이

大 **dullness** [dʌ́lnis]

명 둔함, 멍청함

▶ dull(둔한, 멍청한) + ness(추상명사를 만듦) = dullness(둔함, 멍청함)

大 **dully** [dʌ́li]

부 둔하게, 멍청하게

▶ dul(l)(둔한, 멍청한) + ly(부사를 만듦) = dully(둔하게, 멍청하게)

D

高 **duly** [djúːli]

[부] 정당하게, 당연히

▶ du(e)(정당한) + ly(부사를 만듦) = duly(정당하게, 당연히)

▶ duly to hand [상업] 정히 영수함

高 **dumb** [dʌm]

[형] 말 못하는, 벙어리의 [명] 바보 같은 실수

[암] **덤**덤히 앉아 **말 못하는 벙어리의 바보같은 실수**
(dumb)

高 **dummy** [dʌ́mi]

[명] 동체, 허수아비, 꼭두각시

어수선한
[암] **어스**선한 **흙 더미**에 선 **허수아비(꼭두각시)**.
(earth) (dummy)

大 **dump** [dʌmp]

[명] 쓰레기더미 [동] 쓰레기를 쏟아버리다.

[암] **쓰레기더미**를 **덤프**로 **쏟아버리다**.
(dump)

大 **dunce** [dʌns]

[명] 열등생, 저능아, 바보, 둔재

[암] **댄스 춤**을 **던 스**로 아는 **바보 저능아**
(dance) (dunce)

大 **dung** [dʌŋ]

[명] 똥, 거름, 비료 [타] (땅에) 거름(비료를)을 주다.

녹지대에
[암] **그린 벨트**에 **덩(똥) 거름을 주다**.
(greenbelt) (dung)

高 **dungeon** [dʌ́ndʒən]

[명] 토굴, 지하감옥(감옥), 아성

던진
[암] **아성**같은 **토굴 지하 감방**으로 **던 전 스파이**
(dungeon) (spy)

高 **duplicate** [djúːpləkit / djúːplikeit]

[동] 복사하다, 이중으로 하다

[형] 중복의, 이중의 [명] 사본

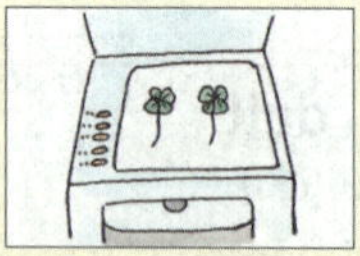

토끼풀 두뿌리 캐 이틈에
[암] **클로버**를 **듀프리 캐 이트**에 **복사하다**.
(clover) (duplicate)

大 **duplication** [djùːplikéiʃən]

[명] 이중, 복제, 복사

▶ duplicat(e)(복사[이중으로]한다) + ion(명사 어미) = duplication(이중, 복제, 복사)

高 **durable** [djúərəbəl]

[형] 오래 견디는, 내구력 있는, 영속적인

두어 너 불(부처)께 사람 복을
[암] 부처를 **듀어 러 블(佛)**께 **영속적인 인(人)복**을 **빌다**.
(durable) (invoke)

大 **duration** [djuəréiʃən]

명 지속, 계속

▶ dur(영속의 뜻을 가짐) + ation(동작, 결과 상태를 나타내는 명사 어미) = duration(지속, 계속)

中 **during** [djúəriŋ]

전 ~동안, 사이에

암 **듀어 링**을 만드는 **동안**.... (두어개의 링(반지=ring)) (during)

▶ during summer vacation 여름방학 동안에

高 **dusk** [dʌsk]

명 땅거미, 황혼

동 (시어) 어두컴컴해지다(하게 하다).

▶ **정글**이 **더 수(樹)크**니 **땅거미**져 **어두컴컴해지다**. (jungle) (더 나무가 크니) (dusk)

大 **dusky** [dʌ́ski]

형 어스레한, 어둑어둑한

▶ dusk(땅거미, 황혼) + y(형용사 어미) = dusky(어스레한, 어둑어둑한)

高 **dust** [dʌst]

동 먼지를 털다, 청소하다. 명 먼지, 티끌

암 **멍키**가 **더 스트**르게 **티끌 먼지를 털다**. (monkey) (원숭이가 더 서투르게) (dust)

▶ cosmic dust 우주의 먼지

大 **duster** [dʌ́stər]

명 먼지 터는 사람, 총채(먼지떨이)

▶ dust(먼지, 먼지를 털다) + er(…사람, …하는 것) = duster(먼지 터는 사람, 총채[먼지떨이])

高 **dustpan** [dʌ́stpæ̀n]

명 쓰레받기

▶ dust(먼지, 먼지를 털다) + pan(평평한 냄비, 판) = dustpan(쓰레받기)

高 **Dutch** [dʌtʃ]

형 네덜란드의, 네덜란드 말 명 네덜란드 사람(이)

암 **맥주** 병을 **비어**내고 **더 취**한 **네덜란드 사람** (beer) (비워내고) (Dutch)

大 **Dutchman** [dʌ́tʃmən]

명 네덜란드 사람

▶ Dutch(네덜란드의) + man(사람) = Dutchman(네덜란드 사람)

高 **duty** [djúːti]

명 의무, 직무, 세금

암 애가 **듀 티(T)**를 **의무**를 다해 **디자인하다**. (두개의 티를) (duty) (design)

D

高	**dwarf** [dwɔːrf]	난쟁이 ⓗ 자그마한 암 **자그마한 난쟁이**를 **드워-프**(두 워 푸짐한)(dwarf)집한 **서커스 쇼**(circus)(show)를 **보이다**. ▶ a dwarf of a man 난쟁이 같은 사람
高	**dwell** [dwel]	ⓓ 살다, 체재하다, 거주하다. 암 **두더지**(mole)가 **모울**(몰래)래 **드 웰**(두 월(=두 개의 오이를))(dwell) 먹고 **살다**. ▶ My father dwells in the country. 나의 아버지는 시골에 살고 있다. 
大	**dweller** [dwélər]	ⓜ 거주자 주민 ▶ dwell(거주하다) + er(…사람) = dweller(거주자, 주민)
高	**dwelling** [dwéliŋ]	ⓜ 주거, 주소 ▶ dwell(거주하다) + ing(현재분사 어미) = dwelling(주거, 주소) ▶ dwelling place 주소, 거처
高	**dwelt** [dwelt]	dwell(거주하다)의 과거, 과거분사 ▶ dwel(l) + t = dwelt(dwell의 과거, 과거분사)
大	**dwindle** [dwíndl]	ⓓ 점차 감소하다, 점점 작아지다. 암 복서가 **드(頭)윈 들**(머리위는 들수 없게)(dwindle)수없게 힘이 **점차 감소하다**. 
高	**dye** [dai]	ⓓ 물들이다, 물들다. ⓜ 염료, 염색, 물감 암 **실크**(비단을)(sillk)도 **염료**로 **염색** 한 **다이**(dye). ▶ natural dyes 천연 염료
高	**dying** [dáiiŋ]	ⓗ 죽어가는, 임종의 ▶ die → dy(죽다) + ing(현재분사 어미) = dying(죽어가는, 임종의) ▶ till[to] one's dying day 죽는 날까지, 평생
高	**dynamic** [dainǽmik]	ⓗ 동적인, 역학상의 암 **스턴트맨**(stunt man)의 **다이나믹**(dynamic)한 **동적인** 쇼
大	**dynamics** [dainǽmiks]	ⓜ 역학, 동력학, 힘 ▶ dynam(ic)(동적인, 역학상의) + ics(…학, …로) = dynamics(역학, 동력학, 힘)

高 **dynamite** [dáinəmàit]

명 다이너마이트

大 **dynamo** [dáinəmòu]

명 발전기

다 이씨가 넣어 모터 작동하다
암 스위치를 (모두)**다 이(李)넣 모**터 **발전기**를 **온하다**.
(dynamo) (on)

高 **dynasty** [dáinəsti / dí-]

명 (역대) 왕조, 왕가

(모두)다 이(李氏) 너(의) 수치다
암 이씨 **왕조**가 무너짐은 **다 이(李) 너 스티**다.
(dynasty)

D

E

中 **each** [iːtʃ]

형 각각(각기)의 대 저마다, 각각

암 **각각 저마다 이(취)취**해. **개인** 별로 **이득**을 **얻다**.
(each) (gain)

高 **eager** [íːgər]

형 열심인; 열망하는

마음이 익어
암 **열망하는** 맘이 무르 **이거**......
(eager)

▶ be eager to 간절히 ~하고 싶어하다.

大 **eagerly** [íːgərli]

부 열망하여, 열심히

▶ eager(열망하는, …에 열심인) + ly(부사를 만듦) = eagerly(열망하여, 열심히)

高 **eagerness** [íːgərnis]

명 열심, 열의

▶ eager(열망하는, …에 열심인) + ness(명사 어미) = eagerness(열심, 열의)

高 **eagle** [íːgəl]

명 독수리;(기 · 문장 따위의) 독수리표

무리져
암 **그룹**져 **이글** 대는 **독수리**
(group) (eagle)

中 **ear**[1] [iər]

명 귀, 청각

암 **귀**에 **이어** 대고 듣는 **이어폰.(수화기)**
(ear) (earphone)

▶ Walls have ears. 벽에도 귀가 있다.

大 **ear²** [iər]

㉢ (보리 등의)이삭, (옥수수의)열매

암 식물 줄기에 **귀**처럼 **이어** 달려 있는 **이삭** (ear)

大 **earl** [əːrl]

㉢ 백작

암 **얼**(넋)빠진 **백작** (earl)

中 **early** [ə́ːrl]

㉢ 이른 ㉣ 일찍이

암 **일찍이** 입학 해 **어리**다. (early)

▶ It is early days yet. 아직 시기상조이다.

高 **earn** [əːrn]

㉢ 일하여 벌다, (생활비를)벌다, 획득하다.

암 **언**제나 (생활비를) **일하여 벌다**. (earn)

▶ She earned money by washing cars. 그녀는 세차를 해서 돈을 벌었다.

高 **earnest** [ə́ːrnist]

㉢ 성실한, 진지한 ㉢ 진지함

▶ earn(일하여 벌다) + est(최상급 어미) → 돈 벌려고 성실한 진지한 삶을 살다 = earnest(성실한, 진지한, 진지함)

高 **earnestly** [ə́ːrnistli]

㉣ 열심히, 진심으로

▶ earnest(성실한, 진지한) + ly(부사를 만듦) = earnestly(열심히, 진심으로)

大 **earning** [ə́ːrniŋ]

㉢ 획득 (*pl*) 소득, 수입

▶ earn(일하여 벌다) + ing(명사를 만듦) = earning(획득[pl]소득, 수입)

大 **earphone** [íərfòun]

㉢ 이이폰, 수신기

▶ (귀 = ear) + phone(음, 소리의 뜻) = earphone(이어폰, 수신기)

高 **earring** [íəriŋ]

㉢ (종종*pl*) 이어링, 귀걸이

▶ (귀 = ear + [r]) + ing(명사를 만듦) = earring(이어링, 귀걸이)

中 **earth** [əːrθ]

㉢ 지구, 땅, 흙

암 **어스**선한 **지구**. (earth)

▶ The earth revolves around the sun. 지구는 태양 주위를 돈다.

大 **earthen**
[ə́ːrθən]

ⓗ 흙으로(오지로) 만든

▶ earth(지구, 땅) + en(…으로 된) = earthen(흙으로 [오지로] 만든)

大 **earthenware**
[ə́ːrθənwὲər]

ⓜ 토기, 질그릇

▶ earthen(흙으로[오지로]만든) + ware(도자기류) = earthenware(토기, 질그릇)

高 **earthly**
[ə́ːrθli]

ⓗ 지구의, 이 세상의, (부정문에서)전연

▶ earth(지구,땅) + ly(형용사를 만듦) = earthly(지구의, 이 세상의, [부정문에서]전혀)

▶ There is no earthly use for it. 그것은 전혀 쓸모가 없다.

高 **earthquake**
[ə́ːrθkwèik]

ⓜ 지진

▶ earth(지구, 땅) + quake(진동, 진동하다) = earthquake(지진)

高 **earthworm**
[ə́ːrθwə̀ːrm]

ⓜ 지렁이

▶ earth(지구, 땅) + worm(벌레) = earthworm(지렁이)

高 **ease**
[iːz]

ⓜ 안락, 쉬움 ⓓ 편하게 하다.

암 와이프를 이즈음 편하게 하다.
(wife) (ease)

▶ Please make yourself at ease. 편히 하십시오.

大 **easel**
[íːzəl]

ⓜ 화가(畵架), 발침틀

암 발침틀을 이즐까봐, 박스에 넣다.
잊을까봐
(easel) (box)

高 **easily**
[íːzəli]

ⓑ 용이하게, 쉽사리

▶ (편함, 쉬움 = eas[e] → i) + (ly = 부사 어미) = easily(쉽게 용이하게)

▶ win easily 쉽게 이기다.

中 **east**
[iːst]

ⓜ 동쪽, 동(東) ⓗ 동(쪽)의 [약어]E.

암 이스트(동) 베를린.
(East) (Berlin)

▶ the Middle East 중동

中 **Easter**
[íːstər]

ⓜ 부활절

▶ east(동쪽) + er(…하는 것) → 동쪽에서 해가 뜨듯이 부활하는 것 = Easter(부활절)

高

eastern
[íːstərn]

[형] 동(쪽)의, 동양(식)의

▶ east(동쪽) + ern(…쪽의 뜻) = eastern(동[쪽]의, 동양[식]의)

[암] 이스턴 동양(식)의 빌딩. (이 숱한(이 많은): 이스턴 (eastern), 빌딩 (building))

大

eastward
[íːstwərd]

[형][부] 동쪽으로(의)

▶ east(동쪽) + ward(방향을 표시함) = eastward(동쪽으로[의])

中

easy
[íːzi]

[형] 쉬운, 편한, 안락한

[암] 퀴즈가 쉬운것 이지. (퀴즈 (quiz), 이지 (easy))

E

大

easygoing
[íːzigóuiŋ]

[형] 태평한, 안이한

▶ easy(쉬운, 안락한) + going(가기) → 쉽고 안락한 곳으로 가기 = easygoing(태평한, 안이한)

中

eat
[iːt]

[동] 먹다, 식사를 하다.

[암] 치킨 프라이를 이 트기가 먹다. (치킨 프라이 (chiken fry), 이 트기 = 이(두) 트기(=튀기) (eat))

▶ eat fish raw 생선을 생으로 먹다.

中

eaten
[íːtn]

eat(먹다)의 과거분사

▶ eat(먹다) + en(…동사 어미) = eaten(eat[먹다]의 과거분사)

高

eating
[íːtiŋ]

[명] 먹기, 음식

▶ eat(먹다) + ing(현재분사 어미) = eating(먹기, 음식)

▶ be good [bad] eating 맛있는 [맛없는] 음식이다

大

eaves
[iːvz]

[명] (*pl*), 처마, 차양

[암] 플라스틱판을 아담과 이브 즈워서 친 처마 차양 (아담 (Adam), 이브 즈 = Eve가 주워서 (eaves))

高

ebb
[eb]

[명] 썰물, 쇠퇴 [자] (원기 따위가) 쇠하다, 빠지다.

[암] 썰물같이 애브(父)의 (원기가)빠지다(쇠하다) (애브(父) = 애 부(=애 아버지)의 (ebb))

大

ebb tide
[ébtàid]

[명] 썰물, 간조, 쇠퇴(기)

▶ ebb(썰물) + tide(조수) = ebb tide(썰물, 간조, 쇠퇴(기))

大 **ebonize**
[ébənàiz]

[타] 흑단색으로 하다, (가구를) 검게 하다.

▶ ebon(y)(흑단, 흑단색의) + ize(…로 하다) = ebonize(흑단색으로 하다, [가구를]검게 하다)

大 **ebony**
[ébəni]

[명] (植) 흑단(黑檀) [형] 흑단의, 흑단색의

애가 버니?
[암] **달러**(돈)을 **흑단**을 팔아 **애 버니**?
(dollar) (ebony)

高 **eccentric**
[ikséntrik, ek-]

[형] 변덕스러운, 별난 [명] 괴짜

액센트(accent 억양)을 연관시켜 기억할 것
[암] 경상도 **액센트 릭**(익)하는 **별난 괴짜**.
(eccentric)

大 **eccentricity**
[èksentrísəti]

[명] 괴상함, 별남

▶ eccentric(별난) + ity(추상명사 어미) = eccentricity(괴상함, 별남)

大 **ecclesia**
[iklí:ziə]

[명] 교회당, 교회

이끌려지어(져)
[암] **교회**로 **이끌리지어** 나가게 된 **교회당**
(ecclesia)

大 **ecclesiastic**
[iklì:ziǽstik]

[명][형] 교회(의), 성직자(의)

▶ ecclesia(교회당, 교회) + stic(…의) = ecclesiastic(교회의, 성직자의

大 **ecclesiastical**
[iklì:ziǽstikəl]

[형] 교회에 관한, 성직의

▶ ecclesiastic(성직자[의], 목사[의]) + al(… 에 관한, …의) = ecclesiastical(교회에 관한, 성직의)

高 **echo**
[ékou]

[명] 반향, 메아리 [동] 메아리치게 하다, 울리다.

북을 애가 코로
[암] **드럼**을 **애 코**로 쳐 **메아리치게 하다**.
(drum) (echo)

▶ hear an echo 메아리를 듣다.

大 **echoic**
[ekóuik]

[형] 반향(장치)의, 메아리의

▶ echo(반향, 메아리) + ic(…의) = echoic(반향[장치]의, 메아리의)

高 **eclipse**
[iklíps]

[명] (해 달의)일식, 월식 [타] 빛을 잃게 하다.

이같이 클잎 수개로
[암] (해 달을) **이 클잎 스**개로 가린것 같은 **월식(일식)**
(eclipse)

高 **economic** [íːkɔnɔ́mik]

㊔ 경제의

▶ econom(y)(경제) + ic(…의) = economic(경제의)

▶ an economic policy 경제 정책

高 **economical** [ìːkɔnɔ́mikəl]

㊔ 경제적인, 절약이 되는, 절약하는

▶ econom(y)(경제) + ic + al(…의) = economical(경제적인, 절약하는)

▶ Traveling by train is economical 기차 여행은 경제적이다.

大 **economics** [ìːkɔnɔ́miks]

㊔ 경제학(론)

▶ econom(y)(경제) + ics(…학, …론) = economics(경제학, 경제론)

高 **economist** [ikɔ́nɔmist]

㊔ 경제학자, 경제 전문가

▶ econom(y)(경제) + ist(…하는 사람) = economist(경제학자, 경제, 전문가)

大 **economize** [ikɔ́nɔmàiz / -kɔ́n-]

㊔ 절약하다, 경제적으로 쓰다.

▶ econom(y)(경제, 절약) + ize(…화하다) = economize(절약하다, 경제적으로 쓰다)

高 **economy** [ikánəmi / -kɔ́nɔ-]

㊔ 경제, 절약

㊕ **절약 경제**를 **잊코 놈이** 돈을 **스퀀 더 낭비하다**.
(잊코 놈이 = economy; 스퀀 더 = squander; 수컨(=수커는:남자는))

▶ a national economy 국민[국가]경제

高 **ecstasy** [ékstəsi]

㊔ 무아의 경지, 황홀경, 황홀

㊕ 상상의 님을 **엑스 터시**되게 안고 **황홀경**에 잠겨.
(엑스 터시 = 엑스자형 토시 = ecstasy)

▶ religious ecstasy. 종교적 황홀경

大 **eddy** [édi]

㊔ 회오리 바람, 소용돌이 ㊕ 회오리치게 하다.

㊕ **애뒤**에서 이는 **회오리 바람**.
(애뒤 = 애 뒤에서 = eddy)

大 **Eden** [íːdn]

㊔ 에덴 동산

高 **edge** [edʒ]

㊔ 날; 칼날, 끝머리 ㊕ 날을 세우다.

㊕ **칼날**을 **애 쥐**고 **날을 세우다**.
(애 쥐 = 애가 쥐고 = edge)

大	**edgeless** [édʒlis]	ⓗ 날이 없는, 날이 무딘, 모서리가 없는 ▶ edge(날, 칼날, 끝머리) + less(…이 없는) = edgeless(날이 없는, 날이 무딘, 모서리가 없는)
大	**edible** [édəbəl]	ⓗ 식용에 적합한, 먹을 수 있는 ⓜ [보통 *pl*], 식용품 암 **먹을 수 있는 식용품**을 **애 더 블**에 (푹) **여름**에 **섦머** (애 더 블 = 애가 더 불에, edible; 섦머 = 삶어)
大	**Edinburgh** [édinbə̀ːrou / -bə̀ːrə]	ⓜ 에든버러(스코틀랜드의 수도)
大	**Edison** [édəsn]	ⓜ 에디슨 (미국의 발명가 1847~1931)
高	**edit** [édit]	ⓜ (신문)사설 ⓓ 편집(교정)하다. 암 **박스**를 **애 딛**고 (신문)**사설**을 **편집하다**. (박스 = 상자를, box; 애 딛 = 애가 딛고, edit) 
高	**edition** [edíʃən]	ⓜ 간행본, (초판, 재판의) 판 ▶ edit(편집하다) + ion(명사 어미) = edition(간행본, 판) ▶ a first edition 초판
高	**editor** [édətər]	ⓜ 편집자, 교정자 ▶ edit(편집하다) + or(…사람) = editor(편집자, 교정자) ▶ a news editor (일간 신문의) 기사 편집자(교정자)
高	**editorial** [èdətɔ́ːriəl]	ⓜ (신문의)사설, 논설 ▶ edit(편집하다) + or(…사람) + ial(명사 어미) = editorial([편집자가 쓴 신문의] 사설, 논설) ▶ write an editorial. 사설을 쓰다.
大	**editorialist** [èdətɔ́ːriəlist]	ⓜ (신문의) 논설 위원 ▶ editorial([신문의]사설, 논설) + ist(…사람) = editorialist([신문의]논설 위원)
大	**editress** [édətris]	ⓜ editor의 여성형, 여성 편집자 ▶ edit(편집하다) + ress(여성을 뜻하는 명사 어미) = editress(여성 편집자)

E

高 **educate** [édʒukèit]

㊐ 교육하다, 훈련하다.

애 두 깨 이틈에

암 **레슨 학습(수업)을 애듀 캐 이트에 교육(훈련)하다.**

(lesson) (educate)

高 **educated** [édʒukèitid]

㊌ 교육받은

▶ educat(e)(교육하다) + ed(형용사를 만듦) = educated(교육받은)

▶ well[highly] educated 고등교육을 받은

高 **education** [édʒukèiʃən]

㊔ 교육, 훈련

▶ educat(e)(교육하다) + ion(명사 어미) = education(교육, 훈련)

▶ university(vocational) education 대학(직업) 교육

E

高 **educational** [édʒukèiʃənəl]

㊌ 교육상의, 교육적인

▶ education(교육, 훈련) + al(… 상의, …적인) = educational(교육상의, 교육적인)

大 **educator** [édʒukèitər]

㊔ 교육자

▶ educat(e)(교육하다) + or(…사람) = educator(교육자)

高 **eel** [iːl]

㊔ 뱀장어, 칠성장어

암 (한)**일**자 같은, **뱀장어**

(eel)

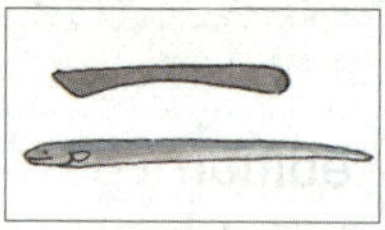

大 **efface** [iféis]

㊉ (화장을) 지우다, 씻어내다

▶ (…으로부터 = ef) + face(= 페이스:얼굴) = efface([화장을]지우다)

가짜로부터 이(李) **페이스(얼굴)를 보호하려고** efface([화장을]지우다)

가짜로부터 이가 페이스(얼굴)를 보호하려고 화장을 지우다 씻어내다

高 **effect** [ifékt]

㊔ 결과 ; 영향 ㊐ 초래하다.

치아가 팩! 틀어지는

암 **내시가 이를 갈다가 이 팩!트러지는 결과를 초래하다.**

(gnash) (effect)

▶ It has no effect. 그건 아무 효과가 없다.

高 **effective** [iféktiv]

㊌ 유효한, 효과있는

▶ effect(효과, 영향) + ive(…한 경향, 성질의 뜻) = effective(유효한, 효과있는)

▶ effective against common cold 보통 감기에 효험이 있는

大 **effectual** [iféktʃuəl]

㊌ 효과적인, 유효한

▶ effect(효과, 영향) + ual(= al …적인, …한) = effectual(효과적인, 유효한)

大 **efficacy** [éfikəsi]

명 효능, 효험

▶ effic(ient)(효과적인, 능율적인) + acy(명사 어미, 성질 상태를 뜻함) = efficacy(효능, 효험)

高 **efficiency** [ifíʃənsi]

명 능력, 능률, 효율

▶ efficien(t)(효과적인, 능률적인) + cy(성질 상태의 뜻) = efficiency(능률, 효율)

▶ efficiency wages 능률급

高 **efficient** [ifíʃənt]

형 효과적인; 기량이 있는; 능률적인, 유능한

두 개의 피선(線) 틀어 피를

암 **효과적**으로 **이(二) 피션 트**러 **필 보충하다**.

(efficient) (fill)

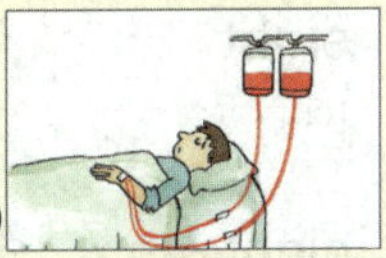

▶ an efficient secretary(teacher) 유능한 비서(교사)

高 **effort** [éfərt]

명 노력, 수고, 분투

암 **애 퍼트**리려고 **분투 노력**하는 **와이프**.

(effort) (wife)

▶ ceaseless efforts 끊임없는 노력

大 **effortless** [éfərtlis]

형 노력하지 않는, 힘들이지 않는

▶ effort(노력, 수고) + less(…하지 않는) = effortless(노력하지 않는, 힘들이지 않는)

中 **egg** [eg]

명 알, 달걀

암 **달걀**로 **에그 프라이를 하다**.

(egg) (fry)

▶ We had boiled eggs for breakfast.
우리는 아침 식사로 삶은 달걀을 먹었다.

高 **eggplant** [egplæ̀nt / -plɑ̀:nt]

명 [식물] 가지

▶ egg(달걀) + plant(식물) → 달걀 모양의 식물
= eggplant(가지)

高 **ego** [í:gou / égou]

명 자기, 자아

아이고

암 **미스 킴**은 **자기(자아)**만 아는 **애고**

(Miss Kim) (ego)

▶ absolute [pure] ego [[철할]] 절대[순수]아(我)

大 **egoism** [í:gouìzəm / égouìzəm]

명 이기주의

▶ ego(자기, 자아) + ism(주의, 신앙의 뜻) = egoism(이기주의)

大 **egoist** [í:gouist / égouist]

명 이기주의자

▶ ego(자기, 자아) + ist(…하는 사람, … 주의자) = egoist(이기주의자)

E

高 **Egypt** [í:dʒipt]

명 이집트 (공식명은 이집트 아랍 공화국)

高 **Egyptian** [i:dʒípʃən]

형 이집트의, 이집트 사람의

▶ Egypt(이집트) + ian(…의, …사람의 뜻) = Egyptian(이집트의, 이집트 사람의)

中 **eight** [eit]

명형 8, 8의

中 **eighteen** [éití:n]

형 18의, 열 여덟의

▶ eigh(t)(8,8의) + teen(10의 뜻) = eighteen(18의, 열 여덟의)

中 **eighteenth** [éití:nθ]

형 제 18의, 제 18번째의

▶ eighteen(18, 18의) + th(서수를 나타냄) = eighteenth(제18의, 제18번째의)

中 **eighth** [eitθ]

형 8번째의, 제8의

▶ eigh(t)(8의) + th(서수를 나타냄) = eighth(8번째의, 제8의)

中 **eightieth** [éitiiθ]

형 제80의

▶ eight(y) → ie(80의, 여든) + th(서수를 나타냄) = eightieth(제80의)

中 **eighty** [éiti]

형 80의, 여든

▶ eigh(t)(8의, 8) + ty(10의 배수의 뜻) = eighty(80의, 여든)

中 **either** [í:ðər / áiðər]

대 형 부 (둘 중에서) 어느 쪽도, ~도 또한…않다.

암 (둘 중) **어느 쪽도 아이 더 또한** 낳지 **않다.** (either)

▶ Either will do. 어느 쪽이든 좋아요

高 **elaborate** [ilǽbərèit]

형 공들인 동 정성들여 만들다.

▶ e(강조) + labor(수고) + ate(형용사 어미) = elaborate(정성들여 만들다.)

암 꿀을 **일 애벌이 트**러 **정성들여 만들다.** (일하는 애 벌이 틀어) (elaborate)

大 **elaboration** [ilæ̀bəréiʃən]	명 정성들여 만듦, 정성 ▶ elaborat(e)(정성들여 만들다) + ion(명사 어미) = elaboration(정성들여 만듦, 정성)
大 **elaborator, -rater** [ilǽbərèitər]	명 공들여 만드는 사람 ▶ elaborat(e)(정성들여 만들다) + or(= er…사람) = elaborator,-rater(공들여 만드는 사람)
高 **elastic** [ilǽstik]	형 탄력있는, 신축성 있는, 반발력이 있는 암 하찮은 **일레 스틱**(elastic)을 휘두르는 **반발력 있는 갱**(gang)(패) (일에 스틱(=stick; 지팡이)을 연관시켜 기억할 것)
高 **elbow** [élbou]	명 팔꿈치 동 팔꿈치로 밀다. 암 **바보**가 **뮬**(mule)(물에서)에서 **팔꿈치**로 **앨보**(elbow). ▶ They elbowed me out of the way. 그들은 나를 팔꿈치로 밀어내고 나아갔다. 
高 **elder** [éldər]	형 나이가 위인, 손위의 ▶ eld(나이) + er(비교급 어미) = elder(나이가 위인, 손위의) 암 미스가 **나이가 위인 손위의** (애를)**앨 더**(elder) **러브하다**(love).
大 **elderly** [éldərli]	형 중년을 지난, 나이가 지긋한 ▶ elder(나이가 위인) + ly(형용사를 만듦) = elderly(중년을 지난, 나이가 지긋한)
高 **eldest** [éldist]	형 가장 나이 많은 ▶ eld(나이, old[늙은]) + est(최상급 어미) = eldest(가장 나이 많은) ▶ one's eldest son [daughter] 장남 [장녀]
高 **elect** [ilékt]	동 뽑다, 선출하다 ▶ e(= out) + lect(= choose) = elect 암 **오렌지**(orange)(귤에서)에서 **일 액**(一液)(elect)(하나의 액즙을) **트**러서(틀어) **뽑다**. 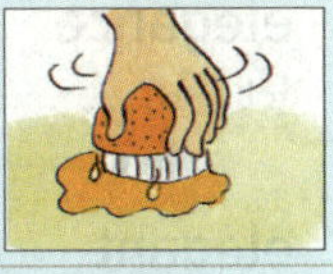
高 **election** [ilékʃən]	명 (투표에 의한) 선거, 선택 ▶ elect(뽑다, 선출하다) + ion(명사 어미) = election(선거, 선택) ▶ stand(run) for election. 선거에 입후보하다.
大 **elector** [iléktər]	명 선거인, 유권자 ▶ elect(뽑다, 선출하다) + or(…하는 사람) = elector(선거인, 유권자)

中 **electric** [iléktrik]

형 전기의, 전기 장치의

암 **전기의** 힘으로 **일액(液)를 익**수의 **믹서**기
(한 액채를 틀 익수의 / electric / mixer)

▶ electric power 전력

高 **electrical** [iléktriklkəl]

형 전기의, 전기에 관한

▶ electric(전기의) + al(…의) = electrical(전기의, 전기에 관한)

▶ an electrical engineer 전기 기사

中 **electricity** [ilèktrísəti / ìːlek-]

명 전기

▶ electric(전기의) + ity(추상명사 어미) = electricity(전기)

▶ This radio is run by electricity 이 라디오는 전기로 작동된다.

E

大 **electrify** [iléktrəfài]

타 전기를 통하게 하다, ~에 전기를 통하다

▶ electri(c)(전기의) + fy(…화하다) = electrify(전기를 통하게 하다. ~에 전기를 통하다)

大 **electron** [iléktrɑn / -trɔn]

명 전자, 일렉트론

▶ 일렉트론 = 전자

高 **electronic** [ilèktrɑ́nik / -trɔ́n-]

형 전자의, 전자공학의

▶ electron(전자) + ic(…의) = electronic(전기의, 전자공학의)

大 **electronics** [ilèktrɑ́niks / -trɔ́n-]

명 전자공학

▶ electron(전자) + ics(…학, …론의 뜻) = electronics(전자공학)

大 **elegance** [éligəns]

명 우아, 고상한 것

▶ elegan(t)(우아한) + ce(명사 어미) = elegance(우아, 고상한 것)

高 **elegant** [éləgənt]

형 우아한, 품위있는, 고상한

암 **애 리(李) 건(巾) 트**러 올려 **우아한 포즈를 취하다.**
(아이 리가 건(巾) 틀어 / elegant / 자세를 / pose)

▶ elegant furnishings 고상한 가구

大 **elegy** [élədʒi]

명 비가(悲歌), 애가, 슬픈 노래

암 **엘러지(= 슬픈 노래)**의 여왕 **이미자.**
(elegy / Leemija)

高	**element** [éləmənt]	명 요소(= factor); 본래의 영역 [*pl*] (학문의)초보, 구성원, 원소 맛이 아리면 틀어 암 감자가 **애리면 트**러 그 **요소**를 **린스**로 **행구다**. (element) (rinse)  ▶ chemical elements 화학원소
大	**elemental** [èləméntl]	형 원소의, 기본적인, 요소의 ▶ element(요소, 원소) + al(…의) = elemental(원소의, 기본적인, 요소의)
高	**elementary** [èləméntəri]	형 기본이 되는, 초보의, 요소의 ▶ element (요소, 원소) + ary(…의) = elementary(기본이 되는, 초보의, 요소의) ▶ elementary education 초등교육
高	**elephant** [élifənt]	명 코끼리 애 리씨를 번뜻이 암 **애 리(李) 펀트**시 든 **코끼리**. (elephant)  ▶ cow elephant 암코끼리
高	**elevate** [éləvèit / élivèit]	동 (들어)올리다, 높이다. 엘리베이터를 연관시켜 기억할 것 암 **박스**를 **엘리베이트**로 (들어)**올리다**. (box) (elevate) ▶ elevate a gun. 포신(砲身)을 올리다.
大	**elevated** [éləvèitid]	형 높은, 고상한 ▶ elevat(e)(올리다, 높이다) + ed(형용사를 만듦) = elevated(높은, 고상한)
大	**elevation** [èləvéiʃən]	명 높이, 고도 ▶ elevat(e)(올리다, 높이다) + ion(명사 어미) = elevation(높이, 고도)
中	**elevator** [éləvèitər]	명 엘리베이터, 승강기 ▶ elevat(e)(올리다, 높이다) + or(…하는 것) ▶ an elevator operator 승강기 운전자
中	**eleven** [ilévən]	명 11 형 11의, 11개(사람)의 ▶ be in the eleven. (11인조의) 선수의 한 사람이다.
中	**eleventh** [ilévənθ]	형 제11의 명 11번째, 제11 ▶ eleven (11의, 11) + th(서수를 만듦) = eleventh(제11의, 제11)

E

E

大 **elf**
[elf]

명 난장이, 장난꾸러기, 꼬마요정(숲, 동굴에 산다고 함)

애를 풀어
암 **(동굴 숲에) 난장이 앨 프**러 주는 **장난꾸러기 꼬마요정**
(elf)

大 **eligible**
[élidʒəbəl]

형 적격의, 자격이 있는, 적임의

에리(깃) 접을
암 가운**에리 저블**려고 **적임의 아이 언**제나 **다림질하다**.
(eligible) (iron)

高 **eliminate**
[ilímənèit]

동 제거하다, 삭제하다, 없애다; 무시하다.

이리를 뭐 내서 이 틈에
암 **보이**가 **이리 뭐 내 이 트**메 **제거하다**.
(boy) (eliminate)

大 **elimination**
[ilìmənéiʃən]

명 제거, 배제

▶ eliminat(e)(제거[배제]하다) + ion(명사 어미) = elimination(제거, 배제)

大 **elite**
[ilí:t, eilí:t]

명 [the를 붙여 집합적으로 씀] 선발된 사람, 엘리트, 정예

암 **선발된 사람 엘리트**사원.
(elite)

大 **elm**
[elm]

명 느릅나무

암 (애를) **앨 름**(늠)름히 서게 하는 **느릅나무**
(elm)

大 **elocution**
[èləkjú:ʃən]

명 웅변술, 연설법

▶ elo(quent) → elocu(웅변의) + tion(명사 어미)
= elocution(웅변술, 연설법)

高 **eloquence**
[éləkwəns]

명 웅변, 달변

▶ eloquen(t)(웅변의, 말 잘하는) + ce(추상명사 어미) = eloquence(웅변, 달변)

▶ His eloquence moved the audience to tears. 그의 웅변이 청중을 울렸다.

高 **eloquent**
[éləkwənt]

형 웅변의, 능변인; (비유)(~을)잘 표현하는, 말 잘하는

애로 권투 방송원
암 **말 잘 하는 애로 퀀트 아나운서**하게 **오더**니 **시키다**.
(eloquent) (announcer) (order)

中 **else**
[els]

부 그 외(밖)에 접 그렇지 않으면, 따로이

애를 수 없이
암 **그 밖에 앨 스** 없이 **보더**니 **괴롭히다**.
(else) (bother)

▶ anything else 그 외에 무엇인가 뭐이든지 딴 것

高 **elsewhere** [elshwὲər]

부 어떤 딴곳으로

▶ else(그 밖의, 어떤) + where(어디로, 곳) = elsewhere(어떤 딴곳으로)

▶ look elsewhere. 다른곳을 찾다.

大 **elucidate** [ilú:sədèit]

타 (문제 등을)밝히다, 명백히 하다, 설명하다.

암 **미스**(Miss)에게 **일류(一流)**(일류 신랑감) **서(徐)**(서씨가) **데이트**(데이트)(elucidate) 날을 **밝히다(설명하다).**

大 **elucidation** [ilù:sədèiʃən]

명 설명, 해명, 해설

▶ elucidat(e)(밝히다, 설명하다) + ion(명사 어미) = elucidation(설명, 해명, 해설)

大 **elude** [ilú:d]

타 (벌, 책임 등을)교묘히 피하다, 빠져나오다, 회피하다.

암 **인민공사**의 **코뮨**(고문을)(commune)을 **일류(一流)드**(일류(一流)들이)(elude)리 **교묘히 피하다(회피하다)**

大 **elves** [elvz]

elf의 복수

▶ elf = 꼬마요정, 난쟁이, 장난꾸러기

大 **emancipate** [imǽnsəpèit]

동 해방하다, 석방하다, 해방시키다.

암 **복서**(권투선수)(boxer)가 **이맨 서 패 이트**(2사람을 서 패 2 트)(emancipate)기를 **해방시키다.**

大 **emancipation** [imæ̀nsəpéiʃən]

명(노예)해방, 석방

▶ emancipat(e)(해방[석방]하다) + ion(명사 어미) = emancipation([노예]해방, 석방)

高 **embark** [embɑ́:rk / im-]

동 (배 · 비행기에)태우다, 싣다; (사업 따위에)착수하다, 출항하다.

암 **페리호**(대형 연락선)(ferry)가 **눈**(noon)오는 **정오**를 **임박**(embark)해 **출항하다.**

大 **embarkation** [èmbɑ:rkéiʃən / im-]

명 승선, 출항, 싣기, 탑승

▶ embark(태우다, 출항하다) + ation(명사 어미) = embarkation(승선, 출항, 싣기, 탑승)

大 **embarkment** [embɑ́:rkmənt / im-]

명 승선, 출항, 싣기, 탑승

▶ embark (태우다, 출항하다) + ment(명사 어미) = embarkment(승선, 출항, 싣기, 탑승)

高 **embarrass**
[imbǽrəs, em-]

[동] 당황하게 하다, 당황하다.

임씨 뵈러 수차
[암] **거리의 매춘부**가 **임(林) 뵈러 스**차 와 **난처하게 하다.**
(girlie) (embarrass)

▶ Meeting strangers embarrasses Tom.
낯선 사람을 만나면 톰은 당황한다.

大 **embarrassing**
[imbǽrəsiŋ]

[형] 난처하게 하는

▶ embarrass(난처하게 하다) + ing(현재분사 어미) = embarrassing(난처하게 하는)

大 **embarrassment**
[imbǽrəsmənt]

[명] 난처, 당황

▶ embarrass(난처하게 하다, 당황하다) + ment(명사를 만듦) = embarrassment(난처, 당황)

E

高 **embassy**
[émbəsi]

[명] 대사관, 사절단, 대사관원

[암] **대사관 (사절단)**인 **엠(M)버시**(벗이) **매리**와 **결혼하다.**
(embassy) (marry)

大 **embellish**
[imbéliʃ]

[타] 아름답게 하다, 장식하다.

임(임씨가) 밸이(=배)쉬
[암] **댄서 임(林) 배리 쉬 아름답게 장식하다.**
(dancer) (embellish)

大 **embellishment**
[imbéliʃmənt]

[명] 꾸밈, 장식

▶ embellish(장식하다) + ment(명사를 만듦) = embellishment(꾸밈, 장식)

大 **ember**
[émbər]

[명] (보통 *pl*)타다 남은 불, 깜부기 불, 등걸불

엠씨가 버린
[암] **엠(M)버**린 **깜부기 불**은 **타나 남은 불**
(ember)

大 **emblem**
[émbləm]

[명] 상징, 표상, 기장(記章)

엠씨 부름
[암] **엠(M)브럼** 받아 **상징기장**달고 **법석대며 오지**
(emblem) (orgy)

大 **embodiment**
[embάdimənt / -bɔ́di-]

[명] 구체화, 구상화(具象化)

▶ embod(y) → i(구체화하다) + ment(명사 어미) = embodiment(구체화, 구상화)

大 **embody**
[embάdi / imbɔ́di]

[동] (사상 등을)구체화하다, 구현하다.

▶ em(= in) + body(몸) = embody(구체화하다)

임씨가 뒤에서
[암] **임(林) 보 뒤**에서 **(생각을) 구체화하다.**
(embody)

高 **emboss**
[imbɔ́s / em-]

㉲ (도안 등을) 돋을 새김으로 하다.

임씨인 두목 돋을 새김(=도드라진 무늬)
㉴ 조각가가 **임(林)보스** 초상을 **돋을 새김으로 하다.**
(emboss)

▶ emboss on …에 돋을 새김을 하다.

高 **embrace**
[imbéis]

㉬ 포옹하다; 둘러(에워)싸다. ㉮ 포옹

▶ em(= in) + brace(= arm 팔) = embrace(포옹하다)

임이 불에 있으면서
㉴ **걸 프렌드**를 **임(任) 블레 이스**면서 **포옹하다.**
(girl friend) (embrace)

大 **embracement**
[embréismənt]

㉮ 포옹, 수락

▶ embrace(포옹하다) + ment(명사 어미) = embracement(포옹, 수락)

大 **embroider**
[imbrɔ́idər]

㉲ 자수하다, 수를 놓다, 수놓다

▶ em(= in) + broid(= border 테를 두르다) + er(동사 어미) = embroider

임신한 부인으로 이들이
㉴ **라일락**꽃을 **임부(妊婦)로 이더**리 **자수하다.**
(lilac) (embroider)

大 **embroidery**
[imbrɔ́idəri]

㉮ 자수, 자수품

▶ embroider(수놓다) + y(명사를 만듦) = embroidery(자수, 자수품)

高 **embryo**
[émbriòu]

㉮ 배아, 태아, 싹, 움, 징조

엠(M)자에 불(佛)이 오나
㉴ 여인에게 **엠(M) 브(佛)리 오**냐 허락한후 **태아**가 **점**점 **싹트다.**
(embryo)
(germ)

高 **emerald**
[émərəld]

㉮ (광물) 에메랄드, 취옥 ㉻ 에메랄드의

高 **emerge**
[imə́:rdʒ]

㉬ 나타나다, 벗어나다, (문제가)생기다.

이씨가 뭐 쥐고
㉴ **(문제가)생기니 이(李)뭐쥐**고 **나타나다.**
(emerge)

高 **emergency**
[imə́:rdʒənsi]

㉮ 비상사태, 비상시, 급변 사태

▶ emerge(나타나다) + ncy(명사를 만듦) = emergency(나타나는 사태, 비상시, 비상사태)

▶ emergency room 응급 치료실

大 **emergent**
[imə́:rdʒənt]

㉻ 뜻밖에 일어나는, 긴급한

▶ emerg(e)(나타나다) + ent(형용사 어미) = emergent(뜻밖에 일어나는, 긴급한)

高

emigrant [éməgrənt]

㉿ (타국, 타지역으로) 이주하는 ㉮ 이주민

▶ emigr(ate)(이주[이민]하다) + ant(…하는 사람, 형용사 어미) = emigrant(이주하는, 이주민)

大

emigrate [émigrèit]

㉸ 이주하다, 이민하다.

어머니 그리워서 이 틈에
㉰ 런던에 사는 애미 그래 이 트메 이민(이주)하다.
(London) (emigrate)

大

emigration [èmigréiʃən]

㉮ 이주, 이민

▶ emigrat(e)(이주[이민]하다) + ion(명사 어미) = emigration(이주, 이민)

大

eminence [éminəns]

㉮ 높은 곳, 언덕, 탁월, 고귀

▶ eminen(t)(저명한) + ce(추상명사 어미) = eminence(높은 곳, 언덕, 탁월, 고귀)

E

高

eminent [éminənt]

㉿ 유명한, 저명한, (신분이) 높은

▶ e(= out) + min(= project 돌출하다) + ent(형용사 어미) = eminent(저명한

어머니는 생각이 트인 귀부인
㉰ 중국에서 유(저)명한 맹자 애미넌 트인 레이디
(eminent) (lady)

高

emit [imít]

㉶ (빛, 열, 냄새, 소리 따위를)내다, 방사하다, 발행하다.

이 밑으로
㉰ 점보 제트기가 이 밑트로 (빛, 열, 냄새, 소리 따위를)내다.
(jumbo jet) (emit)

大

emitter [imítər]

㉮ (物) 방사체, (법령 따위의)발포자

▶ emit + t([별 열 등을] 내다, 방사하다) + er(…하는 사람, …것) = emitter(방사체, 발포자)

高

emotion [imóuʃən]

㉮ (희로 애락의)감정; 흥분, 감동, 감격

▶ e(= out) + motion(운동, 동작) = emotion(감격)

㉰ 올드 미스 이모션보고 감동(감격)해
(old-miss) (emotion)

高

emotional [imóuʃənəl]

㉿ 감정적인, 정서적인

▶ emotion(정서, 감정) + al(…의, …적인) = emotional(감정적인, 정서적인)

▶ She is a very emotional person. 그녀는 매우 감정적인 사람이다.

高

emperor [émpərər]

㉮ 황제, 제왕

엠자를 퍼렇게
㉰ 곤룡포에 엠(M) 퍼렇게 불인 황제(제왕)
(emperor)

▶ the Holy Roman Emperor 신성 로마 황제

高	**emphasis** [émfəsis]	⑱ 강조, 역설, 강력함, 뚜렷함 암 **바보**에게 **뮬**을 **엠(M) 퍼 시스**라고 **강조**하네. (물 (mule), 엠씨가 퍼 씻으라고 (emphasis)) 
高	**emphasize** [émfəsàiz]	동 강조(역설)하다. ▶ emphas(is)(강조, 역설) + ize(동사 어미, …하다) = emphasize(강조하다, 역설하다)
大	**emphatic** [emfǽtik / im-]	형 어조가 강한, 단호한 ▶ empha(sis)(강조) + tic(…의[한]) = emphatic(어조가 강한, 단호한)
中	**empire** [émpaiər]	명 제국(帝國) 암 **뉴욕**에 있는 **엠파이어 (제국)** 빌딩 (New York) (Empire) ▶ govern [rule] an empire. 제국을 통치하다.
高	**employ** [emplɔ́i / im-]	동 고용하다. 명 고용 암 **미스터 임(任) 프로 이**씨를 **고용하다**. (Mr) (임이 프로선수 이씨(를) 연관시켜 기억할 것 (employ)) 
高	((美)) **employe** [èmplɔiː / implɔ́iiː]	명 고용인, 사용인, 종업원 ▶ employ(고용하다) + e(사람을 뜻하는 어미) = employe(고용인, 사용인, 종업원) ▶ a part-time employe 시간제 종업원
高	**employee** [èmplɔiː / im-]	명 피고용인, 종업원, 직원 ▶ employ(고용하다) + ee(사람을 뜻하는 어미) = employee(피고용인, 종업원) ▶ 100 employees 100명의 직원
高	**employer** [emplɔ́iər / im-]	명 고용주, 주인, 사용자 ▶ employ(고용하다) + er(…하는 사람) = employer(고용주, 주인) ▶ an equal-opportunities employer. 기회균등주의 고용주
高	**employment** [implɔ́imənt / im-]	명 고용; 일 ▶ employ(고용하다) + ment(명사를 만듦) = employment(고용, 일)
大	**empower** [empáuər / im-]	동 ~에게 권한을 부여하다. ▶ (…안에 넣다, …em) + (power = 힘) → 안에 힘을 넣다 = empower(…에게 권한을 부여하다)

E

高

empress
[émpris]

명 여제, 황후
▶ (황제 = emp[ero]r) + (ess = 여성명사를 만듦) = empress(황후, 여제)
※ 본 사전 372p emperor 단어 참조 하세요.

中

empty
[émpti]

형 빈, 텅빈
M자가 새겨진 티셔츠를 끄집어 내
암 **엠(M) 티(T)**를 끄내어 **텅빈 트렁크**
(empty) (trunk)
▶ an empty room 텅 빈 방

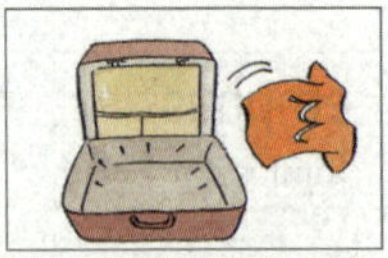

大

emulate
[émjulèit]

타 겨루다, 경쟁하다, 서로 지지 않으려 고 애쓰다.
애가 물레 이틈에
암 김지애 팬 **애 물레 이트**메 돌리며 **경쟁하다**.
(emulate)

E

大

emulation
[èmjuléiʃən]

명 경쟁, 겨룸
▶ emulat(e)(경쟁하다) + ion(명사 어미) = emuation(경쟁, 겨룸)

大

emulator
[émjulèitər]

명 경쟁자
▶ emulat(e)(경쟁하다) + or(…하는 사람) = emulator(경쟁자)

高

enable
[enéibəl / in-]

동 ~할 수 있게 하다, 가능하게 하다
▶ en(…이 되게 하다) + able(할 수 있는)
= enable(할수 있게 하다)
비단으로 인(人) 애이블
암 **실크**로 **인(人)애이블**을 **할 수 있게 하다**.
(silk) (enable)

大

enact
[enǽkt / in-]

타 법령(법제)화하다, (…역을)맡아하다.
▶ (…로 만들다 = en) + (act = 행하다)
= enact(법령[법제]화하다)
암 **인(人) 액(液)트**러(틀어) 섞는 **일을 맡아하다**.
(enact)

大

enamel
[inǽməl]

명 에나멜, 법랑 타 에나멜로 광택을 내다.

大

encamp
[enkǽmp / in-]

동 야영하다, 야영시키다, 진을 치다.
▶ (…이 되게 하다 = en) + (camp = 야영) = encamp(야영하다, 진을 치다)
암 **인(人) 캠프**치고 **야영하다(진을 치다)**
(encamp)

大

encampment
[enkǽmpmənt / in-]

명 진을 침
▶ encamp(진을 치다, 야영하다) + ment(명사를 만듦) = encampment(진을 침)

高 **enchant**
[intʃǽnt / -tʃɑ́:nt]

[동] 황홀하게 하다, 매우 기쁘게 하다, 요술을 걸다.

▶ (…으로 만들다 = en) + (chant = 노래부르다) = 활할하게 하다

사람이 반찬 틀어
[암] **인(人) 찬 트**러 **요술을 걸다**.
(enchant)

大 **enchanting**
[intʃǽntiŋ / -tʃɑ́:nt-]

[형] 황홀하게 하는, 매혹적인

▶ enchant(황홀하게 하다, 기쁘게 하다) + ing(현재분사 어미) = enchanting(황홀하게 하는, 매혹적인)

大 **enchantment**
[intʃǽntmənt / -tʃɑ́:nt-]

[명] 매혹, 매력

▶ enchant(황홀하게 하다, 기쁘게 하다) + ment(명사를 만듦) = enchantment(매혹, 매력)

大 **encircle**
[ensə́:rkl]

[타] 에워싸다, 둘러싸다.

[암] **인(人) 서클(원)**이 되게 **에워싸다(둘러싸다)**.
(encircle)

大 **encirclement**
[ìnsə́:rklmənt]

[명] 둘러쌈, 포위

▶ encircle(에워[둘러]싸다) + ment(명사를 만듦) = encirclement(둘러쌈, 포위)

高 **enclose**
[enklóuz / in-]

[타] 둘러싸다, 에워싸다, 봉해넣다.

▶ (…되게 하다 = en) + (close = 닫다) = enclose(에워싸다, 봉해넣다)

▶ enclose a check with a letter. 편지에 수표를 동봉하다.

高 **enclosure**
[enklóuʒər / in-]

[명] 둘러쌈, 에워쌈, 동봉

▶ enclos(e)(에워싸다, 봉해넣다) + ure(명사 어미) = enclosure(둘러쌈, 에워쌈, 동봉)

大 **encore**
[ɑ́ŋkɔ:r / ɔŋkɔ́:r]

[명] 앙코르, 재청 [감] 재청이오!

[암] 열창에 **앙코르(재청이오!)**하며 **로(怒)**한듯 **소리치다**.
(encore) (roar)

高 **encounter**
[enkáuntər / in-]

[동] (우연히) 만나다, 마주치다. [명] 우연히 만남

▶ (…으로하다 = en) + (counter = 계산대에서, 계산하다) = 우연히 만나다

사람을 카운터(counter : 계산대)
[암] **인(人) 카운터** 앞에서**(우연히) 만나다**.
(encounter)

高 **encourage**
[enkə́:ridʒ / in- / -kʌ́r-]

[동] 격려하다, 용기를 북돋우다, 장려(촉진)하다.

사람을 꺼리지
[암] **인(人) 커리지** 말라며 **용기를 북돋우다**.
(encourage)

▶ en(…으로 만들다의 뜻) + courage(용기) = encourage(용기를 북돋우다)

大
encouragement
[enkə́:ridʒmənt / in-]

명 격려, 장려

▶ encourage(격려하다) + ment(명사를 만듦) = encouragement = 격려, 장려

高
encyclopaedia
[ensàikloupí:diə / in-]

명 백과사전

사람이 책 사이를 넘겨 PD의 말뜻을

암 **백과사전**들고 **인(人) 사이 클러 피디어(語)**를 **체크하다**.

(encyclopaedia) (check)

中
end
[end]

명 끝, 결말 동 끝내다.

연극을 행복한 끝 맺음으로

암 **드라마**를 **해피 엔드**로 **끝내다**.

(drama) (happy) (end)

▶ We ended our meal with a nice dessert.
우리는 맛있는 디저트로 식사를 끝냈다.

E

高
endanger
[indéindʒər]

타 위태롭게 하다.

▶ (만들다 = en) + (danger = 대인저:위험물) = 위태롭게 하다

대인(큰사람이) 저

암 **위험물**은 **[danger] 대인(大人) 저**(짊어져)

大
endear
[indíər]

타 애정을 느끼게 하다, 사모하게 하다.

▶ (만들다 = en) + (dear = 애인) = 애정을 느끼게 하다, 사모하게 하다

암 **애인**이 사는곳은 어**디어(dear)?**

高
endeavo(u)r
[endévər / in-]

명 노력, 시도 동 ~하려고 노력하다, 시도하다.

부(富)티(=부유한 티) 사람 되어 보려고

암 **뷰(富)티** 나는 **미인(人) 되 버**려고 **노력하다**.

(beauty) (endeavo(u)r)

▶ endeavor after wealth. 부귀를 얻으려고 노력하다.

大
ending
[éndiŋ]

명 결말, 종료, 종결

▶ (끝내다 = end) + (ing = 동명사를 만듦) = ending(결말, 종료, 종결)

高
endless
[éndlis]

형 끝없는, 무한한

▶ (끝,끝내다 = end) + (less …이 없는) = endless(끝없는, 무한한)

▶ an endless belt 이음매 없는 피대

大
endorse, in-
[endɔ́:rs / in-]

타 (어음)이서하다, 보증하다.

인도(引渡) 수차

암 어음 **인도(引渡)스**차 **이서하다(보증하다)**.

(endorse)

大
endorsement
[indɔ́:rsmənt]

명 보증, 이서

▶ endorse (보증[이서]하다) + ment(명사를 만듦) = endorsement(보증, 이서)

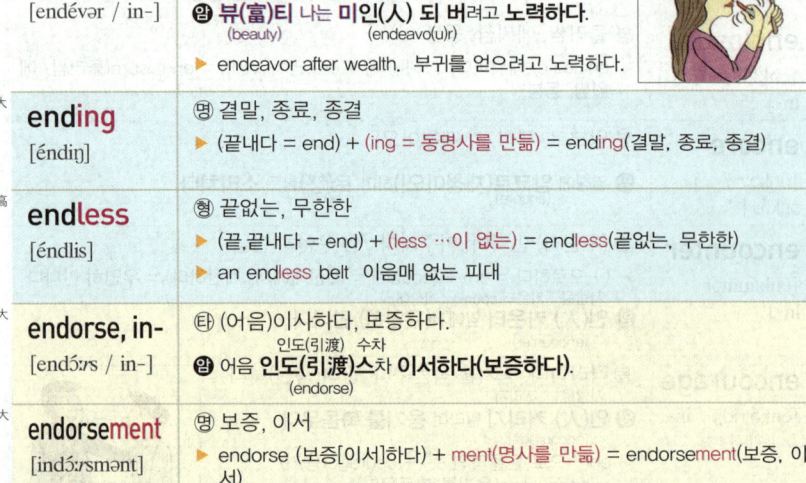

高 **endow**
[endáu / in-]

㊀ 기부하다; (능력 등을)부여하다, 주다.

인(人)이 다우(=많은 벗)
㊙ **도울 몫**을 **인(人) 다우(多友)**에게 **주다.**
(dole) (endow)

▶ endow richly. (능력 따위를) 충분히 부여하다.

大 **endowment**
[indáumənt]

㊔ 기증, 기부

▶ endow(기증하다, 기부하다) + ment(명사를 만듦) = endowment(기증, 기부)

高 **endurance**
[indjúərəns]

㊔ 참을성, 인내, 지구력

▶ endur(e)(견디다, 참다) + ance(명사 어미) = endurance(참을성, 인내)

▶ beyond endurance 참을 수 없을 만큼

高 **endure**
[indjúər]

㊀ 견디다, 참다.

참을 인(忍)자, 두어서
㊙ **테이블**에 **인(忍) 듀어**서 **참고 견디다.**
(table) (endure)

▶ I can't endure it any more.
나는 더 이상 그것을 참을 수 없다.

大 **enduring**
[indjúəriŋ]

㊕ 참을 수 있는, 영속하는

▶ endur(e)(견디다, 참다) + ing(현재분사 어미) = enduring(참을 수 있는, 영속하는)

中 **enemy**
[énimi]

㊔ 적군, 적

아이 님이
㊙ **애 님이 적**을 **러브하다.**
(enemy) (love)

▶ Pollution is our enemy. 공해는 우리의 적이다.

高 **energetic**
[ènərdʒétik]

㊕ 정력적인, 원기왕성한

▶ energ(y)(에너지, 정력) + etic(+ ic …한, …적인) = energetic(정력적인, 원기왕성한)

▶ an energetic young actor 활기에 찬 젊은 배우

高 **energetical**
[ènərdʒétikəl]

㊕ 정력적인, 원기왕성한

▶ energetic(정력적인, 원기왕성한) + al(…의, …한) = energetical(정력적인, 원기왕성한)

高 **energy**
[énərdʒi]

㊔ 힘, 정력, 에너지

㊙ **정력**의 **힘 에너지.**
(energy)

▶ Children have much energy. 어린이들은 활력이 넘친다.

大 **energy park**
[énərdʒi pɑːrk]

㊔ 에너지 단지(공원)

▶ energy(에너지) + park(공원, 단지) = energy park(에너지 단지[공원])

E

大 **enfeeble** [infíːbəl]

㊇ 약하게 하다.

▶ (…되게 하다 = en) + feeble(약한 = 피블[피부를]) = 약하게 하다

암 **인(人) 피블**(피부를) 더욱 **약하게 하다.**
(enfeeble)

大 **enfeeblement** [infíːblmənt]

명 약하게 하기, 쇠약

▶ enfeeble(약하게 하다) + ment(명사를 만듦) = enfeeblement(약하게 하기, 쇠약)

大 **enfold** [infóuld]

㊇ 싸다, 안다, 포옹하다.

▶ en(…되게 하다) + fold(싸다) = enfold(싸다)

인(사람이) 포(대포) 울을 드높게
암 **인(人) 포(胞)울 드**높게 해 **싸다.**
(enfold)

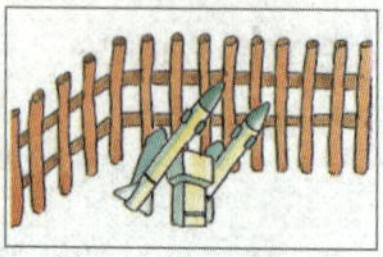

高 **enforce** [infɔ́ːrs]

동 억지로 시키다, 강요하다.

▶ en(= make) + force(힘) = enforce(강요하다)

사람이 포수에게
암 **인(人) 포스**에게 발포를 **강요하다.**
(enforce)

大 **enforcement** [infɔ́ːrsmənt]

명 억지로 시킴, 강요

▶ enforce(억지로 시키다, 강요하다) + ment(명사를 만듦) = enforcement(억지로 시킴, 강요)

高 **engage** [engéidʒ / in-]

동 약속하다, 약혼시키다, 고용하다, 종사시키다.

▶ en(= in) + gage(= pledge 약속) = engage(종사시키다)

맹인 안내 개이지
암 **세파드**는 맹**인 개이지**하며 안내에 **종사시키다.**
(shepherd) (engage)

高 **engaged** [engéidʒd / in-]

형 약속된, 약혼한, 종사하는

▶ engag(e)(약속하다, 약혼시키다, 종사시키다) + ed(형용사를 만듦) = engaged(약속된, 약혼한, 종사하는)

高 **engagement** [ingéidʒmənt]

명 약속, 계약, 약혼

▶ engage(약속하다, 약혼시키다, 계약하다) + ment(명사를 만듦) = engagement(약속, 약혼, 계약)

▶ an engagement 약혼 반지

高 **engine** [éndʒin]

명 엔진, 기관, 발동기

▶ start(up) an engine. 엔진시동을 걸다.

高 **engineer** [èndʒiníər]

명 기사, 기술자, 공학자

▶ engine (엔진) + er(…사람) = engineer(기사, 기술자, 공학자)

▶ a civil engineer 토목기사

高	**engineering** [èndʒiníəriŋ]	ⓜ 공학, 기관학 ▶ engineer(기사, 기술자, 공학자) + ing(현재분사 어미) = engineering(공학, 기관학) ▶ electrical engineering 전기 공학
中	**England** [íŋglənd]	영국, 잉글랜드
中	**Eng-lish** [íŋgliʃ]	ⓗ 영국의, 영국 사람의, 영어의, 영어 ▶ English grammar 영문법
中	**Eng-lishman** [íŋgliʃmən]	ⓜ 영국인 ▶ English(영국) + man(사람) = Englishman(영국인)
高	**Eng-lishwoman** [íŋgliʃwùmən]	ⓜ 영국 여성 ▶ English(영국) + woman(여성, 부인) = Englishwoman(영국 여성)
高	**engrave** [engréiv / in-]	ⓣ (금속, 나무 돌 따위에) 새기다, 조각하다. ▶ (…안에 넣다 = en) + (grave = 죽음 무덤) = 조각하다 비문 **안에 넣어 인(人) 그레 이(李)브**인의 (비문 안에 넣어서 인(人) 글에 이씨부인의) **죽음**을 **무덤**에 **조각하다**. 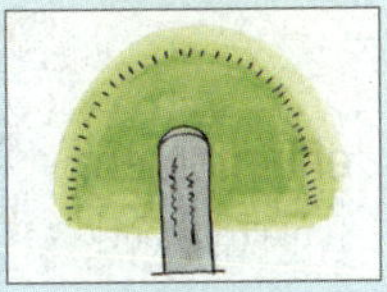
大	**engraving** [ingréiviŋ]	ⓜ 조각, 조각술 ▶ engrav(e)(조각하다) + ing(현재분사 어미) = engraving(조각, 조각술)
大	**engross** [ingróus]	ⓣ 열중(몰두)케 하다 ▶ (…로 만들다 = en) + (gross = 전체의, 투박한) = engross몰두(열중)케 하다 ▶ 썰어 **만들어** 놓고 **인(人)그로스**구이 **전체를** 굽기에 = engross몰두(열중)케 하다
大	**engrossing** [ingróusiŋ]	ⓗ 열중(몰두)시키는 ▶ engross(열중[몰두]케 하다) + ing(현재분사 어미) = engrossing(몰두시키는, 열중시키는)
高	**enhance** [inhǽns / -hɑ́:ns]	ⓣ (가치, 능력, 매력 등을)높이다, 향상시키다. 암 **인(人) 한 스** 배워 **능력을 높이다(향상하다)**. (인(人) 한 수 = enhance) 

大	**enjoin** [indʒɔ́in]	타 명하다 (침묵, 순종등을)요구하다. ▶ (…로 만들다 = en) + (join = 결합하다) = 명(요구)하다 **조인후 결합되게 만들라고 = 명(요구)하다** 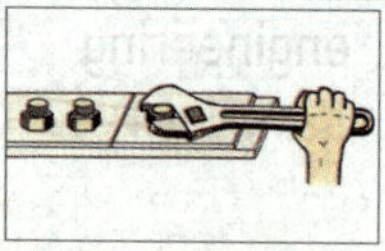
中	**enjoy** [endʒɔ́i]	타 즐기다, 맛보다, 재미보다. ▶ (…되게 하다 = en) + (joy = 기쁨) = 맛보다, 즐기다 기쁨 마음이 되게 하여 기쁨을 맛보다, 즐기다 ▶ She enjoys swimming. 그녀는 수영을 즐긴다.
高	**enjoyable** [endʒɔ́iəbəl]	형 즐거운, 재미있는 ▶ enjoy(즐기다, 재미보다) + able(…할 수 있는) = enjoyable(즐거운, 재미있는, 유쾌한)
高	**enjoyment** [endʒɔ́imənt]	명 향락, 기쁨 ▶ enjoy(즐기다) + ment(명사를 만듦) = enjoyment(향락, 기쁨) ▶ full[great] enjoyment. 커다란 즐거움
高	**enlarge** [enlɑ́:rdʒ]	타 증대(확대)하다, 크게하다. ▶ (…되게 하다 = en) + (large = 큰) = enlarge(확대[크게]하다) **큰 라지치수로 되게 하려고** enlarge(확대[크게]하다) ▶ Reading enlarges the mind. 독서는 마음을 넓게 한다.
大	**enlargement** [enlɑ́:rdʒmənt]	명 확대, 크게 함 ▶ enlarge(확대하다, 크게 하다) + ment(명사를 만듦) = enlargement(확대, 크게 함)
高	**enlighten** [enláitn]	타 계몽하다, 밝히다 ▶ (…만들다 = en) + (lighten = 밝게 하다) = enlighten(계몽하다, 밝히다) **등을 라이튼하게 밝게 하여** 밝게 만들다 = enlighten(계몽하다, 밝히다) ▶ He enlightened me on the question. 그는 그 문제에 대해서 나를 깨우쳐 주었다.
大	**enlightenment** [enláitnmənt]	명 계몽, 교화, 밝힘 ▶ enlighten(계몽[교화]하다, 밝히다) + ment(명사를 만듦) = enlightenment(계몽, 교화, 밝힘)
大	**enlist** [enlíst]	타 병적에 편입하다, 입대시키다. ▶ (…안에 넣다 = en) + (list = 명부) = enlist(병적에 편입하다) **리스트 명부 안에** 이름을 **넣어** = enlist(병적에 편입하다)
大	**enlistment** [enlístmənt]	명 병적 편입, 입대 ▶ enlist(병적에 편입하다, 입대시키다) + ment(명사를 만듦) = enlistment(병적 편입, 입대)

大

enliven

[enláivən / in-]

㊀ 활기를 띠게 하다, 생기를 주다.

▶ (…되게 하다 = en) + (liven = 쾌활하게 하다) = enliven(활기를 띠게 하다)

인(人) 라씨 이번에

암 **인(人) 라(羅) 이번**에 쾌활케 해 **활기를 띠게 하다**.

(enliven)

大

enmity

[énməti]

명 적의, 증오

간첩 그 애는 미치게

암 **스파이**를 그 **앤 미티**게 **적의**를 갖고 **증오**해

(spy) (enmity)

大

ennoble

[enóubl / in-]

㊀ 고상하게 하다, 품위있게 하다.

▶ (…만들다 = en) + (noble[老佛] = 고상한 = 고상하게 하다

인(人) 노불(늙은 부처)

암 **인(人) 노불(老佛)**같은 성품을 만들어 **고상하게 하다**.

(ennoble)

大

ennoblement

[inóublmənt]

명 고상하게 함

▶ ennoble(고상하게 하다) + ment(명사를 만듦) = ennoblement(고상하게 함)

高

enormous

[inɔ́ːrməs]

형 거대한, 막대한

이 늙은 머슴이

암 **이 노(老) 머스**미 캔 **거대한** 무!

(enormous)

大

enormously

[inɔ́ːrməsli]

부 거대하게, 막대하게

▶ enormous(거대한, 막대한) + ly(부사 어미) = enormously(거대하게, 막대하게)

中

enough

[inʌ́f]

형 충분한 부 충분히

암 **충분히 인어 프**러(풀어)내린 **암적갈색 머리**

(enough) (murrey)

▶ This is big enough. 이것은 충분히 크다.

大

enrage

[enréidʒ / in-]

㊀ 화나게 하다, 성나게 하다.

▶ (…만들다 = en) + (rage = 화, 격노) = enrage(화[성]나게 하다)

인(人) 다방레이지

암 **인(人) 레이지**를 격노케 만들어 **화(성)나게 하다**.

(enrage)

高

enrich

[enrítʃ / in-]

㊀ 풍부(부유)하게 하다.

▶ (…만들다 = en) + (rich(利取) = 부유한) = enrich(부유[풍부]하게 하다)

인(人) 리익을 취해

암 **인(人) 리취(利取)**해 삶이 **부유[풍부]하게 하다**.

(enrich)

大

enrichment

[enrítʃmənt / in-]

명 부유하게 하기, 부유

▶ enrich(부유하게 하다) + ment(명사를 만듦) = enrichment(부유하게 하기, 부유)

大 **enroll**
[enróul / in-]

㊏ 명부(병적)에 넣다.

▶ (…넣다 = en) + (roll = 굴리다) = 명부(병적)에 넣다

로울러 **굴릴자**의 이름을 **인**이명부에 **넣다** = 명부(병적)에 넣다

大 **enrol(l)ment**
[inróulmənt]

㊔ 기재, 등록

▶ enroll(명부[병적]에 넣다) + ment(명사를 만듦) = enrol(l)ment(기재, 등록)

大 **ensign**
[énsain]

㊔ 기, 휘장, 표장, 국기

▶ (…의 안에 넣다 = en) + (sign = 기호, 부호) → 기호를 넣은 기(휘장) = ensign(기, 휘장, 국기)

大 **enslave**
[ensléiv / in-]

㊏ 노예로 삼다, 사로 잡다

▶ (…만들다 = en) + (slave = 노예) = 사로잡다, 노예로 삼다

스레이브인을 **노예**로 **만들려고 인(人)**이 = 사로잡다, 노예로 삼다
(수레끄는 이씨 부인을 노예로)

大 **enslavement**
[ensléivmənt / in-]

㊔ 노예로 함, 노예 상태

▶ enslave(노예로 삼다) + ment(명사를 만듦) = enslavement(노예로 함, 노예 상태)

大 **ensue**
[ensúː / in-]

㊐ 계속해서 일어나라

㊞ **인(人) 수** 없이 소송해(송사가) **계속해서 일어나다**.
(ensue)

高 **ensure**
[enʃúər / in-]

㊏ ~을 확실하게 하다, 보증하다

▶ (…만들다 = en) + (sure[數魚]: 확실히) = 보증하다

볼수있게 **만들어 인(人) 슈어(數魚)**가 **있음을** = 보증하다
(인이 여러마리의 고기가)

高 **entangle**
[entǽŋgl / in-]

㊏ 얽히게 하다, 난처하게 하다

▶ (…만들다 = en) + (tangle~얽히다) = 얽히(난처하)게 하다

줄 타게 **만들어 인(人) 탱글**탱글 **얽히여** = 얽히(난처하)게 하다

大 **entanglement**
[intǽŋglmənt]

㊔ 얽힘, 얽히게 함, 분규

▶ entangle(얽히게 하다) + ment(명사를 만듦) = entanglement(얽힘, 얽히게 함, 분규)

中 **enter**
[[éntər]]

㊐ 들어가다, 가입하다, 시작하다.

㊞ 골프 하려고 그**앤 터**에 **들어가다(가입하다)**
(애는 터에(골프장에)) (enter)

▶ enter a room [house]. 방[집]에 들어가다.

高 **enterprise** [éntərpràiz]

명 기업(체), 사업 기획, 모험심

애는 묘터 풀 아이를 이즈음

암 **기업체**에 **앤 터 플 아(兒)이즈**음 모아 발굴 **사업**하네.
(enterprise)

▶ a government enterprise 공기업(체)

大 **enterprising** [éntərpràiziŋ]

형 기업적인, 진취적인

▶ enterpris(e)(모험심, 기업) + ing(현재분사 어미) = enterprising(기업적인, 진취적인)

高 **entertain** [èntərtéin]

동 즐겁게 하다, 환대하다, 대접하다.

그 애는 터를 태인(太人=대인)

암 **앤 터 태인(太人)**께 보이며 **즐겁게 하다**.
(entertain)

▶ He entertained us with music.
그는 음악으로 우리를 즐겁게 해주었다.

大 **entertainer** [èntərtéinər]

명 환대하는 사람, 연예인

▶ entertain(대접하다, 환대하다) + er(…사람) = entertainer(환대하는 사람, 연예인)

高 **entertainment** [èntərtéinmənt]

명 오락;오락물, 대접, 환대

▶ entertain(대접하다, 환대하다) + ment(명사를 만듦) = entertainment(대접, 환대, 오락(물))

▶ entertainment expenses 접대비

大 **enthrome** [inθróun]

타 왕위에 올리다, 떠받들다.

신하의 수명의 로운(老友는=늙은 벗은)

암 이성계를 신하**인 스(數) 로(老)운 왕위에 올리다**.
(enthrome)

大 **enthronement** [enθróunmənt]

명 즉위, 즉위식

▶ enthrone(왕위에 올리다) + ment(명사를 만듦) = enthronement(즉위, 즉위식)

高 **enthusiasm** [enθú:ziæ̀zəm]

명 열광, 열중

염가판매 사람이 수지 맞음에

암 **바겐세일**로 **인(人) 슈지(收支)에 점**점 **열광**해.
(bargain sale) (enthusiasm)

▶ With enthusiasm 열중하여, 열광적으로

高 **enthusiastic** [enθú:ziǽstik]

형 열렬한, 열중하는, 열광하는

▶ enthusias(m)(열광, 열중) + tic(형용사를 만듦) = enthusiastic(열렬한, 열광하는, 열중하는)

▶ an enthusiastic baseball fan 열광적인 야구팬

高 **enthusiastical** [enθú:ziǽstikəl]

형 열렬한, 열중하는, 열광하는

▶ enthusiastic(열렬한, 열중[열광]하는) + al(형용사 어미) = enthusiastical(열렬한, 열중[열광]하는)

E

大

entice
[entáis / in-]

[타] 꾀다, 유혹하다.

인(人) 타 있으면서
[암] **백씨 등**에 (여)**인(人)타 이스**면서 **꾀다, 유혹하다.**
(back) (entice)

高

entire
[entáiər / in-]

[형] 전체의, 완전한

[암] **인(人) 타이어**를 **완전한** 걸로 **체인지하다.**
(entire) (change)

▶ entire freedom 완전한 자유

高

entirely
[entáiərli / in-]

[부] 완전히, 아주

▶ entire(전체의, 완전한) + ly(부사를 만듦) = entirely(완전히, 아주)

高

entitle
[entáitl / in-]

[동] 칭호를 주다, 권리를(자격을)주다.

▶ en(= make) + title(칭호) = entitle(자격을 주다)

[암] **인(人) 타이틀**을 따니 **자격을 주다.**
(entitle)

高

entrance
[éntrəns]

[명] 입구, 문간, 입장

▶ (들어가다 = ent[e]r) + (ance = 명사 어미) = entrance(입구, 문간, 입장)

高

entreat
[entríːt / in-]

[타] 간청하다, 탄원하다.

▶ (…되게 하다 = en) + (treat = 다루다) = entreat(간청[탄원]하다)

[암] **인(人) 틀이 트**러(틀어)지잖케 **다루라며 간청[탄원]하다.**
(entreat)

高

entreaty
[intríːti]

[명] 간청, 탄원, 애원

▶ entreat(간청[탄원]하다) + y(명사를 만듦) = entreaty(간청, 탄원)

▶ a look of entreaty 애원의 눈초리

大

entrust
[entrʌ́st / in-]

[동] 위임(위탁)하다.

사람이 trust(=기업 합동)
[암] **달러**를 **인(人) 트러스트**에 **위탁(위임)하다.**
(dollar) (entrust)

高

entry
[éntri]

[명] 입장, 입학, 가입

▶ (들어가다 = ent(e)r) + y(명사를 만듦) = entry(입장, 입학, 가입)

▶ Korea's entry into the UN 한국의 국제 연합 가입

高

envelop
[envéləp / in-]

[타] 싸다, 덮다.

▶ (안에 = en) + (velop = 벨엎:싸다) = 싸다, 덮다

[암] **인(人)밸 엎**어 놓고 **싸고 덮다.**
(envelop)

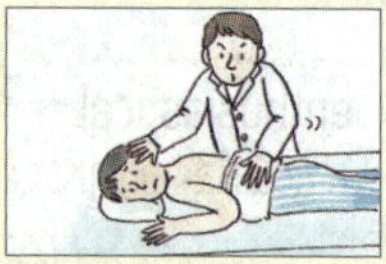

E

中 **envelope** [énvilòup / énvəlòup]

명 (편지)봉투

▶ envelop(싸다) + (e = 붙여 놓은 것) = (편지)봉투

암 [envelope]**앤 벌로 우프**(표)를 붙여 놓은게 **봉투다**.

▶ a pay envelope 봉급봉투

高 **envious** [énviəs]

형 샘[부러워]하는, 질투심이 강한

▶ (부러워하다 = env[y] → i) + (ous = 형용사 어미) = 샘(부러워)하는, 질투심이 강한

▶ I am envious of your success. 나는 자비의 성공이 부럽다.

大 **environ** [inváiərən]

동 둘러(에워)싸다.

암 **좋은 굿**하려고 **인(人) 바이 어런**을 **에워싸다**.
(좋은 굿: good / 인(人) 바이 어런: 사람이 바위 어른을 / environ)

高 **environment** [inváiərənmənt]

명 환경, 주위, 싸기

▶ environ(둘러(에워)싸다) + ment(명사를 만듦) = environment(싸기, 환경, 주위)

高 **environmental** [invàiərənméntl]

형 환경의, 주위의

▶ environment(환경, 주위) + al(형용사 어미, …의) = environmental(환경의, 주위의)

大 **envoy** [énvɔi / ɑ́:nvɔi]

명 (외교)사절, (전권)공사

암 (외교)**사절**이 시녀**앤 보이**다가 **안보이**니 **리콜하다**.
(앤 보이: 애는 보이다가, envoy / 안보이: 안보이니, envoy / 리콜: 다시부르다, recall)

高 **envy** [énvi]

명 질투, 부러움, 선망의 대상 동 부러워하다.

암 **앤 비(妃)**를 **선망의 대상**으로 **부러워하다**.
(앤 비: 애는 비(왕비)를, envy)

▶ I envy you. 네가 부러워.

大 **epic** [épik]

명 서사시, 사시(史詩)

암 **애 픽!**하고 **서사시** 방기를 **이상하게 퀴어리**(뀌다)
(애 픽: epic / 퀴어리: queely)

大 **epical** [épikəl]

형 서사시의, 사시(史詩)의

▶ epic(서사시, 사시[史詩]) + al(…의) = epical(서사시의, 사시의)

高 **epidemic** [èpidémik]

명 유행병, 전염병

암 **애 피대 믹**끄럽게 돎이 **전염병**같어 **가**에서 **보다**.
(애 피대 믹: 애가 피대 미끄럽게, epidemic / 가…보다: border)

E

大 **epigram** [épigræ̀m]

명 (짧은)풍자시, 경구(警句)

애 피 그램(g=gram)

암 **애 피 그램**되게 마시고 **풍자시**를 **읊프**는 **늑대**

(epigram) (wolf)

大 **epilog, -logue** [épilɔ̀:g / -lɑ́g]

명 결어(結語), 끝 맺음말

암 **똑같이 옳소**하며 **애 피로 그**렇게 쓴 **끝 맺음말**

(also) (epilog, -logue)

大 **epilogist** [épilədʒist]

명 (극의)끝맺음말의 작자[낭독자]

▶ epilog(끝맺음말) + ist(…하는 사람) = epilogist([극의]끝맺음말의 작자[낭독자])

高 **episode** [épəsòud / -zòud]

명 (소설, 극 따위의)삽화, 에피소드, 일화

▶ a dramatic episode 극적인 삽화

大 **episodic, -ical** [èpəsɑ́dik / əl] [èpisɔ́dik / -əl]

형 에피소드적인, 삽화로 이루어진

▶ episod(e)(에피소드, 삽화) + ic(=ical, …적인, 이루어진) = episodic-ical(에피소드적인, 삽화로 이루어진)

大 **epistle** [ipísl]

명 서간 편지

오얏나무 껍질로 만든 술

암 **이피(李皮)슬**과 같이 보낸 **서간 편지**

(epistle)

高 **epoch** [épək / í:pɔk]

명 신기원, 시대, 중요한 사건

두 폭

암 **커튼 이 폭**에 그린 그 **시대**의 **중요한 사건**

(curtain)(epoch)

▶ usher in an epoch. 새 시대의 도래를 알리다.

大 **epoch-making** [épəkmèikiŋ]

형 획기적인

▶ epoch(신기원) + making(만드는) = epoch-making(획기적인)

高 **equal** [í:kwəl]

형 같은, 동등한

크기, 치수

암 **같은 이퀄 사이즈**

(equal) (size)

▶ Twice 3 is equal to 6. 3의 2배는 6이다.

高 **equality** [i(:)kwɔ́ləty]

명 동등, 균등

▶ equal(같은, 동등한)) + ity(추상명사 어미) = equality(동등, 균등)

高
equally
[íːkwəli]

㉮ 같게, 동등하게

▶ equal(같은, 동등한) + ly(부사를 만듦) = equally(같게, 동등하게)

▶ They are equally good. 어느 것(쪽)도 다 좋다.

大
equation
[iːkwéiʒən]

㉮ 같게 함, 방정식

▶ equa(l) (같은, 동등한) + tion(명사 어미) = equation(같게 함, 방정식)

高
equator
[ikwéitər]

㉮ 적도(赤道)

두가지 쾌락이 있다며

㉱ **적도**에도 **이(二)쾌(快)있터**며 **댄스**와 **드럼을 치다**.
(equator) (dance) (drum)

▶ the magnetic equator 자기(磁氣) 적도

大
equatorial
[èkwətɔ́ːriəl / ìːk-]

㉮ 적도의, 적도부근의

▶ equator (적도) + ial(= al …의) = equatorial(적도의, 적도부근의)

高
equip
[ikwíp]

㉮ 갖추다, 장비하다, 장비를 갖추다.

두개의 키를 푸려고

㉱ **얼**간이 **백작**이 **이(二) 퀴프**려고 **장비**를 **갖추다**.
(earl) (equip)

▶ equip an army 군대에 장비를 갖추다.

高
equipment
[ikwípmənt]

㉮ 준비, 장치, 장비, 비품

▶ equip(갖추다, 장비하다) + ment(명사를 만듦) = equipment(준비, 장치, 장비, 비품)

▶ laboratory equipment 실험실 비품(장비)

大
equity
[ékwiti]

㉮ 공평, 정당, 공정

애가 귀(貴)티(귀공자티)

㉱ **공정**한 **애 퀴(貴)티** 내며 **공평 정당**함을 **소년**에게 **보이다**.
(equity) (boy)

大
equivalent
[ikwívələnt]

㉮ 동등한, ~과 같은, 동등의

이(2) 키를 들고 있는 벌은 트기 / 훈련

㉱ **이(2) 퀴벌언 트**기에게 주는 **동등한 트레이닝**
(equivalent) (training)

高
er
[əːr]

㉮ 에에, 저어(망설이거나 말이 막혔을때에 내는 소리)

高
era
[íərə]

㉮ 기원, 시대, 연대

잇발이 얼어

㉱ 그 **시(연)대**에 **이 얼어 맘모스**가 **죽었다이**
(era) (mammoth) (die)

▶ the cold war era 냉전 시대

E

大

eradicate
[irǽdikèit]

[타] 뿌리채 뽑다, 근절하다.

(삽을 써 칠일간 뒤(밑을)캐 이름에)
[암] **포플러**를 **쉬블**써 **이래 뒤 캐 이 트**메 **뿌리채 뽑다.**
(poplar) (shovel) (eradicate)

大

eradication
[irǽdikéiʃən]

[명] 뿌리채 뽑음, 근절

▶ eradicat(e)(뿌리채 뽑다, 근절하다) + ion(명사 어미) = eradication(뿌리채 뽑음, 근절)

高

erase
[iréis / iréiz]

[타] 지우다, 문질러 지우다.

(칠일간 있으면서)
[암] **타일**에 **먹**같은 **오물**을 **이레 이스**며너 **문질러 지우다.**
(tile) (muck) (erase)

高

eraser
[iréisər / -zər]

[명] 지우개, 지우는 사람

▶ eras(e)(지우다) + er(… 하는 사람, …하는 것) = eraser(지우개, 지우는 사람)

高

erect
[irékt]

[형] 똑바로 선, 똑바른 [동] 똑바로 세우다.

(과일 액(液) 틀어)
[암] 보이가 **똑바로 선**채 과**일 액(液) 트**러 **주스 즙을 짜다.**
(erect) (juice)

▶ with ears erect 귀를 쫑긋 세우고

大

erection
[irékʃən]

[명] 직립, 기립, 설립

▶ erect(똑바로 선, 똑바로 세우다) + ion(명사 어미) = erection(직립, 기립, 설립)

大

erode
[iróud]

[타] 좀먹다, 부식시키다, 침식되다.

(이로 우드(wood=나무))
[암] **웜(옴)벌레**가 **이로 우드(두)**커니선 나무를 **좀먹다.**
(worm) (erode)

大

erosion
[iróuʒən]

[명] 좀먹음, 부식, 침식

▶ ero(de)(좀먹다, 부식시키다) + sion(추상명서 어미) = erosion(좀먹음, 부식, 침식)

大

erotic, erotical
[irátik / irɔ́t-]

[형] 성애의, 애욕의, 색정의 [명] 호색가

[암] **색정의 호색가**가 **이로 틱**틱한 ( )을 **추**하게 **씹다.**
(erotic) (chew)

高

err
[əːr / ɛər]

[자] 정도에서 벗어나다, 헤매다, 길을 잘못 들다.

(운전사가)
[암] **드라이버**가 **어!**하며 **길을 잘못 들어 헤매다.**
(driver) (err)

▶ err from law. 법률에 어긋난 일을 하다.

高

errand
[érənd]

㉮ 심부름, (심부름의) 용건, 볼일

애련도한(사랑하여 그리워함)
암 **애련(愛戀)드**한 연애 편지의 **심부름**
(errand)

▶ go on[run] errands. 심부름을 하다.

大

erroneous
[iróuniəs]

㉱ 잘못한, 틀린, 그릇 된

암 고스톱은 **이로우니 어스**름 밤까지 **그릇 된 게임 하다**.
(erroneous) (game)

高

error
[érər]

㉮ 잘못, 실수, 오류, 애러

어린애려니 / 큰 아이 부터
암 **실수** 많은 **애러**니 하고 **잘못**을 **컨아이 브**터 **눈감아주다**.
(error) (connive)

▶ a fatal error 치명적 실수

高

erupt
[irʌ́pt]

㉯ (화산이 용암을) 내뿜다, 분출하다.

(너구리리:狸)너구리가 엎드린
암 **(화산이 용암을) 이(狸) 럽트**린 꼴을해 **내뿜다**.
(erupt)

高

eruption
[irʌ́pʃən]

㉮ 내뿜음, 분출[물]

▶ erupt(내뿜다, 분출하다) + ion(명사 어미) = eruption(내뿜음, 분출[물])

大

escalate
[éskəlèit]

㉯ 단계적으로 확대(강화)하다.

암 **에스컬레이터**를 연관시켜 기억하세요.
(escalator)

高

escalator
[éskəlèitər]

㉮ 에스컬레이터, 자동식 계단

▶ a down [an up] escalator
내려가는[올라가는]에스컬레이터

中

escape
[iskéip]

㉮ 도망 ㉯ 달아나다, 도망하다.

두 마리의 숫개 입을
암 **보이**가 **이(二)스캐 입**을 피해 **달아나다**.
(boy) (escape)

▶ There's no chance of escape.
탈출할 기회가 없다.

大

escapement
[iskéipmənt]

㉮ 도피구, 배출구

▶ escape(도망가다, 새다) + ment(명사 어미) = escapement(도피구, 배출구)

高

escort
[éskɔːrt]

㉮ 호위, 호송, 호송자 ㊎ 호위(경호, 호송)하다.

암 **스파이**를 **에스코트(호송)하다**.
(spy) (escort)

E

高 **Eskimo** [éskəmòu] [éskimòu]

명 에스키모 사람(인)

高 **especial** [ispéʃəl]

형 특별한, 각별한

이 숲에 설려고
암 애가 **이 스페 셜**려고 **특별한 점프(도약)하다**.
(especial) (jump)

▶ my especial friend 나의 특별한 친구

中 **especially** [ispéʃəli]

부 특히, 각별히, 유별나게

▶ especial(특별한) + ly(부사 어미) = especially(특히, 각별히, 유별나게)

大 **espy** [espái]

타 찾아내다, (결점등을) 발견하다.

중학교 아이 스파이 (간첩)을
암 **미들 스쿨**에서 **애 스파이**를 **찾아내다**.
(middle school) (espy)

大 **esquire** [iskwáiər / esk-]

명 씨, 님, 귀하

구두상표의 이름 기부해
암 **에스콰이어** 구두를 김**씨(님)**께 **기브**해 **주다**.
(esquire) (give)

高 **essay** [ései]

명 수필, 논문; 시도, 평론 동 시도하다, 해보다.

암 **닥터**가 **애 새이**나게 **논문**대로 **시도하다(해보다)**.
(doctor) (essay)

▶ He essayed escape. 그는 도주를 시도했다.

大 **essayist** [éseiist]

명 수필가, 평론가

▶ essay(수필,논문) + ist(…하는 사람) = essayist(수필가, 평론가)

高 **essence** [ésəns / ésns]

명 본질, 정수, 진수; 정(精), 요소, 향수

애가 순수한
암 **애 슨스**한 **향수**의 **본질**을 **체크하다**.
(essence) (check)

▶ essence of democracy 민주주의의 본질

高 **essential** [isénʃəl]

형 필수적인; 본질적인 명 (보통복수)본질적 요소

열대성 폭풍우 애(힘)센 눈보라의
암 **허리케인**이 **이 센 셜(雪)**의 **본질적인 요소**
(hurricane) (essential)

高 **essentially** [isénʃəli]

부 본질적으로, 본질상

▶ essential(본질적인) + ly(부사를 만듦) = essentially(본질적으로, 본질상)

E

高 **establish** [istǽbliʃ]

㊍ 설립하다; 자리 잡게 하다, (제도를)확립하다.

이러한 수태(아이를 뱀이) 불리서

암 **이 스태(受胎) 블리시**하게 낙태**(제도를)확립하다**.

(establish)

大 **establish**ed [istǽbliʃt]

㊌ 확립된, 확정된

▶ establish (설립[확립]하다) + ed(형용사를 만듦) = establish**ed**(확립된, 확정된)

高 **establish**ment [istǽbliʃmənt]

㊎ 설립, 확립, 제도

▶ establish(설립[확립]하다) + ment(명사를 만듦) = establish**ment**(설립, 확립, 제도)

高 **estate** [istéit]

㊎ 토지, 사유지; 재산, 신분 ㊍ ~에게, ~을 주다.

이씨가 수태(아이벤) 2 트기

암 **이(李) 스태(受胎) 이 트**기 여인**에게 재산을 주다**.

(estate)

▶ buy an estate 땅(토지를)을 사다

高 **esteem** [istíːm]

㊍ 존경(존중)하다, 귀중히 여기다. ㊎ 존중, 존경

이 수(수개의) 팀(team)을 연관시켜 기억할 것

암 **올림픽**에 나갈 **이 스(數)팀**을 **귀중히 여기다**.

(Olympic) (esteem)

高 **estimate** [éstəmèit]

㊍ 어림잡다, 추정하다, 견적하다, 평가하다.

㊎ 견적, 평가

애 수(나무를) 텀에 2 트기가

암 **애 수(樹) 터메 이트**기가 값을 **어림잡아 견적하다**.

(estimate)

大 **estimat**ion [èstəméiʃən]

㊎ 평가, 존경, 의견

▶ estimat(e)(평가하다) + ion(명사 어미) = estimat**ion**(평가, 존경, 의견)

高 **etc.** [etsét(ə)rə / itsétrə]

[약어] ~등, 따위

이사이 틀어

암 핀 **따위**로 **잇새 틀어**지게 **폭**폭 **쑤시다**.

(etc) (poke)

高 **eternal** [itə́ːrnəl]

㊌ 영구(영원)한, [구어] 끝(끊임)없는

이 터널을

암 **이 터널**을 **영원한 터널로 파다**.

(eternal) (tunnel)

▶ eternal truth 영원한 진리

大 **etern**ity [itə́ːrnəti]

㊎ 영원, 영구

▶ etern(al)(영원한, 영구한) + ity(추상명사 어미) = etern**ity**(영원, 영구)

E

大	**ether, aether** [í:θər]	⑱ 에테르, 정기(精氣) 영기(靈氣) ㉡ **코브라**뱀 먹고 **정기(精氣)**가 세진 **이(李)서**방 (cobra) (ether, aether)
高	**ethical** [éθikəl]	⑬ 도덕적인, 윤리적인 ▶ ethic(s)(윤리, 도덕) + al(…의[적인]) = ethical(도덕적인, 윤리적인)
高	**ethics** [éθiks]	⑱ 윤리(학), 도의, 도덕, 윤리(관) 애 식수(먹을 물) 끓이여 ㉡ **애 식스(食水)**를 **도의**상 **완전히 크리어**. (ethics) (clear) 
高	**etiquette** [étikèt / -kit]	⑱ 예의, 예의 범절, 예식 신사 ㉡ **에티케트(예의)**를 지키는 **젠틀먼** (etiquette) (gentleman) ▶ military etiquette 군대 예절
大	**etymology** [ètimálədʒi / -mɔ́l-]	⑱ 어원, 어원학 애(가) T 말어 쥐고 ㉡ 티입은 **애 티 마러 쥐**고 티의 **어원**을 **스승**께 **물어** (etymology) (mulla(h)) 
大	**Eurasia** [juəréiʒə / -ʃə]	⑱ 유라시아(유럽과 아시아를 한 대륙으로 묶어 이르는 말)
中	**Europe** [júərəp]	⑱ 유럽(주)
高	**European** [jùərəpí:ən]	⑬ 유럽의, 유럽 사람의 ⑱ 유럽 사람 ▶ Europe(유럽) + an(…의[사람]) = European(유럽의, 유럽 사람의, 유럽 사람)
大	**evacuate** [ivǽkjuèit]	⑤ (사람을) 피난(철수)시키다 이(2) 배 큐신호에 잇따라 ㉡ **이(2)배 큐에 잍**따라 **(사람을) 피난(철수)시키다**. (evacuate) 
高	**evacuation** [ivæ̀kjuéiʃən]	⑱ 비움, 배출, 피난, 철수 ▶ evacuat(e)(소개[피난]시키다) + ion(명사 어미) = evacuation(비움, 배출, 피난, 철수)

大 **evade**
[ivéid]

[동] (적 공격 등을 교묘히) 피하다, 비키다, 면하다.

이(두) 배를 이들이
[암] 해협에서 **이(2) 배 이드**리 저어 **(적 공격을 교묘히) 피하다.**
(evade)

高 **evaluate**
[ivǽljuèit]

[동] 평가를 행하다, 평가하다.

이들 배종류에 잇따라
[암] **보이**들이 **이 배류(類)에 일**따라 **(가치를)평가 하다.**
(boy) (evaluate)

大 **evaluation**
[ivæ̀ljuèiʃən]

[명] 평가(액)

▶ evaluat(e)(평가하다) + ion(명사 어미) = evaluation(평가[액])

高 **evaporate**
[ivǽpərèit]

[동] 증발하다(시키다), 탈수하다.

이 베피륙이 퍼레 잇따라
[암] 직녀가 **이 베 퍼레 일**따라 **(계속)탈수하다.**
(evaporate)

大 **evaporation**
[ivæ̀pəréiʃən]

[명] 증발, 발산, 탈수

▶ evaporat(e)(탈수[증발]하다) + ion(명사 어미) = evaporation(증발, 발산, 탈수)

大 **Eve**
[iːv]

[명] 이브 화와(아담의 아내, 하나님이 창조한 최초의 여자)

高 **eve**
[iːv]

[명] (축제일의)전야, 전일

[암] **크리스마스 이브(전야)**
(Christmas) (eve)

▶ New Year's Eve 섣달 그믐(전야)

中 **even**
[íːvən]

[형] 평평한 [부] ~조차, 더욱 [동] 평평하게 하다, 평평해지다.

[암] **고지**대 **골짜기 조차 이번**에 **더욱 평평하게 하다.**
(gorge) (even)

中 **evening**
[íːvniŋ]

[명] 저녁, 해질녘

▶ good evening (저녁에 하는 인사)

大 **evening paper**
[íːvniŋ péipər]

[명] 석간 (지)

▶ evening (저녁, 해질녘) + paper(종이, 신문) = evening paper(석간 (지))

E

高

event
[ivént]

㉮ 사건, 대사건, 행사

이 배는 틀어진
암 허리케인 폭풍우에 **이 밴 트**러진 **사건**.
(hurricane) (event)

▶ recent events 최근에 일어난 사건들

高

eventual
[ivéntʃuəl]

㉻ 최후의, 결국의

이 배는 추월(=앞지르기해)
암 보트를 **최후의 이 밴 추얼**해.
(boat) (eventual)

高

eventually
[ivéntʃuəli]

㉲ 마침내, 결국

▶ eventual (최후의, 결국의) + ly(부사를 만듦) = eventually(마침내, 결국)

中

ever
[évər]

㉲ 이전에, 일찍이, 언젠가, 언제나

암 일찍이 이전에 애 버린 **거리**의 **매춘부 아가씨**.
(ever) (girly)

▶ Did you ever see a tiger?
호랑이를 본 적이 있습니까?

大

Everest
[évərist]

㉮ 에베레스트산
(세계에서 제일 높은 산, 8,848m)

大

evergreen
[évərgrìːn]

㉻ 상록의, 항상 신선한

▶ (언제나 = ever) + green(녹색의) = evergreen(상록의, 항상 신선한)

高

everlasting
[èvərlǽstiŋ / -láːst-]

㉻ 영구한, 영원히, 계속되는

▶ (언제나 = ever) + lasting(계속되는) = everlasting(영구한, 영원히, 계속되는)

▶ from everlasting to everlasting 영원 무궁토록

大

evermore
[èvərmɔ́ːr]

㉲ 항상, 언제나

▶ (언제나 = ever) + more(더욱, 더 많은) = evermore(항상, 언제나)

中

every
[évriː]

㉮ 모든, 다

애를 부리는
암 모든 애 브리는 **범**같은 **부랑자**.
(every) (bum)

▶ Every word of it is false. 모든 말이 다 거짓이다.

中

everybody
[évribɑ̀di / -bʌ̀di / -bɔ̀di]

㉹ 누구나, 다

▶ every(모든, 다) + body(몸, 몸통) = everybody(누구나, 다)

高

everyday
[évridèi]

[형] 매일의, 일상의

▶ every(모든, 다) + day(날) = everyday(매일의, 일상의)

▶ everyday life 일상 생활

中

everyone
[évriwʌ̀n]

[대] 모든 사람, 누구나

▶ every (모든, 다) + one(사람을 뜻함) = everyone(모든 사람, 누구나)

中

everything
[évriθìŋ]

[대] 모든 것, 무엇이나

▶ every(모든, 다) + thing(물건) = everything(모든 것, 무엇이나)

▶ Money is everything 돈이면 다다.

中

everywhere
[évri*h*wɛ̀ər]

[부] 어디에나, 도처에

▶ every(모든, 다) + where(어디에 ~하는 곳에) = everywhere(어디에나, 도처에)

▶ Everywhere we go, people are much the same.
어디를 가나 사람은 대개 같다.

高

evidence
[évidəns]

[명] 증거, 흔적, 명백 [동] 증명하다.

히브리의 장사 애가 비석 든 수(손으로)

[암] **삼손**임을 **애 비(碑)**든 **스(手)**로 **증명하다**.

(Samson) (evidence)

▶ clear evidence 확실한 증거

高

evident
[évidənt]

[형] 분명한, 명백한

▶ eviden(ce)(증거(물), 명백) + t(= ent, 형용사 어미) = evident(명백한, 분명한)

▶ with evident satisfaction 자못 만족스러운 듯이

高

evidently
[évidəntli]

[부] 분명히, 명백히(하게)

▶ evident(분명한, 명백한) + ly(부사를 만듦) = evidently(분명히, 명백히[하게])

高

evil
[íːvəl]

[형] 사악한, 흉악한 [명] 악

이불

[암] **이블** 쓴 **흉악한 사탄**.

(evil) (Satan)

▶ a necessary evil 필요악

大

evilly
[íːv(ə)li]

[부] 흉악하게, 나쁘게

▶ evil(사악한, 흉악한) + ly(부사를 만듦) = evilly(흉악하게, 나쁘게)

高

evoke
[ivóuk]

[타] (기억,감정을)환기하다, (영혼 따위를) 불러내다.

[암] 배뱅이가 **이복**동생의(혼을) **불러내어 (감정을)**

(evoke)

환기하다.

E

高

evolution
[èvəlúːʃən / ìːvə-]

명 발전, 발달, 진정, 진화

▶ e(= out) + volu(= roll 구르다) + tion(명사 어미) = evolution(발전)

2 발로 선 원숭이
암 **발전(진화)**해 **이 벌루 션 멍키**.
(evolution) (monkey)

高

evolutionary
[èvəlúːʃənèri / ìːvə-]

형 발달의, 진화의, 진화적인

▶ evolution (진화, 발전) + ary(…의) = evolutionary(발달의, 진화의, 진화적인)

高

evolve
[iválv / ivɔ́lv]

동 발전하다, 전개하다, 진화하다.

▶ (밖으로 = e) + (volve = 구르다) = 전개(진화)하다

원숭이 이를 밟으리
암 **멍키**가 **이 밟브**리 만큼 **진화하다**.
(monkey) (evolve)

E

大

evolvement
[iválvmənt / ivɔ́lv-]

명 전개, 진화

▶ evolve(진화하다, 전개하다) + ment(명사를 만듦) = evolvement(진화, 전개)

大

ewe
[juː]

명 암양

암 **유**순한 **암양** 앞에서 날 **램**을 보이는 **숫양**
(ewe) (ram)

高

exact
[igzǽkt]

형 정확한, 엄격한 동 강요하다.

▶ (전적으로 = ex) + (act = 행동하다) = 엄격한, 강요하다

이장관이 그 제트기
암 적을 **엄격한 이(李) 그 젝트**기로 치라고 **강요하다**.
(exact)

高

exactly
[igzǽktli]

부 정확하게, 엄격히

▶ exact(정확한, 엄격한) + ly(부사를 만듦) = exactly(정확하게, 엄격히)

高

exaggerate
[igzǽdʒərèit]

명 과장하다, 허풍떨다.

이(씨)가 그저께 절이여 이 틈에
암 김치를 **이(李) 그제 절레 이트**메 했음을 **허풍떨다**.
(exaggerate)

▶ exaggerate one's own importance
거만떨다; 자만하다.

高

exaggerated
[igzǽdʒərèitid]

형 과장된, 떠벌린

▶ exaggerat(e)(과장하다) + ed(형용사를 만듦) = exaggerated(과장된, 떠벌린)

大

exaggeration
[igzæ̀dʒəréiʃən]

명 과장, 과대시

▶ exaggerat(e)(과장하다) + ion(명사 어미) = exaggeration(과장, 과대시)

大	**exalt** [igzɔ́ːlt]	ⓢ (명예, 품위등을)높이다, (신분을) 올리다. 이씨가 그 졸병 트기의 암 **이(李)그 졸(卒)트**기의 **품위를 높이어(신분을)** (exalt) **올리다.** 
大	**exalted** [igzɔ́ːltid]	ⓗ 지위가 높은, 고귀한 ▶ exalt(높이다) + ed(형용사를 만듦) = exalted(지위가 높은, 고귀한)
高	**examination** [igzæ̀mənéiʃən]	ⓜ 시험, 검사, 조사 ▶ examin(e)(조사[시험]하다) + ation(명사 어미) = examination(시험, 검사, 조사) ▶ an examination in English 영어 시험
高	**examine** [igzǽmin]	ⓢ 시험보다, 조사하다, 검사하다. 이씨가 그 재민(=이재민) 암 **의연품**으로 **도울**려고 **이 그 재민(災民)**을 **조사하다. 시험보다.** (dole) (examine) ▶ examine old records. 옛날 기록을 조사하다.
大	**examiner** [igzǽminər]	ⓜ 시험자, 시험관, 검사관 ▶ examine(조사하다, 시험보다) + er(…사람) = examiner(시험자, 시험관, 검사관)
中	**example** [igzǽmpəl / igzɑ́-]	ⓜ 보기, 예, 견본 이씨가 그 잠오는 풀 암 **이(李) 그 잠풀**을 **견본**으로 먹어. (example) ▶ He is a good example. 그가 좋은 예이다. 
大	**exasperate** [igzǽspərèit / -rit]	ⓣ 노하게 하다, 약오르게 하다. 이씨 그저께 수벌에 이 틈에 암 **갱**이 **이(李) 그제 스퍼레 이 트**메 쏘이게 해 (gang) (exasperate) **노하게 하다.** 
大	**exasperation** [igzæ̀spəréiʃən]	ⓜ 격분, 격노, 약오름 ▶ exasperat(e)(약오르게 하다) + ion(명사 어미) = exasperation(격분, 격노, 약오름)
大	**excavate** [ékskəvèit]	ⓣ (구멍을)파다, 뚫다. 액수(額數) 커 시추배 잇따라 암 **오일** 탐사 시추 **액스(額數)커 배 일**따라 **(구멍을) 파다.** (oil) (excavate) 
大	**excavation** [èkskəvéiʃən]	ⓜ (구멍, 굴, 구덩이를) 팜, 굴착, 발굴 ▶ excavat(e)([구멍을]파다) + ion(명사 어미) = excavation([구멍, 굴, 구덩이를]팜, 굴착, 발굴)

E

高	**exceed** [iksí:d]	㉯ (한도를)넘다, 능가하다, 탁월하다. ▶ ex(= out) + ceed(= go) = exceed([목표, 한도를]넘다) ㉰ **상인**이 **몇 천 트**러 쥐고 **장사하니** (이)**익(益)** 쉬 **드**러와 **(한도를)넘다.** (merchant) 이익(益) (exceed) 쉬 들어와 
大	**exceeding** [iksí:diŋ]	㉱ 지나친, 대단한 ▶ exceed(넘다, 능가하다) + ing(현재분사 어미) = exceeding(지나친, 대단한)
高	**exceedingly** [iksí:diŋli]	㉲ 매우, 대단히 ▶ exceeding(지나친, 대단한) + ly(부사를 만듦) = exceedingly(매우, 대단히) ▶ exceedingly difficult 대단히 어려운
高	**excel** [iksél]	㉯ 보다 낫다, ~을 능가하다. ㉰ **펭귄새**의 크기가 **익(益) 샐 능가하다.** (penguin) 이로운 새를(익새=까치 제비같이 이로운 새) (excel) ▶ excel at sports. 스포츠에 뛰어나다. 
高	**excellence** [éksələns]	㉳ 뛰어남, 능가, 장점 ▶ excel + (l)(보다 낫다, 능가하다) + ence(명사 어미) = excellence(뛰어남, 능가, 장점)
高	**excellent** [éksələnt]	㉱ 우수한, 훌륭한 ▶ excel + (l)(보다 낫다, 능가하다) + ent(형용사 어미) = excellent(우수한, 훌륭한) ▶ He is excellent in English. 그는 영어를 썩 잘한다.
中	**except** [iksépt]	㉴ ~을 제외하고 ㉯ 제외하다, ~를 기피하다. ㉰ **네트**에 **익(益)새 프트**니 잡기**를 기피하다.** (net) 그물에 이로운 새가 붙으니 (except) ▶ Except for tomorrow, I'm free. 내일만 제외하고, 난 한가해. 
高	**excepting** [ikséptiŋ]	㉴ ~을 빼고, ~을 제외[생략]하고 ▶ except(~을 빼다, ~을 제외하다) + ing(…하고) = excepting(~을 빼고, 을 제외[생략]하고)
高	**exception** [iksépʃən]	㉳ 예외, 제외 ▶ except(제외하다) + ion(명사 어미) = exception(제외, 예외)
大	**exceptional** [iksépʃənəl]	㉱ 예외적인, 특별한 ▶ exception(제외, 예외) + al(…의) = exceptional(예외적인, 특별한)

高 **excerpt**
[éksəːrpt]

명 발췌(拔萃), 발췌록 동 발췌하다.

암 **핸드**로 **액(液)섭 트**러 잡고 쓸걸 **발췌하다**.
(핸드=손으로, 액(液)섭=액체푸는 삽을, 트러=틀어, 쓸걸=뽑아내다)
(hand) (excerpt)

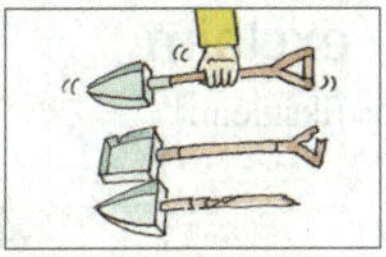

高 **excess**
[iksés, ékses]

명 초과, 과다, 많은 량, [복수] 폭식

암 **웜(옴)벌레**를 **익(益)새 스**없이 많은 **[과다]량 폭식**해
(익(益)새=이로운 새, 스없이=수없이)
(worm) (excess)

▶ drink to excess. 과음하다.

高 **excessive**
[iksésiv]

형 과도한, 지나친

▶ excess(과다, 초과) + ive(…한 경향, 성질을 가진) = excessive(과다한, 지나친, 초과한)

▶ excessive charges 터무니없는 대금[요금]

大 **excessively**
[iksésivli]

부 과도하게, 지나치게

▶ excessive(과도한, 지나친) + ly(부사를 만듦) = excessively(과도하게, 지나치게)

高 **exchange**
[ikstʃéindʒ]

동 교환하다, 환전하다. 명 교환; 환전

▶ ex(= out) + change(바꾸다) = exchange(교환[환전]하다)

암 **달러**를 (김익수)**익스 체인지**하여 **교환하다**.
(doller) (exchange)

大 **excitable**
[iksáitəbəl]

형 격하기 쉬운, 흥분하기 쉬운

▶ excit(e)(흥분하다) + able(…하기 쉬운) = excitable(격하기 쉬운, 흥분하기 쉬운)

高 **excite**
[iksáit]

동 (남을)흥분시키다, 흥분하다, 자극하다.

암 아들의 **익사(溺死)이(二)트**기 부모를 **자극하다**.
(익사(溺死)=물에 빠져 죽음이, 이(二)=이(두), 트기=트기)
(excite)

▶ Don't get excited! 화내지 마라.

高 **excited**
[iksáitid]

형 흥분한, 활발한

▶ excit(e)(흥분하다) + ed(형용사를 만듦) = excited(흥분한, 활발한)

高 **excitement**
[iksáitmənt]

명 자극; 흥분

▶ excite(흥분시키다) + ment(명사를 만듦) = excitement(자극, 흥분)

▶ the excitements of city life 도시 생활의 자극

高 **exciting**
[iksáitiŋ]

형 흥부시키는, 자극적인

▶ excit(e)(흥분하다, 자극하다) + ing(현재분사 어미) = exciting(흥분시키는, 자극적인)

▶ an exciting game. 흥분시키는 경기

高 **exclaim** [ikskléim]

㊐ 외치다, 소리치다.

▶ ex(= out) + claim(배상 요구를 주장하다)
= exclaim(외치다)

김익수가　　클레임(=배상 요구)
암 익스(益秀) 클레임이 있음을 **(큰소리로) 외치다.**
(exclaim)

高 **exclamation** [èkskləméiʃən]

㊐ 외침, 감탄

▶ excia(i)m(외치다) + ation(동작, 결과, 상태를 나타냄) = exclamation(외침, 감탄)

▶ a note(point) of exclamation = an exclamation(point)　느낌표, 감탄, 부호(!)

大 **exclamatory** [iksklǽmətɔ̀ːri / -təri]

㊐ 감탄의, 영탄조의

▶ exclamat(ion)(외침, 감탄) + ory(형용사 어미) = exclamatory(감탄의, 영탄조의)

E

高 **exclude** [ikskluːd]

㊐ 내쫓다; 추방하다; 배제(제외)하다, 제거하다.

▶ ex(= out) + clude(= shut 닫다의 뜻)
= exclude(못 들어오게 닫아 제거하다)

김익수(益秀)　골로　들어
암 왼(쪽) **혹**을 **익스(益秀) 클루 드**러 **제거하다.**
(wen)　(exclude)

高 **exclusion** [iksklúːʒən]

㊐ 제거, 배제, 추방

▶ exclu(de)(배제, [제거, 추방]하다) + sion(추상명사를 만듦)
= exclusion(제외, 배제, 추방)

高 **exclusive** [iksklúsiv]

㊐ 배타적인, 양립할 수 없는, 독점적인

▶ exclu(de)(제거하다, 배제하다) + sive(형용사를 만듦) = exclusive(배타적인, 독점적인)

▶ an exclusive agency　특약점

高 **excursion** [ikskə́ːrʒən, -ʃən]

㊐ 소풍, 유람; 여행, 수학 여행.

(김)익수　커선(커서는)
암 익스 커션 수학 여행을 하려**고 가다.**
(excursion)　(go)

中 **excuse** [ikskjúːz]

㊐ 변명(사과, 용서)하다. ㊐ 변명, 구실, 사과

(김)익수　구주께
암 신에게 **죄를 짓고** (김)**익수 큐즈**께 **변명하다(사과하다).**
(sin)　(excuse)

高 **execute** [éksikjùːt]

㊐ 실시하다, 성취하다; 사형을 집행하다.

액(液)을　씻고　틀기를
암 가운에 묻은 **주스 액(液)씻쿠 트**기를 **실시한다.**
(gown)　(juice)　(execute)

高 **execution** [èksikjúːʃən]

㊐ 실행, 실시, 수행

▶ execut(e)(실행[실시]하다) + ion(명사 어미) = execution(실행, 실시, 수행)

高

executive
[igzékjutiv]

[형] 실행의 [명] 경영자, 행정관

▶ execut(e)(실행[실시]하다) + ive(형용사 어미) = executive(실행의, 경영자, 행정관)

▶ a chief executive 최고 경영자

大

exemplify
[igzémpləfài]

[타] 예증하다, 예시하다.

이씨가 그 jam 풀어 못쓴다며 예를 들어 증명하다

[암] **이(李) 그 잼 플러 파이**라며 **예증하다.**

(exemplify)

大

exempt
[igzémpt]

[형] 면제된, 면역의

이(李)씨가 그 잼(jam)을 연관시켜 기억할 것

[암] 추첨해 **이(李) 그 잼 프트**(붙으)니 지불을 **면제하다.**

(exempt)

高

exemption
[igzémpʃən]

[명] (의무 등의)면제, [소득]공제

▶ exempt(면제하다) + ion(명사 어미) = exemption([의무 등의]면제, [소득] 공제)

E

中

exercise
[éksərsàiz]

[명] 운동; 연습 [동] 연습하다.

북을 거액을 써 사서 이즈음

[암] **드럼**을 거**액 써 사 이즈**음 **연습하다.**

(drum) (exercise)

▶ He exercises regularly.
그는 규칙적으로 운동한다.

高

exert
[igzə́:rt]

[동] (힘・능력을)쓰다, 발휘(노력)하다.

이(씨)가 그저 틀어

[암] 몸을 **이(李) 그저 트**러 가며 **(능력을) 발휘하다.**

(exert)

▶ exert every effort 전력을 다하다.

大

exertion
[igzə́:rʃən]

[명] 노력, 힘을 내기, 분발

▶ exert(힘을 쓰다, 노력하다) + ion(명사 어미) = exertion(노력, 힘을 내기, 분발)

大

exhaust
[igzɔ́:st]

[타] 다 써버리다, 고갈시키다.

두명의 그 조수 트기 가

[암] **보너스**를 **이(二)그 조수 트**기가 **다 써버리다.**

(bonus) (exhaust)

大

exhaustion
[igzɔ́:stʃən]

[명] 다 써버림, 소모, 고갈

▶ exhaust(다 써버리다, 고갈시키다) + ion(명사 어미) = exhaustion(다 써버림, 소모, 고갈)

大

exhaustive
[igzɔ́:stiv]

[형] 전부를 다 하는, 남김없는, 총망라한

▶ exhaust(다 써버리다, 고갈시키다) + ive(형용사 어미) = exhaustive(전부를 다 하는,남김없는, 총망라한)

高 **exhibit** [igzíbit]

[동] 전시하다, (감정, 관심 등을)나타내다.
[명] [미] 전시회

▶ (밖에서 = ex) + (hibit = 갖이다) = 전시회, 전시하다

밖에서 **이(李) 그 쥐 비트**러 **갖이고** = **전시회**에 **전시하다**
그 쥐 비틀어 갖이고

高 **exhibition** [èksəbíʃən]

[명] 진열; 전시회, 과시, 발휘
▶ exhibit(나타내다, 전시하다) + ion(명사 어미) = exhibition(진열, 전시회)
▶ an industrial exhibition 산업 전람회(전시회)

E

大 **exhort** [igzɔ́ːrt]

[동] 간곡히 타이르다, 권하다.

이거 좋트라
[암] **물건**이 **싱**싱해 **이그 좋트**라 하며 **권하다**.
(thing) (exhort)

大 **exhortation** [ègzɔːrtéiʃən / èksɔːr-]

[명] 간곡한 권고, 종용, 장려
▶ exhort(간곡히 타이르다, 권하다) + ation(명사 어미) = exhortation(간곡한 권고, 종용, 장려)

高 **exile** [égzail / éks-]

[타] 추방하다, 망명하다. [명] 추방, 망명
애 그 자가 일
[암] **사환**인 **보이 애 그 자(者) 일**안해 **추방하다**.
(boy) (exile)

高 **exist** [igzíst]

[동] 존재하다, 생존하다.

애(두) 거지 서투르게 살아가다
[암] **인천**에 **이(二) 그지 스트**르게 **생존하다**.
(Incheon) (exist)
▶ Such things do not exist.
그런 것은 존재하지 않는다.

高 **existence** [igzístəns]

[명] 존재, 실재, 생존, 존속
▶ exist(존재하다, 생존하다) + ence(명사 어미) = existence(존재, 생존, 실재)
▶ A new fashion has come into existence. 새 유행이 생겨났다.

大 **existent** [igzístənt]

[형] 존재하는, 현존하는, 현행의
▶ exist(존재[생존]하다) + ent(형용사 어미) = existent(존재하는, 현존하는, 현행의)

高 **exit** [égzit / éksit]

[명] 출구 [자] 나가다, 퇴장하다, 죽다.
하룻밤 애가 그 짓을
[암] **매춘부**와 **하룻**밤 **출구**에서 **애 그 짓**하고 **퇴장하다**.
(harlot) (exit)

大 **exit visa** [égzit víːzə]

[명] 출국 사증
▶ exit(출국) + visa(사증) = exit visa(출국 사증)

大

exotic
[igzátik / -zɔ́t-]

[형] 외래의, 이국적인, 색다른

이씨 그자 칙칙한
[암] **이(李) 그자 틱**틱한 **외래의 색다른 코트를 입다.**
(exotic) (coat)

高

expand
[ikspǽnd]

[동] 넓어지다, 넓히다, 확장하다

▶ (밖으로 = ex) + (pand = 팬드:펴다) = 넓히다, 넓어지다

에그를 **밖으로 익스 팬 드**고(들고)**펴서** = **넓히다, 넓어지다**
김익수 프라이팬들고 펴서

大

expanded
[ikspǽndid]

[형] 넓어진, 확대된

▶ expand(넓히다, 넓어지다) + ed(형용사를 만듦) = expanded(넓어진, 확대된)

大

expanse
[ikspǽns]

[명] 넓게 퍼진 공간

▶ expan(d)(넓히다, 넓어지다) + se(명사를 뜻하는 어미) = expanse(넓게 퍼진 공간)

高

expansion
[ikspǽnʃən]

[명] 팽창, 확장

▶ expan(d)(넓히다, 넓어지다) + sion(추상명사 어미) = expansion(팽창, 확장)

▶ the expansion of armaments 군비확장

中

expect
[ikspékt]

[동] 예상하다, 기대하다, 기다리다.

(김)익수(益秀)씨가 팩! 틀어질
[암] **미스**가 **익스(益秀)팩! 트**러질 걸 **예상하다.**
(Miss) (expect)

▶ I expected the worst. 나는 최악의 경우를 예상했다.

高

expectancy, -ance
[iklspéktənsi], [-əns]

[명] 기다림, 예상, 기대

▶ expect(예상[기대]하다) + ancy, ance(명사 어미) = expectancy, -ance(기다림, 예상, 기대)

大

expectant
[ikspéktənt]

[형] 기다리고 있는 [명] 기대(대망)하는 사람

▶ expect(예상[기대]하다) + ant(형용사 어미, …하는 사람) = expectant(기다리고 있는, 기대[대망]하는 사람)

高

expectation
[èkspektéiʃən]

[명] 예상, 기대, 가능성

▶ expect(예상[기대]하다) + ation(명사 어미) = expectation(예상, 기대, 가능성)

▶ beyond expectation 예상외로, 생각 밖에

大

expectative
[ikspéktətiv]

[형] 예상의, 대망의, 기대의

▶ expect(예상[기대]하다) + ative(= ive, …의) = expectative(예상의, 대망의, 기대의)

E

高 **expedition** [èkspədíʃən]

명 탐험(대), 여행, 원정

암 돈을 많은 **액스 퍼 뒤션**(expedition) **탐험대**를 **도울**(dole)려고 **나눠주다**.
(액스 퍼 뒤션)

高 **expel** [ikspél]

타 제명하다; 쫓아내다; 추방하다.

암 **갱**(gang)이 (김)**익수 팰**(expel)려고 해 **추방하다**.

大 **expend** [ikspénd]

타 (시간, 비용을) 들이다, 소비하다.

▶ (밖으로 = ex) + (pend = 지불하다) = 소비하다, (비용을)들이다

암 **드라마**(drama)[연극]를 **익수 펜드**(expend)[김익수 펜(pen)들고]고 쓰느라 **(시간과 노력을)들이다**.

高 **expenditure** [ikspénditʃər]

명 지출, 소비

▶ expend(비용을 들이다, 소비하다) + iture(= ure 동작의 결과를 나타냄) = expenditure(지출, 소비)

▶ public expenditure 공공지출

高 **expense** [ikspéns]

명 비용, 소비함

▶ expen(d)(비용을 들이다, 소비하다) + se(= ce 추상명사 어미) = expense(비용, 소비함)

高 **expensive** [ikspénsiv]

형 비용이 드는

▶ expen(d)(비용을 들이다) + sive(= ive 형용사 어미) = expensive(비용이 드는)

▶ come expensive. 비용이 많이 들다.

中 **experience** [ikspíəriəns]

명 경험 동 경험하다.

암 **자일**(seil)타기를 **익스 피 어리언 스(手)**(expend)[익수씨가 피 멍이든 수(손)]가 되도록 **체험하다**.

▶ The job requires experience. 그 업무에는 경험이 필요하다.

大 **experienced** [ikspíəriənst]

형 경험을 가진, 노련한

▶ experienc(e)(경험[체험]하다) + ed(형용사를 만듦) = experienced(경험을 가진, 노련한)

高 **experiment** [ikspérimənt]

명 실험, 시험 동 실험하다.

암 **복서**(boxer)가 **실험**삼아 **익스 패리 먼(面) 트**(experiment)[익수를 패리 면(얼굴) 틀어지게]러지게.

▶ do experiments in science class. 과학 수업에서 실험을 하다.

大 **experimental** [ikspèriméntl]

형 실험의, 실험적인

▶ experiment(실험) + al(…의[적인]) = experimental(실험의, 실험적인)

大 **experimentation** [ikspèrimentéiʃən]

명 실험, 실험법

▶ experiment(실험하다) + ation(명사 어미) = experimentation(실험, 실험법)

高 **expert** [ékspəːrt]

명 숙달자, 전문가, 명수 형 숙련된, 노련한

▶ (밖으로 = ex) + (pert = 퍼트리다) = expert(노련한, 전문가)

돈을 **밖으로**많은**액스 퍼트**려 융통시키는 = expert(노련한, 전문가)

高 **expire** [ikspáiər]

동 끝나다, 만기가 되다, 숨을 내쉬다.

▶ (밖으로 = ex) + (pire = 숨쉬다) = 끝나다, 숨을 내쉬다

코 **밖으로**(김)**익스 파이여**대고 **숨쉬는**게 끝나다 숨을 내쉬다

中 **explain** [ikspléin]

동 설명하다, 해석하다.

▶ (밖으로 = ex) + (plain = 평평한, 평원) = 설명하다

밖으로가서 **익스 플애인**에게 **평평한 평원**을 = **설명하다**
(김)익수 플애인(=풀옷 입은 애인)

高 **explanation** [èksplənéiʃən]

명 설명, 해설, 해명

▶ expla(i)n(설명하다) + ation(명사를 만듦) = explanation(설명, 해설, 해명)

▶ a rational explanation 합리적인 설명

高 **explanatory** [iksplǽnətɔ̀ːri / -təri]

형 설명의, 변명적

▶ expla(i)n(설명하다) + atory(…의[적인]) = explanatory(설명의, 변명적)

高 **explode** [iksplóud]

동 폭발(파열)시키다, 폭발(파열)하다.

고성능 폭약을 김익수가 풀로 들어가
암 **티-엔-티**를 **익스 플로 드**러가 **폭발시키다**.
(T. N. T) (explode)

▶ The gas tank exploded. 가스탱크가 폭발하였다.

高 **exploit** [iksplɔ́it]

명 공적, 위업 동 개척하다, 개발하다.

익수가 풀로 이를 틀어 빼는
암 **익스 플로 이 트**러빼는걸 **개발(개척)하다**.
(exploit)

大 **exploitation** [èksplɔitéiʃən]

명 개척, 개발

▶ exploit(개척[개발]하다) + ation(명사 어미) = exploitation(개척, 개발)

大 **exploiter** [iksplɔ́itər]

명 (나쁜 뜻으로) 개발자, 이용자

▶ exploit(개발하다) + er(…사람) = exploiter(개발자, 이용자)

高 **exploration** [èkspləréiʃən]

㉮ 답사; 탐구, 탐험

▶ explor(e)(탐험하다, 답사하다) + ation(명사 어미) = exploration(답사, 탐험, 탐구)

▶ a voyage of exploration 탐험 항해

高 **explore** [ikspl5ːr]

동 탐험(답사)하다; 탐구하다, 연구하다.

암 **클로버**를 **익스 플로** 가서 **연구하다(탐험하다)**.
(토끼풀을 = 클로버 (clover); (김)익수 풀로 = 익스 플로 (explore))

▶ explore the Antarctic Continent.
남극 대륙을 탐험하다.

高 **explorer** [ikspl5ːrər]

명 탐험가, 탐구자

▶ explor(e)(탐험하다, 탐구하다) + er(…사람) = explorer(탐험가, 탐구자)

▶ an explorer of Africa 아프리카 탐험가

高 **explosion** [iksplóuʒən]

명 폭발, 폭파

▶ (폭발하다 = explo[de]) + (sion = 추상명사 어미) = explosion(폭발, 폭파)

▶ a population explosion 인구폭발

大 **explosive** [iksplóusiv]

형 폭발하기 쉬운, 폭발성의 명 폭발물

▶ explos(ion)(폭발, 폭파) + ive(형용사 어미) = explosive(폭발하기 쉬운, 폭발성의, 폭발물)

高 **export** [ikspɔ́ːrt]

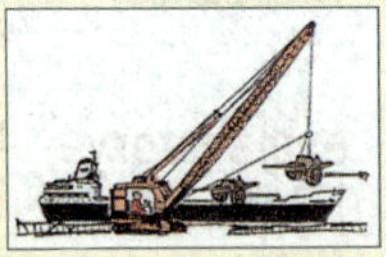

동 수출하다. 명 수출(품)

▶ ex(= out) + port(= carry) = export(수출하다)

암 **익스 포(砲) 트**러 싣고 **수출품**을 **수출하다**.
((김)익수 포(砲) 틀어 = 익스 포(砲) 트 (export))

高 **exporter** [ikspɔ́ːrtər]

명 수출업자, 수출국

▶ export(수출하다) + er(… 하는 사람, …하는 곳) + exporter(수출업자, 수출국)

高 **expose** [ikspóuz]

동 (햇빛・공격・위험 등에)노출시키다, 진열하다, 폭로하다, 드러내다.

▶ ex(= out) + pose(= place) = expose(폭로하다)

암 **경찰봉**의 **비리**를 (김익수)**익스 포즈**잡고 **폭로하다**.
(비리 = billy; 익스 포즈 = expose)

大 **exposition** [èkspəzíʃən]

명 설명, 박람회, 노출

▶ expos(e)(들러내다, 진열하다) + ition(동작, 상태를 뜻함) = exposition(설명, 박람회, 노출)

高 **exposure** [ikspóuʒər]

명 노출, 드러냄, 폭로

▶ expos(e)(드러내다, 노출하다) + ure(명사 어미) = exposure(노출, 드러냄, 폭로)

▶ a double exposure 이중 노출

大

expound
[ikspáund]

[타] 상세히 설명하다, 해설하다.

유전(油田)을 (김)익수 파 운도

[암] **오일 랜드**를 **익스 파 운드** 좋게 맞힘을 **상세히 설명하다.**

(oil land) (expound)

大

expounder
[ikspáund]

[명] 해설자, 해설서

▶ expound(상술하다, 해설하다) + er(…하는 사람[것]) = expounder(해설자, 해설서)

中

express
[iksprés]

[동] 표현(발표)하다. [명] 급행열차 속달편

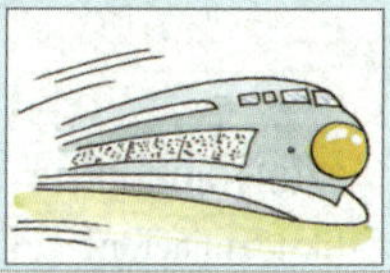

[암] 신문을 **급행열차 속달편 익스프레스**로 보내 **발표하다.**

(express)

▶ send a letter by express. 편지를 속달로 보내다.

高

expression
[ikspréʃən]

[명] 표현;어구;표정

▶ express(표현하다) + ion(명사 어미) = expression(표현, 표정)

▶ an idiomatic expression 관용적인 표현

高

expressive
[iksprésiv]

[형] 표현하는, 나타내는

▶ express(표현하다) + ive(형용사 어미) = expressive(표현하는, 나타내는)

高

exquisite
[ikskwízit / ékskwi-]

[형] 절묘한, 세련된, 섬세한

(김)익수 키짓(=키질)

[암] **절묘하고세련된 익스 퀴질…**

(exquisite)

▶ an exquisite bracelet 정교하고 아름다운 팔찌

高

extend
[iksténd]

[동] 펴다, 뻗다; 확장하다, 계속되다, ~에 이르다.

▶ ex(= out) + tend(= stretch 펴다) = extend(펴다)

익수씨가 텐(10)장 들어

[암] **트럼프**하려고 **익스 텐 드**려 **펴다.**

(trump) (extend)

高

extension
[iksténʃən]

[명] 신장, 뻗음, 확장, 내선전화

▶ exten(d)(확장하다, 뻗다) + sion(추상명사를 만듦) = extension(뻗음, 신장, 확장, 내선전화)

▶ an extension ladder 신축식 사닥다리

高

extensive
[iksténsiv]

[형] 광대한, 넓은

▶ extens(ion)(확장, 뻗음) + ive(형용사 어미) = extensive(광대한, 넓은)

▶ an extensive order 대량주문

大

extensively
[iksténsivli]

[형] 널리, 광범위하게

▶ extensive(광대한, 넓은) + ly(부사를 만듦) = extensively(널리, 광범위하게)

E

高 **extent**
[ikstént]

명 넓이, 크기, 범위, 정도, 한도

암 (김익수)**익스 텐트**의 **크기**를 **정도**에 맞게 **디자인**해.
(extent) (design)

大 **exterminate**
[ikstə́ːrminèit]

동 (사상 잡초 해충 등을) 전멸시키다, 근절(박멸)하다.

(김)익수 터미네 이틀이나
암 **불도저**로 **익스 터미네 이트**리나 그래 **잡초 해충을 전멸시키다**.
(bulldozer) (exterminate)

大 **extermination**
[ikstə̀ːrminéiʃən]

명 근절, 전멸, 박멸

▶ exterminat(e)(근절[전멸]하다) + ion(명사 어미) = extermination(근절, 박멸, 전멸)

高 **external**
[ikstə́ːrnəl / eks-]

형 외부의, 밖의 명 외부, 외관

X자형 터널(=tunnel 지하도)발음을 이용하여 기억할 것
암 **엑스 터널 외부**를 **수비대**가 **가드**니 **경계하다**.
(external) (guard)

高 **extinct**
[ikstíŋkt]

형 꺼진, 끊어진, 소멸된

(김)익수 팅!하고 끄트머리에
암 **익스 팅! 크트**머리에 **꺼진 스위치**를 **온**하여 **넣다**.
(extinct) (switch) (on)

大 **extinction**
[ikstíŋkʃən]

명 소화, 소멸, 사멸

▶ extinct(꺼진, 끊어진, 소멸된) + ion(명사 어미) = extinction(소화, 소멸, 사멸)

高 **extinguish**
[ikstíŋgwiʃ]

동 (불 따위를)끄다; 박멸하다, 멸종시키다.

(김)익수
암 **스프레이**를 **익수 튕귀쉬**어 (해충을)**박멸하다**.
(spray) (extinguish)

▶ Water can extinguish fire. 물로 불을 끄다.

大 **extol**
((美))-toll
[ikstóul]

타 칭찬(격찬)하다.

사장이 (김)익수 토울(흙울타리)을
암 **보스**가 **익스 토(土)울**을 잘 쌓니 **칭찬하다**.
(boss) (extol)

高 **extra**
[ékstrə]

형 여분의, 특별한, 임시의 부 가외로 명 보조 출연자

암 **특별히 임시고용**된 **엑스트라 보조 출연자**
(extra)

▶ an extra train 임시[증설]열차

高 **extract**
[ikstrǽkt]

동 빼내다, 뽑아내다, 발췌하다.

(김)익수 트랙터(tractor)를 연상해 기억할 것
암 **가득한 풀**을 **익스 트랙트**로 **뽑아내다**.
(full) (extract)

大 **extraction**
[ikstrǽkʃən]

명 뽑아냄, 추출

▶ extract(뽑아내다, 발췌하다) + ion(명사 어미) = extraction(뽑아냄, 추출)

大 **extraordinarily**
[ikstrɔ́:rdənérəli / èkstrəɔ́:rdənèrə-]

부 이상하게, 비범하게

▶ extraordinar(y) → i(이상한, 비범한) + ly(부사를 만듦)
= extraordinarily(이상하게, 비범하게)

高 **extraordinary**
[ikstrɔ́:rdənèri / èkstrəɔ́:dinəri]

형 이상한, 비범한

▶ extra(= out of) + ordinary(보통의)
= extraordinary (비상한, 이상한)

임시고용된 오씨 뒤 널이
암 **엑스트러 오(吳) 뒤 널이** 몸에 배여 **비범한 점프하다**.
(extraordinary) (jump)

大 **extravagance**
[ikstrǽvigəns]

명 사치, 방종(한 언행)

▶ extravagan(t)(사치스럼, 엉뚱한) + ce(추상명사 어미)
= extravagance(사치, 방종(한 언행)

高 **extravagant**
[ikstrǽvigənt]

형 낭비하는, 엉뚱한, 터무니 없는

(김)익수씨 틀에 비 건 트기 생각
암 **익스 트레 비 건 트**기의 **엉뚱한 아이디어**
(extravagant) (idea)

高 **extreme**
[ikstrí:m]

형 극단의; 과격한 부 (古) 아주, 몹시

(김)익수
암 **과격한 익스 트림**을 **아주 몹시**해
(extreme)

▶ He has extreme views.
그는 극단적인 견해를 갖고 있다.

高 **extremely**
[ikstrí:mli]

부 극단으로, 과격하게

▶ extreme(극단의, 과격한) + ly(부사를 만듦) = extremely(극단으로, 과격하게)

▶ It was an extremely fine day in May. 그날은 5월의 아주 화창한 날이었다.

大 **extremity**
[ikstréməti]

명 말단, 앞끝 극도

▶ extreme(극단의, 과격한) + ity(추상명사 어미) = extremity(말단, 앞끝 극도)

大 **extrude**
[ikstrú:d]

동 밀어내다, 내밀다, (수지를)사출 성형하다.

(김)익수 정말(=ture:트루)을 연관시켜 기억할 것
암 막힌 **파이프를 익스 투루 드**러(들어)서 **밀어내다**.
(pipe) (extrude)

大 **extrusion**
[ikstrú:ʒən]

명 밀어냄, 쫓아냄

▶ extru(de)(쫓아내다, 밀어내다) + sion(추상명사 어미) = extrusion(밀어냄, 쫓아냄)

大	**exult** [igzʌ́lt]	㉶ 크게 기뻐하다, 기뻐 날뛰다. 이씨인 그(가) 절 트기에게 **암 이(李)그 절 트**기에게 받고 **크게 기뻐하다.** (exult) 
大	**exultation** [ègzʌltéiʃən / éksʌl-]	㉹ 기뻐함, 환희, 열광 ▶ exult(크게 기뻐하다) + ation(명사 어미) = exultation(몹시 기뻐함, 환희)
中	**eye** [ai]	㉹ 눈, 시력 ㉸ 보다, 주시하다. **암 아이**가 **눈**으로 **보다(주시하다).** (eye) ▶ Tears were in his eyes. 그의 눈에 눈물이 글썽거렸다.
大	**eyeball** [áibɔ̀ːl]	㉹ 눈알, 안구 ▶ eye(눈) + ball(알, 구(球)) = eyeball(눈알, 안구)
高	**eyebrow** [áibràu]	㉹ 눈썹 ▶ eye(눈) + brow(이마) = eyebrow(눈썹)
大	**eye chart** [ai tʃɑːrt]	㉹ 시력 검사표 ▶ eye(눈) + chart(도표) = eye chart(시력 검사표)
大	**eye doctor** [ai dɑ́ktər]	㉹ 안과 의사 ▶ eye(눈) + doctor(의사) = eye doctor(안과 의사)
高	**eyeglass** [áiglæ̀s]	㉹ 안경알, 안경 ▶ eye(눈) + glass(유리) = eyeglass(안경알, 안경)
大	**eye-level** [áilèvəl]	㉹ 눈높이 ▶ eye(눈) + level(수준, 수평) = eye-level(눈높이)
高	**eyelid** [ailìd]	㉹ 눈꺼풀 ▶ eye(눈) + lid(뚜껑, 눈꺼풀) = eyelid(눈꺼풀)

E

高 **eyesight** [áisàit]

㉮ 시력, 시각

▶ eye(눈) + sight(시각, 시력) = eyesight(시력, 시각)

高 **eyewink** [áiwìŋk]

㉮ 윙크, 눈짓

▶ eye(눈) + wink(눈깜박임, 눈짓) = eyewink(윙크, 눈짓)

F

高 **fable** [féibəl]

㉮ 우화, 꾸민 이야기, 잡담 ㉯ 우화로(를)만들다.

폐품된 두 부처와

암 **이솝**이 **페이블(廢二佛)**과 나눈 **꾸민 이야기**.
(Aesop) (fable)
우화

▶ Aesop's fables 이솝 우화

高 **fabric** [fǽbrik]

㉮ 조직, 구조, 직물, 피륙

패 불익(不益)

암 동아리 **패 불익(不益)**없게 **직물 피륙**을 **세어** **분배하다**.
(fabric) (share)

▶ silk [cotton, woolen] fabrics 견[면,모]직물

大 **fabricate** [fǽbrikèit]

㉰ 제조[조립]하다

▶ fabric(조직, 구조) + ate(…하다) = fabricate(제조[조립]하다)

中 **face** [feis]

㉮ 찌푸린 얼굴, 얼굴, 표면, 표정 ㉰ 대면하다.

폐(손해)있으니 좋은 얼굴로

암 **찌푸린 얼굴**은 **페(弊)이스**니 굿 **얼굴**로 **대면하다**.
(face)

▶ a beautiful [lovely, pretty] face 아름다운 얼굴

大 **facial** [féiʃəl]

㉱ 얼굴의, 안면의

▶ fac(e)(얼굴) + ial(= al …의) = facial(얼굴의, 안면의)

大 **facilitate** [fəsílətèit]

㉰ 편리하게 하다

▶ facilit(y)(편리함) + ate(…하다) = facilitate(편리하게 하다)

高 **facility** [fəsíləti]

㉮ 용이함;재능, 설비, 편의 시설

퍼 실었지

암 **콜탄(炭)**을 **용이한 설비**물로 **재능**껏 **퍼 실러티**.
(coal) (facility)

▶ bathing facilities 목욕 시설

大 **facing** [féisiŋ]

명 면함, 겉단장

▶ fac(e)(얼굴, 향하다, 면하다) + ing(현재분사 어미) = facing(면함, 겉단장)

中 **fact** [fækt]

명 사실, 진실

팩! 틀어

암 영사기를 **팩! 트**러서 **사실**대로 알리는 **진실**

(fact)

▶ a well-known fact 잘 알려진 사실

大 **faction** [fækʃən]

명 도당, 당파, 파벌

▶ fact(사실대로 만들어) + ion(명사 어미) → 사실대로 만들어 대립하는 것들 = faction(도당, 당파, 파벌)

高 **factor** [fæktər]

명 대리인, 요인, 원동력

▶ fact(사실대로 만드는) + or(…사람[것]) = (대리인, 요인, 원동력)

▶ a critical [determining] factor 결정적인 요인

高 **factory** [fæktəri]

명 공장, 제조소

▶ fact (사실대로 만드는) + ory(…하는 곳) = factory(공장, 제조소)

▶ a clothing factory 의류공장

大 **factual** [fæktʃuəl]

형 사실의, 실제의

▶ fact(사실) + ual(= al …의) = factual(사실의, 실제의)

高 **faculty** [fækəlti]

명 능력; 재능

암 나무에 **팩! 컬 티**(걸치)는 멍키의 **능력(재능)**

(faculty)

▶ the faculty of speech 언어 능력

大 **fad** [fæd]

명 변덕, 도락, 취미

암 화투 **패 드**(들)고 **취미 도락**으로 하는 **고 스톱**

(fad) (go stop)

高 **fade** [feid]

동 바래다, 쇠하게 하다, 바래게 하다.

암 갱이 놈을 **패 이드**를(들을)**쇠하게(바래게)하다**.

(fade)

▶ The light has faded. 빛이 흐려졌다.

高 **Fahrenheit** [færənhàit / fɑ́ːr-]

명 화씨온도계 (약어)F.

팔은 하의 틀어지게

암 **화씨온도계**를 쥔 **팔런 하이 트**러지게 **포켓에 넣다**.

(Fahrenheit) (pocket)

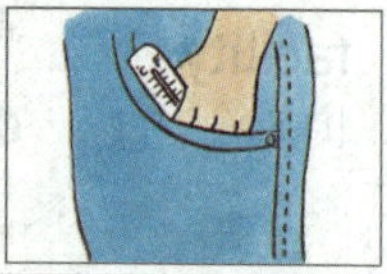

中 **fail**
[feil]

㉢ 실패하다, 하지 못하다, 부족하다.

실패한 일로
암 거사가 **패(敗)일**로 끝나 **실패하다**.
(fail)

▶ fail in business 사업에 실패하다.

大 **failing**
[féiliŋ]

명 실패, 부족

▶ fail(실패하다) + ing(현재분사 어미) = failing(실패, 부족)

高 **failure**
[féiljər]

명 실패, 실수

▶ fail(실패하다) + ure(명사 어미) = failure(실패,실수)

▶ a business failure 사업 실패

大 **fain**
[fein]

형 기꺼이, 쾌히

패인(패한이유) 어씨도 밑으로
암 **패인(敗因)**을 **기꺼이 어(魚)드 미트**로 들어가 **인정하다**.
(fain) (admit)

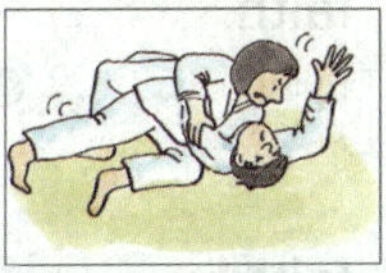

高 **faint**
[feint]

명 기절, 졸도 형 (빛이)희미한, 어렴풋한 자 졸도하다.

암 (빛바랜)**희미한 페인트**칠위에 **페인터**가 **페인트칠을 하다**.
(faint) (painter) (paint)

▶ fall into a faint. 기절하다, 정신을 잃다.

高 **faintly**
[féintli]

부 희미하게, 어렴풋이

▶ faint(희미한, 어렴풋한) + ly(부사를 만듦) = faintly(희미하게, 어렴풋이)

中 **fair**
[fɛər]

형 공정한, 아름다운 부 정정 당당히, 당당히

암 **챔피언**을 **공정한** 링에서 **당당히 패어**.
(champion) (fair)

▶ He was a fair teacher. 그는 공정한 선생님이었다.

高 **fairly**
[fɛ́ərli]

부 공정히, 공평히

▶ fair(공정한) + ly(부사를 만듦) = fairly(공정히, 공평히)

▶ fight fairly. 정정 당당히(공정히)싸우다.

大 **fairness**
[fɛ́ərnis]

명 공평함, 아름다움, 흰 살결

▶ fair(공정한, 살결이 흰) + ness(추상명사 어미) = fairness(공평함, 아름다움, 흰 살결)

高 **fair play**
[fɛər plei]

명 정정 당당한 경기 태도, 페어플레이

▶ fair(공정한) + play(경기) = fair play(정정 당당한 경기 태도, 페어플레이)

F

高 **fairy**
[fέəri]

명 요정, 선녀 형 요정의 (같은)

암 **배트 방망이**로 **요정**을 **패어리**(패리, 패다)
(bat) (fairy)

▶ She looks like a fairy. 그녀는 요정 같다.

大 **fairyland**
[fέərilæ̀nd]

명 요정(동화)의 나라

▶ fairy(요정의) + land(나라) = fairyland(요정의 나라)

高 **fairy tale**
[fέəri teil]

형 동화, 옛날이야기

▶ fairy(요정의) + tale(이야기) = fairy tale(동화, 옛날 이야기)

高 **faith**
[feiθ]

명 신앙, 신념, 믿음; 종교

폐(弊)단 있슴을 사람이 폼

암 **종교**와 **신앙**에도 **폐(弊)이스**를 **인(人) 폼**잡고, **알리다.**
(faith) (inform)

高 **faithful**
[féiθfəl]

형 충실한, 성실한, 믿을 수 있는

▶ faith(믿음, 신앙) + ful(…이 가득찬, 많은) = faithful(충실한, 성실한, 믿을 수 있는)

▶ a faithful copy 원본에 충실한 사본

高 **faithfully**
[féiθfəli]

부 충실하게, 성실하게

▶ faithful(충실한, 성실한) + ly(부사를 만듦) = faithfully(충실하게, 성실하게

▶ deal faithfully with …을 성실히 다루다

大 **faithless**
[féiθlis]

형 믿음없는, 신앙심 없는, 신의 없는

▶ faith(믿음, 신앙) + less(…이 없는) = faithless(믿음 없는, 신앙심 없는, 신의 없는)

大 **fake**
[feik]

명 가짜, 위조품 동 날조하다, 꾸미다.

강 패 이(利) 크게

암 **달러**를 **강 패 이(利)크**게 보려고 **위조품**으로 **날조하다.**
(dollar) (gang) (fake)

大 **falcon**
[fǽlkən / fɔ́:l-]

명 송골매(특히 암컷), 매

펠(폐를) 큰

암 **매**가 **펠 컨(부리로) 팩! 쪼아먹다.**
(falcon) (peck)

中 **fall**
[fɔ:l]

동 떨어지다. 명 가을, 폭포(수)

암 (잎이) **가을**에 **폭포수**처럼 **폴**폴 **떨어지다.**
(fall)

▶ Korea is beautiful in the fall. 한국은 가을에 아름답다.

F

大 **fallacy** [fǽləsi]

(명) 오류(誤謬), 허위(성), 기만(성), 그릇된 생각(신앙)

이치에 어긋남 / 패망한 러시아(Russia)를 연관시켜 기억할 것

(암) **오류(誤謬)**에 찬 **패(敗)러시아**의 **기만성.(그릇된 생각)**
(fallacy)

中 **fallen** [fɔ́:lən]

fall(떨어지다)의 과거분사 (형) 떨어진, 타락한

▶ a fallen woman 타락한 여자, 매춘부

大 **fallow** [fǽlou]

(명) 휴경지, 놀리는 땅 (형) 경작하지 않은 (타) (농토를) 묵히다.

폐를 로우(늙은 벗)에게

(암) **룸펜**이 **펠 로우(老友)**에게 기치며 **휴경지**되게 **(농토를)묵히다.**
(Lumpen) (fallow)

高 **false** [fɔ:ls]

(형) 거짓의, 그릇된, 틀린

포를 수 없이

(암) **틀린 거짓**의 정보 받고, **폴 스** 없이 쏘네.
(false)

▶ a false account 잘못된 계산[보고]

大 **false**hood [fɔ́:lshùd]

(명) 거짓말, 허위

▶ false(거짓의 틀린) + hood(성질, 상태를 뜻하는 명사 어미) = falsehood(거짓말, 허위)

大 **falter** [fɔ́:ltər]

(동) 비틀거리다, 중얼거리다. (명) 머뭇거림

모 포를 털며

(암) **엄마**가 **모 폴 터**며 **비틀거리다.**
(ma) (falter)

高 **fame** [feim]

(명) 명성 (동) 명성을 높이다.

패서 임씨가

(암) **챔피언**을 **패 임(任)**이 **명성을 높이다.**
(champion) (fame)

▶ national fame 전국적 명성

大 **fam**ed [feimd]

(형) 유명한, 이름 있는

▶ fam(e)(명성) + ed(형용사를 만듦) = famed(유명한, 이름 있는)

高 **familiar** [fəmíljər]

(형) 친한, 친숙한

(암) 수프를 **퍼 밀려** 있는 **친한** 분께 **세어 분배하다.**
(familiar) (share)

▶ You look familiar. 낯이 익은 것 같은데요

高 **familiar**ity [fəmiljǽrəti / -liǽr-]

(명) 친밀, 친함

▶ familiar(친한) + ity(추상명사 어미) = familiarity(친밀, 친함)

F

中 **family** [fǽməli / fǽmili]

㉮ 가족, 일가

㉰ **가족**의 **패(敗)** **미리** 막는 **아이디어**.
(망함을 / family / 생각 / idea)

▶ He has a large family. 그으 가족은 많다.

高 **family name** [fǽmili neim]

㉮ 성(姓)

▶ family(가족) + name(이름) = family name(성)

高 **famine** [fǽmin]

㉮ 기근, 식량 부족, 굶주린

㉰ **패민(敗民)**이 겪는 **기근**과 **굶주림**
(패민(=페한 민족) / famine)

▶ die of(suffer from) famine 기근으로 죽다(고생하다)

大 **famish** [fǽmiʃ]

㉯ 굶주리게 하다, 굶주리다

▶ fam(ine)(굶주림, 기근) + ish(…하게 하다) = famish(굶주리게 하다, 굶주리다)

F

中 **famous** [féiməs]

㉱ 유명한, 이름난, 명성있는

▶ (명성 = fam[e]) + ous(형용사 어미) = famous(유명한, 이름난, 명성있는)

▶ London is famous for its fogs. 런던은 안개로 유명하다.

高 **fan**[1] [fæn]

㉮ 부채, 선풍기 ㉯ 부채로 부치다, 선동하다.

▶ He fanned himself with his hat. 그는 모자로 부채질했다.

高 **fan**[2] [fæn]

㉮ (영화, 스포츠, 특정 취미의)팬, …광(狂)

▶ a baseball [film] fan 야구[영화]팬

大 **fanatic** [fənǽtik]

㉮ 광신자, 열광자 ㉱ 열광(광신)적인

▶ fan(팬, 광) + atic(…적인) = fanatic(광신자, 열광자, 열광[광신]적인

大 **fanatical** [fənǽtikəl]

㉱ 열광(광신)적인

▶ fanatic(열광적인, 광신적인) + al(…의) = fanatical(열광적인, 광신적인)

大 **fancied** [fǽnsid]

㉱ 상상의, 공상의

▶ fancy → (i)(상상, 공상) + ed(형용사를 만듦) = fancied(상상의, 공상의)

大 **fanciful** [fǽnsifəl]

㉧ 상상(공상)에 잠기는

▶ fancy → (i)(상상, 공상) + ful(형용사 어미) = fanciful(상상(공상)에 잠기는

高 **fancy** [fǽnsi]

㉢ 상상, 공상 ㉣ 공상하다, 좋아하다. ㉧ 환상적인

팬들의 시(詩)

㉠ **스타**가 **환상적인 팬시(詩)**를 **좋아하다**.
(star) (fancy)

▶ He has a fancy for driving.
그는 드라이브를 좋아한다.

高 **fantastic** [fæntǽstik]

㉧ 환상적인, 공상적인

▶ fantas(y)(공상, 환상) + tic(= ic …적인) = fantastic(공상적인, 환상적인)

▶ Your fear is fantastic. 네 두려움은 근거가 없다.

高 **fantasy, phan-** [fǽntəsi]

㉢ 공상, 환상곡 ㉣ 백일몽을 꾸다.

(열성)팬 토시끼고

㉠ **팬 터시**끼고 **공상**의 **백일몽을 꾸다**.
(fantasy)

中 **far** [fɑːr]

㉥㉧ (비교급, farther, further 최상급 farthest, furthest) 멀리, 아득히

㉠ **트랙터**로 **아득히 멀리**까지 **파**.
(tractor) (far)

▶ far from the city 도시에서 먼

大 **faraway** [fɑ́ːrəwèi]

㉧ 먼, 멀리의, 꿈꾸는 듯한

▶ far(멀리) + away(떨어져서) = faraway(먼, 멀리의, 꿈꾸는 듯한)

大 **farce** [fɑːrs]

㉢어릿광대극, 소극(笑劇) ㉤ 흥미를 돋우다.

㉠ (얼굴에) **파스**를 붙이고 **어릿광대극**으로 **흥미를 돋우다**.
(farce)

高 **fare** [fɛər]

㉢ 요금, 승객 운임

㉠ **드라이버**가 **승객**을 (승차)**요금** 때문에 **패어**.
(driver) (fare)

▶ tram fare 전차 요금

大 **farebox** [fɛ́ərbɑ̀ks / -bɔ̀ks]

㉢ (美) (지하철 버스 따위의) 요금함

▶ fare(요금0 + box(함, 상자) = farebox([지하철 등의] 요금함)

高 **farewell** [fɛ̀ərwél]

㉦ 안녕!, 작별의 인사

▶ fare(요금, 승객) = well(잘, 훌륭히) = 안녕! 작별의 인사

▶ a tearful farewell 눈물어린 송별(회)

F

中	**farm** [fɑːrm]	ⓜ 농장, 논밭 ⓢ 경작하다. 암 땅을 **팜**(farm)으로 **농장**을 **경작하다**. ▶ She works on a farm. 그녀는 농장에서 일한다. 
中	**farmer** [fɑ́ːrmər]	ⓜ 농부;농장주 ▶ farm(농장, 경작하다) + er(사람을 뜻하는 어미) → 농장을 경작하는 사람 = farmer(농부, 농장주) ▶ My father is a farmer. 우리 아버지는 농부이시다.
高	**farmhouse** [fɑ́ːrmhàus]	ⓜ 농가, 농장 안의 주택 ▶ farm(농장) + house(집) = farmhouse(농가, 농장 안의 주택
大	**farmland** [fɑ́ːrmlæ̀nd]	ⓜ 농지, 농토 ▶ farm(농장) + land(토지) = farmland(농지, 농토)
大	**farmyard** [fɑ́ːrmjɑ̀ːrd]	ⓜ 농가의 마당, 농장의 구내 ▶ farm(농장) + yard(마당, 구내) = farmyard(농가의 마당, 농장의 구내)
高	**faroff** [fɑ́ərɔ́ːf / fɑ́ːrɔ́f]	ⓗ (장소, 시간이) 먼, 멀리 떨어진 ▶ far(멀리) + off(…에서 떨어져서) = faroff(먼, 멀리 떨어진)
大	**farreaching** [fɑ́ːríːtʃiŋ]	ⓗ 멀리까지 미치는, 광범위한 ▶ far(멀리) + reaching(미치는) = farreaching(멀리까지 미치는 광범위한)
高	**farther** [fɑ́ːrðər]	(far의 비교급) ⓑ 더(욱) 멀리 ▶ far(멀리) + ther(= er 비교급 어미) = farther(더[욱]멀리) ▶ I can go no farther. 이제 이 이상 (앞으로는) 못 가겠다.
高	**farthest** [fɑ́ːrðist]	(far의 최상급) ⓑ 가장 멀리(에)[까지] ▶ far(멀리) + thest(= est 최상급의 어미) = farthest(가장 멀리(에)[까지]) ▶ at (the) farthest (아무리)멀더라도, 늦더라도 기껏해야
大	**farthing** [fɑ́ːrðiŋ]	ⓜ 파딩(영국의 옛화폐, 銅貨(동화) ▶ far(멀리) + thing(물건) → 멀리 오래된 물건(화폐) = farthing(파딩, 영국의 옛화폐)

F

高 **fascinate** [fǽsinèit]

(동) 황홀하게 하다, 매혹하다.

(암) 카퍼레이드(carparade: 차량 축하 행렬) 패(패가) 시내(市內)(fascinate: 시내(市內)) 이트(이틀이나)리나 돌며 황홀하게 하다.

▶ be fascinated with [by] …에 매혹되다.

高 **fascinating** [fǽsinèitiŋ]

(형) 황홀케 하는, 매혹적인

▶ fascinat(e)(황홀하게 하다, 매혹하다) + ing(현재분사 어미) = fascinating(황홀케 하는, 매혹적인)

大 **fascination** [fæ̀sinéiʃən]

(명) 매혹, 매력

▶ fascinat(e)(매혹하다) + ion(추상명사 어미) = fascination(매혹, 매력)

大 **fascism** [fǽʃizəm]

(명) 파시즘, 국수주의(이탈리아 뭇솔리니의 파시즘주의)

高 **fashion** [fǽʃən]

(명) 유행; 방식, 형 (동) 모양짓다, 만들다.

(암) 패션(fashion)쇼를해 유행을 만들다.

▶ follow the fashion. 유행을 따르다.

高 **fashionable** [fǽʃənəbəl]

(형) 최신 유행의, 유행하는

▶ fashion(유행) + able(…을 좋아하는, …의) = fashionable(최신 유행의, 유행하는)

大 **fashion show** [fǽʃən ʃou]

(명) 패션쇼

▶ fashion(유행) + show(쇼) = fashion show(패션쇼)

中 **fast[1]** [fǽst / fɑ:st]

(형) 빠른 (부) 빨리

(암) 탐조등을 빨리 파스(把守)(fast: 파수(把守)꾼이) 트(틀어)러 변두리를 보더(border: 보다).

▶ The clock is five minutes (too) fast. 그 시계는 5분 빨리 간다.

大 **fast[2]** [fǽst / fɑ:st]

(동) 단식하다, 금식하다.

(암) 빠른 파스트(fast) 다이어트로 단식(금식)하다.

高 **fasten** [fǽsn / fɑ́:sn]

(동) 단단히 묶다 (매다).

(암) 파슬(parcel: 팔을) 소포로 싸 파슨(fasten: 팔은) 단단히 묶어 매다.

▶ Fasten the mirror securely to the wall. 거울을 벽에 단다히 달아라.

中 **fat** [fæt]

형 살찐, 불룩한 명 지방

폐를 틀어 먹어
암 돼지의 **살진 페(肺) 트**러 **악어**가 **머거**.
(fat) (mugger)

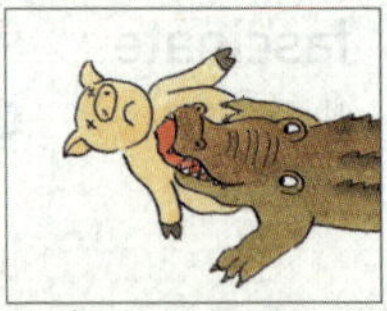

▶ It is not easy to lose body fat.
몸의 지방을 빼는 것은 쉽지않다.

高 **fatal** [féitl]

형 치명적인, 운명의, 숙명적으로

▶ fat(e)(운명) + al(…의) = fatal(운명의, 치명적인, 숙명적으로)

▶ a fatal injury [wound] 치명상

大 **fatality** [feitǽləti / fət-]

명 숙명, 참사, 죽음

▶ fatal(숙명의, 치명적인) + ity(추상명사 어미) = fatality(숙명, 참사, 죽음)

大 **fatally** [féitəli]

부 치명적으로, 숙명적으로

▶ fatal(숙명의, 치명적인) + ly(부사를 만듦) = fatally(치명적으로, 숙명적으로)

F

高 **fate** [feit]

명 운명, 최후, 운 죽음 타 운명지우다.

암 **배트방망이**로 **패 이(2)트**기의 **운**을 **죽음**에 **운명지우다**.
(bat) (fate)

▶ (a) bitter[cruel] fate 잔인한 운명

中 **father** [fɑ́:ðər]

명 아버지; (보통 복수)선조

▶ That is my father. 저분이 나의 아버지시다.

大 **fathom** [fǽðəm]

명 (물 깊이 따위의) 한 길(약 1.83m), 깊이
타 물 깊이를 재다.

암 **강패 덤**벙거리며 **한 길**되는 **물 깊이를 재다**.
(gang)(fathom)

大 **fathomless** [fǽðəmlis]

형 깊이를 모르는, 알 수 없는

▶ fathom(깊이, 길) + less(…이 없는) = (깊이를 모르는, 알 수 없는)

高 **fatigue** [fətí:g]

명 피로, 작업, 잡역 형 작업의 타 지치게 하다.

버 티고
암 **보스 양키**가 **퍼 티그** 앉아 **작업**을 시켜 **지치게 하다**.
(boss)(Yankee) (fatigue)

▶ fatigue clothes [dress] 작업복

大 **fatigueless** [fətí:glis]

형 피로하지 않은, 지칠줄 모르는

▶ fatigue(피로, 노고) + less(…이 없는) = fatigueless(피로하지 않은, 지칠 줄 모르는)

大 **fatten** [fǽtn]

㉣ (도살하기 위하여) 살찌우다, (땅을) 기름지게 하다.

▶ fat → (t)(살찐) + en(…하게 하다) = fatten(살찌우다, 기름지게 하다)

高 **fault** [fɔːlt]

명 결점, 잘못

암 포병이 폴 트러가며 결점을 체크하다.
(포를 틀어 = fault) (체크하다 = check)

▶ Every man has faults.
사람은 누구나 결점이 있다.

大 **faultless** [fɔ́ːltlis]

형 결점없는

▶ fault(결점) + less(…이 없는) = faultless(결점없는)

大 **faulty** [fɔ́ːlti]

형 결점이 있는, 불완전한

▶ fault(결점) + y(형용사 어미) = faulty(결점이 있는, 불완전한)

高 **favo(u)r** [féivər]

명 호의, 친절 동 호의를 보이다.

암 게가 패(貝) 이버 보고 호의를 보이다.
(조개껍질패(=貝) 입어 = favo(u)r)

▶ special favor 각별한 호의

高 **favo(u)rable** [féivərəbəl]

호의를 보이는, 호의적인

▶ favo(u)r(호의) + able(…할 수 있는) = favo(u)rable(호이를 보이는, 호의적인)

▶ a favo(u)rable answer 호의적인 대답

高 **favo(u)rably** [féivərəbli]

부 호의적으로, 순조롭게

▶ favo(u)rab(le)(호의를 보이는, 호의적인) + ly(부사 어미) = favo(u)rably(호의적으로,순조롭게)

大 **favo(u)red** [féivərd]

형 호감을 갖는, 혜택 받은

▶ favo(u)r(호의) + ed(형용사를 만듦) = favo(u)red(호감을 갖는, 혜택 받은)

高 **favo(u)rite** [féivərit]

형 마음에 드는 명 마음에 드는 것(사람)

▶ favo(u)r(호의) + ite(명사 형용사 어미) = favo(u)rite(마음에 드는, 마음에 드는 것(사람))

▶ a heavy [strong] fabo(u)rite 아주 마음에 드는 것

大 **fawn** [fɔːn]

명 새끼 사슴 자 (사슴이) 새끼 사슴을 낳다.

암 사슴 엄마가 모 폰 덮고 낳은 새끼 사슴
(모 포는(=담요는) = (ma)(fawn))

F

F

高 **fear**
[fiər]

명 공포, 두려움 동 근심하다, 무서워하다.

암 **애 크니 여드름**이 **피어 근심(무서워)하다**.
(acne) (fear)

▶ He did it out of fear. 그는 두려움에서 그렇게 했다.

高 **fearful**
[fíərfəl]

형 두려운, 걱정하는

▶ fear(두려움, 근심하다) + ful(형용사 어미) = fearful(두려운, 걱정하는)

大 **fearfully**
[fíərfəli]

부 두렵게, 걱정스럽게

▶ fearful(두려운, 걱정하는) + ly(부사를 만듦) = fearfully(두렵게, 걱정스럽게)

高 **fearless**
[fíərlis]

형 두려워하지 않는

▶ fear(두려움, 근심하다) + less(…이 없는) = fearless(두려워하지 않는)

▶ be fearless of …을 두려워하지 않다.

大 **feasible**
[fí:zəbəl]

형 실행할 수 있는, 그럴 듯한, 가능한

암 헌혈 **피 저 불**구자를 **가능한**한 **도울**려고 **나누어 주다**.
(feasible) (dole)

大 **feasibly**
[fí:zəbli]

부 실행할 수 있도록, 그럴 듯하게

▶ feasib(le)(실행할 수 있는, 그럴 듯한) + ly(부사를 만듦) = feasibly(실행할 수 있도록, 그럴 듯하게)

高 **feast**
[fi:st]

명 축연, 축제 동 축제에 참석하다.

호랑이 가죽을 서투르게
암 **기생**이 **호피 스트**르게 입고 **축제에 참석하다**.
(ho) (feast)

▶ a wedding feast 결혼잔치[피로연]

高 **feat**
[fi:t]

명 공적; 업적, 재주 형 능란한, 교묘한

피 틀어 피를
암 닥터가 **능란한 재주**로 **피 트**러 **필 보충하다**.
(feat) (fill)

▶ a feat of agility 날쌘 재주.

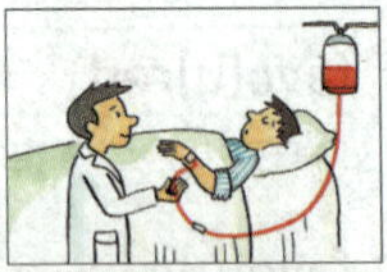

中 **feather**
[féðər]

명 깃털, 깃

암 **독수리**가 **이글**대며 **깃털**로 서로 **패더**(패다).
(eagle) (feather)

▶ as light as a feather 깃털처럼 가벼운

大 **feather bed**
[féðər bèd]

명 깃털 침대(요)

▶ feather(깃털) + bed(침대) = feather bed(깃털 침대[요])

高 **feature** [fí:tʃər]

명 (보통 복수)용모; 특징 동 …의 특징을 이루다.

암 (흡혈귀)드라큐라의 피쳐 먹기 좋은 특징있는 용모.
(Dracula) (feature)

▶ sharp feature 날카로운 용모[생김새]

中 **February** [fébruèri / ébruəri]

명 2월 (약어) Feb.

(가슴)폐부로 얼이(정신이) 미스 이월이
암 (肺腑)폐부루 얼이 빠지게 한 이월이.
(February)

▶ It cold in February. 2월에는 춥다.

高 **fed** [fed]

feed(먹이를 주다, 양육하다)의 과거, 과거분사

▶ They fed us erroneous information.
그들이 우리에게 잘못된 정보를 제공했다.

高 **federal** [fédərəl]

형 연방정부의, 연방의, 연합의 명 연방주의자

패들을
암 연방주의자가 연방정부의 패더럴 웰컴하며 환영하다.
(federal)(welcome)

▶ a federal government 연방정부

大 **federalize** [fédərəlàiz]

타 연합[동맹]시키다, 연방으로 하다.

▶ federal(연합의, 연방의) + ize(… 시키다, …하다) = federalize(연합[동맹]시키다, 연방으로 하다)

大 **federate** [fédərèit]

동 연합[동맹]하다. 형 연합[동맹]한

▶ feder(al)(연합의) + ate(…하다) = federate(연합[동맹]하다)

高 **federation** [fèdəréiʃən]

명 연합, 동맹

▶ federat(e)(연합[동맹]하다) + ion(명사 어미) = federation(연합, 동맹)

高 **fee** [fi:]

명 요금, 사례금 동 ~에게 요금을 지불하다.

암 피받은 사례금(요금)을 지불하다.
(fee)

▶ The doctor's fee was cheap. 진찰료는 비싸지 않았다.

高 **feeble** [fí:bəl]

형 연약한, 약한, 저능의

피부를
암 마담이 연약한 피불 마사지 하다.
(feeble)(massage)

▶ be feeble in mind. 정신 박약이다.

大 **feebly** [fí:bli]

부 연약하게 , 약하게

▶ feeb(le)(연약한, 약한) + ly(부사를 만듦) = feebly(연약하게, 약하게)

F

中	**feed** [fi:d]	동 사육하다, 먹이를 주다, 공급하다. 암 **드라큐라**를 **피드**고(들고)가 **사육(공급)하다**. (Dracula) (feed) ▶ Did you feed your puppy? 강아지 밥은 줬니? 
高	**feedback** [fí:dbæ̀k]	명 피드백, 반응, 의견 ▶ feed(공급하다) + back(뒤로) → 뒤로 다시 공급하다 = feedback(피드백, 반응, 의견)
大	**feeder** [fí:dər]	명 사육자 ▶ feed(사유가하다) + er(…사람) = feeder(사육자)
中	**feel** [fi:l]	동 느끼다; 만져보다. 명 촉감 암 **부랑자**가 **범필 만져 보며 촉감**으로 **느끼다**. 피를(皮를=가죽을) (bum)(feel) ▶ I don't feel good. 기분이 좋지 않아요. 
高	**feeling** [fí:liŋ]	명 느낌, 감정 ▶ feel(느끼다) + ing(현재분사 어미) = feeling(느낌, 감정) ▶ I have a feeling that he is coming soon. 그가 곧 올 것 같은 기분이 든다.
中	**feet** [fi:t]	foot(발)의 복수
大	**feign** [fein]	동 ~인 체하다, ~을 가장하다. 암 거지가 장애인**을 가장하여 폐인(廢人)인 체하다**. 몸을 망친사람 (feign)
中	**fell** [fel]	fall(떨어지다)의 과거 ▶ My hat fell off. 내 모자가 떨어졌다.
中	**fellow** [félou]	형 동료의 명 동료, 녀석 암 **펠 로우**(老友)에게 끼친 **동료 녀석**. 페를 로우(늙은 친구) (fellow) ▶ He is a good fellow. 그는 좋은 친구이다.
大	**fellowman** [féloumǽn]	명 동포 ▶ fellow(한패, 동료) + man(사람) = fellowman(동포)

高 **fellowship** [félouʃip]

명 친구, 우정, 친교, 동료 의식

▶ fellow(동료) + ship(추상명사 어미) = fellowship(친구, 우정, 친교, 동료 의식)

中 **felt** [felt]

feel(느끼다)의 과거, 과거분사

▶ She felt proud of her children. 그녀는 자기 아이들이 자랑스러웠다.

高 **female** [fíːmeil]

명 여성, 암컷 형 여성의

암 **멘스**때면 **피 매일** 흘리는 **여성**
(menses) (female)

▶ a female dog 암캐

大 **feminine** [fémənin / féminin]

형 여성의, 여자다운, 힘없는, 연약한

▶ fem(ale)(여성) + in(…안에, 속하는) + ine(형용사 어미) = feminine(여성의, 여자다운, 연약한)

高 **fence** [fens]

명 울타리 동 검술을 하다, 울타리를 치다.

암 **펜스**(울타리)밑에서 **검술을 하다**.
(fence)

▶ a master of fence 검술의 사범(명수)

高 **fencing** [fénsiŋ]

명 펜싱, 검술, 울타리

▶ fenc(e)(검술을 하다, 울타리를 치다) + ing(현재분사 어미) = fencing(펜싱, 검술, 울타리)

▶ a fencing master 펜싱 교사(사범)

大 **ferment** [fəːrment]

동 발효시키다, 끓어오르게 하다.

명 발효, 효소, 효모

암 **색(色)자루**에 **효모**를 **퍼 맨 트**기가 **효소**를 **발효시키다**.
(sack) 퍼서 묶어 맨 트기가 (ferment)

大 **fermentable** [fəːrméntəbl]

형 발효성의

▶ ferment(발효시키다) + able(…할 수 있는) = fermentable(발효성의)

大 **fermentation** [fəːrmentéiʃən]

명 발효, 흥분, 동요

▶ ferment(발효시키다) + ation(명사 어미) = fermentation(발효, 흥분, 동요)

高 **fern** [fəːrn]

명 고사리 무리, 양치류

암 **펀**한(너른 들에 난 **고사리 무리(양치류)**
(fern)

大 **ferocious** [fəróuʃəs]

㉻ 잔인한, 만행의

▶ feroci(ty)(잔인성, 만행) + ous(형용사 어미) = ferocious(잔인한, 만행의)

大 **ferocity** [fərásəti / -rɔ́s-]

㉮ 잔인성, 만행

(전쟁)포로 섯지
㉰ **제일 형무소**엔 **잔인성**을 지닌 **퍼로 서티**
(jail) (ferocity)

高 **ferry** [féri]

㉮ 나루터, 나룻배 ㉻ 배로 건네다.

㉰ **나루터**를 **페리**호 **나룻배로 건네다.**
(ferry)

▶ cross[go across] a river by ferry. 나룻배로 강을 건너다.

大 **ferryboat** [féribòut]

㉮ 나룻배, 연락선

▶ ferry(나룻배) + boat(배) = ferryboat(나룻배, 연락선)

F

大 **ferryman** [férimən]

㉮ 나룻배 사공, 도선업자

▶ ferry(나룻배) + man(사람) = ferryman(나룻배 사공, 도선업자)

高 **fertile** [fə́ːrtl / -tail]

㉻ (땅이)기름진, 비옥한;(번식이)다산의

㉰ **씨 드**(들)고 **씨**를 **기름진 비옥한** 땅에 **퍼틀**이네.
(seed) (fertile)

大 **fertility** [fəːrtíləti]

㉮ (토지가) 기름짐, 비옥

▶ fertil(e)(기름진, 비옥한) + ity(추상명사 어미) = fertility([토지가]기름짐, 비옥)

大 **fertilize** [fə́ːrtəlàiz]

㉯ (땅을)기름지게 하다, 비료를 주다.

▶ fertil(e)(기름진) + ize(…하게 하다) = fertilize([땅을] 기름지게 하다)

高 **fertilizer** [fə́ːrtəlàizər]

㉮ 거름, 비료

▶ fertiliz(e)([땅을]기름지게 하다, 비료를 주다) + er(…하게 하는 것) = fertilizer(거름, 비료)

大 **fervent** [fə́ːrvənt]

㉻ 열렬한, 뜨거운

▶ ferv(or)(열렬, 열심) + ent(형용사 어미) = fervent(열렬한, 뜨거운)

大 **fervo(u)r**
[fə́:rvər]

명 열심, 열정, 열렬

퍼부어
암 **열심**과 **열정**을 **퍼붜** **미스**를 **러브하다**.
(fervo(u)r)(Miss) (love)

高 **festival**
[féstəvəl]

명 축제, 축(제)일 형 축제의

암 **페스티벌 축제**.
(festival)

▶ the Bach festival 바흐 기념 축제

大 **festive**
[féstiv]

형 축제의, 경축의

▶ fest(ival)(축제) + ive(형용사 어미, …의) = festive(축제의, 경축의)

大 **festivity**
[festívəti]

명 축제, 제전

▶ festiv(e)(축제의, 경축의) + ity(추상명사 어미) = festivity(축제, 제전)

高 **fetch**
[fetʃ]

동 (가서) 가지고(데리고)오다.

폐(허파) 취하려고
암 거북이가 토끼의 **폐(肺)취**하려고 **가서 데리고 오다**.
(fetch)

▶ Fetch[Go and fetch] the police at once.
당장 경찰을 불러와라.

大 **fetter**
[fétər]

명 족쇄, 차고, 속박 타 속박(구속)하다.

전쟁에 패한 땅
암 패장을 **패(敗)터**에서 **족쇄**에 채워 **속박하다**.
(fetter)

大 **feudal**
[fjú:dl]

형 봉건적인, 봉건 시대의

후들 후들 두목
암 **봉건적인**자도 **퓨들**퓨들 겁내는 **깡**패 **보스**
(feudal) (gang) (boss)

大 **feudalism**
[fjú:dəlìzəm]

명 봉건 제도

▶ feudal(봉건적인) + ism(…주의[체계]) = feudalism(봉건 제도)

高 **fever**
[fí:vər]

명 열, 열병;열광, 흥분 동 열을 발산시키다.

암 여자가 멘스로 **피버**리며 **흥분**한 **열을 발산시키다**.
(fever)

▶ have a high fever 고열이 있다.

大 **feverish**
[fí:vəriʃ]

형 열이 있는, 열광적인

▶ fever (열,열광) + ish(…있는, …적인) = feverish(열이 있는, 열광적인)

中 **few** [fjuː]

형 소수의, 약간의 명 [the]~소수

퓨마(=puma)를 연관시켜 기억할 것

암 농사를 **소수의 퓨마**가 **망쳐놓다**.
(few)(mar)

▶ He has few friends. 그에게는 친구가 거의 없다.

高 **fiber** [fáibər]

(英) fibre 명 섬유 실 (피륙의) 감, 섬유질

암 **파이버 섬유질**로 짠 **피륙(감)**
(fiber)

▶ a fiber of nylon 나일론 섬유

大 **fiberglass** [fáibərglæ̀ːs / -glɑ̀ːs]

명 섬유 유리

▶ fiber(파이버, 섬유질) + glass(유리) = fiberglass(섬유 유리)

大 **fickle** [fíkəl]

형 변하기 쉬운, 변덕스러운

피(가죽) 끌러내고 철사로

암 끈을 **변하기 쉬운 피(皮) 클**러내고 **와이어로 졸라매다**.
(fickle) (wire)

高 **fiction** [fíkʃən]

명 소설; 꾸민 이야기, 허구

암 **픽션 꾸민 이야기 소설**.
(fiction)

▶ Fact is stranger than fiction. 사실은 소설보다 더 기이하다.

大 **fictional** [fíkʃənəl]

형 꾸며 낸, 허구의, 소설적인

▶ fiction(소설, 꾸민 이야기) + al(…의[적인]) = fictional(꾸며낸, 허구의, 소설적인)

大 **fiddle** [fídl]

명 바이올린, 깡깡이 자 만지작거리다.

암 **깡깡이 바이올린**을(미스)**피(皮) 들**고 **만지작거리다**.
(fiddle)

大 **fidelity** [fidéliti]

명 충실, 성실

암 **미스터 피(皮)대리 티(T)**로 알리는 **충실**과 **성실**
(Mr.) (fidelity)

中 **field** [fiːld]

명 들, 벌판, 분야

암 **푸른 그린 필드(들판)**
(green) (field)

▶ a corn field 옥수수밭(들판)

大 **fielder** [fíːldər]

명 (야구) 외야수

▶ field(들판) + er(…사람) = fielder(외야수)

大	**fiend** [fiːnd]	ⓜ 악마, 마귀, 잔인한 사람 핀 들에 암 **코스모스 핀 드**레 나타난 **악마 마귀** (cosmos) (fiend)
高	**fierce** [fiərs]	ⓗ 사나운, 고약한, 격심한, 맹렬한 피었으니 암 **왼**(쪽) **혹**이 **고약한** 꼴로 **피어스**니. (wen) (fierce) ▶ a fierce competition 격심한 경쟁 
大	**fiercely** [fiərsli]	ⓑ 사납게, 맹렬하게 ▶ fierce(사나운, 맹렬한) + ly(부사를 만듦) = fiercely(사납게, 맹렬하게)
大	**fierceness** [fíərsnis]	ⓜ 사나움, 맹렬 ▶ fierce(사나운, 맹렬한) + ness(추상명사 어미) = fierceness(사나움, 맹렬)
大	**fiery** [fáiəri]	ⓗ 불의, 불 같은, 불타는 ▶ (불 = fi(r)e) + (ry = 형용사를 만듦) = fiery(불의, 불 같은, 불타는)
中	**fifteen** [fíftíːn]	ⓗ 열 다섯의, 15의
大	**fifteenth** [fíftíːnθ]	ⓗ 제 15의, 15번째의 ▶ fifteen(15, 15의) + th(서수를 나타냄) = fifteenth(제15의, 15번째의)
中	**fifth** [fifθ]	ⓗ 다섯(번)째의, 제5의 ⓜ 다섯째, 제5 ▶ fi(ve) → f(5) + th(서수를 나타냄) = fifth(다섯[번]째의, 제 5의 다섯째, 제5)
大	**fiftieth** [fíftiiθ]	ⓗ 50번째의 ⓜ 50번째 ▶ fift(y) → ie(50,50의) + th(서수를 나타냄) = fiftieth(50번째의, 50번째)
中	**fifty** [fífti]	ⓗ 쉰의, 50의 ⓜ 쉰, 50

F

大	**fig** [fig]	명 무화과, 무화과 나무 암 **피그 돼지**가 잘 먹는 **피그 무화과** (pig) (fig)
中	**fight** [fait]	명 싸움, 전투 동 싸우다, 다투다. ▶ He picked a fight with me. 그가 내게 싸움을 걸었다.
大	**fighter** [fáitər]	명 투사, 전사, 전투기, 싸우는 사람 ▶ fight(싸우다) + er(…하는 사람) = fighter(투사, 전사, 전투기, 싸우는 사람)
高	**fighting** [fáitiŋ]	명 싸움, 전투, 교전, 다툼 형 싸우는, 전투의 ▶ fight(싸우다) + ing(현재분사 어미) = fighting(싸움, 전투, 교전, 다툼, 싸우는, 전투의) ▶ Two boys were fighting on the street. 두 소년이 거리에서 싸우고 있었다.
大	**figurative** [fígjurətiv]	형 비유적인, 상징적인 ▶ figur(e)(모습, 그림) + ative(…적인) = figurative(비유적인, 상징적인)
高	**figure** [fígjər]	명 모습, 숫자, 풍채, 그림 동 계산하다, 그림으로 나타내다. 암 **피겨** 스케이트 타는 **모습**. (figure) ▶ She can play figure skating. 그녀는 피겨 스케이팅을 할 수 있다. 
大	**figured** [fígjərd]	형 모양[그림]으로 표시한, 숫자로 나타낸 ▶ figur(e)(모습, 그림, 숫자) + ed(형용사를 만듦) = figured(모양[그림]으로 표시하는, 숫자로 나타낸)
大	**filament** [fíləmənt]	명 가는실, 섬유, 꽃실, (電)필라멘트
高	**file** [fail]	명 서류철, 서류꽂이, 줄, 열 타 철하다. 암 컴퓨터의 **파일**을 **서류꽂이**에 **철하다**. (file) ▶ a letter file 편지 철(꽂이)
大	**filial** [fíliəl]	형 자식(으로서)의, 효성스러운 피를 이을 암 대왕의 **피 리 얼 효성스러운 자식으로서의 동명성왕** (filial) (Dongmyeong seongwang)

中 **fill**
[fil]

동 채우다, 보충하다. 명 충분함

암 **닥터**가 **필 보충하다(채우다)**.
(doctor) (fill)

▶ The lady filled the glass with water.
그 숙녀는 컵에 물을 채웠다.

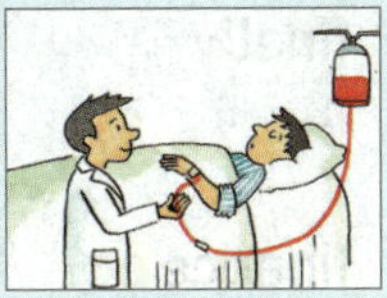

大 **fillet**
[fílit]

명 (머리용) 리본, 머리띠
동 (머리를)머리띠로 동이다.

암 머리에 **필 일**따라 흘러 **리본**같은 **머리띠로 동이다**.
(fillet)

大 **filling**
[fíliŋ]

명 채움, 충전, 충전물
▶ fill(채우다) + int(현재분사 어미) = filling(채움, 충전, 충전물)

高 **film**
[film]

명 필름, 영화, 얇은 껍질(막, 층) 동 필름에 찍다.

암 **영화**를 **필름에 찍다**.
(film)

▶ Let's go to the films. 영화 보러 갑시다.

大 **filter**
[fíltər]

명 여과기, 필터 동 거르다, 여과하다.

암 **여과기 필터**로 **여과하다(거르다)**.
(filter)

大 **filth**
[filθ]

명 오물, 쓰레기, 부도덕, ((英方)) 악당, 매춘부

필수(必須)
암 살인 사건에 **필스(必須)**로 연관된 **쓰레기**같은 **악당**과 **매춘부**
(filth)

大 **filthy**
[fílθi]

형 불결한, 더러운, 추악한
▶ filth(오물, 쓰레기) + y(형용사를 만듦) = filthy(불결한, 더러운, 추악한)

大 **fin**
[fin]

명 지느러미

암 고기 몸에 **핀 지느러미**
(fin)

高 **final**
[fáinəl]

형 최후의 명 결승전

파 인을(=사람을)
암 땅을 **파 인(人)**널 몰아넣은 **최후의 결승전**
(final)

▶ a final judgment 최종 판결

大 **finale**
[finɑ́:li / -nǽli]

명 피날레, 끝악장, 최후의 막, 대단원
▶ final(최후의, 결정적인) + e(= er …하는 것) = (피날레, 끝악장, 최후의 막, 대단원)

암 **최후의 막 대단원**의 **피날레(finale)**를 장식하다.

中 **finally** [fáinəli]

[부] 최후의, 마침내, 결국

▶ final(최후의) + ly(부사를 만듦) = finally(최후로 마침내, 결국)

▶ The matter was finally settled. 그 문제는 깨끗이 해결됐다

高 **finance** [finǽns / fáinæns]

[명] 재정, 자금, 재원

[암] 국민에게 **피 낸 스**법(피를 낸 수법)(finance)으로 짜 낸 **재정(자금)**

高 **financial** [finǽnʃəl / fai-]

[형] 재정의, 재정상의, 금융(상)의

▶ financ(e)(재정) + ial(= al …의) = financial(재정의, 재정상의, 금융(상)의)

▶ financial service businesses 금융 서비스업

大 **financier** [fìnənsíər / fài-]

[명] 재정가, 재무관

▶ financ(e)(재정) + ier(= er …사람) = financier(재정가, 재무관)

F

中 **find** [faind]

[동] 발견하다, 찾아내다. [명] 발견

[암] **미라**(mirra)를 (푹)**파인 드**(find)레(들에)서 **발견하다.**

▶ He could not find his key.
그는 열쇠를 찾을 수가 없었다.

大 **finding** [fáindiŋ]

[명] 발견

▶ find(발견하다) + ing(현재분사 어미) = finding(발견)

中 **fine** [fain]

[형] 훌륭한, 당당한 [명] 벌금

[암] **당당하**고 **훌륭한 파인**(fine) **플레이**(play).

▶ a fine view 훌륭한 전망

大 **finely** [fáinli]

[부] 훌륭하게, 당당하게

▶ fine(훌륭한, 당당한) + ly(부사를 만듦) = finely(훌륭하게, 당당하게)

中 **finger** [fíŋgər]

[명] 손가락 [동] 주무르다, 손으로 건드리다.

[암] 반죽을 **손가락**으로 **힝거**(힘겨)(finger)웁게 **주무르다.**

大 **finerprint** [fíŋgərprínt]

[명] 지문

▶ finger(손가락) + print(인쇄) = fingerprint(지문)

中 **finish**
[fíniʃ]

㊍ 끝나다, 끝내다, 완료하다. ㊔ 완성

㊙ 꽃꽃이를 꽃 **피니 쉬 끝내다(완료하다)**
(finish)

▶ I have to finish this work. 난 이 일을 다 끝내야 돼

大 **finished**
[fíniʃt]

㊌ 끝마친, 끝낸

▶ finish(끝내다, 완료하다) + ed(형용사를 만듦) = finished(끝마친, 끝낸)

大 **finishing**
[fíniʃiŋ]

㊌ 최후의, 끝손질의

▶ finish(끝내다, 완료하다) + ing(현재분사 어미) = finishing(최후의, 끝손질의)

大 **Finland**
[fínlənd]

㊔ 핀란드 (수도 Helsinki)

大 **fir**
[fəːr]

㊔ 전나무

무부(=무사)가

㊙ **전나무**를 퍼 **무브(武夫)**가 **옮기다**.
(fir) (move)

中 **fire**
[faiər]

㊔ 불 ㊍ 불을 붙이다.

난로에 불을 이어서

㊙ **스토브**에 **화(火) 이어 불을 붙이다**.
(stove) (fire)

▶ The men sat by the fire. 저 그 남자들은 불가에 앉았다.

大 **firearm**
[fáiərɑ̀ːrm]

㊔ 소화기

▶ fire(불) + arm(무기) → 불 끄는 무기 = firearm(소화기)

大 **fire engine**
[faiər éndʒin]

㊔ 소방차, 소방자동차

▶ fire (불) + engine(엔진, 기관차, 소방차) = fire engine(소방차, 소방자동차)

高 **firefly**
[fáiərflài]

㊔ 개똥벌레

▶ fire (불) + fly(날다) → 불을 켜고 날다 = firefly(개똥벌레)

高 **fireman**
[fáiərmən]

㊔ 소방수

▶ fire(불) + man(사람) = fireman(소방수)

高	**fireplace** [fáiərplèis]	ⓜ 난로, 벽난로 ▶ fire(불) + place(장소) → 불있는 장소 = fireplace(난로, 벽난로)
大	**fireproof** [fáiərprù:f]	ⓗ 방화의, 내화성의 ▶ fire(불) + proof(…을 막다) = fireproof(방화의, 내화성의)
大	**fireside** [fáiərsàid]	ⓜ 난로가, 노변 ▶ fire(불) + side(옆, 가) = fireside(난로가, 노변)
大	**firewood** [fáiərwùd]	ⓜ 장작, 땔나무 ▶ fire(불) + wood(나무) + firewood(장작, 땔나무)
高	**firework** [fáiərwə̀:rk]	ⓜ 불꽃(놀이), 봉화 ▶ fire(불) + work(일, 노동) = firework(불꽃[놀이],봉화)
大	**firing** [fáiəriŋ]	ⓜ 발포, 발사 ▶ fir(e)(불) + ing(현재분사 어미) = firing(발포, 발사)
高	**firm**[1] [fə:rm]	ⓗ 굳은, 견고한, 단단한, 단단히 암 **견고하**고 **단단히** 설치한 **펌**프(firm) (펌프(pump)를 연관시켜 기억할 것) ▶ be firm on one's legs. 꿋꿋이(자기 발로)서 있다.
高	**firm**[2] [fə:rm]	ⓜ 상사, 상회, 회사, 상점 암 **견고하**고 **단단한 펌**프(firm) **회사(상사, 상점)** (펌프(pump)를 연관시켜 기억할 것) ▶ a law firm 법률 사무소
高	**firmly** [fə́:rmli]	ⓑ 굳게, 단단하게 ▶ firm(굳은, 단단한) + ly(부사를 만듦) = firmly(굳게, 단단하게)
大	**firmness** [fə́:rmnis]	ⓜ 견고, 견실, 단단함 ▶ firm (굳은, 견고한, 단란한) + ness(추상명사를 만듦) = firmness(견고, 견실, 단란함)

F

中	**first** [fəːrst]	㉑ 최초의, 제1의 ㉑ 처음으로 제일의 여성(대통령 부인) 암 **퍼스트 레이디.** (first) (lady) ▶ Who did it first? 누가 최초로 그것을 하였느냐?
高	**first class** [fəːrst klæs / klɑːs]	㉑ 1급, 제1류, 일등, 제1종(우편물) ▶ first(첫째로) + class(계급, 등급) = first class(1급, 제1류, 일등) ▶ the first class mail 제1종 우편
高	**first-class** [fə́ːrstklǽs / -klɑ́ːs]	㉑ 최고급의, 1류의, 일등의 ▶ first-(첫째로) + class(계급, 등급) = first-class(최고급의, 1류의, 일등의) ▶ a first-class ticket 일등 차표
大	**first-hand** [fə́ːrsthǽnd]	㉑ 직접의, 바로의 ▶ first(첫째로) + hand(손, 일손) = first-hand(직접의, 바로의)
高	**first-rate** [fə́ːrstréit]	㉑ 제 1류의 ▶ first(첫째로) + rate(비율, 평가) = first-rate(제 1류의)
中	**fish** [fiʃ]	㉑ 물고기 ㉑ 물고기를 낚다. 펴시어 암 **릴 낚싯대를 피쉬어 물고기를 낚다.** (reel) (fish) ▶ A whale is not a fish. 고래는 물고기가 아니다. 
大	**fisher** [fíʃər]	㉑ 고기를 잡아먹는 동물, 담비류 ▶ fish(물고기) + er(…하는, 잡아먹는) = fisher(고기를 잡아먹는 동물, 담비류)
高	**fisherman** [fíʃərmən]	㉑ 어부, 어민 ▶ fish(물고기) + er(…하는) + man(사람) = fisherman(어부, 어민)
高	**fishery** [fíʃəri]	㉑ 어업 ▶ fish(물고기) + ery(…업[業]) = fishery(어업)
高	**fishing** [fíʃiŋ]	㉑ 낚시질, 고기잡이, 어업 ▶ fish(물고기) + ing(현재분사 어미) = fishing(낚시질, 고기잡이) ▶ deep-sea fishing 원양 어업

F

高 **fist**
[fist]

㉮ 주먹 ㉯ 주먹으로 때리다(쥐어박다).

의사가 피 서투르게
암 **닥터**가 **피 스트**르게 다루니 **주먹으로 쥐어박다**.
(doctor) (fist)

▶ make a fist. 주먹을 쥐다.

高 **fit¹**
[fit]

㉱ 알맞은, 적당한, (꼭)맞는
㉯ …에 맞다, …에 적합하다.

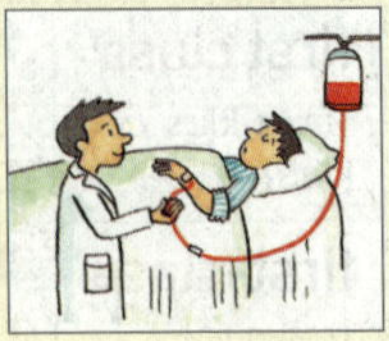

피 틀어
암 닥터가 **피 트**러 **알맞은**량을 넣어**(꼭)그에 접합하다**.
(fit)

▶ Everything fit into the suitcase.
여행가방에 적합하다.

高 **fit²**
[fit]

㉮ (병의)발작, 경련

피 틀어져
암 넣던 **피 트**러져(새여)일으킨 **(병의) 발작**과 **경련**
(fit)

▶ by fits and starts 때때로 생각난 듯이, 발작적으로

大 **fitness**
[fítnis]

㉮ 적당함, 적합, 알맞음
▶ fit(알맞은, 적당한) + ness(추상명사를 만듦) = fitness(적당함, 적합, 알맞음)

大 **fitting**
[fítiŋ]

㉮ (가봉한 옷의) 입혀보기, 마무리 설치
▶ fit + (t) + ing(현재분사 어미) = fitting([가봉한 옷의] 입혀보기, 마무리 설치)

中 **five**
[faiv]

㉱ 다섯의, 5의 ㉮ 다섯, 5, 5개

高 **fix**
[fiks]

㉯ 고정시키다, 붙이다.

암 **풀에 그 깃발**을 **픽! 쓰**러지잖게 **고정시키다**.
(flag) (fix)

▶ The picture is fixed to the wall.
그림은 벽에 고정되어 있다.

高 **fixed**
[fikst]

㉱ 고정된, 불변한
▶ fix(고정시키다) + ed(형용사를 만듦) = fixed(고정된, 불변한)
▶ a fixed idea 고정 관념

大 **fixture**
[fíkstʃər]

㉮ 정착물, 설치물
▶ fix(고정시키다) + ture(= ure 동작, 과정, 존재의 뜻) = fixture(정착물, 설치물)

中 **flag**
[flæg]

㉮ 기, 깃발 ㉯ 기를 세우다.

암 **풀에 그 깃발 기를 세우다**.
(flag)

▶ a national flag 국기

高 **flake** [fleik]

명 얇은 조각, 지저깨비 동 (얇은 조각되어)떨어져 내리다.

풀에 이크!
암 가스 폭발이 **플레 이크!** 놀랄만큼**(얇은 조각되어) 떨어져 내리다.**
(flake)

▶ flakes of stone 돌의 얇은 조각(파편)

高 **flame** [fleim]

명 불길, 정열 동 (감정, 정열)을 불태우다.

풀에 님을
암 **플에 임**을 누이고 **불길**같은 **정열을 불태우다.**
(flame)

▶ Her passion flamed out. 그녀의 정열은 불타올랐다.

大 **flaming** [fléimiŋ]

형 불타는, 열렬한

▶ flam(e)(불길, …을 불태우다) + ing(형용사를 만듦) = flaming(불타는, 열렬한)

高 **flank** [flæŋk]

명 옆구리, 측면 동 ~의 측면에 서다.

암 **선**한 **아들**이 **플랭크**씨 **옆구리의 측면에 서다.**
(son) (flank)

▶ a flank of beef 쇠고기의 옆구리살

大 **flannel** [flǽnl]

명 플래늘 모직물 동 플래늘로 싸다.

암 **엄마**가 **몸**을 **플래늘 모직물로 싸다.**
(mom) (flannel)

大 **flap** [flæp]

명 펄럭임, (날개를)퍼덕거리 동 (새가)날개치며 날다.

즐거움이 크니 풀 앞
암 **종달새**가 **락(樂)크**니 **플랩**에서 **(날개를) 퍼덕거리며 날다.**
(lark) (flap)

▶ The gale flapped the flags. 강풍이 깃발을 펄럭이게 했다.

大 **flare** [flɛər]

동 (불꽃이) 너울거리다, 훨훨 타오르다. 명 너울거리는 불길

불내어
암 보험 **사기꾼**이 **집**에 **플래어 불꽃이 훨훨 타오르다.**
(gyp) (flare)

高 **flash** [flæʃ]

명 플래시, 섬광 동 번쩍이(게 하)다.

암 **카메라 플래시**의 **섬광**이 **번쩍이다.**
(camera) (flash)

高 **flashlight** [flǽʃlàit]

명 섬광, 회중전등

▶ flash(번쩍임, 번쩍이다) + light(빛) = flashlight(섬광, 회중전등)

大 **flask** [flæsk / flɑːsk]

명 플라스크(화학실험용, 유리 용기)

高 **flat[1]**
[flæt]

㉠ 모래톱, 평지 ㉢ 평평하게 하다.

정거장의 플랫폼(platform)을 연관시켜 기억할 것

암 **플랫**폼처럼 **모래톱**을 **평지**되게 **평평하게 하다**.
(flat)

▶ He was lying flat on the ground. 그는 땅위에 납작 엎드려 있었다.

大 **flat[2]**
[flæt]

㉠ 플랫식 주택(각층에 1가구가 살게 만든 아파트)

大 **flatly**
[flǽtli]

㉡ 평평[평탄]하게

▶ flat(평평한) + ly(부사를 만듦) = flatly(평평[평탄]하게)

大 **flatten**
[flǽtn]

㉢ 평평하게 하다

▶ flat + t(평평한) + en(…으로 하다) = flatten(평평하게 하다)

F

高 **flatter**
[flǽtər]

㉢ 아첨하다, 우쭐해하다, 알랑거리다.

암 애가 **풀에 터**잡고 앉아 **아첨하다**.
(flatter)

▶ Don't flatter me. 아첨하지 마라.

大 **flatterer**
[flǽtərər]

㉠ 아첨꾼, 빌붙는 사람

▶ flatter(아첨하다) + er(…사람) = flatterer(아첨꾼, 빌붙는 사람)

大 **flattering**
[flǽtəriŋ]

㉣ 빌붙는, 아부[아첨]하는

▶ flatter(아첨하다) + ing(형용사를 만듦) = flattering(빌붙는, 아부[아첨]하는)

高 **flattery**
[flǽtəri]

㉠ 아첨, 치렛말

▶ flatter(아첨하따) + y(명사를 만듦) = flattery(아첨, 치렛말)

▶ resort to [use] flattery 아첨하다, 알랑거리다.

高 **flavo(u)r**
[fléivər]

㉠ (독특한)맛, 풍미, 운치 ㉢ 맛을 내다.

풀옷을 내 입어

암 **훌라**춤 추려고 **플 래 이버 (독특한) 맛을 내다**.
(hula) (flavo(u)r)

▶ a bitter flavo(u)r 쓴맛

大 **flavo(u)rful**
[fléivərfəl]

㉣ 맛이 좋은, 풍미 있는

▶ flavo(u)r(맛, 풍미) + ful(…이 가득찬) = flavo(u)rful(맛이 좋은, 풍미 있는)

大	**flaw** [flɔː]	ⓜ 결점, 흠, 결함 ⓓ 흠(집)을 내다. ㉰ 양키가 인디언을 플로(풀로) 쳐 흠(집)을 내다. (Yankee) (Indian) (flaw)
大	**flax** [flæks]	ⓜ 아마(亞麻) (삼종류) ㉰ 그가 카운트(계산)한 아마 (삼)플 액스(額數)(액수(액수=금액))는 원 달러 (count) (flax) (one)(dollar)
高	**flea** [fliː]	ⓜ 벼룩 ㉰ 사람에게 화풀리(이)한 벼룩이 화 풀리(이)끝내고 달아나다. (flea) (flee)
高	**fled** [fled]	flee(도망치다)의 과거, 과거분사
高	**flee** [fliː]	ⓓ 달아나다, 도망하다, (시간 등이)빨리 흘러가다. ㉰ 사람에게 화풀리(이)한 벼룩이 화풀리(이) 끝내고 달아나다. (flea) (flee) ▶ Time was fleeing. 세월은 쏜살같이 흘러갔다.
大	**fleece** [fliːs]	ⓜ 양털, 양털 모양의 것, 흰구름 ㉰ 흰 플리(풀이) 스(수) 없이 난 것 같은 양털 모양의 흰 구름 (fleece)
大	**fleecy** [flíːsi]	ⓗ 양털로 (뒤)덮인, 양털 같은 ▶ fleec(e)(양털) + y(형용사를 만듦) = fleecy(양털로 (뒤)덮인, 양털 같은)
高	**fleet**[1] [fliːt]	ⓜ 함대, 선대(船隊) ㉰ 인근 플리(풀이) 틀(틀어지게)러지게 함대가 빨리[휙휙] 지나가다. (fleet) ▶ a combined fleet 연합 함대 
大	**fleet**[2] [fliːt]	ⓗ 빠른, 쾌속의 ⓓ 빨리[휙휙] 지나가다. ㉰ 인근 플리(풀이) 틀(틀어지게)러지게 함대가 빨리[휙휙] 지나가다. (fleet)
大	**fleeting** [flíːtiŋ]	ⓗ 휙휙 지나가는, 쏜살 같은 ▶ fleet(빠른, 휙휙 지나가다) + ing(형용사를 만듦) = fleeting(휙휙 지나가는, 쏜살 같은)

F

F

中 **flesh** [fleʃ]

명 살, 육질 동 살찌다.

암 **버크셔**가 **풀에 쉬**어 **육질**만 **살찌다**.
(Berkshire) (flesh)

▶ make(put on) flesh 살찌다.

大 **fleshless** [fléʃlis]

형 살이 없는, 여윈

▶ flesh(살) + less(…이 없는) = fleshless(살이 없는, 여윈)

中 **flew** [fluː]

fly(날다)의 과거

▶ The bird flew out of its cage. 새는 새장에서 날아가 버렸다.

大 **flexibility** [flèksəbíləti]

명 유연성, 신축성

▶ flexible → flexibil(유연성 있는) + ity(추상명사 어미) = flexibility(유연성, 신축성)

大 **flexible** [fléksəbəl]

형 융통성 있는; 휘기 쉬운, 유순한

풀때 쓸 액(液) 삽을

암 주스를 **풀 액(液)서블**만든 **휘기 쉬운 플라스틱**
(flexible) (plastic)

大 **flick** [flik]

명 찰싹[탁]때리기 동 찰싹[탁] 치다, 홱 흔들다.

풀이 크니

암 **애뒤**에 **회오리 바람**이 **프리 크**니 **탁치며 홱 흔들다**.
(eddy) (flick)

大 **flicker** [flíkər]

동 깜박이다, 흔들리다. 명 깜박임, 살랑거림

▶ flick(찰싹 치다, 홱 흔들다) + er(반복을 뜻하는 동사 어미) → 촛대를 찰싹 치니 촛불이 = flicker(깜박이다, 흔들리다)

高 **flight¹** [flait]

명 날기, 비행; 항공편

암 **칼 플라이트(항공편)**으로 **도주(탈출)**해
(KAL) (flight)

▶ distance (nonstop) flight 장거리[무착륙] 비행

大 **flight²** [flait]

명 도주, 탈출

암 **칼 플라이트(항공편)**으로 **도주(탈출)**해
(KAL) (flight)

高 **fling** [fliŋ]

동 내던지다, 돌진하다.

스피링(spring)을 연관시켜 기억할 것

암 **유격대 게릴라**가 **스프링**이 튀듯이 **돌진하다(내던지다)**.
(guerilla) (fling)

▶ I flung my coat off. 나는 상의를 벗어 던졌다.

大	**flint** [flint]	명 라이터돌, 부싯돌 인쇄물(프린트=print)을 연관시켜 기억할 것 암 **라이터돌(부싯돌)**에 관한 **프린트** 물을 **프린트하다**. (flint) (print)
高	**flipper** [flípər]	명 (바다표범, 펭귄등의) 물갈퀴, 지느러미 모양의 발 풀이 퍼런 암 **(펭귄등이)물갈퀴**로 **플리 퍼**런 물속을 휘젓**고 가다**. (flipper) (go) 
大	**flirt** [flə:rt]	동 (남녀가)새롱[시시덕]거리다, 불장난하다, 농탕치다. 풀어 틀이고 암 **셔츠**를 **플러 트**리고 **(남녀가)불장난하다(농탕치다)**. (shirt) (flirt)
大	**flit** [flit]	자 이리저리 날아다니다, 훌쩍 날다, 훨훨 날다. 암 **풀 릿**(잇)따라 밟고 (새가) **이리저리 날아다니다**. (flit)
高	**float** [flout]	명 뗏목, 부유물, 낚시찌 동 뜨다, 포류하다. 풀로 틀어 암 **뗏목**을 넝쿨 **풀로 트**러 엮고 **표류하다**. (float) ▶ float on the water. 물 위에 표류하다. 
大	**floating** [flóutiŋ]	명 부유, 부동 형 떠 있는, 부동하는 ▶ float(뜨다, 떠다니다) + ing(현재분사 어미) = floating(부유, 부동, 떠 있는, 부동하는)
高	**flock** [flak / flɔk]	명 무리, 군중 (양, 새의)떼 동 떼지어 모이다. 풀의 즐거움(樂=즐길 락) 암 **플 락(樂)**을 맛보려고 **(새)떼**가 **떼지어 모이다**. (flock) ▶ a flock of sea gulls 갈매기 떼 
大	**flog** [flag / flɔ(:)g]	동 매질하다, 채찍질하다, …을 바로잡다. 리씨들이 풀로 그렇게 암 **집시**를 **리(李)드**리 **갈대 플로 그**렇게 **매질하다**. (Gypsy) (reed) (flog)
高	**flood** [flʌd]	명 홍수; 밀물; 범람 동 범람하다. 풀어 드린 암 노아가 방주에 동물을 **풀러 드**린 후 **홍수**가 **범람하다**. (flood)
中	**floor** [flɔ:r]	동 마루를 깔다. 명 (건물의)층, 마루 암 **인디언**이 **풀로 마루를 깔다**. (Indian) (floor) ▶ This floor is solid. 이 마루는 튼튼하다. 

F

大
flop
[flɑp / flɔp]

동 털썩 넘어지다, 탁 던지다. 명 털썩 쓰러짐

덤불에 풀 앞에
암 애가 **텀블**에 걸려 **뒹굴**며 **플 랖**(앞)에 **털썩 넘어지다**.
(tumble) (flop)

大
Florida
[flɔ́(:)ridə]

명 플로리다(미국에 있는 주 이름((略))Fla)

大
flounder
[fláundər]

자 버둥거리다, 몸부림치다. 명 몸부림

풀라(라씨가)운 더럽게
암 **덩(똥)**을 **플라(羅)운 더**럽게 빠져 **버둥거리다**.
(dung) (flounder)

高
flour
[fláuər]

명 가루, 밀가루 동 가루로 만들다.

꽃을 밀가루
암 **플라워**를 **플라워(가루)로 만들다**.
(flower) (flour)

▶ flour bag 밀가루 부대

F

高
flourish
[flə́:riʃ]

명 꾸밈, 과시 동 번창하다, 번영하다, 꾸미다.

풀어 리(李) 쉬지않고
암 **달러**를 **플러 리 쉬**잖고 **(홀을) 꾸미니** 사업이 **번창하다**.
(dollar) (flourish)

▶ This plant flourishes in the shade. 이 식물은 응달에서 잘 자란다.

中
flow
[flou]

동 흐르다. 명 밀물, 만조

풀과 로우(늙은 소가)
암 **밀물 만조**에 **플 로우(老牛)**가 쓸려 **흐르다**.
(flow)

▶ The river flows east. 강물이 동쪽으로 흐른다.

中
flower
[fláuər]

명 꽃 동 꽃이 피다.

암 **플라워 꽃이 피다**.
(flower)

▶ artificial flowers 조화(造花)

大
flower bed
[fláuər bed]

명 꽃밭, 화단

▶ flower(꽃) + bed(침대, 묘상(苗床)) = flower bed(꽃밭, 화단)

大
flowerless
[fláuərlis]

형 꽃이 없는, 꽃이 피지 않는

▶ flower(꽃) + less(…이 없는) = flowerless(꽃이 없는, 꽃이 피지 않는)

大
flowery
[fláuəri]

형 꽃이 많은, 꽃으로 뒤덮인

▶ flower(꽃) + y(…있는[많은]) = flowery(꽃이 많은, 꽃으로 뒤덮인)

大 **flowing** [flóuiŋ]

[형] 흐르는, (조수가) 밀려오는

▶ (흐르다 = flow) + (ing = 형용사를 만듦) = flowing(흐르는, [조수가]밀려오는)

中 **flown** [floun]

fly(날다, 비행하다)의 과거분사

高 **flu** [fluː]

[명] 유행성 감기

▶ influenza(인 **플루**엔자)의 단축형(유행성 감기)

大 **fluctuate** [flʌ́ktʃuèit]

[동] (물가, 열등이)오르내리다, 변동[동요]하다.

(흔들리는=)펄럭이는 추(저울추)에 잇따라

[암] **(물가가) 플럭 추(錘)에 잍**따라 **오르내리다**

(fluctuate)

(변동하다).

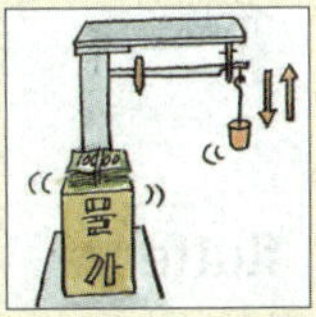

大 **fluctuation** [flʌ̀ktʃuéiʃən]

[명] 파동, 변동, 동요

▶ fluctuat(e)(오르내리다, 변동[동요]하다) + ion(명사 어미) = fluctuation(파동, 변동, 동요)

大 **fluency** [flúːənsi]

[명] 유창함, 능변

▶ fluen(t)(유창한, 그침없는) + cy(추상명사 어미) = fluency(유창함, 능변)

高 **fluent** [flúːənt]

[형] 유창한, 유동성의, 그침없는

풀로 언(말)투

[암] 접착제 **플루 언(言)투**높여 **유창한 바겐 세일하다**.

(fluent) (bargain sale)

▶ fluent in English 영어가 유창함

高 **fluid** [flúːid]

[형] 유동적인, 유동성의 [명] 유동체

풀로 이들이

[암] **유동성의** 본드 **플루 이드**리 **페이퍼를 붙이다**.

(fluid) (paper)

▶ Both water and air are fluids.
물과 공기는 다 유동체이다.

大 **fluidize** [flúːidàiz]

[타] 유동화하다.

▶ fluid(유동성의) + ize(…화하다) = fluidize(유동화하다)

高 **flung** [flʌŋ]

fling (돌진하다, 내던지다)의 과거, 과거분사

▶ They flung their hats into the air.
그들은 모자를 공중으로 획 던졌다.

F

高

flush
[flʌʃ]

㊍ 얼굴이 빨개지다, (물 등을) 왈칵 쏟다

풀어 쉬

㊙ 놈이 바지춤을 **프러 쉬**하다 들켜 **얼굴이 빨개지다.**

(flush)

▶ He flushed red as flame.
그의 얼굴은 불같이 빨개졌다.

高

flute
[fluːt]

㊎ 플루트, 피리 ㊍ 플루트[피리]를 불다.

풀로 틀어

㊙ **보이**가 **플루 트**러 만든 **피리를 불다.**

(boy) (flute)

▶ play the flute. 플루트를 연주하다.

高

flutter
[flʌ́tər]

㊎ 흥분, 동요 ㊍ 가슴이 뛰다, 펄럭이다.

㊙ 셔츠를 **풀러 터**니 **흥분**되 **가슴이 뛰다(펄럭이다).**

(flutter)

▶ My heart fluttered absurdly.
심장이 이상하게 두근거렸다.

大

fluttery
[flʌ́təri]

㊋ 펄럭이는, 나부끼는

▶ flutter(펄럭이다) + y(형용사를 만듦) = fluttery(펄럭이는, 나부끼는)

F

中

fly
[flai]

㊎ 파리 ㊍ 날다, 휘날리다.

㊙ **플라이** 보이가 **파리**처럼 **날다.**

(fly)

▶ There is a fly on the flower.
꽃에 파리 한 마리가 있다.

高

flying
[fláiiŋ]

㊎ 날기, 비행

▶ fly(날다) + ing(현재분사 어미) = flying(날기, 비행)

▶ stunt flying 곡예 비행

高

foam
[foum]

㊎ 거품, 폼 ㊍ 거품이 일다, 거품이 일게 하다.

(form=폼:자세)를 연관시켜 기억할 것

㊙ 아이가 비누로 **폼** 잡고 **거품을 일게 하다.**

(foam)

▶ Beer foams in a glass. 맥주가 잔 속에서 거품이 인다.

大

focal
[fóukəl]

㊋ 초점의, 초점에 있는

▶ foc(us)(초점) + al(…의) = focal(초점의)

高

focus
[fóukəs]

㊎ 초점, 포커스, 중심 ㊍ 초점을 맞추다.

㊙ **초점 포커스를 맞추다.**

(focus)

▶ Get the camera in focus. 카메라의 초점을 맞춰라.

高

foe
[fou]

㊎ 적, 원수, 적군

㊙ **포(捕)**로로 잡은 **원수**의 **적군**

(foe)

▶ a foreign foe 외적

高	**fog** [fɔ(:)g, fɑg / fɔg]	ⓜ 안개 ⓓ 안개로 덮다. **암 멋있는 도시를 포그니 싼 안개** (dossy) (fog) ▶ (a) dense[heavy, thick] fog 짙은 안개
大	**foggy** [fɔ́:gi / fɑ́gi / fɔ́gi]	ⓗ 안개[연무]가 낀) ▶ fog + (g)(안개) + y(형용사를 만듦) = foggy(안개[연무]가 낀)
高	**fold** [fould]	ⓓ 접다; 싸다. ⓜ 접음, 주름 **암 포(砲) 울 드높게 싸다.** (포 울타리를) (fold) ▶ fold a thing in paper. 물건을 종이로 싸다. 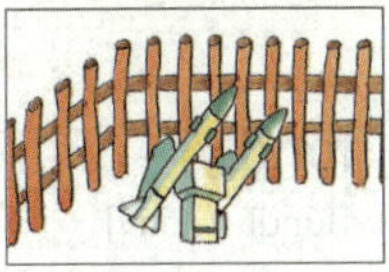
大	**foliage** [fóuliidʒ]	ⓜ 잎, 군엽, 한 나무의 잎 전체 **암 나무 잎 전체가 흔들리게 포 울리지.** (포를 울리지) (foliage)
高	**folk** [fouk]	ⓜ 사람들; (복수)가족, 친척 ⓗ 민간의, 서민의 **암 포크씨 가족이 쓰는 (식탁용)포크** (folk) (fork) ▶ my folks 집안 사람들 [친척] 
大	**folklore** [fóuklɔ̀:r]	ⓜ 민속, 민간 전승 ▶ folk(가족, 사람들) + lore(지식, 민간 전승) = folklore(민속, 민간 전승)
中	**follow** [fálou / fɔ́lou]	ⓓ 쫓다, 따라가다. **암 마담을 팔(八)로우(老友)가 따라가다.** (여덟명의 노우(늙은 벗)이) (madam) (follow) ▶ Please follow me. 저를 따라오세요. 
大	**follower** [fálouər / fɔ́l-]	ⓜ 추종자, 수행자, 신봉자 ▶ follow(따라가다, 쫓다) + er(…사람) = follower(추종자, 수행자, 신봉자) ▶ a devoted[faithful] follower 충실한 신봉자
中	**following** [fálouiŋ]	ⓗ 다음의 ⓜ 다음에 오는 것, 추종자 ▶ follow(따라가다) + ing(현재분사 어미) = following(다음에 오는 것, 추종자, 다음의) ▶ (on) the following day 그 다음날
大	**follow-up** [fálouʌ̀p]	ⓜ 뒤쫓음 ⓗ 뒤따르는 ▶ follow(따라가다) + up(위로) = follow-up(뒤따르는, 뒤쫓음)

F

高 **folly** [fáli / fɔ́li]

㉮ 어리석음, 어리석은 행위(생각)

암 덩(똥)파리 같은 어리석은 행위.
(dung) (folly)

▶ youthful follies 젊은 기분의 난봉

中 **fond** [fɑnd / fɔnd]

㉮ 좋아하는, 다정한

암 좋아하는 판 드러(들어)가 매일 남자들이 고스톱 하다.
(fond) (male) (go-stop)

▶ I am fond of milk. 나는 우유를 좋아한다.

大 **fondly** [fándli / fɔ́n-]

㉮ 다정하게, 좋아해서

▶ fond(좋아하는, 다정한) + ly(부사를 만듦) = fondly(다정하게, 좋아해서)

大 **fondness** [fándnis / fɔ́nd-]

㉮ 좋아함, 다정함

▶ fond(좋아하는, 다정한) + ness(추상명사를 만듦) = fondness(좋아함, 다정함)

F

中 **food** [fu:d]

㉮ 식품, 음식, 음식물, 영양물

암 후드(두)염에 좋은 음식물
(food)

▶ There are much food on the table. 식탁 위에 먹을 것이 많이 있다.

大 **foodstuff** [fú:dstʌ̀f]

㉮ 식료품, (종종 *pl*) 식량

▶ food(식품, 음식) + stuff(재료, 원료) = foodstuff(식료품, [종종*pl*] 식량)

高 **fool** [fu:l]

㉮ 바보, 멍청이 ㉯ 놀리다, 바보 취급하다.

암 클로버 풀 먹는 바보 멍청이를 놀리다.
토끼풀
(clover) (fool)

▶ I'm no fool. 나는 절대 바보가 아니야.

中 **foolish** [fú:liʃ]

㉮ 바보 같은, 어리석은

▶ fool(바보) + ish(~같은, 형용사 어미) = foolish(바보 같은, 어리석은)

▶ Don't be foolish. 바보 같은 짓 하지 마라.

中 **foot** [fut]

㉮ 발 ㉯ 걷다, 차다.(*pl.* feet)

암 푸트볼을 발로 차다.
(foot)

▶ They came on foot. 그들은 걸어서 왔다.

中 **football** [fútbɔ̀:l]

㉮ 축구, 풋볼, 축구공

▶ foot(발) + ball(공) = football(축구, 축구공, 풋볼)

▶ play football 축구를 하다.

大	**foothold** [fúthòuld]	ⓜ 발디딤, 발판, 기지 ▶ foot (발) + hold(견디다, 지속하다) → 발로 밟아 견딜 수 있는 판 = foothold(발디딤, 발판 기지)
大	**footing** [fútiŋ]	ⓜ 발밑, 발판 ▶ foot(발) + ing(현재분사 어미) = footing(발밑, 발판)
大	**footlights** [fútlàits]	ⓜ 각광, 무대 ▶ foot(발) + light(빛) + s(복수 어미) = footlights(각광, 무대)
大	**footman** [fútmən]	ⓜ 마부, 하인 ▶ foot(발) + man(사람) → 발 아래 사람 = footman(마부, 하인)
大	**footmark** [fútmɑ̀:rk]	ⓜ 발자국 ▶ foot(발) + mark(마크, 흔적) = footmart(발자국)
大	**footnote** [fútnòut]	ⓜ 각주(脚注) ⓣ ~에 각주를 달다 ▶ foot(발) + note(기록, 적어두다) = footnote(각주, ~에 각주를 달다)
高	**footprint** [fútprìnt]	ⓜ 발자국 ▶ foot(발) + print(인쇄, 자국, 흔적) = footprint(발자국)
高	**footstep** [fútstèp]	ⓜ 걸음걸이, 보도(步度) ▶ foot(발) + step(걸음, 걸음걸이) = footstep(걸음걸이, 보도)
大	**footwork** [fútwə̀:rk]	ⓜ 발놀림, 발재주 ▶ foot(발) + work(일, 작업) = footwork(발놀림, 발재주)
中	**for** [fɔ:r, fər]	ⓩ ~을 위해(위한), …동안, …을 향하여 ⓐ **포(砲)를 위해** 한 **동안 커버**를 **씌우다**. (for) (cover) ▶ I'll go for you. 내가 너 대신 가겠다. 

F

大 **forbade, forbad**
[fərbǽd / -béid]

forbid (금하다)의 과거

高 **forbear**
[fɔːrbɛ́ər]

동 억제하다, 참다, 삼가다

▶ (포:for = 위하여) + (참다 = bear:베어) = forbear(억제하다)

암표를 없에기 **위하여 참고 베어**내듯 단속해 forbear(억제하다)

▶ forbear from drinking. 음주를 삼가다.

大 **forbearance**
[fɔːrbɛ́ərəns]

명 삼감, 참음, 인내

▶ forbear(억제하다, 삼가다, 참다) + ance(명사 어미) = forbearance(삼감, 참음, 인내)

高 **forbid**
[fərbíd]

동 금하다, 막다

▶ (퍼:for = 위하여) + (비드 = bid:명령하다) = 금하다

청결을 **퍼**(펴)기 **위해 비드**라고 **명령해** 불결함을 **금하다**.

▶ I forbid you my house.
너에게 내 집 출입을 금한다.

高 **forbidden**
[fərbídn]

forbid의 과거분사 형 금지된

▶ forbid + (d) + en(…으로 된) = forbidden(금지된)

大 **forbore**
[fɔːrbɔ́ːr]

forbear (참다, 억제하다)의 과거

大 **forborne**
[fɔːrbɔ́ːrn / fɔːbɔ́ːn]

forbear (참다, 억제하다)의 과거분사

中 **force**
[fɔːrs / fɔːs]

명 힘, 완력 동 (억지로)~시키다.

암 **포스**(포수, force)가 **힘**으로 **뒤 바이 드**(뒤 바위 들어, divide)러 **쪼개다**.

▶ moral force 도덕적인 힘

大 **forced**
[fɔːrst]

형 강요된, 강행된

▶ forc(e)(힘, 군대) + ed(형용사를 만듦) = forced(강요된, 강행된)

大 **forceful**
[fɔ́ːrsfəl]

형 힘이 있는, 힘찬

▶ force(힘, 군대) + ful(…많은[가득찬]) = forceful(힘이 있는, 힘찬)

大	**forcible** [fɔ́ːrsəbəl]	ⓗ 억지로 시키는, 강제적인 ▶ forc(e)(힘, 군대) + ible(= able …할 수 있는, …할 만한) = forcible(억지로 시키는, 강제적인)
大	**forcibly** [fɔ́ːrsəbli]	ⓑ 강제적으로, 강력히 ▶ forcib(le)(억지로 시키는, 강제적인) + ly(부사를 만듦) = forcibly(강제적으로, 강력히)
大	**ford** [fɔːrd]	ⓜ 여울 ⓓ 여울을 건너다. 암 **포드**자동차로 **포드**씨가 **여울을 건너다**. (Ford) (ford)
大	**fore** [fɔːr]	ⓗ 전방의, 앞의 ⓑ 전방에, 이물에 ⓜ 전면; 선두, 미리 암 **전면**에 **미리**배치된 **전방의 포(砲)** (fore) 
高	**forecast** [fɔ́ːrkæ̀st / -kɑ̀ːst]	ⓜ 예상 예보 ⓙ 예상(예측)하다. ▶ fore(미리, 앞에) + cast(던지다) = forecast(예상, 예보 ▶ a weather forecast 일기 예보
高	**forefather** [fɔ́ːrfɑ̀ːðər]	ⓜ (보통*pl*) 조상, 선조 ▶ fore(미리, 앞에) + father(아버지) = forefather(조상, 선조)
大	**forefinger** [fɔ́ːrfiŋgər]	ⓜ 집게손가락 ▶ fore(미리, 앞에) + finger(손가락) → 손가락 중에 앞에 있는 손가락 = forefinger(집게 손가락, 검지)
大	**forego** [fɔːrgóu]	ⓓ 앞서다, 선행하다 ▶ fore(미리, 앞에) + go(가다) = forego(앞서다, 선행하다)
大	**foregoing** [fɔːrgóuiŋ]	ⓗ 앞의, 먼저의, 전술한 ▶ fore(미리, 앞에) + going(가는 것의) = foregoing(앞의, 먼저의, 전술한)
大	**foreground** [fɔ́ːrgràund]	ⓜ 전경(前景), 최전면 ▶ fore(미리, 앞에) + ground(토지, 땅) = foreground(전경, 최전면)

F

高

forehead
[fɔ́ːrhèd]

[명] 이마, 앞머리, (물건의) 앞쪽

▶ fore(미리, 앞에) + head(머리) = forehead(이마, 앞머리, [물건의] 앞쪽)

中

foreign
[fɔ́(ː)rin / fár-]

[형] 외국의, 낯선

기관포를 인
[암] 기관 **포 인 외국의 낯선**이.
(foreign)

▶ I've never been to a foreign country.
나는 외국에 가본 적이 없다.

高

foreigner
[fɔ́(ː)rinər / fár-]

[명] 외국인, 낯선 사람

▶ foreign(외국의, 낯선) + er(사람을 나타내는 명사 어미) = foreigner(외국인, 낯선사람)

大

foreman
[fɔ́ːrmən]

[명] 십장, 현장주임

▶ fore(미리, 앞에) + man(사람) → 앞쪽에 있는 사람 = foreman(십장, 현장주임)

F

高

foremost
[fɔ́ːrmòust]

[형] 맨 먼저의, 맨 앞의

▶ fore(미리, 앞에) + most(가장) = foremost(맨 먼저의, 맨 앞의)

▶ first and foremost 맨 먼저

大

forenoon
[fɔ́ːrnùːn]

[명] 오전 [형] 오전

▶ fore(미리, 앞에) + noon(정오, 한낮) = forenoon(정오, 한낮)

高

foresee
[fɔːrsíː]

[동] 예견하다, 미리알다.

▶ fore(미리, 앞에) + see(보다) = foresee(예견하다, 미리알다)

▶ Nobody could foresee his running away.
누구도 그가 달아날 것을 예견하지 못했다.

高

foresight
[fɔ́ːrsàit]

[명] 선견, 예지, 예측

▶ fore(미리, 앞에) + sight(시각, 시야, 봄) = foresight(선견, 예지, 예측)

高

forest
[fɔ́(ː)rist / fár-]

[명] 삼림, 숲

파리 수(손을) 들어 위부터
[암] 거미가 **숲** 속에 **파리 스(手) 트**러 **위브**터 **엮다**.
(forest) (weave)

▶ I walked in the forest. 나는 숲 속을 걸었다.

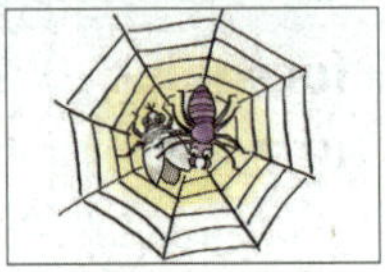

大

foretell
[fɔːrtél]

[동] 예언하다, 예고하다

▶ fore(머리, 앞에) + tell(말하다) = foretell(예언하다, 예고하다)

大 **foretold** [fɔːrtóuld]

foretell(예언하다)의 과거, 과거분사

中 **forever** [fərévər]

부 영원히, 영구히

▶ for(e)(미리, 앞에) + ever(언제나) = 영원히, 영구히

퍼렇게 되버린
암 **영원히 퍼레 버**린 **가운데 멍**.
(forever) (mong)

▶ I'll love you forever 널 영원히 사랑할게

大 **forfeit** [fɔ́ːrfit]

명 몰수물, 상실, 벌금 타 몰수(상실)하다.

표피(표범의 가죽) 틀어
암 (표) **포피(豹皮) 트**러 밀매하니 **벌금**때려 **몰수하다**.
(forfeit)

大 **forfeiture** [fɔ́ːrfətʃuər]

명 몰수, 물수물, 상실

▶ forfeit(상실하다, 몰수하다) + ure(명사 어미) = forfeiture(몰수 , 몰수물, 상실)

大 **forgave** [fərgéiv]

forgive(용서하다)의 과거

大 **forge** [fɔːrdʒ]

명 철공장, 용광로, 제철소 동 (쇠를)단련하다.

포항 지(地)역에 (포항)제철소
암 **포(浦) 지(地)**역에 세운 **제철소**에서 **(쇠를)단련하다**.
(forge)

中 **forget** [fərgét]

동 잊다, 망각하다.

암 **메모**지 **포갯**던 것을 **잊다**.
(memo) (forget)

▶ I forget your name. 나는 네 이름이 생각이 안난다.

大 **forgetful** [fərgétfəl]

형 잘 잊는, 잊기 쉬운

▶ forget(잊다, 망각하다) + ful(…성질을 가진) = forgetful(잘 잊는, 잊기 쉬운)

大 **forgetfulness** [fərgétfəlnis]

명 건망증, 소홀

▶ forgetful(잘 잊는, 잊기 쉬운) + ness(추상명사 어미) = forgetfulness(건망증, 소홀)

高 **forgive** [fərgív]

동 용서하다.

펴서 기부
암 **수프**를 **퍼 기브**해 주며 **용서하다**.
(soup) (forgive)

▶ Please forgive me. 부디 저를 용서해 주세요.

F

大 **forgiven**
[fərgívən]

forgive(용서하다)의 과거분사

中 **forgot**
[fərgát / -gɔ́t]

forget(잊다)의 과거, 과거분사

▶ I forgot about the holiday tomorrow.
내일이 휴일이라는 것을 잊고 있었다.

高 **forgotten**
[fərgátn / -gɔ́tn]

forget(잊다, 망각하다)의 과거분사

▶ I've forgotten when to start.
나는 언제 출발하는지 잊어버렸다.

高 **fork**
[fɔːrk]

명 포크, 삼지창

암 **삼지창** 같은 **포크**.
(fork)

▶ John is holding a fork. 존은 포크를 들고 있다.

大 **forkful**
[fɔ́ːrkfúl]

명 포크(쇠스랑) 가득, 한 포크(쇠스랑)분

▶ fork(포크) + ful(…가득) = forkful(포크[쇠스랑]가득, 한 포크[쇠스랑]분)

大 **forlorn**
[fərlɔ́ːrn]

형 고독한; 쓸쓸한, 버림받은

암 **가운데 멍**이 **퍼론 버림 받은 고독한** 와이프
(mong)(forlorn)

大 **forlorn hope**
[fərlɔ́ːrn houp]

명 성공할 가망이 없는 행동(기도)

▶ forlorn(버림받은) + hope(희망, 기대) = forlorn hope(성공할 가망이 없는 행동(기도))

高 **form**
[fɔːrm]

명 모양 동 모양을 내다, 형성하다.

암 **폼** 잡고 **모양을 내다**.
(form)

▶ form a circle 원을 이루다

高 **formal**
[fɔ́ːrməl]

형 형식적인, 의례적인, 정식의

▶ form(모양) + al(…의) → 모양을 갖추고 정식으로 하다 = formal(형식적인, 의례적인, 정식의)

▶ a formal receipt 정식 영수증

大 **formality**
[fɔːrmǽləti]

명 형식에 구애됨, 정식, 예식

▶ formal(정식의, 형식적인, 의례적인) + ity(추상명사 어미) = formality(형식에 구애됨, 정식, 예식)

大 **formally** [fɔ́ːrməli]

[부] 정식으로, 공식으로

▶ formal(정식의) + ly(부사를 만듦) = formally(정식으로, 공식으로)

大 **formation** [fɔːrméiʃən]

[명] 형성, 구성, 조직

▶ form(모양을 내다, 형성하다) + ation(추상명사 어미) = formation(형성, 구성, 조직)

高 **former** [fɔ́ːrmər]

[형] 전(앞)의, 전자의

[암] **앞의 포(砲)(대포) 머리**.(former)

▶ A former President was popular.
전 대통령은 인기가 있었다.

高 **formerly** [fɔ́ːrmərli]

[부] 이전에는, 옛날에는

▶ former (앞의, 전자의) + ly(부사를 만듦) = formerly(이전에는, 옛날에는)

大 **formidable** [fɔ́ːrmidəbəl]

[형] 무서운, 엄청난, 만만찮은

[암] **폼이 더불**룩한(폼이 더부룩한)(formidable) **무서운 고릴라**(gorilla)

高 **formula** [fɔ́ːrmjulə / -mjulə]

[명] 공식, 방식, 법식, 처방

[암] **공식(처방)**대로 삶은 **포(脯)뮬러**졌나(생선포 물러졌나)(formula) **쿡**찔러보며(cook) **요리하다**.

▶ a chemical formula 화학공식

大 **formulate** [fɔ́ːrmjulèit]

[타] 공식화하다

▶ formul(a)(공식) + ate(…하다) = formulate(공식화하다)

大 **formulation** [fɔ̀ːrmjuléiʃən]

[명] 공식화

▶ formulat(e)(공식화하다) + ion(명사 어미) = formulation(공식화)

高 **forsake** [fərséik]

[동] 저버리다, 버리다

▶ (…을 위하여 = for) + (sake = 세이크:목적) = 버리다
청결을 **위하여 퍼**(퍼서) **세이(李)크**다란(세명의 이씨가 크다란) **목적**하에 = **버리다**

大 **forsaken** [fərséikən]

forsake(버리다)의 과거분사 [형] 버림 받은, 고독한

▶ forsak(e)(저버리다, 버리다) + en(과거분사를 만듦) = forsaken(버림 받은, 고독한)

大	**forsook** [fərsúk]	forsake(저버리다, 버리다)의 과거
高	**fort** [fɔːrt]	명 성채, 보루, 요새 암 **포(砲) 트**러가며 지키는 **요새(보루)** (포(砲) = fort, 트러가며: 틀어가며) ▶ a strong fort 견고한 요새 
高	**forth** [fɔːrθ]	부 앞으로, 전방으로 암 **포스**가 **앞으로 톱니바퀴**처럼 **기어**. (포스: 포수가, forth; 기어: gear) ▶ She stretched forth her arms. 그녀는 팔을 앞으로 뻗었다. 
大	**forthcoming** [fɔ̀ːrθkʌ́miŋ]	형 닥쳐 올, 다가오는, 출현 ▶ forth(앞으로) + coming(오는) = forthcoming(닥쳐 올, 다가오는, 출현)
大	**forthright** [fɔ́ːrθràit]	부 똑바로, 앞으로, 곧 즉시 ▶ forth(앞으로) + right(바른, 옳은, 바로) = forthright(똑바로, 앞으로, 곧 즉시)
大	**fortieth** [fɔ́ːrtiiθ]	명 형 제 40(의), 40번째(의), 40분의 1(의) ▶ fort(y) → ie(40, 40의) + th(서수를 만듦) = fortieth(제40[의], 40번째[의], 40분의1[의])
大	**fortification** [fɔ̀ːrtifikéiʃən]	명 (도시 등의)요새화, 강화 ▶ fortif(y) → i(요새화하다, 강화하다) + cation(fy로 끝나는 동사, 명사 어미) = fortification([도시등의]요새화, 강화)
大	**fortify** [fɔ́ːrtifài]	동 요새화하다, 강화하다. ▶ fort(요새, 보루) + ify(= fy 화하다) = fortify(요새화하다, 강화하다) ▶ (fort =)**포(砲)트**러(틀어)가며 지키는 **요새(보루)**
大	**fortitude** [fɔ́ːrtitjùːd]	명 용기, 꿋꿋함, 인내 ▶ fort(요새, 보루) + itude(= tude 성질, 상태를 뜻하는 명사 어미) = fortitude(용기, 꿋꿋함, 인내)
大	**fortress** [fɔ́ːrtris]	명 요새, 요새지 ▶ fort(요새, 보루) + ress(명사 어미) + fortress(요새, 요새지)

高 **fortunate**
[fɔ́:rtʃənit]

[형] 운이 좋은, 행운의

▶ fortun(e)(행운,운) + ate(…이 있는의 뜻) = fortunate(운이 좋은, 행운의)

▶ We are fortunate in having such a nice house.
이런 멋진 집을 가지고 있어 우리는 운이 좋다

高 **fortunately**
[fɔ́:rtʃənitli]

[부] 다행히, 운이 좋게도

▶ fortunate(운이 좋은, 행운의) + ly(부사를 만듦) = fortunately(다행히, 운이 좋게도)

高 **fortune**
[fɔ́:rtʃən]

[명] 운, 행운, 재산

[암] **미스 포천(抱川)**의 **재산 운**.
미스 (Miss) 포천(fortune) — 포천(경기도 포천)

▶ good fortune 행운

中 **forty**
[fɔ́:rti]

[명] 40,40개(명) [형] 40의, 40개(명)의

大 **forum**
[fɔ́:rəm]

[명] 포럼, 공개토론회

[암] 실업 대책 **공개토론회 포럼**(forum)

中 **forward**
[fɔ́:rwərd]

[부] 전방에(으로) [명] 전위, 포워드

[형] 앞으로의, 장래의

▶ for(e)(앞부분의) + ward(방향을 뜻함) = (앞쪽에, 앞으로)

[암] **포워드(전위)**가 **전방에(으로) 볼**을 **패스하다**.
포워드(forward), 볼(ball), 패스(pass)

高 **forwards**
[fɔ́:rwərdz]

[부] = forward 와 같음

大 **fossil**
[fásl / fɔ́sl]

[형] 화석의 [명] 화석, 시대에 뒤진 사람(것)

[암] **시대에 뒤진 사람**이 **화석**이된 **파슬** 여러 **개더 모으다**.
파슬(fossil) — 팔을, 개더(gather)

高 **foster**
[fɔ́(:)stər, fás-]

[타] 기르다, 양육하다, 돌보다. [형] 양(養)[수양]…

[암] **포스터**를 그려 **포스터**씨가 **수양**아들을 **기르다(양육하다)**.
포스터(poster), 포스터(foster)

▶ a foster brother [sister] 수양 어버이 밑에서 함께 자란 형제[자매]

高 **fought**
[fɔ:t]

fight(싸우다)의 과거 과거분사

▶ The two armies fought a battle. 양군은 한바탕 싸웠다.

F

高 **foul** [faul]

[형] 더러운, 반칙 [명] 더럽히다.

[암] 야구에서 **더러운 파울**(foul) 볼을 쳐 경기를 **더럽히다**.

▶ a team foul 팀 파울(반칙)

高 **found** [faund]

find(발견하다, 찾아내다)의 과거, 과거분사

▶ We found her working on her book.
우리는 그녀가 책을 집필하고 있다는 것을 알게 되었다.

高 **found** [fáund]

[동] 창설(설립)하다, 기초(근거)를 두다.

[암] **오펙**(OPEC)(석유 수출국 기구)을 **오일**(oil)나는 땅을 **파 운(運)드**(found) 좋게 **설립하다**.

▶ found a house on a rock 반석 위에 집을 짓다.

高 **foundation** [faundéiʃən]

[명] 기초, 토대, 창설

▶ found(기초[근거]를 두다, 설립[창설]하다) + ation(명사를 만듦) = foundation(기초, 토대, 창설)

大 **founder** [fáundər]

[명] 창설자, 설립자

▶ found(창설하다, 설립하다) + er(…사람) = founder(창설자, 설립자)

高 **fountain** [fáuntin]

[명] 샘, 분수, 원천

[암] **샘**을 **파 운(運)튄**(fountain)자가 찾은 **원천**.

▶ a fountain of wisdom 지혜의 원천

高 **fountain pen** [fáuntin pen]

[명] 만년필

▶ fountain(샘) + pen(펜) → 잉크가 샘 솟듯이 솟아나오는 펜 = fountain pen(만년필)

中 **four** [fɔːr]

[명] 4, 네 개(사람) [형] 4의, 4개의, 4살의

中 **fourteen** [fɔ́ːrtíːn]

[명] 14, 14개의 물건[것] [형] 14의, 열 네 살의

▶ four(4) + teen(10의 뜻) = fourteen(14[의], 14개[의])

大 **fourteenth** [fɔ́ːrtíːnθ]

[형] 제14의, 열 네(번)째의

▶ fourteen(14[의], 14개의 물건[것]) + th(서수를 나타냄) = fourteenth(제 14의, 열네[번]째의)

中 **fourth** [fɔːrθ]

명 제4, 네(번)째 4일 형 제4의, 네(번)째의

▶ four(4) + th(서수를 나타냄) = fourth(제4[의], 네(번)째[의])

高 **fowl** [faul]

명 닭, 가금

암 어스선하게 흙을 파 울밑에서 멱감는 닭(가금)
(어수선) (earth) (fowl)

中 **fox** [fɑks / fɔks]

명 여우, 교활한 사람

암 가득한 풀에 폭스(쓰)러진 여우
(full) (fox)

▶ a desert fox 사막에 사는 여우

高 **fraction** [frǽkʃən]

명 파편, 단편, (수학)분수

암 플랙(液) 선별해 짤 것을 파편같이 컷하다.
(풀 액(液) 선별해) (fraction) (절단하다) (cut)

▶ a partial fraction 부분 분수

大 **fracture** [frǽktʃər]

명 부서짐, 깨짐, 골절

▶ fract(ion)(파편,분수) + ure(동작, 과정의 뜻을 지님) = fracture(부서짐, 깨짐, 골절)

大 **fragile** [frǽdʒəl / -dʒail]

형 가냘픈, 허약한, 무른, 망가지기 쉬운

암 고릴라가 망가지기 쉬운 무른 플레 자 일대를 마구 망쳐놓다.
(풀에 자 일대를) (fragile) (mar)

高 **fragment** [frǽgmənt]

명 부서진 조각, 파편, 깨진 조각

암 깨진 조각 파편을 풀에 그 먼 트러 붙인 디자이너
(접착제 풀에 그 면 틀어) (fragment) (designer)

▶ The bottle broke into fragments.
그 병은 산산조각이 났다.

大 **fragmentary** [frǽgməntèri / -təri]

형 파편의, 단편적인

▶ fragment(파편) + ary(…의[적인]) = fragmentary(파편의, 단편적인)

大 **fragrance, fragrancy** [fréigrəns, -si]

명 향기, 방향(芳香)

▶ fragran(t)(향기로운) + ce,cy(= 추상명사 어미) = fragrance, fragrancy(향기, 방향(芳香))

高 **fragrant** [fréigrənt]

형 향기로운, 즐거운

암 향기로운 프레 이(李) 그런 트를 써 주스액을 짜내다.
(풀에 이가 그런 틀을) (fragrant) (juice)

▶ fragrant memories 즐거운 추억

高 **frail** [freil]

[형] 약한, 무른, 부서지기 쉬운

풀에 일어나는

[암] **약한 플레 일**어나는 **웜(옴)벌레**

(frail) (worm)

▶ a frail constitution 약한 체질[체격]

大 **frailty** [fréilti]

[명] 무름, 약함, 약점

▶ frail(무른, 약한) + ty(…한) = frailty(무름, 약함, 약점)

高 **frame** [freim]

[명] 구조, 뼈대, 틀, 골격

맘모스 풀에 임씨가

[암] **매머드**의 **뼈대**로 **플에 임(任)**이 만든 **골격**.

(mammoth) (frame)

▶ the frame of society 사회 구조

大 **framer** [fréimər]

[명] 구성자, 짜는 사람, (액자 등의)틀장이

▶ fam(e)(구조,틀, 골격) + er(…사람) = framer(구성자, 짜는 사람 [액자등의]틀장이)

中 **France** [fræns, frɑːns]

[명] 프랑스(나라이름)

大 **franchise** [frǽntʃaiz]

[명] 선거권, 참정권, 특허, 특권, 독점권

플랜(=설계:plan)으로 제작된 차를 연관시켜 기억할 것

[암] 최신 **플랜차(車) 이즈**음 **독점권**을 **개인**별로 **얻다**.

(franchise) (gain)

高 **frank** [fræŋk]

[형] 솔직한, 정직한

[암] **정직하**고 **솔직한 프랭크**씨.

(frank)

▶ to be frank with you. 까놓고 말하면, 사실은

高 **frankly** [frǽŋkli]

[부] 솔직하게, 정직하게

▶ frank(솔직한, 정직한) + ly(부사를 만듦) = frankly(솔직하게, 정직하게)

▶ Frankly speaking, you are mistaken. 솔직히 말하면 네가 틀렸다.

大 **frankness** [frǽŋknis]

[명] 솔직, 터놓음

▶ frank(솔직한) + ness(추상명사를 만듦) = frankness(솔직, 터놓음)

大 **frantic** [frǽntik]

[형] 미친 듯 날뛰는, 광란의

풀엔(풀에는)

[암] **미친 듯 날뛰며 플렌 틱!** 쓰러진 **광란의 쇼**

(frantic) (show)

大 **frantically** [frǽntikəli]

[부] 미친 듯이, 광포하게

▶ frantic(미친 듯 날뛰는, 광란의) + ally(형용사를 부사로 만듦) = frantically(미친 듯이, 광포하게)

大 **fraternal** [frətə́ːrnəl]

[형] 형제의, 친한, 형제 같은

풀었다 늘

[암] **친한 형제의** 정을 술로 **프러터 늘**.

(fraternal)

大 **fraternity** [frətə́ːrnəti]

[명] 협동단체, 친목회, 형제임

▶ fratern(al)(형제의) + ity(명사 어미) = fraternity(협동단체, 친목회, 형제임)

大 **fraud** [frɔːd]

[명] 가짜, 사기꾼, 사기, (종교상의)거짓말

프로(=pro)를 연관시켜 기억할 것

[암] **사기꾼**에게 **사기꾼 프로 드**러(들어)가 **가짜**들고 **사기**치네

(fraud)

大 **fraught** [frɔːt]

[형] 가득한, 충만한

[암] 레슬러인 **프로 트**기가 **프로트**씨와 **충만한 쇼를 보이다**.

(pro) (fraught) (show)

大 **fray** [frei]

[동] (옷, 신발 등을)닳게 하다, 해지게 하다.

프레이(=play : 놀다)를 연관시켜 기억할 것

[암] **골빈 애들**이 **프레이**하며 **(옷, 신발 등을)닳게 하다**.

(addle) (fray)

大 **freak** [friːk]

[명] 히피 [형] 별난, 이상한

[동] 이상한 행동을 하다, 흥분하다.

풀이 크게

[암] **보이**와 **걸**이 **프리 크**게 자란 데서 **흥분(이상한 행동을)하다**.

(boy) (girl) (freak)

中 **free** [friː]

[형] 자유로운, 무료의, 한가한

[암] 공을 **자유로운** 상태로 **프리 스로**해 **던지다**.

(free) (throw)

▶ Our country is a free nation.
우리 나라는 자유 국가이다.

大 **freeborn** [fríːbɔ̀ːrn]

[형] (노예 아닌)자유의 몸으로 태어난, 자유민다운

▶ free(자유로운) + born(태어난) = freeborn(자유의 몸으로 태어난, 자유민다운)

高 **freedom** [fríːdəm]

[명] 자유, 자유 행동, 해방

▶ free(자유로운) + dom(명사 어미) = freedom(자유, 자유행동, 해방)

▶ freedom of speech 언론의 자유

高

freely [frí:li]

[부] 자유로이, 마음대로

▶ free(자유) + ly(부사를 만듦) = freely(자유로이, 마음대로)

▶ May I speak freely for ten minutes?
10분 정도 자유로이 말하여도 좋으냐?

大

freeman [frí:mən]

[명] 자유민

▶ free(자유) + man(사람) = freeman(자유민)

高

freeze [fri:z]

[동] 얼어붙다, 얼다.

차를 / 풀이 / 즈음
[암] **칠** 떠는 **냉기**에 **프리 즈**음하여 **얼어붙다(얼다)**.
(chill) (freeze)

▶ The river has frozen last night. 강이 어젯밤에 얼어붙었다.

大

freezer [frí:zər]

[명] 결빙시키는 사람[것], 냉동 장치

▶ freez(e)(얼다) + er(…하는 사람[것]) = freezer(결빙시키는 사람[것], 냉동 장치)

F

大

freezing [fri:z]

[형] 어는, 몹시 추운 [명] 결빙, 냉동, 빙점

▶ freez(e)(얼다) + ing(명사, 형용사를 만듦) = freezing(어는, 몹시 추운, 결빙, 냉동 장치)

高

freight [freit]

[명] 화물, 운송료, 화물열차 [타] 운송하다.

물 푸레(나무)이름에
[암] **바보**가 **뮬프레이트**에 싣고 **화물열차**로 **운송하다**.
(mule) (freight)

▶ by freight 보통, 화물편으로

中

French [frentʃ]

[형] 프랑스의, 프랑스 말, 프랑스 사람

高

Frenchman [fréntʃmən]

[명] 프랑스 사람

▶ French(프랑스의) + man(사람) = Frenchman(프랑스 사람)

大

frenzy [frénzi]

[타] 격앙시키다. [명] 광란, 격앙, 광포, 난심

풀엔 / 지랄로
[암] 놈이 **클로버 프렌 지**랄로 쓰러져 **광란**을 **격앙시키다**.
(clover) (frenzy)

大

frequency [frí:kwənsi]

[명] 빈번, 자주 일어남, 주파수

▶ frequen(t)(잦은 빈번한) + cy(명사 어미) = frequency(빈번, 자주 일어남, 주파수)

高

frequent
[frí:kwənt]

[형] 잦은, 빈번한, 상습적인

화풀이 권투

[암] **갱**들이 하는 **빈번한(상습적인)** 화**풀이 권트**.
(gang) (frequent)

▶ a frequent guest 자주 오는 손님

高

frequently
[frí:kwəntli]

[부] 자주, 종종

▶ frequent(잦은, 빈번한) + ly(부사를 만듦) = frequently(자주, 종종)

▶ She frequently visits the museum. 그녀는 박물관을 자주 방문한다.

中

fresh
[freʃ]

[형] 새로운, 신선한 [명](대학, 고교의)신입생 1년생

[암] **신선한 풀에 쉬**는 (대학, 고교)**신입생**
(fresh)

▶ This fish looks fresh 이 생선은 신선해 보인다.

大

freshly
[fréʃli]

[부] 새로이, 새롭게

▶ fresh (신선한, 새로운) + ly(부사를 만듦) = freshly(새로이, 새롭게)

大

freshman
[fréʃmən]

[명] (대학, 고교의)1년생, 신입생

▶ fresh(신선한, 새로운) + man(사람) = freshman([대학, 고교의]1년생, 신입생)

大

freshness
[fréʃnis]

[명] 새로움, 신선함, 생생함

▶ fresh(신선한, 새로운) + ness(추상명사 어미) = freshness(새로움, 신선함, 생생함)

大

fret
[fret]

[동] 괴롭히다, 안달나게 하다, 초조하게 하다.

플래트폼(=platform:연단)을 연관시켜 기억할 것

[암] **스트립 쇼**로 관객을 **플래트**폼에서 **안달나게 하다**.
(strip show) (fret)

▶ You need not fret yourself about that.
그 일로(그렇게)초조하게 할 필요는 없다.

大

fretful
[frétfəl]

[형] 초조한, 안달하는

▶ fret(초조하게 하다, 안달나게 하다) + ful(…이 많은) = fretful(초조한, 안달하는)

大

friar
[fráiər]

[명] 수도승, 탁발승

(fry =)뻥튀기여(=과장이여)

[암] **수도승**과 **탁발승**의 말은 모두 **프라이여**
(friar)

中

Friday
[fráidi, -dèi]

[명] 금요일 [약어]Fri.

(에그)프라이를 연관시켜 기억할 것

[암] **금요일**에 하는 에그 **프라이 뒤**집기 **게임**.
(Friday) (game)

▶ We have music on Friday.
금요일에는 음악 시간이 있다.

F

大	**fried** [fraid]	▶ fry (기름으로 튀기다, 프라이하다)의 과거, 과거분사 ▶ (기름으로 튀기다 = fr[y] → i) + ed(형용사를 만듦) = fried(기름에 튀긴)
中	**friend** [frend]	ⓜ 친구 여자 친구 ⓐ **걸 프렌드** (girl) (friend) ▶ They are good [great] friends. 그들은 친한 친구 사이이다.
大	**friendless** [fréndlis]	ⓗ 벗이 없는, 친지가 없는 ▶ friend(친구) + less(…이 없는) = friendless(벗이 없는, 친지가 없는)
大	**friendliness** [fréndlinis]	ⓜ 우정, 친절 ▶ friendl(y) → (i)(친한) + ness(추상명사 어미) = friendliness(우정, 친절)
中	**friendly** [fréndli]	ⓗ 친한, 친절한 ▶ friend(친구) + ly(…다운, …한) = friendly(친한, 친절한) ▶ a friendly nation 우호적인[친절한] 국민, 우방
高	**friendship** [fréndʃip]	ⓜ 우정, 우호 ▶ friend(친구) + ship(상태, 신분, 직업 등의 뜻을 지님) = friendship(우정, 우호) ▶ a long friendship 오래 지속되는 우정
高	**fright** [frait]	ⓜ 놀람, 경악; 공포, 괴물 풀 라이트(비행기를 발명한 형제)를 연관시켜 기억할 것 ⓐ **공포**의 **괴물** 정체를 **플 라이트** 형제. (fright) ▶ He seemed to be in a great fright. 그는 매우 놀란 모양이었다. 
高	**frighten** [fráitn]	ⓢ 두려워하게 하다, 놀라게 하다, 깜짝 놀라다 ▶ fright(공포, 놀람) + en(…하다, …되다) = frighten(두려워하게 하다, 놀라게 하다,깜짝 놀라다) ▶ She was frightened by the dog. 그녀는 그 개 때문에 깜짝 놀랐다.
大	**frighful** [fráitfəl]	ⓗ 무서운, 놀라운 ▶ fright(공포, 놀람) + ful(형용사 어미) = frightful(무서운, 놀라운)
大	**frightfully** [fráitfəli]	ⓑ 무섭게, 놀라웁게 ▶ frightful(무서운, 놀라운) + ly(부사를 만듦) = frightfully(무섭게, 놀라웁게)

高 **fringe**
[frindʒ]

명 가장자리가, 술장식 동 …에 술을 달다.

풀인지
암 **커튼 가**에 **프린지 술장식**인지 모를 **술을 달다**.
(curtain) (fringe)

大 **fring**ing
[fríndʒiŋ]

명 술[장식] 달기

▶ fring(e)(술장식) + ing(현재분사 어미) = fringing(술[장식]달기)

大 **frivolous**
[frívələs]

형 불성실한; 실없는, 하찮은, 경박한

(화)풀이 벌 넣었음은
암 **스커트**에 화**프리 벌 러스**믄 **실없는** 짓.
(skirt) (frivolous)

大 **frivolous**ly
[frívələsli]

부 경박하게, 실없게, 불성실하게, 하찮게

▶ frivolous(불성실한, 실없는, 경박한 + ly(부사 어미) = frivolously = (경박하게, 실없게, 하찮게)

高 **fro**
[frou]

부 저 쪽으로, [다음의 관용구로] to and fro 이리저리(로), 여기저기

(pro=프로)를 연관시켜 기억할 것
암 아마추어가 **프로**보자 **저 쪽으로 선**수쳐 **피하다**.
(fro) (shun)

▶ Children are running to and fro. 아이들이 여기저기 뛰어다니고 있다.

高 **frock**
[frɑk / frɔk]

명 성직자의 옷, 프록코트

암 (상하가 붙은 원피스)**드레스**, **프록코트형 군복**.

中 **frog**
[frɔ:g, frɑg / frɔg]

명 개구리 동 개구리를 잡다(찾다).

그물을 풀어 그
암 **네트**를 **프러 그 개구리를 잡다**.
(net) (frog)

▶ The frog is jumping. 개구리가 뛰어오르고 있다.

大 **frog**man
[frɔ́:gmæ̀n / -mən

명 잠수부, 잠수 공작원(병)

▶ frog (개구리) + man(사람) = frogman(잠수부, 잠수 공작원[병])

大 **frolic**
[frάlik / frɔ́l-]

명 장난 자 까불다, 장난치다.

(불알=)부 랄 익!
암 **잘 차는 사람**은 **키 커 프랄 익!**하고 차며 **장난치다(가불다)**.
(kicker) (frolic)

中 **from**
[frʌm, frɑm]

전~로부터

암 **수프부터 프럼**(푸렴)
(soup) (from)

F

中

front
[frʌnt]

명 정면, 앞쪽 형 정면의

풀은 틀어
암 **정면**에 있는 **프런 트**러 잡고 **풀**을 **뽑다**.
(front) (pull)

▶ at the front of …의 정면에

大

frontal
[frʌ́ntəl]

형 정면의, 앞(쪽)의

▶ front(정면) + al(…의) = frontal(정면의, 앞[쪽]의)

高

frontier
[frʌntíər / frʌ́ntiər]

명 국경, 국경 지방

▶ front(정면) + ier(= er …있는 것) = frontier(국경, 국경 지방)

▶ a frontier town 국경[변경]의 마을

大

frontispiece
[frʌ́ntispìːs]

명 (책의) 권두화(卷頭畵), 표제지

▶ front(정면) + is(있다) + piece(조각, 단편, 그림) → 책의 정면에 있는 조각 그림 = frontispiece((책의) 권두화, 표제지)

F

高

frost
[frɔːst / frɔst]

명 서리, 서릿발 동 서리로 덮다.

목도리 풀어 서투르게
암 **머플러**를 **프러 스트**르게 닦는 **서리**.
(muffler) (frost)

▶ The ground was covered with frost.
땅이 서리로 덮여 있었다.

大

frostbite
[frɔ́ːstbàit]

명 동상

▶ frost(서리) + bite(상하게 하다) = frostbite(동상)

大

frosty
[frɔ́ːsti / frɔ́sti]

형 서리가 내리는, 싸늘한, 쌀쌀한

▶ frost(서리) + y(형용사를 만듦) = frosty(서리가 내리는, 싸늘한, 쌀쌀한)

大

froth
[frɔːθ / frɔθ]

명 (맥주 등의) 거품 동 거품을 일으키다.

(pro=)프로를 연관시켜 기억할 것
암 링에서 K.O 된 **프로 스**(수)없이 **거품을 일으키다**.
(froth)

大

frothy
[frɔ́ːθi / frɔ́θi]

형 거품투성이의, 거품 같은

▶ froth(거품) + y(형용사를 만듦) = frothy(거품투성이의, 거품 같은)

高

frown
[fraun]

동 노려보다, 상을 찡그리다.

암 **왕관표 크라운** 맥주먹고 **프라운**씨가 **상을 찡그리다**.
(crown) (frown)

▶ frown with displeasure. 불만으로 얼굴을 찡그리다.

大 **froze** [frouz]

freeze(얼다)의 과거

高 **frozen** [fróuzən]

freeze(얼다)의 과거분사

大 **frugal** [frúːgəl]

형 검소한, 절약하는

하프로 연주해 / 하프연주자
암 하**프루 걸**인 돕는 **검소한 하피스트**
(frugal) (harpist)

中 **fruit** [fruːt]

명 과일, 열매, 견과, (보통 복수)산물

입술 / 부르트게
암 **립술**이 **프루트**게 먹은 **과일**.
(lip) (fruit)

▶ Do you like this fruit? 이 과일을 좋아하니?

高 **fruitful** [frúːtfəl]

형 열매를 많이 맺는, 비옥한

▶ fruit(과일, 열매) + ful(…이 많은) = fruitful(열매를 많이 맺는, 비옥한)

▶ fruitful showers 풍작을 가져오는 단비

大 **fruitless** [frúːtlis]

형 열매를 맺지 않는, 열매가 없는

▶ fruit(과일, 열매) + less(…이 없는) = fruitless(열매를 맺지 않는, 열매가 없는)

大 **frustrate** [frʌ́streit]

동 좌절시키다, 망가뜨리다, 실망시키다.

풀어 / 수틀에 / 2 / 트기가
암 미싱을 잉크 **프러 스트레 이 트**기가 뿌리며 **망가뜨리다**.
(frustrate)

大 **frustration** [frʌ́streit / frʌstrèiʃən]

명 좌절, 실망

▶ frustrat(e)(좌절시키다, 실망시키다) + ion(명사 어미) = frustration(좌절, 실망)

中 **fry** [frai]

동 기름에 튀기다. 명 튀김, 프라이

달걀
암 **에그 프라이**를 하려고 **기름에 튀기다**.
(egg) (fry)

▶ fry the chicken in oil 닭을 기름에 튀기다.

高 **fuel** [fjúːəl]

명 연료, 장작 동 연료를 보급(공급)하다.

운전기사가 / 휴월(=쉬는 달)
암 **드라이버**가 **휴월(休月)**에도 **연료를 보급하다**.
(driver) (fuel)

▶ nuclear fuel 핵 연료

F

大 **fugitive** [fjúːdʒitiv]

형 달아나는, 덧없는 명 도망자

암 **바보**같게**시리** **퓨지 티브**려다 들켜 **달아나는 덧없는 도망자**
(휴지 집으려다) (silly) (fugitive)

高 **fulfill** [fulfíl]

동 (약속 따위를)이행하다; 다하다, 충족시키다.

암 님 찾아 **풀 필**이(피리)불겠다 던 **(약속을) 이행하다.**
(fulfill)

▶ I always fulfill my promises.
나는 언제나 약속을 이행한다.

中 **full** [ful]

형 가득 찬, 가득한 부 완전히

암 **풀**이 **가득한 풀장(웅덩이)**
(full) (pool)

▶ a glass full of wine 포도주가 가득 찬 유리잔

大 **fullness** [fúlnis]

명 차있음, 가득함

▶ full(가득 찬) + ness(추상명사 어미) = fullness(차있음, 가득함)

F

高 **fully** [fúli]

부 충분히, 완전히, ((數詞 앞에서)) 꼬박

▶ ful(l)(가득 찬) + ly(부사를 만듦) = fully(충분히, 완전히)

▶ for fully three days. 꼬박 3일 동안

大 **fumble** [fʌ́mbəl]

동 만지작거리다, 주무르다, 실수해 헛잡다.

암 수의사가 **펌 블**을 **만지작거리다 실수해 헛잡아 죽다이**
(범 불알을) (fumble) (die)

高 **fume** [fjuːm]

명 연기, 향기 동 화를 내다, 연기를 내뿜다.

암 **호텔**에 **향기**대신 **연기 퓌움**을 보고 **화를 내다.**
(피움을) (hotel) (fume)

▶ He fumed because she did not appear.
그는 그녀가 나타나지 않아서 화를 내었다.

中 **fun** [fʌn]

명 놀이, 장난 형 재미 있는 동 놀다, 장난치다.

암 **재미있는 놀이 장난치며 펀**편이 **놀다.**
(fun)

▶ He is good[great] fun. 그는 아주 재미있는 사람이다.

高 **function** [fʌ́ŋkʃən]

명 기능 동 역할(기능)을 다하다.

암 **해머**들고 **덩**을 **펑!크션**자가 **역할(기능)을 다하다.**
(똥을 펑! 뀌신) (hammer dung) (function)

▶ the function of the heart 심장의 기능

大 **functional** [fʌ́ŋkʃənəl]

형 기능의, 작용의

▶ function(기능) + al(…의) = functional(기능의, 작용의)

高

fund
[fʌnd]

명 자금, [복수]재원

암 **벤쳐기업**을 **편 드**러 주는 **자금**
(venture) 편 들어 (fund)

▶ a relief fund 구제 자금.

高

fundamental
[fʌ̀ndəméntl]

형 근본적인; 중요한, 기본의 명 기본, 기초

▶ fund(기초, 바닥의뜻) + (a)ment(명사를 만듦) + al(…의) = fundamental(근본적인, 기본의, 기본, 기초)

▶ fundamental human rights 기본권

高

funeral
[fjúːnərəl]

형 장례식의 명 장례식, 장례행렬

암 **휴(携)널럴**(널을)옮기는 **장례식의 장례행렬**.
휴(携)널을(=휴대한 널(관)을) (funeral)

▶ a funeral ceremony(service) 장례식

大

funeral chapel
[fjúːnərəl tʃǽpəl]

명 영안실

▶ funeral(장례식) + chapel(교회당, 채플) = funeral chapel(영안실)

大

fungus
[fʌ́ŋgəs]

명 버섯, 균류

암 **펑! 거스(巨樹)**처럼 퍼진 **버섯**
펑! 거수(큰 나무) (fungus)

高

funnel
[fʌ́nl]

명 깔때기, (기관차의)굴뚝 동 중심에 모으다.

암 **오일 기름**을 **퍼 늘 깔때기**로 **중심에 모으다**.
(oil) (funnel)

中

funny
[fʌ́ni]

형 재미있는, 우스운

▶ (장난 = fun + n) + y(형용사를 만듦) = funny(재미있는, 우스운)

中

fur
[fəːr]

명 모피, 부드러운 털 동 모피로 덮다.

암 **부드러운 털**을 **퍼**(펴) **모피로 덮다**.
(fur)

▶ The rabbit has white fur. 그 토끼는 하얀 뻘을 가지고 있다.

高

furious
[fjúəriəs]

형 격분한, 성난, 격렬한

▶ (격분 = fur[y] → i) + ous(형용사 어미) = furious(격분한 성난)

암 담배를 **격분**해 **퓨어리**(= fury → 피우리)

▶ a furious sea 거친(격렬한)바다

高

furnace
[fə́ːrnis]

명 아궁이, 화덕, 난로

암 **콜 탄**을 **퍼니 스**려고 만든 **아궁이 화덕(난로)**
(coal) 펴히 쓰려고 (furnace)

▶ a coal furnace 석탄 난로

F

高 **furnish** [fə́ːrniʃ]

㊐ 비치하다; 공급하다, 갖추다, 가구를 비치하다.

편히 쉬려고

암 **소파**를 **퍼니** 쉬려고 **갖추다(비치하다)**.

(sofa) (furnish)

▶ furnish a house with furniture. 집에 가구를 비치하다.

大 **furnished** [fə́ːrniʃt]

㊂ 가구가 붙은(있는)

▶ furnish(설치하다, 가구를 비치하다) + ed(형용사를 만듦) = furnished(가구가 붙은[있는])

大 **furnishing** [ə́ːrniʃiŋ]

㊔ 비품, 가구

▶ furnish(설치하다, 가구를 비치하다) + ing(현재분사 어미) = furnishing(비품, 가구)

高 **furniture** [fə́ːrnitʃər]

㊔ 가구

▶ furni(sh)(가구를 비치하다) + ture(명사 어미) = furniture(가구)

암 **태양**표 **선 퍼니쳐 가구**

(sun)(furniture)

▶ modern furniture 현대적인 가구

大 **furrow** [fə́ːrou / fʌ́rou]

㊔ 밭, 밭고랑 ㊐ 밭고랑을 만들다.

퍼 놓으며

암 흙을 **밭고랑**에 **퍼 로우**며 **밭고랑을 만들다**.

(furrow)

高 **further** [fə́ːrðər]

㊕ 그 위에, 더욱 멀리(앞으로)

암 **윙**윙 **날개**를 **퍼 더**기며 **더욱 멀리 훨**훨 **선회하다**.

(wing) (further) (whirl)

▶ go further away. 더욱 멀리 가다.

高 **furthermore** [fə́ːrðərmɔ̀ːr]

㊕ 더군다나, 그 위에

▶ further(그 위에) + more(더 많게) = furthermore(그 위에 , 더군다나)

高 **fury** [fjúəri]

㊔ 격노, 격분

암 **시가**지에서 **열궐련**을 **격노**해 **홧김**에 **퓨어리**(피우리)

(cigar) (fury)

▶ in a fury 격노하여

高 **fuse** [fjuːz]

㊔ 퓨즈; 도화선 ㊐ 녹이다, 녹다.

암 **도화선 퓨즈**가 **녹다(녹이다)**.

(fuse)

大 **fusion** [fjúːʒən]

㊔ 융해, 용해, 융합

▶ fus(e)(녹다) + ion(명사 어미) = fusion(융해, 용해, 융합)

高

fuss
[fʌs]

명 흥분, 야단법석 동 안달(복달)하다.

암 **오일**을 막 **퍼스**(쓰)니 **야단법석**떨며 **안달[복달]하다**.
(oil) (fuss)

▶ Don't fuss about the work. 그 일로 안달하지 마라.

高

futile
[fjúːtl / -tail]

형 (행동 등이)효과없는, 소용없는, 쓸데없는

암 **쓸데없는** 시빌 **퓨틀**려는(불을 려는) **범**같은 **부랑자**.
(futile) (bum)

▶ a futile attempt 무익한 시도

大

futility
[fjuːtíləti]

명 (행위의) 무익, 무용

▶ futil(e)(효과없는, 쓸데없는) + ity(추상명사 어미) = futility([행위의] 무익, 무용)

中

future
[fjúːtʃər]

형 미래의 명 미래, 장래

암 **휴처(休妻)의 미래**를 **월(月)리** 갈수록 **걱정하다**.
후처(두 번째 맞은 부인) 월이(달이)
(future) (worry)

▶ the future of Korea 한국의 미래

G

大

gabble
[gǽbəl]

동 (알 수 없는 말을) 빠르게 말하다, 재잘거리다. 명 재잘거림

암 **개블** 같은 **알 수 없는 말을 빠르게 말하다**.
개불알
(gabble)

大

gad
[gæd]

자 돌아다니다, 제멋대로 자라다. 명 돌아다님

암 **덩(똥) 개드**리(들이) **돌아다니다 제멋대로 자라다**.
(dung) (gad)

大

gaiety, gayety
[géiəti]

명 유쾌함, 명랑함, 화려함

▶ (유쾌한, 화려한 = ga[y] → i) + ety(= ty …함) = gaiety, gayety(유쾌[명랑,화려]함)

암 **눈(noon)**오던 **정오**가 **유쾌하**고 **화려한** 날씨로 **(gay)개이다**.

大

gaily
[géili]

부 유쾌하게, 명랑하게, 화려하게

▶ ga(y) → (i)(유쾌[명랑, 화려]한) + ly(부사를 만듦) = gaily(유쾌하게, 명랑[화려]하게)

中

gain
[gein]

동 얻다, 이익을 얻다. 명 이익

암 **이익**을 **개인(個人)**이 **얻다**.
(gain)

▶ I gained nothing. 나는 얻은 게 없다.

大

gait
[geit]

명 걸음 걸이, 보속(步速)
동 (말 등의) 보조를 훈련시키다.

개를 이(2) 트기가
암 **개 이(2) 트**기가 **걸음 걸이 보조를 훈련시키다.**
(gait)

高

galaxy
[gǽləksi]

명 은하, 은하수

개를 넉 시(=네시)
암 **갤 럭시**에 **은하수**에서 만난 **ET(외계인)**
(galaxy) (Extra-Terrestrial)

高

gale
[geil]

명 강풍, 질풍

왜인이 이틀이나
암 **강풍[질풍]**이 **개일**때를 **왜(倭)이트**리나 **기다리다.**
(gale) (wait)

▶ a gale of wind 일진 강풍

大

gall
[gɔːl]

명 (동물의) 쓸개즙, 담즙 동 화내(안달나)게 하다.

암 (동물의) **쓸개즙**만 **골**라 먹여 **안달나게 하다.**
(gall)

高

gallant
[gǽlənt]

형 용감한, 씩씩한, 화려한

개를 넣은 트기의
암 셔츠에 **갤 런 트**기의 **용감하**고 **씩씩한 포즈(자세)**
(gallant) (pose)

▶ a gallant horse 화려한 말

G

大

gallantly
[gǽləntli]

부 용감하게

▶ gallant(용감한) + ly(부사를 만듦) = gallantly(용감하게)

大

gallantry
[gǽləntri]

명 용감, 용기

▶ gallant(용감한) + ry(명사 어미) = gallantry(용감, 용기)

高

gallery
[gǽləri]

명 화랑; 회랑, 관람석, 갤러리

암 **화랑 갤러리 관람석**
(gallery)

大

galley
[gǽli]

명 갤리선 (옛날 노예나 죄수들에게 젓게 한 돛배)

高

gallon
[gǽlən]

명 갤런 (용량의 단위)

암 **디젤 오일 원 갤런**
(diesel oil) (one)(gallon)

高 **gallop** [gǽləp]

명 (말의) 질주 동 (말이) 질주하다, 달리다.

개를 업고
암 **불독 갤 업**고(말이)**질주하다**.
(bulldog)(gallop)

▶ The horse galloped away. 말이 질주해 갔다.

大 **gallows** [gǽlouz]

명 교수대, 교수형

개를 노우(늙은벗이)주워
암 **갤 로우(老友)즈**워 **교수대**에 **교수형**으로 **삯일꾼**과 같이 **잡버**(어)
(gallows) (jobber)

大 **galosh** [gəlɑ́ʃ / -lɔ́ʃ]

명 오버슈즈, 덧신

걸어 쉬잖고
암 **거러 쉬**잖고 **오버슈즈 덧신** 신**고 가다**.
(galosh) (go)

高 **gamble** [gǽmbəl]

동 내기를 하다, 도박을 하다. 명 내기, 도박

▶ (내기, 도박, 게임 = gam(e)) + (ble …하다) = gamble(내기를[도박을]하다)

▶ gamble at cards. 내기 카드 놀이를 하다.

大 **gambler** [gǽmblə*r*]

명 내기꾼, 노름꾼

▶ gambl(e)(내기하다, 노름하다) + er(…사람) = gambler(내기꾼, 노름꾼)

大 **gambling** [gǽmbəliŋ]

명 도박, 내기, 노름

▶ gambl(e)(내기하다, 노름하다) + ing(현재분사 어미) = gambling(도박, 내기, 노름)

中 **game** [geim]

명 경기(게임) 동 게임을 하다.

▶ a computer game 컴퓨터 게임

高 **gang** [gæŋ]

명 강도, 갱, 갱단, 폭력단

암 **폭력단**인 **강도 갱단**
(gang)

▶ a street gang 노상 폭력단

大 **gangster** [gǽŋstə*r*]

명 갱 단원, 갱(의 한 사람)

▶ gang (갱, 강도) + ster(…하는 사람) = gangster(갱 단원, 갱[의 한 사람])

大 **gaol** [dʒeil]

명 감옥, 형무소 타 투옥하다, 감금하다 (= jail)

암 **스파이**를 **제일 형무소**에 **투옥(감금)하다**.
(spy) (gaol)

G

高 **gap** [gæp]

명 갈라진 틈; 간격; (의견 따위의)격차 자 벌어지다, 갈라지다.

암 벽에 **갈라진 틈**, **갭**이 **벌어지다**.
(gap)

▶ make a gap. 틈이 나게 하다, 간격이 생기게 하다.

大 **gape** [geip]

명 입을 크게 벌림, 하품, 벌어진 틈 자 입을 크게 벌리다, 하품을 하다.

암 **불독 개 입**을 **크게 벌리고 하품을 하다**.
(bulldog)(gape)

高 **garage** [gərɑ́ːʒ / gǽrɑːdʒ]

명 차고, (자동차)수리 공장

암 **불독**은 **차고**나 **(자동차)수리공장**을 지키는 **개라지**.
(bulldog) (garage)

▶ a bus garage 버스 차고

大 **garb** [gɑːrb]

명 복장, 옷 매무새, 옷차림, 외관 타 옷차림을 하다.

암 (과부)**가브**가 **외관**이 고운 **옷차림을 하다**.
(garb)

高 **garbage** [gɑ́ːrbidʒ]

명 쓰레기, 찌꺼기 동 게걸스레 먹다.

암 **유랑인 집시**가 **비지 찌거기**를 **게걸스레 먹다**.
(Gypsy)(garbage)

▶ a garbage bag 쓰레기 봉투

中 **garden** [gɑ́ːrdn]

명 정원, 뜰 동 정원(뜰)을 만들다.

암 늘 **가든**(던)곳 **뜰**에 **정원을 만들다**.
(garden)

▶ a roof garden 옥상 정원

高 **gardener** [gɑ́ːrdnər]

명 원예사, 정원사

▶ garden(정원) + er(…사람) = gardener(원예사, 정원사)

▶ a nursery gardener 묘목업자

高 **gardening** [gɑ́ːrdniŋ]

명 정원을 꾸밈, 원예

▶ garden(정원) + ing(현재분사 어미) = gardening(정원을 꾸밈, 원예)

大 **gargle** [gɑ́ːrgəl]

자 양치질 하다. 명 양치질

암 **투스**가 **이**를 **가글**가글(소리내) **양치질하다**.
투수가
(tooth) (gargle)

大 **garland** [gɑ́ːrlənd]

명 화환 타 화환으로 장식하다.

▶ (佳: 아름다울가 = gar) + land(= 땅) → 아름다운 땅을 만드려고 = garland(화환, 화환으로 장식하다)

G

高

garment
[gáːrmənt]

명 긴 웃옷; (복수) 의복

암 **긴 웃옷**에 **가면(假面)트**러 쓴 **댄서**
(가면(假面) 틀어 / garment / dancer)

▶ wear a garment 옷을 입다

大

garnish
[gáːrniʃ]

명 장식물 타 장식하다.

암 **무(武)브**가 **이사가니 쉬**잖코 집을 **장식물**로 **장식하다**.
(무(武)부)=무사 / move / garnish)

大

garret
[gǽrit]

명 맨 위층, 다락방

암 **다이아 텐 캐럿**을 **맨 위층 다락방 캐럿**에 두다.
(dia / ten / carat / garret)

大

garrison
[gǽrəsən]

명 요새지, 주둔군, 수비대 타 수비하다.

암 **주둔군**이 **개러 슨 수비대**로 **요새지**를 **수비하다**.
(가려 쓴 / garrison)

大

garter
[gáːrtər]

명 양말, 대님, (영국)[the G-]가터 훈장

암 **가터 훈장**은 모양이 **양말 대님 가터**(같어)
(Garter / garter)

中

gas
[gæs]

명 가스 동 가스를 공급하다.

암 **하우스(집)**에 **가스를 공급하다**.
(house / gas)

▶ We filled the balloon with gas. 우리는 풍선에 가스를 채웠다

大

gaseous
[gǽsiəs]

형 가스의, 가스체의

▶ gas(가스) + eous(= ous … 와 같은, …의) = gaseous(가스의, 가스체의)

大

gash
[gæʃ]

명 깊이 베인 상처, 깊은 상처

암 **세퍼드개 쉬** 물어 생긴 **깊은 상처**
(shepherd / gash)

高

gasoline, -lens
[gæ̀səlíːn]

명 휘발유, 가솔린

암 **개솔린 휘발유**
(gasoline)

▶ We're almost out of gasoline. 우리는 휘발유가 거의 떨어졌다.

高

gasp
[gaːsp / gæsp]

동 헐떡거리다, 숨이 막히다. 명 숨참

암 **마담**과 **플레이 보이가 습**(숲)에서 **숨이 막히어 헐떡거리다**.
(madam / playboy / gasp)

▶ She gasped for breath. 그녀는 숨을 헐떡거렸다.

G

中 **gate**
[geit]

㉮ 문, 출입구

개가 이름에

㉰ **개 이트**메 **문**에서 **박**박 **짖다.**

(gate) (bark)

▶ open the gate 대문을 열다.

高 **gate-way**
[géitwèi]

㉮ 대문, 출입구

▶ gate(문, 출입문) + way(길) = gate-way(대문, 출입구)

中 **gather**
[gǽðər]

㉯ 모드다, 모이다, 따다, 채집하다.

㉰ **똥**(덩)을 **바보**가 **몇 개 더 모으다.**

(dung) (mutt)(gather)

▶ The carpenter gathered his tools.
목수는 자기 연장을 모았다.

高 **gatering**
[gǽðəriŋ]

㉮ 모임, 집합, 집회

▶ gather(모으다, 모이다) + ing(현재분사 어미) = gathering(모임, 집합, 집회)

▶ a family gathering 가족모임

大 **gaudy**
[gɔ́ːdi]

㉱ 화사한, 야한, 요란한

고양 뒤로가

㉰ **화사하**고 **야한 고 뒤**로가 **그립**다며 **꽉움켜 잡다.**

(gaudy) (grip)

G

高 **gauge, gage**
[geidʒ]

㉮ 표준치수, 계량기 ㉯ 재다.

㉰ 이 **불독**은 **표준 치수**의 **개이지**하며 **계량기**로 **재다.**

(bulldog) (gauge)

大 **gaunt**
[gɔːnt]

㉱ 앙상한, 수척한, 황량한

권투

㉰ **수척하**고 **앙상한 곤트**선수.

(gaunt)

高 **gauze**
[gɔːz]

㉮ 성기고 얇은 천, 거즈(= 가제)

㉰ **성기고 얇은 천 거즈**(= 가제)

(gauze)

▶ wire gauze 철망

中 **gave**
[geiv]

give (주다)의 과거

▶ My uncle gave me his watch. 삼촌은 나에게 시계를 주셨다.

高 **gay**
[gei]

㉱ 명랑한, 즐거운, 쾌활한, 화려한

㉰ **눈**오던 **정오**가 **즐거운 화려한** 날씨로 **개이**어

(noon) (gay)

▶ a gay lady 바람난(화려한)여자

高	**gaze** [geiz]	동 눈여겨보다, 응시하다. 명 주시, 응시 똥개 이즈음 암 **덩**을 **똥개 이즈**음 **응시하다.** (dung) (gaze) ▶ She gazed at the sunset. 그녀는 일몰을 지켜보았다. 
大	**gazette** [gəzét]	명 신문, 관보 타 관보로 공시하다. 거(클거) 제트(Z) 암 **신문**을 **거(巨) 제트**복사기로 뽑아 **관보로 공시하다.** (gazette)
高	**gear** [giər]	명 톱니바퀴, 기어, 전동장치 동 기어를 넣다. 암 **전동 장치 기어를 넣다.** (gear) ▶ The motorcar was geared up. 자동차에 고속 기어를 넣었다.
高	**geese** [giːs]	goose(거위)의 복수
大	**gelatin-tine** [dʒélətn / -tin]	명 젤라틴(단백질의 한 종류)
高	**gem** [dʒem]	명 보석, 보옥 타~을 보석으로 장식하다. 암 **친구**가 **팔을 보석(보옥)으로 장식하고 잼**니다. (pal) (gem) ▶ the gem of a poem 주옥 같은 한 편의 시 
高	**gender** [dʒéndər]	명 성, 성별 암 **성(성별)**의 크기를 자로 **잰더**(다) (gender)
高	**gene** [dʒiːn]	명 유전자, 유전인자 암 **진**짜 **유전 인자(유전자)** (gene)
大	**gene bank** [dʒiːn bæŋk]	명 유전자 은행 ▶ gene(유전자) + bank(은행) = geme bank(유전자, 은행)
大	**gene group** [dʒiːn gruːp]	명 유전자군 ▶ gene(유전자) + group(무리, 군, 집단) = gene group(유전자군)

G

高 **general** [dʒénərəl]

㊐ 일반적인 ㊐ 육군 대장

죄다 너를
암 죄 너럴 일반적인 육군대장으로 알지.
(general)

▶ general culture 일반 교양

大 **generalization** [dʒènərəlizéiʃən]

㊐ 종합, 일반론

▶ generaliz(e)(일반화[보편화]하다) + ation(명사 어미) = generalization(종합, 일반론)

高 **generalize** [dʒénərəlàiz]

㊐ 일반화(보편화)하다.

▶ general(일반적인) + ize(…화하다) = generalize(일반화[보편화]하다)

中 **generally** [dʒénərəli]

㊐ 일반적으로, 널리

▶ general (일반적인) + ly(부사를 만듦) = generally(일반적으로, 널리)

高 **generate** [dʒénərèit]

㊐ 생산하다, 일으키다, 낳다.

밀가루 죄다 널판에 이틈에
암 밀 식사를 **죄 널에 이트**메 쳐 **생산하다**.
(meal) (generate)

高 **generation** [dʒènəréiʃən]

㊐ 세대, 자손, 산출

▶ generat(e)(산출하다, 낳다) + ion(명사 어미) = generation(자손, 세대, 산출)

▶ the younger generation 젊은 세대

大 **generator** [dʒénərèitər]

㊐ 발생기, 발전기

▶ generat(e)(산출하다, 낳다) + or(…하는 것) = generator(발생기, 발전기)

大 **generosity** [dʒènərɑ́səti / -rɔ́s-]

㊐ 관대, 관용, 아량

▶ genero(u)s(아량이 있는, 관대한) + ity(추상명사 어미) = generosity(관대, 관용, 아량)

高 **generous** [dʒénərəs]

㊐ 관대한, 아량이 있는, 넉넉한

비단을 죄 널어스니
암 실크를 **넉넉한(관대한)**자가 **죄 너러스**니...
(silk) (generous)

▶ She has always been very generous to me.
그녀는 항상 내게 관대했다.

大 **generously** [dʒénərəsli]

㊐ 관대하게

▶ generous(관대한) + ly(부사를 만듦) = generously(관대하게)

大 **Geneva** [dʒəníːvə]

[명] 제네바 (스위스의 도시)

大 **genial** [dʒíːnjəl]

[형] 정다운, 친절한

[암] **정다운** 맘을 **지니얼 갑순**이의 **서비스**.
(지니얼 = 지니고 있을 (genial)) (갑순이의 서비스 = (Kapsoon service))

高 **genius** [dʒíːnjəs]

[명] 천재, 비상한 재주, 소질

[암] **천재**는 **비상한 재주**를 **지니어스니**…….
(지니어스니 = 지니었으니 (genius))

▶ a genius in mathematics 수학의 천재

大 **genteel** [dʒentíːl]

[형] 품위 있는, 고상한

[암] **잰 틸** 내는 **고상하**고 **품위있는 미스 코리아**.
(잰 틸 = 잘난 티를 (genteel)) (미스 코리아 = (Miss-Korea))

中 **gentle** [dʒéntl]

[형] 온화한, 상냥한, 점잖은

[암] **점잖하**고 **상냥한 젠틀 먼**.
(젠틀 먼 = 신사 (gentle)(man))

▶ a gentle manner 상냥한 태도

中 **gentleman** [dʒéntlmən]

[명] 신사, 점잖은 사람

▶ gentle(점잖은, 상냥한) + man(사람) = gentleman(신사, 젊잖은 사람)

▶ Who is that gentleman? 저 남자분은 누구냐?

大 **gentlemanly** [dʒíntlmənli]

[부] 신사처럼

▶ gentle(점잖은, 상냥한) + man(사람) + ly(부사를 만듦) = gentlemanly(신사처럼)

大 **gentleness** [dʒéntlnis]

[명] 온순, 친절, 관대

▶ gentle(점잖은, 상냥한) + ness(추상명사 어미) = gentleness(온순, 친절, 관대)

高 **gently** [dʒéntli]

[부] 양반답게, 점잖게

▶ gent(le)(점잖은, 상냥한) + ly(부사를 만듦) = gently(양반답게, 점잖게)

▶ gently born [bred] 좋은 가문의[가정 교육이 잘 된]

大 **gentry** [dʒéntri]

[명] 상류 사회, 신사계급

▶ gent(le)(친절한, 점잖은) + ry(명사 어미) = gentry(상류 사회, 신사계급)

G

高

genuine
[dʒénjuin]

㉱ 진짜의, 성실한, 순수한

㉲ **제 뉴인 성실한 진짜의 크리스찬.**
(제 뉴인: 저아이 누이는 (genuine) / 크리스찬: 기독교 신자 (Christian))

▶ This is a genuine leather. 이것은 진짜 가죽이다.

大

genus
[dʒíːnəs]

㉰ 종류, 부류, 유(類)

㉲ 통에 **종류(부류)**별로 **쥐 너스**니 **아이**가 **눈여겨 보다.**
(쥐: 쥐 / 너스니: 넣으니 (genus) / 아이: (eye))

大

geographer
[dʒiːágrəfər / dʒiɔ́g-]

㉰ 지리학자

▶ geograph(y)(지리학) + er(…사람) = geographer(지질학자)

大

geographic, -ical
[dʒìːəgrǽfik / dʒiə-]

㉱ 지리학의, 지리적인

▶ geograph(y)(지리학) + ic, ical(…의, …적인) = geographic, phical(지리학의, 지리적인)

高

geography
[dʒiːágrəfi / dʒiɔ́g-]

㉰ 지리학; 지리학 책

(地五 = geo) + (graphy = 그러피:쓰다) = 지리학

㉲ **지(地)五곳을 그려 피력해 써놓은것이 = 지리학**
땅 五곳 지형을 그려서 피력해 써놓은 것이

▶ physical[human] geography 자연[인문]지리학

大

geological
[dʒìːəládʒikəl / dʒiəlɔ́dʒ-]

㉱ 지질학의, 지질의

▶ geolog(y)(지질학) + ical(…의) = geological(지질학의, 지질의)

大

geologist
[dʒiːálədʒist / dʒiɔ́l-]

㉰ 지질학자

▶ geolog(y)(지질학) + ist(…하는 사람) = geologist(지질학자)

大

geology
[dʒiːálədʒi / dʒiɔ́l-]

㉰ 지질학, 지질학 책

▶ (지[地]오 = geo) + (logy = 로지; 학문) = 지질학

㉲ **땅덩이 地오로지 연구하는 학문이 = 지질학**
땅덩이인 지구를 오러지 연구하는 학문이

大

geometrical
[dʒìːəmétrikəl]

㉱ 기하학상의

▶ geometr(y)(기하학) + ical(…의) = geometrical(기하학상의)

高

geometry
[dʒiːámətri / dʒiɔ́mitri]

㉰ 기하학 서적, 기하학

▶ (지오[地五] = geo) + (metry = 미트리:측량하다) = 기하학

지(= 地 땅)五곳을 **미투리**신고 **측량해** 놓은게 = 기하학

▶ plane [spherical] geometry 평면[구면]기하학

大 **Georgia** [dʒɔ́ːrdʒə]

명 조지아주

高 **germ** [dʒəːrm]

명 세균, 병원균 , 씨눈, 배아

암 **점**같은 **세균(병원균)**
(germ)

中 **German** [dʒə́ːrmən]

형 독일(사람.어)의, 독일풍의 명 독일어, 독일사람

암 **저 먼**곳에서 온 **독일풍의 독일사람**
(German)

中 **Germany** [dʒə́ːrməni]

명 독일

▶ German(독일의) + y(명사를 만듦) = Germany(독일)

大 **germinate** [dʒə́ːrmənèit]

동 싹트다, 싹트게 하다.

점이 내 이틈에

암 **점** 같은 **씨눈**을 **저미 내 이트**메 **싹트게 하다**.
(germ) (germinate)

大 **germination** [dʒə̀ːrminéiʃən]

명 싹틈, 발생, 발아

▶ germinat(e)(싹트다, 싹트게 하다) + ion(추상명사 어미) = germination(싹틈)

高 **gerund** [dʒérənd]

명 [文法] 동명사

죄다 넌더리나게

암 **죄 런드**리나게 익힌 **문법 동명사**
(gerund)

高 **gesture** [dʒéstʃər]

명 몸짓, 손짓, 제스처

암 **몸짓 손짓**으로 **제스처**를 하는 **고치**.
(gesture) (coach)

▶ a gesture of sympathy 동정의 의사 표시

中 **get** [get]

동 얻다, …의 상태가 되다.

암 **조개**를 **셸** 수 없이 **갯**벌에서 **얻다**.
(shell) (get)

▶ Go and get your glasses. 가서 네 안경을 갖고 와라.

高 **ghastly** [gǽstli, gɑ́ːst-]

형 무시무시한, 무서운

개수(손) 틀이(틀다)

암 **범**같은 **부랑자**가 **무시무시한** 불독 **개스(手)트리**
(bum) (ghastly)

高 **ghost** [goust]

명 유령, 요괴, 영혼

고우(죽은 친구) 수(손을) 틀어
암 **유령**이 **고우(故友)스(手) 트**러 잡고 끌**고 가다**.
(ghost) (go)

▶ a ghost story 유령 이야기

大 **ghostly** [góustli]

형 유령의, 유령 같은

▶ ghost(유령) + ly(형용사를 만듦) = ghostly(유령의, 유령 같은)

高 **giant** [dʒáiənt]

명 거인, 위인 형 거대한, 자이언트

▶ He is a giant. (그는 거인이다)

大 **giddy** [gídi]

형 현기증나는, 어지러운 동 현기증이 나(게 하)다.

귀뒤 멀미약을 떼니
암 **현기증나는** 자가 **기뒤** 약을 떼니 더 **현기증이 나다**.
(giddy)

高 **gift** [gift]

명 선물 동 ~에게(…을)주다, ~에게 선물하다.

깃발이 붙으니
암 **선물** 추첨해 **기(旗)프트**니 그**에게 선물하다**.
(gift)

▶ birthday gifts 생일 선물

高 **gifted** [gíftid]

형 타고난 [천부의] 재능이 있는

▶ gift(하늘에서 준 선물 → 재능) + ed(형용사를 만듦) = gifted(타고난[천부의] 재능이 있는)

高 **gigantic** [dʒaigǽntik]

형 거인 같은, 거대한

▶ gi(g)ant(거인) + ic(…의) = gigantic(거인 같은, 거대한)

大 **giggle** [gígəl]

명 킥킥웃음 동 킥킥웃다, 낄낄거리다.

암 **마담**이 **기글**기글 소리내 **낄낄웃다(거리다)**.
(madam) (giggle)

高 **gild** [gild]

타 ~에 금(금박)을 입히다, …에 금도금하다.

암 **금도금하는 데 길드**려진 자가(천)**에 금박을 입히다**.
(gild)

大 **gill** [gil]

명 아가미

귀를
암 **귈** 닮은 **아가미**
(gill)

大 **gilt**
[gilt]

▶ gild(금박을 입히다, 도금하다)의 과거, 과거분사

大 **gin**
[dʒin]

명 진(술이름)

암 **진**하게 탄 **진(술)**
(gin)

大 **ginger**
[dʒíndʒər]

명 생강 타 생강 맛을 내다, 기운을 돋우다.

암 **플레이보이**가 **진저**리 나게 **생강**먹고 ( )에 **기운을 돋우다**.
(play boy) (ginger)

大 **ginger-bread**
[dʒíndʒərbrèd]

명 생강이 든 빵

▶ ginger(생강) + bread (빵) = gingerbread(생강이 든 빵)

大 **Gipsy, Gypsy**
[dʒípsi]

명 집시 (유랑민족의 이름)

高 **giraffe**
[dʒiræ̃f / -rá:f]

명 [동물] 지라프, 기린

암 **바보**같게 **시리 지뢰(地雷) 프**려는 **기린**.
(silly) 지뢰(地雷) 풀려는 (giraffe)

▶ the Giraffe [천문]기린자리

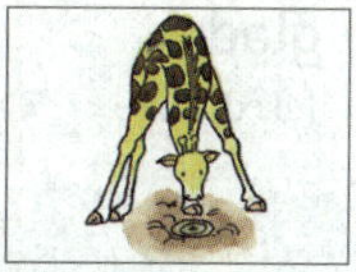

大 **gird**
[gə:rd]

타 ~에 띠를 두르다, 매다

암 (노)**로인**이 **허리**(춤)을 **거드**며 (허리)**에 띠를 두르다(매다)**.
(loin) 걷으며 (gird)

大 **girdle**
[gə́:rdl]

명 띠, 허리띠, 거들

▶ gird ([허리]에 띠를 두르다) + le(…하는 도구) + girdle(띠, 허리띠, 거들)

中 **girl**
[gə:rl]

명 소녀, 여자, 계집 아이

암 **걸** 프렌드 **여자** 친구.
(girl)

▶ That is a girl's school. 저것은 여학교이다.

高 **girl friend**
[gə:rl frend]

명 여자친구

▶ girl(소녀) + friend(친구) = girl friend(여자친구)

▶ a steady girl friend 꾸준히 진지하게 사귀는 여자 친구

大 **girl-hood** [gə́ːrlhùd]

명 소녀[처녀]임, 소녀[처녀] 시절

▶ girl(소녀) + hood(상태 신분을 나타냄 명사 어미) + girlhood(소녀[처녀]임, 소녀[처녀]시절)

大 **girt** [gəːrt]

gird(~에 띠를 두르다, 매다)의 과거, 과거분사

中 **give** [giv]

동 (*p*.gave, *pp*.given)주다

암 **달러**를 **기브**(기부)하여 **주다**. (dollar) (give)

▶ Please give that to me. 저것 좀 주시오.

中 **given** [gívən]

give(주다)의 과거분사

高 **glacier** [gléiʃər]

명 빙하

암 **빙하**에 관한 게 **그레이셔**(글에 이셔(글에 있어)) **아이**가 **눈여겨 보다**. (glacier) (eye)

中 **glad** [glæd]

형 기쁜, 기쁜듯한, 반가운, 즐거운

암 (近來)**글래**((近來)근래) **드**러온(들어온) **기쁜 뉴스**. (glad) (news)

▶ I am glad to see you. 만나서 반갑다.

高 **gladly** [glǽdli]

부 즐거이, 기꺼이

▶ glad(즐거운) + ly(부사를 만듦) = gladly(즐거이, 기꺼이)

大 **gladness** [glǽdnis]

명 기쁨, 즐거움

▶ glad(기쁜, 즐거운) + ness(추상명사 어미) = gladness(기쁨, 즐거움)

大 **glamour, -or** [glǽmər]

명 (성적)매력, 마력, 마법 타 호리다.

암 **남성**을 **매일(성적) 매력**있는 **글래머**걸이 **마법**으로 **호리다**. (male) (glamour)

高 **glance** [glæns, glɑːns]

동 흘긋 보다, 얼핏 보다. 명 흘긋 봄

암 **스파이**가 **글 란스**표(그를 란수표) 주며 **흘긋 보다**. (spy) (glance)

▶ She glanced at her friend. 그녀는 친구를 흘긋 보았다.

G

大	**gland** [glænd]	명 [解] 선(腺) 땀샘 암 **땀샘 그랜드**가 막힌 **그랜드 머더**(할머니) (gland) (grandmother)
高	**glare** [glɛər]	명 눈부심, 눈부신 빛, 노려보기 동 노려보다, 번쩍번쩍 빛나다. 암 **셰익스피어**가 **글 래어**(글을 내어) 놓으니 **번쩍번쩍 빛나다**. (Shakespeare) (glare) ▶ He glared at me with anger. 그는 화가 나서 나를 노려보았다.
大	**glaring** [gléəriŋ]	형 번쩍번쩍 빛나는 ▶ glar(e)(번쩍번쩍 빛나다) + ing(현재분사 어미) = glaring(번쩍번쩍 빛나는)
中	**glass** [glæs / glɑːs]	명 유리, 안경, 유리컵 암 **글라스 유리컵**. (glass) ▶ Give me a glass of water. 물 한컵 주세요.
大	**glassware** [glǽswɛ̀ər]	명 유리제품, 글라스웨어 ▶ glass(유리) + ware(제품) = glassware(유리제품, 글라스웨어)
大	**glassy** [glǽsi / glɑ́ːsi]	형 유리질의, 유리 모양의 ▶ glass(유리) + y(형용사를 만듦) = glassy(유리질의, 유리 모양의)
大	**glaze** [gleiz]	동 판유리를 끼우다, 윤을 내다. 명 윤내기, 유리 끼우기 암 한석봉의 **글레 이즈**(글에 이즈음)음 **윤내기**를 해 **판유리를 끼우다**. (glaze)
高	**gleam** [gliːm]	명 어렴풋한 빛, 미광 자 번쩍이다. 빛나다. 암 솔거의 **그림**에서 **어렴풋한 빛 미광**이 **빛나다**. (gleam) ▶ a faint gleam 희미한 빛(미광)
大	**glean** [gliːn]	동 (이삭을) 줍다. 암 밀레가 **그린** 만종의 여인이 **(이삭을)줍다**. (glean)
大	**glee** [gliː]	명 기쁨, 즐거움, 환희 암 인생에게 **그리**도 **즐거움**을 주는 **기쁨**과 **환희**에 찬 **러브(연예)** (glee) (love)

G

大	**glen** [glen]	명 골짜기, 좁은 계곡, 협곡 미국에있는 거대한 골짜기의 이름 암 **그랜드 캐년**의 **그랜 골짜기**와 **협곡** (Grand Canyon) (glen)
高	**glide** [glaid]	동 미끄러지다, 활주하다. 명 활주, 미끄러지기 암 **글라이더(활공기)**타고 **글라이드**해 **미끄러지다**. (glider) (glide) ▶ glide through the air. 대기 속으로 미끄러지듯 나아가다.
高	**glider** [gláidər]	명 미끄러지(듯 움직이)는 사람[물건], 활공기 ▶ glid(e)(미끄러지다) + er(…하는 사람[물건]) = glider(미끄러지[듯 움직이]는 사람[물건], 활공기)
大	**glmmer** [glímər]	명 희미한 빛, 가물거리는 빛 자 반짝거리다. 암 **그리 머**잖은 데서 **가물거리는 빛**이 **반짝거리다**. (glmmer)
大	**glimmering** [glímәriŋ]	형 반짝이는 명 희미한 빛 ▶ glimmer(반짝거리다) + ing(현재분사 어미) = glimmering(반짝이는, 희미한 빛)
高	**glimpse** [glimps]	명 흘끗 보기, 언뜻 봄 동 흘끗 보다. 암 **복서**가 **그림 프스**(부수)어 놓고 **흘끗 보다**. (boxer) (glimpse) ▶ catch a glimpse of. …을 흘끗 보다. 
大	**glint** [glint]	동 빛나다, 번쩍번쩍 반사하다. 암 **피카소**가 **그린 트**로피가 **번쩍번쩍 빛나다**. (Picasso) (glint)
大	**glisten** [glísn]	자 반짝반짝 빛나다. 명 반짝임 글 이 순수해 암 소월 **글 리 슨**수해 **반짝반짝 빛나다**. (glisten)
高	**glitter** [glítər]	자 번쩍번쩍 빛나다. 명 반짝임 밀어 그쪽으로 터니(털다) 암 **거울**을 **미러 그리터**니 **번쩍번쩍 빛나다**. (mirror) (glitter) ▶ glitter in the sunlight. 햇빛을 받아 반짝이다. 
大	**glittering** [glítәriŋ]	형 반짝이는, 빛나는, 찬란한 ▶ glitter(반짝반짝 빛나다) + ing(현재분사 어미) = glittering(반짝이는, 빛나는, 찬란한)

G

大 **global** [glóubəl]

㉻ 구형의, 지구의, 세계적인

▶ glob(e)(공, 지구) + al(…의) = global(구형의, 지구의, 세계적인)

大 **globe** [gloub]

㉹ 구; (the~)지구, 공, 구체 ㉸ 공을 만들다.

그 로우부(늙고 어리석은 남자)가

㉳ **그 로우브(老愚夫)**가 **지구, 공을 만들다.**

(globe)

高 **gloom** [glu:m]

㉹ 암흑, 우울, 어둠 ㉸ 어두어둑해지다.

구름이

㉳ **그룸**이 끼어 **암흑**같이 **어두어둑해지다.**

(gloom)

▶ the glooms of London 런던의 어두운 곳

高 **gloomy** [glú:mi]

㉻ 어두운; 음울한, 우울한, 어둑어둑한

▶ gloom(어둠, 우울) + y(형용사 어미) = gloomy(어두운, 어둑어둑한, 우울한 음울한)

▶ He was in a gloomy mood. 그는 우울한 기분이었다.

大 **glorify** [glɔ́:rifài]

㉫ 찬미하다, 찬송하다.

▶ (영광, 칭찬 = glor[y] → i) + (fy = …하다) = glorify([신을] 찬미하다, 찬송하다)

高 **glorious** [glɔ́:riəs]

㉻ 영광스러운, 영예로운

▶ (영광 = glor[y] → i) + (ous = 형용사 어미) = glorious(영광스러운, 영예로운)

▶ a glorious day 영광스러운 날, 좋은 날씨

高 **glory** [glɔ́:ri]

㉹ 영광, 칭찬 ㉸ 기뻐하다, 자랑하다.

글로 리씨가

㉳ **칭찬 글로 리(李)**가 **기뻐하다.**

(glory)

▶ Glory be to God 신께 영광 있으라.

大 **gloss** [glɔ:s / glɑs]

㉹ 윤, 광택 ㉸ 광택(윤)을 내다.

그 놋을(놋그릇을)

㉳ **마담**이 **그 로스**을 닦아 **광택(윤)을 내다.**

(madam) (gloss)

大 **glossy** [glɔ́(:)si / glάsi]

㉻ 광택(윤) 있는, 번쩍번쩍하는

▶ gloss(윤, 광택) + y(형용사를 만듦) = glossy(광택(윤) 있는, 번쩍번쩍하는)

中 **glove** [glʌv]

㉹ 장갑, (야구, 권투)글러브

㉳ (야구) **글러브(장갑).**

(glove)

▶ Take off your gloves. 장갑을 벗어라.

高 **glow** [glou]

㉑ 빛을 내다, 빛나다, 빨갛게 타다. 명 백열, 백열광

암 **셰익스피어**가 **글로**– 명성이 **백열광**같이 **빛나다**.
(Shakespeare) (glow)

▶ a warm glow 따뜻한 빛/ a soft glow 부드러운 빛

大 **glowing** [glóuiŋ]

형 백열의, 백열하는

▶ glow (빨갛게 타다) + ing(형용사를 만듦) = glowing(백열의, 백열하는)

大 **glue** [gluː]

명 아교, 풀 동 아교(풀)로 붙이다.

암 **골빈 애들**이 **그루**터기를 **아교(풀)로 붙이다**.
(addle) (glue)

大 **glycerin, -ine** [glísərin]

명 [化] 글리세린산염

大 **gnarl** [nɑːrl]

명 (나무의) 마디, 혹 ㉑ 마디가 [혹이] 생기다.

암 **뱀 부**튼(붙은)**대나무**에 **날**마다 **마디**가 **생기다**.
(bamboo) (gnarl)

大 **gnash** [næʃ]

(분노, 유감 따위로) 이를 갈다, 치를 떨다.

암 **내시**가 **내시**된것이 분해 **치를 떨다**가 **이를 갈다**.
(gnash, gnash)

大 **gnat** [næt]

명 각다귀(곤충의 이름, 피를 빨아 먹는 작은 곤충)

암 **빌딩 외브(外部) 거미줄 네트**에 걸린 **각다귀**
(building) (web) (gnat)
외부(外部) 네트(=net:그물)를 연관시켜 기억할 것

大 **gnaw** [nɔː]

동 갉아먹다, 물다, 깨물다.

암 **쥐 놈**은 **노**상 무엇을 **갉아먹다**.
(gee) (gnaw)

中 **go** [gou]

동 가다

암 **바이바이**를 **고(告)**하고 **가다**.
(bye–bye) (go)
안녕!을

▶ I must go to the station at once. 곧 정거장으로 가지 않으면 안 된다.

高 **goal** [goul]

명 결승점, 목표, 골 동 득점하다.

암 **결승점 골**을 **득점하다**.
(goal)

▶ kick a goal. 골을 차 넣다.

G

大 **goal-keeper** [góulkìːpər]

명 골키퍼, 문지기

▶ goal(골, 결승점) + keeper(지키는 사람) = goalkeeper(골키퍼, 문지기)

高 **goat** [gout]

명 염소, 호색한

암 **염소**같은 **호색한 고우(友)** 트기가 **로브(老婦)를 겁탈하다.**
(옛 친구 / 트기가 / 로 부(老婦)를 / (goat) / (rob))

▶ A young goat is a kid. 새끼 염소는 kid라고 한다.

大 **goblet** [gáblit / gɔ́b-]

명 고블렛, 받침 달린 잔

大 **goblin** [gáblin / gɔ́b-]

명 악귀, 도깨비

암 **고블(古佛)인 도깨비**
(고불(오래된 부처)머리에 인 / (goblin))

中 **God** [gad / gɔd]

명 신, 하느님, 조물주

암 성품이 **고드**신 **하나님(조물주)신**
(곧으신 / (God))

▶ Almighty God = God Almighty 전지전능하신 하나님

高 **goddess** [gádis / gɔ́d-]

명 여신

▶ god + (d)(신[神]) + ess(여성명사를 만듦) = goddess(여신)

▶ the goddess of love 사랑의 여신 (Venus)

大 **godfather** [gádfàːðər / gɔ́d-]

명 대부(代父)

▶ god(신[神] + father(아버지) → 신처럼 어질게 아버지 역할을 하는 사람 = godfather (대부[(代父])

大 **godlike** [gádlàik / gɔ́d-]

형 신 같은, 존엄한

▶ god(신[神]) + like(…같은[다운]) = godlike(신같은, 존엄한)

大 **godmother** [gádmʌ̀ðər]

명 대모(代母)

▶ god(신[神]) + mother(어머니) = godmother(대모)

高 **going** [góuiŋ]

go의 현재분사 명 가기, 보행, 여행, 출발

▶ go(가다, 여행하다) + ing(현재분사 어미) = going(가기, 보행, 여행, 출발)

▶ the going rate 현행 이율

G

中

gold
[gould]

[명] 금 [형] 금으로 만든

(금) (별, 성)
[암] **골드 스타.**
(gold) (star)

▶ It is made of gold. 그것은 금으로 만들어졌다.

中

golden
[góuldən]

[형] 금빛의; 금의

▶ gold(금) + en(물질 명사에 붙어 형용사를 만듦. …의) = golden(금빛의. 금의)

▶ golden hair 금발

高

goldfish
[góuldfiʃ]

[명] 금붕어

▶ gold(금, 황금) + fish(물고기) = goldfish(금붕어)

高

golf
[gɑlf / gɔ(:)lf]

[명] 골프 [자] 골프를 하다.

▶ play a round of golf. 골프 1라운드를 돌다.

大

golfer
[gɑ́lfər / gɔ́(:)lfər]

[명] 골퍼, 골프 치는 사람

▶ golf(골프) + er(…사람) = golfer(골퍼, 골프 치는 사람)

G

大

gondola
[gɔ́ndələ / gɑ́n-]

[명] 곤돌라(평저유람선)

中

gone
[gɔːn / gɑn / gɔn]

go(가다)의 과거분사 [형] 지나간, 죽은

▶ dead and gone 죽어버린

大

gong
[gɔːŋ / gɑŋ / gɔŋ]

[명] 징, 바라, 접시 모양의 종 [동] 공을 울리다.

[암] **접시 모양의 종 징**을 쳐 **공을 울리다.**
(gong)

中

good
[gud]

[형] 좋은, 잘하는

[암] **좋은 굿.**
(good)

▶ good health 좋은 건강 상태

中

good-bye, -by
[gùdbái]

[감] 안녕, 굿바이(헤어질 때의 인사말)

▶ good(좋은) + bye, by(안녕) → 좋은 안녕(= 굿바이) = good-bye, goodby(안녕, 굿바이)

▶ say good-bye 작별 인사를 하다.

高 **goodlooking** [gúdlúkiŋ]

㊔ 잘 생긴, 미모의, 핸섬한

▶ good(좋은) + looking(…으로 보이는) = goodlooking(잘 생긴, 미모의, 핸섬한)

大 **goodly** [gúdli]

㊔ 훌륭한, 고급의. 미모의

▶ good(좋은) + ly(형용사를 만듦) = goodly(훌륭한, 고급의, 미모의)

高 **goodnatured** [gúdnéitʃərd]

㊔ 마음씨 고운, 친절한

▶ good(좋은, 친절한) + natured(자연 본바탕을 타고난) = goodnatured(마음씨 고운, 친절한)

高 **goodness** [gúdnis]

㊔ 선량, 미덕, 친절

▶ good(좋은, 친절한) + ness(추상명사 어미) = goodness(선량, 미덕, 친절)

▶ Thank goodness! 고마워라

高 **goods** [gudz]

㊔ 상품, 화물

▶ good(좋은) + s(복수 어미) → 좋은 것들 = goods(상품, 화물)

▶ order goods 상품을 주문하다

高 **goodwill** [gúdwíl]

호의, 친절

▶ good(좋은) + will(의지, 결의) = goodwill(호의, 친절)

▶ a gesture [sign]of goodwill 호의의 표시

高 **goose** [guːs]

㊔ 거위; 바보, 얼간이

㊙ **얼간이**가 잡은 맛이 **구스**한 **거위** (구수한) (goose)

▶ wild goose 기러기

大 **gore** [gɔːr]

㊔ (상처에서 나온)피, 엉긴 피, 핏덩이

㊙ **피**가 **고**여 **엉긴 피**가 곧 **핏덩이** (gore)

大 **gorge** [gɔːrdʒ]

㊔ 골짜기 ㊉ 게걸스레 먹다,. 배불리 먹다.

㊙ **햄버거**를 **고지**대 **골짜기**에서 **게걸스레 먹다.** (hamburger) (gorge)

高 **gorgeous** [gɔ́ːrdʒəs]

㊔ 화려한; 눈부신; (기술 등이)훌륭한

㊙ **브로치**를 **화려한** 걸로 **고저스**니... (꽂았으니) (brooch) (gorgeous)

▶ a gorgeous sunset 눈부신(찬란한)일몰

G

高 **gorilla**
[gərílə]

명 고릴라

大 **gosh**
[gɑʃ / gɔʃ]

감 아이쿠, 큰일 났구, 기필코

암 아이쿠 가시(갓이, gosh) 기필코 플랩(풀업으로, flap)으로 날리다.

大 **gospel**
[gáspəl / gɔ́s-]

명 복음, 신조, 주의 동 ~에 복음을 전하다.

암 머플러(목도리, muffler)를 가스(가수, gospel) 펄럭(펄럭이며)이며 복음을 전하다.

高 **gossip**
[gásip / gɔ́s-]

명 수다장이, 떠벌이, 잡담 자 잡담(한담)하다.

암 떠벌이 수다장이 가 씹(gossip)같은 잡담(한담)을 하다.

▶ spread gossip 뜬소문(험담)을 퍼뜨리다.

中 **got**
[gat / gɔt]

get(얻다, 받다)의 과거, 과거분사

▶ She got a newspaper for me. 그녀는 내게 신문을 가져다 주었다.

大 **Gothic**
[gáθik / gɔ́θ-]

명 고딕 양식, 고딕체

▶ gotten get(얻다, 받다)의 과거분사

高 **gotten**
[gátn / gɔ́tn]

get(얻다, 받다)의 과거분사

高 **govern**
[gʌ́vərn]

동 다스리다, 통치하다.

암 타잔(Tarzan)이 정글(jungle)을 거번(去番)(지난번, govern)부터 다스리다.

▶ The king reigns but does not gevern.
왕은 군림하되 통치하지 않는다.

大 **governess**
[gʌ́vərnis]

명 여성, 가정교사, 여성 주지사

▶ govern(다스리다, 지배하다) + ess(여성명사를 만듦) = governess(여성, 가정교사, 여성 주지사)

中 **government**
[gʌ́vərnmənt]

명 정치, 지배; 정부 내각

▶ govern(다스리다) + ment(추상명사 어미) = government(정치, 정부)

▶ Strong government is needed 강력한 정치(정부)가 필요하다.

大 **governmantal**
[gʌ́vərnməntl]

형 정치의, 정부의, 통치상의

▶ government(정치, 지배) + al(…의) = governmental(정치의, 정부의, 통치상의)

高 **governor** [gʌ́vərnər]

명 통치자, 지배자, 주지사

▶ govern(다스리다) + or(…사람) = governor(통치자, 지배자, 지사)

▶ a governor general (식민지 따위의) 총독

高 **gown** [gaun]

명 긴 웃옷, 가운; 예복 동 가운을 입다(입히다).

▶ a wedding gown 혼례용 예복

高 **grab** [græb]

동 움켜잡다, 덮치다, 잡아채다. 명 움켜쥐기

암 **매춘부**를 **하룻**밤 **그 래브(來夫)**가 **움켜잡고 덮치다**.
(하룻밤 (harlot), 그 그래부(찾아온 남자) (grab))

高 **grace** [greis]

명 우아, 기품, 우아함, 고상함 동 우아하게 하다.

암 **고상함**이 **그레 이스**니 익혀 **우아하게 하다**.
(글에 있으니 (grace))

▶ She danced with grace.
그녀는 우아하게 춤추었다.

高 **graceful** [gréisfəl]

형 우아한, 단아한

▶ grace(우아) + ful(형용사 어미) = graceful(우아한, 단아한)

▶ a graceful apology 명쾌한[단아한]사죄

高 **gracious** [gréiʃəs]

형 호의적인, 친절한, 정중한

▶ grac(e)(우아, 기품) + ious(= ous …이 많은) = gracious(호의적인, 친절한, 정중한)

▶ She is gracious to all. 그녀는 모두에게 자애롭다.

大 **gradation** [greidéiʃən / grə-]

명 단계적 변화, 등급 매기기

▶ grad(e)(등급, 계급, 등급을 매기다) + ation(명사 어미) = gradation(단계적 변화, 등급 매기기)

中 **grade** [greid]

명 등급, 학년, 성적 동 등급[격]을 매기다.

암 **드라마 그레 이드**리 **등급을 매기다**.
(연극 각본 (drama), 글에 이들이 (grade))

▶ This pen grades B. B급 품이다.

大 **grader** [gréidər]

명 등급을 매기는 사람, 채점[평점]자

▶ grad(e)(등급) + er(…사람) = grader(등급을 매기는 사람, 채점[평점]자)

大 **gradient** [gréidiənt]

명 기울기, 경사도

▶ grad(e)(등급) + ient(= ent 성질, 상태를 나타냄) = gradient(기울기, 경사도)

高 **gradual**
[grǽdʒuəl]

㊍ 서서히 하는, 점차적인, 단계적인

▶ grad(e)(등급) + ual(= al, 형용사 어미) = 점차적인

그래서 두 얼이(=넋이)
㊙ **데이트**하고 **그래 듀 얼**이 **점차적인** 러브하다.
(date) (gradual)

大 **gradually**
[grǽdʒuəli]

㊇ 차차, 점차, 차례로

▶ gradual(점차적인) + ly(부사 어미) = gradually(차차, 점차, 차례로)

高 **graduate**
[grǽdʒuèit]

㊌ 졸업하다, 학위를 받다. ㊎ 졸업생

▶ grad(e)(성적, 등급) + (u)ate(하다의 뜻) = graduate(성적을 얻다 → 졸업하다, 학위를 받다)

그래서 두 애가 이 틈에
㊙ **잡 일**하고 **그래 듀 애 이 트**메 **졸업하다**.
(job) (graduate)

高 **graduation**
[græ̀dʒuéiʃən]

㊎ 졸업

▶ graduat(e)(졸업하다) + ion(명사 어미) = graduation(졸업)

▶ a college graduation 대학 졸업

高 **grain**
[grein]

㊎ 곡물, 곡식

그 래인(그 찾아온 사람)
㊙ **그 래인(其來人)**이 갖고 온 **곡식**.
(grain)

▶ grow grain 곡식을 재배하다.

高 **gram**
[græm]

((英)) gramme ㊎ 그램 (무게의 단위)

高 **grammar**
[grǽmər]

㊎ 문법, 문법책, 문법론

글에 뭐
㊙ **문법책 글래 뭐** 있지!
(grammar)

▶ English grammar 영문법

大 **grammarian**
[grəmɛ́əriən]

㊎ 문법가, 문법학자

▶ grammar(문법) + ian(= an …사람) = grammarian(문법가, 문법학자)

大 **grammatical**
[grəmǽtikəl]

㊍ 문법의, 문법상의

▶ gramm(ar)(문법) + atic(…의) + al(…의) = grammatical(문법의, 문법상의)

高 **gramophone**
[grǽməfòun]

㊎ 축음기, 유성기

▶ (그림, 기록하다 = gramo) + phone(소리) → 소리를 기록하여 놓은 것 = gramophone(축음기, 유성기)

G

大	**granary** [gréinəri / grǽnəri]	[명] 곡창, 곡물창고, 곡창지대 ▶ gran(= grain:곡식) + ary(…있는 곳) → 곡식이 있는 곳 = granary(곡창, 곡물창고, 곡창지대)
高	**grand** [grænd]	[형] 웅대한, 장대한, 당당한 [암] **웅대하고 장대한 그랜드 피아노** (grand) (piano) ▶ a grand mountain 웅대한 산
高	**grandchild** [grǽndtʃàild]	[명] 손자, 손녀(*pl*-children) ▶ grand(웅대한, 크) + child(아이) = grandchild(손자, 손녀)
高	**grandeur** [grǽndʒər]	[명] 위대, 장대, 웅장 ▶ grand(웅대한, 큰) + eur(= er …한 것) = grandeur(위대, 장대, 웅장)
中	**grandfather** [grǽndfɑ̀:ðər]	[명] 할아버지 ▶ grand(웅대한, 큰) + father(아버지) = grandfather(할아버지)
大	**grandly** [grǽndli]	[부] 웅장하게, 웅대하게 ▶ grand(웅대한) + ly(부사를 만듦) = grandly(웅장하게, 웅대하게)
大	**grandma-mammy** [grǽndmɑ̀:]	[명] 할머니, 노부인 ▶ grand(웅대한) + ma, mammy(어머니, 엄마) = grandma,-mammy(할머니, 노부인)
中	**grandmother** [grǽndmʌ̀ðər]	[명] 할머니, 조모 ▶ grand(웅대한, 큰) + mother(어머니) = grandmother(할머니)
大	**grandparent** [grǽndpɛ̀ərənt]	[명] 조부모 ▶ grand(웅대한, 큰) + parent(부모) = grandparent(조부모)
高	**grandson** [grǽndsʌ̀n]	[명] 손자 ▶ grand(웅대한 큰) + son(아들) = grandson(손자)

G

大	**granite** [grǽnit]	ⓜ 화강암, 쑥돌 암 **화강암**만 찾고 **그래니 트**럭에 **쑥돌**을 **더 많이 모어**(아) (granite) (more)
大	**granny, -nie** [grǽni]	ⓜ 할머니, 할멈 암 너의 **할머니**도 연애하고 **그래니?** (granny/-nie)
中	**grant** [grænt / grɑːnt]	ⓢ 주다, 인정하다, 받아들이다. ⓜ 인가 그 난초를 트기(=튀기) 암 **미스**가 **그 란(蘭) 트**기에게 **주다**. (Miss) (grant) ▸ She was granted a pension. 그녀는 연금을 받게 되었다. 
高	**grape** [greip]	ⓜ 포도(열매), 포도나무 그래서 이푸른 / 그 노우(=그 늙은 벗이) 암 **포도**가 좋고 **그래 이프**른 **포도나무**를 **그로우(其老友)**가 **기르다**. (grape) (grow) ▸ a bunch of grapes 포도 한 송이
高	**graph** [græf, grɑːf]	ⓜ 그래프, 도식, 도표 ⓢ 그림표를 그리다, 그래프를 그리다. 암 **도표 그래프를 그리다**. (graph)
高	**graphic** [grǽfik]	ⓗ 그림의, 도표의 ▸ graph(도표, 그림) + ic(…의) = graphic(그림의, 도표의)
大	**grapple** [grǽpəl]	ⓢ 꽉 붙잡다, 격투하다, 갈고랑쇠로 걸어잡다. 그래서 풀지 못하게 암 **부랑자**가 **범**같고 **그래 플**지못하게 **갈고랑쇠로 걸어잡다**. (bum) (grapple)
高	**grasp** [græsp, grɑːsp]	ⓢ 붙잡다; 파악하다, 이해하다. ⓜ 파악, 납득 정글 지대의 주민 그라 숲 암 **부시맨**이 **그라 숲** 속을 **이해(파악)하다**. (bush-man) (grasp) ▸ a firm grasp 확실한 파악 
中	**grass** [græs / grɑːs]	ⓜ 잔디, 풀 ⓢ 풀이(잔디가)자라다. 암 (유리 컵)**글라스**에 (잔디 풀)**글라스가 자라다**. (glass[glaːs]) (grass[graːs]) ▸ Keep off the grass. 잔디밭에 들어가지 마시오. 
高	**grasshopper** [grǽshὰpər / grάːshɔ̀pə]	ⓜ 베짱이, 메뚜기 ▸ grass(풀) + hop(p)(깡충 뛰다) + er(…하는 것) = grasshopper(베짱이, 메뚜기)

G

大 **grassy** [grǽsi / grɑ́:si]

형 풀이 무성한, 녹색의

▶ grass(풀) + y(…이 많은) = grassy(풀이 무성한, 녹색의)

大 **grate**[1] [greit]

명 (난로의)쇠살대, 쇠창살

암 **그레이트 맨**이 **그레이트**로 쓰려고 만든 **쇠창살**
(great man:위인) (grate)

大 **grate**[2] [greit]

동 닦다, 갈다, 비비다.

그레이트(=great:크게)
암 **그레이트 맨**이 학문을 **그레이트**하게 **닦(갈)다.**
(great man:위인) (grate)

高 **grateful** [gréitfəl]

형 감사하고 있는, 고맙게 여기는

▶ grate(갈다, 비비다) + ful(…이 많은) → 두 손을 비비며 감사하는 = grateful(감사하고 있는, 고맙게 여기는)

大 **gratification** [grӕtifikéiʃən]

명 만족

▶ gratif(y) → i(만족시키다) + cation(추상명사 어미) = gratification(만족)

高 **gratify** [grǽtifài]

타 (남을) 기쁘게 하다, 만족시키다.

그래서 티를 파이게
암 **마담**이 덥고 **그래 티 파이**게 하여**(남을) 만족시키다.**
(madam) (gratify)

▶ Beauty gratifies the eye.
아름다움은 눈을 즐겁게 한다.

大 **gratifying** [grǽtifàiiŋ]

형 즐거운, 만족시키는, 유쾌한

▶ gratify(만족시키다) + ing(형용사를 만듦) = gratifying(즐거운, 만족시키는, 유쾌한)

高 **gratitude** [grǽtitjù:d]

명 감사(의 마음), 사의, 선물

글에 티 추슬러 들어
암 **감사**의 **그레 티 튜드(추우드)**러 **선물**해.
(gratitude)

▶ deep gratitude 심심한 사의, 깊은 감사

高 **grave**[1] [greiv]

명 무덤, 죽음, 묘

글에 이브의
암 **무덤**앞 **그레 이브**의 **죽음**을 **진지한** 글로써 **매장하다.**
(grave)

▶ fear the grave. 죽음을 두려워하다.

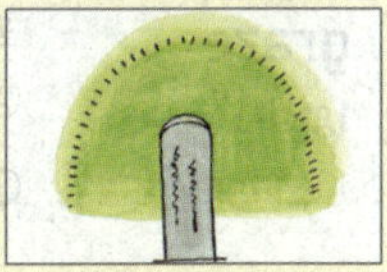

高 **grave**[2] [greiv]

형 중대한, 진지한 타 매장하다.

글에 이브의
암 **무덤**앞 **그레 이브**의 **죽음**을 **진지한** 글로 써 **매장하다.**
(grave)

G

高 **gravel** [grǽvəl]

[명] 자갈 [타] ~에 자갈을 깔다.

[암] 땅이 질고 **그래 벌**판**에 자갈을 깔다**.
(gravel)

▶ a gravel road [walk] (공원, 정원 등의) 자갈길

大 **gravely** [gréivli]

[부] 중대하게, 진지하게

▶ grave²(중대한, 진지한) + ly(부사를 만듦) = gravely(중대[진지]하게)

大 **graveyard** [gréivjɑ̀ːrd]

[명] 묘소, 묘지

▶ grave¹(무덤, 묘) + yard(마당, 구내) + graveyard(묘소, 묘지)

大 **gravitate** [grǽvətèit]

[동] 인력(중력)에 끌리다.

그래서 별에 2 트기가

[암] 춥고, **그래 버테 이트**기가 **인력에 끌리듯 끌리다**.
(gravitate)

高 **gravitation** [grǽvətéiʃən]

[명] 중력, 인력, (자연의) 경향

▶ gravitat(e)(인력에 끌리다) + ion(명사 어미) = gravitation(인력, 중력)

▶ universal gravitation 만유인력

G

高 **gravity** [grǽvəti]

[명] 중대성, 중력, 인력, 위엄, 엄숙

▶ grav(itate)(인력에 끌리다) + ity(명사 어미) = gravity(중대성, 중력, 인력)

▶ a question of gravity 중대한 문제

大 **gravy** [gréivi]

[명] (요리할 때의) 고깃국물, 육즙

그래 이(2) 비(종이)

[암] **고깃국물**이 필요코 **그래 이(2) 비(婢)**가 **육즙**을 **여름**에 푹 **삶머**(삶어)
(gravy) (summer)

中 **gray, grey** [grei]

[형] 회색의, 흐린 [명] 백발

[암] **흐린 회색의 그레이하운드 사냥개**
(gray) (hound)

▶ dark(light) gray[grey] 짙은(옅은)회색

高 **graze** [greiz]

[동] 풀을 뜯어먹(게 하)다, 방목하다.

[명] 방목, 목축

그래서 이즈음

[암] **보이**가 **버크셔**가 좋고 **그래 이즈**음 **방목하다**.
(boy) (Berkshire) (graze)

高 **grease** [griːs]

[명] 그리스, 유지, 기름, 지방

[암] **그리스** 나라에서 만든 **그리스 기름(유지)**
(Greece) (grease)

▶ a spot of grease 기름 얼룩

大	**greasy** [gríːsi / -zi]	[형] 기름이 묻은, 기름투성이의 ▶ greas(e)(기름, 유지) + y(… 있는 …투성이의) = greasy(기름이 묻은, 기름투성이의)
高	**great** [greit]	[형] 큰, 위대한, 대단한 [암] **크**고 **위대한 그레 이 트**기도 **기분**에 **치여 환호하다.** (그레 이 트: 글에 이(두) 트기도 (great)) (기분: (cheer)) ▶ He bought a great house. 그는 큰 집을 샀다. 
高	**greater** [gréitər]	[형] [great의 비교급] 보다 큰 ▶ great(큰, 위대한) + er(…보다 , … 한) = greater(보다 큰) ▶ a greater city 보다 큰 도시
高	**greatly** [gréitli]	[부] 크게, 거대하게, 위대하게, 대단히 ▶ great(큰, 위대한) + ly(부사를 만듦) = greatly(크게, 거대하게, 위대하게, 대단히) ▶ I was greatly amused. 나는 대단히 재미있었다.
大	**greatness** [gréitnis]	[명] 큼, 거대함, 위대함 ▶ great(큰, 거대한, 위대한) + ness(추상명사 어미) = greatness(큼, 거대함, 위대함)
中	**Greece** [griːs]	[명] 그리스(나라 이름)
高	**greed** [griːd]	[명] (부, 명예 따위의)탐욕(= avarice); 식탐하는 마음 [암] **식탐하는 마음**으로 **그리 드**러가 **배불**리 먹고 **재잘거리다.** (그리 드: 그리로 들어가 (greed)) (배불: (babble))
高	**greedy** [gríːdi]	[형] 탐욕스러운 ▶ greed(탐욕) + y(형용사를 만듦) = greedy(탐욕스러운) ▶ a man greedy of money 돈에 탐욕스러운 사람
高	**Greek** [griːk]	[명] 그리스 사람(어) [형] 그리스의, 그리스 말의 [암] **그리 크**지않은 **그리스사람**이 **뭐뭐**라 **중얼거리다.** (그리 크: (Greek)) (뭐뭐: (murmur)) ▶ Modern Greek 근대 그리스어(1500년경에서 현재까지)
大	**Greek cross** [griːk krɔːs krɔs]	[명] 그리스 십자가(가로 세로가 똑같은) ▶ Greek(그리스의) + cross(십자가) = Greek cross(그리스 십자가)

G

中 **green** [gri:n]

형 녹색의 명 녹색

녹지 지역(녹지대)
암 **녹색의 그린 벨트.**
(green) (belt)

▶ Our house has a green roof. 우리 집 지붕은 녹색이다.

高 **greenhouse** [grí:nhàus]

명 온실

▶ green(녹색의) + house(집) = greenhouse(온실)

大 **greenish** [grí:niʃ]

형 녹색을 띤

▶ green(녹색) + ish(…을 띤) = greenish(녹색을 띤)

大 **Greenwich** [grínitʃ]

명 그리니치(런던 동남부 교외, 본초 자오선의 기점인 천문대가 있는 곳)

高 **greet** [gri:t]

동 (남에게) 인사하다

그리로 틀어
암 **어머니가 몸을 그리 트러 인사하다.**
(mom) (greet)

▶ She greeted me with a smile.
그녀는 웃으며 인사를 했다.

G

高 **greeting** [grí:tiŋ]

명 인사, 인사말

▶ greet(인사하다) + ing(현재분사 어미) = greeting(인사, 인사말)

▶ Christmas greeting 크리스마스 인사

中 **grew** [gru:]

grow(성장하다, 자라다)의 과거

▶ Gildong grew to manhood. 길동이는 어른으로 자랐다(어른이 되었다).

中 **grey** [grei]

형 회색의, 흐린 명 백발

암 **흐린 회색의 그레이하운드 사냥개.**
(grey) (hound)

▶ Suddenly the sky became grey.
갑자기 하늘이 잿빛으로 변했다.

大 **grey-hound** [greihaund]

명 그레이하운드 사냥개,

▶ grey(회색의, 흐린) + hound(사냥개, 개) → 색이 흐린 회색인 사냥개 = greyhound(그레이하운드 사냥개)

高 **grief** [gri:f]

명 깊은 슬픔, 한탄, 비탄

▶ grie(ve)(슬퍼하다, 몹시 슬퍼하다) + f(명사를 만듦) = grief(깊은 슬픔, 한탄, 비탄)

▶ bitter [deep, profound] grief 깊은 슬픔

大 **grievance** [gríːvəns]

명 불만, 불평거리

▶ griev(e) (슬퍼하다) + ance(명사 어미) = grievance(불만, 불평거리)

高 **grieve** [griːv]

동 몹시 슬퍼하다, 슬프게 하다.

암 술을 **그리 브**(부)으며 **몹시 슬퍼하다**.
(grieve)

▶ It grieved me to see her unhappy.
그녀가 불행한 것을 보고 마음이 아팠다.

大 **grievous** [gríːvəs]

형 통탄할, 슬픈

▶ griev(e)(슬퍼하다) + ous(형용사 어미) = grievous(통탄할, 슬픈)

高 **grill** [gril]

명 석쇠, 불고기 동 석쇠로 굽다.

그을릴려고(그을리다)
암 **불고기**를 **그릴**려고 **석쇠로 굽다**.
(grill)

高 **grim** [grim]

형 무서운, 엄격한, 소름끼치는, 냉혹한

암 **소름끼치는 무서운 그림**
(grim)

▶ a grim reality 냉혹한 (무서운) 현실

大 **grimace** [griméis / gríməs]

명 찌푸린 얼굴 자 얼굴을 찡그리다.

그림에 있으니
암 **찌푸린 얼굴**이 **그림메 이스**니 따라 **얼굴을 찡그리다**.
(grimace)

高 **grin** [grin]

명 싱긋 웃음 동 히죽 히죽 웃다.

암 **발가벗은 누드**화를 **그린**후 **싱긋 웃음**을 **히죽 히죽 웃다**.
(nude) (grin)

高 **grind** [graind]

동 빻다, 갈다, 찧다. 명 갈기, 빻기, 찧기

그 나인(=궁녀)들이
암 **빈 콩꼬투리**를 **그 라인드**리(들이) **빻(찧)다**.
(bean) (grind)

▶ This corn grinds well. 이 곡식은 잘 빻아진다.

大 **grinder** [gráindər]

명 가는 사람, 그라인더, 분쇄기

▶ grind(갈다, 빻다) + er(…하는 사람[것]) = grinder(가는 사람, 그라인더, 분쇄기)

大 **grinding** [gráindiŋ]

명 빻기, 갈기, 찧기

▶ grind(갈다, 빻다, 찧다) + ing(현재분사 어미) = grinding(빻기, 갈기, 찧기)

G

大

grindstone [gráindstòun]

명 회전 숫돌, 맷돌, 연마기

▶ grind (빻다, 갈다) + stone(맷돌) = grindstone(회전 숫돌, 맷돌, 연마기)

高

grip [grip]

명 잡기, 파악 동 꽉(움켜) 쥐다, 꼭 잡다.

암 **걸 프렌드**를 **그륍**(립)다며 **꼭 잡다**.
(girl-friend) (grip)

▶ a firm [strong, tight] grip 단단히 [강하게, 꽉] 잡기

高

groan [groun]

명 신음(소리) 동 신음하다, 신음하듯 말하다.

암 **가엾은 소리**로 **그 로(老)운 신음하다**.
(sorry) (groan)
그老友는(그늙은 벗은)

高

grocer [gróusər]

명 식료품 상인, 식료잡화상

암 **식료품 상인**인 **그 로우(老友)서 세일하다**.
그 늙은 친구가
(grocer) (sale)

▶ a grocer's (shop) ((영))식료 잡화점

高

grocery [gróusəri]

명 식료잡화점, 식료품점

▶ grocer(식료잡화상) + y(명사 어미, …점) = grocery(식료잡화점, 식료품점)

▶ a corner grocery 골목에 있는 식료 잡화점

大

groin [groin]

명 샅, 사타구니 타 공륭을 이루게 하다.

암 **그로인(老人)**의 **사타구니**를 **마사지**해 **주무르다**.
(groin) (massage)

大

groom [gru:m]

명 마부, 신랑 타 말을 돌보다, 몸차림시키다.

암 **그룸**탄 기분인 **마부 신랑**을 **몸차림시키다**.
구름탄
(groom)

高

groove [gru:v]

명 가늘고 긴 홈 동 홈을 파다(내다).

암 **가늘고 긴 홈**을 고무나무 **그루 브**터 **홈을 파다**.
그루 부터
(groove)

大

grope [group]

동 손으로 더듬다, 더듬다.

암 **로프**에 달려 **그 로프**줄을 **손으로 더듬다**.
그 로프줄을
(rope) (grope)

高

gross [grous]

형 큰; 거친, 조잡한, 투박한, 전체의

암 **투박한** 꼴로 썰은 **전체의 그(其) 로스**구이
(gross)

▶ gross food 거친음식 / the gorss area 총(전체의)면적

G

高 **grotesque** [groutésk]

㉻ 그로테스크풍 [양식]의, 괴상한

암 **그 로테 스크**린 **풍의 괴상한 스크린 병풍** (그 롯데 스크린 / grotesque / screen)

中 **ground**[1] [gráund]

동 착륙하다 명 땅, 운동장, 기초

암 스카이 다이버인 **그라 운(運)드** 좋게 **땅**에 **착륙하다**. (그라 운(運)도 / ground)

▶ frozen ground 얼어붙은 땅

大 **ground**[2] [graund]

grind(갈다, 빻다, 찧다)의 과거, 과거분사

中 **group** [gru:p]

명 그룹, 집단, 떼 동 무리를 짓다, 떼를 짓다.

암 현대 **그룹**이 **집단**으로 **떼를 짓다**. (group)

大 **grouping** [grú:piŋ]

명 모으는 [모이는]일, 무리를 이룸

▶ group(그룹, 무리를 짓다) + ing(현재분사 어미) = grouping(모이는[모으는]일, 무리를 이룸)

高 **grove** [grouv]

명 작은 숲, 과수원, 수풀

암 **그로-브(其老婦)**가 사는 **작은 숲 과수원** (그로 - 부(그 늙은 부인) / grove)

▶ an orange grove 오렌지 과수원

中 **grow** [grou]

동 성장하다, 발육하다, 재배하다.

암 **캐비지**를 **그 로우(老友)**가 **재배하다**. (양배추 / cabbage; 그 노우(=그 늙은 벗이) / grow)

▶ grow tall 키가 자라다.

高 **growing** [gróuiŋ]

형 성장하는, 자라는

▶ grow(자라다, 성장하다) + ing(형용사를 만듦) = growing(성장하는, 자라는)

▶ the growing season 식물의 생육 [번성]기

高 **growl** [graul]

명 으르렁거리는 소리 동 으르렁대다, 고함치다.

암 **고독하**고 외**로운 그라 울**며 **고함치다**. (lone / growl)

中 **grown** [groun]

grow(자라다, 성장하다)의 과거분사 형 성숙한, 성장한

▶ grow(자라다, 성장하다) + n = grown(성숙한, 성장한)

▶ a grown man 성장한 사람, 성인, 어른

G

高 **grown-up**
[gróunʌ̀p]

㊔ 성숙한, 어른다운 ㊔ 어른, 성인

▶ (성숙한 = grown) + up(완전히) = grwon-up(성숙한)

▶ a grown-up fiction 성인용 소설

高 **growth**
[grouθ]

㊔ 성장, 발육, 발전 증가

▶ (성장하다 = grow) + th(추상명사 어미) = growth(성장 발육, 발전 증가)

▶ a large growth in population 인구의 큰 증가

大 **grub**
[grʌb]

㊔ 파다(땅을), 개간하다, 땅을 파헤치다.

㊔ 땅벌레

암 야구 **글러브**(장갑)(glove)를 낀 **그러브(땅벌레)**(grub)**가 땅을 파헤치다.**

大 **grudge**
[grʌdʒ]

㊔ 주기 싫어하다, 아까워하다. ㊔ 악의, 원한

암 일 **달러**(dollar)도 **그러지**(거지의 사투리)(grudge) 시절 때 **원한**있어 **아까워하다.**

高 **grumble**
[grʌ́mbəl]

㊔ 불평[푸념]하다, 투덜대다. ㊔ 푸념, 불평

암 **그럼 블**(그러면 불공평)(grumble)공평하다고 **불평(푸념)하다.**

▶ grumble at a low pay. 싼 임금에 불평하다.

G

大 **grunt**
[grʌnt]

㊔ 말단, 졸병, 불평 ㊔ 투덜거리다, 불평하다, 끙끙거리며 말하다.

암 **졸병**이 **말단**에게 **그런 트**(그런 투로)(grunt)로 **끙끙거리며 말하다.**

高 **guarantee**
[gæ̀rəntíː]

㊔ 보증하다

㊔ 보증, 담보, 출연료, 개런티, 보증인

암 **출연료 개런티**(guarantee)를 **보증인**이 **보증하다.**

大 **guaranty**
[gǽrənti]

㊔ 보증, 담보

▶ guarant(ee)(보증하다) + y(명사를 만듦) = guaranty(보증, 담보)

高 **guard**
[gɑːrd]

㊔ 경계[감시]하다. ㊔ 경계, 감시

암 **제일**(jail) **형무소**로 **간수**가 **가드**(가더니)(guard)니 **감시하다.**

▶ a coast guard 연안 경비대

高 **guardian**
[gɑ́ːrdiən / gɑ́ːd-]

㊔ 보호자, 감시인

▶ guard(감시하다) + ian(= an …사람) = guardian(보호자, 감시인)

高

guerilla
[gərílə]

㉮ 게릴라병, 유격대, 비정규병

암 비정규병 게릴라 유격대
(guerilla)

高

guess
[ges]

㉯ 추측하다. ㉮ 추측

개수(個數)
암 오렌지의 개스(個數)를 추측하다.
(orange) (guess)

▶ I guess that he is about 40.
그는 40세 정도로 추측하다.

大

guess work
[géswə̀ːrk]

㉮ 짐작, 추측

▶ guess(추측하다) + work(일, 작업) = guesswork(짐작, 추측)

中

guest
[gest]

㉮ (초대)손님

서투르니
암 똥 개 스트르니 손님보고 박박 짖다.
(guest) (bark)

▶ a wedding guest 결혼식 하객

高

guidance
[gáidns]

㉮ 안내, 지도, 지식

▶ guid(e)(안내하다) + ance(명사 어미) = guidance(안내, 지도, 지시)

▶ friendly guidance 친절한 지도

中

guide
[gaid]

㉮ 가이드, 안내인 ㉯ 안내하다.

가위 들고
암 안내인인 가이드가 가이 드고 안내하다.
(guide) (guide)

▶ a tour guide 여행안내자(가이드)

高

guidebook
[gáidbùk]

㉮ 여행 안내(서), 가이드 북

▶ guide(안내) + book(책) = guidebook(여행 안내[서], 가이드 북)

大

guidepost
[gáidpòust]

㉮ 도표, 길표지, 이정표

▶ guide(안내하다) + post(우편, 포스트) = guidepost(도표, 길표지, 이정표)

高

guild, gild
[gild]

㉮ 동업 조합, 길드, 단체

깃(발)을 들고
암 동업조한 단체에서 길 드고 데모하다.
(guild, gild) (demo)

大

guile
[gail]

㉮ 교활, 간계, 기만

암 놀부가 일삼아 부리는 교활한 간계
(Nolboo)(guile)

G

高 **guilt** [gilt]

[명] 죄를 범하고 있음, 죄, 유죄

길을 트여준
[암] 스파이 **길 트**여준 **죄**.
(guilt)

▶ He confessed his guilt.
그는 자신의 죄를 고백했다.

大 **guiltless** [gíltilis]

[형] 죄없는, 무죄의

▶ guilt(죄) + less(…이 없는) = guiltless(죄없는, 무죄의)

高 **guilty** [gílti]

[형] 유죄의, 죄를 범한, 죄있는

▶ guilt(죄) + y(…이 있는) = guilty(유죄의, 죄를 범한, 죄있는)

▶ He was found guilty. 그는 유죄로 판결되었다.

大 **guise** [gaiz]

[명] 외관, (옷)차림, 복장 [동] 변장하다.

가위 주니
[암] **가이 즈**니 **(옷)차림 (외관)**을 **변장하다**.
(guise)

中 **guitar** [gitáːr]

[명] 기타 [자] 기타를 치다.

▶ an electronic guitar 전자 기타

G

高 **gulf** [gʌlf]

[명] 만 심연(深淵), 심해, 소용돌이

[암] **걸프 만 심해**의 **소용돌이**
(gulf)

▶ the Gulf of Mexico 멕시코만

大 **gull** [gʌl]

갈매기

[암] (갈)**걸 갈매기**가 **훨**훨 **선회하다**.
(gull) (whirl)

大 **gulp** [gʌlp]

[동] 꿀꺽꿀꺽 마시다. [명] 한 모금

신 걸 풀어
[암] 삼강**사우어 신 걸 프**러 **꿀꺽꿀꺽 마시다**.
(sour) (gulp)

高 **gum** [gum]

[명] 고무풀, 고무질, 껌 [동] 고무로 붙이다.

[암] **검(껌)**을 **추**하게 **씹다**.
(gum) (chew)

高 **gun** [gʌn]

[명] 총, 대포, 예포 [동] 사냥을 하다, 총으로 쏘다.

[암] **바보**가 **목**에 **건 총을 쏘다**.
(moke) (gun)

▶ carry a gun. 총을 휴대하다.

大 **gunman** [gʌ́nmən]

[명] 총잡이, 총기 휴대자, 건맨

▶ gun(총) + man(사람) = gunman(총잡이, 총기 휴대자, 건맨)

大 **gunner** [gʌ́nər]

[명] 포수, 사냥꾼

▶ gun + (n)(총, 대포) + er(…사람) = gunner(포수, 사냥꾼)

大 **gunpowder** [gʌ́npàudər]

[명] 화약

▶ gun(총) + powder(가루) = gunpowder(화약)

大 **gust** [gʌst]

[명] 돌풍, 질풍 [자] 갑자기 세게 불다.

거수 (큰나무) 틀러지게

[암] **돌풍**이 **거스(巨樹)트**러지게 **갑자기 세게 불다.**

(gust)

大 **gutter** [gʌ́tər]

[명] 하수도, 배수구, 낙수홈통 [동] 도랑을 만들다.

바깥 터에

[암] **멋있는 도시 걸 터**에 **배수구 도랑을 만들다.**

(dossy) (gutter)

高 **guy** [gai]

사내, 녀석, 놈

[암] 바람기가 **가이**(끝이)없는 **사내 녀석 놈**

(guy)

▶ a nice guy 좋은 놈

高 **gym** [dʒim]

[명] 체육관, 체조장, 체조

[암] **체육관**으로 갈 **짐**

(gym)

高 **gymnasium** [dʒimnéiziəm]

[명] 체육관

▶ gymnas(tic)(체조의) + ium(명사 어미) = gymnasium(체육관)

짐을 내서 이즈음 늙은 친구 들이

[암] **체육관**으로 갈 짐 **내 이지엄 로우(老友)드**리 **싣다.**

(gymnasium)

▶ Chamshil Gymnasium 잠실 체육관

高 **gymnastic** [dʒimnǽstik]

[형] 체조의, 체육(상)의 [명] 단련

짐을 내서 스틱(stick=지팡이)을 연관시켜 기억할 것

[암] **체조(의)** 연습에 쓸 **짐 내 스 틱**으로 쓰다.

(gymnastic)

▶ a gymnastic team 체조팀

高 **gymnastics** [dʒimnǽstiks]

[명] 체조, 체육

▶ gymnastic(체조의) + s(명사의 복수어미) = gymnastics(체조, 체육)

高 **Gypsy, Gipsy** [dʒípsi]

명 집시, 유랑민족

H

高 **habit** [hǽbit]

명 습관, 버릇 동 거주하다, …을 입고 있다, 살다.

암 애들이 **버릇(습관)**처럼 **해빛** 받고 **살다(거주하다)**.
(habit)

▶ have a habit 버릇이 있다.

大 **habitation** [hæ̀bitéiʃən]

명 거주, 주소

▶ habit(거주하다) + ation(명사 어미) = habitation(거주, 주소)

大 **habitual** [həbítʃuəl]

형 습관적인, 버릇의

▶ habit(습관, 버릇) + ual(= al, …의[적인]) = habitual(습관적인, 버릇의)

大 **hack** [hæk]

동 마구 패서 자르다. 명 난도질

암 **얼간이 놈**이 **칼**을 **홱!**홱 저어 **난도질**해 **마구 패서 자르다**.
(cull) (hack)

大 **hacker** [hǽkər]

명 자르는 사람(것), 해커, 헤살꾼, 침입자

▶ hack(마구 패서 자르다) + er(…사람) = hacker(자르는 사람, 해커, 헤살꾼, 침입자)

中 **had** [hæd]

have의 과거, 과거분사

▶ He had a letter from his father.
그는 아버지로부터 편지를 받았다

中 **hadn't** [hǽdnt]

had not의 간약형

大 **haggard** [hǽgərd]

형 여윈, 수척한, 초췌한

암 **수척하**고 **초췌한** 님께 **회(膾) 거드**어 드리는 **와이프(부인)**
회(생선회) 거두어 (haggard) (wife)

高 **hail**[1]
[heil]

㉢ 싸락눈, 우박 ㉣ 우박[싸락눈]이 내리다. 비오듯하다.

㉮ 바다에 **해일(海溢)**(hail)이며 **우박**이 **비오듯하다**.

▶ a hail of questions 빗발치듯 퍼붓는 질문

大 **hail**[2]
[heil]

㉢ 환호, 환호성 ㉣ 큰소리로 부르다, 환호해 맞다.

㉮ **환호성**을 **해일**(hail)이듯 **큰소리로 부르다(맞다)**.

大 **hair**
[hɛər]

㉢ 털, 머리카락

㉮ **아저씨**(uncle)가 **엉클**어진 **머리카락**을 **헤어**(hair, 세다(=세여))

▶ Eunja's hair is long. 은자의 머리카락은 길다.

大 **hairdresser**
[hέərdrèsər]

㉢ 미용사, 미장원

▶ hair(머리털) + dresser(치장하는 사람) = hairdresser(미용사, 미장원)

大 **half**
[hæf / hɑːf]

㉢ 절반 ㉤ 절반의 ㉥ 반쯤

㉮ **하프(해프)**(half, 반) **코트**(coat, 코트)

▶ Half the men were sick.
사람들의 절반은 환자였다.

大 **half-holiday**
[hǽfhάlədài / −hɔ́l-]

㉢ 반 휴일, 반 공일

▶ half(절반) + holiday(휴일, 공일) = half-holiday(반 휴일, 반 공일)

大 **half hour**
[hǽfáuər / hάːf−]

㉢ 반 시간, 30분

▶ half(절반) + hour(시간) = half hour(반 시간, 30분)

大 **half-moon**
[hǽfmúːn]

㉢ 반달

▶ half(절반) + moon(달) = halfmoon(반달)

大 **halfway**
[hǽfwéi / hάːf-]

㉤ 도중의, 중간의, 중도의

▶ half(절반) + way(길) = halfway(도중의, 중간의, 중도의)

▶ meet a person halfway (남과)도중에서 만나다.

大 **hall**
[hɔːl]

㉢ 회관, 공회당, 넓은 방, 식당, 홀

㉮ **공회당** 같은 **회관 홀**(hall). **식당**

▶ The city hall was full. 시청은 만원이었다.

大 **hallo(a),-loo** [həlóu / hæ- / -lúː]

[감] 헬로우, 여보세요

大 **hallow** [hǽlou]

[타] 신성하게 하다. 깨끗하게 하다, 신에게 바치다.

해를 로우(늙은 벗이)
[암] **사탄**의 **핼 로우(老友)**가 없에고 **신성(깨끗)하게 하다.**
(Satan) (hallow)

大 **hallowed** [hǽloud]

[형] 신성화된, 신성한

▶ hallow(신성하게 하다) + ed(형용사를 만듦) = hallowed(신성화된, 신성한)

高 **halt** [hɔːlt]

[명] 정지, 휴식, 멈춤 [동] 멈추다.

虎를(=호랑이를)
[암] **정지(停止)**해 **홀 트**고(틀고)있는 **왕뱀 보아!**
(halt) (boa)

▶ Suddenly they came to a halt.
그들은 갑자기 멈추어 섰다.

大 **halve** [hæv / hɑːv]

[타] 2등분하다.

▶ half(절반) → halve(2등분하다)

大 **halves** [hævz / hɑːvz]

[명] half(절반)의 복수형

▶ half(절반) → halves(절반의 복수형)

高 **ham** [hæm]

[명] 햄(돼지고기를 소금에 훈제한 것)

▶ I had ham for breakfast. 나는 아침 식사로 햄을 먹었다.

高 **hamburger** [hǽmbə̀ːrgər]

[명] 햄버거

▶ ham(햄) + burger(…을 덮은[쓴], …제(製)의 버거) = hamburger(햄을 덮은 햄버거, 햄버거)

高 **hammer** [hǽmər]

[명] 해머, 망치 [동] 망치로 치다.

[암] **해머 망치로 치다.**
(hammer)

▶ Mr. Kim drove nails with a hammer.
김씨는 망치로 못을 박았다.

大 **hammock** [hǽmək]

[명] 해먹, 달아매는 그물 침대 [타] 해먹에 넣어 매달다.

H

大	**hamper** [hǽmpər]	ⓣ 방해(훼방)하다. ⓜ 방해물 암 **햄**이 있어 **방해물**이 된다고 **햄퍼** 던지며 **훼방하다**. (ham) (hamper)
中	**hand** [hænd]	ⓜ 손, 솜씨 암 **핸드 백**. 손 가방 (hand-bag) ▶ She has a book in her hand. 그녀는 손에 책을 가지고 있다.
高	**hand-bag** [hǽndbæ̀g]	ⓜ 핸드백, 손가방 ▶ hand(손) + bag(가방) = handbag(핸드백, 손가방)
大	**handbook** [hǽndbùk]	ⓜ 여행 안내책, 안내서 ▶ hand(손) + book(책) = handbook(여행 안내책, 안내서)
高	**handful** [hǽndfùl]	ⓜ 한 웅큼, 한 손 가득, 소수 ▶ hand(손) + ful(…이 가득한) = handful(한 웅큼, 한 손 가득, 소수) ▶ a handful of supporters 소수의 지지자
高	**handicap** [hǽndikæ̀p]	핸디캡, 불리한 조건 ▶ hand(손) + i(= in 안에) + cap(모자) → 손이 모자 안에 있는 불리한 조건 = handicap(핸디캡, 불리한 조건)
高	**handkerchief** [hǽŋkərtʃif / -tʃìːf]	ⓜ 손수건 ▶ hand(손) + kerchief(머리수건, 수건) = handkerchief(손수건)
高	**handle** [hǽndl]	ⓜ 손잡이, 핸들 ▶ hand(손) + le(…하는 도구) = handle(손잡이, 핸들) ▶ turn a handle 핸들[손잡이]을 돌리다
高	**handshake** [hǽndʃèik]	ⓜ 악수 ▶ hand(손) + shake(흔들다) = handshake(악수)
高	**handsome** [hǽnsəm]	ⓗ 잘생긴, 핸섬한, 풍채좋은 ▶ hand(손) + some(형용사 어미) → 일을 손 쉽게 다루는 = handsome(잘생긴, 핸섬한, 풍채좋은) ▶ a handsome young man 미남자

H

高 **handwriting** [hǽndràitiŋ]	ⓜ 손으로 씀, 필적 ▶ hand(손) + writing(쓰기, 씀) = handwriting(손으로 씀, 필적) ▶ clear handwriting 읽을 수 있는 필적
高 **handy** [hǽndi]	ⓗ 솜씨 좋은, 능숙한, 편리한 ▶ hand(손) + y(…좋은) = handy(솜씨 좋은, 능숙한, 편리한) ▶ She's handy with tools. 그녀는 연장을 능숙하게 다룬다.
中 **hang** [hæŋ]	ⓓ 걸다, 매달다. 암 **버스**에 **행**선지를 **매달다(걸다)**. (bus) (hang) ▶ A large picture was hanging on the wall. 큰 그림이 벽에 걸려 있었다.
高 **hanger** [hǽŋər]	ⓜ 매다는 사람, 걸이, 양복걸이 ▶ hang(걸다) + er(…하는 사람[것]) = hanger(매다는 사람, 걸이, 양복걸이)
大 **hanging** [hǽŋiŋ]	ⓜ 달아맴, 교수형 ▶ hang(걸다) + ing(현재분사 어미) = hanging(달아맴, 교수형)
中 **happen** [hǽpən]	ⓓ 일어나다, 생기다. 암 **좋은 굿**으로 **해(害)픈**후 사고가 **일어나다**. (good) (happen) 해(害)를 푼 ▶ How did it happen? 어떻게 그런 일이 벌어졌지? 
大 **happening** [hǽpəniŋ]	ⓜ 사건, 사고, 헤프닝 ▶ happen (일어나다) + ing(현재분사 어미) = happening(사건, 사고, 헤프닝)
大 **happily** [hǽpili]	ⓑ 행복하게 즐겁게 ▶ happ(y) → (i)(행복한) + ly(부사를 만듦) = happily(행복하게, 즐겁게)
高 **happiness** [hǽpinis]	ⓜ 행복, 행운 ▶ happ(y) → (i)(행복한) + ness(추상명사 어미) = happiness(행복, 행운) ▶ personal happiness 개인의 행복
中 **happy** [hǽpi]	ⓗ 행복한, 기쁜, 즐거운 암 **해(害) 피**하면 **행복하**고 **기쁜**일 (happy) ▶ She looks happy. 그녀는 행복해 보인다. 

H

大	**harass** [hǽrəs / hərǽs]	㉪ 괴롭히다, 애먹이다. 거치장스러운 예절 수 없이 **암 허례(虛禮)스** 없이 인(人)을 **괴롭히다 (애먹이다)**. (harass)
高	**harbor, harbour** [hɑ́ːrbər]	명 항구, 피난처 동 정박하다. **암 보트**가 **하버**나 **피난처 항구**에 **정박하다**. (boat) (harbour) ▶ The boats are in the harbor. 보트들이 항구에 있다.
中	**hard** [hɑːrd]	형 단단한, 어려운 부 열심히 하더니 **암 어려운** 일을 **열심히 하드**니…… (hard) ▶ This novel is hard for me to read. 이 소설은 내가 읽기에는 어렵다. 
高	**harden** [hɑ́ːrdn]	동 굳히다. 딱딱하게 하다, 굳다. ▶ hard(단단한) + en(…하다) = harden(굳히다, 딱딱하게 하다, 굳다) ▶ harden steel (담금질하여) 강철을 단단하게 하다.
中	**hardly** [hɑ́ːrdli]	부 거의 ~아니다(안 하다), 간신히 ▶ hard(하기 힘든, 어려운) + ly(부사 어미) = hardly(거의(어려운 것은)안 한다, 간신히) ▶ He hardly ever goes to bed before midnght. 그가 자정 전에 잠자리에 드는 일이란 좀처럼 없다.
大	**hardness** [hɑ́ːrdnis]	명 단단함, 곤란 ▶ hard(단단한, 곤란한) + ness(추상명사 어미) = hardness(단단함, 곤란)
高	**hardship** [hɑ́ːrdʃip]	명 고난, 고초, 궁핍 ▶ hard(어려운) + ship(형용사에 붙어 명사를 만듦) = hardship(고난, 고초, 궁핍) ▶ She went through many hardships. 그녀는 수많은 고초를 겪었다.
高	**hardware** [hɑ́ːrdwὲər]	명 철물, 쇠붙이, 금속 기구류, (전산)하드웨어 ▶ hard(단단한) + ware(제품) = hardware(철물, 쇠붙이, 금속 기구류, 하드웨어) ▶ a hardware house [store] 철물점
大	**hardworking** [hɑ́ːrdwə̀ːrkiŋ]	형 근면한, 부지런한 ▶ hard(열심히) + working(일하는) = hardworking(근면한, 부지런한)
高	**hardy** [hɑ́ːrdi]	형 단련된, 튼튼한, 내구력을 요하는 ▶ hard(단단한) + y(형용사를 만듦) = hardy(단련된, 튼튼한 내구력을 요하는) ▶ hardy sports 내구력을 요하는[격심한]운동

H

高 **hare**
[hɛər]

명 산토끼

암 **산토끼** 수를 **헤어**서 **카운트하다**.
(hare) (count)

▶ hare and tortoise 토끼와 거북이(의 경주)

大 **hark**
[haːrk]

동 듣다, 경청하다.

암 마이크로 **하 크**(너무 크게)게 말하니 다 **듣다(경청하다)**.
(hark)

大 **harlot**
[háːrlət / -lɔt]

명 매춘부, 창부

암 **매춘부**를 **하롯**(하룻밤)밤 **대리**고 **희롱하다**.
(harlot) (dally)

高 **harm**
[haːrm]

명 해, 손해 동 해치다, 손상하다.

암 **그린 밸트**(녹지대)를 **함**부로 **해치다**.
(green belt) (harm)

▶ There is no harm in(his)going.
(그가) 가는 것도 손해 볼 건 없다.

高 **harmful**
[háːrmfəl]

형 해로운, 해가 되는

▶ harm(해, 해치다) + ful(형용사 어미) = harmful(해로운, 해가 되는)

▶ It's harmful to smoke. 흡연은 몸에 해롭다.

高 **harmless**
[háːrmlis]

형 해가 없는, 무해한

▶ harm(해) + less(…이 없는) = harmless(해가 없는, 무해한)

高 **harmonious**
[haːrmóuniəs]

형 조화된, 균형 잡힌

▶ harmon(y) → (i)(조화) + ous(형용사 어미) = harmonious(조화된, 균형 잡힌)

大 **harmonize**
[háːrmənàiz]

동 조화(일치) 시키다.

▶ harmon(y)(조화) + ize(…화하다) = harmonize(조화[일치]시키다)

高 **harmony**
[háːrməni]

명 조화, 화합, 일치

암 부부는 **조화**와 **화합**의 길이 **하 머니?**(너무 머니?)
(harmony)

高 **harness**
[háːrnis]

명 마구(馬具) 타 마구를 달다.

▶ (하 = 荷[짐하] = her) + (ness = 명사 어미) = harness(마구, 마구를 달다)

▶ a set of harness 마구 한 벌

高 **harp** [hɑːrp]

㉮ 하프, 거문고자리 ㉶ 하프를 타다.

▶ a harp guitar 하프 기타

大 **harpoon** [hɑːrpúːn]

㉮ 작살 ㉲ ~에 작살을 쳐박다, 작살로 잡다.

㉠ **범**의 **똥구멍**에 **화푼**다며 **작살을 쳐박다**.
(bum) (harpoon)

大 **harpsichord** [hάːrpsikɔ̀ːrd]

㉮ 하프시코드

※(16-18세기에 쓰인 피아노의 전신)

大 **harrow** [hǽrou]

㉮ 써레 ㉯ 써레질하다.

㉠ **풀**장에 **가득한 풀**은 **해로우**니 없애려고 **써레질하다**.
(pool) (full) (harrow)

大 **harry** [hǽri]

㉯ 약탈(침략)하다. ㉮ 침략, 약탈

해리(해안가 마을)에

㉠ 왜구가 우리 **해리(海里)**에 **침략**해 **약탈하다**.
(harry)

高 **harsh** [hɑːrʃ]

㉰ 거친; 가혹한, 호된

㉠ **하시**라도 **거친**말로 **뭐뭐**라 **불평하다**.
(harsh) (murmur)

▶ She was harsh to her maid.
그녀는 하녀에게 엄했다.

大 **harshly** [hάːrʃli]

㉱ 거칠게, 잔인하게, 가혹하게

▶ harsh(거친, 잔인[가혹]한) + ly(부사를 만듦) = harshly(거칠게, 가혹[잔인]하게)

大 **hart** [hɑːrt]

㉮ 수사슴

하인들이 밑을 틀며

㉠ **하인드**리 기르는 **암사슴**타고 **하(下)트**며 ○하는 **수사슴**
(hind) (hart)

高 **harvest** [hάːrvist]

㉮ 수확 ㉯ 수확하다.

밑을 비스드미

㉠ 곡식을 **하(下)비스트**미 베어 **수확하다**.
(harvest)

▶ Autumn is the harvest season.
가을은 수확의 계절이다.

中 **has** [hæz, həz]

have의 3인칭. 단수, 직설법, 현재

高 **haste** [heist]

㉠ 성급, 서두름 ⓢ 재촉하다, 서두르다.

이수(두손을) 틀며

암 **마님**이 **맘**이 **성급해 이스(二手)트**며 체질을 **서두르다**.

(mam) (haste)

▶ Haste makes waste. 서두르면 일을 망친다.(속담)

高 **hasten** [héisn]

동 서두르게 하다, 재촉하다.

▶ hast(e)(서두르다) + en(…하다) = hasten(서두르게 하다, 재촉하다)

▶ He hastened to apologize. 그는 서둘러 사죄했다.

高 **hastily** [héistili]

부 바삐, 서둘러서

▶ hast(e) → (i)(서두르다) + ly(부사를 만듦) + hastily(바삐, 서둘러서)

高 **hasty** [héisti]

형 급한, 황급한, 조급한

▶ hast(e)(급한, 서두르다) + y(형용사를 만듦) = hasty(급한, 황급한, 조급한)

▶ a hasty departure 황급한 출발

中 **hat** [hæt]

명 (테가 있는) 모자

▶ Put on your hat. 모자를 쓰시오.

高 **hatch[1]** [hætʃ]

명 (알의)부화 동 부화하다, (알을)까다.

암 **가득한 풀**을 **헤치**고 (알을) **부화하다**.

(full) (hatch)

▶ The eggs have started to hatch.
알이 부화하기 시작했다.

高 **hatch[2]** [hætʃ]

명 (갑판의) 승강구, 창구, 창구의 뚜껑, 해치

암 수병이 **(갑판의)승강구 창구의 뚜껑**을 **헤치고 가다**.

(hatch)(go)

▶ an escape hatch (배 등의)비상 탈출구

高 **hate** [heit]

동 미워하다, 싫어하다. 명 혐오, 증오

해 이 틈에도

암 **바-걸**을 **혐오해 이 트**메도 **싫어하다**.

(bar-girl) (hate)

▶ I hate rats. 나는 쥐를 싫어한다.

高 **hateful** [héitfəl]

형 미운, 지겨운, 싫은

▶ hate(미워하다) + ful(형용사 어미) = hateful(미운, 지겨운, 싫은)

▶ It was hateful of him to say that. 그가 그렇게 말해서 불쾌했다.

高 **hatred** [héitrid]

명 증오, 미움

▶ hat(e)(미워(증오)하다) + red(상태를 뜻함) = hatred(미움, 증오)

▶ He has a strong hatred for me. 그는 나를 몹시 미워하고 있다.

高

haughty
[hɔ́:ti]

형 거만한, 건방진

호랑이 가죽 티셔츠

암 **호(虎)티(T)**를 입은 **거만한 갱**.

(haughty) (gang)

▶ a haughty attitude 거만한 태도

高

haul
[hɔ:l]

동 (밧줄 따위를) 세게 잡아끌다. 명 세게 끌기. 한 그물의 어획(량)

암 **불독**을 **홀**치어 **세게 잡아끌다**.

(bulldog) (haul)

▶ haul at a rope. 밧줄을 (힘껏) 끌어 당기다.

高

haunt
[hɔ:nt]

동 (유령 등이) 종종 출몰하다, (장소에)자주가다.

혼(魂)을 틀어

암 요단강에 저승 사자가 **혼(魂) 트**러 쥐고 **종종 출몰하다**.

(haunt)

▶ This house is haunted. 이 집에는 유령이 나온다.

中

have
[hæv / həv]

타 가지고 있다, 얻다, 받다.

大

haven
[héivən]

명 피난처, 안식처, 항구 타 (배를) 피난시키다.

해(피해) 입은

암 풍랑 **해(害) 이븐**자가 **안식처 항구**에 **(배를) 피난시키다**.

(haven)

H

中

haven't
[hǽvənt]

have not의 간약형

大

havoc
[hǽvək]

명 황폐, 대파괴 타 파괴하다.

해박한

암 원자탄을 만든 **해벅**한 지식이 땅을 **황폐**케 **파괴하다**.

(havoc)

高

Hawaii
[həwáii: / -wɑ́ii(:)]

명 하와이(미국의 한 주 1959주로 승격)

高

Hawaiian
[həwáiən]

형 하와이의 명 하와이 사람

▶ Hawaii(하와이) + an(…의, …사람) = Hawaiian(하와이의, 하와이 사람)

高

hawk
[hɔ:k]

명 매, 사기꾼, 탐욕가 자 매를 부리다, 매사냥을 하다.

오랑캐가 크다란

암 **탐욕가**인 **호(胡) 크**다란 **매를 부려 매사냥을 하다**.

(hawk)

高 **hay** [hei]

[명] 건초 [동] 건초를 만들다, 건초로 하다.

[암] **헤이**헤이!하며 **건초를 만들다.**
(hay)

▶ bundle [gather, stack] hay 건초를 쌓다.

高 **hazard** [hǽzərd]

[명] 위험; 위험 요소

[동] 위험을 무릅쓰고 하다. ~을 걸다.

바다 밑으로 들어가는
[암] **해저(海底)드**러가는 **모험**을 **위험을 무릅쓰고 하다.**
(hazard)

大 **haze** [heiz]

[명] 아지랑이, 안개 [타] 아련하게 만들다, 흐려지다.

햇살이 이즈음
[암] 따거운 **해 이즈**음 **아지랑이**일어 **아련하게 만들다.**
(haze)

大 **hazel** [héizəl]

[명][형] 개암나무(의)

해 이(두)줄로 그 노우(=그 늙은 벗이)
[암] 개암나무를 식목**해 이(2)줄**로 **그로우(其老友)**가 **재배하다.**
(hazel) (grow)

大 **hazelnut** [héizəlnʌ̀t]

[명] 개암, 개암 열매

▶ hazel(개암나무) + nut(견과열매) = hazelnut(개암, 개암 열매)

中 **he** [hiː]

[대] 그, 그는, 그가

▶ He is Jack's brother. (그는 잭의 형제이다).

中 **head** [hed]

[명] 머리, 두뇌

전조 등
[암] 차, (앞)**머리**에 단 **헤드라이트.**
(head) (light)

▶ Two heads are better than one.
두 사람의 머리(지혜)가 한 사람 것보다 낫다.

高 **headache** [hédèik]

[명] 두통, 두통(걱정)거리

▶ head(머리) + ache(아픔) = headache(두통, 두통[걱정]거리)

▶ The entrance examination is big headache.
입학 시험이 큰 걱정거리다.

大 **heading** [hédiŋ]

[명] 표제, 제목, 헤딩

▶ head(머리) + ing(현재분사 어미) = heading(표제, 제목, 헤딩)

大 **headless** [hédlis]

[형] 머리 없는, 지도자가 없는, 분별 없는

▶ head(머리) + less(…이 없는) = headless(머리없는, 지도자가 없는, 분별 없는)

大 **headlight** [hédlàit]	명 헤드라이트, 전조등 ▶ head(머리) + light(빛, 광선 등) = headlight(헤드라이트, 전조등)
高 **headline** [hédlàin]	명 큰 표제, 방송의 주요항목 ▶ head(머리) + line(선, 행) = headline(큰 표제, 방송의 주요항목)
高 **headlong** [hédlɔ̀ːŋ]	부 곤두박이로, 거꾸로, 매우 서두는 ▶ head(머리) + long(긴) → 머리를 길게하고 = headlong(곤두박이로, 거꾸로, 매우 서두는) ▶ a headlong decision 매우 서두는 결정
高 **headmaster** [hédmàːstər]	명 (초등, 중학교)교장 ▶ head(머리) + master(주인, 선생) = headmaster([초등, 중학교]교장)
大 **headquarters** [hédkwɔ̀ːrtərz]	명 본부, 사령부 ▶ head(머리) + quarters(숙사, 병영) = headquarters(본부, 사령부)
高 **heal** [hiːl]	동 고치다, 낫게하다; 화해시키다. 암 **주**께서 **유태인**을 **힐**끗 보며 **(병을)고치다.** (Jew) (heal) ▶ Time heals all sorrows. 세월은 모든 슬픔을 낫게 한다(잊게 한다). 
中 **health** [helθ]	명 건강(상태) 암 **건강** 교실 **헬스 클럽.** (health) (club) ▶ Exercise is good for health. 운동은 건강에 좋다.
大 **healthful** [hélθfəl]	형 건강에 좋은, 위생적인 ▶ health(건강) + ful(…이 많은) = healthful(건강에 좋은, 위생적인)
高 **healthy** [hélθi]	형 건강한;건강상 좋은 ▶ health(건강) + y(형용사를 만듦) = healthy(건강한, 건강상 좋은) ▶ Swimming is a healthy sport. 수영은 건강에 좋은 운동이다.
高 **heap** [hiːp]	명 더미, 퇴적 동 쌓아 올리다, 축적하다. 희부옇게 암 **퇴적 더미**를 **희프**옇게 **쌓아올리다.** (heap) ▶ I have a heap of work to do. 나는 할 일이 태산 같다.

H

中	**hear** [hiər]	[동] 듣다, 들어서 알다.  [암] **뉴스**를 목을 **휘어 듣다**. (news) (hear) ▶ Did you hear your name called? 너의 이름 부르는 것을 들었니?
中	**heard** [həːrd]	hear(듣다)의 과거, 과거분사 ▶ hear(듣다) + d = heard(hear[듣다]의 과거, 과거분사)
大	**hearer** [híərər]	[명] 듣는 사람, 방청인, 청중 ▶ hear(듣다) + er(…사람) = hearer(듣는사람, 방청인, 청중)
中	**hearing** [híəriŋ]	[명] 청각, 듣기, 청력 ▶ hear(듣다) + ing(현재분사 어미) = hearing(청각, 듣기, 청력) ▶ His hearing is poor. 그는 귀가 어둡다.
中	**heart** [haːrt]	[명] 심장, 마음 ▶ My heart leaps up. 나의 심장이 뛴다(두근거린다)
高	**hearth** [haːrθ]	[명] 난로가, 벽난로 바닥 ▶ hear(t)(심장) + th(명사 어미) → 집에서 심장 같이 더운 곳 = hearth(난로가, 벽난로, 바닥)
高	**heartily** [háːrtili]	[부] 마음으로부터, 충심으로 ▶ heart(y) → i(마음에서 울어난, 애정어린) + ly(부사를 만듦) = heartily(마음으로부터, 충심으로) ▶ I heartily thank you. 진심으로 감사드립니다.
高	**hearty** [háːrti]	[형] 마음에서 울어난, 애정어린 ▶ heart(심장, 마음) + y(형용사를 만듦) = hearty(마음에서 울어난, 애정어린) ▶ receive a hearty welcome. 진심어린 환대를 받다.
高	**heat** [hiːt]	[명] 열, 열정 [동] 데우다, 가열하다.  [암] **밀크**를 **큰 우유통**에 **천천히 트러**(틀어)**데우다**. (milk) (churn) (heat) ▶ Shall I heat some soup? 수프 좀 데울까요?
大	**heater** [híːtər]	[명] 히터, 난방장치, 열기 ▶ heat(데우다) + er(…하는 것) → 데우는 것 = heater(히터, 난방장치, 가열기)

H

大 **heath** [hiːθ]

명 히스(황야에 무성하는 관목), 히스관목

高 **heathen** [híːðən]

명 이방인, 이교도

암 얼굴빛이 **희던 이방인**인 **이교도** (heathen)

▶ heathen gods 이교도가 믿는 신들

高 **heave** [hiːv]

동 들어올리다. 명 들어올림

암 크레인으로 **희브**연(희부연) 물체를 **들어올리다**. (heave)

▶ He heaved himself out of the armchair. 그는 팔걸이 의자에서 몸을 일으켰다.

高 **heaven** [hévən / hév(ə)n]

명 하늘, 천국, 하느님

암 **하늘**에서 **하느님**이 바르는 **해븐**(햇님의 분). (heaven)

▶ This is a heaven on earth. 이곳은 지상의 천국이다.

高 **heavenly** [hévənli]

형 하늘의, 천국 같은, 거룩한

▶ heaven(하늘, 천국) + ly(형용사 어미) = heavenly(하늘의, 천국 같은, 거룩한)

▶ a heavenly voice 거룩한(절묘한)목소리

高 **heavily** [hévili]

부 무겁게, 육중하게

▶ heav(y) → (i)(무겁다) + ly(부사를 만듦) = heavily(무겁게, 육중하게)

▶ a heavily loaded truck 무거운 짐을 실은 트럭

大 **heaviness** [hévinis]

명 무거움, 무게, 힘겨움

▶ heav(y) → (i)(무겁다) + ness(추상명사를 만듦) = heaviness(무거움, 무게, 힘겨움)

中 **heavy** [hévi]

형 무거운, 격렬한

암 **무거운 헤비**급 **챔피언**. (heavy) (champion)

▶ The rock is heavy. 바위는 무겁다.

大 **hebrew** [híːbruː]

명 헤브라이 사람, 유대인 형 헤브라이 사람의, 유태인의

大 **hectare** [héktɛər / -tɑːr]

명 ((F)) 헥타르(면적의 단위 1만 m^2, 100아르 : 기호 ha)

H

中	**he'd** [hiːd]	he had, he would의 간약형
高	**hedge** [hedʒ]	ⓜ 울타리, 장벽 ⓢ 울타리를 치다. 암 집이 **해지**(hedge)지않게 **장벽**같은 **울타리를 치다.** ▶ a hedge against inflation 인플레이션에 대비한 방지책
大	**hedgehog** [hédʒhὰg / -hɔ̀g]	ⓜ 고슴도치, 견고한 방어, 요새 ▶ hedge(울타리) + hog(돼지) = hedgehog(고슴도치, 견고한 방어, 요새) ※울타리를 돼지나 고슴도치 털같이 세워서 견고한 방어망을 한 요새
大	**hedgerow** [hédʒròu]	ⓜ (산울타리의) 죽 늘어선 관목, 산울타리 ▶ hedge(울타리) + row(열, 줄) = hedgerow([산울타리의]죽 늘어선 관목, 산울타리)
高	**heed** [hiːd]	ⓜ 주의, 조심, 유의 ⓢ 주의하다, …에 관심을 두다. 암 **팥 단지**(pot)를 **조심히 드**(heed)며(들며) **주의하다.** ▶ heed a warning 경고에 유의하다. 
大	**heedful** [híːdfəl]	ⓗ 주의 깊은, 조심성이 많은 ▶ heed(주의하다) + ful(…이 많은) = heedful(주의 깊은, 조심성이 많은)
大	**heedless** [híːdlis]	ⓗ 부주의한, 무관심한 ▶ heed(주의하다) + less(…이 없는) = heedless(부주의한, 무관심한)
高	**heel** [hiːl]	ⓜ 뒤꿈치 ⓢ 뒤축을 대다. 암 **높은 하이**(high) **힐**(heel) **뒤꿈치.** ▶ Soonja was wearing high heels. 순자는 하이힐을 신고 있었다. 
高	**height** [hait]	ⓜ 높이, 키 암 **하(河)이**(height)(하씨가) **트**기의(이(두)트기의) **키 높이**를 **체크하다**(check). ▶ I am five feet in height. 나의 신장은 5피트이다. 
大	**heighten** [háitn]	ⓢ 높게 하다, 높이다. ▶ height(높이) + en(…하다) = heighten(높게 하다, 높이다)

高 **heir** [εər]	ⓜ 상속인, 후계자 **암** **상속인**을 **에어**싼 **후계자**들. (에워싼) (heir) ▶ He is the heir of his father. 그는 아버지의 상속인이다. 
大 **heiress** [ɛ́əris]	ⓜ 여자 상속인 ▶ heir(상속인) + ess(여성명사를 만듦) = heiress(여자 상속인)
中 **held** [held]	hold (들라, 잡다)의 과거, 과거분사 ▶ He held his head in his hands. 그는 머리를 움켜쥐었다.
中 **helicopter** [hélikɑ̀ptər / -kɔ̀p-]	ⓜ 헬리콥터 ⓢ 헬리콥터로 가다. ▶ an attack helicopter 공격용 헬리콥터
大 **helium** [híːliəm]	ⓜ [[化]] 헬륨(비활성 기체 원소의 하나, 기호 He)
高 **hell** [hel]	ⓜ 지옥, 저승 **암** **핼** 볼 수 없는 **지옥**. (해를) (hell) ▶ It was hell to work there. 거기서 일하는 것은 지옥 같았다.
高 **hello** [hélou / hélóu, helóu]	ⓖ 여보세요! 여보! ⓙ hello 하고 부르다. **암** **헬로** 하며 **부르다**. (hello) ▶ Hello, this is (Mr.) Kim speaking. [[전화]] 여보세요. 저는 김입니다.
高 **helm** [helm]	ⓜ 키, 손잡이 ⓣ 키를 잡다, (조종)지휘하다. **암** (배의)**키**를 파도의 **핼 름**름이 헤치고 **조종하다**. (해를 늠름이) (helm) ▶ put the helm up 위로 키를 잡다.
高 **helmet** [hélmit]	ⓜ 헬멧, 철모, 안전모 **암** **안전모 헬밑**. (helmet)
大 **helmet liner** [hélmit láinər]	ⓜ (철모 안에 쓰는) 파이버 ▶ helmet(철모) + liner(안에 대는 것) = helmetliner([철모 안에 쓰는]파이버)

中	**help** [help]	⑧ 돕다, 거들다. ⑲ 도움, 조력 (害)해를 풀어 **암 좋은 굿으로 핼 프러 돕다.** (good) (help) ▶ Help me on with overcoat. 오버 입는 것을 도와다오. 
高	**helper** [hélpər]	⑲ 돕는 사람, 조수, 조력자 ▶ help(돕다) + er(…사람) = helper(돕는 사람, 조수, 조력자)
高	**helpful** [hélpfəl]	⑱ 도움이 되는, 쓸모 있는, 유용한 ▶ help(돕다) + ful(…의 성질을 가진) = helpful(도움이 되는, 쓸모있는, 유용한)
高	**helpless** [hélplis]	⑱ 도움 없는, 어찌할 수 없는 ▶ help(돕다) + less(…이 없는) = helpless(도움없는, 어찌할 수 없는) ▶ a helpless orphan 도움 없는 고아
大	**hem** [hem]	㉠ 헴, 에헴 (헛기침 소리) ⑲ (옷 천의)가장자리 ㊅가장자리를 감치다. **암 에헴(헛기침)하며 (옷의)가장자리를 감치다.** (hem)
高	**hemisphere** [hémisfìər]	⑲ 반구(半球) ▶ (절반 = half = hemi) + (sphere = 원형) → 절반으로 자른 원형 = hemisphere(반구(半球)) ▶ the Eastern hemisphere 동반구
中	**hen** [hen]	⑲ 암탉, [복수] 닭 홰는 뱀 붙은 **암 암탉이 앉은 홴 뱀 부튼 대나무.** (hen)(bamboo) ▶ Hens lay eggs. 암탉은 알을 낳는다. 
大	**henbird** [hénbə̀ːrd]	⑲ 암새 ▶ hen(암탉) + bird(새) = henbird(암새)
高	**hence** [hens]	⑮ 지금부터, 그러므로, 금후 **암 그러므로 지금부터 (한수) 핸스 부지런히 배우다.** (hence) (learn) ▶ five years hence 지금부터 5년후, 그러므로 5년 후에 
高	**henceforth** [hènsfɔ́ːrθ]	⑮ 이제부터는, 앞으로 ▶ hence(지금부터) + forth(앞으로) = henceforth(이제부터는, 앞으로)

H

高 **herald**
[hérəld]

[명] 전달자, 선구자, 예고, 문장관 [동] 예고하다, 전달하다.

[암] 에이즈의 **해(害)**(해(피해)를)**럴 드**(들어)러 **선구자**가 **예고(전달)하다**. (herald)

大 **heraldry**
[hérəldri]

[명] 전령관(傳令官), 문장(紋章)

▶ herald(전달자, 문장관) + ry(명사 어미) = heraldry(전령관, 문장(紋章))

大 **herb**
[həːrb]

[명] 풀잎, 풀, 식용, 식물

[암] **식용 풀 허브**(herb) **식물**

高 **herd**
[həːrd]

[명] (소・말 따위의) 떼;군중, 대중 [동] 떼짓다, 모으다, 모이다.

[암] **스피커**(확성기)(speaker)로 **허드**(herd)렛일 할 **군중(대중)**을 **모으다.(모이다)**

▶ follow the herd 대중을 따르다.

大 **herdsman**
[hə́ːrdzmən]

[명] 목자, 소치는 사람, 목동

▶ herds(떼의 복수) + man(사람) = herdsman(목자, 소치는 사람, 목동)

中 **here**
[hiər]

[부] 여기에(서) [명] 여기

[암] **포플러**(마루나무)(popla)를 **여기서**(here) **휘어**.

▶ He is here. 그는 여기에 있다.

高 **hereafter**
[híərǽftər / -ɑ́ːf-]

[부] 차후, 지금부터는, 금후(로는)

▶ here(여기에) + after(뒤에, 후) = hereafter(차후, 지금부터는, 금후[로는])

▶ in the long hereafter 먼 장래에

大 **hereditary**
[hiréditèri / -təri]

[형] 유전성의, 유전의, 대대로 내려온

[암] **희(姬)**(계집이)**래(來)**(와서) **뒤터리**(뒤 털어)(hereditary) **유전의** 털이라며 **소년**(boy)을 **보이**다.

大 **heresy**
[hérəsi]

[명] 이교(異敎), 이단

[암] **헤러시**(헤럿이(헤롯왕이))(heresy) 핍박한 **이교(異敎)이단**

大 **heretic**
[hérətik]

[명] 이교도, 이단자

▶ here(sy)(이교, 이단) + tic(명사를 만듦) = heretic(이교도, 이단자)

大

herewith
[hìərwíð / -wíθ]

㉫ 이와 함께

▶ (여기에 = here) + with(함께) = herewith(이와 함께)

大

heritage
[héritidʒ]

명 유산; 상속물, 물려받은 것 전통, 천성

암 **점프**하는 **천성**인 **유산**을 **물려받고** **해리(海狸)** **튀지**
(jump) (heritage) 해리(비버=beaver)

高

hermit
[hə́ːrmit]

명 은자, 신선, 도사

암 산속 **허(虛)밑**에 사는 **신선(도사)**같은 **은자**
(산속) 비어있는 동굴 밑에 (hermit)

▶ hermitage 암자, 외딴집, 은자의집

高

hero
[híːrou / híər-]

명 영웅, 주인공

암 **파이프**를 **휘어 로우**니 **영웅**이지.
(pipe) 휘어 놓으니 (hero)

▶ the hero of a novel 소설의 주인공

高

heroic
[hiróuik]

형 영웅의, 영웅적인

▶ hero(영웅) + ic(…의[적인]) = heroic(영웅의, 영웅적인)

高

heroine
[hérouin]

명 여걸, 여장부, 여주인공

▶ hero(영웅) + ine(여성명사 어미) = heroine(여걸, 여장부, 여주인공)

▶ a local heroine 지방의 여장부[여걸]

大

heroism
[hérouìzəm]

명 영웅적 자질, 의협

▶ hero(영웅) + ism(주의, 신앙, 행동의 뜻이 있음) = heroism(영웅적 자질, 의협)

高

heron
[hérən]

명 왜가리

암 **해런** 곤충을 먹는 **왜가리**
해론(해로운) (heron)

大

herring
[hériŋ]

청어

암 **해(海)링**어라 불리우는 **청어**
해(바다의) 잉어라 (herring)

中

herself
[həːrsélf / hər-]

대 그 여자 자신

▶ (그녀 = her) + (self = 자신) = herself(그 여자 자신)

▶ She herself came to see me. 그녀가 직접 나를 만나러 왔다.

H

高 **he's** [hɪːz / hiz]	he is , he has의 간약형
高 **hesitate** [hézətèit]	동 주저하다, 망설이다, 머뭇거리다. 해저 태를 2(두) 트기가 암 **가운**이 **해져 태 이(二) 트**기가 깁기를 **망설이다**. (gown) (hesitate) ▶ hesitate about going 깔까 말까 망설이다. 
高 **hesitation** [hèzətéiʃən]	명 주저, 망설임, 머뭇거림 ▶ hesitat(e)(주저하다, 망설이다) + ion(명사 어미) = hesitation(주저, 망설임, 머뭇거림) ▶ without hesitation 주저하지 않고, 즉각
大 **hew** [hjuː]	동 (도끼, 칼 따위로) 자르다, 토막내다 암 **아카시아**를 **휴우!** 한숨쉬며 (**도끼, 칼로**) **자르다**. (acacia) (hew)
高 **hey** [hei]	감 이봐 어이 암 **헤이! 이봐** 하고 **호로**자식이 **외치다**. (hey) (holler)
高 **hi** [hai]	감 야아, 어이 (인사 또는 주의를 끄는 말) 하이(아래 이씨)들을 암 **하이(下李)**들을 **야아**하며 **콜**럭이며 **부르다**. (hi) (call) 
大 **hiccup** [híkʌp]	명 딸꾹질 동 딸꾹질하다 희(계집이)컵(=cup) 꿸(=꾀를)써서 암 **딸국질**을 **희(姬)컵**의 물을 먹고 **퀠**써 **진정시키다**. (hiccup) (quell)
中 **hid** [hid]	hide (숨기다, 감추다)의 과거, 과거분사) ▶ The bonnet hid her face. 보닛이 그녀의 얼굴을 가렸다.
高 **hidden** [hídn]	hide(숨기다, 감추다)의 과거분사 형 숨겨진 숨긴, 비밀의 ▶ hidden assets 은익(숨겨진) 자산
大 **hiddentax** [hidntǽks]	명 간접세 ▶ hidden(숨겨진, 숨긴) + tax(세금) = hiddentax(간접세)

H

中	**hide** [haid]	ⓢ 숨기다, 숨다 ❸ 트렁크(trunk)에 [여행가방에] 하의(下衣)드러(hide) [하의(下衣) 들어] 숨기다. ▶ hide a thing from view. 물건을 보이지 않도록 감추다.
高	**hide-and-seek** [háidəndsíːk]	ⓜ 숨바꼭질 ▶ hide(숨다) + and(그리고) + seek(찾다) = hide-and-seek(숨바꼭질)
大	**hideous** [hídiəs]	ⓗ 무서운, 끔직한 ▶ hide(숨다) + ous(형용사 어미) = hideous(무서운, 끔찍한)
中	**high** [hai]	ⓗ 높은, 비싼 ⓑ 높게 ❸ 높은 하이(high) 힐(heel) 뒤꿈치. ▶ It is about forty meters high. 그것은 높이가 약 40미터이다. 
大	**high-born** [háibɔ̀ːrn]	ⓗ 명문 출신의, 집안이 좋은 ▶ high(높은) + born(태어난) = highborn(명문 출신의, 집안이 좋은)
大	**high-land** [háilənd]	ⓜ 고지, 고랭지 ⓗ 고지의 ▶ high(높은) + land(땅, 육지) = highland(고지, 고랭지, 고지의)
大	**highlight** [háilàit]	ⓜ 가장 밝은 부분, 하이라이트 ▶ high(높은) + light (빛) = highlight(가장 밝은 부분, 하이라이트)
高	**highly** [háili]	ⓑ 높이, 비싸게, 고도로 ▶ high(높은) + ly(부사를 만듦) = highly(높이, 비싸게) ▶ highly developed technology 고도로 발달한 과학 기술
大	**highness** [háinis]	ⓜ 높음, 높이 ▶ high(높은) + ness(추상명사를 만듦) = highness(높음, 높이)
高	**high school** [hai skuːl]	ⓜ 고등학교 ▶ high(높은) + school(학교) = high school(고등학교)

H

高	**highway** [háiwèi]	명 간선도로, 큰 길, 하이웨이 ▶ high(높은) + way(길) = highway(간선도로, 큰길, 하이웨이) ▶ highways and byways 대로와 소로
高	**hike** [haik]	명 도보 여행 동 도보 여행하다. 암 **하이킹 코스**(도보여행 코스)따라 **하이크(도보여행)하다.** (hiking) (course) (hike) ▶ Let's go on a hike. 하이킹 가자. 
高	**hiker** [háikər]	명 하이커, 도보여행자 ▶ hik(e)(도보여행을 하다) + er(…사람) = hiker(도보여행자, 하이커)
高	**hiking** [háikiŋ]	명 하이킹, 도보여행 ▶ hik(e)(도보여행을 하다) + ing(현배분사 어미) = hiking(하이킹, 도보여행) ▶ go hiking 하이킹 가다.
中	**hill** [hil]	명 언덕, 작은 산, 고갯길 암 **언덕**에서 **힐**끗 보이는 **작은 산 고갯길.** (hill) ▶ The house is on a hill. 그 집은 언덕 위에 있다.
高	**hillside** [hílsàid]	명 언덕의 중턱, 산허리 ▶ hill(작은 산) + side(측면) = hillside(언덕의 중턱, 산허리) ▶ on the hillside 산 중턱에
高	**hilltop** [híltàp / -tɔ̀p]	명 언덕(야산)의 꼭대기 ▶ hill(작은 산, 언덕) + top(꼭대기) = hilltop(언덕(야산)의 꼭대기)
中	**him** [him, im]	대 그를, 그에게 ▶ I gave him a book. 나는 그에게 책을 주었다.
大	**Himalayas** [hìməléiəz, himá:ləjəz]	명 히말라야 산맥
中	**himself** [himsélf]	대 그 자신을(에게), 그 자신(이) ▶ I can do it better than himself. 나는 그보다 더 잘할 수 있다.

H

高 **hind**
[haind]

[형] 뒤쪽의, 후부[후방]의 [명] 암사슴

[암] **하인드**리 기른 **뒤쪽의 암사슴**을
(하인들이 / hind)

▶ the hind leg (짐승의) 뒷다리

高 **hinder**
[híndər]

[동] 방해하다, 지체케 하다. [형] 뒤의, 후부(후방)의

[암] **로인(老人)**의 **허리**를 **휜더**며 **방해하다**.
(노인(老人) / loin) (휜다며 / hinder)

▶ Nothing hindered in my progress.
아무것도 나의 진행을 방해하지 않았다.

大 **hindrance**
[híndrəns]

[명] 방해, 장애, 방해물

▶ hind(e)r(방해하다) + ance(명사 어미) = hindrance(방해, 장애, 방해물)

高 **Hindu**
[híndu:]

[명] 힌두사람, 힌두교 신자 [형] 힌두(사람)의, 힌두교(도)의

大 **Hinduism**
[híndu:ìzəm]

[명] 힌두교

▶ Hindu(힌두교 신자 + ism(주의, 신앙의 뜻) = Hinduism(힌두교)

大 **hinge**
[hindʒ]

[명] 돌쩌귀, 경첩, 요점

[암] 문 **돌쩌귀** 위에 **흰쥐**
(hinge)

大 **hint**
[hint]

[명] 힌트, 암시 [동] 넌지시말하다, 암시하다.

[암] **힌트**를 주며 **넌지시말(암시)하다**.
(hint)

▶ She hinted that she wanted to go to bed.
그녀는 잠자고 싶다고 넌지시 알렸다.

高 **hip**
[hip]

[명] 엉덩이, 궁둥이, 둔부, 히프

▶ They stood with their hands on their hips.
그들은 손을 엉덩이에 짚고 서 있었다.

大 **hippie**
[hípi]

[명] 히피(족)

(널리) 장발에 색다른 복장의 젊은이

※아래 hippy와 발음이 같음

中 **hippy**
[hípi]

[형] 엉덩이가 큰

▶ hip + (p)(엉덩이) + y(형용사를 만듦) = hippy(엉덩이가 큰)

▶ a hippy girl. 엉덩이가 큰 소녀

H

高 **hire** [háiər]

㊁ 고용하다, 빌려주다.

다리밑을 이여
암 **인디언**을 **하(下)이어 고용하다.**
(Indian) (hire)

▶ She hired out as a maid. 그녀는 하녀로 고용되었다.

中 **his** [hiz, iz]

㊀ 그의, 그의 것

▶ That book is his. 그 책은 그의 것이다.

高 **hiss** [his]

㊂ 쉬이 쉭하는 소리

㊁ 쉬이 소리를 내다, 야유하다.

매를 들면
암 **미친놈**에게 **매드먼 히스**테리 일으켜 **쉬이소리를 내다.**
(madman) (hiss)

高 **historian** [histɔ́:riən]

㊂ 역사가, 사학자

▶ histor(y) + ian(= an …사람) = historian(역사가, 사학자)

高 **historic** [histɔ́(:)rik]

㊃ 역사적, 역사의

▶ histor(y)(역사) + ic(…의, …적) = historic(역사의, 역사적)

▶ a historic city 역사적인 도시

高 **historical** [histɔ́(:)rikəl]

㊃ 역사상의, 역사적인

▶ histor(y)(역사) + ical(…의, …적인) = historical(역사상의, 역사적인)

▶ a historical novel [play] 역사소설[사극]

中 **history** [hístəri]

㊂ 역사, 변천, 경력

▶ (그의 = he) + (이야기 = story) = history

그의 이야기가
암 **히스 스토리**가 곧 그의 **역사 히스터리**다.
(his) (story) (history)

中 **hit** [hit]

㊁ 치다, 적중하다. ㊂ 명중

암 영화가 **히트**를 **치다(적중하다)**
(hit)

▶ He hit a single [a home run]. [야구]그는 단타 [홈런]를 쳤다.

大 **hitch** [hitʃ]

㊁ 걸어매다, 홱 당기다, 끌어들이다

춤을 업으로 삼는 여자 취(取)급하며
암 **미스**를 **바보**가 **무(舞)희(姬) 취(取)**급하며 **홱 당기다.**
(Miss) (moo) (hitch)

高 **hitchhike** [hítʃhàik]

㊂ 히치하이크 (지나가는 차에 편승해 하는 도보여행)

▶ hitch(끌어들이다) + hike(도보여행) = hitchhike(히치하이크)

H

高 **hither** [híðər]

[부] 여기에, 이쪽으로 [형] 이쪽의

[암] **여기에**서 **이쪽으로**는 **희더**(희다, 백색이다).
(hither)

▶ on the hither side (…보다) 이쪽편의

高 **hitherto** [hìðərtúː]

[부] 지금까지(는)

▶ hither(여기에) + to(…까지) → 여기서 그까지 = hitherto(지금까지[는])

高 **hive** [haiv]

[명] 꿀벌통, 사람들이 붐비는 곳, 중심지 [동] (꿀벌이)벌집에 살다.

화를 입으리
[암] 누구나 **꿀벌통**을 밟으면 **화 이브**리.
(hive)

▶ a hive of industry 산업의 중심지

大 **ho, hoa** [hou]

[감] 호, 야, 저런

[암] **야! 저런 호**황의 **붐을 일으키다**.
(ho, hoa) (boom)

大 **hoard** [hɔːrd]

[명] 저장, 축적 [동] 저장(축적)하다.

코큰사람이 호랑이 저금통 얻으니
[암] **코인**이 **동전**을 **호(虎)어**드니 **저장하다**.
(coin) (hoard)

大 **hoarse** [hɔːrs]

[형] 목쉰, 쉰 목소리의

호수가에서 호스티스(=접대부)
[암] **호스**가에서 **목쉰 호스티스**가 **트럼펫을 불다**.
(hoarse) (hostess) (trumpet)

大 **hoary** [hɔ́ːri]

[형] 회백색의, 백발의 늙은

[암] **백발의 늙은**이를 **호리**는 **거리**의 **아가씨**
(hoary) (girlie)

大 **hobble** [hábəl / hɔ́bəl]

[동] 절뚝거리며 걷다, 절름거리다. [명] 절뚝거림

호랑이 불(알)을 까며
[암] **주(州)**립 **동물원**에 **호(虎)불**을 까니 **절뚝거리며 걷다**.
(zoo) (hobble)

高 **hobby** [hábi / hɔ́bi]

[명] 취미

[암] **코 속**을 **취미**로 **호비**다.
(core) (hobby)

▶ What is your hobby? 너의 취미는 무엇이냐?

高 **hockey** [háki / hɔ́ki]

[명] 하키, 아이스하키

H

大 **hoe**
[hou]

명 (자루가 긴)괭이 동 …을 괭이로 파다, 제초하다.

호(오랑캐) 친구가
암 **터널 굴**을 **호(胡) 우(友)**가 **괭이로 파다**.
(tunnel) (hoe)

高 **hog**
[hɔ:g, hɑg]

명 돼지, 욕심꾸러기 동 짧게 깎다, 탐하다.

호구책(먹고 사는 방책)
암 **욕심꾸러기**가 **호그(糊口)**책으로 **돼지** 털을 **짧게 깎다**.
(hog)

高 **hoist**
[hɔist]

타 (기 등을)게양하다, 감아 올리다. 명 감아 올리기

호(오랑캐)가 이수(두손을) 틀어
암 **호(胡) 이스(二手) 트**러 당기며 **(기를)게양하다**.
(hoist)

中 **hold**
[hould]

동 갖고 있다, 붙들다, 보유하다.

열쇠 호랑이 울로 들어가
암 **키**를 **호(虎)울 드**러 가려고 **갖고 있다**.
(key) (hold)

▶ Tom is holding a knife.
톰은 나이프를 손에 들고 있다.

高 **holder**
[hóuldər]

명 보유자, 소유자

▶ hold(보유하다) + er(…사람) = holder(보유자, 소유자)

大 **holding**
[hóuldiŋ]

명 보유, 점유, 홀딩

▶ hold(보유하다) + ing(동명사를 만듦) = holding(보유, 점유, 홀딩)

中 **hole**
[houl]

명 구멍, (짐승의)굴 동 구멍을 내다(뚫다)

암 사람이 드나드는 **맨 호울 구멍을 내다**.
(man)(hole)

▶ He dug a hole in the ground. 그는 땅에 구멍을 팠다.

中 **holiday**
[hάlədèi / hɔ́lədèi]

명 휴일, 휴업일 자 휴일을 즐기다

▶ holi(= holy, 신성한) + day(날) = holiday(휴일, 휴업일)

하려고 대나무 이어
암 낚시 **하러 대 이어** 놓고 **휴일을 즐기다**.
(holiday)

高 **Holland**
[hάlənd / hɔ́l-]

명 네덜란드, 화란

高 **hollow**
[hάlou / hɔ́l-]

명 구덩이 형 속이 빈, 오목한, 파내다, 후벼내다.

암 매장할 **오목한 구덩이**를 **홀로 우**며(울며) **파내다**.
(hollow)

▶ The tree is hollow. 그 나무는 속이 비어 있다.

H

高 **holly**
[háli / hɔ́li]

㊞ 서양호랑가시나무

암 **호리**호리한 **서양호랑가시나무 가지**에 앉으면 **브란치**(불안치)
(branch)

大 **Holly wood**
[háliwùd / hɔ́l-]

할리우드(미국의 영화제작 중심지)

高 **holy**
[hóuli]

㊞ 신성한, 성자 같은

암 **신성한 성자 같은** 단군 뵙고 **호(虎) 우리** 호랑이가 우리(울다)
(holy)

大 **homage**
[hámidʒ / hɔ́-]

㊞ 경의;(봉건 시대의) 충성, 충성의 맹세
㊀ 경의를 표하다.

암 **게으른 아이들**이 **호미 쥐**고 **충성의 맹세**로 **경의를 표하다.**
(idle) (homage)

中 **home**
[houm]

㊞ 가정, 집 ㊞ 집(가정)에

암 **즐거운 스위트 홈(가정)**
(sweet)(home)

▶ Come home quick. 빨리 집으로 오세요

高 **homeland**
[hóumlæ̀nd]

㊞ 고국, 모국, 조국

▶ home(집) + land(육지, 뭍) = homeland(고국, 모국, 조국)

高 **homeless**
[hóumlis]

㊞ 집 없는, 임자 없는

▶ home(집) + less(…이 없는) = homeless(집 없는, 임자 없는)

高 **homely**
[hóumli]

㊞ 가정적인, 검소한, 구차한

▶ home(집) + ly(형용사를 만듦) = homely(가정적인, 검소한, 구차한)

▶ Home is home, bi it ever so homely.
아무리 구차해도 집처럼 좋은 곳은 없다.

高 **homemade**
[hóumméid]

㊞ 집에서 만든, 국산의, 자가제의

▶ home(집) + made(만든) = homemade(자가제의, 집에서 만든, 국산의)

大 **homemaking**
[hóummèikiŋ]

㊞㊞ 가사, 가정과, 가정의

▶ home(집) + making(제조, 제조법) = homemaking(가사, 가정과, 가정의)

大	**home-er** [hóumər]	ⓜ 본루타, 홈런 ⓐ 홈러을 치다. ▶ hom(e)(가정, 집) + er(…하는 것) → 관중석 집으로 공을 보내는 것 = homer(본루타, 홈런, 홈런을 치다)
高	**home-room** [hóumrù(:)m]	ⓜ 홈룸 ▶ home(집) + room(방, 룸) → 학급 전원을 생활지도 하는 방(교실) = home-room(홈룸)
高	**home run** [houm rʌn]	ⓜ 홈런, 본루타 ▶ home(집) + run(달리다, 달림) = home run(홈런, 본루타) ▶ hit a home run 홈런을 치다, (비유) 크게 성공하다.
大	**home-sick** [hóumsìk]	ⓗ 회향병의, 향수병에 걸린 ⓜ 향수병 ▶ home(집, 고향) + sick(병든, 병의) = home-sick(회향병의, 향수병에 걸린, 향수병)
大	**home-spun** [hóumspʌ̀n]	ⓗ 홈스펀의, 손으로 짠, 소박한 ▶ home(집) + spun(자은, 짠) = homespun(홈스펀의 손으로 짠, 소박한)
大	**home-stead** [hóumstèd / -stid]	ⓜ 부속 건물, 농장이 딸린 농가 ▶ home(집) + stead(장소, …대신) = homestead(부속 건물, 농장이 딸리 농가)
高	**home-town** [hóumtàun]	ⓜ 고향(의 도시), 출생지 ▶ home(집) + town(도시, 도회지) = hometown(고향[의 도시], 출생지)
大	**home-ward** [hóumwərd]	ⓗ 귀로의, 집[모국]으로 향하는 ▶ home(집) + ward(방향을 뜻함) = homeward(귀로의, 집[모국]으로 향하는)
中	**home-work** [hóumwə̀:rk]	ⓜ 숙제, 예습 ▶ home(집) + work(일, 작업) = homework(숙제, 예습) ▶ A teacher corrects homework. 선생님이 숙제를 고쳐 준다.
大	**home-worker** [hóumwə̀:rkər]	ⓜ 집안일을 돕는 사람 (하녀, 정원사 등) ▶ home(집) + worker(일하는 사람) = homeworker(집안일을 돕는 사람(하녀, 정원사등))

H

中 **honest**
[ánist / ɔ́n-]

[형] 정직한, 성실한

[암] **정직한** 자가 **오니**(오니) **스트**(서투른)른 자가 **션**(선수쳐)수쳐 **피하다.**
(honest) (shun)

▶ She is quite honest. 그녀는 아주 정직합니다.

高 **honestly**
[ánistli / ɔ́n-]

[부] 정직하게, 거짓없이

▶ honest(정직한) + ly(부사를 만듦) = honestly(정직하게, 거짓없이)

高 **honesty**
[ánisti / ɔ́n-]

[명] 정직, 성실

▶ honest(정직한, 성실한) + y(명사를 만듦) = honesty(정직, 성실)

▶ Honesty is the best policy. 정직은 최선의 방책이다. (속담)

高 **honey**
[hʌ́ni]

[명] 여보, 당신 [형] (꿀처럼) 단, 벌꿀

[암] **여보 당신**은 (꿀처럼) **단** 말만 **허니?**(하니?)
(honey)

▶ The bear likes honey. 곰은 꿀을 좋아한다.

大 **honey-comb**
[hʌ́nikòum]

[명] 벌집

▶ honey(벌꿀의) + comb(빗, 벌집) = honeycomb(벌집)

大 **honey-moon**
[hʌ́nimùːn]

[명] 결혼 첫달, 밀월, 허니문

▶ honey(벌꿀) + moon(달) → 결혼 후 한달간 벌꿀 같이 달콤한 기간 = honeymoon(결혼 첫달, 밀월, 허니문)

中 **hono(u)r**
[ánər / ɔ́n-]

[명] 특권, 명예 [동] 존경(존중)하다.

[암] **오! 너**의 **명예**를 **존중하다.**
(hono(u)r)

高 **honorable**
[ánərəbəl / ɔ́n-]

[형] 존경할 만한, 명예있는

▶ honor(명예, 존경하다) + able(…할 수 있는, …할 만한) = honorable(존경할 만한, 명예있는)

▶ an honorable man 존경할 만한 사람

高 **hood**
[hud]

[명] 두건 [타] 두건으로 덮다(가리다)

[암] **마담**이 **후드(後頭)**(후두(뒤통수))를 **두건으로 가리다.**
(madam) (hood)

▶ the hood [of a car] (차의) 엔진을 검사하다.

大 **hooded**
[húdid]

[형] 두건을 쓴, 두건 모양의

▶ hood(두건) + ed(형용사를 만듦) = hooded(두건을 쓴, 두건 모양의)

H

高 **hoof**
[huːf]

㊐ 말 발굽으로 차다. ㊊ 발굽, 말발굽

훌라후프(Hula Hoop)를 연상해 기억할 것
암 **매어**있는 **암말**이 훌라**후프**를 **말 발굽으로 차다**.
(mare) (hoof)

▶ a cloven hoof 갈라진 발굽

大 **hoofprint**
[húːfprìnt]

㊊ 발굽 자국

▶ hoof (발굽) + print(인쇄) = hoofprint(발굽 자국)

高 **hook**
[huk]

㊊ 갈고리 ㊐ 갈고리로 걸다.

말은
암 **마튼 양고기**를 **훅!**하고 **갈고리로 걸다**.
(mutton) (hook)

▶ a meat hook 고기를 매달아 놓는 갈고리

大 **hooked**
[hukt]

㊌ 갈고리 모양의, 갈고리로 만든

▶ hook(갈고리) + ed(형용사를 만듦) = hooked(갈고리 모양의, 갈고리로 만든)

高 **hoop**
[hup / huːp]

㊊ 테, 굴렁쇠, 쇠테

암 **쇠테(굴렁쇠)**같은 훌라**후프**
(hoop)

高 **hop[1]**
[hɑp / hɔp]

㊐ 뛰어넘다. ㊊ 짧은 도약

홉(=넝쿨 식물로 맥주의 향료로 씀)
암 **짧은 도약**을 해 **홉** 넝쿨을 **뛰어넘다**.
(hop)

▶ hop out of bed. 침대에서 뛰어 내리다.

大 **hop[2]**
[hɑp / hɔp]

㊊ (植) 홉, 홉 열매 ㊐ 홉 열매를 따다.

홉(=넝쿨 식물로 맥주의 향료로 씀)
암 **짧은 도약**을 해 **홉** 넝쿨을 **뛰어넘다**.
(hop)

中 **hope**
[houp]

㊊ 희망 ㊐ 희망하다, 바라다.

호흡
암 **희망**을 갖도 **호웁**이 지속되길 **바라다**.
(hope)

▶ While there is life there is hope.
목숨이 있고서야 희망도 있다.

高 **hopeful**
[hóupfəl]

㊌ 희망에 찬, 유망한, 희망적인

▶ hope(희망) + ful(…이 가득찬, …이 많은) = hopeful(희망에 찬, 희망적인)

▶ a hopeful pupil 장래성이 있는 학생

高 **hopeless**
[hóuplis]

㊌ 희망을 잃은, 절망적인

▶ hope(희망) + less(…이 없는) = hopeless(희망을 잃은, 절망적인)

大 **horde** [hɔːrd]

㉿ 군중, 큰무리 ㉶ 무리져 모이다.

호랑이를 들고있으니

❸ **타잔**이 **호(虎)드**니 **군중**이 **무리져 모이다**.
(Tarzan) (horde)

高 **horizon** [həráizən / -izn]

㉿ 지평선, 수평선, 시야

허씨가 라씨잊은 후

❸ **지(수)평선 시야** 밖으로 **허(許)라 이존**후 **비통**케 **살어**.
(horizon) (sorra)

▶ above [below]the horizon 지평선에서 위[아래]로

高 **horizontal** [hɔ̀ːrəzántl]

㉻ 수평이, 수평(지평)선의

▶ horizon(지평선, 수평선) + tal(= al, …의) = horizontal(지평(수평)선의)

▶ a horizontal line 수(지)평선

大 **hormone** [hɔ́ːrmoun]

㉿ 호르몬(내분비물)

高 **horn** [hɔːrn]

㉿ 뿔 ㉸ 뿔로 박다.

투우소가

❸ **투우**가 **너무나 혼**이 나게 **뿔로 받다**.
(too) (horn)

▶ a drinking horn 뿔로 만든 잔

高 **horrible** [hɔ́ːrəbəl / hár-]

㉻ 무서운, 끔찍한, 넌더리나는

▶ horri(d)(무서운) + ble(= able … 할 수 있는, …할 만한) = horrible(무서운, 끔찍한, 넌더리나는)

▶ horrible weather. 넌더리나는 날씨

高 **horrid** [hɔ́ːrid / hár-]

㉻ 무서운, 무시무시한

유혹하더니

❸ **아담**과 **이브**를 **무시무시한** 뱀이 **호리드**니...
(Adam) (Eve) (horrid)

高 **horrify** [hɔ́ːrəfài / hár-]

㊈ 소름끼치게 하다, 무서워 떨게 하다

▶ horri(d)(무서운) + fy(…하게 하다) = horrify(소름 끼치게 하다, 무서워 떨게 하다)

高 **horror** [hɔ́ːrər]

㉿ 무서움, 공포, 전율

▶ horr(id)(무서운) + or(명사를 만듦) + horror(무서움, 공포, 전율)

▶ a horror fiction 공포 소설

中 **horse** [hɔːrs]

㉿ 말, 기병 ㉸ 말을 타다

호수가에

❸ **호스**가에 **말**.
(horse)

▶ saddle a horse. 말에 안장을 얹다.

H

高	**horse-back** [hɔ́ːrsbæ̀k]	[명] 말등 ▶ horse(말) + back(등, 뒤) = horseback(말등) ▶ ride horseback 말등에 올라타다.
高	**horse-man** [hɔ́ːrsmən]	[명] 승마자, 기수 ▶ horse(말을 타다) + man(사람) = horseman(승마자, 기수)
大	**horse-power** [hɔ́ːrspàuər]	[명] (革, 複數同形) 마력 ▶ horse(말) + power(힘) = horsepower(마력)
大	**horse race** [hɔːrs reis]	[명] (1회의)경마 ▶ horse(말) + race(레이스, 경주) = horse race(경마)
大	**horse-shoe** [hɔ́ːrsʃùː / hɔ́ːrsʃʃùː]	[명] 편자, 말편자 ▶ horse(말) + shoe(구두, 단화) = horseshoe(편자, 말편자)
高	**hose** [houz]	[명] 호스, 긴 양말 [동] 호스로 물을 뿌리다. [암] **비닐 호스로 물을 뿌리다.** (vinyl) (hose) ▶ a fire hose 소화용 호스
大	**hospitable** [hɑ́spitəbəl / hɑ́s-]	[형] 대우가 좋은, 대접이 극진한 ▶ hospit(al)(병원) + able(…할 수 있는) → 병원처럼 손님에게 환대할 수 있는 = hospitable(대우가 좋은, 대접이 극진한)
中	**hospital** [hɑ́spitl / hɔ́spit(ə)l]	[명] 병원 [동] 입원시키다. 호랑이 손이 피털 [암] **호스(虎手)피털**되니 **병원**에 **입원시키다.** (hospital) ▶ be in (the) hospital. 입원해 있다. 
高	**hospitality** [hɔ̀spitǽliti]	[명] 좋은 대접, 후한 대우 ▶ hospital(병원, 환자를 환대하는 곳) + ity(추상명사 어미) = hospitality(좋은 대접, 후한 대우) ▶ cordial [warm] hospitality 따뜻한 대접
大	**hospitalize** [hɔ́spitəlàiz / hɑ́s-]	[타] 입원시키다. ▶ hospital(병원) + ize(동사 어미, …하다) = hospitalize(입원시키다)

H

H

高 **host** [houst]

[명] 주인, 주최자, 남주인

[암] **호스티스 여주인**을 러브하는 **호스트 남주인**
(hostess) (host)

▶ They are good hosts. 그들은 손님 접대를 잘한다.

大 **hostage** [hástidʒ / hɔ́s-]

[명] 볼모, 인질

▶ host(주인) + age(상태, 잡혀있는 상태) = hostage(볼모, 인질)

高 **hostel** [hástəl / hɔ́s-]

[명] 합숙소, 숙박소, 호스텔 [자] 숙박이다.

호스(hose)를 연관시켜 기억할 것

[암] **합숙소**에 **호스 틀**어 씻고 **숙박하다**.
(hostel)

▶ a youth hostel 유스호스텔(여행하는 청소년을 위한 숙박소)

高 **hostess** [hóustis]

[명] 호스티스, 여주인

▶ (주인 = host) + ess(여성명사를 만듦) = hostess(호스티스, 여주인)

▶ a nightclub hostess 나이트클럽의 호스티스

高 **hostile** [hástil / hɔ́stail]

[형] 적의 있는, 적대적인

하수(下水; 더러운 물)

[암] **적의 있는** 놈에게 **하스 틸** 때 느끼는 **스릴**(짜릿함)
(hostile) (thrill)

▶ a hostile ground 적지

大 **hostility** [hástíləti / hɔ́s-]

[명] 적의, 적대행위, 저항

▶ hostil(e)(적의 있는) + ity(추상명사 어미) = hostility(적의, 적대행위, 저항)

中 **hot** [hat / hɔt]

[형] 뜨거운 [부] 뜨겁게 [동] 데우다.

[암] **뜨거운 홑** 떡을 **핫! 뜨겁게 데우다**.
(hot)

▶ I like hot tea. 나는 뜨거운 차를 좋아한다.

高 **hotdog** [hátdɔ̀ːg / -dɔ̀g]

[명] 핫도그(길다란 식빵에 뜨거운 소시지를 끼운 음식)

▶ hot(뜨거운) + dog(개) → 개까지 즐겨먹는 뜨거운 소시지를 끼운 음식 = hotdog(핫도그)

中 **hotel** [houtél]

[명] 호텔, 여관

▶ a four star hotel. 별 네 개짜리[우수한]호텔

大 **hotly** [hátli / hɔ́tli]

[부] 뜨겁게, 몹시 열심히

▶ hot(뜨거운) + ly(부사를 만듦) = hotly(뜨겁게,몹시, 열심히)

大 **hot spring** [hàtspriŋ]

명 온천

▶ hot(뜨거운) + spring(샘, 온천) = hot spring(온천)

高 **hound** [haund]

명 사냥개

암 그레이 **하운드 사냥개**(사냥개의 한 품종임)
(hound)

▶ a pack of hounds 사냥개 무리

中 **hour** [áuər]

명 한 시간, 시간

암 **한 시간 아우 어르는 보이**
동생 → 아우, 어르는 → 어르는; (hour) (boy)

▶ She called me at a late hour.
그녀는 늦은 시각에 나에게 전화했다.

大 **hourly** [áuərli]

형 한 시간마다의, 시간마다. 부 매시간 마다.

▶ hour(시간) + ly(형용사, 부사를 만듦) = hourly(한 시간마다의, 시간마다, 매시간 마다)

中 **house** [haus]

명 집, 주택 동 살다.

▶ Smith lives in a big house.
스미스는 큰 집에 살고 있다.

高 **house-hold** [háushòuld]

명 가족, 세대, 한 집안

▶ house(집) + hold(견디다, 지속하다) = household(가족, 세대, 한 집안)

▶ household goods 가재 도구

高 **house-keeper** [háuskì:pər]

명 주부, 가정부

▶ house(집) + keeper(지키는 사람) = housekeeper(주부, 가정부)

▶ She is a good[bad]housekeeper. 그녀는 좋은[나쁜]가정부다.

大 **housekeeping** [háuskì:piŋ]

명 가사, 가계비, 살림살이

▶ house(집) + keeping(부양, 관리) = housekeeping(가사, 가계비, 살림살이)

大 **houetop** [háustàp / -tɔ̀p-]

명 지붕, 지붕 꼭대기

▶ house(집) + top(꼭대기) = housetop(지붕, 지붕 꼭대기)

高 **housewife** [háuswàif]

명 주부

▶ house(집) + wife(아내) = housewife(주부)

H

高 **housework** [háuswə̀ːrk]

명 집안일, 가사

▶ house(집) + work(일, 노동) = housework(집안일, 가사)

高 **housing** [háuziŋ]

명 주택공급, 주택

▶ house(집) + ing(현재분사 어미) = housing(주택공급, 주택

高 **hover** [hʌ́vər / hɑ́v-]

자 방황하다, 맴돌다, 공중을 맴돌다. 명 공중을 떠다님

마귀가 허(빌허) 벌판

암 **사탄**이 **허(虛) 버**얼판 **공중을 맴돌며(방황하다)**.

(Satan) (hover)

中 **how** [hau]

부 어떻게, 얼마로, ~하는 방법

암 **"어떻게 하우?"**하며 **하는 방법**을 **스승**님께 **물어**.

(how) (mulla(h))

▶ How do you do? 처음 뵙겠습니다.

中 **however** [hauévər]

아무리 …해도

▶ how(어떻게) + ever(강조의 뜻) = however(아무리…해도)

高 **howl** [haul]

동 울부짖다, 짖다. 명 짖는 소리

아래 울타리

암 **불독**개가 **하(下)울**에 끼여 **울부짖다**.

(bulldog) (howl)

H

大 **huddle** [hʌ́dl]

동 뒤죽박죽 쌓아 올리다, 떼 지어 다니다. 명 혼잡, 난잡, 붐빔

호들갑을

암 **걸**들이 **허들**갑을 떨며 **혼잡**한 곳을 **떼지어 다니다**.

(girl) (huddle)

高 **hue** [hjuː]

명 색, 빛(색)깔, 색조

암 **휴**지 **빛(색)깔**을 띤 **월 페이퍼(벽지)**

(hue) (wallpaper)

▶ a change in hue 색조의 변화

高 **hug** [hʌg]

동 꼭 껴안다, 포옹하다. 명 포옹

바람둥이가 첩을 허구한

암 **플레이보이**가 **세컨드**를 **허그**한 날 **포옹하다**.

(playboy) (second) (hug)

▶ She hugged a doll. 그녀는 인형을 껴안았다.

高 **huge** [hjuːdʒ]

형 거대한, 막대한

소년이 대변을 봐 이즈음

암 **거대한 휴지**를 **보이**가 **뒤봐 이즈**음 **고안(궁리)하다**.

(huge) (boy) (devise)

▶ Seoul is a huge city. 서울은 거대한 도시.

大	**hull** [hʌl]	명 외피, 껍질, 껍데기 타 껍질을(외피를) 벗기다. 암 **빈 콩투리**의 **헐**거운 **외피껍질을 벗기다**. (bean) (hull)
大	**hullo, hulloa** [həlóu / hʌ́lou]	감 = hallo 헬로우(여보세요)
高	**hum** [hʌm]	동 (벌, 팽이 선풍기 등이)윙윙거리다, 쌩하고 날다. 암 **뽕나무**에서 **말벌이 험**악하게 **윙윙거리다**. (mulberry)(hum) ▶ The radio set often hums. 그 라디오는 자주 윙윙하고 잡음을 낸다.
高	**human** [hjú:mən]	형 인간의, 인간 특유의 명 인간 휴면(休眠) 암 **휴먼** 상태에 있는 **인간**. (human)  ▶ human milk 모유
高	**humane** [hju:méin]	형 자비로운, 인정있는, 인간다운 ▶ human(사람, 인간의) + e(= an … 의, …의 성질의) = humane(인간다운, 자비로운) ▶ humane feeling 자비심
大	**humanism** [hjú:mənìzəm]	명 인도주의, 인문[인본]주의 ▶ human(사람, 인간의) + ism(…주의) = humanism(인도주의, 인문[인본]주의)
大	**humanist** [hjú:mənist]	명 인도주의자, 인문[인본]주의자 ▶ human(인간의) + ist(…자) = humanist(인도주의자, 인문[인본]주의자)
高	**humanity** [hju:mǽnəti]	명 휴머니티, 인간성 ▶ human(인간의) + ity(추상명사 어미) = humanity(휴머니티 인간성) ▶ common humanity 공통된 인간성
大	**humanly** [hjù:mənli]	부 인간답게, 인력으로(써) ▶ human(인간의) + ly(부사를 만듦) = humanly(인간답게, 인력으로[써])
大	**human rights** [hjú:mən raits]	명 (기본적) 인권 ▶ human(인간의) + right(정당, 권리) = human rights([기본적] 인권)

H

高 **humble** [hʌ́mbəl]

[형] 비천한, 초라한, 겸허한 [동] 천하게 하다.

위험한 불길이

[암] 우리를 위험 불길이 더 **초라하**고 **천하게 하다**.

(we)(humble)

▶ a humble house 초라한 집

大 **humbly** [hʌ́mbli]

[부] 겸손하게, 황송하게, 천한 신분으로

▶ humb(le)(겸손한, 황송한, 천한) + ly(부사를 만듦) = humbly(겸손하게, 황송하게, 천한 신분으로)

高 **humid** [hjúːmid]

[형] 습기가 있는, 축축한

쉬는 소의 꼬리 들어

[암] 카우 보이가 **축축한 휴우미(休牛尾)** 드러 **타월로 닦다**.

(humid) (towel)

高 **humidity** [hjuːmídəti]

[명] 습도; 습기

▶ humid(축축한) + ity(명사 어미) = humidity(습기, 습도)

大 **humiliate** [hjuːmílièit]

[동] 창피 주다, 자존심을 떨어뜨리다.

휴! 결혼전 미리 애 2 트기를

[암] 딸이 **휴! 미리 애 이 트**기를 낳아 **창피를 주다**.

(humiliate)

大 **humiliation** [hjuːmìliéiʃən]

[명] 창피줌, 굴욕, 수치

▶ humiliat(e)(창피를 주다) + ion(명사 어미) = humiliation(창피줌, 굴욕, 수치)

高 **humility** [hjuːmíləti]

[명] 겸손, 비하, 비천, 겸허

▶ humil(iate)(창피를 주다) + ity(명사를 만듦) = humility(겸손, 비하, 비천, 겸허)

▶ demonstrate[show] humility. 겸손함을 보이다.

大 **humming** [hʌ́miŋ]

[형] 윙윙거리는, 콧노래를 부르는

▶ (윙윙거리다 =)hum + (m) + ing(형용사를 만듦) = humming(윙윙거리는, 콧노래를 부르는)

[암] **(hum)험**악하게 **윙윙거리다**.

高 **humo(u)r** [hjúːmər]

[명] 유머, 해학, 익살

[암] **해학**과 **익살** 섞인 **휴머**.

(humo(u)r)

▶ He has a sense of humor. 그는 유머 감각이 있다.

高 **humorist** [hjúːmərist]

[명] 익살꾼, 유머, 작가(배우), 유머를 이해하는 사람)

▶ humor(유머) + ist(…하는 사람) = humorist(익살꾼, 유머작가[배우], 유머를 이해하는 사람)

高 **humorous** [hjúːmərəs]

㉻ 유머러스한, 익살스러운, 유머가 풍부한

▶ humor(유머, 익살) + ous(형용사 어미) = humorous(유머러스한, 익살스러운, 유머가 풍부한)

▶ a humorous writer 유모 작가

高 **hump** [hʌmp]

㉮ (낙타 등의)혹, 군살, 산맥

암 (낙타 등에)**산맥**같이 **험(險)프**르스름한 **군살(혹)** (험악하고 푸르스름한) (hump)

大 **humpback** [hʌ́mpbæ̀k]

㉮ 곱사등이, 혹등고래

▶ hump(혹) + back(등) = humpback(곱사등이, 혹등고래)

大 **hunch** [hʌntʃ]

㉮ 군살, 혹, 예감

암 키가 **헌 치**일하고 **혹**에 **군살**덩어리인 **양키** (헌칠하고) (hunch) (Yankee)

中 **hundred** [hʌ́ndrəd]

㉮ 100 ㉻ 100의

高 **hundredth** [hʌ́ndrədθ]

㉮㉻ 100번째(의), 100분의 1(의)

▶ hundred(100) + th(서수를 나타냄) = hundredth(100번째의, 100분의 1[의]

高 **hung** [hʌŋ]

hang(걸다, 달아매다)의 과거, 과거분사

▶ Flags hung from the windows.
깃발들이 창문에 드리워져 있었다.

大 **Hungary** [hʌ́ŋgəri]

㉮ 헝가리(나라이름 수도는 Budapest)

高 **hunger** [hʌ́ŋgər]

㉮ 굶주림, 배고픔 ㉯ 굶주리다, 굶주리게 하다.

암 **굶주림**에 **헝거**하는 **헝가리** 사람. (항거하는) (hunger) (Hungary)

中 **hungry** [hʌ́ŋgri]

㉻ 배고픈, 주린, 갈망하는

▶ hung(e)r(굶주리다) + y(형용사를 만듦) = hungry(배고픈, 주린, 갈망하는)

▶ I'm awfully hungry 나는 매우 배가 고프다.

H

中

hunt
[hʌnt]

㊐ 사냥하다. ㊐ 사냥

암 **인디언**이 **헌트**럭 타고 **사냥하다**.
(Indian) (hunt)

▶ He likes to hunt. 그는 사냥하기를 좋아한다.

高

hunter
[hʌ́ntər]

명 사냥꾼

▶ hunt(사냥하다) + er(…사람) = hunter(사냥꾼)

▶ The leopard is a skillful hunter. 표범은 능숙한 사냥꾼이다.

高

hunting
[hʌ́ntiŋ]

명 사냥, 찾기, 수색

▶ hunt(사냥하다) + ing(현재분사 어미) = hunting(사냥)

▶ a house hunting 셋집 찾기

大

huntsman
[hʌ́ntsmən]

명 사냥꾼

▶ hunt(사냥하다) + s(복수 어미) + man(사람) = huntsman(사냥꾼)

高

hurdle
[hə́ːrdl]

명 장애물, 허들, 울타리 동 (허들을) 뛰어 넘다.

암 **허들** 경기에서 **울타리**같은 **장애물 허들을 뛰어 넘다**.
(hurdle) (hurdle)

高

hurl
[həːrl]

동 내던지다, 집어던지다. 명 내던짐

암 **쉬블**(삽을)들고 **덩(똥)거름**을 **헐**떡이며 **내던지다**.
(shovel) (dung) (hurl)

H

高

hurrah
[hərɑ́ːr]

감 만세 동 만세를 부르다, 환성을 지르다.

암 링에서 **챔피언**이 **후라**후라 하며 **만세를 부르다**.
(champion) (hurrah)

▶ Hurrah for the King[Queen]! 국왕(여왕)만세

高

hurricane
[hə́ːrəkèin / hʌ́rikən, hèin-]

명 (특히, 서인도 제도 근처에 부는) 허리케인, 대폭풍

高

hurried
[hə́ːrid / hʌ́rid]

형 매우 급한, 재촉받은

▶ hurr(y) → (i)(서두르다) + ed(형용사를 만듦) = hurried(매우 급한, 재촉받은)

中

hurry
[hə́ːri / hʌ́ri]

동 서두르다. 명 서두름

암 **레슬러**가 **허리** 조이기를 **서두르다**.
레슬링 선수
(wrestler) (hurry)

▶ Don't be in a hurry. 서두르지 마라.

中

hurt
[həːrt]

[동] 상처를 입다, 아프다. [명] 상처

[암] **플에 쉬**다가 **살점**이 **허트**러져 **상처를 입다.**
(flesh) (hurt)

▶ My finger still hurts. 손가락이 아직 아프다.

中

husband
[hʌ́zbənd]

[명] 남편 [타] 검약(절약)하다.

하주(=하물 주인)
[암] **남편**앞에서 **하주(荷主) 번드**시 누워 힘을 **절약하다.**
(husband)

▶ A good husband makes a good wife.
훌륭한 남편이 훌륭한 아내를 만든다.

大

husbandry
[hʌ́zbəndri]

[명] (낙농양계. 포함하는)농업, 경작, 절약

▶ husband(남편, 절약하다) + ry(명사 어미) → 남편이 하고있는 것은 = husbandry(농업, 경작, 절약)

高

hush
[hʌʃ]

[동] 조용하게 하다. [명] 침묵, 정숙

허씨가 쉬!
[암] 소란을 **허(許)쉬!** 하며 **조용하게 하다.**
(hush)

▶ All nature is hushed. 모든 것이 잠잠하다.

大

husk
[hʌsk]

[명] 꼬투리, 껍데기 [동] 쉰목소리로 말[노래]하다.

▶ husky(목쉰, 허스키보이스)−y(형용사 어미) = husk(쉰목소리로 말[노래]하다)

大

husky
[hʌ́ski]

[형] 껍데기(껍질)의, 목쉰, 거친, 허스키보이스인

▶ (껍데기 = husk) + y(형용사를 만듦) = husky(껍데기의, 목쉰, 거친, 허스키보이스인)

大

hustle
[hʌ́səl]

[동] 난폭하게 밀어넣다, 세게 밀치다. [명] 몹시 서두름

허씨가 슬며시
[암] **마담**을 **허(許)슬**며시안고 **몹시 서두르**며 **난폭하게 밀어넣다.**
(madam) (hustle)

高

hut
[hʌt]

[명] 임시 막사, 오막살이집 [동] 오막살이집에 살(게 하)다.

[암] **임시 막사**같은 **헛**간 **오막살이집에 살다.**
(hut)

▶ a bamboo hut 대나무 오막살이집

大

hyacinth
[háiəsìnθ]

[명] [[植]] 히아신스, [[鑛]] 적등색의 지르콘 광물(보석으로 침), 보라색

高

hybrid
[háibrid]

[명] 잡종, 튀기, 혼혈아, 혼성물 [형] 잡종의

하이(부하이씨를)부리 더니
[암] **튀기**가 **혼혈아**인 **하이(下李)브리드**니 **팁을 주다.**
(hybrid) (tip)

H

大 **hydroelectric** [hàidrouiléktrik]

㊌ 수력 전기의

▶ (물을 뜻함 = hydro) + (electric = 전기의) = hydroelectric(수력 전기의)

大 **hydroelectricity** [hàidrouiléktrisəti]

㊔ 수력 전기

▶ hydroelectric(수력 전기) + ity(추상명사 어미) = hydroelectricity(수력 전기)

高 **hydrogen** [háidrədʒən]

㊔ 수소

애리씨 번뜨시 아랫니 들어 전하는

암 **애리(李)펀드**시 없은 **코끼리**가 **하(下)이 드러 전**하는 **수소**(통)

(elephant) (hydrogen)

▶ hydrogen oxide 산화 수소((물))

大 **hygiene** [háidʒiːn]

㊔ 위생, 위생학, 건강법, 위생 상태

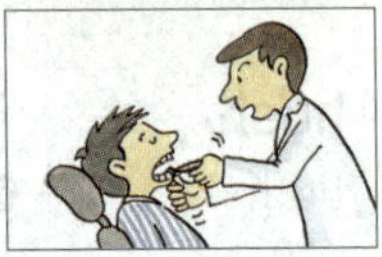

아랫니 쥔후

암 닥터가 **위생**에 맞게 **하(下)이 쥔**후 **풀**같이 **뽑다**.

(hygiene) (pull)

高 **hymn** [him]

㊔ 찬송가, 성가 ㊍ 찬송가로 찬미하다, 찬송가를 부르다.

기독교 신자

암 **크리스천**이 **힘**차게 **찬송가를 부르다**.

(Christian) (hymn)

▶ a national hymn 국가

高 **hymnbook** [hímbùk]

㊔ 찬송가[성가]집

▶ hymn(찬송가, 성가) + book(책) = hymnbook(찬송가[성가]집)

高 **hyphen** [háifən]

㊔ 하이픈, (부호는 "–") ㊉ 하이픈으로 잇다.

大 **hypocrisy** [hipákrəsi / -pɔ́k-]

㊔ 위선(僞善)

여자가 파 그릇이

암 거지에게 **희(姬) 파 크러시** 넘치게 줌은 **위선**이지

(hypocrisy)

大 **hypocrite** [hípəkrìt]

㊔㊌ 위선자(의), 협잡군(의)

▶ hypocr(isy)(위선) + ite(…의 사람) = hypocrite(위선자[의], 협잡군[의])

大 **hypothesis** [haipáθəsis / -pɔ́θ-]

㊔ 가설, 가정, 억측, 추측

아랫니 파서 씻으며

암 **미라**에서 **하(下)이 파서 씨스**며 금니라 **추측**하네

(mirra) (hypothesis)

H

高 **hysteria**
[histíəriə]

명 히스테리, 병적 흥분

(his=)그의 티셔츠 속살이 어리어
암 **나일론**인 **히스티(T) 어리어 병적 흥분**하네
(nylon) (hysteria)

大 **hysterical**
[histérikəl]

형 히스테리의, 히스테리한
▶ hyster(ia)(히스테리) + ical(…의) = hysterical(히스테리의, 히스테리한)

I

中 **I**
[ai]

대 나는, 내가
▶ You and I are good friends. 너와 나는 좋은 친구다.

中 **ice**
[ais]

명 얼음, [미] 얼음과자 동 얼리다.
암 **얼음과자 아이스** 케이크를 **얼리다.**
(ice)
▶ The ice began to melt. 얼음이 녹기 시작했다.

高 **ice-berg**
[áisbə̀ːrg]

명 빙산
▶ ice(얼음) + berg(빙산) = iceberg(빙산)

高 **ice cream**
[ais kriːm]

명 아이스크림
▶ ice(얼음) + cream(크림) = ice cream(아이스크림)
▶ He likes ice cream. 그는 아이스크림을 좋아한다.

大 **Iceland**
[áislənd]

명 아이슬란드
▶ Ice(얼음) + land(땅, 육지) → 얼음 땅인
= Iceland(아이슬란드)

大 **icicle**
[áisikəl]

명 고드름
▶ ic(e) → i(얼음) + cle(작다는 뜻을 지님) → 얼음으로 작은 것
= icicle(고드름)

高 **icy**
[áisi]

형 얼음의, 얼음 같은, 얼음으로 덮인
▶ ic(e)(얼음) + y(…많은, …있는) = icy(얼음의, 얼음 같은, 얼음으로 덮인)
▶ receive an icy welcome 푸대접을 받다.

中 **I'd** [aid]

I would, I should, I had의 간약형

大 **Idaho** [áidəhòu]

명 아이다호(미국 북서부의 주 略:Id, Ida)

中 **idea** [aidíːə]

명 관념, 생각, 아이디어

암 **굿 아이디어.**
(좋은 생각 / (good) (idea))

▶ Do you have any ideas? 무슨 묘안이 없니?

高 **ideal** [aidíːəl]

형 이상적인, 관념적인 명 이상

▶ ide[a](이념 생각) + al(명사, 형용사를 만듦) = ideal(이상적인, 이상)

암 **이상적인 아이디얼**
(ideal)

▶ an ideal companion 이상적인 벗

大 **idealism** [aidíːəlìzəm]

명 이상주의

▶ ideal(이상) + ism(주의, 신앙의 뜻) = idealism(이상주의)

高 **idealist** [aidíːəlist]

명 이상가, 이상주의자;관념론자

▶ ideal(이상) + ist(…자(사람)) = idealist(이상가, 이상주의자, 관념론자)

▶ He is an idealist to the core. 그는 철저한 이상주의자다.

高 **identical** [aidéntikəl]

형 아주 동일한, 동등한, 똑같은

▶ identi(ty)(동일함) + cal(형용사를 만듦) = identical(아주 동일한, 동등한, 똑같은)

▶ His hat is identical to mine.
그의 모자는 내 것과 똑같다.

高 **identification** [aidèntifikéiʃən]

명 동일함, 동일하다는 입증

▶ identi(fy) → fi(확인하다, 동일시하다) + cation(fy로 끝나는 동사의 명사 어미) = identification(동일함, 동일하다는 입증)

高 **identify** [aidéntifài]

동 확인하다, 동일시하다

▶ identi(ty)(동일함) + fy(…하다) = identify(확인하다, 동일시하다)

▶ She identified the fountain pen as hers.
그녀는 그 만년필이 자기 것임을 확인하였다.

高 **identity** [aidéntiti]

명 동일함, 정체, 신원

암 **아이 댄 티티**가 **동일함**을 **노우(老友)**는 **알다.**
(애가 맞댄 티와 티가 (identity) / 노우(늙은 벗) (know))

大 **ideology** [àidiálədʒi / ìd- / -ɔ́l-]

㉮ 이데올로기, 관념형태

▶ (생각 = ide[a]) + (ology = … 학 …론) = idelolgy(이데올로기, 관념형태)

高 **idiom** [ídiəm]

㉮ 관용어, 숙어, 통용어(한 작가 시대등의) 작품

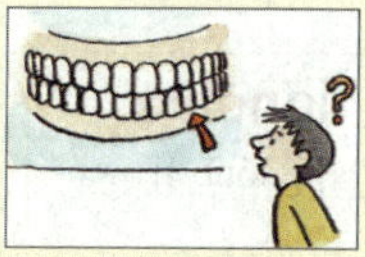

암 송곳(니)**이 뒤엄**니의 **통용어**가 **어금니**임을 애는 **몰라**
(idiom) (molar)

▶ the idiom of Chaucer 초서의 작품

高 **idiomatic** [ìdiəmǽtik]

㉻ 관용구적인, 관용적인

▶ idiom(관용어, 숙어) + atic(…적인) = idiomatic(관용구적인)

大 **idiot** [ídiət]

㉮ 천치, 바보

이씨가 뒤 고기를 틀어

암 **바보 이(李) 뒤어(魚) 트**러 잡고 **키스하다**.
(idiot) (kiss)

大 **idiotic** [ìdiátik / -ɔ́t-]

㉻ 천치의, 바보의

▶ idiot(천치, 바보) + ic(…의) = idiotic(천치의, 바보의)

高 **idle** [áidl]

㉻ 한가한, 나태한, 게으른 ㉶ 빈둥거리며 지내다.

암 **서늘한** 곳에서 **쿨**쿨 **게으른 아이들**
(cool) (idle)

▶ an idle machine 놀고 있는 기계

高 **idleness** [áidlnis]

㉮ 나태, 게으름, 무위(無爲)

▶ idle(게으른, 나태한) + ness(추상명사 어미) = idleness(나태, 게으름, 무위)

▶ Idleness is the parent of all vice.
((속담))게으름은 악덕의 근원이다.

大 **idly** [áidli]

㉯ 게으르게, 무익하게

▶ id(le)(게으른) + ly(부사를 만듦) = idly(게으르게, 무익하게)

高 **idol** [áidl]

㉮ 우상, 경애의 대상

초인

암 **아이들**의 **우상**인 **슈퍼맨**.
(idol) (superman)

▶ He is an idol of the young. 그는 젊은이들의 우상적 존재다.

大 **idolize** [áidəlàiz]

㉯ 우상화(시)하다, 우상을 숭배하다

▶ idol(우상) + ize(…화하다, …하다) = idolize(우상화[시]하다, 우상을 숭배하다)

I

中 **if** [if]

㉹ 만일 ~이라면 ㉯ 조건, 가정

암 **만일 이 프**라스틱이 금 **이라면**.
(if)

▶ If possible I'd like to go with you.
가능하다면 너와 같이 가고 싶다.

大 **ignoble** [ignóubəl]

㉨ 천한, 비열한, 고상하지 않은

▶ (not = ig) + (noble = 고상한) = ignoble(고상하지 않은, 천한)

이씨가 그 노불(늙은 부처)

암 **이(李)그 노블(老佛)**을 **고상하지 않은 천한**걸로 여겨
(ignoble)

高 **ignorance** [ígnərəns]

㉯ 무지, 무식, 무학

▶ ignor(e)(무시하다) + ance(명사 어미) = ignorance(무지, 무식)

▶ ignorance is bliss 모르는 것이 약(무지가 행복하다) (속담)

高 **ignorant** [ígnərənt]

㉨ 무식한, 무지한, …을 모르는

▶ ignor(e)(무시하다) + ant(형용사 어미) = ignorant(무식한, 무지한, …을 모르는)

▶ an ignorant person 무학자

高 **ignore** [ignɔ́ːr]

㉣ 무시하다, 묵살하다

이씨가 그 노인

암 **이(李) 그 노**인을 **무시하다**.
(ignore)

▶ They ignored him. 그들은 그를 무시했다.

中 **ill** [il]

㉨ 병든, 아픈, 나쁜

암 **나쁜 일**하고 **병든** 자
(ill)

▶ Ill news runs fast. 나쁜 소식은 빨리 퍼진다.

中 **I'll** [ail]

I will, I shall의 간약형

高 **illegal** [ilíːgəl]

㉨ 불법의, 비합법적인, 위법의 ㉯ 불법 입국자

▶ (not = il) + (legal = 정당한, 합법적인) → 정당하지 않은 = illegal(불법의)

리씨를 걸어

암 **정당하**고 **합법적인 리(李)걸**이 **수**없이 **고소하다**.
(illegal) (sue)

大 **Illinois** [ìlənɔ́i / -nɔ́iz]

㉯ 일리노이((미국 중서부의 주(州), 주도 Springfield: 略 : Ill, IL))

大 **illiterate** [ilítərit]

㉨ 읽고 쓸줄 모르는, 무식한 ㉯ 문맹

▶ (not = il) + (literate = 읽고 쓸줄 아는) = illiterate(읽고 쓸줄 모르는, 무식한 ,문맹)

大	**illnatured** [ílnéitʃərd]	형 심술궂은, 비뚤어진 ▶ (나쁜 = ill) + (natured = 성질이 …있는) = illnatured(심술궂은, 비뚤어진)
高	**illness** [ílnis]	명 병, 불쾌 ▶ (나쁜, 병든 = ill) + (ness = 명사 어미) = illness(병, 불쾌) ▶ He has chest illness. 그는 심장병을 앓고 있다.
高	**illuminate** [ilú:mənèit]	동 조명하다, 비추다, 계몽하다. ▶ (illumin[e] = 비추다, 밝게 하다) + ate(…하다) = illuminate(비추다, 조명[계몽]하다)
高	**illumination** [ilú:mənéiʃən]	명 조명 ▶ illuminat(e)(비추다, 조명하다) + ion(명사 어미) = illumination(조명) ▶ illumination engineering 조명 공학
大	**illumine** [ilú:min]	동 비추다, 계발하다, 밝게하다. ▶ il(= upon) + lumine(= light 빛) = illumine(빛을 위에 비추다 → 비추다, 밝게하다) 암 **미사일**을 **일류민(一流民)**이 **계발(밝게)하다**. (missile) (illumine) 
高	**illusion** [ilú:ʒən]	명 착각; 환상, 잘못 생각함 암 **시티홀**을 **일류(一流)전**당으로 **착각**하네. (시청을) (city hall) (illusion) ▶ cherish the illusion that. …라고 잘못 생각하다.
大	**illusory** [ilú:səri]	명 환영의, 착각의 ▶ illus(ion)(착각, 환상) + ory(형용사를 만듦) = illusory(환영의, 착각의)
高	**illustrate** [íləstrèit / ilʌ́streit]	동 설명하다, 예증하다, 삽화를 넣다. ▶ il(= upon) + lustr(= shine) + ate(동사 어미) = illustrate(삽화를 넣다, 설명하다) 암 미스가 **일어(一魚)스트레 이트**메 **삽화를 넣다**. (고기 하나를 / 수틀에 / 이틈에) (illustrate) 
高	**illustration** [ìləstréiʃən]	명 삽화, 도해, 실례, 예증 ▶ illustrat(e)(설명하다, 삽화를 넣다) + ion(명사 어미) = illustration(삽화, 도해, 실례, 예증) ▶ as an illustration 예로서
大	**illustrative** [íləstrèitiv, ilʌ́strə-]	형 설명의, 예증이 되는, 실례가 되는 ▶ illustrat(e)(설명하다, 예증하다) + ive(형용사 어미) = illustrative(설명의, 예증이 되는, 실례가 되는)

I

大

illustrator
[íləstrèitər / ilʌ́s-]

명 삽화가, 설명자, 예증하는 사람

▶ illustrat(e)(설명하다, 예증하다) + or(…사람) = illustrator(삽화가, 설명자, 예증하는 사람)

高

image
[ímidʒ]

명 상(像), 초상, 꼭 닮음, 이미지 동 상을 그리다.

벌써 쥐고
암 **크레용**을 **이미 쥐**고 **초상 상을 그리다**.
(crayon) (image)

▶ She looked at her image in the mirror.
그녀는 거울 속에 자기 모습을 보았다.

高

imaginable
[imǽdʒinəbəl]

형 상상할 수 있는

▶ imagin(e)(상상하다) + able(…할 수 있는) = imaginable(상상할 수 있는)

高

imaginary
[imǽdʒinèri]

형 상상의, 가공의

▶ imagin(e)(상상하다) + ary(…의) = imaginary(상상의, 가공의)

▶ an imaginary enemy 가상의 적

中

imagination
[imæ̀dʒinéiʃən]

명 상상(력)

▶ imagin(e)(상상(계획)하다) + ation(추상 명사 어미) = imagination(상상, 상상력)

▶ That was just my imagination. 그것은 다만 나의 상상이었다.

大

imaginative
[imǽdʒinətiv, -nèitiv]

형 상상의, 상상적인

▶ imagin(e)(상상[계획]하다) + ative(…적인, …의) = imaginative(상상의, 상상적인)

中

imagine
[imǽdʒin]

동 상상하다, 생각(계획)하다.

이씨가 매진(다 팔아 없애다)
암 옷을 **이(李) 매진(賣盡)**시키려 **계획(상상)하다**.
(imagine)

▶ Gildong imagines himself a millionaire.
길동은 자신이 백만장자라고 생각하다.

高

imitate
[ímitèit]

동 흉내내다, 모방하다; 본받다, 위조하다.

이 밑에 2 트기도
암 **키스**를 **이 미테 이 트**기도 **흉내내다**.
(kiss) (imitate)

▶ He imitates his big brother. 그는 형을 흉내낸다.

高

imitation
[ìmitéiʃən]

명 모방; 모조(품), 흉내

▶ imitat(e)(흉내내다) + ion(명사 어미) = imitation(흉내, 모방, 모조품)

▶ These flowers are imitation. 이 꽃들은 모조품이다.

大

imitator
[ímitèitər]

명 모방자, 모조자

▶ imitat(e)(흉내내다) + or(…사람) = imitator(모방자, 모조자)

I

大 **immature** [ìmətjúər]

㉠ 미숙한, 미성년의

▶ (not = im) + (mature = 성숙한) → 성숙하지 않은 = immature(미숙한, 미성년의)

암 입을 **성숙한**자들이 **머튜어**(맞추어)

大 **immeasurable** [iméʒərəbəl]

㉠ 헤아릴 수 없는, 끝없는

▶ (not = im) + (measurable = 잴 수 있는) = immeasurable(헤아릴 수 없는, 끝없는)

高 **immediate** [imíːdiit / -diət]

㉠ 즉석의, 직접의, 바로 옆의, 직접 접해 있는

▶ (not = im) + (mediate = 중간의) = immediate(한 가운데에, 아무것도 없는, 직접의)

벌써 뒤 고기를 틀어
암 **바로 옆의**자가 **이미 뒤 어(魚)트**러 **캐치**해 **잡다**.
(immediate) (catch)

高 **immediately** [imíːdiitli / -diətli]

㉡ 곧, 즉시로 ㉢ ~하자마자

▶ immediate(직접의) + ly(부사 어미) = immediately(직접으로, 곧, 즉시로)

▶ immediately he got home, he went to bed.
그는 귀가하자마자 곧 잠자리에 들었다.

大 **immemorial** [ìmimɔ́ːriəl]

㉠ 기억(기록)에 없는, 태고의

▶ (not = im) + (memorial = 기념물 기록) = immemorial(기억[기록]에 없는, 태고의)

高 **immense** [iméns]

㉠ 광대한, 거대한

이씨가 맨수(손으)로
암 **이(李) 맨스(手)**로 잰 **거대한 피라미드**
(immense) (Pyramid)

▶ Tom was excited to see the immense mountain.
톰은 장엄한 산을 바라보고 가슴이 뛰었다.

高 **immerse** [imə́ːrs]

㉣ 침례를 베풀다, 적시다, 잠그다.

커러지(=거지) 이(2) 머슴에게
암 **크러지 목사**가 **이(2) 머스**메게 **침례를 베풀다(적시다)**.
(clergy) (immerse)

高 **immigrant** [ímigrənt]

㉤ 이민, 이민자

▶ immigr(ate)(이주하다) + ant(…하는 사람) = immigrant(이민, 이주자)

大 **immigrate** [ímigrèit]

㉥ (타국에서)이주해오다, 이주하다

님이 그리워서 이 틈에
암 **런던**에 사는 **임미 그래 이 트**메 **(타국에서)이주해오다.**
(London) (immigrate)

高 **immigration** [ìmigréiʃən]

㉤ (타국에서 오는)이주

▶ immigrat(e)(이주하다) + ion(명사 어미) = immigration([타국에서 오는]이주)

I

高 **imminent** [íminənt]

㉻ 절박한, 급박한, 긴급한

이미 넣은 트럭이

㉱ 기어를 **이미 넌 트**럭이 **급박한 스피드를 내다.**

(imminent) (speed)

大 **immoral** [imɔ́(:)rəl / imάr-]

㉻ 부도덕한;행실 , 나쁜;음란한

▶ (not = im) + (moral = 행실이 좋은, 도덕적인) = immoral(행실이 나쁜, 부도덕한)

㉱ **행실이 좋은 도덕적인 모(母)럴(moral).....**

어머니를

高 **immortal** [imɔ́:rtl]

㉻ 죽지 않는, 불후의

▶ (im = not) + (mortal = 죽어야 하는) = immortal(죽지않는, 불후의)

㉱ 중풍에 **모(母)틀(mortal)**어져 **죽어야 하는** 운명되다.

▶ immortal fame 불후의 명성

大 **immortality** [ìmɔ:rtǽləti]

㉮ 불사, 불멸, 불후

▶ immortal(죽지 않는, 불후의) + ity(명사 어미) = immortality(불사, 불멸, 불후)

大 **immovable** [imú:vəbəl]

㉻ 부동의, 움직일 수 없는

▶ (not = im) + (movable = 움직일 수 있는) = immovable(부동의, 움직일 수 없는)

高 **immune** [imjú:n]

㉻ 면역의, 면역된, 면제된

불교에 입문(入門) 염불(念佛)

㉱ **백정**이 **부처**에 **임문**해 **면역된 럼불**을 **시끄럽게 하다.**

(butcher) (immune)

大 **immunity** [imjú:nəti]

㉮ 면역, 면제

▶ immun(e)(면역의, 면제된) + ity(명사 어미) = immunity(면역, 면제)

大 **imp** [imp]

㉮ 꼬마도깨비, 개구쟁이, 작은 악마

임(임씨) 풀어

㉱ **개구쟁이 임(林) 프**러주고 **플레이**하며 **놀다.**

(imp) (play)

高 **impact** [ímpækt]

㉮ 충격, 충돌, 영향(력) ㉷ …에 충돌하다.

롱담하다 임씨가 팩! 틀어

㉱ **핸들**을 **롱**하다 **잘못 임(任)팩 트**러 **충돌하다.**

(handle)(wrong) (impact)

高 **impair** [impɛ́ər]

㉰ 망그러뜨리다, 해치다, 해하다, 손상시키다.

▶ (not = im) + (pair = 한벌, 한쌍) → 제품이 한 벌이 아니어서 값을 손상시키다, 해치다 = impair(손상시키다, 해치다)

I

大

impart
[impɑ́ːrt]

[타] 나누어주다, 전하다, 알리다.

임씨가 파를 틀어서
[암] **임(任)파 트**러서 **나누어주다.**
(impart)

大

impatience
[impéiʃəns]

[명] 참을 수 없는 것, 성급함, 조바심

▶ (not = im) + (patience = 인내) = impatience(참을 수 없는 것)

임씨가 패 2 선수를
[암] **조바심**갖고 **임(任)패 이 션스**를 **다운시키다.**
(impatience) (down)

高

impatient
[impéiʃənt]

[형] 참을 수 없는; 성급한

▶ impatien(ce)(성급함, 참을 수 없는 것) + t(형용사를 만듦) = impatient(참을 수 없는, 성급한)

▶ An impatient driver behind me sounded his horn.
내 뒤의 성급한 운전자가 경적을 울렸다.

大

impeach
[impíːtʃ]

[타] 탄핵하다, 고발하다.

[암] **서 선생님**을 **임(林)피치**못해 **탄핵(고발)하다.**
(sir) (impeach)

大

impeachment
[impíːtʃmənt]

[명] 탄핵, 고발

▶ impeach(탄핵[고발]하다) + ment(명사를 만듦) = impeachment(탄핵, 고발)

大

impede
[impíːd]

[타] 방해하다, 헤살을 놓다.

순대 임씨가 피 들고
[암] **소시지** 만들다가 **임(林) 피 드**고 피해 **방해하다.**
(sausage) (impede)

大

impediment
[impédəmənt]

[명] 방해(물), 장애, 신체 장애

▶ imped(e) → (i)(방해하다) + ment(명사를 만듦) = impediment(방해[물], 장애, 신체 장애)

高

impel
[impél]

[타] 재촉하다, 추진하다.

[암] **달라**돈을 **달라**고 **임(林) 팰**듯이 **재촉하다.**
(dollar) (dollar) (impel)

大

impend
[impénd]

[자] (위험 사건 따위가) 절박하다, 닥쳐오려하다.

위를 임씨가 펜(pen)들고
[암] **윌**보며 **유언장**을 **임(林) 펜 드**고 (씀이)**절박하다.**
(will) (impend)

大

impending
[impéndiŋ]

[형] 절박한, 박두한

▶ impend(절박하다) + ing(현재분사 어미) = impending(절박한, 박두한)

大 **imperative**
[impérətiv]

㉻ 피할 수 없는, 긴급한, 명령적인, 단호한

임씨를 패려고 TV 이를
㉰ **긴급한** 자가 **임 패러 티브**이를 **헐**떡이며 **내던지다.**
(imperative) (hurl)

高 **imperfect**
[impə́ːrfikt]

㉻ 불완전한, 결점이 있는

▶ (not = im) + (perfect = 완전한) = (결점이 있는, 불완전한)

㉰ 콜란을 **퍼 픽!트**러(틀어) **완전한** 벙법으로 싣다.
(perfect)

大 **imperfection**
[ìmpərfékʃən]

㉮ 불완전(성), 결함, 결점

▶ imperfect(불완전한) + ion(명사 어미) = imperfection(불완전[성], 결함, 결점)

高 **imperial**
[impíəriəl]

㉻ 제국의, 황재의; 당당한 ㉮ 황제

▶ imperi(= emperor) + al(형용사 어미) = imperial(황제)

님의 피 어리어 있을
㉰ **제국의 당당한 임피 어리얼 황제**
(imperial)

大 **imperialism**
[impíəriəlìzəm]

㉮ 제국주의

▶ imperial(제국의) + ism(주의) = imperialism(제국주의)

大 **imperious**
[impíəriəs]

㉻ 전제적인, 긴급한, 거만한

▶ imperi(al)(제국의) + ous(형용사 어미) = imperious(전제적인, 긴급한, 거만한)

大 **impersonal**
[impə́ːrsənəl]

㉻ 비개인적인, 비인간적인

▶ (not + im) + (personal = 개인적인) = impersonal(비개인적인, 비인간적인)

㉰ 오일을 **개인적인** 일에**(personal=)퍼쓴널** 문책해

大 **impertinence**
[impə́ːrtənəns]

㉮ 건방짐, 무례

▶ impertinen(t)(건방진) + ce(추상명사 어미) = impertinence

大 **impertinent**
[impə́ːrtinənt]

㉻ 건방진, 무례한

▶ (not + im) + (pertinent = 적절한) → 적절하지 않은 = impertinent(건방진, 무례한)

㉰ **보이**가 **오렌지**를 **퍼 티(T)넌 트**러(틀어)가며 **적절한 서비스하다.**
(boy, Orange) (pertinent) (service)

大 **impetuous**
[impétʃuəs]

(바람속도 따위가) 격렬한, 맹렬한

임씨 패들이 추었으니
㉰ **댄스 홀**에서 **격렬한** 춤을 **임(林) 패(牌) 추어스**니....
(dance hall) (impetuous)

I

大

impetuously
[impétʃuəsli]

[부] 격렬하게, 맹렬하게

▶ impetuous(격렬한, 맹렬한) + ly(부사를 만듦) = impetrously(격렬하게, 맹렬하게)

高

implement
[ímpləmənt]

[명] 도구, 용구, 기구

임씨가 풀어 면(솜) 틀려고
[암] 설계도를 **임(任) 프러 먼(綿)트**려고 만든 **기구**.
(implement)

▶ kitchen implements 부엌 세간(도구)

大

implemental
[ìmpləméntl]

[형] 도구의, 기구의, 도구가(수단이)되는

▶ implement(도구, 기구) + al(형용사 어미) = implemental(도구의, 기구의)

大

implicate
[ímpləkèit]

[동] 연관(연루)시키다, 포함(함축)하다.

임씨가 풀어 캐서 2 트기와
[암] **암호 코드**를 **임(任) 프러 캐 이트**기와 **연관시키다**.
(code) (implicate)

高

implication
[ìmpləkéiʃən]

[명] 연루, 암시, 함축

▶ implicat(e)(연루시키다, 함축하다) + ion(명사 어미) = implication = (연루, 암시, 함축)

高

implore
[implɔ́:r]

[동] 애원(탄원)하다, 간청하다.

임(任)이 풀로
[암] **럭**(넉)넉한 **복**을 **임(任) 풀로**가 주께 **간청(애원)하다**.
(luck) (implore)

▶ I implored him for help.
나는 그에게 도움을 간청했다.

大

imploring
[implɔ́:riŋ]

[형] 애원하는

▶ implor(e)(애원하다) + ing(형용사를 만듦) = imploring(애원하는)

高

imply
[implái]

[동] 의미하다; 암시하다, 수반하다, 넌지시 비추다.

임씨가 풀옷 입은 아이
[암] **데이트**를 **임(任) 플아이**에게 **넌지시 비추다**.
(date) (imply)

高

impolite
[ìmpəláit]

[형] 무례한, 버릇 없는

▶ (하지 않는 = im) + (polite = 공손한) = impolite(무례한)

[암] **(polite)팔아이 트**러(틀어)가며 **공손한** 마사지하다.

高

import
[impɔ́:rt]

[동] 수입하다. [명] (~s)수입품, 수입, 중요(성)

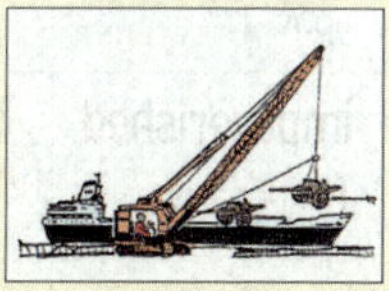

▶ (안으로 = im) + (port = 나르[싣]다) = import(수입하다)

[암] 배 **안으로 임(任) + 포 트**러(틀어)**싣고**
= **import(수입하다)**

I

高 **importance** [impɔ́:rtəns]

명 중요함, 중대함

▶ import(중요[성], 수입하다) + ance(명사 어미) = importance(중요함, 중대함)

▶ a person of importance 중요 인물

中 **important** [impɔ́:rtənt]

형 중요한, 소중한

▶ import(중요[성], 수입하다) + ant(형용사 어미) = important(중요한, 소중한)

▶ important decisions 중대한 결정

高 **impose** [impóuz]

동 (의무, 벌, 세금 등을)부과하다, 강요하다.

임씨의 포즈(=자세)
암 **임(任) 포즈** 취해 찍은 영화에 **세금을 부과하다**.
(impose)

▶ impose a tax on an article 물품에 과세하다.

高 **imposing** [impóuziŋ]

형 위압하는, 당당한

▶ impos(e)(강요[부과]하다) + ing(형용사를 만듦) = imposing(위압하는, 당당한)

大 **imposition** [ìmpəzíʃən]

명 (세금, 벌 따위를)부과, 부담, 세금

▶ impos(e)(강요[부고]하다) + ition(= tion 명사 어미) = imposition(세금, 벌 따위를)부과, 부담, 세금)

大 **impossibility** [impàsəbíləti / -pɔ́s-]

명 불가능(성)

▶ impossib(le) → il(불가능한) + ity(추상명사 어미) = impossibility(불가능[성])

高 **impossible** [impάsəbəl / -pɔ́s-]

형 불가능한, 믿기 어려운

▶ (not =)im + possible(가능한) = impossible(불가능한)

반지로 임양을 포섭을 해
암 **링**으로 **불가능한 임(任) 포서블**해.
(impossible)

大 **impotent** [ímpətənt / -pə-]

형 무력한, 무기력한

▶ (not =)im + potent(= 강력한) = 무력한, 무기력한

암 **강력한 포탠트(potent)**

大 **impoverish** [impάvəriʃ / -pɔ́v-]

타 가난[곤궁]하게 하다.

임씨네 파벌이 쉬
암 **임(林) 파벌리 쉬**갈라져 **가난[곤궁]하게 하다**.
(impoverish)

大 **impoverished** [impάvəriʃt / -pɔ́v-]

형 가난해진, 곤궁해진

▶ impoverish(가난[곤궁]하게 하다) + ed(형용사를 만듦) = impoverished(가난해진, 곤궁해진)

I

大 **impracticable** [imprǽktikəbəl]

[형] 실행[실시] 불가능한

▶ impractic(al)(실행할 수 없는) + able(…하기쉬운) = impracticable(실행[실시] 불가능한)

大 **impractical** [imprǽktikəl]

[형] 실제적이 아닌, 실행할 수 없는

▶ (not = im) + (practical 실제적인) = impractical(실제적이 아닌)

풀 액(液)이 튈걸…

[암] 약초를 갈다보면 **실제적인 풀액(液)튀걸(= practical)**

高 **impress** [imprés]

[동] 인상을 주다, (도장을) 찍다, 새겨넣다.

▶ im(= on) + press(누르다) = impress(위에서 눌러 강한 인상을 주다, 감동시키다)

임씨가 프레스(압축기)

[암] **마크**를 **임(任) 프레스**로 **새겨넣다.(찍다)**

(impress)

高 **impression** [impréʃən]

[명] 인상, 감명, 감상

▶ impress(인상을 주다, 감동시키다) + ion(명사 어미) = impression(인상, 감명, 감상)

▶ a good impression 좋은 인상

大 **impresionable** [impréʃənəbl]

[형] 감수성이 예민한, 민감한

▶ impression(인상, 감명) + able(…할 수 있는, …할 만한) = impressionable(감수성이 예민한, 민감한)

高 **impressive** [imprésiv]

[형] 인상에 남는, 인상적인, 감명을 주는

▶ impress (인상을 주다, 감동시키다) + ive(형용사를 만듦) = impressive(인상에 남는, 인상적인, 감명을 주는)

大 **imprint** [imprint]

[타] 누르다, 찍다, 인쇄하다. [명] 날인, 자국, 흔적

▶ im(= 안에, 위에) + print(인쇄하다) = imprint(누르다, 찍다, 인쇄하다, 날인, 자국, 흔적)

高 **imprison** [imprízən]

[동] 투옥하다, (구류,구금)하다.

▶ (in = im) + (prison = 감옥) = imprison(투옥하다)

풀이를 준

[암] 스파이에게 암호 **풀이즌(= prison)**자를 **감옥**에보내다.

高 **improbable** [imprábəbəl / -prɔ́b-]

[형] 있을 법하지 않은;참말 같지 않은

▶ (not = im) + (probable = 있을 법한) = improbable(있을 법하지 않은, 참말 같지 않은)

프로선수의 법을

[암] 아마추어가 **있을 법한(= probable)프로법블** 배우다.

高 **improper** [imprápər / -prɔ́p-]

[형] 부적당한, 적당치 않은

▶ (not = im) + (proper = 적당한) = improper(부적당한, 적당치 않은)

앞으로 퍼

[암] 국을 **적당한**량 앞**프로 퍼(= proper)**주네

I

高 **improve** [imprúːv]

[동] 개선(개량)하다, 나아지다.

▶ (…을 가지고 = im) + (porve = 프루브; 입증하다) = 개량(개선)하다

[암] 종자를 **가지고 임(任) 프루 브**터 좋음을 **입증하여**
임씨가 부루(상춧삼)부터
= **개량(개선)하다**.

高 **improvement** [imprúːvmənt]

[명] 개선, 진보, 향상, 개량

▶ improve(개선(개량)하다) + ment(명사를 만듦) = improvement(개선, 진보, 향상, 개량)

▶ the improvement of diplomatic relations 외교 관계 개선

大 **improvise** [ímprəvàiz]

[동] (축사 연설 등을) 즉석에서 하다(만들다).

임씨가 풀어봐 이즈음
[암] 연설문을 **임(林) 프러봐 이즈**음 **(연설을)즉석에서 하다**.
(improvise)

大 **improvised** [ímprəvàizd]

[형] 즉석에서 지은, 즉흥의

▶ improvis(e)([연설 등을]즉석에서 하다) + ed(형용사를 만듦) = improvised(즉석에서 지은, 즉흥의)

大 **imprudence** [imprúːdəns]

[명] 경솔, 무분별, 경솔한 언행

▶ impruden(t)(경솔한) + ce(명사를 만듦) = imprudence(경솔, 무분별)

大 **imprudent** [imprúːdənt]

[형] 경솔한, 무분별한

▶ (not = im) + (prudent = 신중한) = imprudent(경솔한, 무분별한)

[암] 눈이**(prudent =)프루던트**기 애는 **신중한**애
푸르던 트기

I

大 **imprudently** [imprúːdəntli]

[부] 경솔하게, 무분별하게

▶ imprudent(경솔한, 무분별한) + ly(부사어미, …하게) = imprudently(경솔하게, 무분별하게)

高 **impulse** [ímpʌls]

[명] (물리적, 심리적)충동, 자극, 추진(력)

▶ (안으로 = im) + (pulse–맥박, 고동) = 충동, 자극

[암] 몸**안으로 임(任) 팔스**없이놀려 **맥박**에 **충동자극**을주다.
임씨가 팔수없이

大 **impulsive** [impʌ́lsiv]

[형] 충격적인, 자극적인

▶ impuls(e)(충격, 자극, 충격) + ive(형용사를 만듦) = impulsive(충격적인, 자극적인)

高 **impure** [impjúər]

[형] 불결한, 불순한, 순결하지 않은

▶ (not = im) + (pure = 순수한) = impure(불결한, 불순한, 순결하지 않은)

[암] 담배를 **순수한** 것만 **(pure =)퓨어**(피워)

大

impurity
[impjúərəti]

명 불결, 불순, 음란

▶ impur(e)(불결한, 불순한, 순결하지 않은) + ity(명사 어미) = impurity(불결, 불순, 음란)

大

imputation
[ìmpjutéiʃən]

명 전가, 비난

▶ imput(e)(전가하다) + ation(명사 어미) = imputation(전가, 비난)

大

impute
[inpjúːt]

타 …의 탓으로 돌리다, 전가하다.

임양이 붙으며

암 **플레이보이**와 **임(林) 뷰트**며놀다 애배니 놈**의 탓으로 돌리다**.
(play boy) (impute)

中

in
[in]

전 (복장)을 입고,… 의 안에

암 **인(人)**이 **안에 입고** 있는 **셔츠**
(in) (shirts)

▶ He is in his room now. 그는 지금 자기 방안에 있다.

高

inability
[ìnəbíləti]

명 ~할 수 없음, 무능(력), 무자격

▶ (not = im) + abil(= able) + ity(명사 어미)
= inability(무자격)

이씨 너 비리를 행한 티를

암 **무자격**인 **이 너 비리(非理)티**를 **소년**에게 **보이**다.
(inability) (boy)

大

inaccessible
[ìnəksésəbl / -æk-]

형 접근하기 어려운

▶ (not = in) + (accessible = 접근하기 쉬운) = inaccessible(접근하기 어려운)

암 그는 힘이 **(accessible)억세 섭블**(삽을)들고 하는건 **접근 하기 쉬운**일

高

inactive
[inǽktiv]

형 활동치 않는, 움직이지 않는

▶ (not = in) + (active = 활동적인) = inactive(활동치 않는, 움직이지 않는)

高

inadequate
[inǽdikwit]

형 부적당한, 불충분한

▶ (not = in) + (adequate = 적당한)
= inadequate(부적당한, 불충분한)

암 **적당한** 곳에 앉은 **(adequate)애듸 퀴트**리(= 귀뚜라미)

▶ The land was inadequate for farming. 그 땅은 농사짓기에는 부적당하다.

大

inadequately
[inǽdikwitli]

부 부적당하게, 불충분하게

▶ inadequate(부적당한, 불충분한) + ly(부사 어미) = inadequately(부적당하게, 불충분하게)

大

inattention
[ìnəténʃən]

명 부주의

▶ (not = in) + (attention = 주의, 차렷)
= inattention(부주의)

암 미스터 **어(魚) 텐(10) 선(線)[attention]**위에서 **주의**해 **차렷!**하네.

大 **inaugural** [inɔ́ːgjurəl]

형 낙성[개통, 취임]의, 낙성[개통, 취임]식의

▶ inaugur(ate)(낙성[개통, 취임]식을 거행하다) + al(…의)
= inaugural(낙성[개통,취임]의, 낙성[개통, 취임]식의)

大 **inaugurate** [inɔ́ːgjurèit]

타 낙성(개통, 취임)식을 거행하다.

이명의 노씨가 귤을 내서 이틈에

암 **이노(二盧) 귤래 이트**메 귤 회관 **낙성식을 거행하다.**

(inaugurate)

大 **inauguration** [inɔ̀ːgjuréiʃən]

명 낙성[개통]식, 취임[식]

▶ inaugurat(e)(낙성[개통, 취임]식을 거행하다) + ion(명사 어미)
= inauguration(낙성[개통, 취임]식)

大 **inborn** [ínbɔ́ːrn]

형 타고난, 선천적인

▶ (안에 = in) + (타고난 = born) = inborn(선천적인)

암 **안에 인(人)**이 **타고날**때의 **본(本)** = **인(人)본(本)**은(선천적인 양반)

高 **incapable** [inkéipəbəl]

형 …할 힘이 없는, 무능한

▶ (not = in) + (capable = 유능한) = incapable(무능한)

암 포를 **유능한 (capable =)케이(K)퍼블**려고하네

大 **incense** [ínsens]

명 향 동 …에 향을 피우다.

센스(=sense:감각) 단어를 연관시켜 기억할 것

암 **인(人) 센스**있게 방**에 향을 피우다.**

(incense)

高 **incentive** [inséntiv]

형 자극적인, 유발[고무]적인, 장려하는 명 자극, 장려금, 격려

암 **사장**인 **보스**가 **인센티브** 제도로 **장려하는** 뜻에서 주는 **장려금**

(boss) (incentive)

高 **incessant** [insésənt]

형 끊임없는, 그칠 새 없는; 계속되는

외투를 사람 셋은 틀어(틀다)

암 **젖은 외트**를 **그칠 새 없이 인(人) 세슨 트**러.

(wet) (incessant)

▶ an incessant noise 끊임없는 소음

中 **inch** [intʃ]

명 (약 2.54 센티미터)

▶ He is six feet two inches. 그는 키가 6피트 2인치다.

高 **incident** [ínsədənt]

명 군사 충돌, 작은 사건, (우발적인)사건

형 일어나기 쉬운, 흔히 있는

사람이 쉬던 틀에

암 **인(人) 쉬던 트**레 떨어진 **(우발적인) 사건.**

(incident)

I

大

incidental
[ìnsidéntl]

㉠ 우연히 일어나는, 부수적인

▶ incident(사건, 일어나기 쉬운) + al(형용사를 만듦) = incidental(우연히 일어나는, 부수적인)

高

incidentally
[ìnsidéntəli]

㉯ 우연히, 부수적으로

▶ incidental(우연히 일어나는, 부수적인) + ly(부사를 만듦) = incidentally(우연히, 부수적으로)

大

incite
[insáit]

㊀ 자극[격려]하다, 선동하다.

❸ **스파이**가 **인(人)사이트**러지게 **선동(자극)하다.**
(사람사이 / 틀어지게; spy / incite)

高

inclination
[ìnklənéiʃən]

㉢ 의향, 기호, 경사, 경향

▶ inclin(e)(기울이다) + ation(명사 어미) = inclination(경사, 경향, 의향)

▶ a natural inclination 타고난 성향

高

incline
[inkláin]

㉢ 사면, 비탈 ㉣ 기울이다; (남에게 ~하고 싶은)마음이 생기게 하다.

▶ in(= toward) + cline(= lean 기울다) = incline(비탈, 기울이다)

인클(=잉크(ink)를) 연관시켜 기억할 것

❸ **인클 라인**(선)을 치려교 **비탈**지게 **기울이다.**
(incline)

高

include
[inklú:d]

㉣ 포함하다, 넣다.

❸ **코브라**를 **인(人) 클루 드**러 **넣다.**
(사람이 / 끌로 / 들어; cobra / include)

▶ in(…안에) + clude(닫다) = include(넣다)

高

including
[inklú:diŋ]

㉤ …을 포함하여, ~을 넣어서

▶ includ(e)(포함하다, 넣다) + ing(…하여[서]) = including(…을 포함하여, …을 넣어서)

大

inclusion
[inklú:ʒən]

㉢ 포함, 포괄

▶ inclu(de)(포함하다, 넣다) + sion(추상명사를 만듦) = inclusion(포함, 포괄)

高

inclusive
[inklú:siv]

㉠ (…을)포함하여, …을 넣어

▶ inclu(de)(포함하다, 넣다) + sive(형용사 어미) = inclusive([…을]포함하여, …을 넣어)

高

income
[ínkʌm]

㉢ (정기적) 수입, 소득

▶ (안으로 = in) + (come = 오다) + income(안으로 들어온것 = 수입)

▶ an income of 300 dollars a month 월 300달러의 수입

大	**incomparable** [inkámpərəbəl / -kɔ́m-]	ⓗ 비교할 수 없는 ▶ (not = in) + (comparable = 배교할 수 있는) = incomparable(비교할 수 없는)
大	**incompatible** [ìnkəmpǽtəbl]	ⓗ 양립할 수 없는 ▶ (not = in) + (compatible = 양립하는, 조화하는) = incompatible(양립할 수 없는)
大	**incompetent** [inkámpətənt]	ⓗ 무능한 ▶ (not = in) + (competent = 유능한) = incompetent(무능한)
高	**incomplete** [ìnkəmplí:t]	ⓗ 불완전[불충분]한 ▶ (not = in) + (complet = 완전한) = incomplete(불완전[불충분]한)
大	**incomprehensible** [ìnkɑmprihénsəbəl / inkɑ̀m-]	ⓗ 이해할 수 없는 ▶ (not = in) + (comprehensible = 이해할 수 있는) = incomprehensible(이해할 수 없는)
大	**inconceivalbe** [ìnkənsí:vəbl]	ⓗ 상상할 수 없는, 생각조차 못할 ▶ (not = in) + (conceivable = 생각[상상]할 수 있는) = inconceivable(상상할 수 없는, 생각조차 못할)
大	**inconsistence** [ìnkənsístəns]	ⓜ 불일치, 모순 ▶ (not = in) + (consistence = 일관성) = inconsistence(불일치, 모순)
高	**inconsistent** [ìnkənsístənt]	ⓗ 일치하지 않는, 모순된 ▶ (not = in) + (consistent = 일관된) = inconsistent(일치하지 않는, 모순된)
高	**inconvenience** [ìnkənví:njəns]	ⓜ 불편, 괴로움 ▶ inconvenien(t)(불편한) + ce(추상명사 어미) = inconvenience(불편, 괴로움) ▶ (a) considerable [great] inconvenience 상당한 불편
高	**inconvenient** [ìnkənví:njənt]	ⓗ 불편한, 곤란한 ▶ (not = in) + (convenient = 편리한) = inconvenient(불편한) ▶ It is inconvenient to meet tomorrow. 내일 만나는 것은 곤난합니다.

高 **incorporate** [inkɔ́:rpərèit]

㉰ 법인[조직]을 만들다, 통합(합병)하다.

인이 코가 퍼레 지도록

㉮ **인(人)코 퍼레 이 트**메(틈에) 일하며 **법인[조직]을 만들다.**

(incorporate)

大 **incorporated** [inkɔ́:rpərèitid]

㉯ 법인의, 조직의

▶ incorporat(e)(법인[조직]을 만들다) + ed(형용사를 만듦) = incorporated(법인의, 조직의)

大 **incorporation** [inkɔ̀:rpəréiʃən]

㉱ 법인 단체, 통합, 결합

▶ incorporat(e)(법인[조직]을 만들다) + ion(명사 어미) = incorporation(법인 단체, 통합, 결합)

高 **incorrect** [ìnkərékt]

㉯ 부정확한, 옳지 않는

▶ (not = in) + (correct = 정확한, 옳은) = incorrect(부정확한, 옳지 않은)

高 **increase** [inkrí:s]

㉲ 증가하다, 커지다

▶ (안에[인 =]in) + (crease = 크리스:늘다, 자라다) = increase(증가하다)

시장 **안에 인(人) 크리스**마스날은 인파가 **늘다 증가하다** = increase(증가하다)

(시장) 안에 인이 크리스마스날은

高 **incredible** [inkrédəbəl]

㉯ 믿을[신용할]수 없는

▶ (not = in) + (credible = 믿을 수 있는) = incredible(믿을[신용할]수 없는)

▶ The story seems incredible to me.
그 이야기는 믿을 수 없는 것 같다

大 **incredulous** [inkrédʒələs]

㉯ 믿을 수 없는, 엄청난

▶ (not = in) + (credulous = 믿기 쉬운) = incredulous(믿을 수 없는)

高 **incur** [inkə́:r]

㉲ (손해를)입다, 초래하다, 당하다

▶ (안에:[인 =]in) + (cur = 커:가다, 달리다) = incur([손해를]입다, 당하다)

(상점)**안에 인(人) 커가며** 장사를 해서 incur([손해를]입다, 당하다)

▶ incur([손해를]입다, 당하다)

大 **indebt** [indét]

㉰ …에게 빚을 지게 하다, …에게 은혜를 입히다.

㉮ 안에 **인(人) 대트**러(틀어)주어 그**에게 은혜를 입히다.**

(indebt)

中 **indeed** [indí:d]

㉳ 참으로, 정말

▶ (가지고 = in) + (deed = 행위) = 정말, 참으로

㉮ 용기를 **가지고 인(人) 뒤 드**는 **행위** 해 **정말, 참으로** 범을 속이다.

▶ I am indeed glad. 나는 참으로 기쁘다.

I

高	**indefinite** [indéfənit]	ⓗ 불명확한, 분명하지 않은 ▶ (not = in) + (definite = 한정된, 명확한) = indefinite(불명확한, 분명하지 않은)
高	**indefinitearticle** [indéfənit-ɑ́:tikl]	ⓜ [부정관사] ▶ (not = in) + (definitearticle = 정관사) = indefinitearticle(부정관사)
大	**indefinitely** [indéfənitli]	ⓑ 막연히, 애매하게 ▶ (not = in) + (definitely = 명확하게) = indefinitely(막연히, 애매하게)
高	**independence** [ìndipéndəns]	ⓜ 독립 ▶ (not = in) + (dependence = 의뢰, 의존) = independence(독립) ▶ financial independence 재정적 독립
高	**independent** [ìndipéndənt]	ⓗ 독립의, 자주적인 ▶ (not = in) + dependent(의지하는, 의존하는) = independent(독립의, 자주적인) ▶ an independent country 독립국
大	**independently** [ìndipéndəntli]	ⓑ 독립하여, 자주적으로 ▶ independent(독립의, 자주적인) + ly(부사를 만듦) = independently(독립하여, 자주적으로)
高	**index** [índeks]	ⓜ 색인; 지표; 찾아보기(계기 따위의)눈금 [수학] 지수 ⓣ 색인을 달다. 사람이 집의 번지수 **암 인(人)댁(宅)스(數)** 에 맞게 문패 **색인을 붙이다**. (index) ▶ an author index 저자별 색인
中	**India** [índiə]	ⓜ 인도 (나라이름)
中	**Indian** [índiən]	ⓗ 인도(사람)의; 인디언의 ⓜ 인도 사람, 인디언 ▶ Indi(a)(인도) + an(…의, …사람) = Indian(인도의, 인도사람)
大	**Indiana** [ìndiǽnə]	ⓜ 인디애나 (미국 중서부의 주) ((※ 주도 Indianapolis 略:Ind))

高 **indicate**
[índikèit]

동 지시(지적)하다, 가리키다.

인 뒤를 캐서 이틈에
암 **녀석**이 **범인 뒤캐 이 트**에 **지적하다**.
(bum) (indicate)

▶ indicate clearly 분명히 지적하다.

高 **indication**
[ìndikéiʃən]

명 지시, 표시, 징조, 지적

▶ indicat(e)(지시(지적)하다) + ion(명사 어미) = indication(지시, 지적)

大 **indicative**
[indíkətiv]

형 지시하는, 표시하는

▶ indicat(e)(지시[지적]하다) + ive(형용사 어미) = indicative(지시하는, 표시하는)

大 **indicator**
[índikèitər]

명 지시자, 표시기(器)

▶ indicat(e)(지시[지적]하다) + or(… 하는 사람[것]) = indicator(지시자, 표시기(器))

大 **indict**
[indáit]

타 [[法]] 기소[고발]하다

▶ (in = …에 대하여) + (dict = 다이트:말하다) = indict(기소[고발]하다)

그**인(人)에 대하여 다이[2]트**기가 비행을 **말하며** = **인다이트**(기소[고발]하다)

大 **indictment**
[indáitmənt]

명 기소, 고발

▶ indict(기소[고발]하다) + ment(명사를 만듦) = indictment(기소, 고발)

大 **Indies**
[índiz]

명 (보통 단수 취급) 인도 제국(諸國)

사람이 뒤주(쌀통)
암 **인(人)뒤즈**를 **인도 제국(諸國)**에 **셀**수없이 **팔다**.
(Indies) (sell)

高 **indifference**
[indífərəns]

명 냉담, 무관심

▶ indifferent(무관심, 냉담한) + ce(추상명사 어미) = indifference(냉담, 무관심)

▶ complete indifference 완전한 무관심

高 **indifferent**
[indífərənt]

형 냉담한, 무관심한

▶ (not = in) + (different = 뒤퍼런트:다른) → 의견이 다르지 않는 → 어떠해도 좋은 = indifferent(무관심한, 냉담한)

암 **different(뒤 퍼런 트)**기의 **다른**반점

▶ He is indifferent to fame [money].
그는 명성[금전]에는 개의치 않는다.

大 **indifferently**
[indífərəntli]

부 냉담히 무관심하게

▶ indifferent(냉담한, 무관심한) + ly(부사를 만듦) = indifferently(냉담히, 무관심하게)

I

I

大 **indigestible** [ìndidʒéstəbəl / -dai-]

[형] 소화되지 않는

▶ (not = in) + (digestible = 소화할 수 있는) = indigestible(소화되지 않는)

大 **indigestion** [ìndidʒéstʃən / -dai-]

[명] 소화불량

▶ (not = in) + (digestion = 소화[작용]) = indigestion(소화불량)

高 **indignant** [indígnənt]

[형] 화난, 성난, 분개한

인(사람) 뒤 그는 틀어져 노해

[암] **성난 인(人) 뒤 그넌 트**러져 **로**해 **고함치다.**

(indignant) (roar)

大 **indignantly** [indígnəntli]

[부] 분개하여, 성난서

▶ indignant(분개한, 성난) + ly(부사를 만듦) = indignantly(분개하여, 성나서)

高 **indignation** [ìndignéiʃən]

[명] 분개, 성남

▶ indigna(nt)(분개한, 성난) + tion(명사 어미) = indignation(분개, 성남)

大 **indignity** [indígnəti]

[명] 모욕, 경멸, 무례

▶ (not = in) + (dignity = 존엄, 위엄, 품위) = indignity(모욕, 경멸, 무례)

大 **indigo** [índigòu]

[명] 남색, 쪽(빛)

사람뒤 고우라고

[암] 마담이 **인뒤 고우**라고 **남색 쪽빛 리본을 달다.**

(indigo) (ribbon)

高 **indirect** [ìndirékt / -dai-]

[형] 간접적인, 멀리 도는

▶ (not = in) + (direct = 직접의) = indirect(간접적인, 멀리 도는)

▶ indirect lighting 간접 조명

高 **indirectly** [ìndiréktli / -dai-]

[부] 간접적으로

▶ indirect(간접적인) + ly(부사를 만듦) = indirectly(간접적으로)

大 **indiscreet** [ìndiskríːt]

[형] 무분별한, 지각없는

▶ (not = in) + (discreet = 분별있는) = indiscreet(무분별한, 지각없는)

大	**indiscretion** [ìndiskréʃən]	[명] 무분별, 사려 없음 ▶ (not = in) + (discretion = 분별, 사려) = indiscretion(무분별, 사려없음)
高	**indispensable** [ìndispénsəbəl]	[형] 없어서는 안 될, 필수의, 긴요한 ▶ (not = in) + (dispensable = 없어도 되는) = 필수의 [암] **인(人) 뒤 스펜 서블(= indispensable)** = 인(人) 뒤 숲엔 삽을 **필수의**(도구로 쓰네) 
大	**indispensably** [ìndispénsəbəli]	[부] 반드시, 꼭 ▶ indispensab(le)(필수의, 긴요한) + ly(부사를 만듦) = indispensably(반드시, 꼭)
高	**individual** [ìndəvídʒuəl / individjuəl]	[명] 개인, 개체 [형] 개개의, 개인의 ▶ (not = in) + (dividual = 분리된) = 개개의 개인 [암] **인(人) 뒤 비(婢)듀얼**려고 **분리된** = **개개의** 인(人) 뒤에 노비를 두워일하고 **개인**을 모아 
大	**individualism** [ìndəvídʒuəlìzəm /individjuəlizm]	[명] 개인주의, 이기주의 ▶ individual(개인) + ism(주의, 신앙) = individualism(개인주의, 이기주의)
大	**individualist** [ìndəvídʒuəlist]	[명] 개인주의자, 이기주의자 ▶ individual(개인) + ist(…주의자, …자) = individualist(개인주의자, 이기주의자)
大	**individuality** [ìndəvìdʒuǽləti]	[명] 개성, 개인 ▶ individual(개인) + ity(추상명사 어미, 상태, 성질을 뜻함) = individuality(개성, 개인)
大	**individually** [ìndəvídʒuəli]	[부] 개별(개인)적으로 ▶ individual(개인) + ly(부사를 만듦) = individually(개별[개인]적으로)
大	**indolent** [índələnt]	[형] 게으른, 나태한, 빈둥거리는 사람이 더러운 트기 [암] **게으르**고 **빈둥거리는 인(人) 더런 트**기와 **게임** (indolent) (game) **하다**. 
大	**indolently** [índələntli]	[부] 나태하게, 게으르게 ▶ indolent(나태한, 게으른) + ly(부사를 만듦) = indolently(나태하게, 게으르게)

大

indomitable
[indάmətəbəl / -dɔ́m-]

[형] 굴하지 않는

(사람이 = 인(人), 담아 = 담머, 테이블에 = 터블에, 마시다 = 드링크하다)

[암] 술을 **인(人) 담머 터블**에 놓고 **굴하지 않고 드링크하다.**
(indomitable) (drink)

大

Indonesia
[ìndouní:ʒə / -ʃə]

[명]인도네시아(수도 Jakarta)

高

indoor
[índɔ̀:r]

[형] 실내의, 옥내의

▶ (in = 안에) + (door = 문) = indoor(실내의, 옥내의)

高

indoors
[indɔ́:rz]

[부] 실내에(서), 실내로

▶ indoor(실내의, 옥내이) + s(부사적 용법의 소유격) = indoors

▶ stay indoors 실내에 머물다, 외출하지 않다.

高

induce
[indjú:s]

[동] 설득(권유)하다, 야기하다.

(사람이 한수 두수 만에 = 인(人) 듀스 만에)

[암] **주스**를 주며 **인(人) 듀스** 만에 **설득하다.**
(juice) (induce)

▶ We could not induce her to come.
우리는 그녀를 오도록 유도할 수 없었다.

大

inducement
[indjú:smənt]

[명] 유도, 권유, 유인

▶ induce(권유하다, 유도하다) + ment(명사 어미) = inducement(유도, 권유, 유인)

大

induct
[indʌ́kt]

[타] 이끌어 들이다, (자리에) 앉히다, 안내하다.

(사람이 = 인(人), 닭 = 닭, 들어놓고 = 트러놓고)

[암] **인(人) 닭 트**러놓고 먹자며 **이끌어 들이다. 앉히다.**
(induct)

大

induction
[indʌ́kʃən]

[명] 끌어들임, 유도, 귀납법

▶ induct(이끌어 들이다, 앉히다) + ion(명사 어미) = induction(끌어들임, 유도, 귀납법)

大

inductive
[indʌ́ktiv]

[형] 유도적인, 귀납적인

▶ induct(이끌어들이다, 앉히다) + ive(형용사를 만듦) = inductive(유도적인, 귀납적인)

高

indulge
[indʌ́ldʒ]

[동] 빠지다, 탐닉하다, (욕망을)만족시키다.

(흡혈귀 = 드라큐라, 사람(맛이) 달지 = 인(人) 덜지)

[암] **드라큐라**가 **인(人) 덜지**하며 **(욕망을)만족시키다.**
(Dracula) (indulge)

▶ He indulged himself in sports.
그는 스포츠에 빠져들었다.

I

大 **indulgence** [indʌ́ldʒəns]

[명] 멋대로 하게 둠, 탐닉

▶ indulg(e)(제멋대로 하게 하다. 탐닉하다) + ence(명사 어미) = indulgence(멋대로 하게 둠, 탐닉)

高 **indulgent** [indʌ́ldʒənt]

[형] 멋대로 하게 하는, 관대한

▶ indulg(e)(제멋대로 하게 하다, 탐닉하다) + ent(형용사 어미) = indulgent(멋대로 하게 하는 관대한)

高 **industrial** [indʌ́striəl]

[형] 산업의, 공업의

▶ industr(y) → (i)(산업, 공업) + al(…의) = industrial(산업의, 공업의)

▶ industrial workers 산업 근로자

大 **industrialize** [indʌ́striəlàiz]

[동] 산업(공업)화하다

▶ industrial(산업의, 공업의) + ize(…화하다) = industrialize(산업[공업]화하다)

高 **industrious** [indʌ́striəs]

[형] 부지런한, 근면한

▶ industr(y) → (i)(근면) + ous(형용사 어미) = industrious(부지런한, 근면한)

▶ an industrious person. 부지런한(근면한) 사람

中 **industry** [índəstri]

[명] 공업, 산업; 근면

[암] 인도에서 **공업** 용수로 쓰려고 **인더스 트리**(돌리리.)
(인더스강 물을 틀이(틀다)) (industry)

▶ the steel industry 제강업

大 **inequality** [ìnikwɑ́ləti / -kwɔ́l-]

[명] 같지 않음, 불평등

▶ (not = in) + (equality = 균등, 평등) = inequality(같지 않음, 불평등)

大 **inert** [inə́ːrt]

[형] (육체적, 정신적으로) 활발하지 못한, 둔한 생기가 없는

[암] **생기없는 인어 트**러 안고 **스위 임**이 **헤엄치다.**
(인어(人魚) 틀어 (inert)) (수위 임(守衛 任)씨가 (swim))

高 **inevitable** [inévitəbəl]

[형] 피할 수 없는, 필연의, 변함없는

▶ (not = in) + (evitable = 피할 수 있는) = inevitable(피할 수 없는)

[암] **인(人) 애비 터블**에 모셔놓고 **변함없는 파티를 열다.**
(사람이 (inevitable)) (애비를 테이블) (party)

大 **inevitably** [inévitəbli]

[부] 불가피하게, 부득이, 반드시

▶ inevitab(le)(피할 수 없는, 필연의) + ly(부사를 만듦) = inevitably(불가피하게, 부득이, 반드시)

I

高 **inexpensive** [ìnikspénsiv]

[형] 비용이 들지 않는, 값싼

▶ (not = in) + (expensive = 비용이 드는) = inexpensive(비용이 들지 않는, 값싼)

高 **inexperience** [ìnikspíəriəns]

[명] 무경험, 미숙

▶ (not = in) + (experience = 경험) = inexperience(무경험, 미숙)

大 **infamous** [ínfəməs]

[형] 불명예스러운, 악명 높은

▶ (not = in) + (famous = 유명한) = infamous(불명예스러운, 악명 높은)

高 **infamy** [ínfəmi]

[명] 불명예, 악평

▶ infam(ous)(불명예스러운) + y(명사를 만듦) = infamy(불명예, 악평)

高 **infancy** [ínfənsi]

[명] 유아기, 유년시대, 초기

▶ infan(t)(유아) + cy(성질, 상태의 뜻) = infancy(유아기, 유년시대)

▶ The industry was still in its infancy.
그 산업은 아직 초기 단계였다.

高 **infant** [ínfənt]

[명] 유아; (법)미성년자 [형] 유아의

인편(人便) 연애 편지
[암] **미성년자**로 **인편(人便) 트**여 전한 **러브 레터**.
(infant) (love letter)

▶ This food is for infants. 이 음식은 유아용이다.

高 **infect** [infékt]

[동] 전염시키다, 감염시키다, 오염시키다.

사람이 팩 틀어
[암] **덩(똥)거름**을 **인(人) 팩트**러 쏟아 **(물을) 오염시키다**.
(dung) (infect)

▶ His flu infected his wife.
그의 독감이 아내에게 옮았다.

高 **infection** [infékʃən]

[명] 전염, 감염, 오염

▶ infect(전염(감염)시키다) + ion(명사 어미) = infection(전염, 감염, 오염)

▶ acute infection 심한 전염성(전염력)

大 **infectious** [infékʃəs]

[형] 전염하는, 전염성의

▶ infect(전염[감염]시키다) + ious(= ous 형용사 어미) = infectious(전염하는, 전염성의)

高 **infer** [infə́ːr]

[동] 추론하다, 짐작하다, 추리하다.

팥을 사람이 펴서
[암] **화석**이 된 **파슬 인(人) 퍼** 연대를 **추론(짐작)하다**.
(fossil) (infer)

大
inference
[ínfərəns]

명 추리, 추론, 추측
▶ infer(추론[추리]하다) + ence(명사 어미) = inference(추리, 추론, 추측)

高
inferior
[infíəriər]

형 열등한, 하위의 명 하급자
암 **하급자**의 **인(人)피 어리어** 있는 **행커취프**.
(사람의 피가 어리어(=물들어) = inferior / 손수건 = handkerchief)
▶ an inferior officer 하급 장교[역원]

大
inferiority
[infìəriɔ́(:)rəti]

명 열등, 하급
▶ inferior(하위의, 열등한) + ity(추상명사 어미) = inferiority(열등, 하급)

大
infernal
[infə́:rnl]

형 지옥(같은)의, 악마 같은, 정말 싫은
암 **정말 싫은 지옥같은** 장례를 **인(人)퍼 널**를 묻다.
(사람들이 퍼 널(관)을 = infernal)

大
infest
[infést]

타 만연하다, 떼짓다, 창궐하다.
암 **인(人)페스트**에 걸려 균이 **창궐(만연)하다**.
(인(人) 페스트(pest:흑사병)을 연관시켜 기억할 것 = infest)

高
infinite
[ínfinit]

형 무한한, 막대한
암 RH-O형도 **인(人)피니 트**기가 **막대한 필 보충 하다**.
(사람의 피니 트기가 = infinite / 피를 = fill)
▶ infinite wealth 막대한 재산

大
infinitely
[ínfinətli]

부 무한히, 막대하게
▶ infinite(무한한, 막대한) + ly(부사를 만듦)
= infinitely(무한히, 막대하게)

高
infinitive
[infínətiv]

형 (문법) 부정의 명 (분법) 부정사
▶ infinit(e)(무한한, 막대한) + ive(형용사를 만듦) → 한정되지 않은 무한한 품사 = infinitive(부정의, 부정사)
▶ split an infinitive. 부정사를 분리하다.

大
infirm
[infə́:rm]

형 허약한, 약한
▶ (not = in) + (firm = 굳은, 단단한) = infirm(허약한, 약한)

大
infirmity
[infə́:rməti]

명 허약함, 결점, 병약
▶ infirm(허약한, 약한) + ity(명사 어미) = infirmity(허약함, 결점, 병약)

I

高 **inflame** [infléim]

[동] 불을 붙이다, 흥분시키다.

▶ (안에 = in) + (flame = 풀에 임:불꽃) = inflame(불을 붙이다, 흥분시키다)

정글 **안에 인(人) 풀에임**(님)을 누이고 **불꽃**되게 = **인(人)풀에 님**을 (불을 붙여, 흥분시키다)

▶ His desire was inflamed. 그의 욕망이 불타올랐다.

大 **inflammable** [inflǽməbəl]

[형] 타기 쉬운, 흥분하기 쉬운

▶ inflam(e) + m(불을 붙이다, 흥분시키다) + able(…할 만한) = inflammable(타기 쉬운, 흥분하기 쉬운)

大 **inflammation** [ìnfləméiʃən]

[명] 연소, 염증

▶ inflam(e) + m(불을 붙이다) + ation(명사 어미) = inflammation(연소, 염증)

大 **inflate** [infléit]

[동] 부풀리다, 팽창시키다, 인플레가 되다

▶ inflation(부풀림, 통화 팽창, 인플레이션) – ion(명사 어미) = inflate(부풀리다, 팽창시키다, 인플레가 되다)

高 **inflation** [infléiʃən]

[명] 통화 팽창, 인플레이션, 부풀림

▶ inflat(e)(부풀리다, 팽창시키다) + ion(명사 어미) = inflation(통화, 팽창, 인플레이션, 부풀림)

▶ double-digit inflation 두자리 수의 인플레이션

大 **inflationism** [infléiʃənìzəm]

[명] 인플레 정책, 통화 팽창론

▶ inflation(통화, 팽창, 인플레이션, 부풀림) + ism(…정책, 주의) = inflationism(인틀레 정책, 통화 팽창론)

高 **inflict** [inflíkt]

[타] (상처를) 가하다, (형벌, 고통을)주다.

사람이 풀 익(날개익=잎)틀어

[암] **주스 즙**을 **인(人) 풀 익(翼)트**러 얻고자 풀에 **(상처를)가하다.**

(juice) (inflict)

▶ He inflicted a blow on me. 그는 나에게 일격을 가했다.

大 **infliction** [inflíkʃən]

[명] 고통을 줌, 고통

▶ inflict([형벌, 고통을]주다 + ion(명사 어미) = infliction(고통을 줌, 고통)

大 **inflictive** [inflíktiv]

[형] 가(加)하는, 과(課)하는, 고통의

▶ inflict([형벌, 고통을]주다) + ive(형용사 어미) = inflictive(가(加)하는, 과(課)하는, 고통의)

高 **influence** [ínfluəns]

[명] 영향, 영향력 [동] 영향을[감화를]주다.

유행성 감기균 (꽁꽁) 언 수(손)에도

[암] **인플루엔자**균 **인플루 언스(手)**에도 **영향을 주다.**

(influenza) (influence)

▶ a moral influence 도덕적 영향

高 **influential** [ìnfluénʃəl]

[형] 영향을 미치는, 유력한

▶ influen(ce)(영향을 주다) + tial(= al …한 성질의) = influential(영향을 미치는, 유력한)

高 **influenza** [ìnfluénzə]

[명] 유행성 감기, 인플루엔자, 독감

▶ influen(ce)(영향을 주다) + za = influenza(유행성 감기, 독감, 인플루엔자)

▶ Seoul is now in the grip of influenza
서울에는 지금 인플루엔자가 돌고 있다.

高 **inform** [infɔ́ːrm]

[동] 알리다, 통지하다

[암] **챔피언** 됨을 **인(人)폼**잡고, **알리다.**
(챔피언 = champion, 인(人)폼 = 사람이 폼 = inform)

▶ He informed me where she was.
그는 그녀가 어디에 있는지를 알려 주었다.

高 **informal** [infɔ́ːrməl]

[형] 비공식의, 약식의

▶ (not = in) + (formal = 정식의) = informal(정식이 아닌, 비공식의)

[암] **색 자루**같은 **약식의** 옷으로 **인(人)폼얼**(폼을)잡네.
(색 자루 = sack, 인(人)폼얼 = informal)

▶ an informal visit 비공식 방문

大 **informality** [ìnfɔːrmǽləti]

[명] 비공식, 약식

▶ informal(비공식의, 약식의) + ity(명사 어미) = informality(비공식, 약식)

大 **informant** [infɔ́ːrmənt]

[명] 통지인, 고발인, 밀고인

▶ inform(알리다, 통지하다) + ant(…하는 사람) = informant(통지인, 고발인, 밀고인)

高 **information** [ìnfərméiʃən]

[명] 정보, 통지, 전달, 보고

▶ inform(알리다, 통지하다) + ation(명사 어미) = information(정보, 통지, 전달, 보고)

▶ secret information 비밀 정보

高 **informative** [infɔ́ːrmətiv]

[형] 정보의, 정보를 제공하는

▶ inform(알리다, 통지하다) + ative(형용사를 만듦) = informative(정보의, 정보를 제공하는)

大 **infuse** [infjúːz]

[동] 주입하다, 불어넣다, 붓다

▶ (안에 = in) + (fuse = 퓨즈:녹다) = infuse(붓다, 주입하다)

인(人)안에 퓨즈박스에 퓨즈가 **녹아** = **인퓨즈**를 **붓다, 주입하다**

大 **infusion** [infjúːʒən]

[명] 주입, 불어넣음

▶ infus(e)(주입하다, 불어넣다) + ion(명사 어미) = infusion(주입, 불어넣음)

I

高 **ingenious** [indʒíːnjəs]

[형] 발명에 재능이 있는, 영리한, 창의력이 풍부한

한국과학기술연구원 인(인재) 지녔으니
[암] **키스트**는 **창의력이 풍부한 인(人) 지녀스**니...행운이지...
(KIST) (ingenious)

▶ an ingenious researcher 독창적인 연구가

大 **ingeniously** [indʒíːnjəsli]

[부] 영리하게, 창의력이 풍부하게

▶ ingenious(영리한, 창의력이 풍부한) + ly(부사 어미) = ingeniously(영리하게, 창의력이 풍부하게)

高 **ingenuity** [ìndʒənjúːəti]

[명] 발명의 재주, 영리함

▶ ingen(ious) + u(발명에 재능이 있는, 영리한) + ity(명사 어미) = ingenuity(발명의 재주, 영리함)

高 **ingratitude** [ingrǽtitjùːd]

[명] 배은망덕, 은혜를 모름

▶ (not = in) + (gratitude = 감사) = ingratitude(배은망덕, 은혜를 모름)

▶ base [rank] ingratitude 아주 비열한 배은망덕

高 **inhabit** [inhǽbit]

[동] (사람, 동물이)~에 살다, ~에 거주하다.

▶ (안에 = in) + (habit = 해빛:살다) = 살다, 거주하다

[암] 지구**안에서인(人) 해빛** 받고 **살고** = 살다, 거주하다.

高 **inhabitant** [inhǽbitənt]

[명] 주민, 거주자; 서식 동물

▶ inhabit(거주하다) + ant(사람을 뜻하는 명사 어미) = inhabitant(주민, 거주자)

▶ the inhabitants vote 주민투표

大 **inhabited** [inhǽbitid]

[형] 사람이 살고 있는

▶ inhabit(살다, 거주하다) + ed(형용사를 만듦) = inhabited(사람이 살고 있는)

大 **inhale** [inhéil]

[동] (공기를)빨아들이다, (숨을)들이쉬다.

인이 바다위에 뜨는 해
[암] **인(人) 해일(海日)**을 보며**(숨을) 들이쉬다(빨아들이다)**.
(inhale)

大 **inhere** [inhíər]

[자] (성질 따위가)본래부터 있다(타고나다), 내재하다.

[암] **인(人)히어**(여기)에서 **본래부터 타고나다**.
(inhere)

高 **inherent** [inhíərənt]

[형] 본래부터 가지고 있는, 타고난, 고유의

▶ inher(e)(본래부터 있다, 타고나다) + ent(형용사 어미) = inherent(본래부터 가지고 있는, 타고난, 고유의)

▶ her inherent modesty 그녀의 타고난 겸손

I

高 **inherit**
[inhérit]

동 (재산, 권리 따위를) 상속하다, 이어받다, 유전하다.

▶ (…로 = in) + (herit:해리트:물려받다) = 상속하다

먹이로 인(人) 해리트는(돌리는)법을 물려받아 = 상속하다.
(제자 인(人)이 해리(海狸)트러 돌리는 법을)

大 **inheritance**
[inhéritəns]

명 상속, 상속재산, 유산

▶ inherit(상속(유전)하다) + ance(명사 어미) = inheritance(상속, 유전)

▶ the inheritance tax [미] 상속세

大 **inhibit**
[inhíbit]

타 금하다, 억제하다.

암 인(人) 희(姬) 비트려는 짓을 금하다(억제하다).
(사람이 희(계집) 비틀려는) (inhibit)

大 **inhibition**
[ìn*h*ibíʃən]

명 금지, 억제

▶ inhibit (금지[억제]하다, 금하다) + ion(명사 어미) = inhibition(금지, 억제)

大 **inhospitable**
[inhάspitəbəl]

형 냉대하는, 불친절한

▶ (not = in) + (hospitable = 대우가 좋은) = inhospitable(냉대하는, 불친절한)

大 **inhuman**
[in*h*júːmən]

형 몰인정한, 무정한, 잔인한

▶ (not = in) + (human = 인간적인) = inhuman(몰인정한, 무정한, 잔인한)

大 **iniquity**
[iníkwəti]

명 부정, 불법(부정)행위, 죄악

암 부정(불법)행위로 인이 퀴티 나는 애를 대리고 희롱하다.
(인이 귀(貴)티) (iniquity) (dally)

高 **initial**
[iníʃəl]

형 처음의, 최초의 명 머리 글자; (성명의)이니셜

암 인류 최초의 인(人)니셜 땅 에덴(동산).
(사람이 설) (initial) (Eden)

▶ She wrote her initials L.K.Y
그녀는 자기 이름의 머리글자인 LKY를 썼다.

大 **initiate**
[iníʃièit]

타 시작하다, 창설하다, 창시하다

▶ initi(al)(최초의, 처음의) + ate(…하다) = initiate(시작[창설]하다)

암 골프 클럽을 인(人)이 시(市)에 이(2)트기와 함께 창설(시작)하다.
(initiate)

大 **initiation**
[inìʃiéiʃən]

명 개시, 창시

▶ initiat(e)(시작하다, 창시하다) + ion(명사 어미) = initiation(개시, 창시)

高 **initiative** [iníʃiətiv]

명 시작, 독창력 형 처음의, 창시의

▶ initiat(e)(시작하다) + ive(명사 어미, 형용사 어미) = initiative(시작, 독창력, 처음의, 창시의)

▶ stifle initiative 독창력을 억누르다.

大 **inject** [indʒékt]

타 주사하다, 주입하다, 삽입하다.

▶ (안으로 = in) + (ject = 제트:던지다) = inject(주입[주사]하다)

안으로 인(人) 젝트기로 **던지듯** 넣어 = **인젝트**(주입[주사]하다)
약을 안으로인이 제트기로 던지듯

高 **injection** [indʒékʃən]

명 주입, 주사, 관장(약)

▶ inject(주사하다, 주입하다) + ion(명사 어미) = injection(주입, 주사, 관장[약])

大 **injunct** [indʒʌ́ŋkt]

타 [미]금지[억제]하다.

사람이 정을 주고 끄트머리에
암 **인(人)정(情) 크트**머리에 이별을 **금지[억제]하다**.
(injunct)

大 **injunction** [indʒʌ́ŋkʃən]

명 명령, 훈령, 지령

▶ injunct(금지하다) + ion(명사 어미) = injunction(금지하는 명령, 지령, 훈령)

高 **injure** [índʒər]

동 상처를 입히다, (감정 따위를)해치다.

암 **피스톨**로 **인(人) 저**격해 **상처를 입히다**.
(pistol) (injure)

▶ He injured her feelings. 그는 그녀의 감정을 상하게 했다.

高 **injured** [índʒərd]

형 상처입은, 부상한

▶ injur(e)(상처를 입히다) + ed(형용사를 만듦) = injured(상처입은, 부상한)

大 **injurious** [indʒúəriəs]

형 해로운, 유해한

▶ injur(e) → (i)(해치다) + ous(형용사 어미) = injurious(해로운, 유해한)

高 **injury** [índʒəri]

명 상해, 부상, 손상

▶ injur(e)(해치다) + y(명사를 만듦) = injury(상해, 부상, 손상)

▶ do a person an injury 남에게 위해를 가하다(손해를 주다)

高 **injustice** [indʒʌ́stis]

명 부정, 불공평, 불법

▶ (not = in) + (justice = 정의, 공정) = injustice(부정, 불공평, 불법)

▶ do a person an injustice
남을 부당하게 다루다, 남의 가치를 잘못 보다.

I

中 **ink** [iŋk]

명 잉크, 먹, 먹물 타 잉크로 쓰다.

▶ printer's ink 인쇄용 잉크

大 **inlaid** [inléid]

형 아로새긴, 상감(象嵌)의, 상감으로 꾸민

▶ (안에 = in) + (laid = 가로 눕힌, 아로새긴, lay 놓다의 과거분사) = inlaid(아로새긴, 상감의, 상금으로 꾸민)

高 **inland** [ínlənd / -læ̀nd]

형 내륙의, 내지의 명 내륙

▶ (안, 안에 in) + (land = 육지) = inland(내륙의, 내지의, 내륙)

▶ inland commerce [trade] 국내 무역

大 **inlet** [ínlèt]

명 후미, 입구 타 끼워[박아]넣다.

▶ (안, 안에 = in) + (let = 하게 하다) → 안으로 들어가게 하다 = inlet(입구, 후미에 끼워 넣다)

大 **inmate** [ínmèit]

명 (병원 교도소 등의) 입소자, 피수용자, 동거인

▶ (안, 안에 = in) + (mate = 동료) = inmate(입소자, 피수용자, 동거인)

高 **inn** [in]

명 여인숙, 주막

암 **여인숙**에 **인(人)**과 **로(老)쥐**가 **숙박하다**. (inn: 인(人), lodge: 로(老)쥐; 늙은 쥐)

▶ a country inn 시골의 여인숙

高 **inner** [ínər]

형 안의, 내부의, 내면적인, 치밀한

암 **풀장 안의(내부의) 인어(人魚)**. (pool: 풀장, inner: 인어)

▶ There is a fountain in the inner court. 안마당에 분수가 있다.

大 **Inner Mongolia** [ínər maŋgóuliə]

명 내몽고

▶ Inner(안, 안에) + Mongolia(몽고) = Inner Mongolia(내몽고)

大 **innermost** [ínərmòust]

명 가장 깊숙한 곳(부분)

▶ inner(안의) + most(가장) = innermost(가장 깊숙한 곳(부분))

大 **inner tube** [ínər tju:b]

명 (자전거 등의) 튜브

▶ inner(안의) + tube(튜브) = inner tube(안의 튜브)

大 **inning** [íniŋ]

명 (야구의) 회(回)

▶ (in = 안에) + (ning = running 달리는) = inning(야구의 회)
선수들이 야구장 안에서 달리는 횟수

大 **innkeeper** [ínkìːpər]

명 여인숙 주인

▶ (inn = 여인숙) + (keeper = 소유주, 임자) = innkeeper(여인숙 주인)

高 **innocence** [ínəsns]

명 무죄, 결백, 천진난만

▶ innocen(t)(죄가 없는, 순진한) + ce(추상명사 어미) = innocence(무죄, 결백, 천진난만)

▶ the innocence of childhood 어린 시절의 천진난만함

高 **innocent** [ínəsnt]

형 순진한, 무지한; 결백한, 무죄의 명 멍청이

암 **순진한 멍청이**가 **이 넛슨 트**러서 **풀**처럼 **뽑다**.
(치아 넛(넷)은 틀어 / (innocent) / (pull))

▶ innocent of crime 죄를 짓지 않은

大 **innovate** [ínouvèit]

동 새롭게 하다, 혁신하다.

암 **이 노(老)배 이트**메 고쳐 **새롭게 [혁신]하다**.
(이(것) 늙은(낡은)배 이틈에 / (innovate))

高 **innovation** [inouvéiʃən]

명 (기술)혁신, 쇄신, 일신

▶ innovat(e)(새롭게 하다) + ion(명사 어미) = innovation([기술]혁신, 쇄신, 일신)

高 **innumerable** [injúːmərəbəl]

형 셀 수 없는, 무수한

▶ (not = in) + (numerable = 셀 수 있는) = innumerable(셀 수 없는, 무수한)

암 평화가 **인뉴 머러 블(佛)**에 **셀 수 없는 인복**을 **빌다**.
(인류 멀어 불(佛=부처)에 / (innumerable) / 인복(=사람의 복을) / (invok))

大 **inorganic** [ìnɔːrgǽnik]

형 생활기능이 없는, 무생물의

▶ (not = in) + (organic = 유기체의) = inorganic(생활기능이 없는, 무생물의)

高 **input** [ínpùt]

명 입력, 투입 동 [컴퓨터]입력하다.

▶ (안에 = in) + (put = 놓다, 넣다) = input(입력, 투입, 입력하다)

高 **inquire** [inkwáiər]

동 묻다, 조사하다; 안부를 묻다, 심문하다.

▶ (안에 = in) + (quire = 콰이어:찾다) = 심문[조사]하다

암 감방**안에 인(人) 콰이어**놓고 죄목을 **찾아** = **신문 [조사]하다**.

▶ He inquired where we were to meet.
그는 우리가 어디서 만날 것인지를 문의했다.

I

大	**inquirer** [inkwáiərər]	[명] 묻는 사람, 심문자, 탐구자 ▶ inquir(e)(묻다, 문의하다) + er(…사람) = inquirer(묻는 사람, 심문자, 탐구자)
大	**inquiring** [inkwáiəriŋ]	[형] 묻는, 조회하는, 탐구적인 ▶ inquir(e)(묻다, 문의하다) + ing(현재분사 어미) = inquiring(묻는, 조회하는, 탐구적인)
高	**inquiry** [inkwáiəri]	[명] 문의, 조회, 질문 ▶ inquir(e)(묻다, 문의하다) + y(명사 어미) = inquiry(문의, 조회, 질문) ▶ make an inquiry. 질문[문의]하다.
大	**inquisition** [ìnkwizíʃən]	[명] 조사, 심문, 엄한 문초 ▶ inqui(re)(묻다, 심문하다) + sition(명사를 만듦) = inquisition(조사, 심문, 엄한 문초)
大	**inquisitive** [inkwízitiv]	[형] 캐묻기 좋아하는, 호기심이 많은 ▶ inqui(re)(묻다, 문의하다) + sitive(형용사를 만듦) = inquisitive(캐묻기 좋아하는, 호기심이 많은)
高	**insane** [inséin]	[형] 미친, 제정신이 아닌 ▶ (not = in) + (sane = 제정신의) = insane(미친, 제정신이 아닌)
大	**insanity** [insǽnəti]	[명] 정신이상, 광증 ▶ insan(e)(미친, 제정신이 아닌) + ity(명사 어미) = insanity(정신이상, 광증)
大	**inscribe** [inskráib]	[타] (문자를)적다, 새기다, 파다. ▶ (안에 = in) + (scribe = 쓰다, 적다) = inscribe(…에 쓰다, 적다)
高	**inscription** [inskrípʃən]	[명] 비명(碑銘), 비문(碑文) ▶ inscri(be) → pt(쓰다, 적다) + ion(명사 어미) = inscription(비명(碑銘), 비문) ▶ decipher an inscription. 새겨진 글자를[비문을]해독하다.
高	**insect** [ínsekt]	[명] 곤충, (넓은 뜻으로)벌레, 곤충같은 인간 [암] 자린고비(Jaringobee; 더럽게 인색한 사람)처럼 인색트(insect; 인색두 한)한 곤충같은 인간. ▶ a swarm of (flying) insects (날)벌레의 무리 

大 **insensibility** [ínsènsibíləti]

㉢ 무감각, 무신경

▶ insensil + il(e)(무감각한, 무신경한) + ity(명사 어미) = insensibility(무감각, 무신경)

大 **insensible** [insénsibəl]

㉣ 무감각한, 의식이 없는, 무신경한

▶ (not = in) + (sensible = 감각이 있는) = insensible(무감각한, 의식이 없는)

암 **인(人)센씨블**(씹을)해도 **무감각한** 병신
(insensible)

大 **inseparable** [insépərəbəl]

㉣ 분리할 수 없는, 불가분의

▶ (not = in) + (separable = 분리할 수 있는) = inseparable(분리할 수 없는, 불가분의)

高 **insert** [insə́:rt]

㉡ 삽입하다, 끼워넣다. ㉢ 삽입물

사람이 서투르게
암 틀니를 **인(人)서트**르게 **삽입하다**.
(insert)

▶ insert a key into a lock.
자물쇠에 열쇠를 끼워 넣다.

大 **insertion** [insə:rʃən]

㉢ 게재, 삽입[물]

▶ insert(삽입하다, 끼워넣다) + ion(명사 어미) = insertion(게제, 삽입[물])

中 **inside** [insáid]

㉢ 안쪽, 내면, 내부

▶ (안에 = in) + (side = 쪽, 옆) = inside(안쪽, 내면, 내부[에])

▶ the inside of a box 상자의 안쪽

大 **insight** [ínsàit]

㉢ 통찰력, 식견

▶ (…을 = in) + (sight = 사이트:구경거리) = 식견, 통찰력

암 안경을 **인(人) 사 이 트**메(틈에)**구경거리**를 = **식견(통찰력)**있게보네
사람이 사서 이틈에

I

大 **insignificance** [ìnsignífikəns]

㉢ 무의미, 하찮음

▶ (not = in) + (significance = 의미) = insignificance(무의미, 하찮음)

암 찬이 (식으니)**시그니 피(皮) 컨 스**(수)저로 **의미**있게 짜르네.
(significance)

高 **insignificancy** [ìnsignífikənsi]

㉢ 무의미, 하찮음

▶ (not = in) + (significancy = 의미) = insigniticaney(무의미, 하찮음)

※ 위의 단어와 같은 뜻임

大 **insignificant** [ìnsignífikənt]

㉣ 무의미한, 하찮은

▶ insignifican(ce)[무의미, 하찮음] + (t = 형용사를 만듦) + insignificant(무의미한, 하찮은)

▶ an insignificant talk 하찮은(시시한)이야기

高 **insist** [insíst]

동 단언하다, 강요(주장)하다, 고집하다.

▶ (위에 = in) + (sist = 쉬스(手)트며 서서) = (견해를) 주장하다

위에 인(人) 쉬 스(手)트며(틀며)서서 = (견해를) 주장하다.
연단위에 사람이 쉬 수(손) 틀며

高 **insistence-ency** [insístəns] [-i]

명 주장, 강조, 강요

▶ insist(주장[강요]하다) + ence, ency(명사 어미) = insistence,-ency(주장, 강조, 강요)

大 **insistent** [insístənt]

명 주장하는, 강조하는, 강요하는

▶ insist(주장[강요]하다) + ent(형용사 어미) = insistent(주장하는, 강조하는, 강요하는)

大 **insolence** [ínsələns]

명 오만, 무례, 불손

▶ insoen(t)(오만한, 무례한, 불손한) + ce(명사 어미) = insolence(오만, 불례, 불손)

大 **insolent** [ínsələnt]

형 오만한, 무례한, 불손한

사람이 서른(삼십명)트기의
암 인(人) 서런 트기의 무례한 짓을 편니 쉬며 벌하다.
(insolent) (punish)

▶ an insolent boys. 오만한 소년들

大 **insoluble** [insáljubəl / -sɔ́l-]

형 녹지않는, 풀 수 없는

▶ (not = in) + (soluble = 녹는, 해결할 수 있는) = insoluble(녹지않는, 풀 수 없는)

高 **inspect** [inspect]

동 검열하다, 검사(조사)하다.

▶ (안에 = in) + (spect = 스(手)팩트;보다) = 중풍인가, 검사하다

암 방안에 인(人) 스(手)팩트러 지는것을 보고 중풍인가, 검사하다.
방안에 사람이 손이 팩!틀어 지는것을

高 **inspection** [inspékʃən]

명 정밀검사, 검사, 시찰, 점검

▶ inspect(검사하다) + ion(명사 어미) = inspection(검사, 시찰, 점검)

▶ Inspection declined(free). [게시] 열람 사절(자유).

大 **inspective** [inspéktiv]

형 사찰[검열]하는, 검열[검사]의

▶ inspect(검사하다, 검열하다) + ive(형용사 어미) = inspective(사찰[검열]하는, 검열[검사]의)

高 **inspector** [inspéktər]

명 검사자[관], 조사자[관], 검열관

▶ inspect(검사[검열]하다) + or(…사람) = inspector(검사자[관],조사자[관], 검열관)

▶ a fire inspector 화재 조사관

高 **inspiration**

[ìnspəréiʃən]

명 영감, 고취, 숨쉼

▶ inspir(e)숨을 들이쉬다, 고취하다) + ation(명사 어미) = inspiration(쉼쉼, 고취)

高 **inspire**

[inspáiər]

동 고무(격려)하다; (숨을)들이쉬다.

▶ (안에 = in) + (spire = 수(數)파이어:호흡하다) = (숨을)들이쉬다

암 코안에 인(人) 스(數)파이어놓고 호흡하느라 = (숨을) 들이쉬다.
코안에 인이 수개의 파이어놓고

大 **instal(l)**

[instɔ́:l]

동 장치(설치)하다, 취임시키다.

▶ (위에 = in) + (stall = 스톨:놓다) = 장치(설치)하다

암 작업대 위에 인(人) + 스톨(숫돌)을 놓아 = 장치(설치)하다.

大 **installation**

[ìnstəléiʃən]

명 취임, 설치, 장치

▶ install(취임시키다, 설치하다) + ation(명사 어미) = installation(취임, 설치, 장치)

大 **instal(l)ment**

[instɔ́:lmənt]

명 할부, 분할, 불입금

▶ instal(l)(설치하다) + ment(명사 어미) → 대금의 분할 불입 제도를 설치하다 = instal(l)ment(할부, 분할, 불입금)

▶ pay an instal(l)ment. 1회분 분납금(불입금)을 지불하다.

高 **instance**

[ínstəns]

명 실례, 보기, 경우

▶ instan(t)(즉석, 즉시) + ce(명사 어미) → 즉석(즉시)볼 수 있는것 = instance(보기, 실례)

▶ in rare instances 드문 경우에

高 **instant**

[ínstənt]

형 즉시의, 즉석의 명 즉시, 순간, 즉석

▶ (가까이 = in) + (stant = 스턴트:서다) = 즉시, 즉석

가까이에 인 스턴트 식품을 두어서서 = 즉시, 즉석에서

▶ in an instant 즉시 순식간에

大 **instantaneous**

[ìnstəntéiniəs]

형 즉시(즉석)의

▶ instant(즉시, 즉석) + aneous(애인이 어스) → 즉시(즉석)에 = instantaneous(즉시[즉석]의)

高 **instantly**

[ínstəntli]

부 당장에, 즉시로 접 …하자마자

▶ instant(즉시, 즉석) + ly(부사 어미) = instantly(당장에, 즉시로, …하자마자)

▶ be instantly killed. 즉사하다.

中 **instead**

[instéd]

부 (~의)대신에, 그 대신에

사람이 수태(아이뱀이) 들어나니
암 인 스태(受胎)드러나니 그 대신에 개인이 돈을 벌다.
(instead) (gain)

▶ Give me this instead. 그 대신에 이것을 주시오.

高	**instinct** [ínstiŋkt]	㉮ 본능; 천성 , 타고난 재능 ㉯ (생기)가득찬 사람이 스핑크스(=sphinx)를 연상하여 기억할 것 **암 인(人) 스팅크트**에 나타낸 **(생기)가득찬 본능**. (instinct) ▶ the instinct for survival 생존 본능 
高	**instinctive** [instíŋktiv]	㉯ 본능적인, 직감적인 ▶ instinct(본능) + ive(…적인, 형용사 어미) = instinctive(본능적인, 직감적인)
大	**instinctively** [instíŋktivli]	㊄ 본능적으로, 직감적으로 ▶ instinctive(본능적인, 직감적인) + ly(부사를 만듦) = instinctively(본능적으로, 직감적으로)
高	**institute** [ínstətjùːt]	㊅ 설립하다, 만들다. ㉮ 연구소, 협회 사람이 여러 터에 투우 틀어보게 **암 인(人) 수(數)터 튜우 트**러보게 (투우)**협회**를 **설립하다**. (institute) ▶ a cancer research institute. 암 연구소. 
高	**institution** [ìnstətjúːʃən]	㉮ 제정, 제도, 설립, 학회, 법령 ▶ institut(e)(설립하다) + ion(명사 어미) = institution(설립, 학회, 제도, 법령) ▶ a medical institution 의학회
大	**institutional** [ìnstətjúːʃənəl]	㉯ 제도상의, 제도적인 ▶ institution(제도, 설립) + al(…의, …적인) = institutional(제도상의, 제도적인)
高	**instruct** [instrʌ́kt]	㊅ 가르치다, 지시하다, 명령하다, 교육하다. 인수씨가 트럭 트는(운전하는) **암 인스 트럭 트**는 법을 **가르치다. 교육하다**. (instruct) ▶ instruct the young. 젊은이들을 가르치다. 
高	**instruction** [instrʌ́kʃən]	㉮ 교육, 지시, 훈련, 교훈 ▶ instruct(가르치다, 교육하다) + ion(명사 어미) = instruction(교육, 지시, 훈련, 교훈) ▶ advanced instruction 고등교육
高	**instructive** [instrʌ́ktiv]	㉯ 교육적인, 유익한 ▶ instruct(가르치다, 교육하다) + ive(…한 경향, 성질을 가진) = instructive(교육적인, 유익한)
高	**instructor** [instrʌ́ktər]	㉮ 교사, 선생, 강사, 지도자 ▶ instruct (가르치다 ,교육하다) + or(…사람) = instructor(교사, 선생, 강사, 지도자) ▶ an instructor in physics 물리학 강사

高 **instrument**
[ínstrəmənt]

명 수단; 연장, 도구, 기구, 악기

인수(仁秀)씨가 트루먼 대통령이 틀던(연주하던)
암 **인스(仁秀) 트루먼 트**던 **악기**를 **두들**겨 **멋대로 연주하다.**
(instrument) (doodle)

▶ play an instrument 악기를 연주하다.

大 **instrumental**
[ìnstrəméntl]

형 기계의, 수단이 되는

▶ instrument(도구, 수단) + al(형용사 어미) = instrumental(기계의, 수단이 되는)

大 **insufficient**
[ìnsəfíʃənt]

형 불충분한, 부적당한

▶ (not = in) + (sufficient = 충분한) = insufficient(불충분한, 부적당한)

大 **insular**
[ínsələr]

형 섬의, 섬나라 특유의, 섬나라 근성의

사람이 서로
암 **섬나라 특유의 근성**으로 **인(人)서러 자바** 인이 **러브하다.**
(insular) (Java) (love)

高 **insult**
[ínsʌlt]

동 모욕하다. 명 모욕

인(사람) 살 틀어
암 **마담**이 **인(人)살 트**러가며 **모욕하다.**
(madam) (insult)

▶ He always insults pepole.
그는 항상 사람들을 모욕한다.

高 **insurance**
[inʃúərəns]

명 보험, 보험금, 보험 계약

▶ insur(e)(보험에 들다) + ance(명사 어미) = insurance(보험, 보험금)

▶ She works in insurance. 그녀는 보험일을 한다.

高 **insure**
[inʃúər]

동 보험에 걸다, 보험에 가입하다, 보증하다..

▶ (…으로 = in) + (sure = 슈어(數魚):확실한) = 보증하다

암 (보험가입)**으로 인(人) 슈어(數魚)**를 **확실한 = 보증하다.**
인(人)이 수어(여러고기)를

大 **intake**
[íntèik]

명 받아들이는 입구[주둥이], 통풍 구멍

▶ (…안에 in) + (take = 잡다, 받다) = intake(받아들이는 입구[주둥이])

大 **intangible**
[intǽndʒəbəl]

형 만질 수 없는, 만져서 알 수 없는

▶ (not = in) + (tangible = 만질 수 있는) = intangible(만질 수 없는, 만져서 알 수 없는)

高 **intellect**
[íntəlèkt]

명 지성, 이성, 지력, 지식인, 인텔리

인(사람)털에서 액(즙) 틀어
암 **지식인**이 **인(人)털 액(液) 트**러 **지력**으로 **DNA**를 분석해
(intellect) (DNA)

高 **intellectual** [ìntəléktʃuəl]

명 지식인 형 지적인, 지력의

▶ intellect(지력, 지성) + ual(= al 형용사 어미, …의) = intellectual(지적인, 지력의)

▶ the intellectual class 지식 계급

大 **intellectually** [ìntəléktʃuəli]

부 (이)지적으로

▶ intellectual(지적인, 지력의) + ly(부사 어미) = intellectually([이]지적으로)

大 **intelligence** [intélədʒəns]

명 지력, 총명 정보, 지능, 이지

(지식인=)인텔리가 전수(전하여 받음)

암 **컴퓨터**로 **인텔리 전스(傳受)**한 **정보**.

(computer) (intelligence)

高 **intelligent** [intélədʒənt]

형 지적인, 영리한, 재치있는

▶ intelligen(ce)(지력, 총명, 정보, 지능) + t(형용사를 만듦) = intelligent(지적인, 영리한, 재치있는)

▶ Be a bit more intelligent. 좀 더 영리하게 행동해라.

大 **Intelsat** [íntelsæ̀t]

명 인텔샛, 국제 전기 통신 위성, 인텔샛의 통신 위성

高 **intend** [inténd]

동 ~할 작정이다, ~하고자 하다.

사람이 탠달러를 들고

암 **쇼핑**을 **인(人) 탠(ten)드**고 **하고자 하다**.

(shopping) (intend)

▶ I intend to go with him.
나는 그와 같이 갈 생각이다.

大 **intended** [inténdid]

형 기도[의도]된, 고의의, 예정된

▶ intend(…하고자하다) + ed(형용사를 만듦) = intended(기도[의도]된, 고의의, 예정된)

高 **intense** [inténs]

형 강렬한, 격렬한, 열심인

사람이 열(ten) 수(손가락으로)

암 **인(人) 탠스(手)**로 **강렬한 마사지하다**.

(intense) (massage)

▶ intense love 열애, 격렬한 연애

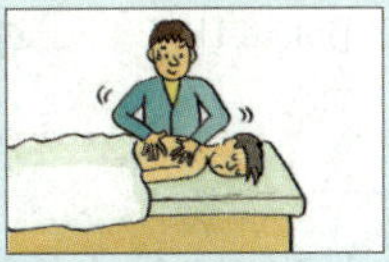

高 **intensify** [inténsəfài]

동 세게 하다, 강렬하게 하다

▶ intens(e)(강렬한) + ify(= fy …화하다) = intensify(세게하다, 강렬하게 하다)

高 **intensity** [inténsəti]

명 강렬함, 강도(强度), 효력

▶ intens(e)(강렬한) + ity(명사 어미) = intensity(강렬함, 강도(强度), 효력)

高

intensive

[inténsiv]

형 강한, 격렬한, (문법)강조의

▶ intens(e)(강렬한) + ive(형용사 어미) = intensive(강한, 격렬한, [문법]강조의)

高

intent

[intént]

명 의지, 의향 형 열중한, 열심인

▶ inten(d)(…할 작정이다, ~하고자 하다) + t(= th, 명사를 만듦) = intent(의지, 의향)

▶ I did it with good intent. 나는 좋은 의도로 그런 것이였다.

高

intention

[inténʃən]

명 의사, 의향, 의지, 취지

▶ intent(의향) + ion(명사 어미) = intention(의사, 의향, 의지, 취지)

▶ It's not my intention to call her. 그녀를 부른 것은 내 의향이 아니다.

高

intentional

[inténʃənəl]

형 계획적인, 고의의

▶ intention(의사, 의향, 의지) + al(…의) = intentional(계획적인, 고의의)

大

intercept

[ìntərsépt]

타 가로채다, 가로막다.

▶ (사이에 = inter) + (cept = 잡다) → 사이에서 잡아 가로채다 = intercept(가로채다, 가로막다)

高

interchange

[ìntərtʃéindʒ]

동 교환하다, 바꾸다.

암 (상호간에 = inter) + (change = 바꾸다)

→ 상호간에 서로 바꾸고 교환하다 = interchange(교환하다, 바꾸다)

高

intercourse

[ìntərkɔ̀ːrs]

명 교제, 교섭, 교통, 성교

▶ (상호간에 = inter) + (course = 진행, 방향, 진로) = intercourse(교제, 교섭, 교통, 성교)

▶ sexual intercourse 성교, social intercourse 사교

中

interest

[íntərèst]

명 흥미 동 흥미를 갖게 하다.

암 바버(바보) 이발사가 인 털에(사람 털에) 스트르니(서투르니) 흥미를 갖게 하다.

(baber) (interest)

▶ take a fresh interest in life. 인생에 새로운 흥취를 느끼다.

高

interested

[íntərestid]

형 흥미를 가진, 사심이 있는

▶ interest(흥미를 갖게 하다) + ed(형용사를 만듦) = interested(흥미를 가진, 사심이 있는)

▶ deeply [greatly]interested 매우[크게]관심이 있는

中

interesting

[ínt(ə)rèstiŋ]

형 흥미있는, 재미있는

▶ interest(흥미) + ing(현재분사 어미) = interesting(흥미있는, 재미있는)

▶ an interesting book 흥미있는 책

高

interfere
[ìntərfíər]

㊀ 해치다, 방해하다, 간섭하다.

사람이 흙을 펴가며

암 **골프**를 **인(人)터 피어**가며 **방해하다**.
(golf) (interfere)

▶ Don't interfere with my business.
내 일을 방해하지 마라.

高

interference
[ìntərfíərəns]

㊂ 방해, 훼방, 간섭

▶ interfer(e)(방해[간섭]하다) + ence(명사 어미) = interference(방해, 훼방, 간섭)

大

interim
[íntərim]

㊃ 한동안, 잠시, 당분간의

사람이 터를 임시로

암 **인(人) 터 임**시로 **한동안 바리케이드**로 **막다**.
(interim) (barricade)

高

interior
[intíəriər]

㊃ 내륙의, 안쪽의 ㊂ 실내 장식, 내부

암 **내부**의 **실내 장식 이티리어(인테리어)(= interior)**.

▶ the interior of a Korean house. 한국 가옥의 내부

大

interject
[ìntərdʒékt]

㊀ 사이에 끼워넣다, (말을)불쑥 끼워 넣다.

▶ (사이에끼 = inter) + (ject = 젝트:던지다) = interject(사이에 끼워넣다)

※ **사이에** 끼**인 터**에 **젝트**기로 구호품을 **던져서** = **인터잭트**(사이에 기워넣다)

大

interjection
[ìntərdʒékʃən]

㊂ (말을 갑자기 끼워 넣듯)갑자기 지르는 소리, 감탄사

▶ interject([말을]불쑥 끼워넣다) + ion(명사 어미) = interjection(갑자기 지르는 소리, 감탄사)

大

interlude
[íntərlù:d]

㊂ 사이, 중간, 쉬는 짬

인(人)이 터로 들어가

암 **인(人)터루 드**러가 **쉬는 짬 사이**에도 **게임을 하다**.
(interlude) (game)

高

intermingle
[ìntərmíŋgəl]

㊀ 섞다, 혼합하다

인(人)이 터를 밍글밍글

암 롤러로 **인(人)터 밍글**밍글 **섞어 혼합하다**.
(intermingle)

大

intern
[intə́:rn]

㊂ (수련의사) 인턴

암 (대학 병원의) **수련의사 인턴**
(intern)

高

internal
[intə́:rnl]

㊃ 내부의, 국내의

인(사람)이 터널(=tunnel)을 연상하여 기억할 것

암 **인(人) 터널 내부의** 바닥을 **아스팔트**로 **포장하다**.
(internal) (asphalt)

▶ internal troubles 내분

中 **international** [ìntərnǽʃən(ə)l]

[형] 국제적인, 국제의

▶ inter(속, 사이) + national(국가의) = international(국제적이, 국제의)

大 **interpose** [ìntərpóuz]

[동] 삽입하다, 중재하다.

▶ (사이, 속 = inter) + (pose = 놓다, 두다) = interpose(삽입하다, 중재하다)

高 **interpret** [intə́ːrprit]

[동] 해석하다, 통역하다.

[암] 가물어 **인(人)터 풀 릿**따라 말라씀을 **해석(통역)하다.**
(인(人)이 땅과풀 잇따라 / interpret)

▶ He interpreted those signs to me.
그는 그 부호를 나에게 풀어 주었다.

高 **interpretation** [intə̀ːrpritèiʃən]

[명] 해석, 통역, 연출

▶ interpret(해석하다, 통역하다) + ation(명사 어미) = interpretation(해석, 통역)

▶ His interpretation of 'Macbeth' was brilliant.
그의 "맥베스"연출은 훌륭했다.

高 **interpreter** [intə́ːrpritər]

[명] 해석자, 설명자, 통역관

▶ interpret(해석[통역]하다) + er(…사람) = interpreter(해석자, 설명자, 통역관)

▶ a conference interpreter 회의의 통역사

大 **interrogate** [intérəgèit]

[동] 심문(문초)하다, 질문하다.

[암] **스파이**를 **인(人) 퇴로(退路) 게이트**(문)에서 잡아 **심문하다.**
(사람이 후퇴하는 길목 문(=gate)에서 잡아 / spy / interrogate)

高 **interrogation** [intèrəgéiʃən]

[명] 질문, 심문, 의문

▶ interrogat(e)(심문[질문]하다) + ion(명사 어미) = interrogation(질문, 심문, 의문)

▶ a police interrogation 경찰의 심문

高 **interrogation mark** [intèrəgéiʃən mɑːrk]

[명] 물음표

▶ interrogation(질문, 물음) + mark(표, 마크) = interrogation mark(물음표)

高 **interrogative** [ìntərɑ́gətiv]

[형] 의문의 [명] (문법) 의문사

▶ interrogat(e)(심문[질문]하다) + ive(형용사 어미) = interrogative(의문의, [문법]의)

▶ an interrogative sentence 의문문

高 **interrupt** [ìntərʌ́pt]

[동] 저지하다; 가로막다, 중단하다, 훼방놓다.

[암] 작업을 **인(人) 터 럽트**리어 **저지하다. 가로막다.**
(인(人)이 터에 엎드리어 / interrupt)

▶ The house interrupts the view.
그 집이 전망을 가로막고 있다.

I

大 **interrupted** [ìntərʌ́ptid]

[형] 중단된, 끊긴, 가로막힌

▶ interrupt(방해[중단]하다) + ed(형용사를 만듦) = interrupted(중단된, 끊긴, 가로막힌)

高 **interruption** [ìntərʌ́pʃən]

[명] 중단, 방해, 가로막음

▶ interrupt(방해하다, 중단하다) + ion(명사 어미) = interruption(방해, 중단, 가로막음)

▶ He spoke for 30 minutes without interruption.
그는 쉼없이 30분 동안 이야기했다.

大 **interstate** [íntərstèit]

[형] 각주간의, 주 사이의

▶ (사이, 사이의 = inter) + (state = 주.州) = interstate(각주간의, 주 사이의)

高 **interval** [íntərvəl]

[명] 간격, 틈 사이, 거리

인(人)이 땅이 벌어진
[암] **인(人)터 벌**어진 **사이 틈**에 **콘크리트를 치다**.
(interval) (concrete)

▶ in the intervals of one's business
일하는 틈틈이

高 **intervene** [ìntərvíːn]

[동] 사이에 일어나다, 중재하다, 개입하다, 사이에 들다(끼어 들다).

인(人)이 터빈(=터가 빈)
[암] **파킹**하려고 **인(人)터 빈 사이에 끼어들다**.
(parking) (intervene)

▶ intervene between …사이를 중재하다.

大 **intervention** [ìntərvénʃən]

[명] 사이에 듦, 간섭, 중재

▶ interven(e)(사이에 들다, 방해[중재]하다) + tion(명사 어미) = intervention(사이에 듦, 간섭, 중재)

高 **interview** [íntərvjùː]

[명] 회견, 접견 [동] 회견(면접)하다.

▶ (상호, 서로 = inter) + (view = 보다) = interview(면접하다)

[암] **인터뷰**하여 **면접(면담)하다**.
(interview)

▶ a job interview 취업, 면접

大 **intimacy** [íntiməsi]

[명] 친밀함, 친교

▶ intima(te)(친밀한) + cy(명사 어미) = intimacy(친밀함, 친교)

高 **intimate** [íntimit]

[형] 친한, 친밀한 [명] 친구 [타] 알리다, 암시하다.

인(人)이 티셔츠 밑으로
[암] **마담**께 **인(人) 티(T) 미트**로 들어가 **친한 친구**사이임을 **암시하다**.
(madam) (intimate)

▶ intimate friendship 친교, 친밀한 사귐

中 **into** [íntu, íntə]

[전] 안[속]으로[에], ~으로(되다)

▶ throw it into the river. 그것을 강 속에 던지다.

I

大 **intolerable** [intάlərəbəl / -tɔ́l-]

[형] 견딜(참을 용납할)수 없는

▶ (not = in) + (tolerable = 참을 수 있는) = intolerable(참을 수 없는)

사람 타려고 너 불러

[암] **인(人) 타려 러 불**러 밟는 것은 **참을 수 없는** 일이지.

(intolerable)

高 **intonation** [ìnto(u)néiʃ(ə)n]

[명] (소리의) 억양, 어조, 이토네이션

▶ a falling(rising)intonation 하강(상승)조

大 **intoxicate** [intάksikèit / -tɔ́ksi-]

[타] 취하게(중독케)하다.

인이 톡!쏘는 식혜 이 (2) 트기에게

[암] **인(人) 톡 식 케 이(2) 트**기에게 먹여 **취하게(중독케)하다.**

(intoxicate)

高 **intransitive** [intrǽnsətiv]

[형] 자동의, 자동사의

사람을 틀애는 서(서)집으며 수(손)으로

[암] **자동의** 힘으로 **인(人) 틀앤 서 티브**며 **스(手)로 던지다.**

(intransitive) (throw)

▶ an intransitive verb

高 **intransitive verb** [intrǽnsətiv və:rb]

[명] 자동사 ((略)) vi

▶ intransitive(자동의) + verb(동사) = intransitive verb(자동사)

大 **intricate** [íntrəkit / intrikət]

[형] 복잡한, 뒤얽힌, 난해한

인체(몸=틀이) 겉으로는

[암] **복잡한, 인(人)트리 커트**로는 몰라 **엑스 레이로 검사하다.**

(intricate) (X-ray)

中 **introduce** [ìntrədjú:s]

[동] 소개하다, 전하다, 수입하다.

▶ (안에 = intro) + (duce = 듀스:이끌다) = 소개하다

[암] **안에** 믹서기를 **인트러 듀스(數)**만에 **이끌어** 소개하다.

안에 믹서기를 인 틀어 한수 두수 만에

高 **introducer** [ìntrədjú:s]

[명] 소개자, 수입자, 창시자

▶ introduc(e)(소개[수입]하다) + er(…한 사람) = introducer(소개자, 수입자, 창시자)

高 **introduction** [ìntrədʌ́kʃən]

[명] 소개, 도입, 서론

▶ introduc(e)(도입[소개]하다) + tion(명사 어미) = introduction(도입, 소개, 서론)

▶ a letter of introduction 소개장

大 **introductive** [ìntrədʌ́ktiv]

[형] 소개의, 서론의

▶ introduct(ion)(소개, 서론) + ive(형용사 어미) = introductive(소개의, 서론의)

I

大 **introductory** [ìntrədʌ́ktəri]

[형] 소개의, 서론의

▶ introduct(ion)(소개, 서론) + ory(형용사 어미) = introductory(소개의, 서론의)

高 **intrude** [intrú:d]

[동] 밀어넣다, 강요하다, 칩입하다.

인(人) 트루(=true 진심)을
[암] 키스를 인(人) 트루 드러(들어)내 강요하다(밀어넣다).
(kiss) (intrude)

▶ You must not intrude your opinions upon others.
자기의 의견을 남에게 강요해서는 안된다.

大 **intruder** [intrú:dər]

[명] 침입자, 난입자

▶ intrud(e)(침입하다) + er(…사람) = intruder(침입자, 난입자)

大 **intrusion** [intrú:ʒən]

[명] 강요, 침입

▶ intru(de)(침입하다, 강요하다) + sion(명사 어미) = intrusion(강요, 침입)

高 **invade** [invéid]

[동] 침략하다; 침범(엄습)하다; 습격하다.

인을 베 이들을
[암] 놈들이 칼로 인(人) 베 이드를 침략(습격)하다.
(cull) (invade)

▶ Terror invaded our minds.
우리 마음은 공포에 휩싸였다.

高 **invalid** [ínvəlid]

[형] 병약한, 허약한 [명] 병자, 병약자

▶ (not = in) + (valid = 타당한, 유효한 정당한) → 건강이 유효하지 않는 = invalid(병약한, 허약한, 병약자)

大 **invaluable** [invǽljuəbəl]

[형] 극히 귀중한, 매우 귀중한

▶ (안이, 안에 = in) + (valuable = 값비싼, 귀중한) = invaluable(극히 귀중한, 매우 귀중한)

大 **invariable** [invέəriəbəl]

[형] 변화하지 않는, 불변의

▶ (not = in) + (variable = 변하기 쉬운) = invariable(변화하지 않는, 불변의)

高 **invariably** [invέəriəbli]

[부] 변함 없이, 항상

▶ invariab(le)(불변의) + ly(부사를 만듦) = invariably(변함 없이)

大 **invasion** [invéiʒən]

[명] 침입, 침해

▶ inva(de)(침입[침해]하다) + sion(명사 어미) = invasion(침입, 침해)

I

中 **invent** [invént]

㉯ 발명하다, 고민하다

암 돌출부 젓꼭지들 인(人) 밴 트기가 고안하다.
(jut) (invent)

▶ Who invented the airplane?
누가 비행기를 발명했니?

高 **invention** [invénʃən]

㉫ 발명(품);꾸며낸 이야기

▶ invent(고안하다) + ion(명사 어미) = invention(발명(품))

▶ register an invention 발명품을 등록하다.

大 **inventive** [invéntiv]

㉬ 발명의, 창작의

▶ invent(고안[발명]하다) + ive(…의, 형용사 어미) = inventive(발명의, 창작의)

高 **inventor, -venter** [invéntər]

㉫ 발명가, 발명자

▶ invent(발명하다) + or,er(…사람) = inventor(er)(발명가, 발명자)

▶ a great inventor 위대한 발명가

大 **inventory** [ínvəntɔ̀:ri / -təri]

㉫ 목록, 재고품

▶ invent(발명하다) + ory(…하는 곳에 있는 것들) → 발명하는 곳, 연구실에 있는 = inventory(목록, 재고품)

大 **inversion** [invə́:rʒən / -ʃən]

㉫ 역, 전도, 정반대

▶ inver(t)(거꾸로 하다, 뒤집다) + sion(명사 어미) = inversion(역, 전도, 정반대)

大 **invert** [invə́:rt]

㉯ 거꾸로(반대로)하다, 뒤집다.

사람이 벗드니
암 셔츠를 인(人) 버트니 거꾸로(반대로)하다.
(shirt) (invert)

高 **invest** [invést]

㉯ 투자하다, (시간, 재능을)들이다, 바치다.

사람이 보내는 물을 틀어
암 인(人) 배스(配水) 트러 정수하는데 (많은, 돈을) 투자하다.
(invest)

▶ He invested his money in stocks
그는 주식에 돈을 투자했다

高 **investigate** [invéstigèit]

㉯ 조사하다, 연구하다.

국민 총생산을 사람이 배수(갑절)로 튀게 이틈에
암 지엔피를 인 배스(倍數) 튀게 이트메 연구하다.
(GNP) (investigate)

▶ He is investigating a murder case.
그는 살인 사건을 조사하고 있다.

高 **investigation** [invèstigéiʃən]

㉫ 연구, 조사

▶ investigat(e)(연구[조사]하다) + ion(명사 어미) = investigation(연구, 조사)

I

大 **investigator** [invéstigèitər]

㉠ 조사자, 연구자

▶ investigat(e)(조사[연구]하다) + or(…사람) = investigator(조사자, 연구자)

高 **investment** [invéstmənt]

㉠ 투자, 투자액, 포위

▶ invest(투자하다) + ment(명사 어미) = investment(투자, 투자액, 포위)

▶ a good investment 유리한 투자

大 **investor** [invéstər]

㉠ 투자자

▶ invest(투자하다) + or(…사람) = investor(투자자)

大 **invincible** [invínsəbəl]

㉡ 이길 수 없는, 무적의

▶ (not = in) + (vincible = 이길 수 있는) = 이길수 없는

㉢ 갱이 **빈섭블**(삽을)써 **이길수 있는** 자와 **파이트(싸움)하다.**
(vincible) (fight)

高 **invisible** [invízibəl]

㉡ 눈에 보이지 않는

▶ (not = in) + (visible = 보이는) = invisible(눈에 보이지 않는)

高 **invitation** [ìnvətéiʃən]

㉠ 초대, 안내(장); 유혹

▶ invit(e)(초대하다) + ation(명사를 만듦) = invitation(초대, 안내(장), 유혹)

▶ invitation card 초대(장)카드

中 **invite** [inváit]

㉣ (사람을)초청하다, 초대하다.

사람을 봐 이(두) 트기도

㉢ **파티**에 **인(人)봐 이(二)트**기도 **초대하다.**
(party) (invite)

高 **invoice** [ínvɔis]

㉠ 인보이스, 송장(送狀) ㉤ (화물을) 적송(積送)하다.

사람이 보이스(목소리)를

㉢ **인(人) 보이스**를 높여 **송장**에 맞게**(화물을)적송하다.**
(invoice)

大 **invoke** [invóuk]

㉣ (신, 법에)호소하다, 간청하다, 빌다.

▶ **유태인**이 **주**께 **인(人)복**을 **간청(호소)하다.**
(Jew) (invoke)

大 **involuntary** [inválәntèri / -vɔ́ləntəri]

㉡ 무심결의, 본의 아닌, 자발적이 아닌

▶ (not = in) + (voluntary = 자발적인)
= involuntary(자발적이 아닌)

사람이 볼은 터리(=털다)

㉢ **무심결에 인(人)볼런 터리.**
(involuntary)

高	**involve** [inválv]	ⓓ ~을 포함하다; 휩쓸어 넣다, 관련시키다. ▶ in(= into) + vole(= roll 회전하다) = involve(휩쓸어 넣다) 암 먹같은 오물을 인(人)발브며 휩쓸어 넣다. (검은 먹같은 (muck) / 사람이 밟으며 (involve)) 
高	**involved** [inválvd / -vɔ́lv]	형 복잡한, 뒤얽힌 ▶ involv(e)(포함하다, 말려들게 하다) + ed(형용사를 만듦) = involved(복잡한, 뒤얽힌)
大	**involvement** [inválvmənt / -vɔ́lv]	명 말려듦, 관련, 연루 ▶ involve(포함하다, 말려들게 하다) + ment(명사 어미) = involvement(말려듦, 관련, 연루)
高	**inward** [ínwərd]	형 내부의 부 안으로, 내부에 ▶ in + ward(~의 방향으로) = inward(안으로) 암 성 안으로 인(人) 워드 슬라 이 트기를 본체 만체 하다. (인(人)이 와도 (inward) / 순라군 2 트기를 (slight)) 
高	**inwardly** [ínwərdli]	부 내부에, 안쪽에 ▶ inward(내부의) + ly(부사 어미) = inwardly(내부에, 안쪽에)
大	**IOC**	국제 올림픽 위원회(Internation Olympic Committee)
大	**Iowa** [áiəwə]	아이오와주(미국 중부의 주) ((略 Ia, IA)
高	**Ireland** [áiərlənd]	아일랜드(나라 이름)
大	**iris** [áiəris]	명 (눈알의)홍채, 무지개, 아이어리스, 꽃창포 ▶ (붓꽃과에 속하는)꽃창포 따위의 식물 아이어리스
高	**Irish** [áiəriʃ]	형 아일랜드의, 아일랜드 사람의 ▶ (아일란드 = Ir[eland]) + (ish = …의) = Irish(아일랜드의, 아일랜드, 사람의)

中 **iron**
[áiərn]

명 철, 다리미 동 다림질하다.

암 **아이 언**제나 **철 다리미**로 **다림질하다**.
(iron)

▶ Strike while the iron is hot.
쇠는 뜨거운 때 두드려라.

高 **ironic, ironical**
[airάnik / -rɔ́n-]

형 비꼬는, 풍자적인

▶ iron(y)(반어, 빈정됨) + ic, ical(…의) = ironic, ironical(비꼬는, 풍자적인)

高 **irony**
[áirəni]

명 아이러니, 반어(법), 비꼬기, 빈정댐

아이 려니
암 그는 **비꼬기** 잘 하는 **아이 러니**하며 **비웃음 지어**.
(irony) (jeer)

▶ the irony of fate 운명의 장난, 기연(奇緣)

高 **irrational**
[iræ̃ʃənəl]

형 불합리한, 이성이 없는

▶ (ir = not) + (rational 합리적인) = irrational(불합리한)

오래 선을
암 (여자가) 오**래 선녈(= rational)합리적**으로 보다.

高 **irregular**
[irégjələr]

명 비정규병(군) 형 불규칙한, 변칙의, 불법의

▶ (not = ir) + (regular = 규칙적인)
= irregular(불규칙한, 비정규병)

칠일간 굴러
암 **비정규병**이 **이레 귤러**가며 **불규칙한** 훈련하네.
(irregular)

大 **irregularity**
[irègjəlǽrəti]

명 불규칙

▶ irregular(불규칙한) + ity(명사 어미) = irregularity(불규칙)

高 **irresponsible**
[ìrispάnsəbəl]

형 책임이 없는, 무책임한

▶ (not = ir) + (responsible = 책임 있는) = irresponsible(무책임한)

이씨가 라씨의 수판, 삽을 수(손)으로
암 **무책임한 이(李)리(李) 스판서블 스(手)로 팽개치다**.
(irresponsible) (throw)

大 **irrigate**
[írigèit]

동 물을 대다, 관개하다.

(조리로) 이리게 이 틈에
암 쌀을 **이리게 이트**메 **물을 대다**.
(irrigate)

大 **irrigation**
[ìrigéiʃən]

명 물을 댐, 관개

▶ irrigat(e)(물을 대다) + ion(명사 어미) = irrigation(물을 댐, 관개)

大 **irrigative**
[írigèitiv]

형 관개의, 관개용의

▶ irrigat(e)(물을 대다, 관개하다) + ive(형용사 어미) = irrigative(관개의, 관개용의)

大 **irritable**
[íritəbəl]

Ⓗ 화를 곧잘 내는, (자극에) 과민한

▶ irrit(ate)(화나게 하다) + able(형용사 어미, …잘하는) = irritable(화를 곧잘 내는, [자극에] 과민한)

高 **irritate**
[iritèit]

Ⓢ 초초해하다, 노하다, 화나게 하다.

암 **이리 태 이트**메 감겨 **초조해하다.(화나게 하다)**
(태줄에(큰줄에) 이틈에 / irritate)

▶ Your nagging irritates me.
너의 잔소리가 나를 짜증나게 한다

大 **irritating**
[iritèitiŋ]

Ⓗ 화나게 하는, 약올리는

▶ irritat(e)(화나게 하다) + ing(현재분사 어미) = irritating(화나게 하는, 약올리는)

高 **irritation**
[ìritéiʃən]

Ⓜ 성급함, 격노, 자극

▶ irritat(e)(화나게 하다) + ion(명사 어미) = irritation(성급함, 격노, 자극)

大 **Islam**
[islá:m / iz-]

Ⓜ 이슬람교(회교)

中 **island**
[áilənd]

Ⓜ 섬

암 **아일랜드 섬**을
(island)

▶ They live on a small island. 그들은 작은 섬에서 살고 있다.

高 **isle**
[ail]

Ⓜ 섬, 작은 섬

암 **작은 섬 아일 미스**가 **배어 참고 견디다, 낳다.**
(아이를 / isle / Miss / bear)

▶ the British Isle 영국제도

大 **islet**
[áilit]

Ⓜ 작은 섬

암 **작은 섬 아일 잇**따라 **배어 참다**가 **낳다.**
(아이를 잇따라 / islet / bear)

中 **isn't**
[íznət]

is not의 간약형

高 **isolate**
[áisəlèit / ísə-]

Ⓢ 고립시키다, 분리하다, 격리시키다,
(전기, 기구를)절연하다.

암 폭설로 **아이 설에 이트**리나 **고립시키다.**
(아이를 설날에 이틀이나 / isolate)

▶ The village was isolat.ed by heavy snow.
그 마을은 대설로 고립되었다.

大	**isolated** [áisəlèitid]	ⓗ 고립된, 격리된 ▶ isolat(e)(고립[격리]시키다) + ed(형용사 어미) = isolated(고립된, 격리된)
高	**isolation** [àisəléiʃən]	ⓜ 고립, 격리 ▶ isolat(e)(고립[격리]시키다) + ion(명사 어미) = isolation(고립, 격리) ▶ an isolation ward 격리 병동
大	**Israel** [ízriəl, -reiəl]	이스라엘(나라 이름)
高	**issue** [íʃuː]	ⓜ 발행, 간행물, 문제점 ⓓ 발행하다. 암 **간행물**을 **발행하다**가 **문제점**이 **이슈?** (있수? / issue) ▶ It is an international issue. 그것은 국제 문제다.
中	**it** [it]	ⓓ 그것은, 그것이, 그것에, 그것을 ▶ He took a stone and threw it. 그는 돌을 주워(그것을) 던졌다.
高	**Italian** [Italian]	ⓗ 이탈리아의 ⓜ 이탈리아 사람(말) ▶ Ital(y)(이태리) + ian(= an …의, …사람) = Italian(이탈리아의, 이탈리아 사람[말])
大	**italic** [itǽlik]	ⓗ 이태릭체의 ▶ Ital(y)(이태리) + ic(…의) = italic(이태릭체의)
大	**italicize** [itǽləsàiz]	ⓣ 이탤릭체로 인쇄하다. ▶ italic(이탤릭체의) + ize(…화하다) = italicize(이탤릭체로 인쇄하다)
中	**Italy** [ítəli]	ⓜ 이탈리아(공화국) ((수도 Rome))
高	**itch** [itʃ]	ⓜ 가려움, 옴, 습진 ⓓ 가렵다, 근질근질하다. 암 **옴**이 **가렵다**는 **이치**를 **노우(老友)**는 **알다.** (이치: itch / 노우(늙은 벗): know)

高 **item** [áitəm]

[명] ~개, 조목, 품목 [부] 하나 하나

아이가 텀니다

[암] **하나 하나 품목**을 들추듯 **아이 텀**니다.

(item)

▶ sixty items on the list 목록상의 60개 품목

高 **ivory** [áivəri]

[명] 상아(코끼리 · 하마 등의)엄니

아이를 보리(보다)

[암] (코끼리가)**상아**로 **아이 보리**.

(ivory)

▶ artificial ivory 인조 상아

大 **ivy** [áivi]

[명] [식물] 담쟁이 덩굴

부름

[암] **담쟁이 덩굴**을 **아이 비**들고 **브룸**받고 **비로 쓸다**.

(ivy) (broom)

J

大 **jack** [dʒæk]

[명] 잭크(손으로 움직이는, 기중기), 수병

[타] 들어올리다.

재크(=밀어 올리는 기계)

[암] **트럭**을 **수병**이 **재크**로 **들어올리다**.

(truck) (jack)

高 **jacket** [dʒǽkit]

[명] 재킷, 짧은 저고리

[암] **짧은 저고리 재킷(jacket)**

(jacket)

高 **jail** [dʒeil]

영(英) gaol [명] 교도소, 감옥 [동] 투옥[감금]하다.

[암] **스파이**를 **제일 교도소**에 **투옥하다**.

(spy) (jail)

▶ He escaped from jail. 그는 탈옥했다.

J

大 **jailer-or** [dʒéilər]

[명] (교도소의)교도관, 간수

▶ jail, (英) gaol (교도소, 감옥) + er, or(…사람) = jailer, -or, gaoler([교도소의] 교도관, 간수)

高 **jam** [dʒæm]

[명] 잼; 혼잡 [동] (꽉) 쑤셔(채워)넣다.

[암] **깡통 캔**에 **잼을 (꽉)채워넣다**.

(can) (jam)

▶ Jam a thing into a box.
물건을 상자에 쑤셔넣다.

大 **Jan. January** [dʒǽnjuèri]

(정월, 1월)의 [약어] Jan

高 **janitor** [dʒǽnitər]

명 수위, 문지기, (회사의)사환

암 **사환**과 **수위**는 **죄 니 터**(모두 너의 땅을)(janitor)를 지키는 **문지기**

中 **January** [dʒǽnju(ə)ri]

명 정월, 1월 (약어) Jan.

암 **정월**에 난 **제(弟)**(동생이) **뉴월이**(육개월이)(January) 됐네.

高 **Japan** [dʒəpǽn]

명 일본; 칠기 타 …에 옻칠을 하다.

암 **일본**에서 산 **저 팬에**(프라이팬에)(Japan) **옻칠을 하다**.

高 **Japanese** [dʒæ̀pəníːz / dʒæ̀pəníːz]

형 일본의, 일본어[사람]의

명 [단수·복수 동형] 일본 사람; [무관사], 일본어

▶ Japan(일본) + ese(…의, …말, …사람) = Japanese(일본 사람[말])

高 **jar** [dʒɑːr]

명 단지, 병, (입구가 넓은) 항아리

암 **잼**(jam)이 담긴 **자**(jar)그마한 **항아리 병**

▶ a jar of jam 한 단지의 잼

大 **Java** [dʒɑ́ːvə / dʒǽvə]

명 자바 (인도네시아의 중심이 되는 섬)

大 **javelin** [dʒǽvəlin]

명 던지는 창, 투창(投槍)

암 **대모대**(demo)들이 **죄 버린**(죄다 버린)(javelin) **투창**.

高 **jaw** [dʒɔː]

명 턱, (복수) 입 부분, 조동아리 동 지껄여대다, 잔소리하다.

암 **조조**(Jojo)가 **입**과 **조동아리**로 **조**(jaw)잘조잘 **잔소리하다**.

▶ Hold [Stop] your jaw! 잠자코 있어.

大 **jawbone** [dʒɔ́ːbòun]

명 턱뼈, (특히)아래턱 뼈

▶ jaw(입, 조동아리, 입 부분) + bone(뼈) = jawbone(턱뼈, 아래턱뼈)

大 **jay** [dʒei]

명 [鳥]어치, 바보, 얼간이

암 **온달**(Ondal)은 **제이(第二)**(jay)의 **어치**같은 **바보 얼간이**

高 **jazz** [dʒæz]

명 재즈 형 재즈의 자 재즈를 연주하다.

암 **기타**로 **재즈를 연주하다.**
(guitar) (jazz)

▶ jazz singer 재즈가수(싱어)

高 **jealous** [dʒéləs]

형 시기하다, 질투하는

재를 넣으니(재를 뿌렸으니)
암 **좋은 굿**판에 **질투하는** 자가 **잴 러스**니....
(good) (jealous)

▶ You're just jealous of her success.
넌 그저 그녀의 성공을 시샘하는 것 뿐이야.

高 **jealousy** [dʒéləsi]

명 질투, 시기

▶ jealous(질투하는) + y(명사 어미) = jealousy(질투, 시기)

▶ burning with jealousy 질투에 불타서

高 **jean** [dʒiːn]

명 [미] 바지, 청바지, 진 피륙

청 바지
암 **푸른 블루진 바지(청바지)**
(blue)(jean)

大 **jeep** [dʒiːp]

명 (속어) 신병(新兵), 지프차
동 지프를 (몰다) 타고가다.

암 **신병**이 **지프차를 몰다.**
(jeep)

大 **jeer** [dʒiər]

명 조소(嘲笑), 비웃음 자 조소하다, 야유하다.

암 **비웃음 지어 조소하다.(야유하다)**
(jeer)

大 **Jehovah** [dʒihóuvə]

명 (성경) 여호와, 전능한 신

암 **전능한 신 여호와(지호-버)**
(Jehovah)

高 **jelly** [dʒéli]

명 젤리, 젤리(과자)

▶ blackberry jelly 검은 딸기 젤리

大 **jellyfish** [dʒélifiʃ]

명 해파리, ((口))의지가 약한 사람

▶ jelly(젤리) + fish(고기, 물고기) = jellyfish(해파리, 의지가 약한 사람)

高 **jerk** [dʒəːrk]

동확 잡아당기다. 명 확 잡아 당김

암 **갱**이 **핸드**로 **저 크**다란 년을 **홱잡아당기다.**
(gang) (hand) (jerk)

▶ Stop (pull) with a jerk 갑자기 멈추다 [확 당기다]

J

大 **Jerusalem** [dʒirúːsələm / -zə- / dʒə-]

㉮ 예루살렘

高 **jest** [dʒest]

㉮ 농담, 익살 ㉯ 농담을 하다, 시시덕거리다.

암 동생이 **제스(弟嫂)트**러 잡고 **농담**하며 **시시덕거리다**.
(제스(弟嫂) = 제수(동생의 아내), 트러 = 틀어; 제스트 = jest)

▶ That was said in jest. 그것은 농담으로 한 말이었다.

高 **Jesus** [dʒíːzəs]

㉮ 예수, 예수그리스도

암 불독이 **예수**보고 **지저스**니 **예수그리도**께서 **마스크를 씌우다**.
(지저스니 = 짖었으니; 지저스 = Jesus; 마스크 = mask)

▶ The Society of jesus 예수회(카톨릭 교회의 수도회)

高 **jet** [dʒet]

㉯ 분출하다. ㉮ 제트기 분사 ㉰ 새까만

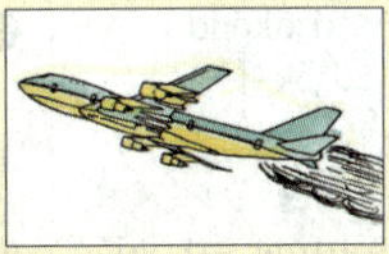

암 **제트**기가 **새까만 분사** 기류를 **분출하다**.
(제트 = jet)

▶ jet stream of water 물의 분출

高 **jet plane** [dʒet plein]

㉮ 제트기

▶ jet(분출하다) + plane(비행기) = jet plane(제트기)

高 **Jew** [dʒuː]

㉮ 유태인; [경멸적으로]수전노, 고리 대금업자.

암 **유태인**의 **주**
(주 = Jew)

▶ go to the Jews. 고리 대금업자에게 돈을 빌리러 가다.

高 **jewel** [dʒúːəl]

㉮ 보석, 보배

암 **보석**에 싸인 **주 얼굴**.
(주 얼굴 = 주님의 얼굴; 주 얼 = jewel)

▶ The thief sees the jewels.
도둑이 보석을 보고 있다.

大 **jewel(l)er** [dʒúːələr]

㉮ 보석 세공인, 보석상자

▶ jewel(l) (보석) + er(… 종사하는 사람) = jewel(l)er(보석 세공인, 보석상인)

高 **jewel(l)ry** [dʒúːəlri]

㉮ 보석류, 장신구류

▶ jewel(l)(보석) + ry(물품의 종류) = jewel(l)ry(보석류, 장신구류)

大 **Jewish** [dʒúːiʃ]

㉰ 유태인의, 유태인 같은

▶ Jew (유태인) + ish(…의[같은]) = Jewish(유태인의, 유태인 같은)

高 **jingle** [dʒíŋgəl]

명 달랑달랑 (종 따위의 소리) 동 달랑달랑 울리다.

암 **달랑달랑 종소리**를 **징글**(jingle) 맞게 **달랑달랑 울리다**.

高 **job** [dʒɑb / dʒɔb]

명 일, 삯일, 직업 동 품팔이 하다.

암 **잡(雜)**(job) **일**을 맡아 **품팔이 하다**.

▶ The boys did a good job. 소년들은 좋은 일을 하였다.

高 **jockey** [dʒɑ́ki / dʒɔ́ki]

명 경마의 기수 동 (말에)기수로 타다.

암 **조키**(조끼)(jockey)입은 **경마 기수**가 **(말에) 기수로 타다**.

大 **jocund** [dʒɑ́kənd / dʒɔ́k-]

형 유쾌한, 즐거운

암 징을 **유쾌한 조컨**(조카는)(jocund) **드**러(들어) **두들**(doodle)기며 **멋대로 연주하다**.

高 **jog** [dʒɑg / dʒɔg]

동 쿡 찌르다, 조깅하다, 살짝밀다.

암 **조그(자그)**(jog)마한 애가 **조깅하다**.

中 **join** [dʒɔin]

동 잇다, 결합하다. 명 결합

암 **볼트**(bolt)를 **조인**(join)후 **결합하다**.

▶ Do you mind if I join you?
제가 끼어도 될까요?

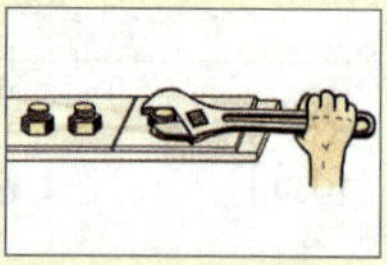

高 **joint** [dʒɔint]

명 이음매(새), 접합, 관절

▶ join(결합하다) + t(= th 명사를 만듦) = joint(이음새, 접합)

▶ an elbow joint 팔꿈치 관절

中 **joke** [dʒouk]

명 농담 동 농담을 하다.

암 **올드미스**(노처녀도)(oldmiss)도 **좋크**(좋구)(joke)하며 **농담을 하다**.

大 **joker** [dʒóukər]

명 농담하는 사람, 익살꾼

▶ jok(e)(농담하다) + er(…사람) = joker(농담하는 사람, 익살꾼)

高 **jolly** [dʒɑ́li / dʒɔ́li]

형 유쾌한, 명랑한 부 매우, 몹시

타 기쁘게 해주다.

암 **마담**(madam)께 **흑맥주**와 **복**(bock) **조리**(jolly)주어 **몹시 기쁘게 해주다**.

▶ a jolly fellow 대단히 유쾌한 남자

大 **jolt** [dʒoult]

㉯ 난폭하게 흔들다, 난폭하(세)게 치다.

㊙ **배트 방망이**로 **졸트(卒倒)**케 **난폭하게 치다**.
(bat) (jolt) — 졸도(卒倒)케

大 **jostle** [dʒásl / dʒɔ́sl]

㉮ 밀치기 ㉯ (난폭하게)찌르다, 떠밀다.

㊙ **플레이보이**가 **조슬**(좆을)내여 **(난폭하게)찌르다**.
(playboy) (jostle)

大 **jot** [dʒɑt / dʒɔt]

㉮ (극히) 조금, 약간 ㉰ 적어 두다.

㊙ **메모**지에 **잣**을 먹다가 **조금(약간)**남겼다고 **적어 두다**.
(memo) (jot)

高 **journal** [dʒə́ːrnəl]

㉮ 일간 신문: 정기 간행물

▶ journ(= daily) + al(명사 어미) = 일간 신문, 정기 간행물

㊙ **저 늘** 보는 **일간 신문**.
(journal)

高 **journalism** [dʒə́ːrnəlìzəm]

㉮ 언론(계), 신문, 잡지, 편집

▶ journal(신문, 잡지) + ism(명사 어미) = journalism(언론계, 신문, 잡지)

▶ yellow journalism 황색 언론, 저속한[선정적인 부정확한]보도

高 **journalist** [dʒə́ːrnəlist]

㉮ 저널리스트, 신문잡지 기사

▶ journal(신문, 잡지) + ist(…하는 사람) = journalist(저널리스트, 신문잡지 기사)

大 **journalistic** [dʒə̀ːrnəlístik]

㉱ 신문 잡지(업)의, 신문 잡지 기자의

▶ journalist(신문잡지, 기자) + ic(…의) = journalistic(신문잡지[업]의, 신문 잡지 기자의)

高 **journey** [dʒə́ːrni]

㉮ 여행, 여정 ㉲ 여행하다.

㊙ **여행하다** 다리아퍼 **저니?**
(journey)

中 **joy** [dʒɔi]

㉮ 기쁨, 환희 ㉯ 기쁘게 하다.

㊙ **로인** 앞에서 **허리**를 **조이**며 **기쁘게 하다**.
노인(老人) (loin) (joy)

▶ She sang and danced for joy.
그녀는 즐거이 노래하며 춤추었다.

高 **joyful** [dʒɔ́ifəl]

㉱ 즐거운, 기쁜

▶ joy(즐거움, 기쁨) + ful(형용사 어미, …많은) = joyful(즐거운, 기쁜)

▶ a joyful look 즐거워 보이는 표정[눈치]

大 **joyous**
[dʒɔ́iəs]

[형] 즐거운, 기쁜

▶ joy(즐거움, 기쁨) + ous(형용사 어미, …이 많은) = joyous(즐거운)

中 **judge**
[dʒʌdʒ]

[동] 재판관, 판사 [동] 판결을 내리다, 재판하다.

[암] **재판관**이 **저지**른 죄를 **재판하다**.
(judge)

▶ I judged her to be a typist.
나는 그녀가 타이피스트라고 판단했다.

高 **judg(e)ment**
[dʒʌ́dʒmənt]

[명] 재판, 심판, 판단

▶ judg(e)(재판[판단]하다) + ment(명사 어미) = judg(e)ment(재판, 심판, 판단)

▶ a written judg(e)ment 판결문

高 **judicial**
[dʒuːdíʃəl]

[형] 사법의, 재판의, 판단력이 있는

주님 뒤에 설
[암] **주(主) 뒤 셜** 판단력이 있는 제자 사도 **바(파)울**
(judicial) (Paul)

大 **judicious**
[dʒuːdíʃəs]

[형] 사려분별이 있는, 현명한

▶ judici(al)(사법의) + ous(…이 있는) = judicious(사려분별이 있는, 현명한)

高 **jug**
[dʒʌg]

[명] (손잡이가 달린)항아리, 주전자 [타] 오지 그릇에 넣어삶다.

[암] **저그**마한 **주전자**같은 **(손잡이가 달린) 항아리**
(jug)

▶ jugged hare 오지 그릇에 넣어 삶은 토끼 고기

大 **juggle**
[dʒʌ́gəl]

[동] 요술을 부리다, 속이다. [명] 요술, 사기

적을
[암] **사기꾼**이 **집**에서 **저글 요술을 부리어 속이다**.
(gyp) (juggle)

高 **juice**
[dʒuːs]

[명] 주스, 즙, 액

[암] **오렌지 주스 즙 액**
(orange) (juice)

▶ a glass of orange juice 오렌지 주스 한 잔

大 **juicy**
[dʒúːsi]

[형] 즙이 많은, 수분이 많은

▶ juic(e)(주스, 즙) + y(… 있는 많은) = juicy(즙이 많은, 수분이 많은)

中 **July**
[dʒuːlái]

[명] 7월 (약어) Jul

[암] **유월**에(빌려)**준** 돈을 **칠월**에 꼭 **주라이**(갚으라이)
(June) (July)

▶ the Fourth of July 7월 4일 (미국의 독립기념일)

大
jumble
[dʒʌ́mbl]

㊍ 뒤범벅으로 해놓다. ㊔ 혼잡, 난잡

필(=붓필) 그림　　점불(점찍은 부처)

암 **순례자**가 **필(筆)그림**으로 **점블**을 그려 **뒤범벅**
(pilgrim)　　(jumble)

으로 해놓다.

高
jumbo
[dʒʌ́mbou]

㊙ 굉장히 큰, 거대한, 점보(제트기)

암 **굉장히 큰(거대한) 점보 제트**기
(jumbo) (jet)

中
jump
[dʒʌmp]

㊔ 도약 ㊍ 뛰어오르다, 도약하다.

암 **점프(도약)**해 **뛰어오르다.**
(jump)

▶ The monkey jumped at my sister.
원숭이는 나의 누이동생에게 뛰어올랐다.

大
jumper[1]
[dʒʌ́mpər]

㊔ 도약하는 사람, 도약선수

▶ jump (뛰다) + er(…사람) = jumper(도약하는 사람, 도약 선수)

高
jumper[2]
[dʒʌ́mpər]

㊔ 잠바, 작업용 상의

中
June
[dʒuːn]

㊔ 6월 (약어) Jun.

갚으라이

암 **유월**에(빌려) **준** 돈을 **칠월**에 꼭 **주라이.**
(June)　　(July)

▶ Today is June the tenth. 오늘은 6월 10일이다.

高
jungle
[dʒʌ́ŋgl]

㊔ 정글, 밀림 지대

암 **밀림 지대 정글.**
(jungle)

▶ the law of the jungle. 정글의 법칙(약육강식)

中
junior
[dʒúːnjər]

㊔ 연소자, 후배

▶ (young = jun) + (ior 비교급 어미) = 연소자, 후배

암 **달러**를 **주니 어!**하는 **연소자.**
(dollar)　　(junior)

▶ She is my junior by three years.
그녀는 나보다 세 살 아래다.

高
junk
[dʒʌŋk]

㊔ 정크선, 밑이 평평한 범선, 폐물, 쓰레기 ㊎ (쓰레기를)버리다.

암 **폐물 쓰레기**를 **밑이 평평한 정크(범)선**으로 **버리다.**
(junk)

高
Jupiter
[dʒúːpitər]

㊔ (로마 신화) 쥬피터신, [天]목성

▶ Jupiter has more then one moon.
목성에는 위성이 몇 개가 있다.

大	**jurist** [dʒúərist]	⑱ 법학자, 법리학자 ▶ jur(y)(배심원, 심사원) + ist(…하는 사람) = jurist(법학자, 법리학자)
高	**jury** [dʒúəri]	⑱ 배심원, 심사원, 배심 ㊙ **알랑쇠 죄인이 부들**부들 떨며 **뇌물**을 **배심원**에게 **주어리**(드리리) (zany) (boodle) (jury)
中	**just** [dʒʌst]	⑲ 올바른, 정확한 ㉮ 방금 ㊙ **댐**에서 **방금 정확한** 양의 **저스(貯水)트**러. 저수(모아둔 물) 틀어(=물을빼다) (dam) (just) ▶ My father came home just now. 아버지는 지금 막 집에 오셨다. 
高	**justice** [dʒʌ́stis]	⑱ 정의, 공정, 사법 ▶ just(정확한) + ice(= ce, 추상명사 어미) = justice(정의, 공정 사법) ▶ I want to fight for justice. 나는 정의를 위하여 싸우고 싶다.
大	**justifiable** [dʒʌ́stifàiəbəl]	⑲ 정당화할 수 있는 ▶ justif(y) → (i)(정당화하다) + able(…할 수 있는) = justifiable(정당화할 수 있는)
高	**justification** [dʒʌ̀stifikéiʃən]	⑱ 정당화, 변명 ▶ justif(y) → (i)(정당화하다, 변명하다) = cation(fy로 끝나는 동사의 명사 어미) = justification(정당화, 변명)
高	**justify** [dʒʌ́stifài]	⑧ 정당화하다, 옳다고 주장하다 ▶ just(올바른) + ify(…화하다) = justify(정당화하다, 옳다고 주장하다) ▶ I think I am justified in saying so. 그렇게 말해도 옳다고 생각한다.
大	**justly** [dʒʌ́stli]	㉮ 올바르게, 정당하게, 정확하게 ▶ just(정확한, 올바른) + ly(부사를 만듦) = justly(올바르게, 정당하게, 정확하게)
大	**jut** [dʒʌt]	⑧ 돌출하다(시키다), 불룩 내밀다. ⑱ 돌출(부), 첨단 ㊙ **미스**가 **돌출부 저트**라며 **불룩 내밀다**. 젖 틀라며 (Miss) (jut) 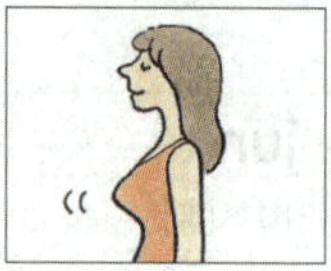
高	**juvenile** [dʒúːvənəl / dʒúːvənàil]	⑲ 젊은, 어린 ⑱ 아동, 아동용 도서 ㊙ **어린**애가 **주변 아일** 위해 가져온 **아동용 도서** 주변 아일(=아이를) (juvenile)

J

K

大 **kaiser** [káizər]

㉢ [때때로 K~] 카이저(신성로마 제국, 독일 제국의 황제 칭호), 황제

高 **Kangaroo** [kæŋgərúː]

㉢ 캥거루

高 **keel** [kiːl]

㉢ (배, 비행선 등의) 용골, (물고기의) 등지느러미

키를 (키:곡식을 까부르는 그릇)
㉧ **킬**–닮은 **(배, 비행선의)용골**과 **(고기의)등지느러미**
(keel)

高 **keen** [kiːn]

㉥ 날카로운, 예리한, 예민한, 명민한, 열심인

㉧ **예리한** 것으로 **킨 콘크리트**
(keen)(concrete)

▶ The kitchen knife needs a keen blade.
부엌칼은 날이 예리해야 한다.

大 **keenly** [kíːnli]

㉤ 날카롭게, 예민하게

▶ keen(날카로운, 예민한) + ly(부사 어미) = keenly(날카롭게, 예민하게)

中 **keep** [kiːp]

㉣ 간직하다, 지키다, 보호하다.

키 풀어
㉧ **마담**이 **키 프**러 잘 **간직(간수)하다**.
(madam) (keep)

▶ Can you keep a secret? 비밀을 지킬 수 있니?

高 **keeper** [kíːpər]

㉢ 파수꾼, 지키는 사람, 수위, (골)기퍼

▶ keep(지키다) + er(…하는 사람) = keeper(파수꾼, 지키는 사람, 수위, (골)키퍼)

▶ goal keeper (축구, 하키) 골키퍼

高 **keeping** [kíːpiŋ]

㉢ 지님, 보유, 관리

▶ keep(지키다) + ing(현재분사 어미) = keeping(지님, 보유, 관리)

▶ in safe keeping 안전하게 보관하여

大 **keepsake** [kíːpsèik]

㉢ 유품, 기념품

▶ keep(지키다, 보존하다) + sake(위함, 목적) = keepsake(유품, 기념품)

K

大 **ken** [ken]

명 시야, 시계, 이해 동 알다, 인정하다.

암 **바보**가 **무**를 **시야**에 나타나 **캔** 것임을 **인정하다**.
(moo) (ken)

大 **kennel** [kénəl]

명 개집, 개집에 넣다.

개 늘(항상)
암 **캐 늘 개집에 넣다**.
(kennel)

大 **Kentucky** [kəntʌ́ki / ken-]

명 켄터기(주)(미국 남부의 주)

中 **kept** [kept]

keep(보존하다, 지키다)의 과거, 과거분사

▶ She kept reading. 그녀는 독서를 계속했다.

大 **kernel** [kə́ːrnəl]

명 (과일의) 핵(核), 곡식의 낟알, 핵심

커서 늘(항상)
암 **(과일의)핵**과 **낟알**이 **커늘 생크!**하며 **감사해하다**.
(kernel)(thank)

大 **kerosine,-sene** [kérəsìːn]

명 등유, 등불용 석유

암 **등불용 석유**를 **캐러 신**나게 **보링**같은 **잡 일을 하다**.
(kerosine) (boring) (job)

高 **ketchup** [kétʃəp]

명 (토마토 등의)케첩

高 **kettle** [kétl]

명 주전자, 냄비, 솥

깨뜨린
암 **야크**가 **캐틀**인 **솥(주전자)**.
(yark) (kettle)

▶ The water in the kettle is boiling.
주전자에 담긴 물이 끓고 있다.

K

高 **key** [kiː]

동 열쇠를 채우다. 명 열쇠, 키, 해결의 실마리(열쇠)

▶ I have a key. (나는 열쇠를 가지고 있다)

高 **keyboard** [kíːbɔ̀ːrd]

명 건반, 키보드

▶ key(열쇠) + board(판) = keyboard(건반, 키보드)

高 **keynote** [kíːnòut]

㉮ 으뜸음, 바탕음, 요지

▶ key(열쇠, 해답) + note(기록, 노트, 적어두다) = keynote(으뜸음, 바탕음, 요지)

▶ give the keynote to …의 기본방침을 정하다.

大 **khaki** [kɑ́ːki / kǽki]

㉰ 카키색의, 황갈색의 ㉮ 카키색 (군복)

高 **kick** [kik]

㉯ 차다, 걷어차다. ㉮ 차기

㉱ **볼**을 **킥!** 하고 **걷어차다**.
(ball) (kick)

▶ The man gave the door a kick.
사나이는 발로 문을 찼다.

大 **kicker** [kíkər]

㉮ 차는 사람, 불평가

▶ kick(걷어차다, 차다) + er(…하는 사람) = kicker(차는 사람, 불평가)

高 **kid** [kid]

㉮ 염소 새끼, [미] 아이 ㉯ 놀리다.

㉱ **아이**가 **염소 새끼**를 **키 드**고 **놀리다**.
키 들고 (kid)

▶ He has a lot of kids on his farm.
그는 농장에 염소 새끼를 많이 기른다.

高 **kidnap** [kídnæ̀p]

㉲ (아이를) 채가다, 유괴하다

▶ (아이 = kid) + (nap = [냅다]채가다) = kidnap([아이를]채가다, 유괴하다)

高 **kidney** [kídni]

㉮ 신장, 콩밭

㉱ 스위츠를 **키드니**(켜더니, kidney) **신장(콩밭)**을 **권(權) 살트**리(의사 권이 살뜰히, consult) **진찰하다**.

▶ an artificial kidney 인공 신장

中 **kill** [kil]

㉯ 죽이다, 말살하다.

㉱ **킬**킬 웃겨서 **죽이다**.
(kill)

▶ John killed a fox in the woods. 존은 숲에서 여우를 죽였다.

高 **killer** [kílər]

㉮ 죽이는 사람, 살인자, 살인귀

▶ kill(죽이다) + er(…하는 사람) = killer(죽이는 사람, 살인자, 살인귀)

▶ a serial killer 연쇄 살인범

高 **killing** [kíliŋ]

㉰ 죽이는, 치사(致死)의, (구어) 큰 벌이, 대성공

▶ kill(죽이다) + ing(동명사를 만듦) = killing(죽이는, 치사(致死)의)

▶ make a killing 떼돈을 벌다, 크게 성공하다.

高	**kilogram** [kíləgræ̀m]	((英))-gramme ⓜ 킬로그램
大	**kilohertz** [kíləhə̀ːrts]	ⓜ 킬로헤르츠(주파수의 단위 略:Kl)
大	**kiloliter** [kíləlìːtər]	((英))-tre ⓜ 킬로리터((100리터, 略:Kl)
高	**kilometer** [kilάmitər / kíləmìːtər / -kilɔ́-]	((英))-tre ⓜ 킬롭미터(1,000m, 略:km)
大	**kilowatt** [kíləwὰt / -wɔ̀t]	ⓜ ((電)) 킬로와트(전력의 단위, 1,000와트, 略:kw)
大	**kin** [kin]	ⓜ 일가, 친척, 친족 암 **일가 친척**과 마신 **킨 사이다**. (kin) (cider)
中	**kind** [kaind]	ⓗ 친절한 ⓜ 종류 가인(미인)들이 눈짓하다 암 **친절한** 여러 **종류**의 **카인(佳人)드**리 **윙크하다**. (kind) (wink) ▶ Jim is kind to animals. 짐은 동물들에게 친절하다. 
高	**kindergarten** [kíndərgὰːrtn]	ⓜ 유치원 키는 더 같은 암 **킨 더 가튼 유치원** 애들. (kindergarten)
高	**kindle** [kíndl]	ⓓ 불을 붙이다, 태우다, 불을 켜다. 암 **램프**에 **라이터**를 **킨 들**러리가 **불을 붙이다**. (lamp) (lighter) (kindle) ▶ kindle a with a match. 성냥으로 불을 피우다. 
大	**kindler** [kíndl]	ⓜ 불 붙이는 사람, 점화자, 선동자 ▶ kindle(불을 붙이다) + er(…하는 사람) = kindler(불붙이는 사람, 점화자, 선동자)

K

大	**kindliness** [káindlinis]	ⓜ 친절한 행위, 친절 ▶ kindl(y) → (i)(친절하게, 상냥한) + ness(명사 어미) = kindliness(친절한 행위, 친절)
高	**kindly** [káindli]	ⓗ ⓑ 상냥한, 친절하게 ▶ kind(친절한) + ly(형용사 부사의 의미) = kindly(상냥한, 친절하게) ▶ a kindly smile 상냥한 미소
高	**kindness** [káindnis]	ⓜ 친절, 상냥함 ▶ kind(친절한) + ness(명사 어미) = kindness(친절, 상냥함) ▶ Thank you for your kindness. 친절에 감사드립니다.
高	**kindred** [kíndrid]	ⓜ 친족, 혈연, 친척 암 **혈연**인 **친척**과 **킨 드리 드**고 **잡 일을 하다**. (키는 둘이 들고 (kindred) (job))  ▶ All of his kindred are dead. 그의 친척은 모두 죽었다.
中	**king** [kiŋ]	ⓜ 왕, 국왕, (석유왕 등의)왕, 거물 암 **국왕**이 **킹**킹하며 **코 프**며 **기침을 하다**. (king) (코 푸며 (cough))  ▶ Long live the king. 국왕 만세!
高	**kingdom** [kíŋdəm]	ⓜ 왕국 ▶ king(국왕) + dom(텀으로 얻은 …세력 범위) = kingdom(왕국) ▶ He ruled his kingdom justly. 그는 자신의 왕국을 공정하게 다스렸다.
大	**kingly** [kíŋli]	ⓗ 왕의, 왕다운 ▶ king(국왕) + ly(형용사 어미, …의[다운]) = kingly(왕의, 왕다운)
大	**kinsman** [kínzmən]	ⓜ 혈족의 사람, 친척인 남자 ▶ kins[kin = 친족의 복수(s)] + man(사람) = kinsman(혈족의 사람, 친척인 사람)
中	**kiss** [kis]	ⓜ 입맞춤, 키스 ⓓ 입맞추다. 암 **키스**해 **입맞추다**. (kiss) ▶ He gave his daughter a kiss. 그는 딸에게 키스했다.
大	**kissing** [kísiŋ]	ⓗⓜ 키스하는(하기) ▶ kiss(키스, 키스하다) + ing(…하는[기]) = kissing(키스하는[하기])

K

中 **kitchen** [kítʃən]

명 부엌, 주방

암 화나 **주방**에 **키 친 부엌**데기.
(kitchen)

▶ a kitchen stove 부엌[요리]용 스토부

大 **kitchener** [kítʃənər]

명 요리인, 취사원

▶ kitchen(부엌) + er(…사람) = kitchener(요리인, 취사원)

高 **kite** [kait]

명 연, 솔개 동 솔개처럼 날리다.

조카 이틈에

암 **턱**이 긴 **조카 이트**에 **솔개연**을 **날리다**.
(jaw) (kite)

高 **kitten** [kítn]

명 고양이 새끼; 말괄량이

키를 튼

암 **고양이 새끼** 얹고, **키 튼 말괄량이**
(kitten)

▶ have kittens. (구어) 몹시 걱정[당황]하다.

大 **kitty** [kíti]

명 (어린이들의 말) 새끼 고양이

▶ kitt(en)(고양이 새끼) + y(애칭으로 쓰이는 축소 어미) = kitty(새끼 고양이)

大 **knack** [næk]

명 숙련된 기술, 기교, 요령

넥(neck : 목)과 연관시켜 기억할 것

암 목동이 **숙련된 기술**로 **요령**껏 **넥**을 **홀**치어 **당기다**.
(knack) (haul)

高 **knapsack** [nǽpsæ̀k]

명 배낭, 륙색

高 **knave** [neiv]

명 악당, 악한, 무리한

내 입으로 손을 봐 이 틈에

암 **내 이브**로 **악한 악당**의 **핸드**를 **봐 이 트**메 **물어뜯다**.
(knave) (hand) (bite)

▶ a dishonest knave 부정직한 악당

大 **knead** [niːd]

타 (가루를) 반죽하다, 개다, 주무르다.

니(여승니) 들고

암 **거친 밀가루**를 **니(尼)드**고 **반죽하다**.
(meal) (knead)

中 **knee** [niː]

명 무릎 동 ~을 무릎으로 차다.

암 **항아리**를 **언니**가 **무릎으로 차다**.
(urn)(knee)

▶ She fell on her knees. 그녀는 무릎을 꿇었다.

K

高	**kneel** [niːl]	[자] 무릎 꿇다, 굴복하다. ▶ knee(무릎) + l(= le 동사어미) = kneel(무릎 꿇다, 굴복하다) ▶ kneel (down)in prayer. 무릎을 꿇고 기도하다.
大	**knell** [nel]	[명] 종소리, (특히) 조종(弔鐘) [동] 조종을 울리다. [암] **인디언**이 **조종소리**를 **낼**려고 **조종을 울리다**. (Indian) (knell)
高	**knelt** [nelt]	kneel(무릎 꿇다, 굴복하다)의 과거, 과거분사 ▶ He knelt to his master. 그는 주인 앞에 무릎을 꿇었다.
中	**knew** [njuː]	know(알다)의 과거 ▶ I knew him at once. 곧 그라는 것을 알았다.
中	**knife** [naif]	[명] 나이프, 식칼 [동] 나이프로 베다. [암] **햄**을 **식칼 나이프로 베다**. (ham) (knife) ▶ There are many kinds of knives. 여러 가지 종류의 나이프가 있다.
高	**knight** [nait]	[명] (중세의) 기사, 무사 [암] 아라비안 **나이트**에 나오는 **(중세의)기사(무사)** (knight) ▶ A knight's wife is a lady. 기사의 아내는 레이디라고 한다.
大	**knighthood** [náithùd]	[명] 기사(무사)의 신분 ▶ knight(기사, 무사) + hood(계급, 신분) = knighthood(기사[무사]의 신분)
大	**knightly** [náitli]	[형] 기사[무사]의, 기사[무사]다운 ▶ knight(기사, 무사) + ly(형용사 어미) = knightly(기사[무사]의, 기사[무사])
高	**knit** [nit]	[타] (knit 또는 knitted)짜다, 뜨개질하다, (이맛살을)찌푸리다 목도리를 니(여승니) 틀어가며 [암] **머플러**를 **니(尼) 트**러가며 **뜨(개질하)다**. (muffler) (knit) 
高	**knob** [nɑb / nɔb]	[명] 손잡이,(나무 줄기의)혹, 마디. [타] …을 붙이다. 문짝에 납으로 [암] **도어**에 **나브**로 **혹**같은 **손잡이를 붙이다**. (door) (knob)

K

中 **knock**
[nɑk / nɔk]

동 두드리다. 명 문을 두드림, 노크

암 문을 **노크**해 **두드리다**.
(knock)

▶ Someone is knocking on the door.
누가 문을 두드리고 있다.

高 **knockdown**
[nάkdàun / nɔ́k-]

명 때려눕힘, 대타격

▶ knock (두드리다, 때리다) + down(아래로) = knockdown(때려눕힘, 녹다운)

大 **knocker**
[nάkər / nɔ́k-]

명 두드리는 사람

▶ knock(두드리다, 때리다) + er(…사람) = knocker(두드리는 사람)

大 **knockout**
[nάkàut]

형 [권투]녹아웃의 명 [권투]녹아웃[K.O]

▶ knock(두드리다, 때리다) + out(밖으로) = knockout(녹아웃의, 녹아웃, K.O)

高 **knot**
[nɑt / nɔt]

명 매듭; 노트

암 보트가 십 **노트**의 **속도**로 **스피드를 내다**.
(knot) (speed)

▶ a tight knot 단단히 조인 매듭

中 **know**
[nou]

동 알다

고전음악을 노우(늙은 벗)
암 **클래식**을 **노우(老友)**는 **알다**.
(classic) (know)

▶ Only God knows. 하느님만이 알고 있다.

高 **knowing**
[nóuiŋ]

형 알고 있는, 아는 것이 많은

▶ know(알다) + ing(현재분사 어미) = knowing(알고 있는, 아는 것이 많은)

高 **knowledge**
[nάlidʒ / nɔ́l-]

명 지식, 학식

▶ know(알다) + ledge(명사 어미) = knowledge(지식, 학식)

암 **학식**과 **지식**으로 명성을 **날리지**(= knowledge = 학식, 지식)

▶ knowledge of life 인생 경험(지식)

K

中 **known**
[noun]

know(알다)의 과거분사 형 알려진

▶ He is known to the public.
그는 대중에게 이름이 알려져 있다.

大 **knuckle**
[nΛkəl]

명 손가락 관절(마디)

암 **너 클**때 다친 **손가락 관절(마디)**
(knuckle)

中 **Korea** [kəríːə / kouríːə]

명 한국 (略 : ROK)

中 **Korean** [kəríːən / kouríːən]

형 한국의, 한국인[어]의 명 한국인[말]

▶ Korea(a)(한국) + an(…의, …사람의) = Korean(한국의, 한국인[어]의, 한국인[말])

大 **Kremlin** [krémlin]

명 크렘린(러시아 모스크바에 있는 옛궁전), 소련정부

L

高 **label** [léibəl]

명 딱지, 라벨 동 ~에 라벨(꼬리표)을 붙이다.

이불에
암 **여자**가 **몰래 이블**에 **라벨(꼬리표)을 붙이다**.
(moll) (label)

▶ a brand label 상표가 표시된 라벨

高 **labo(u)r** [léibər]

명 노동, 노동자 동 노동하다 일하다.

내입어
암 작업복을 **노동자**가 **래이버**(힘써) **노동(일)하다**.
(labo(u)r)

▶ cheap labo(u)r 저렴한 노동력

高 **laboratory** [lǽbərətɔ̀ːri / ləbɔ́rətəri]

▶ labor(애쓰다, 노동하다) + atory(…하는 곳) = laboratory(실험실, 연구소)

너를 보려고 털리(털다)
암 **실험실**의 먼지를 **러 보러 털리(laboratory)**

▶ a laboratory rat 실험용 쥐

高 **labo(u)rer** [léibərər]

명 노동자, 인부

▶ labo(u)r(노동하다) + er(…사람) = labo(u)rer(노동자, 인부)

▶ a day labo(u)rer 날품팔이, 날품팔이 노동자

大 **laborious** [ləbɔ́ːriəs]

형 힘드는, 고된

▶ labor(노동, 애쓰다) + ious(= ous 형용사 어미) = laborious(힘드는, 고된)

大 **labyrinth** [lǽbərìnθ]

명 미궁(迷宮),미로, 엉클어진 사건

내버린 수
암 **미로**에 **래버린 스** 많은 **엉클어진 사건**들
(labyrinth)

L

高	**lace** [leis]	(명) 레이스, 끈 (동) 끈으로 묶다[졸라매다]. 노인(老人) (암) **로인(老人)**이 **허리**를 **레이스 끈으로 졸라매다.** (loin) (lace) ▶ lace for a dress 드레스용의 레이스(끈)
高	**lack** [læk]	(명) 부족, 결핍 (동) 결핍하다, ~이 없다, 모자라다. 내꺼도(내것이) (암) **달라돈**이 **랙**꺼가 **부족**해. **모자라다.** (dollar) (lack) ▶ He lacks imagination. 그는 상상력이 부족하다.
大	**lacking** [lǽkiŋ]	(형) 부족하여, 모자라는 ▶ lack(결핍하다) + ing(현재분사 어미) = lacking(부족하여, 모자라는)
高	**lacquer** [lǽkər]	(명) 래커, 옻칠 (타) 래커를(옻을) 칠하다. (암) **테이블**에 **옻칠 래커를 칠하다.** (table) (lacquer)
高	**lad** [læd]	(명) 젊은이, 청년 몰 래 들어간 (암) **호텔**로 **정부**와 **몰래 드**러간 **젊은이(청년)** (hotel) (moll) (lad) ▶ a young lad 젊은 청년, 젊은이
高	**ladder** [lǽdər]	(명) 사닥다리, (출세의)길, 수단 (동) 사닥다리로 오르다. 내더니 (암) **사닥다리**를 **래더**니**(출세)길 사닥다리로 오르다.** (ladder) ▶ the social ladder 사회 계층(사다리)
高	**lade** [leid]	(동) …을 싣다, 적재하다, 짐을 싣다. 오 래 이들이 (암) **트럭**에 **광석**을 **오래 이드**리 **싣다(적재하다).** (truck) (ore) (lade)
大	**laden** [léidn]	(형) 짐을 실은, 적재한 ▶ lad(e)(짐을 싣다) + en(…은, …한) = laden(짐을 실은, 적재한)
中	**lady** [léidi]	(명) 귀부인, 숙녀, 레이디 (암) **레이디 퍼스트**(숙녀 먼저) (lady) (first) ▶ the lady of the house 주부, 여주인
大	**ladylike** [léidilàik]	(형) 귀부인다운, 고상한, 정숙한 ▶ lady(귀부인) + like(같은, 다운) = ladylike(귀부인다운, 고상한, 정숙한)

L

中 **laid** [leid]

lay(놓다, 눕히다)의 과거, 과거분사

▶ She laid the doll down carefully.
그녀는 인형을 조심스럽게 눕혔다.

高 **lain** [lein]

lie(눕다, 드러눕다)의 과거분사

中 **lake** [leik]

명 호수, 연못

암 **사공**이 **오래 이 크**다란 **호수**에서 **보트를 타다**.
(oar) (lake) (boat)

▶ a deep lake 깊은 호수

高 **lamb** [læm]

명 어린양, 양

암 **볼**에 **머리**맞고 **놀램**을 보이는 **어린양(양)**
(ball) (noll)(lamb)

▶ a wolf in lamb's skin 양의 탈을 쓴 이리

高 **lame** [leim]

명 완고한 사람 형 절뚝거리는 동 절름발이로 만들다.

암 **완고한 사람** 놀부가 **래(來)임**을 **절름발이로 만들다**.
찾아온 님을 (lame)

▶ be lamed for life 평생 불구가 되다.

高 **lament** [ləmént]

동 슬퍼하다, 한탄하다. 명 비탄, 한탄

암 **두려움**에 **오라 맨 트**기가 **한탄(슬퍼)하다**.
오라줄을 맨 트기 (awe) (lament)

大 **lamentable** [lǽməntəbəl]

형 슬퍼할, 통탄할

▶ lament(슬퍼하다) + able(…할 만한) = lamentable(슬퍼할, 통탄할)

大 **lamentation** [læ̀məntéiʃən / -men-]

명 비탄, 애도

▶ lament(슬퍼하다) + ation(명사 어미) = lamentation(비탄, 애도)

中 **lamp** [læmp]

명 램프, 등불 동 (詩)비추다.

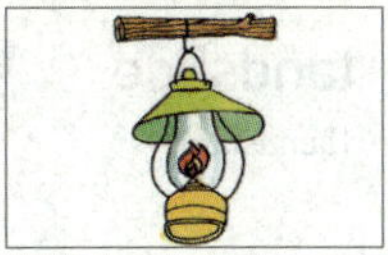

암 **램프 등불**을 **비추다**.
(lamp)

▶ a spirits lamp 알콜 램프

高 **lance** [læns, lɑ:ns]

명 창, 작살 타 창으로 찌르다.

암 **스파이**가 **란스**표를 **작살 창으로 찌르다**.
난수표를 (spy) (lance)

▶ throw a lance 창을 던지다.

L

中	**land** [lænd]	ⓜ 육지, 땅, 나라, 토지 ⓢ 상륙하다. **암 녹색의 그린 랜드 땅(나라)에 상륙하다.** (green) (land) ▶ Land prices have risen quickly. 땅값이 급격히 상승했다.
大	**landed** [lǽndid]	ⓗ 토지를 소유하는, 땅을 가진 ▶ land(토지, 땅) + ed(형용사를 만듦) = landed(토지를 소유하는, 땅을 가진)
高	**landing** [lǽndiŋ]	ⓜ 상륙, 착륙 ▶ land(상륙하다, 착륙하다) + ing(현재분사 어미) = landing(상륙, 착륙) ▶ moon landing 달착륙
大	**landlady** [lǽndlèidi]	ⓜ (여관, 하숙의)여주인, 안주인 ▶ land(토지) + lady(숙녀, 부인) = landlady(여주인, 안주인)
高	**landlord** [lǽndlɔ̀ːrd]	ⓜ 주인, 지주, 집주인 ▶ land(토지) + lord(군주, 주인) = landlord(주인, 지주, 집주인) ▶ an absentee landlord 부재(不在)지주
高	**landmark** [lǽndmɑ̀ːrk]	ⓜ 경계표, 획기적인 사건 ▶ land(땅, 토지) + mark(기호, 표, 마크) = landmark(경계표) ▶ the landmarks of history 역사상의 획기적 사건
大	**landowner** [lǽndòunər]	ⓜ 토지 소유자, 땅 임자, 지주 ▶ land(토지, 땅) + owner(소유자) = landowner(토지 소유자, 땅 임자, 지주)
高	**landscape** [lǽndskèip]	ⓜ 풍경, 경치 ▶ land(토지, 땅) + scape(경치) = landscape(풍경, 경치)
大	**landslide** [lǽndslàid]	ⓜ 산사태, 사태 ▶ land(토지, 땅) + slide(미끄러짐, 하락) = landslide(산사태, 사태)
大	**lane** [lein]	ⓜ 좁은 길, 골목, 작은 길 찾아온 사람 **암 좁은 길 골목으로 온 래인(來人)** (lane)

L

中

language
[lǽŋgwidʒ]

[명] 언어, 말(씨)

위를 / 냉귀지(=남기지)의 사투리

[암] **월** 보며 **유언**의 **말**을 **랭귀지**.

(will) (language)

▶ bad language 심한(상스러운)말(씨)

大

languid
[lǽŋgwid]

[형] 나른한, 생기없는, 생기 없이

남기드니

[암] 수프를 **랭귀드**니 **생기없이 죽다이**

(languid) (die)

高

languish
[lǽŋgwiʃ]

[동] 기운이 없어지다, 시들다, 나른해 지다.

▶ langu(id)(나른한, 생기없는) + ish(…한 성질의) = languish(나른한 성질의 → 기운이 없어지다, 시들다)

高

lantern
[lǽntərn]

[명] 초롱; 랜턴, 초롱불

高

lap[1]
[læp]

[명] 무릎 [동] 싸다, 휘감다.

랩(=wrap:투명비닐 / 냅다(=몹시 세차게)

[암] (음식물을 덮어 싸는)**랩**으로 **무릎**을 **랩**다 **휘감다(싸다)**.

(wrap) (lap)

▶ Joy lapped him over. 그는 기쁨에 싸여 있었다.

高

lap[2]
[læp]

[명] 핥아 먹음 [동] 핥다, 핥아[게걸스레]먹다.

냅다(=몹시 세차게)

[암] **불독**이 **가랑이 사이**를 **랩**다 **핥다**.

(bulldog) (thigh) (lap)

大

lapse
[læps]

[명] (시간의)경과, 흐름 [동] (시간이)경과하다.

랩 수술에

[암] 병원에서 (무릎)**랩 스**술에 많은 **(시간이)경과하다**.

(lapse)

▶ lapse into silence. 침묵하다.

大

lard
[lɑːrd]

[명] 라드(돼지 비계를 정제한 기름)

中

large
[lɑːrdʒ]

[형] 큰, 넓은

[암] 이 **유니폼 사이즈**는 **큰**것 이**라지**.

(uniform) (size) (large)

▶ He lives in a large city. 그는 대도시에 살고 있다.

高

largely
[lɑ́ːrdʒli]

[부] 크게, 대규모로

▶ large(큰) + ly(부사 어미) = largely(크게, 대규모로)

L

高 **lark** [lɑːrk]

명 종달새, 농담, 장난

암 **종달새**가 **락(樂)크**니 **싱**그럽게 **지저귀다**.
(즐거움이 크니 — lark, sing)

▶ larks sing 종달새가 지저귀다.

大 **larva** [lɑ́ːrvə]

명 애벌레, 유충

암 **웜(옴)벌레**가 **라 버**린 **애벌레 유충**
(worm; 날 버린 — larva)

高 **lash** [læʃ]

명 채찍끈, 비난 타 체찍질(매질)하다, 후려치다.

암 **홀**에 **여자**가 **몰래 쉬**하니 **채찍질(매질)하다**.
(hall, moll, lash)

高 **lass** [læs]

명 젊은 여자, 소녀

암 **룸펜**과 **레스링**을 즐기는 **젊은 여자 레스**양
(Lumpen, wrestling, lass)

中 **last** [læst / lɑːst]

명 지구력 형 최후의 동 계속하다, 지속하다.

암 **마라톤**을 **라스트**까지 **최후의 지구력**으로 **계속하다**.
(marathon, last)

▶ the last days 임종(최후의 날)

高 **lasting** [lǽstiŋ / lɑ́ːst-]

형 영속하는, 영구적인

▶ last(계속[지속]하다) + ing(현재분사 어미) = lasting(영속하는, 영구적인)

大 **lastly** [lǽstli / lɑ́ːst-]

부 최후로, 끝으로

▶ last(최후의, 마지막의) + ly(부사를 만듦) = lastly(최후로, 끝으로)

大 **last name** [læst neim]

명 성(姓)

▶ last(마지막의) + name(이름) = last name(성)

高 **latch** [lætʃ]

명n 걸쇠, 빗장 타 걸쇠를(빗장을)걸다.

암 **룸**에 **여자**를 **몰 래 취(取)**해 숨기고 **빗장을 걸다**.
(room, moll, latch)

▶ The door won't latch. 문의 걸쇠가 잘 잠기지 않는다.

中 **late** [leit]

형 늦은, 늦어진 부 늦게, 늦게까지

암 **여자**와 **몰래 이트**리나 **늦게까지** …데이트해
(몰래 이틀이나 — moll, late)

▶ a late breakfast 늦은 조반

高 **lately** [léitli]

[부] 최근, 요즘에

▶ late(늦게, 늦도록) + ly(부사를 만듦) = lately(최근, 요즘에)

▶ Have you been there lately? 당신은 최근 거기에 가 보셨나요?

大 **latent** [léitənt]

[형] 숨어 있는, 보이지 않는

▶ lat(e)(늦은) + ent(형용사 어미) → 늦은 시간이 되니 왕래하는 자가 보이지 않다 = latent(숨어 있는, 보이지 않는)

高 **later** [léitər]

[형] (late(늦은)의 비교급) 보다 늦은, 더 나중의

▶ lat(e)(늦게, 늦도록) + er(비교급을 만듦) = later(보다 늦은, 더 나중의)

▶ Let's do it later. 그것은 뒤에 하자.

大 **lateral** [lǽtərəl]

[형] 옆에(의), 측면의(에) [명] 옆쪽

러브레터(love letter)를 연관시켜 기억할 것

[암] 러브**레터럴 옆에**서 **불에 그**걸보이며 **자랑하다**.

(lateral) (brag)

高 **latest** [léitist]

[형] 최신의, 최근의 [부] 가장 늦게

▶ lat(e)(늦은) + est(최상급 어미) = latest(가장 늦은, 최신의)

▶ the latest news 최신(최근의) 뉴스

高 **Latin** [lǽtin]

[형] 라틴어의, 라틴어계의 [명] 라틴어

▶ the latin peoples [races] 라틴 민족

大 **Latin America** [lǽtin əmérikə]

[명] 라틴 아메리카(스페인어, 포르투갈어를 쓰는 중 남미 나라의 총칭)

高 **latitude** [lǽtətjùːd]

[명] 위도, 씨줄, 지역, 범위 폭

내 터(땅)에 투우들이

[암] **래터 튜우드**리 뛰노는 **지역**에 **위도(씨줄)**는?

(latitude)

▶ There is much latitude of choice.
선택의 범위가 넓다.

高 **latter** [lǽtər]

[형] 뒤의, 후자의

▶ lat(e) + t(늦은) + er(…하는 것) = latter(뒤의, 후자의)

▶ I prefer the latter proposition. (둘중)나중 제안이 좋다.

大 **latterly** [lǽtərli]

[부] 최근, 요즈음, 후기[말기]에, 뒤에

▶ latter(뒤의, 후자의) + ly(부사 어미) = latterly(최근, 요즈음, 후기[말기]에, 뒤에)

L

中 **laugh**
[læf / lɑːf]

동 웃다, 비웃다. 명 웃음

암 **러브레터**를 **여자 몰래 프**러 보며 **비웃다**.
(러브레터 = 연애 편지를 (love letter); 몰래 = (moll)(laugh); 래 ... 프 = 풀어)

▶ Everybady laughed loudly.
모두 큰 소리로 웃었다.

大 **laughing**
[lǽfiŋ / lɑ́ːf-]

형 웃는, 웃고 있는 명 웃기, 웃음

▶ laugh(웃다) + ing(현재분사 어미) = laughing(웃는, 웃고 있는, 웃기, 웃음)

高 **laughter**
[lǽftər / lɑ́ːf-]

명 웃음, 웃음소리

▶ laugh(웃다) + ter(= er …하는 것) = laughter(웃음, 웃음소리)

高 **launch**
[lɔːntʃ, lɑːntʃ]

동 (배 등을)진수시키다, 진수하다, 발사하다.

암 **마도로스**가 **란(蘭) 취(取)**해 들고 **(배를)진수 시키다**.
(마도로스 = 뱃사람 (matroos); 란(蘭) 취(取) = 란초를 가져다 (launch))

大 **launder**
[lɔ́ːndər]

동 세탁하다, 깨끗이 하다, 빨다.

암 **팬티**를 (넌)**런더**리 내며 **세탁하다(빨다)**.
(팬티 (panties); 런더 (launder))

高 **laundry**
[lɑ́ːndri]

명 세탁소, 세탁물

암 **팬티**는 **세탁소**에서도 **런드리**내는 **세탁물**
(팬티 (panties); 런드리 = 넌더리 (laundry))

大 **laureate**
[lɔ́ːriit]

형 월계관을 쓴 타 영예를 [영광을]주다

▶ laure(l)(월계관[수]) + ate(…이 있는, …을 주다)
= laureate(월계관을 쓴, 월계관을 쓸 영광을 주다)

高 **laurel**
[lɔ́ːrəl / lɑ́ːr-]

명 월계수, 월계관, 승리 타 …에게 월계관을 주다.

암 **로 럴**(노를) 저은 **승리**자**에게 월계관을 주다**.
(로 럴 (laurel))

高 **lava**
[lɑ́ːvə / lǽvə]

명 화산암, 용암층, 용암

암 **화산암 용암층**으로 덮혀 **래버**린 땅 **고지**대 **골짜기**
(래버 = 내버린 (lava); 고지 (gorge))

高 **lavatory**
[lǽvətɔ̀ːri / lǽvɔtəri]

명 (수세식)변소, 화장실, 세면소

암 **(수세식)화장실**에 놓아둔 **래보터리**.
(래보터리 = 내보따리 (lavatory))

L

大 **lavender** [lǽvəndər]	명 [식물] 라벤더(향기가 좋은 관목) 형 라벤더(꽃)의
高 **lavish** [lǽviʃ]	형 아낌 없는 타 (돈, 애정따위를)아낌없이 주다. 암 **정부 여자**에게 **몰래 비시** 많아 **(돈을)아낌없이 주다.** (래 빛 이) (moll) (lavish)
中 **law** [lɔː]	명 법률, 법칙, 법 동 고발(고소)하다. 암 **스파이**를 **법칙(법)**대로 **고발하다(고소하다).** (spy) (law) ▶ That's against the law. 그것은 법칙 위반이다.
大 **law court** [lɔː kɔːrt]	명 법정 ▶ law(법) + court(코트, 법정) = law court(법정)
高 **lawful** [lɔ́ːfəl]	형 합법의, 적법의 ▶ law(법) + ful(…많은, …가득찬) = lawful(합법의, 적법의) ▶ a lawful act 합법적인 행위
大 **lawless** [lɔ́ːlis]	형 법(률)이 없는, 무법의 ▶ law(법) + less(…이 없는) = lawless(법[률]이 없는, 무법의)
高 **lawn** [lɔːn]	명 잔디, 잔디밭, 풀밭 암 (논)**론**에 난 **잔디**풀 (lawn) ▶ a tennis lawn 테니스용 잔디 코트
高 **lawyer** [lɔ́ːjər]	명 법률가, 변호사 ▶ law(법) + yer(명사 어미가 w로 끝나는 명사에 붙어 사람을 뜻함) = lawyer(법률가, 변호사) ▶ a civil-rights lawyer 인권 변호사
中 **lay¹** [lei]	동 눕히다, (알을)낳다, 쌓다, 놓다. 암 **엑스레이** 찍으려고 **레이**씨를 **눕히다.** (X-ray) (lay) ▶ lay a child to sleep. 아이를 재우려고 눕이다.
高 **lay²** [lei]	lie(눕다, 드러눕다)의 과거 ▶ He lay down on the bed. 그는 침대에 드러누웠다.

高	**layer** [léiər]	ⓜ 쌓는(놓는) 사람, 층, 켜 ▶ lay(쌓다) + er(…사람[것]) = layer(쌓는[놓는]사람, 층, 켜)
大	**layman** [léimən]	ⓜ 속인, 평신도, 아마추어 ▶ lay(놓다) + man(사람) → 아래에 놓인 사람 = layman(속인, 평신도, 아마추어)
大	**layout** [léiàut]	ⓜ 배치도, 설계, 레이아웃, 판짜기 ▶ lay(놓다) + out(밖으로) → 설계도를 밖으로 놓고 하는 판짜기 = layout(배치도, 설계, 레이아웃, 판짜기)
大	**lazily** [léizili]	ⓟ 게으르게, 나타하게 ▶ laz(y) → i(게으른, 나태한) + ly(부사 어미) = lazily(게으르게, 나타하게)
高	**lazy** [léizi]	ⓗ 게으른, 나태한, 느린 암 **게으른**(다방) **레이지**. (lazy) ▶ He is a lazy boy. 그는 게으른 소년이다. 
高	**lead[1]** [li:d]	ⓜ 납 ⓗ 납으로 만든 ⓣ 납으로 추를 달다. 암 그물을 **사공**이 **오래 드**리울 수 있게 **납으로 추를 달다**. (oar) (lead) ▶ (as)dull as lead 납처럼 칙칙한 색의, (구어) 매우 얼빠진
中	**lead[2]** [li:d]	ⓜ 선도, 지휘 ⓓ 인도하다, 이끌다, 지도하다. 암 **구성원 맴버**를 **리드**하여 **이끌다**. (member) (lead) ▶ You lead, and we'll follow. 네가 앞장서라, 그러면 우리가 따르겠다. 
中	**leader** [lí:dər]	ⓜ 리더, 지도자, 선도자 ▶ lead(지도하다) + er(…사람) = leader(리더, 지도자, 선도자) ▶ The leader of the party was a woman. 그 일행의 지도자는 여자였다.
高	**leadership** [lí:dərʃip]	ⓜ 지도(력), 통솔(력) ▶ leader(지도자) + ship(명사 어미) = leadership(지도[력], 통솔[력]) ▶ He lacks leadership. 그는 지도력이 없다.
高	**leading** [lí:diŋ]	ⓜ 지도, 선도 ⓗ 이끄는, 지도적인 ▶ lead(이끌다, 인도하다) + ing(현재분사 어미) = leading(지도, 선도, 이끄는, 지도적인) ▶ the leading car 선도차

L

中 **leaf** [li:f]

명 잎 동 잎이 나다.

잎의 사투리

암 **아카시아**에 **리프**라기 (잎이) **나다.**

(acacia) (leaf)

▶ Most leaves are green. 대부분의 나뭇잎은 초록색이다.

大 **leafless** [líːflis]

형 잎이 없는, 잎이 떨어진

▶ leaf(잎) + less(…이 없는) = leafless(잎이 없는, 잎이 떨어진)

高 **leaflet** [líːflit]

명 작은 잎, 작은 잎사귀

▶ leaf(잎) + let(작은) = leaflet(작은 잎, 작은 잎사귀)

大 **leafy** [líːfi]

형 잎이 우거진, 잎이 많은

▶ leaf(잎) + y(…많은) = leafy(잎이 우거진, 잎이 많은)

高 **league** [li:g]

명 연맹, 동맹, 리그 동 연맹(동맹)하다.

암 **리그**전을 하겨고 **연맹(동맹)하다.**

(league)

▶ We three were leagued together. 우리 셋은 동맹을 맺고 있었다.

高 **leak** [li:k]

동 새다, 새어나오다. 명 누출, 새는 구멍

리(=이익이) 크게

암 **새는 구멍**으로 **리(利) 크**게 **누출**되 **새어나오다.**

(leak)

高 **lean** [li:n]

동 기울다, 기대다. 형 야윈, 깡마른

기린

암 **방파제**에 **키린**이 **깡마른(야윈)** 몸을 **기대다.**

(quay)(lean)

▶ lean against the well. 벽에 기대다.

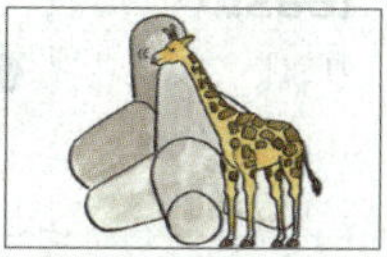

大 **leant** [li:n]

(英) lean(기대다)의 과거, 과거분사

高 **leap** [li:p]

동 껑충 뛰다, (물가 따위가)뛰어오르다 .

명 도약, 뛰기

귀뚜리가 잎프라기(잎의 사투리)

암 **날렵한 퀴트**리가 **리프**라기 위로 **껑충 뛰어오르다.**

(cute) (leap)

▶ leap a ditch. 도랑을 뛰어넘다.

大 **leaper** [líːpər]

명 뛰는 사람(말)

▶ leap(뛰다) + er(…하는 사람[것]) = leaper(뛰는 사람[말])

L

中 **learn** [ləːrn]

㊐ 배우다

암 주당이 **술 많이 마시는**걸 **부지런**히 **배우다.**
(boozy)(learn)

▶ I have much to learn yet. 저는 아직 배울 것이 많습니다.

高 **learned** [lə́ːrnid]

㊎ 학문[학식]이 있는

▶ learn(배우다) + ed(형용사를 만듦) = learned(학문[학식]이 있는)

▶ a learned man 학문[학식]이 있는 사람, 학자

高 **learner** [lə́ːrnər]

㊔ 학습자, 생도, 제자

▶ learn(배우자) + er(…사람) = learner(학습자, 생도, 제자)

中 **learning** [lə́ːrniŋ]

㊔ 학문, 배움, 학습

▶ learn(배우다) + ing(현재분사 어미) = learning(학문, 배움, 학습)

▶ a man of learning 학자

大 **learnt** [ləːrnt]

learn(배우다)의 과거, 과거분사

高 **lease** [liːs]

㊔ 임대차 계약 ㊉ 임대(임차)하다.

암 **리(李) 스** 없이 **임대차 계약**을 해 **임대하다.**
(리(李)씨가 수 없이 / (lease))

高 **least** [liːst]

가장작은, 가장적은, 최소의

암 **가장작은 리스트 워치**가 곧 **리스트(손목)워치**다.
((least) 시계가 (watch) / (wrist) 손목 시계다 (watch))

▶ the least amount[sum] 최소량[액]

高 **leather** [léðər]

㊔ 가죽, 가죽 제품 ㊐ 무두질하다.

암 **밍크 가죽**을 **모두질하여 가죽 제품**을 **래더.**
((mink) 모두질(=가죽을 다루는 일) / 내다 (leather))

▶ a leather dresser 피혁공

中 **leave** [liːv]

㊐ 떠나다, 남기다, 버리다. ㊔ 작별, 휴가, 허가

암 **스위스**로 **리(李)브**인이 **휴가 허가**를 얻어 **떠나다.**
((Swiss) 리씨 부인이 (leave))

大 **leaven** [lévən]

㊔ 효모, 누룩 ㊉ 발효시키다, 띄우다.

암 **연인**과 **혼례(禮)번**뜻이 올리려고 **누룩**을 **띄우다.**
((hon) (leaven))

L

中 **leaves** [liːvz]

leaf(잎, 나뭇잎)의 복수

大 **Lebanon** [lébənən]

명 레바논(지중해 동부의 공화국 수도: Beirut)

高 **lecture** [léktʃər]

명 강의, 강연 동 강의(강연)하다.

(black)블랙 처(=흑인처)를 연상해 기억할 것

암 **경관**이 **불랙 처(妻)**에게 **강의(강연)하다**.

(bull)(lecture)

▶ She lectures on politics.
그녀는 정치학을 강연한다.

高 **lecturer** [léktʃərər]

명 강연자, (대학의)강사

▶ lectur(e)(강의하다) + er(…사람) = lecturer(강연자, (대학의)강사)

▶ a lecturer in Engilish 영어 강사

高 **led** [led]

lead(인도하다, 안내하다)의 과거, 과거분사 형 끌리는, 지도받는

▶ The guide led us to the hut.
안내원은 우리를 오두막까지 안내해 주었다.

大 **ledge** [ledʒ]

명 (벽에서 돌출한)선반

(다방)레지가

암 **레지**가 **벽의 돌출한 선반**에 **컵**을 **세트**별로 **놓다**.

(ledge) (cup) (set)

大 **lee** [liː]

명 바람이 불어가는 쪽

암 **바람이 불어가는 쪽**을 **리(利)**롭게 쓰는 **보이**

(lee) (boy)

中 **left**[1] [left]

형 왼쪽(편)의 명 왼쪽 부 왼쪽으로

암 **좌측** 공격수인 **레프트 윙(날개)**.

(left) (wing)

▶ the left hand 왼손, 좌측(왼쪽)

中 **left**[2] [left]

leave(떠나다, 출발하다)의 과거, 과거분사

▶ They have left for London. 그들은 런던으로 떠났다.

中 **leg** [leg]

명 다리, 의족 동 도망치다.

암 **여자**가 **몰래 그 의족, 다리**로 **도망치다**.

(moll) (leg)

▶ a wooden leg 나무 의족

L

大 **legacy** [légəsi]

[명] 유산, (재산)물려 받은 것

[암] **(재산으로)물려 받은 것 유산**은 전부 **래 것시**다.
(내 것이다 / legacy)

高 **legal** [líːgəl]

[형] 법률(상)의; 합법의, 정당한

▶ leg(법) + al(…의) = legal(법률의, 정당한, 합법의, 적법한)

[암] **정당한 리(李)걸**어 **수** 없이 **고소하다**.
(이씨를 걸어 / 리(李)걸: legal / 수: sue)

大 **legally** [líːgəli]

[부] 법률적으로, 합법적으로, 적법적으로

▶ legal(합법의, 적법한) + ly(부사 어미) = legally(법률적으로, 합법적으로, 적법적으로)

高 **legend** [lédʒənd]

[명] 전설, 신화

[암] **사공**이 **오래 전 드**러온 **전설(신화)**
(오래: oar / 전 들어온: legend)

▶ ancient Chinese legends. 고대 중국의 전설

高 **legendary** [lédʒəndèri / -dəri]

[형] 전설[상]의

▶ legend(전설) + ary(…[상]의) = legendary(전설[상]의)

大 **legion** [líːdʒən]

[명] 군대, 군단

[암] **군단**의 **군대**가 **리전(泥田)**에서 **쿼럴**잡고 **싸우다**.
(리전(진흙 밭에서): legion / 코를: quarrel)

大 **legislate** [lédʒislèit]

[동] 법률을 제정하다, [미]법률로 …하다.

[암] 박당선인께 **레지 슬레 이트**메 (함께) **법률을 제정하다**.
((다방)레지가 술을 내 이틈에: legislate)

高 **legislation** [lèdʒisléiʃən]

[명] 입법, 법률 제정

▶ legislat(e)(법률을 제정하다) + ion(명사 어미) = legislation(입법, 법률 제정)

▶ veto legislation 법률(안)을 거부하다

高 **legislative** [lédʒislèitiv / -lət-]

[형] 입법[상]의, 입법부의

▶ legislat(e)(법률을 제정하다) + ive(형용사 어미) = legislative(입법[상]의, 입법부의)

大 **legislator** [lédʒislèitər]

[명] 입법자, 법률 제정자

▶ legislat(e)(법률을 제정하다) + or(…사람) = legislator(입법자, 법률 제정자)

L

高 **legislature** [lédʒislèitʃər]

명 입법부, 입법 기관

▶ legislat(e)(법률을 제정하다) + ure(명사 어미:기능, 집단의 뜻) = legislature(입법부,입법기관)

高 **leisure** [lí:ʒər, lég- / léʒ-]

명 틈, 여가 형 한가한

암 **한가한 틈**틈이, 즐기는 **레저 스포츠**
(leisure) (sports)

▶ I have no leisure to read a novel. 나는 소설을 읽을 틈이 없다.

大 **leisurely** [lí:ʒərli, lég- / léʒ-]

형 느긋한, 유유한, 여유 있는

▶ leisure(레저, 여가) + ly(부사 어미) = leisurely(느긋한, 유유한, 여유 있는)

高 **lemon** [lémən]

명 레몬; 레몬빛, 담황색, 레몬 나무

▶ squeeze a lemon 레몬즙을 짜내다.

高 **lemonade** [lèmənéid]

명 레몬수, 레모네이드(레몬 청량음료)

▶ lemon(레몬) + ade(달콤한 청량 음료) = lemonade(레몬수, 레모네이드)

中 **lend** [lend]

동 빌려주다, 빌리다.

암 **녹색**의 **그린랜드 땅**을 **렌드**씨가 **빌리다.**
(green)(land) (lend)

▶ Would you lend me your pencil? 연필 좀 빌려 주겠니?

高 **length** [leŋkθ]

명 길이; 세로, (행동의)범위

암 **세로 길이**가 긴 **랭스**(냉수(冷水))**박스**
(length) (box)

▶ the length of a journey 여정

高 **lengthen** [léŋkθən]

타 길게 하다, 늘이다, 길어지다.

▶ length(길이) + en(…으로 하다) = lengthen(길게 하다, 늘이다, 길어지다)

▶ The days lengthen in spring. 봄에는 낮이 길어진다.

大 **lengthwise** [léŋkθwàiz]

부형 세로로(의), 길게, 긴

▶ length(길이) + wise(…의 위치로) → 길이의 위치로(즉 세로로) = lengthwise(세로의,길게, 긴)

大 **lengthy** [léŋkθi]

형 긴, 기다란, 오랜

▶ length(길이) + y(형용사를 만듦) = lengthy(긴, 기다란, 오랜)

L

高	**lens** [lenz]	명 렌즈 ▶ contact lenses 콘택트 렌즈
中	**lent** [lent]	lend(빌려 주다)의 과거, 과거분사 ▶ She lent him the money. 그녀가 그에게 돈을 빌려주었다.
高	**leopard** [lépərd]	명 표범 암 **표범**을 잡아 **래 퍼 드**러(내서 펴 들어)(leopard) **보이**(boy)는 **소년**. 
中	**less** [les]	형 보다 적은(little의 비교급) 암 **놀부**(Nolbu)가 **도울**(dole) **몫**으로 **보다 적은**것을 **래스**(냈으니)(less)니… ▶ eat less meat. 고기를 덜 먹다.
高	**lessen** [lésn]	동 줄이다, 감하다, 적게 하다. ▶ less(보다 적은) + en(…하다) = lessen(줄이다, 감하다, 적게하다) ▶ His help lessened my work. 그의 도움이 내 일을 줄여 주었다.
大	**lesser** [lésər]	형 더욱 작은 ▶ less(보다 적은) + er(비교급을 만듦) = lesser(더욱 작은)
中	**lesson** [lésn]	명 수업, 교훈 암 (과외)**레슨**(lesson) **수업**. ▶ It served as a lesson to him. 그것은 그에게 교훈이 되었다.
大	**lest** [lest]	접 ~하지 않도록 암 일하다가 **레스트**(lest)(rest(레스트=휴식)을 연관시켜 기억할 것) **하지 않도록** **변두리**에서 **보더**(보다)(border).
中	**let** [let]	동 ~시키다, ~하게 하다 암 **술추한** 자에게 **초커렛**((먹는)초코렛(chocolate)과 혼동하지 말것)(chocker)(let)을 먹**게 하다**. ▶ Let me go. 가게 해 주세요(놓아 주세요)
中	**let's** [let]	let us의 간약형

中 **letter** [létər]

명 편지, 글자, 문자

암 **러브레터**.(연예 편지)
(love)(letter)

高 **lettuce** [létis]

명 상추, 양상추

내서 튀스니(달아나니) 거지의 사투리
암 멍키가 **상추**를 **래 튀스**니 **그러지**가 **아까워하다**.
(lettuce) (grudge)

高 **level** [lévəl]

명 수평; 수준 동 평평하게 하다.

암 땅을 **롤러카**를 오래 **불**러 **평평하게 하다**.
(roller, car) (level)

▶ a high level 높은 수준

大 **lever** [lévər / líːvər]

명 지렛대, 레버, 리버 동 지레로 움직이다.

암 이끼낀 **록**색 **바위**를 **리(李)버**젓이 **지렛대로 움직이다**.
(rock) (lever)

大 **levy** [lévi]

동 징수하다, 거두다, 징발(소집)하다. 명 소집(인원), (군인) 징집

오래비(=오빠)가
암 신랑감을 **사공**인 **오래비**가 **소집하다**.
(ora)(levy)

高 **liability** [làiəbíliti]

명 책임, 의무

▶ liab(le) + il(책임져야 할) + ity(명사 어미)
= liability(책임. 의무)

高 **liable** [láiəbəl]

형 (법률상 손해 등에 대해)책임 있는, …하기 쉬운

라씨 이 업을(사업을)
암 **책임있는 라(羅) 이 어블 하기 쉬운** 것부터 하네.
(liable)

高 **liar** [láiər]

명 거짓말쟁이, 허풍쟁이

▶ (거짓말 하다 = li(e)) + ar(…하는 사람) = 거짓말쟁이

암 **거짓말쟁이**의 말은 다 후**라이어**.
(liar)

▶ an abject liar 비열한 거짓말쟁이

高 **liberal** [líbərəl]

형 관대한, 자유를 존중하는 명 자유주의자

암 **관대한 리(李) 버럴**(벌을)주지 않은 **자유주의자**이지
(liberal)

大 **liberalism** [líbərəlìzəm]

명 자유[진보]주의

▶ liberal(자유로운) + ism(주의) = liberalism(자유[진보]주의)

L

大 **liberate**
[líbərèit]

[타] 해방하다, 석방하다, 자유롭게 하다.

▶ liber(ty)(해방, 방종, 자유) + ate(…하다) = liberate(해방[석방]하다, 자유롭게 하다)

大 **liberation**
[lìbəréiʃən]

[명] 해방, 석방, 방면

▶ liberat(e)(해방[석방]하다) + ion(명사 어미) = liberation(해방, 석방, 방면)

高 **liberty**
[líbərti]

[명] 자유, 해방, 방종, 무례

[암] 미스 **리(李) 버티**기로 얻은 **자유**와 **해방**
(liberty)

▶ natural liberty 천부의 자유권, civil liberties 시민의 자유

高 **librarian**
[laibrέəriən]

[명] 사서, 도서관 직원

▶ librar(y)(도서관) + ian(= an …사람) = librarian(사서, 도서관 직원)

中 **library**
[láibrèri, -brəri]

[명] 도서관

라씨가 이씨를 불으리(불으다)
[암] **도서관**에서 조용히 **라(羅) 이(李) 블어리**.
(library)

▶ a public library 공공 도서관

高 **license, -cence**
[láisəns]

[명] 면허(장), 인가서 [동] 면허를 주다.

[암] **후라이**하면 후**라이 선스**(수) **면허를 주다**.
(fry) (license)

▶ a driver's license 운전 면허증

大 **lichen**
[láikən, -kin]

[명] 바위 옷, 이끼

이끼라 이 큰 큰 서부에
[암] **바위옷**이 **이끼라 이 컨 이끼**를 **컨서브**에 **보존하다**.
(lichen) (conserve)

高 **lick**
[lik]

[명] 핥기 [동] 핥다, 패배시키다.

[암] **불독**이 **릭**릭(닉닉)한 걸 **핥다**.
(bulldog) (lick)

高 **lid**
[lid]

[명] 뚜껑, (책의)표지, 눈꺼풀

[암] **아빠**가 **다리 드**러(들어) **뚜껑**을 **오픈하다**.
(da) (lid) (open)

▶ Ben put the lid on the jar.
벤은 항아리 뚜껑을 닫았다.

中 **lie**
[lai]

[동] 자다, 눕다, 거짓말을 하다. [명] 거짓말

[암] 후**라이**쟁이가 **누워 자다**말고 **거짓말을 하다**.
(lie)

L

高	**lieutenant** [luːténənt]	ⓜ (육,해,공군의)중위 여러 텐(10)은 틀어 암 **트럼프**에 **루(累)텐언 트**러 보이는 **중위**님 (trump) (lieutenant) 
中	**life** [laif]	ⓜ 인생, 생활, 생명 암 **인생 생활**이 편한 **라이프** 주택. (life) ▶ Life is but a dream. 인생은 한낱 꿈에 지나지 않는다.
大	**lifeboat** [láifbòut]	ⓜ 구명 보트 ▶ life(생명) + boat(배, 보트) = lifeboat(구명보트)
大	**lifeless** [láiflis]	ⓜ 생명없는, 활기없는 ▶ life(생명) + less(…이 없는) = lifeless(생명없는, 활기없는)
高	**lifelong** [láiflɔ̀(:)ŋ, -lὰŋ]	ⓗ 일생의, 평생의 ▶ life(인생, 삶) + long(오랫동안) = lifelong(일생이, 평생의)
高	**lifetime** [láiftàim]	ⓜ 일생, 생애, 평생 ▶ life(생명) + time(시간) = lifetime(일생, 생애, 평생) ▶ It is the chance of a lifetime. 그것은 생애에 다시 없는 좋은 기회다.
中	**lift** [lift]	ⓓ 들어올리다. ⓜ 승강기, 엘리베이터 암 짐을 **승강기 리프트**로 **들어올리다**. (lift) ▶ lift baby in one's arms. 두 팔로 아기를 안아올리다. 
中	**light** [lait]	ⓜ 빛, 등불 ⓗ 가벼운 ⓑ 가볍게 ⓓ 불을 켜다[밝히다]. 암 **가벼운 라이트**급 선수가 **등불을 켜다**. (light) ▶ travel light 가벼운 차림으로 여행하다. 
高	**lighten[1]** [láitn]	ⓓ 밝게 하다, 밝아지다. ▶ light(빛, 광선) + en(…하다) = lighten(밝게 하다, 밝아지다)
高	**lighten[2]** [láitn]	ⓓ 가볍게 하다, 가벼워지다. ▶ light(가벼운) + en(…하다) = lighten(가볍게 하다, 가벼워지다)

L

大 **lighter** [láitər]

[명] 라이터, 불을 켜는 사람, 점화기
- ▶ light(빛, 불을 붙이다) + er(…하는 사람[것]) = lighter(라이터, 불을 켜는 사람, 점화기)

高 **lighthouse** [láithàus]

[명] 등대
- ▶ light(빛, 불을 붙이다) + house(집) = lighthouse(등대)
- ▶ a lighthouse keeper[man] 등대간수, 등대지기

大 **lighting** [láitiŋ]

[명] 조명, 점화
- ▶ light(빛, 불을 붙이다) + ing(현재분사 어미) = lighting(조명, 점화)

高 **lightly** [láitli]

[부] 가볍게, 민첩하게
- ▶ light(가벼운, 민첩한) + ly(부사 어미) = lightly(가볍게, 민첩하게)
- ▶ a lightly fried fish 살짝 기름에 튀긴 생선

高 **lightning** [láitniŋ]

[명] 번개, 번갯불
- ▶ light(e)n(밝게 하다) + ing(현재분사 어미) = lightning(번개, 번갯불)
- ▶ like lightning 번개같이 순식간에

中 **like** [laik]

[형] 닮은, 같은, 비슷한 [동] 좋아하다, 바라다.

[암] **라이 크**기가 **비슷한** 자를 **좋아하다**. (나이 크기가) (like)

- ▶ I like green tea. 나는 녹차를 좋아한다.

大 **likelihood** [láiklihud]

[명] 있음직한 일, 있음직함
- ▶ likel(y) → i(있음직한) + hood(명사 어미) = likelihood(있음직한 일, 있음직함)

高 **likely** [láikli]

[형] 있음직한, …할 것 같은
- ▶ like(같은, 비슷한) + ly(…한, …같은) = likely(있음직한, …할것 같은)
- ▶ a likely story 그럴듯한(있음직한) 이야기

高 **likeness** [láiknis]

[명] 비슷함, 닮음, 유사
- ▶ like(같은, 비슷한) + ness(명사 어미) = likeness(비슷함, 닮은, 유사)
- ▶ a family likeness 가족간의 닮은 점

高 **likewise** [láikwàiz]

[부] 똑같이, 마찬가지로
- ▶ like(같은, 비슷한) + wise(…방식으로) = likewise(똑같이, 마찬가지로)
- ▶ Go and do likewise. 가서 똑같이 하시오

高 **liking** [láikiŋ]	명 좋아함, 애호, 기호, 취미 ▶ lik(e)(좋아하다) + ing(현재분사 어미) = liking(좋아함, 애호, 기호, 취미)
大 **lilac** [láilək]	명 (植) 라일락
中 **lily** [líli]	명 나리, 백합, 리리, 백합꽃 ▶ the lilies and roses (化) 백합과 장미처럼 아름다운 얼굴 빛, 미모
高 **limb** [lim]	명 (동물 · 사람의) 손발; 날개; 가지, 팔, 다리 암 **림(林)**의 **팔 다리 손발**격인 것이 **가지** (림(수풀림)) (limb) ▶ a limb of the law [the bar] 법률의 앞잡이(경찰관, 법률가, 법관)
高 **lime** [laim]	명 석회, 생석회, 새 잡는 끈끈이 타 석회를 뿌리다. 암 **인디언**인 **라(裸)임**이 **새 잡는 끈끈이 생석회를 뿌리다.** (Indian) (벌거벗은 님이) (lime) ▶ lime and water 석회수 
大 **limestone** [láimstòun]	명 석회석, 석회암 ▶ lime(석회) + stone(돌, 돌맹이) = limestone(석회석, 석회암)
高 **limit** [límit]	명 제한, 한계, 범위 동 제한(한정)하다. 암 코트장의 **범위**를 **리 미트**로 **제한하다.** (이 밑으로) (limit) ▶ There is a limit to everything. 매사에는 한계가 있다. 
高 **limitation** [lìmətéiʃən]	명 한정, 제한 ▶ limit(제한[한정]하다) + ation(명사 어미) = limitation(제한, 한정) ▶ the limitation of nuclear weapons 핵무기의 제한
高 **limited** [límitid]	형 한정된, 제한된 ▶ limit(제한[한정]하다) + ed(형용사를 만듦) = limited(한정된, 제한된) ▶ a limited time 한정된 시간
大 **limiter** [límitər]	명 제한하는 사람(것) (電)리미터(진폭 제한 회로) ▶ limit(제한하다) + er(…사람[것]) = limiter(제한하는 사람[것], (電)리미터)

L

高 **limp**
[limp]

[자] 절뚝거리다. [명] 발을 절기, 절름발이
[형] 유연한, 연약한

림씨가 푸르르
[암] **연약한 절름발이 림(林)프**르르떨며 **절뚝거리다**.
(limp)

▶ have[walk with]a limp. 절뚝거리며 걷다.

中 **line**
[lain]

[명] 선, 경계 [동] 늘어서다; 선을 긋다, (의복 따위의)안을 대다.

[암] **경계**가 될 **라인 선을 긋고 안을 대다**.
(line)

▶ Hold the line please 끊지말고 기다려 주세요

大 **linear**
[líniər]

[형] 직선의, 선과 같은
▶ line(선) + ar(… 의, …같은) = linear(직선의, 선과 같은)

高 **linen**
[línin / línen]

[명] 리넨, 아마포, 아마사

[암] **리넨, 아마포, 아마사**
(linen)
▶ table linen 테이블 보

大 **liner**
[láinər]

[명] 정기선, 정기 항공기
▶ lin(e)(선) + er(…하는 것) → 선을 따라 다니는 것
= liner(정기선, 정기 항공기)

高 **linger**
[líŋgər]

[동] 오래 머무르다, 질질 끌다, 꾸물거리다.
링 거(=Ringer)주사를 연관시켜 기억할 것
[암] 병원에 **링거**주사를 맞느라 **오래 머무르다**.
(linger)
▶ The old man lingered out his life.
그 노인은 그럭저럭 살아갔다

大 **linguist**
[líŋgwist]

[명] 어학자, 언어학자
(둥근)ring 귀걸이 폰을 한 사람을 연관시켜 기억할 것
[암] **링(ling)귀(耳)스트**가(사람이) 곧 **언어학자**다.
(linguist)

大 **linguistic**
[liŋgwístik]

[형] 언어학의, 말의, 언어의
▶ linguist(언어학자) + ic(…의) = linguistic(언어학의, 말의, 언어의)

大 **linguistics**
[liŋgwístiks]

[명] *pl*(단수 취급) 어학, 언어학
▶ linguist(언어학자) + ics(…학 …론) = linguistics(어학, 언어학)

高 **lining**
[láiniŋ]

[명] 안감대기, 안감
▶ (…에 안감을 대다 = lin[e]) + (ing = 현재분사 어미) = lining(안감대기, 안감)

L

高 **link** [liŋk]

㊍ 연결하다, 연결시키다. ⓜ 고리

암 딜 조사해 거래를 고리같이 링크(연결)시키다.
(deal) (link)

▶ two towns linked by a canal 운하로 연결된 두 도시

大 **linoleum** [linóuliəm]

ⓜ 리놀륨(마루의 깔개)

中 **lion** [láiən]

ⓜ 사자, 용맹스러운 사람

암 사자처럼 용맹스러운 사람이 모인 라이언스 클럽.
(lion) (club)

中 **lip** [lip]

ⓜ 입술, (보통복수) 입

암 입술(입)에 바르는 립스틱.
(lip)(stick)

▶ None of your lip! 건방진 소리마라

高 **lipstick** [lípstìk]

ⓜ 입술 연지, 립스틱

▶ lip(입술) + stick(막대기) = lipstick(입술 연지, 립스틱)

高 **liquid** [líkwid]

ⓜ 액체 ⓗ 액체의, 유동성의

암 리(李) 퀴 드러 거르는 유동성의 액체
이씨가 키를 들어
(liquid)

▶ liquid air 액화 공기

高 **liquor** [líkər]

ⓜ 독한 증류주(brandy, whisky 따위), 리커

▶ hard[strong] liquor 독한 술

高 **list** [list]

ⓜ 일람표, 명부 ㊍ 명부에 올리다[올라 있다].

암 내임의 이름이 리스트 명부에 올라있다.
내님의
(name) (list)

▶ Give her a shopping list. 그녀에게 쇼핑목록을 주어라.

中 **listen** [lísən]

㊍ 듣다, 귀를 기울이다.

암 가엾은 소리를 리(李)슨슨히 듣다.
이씨가 순순히
(sorry) (listen)

▶ He listened to his father.
그는 아버지의 말을 듣다.

大 **listener** [lísnər]

ⓜ 듣는 사람, 경청자

▶ listen(듣다) + er(…사람) = listener(듣는 사람, 경청자)

▶ a good listener (상대방의 말 등을)잘 들어주는 사람

大 **listening** [lísniŋ]	명 청취, 경청 ▶ listen(듣다) + ing(현재분사 어미) = listening(청취, 경청)
高 **lit** [lit]	light(불을 붙이다, 켜지다)의 과거, 과거분사 형 빛나는, 불이 켜진 ▶ The room brightly lit up. 방은 환하게 불이 켜져 있었다.
高 **liter** [lí:tər]	(英)litre 명 리터(1000cc 略 lit)
大 **literacy** [lítərəsi]	명 읽고 쓸 줄 앎 ▶ litera(l)(문자) + cy(성질, 상태) = literacy(읽고 쓸 줄 앎)
高 **literal** [lítərəl]	형 글자 그대로의, 정확한, 꾸밈이 없는 명 오자, 문자 암 **글자 그대로 리(李)털털** 깎어. (이씨가 털을 / literal) 
高 **literally** [lítərəli]	부 글자 뜻 그대로, 문자 그대로 ▶ literal(문자) + ly(부사 어미) = literally(글자 뜻 그대로, 문자 그대로) ▶ interpret a person's order literally. 명령을 말 그대로 해석하다.
高 **literary** [lítərèri / -rəri]	형 문학의, 문학적인 ▶ liter(al)(문자, 문학) + ary(…의[적인]) = literary(문학의, 문학적인) ▶ a literary man 문학자, 학자, 저작자
大 **literate** [lítərit]	형명 읽고 쓸 수 있는(사람) ▶ liter(al)(문자) + ate(…이 있는 [사람]) = literate(읽고 쓸 수 있는[사람])
高 **literature** [lítərətʃər, -tʃùər]	명 문학, 문예 ▶ litera(l)(문자) + ture(= ure 명사 어미) = literature(문학, 문예) ▶ English literature 영문학
高 **litter** [lítər]	명 (짐승의)깔짚, 잡동사니 동 어질러 놓다. 암 **잡동사니 깔짚**으로 **리(李)터**를 **어질러 놓다.** (리씨가 터(땅) / litter)

L

中 **little** [lítl]

[형] (비교급 less or lesser, 최상급 least) 작은
[부] 조금(은) [명] 조금, 소량

[암] **작은 리틀 에인절**(천사)
(little) (angel)

▶ I'll give you a little. 너에게 조금 주겠다.

中 **live**[1] [liv]

[동] 생활하다, 살다.

[암] **뉴욕**에 **리(李)브**인이 **살다**.
이(李) 부인이
(New York) (live)

▶ He lives in Seoul. 그는 서울에 살고 있다.

高 **live**[2] [liv]

[형] 살아 있는, 생생한

[암] **살아 있는 생생한 라이브 쇼를 보이다**.
(live) (show)

▶ a live program 생방송 프로그램

高 **livelihood** [láivlihùd]

[명] 생계, 살림

▶ livel(y) → i(활기 있는, 기운찬) + hood(…의 상태를 나타냄) = livelihood(생계, 살림)

▶ lose one's livelihood. 생계수단을 잃다.

高 **lively** [láivli]

[형] 활기(생기)있는, 기운찬

▶ live(살아 있는, 생생한) + ly(형용사를 만듦) = lively(활기[생기]있는, 기운찬)

▶ a lively sense of gratitude 강한 사의

高 **liver**[1] [lívər]

[명] 간장(肝臟), 간

[암] **술을 부즈는 대로폭음해 리(李) 버린 간(장)**
부어주는 / 리씨가 버린(망가트린)
(booze) (liver)

▶ liver trouble 간장병

大 **liver**[2] [lívər]

[명] 생활자, 거주자

▶ (살다 = liv[e]) + (er = …사람) = liver(생활자, 거주자)

大 **livery** [lívəri]

[명] 제복, 정장

[암] **스파이 리(李) 버리**고 갈아입은 **정장, 제복**
리씨가 버리고
(spy) (livery)

高 **lives** [liv]

life(생명, 생활)의 복수

▶ Ten lives were lost in the accident.
그 사고로 10명이 목숨을 잃었다.

大 **livestock** [láivstɑ̀k / -stɔ̀k]

[명] 가축

▶ (살아 있는 = live) + (stock = 가축) = livestock(가축)

L

高 **living** [líviŋ]

[형] 살아 있는 [명] 생존, 생활

▶ (살아 있는 = liv[e]) + (ing = 동명사를 만듦) = living(살아 있는, 생존, 생활)

▶ good living 윤택한 (식)생활

中 **living room** [líviŋ ruːm]

[명] 거실, 거처방

▶ living(살아 있는, 생활) + room(방) = living room(거실, 거처방)

▶ a sunken living room 바닥이 한 단 낮은 거실

高 **lizard** [lízərd]

[명] 도마뱀

[암] **리(李) 저 드**레서 잡은 **도마뱀** (이씨가 저 들에서) (lizard)

大 **loach** [loutʃ]

[명] 미꾸라지

[암] **개울**에서 **번**번히 **로치**인 **미꾸라지** (burn) (놓친) (loach)

高 **load** [loud]

[명] 짐 [동] (차 · 배 따위에) 짐을 싣다.

[암] **트럭**에 **로우(老友)드**리 **짐을 싣다.** (truck) (노우(늙은 친구)들이) (load)

▶ load a plane with cargo. 비행기에 짐을 싣다.

大 **loading** [lóudiŋ]

[명] 짐싣기, 선적, 짐

▶ load(짐을 싣다, 짐) + ing(동명사를 만듦) = loading(짐싣기, 선적, 짐)

高 **loaf** [louf]

[명] 덩어리 빵 한 덩어리 [동] 빈둥거리다, 놀고 지내다.

[암] **런 천**에서 **점심**으로 **빵 한 덩어리**를 **로우(老友)프**러 먹으며 **빈둥거리다.** (연천(경기도 연천)) (luncheon) (로우(늙은 벗이)풀어) (loaf)

高 **loan** [loun]

[명] 대부(금), 공채, 차관 [동] 빌려 주다, 대출하다.

[암] **달러돈**을 **로운(老友는) 차관(대부금)**으로 **대출하다.** (dollar) (로운(늙은 벗은)) (loan)

大 **loath** [louθ]

[형] (서술적) 싫어하고, 싫어하여, 싫어서

[암] **로우(老友) 스** 많으니 **싫어하며 로우드**를 **진저리를 내다.** (로우(늙은 벗) 수) (loath) (늙은벗들을) (loathe)

高 **loathe** [louð]

[타] 싫어하다, 진저리를 내다.

[암] **로우(老友) 스** 많으니 **싫어하며 로우드**를 **진저리를 내다.** (로우(늙은 벗) 수) (loath) (늙은벗들을) (loathe)

L

大 **loathsome** [lóuðsəm]

형 싫은, 지긋지긋한, 불쾌한

▶ loath(싫어서) + some(…하기 쉬운, 하고 있는) = loathsome(싫은, 지긋지긋한, 불쾌한)

大 **loaves** [louvz]

loaf(덩어리, 빵 한 덩어리)의 복수

▶ loaves and fishes [성서]사리, 일신의 이익, 세속적 이득

高 **lobby** [lábi / lɔ́bi]

명 로비, 복도; 압력 단체 동 압력을 가하다, (의안의) 통과를 운동하다.

암 **압력 단체**가 **복도 로비**에서 **(의안의)통과를 운동하다**.
(lobby)

▶ I'll wait for you in the hotel lobby.
내가 호텔 로비에서 기다릴게.

高 **lobster** [lábstər / lɔ́b-]

명 바닷가재, 큰 새우

로부(늙은 남자가) 물있는 터(땅)에서
암 **로브(老夫) 스(水)터**에서 잡은 **큰 새우**
(lobster)

高 **local** [lóukəl]

형 지역의, 지방의 명 지방 사람

늙은 벗이 컬컬할 때
암 **지방 사람**인 **로우(老友) 컬**컬할 때 마시는 **지방의 동동주**
(local) (dongdongju)

▶ a local paper 지방 신문

大 **localism** [lóukəlìzəm]

명 지방주의

▶ local(지방의) + ism(주의) = localism(지방주의)

高 **locality** [loukǽləti]

명 소재지, 장소, 지방

▶ local(지방의, 장소의) + ity(명사 어미) = locality(소재지, 장소, 지방)

大 **localize** [lóukəlàiz]

동 장소를 정하다, 위치를 밝히다.

▶ local(지방의, 장소의) + ize(동사 어미, …하다) = localize(장소를 정하다, 위치를 밝히다)

高 **locate** [loukéit]

동 (장소 따위를)알아내다, 위치하고 있다.

물에서 노(櫓)를 캐 이틈에
암 **바보**가 **뮬**에서 **로(櫓)캐 이 트**메 난파선의 **위치를 알아내다**.
(mule) (locate)

▶ The market is located on Seventh Street.
시장은 7번가에 있다.

高 **location** [loukéiʃən]

명 위치, 위치 선정

▶ locat(e)(위치를 알아내다) + ion(명사 어미) = location(위치, 위치 선정)

▶ be on location 야외 촬영 중이다.

高

lock
[lɑk / lɔk]

명 자물쇠 동 자물쇠를 잠그다.

녹쓴
암 **셔터**에 **록**쓴 **자물쇠를 잠그다.**
(shutter) (lock)

大

lock*er*
[lάkər / lɔ́k-]

명 (자물쇠가 달린) 찬장

▶ lock(자물쇠) + er(…하는 것) = locker([자물쇠가 달린] 찬장)

高

loco*motive*
[lòukəmóutiv]

명 기관차 형 이동[운동]하는

▶ (이동의 뜻 = loco) + (motive = 동기, 원동력이 되는) = locomotive(기관차, 이동[운동]하는)

▶ locomotive power 운동 능력

大

locust
[lóukəst]

명 메뚜기, 매미

늙은 벗이 커 서 투르게
암 몸집이 **로우(老友) 커 스트**르게 잡는 **메뚜기(매미)**
(locust)

高

lodge
[lɑdʒ / lɔdʒ]

동 묵다, 숙박하다. 명 오두막집

늙은 쥐
암 **오두막집**에 **로(老)쥐**가 **묵다(숙박하다).**
(lodge)

高

lodg*ing*
[lάdʒiŋ]

명 하숙, 셋방 듦, 숙박

▶ lodg(e)(숙박하다, 묵다) + ing(현재분사 어미) = lodging(하숙, 셋방 듦, 숙박)

大

loft
[lɔːft / lɔft]

명 다락방, 비둘기집

(밧줄=)rope를 연관시켜 기억할 것
암 (밧줄)**로프 트**러(틀어) 잡고 오르는 **다락방**
(loft)

高

loft*y*
[lɔ́ːfti / lɔ́fti]

형 매우 높은, 치솟은, 고상한

▶ loft(다락방) + y(형용사를 만듦) = lofty(매우 높은, 치솟은, 고상한)

▶ a lofty peak 고봉(高峰)

高

log
[lɔːg, lɑg / lɔg]

명 통나무; 항해 일지

타 통나무로 자르다, 항해 일지에 기입하다.

로구(늙은 몸)
암 **로그(老軀)**가 **통나무**를 타고 **향해 일지를 기입하다.**
(log)

高

logic
[lάdʒik]

명 논리학, 논리, 조리

암 **조리**에 맞게 **논리**적으**로 직**껄이며 **뭐뭐**라 **속삭이다.**
(logic) (murmur)

▶ clear logic 명확한 논리

L

高

logical
[lɑ́dʒikəl / lɔ́dʒ-]

[형] 논리학의, 논리적인
▶ logic(논리학, 논리) + al(…의, …적인) = logical(논리학의, 논리적인)

大

logically
[lɑ́dʒikəli / lɔ́dʒ-]

[부] 논리상으로, 논리적으로
▶ logical(논리학의, 논리적인) + ly(부사를 만듦) = logically(논리상으로, 논리적으로)

大

loin
[lɔin]

[명] 허리, 요부(腰部)

노인(老人)
[암] **허리(요부)**가 굽은 **로인(老人)**
(loin)

高

loiter
[lɔ́itər]

[동] 빈둥거리다, 늑장부리다, 배회하다.

[암] **런던**거리를 **로이터** 통신원이 **배회하다**.
(London) (loiter)
▶ loiter around till late. 늦게까지 할 일없이 헤매다.

中

London
[lʌ́ndən]

[명] 런던(영국의 수도)

高

lone
[loun]

[형] 고독한, 외로운

[암] **고독하**고 **외로운 마담**.
(lone)(madam)
▶ a lone traveler 외로운 나그네

中

lonely
[lóunli]

[형] 고독한, 고립된, 외딴
▶ lone(고독한) + ly(형용사를 만듦) = lonely(고독한, 고립된, 외딴)
▶ His house is in a lonely street. 그의 집은 외딴 거리에 있다.

大

lonesome
[lóunsəm]

[형] 쓸쓸한, 고독한
▶ lone(고독한) + some(형용사 어미) = lonesome(쓸쓸한, 고독한)

中

long
[lɔːŋ / lɔŋ]

[형] 긴 [부] 오랫동안 [동] 갈망하다, 열망하다.

[암] 인기가 **오랫동안 롱**런 하길 **갈망하다**.
(long)
▶ How long is it? 길이가 얼마나 되니?

大

longevity
[lɑndʒévəti / lɔn-]

[명] 수명, 장수
▶ lon(g)(긴) + (a)ge(나이) + vity(= ity 명사 어미) = longevity(수명, 장수)

란제(難題:어려운 문제)
[암] **수명 장수**의 **란제(難題) 버티**기로 지키는 **닥터**
(longevity) (doctor)

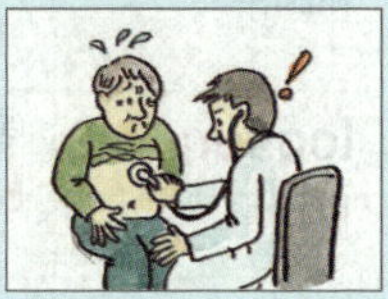

高 **longing** [lɔ́(:)ŋiŋ / láŋ-]

㉮ 동경, 갈망, 열망

▶ long(갈망[열망]하다) + ing(현재분사 어미) = longing(동경, 갈망, 열망)

▶ a secret longing 남모르는 동경[갈망]

高 **longitude** [lándʒətjùːd / lɔ́n-]

㉮ 경도(經度)

▶ long(긴) + itude(= tude 상태의 뜻) → 지구의 긴 세로선 상태를 나타냄 = longitude(경도(經度))

中 **look** [luk]

㉯ 보다, 주의하다. ㉮ 봄, 표정

암 **코트**가 **룩**룩한가 **주의하여 보다**.
(코트: 외투 (coat)) (룩룩: 눅눅 (look))

▶ Look at that monkey. 저 원숭이를 보아라.

高 **lookout** [lúkàut]

㉮ 감시, 망보기, 경계

▶ look(보다) + out(밖으로) = lookout(감시, 망보기, 경계)

大 **loom** [luːm]

㉮ 베틀, 직기 ㉶ 아련히 나타나다[떠오르다].

암 **미스**가 **베틀**에 앉으니 **룸**펜 생각이 **아련히 떠오르다**.
(미스: (Miss)) (룸: (loom))

高 **loop** [luːp]

㉮ 고리 ㉯ 고리로 만들다, 친친 둘러 감다.

암 꿀**단지 자루 프**러지잖게 **고리**처럼 **친친 둘러 감다**.
(단지: (jar)) (루프: (loop), 프: 풀어)

▶ make a loop. 고리를 만들다.

大 **loophole** [lúːphòul]

㉮ 총구멍, 공기 빼는 구멍, 엿보는 구멍

▶ loop(고리) + hole(구멍) → 고리 같은 둥근 구멍 = loophole(총구멍, 공기빼는 구멍, 엿보는구멍)

高 **loose** [luːs]

㉱ 헐거운, 느슨한 ㉯ 놓아[풀어]주다.

암 **벨트**를 **헐거운** 상태로 **루스**은하게 **풀어주다**.
(벨트: (belt)) (루스: (loose), 루스은하게: 느슨하게)

▶ a loose dog 풀어 놓은 개

大 **loosely** [lúːsli]

㉲ 느슨하게, 헐겁게

▶ loose(헐거운, 느슨한) + ly(부사 어미) = loosely(느슨하게, 헐겁게)

高 **loosen** [lúːsən]

㉯ 늦추다, 풀다, 끄르다.

▶ loos(e)(헐거운, 느슨한) + en(…하다) = loosen(늦추다, 풀다, 끄르다)

高 **lord** [lɔːrd]	ⓜ 주인, 군주, 귀족, 그리스도(=Lord) 암 **실크 로드**에서 **군주**를 맞는 **귀족**인 **주인 로드**씨 (비단길) (silk road) (lord) 
大 **lordly** [lɔ́ːrdli]	ⓗ 군주[귀족]다운 ⓑ 군주[귀족]답게 ▶ lord(군주, 귀족) + ly(부사및 형용사 어미) = lordly(군주[귀족]다운, 군주[귀족]답게
大 **lordship** [lɔ́ːrdʃip]	ⓜ 귀족[군주]임, 통치권 ▶ lord(귀족, 군주) + ship(명사 어미, 신분, 상태를 나타냄) = lordship(귀족[군주]임, 통치권)
大 **lore** [lɔːr]	ⓜ 지식, 민간 전승, 학문 암 **민간 전승**으로 내려온 **학문**과 **지식** (lore)
高 **lorry** [lɔ́(ː)ri / lári]	ⓜ 화물 자동차, 무개(無蓋)화차 암 탱크**로리 화물 자동차** (lorry) 
中 **lose** [luːz]	ⓓ 잃다, 상실하다, 실패하다. 루즈(=rouge:연지)를 연관시켜 기억할 것 암 어머니가 **루즈**를 **잃다(상실하다)**. (lose) ▶ Don't lose the money. 돈을 잃어버리지 마라
大 **loser** [lúːzər]	ⓜ 손실자, 분실자, 실패자 ▶ los(e)(잃다, 실패하다) + er(…사람) = loser(손실자, 분실자, 실패자)
中 **loss** [lɔːs / lɑs]	ⓜ 손실; (복수) (군수품·병사 등의) 손해, 실패 암 불독개에게 **손실** 당해 **손해**본 **로스**구이 감 (loss) ▶ loss in weight 무개의 감소 감량 
中 **lost** [lɔːst / lɑst]	lost(잃다, 상실하다)의 과거, 과거분사 ⓗ 잃은, 분실한, 헛된
中 **lot** [lɑt / lɔt]	ⓜ 제비; 운명 (구어)많음 ⓑ 아주 많은, 종종 ⓓ 제비뽑기를 하다,(상품 등을)나누다. 암 **아주 많은** 자들이 **종종 롯**데에서 **제비뽑기를 하다**. (lot) ▶ The lot fell upon him. 제비뽑기에서 그가 당첨되었다.

L

大	**lotion** [lóuʃən]	ⓜ 바르는 물약, 화장수, 로션 암 **바르는 물약**같은 **화장수 로션**(lotion)
高	**lottery** [látəri / lɔ́t-]	ⓜ 제비뽑기, 추첨 ▶ (제비뽑기를 하다 = lot[t]) + (ery = 명사 어미) = lottery(제비뽑기, 추첨)
大	**lotus, lotos** [lóutəs]	ⓜ (그리스 신화) 로터스, 망우스 그 열매, 연(식물) ※(그 열매를 먹으면 속세를 잊고 황홀경에 빠진다고 함)
高	**loud** [laud]	ⓟ 큰 소리로 ⓗ 큰 소리의, 시끄러운 암 **라우(裸友)드**리 **큰 소리로 데모하다**. 라우(라체의 벗)들이 (loud) (demo) ▶ be loud in praises. 크게 칭찬하다. 
高	**loudly** [láudli]	ⓟ 큰 소리로, 소란하게 ▶ loud(시끄러운, 큰 소리의) + ly(부사를 만듦) = loudly(큰 소리로, 소란하게) ▶ He spoke loudly. 그는 큰 소리로 말했다.
大	**loudness** [láudnis]	ⓜ 큰 소리, 시끄러움 ▶ loud(소리가 큰, 시끄러운) + ness(명사 어미) = loudness(큰 소리, 시끄러움)
高	**loudspeaker** [láudspíːkər]	ⓜ 확성기 ▶ loud(소리가 큰) + speaker(스피커) = loudspeaker(확성기)
大	**lounge** [laundʒ]	ⓢ 빈둥거리다, 어슬렁 어슬렁 거닐다. ⓜ 휴게실, 라운지 암 **마담**이 **호텔 라운지(휴게실)**에서 **빈둥거리다**. (madam) (hotel) (lounge)
大	**lovable** [lʌ́vəbəl]	ⓗ 사랑스러운, 귀여운 ▶ lov(e)(사랑하다) + able(…할 만한) = lovable(사랑스러운, 귀여운)
中	**love** [lʌv]	ⓜ 사랑, 연인 ⓢ 사랑하다. 암 **연인**을 **러브**하여 **사랑하다**. (love) ▶ He fell in love with her. 그는 그녀와 사랑에 빠졌다.

L

中 **lovely** [lʌ́vli]

㉻ 아름다운, 귀여운, 사랑스러운

▶ love(사랑) + ly(…다운, …한 성질의) = lovely(아름다운, 귀여운, 사랑스러운)

▶ a lovely woman 사랑스러운 여자

高 **lover** [lʌ́vər]

㉮ 연인, 애인, 애호가

▶ lov(e)(사랑하다) + er(…사람) = lover(연인, 애인)

▶ an art lover 미술 애호가

高 **loving** [lʌ́viŋ]

㉻ 애정있는 정다운

▶ love(사랑하다) + ing(현재분사 어미) = loving(애정 있는, 정다운)

▶ Your loving friend 당신의 정다운 벗으로부터(친구간의 편지의 끝맺음말)

高 **low** [lou]

㉻ 낮은, (값이)싼 ㉰ (소가) 음매 울다.

암 **싼**(값)에 팔린 **로우**(老牛)가 **음매 울다**.
(로우: 노우(늙은 소), low)

▶ low temperature 저온, 낮은 온도

高 **lower** [lóuər]

㉰ 낮추다, 내려가다, 줄다, 내리다.

▶ low(낮은) + er(반복을 나타냄, 동사 어미) = lower(낮추다, 내려가다, 줄다)

▶ lower a flag. 기를 내리다.

大 **lower** [lóuər]

㉻ 아래쪽의, 하급의, 하류의

▶ low(낮은) + er(비교급의 어미) = lower(아래쪽의, 하급의, 하류의)

大 **lowland** [lóulæ̀nd / -lənd]

㉮ 낮은 땅 ㉻ 저지(低地)의

▶ low(낮은) + land(땅) = lowland(낮은 땅, 저지(低地)의)

大 **lowly** [lóuli]

㉻ (신분, 지위 따위가) 낮은 ㉲ 천하게, 겸손하게)

▶ low(낮은) + ly(형용사, 부사를 만듦) = lowly([신분 지위 따위가]늦은, 천하게, 겸손하게)

高 **loyal** [lɔ́iəl]

㉻ 충실한, 충성스런 ㉮ 충신, 애국자

암 **충성스런 충신**의 반열에 **로이얼 애국자**.
(로이얼: 놓이얼(놓이게 될), loyal)

▶ a loyal friend 충실한 친구

高 **loyalty** [lɔ́iəlti]

㉮ 충의, 충절, 충성, 성실

▶ loyal(충성스런) + ty(…한 성질, 명사 어미) = loyalty(충의, 충절, 충성, 성실)

▶ unshaken loyalty 변함없는 충절

L

高 **luck** [lʌk]

명 운, 행운

넉넉한
암 **럭럭한 행운.**
(luck)

▶ luck favored us, and we won. 운이 좋아서 우리는 이겼다.

高 **luckily** [lʌ́kili]

부 운 좋게, 다행이도

▶ luck(y) → i(운 좋은) + ly(부사를 만듦) = luckily(운 좋게)

大 **luckless** [lʌ́klis]

형 불운의, 불행한

▶ luck(운, 행운) + less(…이 없는) = luckless(불운의, 불행한)

中 **lucky** [lʌ́ki]

형 행운의, 운 좋은

▶ luck(운, 행운) + y(형용사 어미) = lucky(행운의, 운 좋은)

▶ That was lucky for you. 너에게 운이 따랐다.

大 **ludicrous** [lú:dikrəs]

형 익살스런, 어리석은, 우수유

누이 뒤 끌렀으니
암 **익살스런** 자가 **루 뒤 클어스**니 **우수운 폼을 하다.**
(ludicrous) (form)

高 **luggage** [lʌ́gidʒ]

명 수화물

낙 이지(樂이지=즐거움 이지)
암 **수화물**을 받는것도 **러기지(樂이지)**
(luggage)

高 **lull** [lʌl]

동 달래다, 진정시키다. 명 소강 상태

와이프를
암 **와이프럴 달래다**(진정시키다).
(wie) (lull)

大 **lullaby** [lʌ́ləbài]

명 자장가 동 달래서 재우다.

▶ lull(달래다) + aby(= by, …의 곁에) = lullaby(자장가, 달래서 재우다)

갓난애를 얼러봐 이씨가
암 **베이비를 럴러봐 이**(李)가 **자장가**로 **달래서 재우다.**
(baby) (lullaby)

高 **lumber** [lʌ́mbər]

명 재목, 제재목, 재목을 베어내다

우드 람 벌(濫伐:나무를 함부로 베어냄)
암 **우드**커니 선 **나무**를 **람버**를 해 **재목을 베어내다.**
(wood) (lumber)

L

高 **luminous** [lú:mənəs]

형 빛나는, 명백한, 명석한

여러 말리의 민어(民魚) 수(數)
암 **루(累)민너(民魚)스(數)**를 **명석한** 자가 **카운트**해 **세다.**
(luminous) (count)

▶ a luminous watch 야광시계

高 **lump**
[lʌmp]

명 덩어리, 혹, 얼간이, 부스럼

럼 풀어
암 **얼간이**가 **부스럼 프**러 **덩어리**를 **썩**썩 **빨다**.
(lump) (suck)

▶ a lump of sugar 각설탕 (한 개)

高 **lunar**
[lúːnər]

형 달의, 달의 작용에 의해서

누나가
암 **달의 작용에 의해서 루나**가 매달(한 달에 한 번…).
(lunar)

大 **lunatic, -ical**
[lúːnətik / -əl]

형 어이없는; 정신 이상의 명 미치광이, 정신병자

누나 틱! 텀블에
암 정신 이상의 미치광이 **루너 틱!**하고 **텀블**에 **쓰러지다**.
(lunatic) (tumble)

中 **lunch**
[lʌntʃ]

명 점심 동 점심을 먹다.

암 (넌)**런 취**한 상태로 **점심을 먹다**.
(lunch)

高 **luncheon**
[lʌ́ntʃən]

명 (문어) 점심; 오찬, 간단한 식사 자 점심을 먹다.

▶ lunch(점심, 점심을 먹다) + eon(언(言)박복의 뜻) = luncheon(점심, 오찬, 점심을 먹다)

高 **lung**
[lʌŋ]

명 폐, 허파

암 **스티립쇼**보고 **벌렁**거리는 **허파(폐)**
(burl)(lung)

大 **lurch**
[ləːrtʃ]

동 비틀거리다, 갑자기 기울다. 명 비틀거림

홀로 취해
암 **보이**가 **식당**에서 **홀러 취**해 **비틀거리다**.
(boy) (hall)(lurch)

高 **lure**
[luər]

동 유혹하다. 명 매혹, 유혹(물), 가짜 미끼

루어(=여러마리의 고기)
암 **가짜 미끼**로 **루어(累魚)**를 **유혹하다**.
(lure)

高 **lurk**
[ləːrk]

동 숨어 있다, 잠복하다, 숨다. 명 잠복, 숨어들기

암 **스파이**가 **경관**을 **불러 크**레므린으로 **잠복하다(숨다)**.
(spy) (bull) (lurk)

高 **lust**
[lʌst]

명 욕망, 육욕, 색정 자 열망[갈망]하다, 색정을 품다.

불 러수(손을) 틀어가며
암 **바걸**을 **교도관**이 **불러스(手)트**러가며 **색정을 품다**.
(bar girl) (bull) (lust)

▶ the lusts of the flesh 육욕(肉慾)

L

高 **luster** [lʌ́stər]

(英)-tre 명 광택, 윤 동 윤(광)을 내다, 빛나다.

암 **보이**(boy)가 **공장** 바닥을 **밀러**(밀어)(mill) **스(數)터**(수(여러) 곳에)(luster)에 **광을 내다**.

▶ the luster of pearls 진주의 광택

大 **lusty** [lʌ́sti]

형 튼튼한, 건장한

▶ (욕망, 육욕 = lust) + (y = 형용사를 만듦) → 육욕의 욕망을 충족시키리만큼 = lusty(튼튼한, 건장한)

大 **luxuriant** [lʌgʒúəriənt / lʌkʃúər-]

형 번성한, 화려한, 현란한

▶ luxur(y) → i(사치) + ant(형용사 어미, …한) = luxuriant(번성한, 화려한, 현란한)

高 **luxurious** [lʌgʒúəriəs / lʌkʃúər-]

형 사치스러운, 호사스러운

▶ luxur(y) → i(사치) + ous(형용사 어미) = luxurious(사치스러운, 호사스러운)

高 **luxury** [lʌ́kʃəri]

명 사치, 쾌락, 사치품, 향락, (古)색욕

암 **럭셔리**(넉살이)(luxury) 좋게 **사치(향락)**한 생활.

▶ She leads a life of luxury.
그녀는 사치스런 생활을 하고 있다.

高 **lying[1]** [láiiŋ]

lie[1](눕다, 드러눕다)의 현재분사 형 드러누워있는

大 **lying[2]** [láiiŋ]

lie[2](거짓말을 하다)의 현재분사 형 거짓말을 하는 명 거짓말하기, 거짓말

高 **lynch** [lintʃ]

명 사형(私刑), 사벌(私罰)
동 린치(제재)를 가하다.

암 **양키**(Yankee)가 **인디언**(Indian)에게 **린치(私刑)**(사형=사적 제재)(lynch)를 **가하다**.

大 **lyric** [lírik]

명 서정시 형 서정시의, 서정적인

암 소월이 **리(里)**(리(마을의)의) **릭(利)**(익(이익)을)(lyric)을 위해 쓴 **서정적인 서정시**

大 **lyrical** [líriкəl]

형 서정시조의, 서정미가 있는

▶ lyric(서정시) + al(…의) = lyrical(서정시조의, 서정미가 있는)

L

M

大 **ma**
[mɑː / mɔː]

명 《口》 엄마, 아줌마

암 **마(馬)**씨 **엄마**. **(아줌마)**
(ma)

高 **ma'am**
[məm]

명 《口》 마님, 아주머니

암 **마님**보자 **멈**칫하는 **아주머니**
(ma'am)

▶ Yes, ma'am. 네 부인(선생님) ※ 여성 일반에 대한 호칭

大 **macaroni, macca-**
[mæ̀kəróuni]

명 마카로니, 이탈리아 국수

암 (인디언에게) **이탈리아 국수**를 **매커로우니**(말겨놓으니) 다 먹어!
(macaroni)

中 **machine**
[məʃíːn]

명 기계

암 **로봇**은 **머신**(멋있는)는 **기계**.
(robot) (machine)

▶ All these machines work.
이 기계들 모두 작동한다.

高 **machinery**
[məʃíːnəri]

명 기계류, 기계장치, 조직, 기구

▶ machin(e)(기계) + ery(명사 어미) = machinery(기계류, 기계장치)

▶ the machinery of government 정치기구

高 **mad**
[mæd]

형 미친 동 발광하다.

암 **미친**자가 **매 드**(몽둥이 들고)고 **발광을 하다**.
(mad)

▶ He was mad with joy. 그는 미친듯이 기뻐했다.

高 **madam**
[mǽdəm]

명 마님, …부인

암 술집 **매덤(마담) 부인**
(madam)

▶ Madam President 대통령 부인

大 **madame**
[mǽdəm]

명 부인, 마님(매덤)

大 **madden**
[mǽdn]

동 미치게 하다, 미치다, 발광하다.

▶ mad(d)(미친) + en(…하게 하다, 하다) = madden(미치게 하다, 미치다, 발광하다)

M

中 **made** [meid]

make(만들다)의 과거, 과거분사 ⓗ 만들어진, 만든

▶ American-made cars 미국제 자동차

高 **madly** [mǽdli]

ⓑ 미친 듯이, 결사적으로

▶ mad(미친) + ly(부사 어미) = madly(미친 듯이, 결사적으로)

大 **madman** [mǽdmən / -mæ̀n]

ⓜ 미친 사람(남자), 광인

▶ mad(미친) + man(사람) = madman(미친 사람[남자], 광인)

高 **madness** [mǽdnis]

ⓜ 광기, 정신 착란, 미친 짓

▶ mad(미친) + ness(명사 어미) = madness(광기, 정신 착란, 미친 짓)

▶ It was sheer madness to do it.
그런 짓을 하다니 완전히 정신이 나갔었다.

高 **Madonna** [mədɑ́nə / -dɔ́nə]

ⓜ 성모 마리아, 마돈나

中 **magazine** [mæ̀gəzíːn]

ⓜ 잡지, 정기 간행물

암 **원 달러**의 값이 **매거진 잡지**. (one dollar) (magazine) 매겨진

▶ I take this magazine every month. 나는 이 잡지를 매달 구독한다.

高 **magic** [mǽdʒik]

ⓜ 마법 ⓗ 마법의, 기묘한

암 **기묘한 마법의 매직 펜**. (magic)(pen)

▶ a magic wand 요술 지팡이

高 **magical** [mǽdʒikəl]

ⓗ 마법[마술]의

▶ magic(마법) + al(…의) = magical(마법[마술]의)

高 **magician** [mədʒíʃən]

ⓜ 마법사, 마술사, 요술쟁이

▶ magic(마법) + ian(사람을 뜻하는 명사 어미) = magician(마법사, 마술사, 요술쟁이)

▶ a magician with words 말의 마술사

高 **magistrate** [mǽdʒəstrèit]

ⓜ 행정관, 치안 판사, 행정 장관

암 **행정관**이 짝을 **매저 스트레 이트**리나 **디자인하다**. (magistrate) (design) 맺어 수틀에 이틀이나 도안을 하다

▶ a police magistrate 즉결 재판 판사

M

大	**magnesium** [mægní:ziəm]	명 마그네슘(금속원소 기호 Mg)
高	**magnet** [mǽgnit]	명 자석, 마그넷 ▶ a bar magnet 막대자석
高	**magnetic** [mægnétik]	형 자석의, 자기의 ▶ magnet(자석) + ic(…의) = magnetic(자석의, 자기의)
大	**magnetism** [mǽgnətìzəm]	명 자기, 자기성 ▶ magnet(자석) + ism(명사 어미, 특성, 특징의 뜻) = magnetism(자기, 자기성)
大	**magnificence** [mægnífəsns]	명 장려함, 웅대함, 장엄함 ▶ magnific(장엄한) + ence(명사 어미) = magnificence(장엄함, 웅대함) 암 돕는자가 **매(每) 그니 퍼 슨스**니 주며 **장엄함**을 보여. (늘(매양) 그자니 퍼 순수히 = magnificence) 
高	**magnificent** [mægnífəsənt]	형 장려한, 훌륭한, 당당한 ▶ magnific(장엄한) + ent(형용사 어미) = magnificent(장려한, 훌륭한, 당당한) ▶ a magnificent spectacle 장관(장엄한 경치)
高	**magnify** [mǽgnifài]	타 (렌즈 따위로) 확대하다; 과장하다. ▶ magni(큰, 위대한) + fy(…화하다) = mgnify(확대[과장]하다) ▶ magnify oneself against …에 대하여 거드름 피우다(뽐내다)
大	**magnitude** [mǽgnitjù:d]	명 크기, 중요함, 위대함, (떠돌이 별의) 광도 ▶ magni(큰, 위대한) + tude(성질, 상태의 뜻) = magnitude(크기, 중요함, 위대함, [별의]광도)
大	**mahogany** [məhágəni / -hɔ́g-]	명 (식물)마호가니, 마호가니재(材) 암 **마호가니재(材)**로 **뭐하거니**하고 지켜보다. (mahogany)
高	**maid** [meid]	명 (詩)소녀, 아가씨, 하녀 암 **하녀**가 **매 이드**니 **고(告)**하고 **가다**. (맷돌 이더니 = maid, 아뢰고 = go) ▶ She is now an old maid. 이제 그녀는 노처녀다. 

M

高 **maiden** [méidn]

명 소녀, 처녀 형 처음의, 처녀의, 미혼의

▶ maid(소녀) + en(…의) = maiden(처녀, 소녀, 처녀의, 소녀의)

▶ a maiden flight 처녀 비행

中 **mail** [meil]

명 우편물 동 우송하다.

암 **매일 우편물**을 **우송하다**. (mail)

▶ Please mail this letter.
이 편지를 좀 부쳐 주십시오.

大 **mailbox** [méilbɑ̀ks / -bɔ́ks]

명 우체통, 우편함

▶ mail(우편물) + box(상자, 통) = mailbox(우체통, 우편함)

高 **mailman** [méilmən]

우편물, 집배원

▶ mail(우편) + man(사람) = mailman(우편물 집배원)

大 **mailorder** [méilɔ̀:rdər]

명 통신 판매(의 주문)

▶ mail(우편) + order(주문) = mailorder(통신 판매[의 주문])

高 **main** [mein]

형 주요한, 주된 명 부분

암 **매(每)인(人)**이 **주요한 부분**을 **엑스레이로 검사하다**. (매(每)인(人) = 각각의 사람이 (main); 엑스레이 = (X-ray))

▶ the main road 주요도로, 간선도로

大 **mainland** [méinlæ̀nd / -lənd]

명 본토, 대륙

▶ main(주요한) + land(육지) = mainland(본토, 대륙)

大 **mainly** [méinli]

부 주로, 대개는

▶ main(주요한) + ly(부사를 만듦) = mainly(주로, 대개는)

高 **maintain** [meintéin, mən-]

동 유지하다, 부양하다, 주장하다.

▶ main(= hand) + tain(= hold, 만지다)
= maintain(유지하다)

암 **센스**있는 **매인(每人) 태인(泰人)**과도 관계를 **유지하다**. (센스 = 분별있는 (sence); 매인(每人) = 매 사람마다; 태인(泰人) = 태인(큰사람) (maintain))

大 **maintenance** [méintənəns]

명 유지, 보존, 지속, 부양, 보수

▶ maintain(= mainten, 지속(유지)하다) + ance(명사 어미)
= maintenance(지속, 유지, 부양)

M

高 **majestic, -tical**
[mədʒéstik/-əl]

형 장엄한, 위엄 있는

▶ majest(y)(위엄, 장엄) + ic, ical(…한, …있는) = majestic,-tical(장엄한, 위엄 있는)

高 **majesty**
[mǽdʒisti]

명 존엄, 위엄, (M-)폐하

둘러 매지 수놓은 띠를

암 **폐하**가 **위엄**있게 허리에 **매지 스(繡)티**를.
(majesty)

▶ His(Her, Your)Majesty 황제(황후)폐하

高 **major**
[méidʒər]

형 다수의 명 육군 소령, (미)전공 과목, (음악) 장조 동 전공하다.

메이저리그(=美, 프로 스포츠의 대 리그전)

암 **다수**의 **육군 소령**이 **메이저**리그를 **전공 과목**으로 **전공하다**.
(major)

▶ He is a history major. 그는 사학 전공 학생이다.

高 **majority**
[mədʒɔ́ːriti, -dʒár- / mədʒɔ́-]

명 대다수, 다수당(파), 과반수, 득표차, 성년

▶ major(다수의) + ity(명사 어미) = majority(대다수, 다수당)

멍청이 티

암 **머저리티** 내는 **대다수**의 **성년**.
(majority)

中 **make**
[meik]

동 만들다, ~이 되다, 시키다.

▶ Two and two make(s) four. 2에 2를 더하면 4가 된다.

高 **maker**
[méikər]

명 제작자, 제조업자

▶ mak(e)(만들다) + er(…사람) = maker(제작자, 제조업자)

▶ an auto maker 자동차 제조업자

高 **make-up**
[méikʌ̀p]

명 짜임새, 조립, (배우의) 화장

▶ make(만들다) + up(위로 올려 완성하다) = make-up(짜임새, 조립, (배우의) 화장)

大 **making**
[méikiŋ]

명 제작, 제조, 조립, 제작물

▶ make(만들다) + ing(현재분사 어미) = making(제작, 제조, 조립, 제작물)

大 **malady**
[mǽlədi]

명 (만성적인)병, 질병

매로 디지게(=죽도록)

암 모진 **매러 디**지게 맞아 생긴 **(만성적인) 병**
(malady)

大 **malaria**
[məlέəriə / -lǽər-]

명 말라리아

M

高 **male** [meil]

명 수컷, 남성 형 남성의, 수컷의

암 **매일 남성**과 **미스**가 **러브하다**.
(male) (Miss) (love)

高 **malice** [mǽlis]

명 악의, 적의, 원한

매를 이씨가 수
암 **악의(원한)**에 찬 **맬 리(李)스** 없이 쳐 ……
(malice)

高 **malicious** [məlíʃəs]

형 악의 있는, 심술궂은

▶ malic(e) → i(악의) + ous(형용사 어미) = malicious(악의 있는, 심술 궂은)

高 **malignant** [məlígnənt]

형 악의[적의]있는, 악성의

머리 그는 틀수없게 수대의
암 **악의 있는** 자의 **머리 그넌 트**틀수 없게 **스(數)**
(malignant)
형틀에 인(人)을
트레 인(人)을 **죄다**.
(strain)

大 **malignity** [məlígnəti]

명 악의, 악성

▶ malign(ant)(악의[적의]있는, 악성의) + ity(명사 어미) = malignity(악의, 악성)

高 **mall** [mɔːl]

명 나무 그늘이 진 산책길, ((미))쇼핑 센터(shopping mall)

암 **나무 그늘이 진 산책길** 따라 **쇼핑 센터**로 **몰**려든 **바이어**
(mall) (buyer)

高 **mama, mamma** [mɑ́ːmə / məmɑ́ː]

명 엄마, (美俗)여자, 마누라

마마
암 늘 **엄마**와 **마누라**만 찾는 **마머 보이**
(mama) (boy)

高 **mammal** [mǽməl]

명 포유 동물

매몰스러운
암 **치타**는 **매멀**스러운 **포유 동물**
(cheetah) (mammal)

高 **mammoth** [mǽməθ]

명 매머드 형 거대한, 매머드와 같은

암 **거대한 매머드(맘모스)**
(mammoth)

大 **mammy, mammie** [mǽmi]

명 ((兒))엄마, (아이 보는)흑인 유모

암 **매미**처럼 노래하며 **(아이보는)흑인 유모 엄마**
(mammy)

M

中

man
[mæn]

명 사람; 남자

암 **넥타이를 맨 사람**
(neckite) (man)

▶ Man has to die. 인간은 죽게 마련이다.

高

manage
[mǽnidʒ]

동 관리하다, 경영(단속)하다.

순전히 이지(理智)
암 슈퍼**맨이 지**적으로 **단속하다**.
(manage)

▶ manage a boat efficiently.
보트를 잘 조종(관리)하다.

高

management
[mǽnidʒmənt]

명 취급, 관리, 경영

▶ manage(관리[경영]하다) + ment(명사 어미) = management(취급, 관리, 경영)

▶ personnel management 인사관리

高

manager
[mǽnidʒər]

명 관리인, 경영자, 감독

▶ manage(경영(관리)하다) + er(사람을 뜻하는 명사 어미) = manager(관리인, 경영자, 감독)

高

mandate
[mǽndeit]

명 명령, 지령, 위임

▶ man(사람) + date(날자) → 사람에게 날자를 정하여 시키는 명령(지령) = mandate(명령, 지령, 위임)

大

mane
[mein]

명 (사자 따위의)갈기, (갈기 같은)머리털

묶인
암 (사자의) **갈기**에 **매인 코브라**
(mane) (cobra)

大

manger
[méindʒər]

명 여물통, 구유

매사람이 저
암 **매인(每人) 저 여불통**으로 **헤이!**헤이하며 **건초를 주다**.
(manger) (hay)

高

mangle
[mǽŋgəl]

타 토막토막 베다, 난도질하다, 망쳐버리다.

말은
암 **마튼 양고기**를 **맹글**맹글 돌리며 **토막토막 베다**.
(mutton) (mangle)

大

mangrove
[mǽŋgròuv]

명 맹그로브, 홍수(紅樹) (열대의 강어귀 해변에 자라는 삼림성의 수목)

大

Manhattan
[mænhǽtn]

명 맨해튼(뉴욕시의 주요한 상업 지구), 맨해튼 섬

M

大 **manhole** [mǽnhòul]	명 맨홀(구멍), 출입구멍, 잠입구 ▶ man(사람) + hole(구멍) → 사람이 드나드는 구멍 = manhole(맨홀[구멍], 출입구멍, 잠입구)
高 **manhood** [mǽnhùd]	명 인성, 인간임, 인격, 성격 ▶ man(사람) + hood(명사 어미) = manhood(인성, 인간임, 인격, 성년)
大 **mania** [méiniə / -njə]	명 열광, 열중, …광 암 **스트립쇼**(strip show)에 **열광**하는 **매인(每人)이여!**(mania)
大 **manicure** [mǽnikjùər]	명 미조사, 미조술(美爪術), 매니큐어 타 매니큐어를 하다(바르다) 암 **미조사**가 손톱에 **매니큐어를 바르다**(manicure).
高 **manifest** [mǽnifèst]	동 명시하다, (태도로)나타내다, 명백히 하다. 형 명백한 암 못된, **맨니**(사람이) **폐스(廢水)**(폐수(廢水)) **트**(틀어)(manifest)러 버린 것을 **명백히 하다**.  ▶ Sure, it's manifest a glance. 예, 한눈에도 그 점은 명백히 알 수 있어요.
大 **manifestation** [mænəfestéiʃən]	명 표현, 표명, 명시 ▶ manifest(명시[표명]하다) + ation(명사 어미) = manifestation(표현, 표시, 명시)
大 **manifold** [mǽnəfòuld]	형 여러 가지의, 다방면의 ▶ (많은 = many = mani) + (fold = 접다, 겹치다) = manifold(여러 가지의, 다방면의)
大 **manikin** [mǽnikin]	명 마네킹, 모델인형, 난쟁이 암 **모델인형 마네킹**(manikin)
高 **manipulate** [mənípjulèit]	동 교묘하게(다루다), 조종하다 암 님과 사이가 **머니**(머니) **풀애**(풀옷입은애) **이트**(이름)(manipulate)에 윙크로 **교묘하게 다루다**. 
大 **manipulation** [mənìpjuléiʃən]	명 교묘한 처리, 시장[시세]조작 ▶ manipulat(e)(교묘하게[다루다]조종하다) + ion(명사 어미) = manipulation(교묘한 처리, 시장[시세], 조작)

M

高 **mankind**
[mǽnkáind]

[명] 인류, 사람, 남성, 남자

▶ man(사람) + kind(종류) = mankind(인류, 사람)

맨 가인(미인) 들이
[암] 스카프를 **맨 카인(佳人)드**리 **사람**들에게 **윙크** **(눈짓)하다**.
(mankind) (wink)

高 **manly**
[mǽnli]

[형] 남자다운, 대담한, 씩씩한

▶ man(사람, 남자) + ly(형용사 어미) = manly(남자다운, 대담한, 씩씩한)

▶ a manly conduct 남자다운 행동

中 **manner**
[mǽnər]

[명] 방법, 예절

▶ man + n(사람) + er(사람) = 사람사이에 있어야 할 것 = 예절, 방법

[암] **예절**인 **매너**가 좋은 **젠틀맨**.**(신사)**
(manner) (gentleman)

▶ Do it in this manner. 이것을 이런 식으로 하시오.

高 **manor**
[mǽnər]

[명] (영주의)영지, 장원(莊園)

▶ man(사람, 남자) + or(…사람) → 사람과 사람이 일하는 곳 = manor([영주의]영지, 장원(莊園))

大 **manpower**
[mǽnpàuər]

[명] (노동에 필요한) 일손, 인적 자원

▶ man(사람, 남자) + power(힘, 능력) = manpower(일손, 인적 자원)

高 **mansion**
[mǽnʃən]

[명] 대저택; (보통 복수) (영) 아파트, 맨션

[암] **대저택 맨션 아파트**
(mansion)

大 **mantelpiece**
[mǽntlpìːs]

[명] 벽난로의 장식구조

▶ mantel(= mantle 싸다) + piece(조각, 단편) → 벽난로의 앞장식 = mantelpiece(벽난로의 장식구조)

高 **mantle**
[mǽntl]

[명] 망토, 외투 [동] 망토로 싸다, 덮다.

[암] 덮지 않은 **맨틀**위에 **외투**나 **망토를 덮다**.
(mantle)

▶ wear the mantle(of power). (권력의) 옷을 입다.

高 **manual**
[mǽnjuəl]

[형] 손의, 손으로 하는, 수동의 [명] 소책자, 편람, 안내서

▶ manu(= hand) + al(명사 어미) = manual(손으로 만든, 소책자)

매유월(매년 유월)
[암] **매 뉴얼(每六月)**마다 **손으로 만든 소책자**.
(manual)

大 **manual training**
[mǽnjuəl tréiniŋ]

[명] 공예, 수예의 훈련

▶ manual(손으로 하는) + training(훈련) = manual training(공예, 수예의 훈련)

M

高

manufacture
[mæ̀njufǽktʃər]

명 (대량의)제조, 생산

동 제조하다, 만들다, 날조하다.

▶ manu(= hand) + fact(make) + ure(명사 어미) = manufacture(제조하다)

메뉴(메뉴판) 팩! 쳐
암 **홀**에 **메뉴(menu)팩! 쳐**버리고 다시 **제조하다**.
(hall) (manufacture)

高

manufacturer
[mæ̀njufǽktʃərər]

명 제조(업)자, 생산자

▶ manufactur(e)(제조[생산]하다) + er(…사람) = manufacturer(제조[업]자, 생산자)

▶ a shoe manufacturer 신발 제조업체

大

manure
[mənjúər]

명 거름, 비료, 똥, 거름

타 …에 비료를(거름을)주다.

뭐 누어
암 **풀**이 **가득한**곳에 **뭐 누어**서 **똥, 거름을 주다**.
(full) (manure)

高

manuscript
[mǽnjəskrìpt]

명 원고, 수서(手書), 손으로 쓴 글

▶ (손의 뜻 = manu) + (script = 쓰다, 쓴) = manuscript(원고, 수서(手書), 손으로 쓴 글)

中

many
[méni]

형 (비교급 more, 최상급 most) 많은, 다수의 명 다수 : (the~)다수자

中

map
[mæp]

명 지도 동 지도를 작성하다.

암 **지도**를 **맵**시 있게 **스케치하다**.
(map) (sketch)

高

maple
[méipəl]

명 단풍, 단풍나무

(하나 하나)매(每)잎을
암 **단풍(나무)**의 **매(每)이플 더 많이 모아**.
(maple) (more)

▶ The maples are at their best. 단풍이 한창이다.

高

mar
[mɑːr]

동 상하게 하다, 망쳐 놓다. 명 손상, 손해, 결점

암 농작물을 **퓨마**가 **마**구 **망쳐 놓다**.
(puma) (mar)

▶ mar the beauty of the streets. 거리의 미관을 해치다.

大

marathon
[mǽrəθɑ̀n / θən]

명 마라톤, 장거리 경주(약 42,195km)

高

marble
[mɑ́ːrbəl]

명 대리석, (복수) 대리석 조각

마부를 과부
암 **대리석**으로 **마불 카브**가 **조각하다**.
(marble)(carve)

▶ a marble statue 대리석상

M

中

March

[mɑːrtʃ]

㉢ 3월 [약어]Mar. (대문자로 씀), 행진곡(소문자로 씀)

㉣ **행진곡**(작곡)을 **삼월**에 **마치**다.
(march, March)

▶ on March fourth 3월 4일에

中

march

[mɑːrtʃ]

㉢ 3월 [약어]Mar. (대문자로 씀), 행진곡(소문자로 씀) ㉧ 행진하다.

㉣ **행진곡**(작곡)을 **삼월**에 **마치다**.
(march, March)

▶ We saw an army on the march. 우리는 행진하는 군대를 보았다.

高

mare

[mɛər]

㉢ 암말, (당나귀 · 노새의)암컷

㉣ **매어** 놓은 **암말**.
(mare)

大

margarine

[màːdʒəríːn]

㉢ 마가린, 인조버터

高

margin

[máːrdʒin]

㉢ 가장자리, 가, 변두리, 판매 수익, 마진 ㉧ 가장자리를 대다.

㉣ **변두리**서 올린 **판매수익 마진**.
(margin)

▶ sit on the margin of a river. 강가에 앉다.

大

marginal

[máːrdʒənəl]

㉫ 가장자리의, 끝의, 한계의

▶ margin(가장자리, 끝) + al(…의) = marginal(가장자리의, 끝의, 한계의)

高

marine

[məríːn]

㉫ 바다의, 바다에서 나는

㉢ (집합적으로)(한 나라의)선박, 해병

▶ mar(= sea) + ine(명사, 형용사 어미) = marine(바다의, 해병)

㉣ **머린 바다의 해병**같은 **풀장 안의 인어**.
(marine) (pool) (inner)

大

marine biology

[məríːn baiάlədʒi]

㉢ 해양 생물학

▶ marine(바다의, 해양의) + biology(생물학) = marine biology(해양 생물학)

大

mariner

[mǽrənər]

㉢ 선원

▶ marin(e)(바다의) + er(…사람) = mariner(선원)

大

maritime

[mǽrətàim]

㉫ 바다의, 해상의, 해운상의

▶ mari(ne)(바다의) + time(시간) → 바다에 있는 시간 = maritime(바다의, 해상의, 해운상의)

M

中 **mark** [ma:rk]

명 표, 목표, 표적, 기호 동 표시(지정)하다.

암 4H클럽을 **클로버 마크로 표시하다.**
토끼풀 (clover) (mark)

▶ There is a mark on the map.
지도 위에 표시가 있다.

大 **marked** [ma:rkt]

형 기호[표]가 있는, 명료한

▶ mark(표적, 표시하다) + ed(형용사를 만듦) = marked(기호[표]가 있는, 명료한)

中 **market** [má:rkit]

명 시장 동 시장에 내놓다, 시장에서 매매하다.

암 토마토를 **큰 슈퍼마켓 시장에 내놓다.**
(super)(market)

▶ the grain [corn] market 곡물 시장

高 **marketing** [má:rkitiŋ]

명 마케팅, (시장에서의)매매

▶ market(시장) + ing(현재분사 어미) = marketing(마케팅, [시장에서의]매매)

大 **marketplace** [má:rkitplèis]

명 시장, 장터

▶ market(시장) + place(장소) = marketplace(시장, 장터)

高 **marmalade** [má:rməlèid]

명 마멀레이드(오렌지, 레몬 등의 껍질로 만든 잼)

高 **marriage** [mǽridʒ]

명 결혼, 결혼식, 혼인

▶ (결혼하다 = marr[y] → i) + (age = 명사 어미) = marriage(결혼, 결혼식, 혼인)

▶ a late marriage 만혼, 늦은 결혼

高 **married** [mǽrid]

형 결혼한, 기혼의

▶ (결혼하다 = marr[y] → i) + (ed = 형용사를 만듦) = married(결혼한, 기혼의)

▶ married life 결혼생활

大 **marrow** [mǽrou]

명 뼈골, 골수

암 모진 **매로 뼈골 골수**가 **팅글**팅글부어 **쑤시다.**
(marrow) (tingle)

中 **marry** [mǽri]

동 결혼하다, 결혼시키다.

암 **미스터 지**와 **매리**가 **결혼하다.**
(Mr. Jee) (marry)

▶ Please marry me. 나와 결혼해 주시오.

M

高 **Mars**
[mɑːrz]

명 화성

암 어스선한 지구를 마즈보며 화내는 화성
(어수선한: earth) (마주보며: Mars)

▶ the size of Mars 화성의 크기

高 **marsh**
[mɑːrʃ]

명 습지, 소택지, 늪

암 노새가 뮬을 습지(늪)에서 마시다.
(mule: 물을) (marsh)

高 **marshal**
[mɑ́ːrʃəl]

명 육군 원수, 원수

암 마아셜 육군원수가 오더니 명령하다.
(marshal: 사람이름) (order)

▶ an air marshal 공군 원수

大 **marshy**
[mɑ́ːrʃi]

형 습지[소택]의

▶ marsh(늪, 습지) + y(형용사를 만듦) = marshy(습지[소택]의)

大 **mart**
[mɑːrt]

명 마트, 시장, 상업 중심지

암 롯데 마트 시장
(mart)

大 **martyr**
[mɑ́ːrtər]

명 순교자 타 (신앙, 주의 때문에) 죽이다, 박해하다.

암 네로황제가 순교자를 마터놓고 죽이다(박해하다).
(Nero) (martyr: 맡어)

大 **martyrdom**
[mɑ́ːrtərdəm]

명 순교

▶ martyr(순교자) + dom(명사 어미) = martyrdom(순교)

高 **marvel**
[mɑ́ːrvəl]

명 놀라운 것(사람), 경이 동 경탄하다, 놀라다.

암 포니가 마블 보고 놀라다.
(pony: 조랑말이) (marvel: 마부를)

高 **marvelous, -vellous**
[mɑ́ːrvələs]

형 불가사의한, 이상한, 놀라운

▶ marvel(놀라다) + ous(형용사 어미) = marvelous(불가사의한, 이상한, 놀라운)

▶ marvelous power 불가사의한 재능[힘]

大 **Maryland**
[mérələnd]

명 메릴랜드((미국 동부 대서양 연안의 주(州) 略 Md))

M

高 **mascot** [mǽskət / -kɑt]

명 마스코트, 행운의 신[부적], 행운을 가져오는 물건[사람, 동물]

高 **masculine** [mǽskjulin]

형 남성의, 남자다운, 힘센

암 타이어를 **매스(買受)쿨린 힘센 남자다운 인디언**
매수(사들여) 굴린 / (masculine) / (Indian)

▶ masculine noun 남성 명사

大 **masculinist** [mǽskjulìnist]

명 남권(男權)주의자

▶ masculin(e)(남성의, 남자의) + ist(…사람) = masculinist(남권(男權)주의자)

高 **mash** [mæʃ]

명 엿기름 물 타 으깨어 뭉게다, 짓이기다.

암 **매 쉬**잖고 돌려 **엿기름** 물을 **으깨어 짓이기다**.
맷돌 쉬잖고 / (mash)

中 **mask** [mæsk / mɑːsk]

명 가면, 마스크 동 가면을 쓰다.

▶ an oxygen mask 산소 마스크

高 **mason** [méisən]

명 석공, 석수

암 **돌 인형**을 깎아 **매 이슨 석공(석수)**
철지히 이순(접합시킨) / (doll) / (mason)

大 **masonry** [méisənri]

명 석공술

▶ mason(석공) + ry(…술) = masonry(석공술)

大 **masquerade** [mæ̀skəréid]

명 가장(용의상) 동 가장무도회를 열다.

암 **가장(용 의상)**의 **매스 커래 이드**리하며 **가장무도회를 열다**.
매수 거래 이들이하며 / (masquerade)

高 **mass¹** [mæs]

명 덩어리, 대중 동 모으다.

암 **데모**할 **대중**을 **매스**해 **모으다**.
매수해 / (demo) / (mass)

▶ a mass of earth 흙덩어리

高 **Mass²** [mæs]

명 (보통M–) 미사(카톨릭의 성찬 의식)

M

大 **Massachusetts** [mǽsətʃúːsits]

명 매사추세츠(미국 동북부 대서양 연안의 주 略 : Mass)

大 **massacre** [mǽsəkər]

명 대량 학살 타 대량 학살하다, 몰살시키다.

철저히 섞어

암 **개놈**이 **망나니**를 **독**을 **매 서커 대량 학살하다.**

(dog) (massacre)

高 **massage** [məsáːʒ / mǽsaːʒ]

명 안마, 마사지 타 마사지(안마)하다.

암 **백**씨의 **등**을 **마사지(안마)하다.**

(back) (massage)

高 **massive** [mǽsiv]

형 부피가 큰, 큰, 단단한, 힘찬, 당당한

몹시 씹으며

암 **단단하**고 **큰**걸 **매 씨브**며 **악어**가 **머거**(먹어)

(massive) (mugger)

▶ a man of massive character 성격이 당당한 사람

高 **mast** [mæst / maːst]

명 돛대, 마스트 타 (배에) 돛대를 세우다.

암 **배에 마스트 돛대를 세우다.**

(mast)

▶ a tall mast 높은 돛대[깃대]

中 **master** [mǽstər / máːstər]

명 주인, 선생 타 정통[숙달, 지배, 정복]하다.

암 **고전 클래식**을 **주인 선생**이 **마스터**해 **정통하다.**

(classic) (master)

▶ a language [music, riding] master 어학(음악, 승마)교사

高 **masterpiece** [mǽstərpìːs / máːs-]

명 걸작, 명작

▶ master(정통[숙달]하다) + piece(조각, 작품) → 정통한 작품 = masterpiece(걸작, 명작)

大 **mastery** [mǽstəri / máːs-]

명 지배, 통제, 우월

▶ master(지배하다, 이기다) + y(명사 어미) = mastery(지배, 통제, 우월)

高 **mat** [mæt]

명 매트, 멍석, 돗자리 타 거적[멍석]을 깔다.

▶ an exercise mat 운동용 매트

高 **match¹** [mætʃ]

명 성냥, 시합 동 (경쟁을)붙이다, 어울리다.

메어치는

암 **게으른 아이들**에게 **성냥**을 **메치**는 **시합**을 **붙이다.**

(idle) (match)

▶ a tennis match 테니스 시합

M

高 **match** [mætʃ]

명 경쟁상대, 시합, 호적수 타 어울리다, 맞먹다.

메어 치며

암 **레슬러**가 **시합**때 **경쟁 상대**를 **메치**며 **맞먹다**.
(wrestler) (match)

大 **matchless** [mǽtʃlis]

형 유례가 없는, 비길데 없는, 무적의

▶ match(…에 필적하다, 맞먹다) + less(…이 없는)
= matchless(유례가 없는, 비길데 없는, 무적의)

高 **mate** [meit]

명 상대, 배우자, 동료, 친구

반 친구

암 **크라스 메이트**
(class) (mate)

中 **material** [mətíəriəl]

형 중요한, 물질적인 명 재료, 원료, (양복)감

뭐가 튀어 이씨가 얼른

암 **중요한 (양복)감**에 **뭐 튀어 리(李) 얼**른 **린스**로 **행구다**.
(material) (rinse)

大 **materially** [mətíəriəli]

부 물질적으로, 실질적으로

▶ material(물질적인) + ly(부사 어미) = materially(물질적으로, 실질적으로)

高 **maternal** [mətə́ːrnl]

형 어머니쪽의, 어머니의

맡어 늘

암 **어머니의** 일을 **머터 늘 올드 미스**가 **잡 일을 하다**.
(maternal) (old miss) (job)

大 **maternity** [mətə́ːrnəti]

명 어머니임, 모성(애), 어머니다움

▶ matern(al)(어머니의, 어머니쪽의) + ity(명사 어미) = maternity(어머니임, 모성[애],어머니다움)

高 **mathematical** [mæ̀θəmǽtikəl]

형 수학(상)의

▶ mathematic(s)(수학) + al(…의) = mathematical(수학[상]의)

▶ mathematical mind 수학적인 사고력

大 **mathematician** [mæ̀θəmətíʃən]

명 수학자

▶ mathematic(s)(수학) + ian(…사람) = mathematician(수학자)

中 **mathematics** [mæ̀θəmǽtiks]

명 수학, 계산

(묶어)매서 각각의 티끌 수를

암 티끌을 **매서 매(每) 틱 스(數)**를 **수학**으로 **계산해**.
(mathematics)

▶ applied[mixed] mathematics 응용수학

大 **matrimony** [mǽtrəmòuni]

명 혼인, 결혼, 결혼 생활

맷돌 틀어 모우니 풀옷입은 애 이즈음

암 **결혼**비용을 **매 트러 모우니 플애 이즈**음 서 **칭찬하다**.

(matrimony) (praise)

大 **matron** [méitrən]

명 부인, 여사, 가정부, (간호)부장

철저히 이를 틀은

암 **여사**의 틀니 닦느라 **매 이 트런 (간호)부장**과 **가정부**

(matron)

中 **matter** [mǽtər]

명 물질, 곤란, 문제 동 문제가 되다.

각각의 땅에

암 **괭이**로 판 **핵 물질**이 **매(每) 터**로 퍼져 **곤란**한 **문제가 되다**.

(hack) (matter)

▶ a matter of life and death 사활이 걸린 문제

高 **mattress** [mǽtris]

명 침대요, 매트리스

高 **mature** [mətjúər, -tʃúər]

형 성숙한, 익은 동 성숙하다.

암 **파트너**가 **짝**을 **성숙한** 자와 **머튜어**(맞추어).

(partner) (mature)

大 **maturity** [mətjúərəti]

명 성숙, 원숙, [상업](어음의) 만기(일)

▶ matur(e)(성숙한, 익은) + ity(명사 어미) = maturity(성숙, 원숙, [어음의]만기(일))

大 **maxim** [mǽksim]

명 격언, 금언, 좌우명, 처세술

▶ max(= great) + im(최상급 어미) → 큰 말 = maxim(격언, 좌우명)

맥박이 쉬는 것이 없듯

암 **격언**대로 **맥(脈) 쉼**없듯 일함이 (그의)**좌우명**.

(maxim)

高 **maximum** [mǽksəməm]

명형 최대 한도(의), 최고점(의), 극대(의)

▶ max(= great) + imum(최상급 어미) = maximum(최고점, 최대한)

암 맥박 **맥(脈) 쉬 멈**춤은 **최대의 나쁜 일**.

(maximum) (ill)

中 **May** [mei]

명 5월

암 **메이 퀸**(오월의 여왕)

(May) (queen)

中 **may** [mei]

조 (추측)~일(할)지도 모른다, ~해도 좋다

각각의 이(치아)

암 **매(每) 이**가 (충치)**일지도 모른다** 하니 (치료)**해도 좋다** 하네.

(may)

M

中
maybe
[méibi:]

㉮ 아마(= perhaps), 어쩌면

달라돈의 매입(買入)이(사들임이)
암 **달러**의 **매입(買入)비 어쩌면** 똥**파리**같은 **어리석은 짓**
(dollar) (maybe) (folly)

▶ Maybe it will rain tomorrow. 어쩌면 내일 비가 올지도 몰라

大
May Day
[mei dei]

명 5월제(祭) (5월1일)노동절, 메이데이

大
Mayflower
[méiflàuər]

명 5월에 피는 꽃

암 **메이플라워호**(1620년 영국에서 신대륙으로 타고 간 배 이름)
(Mayflower)

大
mayonnaise
[mèiənéiz]

명 마요네즈(소오스)

高
mayor
[méiər, mεər / mεə]

명 시장(市長)

매여 매여
암 **매어**놓은 **암말**을 **시장**이 **메어**.
(mare) (mayor)

▶ the mayor of London 런던 시장

高
maze
[meiz]

명 미로(迷路), 미궁 동 당황케 하다, (미로에서)헤매다.

(새)매가 이즈음
암 **매 이즈**음 **미로**에 빠져 **헤매다**.
(maze)

中
me
[mi: / mi]

대 (I의 목적격) 나를, 나에게

▶ They know me very well.
그들은 나를 아주 잘 알고 있다

高
meadow
[médou]

명 목초지, 초원

암 (새)**매도 우**지지는 **초원 목초지**
(meadow)

▶ a floating meadow 침수가 잘 되는 (목)초지

大
meager, meagre
[mí:gər]

형 빈약한, 야윈, 메마른

미거(철이 들지않은) 도토리
암 **미거(未擧)**하고 **야윈 도터**리 만한 **딸**.
(meager) (daughter)

中
meal[1]
[mi:l]

명 식사, 한 끼(분) 자 식사를 하다.

암 노숙자가 **밀**로 만든 **한 끼(분) 식사를 하다**.
(meal)

▶ eat between meals. 간식하다.

M

高 **meal**[2]
[miːl]

명 (옥수수, 호밀 따위의) 거칠게 간 가루

암 **거칠게 간 밀 가루**
(meal)

高 **mean**[1]
[miːn]

형 평범한, 야비한, 천한, 하잘것 없는

암 **민(民)**이란 **평범한 중간의 민(民)**을 **의미하다**.
백성이란 (mean) / 백성을 (mean)

▶ a mean scholar 하잘것 없는 학자

高 **mean**[2]
[miːn]

형 중간의, 평균의 명 중간, 중용, *pl*, 수단

암 **민(民)**이란 **평범한 중간의 민(民)**을 **의미하다**.
백성이란 (mean) / 백성을 (mean)

中 **mean**[3]
[miːn]

동 의미하다, …할 생각이다

암 **민(民)**이란 **평범한 중간의 민(民)**을 **의미하다**.
백성이란 (mean) / 백성을 (mean)

▶ It means nothing to me.
그것은 내게는 무의미하다.

高 **meaning**
[míːniŋ]

명 의미, 뜻

▶ mean(의미하다) + ing(현재분사 어미) = meaning(의미, 뜻)

▶ a clear meaning 명확한 의미

高 **meaningful**
[míːniŋfəl]

형 뜻있는, 의미심장한

▶ meaning(의미, 뜻) + ful(…이 많은) = meaningful(뜻있는, 의미심장한)

大 **meaningless**
[míːniŋlis]

형 의미 없는, 무의미한

▶ meaning(의미) + less(…이 없는) = meaningless(의미 없는, 무의미한)

高 **means**
[miːnz]

명 ① [군]수단, 방법, [복수취급]자금, 재력, 돈, 민주(= 몹시 귀찮은)

암 그는 **수단 방법**가리잖코 **돈(자금)**만 모으려는 **민즈**(주) 꺼리다.
민주(=몹시 귀찮음) (means)

▶ foul means 부정한 수단. moderate means 적당한 재산

高 **meant**
[ment]

mean(의미하다)의 과거, 과거분사

高 **meantime, meanwhile**
[míːntàim]

명 그 동안, 동안에

▶ meantime(시간에)

▶ meanwhile(…하는 동안)

▶ in the meantime(meanwhile) 그러는 동안에

M

大 **measles** [míːzəlz]

명 홍역, 마진

흑인이 사는 구역 미(미군이) 줄 주리

암 **할렘** 구역에서 **미(美) 즐즈**리 걸린 **홍역**

(Harlem) (measles)

大 **measurable** [méʒərəbəl]

형 잴 수 있는

▶ measur(e)(재다, 측정하다) + able(… 할 수 있는) = measurable(잴 수 있는)

中 **measure** [méʒər]

명 측정 동 재다, 측정하다.

띠를 맺어

암 **밴드**를 **매저**놓고 (혈압을) **측정하다**.

(band) (measure)

▶ They measured the room.
그들은 그 방의 크기를 측정했다.

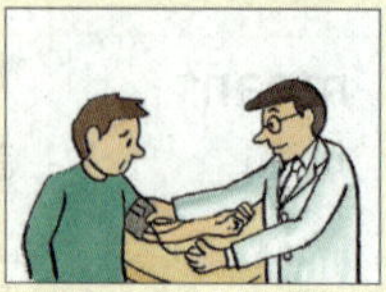

高 **measurement** [méʒərmənt]

명 측량, 측정, 치수

▶ measure (측정하다) + ment(명사 어미) = measurement(측량, 측정)

▶ waist measurements 허리둘레(치수)

中 **meat** [miːt]

명 (식용의 짐승)고기, 살코기

얼음 밑으로

암 **아이스 미트**로 넣어둔 **살코기**.

(ice) (meat)

▶ I gave a piece of meat to the dog.
나는 개에게 고기 한 점을 주었다.

大 **Mecca** [mékə]

명 메카 (마호멧의 탄생지), 발상지

高 **mechanic** [məkǽnik]

명 기계공, 직공, 기계학, 수리공

어수선한 뭐 케 닉닉한

암 **어스**선한 **흙**에서 **머캐 닉**닉한 걸 먹는 **기계공**

(earth) (mechanic)

高 **mechanical** [məkǽnikəl]

형 기계의, 기계적, 자동적인, 무의식적인

▶ mechanic(기계공, 기계학) + al(…의, 형용사 어미) = mechanical(기계의, 기계적)

大 **mechanically** [məkǽnikəli]

부 기계로, 기계적으로

▶ mechanical(기계의) + ly(부사를 만듦) = mechanically(기계로, 기계적으로)

大 **mechanics** [məkǽniks]

명 기계학, 역학

▶ mechan(ic)(기계공) + ics(…학, …론) = mechanics(기계학, 역학)

高 **mechanism**
[mékənìzəm]

명 기계장치, 기구, 메커니즘

▶ mechan(ic)(기계공) + ism(체계, 주의) = mechanism(기계장치, 기구, 메카니즘)

▶ a survival mechanism 생명 보존[유지]장치

大 **mechanize**
[mékənàiz]

동 기계화하다.

▶ mechan(ic)(기계공) + ize(…화하다) = mechanize(기계화하다)

高 **medal**
[médl]

명 메달(상패, 기장), 훈장, 기념 패

高 **meddle**
[médl]

자 간섭하다, 관여하다, 만지작거리다.

암 **게으른 아이들**을 **매 들**고(때리며) **간섭[관여]하다.**
(idle) (meddle)

▶ Don't meddle in my affairs. 내 일에 간섭하지 마라.

大 **media**
[mí:diə]

medium의 복수(the~)

암 **매스컴, 매스미디어 [컴퓨터] 매체**

高 **mediaeval**
[mì:dií:vəl / mèd-]

형 중세(풍)의

미국사람등 뒤 이(2) 별은
암 **녹색**으로 **그린 미(美)뒤 이(2)벌**은 **중세풍**의 디자인.
(green) (mediaeval)

▶ mediaeval history 중세사(역사)

大 **mediate**
[mí:dièit]

타 (분쟁 등을)조정[중재]하다.

미국사람뒤에 이(2) 트기가
암 **(분쟁을)미(美)뒤에 이(2)트**기가 **조정[중재]하다.**
(mediate)

高 **medical**
[médikəl]

형 의학의, 의술의, 메디컬 명 의사, 의학

암 **의학**전문인 **메디컬 스쿨**
(medical) (school)

▶ She graduated from a medical school. 그녀는 의대를 졸업했다.

高 **medicine**
[médəsən / médsin]

명 약, 의약품 동 투약하다.

▶ medic(al) + ine(추상명사 어미) = medicine(약, 의약품)

암 **매 드신(= medicine)**후 **약**을 **투약하다.**

▶ patent medicine 특효약

高 **medieval**
[mì:dií:vəl / mèd-]

형 중세(풍)의(=mediaeval)

미국사람 뒤 이(2) 별은
암 **미(美)뒤 이(2)벌**은 **중세풍의** 디자인
(medieval)

▶ medieval history 중세사

M

大 **mediocre** [mì:dióukər]

㉸ 보통의, 평범한

미국사람뒤 다섯벗들이

㊣ **미(美)뒤 오우(五友)커 평범한 보통의** 두배 **더블이 되다.**

(mediocre) (double)

大 **mediocrity** [mì:diákrəti]

㉹ 평범, 평범한 사람, 보통

▶ mediocr(e)(보통의, 평범한) + ity(명사 어미) = mediocrity(평범, 평범한, 사람, 보통)

高 **meditate** [méditèit]

㊍ 잘 생각하다. 계획하다, 꾀하다.

무덤 뒤 태(모양) 이(2) 트기가

㊣ **뫼뒤태(態) 이(2)트**기가 꾸미려고 **잘 생각(숙고)하다.**

(meditate)

▶ meditate a journey to Paris.
파리로의 여행을 계획하다.

高 **meditation** [mèditéiʃən]

㉹ 명상, 묵상, 숙고

▶ meditat(e)(숙고[명상]하다) + ion(명사 어미) = meditation(묵상, 숙고, 명상)

大 **meditative** [méditèitiv]

㉸ 묵상의, 숙고 하는, 명상적인

▶ meditat(e)(숙고[명상]하다) + ive(형용사 어미) = meditative(묵상의, 숙고 하는, 명상적인)

高 **Mediterranean** [mèditəréiniən]

㉹ (the~) 지중해 ㉸ 지중해의

▶ medi(= middle) + terra(육지) + an(…의) = 지중해

매 뒤 털에 사람을 이은후

㊣ **지중해**에서 **매뒤털에 인(人)이언**후 **큰 파도**에 **서지.**

(Mediterranean) (surge)

高 **medium** [mí:diəm]

㉹ 매개, 매개물 ㉸ 중간의(에)

미국사람 뒤 엄마가

㊣ **미(美)뒤 엄**마가 **중간에** 끼인 **매개물.**

(medium)

▶ a medium between …사이의 중간

大 **medley** [médli]

㉹ 잡동사니, 잡다한, 접속곡, 매들리

㊣ 가수가 **잡동사니 접속곡 매들리**를 **싱**그럽게 **노래하다.**

(medley) (sing)

高 **meek** [mi:k]

㉸ 온순한, 유화한

미꾸리(=미꾸라지)

㊣ 성질이 **온순한 미크**리

(meek)

中 **meet** [mi:t]

㊍ 만나다, 맞이하다. ㉹ 모임, 대회

㊣ **멍키**를 **미트**(밑으)로 가 **만나다.**

(monkey) (meet)

▶ Let's meet here after school.
방과 후 여기서 만나자.

M

中 **meeting**
[mí:tiŋ]

명 만남, 면회, 모임
▶ meet(만나다) + ing(현재분사 어미) = meeting(만남, 면회, 모임)
▶ a business meeting 업무상 모임

大 **megaphone**
[mégəfòun]

명 메가폰, 확성기
▶ (큰, 커다란 = mega) + (phone = 소리) = megaphone(메가폰, 확성기)

高 **melancholy**
[mélənkɑ̀li / -kɔ̀li]

명 우울, 우울병 형 우울한
암 **마담**의 똥**매련 콜리 우울병** 같어. (똥 마려운 꼴이)
(madam) (melancholy)
▶ in a melancholy frame of mind 우울한 기분으로

高 **mellow**
[mélou]

형 감미로운, 익어 달콤한 동 부드럽게 하다.
암 분위기를 **맬 로우**며 **감미로운** 소리로 **부드럽게 하다**. ((회초리)매를 놓으며)
(mellow)

大 **melodious**
[məlóudiəs]

형 선율이 아름다운, 곡조가 좋은
▶ melod(y) → i(곡조, 멜로디) + ous(…좋은, 형용사 어미) = melodious(선율이 아름다운, 곡조가 좋은)

大 **melodrama**
[mélədrɑ̀:mə]

명 음악극, 멜로드라마
▶ melo(dy)(멜로디) + drama(드라마, 극) = melodrama(음악극, 멜로드라마)

高 **melody**
[mélədi]

명 멜로디, 선율, 곡조, 가락
암 **선율 곡조**가 아름다운 **멜로디**
(melody)
▶ Old Irish melodies 옛 아일랜드 가곡

高 **melon**
[mélən]

명 멜론, 참외

高 **melt**
[melt]

동 녹(이)다, 용해하다, (감정을) 누그러뜨리다.
암 **그렇게 소맬 트**러 잡고 **녹이다**. ((옷)소매를 틀어)
(so) (melt)
▶ Pity melted her heart.
동정심이 그녀의 마음을 녹이다.

大 **melter**
[melt]

명 용해 장치[기구], 용해업자
▶ melt(용해하다) + er(…하는 사람[것]) = melter(용해 장치[기구], 용해업자)

M

中

member
[mémbər]

명 (회원, 사원 등의)일원, 구성원

암 **구성원 맴버**의 **일원**
(member)

▶ I am a member of the tennis club.
나는 정구부원이다.

高

membership
[mémbərʃip]

명 회원 자격[지위], 회원임

▶ member(멤버) + ship(명사 어미, 신분 자격 …뜻함) = membership(회원 자격[지위], 회원임)

▶ a membership card 회원증

大

membership-wide
[mémbərʃipwaid]

형 전(全) 회원 규모의

▶ membership(회원, 지위, 회원임) + wide(넓은 광범위하게) = 전(全)회원 규모의

▶ membership-wide vote 전원 투표

高

memo
[mémou]

명 메모, 비망록 타 메모하다.

암 **비망록 메모지**에 **메모하다**.
(memo)

高

memorable
[mémərəbəl]

형 기억할 만한, 잊지 못할

▶ memor(y)(기억) + able(…할 수 있는) = memorable(기억할 만한, 잊지 못할)

高

memorial
[mimɔ́ːriəl]

형 기념의, 추도의 명 기념물, 기념관(비)

▶ memor(y) → i(기억) + al(명사, 형용사 어미) = memorial(기념의, 추도의, 기념물, 기념관[비]

▶ a memorial service 추도식

大

memorialist
[mimɔ́ːriəlist]

명 건이자, 회고록 작가

▶ memorial(기념의, 추도의) + ist(…사람) = memorialist(건의자, 회고록 작가)

高

memorialize
[mimɔ́ːriəlàiz]

타 기념하다, …의 기념식을 하다

▶ memorial(기념의, 추도의) + ize(…하다) = memorialize(기념하다, …의 기념식을 하다)

高

memorize
[méməràiz]

동 기억하다, 암기하다

▶ memor(y)(기억) + ize(…하다) = memorize(기억하다, 암기하다)

中

memory
[méməri]

명 기억, 메모리, 추억, 기념

철저히 머리로
암 **추억**을 **매 머리**로 **기억**하네.
(memory)

▶ He still lives in our memory.
그는 아직도 우리 기억 속에 살아 있다.

M

中	**men** [men]	㉰ man(사람)의 복수
高	**menace** [ménəs]	㉯ 위협하다, 으르다. ㉰ 위협, 협박 고문할 몽둥이 넣 수차 ㉱ **인민공사**에서 **고문**할 **매 넣 스**차 인을 **협박**해 **으르다**. (commune) (menace) ▶ a menace to world peace 세계 평화에 대한 위협
高	**mend** [mend]	㉯ 수선하다, 고치다 만들듯의 방언 ㉱ **코트**를 **맨드**듯 **수선하다**. (coat) (mend) ▶ I had my watch mended. 나는 시계를 고치게 했다
高	**mental** [méntl]	㉲ 정신의; 마음의, 지적인, 이지적 ㉱ **지적인** 자가 **이지적**으로 묶어 **맨틀**. (mental) ▶ Tom took a mental test yesterday. 톰은 어제 지능 검사를 받았다. 
大	**mentality** [mentǽləti]	㉰ 정신력, 심성, 심리 ▶ mental(정신의) + ity(명사 어미) = mentality(정신력, 심성, 심리)
大	**mentally** [mentəli]	㉳ 정신적으로, 마음속으로 ▶ mental(정신의) + ly(부사어미) = mentally(정신적으로, 마음속으로)
高	**mention** [ménʃən]	㉯ 말(언급)하다. ㉰ 진술 ㉱ **대저택 맨션 아파트**에서 **맨션** 생활을 **언급하다**. (mansion) (mention) ▶ He mentioned the plan in his speech. 그는 연설중에 그 계획에 대해 언급했다. 
大	**mentioned** [ménʃənd]	㉲ (보통 합성어로) 언급한 ▶ mention(언급하다) + ed(형용사를 만듦) = mentioned(언급한)
高	**menu** [ménjuː]	㉰ 식단표, 메뉴 ㉱ **식단표 메뉴** (menu) 
大	**mercenary** [mə́ːrsənèri]	㉲ 돈이 목적인, 보수를 바라는 ㉰ (외국인)용병 보고서에 뭐를 써 내리(내다) ㉱ **리포트**에 **보수를 바라는 (외국인)용병**이 **뭐써내리** (report) (mercenary)

M

高 **merchandise** [mə́ːrtʃəndàiz]

명 (집합적으로)상품, 제품 동 장사[매매]하다.

▶ merchan(t)–d(상인) + ise(동사 접미어) = merchandise(장사하다, 매매하다)

中 **merchant** [mə́ːrtʃənt]

명 상인 형 상인의

▶ merch(= trade) + ant(종사하는 사람) = merchant(상인)

암 **머천 트**러 쥔 **상인**. (머천: merchant; 트러: 몇 천(억)틀어)

高 **merciful** [mə́ːrsifəl]

형 자비로운, 인정 많은

▶ merc(y) → i(자비, 인정) + ful(…이 많은) = merciful(자비로운, 인정 많은)

▶ He is merciful to others. 그는 다른 사람에 대하여 인정이 많다.

大 **merciless** [mə́ːrsilis]

형 무자비한, 무정한

▶ merc(y) → i(자비, 인정) + less(…이 없는) = merciless(무자비한, 무정한)

高 **mercury** [mə́ːrkjəri]

명 수은, 온도계, 수성, 머큐리 신(神)

[로마 神] 머큐리신 ((신들의 사자(使者))

高 **mercy** [mə́ːrsi]

명 자비, 인정

암 (멋이)**머시**있는 **자비**와 **인정**. (mercy)

▶ They showed mercy to the prisoner.
그들은 포로에게 인정을 보냈다.

高 **mere** [miər]

형 ~에 불과한, 단순한, 단지

암 **단순한 미어(美語)에 불과한** 말로 **굿 모닝**하다. (미어: 미어(미국말), mere; 굿 모닝: Good morning)

▶ a mere child 아직 단지 어린아이

高 **merely** [míərli]

부 단지, 그저, 다만

▶ mere(단순한, 단지, …불과한) + ly(부사 어미) = merly(단지, 그저, 다만)

高 **merge** [məːrdʒ]

동 흡수하다, 합체시키다, 흡수되다, 합병하다.

암 **시멘트**와 **머지**고 **합체시키다**. (시멘트: cement; 머지: 뭐 쥐고, merge)

大 **meridian** [mərídiən]

명 자오선, 경선(經線)

암 **머리뒤 언**진 댕기 같은 **(지구의)경선**이 곧 **자오선** (머리뒤 언: meridian)

高 **merit**
[mérit]

[명] 장점, 가치, (복수)공적

[동] 공덕을 얻다(세우다), …할 만하다.

무덤 터에서 메리가 틀어

[암] **괭이**로 **핵 물질**을 **뫼터**에서 **메리 트**러 없에 **공덕을 세우다**.

(hack) (matter) (merit)

▶ Frankness is one of his merits. 솔직함은 그의 장점의 하나다.

大 **mermaid**
[mə́ːrmèid]

[명] 인어(人魚), (여자), 여자 수영 선수

▶ (바다 = mer) + (maid = 소녀)
= mermaid(인어[여자], 여자 수영 선수)

맷돌 이더니 아뢰고

[암] **소년**이 **매 이드**니 **고(告)**하고 **가다**.

(maid) (go 가다)

高 **merrily**
[mérili]

[부] 즐겁게, 명랑하게

▶ merr(y) → i(즐거운, 명랑한) + ly(부사 어미) = merrily(즐겁게, 명랑하게)

大 **merriment**
[mérimənt]

[명] 즐거움, 명랑함, 환락

▶ merr(y) → i(즐거운, 명랑한) + ment(명사 어미) = merriment(즐거움, 명랑함, 환락)

中 **merry**
[méri]

[형] 명랑한, 즐거운

[암] **즐거운 메리 크리스마스**.

(merry) (Christmas)

▶ He is a merry fellow. 그는 유쾌한 친구이다.

大 **merry-go-round**
[méri gou raund]

[명] 회전 목마

▶ merry(즐거운) + go(가다) + round(둥근) = merry-go-round(회전, 목마)

大 **mesh**
[meʃ]

[명] 그물코, 올가미 [동] 그물로 잡다.

[암] 새를 **매시(每時)**마다 **올가미 그물로 잡다**.

(mesh)

高 **mess**
[mes]

[명] 혼란, 혼잡 [동] 난잡하게 하다, 무모한 짓을 하다.

매수(買收)

[암] **데모**대를 **매스(買收)**하여 **혼란(무모)한 짓을 하다**.

(demo) (mess)

中 **message**
[mésidʒ]

[명] 전언, 메시지, 통신, 전언

[암] **전언 통신 메시지**.

(message)

高 **messenger**
[mésindʒər]

[명] 사자(使者), (전보 따위의) 배달인, 선구자

▶ mess(age)(메시지) + eng(= en …하다) + er(…하는 사람)
= messenger(사자, 배달인, 선구자)

[암] 주님을 (모신)**뫼신 저**[messenger] **선구자**

▶ an Imperial messenger 칙사(勅使)

M

中	**met** [met]	meet(만나다)의 과거, 과거분사 ▶ I met her on[in] the street. 나는 그 여자를 거리에서 만났다.
高	**metal** [métl]	명 주철, 금속 동 ~에 금속을 입히다. 암 **주철**로 된 **매(每)틀**(각각의 틀에)(metal)에 **금속을 입히다**.  ▶ a worker in metals 금속 세공사
大	**metallic** [mətǽlik]	형 금속의, 금속성(질)의 ▶ metal + l(금속) + ic(…의) = metallic(금속의, 금속[질]의)
高	**meteor** [mí:tiər]	명 별똥별, 유성, 운석 암 **별똥별**의 크기는 **유성 미티어**(밀이여)(meteor). ▶ a meteor falls. 별똥이 떨어지다.
大	**meteoric** [mì:tiɔ́(:)rik / ɑ́r-]	형 유성의, 별똥별의 ▶ meteor(유성, 별똥별) + ic(…의) = meteoric(유성의, 별똥별의)
大	**meteorite** [mí:tiəràit]	명 운석, 유성체, 별동돌 ▶ meteor(유성, 별똥) + ite(화석의 뜻) = meteorite(운석, 유성체, 별똥돌)
大	**meteorology** [mì:tiərɑ́lədʒi / -rɔ́l-]	명 기상학, 기상 상태(한 지방의) ▶ meteor(유성, 별똥별) + ology(학의 뜻) = meteorology(기상학, 기상 상태[한 지방의])
高	**meter**[1] [mí:tər]	명 (=metre : 미터)
大	**meter**[2] [mí:tər]	명 (자동) 계량기, 미터(가스, 수도 따위의)
高	**method** [méθəd]	명 방법, 질서 정연함 암 **질서 정연**한 **방법**으로 **매 서드**(매우 서들러)(method)러 하는 **컴바인**(combine) 작업.  ▶ a teaching method 교수방법

M

大 **metric** [métrik]	ⓗ 미터(법)의 ▶ metr(e)(미터) + ic(…의) = metric(미터[법]의)
高 **metropolis** [mitrάpəlis / -trɔ́p-]	ⓜ 수도, 대도시, 중심지  ▶ metro(= mother) + polis(= city) = metropolis(수도) 암 포클레인으로 **수도** 땅을 **미트로 퍼 리수(里數)**를 늘리다. (밑으로 퍼서 리수(지하철의 리수)) (metropolis)
高 **metropolitan** [mètrəpάlitən / -pɔ́l-]	ⓗ 수도의, 대도시 ▶ metropoli(s) + t(수도, 대도시) + an(…의) = metropolitan(수도의, 대도시의) ▶ metropolitan newspapers (지방지에 대하여) 중앙지
高 **Mexican** [méksikən]	ⓗⓜ 맥시코 사람(의), 맥시코(어)의 ▶ Mexic(o)(맥시코) + an(형용사 명사 어미) = Mexican(맥시코 사람[어]의, 맥시코 사람[어])
高 **Mexico** [méksikòu]	ⓜ 멕시코(공화국)[수도: 멕시코시티]
大 **micro** [máikrou]	ⓗ 작은, 미세한, 지극히 작은 암 **지극히 작은 마이크로 빔(방사선)** (micro) (beam)
大 **microbus** [máikroubʌ̀s]	ⓜ 마이크로버스, 소형버스 ▶ micro(작은, 지극히 작은) + bus(버스) = microbus(마이크로버스, 소형버스)
大 **microfilm** [máikrəfìlm]	ⓜ 축소 필름 ▶ micro(작은, 미세한) + film(필름) = microfilm(축소 필름)
高 **microphone** [máikrəfòun]	ⓜ 마이크로폰, 마이크, 송화기 ▶ micro(작은) + phone(폰) = microphone(마이크로폰, 마이크, 송화기) ▶ speak into a microphone 마이크에 대고 말하다
高 **microscope** [máikrouskòup]	ⓜ 현미경 ▶ micro(작은, 미세한) + scope(보는 기계) = microscope(현미경) ▶ an electron microscope 전자 현미경

M

大	**mid** [mid]	ⓗ 중앙의, 가운데 암 **가운데 중앙이** 좋음을 **미드**라고 **인(人)폼**잡고 **알리다**. (미드: 믿으라고, (mid) / 인(人)폼잡고: 사람이 폼잡고, (inform))
高	**midday** [míddèi]	ⓜⓗ 정오(의), 한낮(의) ▶ mid(중앙의, 가운데) + day(날) = midday(정오[의], 한낮[의])
中	**middle** [mídl]	ⓗ 한가운데의 ⓜ 한가운데 ▶ mid + d(중간의) + le(박복의 뜻) = middle(한가운데) 암 **미들**만 한 **한가운데 싱**싱한 **물건**. (미들: 믿을만한, (middle) / 싱: (thing))
高	**middle-aged** [mídléidʒd]	ⓗ 중년의 ▶ middle(중간의) + aged(…살의) = middle-aged(중년의) ▶ a middle-aged woman 중년 여성
大	**middle-class** [mídlklǽs / -klɑ́ːs]	ⓗ 중류 계급의, 중산 계급의 ▶ middle(중간의) + class(계급) = middle-class(중류 계급의, 중산 계급의)
大	**middle name** [mídl neim]	ⓜ 중간 이름 ▶ middle(중간의) + name(이름) = middle name(중간 이름)
高	**midnight** [mídnàit]	ⓜ 한밤중 ▶ mid(중앙의, 중간의) + night(밤) = midnight(한밤중) ▶ at midnight 심야에
大	**midst** [midst]	ⓜ 한복판, 한가운데 ▶ mid(중앙의, 중간의) + st(부사적, 소유격 어미) = midst(한복판, 한가운데)
大	**midsummer** [mídsʌ́mər]	ⓜ 한여름 ▶ mid(중앙의, 중간의) + summer(여름) = midsummer(한여름)
大	**midway** [mídwèi]	ⓗⓑ 중도의[에], 중간쯤의[에] ▶ mid(중앙의, 중간의) + way(길) = midway(중도의[에], 중간쯤의[에])

大 **midwinter** [mídwíntər]

㉮㉯ 한겨울(의)

▶ mid(중앙의, 중간의) + winter(겨울) = midwinter(한겨울[의])

中 **might** [mait / màit]

may(…해도 좋다, …할지도 모른다)의 과거

高 **might** [mait]

명 힘(완력 · 세력 · 권력 · 위력 따위), 능력

(my=)나의 트럭(=truck)을 연관시켜 기억할 것

암 **마이 트**럭의 **힘**은 **굿**이다.

(might) (gooe)

▶ Might is right. 힘이 정의이다. [속담]

高 **mighty** [máiti]

형 강력한, 힘센, 거대한 부 (구어) 몹시

▶ might(힘) + y(형용사 어미) = mighty(강력한, 힘센, 거대한)

▶ I'm mighty hungry. 나는 몹시 배가 고프다.

高 **migrate** [máigreit]

동 이주하다, 이동하다, (새 따위가)사는 곳을 옮기다.

(여러번)많이 그래서 2 트기가

암 가라고 **마이. 그래 이트**기가 **이주하다**.

(migrate)

高 **migration** [maigréiʃən]

명 이주, 이동

▶ migrat(e)(이주하다) + ion(명사 어미) = migration(이주, 이동)

▶ mass migration 집단 이주

大 **migratory** [máigrətɔ̀:ri / -təri]

형 이주하는, 이주성의

▶ migrat(e)(이주하다) + ory(형용사 어미) = migratory(이주하는, 이주성의)

大 **mike** [maik]

명 마이크

高 **mild** [maild]

형 온순(온화)한

마(말이) 일 들어가

암 **온순한 마(馬) 일 드**러가 **농지**를 **팜**니다.

(mild) (farm)

▶ He is as mild as a lamb. 그는 양처럼 온순하다.

大 **mildly** [máildli]

부 온순하게, 온화하게

▶ mild(온순한, 온화한) + ly(부사 어미) = mildly(온순하게, 온화하게)

M

中	**mile** [mail]	ⓜ 마일 (1,609 미터) ▶ a distance of 10miles. 10마일의 거리
大	**mileage** [máilidʒ]	ⓜ 총마일수 ▶ mile(마일) + age(명사 어미) = mileage(총마일수)
大	**milestone** [máilstòun]	ⓜ 이정표, 중대 시점 ▶ mile(마일) + stone(돌) → 돌로 만든 이정표 = milestone(이정표, 중대 시점)
大	**militant** [mílitənt]	ⓜ 투사, 전투원 ⓗ 교전하고 있는 ▶ milit(군인) + ant(…사람) = militant(교전하고 있는, 전투원 투사)
大	**militarism** [mílitərìzəm]	ⓜ 군국주의 ▶ militar(y)(군대의) + ism(…주의) = militarism(군국주의)
高	**military** [mílitèri / -təri]	ⓗ 육군의 ⓜ 군, 군부 ▶ milit(군인) + ary(형용사 어미) = military(군대의, 육군의) 먼저 터리(털다) 암 스파이가 **육군의 군부를 미리 터리** (military)
大	**militia** [milíʃə]	ⓜ 의용군, 시민군, 국민군 ▶ milit(군인) + ia(…군) = militia(의용군, 시민군, 국민군)
中	**milk** [milk]	ⓜ 우유, 젖, 밀크 ▶ Please give me a bottle of milk. 우유 한 병 주세요.
大	**milkmaid** [mílkmèid]	ⓜ 젖 짜는 여자 ▶ milk(우유, 젖) + maid(소녀, 미혼여자) = milkmaid(젖 짜는 여자)
高	**milky** [mílki]	ⓗ 젖 같은, 유백색의, 젖의 ▶ milk(우유, 젖) + y(형용사 어미) = milky(젖 같은, 유백색의, 젖의)

M

高 **mill** [mil]

[명] 물방앗간; 제분소, 맷돌 [동] 맷돌로 갈다.

[암] **방앗간(제분소)**에서 **밀**을 **맷돌로 갈다**.
(mill)

▶ a coffee mill 커피 분쇄기

高 **miller** [mílər]

[명] 물방앗간 주인

▶ mill(= 물방앗간) + er(= 사람을 뜻하는 명사 어미) = miller(물 방앗간 주인)

▶ Every miller draws water to his own mill
(俗談) 아전인수(我田引水)

大 **millimeter** [mílimìːtər]

(英)-tre [명] 밀리미터(1미터의 1/1000: 기호 mm)

中 **million** [míljən]

[명] 100만 [형] 100만의

[암] 밀리어온 **밀리언 백만**원을 **칠월**에 꼭 갚으라이 **주라이**.
(million) (july)

▶ millions of olive trees 수백만의 올리브 나무

高 **millionaire** [mìljənέər]

[명] 백만장자, 큰 부자

▶ million(백만) + aire(= er, …사람) = millionaire(백만장자)

[암] 팁값이 밀리었 네요 **밀리언네어**하며 **백만장자**를 **조크(희롱)하다**.
(millionaire) (joke)

大 **millstone** [mílstòun]

[명] 맷돌, 분쇄기

▶ mill(방아를 찧다) + stone(돌) = millstone(맷돌, 분쇄기)

大 **mimic** [mímik]

[형] 흉내내는 모방의 [타] 흉내내다.

[암] **멍키**가 미제 믹서(=mixer)기와 연관시켜 기억할 것 **미(美)믹**서기를 돌리는 **모방의 흉내를 내다**.
(monkey) (mimic)

大 **mimicry** [mímikri]

[명] 흉내, 모방, 모조품

▶ mimic(흉내내다, 모방의) = ry(명사 어미) = mimicry(흉내, 모방, 모조품)

大 **mince** [mins]

[타] (고기 따위를) 다지다, 잘게 썰다.

[암] 고기를 민수(미간의 수요) **민스(民需)**요에 따라 **잘게 썰다**(다지다).
(mince)

大 **mincemeat** [mins]

[명] 민스미트(다진고기)

▶ mince(다지다) + meat(식용, 짐승, 고기) → 다진 식용 고기
= mincemeat(민스미트, 다진고기)

M

中 **mind**
[maind]

명 마음 동 보살피다, 주의하다.

말을 사람들이
암 **마**(馬) **인드**리 **마음**을 써 **보살피다**.
(mind)

▶ mind and body 심신

大 **mindful**
[máindfəl]

형 주의 깊은, 염두에 두는

▶ mind(마음, 주의하다) + ful(…이 많은) = mindful(주의 깊은, 염두에 두는)

大 **mindless**
[máindlis]

형 부주의한, 조심성 없는

▶ mind(마음, 주의하다) + less(…이 없는) = mindless(부주의한, 조심성 없는)

中 **mine[1]**
[main]

대 나의 것, 나의 소유물

▶ a friend of mine 나의 어떤 친구(일정치 않는 사람)

大 **mine[2]**
[main]

명 광산, 지뢰 동 채굴(채광)하다, 지뢰를 부설하다.

마인(마부)
암 **광산**에 **마인(馬人)**이 **지뢰를 부설하다(채광하다)**.
(mine)

▶ a gold mine 금광

高 **miner**
[máinər]

명 광부, 지뢰 공병

▶ min(e)(광산, 지뢰) + er(…사람) = miner(광부, 지뢰 공병)

高 **mineral**
[mínərəl]

명 광물, 무기물 형 광물의, 무기물의

▶ mine + r(광산, 채굴하다) + al(형용사 어미) = mineral(광물의, 무기물의, 광물, 무기물)

▶ the mineral kingdom 광물계

高 **mingle**
[míŋgəl]

동 혼합하다, 섞다, 어울리다

암 **수프**를 **밍글**밍글 돌려 **섞다**.
(soup) (mingle)

▶ The smell of sweat and cigarette smoke mingled together.
땀냄새와 담배 연기가 뒤섞였다.

高 **miniature**
[míniətʃər]

명 작은 모형, 축도 형 소형의

작은 고기 처럼
암 **미니 어(魚) 처**럼 생긴 **작은 모형**.
(miniature)

▶ a miniature camera 소형 카메라

高 **minimum**
[mínəməm]

명 최소한도, 최소량 형 최소한도의, 최저의

▶ mini(= small) + mum(최상급 어미)
= minimum(최소한도)

미니 멈칫
암 **택시**를 **미니 멈**칫하며 **최소한도** 움직이네.
(minimum)

M

大 **mining** [máiniŋ]

명 채광, 광업

▶ (광산, 채굴하다 = min[e]) + (ing = 현재분사 어미) = mining(채광, 광업)

高 **minister** [mínistər]

명 장관, 목사 동 봉사하다.

▶ (작은 = mini) + (ster = 스(數)터:봉사하는 사람) = 장관, 봉사하다

작은 **민이** **스(數)터**에 살게 **봉사하는 사람** =
시민이 수(여러)터에 살게
장관이 **봉사하다**.

高 **ministry** [mínistri]

명 부, 내각

▶ minist(er)(장관) + ry(명사 어미) = 장관을 정점으로 하는 각부 = ministry(부, 내각)

大 **mink** [miŋk]

명 (동물) 밍크

高 **minor** [máinər]

형 작은 쪽의, 2류의 명 미성년자

암 **멤버**에는 **이류의 미성년자**도 **마이 너**어!
구성원에는 (member) / 많이 넣어 (minor)

▶ minor poets 이류 시인

高 **minority** [minɔ́(ː)riti, mainɔ́(ː)-]

명 소수, 소수당

▶ minor(작은 쪽의, 미성년자) + ity(추상명사 어미) = minority(소수, 소수당)

▶ Smokers are very much in the minority in our office.
우리 사무실에서 흡연자는 극소수이다.

大 **minstrel** [mínstrəl]

명 (중세의)음유시인

암 **민스 트럴**써 **(중세의)음유시인**을 **디자인하다**.
민수가 틀을 써 (minstrel) / (design)

大 **mint** [mint]

명 (植) 박하, 박하사탕

암 (스피아)**민트** 껌에 넣은 **박하**(성분)
(mint)

高 **minus** [máinəs]

전 ~을 뺀 형 마이너스의, 빼기의 명 뺄셈표

中 **minute**[1] [mínit]

명 (시간의)분, 순간

▶ An hour has sixty minutes. 한 시간은 60분이다.

M

高 **minute²** [mínit]

형 미세한, 상세한

▶ minute difference 근소한 차이

高 **miracle** [mírəkəl]

명 기적, 놀라운 일, 경이

암 흙을 **미러 클**려고 **기적**을 발하는 **점** 같은 **싹**
(미러 클: 밀어내 클려고 (miracle)) (점: (germ))

▶ We survived by a miracle.
우리는 기적적으로 살아 남았다.

大 **miraculous** [mirǽkjələs]

형 기적적인, 불가사의한

▶ mirac(le)(기적) + ulous(…적인[한], 형용사를 만듦) = miraculous(기적적인, 불가사의한)

大 **mire** [maiər]

명 진흙, 진창, 수렁 동 진창(수렁)에 빠지다.

암 **마(馬) 이여**(서) **진흙 수렁에 빠지다**.
(마: 마(말이), 이여: 이여서 (mire))

高 **mirror** [mírər]

명 거울 동 비추다.

암 **포즈**를 **거울**을 **미러**놓고 **비추다**.
(포즈: (pose)) (미러: 밀어 (mirror))

▶ Language is the mirror of society.
언어는 사회의 거울이다.

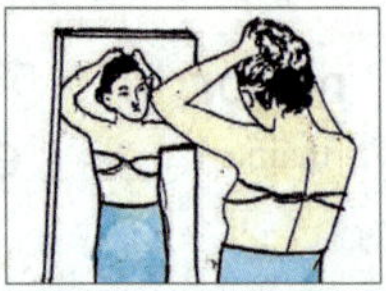

高 **mirth** [məːrθ]

명 명랑, 유쾌, 환희, 웃음

암 순이와 **미팅**하는 **머스**매의 **환희**에 찬 **유쾌(명랑)**한 **웃음**
(미팅: (meeting)) (머스: 머슴애의 (mirth))

▶ provoke mirth. 흥겨움을 자아내다.

大 **mirthful** [mə́ːrθfəl]

형 유쾌한, 명랑한, 환희의

▶ mirth(유쾌, 명랑, 환희) + ful(형용사 어미) = mirthful(유쾌한, 명랑한, 환희의)

大 **miscellaneous** [mìsəléiniəs]

형 잡동사니의, 가지가지 잡다한

▶ miscellan(y) + e(잡동사니, 잡다) + ous(형용사 어미)
= miscellaneous(잡동사니의,가지가지 잡다한)

大 **miscellany** [mísəlèini]

형 잡동사니, 잡다, 잡록, 문집

암 **미(美)서 래인(來人)이** 갖고 온 **잡동사니 문집**
(미(美)서: 미국서, 래인(來人)이: 래인(온 사람)이 (miscellany))

大 **mischance** [mistʃǽns / -tʃɑ́ːns]

명 불운, 불행, 재난

▶ mis(나쁜) + chance(기회) = mischance(불운, 불행, 재난)

高

mischief
[místʃif]

명 장난, 짓궂음, 손해

▶ mis(= ill) + chief(end 결과) = mischief(장난)

미스의 틀니치아 풀어
암 올드 **미스 치(齒) 프**러 들고 **장난**치는 **보이**.
(mischief) (boy)

大

mischievous
[místʃivəs]

형 유해한, 장난을 좋아하는, 장난기가 있는

▶ mischie(f) → v(장난, 짓궂음, 손해) + ous(형용사를 만듦) = mischievous(유해한, 장난을 좋아하는, 장난기가 있는)

高

miser
[máizər]

명 구두쇠, 노랑이, 수전노, 욕심쟁이

많이 저축한
암 **달러**를 **마이 저**축한 **욕심쟁이 노랑이(구두쇠)**
(dollar) (miser)

高

miserable
[mízərəbəl]

형 불쌍한, 비참한;가엾은

▶ miser(y)(불쌍함, 비참, 곤궁) + able(…할 만한) = miserable(불쌍한, 비참한;가엾은)

▶ a miserable life 비참한 인생

高

misery
[mízəri]

명 비참, 불행, 처참, 빈곤

미국인이 저리가
암 **미(美)저리**가 **비참(처참)**케 **죽었다이**
(misery) (die)

▶ a cute[deep] misery 극심한 비참함

高

misfortune
[misfɔ́:rtʃən]

명 불운, 역경, 재난, 재앙

▶ mis(= ill 나쁜) + fortune(= 운) = misfortune(불운, 재난)

미스 경기도 포천
암 **미스 포천**의 **불운(재난)**
(misfortune)

大

mishap
[míshæp]

명 불운한 일, 재난

미스(=Miss)를 연관시켜 기억할 것
암 **섹스**가 **미스 헤프**니 얻은 **재난**이(에이즈)
(sex) (mishap)

高

mislead
[mislí:d]

타 그릇 인도하다, 오도하다

▶ (잘못; wrong = mis) + (lead = 인도하다) = mislead(그릇 인도하다, 오도하다)

大

misleader
[mislí:də:r]

명 그릇 인도하는 사람

▶ mislead(그릇 인도하다) + er(…사람) = misleader(그릇 인도하는 사람)

大

misleading
[mislí:diŋ]

형 그르치기 쉬운, 그릇 인도하는

▶ mislead(그릇 인도하다) + ing(현재분사 어미) = misleading(그르치기 쉬운, 그릇 인도하는)

M

中 **Miss** [mis]

명 ~양(소녀, 미혼 여성에 대한 경칭)

▶ Miss Choi came to see me. 최양이 나를 만나러 왔다.

高 **miss** [mis]

동 못(빗)맞히다, 놓치다. 명 실책

암 **볼**을 **미스**들이 **미스**로 **놓치다.**
(ball) (Miss) (miss)

▶ I missed the ball. 나는 그 공을 놓쳤다.

高 **missile** [mísail]

명 미사일, 유도탄

▶ A missile base(site) 미사일 기지

高 **missing** [mísiŋ]

형 없어진, 분실한

▶ miss(놓치다, 빠뜨리다) + ing(현재분사 어미) = missing(없어진, 분실한)

▶ A page is missing. 한 페이지가 빠져있다.

高 **mission** [míʃən]

명 사명, 전도, 사절단, 임무 동 전도[포교]하다.

▶ miss(= send) + ion(명사 어미) = mission(전도하다)

미(美) 선교사

암 **사절단**인 **미(美) 션**교사가 **전도하다.**
(mission)

高 **missionary** [míʃənèri / -nəri]

명 선교사, 전도사 형 전도(자)의

▶ misson(사절, 사절단) + ary(…의 사람) = missionary(선교사, 전도사, 전도[자]의

▶ a foreign missionary 외국 선교사, 외국사절(단)

大 **mist** [mist]

명 안개, 연무 동 흐리게 하다.

아름다운 손을 틀어

암 선녀가 **미스(美手) 트**러 날리는 **안개**로 날을 **흐리게 하다.**
(mist)

中 **mistake** [mistéik]

동 틀리다, 실수하다. 명 잘못, 실수

암 **미스**의 **미스 테이크(실수)**로 **틀리다.**
(Miss) (mistake)

▶ make a mistake. 실수하다, 오해하다.

高 **mistaken** [mistéikən]

mistake (오해하다, 틀리다, 잘못)의 과거분사 형 틀린, 오해한

▶ She was mistaken for her sister.
그녀는 자신의 여동생으로 오해받았다.

大 **mister** [místər]

명 (Mister) 군, 씨, 선생, 귀하, 님
(남자의 성, 성명 또는 관직명 앞에 붙임, 흔히 Mr.로 생략)

高 **mistoook** [mistúk]

mistake (오해하다, 틀리다)의 과거

▶ He mistook me for my brother.
그는 나를 내 형으로 잘못봤다.

高 **mistress** [místris]

명 주부, 여주인, 여교사

▶ (미스터 = mist[e]r) + (ess = 여성명사 어미) = mistress(주부, 여주인, 여교사)

▶ the mistress of the night 밤의 여왕 (달)

大 **mistrust** [mistrʌ́st]

명 불신[용] 동 신용하지 않다. 의심하다.

▶ (아니, 불 = mis) + trust(신용하다) = mistrust(신용하지 않다, 의심하다, 불신[용])

大 **misty** [místi]

형 안개낀, 희미한

▶ (안개 = mist) + (y = …많은) = misty(안개낀, 희미한)

高 **misunderstand** [mìsʌndərstǽnd]

동 오해하다

▶ (잘못 = mis) + (understand = 이해하다) = 오해하다

미스(가) 안다! 스탠드
암 스탠드들고 **미스 안더!스탠드**하며 **오해하다**.
(misunderstand)

大 **misunderstanding** [mìsʌndərstǽndiŋ]

명 오해, 잘못 생각함

▶ misunderstand(오해하다) + ing(현재분사 어미) = misunderstanding(오해, 잘못 생각함)

大 **misusage** [misjúːsidʒ / -júːz-]

명 오용

▶ misus(e)(오용하다) + age(명사 어미) = misusage(오용)

大 **misuse** [misjúːz]

명 오용 타 오용하다.

▶ (그릇된 = mis) + (use = 사용하다) = misuse(오용, 오용하다)

中 **mitt** [mit]

명 (야구용)밋트, (부인용)벙어리장갑, 야구 글러브

▶ a catcher's mitt 포수의 글러브

大 **mitten** [mítn]

명 벙어리장갑

▶ mitt(벙어리 장갑) + en(…로 만든 제품) = mitten(벙어리 장갑)

中 **mix**
[miks]

[동] 섞다, 섞이다, 혼합하다.

[암] **믹서**기로 **믹스**하여 **섞다**.
(mixer) (mix)

▶ Oil and water will not mix.
기름과 물은 섞이지 않는다.

高 **mixed**
[mikst]

[형] 혼합한, 섞인, 혼성의

▶ mix(섞다, 혼합하다) + ed(형용사를 만듦) = mixed(혼잡한, 섞인, 혼성의)

▶ a mixed train (객차와 화차의) 혼합 열차

高 **mixture**
[míkstʃər]

[명] 혼합, 혼합물

▶ mix + t(섞다 혼합하다) + ure(명사 어미) = mixture(혼합, 혼합물)

▶ a smoking mixture 혼합 담배

高 **moan**
[moun]

[명] 신음소리 [동] 신음하다, 한탄(비탄)하다.

모은
[암] **모운** 것을 잃고 **신음 소리**내 **한탄하다**.
(moan)

▶ a loud moan 큰 신음소리

高 **mob**
[mɑb / mɔb]

[명] (집합적으로)군중, 폭도 [동] 떼를 지어 습격하다.

마부
[암] **폭도**인 **마브**들이 **떼를 지어 습격하다**.
(mob)

▶ mob psychology 군중 심리

高 **mobile**
[móub(i)l]

[형] 움직이기 쉬운, 변하기 쉬운, 자유로 움직이는

[암] 엔진 속을 **자유로 움직이는 모빌**유.
(mobile)

大 **mobility**
[moubíləti]

[명] 이동성, 유동성, 가동성

▶ mobil(e)(움직이기 쉬운) + ity(명사 어미) = mobility(이동성, 유동성, 가동성)

大 **mobilize**
[móubilàiz]

[동] 가동성을 부여하다, 동원하다

▶ mobil(e)(움직이기 쉬운) + ize(…하다) = mobilize(가동성을 부여하다, 동원하다)

高 **mock**
[mɑk, mɔːk / mɔk]

[동] 조롱하다, 놀리다, 속이다, 흉내내다.

[명] 조롱, 흉내

부인이 이즈음 어머니가 크게
[암] **브(婦) 리즈**음 **산들바람**나 **모(母) 크**게 **놀리다**.
(breeze) (mock)

▶ He mocked at my fears.
그는 내가 무서워하는 것을 놀렸다.

M 大 **mockery**
[mákəri / mɔ́(ː)k-]

[명] 비웃음, 조롱, 놀림

▶ mock(조롱하다, 놀리다) + ery(명사 어미) = mockery(비웃음, 조롱, 놀림)

大 **mocking** [mákiŋ / mɔ́k-]

mock의 현재분사 ⓗ 조롱하는 듯한, 흉내내는

高 **mode** [moud]

ⓜ 방법, 하는 식, 양식, 유행, 풍조

암 (모두)**모드** 흉내내는 **유행**의 **양식**
(mode)

▶ She is always following the latest mode.
그녀는 늘 최신 유행을 따르고 있다.

中 **model** [mádl / mɔ́dl]

ⓜ 모형, 모델, 모범 ⓗ 모범의

암 많은 **모(母)들**이 본 **모형의 모델 하우스**.
(모(母)들: 어머니들이 / (model)) (하우스: (house))

▶ a model of a ship 배의 모형

高 **moderate** [mádərit / mɔ́d-]

ⓗ 알맞은, 중용의, 온건한 ⓜ 온건주의자

암 딸의 히스테리를 **온건한 모(母)더리 트**러 **루슨 하게 하다**.
(모(母)더리: 어머니들이 (moderate)) (트: 틀어) (루슨: 느슨 (loosen)) (하게)

▶ moderate prices 알맞은[싼]값

大 **moderately** [mádəritli / mɔ́d-]

ⓑ 적당하게, 알맞게

▶ moderate(알맞은, 절제 있는) + ly(부사 어미) = moderately(적당하게, 알맞게)

大 **moderation** [màdəréiʃən / mɔ̀d-]

ⓜ 알맞음, 절제

▶ moderat(e)(알맞은, 절제 있는) + ion(명사 어미) = moderation(알맞음, 절제)

大 **moderatizm** [mádərətízm / mɔ́d-]

ⓜ 온건주의

▶ moderat(e)(알맞은) + izm(…주의) = moderatizm(온건주의)

中 **modern** [mádərn / mɔ́d-]

ⓗ 현대의, 현대적인 ⓜ 현대인

암 (모든)**모던 현대적인 패션쇼**.
(modern) (fashion show)

▶ modern times 현대

大 **modernism** [mádərnìzəm / mɔ́d-]

ⓜ 현대 사상

▶ modern(현대의) + ism(…주의[사상]) = modernism(현대 사상)

大 **modernize** [mádərnàiz / mɔ́d-]

ⓓ 현대화하다, 현대적으로 하다(되다)

▶ modern(현대의) + ize(…화하다) = modernize(현대화하다, 현대적으로 하다[되다])

M

高 **modest** [mádist / mɔ́d-]

㉿ 겸손한, 정숙한

어머니 뒤 서투르게
암 **모(母)뒤 스트**르게 미는 **겸손한 마담(아주머니)**.
(modest) (madam)

▶ He is modest in his speech.
그는 말씨가 겸손하다.

大 **modestly** [mádistli / mɔ́d-]

부 겸손하게, 정숙하게

▶ modest(겸손한, 정숙한) + ly(부사 어미) = modestly(겸손하게, 정숙하게)

高 **modesty** [mádisti / mɔ́d-]

명 겸손, 정숙

▶ modest(겸손한, 정숙한) + y(명사를 만듦) = modesty(겸손, 정숙)

大 **modification** [mὰdəfikéiʃən]

명 변경, 수정, 변형

▶ modif(y) → i(변경[수정]하다) + cation(명사 어미) → fy로 끝나는 동사는 y를 I로 고쳐서 cation을 붙여 명사를 만듦 = modification(변경, 수정, 변형)

高 **modifier** [mɔdifaiə]

명 수정[병경]하는 사람[물건], (문법) 수식어[구]

▶ modif(y) → i(병경[수정]하다) + er(…하는 사람[것]) = modifier(수정[변경]하는 사람[물건], [문법] 수식어[구])

▶ a noun modifier 명사 수식어

高 **modify** [mádəfài / mɔ́d-]

동 [문법]수식하다, 수정(가감)하다.

어머니가 뒤 파이게
암 드레스를 **모(母) 뒤 파이**게 **수정하다**.
(modify)

▶ Adjectives modify nouns.
형용사는 명사를 수식한다.

高 **moist** [mɔist]

형 축축한, 눅눅한, 비가 많은

서투르게
암 **축축한** 닭**모이 스트**르게 주는 **인디언**.
(moist) (Indian)

▶ a moist season 비가 많은 계절

大 **moisten** [mɔ́isən]

동 축축하게 하다, 죽이다, 적시다.

▶ moist(축축한) + en(…하다) = moisten(축축하게 하다, 축이다, 적시다)

高 **moisture** [mɔ́istʃər]

명 습기, 수분

▶ moist(축축한) + ure(동작, 과정, 존재의 뜻) = moisture(습기, 수분)

高 **mold, mould** [mould]

명 특성, 형, 성질 동 거푸집, 형틀을 만들다.

어머니가 울을 드높게
암 **모(母) 울 드**높게 하려고 **특성**있는 **거푸집 형틀을 만들다**.
(mold)

▶ people cast in the same mold
성질이 같은 사람들

M

大

molding [móuldiŋ]

명 조형, 주조물

▶ mold(거푸집, 형틀을 만들다) + ing(현재분사 어미) = molding(조형, 주조물)

高

mole [moul]

명 두더지, 터널 굴착기

몰래

암 **두더지**가 **모울**래 **바로** 밑에 **굴을 파다**.

(mole) (burrow)

大

molecular [moulékjulər]

형 분자의, 분자로 된

▶ molecul(e)(분자, 미분자) + ar(…의, 형용사 어미) = molecular(분자의, 분자로 된)

大

molecule [máləkjùːl / mɔ́l-]

명 [化,物] 분자, 미분자, 그램

몰라 귤의

암 **분자**를 **몰러 큘**의 **미분자**를 **스승**께 **물어**

(molecule) (mulla(h))

大

molest [məlést / mo(u)lést]

타 괴롭히다, 방해하다

암 **미스**를 **몰래 스트**레스 주어 **괴롭히다(방해하다)**.

(Miss) (molest)

大

molestation [mòulestéiʃən]

명 괴롭힘, 방해

▶ molest(괴롭히다, 방해하다) + ation(명사 어미) = molestation(괴롭힘, 방해)

中

moment [móumənt]

명 순간, (특정한)때, 중요성, 기회

어미가 얼굴 틀어

암 **(특정한)때** 마다 **모(母)먼(面)트**러 **마사지하다**.

(moment) (massage)

▶ I was busy at that moment. 나는 그때 바빴다.

高

momentary [móumәntèri / -təri]

형 순간의, 순식간의

▶ moment(때, 순간) + ary(…의, 형용사 어미) = momentary(순간의, 순식간의)

▶ a momentary joy 찰나의 기쁨

高

momentous [mouméntəs]

형 중대한, 중요한

▶ moment(순간, 때, 중요성) + ous(형용사 어미) = momentous(중대한, 중요한)

大

momentum [mouméntəm]

명 운동량, 기운

▶ moment(순간, 때) + um(엄한 힘) → 순간 순간 내는 엄한 힘 = momentum(운동량, 기운)

高 **monarch** [mánərk / mɔ́n-]

명 군주, 제왕, 왕자

어머니 넋을 꼬옥 쓰려안고

암 **왕자**가 **제왕**된 후 **모(母)넋**을 **코옥 스**러안고 **달래다**.

(monarch) (coax)

▶ an absolute monarch 전제 군주

大 **monarchism** [mánərkìzəm / mɔ́n-]

명 군주주의, 군주제

▶ monarch(군주) + ism(…주의) = monarchism(군주주의, 군주제)

大 **monarchy** [mánərki / mɔ́n-]

명 군주 정치[정체]

▶ monarch(군주) + y(명사 어미) = monarchy(군주 정치[정체])

中 **Monday** [mʌ́ndi / -dei]

명 월요일 (약어) Mon.

먼 곳에 이(李)씨를 찾아가다

암 **월요일**마다 **먼데 이(李)**를 **군마** 타고 **찾어**.

(Monday) (charger)

▶ last[next] Monday 지난[다음] 월요일에

大 **monetary** [mánətèri / mʌ́nitèri]

형 화폐의, 금전상의

▶ mone(y) + t(돈) + ary(…의) = monetary(화폐의, 금전상의)

많이때리

암 (하인을)**금전상의** 문제로 **많이태리(= monetary)**는 주인

(monetary)

中 **money** [mʌ́ni]

명 돈, (복수)재산

암 **뭐니** 뭐니 해도 **돈**이면 최고!

(money)

▶ Time is money. (속) 시간은 돈이다.

高 **monitor** [mánitər / mɔ́n-]

명 (학급의) 반장; (텔레비젼, 라디오의)모니터 동 감시(조정)하다.

암 **(학급의)반장**이 **(방송을)모니터하다(조정하다)**.

(monitor)

高 **monk** [mʌŋk]

명 수사, 수도승

멍이 크게

암 얼굴에 **멍 크**게 든 **수도승**.

(monk)

▶ a Buddhist monk 승려 스님

中 **monkey** [mʌ́ŋki]

명 원숭이 동 (구어) 장난하다

암 **멍키**(원숭이)가 **장난치다**.

(monkey)

▶ There is a monkey in the cage.
울 안에 원숭이가 있다.

高 **monologur, -log** [mánəlɔ̀:g / mɔ́nəlɔ̀g]

명 모놀로그, 독백, 혼자 하는 대사

M

大

monopolize
[mənápəlàiz / -nɔ́p-]

[타] 독점하다, 전매[독점]권을 얻다.

▶ monopol(y)(전매권, 독점) + ize(…화하다) = monopolize(독점하다, 전매[독점]권을 얻다)

高

monopoly
[mənápəli / -nɔ́p-]

[명] 전매(권), 독점, 전매품

▶ mono(= single) + pol(= sell) + y(명사 어미) = monopoly(독점)

뭐낳아 파리
[암] 아이가 **뭐낳 파리**들이 **독점**하네
(monopoly)

▶ the monopoly of conversation 대화의 독점

高

monorail
[mánərèil / mɔ́n-]

[명] 단궤(單軌)철도, 모노레일

▶ (단일의 = mono) + (rail = 철도, 레일) = monorail(단궤철도, 모노레일)

高

monotonous
[mənátənəs / -nɔ́t-]

[형] 단조로운, 지루한, (소리, 말씨가)한결같은

▶ monoton(y)(단조로움) + ous(형용사 어미) = monotonous(지루한, 한결같은, 단조로운)

▶ monotonous work 단조로운 작업

大

monotony
[mənátəni / -nɔ́t-]

[명] 단조로움, 천편일률, 지루함

뭐를 놓더니
[암] **단조로움**을 잊고저 **뭐 노터니 고 스톱**하다.
(monotony) (go stop)

高

monster
[mánstər / mɔ́n-]

[형] 거대한 [명] 괴물, 거인

만수(물이 가득한) 터
[암] **만스(滿水) 터**에 나타난 **거대한 괴물**.
(monster)

▶ a monster ship. 거대한 배

大

monstrous
[mánstrəs / mɔ́n-]

[형] 기괴한, 괴물같은 거대한

▶ monst(e)r(괴물) + ous(형용사 어미) = monstrous(기괴한, 괴물 같은, 거대한)

大

montage
[mantá:ʒ / mɔn-]

[명] 몽타아지(합성 사진)

中

month
[mʌnθ]

[명] 달, 한 달

먼곳의 스님
[암] **달**마다 찾은 **먼 스**님.
(month)

▶ the month before last 전전달, 지지난달

高

monthly
[mʌnθli]

[형] 매달의, 월 1회의 [명] 월간 간행물

▶ month(달) + ly(형용사를 만듦) = monthly(매달의, 월 1회의, 월간 간행물)

▶ a monthly magazine 월간 잡지

M

高

monument
[mɑ́njumənt / mɔ́n-]

명 무덤, 기념비 동 ~에 기념비를 세우다.

▶ monu(=remind 생각나게 하다) + ment(명사 어미) = (무덤, 기념비)

암 **무덤**에 **모(母) 뉴먼 트**기가 **기념비를 세우다**.
(어머니가 누우면 트기가 / monument)

中

monumental
[mɑ̀njuméntl / mɔ̀n-]

형 기념비의, 불멸의

▶ monument(기념비) + al(…의) = monumental(기념비의, 불멸의)

▶ a monumental work 불후의[불멸의]명작

高

mood
[mu:d]

명 기분, 시무룩함, 분위기 명 (문법) 법(法)

암 **무 드**고 **기분**이 **시무룩함**을 **보이**는 **소년**
(무를 들고 / mood / boy)

▶ a good[happy, joyful] mood 명랑한 기분

大

moody
[mú:di]

형 변덕스러운, 언짢은, 침울한

▶ mood(기분, 무드, 분위기) + y(형용사 어미) = moody(변덕스러운, 언짢은, 침울한)

中

moon
[mu:n]

명 달

암 **달** 모양의 **문**.
(moon)

▶ land on the moon 달에 착륙하다.

高

moonlight
[mú:nlàit]

명 달 빛

▶ moon(달) + light(빛) = moonlight(달 빛)

▶ the Moonlight Sonata 월광곡((베토벤의 피아노소나타 14번))

大

moonlit
[mú:nlit]

형 달빛에 비췬, 달빛어린)

▶ moon(달) + lit(light 빛나다의 과거, 과거분사) = moonlit(달빛에 비췬, 달빛어린)

大

moonshine
[mú:nʃàin]

명 달빛

▶ moon(달) + shine(빛나다, 빛) = moonshine(달빛)

高

moor¹
[muər]

명 (영)황야

암 **황야**가 **무어**냐고? **스승**님께 **물어**
(moor / mulla(h))

▶ a great moor 거대한 황야

大

moor²
[muər]

동(배, 비행선 등을) 잡아매다, 정박시키다(하다).

암 (마도로스가)**무어**에곤 **배를 잡아매다. 정박시키다**.
(무엇에곤 / moor)

M

大	**moose** [muːs]	ⓜ 큰 사슴 무스(=무의 사투리) 암 **무스** 먹는 **큰 사슴** (moose)
高	**mop** [mɑp, mɔp]	ⓜ 자루걸레 ⓓ 청소하다(닦다). 모포 암 **자루 달린 걸레 모프**로 **청소하다**. (mop) 
高	**moral** [mɔ́(:)rəl, mɑ́r-]	ⓗ 도덕의, 도덕적인 ⓜ 교훈 어머니를 어씨도 암 **도덕적인 모(母)럴 어(魚)도 존경하다**. (moral) (adore) ▶ He is a moral man. 그는 도덕적인 사람이다. 
大	**moralist** [mɔ́(:)rəlist / mɑ́r-]	ⓜ 도덕가, 도학자 ▶ moral(도덕의) + ist(…하는 사람) = moralist(더덕가, 도학자)
大	**morality** [mɔ(:)rǽləti]	ⓜ 도덕, 윤리, 도의 ▶ moral(도덕의, 도덕적인) + ity(명사 어미) = morality(도덕, 윤리)
大	**morally** [mɔ́(:)rəli / mɑ́r-]	ⓑ 도덕상으로, 도덕적으로 ▶ moral(도덕) + ly(부사 어미) = morally(도덕상으로, 도덕적으로)
高	**morbid** [mɔ́ːrbid]	ⓗ (정신이)병적인, (병적으로) 음울한 모(어머니가) 빗자루 들고서 암 (정신이) **병적인 모(母) 비드**고서 **댄스 춤을 추다**. (morbid) (dance) 
大	**morbidity** [mɔːrbídəti]	ⓜ 병적임, 불건전 ▶ morbid(병적인) + ity(명사 어미) = morbidity(병적임, 불건전)
中	**more** [mɔːr]	ⓑ 더욱, 많이 ⓜ 보다 많은 수, 더 많은 암 **거물 두목**이 **돈**을 **보다 더 많이 모어**(모아) (don) (more) ▶ Two more days 이틀만 더
高	**moreover** [mɔːróuvər]	ⓑ 그 위에, 게다가, 또한 ▶ more(더욱) + over(…의 위에) = moreover(그위에, 게다가, 또한)

M

大 **morn**
[mɔːrn]

명 아침, 여명

▶ morning (아침)에서 morn(아침)을 기억하세요.

中 **morning**
[mɔ́ːrniŋ]

명 아침, 오전

(좋은 =)**굿 모닝(morning) 아침 인사**를 연관시켜 기억하세요.

▶ good morning
안녕하십니까, 안녕히 계[가]십시오 ((오전 인사))

大 **morrow**
[mɔ́(ː)rou / mɑ́r-]

명 (古, 詩) 이튿날, 내일

▶ tomorrow(내일) → morrow(이튿날, 내일)

大 **morsel**
[mɔ́ːrsəl]

명 한 입, 한 모금, 소량, 조금

못을
암 **모슬 소량 조금 한 입** 물고 (목수가) **해머질하다**.
(morsel) (hammer)

高 **mortal**
[mɔ́ːrtl]

형 죽음을 못 면할 운명의 치명적인 인간의

명 죽어야 할 운명의 것, 인간

▶ mort(= death) + al(형용사 어미) = mortal(치명적인)

어머니가 틀어져
암 **모(母) 틀**어져 **치명적인 에이즈**로 **죽었다이**.
(mortal) (AIDS) (die)

大 **mortality**
[mɔːrtǽləti]

명 죽을 운명

▶ mortal(죽을 운명의) + ity(명사 어미) = mortality(죽을 운명)

大 **mortar**[1]
[mɔ́ːrtər]

명 모르타르, 회반죽

大 **mortar**[2]
[mɔ́ːrtər]

명 절구, (軍) 박격포

암 **절구**같은 **모터 박격포**
(mortar)

大 **mortgage**
[mɔ́ːrgidʒ]

명 저당, 담보 동 저당잡히다.

어머니가 기지(=기발한 지혜)
암 비닐 하우스를 **모(母) 기지**로 **저당잡히다(하다)**.
(mortgage)

大 **mortgager, mortgagor**
[mɔ́ːrgidʒər]

명 저당권, 설정자

▶ mortgag(e)(저당잡히다) + er, or(…하는 사람) = mortgager(or)(저당권, 설정자)

M

大 **mortification**
[mɔ̀ːrtifikéiʃən]

명 고행, 분함, 굴욕

▶ mortif(y) → i(모욕을 주다, 억제하다) + cation(명사 어미) → fy로 끝나는 동사는 y를 i로 고치고 cation 붙여 명사를 만듦 = mortification(분함, 굴욕, 고행)

大 **mortify**
[mɔ́ːrtifài]

동 (감정을)억제하다, 모욕을 주다.

어머니 티셔츠 파이게
암 가위로 **모(母) 티 파이**게 도려내 **모욕을 주다**.
(mortify)

大 **mosaic**
[mouzéiik]

명 모자이크, 모자이크 그림[무늬]

高 **mosquito**
[məskíːtou]

명 모기

스키를 타는 토끼 벗을
암 **뭐! 스키 토우**(兎友)를 탄 놈이 **모기**야?
(mosquito)

▶ A mosquito harms us.
모기는 우리에게 해를 끼친다.

高 **moss**
[mɔ(ː)s, mas]

명 이끼 타 이끼가 덮다.

모스크(mosque, 이슬람교의 예배장소)를 연관시켜 기억하세요
암 **모스**크를 온통 **이끼가 덮다**.
(moss)

大 **mossy**
[mɔ́(ː)si, mási]

형 이끼가 낀, 이끼 같은

▶ moss(이끼) + y(형용사 어미) = mossy(이끼가 낀, 이끼 같은)

中 **most**
[moust]

형 가장 많은, 최대의, 대개의

어머니 친구가 수(손을)틀어 연주를 하다
암 하프 든 **모우(母友) 스(手)트**러 **최대의 플레이를 하다**.
(most) (play)

▶ He won most prizes. 그는 가장 많은 상을 탔다.

高 **mostly**
[móustli]

부 대개, 대부분

▶ most(대개의, 최대의) + ly(부사를 만듦) = mostly(대개, 대부분)

▶ The story seemed to be mostly true. 그 이야기는 대부분 사실 같았다.

大 **motel**
[moutél]

명 모텔(자동차 여행자 숙박소)

▶ (자동차 = mo[ter]) + ([ho]tel) = motel(모텔, (자동차 여행자 숙박소)

高 **moth**
[mɔ(ː)θ, máθ]

명 나방, 좀벌레

모수(어머니손)에
암 **모스(母手)**에 앉은 **좀벌레, 나방**
(moth)

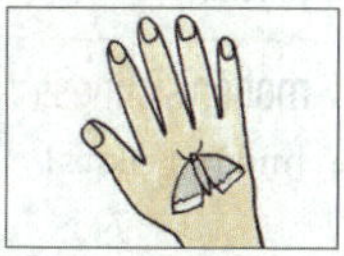

中	**mother** [mʌ́ðər]	ⓜ 어머니 ▶ That woman is her mother. 저 부인은 그녀의 어머니다.
大	**motherhood** [mʌ́ðərhùd]	ⓜ 모성(애), 어머니 구실 ▶ mother(어머니) + hood(명사 어미, 성질 상태의 뜻) = motherhood(모성[애], 어머니 구실)
大	**mother-in-law** [mʌ́ðərinlɔ̀ː]	ⓜ 장모, 시어머니 ▶ mother(어머니) + in(안에) + law(법) = 법적인 어머니 = mother-in-law(장모, 시어머니)
大	**motherly** [mʌ́ðərli]	ⓗⓑ 어머니의[다운] ▶ mother(어머니) + ly(부사, 형용사 어미, …의[다운]) = motherly(어머니의[다운])
大	**mother tongue** [mʌ́ðər tʌŋ]	ⓜ 모국어 ▶ mother(어머니, 모국) + tongue(혀, 국어) = mother tongue(모국어)
大	**motif** [moutíːf]	ⓜ (프) 모리프(음악, 미술, 문학 따위의 주제, 테마, 동기)
高	**motion** [móuʃən]	ⓜ 이동, 운동, 동작, 몸짓, 동의(動議) ⓓ 몸짓으로알리다(지시하다).  **암 동작모션**을 취해 **몸짓으로 알리다.** (motion) ▶ The train was in motion 기차는 움직이고 있었다.
高	**motionless** [móuʃənlis]	ⓗ 움직이지 않는, 정지한 ▶ motion(운동, 몸짓) + less(…이 없는) = motionless(움직이지 않는, 정지한) ▶ stand motionless 까딱도 하지 않고 서 있다.
大	**motion picture** [móuʃən píktʃər]	ⓜ 영화 ▶ motion(운동) + picture(그림, 영화) → 움직이는 그림 = motion picture(영화)
大	**motion sickness** [móuʃən síknis]	ⓜ 멀미, 현기증 ▶ motion(운동, 이동) + sickness(병) → 움직이면 생기는 병 = motion sickness(멀미, 현기증)

M

高	**motivate** [móutivèit]	ⓣ 자극을 주다, 동기를 주다 ▶ motiv(e)(동기) + ate(…하다) = motivate(자극을 주다, 동기를 주다)
大	**motivation** [mòutivéiʃən]	ⓜ 동기, 자극 ▶ motivat(e)(자극을 주다, 동기를 주다) + ion(명사 어미) = motivation(동기, 자극)
高	**motive** [móutiv]	ⓜ 동기, 모티브 ⓢ 동기가 되다. 암 애가 귀여워 **모(母)티 브**리는 **동기가 되다.** (어머니 티 부리는) (motive) ▶ the motive of a crime 범죄의 동기 
高	**motor** [móutər]	ⓜ 모터, 발동기, 자동차 ▶ a motor industry 자동차 산업
高	**motorcar** [móutərkὰːr]	ⓜ 자동차 ▶ motor(발동기, 모터) + car(차) = motorcar(자동차) ▶ drive a motorcar 자동차를 운전하다.
高	**motorcycle** [móutərsàikl]	ⓜ 오토바이 ▶ motor(모터, 발동기) + cycle(자전거) = motorcycle(오토바이)
高	**motorist** [móutərist]	ⓜ [자가용] 자동차 운전자[여행자] ▶ motor(자동차) + ist(…하는 사람) = motorist([자가용], 자동차 운전자[여행자])
大	**motorize** [móutəràiz]	ⓣ 자동차화하다 ▶ moter(자동차) + ize(…화하다) = motorize(자동차화하다)
高	**motto** [mάtou / mɔ́tou]	ⓜ 모토, 표어, 좌우명 ▶ a school motto 교훈, a state motto 국가의 좌우명
高	**mound** [maund]	ⓜ 토루(土壘), 둑, 제방, 마운드(투수석) ⓣ 언덕을 쌓다. (야구) ▶ take the mound (투수가) 마운드에 서다.

M

高 **mount** [maunt]

명 산, 언덕 동 오르다, 말에 타다.

말을 탈 운이 트인

암 말 타고 **마운(馬運) 트**인자가 **산**에 **오르다**.

(mount)

▶ mount stairs. 계단을 오르다.

中 **mountain** [máuntən / máuntin]

명 산, (복수)산맥, 산악

말을 탈 운이 튄 호수까지

암 **마운(馬運)튄** 자가 **산**에서 **호스**까지 **말을 타다**.

(mountain) (horse)

▶ This is a high mountain. 이것은 높은 산이다.

大 **mountaineer** [màuntiníər]

명 등산가, 산지사람 자 등산하다

▶ mountain(산) + eer(…관계자, 사람) = mountaineer(등산가, 산지 사람)

大 **mountaineering** [màuntiníəriŋ]

명 등산

▶ mountaineer(등산가, 등산하다) + ing(현재분사 어미) = mountaineering(등산)

高 **mountainous** [máuntinəs]

형 산이 많은, 산더미 같은

▶ mountain(산) + ous(형용사 어미, …이 많은) = mountainous(산이 많은, 산더미 같은)

▶ mountainous country 산이 많은 지방

大 **mounted** [máuntid]

형 말 탄

▶ (오르다, 타다 = mount) + (ed = 형용사를 만듦) = mounted(말 탄)

高 **mourn** [mɔːrn]

동 (죽은 사람・과거 따위를)슬퍼하다, 애도하다, 문상하다, 한탄하다.

암 (모은)**몬** 돈을 잃고 **슬퍼(애도)하다**.

(mourn)

▶ She mourned for her misfortune. 그녀는 자신의 불행을 한탄했다.

大 **mourner** [mɔ́ːrnər]

명 슬퍼하는 사람, 애도자, 조객

▶ mourn(슬퍼하다, 애도하다) + er(…사람) = mourner(슬퍼하는 사람, 애도자, 조객)

高 **mournful** [mɔ́ːrnfəl]

형 슬픔에 잠긴, 애처로운

▶ mourn(슬퍼하다) + ful(형용사 어미) = mournful(슬픔에 잠긴, 애처로운)

▶ a mournful occasion 슬픈 때

高 **mourning** [mɔ́ːrniŋ]

명 비탄, 슬픔, 애도, 상(喪)

▶ mourn(슬퍼[애도]하다) + ing(현재분사 어미) = mourning(비탄, 슬픔, 애도)

▶ national mourning 국장(國葬)

M

中
mouse
[maus]

㉮ 생쥐 ㉯ 생쥐를 잡다.

마(말이) 우스며
㉰ **마(馬) 우스**며 **생쥐를 잡다.**
(mouse)

▶ a house [field] mouse 집[들]쥐

大
mousetrap
[máustræ̀p]

㉮ 쥐덫

▶ mouse(쥐) + trap(덫, 함정) = mousetrap(쥐덫)

大
moustache
[mʌ́stæʃ / məstáːʃ]

㉮ 코밑수염

머슴애스타(배우)를 연관시켜
㉰ **머 스타 쉬**잖고 기른 **고밑수염**
(moustache)

中
mouth
[mauθ]

㉮ 입구, 입 ㉯ 입을 우물거리다.

말이 웃으며
㉰ **마**(馬) **우스**며 입을 **우물거리다.**
(mouth)

▶ We walked into the mouth of the cave.
우리는 동굴 입구로 걸어 들어갔다.

高
mouthful
[máuθfùl]

㉮ 입에 가득, 한 입

▶ mouth(입) + ful(…이 가득) = mouthful(입에 가득, 한 입)

大
mouthpiece
[máuθpìːs]

㉮ (파이프다위의)입에 무는 부분, 주둥이

▶ mouth(입) + piece(조각, 일부분) = mouthpiece(입에 무는 부분, 주둥이)

大
movable, moveable
[múːvəbəl]

㉱ 움직일 수 있는, 움직이는

▶ move(움직이다) + able(…할 수 있는) = mov(e)able(움직일 수 있는, 움직이는)

中
move
[muːv]

㉯ 움직이다, 옮기다.

무부(=무사)
㉰ **전방으로 포**를 **무브(武夫)**가 **옮기다.**
(fore) (move)

▶ The earth moves round the sun.
지구는 태양 둘레를 돈다.

中
movement
[múːvmənt]

㉮ 운동, 움직임

▶ move(움직이다) + ment(명사 어미) = movement(운동, 움직임)

▶ a peace movement 평화 운동

中
movie
[múːvi]

㉮ (미) (구어) 영화

▶ mov(e)(움직이다) + ie(…것들) = movie(영화)

㉰ **슬픈 새드 무비(영화).**
(sad) (movie)

M

高	**moving** [múːviŋ]	ⓗ 움직이는, 감동시키는 ▶ mov(e)(움직이다, 감동시키다) + ing(현재분사 어미) = moving(움직이는, 감동시키는) ▶ a moving story 감동시키는 이야기
高	**mow** [mou]	ⓜ 건초더미 ⓣ (풀 따위를) 베다, 베어내다. **암 건초더미**만들 풀을 **모우**려고 **(풀을)베다.** (mow)
大	**mower** [móuər]	ⓜ 풀 베는 사람[기계] ▶ mow(베다) + er(…하는 사람[것]) = mower(풀, 베는 사람[기계])
大	**M.P** [mílətèri-pəlíːs]	헌병(Military Police)/Military(군대) + Police(경찰) = 헌병
大	**mph** [mailz-pər-auər]	시속 마일(miles per hour)
中	**Mr.** [místər]	씨, 미스터(mister의 생략형)/mister(씨) → Mr.(씨, 미스터) ▶ Mr. Speaker 의장님. Mr. President 대통령 각하, 사장[학장]님
中	**Mrs.** [mísiz, -sis|-siz]	부인(mistress 생략형) ▶ mist(e)r(미스터) + ess(여성명사) → mistress → Mrs.(부인) ▶ Mrs. Henry Smith 헨리 스미스씨 부인
中	**Mt.** [maunt]	mt. (약어) Mount; Mountain
中	**much** [mʌtʃ]	ⓗ (비교급 more. 최상급 most)많은 ⓜ 다량 ⓑ 매우 ▶ Much snow has fallen. 많은 눈이 내렸다.
大	**muck** [mʌk]	ⓜ 쓰레기, 거름, 오물 ⓓ 비료를(거름을)주다. **암 캐비지**에 **먹**같이 (검은) **오물(거름)을 주다.** (cabbage) (muck) ▶ make a muck of … [영구어] …을 불결하게 하다, …을 엉망으로(못쓰게)만들다

M

高 **mud**
[mud]

[명] 진흙, 진창, 시시한 것

[암] **진창**에서 **뭐드**고 **악어**가 **먹어**.
(뭐 들고: mud) (mugger)

▶ A monster is playing in the mud.
괴물이 진흙에서 놀고 있다.

大 **muddle**
[mʌ́dl]

[타] 뒤섞어 놓다; (일을) 망쳐놓다, 혼합하다. [명] 혼란

[암] **시멘트**를 **뭐 들**고 **뒤섞어 놓다. 혼합하다.**
(cement) (muddle)

大 **muddler**
[mʌ́dlər]

[명] 휘젓는 막대, 혼란한 행동을 하는 사람

▶ muddl(e)(뒤섞어 놓다) + er(…하는 사람[것]) = muddler(휘젓는 막대, 혼란한 행동을 하는 사람)

高 **muddy**
[mʌ́di]

[형] 진흙투성이의

▶ mud(d)(진흙) + y(…투성이의) = muddy(진흙투성이의)

大 **muffle**
[mʌ́fəl]

[타] 따뜻하게 싸다, 잘 덮다.

[암] **목도리 머플러**로 **뭐 플**러지잖게 **따뜻하게 싸다.**
(muffler) (뭐 풀러지잖게: muffle)

高 **muffler**
[mʌ́flər]

[명] 목도리, 머플러

▶ muffl(e)(따뜻하게 싸다) + er(…하는 것) = muffler(목도리, 머플러)

高 **mug**
[mʌg]

[명] 원통형 찻잔, 얼간이, 바보
[동] 지독하게 공부하다, 오만상을 찌푸리다.

[암] 커피를 **원통형 찻잔**으로 **머그**며 **지독하게 공부하다.**
(먹으며: mug)

大 **Muhammad**
[muhǽməd]

[명] 마호메트(이슬람교의 창시자)

大 **mulberry**
[mʌ́lbèri / -bəri]

[명] 뽕나무, 오디

[암] **말벌이** 앉은 **뽕나무.**
(mulberry)

大 **mule**
[mjuːl]

[명] 노새, 바보

[암] **노새**가 **뮬**에 **쏙 잠기다.**
(물: mule) (쏘옥: soak)

大	**multiple** [mʌ́ltipəl]	ⓗ 복합의, 배수의, 다수의 ▶ multi(많은, 몇 배의 뜻) + ple(겹, 곱의 뜻) = multiple(복합의, 배수의, 다수의)
大	**multiplication** [mʌ̀ltiplikéiʃən]	ⓜ 증가, 곱셈 ▶ multipl(y) → i(증가시키다, 곱하다) + cation(명사 어미) → (y로 끝나는 동사는 y를 i로 고쳐 cation을 붙이는 경우가 많음) = multiplication(증가, 곱셈
高	**multiply** [mʌ́ltiplài]	ⓓ 증가시키다, 늘리다, 곱하다 ▶ (많은 = multi) + (ply = 플라이: 곱,겹) = 늘리다 암 배에 **많은 멀티 플라이**를 **곱절이나** = **늘리다** 배에 많은 멸치 풀아이를 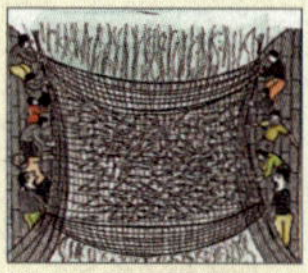
高	**multitude** [mʌ́ltitjùːd]	ⓜ 다수(~of),군중,(~the)대중 ▶ multi(많은, 여러의 뜻) + tude(성질, 상태의 뜻) = multitude(다수, 군중, 대중) ▶ multitudes of laws and regulations 갖가지 법률과 규칙
大	**mumble** [mʌ́mbəl]	ⓓ (입속에서)우물우물 씹다, 중얼거리다. ⓜ 입속말, 중얼거림 암 껌을 **맘 불**안하여 **우물우물 씹다.(중얼거리다)** (맘 불 = 마음 불안; mumble)
大	**mummy** [mʌ́mi]	ⓜ 미라; (영) (구어) 엄마 ⓣ 미라로 만들다. 암 **엄마**를 그리는 **맘이 엄마**를 **미라로 만들다.** (맘이 = 마음이; mummy)
大	**munch** [mʌntʃ]	와작와작 씹다(먹다), 우적우적 먹다. 암 **토마토**를 술에 **만취(滿醉)**해 **우적우적 씹어 먹다.** (tomato) (munch)
高	**municipal** [mjuːnísipəl]	ⓗ 시(市)의, 시영(市營)의 암 **베란다 문니 시펄**건 **시영의 아파트** (문니 = 문이, 시펄 = 시뻘) (veranda) (municipal) (apart(ment)) ▶ a municipal office 시청 
大	**municipality** [mjuːnísipəliti]	ⓜ 지방자치제, 전시민, 주민 ▶ municipal(시의, 지방자치의) + ity(명사 어미) = municipality(지방자치제, 전시민, 주민)
大	**municipalize** [mjːnísipəlàiz]	ⓣ 시자치제로 하다 ▶ municipal(시의, 지방자치의) + ize(…화하다) = municipalize(시자치제로 하다)

M

大
munition
[mjuːníʃən]

명 탄약, 군수품 타 …에 군수품을 공급하게

문씨가 선수쳐
암 **게릴라**에게 **뮨(文)니 션**수쳐 **탄약 군수품을 공급하다**.
(guerilla) (munition)

高
murder
[mə́ːrdər]

명 살인, 살해 동 살해(학살)하다, 죽이다.

암 **갱**이 **두목**을 **돈**과 **뭐 더** 주지않으니 **살해하다**.
(gang) (don) (murder)

▶ multiple [serial]murders 연쇄살인

高
murderer
[mə́ːrdərər]

명 살인자, 살인범

▶ murder(살해하다) + er(…한 사람) = murderer(살인자, 살인범)

▶ a mass murderer 대규모 살인범, 대량 학살범

大
murderous
[mə́ːrdərəs]

형 살인의, 살인적인

▶ murder(살해하다) + ous(형용사 어미) = murderous(살인의, 살인적인)

高
murmur
[mə́ːrmər]

명 중얼거림, 불평 동 중얼(투덜)거리다, 속삭이다.

암 **파트너**와 **뭐뭐**라 **속삭이다**.
(partner) (murmur)

▶ without a murmur 한 마디 불평없이

高
muscle
[mʌ́səl]

명 근육, 완력

암 **근육**과 **완력**의 **머슬**(멋을) **쇼**로 **보이다**.
(muscle) (show)

▶ Exercise makes the muscles strong.
운동은 근육을 튼튼하게 한다

大
muscular
[mʌ́skjələr]

형 근육의, 근육이 늠름한

▶ musc(le)(근육) + ular(…의[한]) = muscular(근육의, 근육이 늠름한)

高
muse
[mjuːz]

동 깊이 생각하다, 명상(묵상)하다, 유심히 바라보다.

암 관객이 **뮤즈**(무주)구천동을 **유심히 바라보다**.
(muse)

▶ He mused over the past memories.
그는 옛 추억에 잠겼다.

大
museful
[mjúːzfəl]

형 생각에 잠긴

▶ muse(명상하다) + ful(…많은) → 생각함이 많은 = museful(생각에 잠긴)

中
museum
[mjuːzíːəm / -zíəm]

명 박물관, 미술관

무지(무척) 엄한
암 경비가 무지 **뮤지 엄**한 **박물관**.
(museum)

▶ a science museum 과학 박물관.

高	**mushroom** [mʌ́ʃru(:)m]	ⓜ 버섯, 양송이 맛이 룸(=방) **암 양송이 버섯 마시 룸**에서 먹으니 **넘버 원**이다. (mushroom) (number)(one) ▶ an edible mushroom 식용 버섯
中	**music** [mjú:zik]	ⓜ 음악, 악곡, 악보 ▶ He has no music in him. 그는 음악에 대해서는 백지다.
高	**musical** [mjú:zikəl]	ⓗ 음악[주악]의 ▶ music(음악) + al(…의) = musical(음악[주악]의) ▶ a musical composer 작곡가
高	**musician** [mju:zíʃən]	ⓜ 음악가, 악사 ▶ music(음악) + ian(…사람) = musician(음악가, 악사) ▶ a natural musician 천부적인 음악가
大	**musket** [mʌ́skət]	ⓜ 머스킷, 구식 소총
大	**muslin** [mʌ́zlin]	ⓜ 모슬린, 옥양목, 무명천
中	**must** [mʌst]	ⓩ (의무, 필요, 명령)~하지 않으면 안된다, ~임에 틀림없다 ▶ You must study harder. 너는 더 열심히 공부해야 한다.
高	**mustache** [mʌ́stæʃ / məstɑ́:ʃ]	= moustach ⓜ 코밑수염 머슴애 스타(배우)를 연관시켜 기억할 것 **암 머 스타 쉬**잖고 기르는 **코밑수염** (mustache) 
高	**mustard** [mʌ́stərd]	ⓜ 겨자, 머스터드, 짙은 황색 ▶ (…해야한다 = must) + (ard = 즐겨하는 사람) → 국을 즐겨먹는 사람이 국에 = mustard(겨자, 머스터드)를 치다.
大	**muster** [mʌ́stər]	ⓜ 소집, 검열 ⓓ 모이다, 모으다, 소집하다. ▶ (…해야한다 = must) + (er = …사람) → 훈련을 해야할 사람이 **검열**을 받기 위해 **소집** 통보 받고 **모이다** = muster(검열, 소집, 모이다)

M

高

mustn't
[mʌ́snt]

must not의 간약형

大

mute
[mjuːt]

형 무언의, 말을 못하는 명 벙어리, 묵념

무를 틀어

암 **뮤 트**러가며 **말 못하는 벙어리**의 **묵념**.
(mute)

▶ a mute appeal[protest] 무언의 호소(항의)

大

muted
[mjúːtid]

형 침묵한, (음량 등이) 약해진

▶ mute(벙어리, 묵념) + ed(형용사를 만듦) = muted(침묵한, [음량 등이]약해진)

大

mutilate
[mjúːtilèit]

타 (손발을)절단하다, 불구로 만들다.

묻힐 애를 이틈에

암 **인디언**이 땅에 **뮤틸애 이트**메 (손발을) **절단하다**.
(Indian) (mutilate)

大

mutilation
[mjúːtiléiʃən]

명 (수족 등을) 절단하기, 문서 훼손

▶ mutilat(e)([손발을]절단하다) + ion(명사 어미) = mutilation([수족등을]절단하기, 문서 훼손)

大

mutilator
[mjúːtilèitər]

명 (수족 따위의) 절단자, 훼손자

▶ muliat(e)([손발을]절단하다) + or(…하는 사람) = mutilator([수족 따위의] 절단자, 훼손자)

大

mutinous
[mjúːtinəs]

형 반항적인, 불온한

▶ mutin(y)(상관에게 반항하다) + ous(…한[적인]) = mutinous(반항적인, 불온한)

大

mutiny
[mjúːtini]

자 폭동을 일으키다, 상관에게 반항하다

묻히니

암 **잠바**에 **똥(덩)**을 **뮤티니 상관에게 반항하다.(폭동을 일으키다)**
(jumper) (dung) (mutiny)

大

mutter
[mʌ́tər]

동 응얼거리다, 투덜투덜하다. 명 중얼[투덜]거림, 불평

암 **잡 일**을 **마터**(맡어) **투덜투덜하다**.
(job) (mutter)

▶ They muttered about the high taxes.
그들은 세금이 많다고 투덜댔다.

大

mutterer
[mʌ́təːrə]

명 투덜거리는 자, 불평자

▶ mutter(투덜투덜하다, 불평하다) + er(…하는 자) = mutterer(투덜거리는 자, 불평자)

M

高 **mutton**
[mʌ́tn]

명 양고기

맑은
암 **여우**가 **폭! 쓰**러지며 **머튼 양고기**.
(fox) (mutton)

▶ roast mutton 구운 양고기

高 **mutual**
[mjúːtʃuəl]

형 서로(상호)의, 공동(공통)의

무 추 월(추월 없기를)
암 **상호간에 뮤튜얼(無追越)**을 지킨 **드라이버(운전수)**
(mutual) (driver)

▶ our mutual efforts 우리들의 공동의 노력

大 **muzzle**
[mʌ́zəl]

명 (동물의)입,코 부분, 주둥이, 총구, 포(砲)구

멎을때 선수쳐
암 **총구**에서 소리가 **머즐**때 **주둥이**를 막고 **션**수쳐 **피하다**.
(muzzle) (shun)

大 **muzzy**
[mʌ́zi]

형 (술로)머리가 띵한, 음산한, 멍한

암 술 먹고 나면 **머리가 띵한** 이유는 **뭐지?**
(muzzy)

中 **my**
[mai / mi]

대 나의

▶ my and her father(s) 나의 아버지와 그녀의 아버지

大 **myriad**
[míriəd]

명 무수, 1만(萬) 형 무수한

미리 얻으니
암 **무수한** 자가 **1만**원을 **미리 어드**니 **로토** 복권을 사다.
(myriad) (lotto)

中 **myself**
[maisélf]

대 나 자신

▶ (나의 = my) + (self = 자기, 자신) = myself(나 자신)

▶ I'saw it myself. 나 자신이 그것을 보았다.

高 **mysterious**
[mistíəriəs]

형 신비한, 불가사의한

▶ myster(y) → i(신비, 비밀) + ous(형용사 어미) = mysterious(신비한, 불가사의한)

高 **mystery**
[místəri]

형 신비, 비밀, 불가사의

미스터 리(=Mr.Lee)를 연상하여 기억할 것
암 **미스터 리**만 아는 **불가사의**한 **비밀**.
(mystery)

▶ mystery of the universe 우주의 신비

大 **mystic**
[místik]

형 비법의: 신비적인, 신비한

▶ myst(ery)(신비) + ic(…의[적인, 한]) = mustic(비법의, 신비적인, 신비한)

大 **mystical**
[místikəl]

[형] 신비적인, 신비주의적인

▶ mystic(신비한) + al(…의[적인]) = mystical(신비적인, 신비주의적인)

高 **myth**
[miθ]

[명] 신화, 꾸민 이야기, 가공의 인물(신화)

[암] **미스**가 **미스**에게 한 **꾸민 이야기.(신화)**
(Miss) (myth)

▶ Greek(Roman)myths 그리스(로마)신화

大 **mythology**
[miθάlədʒi / -θɔ́l-]

[명] 신화, 신화학(神話學)

▶ vmyth(신화) + ology(…학[론]) = mythology(신화, 신화학(神話學))

N

高 **nail**
[neil]

[명] 손톱, 발톱, 못 [동] 못(징)을 박다.

[암] **발톱**에 **못** 박는게 **내 일**.(나의 일)
(nail)

▶ nail a lid on a box. 상자에 뚜껑을 못으로 박다.

高 **naked**
[néikid]

[형] 벌거벗은, 그대로의, 노출된

네명의 이씨가 키를 들고

[암] **네 이(李) 키 드**고 **벌거벗은** 곳을 **커버하다**.
(naked) (cover)

▶ a naked light 갓이 없는 전등

大 **nakedly**
[néikidli]

[부] 벌거숭이로, 적나라하게

▶ naked(벌거벗은, 그대로의) + ly(부사 어미) = nakedly(벌거숭이로, 적나라하게)

中 **name**
[neim]

[명] 이름 [동] 이름을 붙이다.

[암] **내 임**(님)의 **이름**은 영자씨.
(name)

大 **nameless**
[néimlis]

[형] 이름 없는, 이름을 밝히지 않는

▶ name(이름) + less(…없는) = nameless(이름 없는, 이름을 밝히지 않는)

高 **namely**
[néimli]

[부] 즉, 다시 말해서

▶ name(이름) + ly(부사를 만듦) = namely(이름, **즉 다시 말해서** 김씨는)

[암] (내님)**내임 리(李)**씨는 **다시 말해서 올드미스**
(namely) (old Miss)

▶ two boys, namely, Peter and Tom. 두 소년 즉, 피터와 톰

高

nap
[næp]

명 선잠 자 졸다.

암 **선잠**이와 **냅**다 **졸다**.
(nap)

高

napkin
[nǽpkin]

명 냅킨, 작은 수건

암 **냅킨, 작은 수건**.
(napkin)

▶ She is folding the napkins double. 그녀는 냅킨을 두 겹으로 접고 있다.

大

Narcissus
[nɑːrsísəs]

명 (그리스 神話) 나르시스

▶ 물에 비친 자신의 모습에 취해 물에 빠져 죽어서 수선화가 된 미모의 청년이 나르시스다.

낮씻었으니
암 **나르시스** 청년이 **나씨셔스**니 **사탄**이가 **러브**해
(Narcissus) (Satan) (love)

大

narcissus
[nɑːrsísəs]

명 수선화

낮씻었으니
암 **수선화** 곁에서 **나씨셔스**니……
(narcissus)

大

narcotic
[nɑːrkɑ́tik / -kɔ́t-]

형 마취성의, 마약의 명 마약

암 **베이비** **낳코** **틱**쓰러지면 쓰는 **마취성의 마약**
(baby) (narcotic)

高

narrate
[nǽreit]

동 이야기하다, (전말을)말하다.

낼 애 2 트기
암 **팁**을 **낼래 이 트**기에게 **(전말을)말하다**.
(tip) (narrate)

高

narration
[næréiʃən]

명 화법, 서술, 이야기

▶ narrat(e)(이야기하다) + ion(명사 어미) = narration(화법, 서술, 이야기)

▶ a gripping narration 흥미진진한 해설

大

narrative
[nǽrətiv]

형 이야기의, 이야기체의 명 이야기, 설화문학

▶ narrat(e)(이야기하다) + ive(형용사 어미) = narrative(이야기의, 이야기체의 이야기, 설화문학)

高

narrator, narrater
[næréitər]

명 이야기하는 사람, 내레이터

▶ narrat(e)(이야기하다) + or,er(…하는 사람) = narrator, narrater(이야기하는 사람 내레이터)

中

narrow
[nǽrou]

형 좁은, 편협한, 폭이 좁은

암 **좁은 내로** 가서 **런더**리나게 **세탁하다**.
(narrow) (launder)

▶ a narrow mind 좁은 도량

大 **narrowly** [nǽrouli]

㊂ 좁게, 간신히

▶ narrow(폭이 좁은) + ly(부사 어미) = narrowly(좁게, 간신히)

大 **narrow-minded** [nǽroumáindid]

㊌ 마음[도량]이 좁은

▶ narrow(폭이 좁은) + minded(마음에 있는) = narrow-minded(마음[도량]이 좁은)

大 **nasal** [néizəl]

㊌ 코의, 콧소리의 ㊎ 콧소리

암 **콧소리**를 **내 이절**까지 부른 **아리랑**
(내서 이절 = nasal, 아리랑 = Arirang)

高 **nasty** [nǽsti, nɑ́:s-]

㊌ 더러운, 불결한, 불쾌한

암 **코 속**이 **불결한(더러운)**것은 바로 **네스티**야.
(코 = core, 네스티 = 너의 수치 = nasty)

▶ a nasty sight 역겨운[더러운]광경

中 **nation** [néiʃən]

㊎ 국가, 국민

암 **네 이(李)선**생도 **국가**의 **국민**.
(네 이 선 = 네분의 이 선생도 = nation)

▶ The Korean nation is great. 한국 국민은 위대하다.

高 **national** [nǽʃənəl]

㊌ 국가의; 국민의

▶ nation(국가, 국민) + al(형용사 어미) = national(국가의, 국민의)

▶ a national park 국립 공원

高 **nationalism** [nǽʃənəlìzəm]

㊎ 국가주의, 민족주의, 국수주위

▶ national(국가의, 국민의) + ism(…주의) = nationalism(국가주의, 민족주의, 국수주의)

大 **nationalist** [nǽʃənəlist]

㊎ 국가[민족]주의자

▶ national(국가의, 국민의) + ist(…사람[주의자]) = nationalist(국가[민족]주의자)

高 **nationality** [nӕ̀ʃənǽləti]

㊎ 국민임, 국적, 국민성

▶ national(국민의) + ity(명사 어미) = nationality(국민임, 국적, 국민성)

▶ What is his nationality? 그의 국적은 어디입니까?

高 **native** [néitiv]

㊌ 타고난, 소박한 ㊎ 원주민

암 **내 이 티(T)브**여 잡는 **소박한 원주민**.
(내 이 티 = 나의 이(2) 티를 = native, 브여 잡는 = 부여잡는)

▶ native beauty 타고난 아름다움

N

大 **NATO**
[néitou]

북대서양조약기구 (North Atlantic Treaty Organization)

高 **natural**
[nǽtʃərəl]

[형] 자연의, 자연 그대로의

▶ nature(자연) + al(형용사 어미) = 자연의

내 처를

[암] **자연 그대로의 내 처럴 러브하다.**

(natural) (love)

大 **naturalism**
[nǽtʃərəlìzəm]

[명] 자연주의

▶ natural(자연 그대로의) + ism(…주의) = naturalism(자연주의)

大 **naturalist**
[nǽtʃərəlist]

[명] 박물학자, 자연주의자

▶ natural(자연 그대로의) + ist(…사람, 학자, 주의자) = naturalist

大 **naturalize, naturalise**
[nǽtʃərəlàiz]

[동] 귀화시키다, 옮겨심다, 받아들이다.

▶ natural(자연 그대로의) + ize, ise(…화하다) = naturalize,-ise(귀화시키다, 옮겨심다, 받아들이다)

高 **naturally**
[nǽtʃərəli]

[부] 자연히, 당연히

▶ natural(자연의) + ly(부사 어미) = naturally(자연히, 당연히)

▶ He is naturally clever. 그는 본래 똑똑하다.

高 **nature**
[néitʃər]

[명] 천성, 자연, 성질, 종류

너의 두 처(아내)

[암] **천성**으로 **자연 성질**을 타고난 **네 이(2) 처(妻)**

(nature)

高 **naught, nought**
[nɔːt, nɑːt]

[명] 제로, 영, 무

노트(=note)필기 노트를 연관시켜 기억할 것

[암] **노트**의 재고가 **제로**다.

(naught)

▶ get a naught. 시험에서 0점 받다.

高 **naughty**
[nɔ́ːti, nɑ́ːti]

[형] 행실이 나쁜, 장난꾸러기의, 버릇없는

▶ naught(예의가 → 제로, 버릇이 → 제로) + y(형용사 어미) = naughty(버릇이 없는, 행실이 나쁜)

▶ Don't be naughty to her. 그녀에게 장난치지 마라.

高 **naval**
[néivəl]

[형] 해군의, 군함의

▶ (해군 = nav[y]) + (al = …의) = naval(해군의, 군함의)

▶ a naval base 해군기지

大	**nave** [neiv]	ⓜ (교회당의) 본당 네명의 이브(Eve)를 연관시켜 기억할 것 ⓐ **(교회)본당**을 **네 이브**가 **마프 자루걸레로 닦다.** (nave) (mop)
大	**navigable** [nǽvigəbəl]	ⓗ 항해할 수 있는 ▶ navig(ate)(항해하다) + able(…할 수 있는) = navigable(항해할 수 있는)
高	**navigate** [nǽvigèit]	ⓓ 항행하다, 항해하다, 통과시키다, (배・비행기를)조종하다. 내 내 비가 개 2 트기가 ⓐ 종일 **내 비 개 이트**기가 **항행(항해)하다.** (navigate) 
高	**navigation** [næ̀vigéiʃən]	ⓜ 항해, 항행, 항해술 ▶ navigat(e)(항해하다) + ion(명사 어미) = navigation(항해, 항행, 항해술) ▶ inland navigation 내국 항로[항행]
大	**navigator** [nǽvigèitər]	ⓜ 항해자, 항해장, 항법사 ▶ navigat(e)(항해하다) + or(…하는사람) = navigator(항해자, 항해장, 항법사)
高	**navy** [néivi]	ⓜ (종종 N–) 해군, 전해군력 내서 이 비운을 ⓐ 충무공이 **해군**을 **내 이 비**운을 **스톱시키다.** (navy) (stop)
高	**nay** [nei]	ⓑ 아니, 글쎄, 그렇긴 하나 ⓜ 부정 네명의 이씨는 ⓐ **글세 그렇긴 하나** 걘은 **네이(李)**는 **아니**라고 **부정**해 (nay) ▶ I will not take nay. 거절 못하게 하겠다.
中	**near** [niər]	ⓑ 가까이(에) ⓗ 가까운 눕혀 ⓐ **와이프**를 **가까이에 뉘어.** (wife) (near) ▶ in the near future 가까운 장래에
高	**nearby** [níərbài]	ⓗ 가까이의, 근처의 ▶ near(가까운) + by(옆) = nearby(가까이의, 근처의) ▶ We stopped at a nearby shop. 우리는 근처 가게에 들렀다.
中	**nearly** [níərli]	ⓑ 가까스로, 거의 ▶ near(가까운) + ly(부사를 만듦) = nearly(가까스로, 거의)

高

neat

[niːt]

[형] (말쑥)한, 산뜻한, 깨끗한

여승이 틀어가며

[암] 목탁을 **니(尼) 트**러가며 **깨끗한 타월로 닦다**.

(neat) (towel)

▶ His room was always neat.
그의 방은 항상 깨끗했다.

大

neatly

[níːtli]

[부] 산뜻하게, 깨끗이

▶ neat(산뜻한, 깨끗한) + ly(부사 어미) = neatly(산뜻하게, 깨끗이)

大

nebula

[nébjulə]

[명] 성운(星雲)

냇물이 불어

[암] **내 뷰러**흐르는 듯한 (별구름) **성운**

(nebula)

高

necessarily

[nèsəsérəli, nésisərili]

[부] 필연적으로, 반드시

▶ necessar(y) → i(필요한) + ly(부사 어미) = necessarily(필연적으로, 반드시)

▶ It must necessarily be so. 반드시 그럴 것이다.

中

necessary

[nésəsèri, -sisəri]

[형] 필요한 [명] [보통 복수]필수품

내시(內侍)가 서리(서다)

[암] 궁에는 **필요한 필수품**인양 **내시 서리**.

(necessary)

▶ daily necessaries 일용품

大

necessitate

[nisésətèit / nəsésiteit]

[타] 필요로 하다

▶ necessit(y)(필요) + ate(…하다) = necessitate(필요로 하다)

高

necessity

[nisésəti / nəsésiti]

[명] 필요, 필연성, 필수품

▶ necess(ary)(필요한, 필연의) + ity(명사 어미) = necessity(필요, 필연성, 필수품)

▶ the necessities of life 생활 필수품

高

neck

[nek]

[명] 목, 목덜미

[암] **목**에 **넥 타이**를 **매다**.

(neck) (tie)

▶ the neck of a bottle 병의 목

高

necklace

[néklis]

[명] 목걸이

▶ neck(목) + lace(끈) = necklace(목걸이)

▶ a pearl necklace 진주 목걸이

高

neck-tie

[nek tai]

[명] 넥타이 ((俗)) 교수형 밧줄

▶ neck(목) + tie(매다, 묶다) = necktie(넥타이, 교수형용 밧줄)

▶ put on a necktie 넥타이를 매다.

中

need
[ni:d]

명 소용, 필요 동 필요로 하다.

언니 들이
암 **항아리**를 **언니 드**리 **필요로 하다**.
(urn) (need)

▶ if need be (만일)필요하다면

大

needful
[ní:dfəl]

형 필요한, 없어서는 안 될

▶ need(필요로 하다) + ful(형용사 어미) = needful(필요한, 없어서는 안 될)

高

needle
[ní:dl]

명 바늘 동 바늘로 깁다.

니(여승니)들이
암 승복을 **니(尼)들**이 **바늘로 깁다**.
(needle)

▶ Mary threads a needle.
메리는 바늘에 실을 꿰고 있다.

高

needless
[ní:dlis]

불필요한, 쓸데없는

▶ need(필요) + less(…이 없는) = needless(불필요한, 쓸데없는)

大

needlework
[ní:dlwə̀:rk]

명 바느[뜨개]질

▶ needle(바늘) + work(일)
= (바느[뜨개]질)

大

needy
[ní:di]

형 가난한, 생활이 딱한

▶ need(필요로 하다) + y(형용사를 만듦) → 가진것이 없이 필요한 것이 많은사람 즉 = needy(가난한, 생활이 딱한)

高

negative
[négətiv]

형 부정의, 부정적인, 소극적인

네 거취부터
암 **네 거티브**터 숨기는 **부정적인** 너.
(negative)

▶ The result was in the negative. 결과는 부정적이었다.

高

neglect
[niglékt]

동 게을리(소홀히)하다, 무사하다, 간과하다. 명 태만, 무시

▶ neg(= not) + lect(= choose) = neglect(게을리하다)

니가 그를 액(즙) 틀어
암 주스즙을 짜 **니글 액(液) 트**러 주기를 **게을리하다**.
(neglect)

大

negligence
[néglidʒəns]

명 태만, 부주의, 소홀함

네 글이 전수(전하여 줌)되게
암 **태만**과 **소홀함**없이 **네 글리 전스(傳授)**되게 쓴 **드라마**.
(negligence)
(drama)

大

negligent
[néglidʒənt]

형 태만한, 부주의한, 무관심한

▶ negligen(ce)(태만, 소홀함) + t(형용사를 만듦) = negligent(태만한, 부주의한, 무관심한)

N

高 **negotiate**
[nigóuʃièit]

㊍ 교섭하다, 협상(협의)하다, 상담하다.

너의 고시 시험에 이틀이나
암 애비가 **니 고시(高試)에 이트**리나 합격을 **협상하다**.
(negotiate)

高 **negotiation**
[nigòuʃiéiʃən]

㊐ 상담, 협상, 교섭

▶ negotiat(e)(상담[협상, 교섭]하다) + ion(명사 어미) = negotiation(상담, 협상, 교섭)

▶ The treaty is still under negotiation.
그 조약은 아직까지 협상 중이다.

高 **Negro**
[ní:grou]

㊐ 니그로, 흑인

니(여승이) 그로
암 **니(尼) 그로**인해 **흑인**애 배니 **사이**사이 **탄식하다**.
(Negro) (sigh)

▶ Negro music 흑인 음악

大 **neigh**
[nei]

㊐ (말의)울음 ㉶ (말이)울다.

내 이(귀)가
암 **내이(耳)**가 터지게 **(말이) 울음을 울다**.
(neigh)

中 **neighbo(u)r**
[néibər]

㊐ 이웃 사람, 이웃 ㊞ 이웃의 ㊍ 이웃하다.

암 **가운**을 **이웃 사람**이 **내입어**.
(gown) (neighbo(u)r)

▶ a neighbo(u)r country 이웃나라

高 **neighbo(u)rhood**
[néibərhùd]

근처, 이웃, 이웃 사람들

▶ neighbo(u)r(이웃, 이웃사람) + hood(명사 어미, 신분, 계급) = neighbo(u)rhood(근처, 이웃, 이웃 사람들)

▶ a good[nice] neighbo(u)rhood. 좋은[다정한]이웃

高 **neighbo(u)ring**
[néibəriŋ]

㊞ 이웃의, 근처의

▶ neighbo(u)r(이웃, 이웃하다) + ing(현재분사 어미) = neighbo(u)ring(이웃의, 근처의)

▶ neighbo(u)ring countries 인접 국가들

大 **neighbo(u)rly**
[néibərli]

㊞[친한]이웃 사람 같은[다운]

▶ neighbo(u)r(이웃, 이웃 사람) + ly(형용사 어미) = neighbo(u)rly([친한]이웃 사람 같은[다운]

中 **neither**
[ní:ðər, nai-]

㊇ ㊋ (둘 중)어느 쪽도 ~아니다(않다)

너다(의 사투리)
암 **스파이**는 (둘 중)**어느 쪽도 ~아니다** 바로 **니더**.
(spy) (neither)

▶ Neither story is true.
어느 쪽의 이야기도 진실이 아니다.

大 **neon**
[ní:ɑn / ní:ɔn]

㊐ 네온, 네온사인

高 **nephew** [néfjuː / névjuː]

명 조카, 생질

암 **시가(市街)**지에서 **엽권련**을 **내 퓨우**는 **조카**. (시가: cigar / 내서 피우는: nephew)

▶ He has many nephews. 그는 조카가 많다.

高 **nerve** [nəːrv]

명 신경, 기력, 용기 [복수]신경 과민, 후안 무치

암 **신경 과민**에 **너브**러진 **마담 아주머니** (너부러진: nerve / madam)

▶ He is all nerves. 그는 매우 신경 과민이다.

高 **nervous** [nə́ːrvəs]

형 신경질적인, 신경(과민)의

▶ nerv(e)(신경) + ous(형용사 어미) = nervous(신경질적인, 신경[과민]의)

▶ the nervous system 신경계(系)

中 **nest** [nest]

명 보금자리, 둥지

암 새가 **월등한 부리**를 **내 스(樹)트**러서 만든 **둥지**. (bully / 내서 수(나무수) 틀어서: nest)

▶ Birds are leaving their nests.
새들이 둥지를 떠나고 있다.

大 **nestle** [nésəl]

동 깃들이다, 웅크리고 앉다, 편히 쉬다.

▶ nest(둥지, 보금자리) + le(동사 어미) = nestle(깃들이다, 웅크리고 앉다, 편히 쉬다)

高 **net[1]** [net]

명 그물, 네트, 네트워크

암 **그물 네트**를 **에누리 없는 정가**로 **셀** 수 없이 **팔다**. (net / sell)

▶ They caught fish with a net. 그들은 그물로 물고기를 잡았다.

大 **net[2]** [net]

형 정미(正味), 에누리 없는 명 정가, 정량

암 **그물 네트**를 **에누리 없는 정가**로 **셀**수 없이 **팔다**. (net / sell)

大 **Netherlands** [néðərləndz]

명 네덜란드(Holland)

※ 수도 Amsterdam, 정부 소재지는 Hague

高 **network** [nétwəːrk]

명 연락망, 방송망, 네트워크

▶ a network of railroads 철도망

大 **networking** [nétwəːrkiŋ]

명 [컴퓨터] 네트워킹

(타인과의 교제 등을 통한)개인적 정보망의 형성

N

高 **neutral** [njú:trəl]

[형] 중립의, 명확하지 않은, [명] 중립자, 중립국

(새(New)틀을)연관시켜 기억할 것

[암] 주인이 **명확하지 않은 뉴 트럴**(neutral) **중립자**에게 **기브**(give)해 **주다**.

▶ a neutral nation(state) 중립국

大 **neutralism** [njú:trəlìzəm]

[명] 중립주의[태도, 정책]

▶ neutral(중립의) + ism(…주의) = neutralism(중립주의[태도, 정책])

大 **neutrality** [nju:trǽləti]

[명] 중립(상태)

▶ neutral(중립의) + ity(명사 어미) = neutrality(중립[상태])

大 **neutralize** [njú:trəlàiz]

[동] 중립화하다, 중화하다

▶ neutral(중립의) + ize(…화하다) = neutralize(중립화하다, 중화하다)

大 **neutron** [njú:trɑn / njú:trɔn]

[명][[物]] 중성자 뉴트론

▶ neu(tral)(중립의) + tron(소립자를 뜻함) = neutron([[物]] 중성자 뉴트론)

中 **never** [névər]

[부] 결코 ~않다, 결코 ~한 적이 없다.

[암] 거짓말은 **내버**(never)리는 말도 **결코 ~않는다**.

▶ I'll never forget his kindness.
나는 그의 친절을 결코 잊지 않을 것이다.

大 **neverending** [névəréndiŋ]

[형] 끝없는, 영원한

▶ never(결코~한적이 없다) + ending(종국, 종말) → 결코 종국에 이른 적이 없다 = neverending(끝없는, 영원한)

高 **nevertheless** [nèvərðəlés]

[부] 그럼에도 불구하고

▶ never(결코…않다) + theless(…없는) → 결코 없는 것은 않다 = nevertheless(그럼에도 불구하고)

中 **new** [nju:]

[형] 새로운 [부] 새로이

[암] **새로운 뉴**(new) **모델**(model).

▶ The new teacher's name is Mr. Brown.
새로 오신 선생님의 이름은 브라운씨다.

大 **newborn** [njú:bɔ́:rn]

[형] 갓난, 갓 태어난

▶ new(새로운) + born(태어난) = newborn(갓난, 갓 태어난)

※ 태어난 본(本: born)은 양반

大	**newcomer** [njú:kʌ̀mər]	명 새로 온 사람, 신출내기 ▶ new(새로운) + comer(온 사람) = newcomer(새로 온 사람, 신출내기)
高	**newly** [njú:li]	부 최근에, 요즈음, 새로이 ▶ new(새로운) + ly(부사 어미) = newly(요즈음, 최근에 새로이) ▶ a newly married couple 새로이 결혼한 부부, 신혼 부부
大	**New Mexico** [nju: méksikòu]	뉴멕시코(미국 남서부의 주)
中	**news** [nju:z]	명 (단수 취급) 뉴스, 소식, 새로운 기사 암 **새로운 기사 뉴스**(news) ▶ There is bad news to you. 네게 나쁜 소식이 있다.
中	**newspaper** [njú:zpèipər, njú:s-]	명 신문; 신문지 ▶ news(뉴스, 기사) + paper(종이) = newspaper(신문, 신문지) ▶ We get two daily newspapers. 우리는 일간지를 두 가지 보고 있다.
大	**newspaperman** [njú:zpèipərmæ̀n]	명 신문인, 신문 기자 ▶ newspaper(신문) + man(사람) = newspaperman(신문인, 신문 기자)
大	**New Testament** [nju: téstəmənt]	명 신약성서 ▶ New(새로운) + Testament(유언, 유서, 성서) = New Testament(신약성서)
高	**new year** [nju: jiər / jə:r]	명 신년, 정월 초하루 ▶ new(새로운) + year(해) = new year(신년, 정월 초하루) ▶ a new year's gift 새해 선물
中	**New York** [nju: jɔ:rk]	명 뉴욕주(미국 북동부의 주)
大	**New Zealand** [nju: zí:lənd]	명 뉴질랜드(나라이름) ※ 영연방 자치국 수도 Wellington.

中

next

[nekst]

형 전 다음의, 이웃의

다음의 기회

암 **넥스트 찬스**

(next) (chance)

▶ Come next Friday. 다음 금요일에 오너라.

大

next-door

[nékstdɔ̀ːr]

형 이웃(집)의

▶ next(바로 옆의) + door(문) = next-door(이웃[집]의)

大

nibble

[níbəl]

동 (짐승 물고기 등이) 조금씩 물어뜯다(갉아 먹다).

잎을

암 **니블**(짐승 물고기 등이) **조금씩 물어뜯다(갉아 먹다).**

(nibble)

中

nice

[nais]

형 즐거운, 기분좋은, 훌륭한

암 **훌륭한 나이스 플레이(시합)**

(nice) (play)

▶ a nice problem 미묘한 문제

高

nicely

[náisli]

부 기분좋게, 훌륭하게

▶ nice(훌륭한, 기분좋은) + ly(부사 어미) = nicely(기분좋게, 훌륭하게)

▶ She's doing nicely. 그녀는 잘 지내고 있다. 병이 회복되어 가고 있다.

高

nick

[nik]

명 새김눈 동 새김눈금을 내다.

암 **닉**켈 금속 자에 **새김눈금을 내다.**

(nick)

高

nickel

[níkəl]

명 (化) 닉켈, 도는 니켈

※ (금속 원소 기호: Ni)

大

nickel plate

[níkəl pleit]

명 니켈 도금, (전기 도금된)니켈 피막

▶ nickel(니켈) + plate(도금하다) = nickel plate(니켈 도금)

高

nickname

[níknèim]

명 별명, 애칭, 닉네임 타 별명을 붙이다.

▶ He was nicknamed "Ed". 그는 [에드]라는 애칭으로 불리웠다.

高

niece

[niːs]

명 조카딸, 질녀

니스(=varnish: 투명도료의 일종)를 연상시켜 기억할 것

암 **테이블**에 **니스**칠하는 **조카딸.**

(table) (niece)

▶ Her niece married last month. 조카딸은 지난 달에 결혼했다.

中 **night**
[nait]

[명] 밤, 야간, 어둠

야간사교 클럽
[암] **나이트 클럽.**
(night) (club)

▶ He phoned me last night. 그는 어젯밤 나에게 전화했다.

大 **nightfall**
[náitfɔ̀ːl]

[명] 황혼, 해질녘

▶ night(밤, 저녁) + fall(떨어지다, 낙하) = nightfall(황혼, 해질녘)

大 **nightgown**
[náitgàun]

[명] (여성, 어린이용) 잠옷

▶ night(밤) + gown(가운) = nightgown(잠옷)

大 **nightingale**
[náitəŋgèil]

[명] 나이팅게일(새이름)

※(주로 밤에 아름다운 소리로 욺)

▶ night(밤) + in(…에, 안에) + gale(울음소리) = nightingale(나이팅게일[새 이름])

大 **nightly**
[náitli]

[형] 밤의, 밤마다의 [부] 밤에

▶ night(밤) + ly(형용사 부사 어미) = nightly(밤의, 밤마다의, 밤에)

高 **nightmare**
[náitmɛ̀ər]

[명] 악몽, 가위눌림

▶ night(밤) + mare(암말) = nightmare(악몽, 가위눌림)

[암] 밤다다 **매어(mare)**있는 **암말**에게 밟히는 **악몽**

▶ a horrible nightmare 무서운 악몽

大 **nighttide**
[náittàid]

[명] 밤의 밀물

▶ night(밤) + tide(밀물, 조수) = nighttide(밤의 밀물)

大 **nighttime**
[náittàim]

[명][형] 야간(의), 밤중(의)

▶ night(밤) + time(시간,때) = nighttime(야간[의], 밤중[의])

大 **nihil**
[náihil]

[명] 허무, 공허

[암] **나이 힐**끔 돌아보고 느끼는 **허무(공허)**
(nihil)

大 **nihilism**
[náihilizm / niːhilizm]

[명] 니힐리즘, 허무주의

▶ nihil(허무, 공허) + ism(…주의) = nihilism(니힐리즘, 허무주의)

高 **nimble** [nímbəl]
㊞ 민첩한, 눈치가 빠른, 재치있는
㊞ 미스를 **재치있는 님 불**러 들여 **대리**고 **희롱하다**.
(nimble) (dally)

大 **nimble-fingered** [nímbəl fíŋgərd]
㊞ 손이 민첩한
▶ nimble(민첩한) + fingered(손놀림) = nimble-fingered(손이 민첩한)

中 **nine** [nain]
㊞ ㊞ 아홉(의), 아홉 개(시)(의)

中 **nineteen** [náintíːn]
㊞㊞ 19(의), 19번(째의)
▶ nine(9) + teen(10) = nineteen(19[의], 19번[째의])

高 **nineteenth** [náintíːnθ]
㊞㊞ 제19(의)
▶ nineteen(19) + th(서수를 만듦) = nineteenth(제19[의])

大 **ninetieth** [náintiiθ]
㊞㊞ 제90(의)
▶ ninet(y) → ie(90) + th(서수를 만듦) = ninetieth(제 90[의])

中 **ninety** [náinti]
㊞㊞ 90(의), 90개(의)
▶ nine(9) + ty(10의 배수의 뜻) = ninety(90[의], 90개[의])

中 **ninth** [nainθ]
㊞ 제9의, 아홉째의
▶ nin(e)(9,9의) + th(서수를 만듦) = ninth(제9의, 아홉째의)

大 **nip** [nip]
㊞ 꼬집다, 물다, 뜯다.
㊞ **펭귄**이 **클로버 닢**(잎)을 콕콕 **물어 뜯다**.
(penguin) (clover) (nip)

大 **nippeer** [nípər]
㊞ 집는[무는 꼬집는]사람, 펜치닢퍼
▶ nip + p(꼬집다, 물다, 뜯다) + er(…하는 사람[것]) = nipper(집는[무는 꼬집는]사람, 펜치 닢퍼)

高	**nitrogen** [náitrədʒən]	명 질소 night=밤으로 전부 무부(=무사) 암 **질소**통을 **나이트로 전**부 **무브(武夫)**가 **옮기다**. (nitrogen) (move)
中	**no** [nou]	명 부정, 거절 형 없는 무의 ▶ No parking (게시) 주차 금지
大	**No** [nou]	명 …번, 제…호
大	**Noah** [nóuə]	명 노아 (성서에 나오는 사람 이름, 헤브라이 사람의 족장)
大	**Nobelprize** [noubélpráiz]	노벨상 ▶ (노벨[사람이름] = Nobel) + (prize = 상) = Nobelprize(노벨상)
高	**nobility** [noubíləti]	명 고귀함, 고결, 숭고 ▶ nob(le) → il(숭고한) + ity(명사 어미) = nobility(고귀함, 고결, 숭고)
高	**noble** [nóubəl]	형 고귀한, 귀족의, 고상한 명 귀족 노블(늙은 부처) 암 **노블(老佛)**처럼 **고상한 귀족**. (noble) ▶ a noble family 귀족(가문) 
大	**nobleman** [nóubəlmən]	명 귀족 ▶ noble(귀족의) + man(사람) = nobleman(귀족)
大	**nobleness** [nóubəlnis]	명 고결함, 고귀함, 고상함 ▶ noble(고결한, 고귀한, 고상한) + ness(명사 어미) = nobleness(고결함, 고귀함, 고상함)
大	**nobly** [nóubli]	부 고귀하게, 고결하게, 훌륭하게 ▶ nob(le)(고귀한, 고결한, 훌륭한) + ly(부사 어미) = nobly(고귀하게, 고결하게, 훌륭하게)

N

中 **nobody** [nóubàdi, -bǽdi / -bɔ̀di]

㉠ 아무도 ~않다.

▶ Nobody is wearing a hat. 아무도 모자를 쓰고 있지 않다.

高 **nod** [nɑd / nɔd]

㉢ 끄덕임 ㉣ 끄덕이다, 꾸벅꾸벅 졸다.

㉤ **보트**(boat)에서 **노(櫓)드**(nod)고 [노를 들고] **꾸벅꾸벅 졸다.**

▶ He nodded in agreement
머리를 끄덕이며 동의를 표했다.

中 **noise** [nɔiz]

㉢ 소음, 잡음 ㉣ (큰 소리로)수다떨다.

㉤ 노같이 까며 **노(魯) 이즈**(noise)음 [노씨가 이즈음] **큰 소리**로 **수다떨다.**

▶ Don't make such a loud noise. 그렇게 크게 떠들지 말아라.

大 **noiseless** [nɔ́izlis]

㉥ 소음(잡음)이 없는

▶ noise(소음) + less(…이 없는) = noiseless(소음[잡음]이 없는)

大 **noisily** [nɔ́izili]

㉦ 요란하게

▶ nois(e) → i(소음) + ly(부사 어미) = noisily(요란하게)

中 **noisy** [nɔ́izi]

㉥ 시끄러운, 떠들썩한

▶ nois(e)(소음) + y(형용사를 만듦) = noisy(시끄러운, 떠들썩한)

大 **nomad, nomade** [nóːmæd]

㉥ 방랑하는, 유목민(의) ㉢ 유목민, 방랑자

㉤ **방랑하는 유목민 노(老)매 드**(noman)고 [늙은이가 막대기 들고] **야크**(Yak)를 **코너로**(corner) **몰다.**

高 **nominal** [nɔ́min(ə)l]

㉥ 이름뿐인, 명목상의

㉤ **노미 널**(nominal) [놈이 너를] **명목상의 이름뿐인 보스**(boss)로 [두목으로] **부려먹다.**

▶ a nominal ruler 명목상의 통치자((실권이 없음))

高 **nominate** [nɔ́minèit]

㉣ 임명(지명・지정)하다, 추천하다.

㉤ 후보를 **노미 내 이 트**(nominate)기를 [놈이 내 2 트기를] **지명(추천)하다.**

大 **nomination** [nɔ̀minéiʃən]

㉢ 지명, 임명(권), 추천(권)

▶ nominat(e)(지명[임명, 추천]하다) + ion(명사 어미) = nomination(지명, 임명[권], 추천[권])

N

大 **nominative** [nɔ́minətiv]

㉢㉬ ((문법)) 주격[의]

▶ nominat(e)(지명, [임명]하다) + ive(형용사, 명사 어미) = nominative((문법) 주격[의])

中 **noncollegiate** [nɑ̀nkəlíːdʒiit / nɔ̀n-]

㉬ (학력등이) 대학 정도 이하인 ㉢ 학료에 속하지 않는, 학생

▶ (아닌 = non) + (collegi = 대학에) + (ate …하다) → 학력이 대학에 속하지 아니하다 = noncollegiate([학력이] 대학 정도 이하인, 학료에 속하지 않는 학생)

中 **none** [nʌn]

㉤ 아무것도(아무도)~않다.

암 **팁** 없이 **넌 아무것도(아무도)** 하지 **~않다.**
(tip) 팁 / 너는 (none) 넌

▶ It's none of your business. 네가 알 바 아니다.

大 **nonfiction** [nɑnfíkʃən / nɔn-]

㉢ 논픽션, 소설이 아닌

▶ non(e)(…아닌) + fiction(소설) = nonfiction(논픽션, 소설이 아닌)

高 **nonsense** [nɑ́nsens / nɔ́nsəns, -sens]

㉢ 무의미한 말, 허튼 말(소리)

▶ non(e)(…아닌) + sense(감각, 분별) = nonsense(무의미한 말, 허튼 말[소리])

암 (나는) **난(= nonsense =)센스**없이 **허튼 말**은 안해

▶ complete [perfect, pure, total] nonsense 전혀 터무니없는 소리

高 **nonstop** [nɑ́nstɑ́p / nɔ́nstɔ́p]

㉬ 논스톱, 도중에서 정차하지 않는

▶ non(e)(= not) + stop(정지하다) = nonstop(논스톱, 도중에서 정차하지 않는)

高 **nonviolence** [nɑnváiələns / nɔn-]

㉢ 비폭력[주의]

▶ non(e)(= not) + violence(폭력) = nonviolence(비폭력[주의])

大 **nook** [nuk]

㉢ 구석, 모퉁이, 외딴 곳

암 **외딴곳 눅**눅한 **구석 모퉁이**에 **퍼시먼 감나무.**
눅 (nook) / 퍼 심은 (persimmon) 퍼시먼

中 **noon** [nuːn]

㉢ 정오, 한낮, 한창

암 **한창 눈**오는 **정오**에 **리(李)브**인이 **떠나다.**
눈 (noon) / 이씨 부인이 (leave) 리(李)브

▶ the noon of life 장년기

大 **noonday** [núːndèi]

㉢㉬ 정오[의], 내낮[의]

▶ noon(정오) + day(날) = noonday(정오[의], 내낮[의])

N

大 **no one** [nou wʌn]

㉠ 아무도 …않다

▶ (아니다 = no) + (one = 사람) = no one(아무도 …않다)

中 **nor** [nɔːr, nər]

㉨ ~도 또한 …않다.

㉡ **노(櫓)도 또한**(젓지) …**않다**.
(nor)

▶ John isn't coming today, nor is Mary.
존은 오늘 안 온다, 메리도.

大 **norm** [nɔːrm]

㉢ 기준, 표준

㉡ **기준(표준)**이 되는 **놈**
(norm)

高 **normal** [nɔ́ːrməl]

㉣ 보통의, 정상적인

▶ norm(표준) + al(…의) = normal(표준의, 보통의, 정상적인)

㉡ **정상적인 노멀**(놈을)보고 **비웃음 지어**.
(normal) (jeer)

▶ above normal 표준 이상의

大 **normally** [nɔ́ːrməli]

㉤ 정상적으로, 보통은

▶ normal(정상의, 보통의) + ly(부사 어미) = normally(정상적으로, 보통은)

中 **north** [nɔːrθ]

㉢ 북, 북쪽, 북방 ㉣ 북쪽의

▶ a north window 북향 창문

高 **North America** [nɔːrθ əmérikə]

㉢ 북미

▶ North(북, 북쪽) + America(미국) = North America(북미)

高 **north-east** [nɔːrθ iːst]

㉢ 북동

▶ north(북쪽) + east(동쪽) = northeast(북동)

大 **northeastern** [nɔ̀ːrθíːstərn]

㉢㉣ 북동부[의]

▶ northeast(북동) + ern(…쪽의) = northeastern(북동부[의])

高 **northern** [nɔ́ːrðərn]

㉣ 북쪽에 있는, 북부에 사는

▶ north(북, 북쪽) + ern(…쪽의) = northern(북쪽에 있는, 북부에 사는)

大 **North Pole** [nɔːrθ poul]

명 북극

▶ North(북, 북쪽) + pole(극, 極) = North pole(북극)

大 **North Star** [nɔːrθ stɑːr]

명 북극성

▶ North(북, 북쪽) + Star(별) = North Star(북극성)

大 **northward** [nɔ́ːrθwərd, nɔ́ːrðərd]

부 북쪽으로, 북을 향한

▶ north(북, 북쪽) + ward(…쪽, 방향) = northward(북쪽으로, 북을 향한)

大 **northwest** [nɔ̀ːrθwést]

명 북서

▶ north(북, 북쪽) + west(서) = northwest(북서)

高 **northwestern** [nɔ̀ːrθwéstərn]

형 북서의

▶ northwest(북서) + ern(…쪽의) = northwestern(북서의)

高 **Nor-way** [nɔːr wei]

명 노르웨이 (북유럽의 왕국 수도:Oslo)

高 **Norwegian** [nɔːrwíːdʒən]

형 노르웨이의, 노르웨이 사람[말]의

▶ Norw(ay) → eg(노르웨이) + ian(= an, …의[사람]) = Norwegian(노르웨이의 노르웨이 사람[말])

中 **nose** [nouz]

명 코, 후각 동 냄새를 맡다.

똥을 노우(늙은 친구)가 주워

암 **덩을 노우(老友)즈워 코로 냄새를 맡다.**

(dung) (nose)

▶ blow one's nose 코를 풀다.

大 **nostalgia** [nɑstǽldʒiə, nɔs-]

명 향수, 노스탤지어, 향수병

노씨가 아이뱀(수태를)지워(유산을 해)

암 **향수병**에 걸린 **노(盧)스(受)탤 지어 슬픔**속에 **살러**(어)

(nostalgia) (sorra)

大 **nostalgist** [nɔstǽldʒist]

명 노스탤지스트, 회고 취미의 사람

▶ nostalg(ia)(노스탤지어) + ist(…사람) = nostalgist(노스탤지스트, 회고 취미의 사람)

N

大 **nostril** [nάstril / nɔ́s-]

㊐ 콧구멍

노양이 수틀 일은

암 **노(盧)스틀 릴** 않고 **콧구멍**만 **취미**로 **호비**다.

(nostril) (hobby)

中 **not** [nɑt / nɔ́t]

㊀ ~이 아니다, ~않다

▶ Not knowing, I cannot say. 모르니까 말할 수 없다.

高 **notable** [nóutəbəl]

㊉ 주목할 만한, 현저한, 두드러진 ㊐ 명사

▶ (적어두다, 주목하다 = note) + (able = …할 만한)

늙은 벗이 테이블에서

암 **노우(老友) 터블**에서 **주목할 만한 뉴스를 말하다.**

(notable) (news)

▶ This area is notable for its pottery. 이 지역은 도자기로 유명하다.

大 **notably** [nóutəbli]

㊀ 현저하게, 두드러지게

▶ notab(le)(현저한, 두드러진) + ly(부사를 만듦) = notably(현저하게, 두드러지게)

大 **notch** [nɑtʃ / nɔtʃ]

㊐ 새긴 금 ㊄ …에 금을 내다.

수태(아이를 밴) 처(아내) 놓치지않고

암 **스태(受胎) 처(妻)**의 **신장**에 **노치**지않고 **금을 내다.**

(stature) (notch)

中 **note** [nout]

㊐ 표, 기호, 주의, 주목 ㊄ 적어두다, …에 주목하다.

암 **노트**에 **기호 표**를 **적어두다.**

(note)

▶ make a note on a piece of paper 종이에 메모하다.

中 **note-book** [nóutbùk]

㊐ 노트, 공책, 필기장

▶ note(노트하다) + book(책) = notebook(노트, 공책, 필기장)

高 **noted** [nóutid]

㊉ 저명한, 유명한

▶ not(e)(주의, 주목) + ed(형용사를 만듦) = noted(저명한, 유명한)

▶ She is noted as a singer. 그녀는 가수로서 유명하다.

大 **noteworthy** [nóutwə̀ːrði]

㊉ 주목할 만한

▶ note(주목하다) + worthy(가치있는) = noteworthy(주목할 만한)

中 **nothing** [nʌ́θiŋ]

㊋ 아무것도~않다. ㊐ 하찮은 일, 무, 공

신경질

암 **하찮은 일**에 **너 싱**경질 내 **아무것도 않다.**

(nothing)

▶ I have nothing to do. 아무 것도 할 것이 없다.

N

高 **notice** [nóutis]

명 주목, 주의, 통지, 통보 동 언급하다.

암 노(늙은) 티를 스스로 — **노(老)티 스**스로 내며 **주의**할 점을 **언급하다**. (notice)

▶ He went without notice. 그는 통고 없이 가 버렸다.

高 **noticeable** [nóutisəbəl]

형 눈에 띄는, 현저한

▶ notice(주의, 주목) + able(…할 수 있는) = noticeable(눈에 띄는, 현저한)

大 **notice board** [nóutis bɔ̀ːrd]

명 게시판, 고지판

▶ notice(주의, 언급하다) + board(판) = notice board(게시판, 고지판)

大 **notification** [nòutifikéiʃən]

명 통지, 통보

▶ notif(y) → i(통지[통보]하다) + cation(fy로 끝나는 동사의 명사형) = notification(통지, 통보)

高 **notify** [nóutifài]

타 통지하다, 통보하다

▶ noti(ce)(통지, 통보) + fy(…화하다) = notify(통지[통보]하다)

高 **notion** [nóuʃən]

명 개념, 견해, 생각, 관념

암 노선(路線) — **견해**와 **개념**이 같은 **노션(路線)**의 **걸프랜드** (notion) (girl friend)

▶ a concrete notion 구체적인 생각

大 **notional** [nóuʃənəl]

형 개념적인, 관념상의

▶ notion(개념, 관념) + al(형용사 어미, …적인(상의)) = notional(개념적인, 관념상의)

高 **notorious** [noutɔ́ːriəs]

형 소문(이름)난, 악명 높은

암 노 털이(=늙은이) — 봉이 김선달은 **소문(이름)난 노터리 어스**(었으)니. (notorious)

高 **notwithstanding** [nàtwiðstǽndiŋ, -wiθ- / nɔ̀t-]

대 …에도 불구하고

▶ (아니다 = not) + (with = 함께) + (standing = 서다, 일어나다) → 아니라고 함께 서서 반대함에도 불구하고 진행하다 = notwithstanding(…에도 불구하고)

大 **noun** [naun]

명형 [[文法]] 명사(의)

암 나의 운명이란 — **나 운**명이란 단어는 **명사**다. (noun)

▶ a noun clause [phrase] 명사절[구]

高 **nourish**
[nə́ːriʃ, nʌ́r-]

[동] 기르다, 자양분을 주다, 육성하다.

▶ nour(= 기르다) + ish(= make 만들다)
= nourish(기르다)

나라가 쉬잖고
[암] **토마토를 나리 쉬잖고 기르다.(육성하다)**
(tomato) (nourish)

大 **nourishing**
[nə́ːriʃ, nʌ́r-]

[형] 자양분이 있는

▶ nourish(자양분을 주다) + ing(현재분사 어미) = nourishing(자양분이 있는)

大 **nourishment**
[nə́ːriʃmənt, nʌ́r-]

[명] 자양물, 영양상태

▶ nourish(자양분을 주다) + ment(명사 어미) = nourishment(자양물, 영양상태)

高 **novel**
[nɑ́vəl / nɔ́v-]

[명] 소설 [형] 신기한, 새로운

노벌(성내여 주는 벌)
[암] **노벌(怒罰)**에 관해 쓴 **신기한 새로운 소설**
(novel)

▶ a mystery novel 추리소설

高 **novelist**
[nɑ́vəlist / nɔ́v-]

[명] 소설가, 작가

▶ novel(소설) + ist(…하는 사람) = novelist(소설가, 작가)

高 **novelty**
[nɑ́vəlti / nɔ́v-]

[명] 신기함, 새로운 것

▶ novel(신기한, 새로운) + ty(…함[것]) = novelty(신기함, 새로운 것)

中 **November**
[nouvémbər]

[명] 11월 [약어] Nov.

늙은 뱀이 버티어
[암] **노(老)뱀 버**티어 서 알리는 **11월**.
(November)

▶ November has thirty days. 11월은 30일이다.

中 **now**
[nau]

[부] 지금, 현재 [명] 지금

[암] 팔자가 **지금**은 (좀) **나우**?
(now)

▶ Do it now! 지금 곧 해라!

大 **nowaday**
[náuədèi]

[형] 요즘의, 오늘날의

▶ now(현재, 지금) + a(삽입어) + day(날) = nowaday(요즘의, 오늘날의)

高 **nowadays**
[náuədèiz]

[부] 현재에는, 오늘날에는 [명] 오늘날

▶ now(지금, 현재) + a(삽입어) + days(날에는) = nowadays(현재에는, 오늘날에는)

▶ the houses of nowadays 오늘날의 집들

高 **nowhere** [nóuhwὲər]

[부] 아무 데도 없다. [명] …할 곳(이 없음)

▶ (…없다 = no) + (where = 어디에, 어디로 가나) = nowhere(아무 데도 없다)

▶ He has nowhere to go. 그는 갈 데가 없다.

高 **nozzle** [názəl / nɔ́zəl]

[명] 노즐, (파이프 호스 등의) 주둥이

大 **nuance** [njúːɑːns]

[명] 미묘한 차이, 뉘앙스

高 **nuclear** [njúːkliər]

[형] 핵의, 핵무기의 [명] 핵무기

▶ nucle(us)(핵) + ar(형용사 어미, …의) = nuclear(핵의, 핵무기의)

▶ nuclear arms[weapon] 핵무기

大 **nucleus** [njúːkliəs]

[명] 핵

[암] **핵**을 **뉴크리어스**니 **매 서커 대량 학살하다.**
(new)새로 끓이어 스니 철저히 섞어 / (nucleus) (massacre)

大 **nude** [njuːd]

[형] 발가벗은, 나체의 [명] 나체(상태)

[암] **벌거벗은 나체(상태)**인 **누드 모델**
(nude)(model)

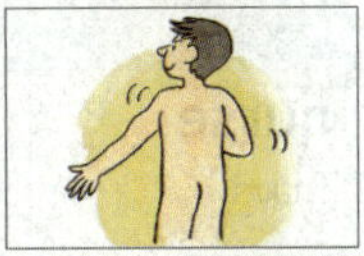

高 **nuisance** [njúːsəns]

[명] 귀찮은 것, 난처한 일, 폐가 되는 행위, 귀찮은 일

[암] **뉴(New)선스**가 하는 **귀찮은 일**은 **밤샘 비질**
새로운 선수가 / (nuisance) (vigil)

▶ make a nuisance of oneself. 남에게 폐를 끼치다.

大 **numb** [nʌm]

[형] 감각을 잃은 [타] 마비되(넋을 잃)게 하다.

[암] **넘**어트려 **감각을 잃은**후 **마비되(넋을 잃)게 하다.**
(numb)

中 **number** [nʌ́mbər]

[명] 번호, 셈 [동] 번호를 붙이다, 셈하다.

[암] **등**에 **백 넘버(번호)를 붙이다.**
(back)(number)

▶ What's your telephone number?
전화 번호가 몇 번입니까?

大 **numberless** [nʌ́mbərlis]

[형] 셀 수 없는, 번호 없는

▶ number(번호, 셈하다) + less(…없는) = unmberless(셀 수 없는, 번호 없는)

N

大 **numeral** [njúːmərəl]

명 숫자 형 수의

암 숫자의 뉴(new)머럴 칼쳐 교화하다.
(새로운 뭐를 = numeral) (갈쳐(=가르치어) = culture)

大 **numerical** [njuːmérikəl]

형 수의, 숫자상의

▶ numer(al)(수) + ical(…의) = numerical(수의, 숫자상의)

高 **numerous** [njúːmərəs]

형 수많은, 다수의

▶ numer(al)(수) + ous(…이 많은) = numerous(수많은, 다수의)

▶ a numerous family 대가족

高 **nun** [nʌn]

명 수녀, 여승

암 넌 수녀 수녀하지만 수녀원에 가기는 넌 어리어.
(넌 = nun) (너는 어리다 = nunnery)

▶ She is a nun of world-wide fame.
그녀는 세계적으로 유명한 수녀다.

大 **nunnery** [nʌ́nəri]

명 수녀원, 여승방

▶ nun(n)(수녀) + ery(집합을 뜻하는 명사 어미) = nunnery(수녀원, 여승방)

中 **nurse** [nəːrs]

명 간호사, 보모 동 기르다, 간호하다.

암 간호사 네가 너 스스로를 간호하다.
(네가 너 스 = nurse)

▶ They nursed their mother. 그들은 어머니를 간호하였다.

高 **nursery** [nə́ːrsəri]

명 육아실, 아이방

▶ nurse(유모, 기르다) + ry(명사 어미, …하는 곳) = nursery(육아실, 아이방)

▶ a day nursery 주간 놀이방, 주간 아이방

大 **nursing** [nə́ːrsiŋ]

형 양육하는, 간호하는

▶ nurs(e)(유모, 기르다, 간호하다) + ing(현재분사 어미) = nursing(양육하는, 간호하는)

高 **nurture** [nə́ːrtʃər]

타 양육[양성]하다. 명 양육, 양성

▶ nur(se) + t(유모, 기르다) + ure(동작, 과정) = nurture(양육[양성]하다, 양육, 양성)

高 **nut** [nʌt]

명 견과, 나무 열매 동 나무 열매를 줍다.

암 낱낱이 견과 나무 열매를 줍다.
(낱 = nut) (견과(=껍질이 굳은 과일(호도, 밤…)))

高 **nutrition** [njuːtríʃən]

명 영양물(섭취), 영양 공급, 영양

암 **보이**가 (new)**뉴 트리(tree)선** 곳에 **영양 공급**을 하네.
(boy) (nutrition)
(새로 심은 나무가 선 곳에)를 연관시켜 기억할 것

高 **nylon** [náilɑn / -lɔn]

명 나일론, 나일론 제품

▸ a pair of nylons 나일론 스타킹 한 켤레 (= a pair of nylon stockings)

高 **nymph** [nimf]

명 (그리스, 로마 神)님프, 아름다운 처녀, 요정

암 **요정 님 프**러주니 **아름다운 처녀**와 **댄스 춤추다**.
님 풀어주니
(nymph) (dance)

O

高 **oak** [ouk]

명 [식물] 오크, 떡갈나무 • 참나무

암 **오! 크**다란 **참나무**
(oak)

▸ an oak door 오크제(製)의 문

大 **oaken** [óukən]

형 참나무의, 오크 제(製)의

▸ oak(참나무, 오크) + en(…의, …제(製)의) = oaken(참나무의, 오크제(製)의)

高 **oar** [ɔːr]

명 사공, 노젓는 사람, 노 동 노를 젓다.

암 **사공**인 **오(吳)**씨가 **노를 젓다**.
(oar)

高 **oasis** [ouéisis]

명 ((*pl.* oases)) (사막의) 오아시스; 휴식처

高 **oat** [out]

명 (보통 복수) 귀리, 보리

암 **보리**밭에 버려진 **오트**기.
오뚝이
(oat)

高 **oath** [ouθ]

명 ([복] oaths) 맹세, 선서, 저주, 욕설, 험담

암 **욕설**과 **험담**을 않기로 **오(吳)스**스로 한 **맹세**.
오씨가 스스로
(oath)

▸ Repeat the oath after me. 나를 따라 선서하시오.

大	**oatmeal** [óutmì:l]	명 오트밀(죽), 빻은 귀리 ▶ (귀리 = oat) + (meal = 거친가루) = oatmeal(오트밀(죽), 빻은 귀리)
大	**obedience** [oubí:diəns]	명 복종, 순종, 준수 ▶ obey(= obedi 복종(순종)하다) + ence(명사 어미) = obedience(복종, 순종, 준수) ▶ Act in obedience to the orders. 명령에 따라 행동해라.
高	**obedient** [oubí:diənt]	형 순종하는, 온순한 ▶ obey(= obedi 복종(순종)하다) + ent(형용사 어미) = obedient(순종하는, 온순한) ▶ Are you obedient to your parents? 너는 부모님 말씀에 순종하니?
高	**obey** [oubéi]	동 따르다, 복종하다 암 애가 **어! 배 이**라는 **(명령에) 따르다**. (obey)  ▶ He refused to obey the order. 그는 명령에 따르기를 거부했다.
中	**object** [ábdʒikt / ɔ́b- / əbdʒékt]	명 사물, 목적, 대상 동 반대하다, 싫어하다. ▶ (반대하다 = ob) + (ject = 젝트:던지다) = (싫어[반대]하다) 비행기타기를 **반대하여 어브 젝트**기 탑승권을 **던지며** = **(싫어[반대]하다)** 어부가 제트기
高	**objection** [əbdʒékʃən]	명 반대, 반대 이유 ▶ object(반대하다) + ion(명사 어미) = objection(반대) ▶ We have no objection to your marriage. 우리는 당신의 결혼에 반대하지 않는다.
大	**objectionalbe** [əbdʒékʃənəble]	형 반대할 만한, 이의가 있는 ▶ objection(반대, 이의) + able(…할 만한) = objectionable(반대할 만한, 이의가 있는)
高	**objective** [əbdʒéktiv]	명 목표, 목적 형 목적의, 객관적인 ▶ object(목적, 객관) + ive(…성질, 경향) = objective(목표, 목적, 목적의, 객관적인)
大	**objectively** [əbdʒéktivli]	부 객관적으로 ▶ objective(객관적인) + ly(부사 어미) = objectively(객관적으로)
大	**objective test** [əbdʒéktiv test]	명 객관적 검사[테스트] ▶ objective(객관적인) + test(검사, 테스트) = objective test(객관적 검사[테스트])

大 **obligate** [ɑ́bləgèit / ɔ́b-]

㉿ (법률상・도덕상의 짐을)의무를 지우다.

아이가 불러 개와 2 트기에게

암 **아(兒)블러 개 이트**기에게 **의무를(짐을)지우다.**

(obligate)

高 **obligation** [ɑ̀bləgéiʃən / ɔ̀b-]

명 의무, 책임, 채무, 은혜

▶ obligat(e)(의무를 지우다) + ion(명사 어미) = obligation(의무, 은혜)

▶ I have an abligation to help him. 나는 그를 도울 의무가 있다.

高 **oblige** [əbláidʒ]

동 강요하다, 의무를 지우다, 은혜를 베풀다.

어! 불놔(불 놓아) 이즈음

암 애들이 **어! 블라 이지**음 **은혜를 베풀다.**

(oblige)

▶ Oblige me by closing the door.
문을 닫아 주시면 고맙겠습니다.

大 **oblivion** [əblíviən / -ɔn]

명 망각, 잊기 쉬움

어부(漁夫) 이씨가 비온

암 **어브(漁夫) 리(李) 비온**다는 것을 **망각**해 **외트**를 **적시다.**

(oblivion) (wet)

大 **oblivious** [əblíviəs]

형 잘 잊는, 염두에 없는

▶ oblivi(on)(망각, 잊기 쉬움) + ous(형용사 어미) = oblivious(염두에 없는)

高 **obscure** [əbskjúər]

형 모호한, 분명치 않은

어부 수마리 큐자형의 고기를

암 이름이 **모호한 어브 스(數) 큐(Q)어(魚)**를 **네트로 잡다.**

(obscure) (net)

▶ an obscure explanation 애매한 설명

大 **obscurity** [əbskjúərəti]

명 불분명, 애매한 말(뜻)

▶ obscur(e)(분명치 않은) + ity(추상 명사 어미) = obscurity(불분명, 애매한 말(뜻))

高 **observance** [əbzə́ːrvəns]

명 준수, 의식, 습관, 규율

▶ observ(e)(준수(관찰)하다) + ance(명사 어미) = observance(준수, 습관, 의식, 규율)

▶ strict observance of the rules 규칙의 엄수

大 **observant** [əbzə́ːrvənt]

형 주의 깊은, 준수하는

▶ observ(e)(관착하다, 준수하다) + ant(형용사 어미) = observant(주의 깊은, 준수하는)

高 **observation** [ɑ̀bzərvéiʃən / ɔ̀b-]

명 관찰, 정탐, 감시

▶ observ(e)(관찰하다) + ation(명사 어미) = observation(관찰, 정탐, 감시)

大 **observatory** [əbzə́ːrvətɔ̀ːri / -təri]

관측소

▶ observ(e) + at(관찰하다) + ory(…하는 데) = observatory(관측소, 천문[관상]대)

高 **observe** [əbzə́ːrv]

[동] 관찰하다, 준수하다.

앞 저 부인

[암] **서선생님**을 **업 저 브**인이 **관찰하다**.
(sir) (observe)

▶ observe the stars. 별을 관측하다.

高 **observer** [əbzə́ːrvər]

[명] 관찰자, 업저버, 감시자

▶ observ(e)(관찰하다, 준수하다) + er(…하는 사람) = observer(관찰자, 업저버, 감시자)

▶ a keen observer 예리한 관찰자

高 **obstacle** [ábstəkəl]

[명] 장애(물), 방해가 되는 사람, 고장 방해(물)

압수한 터 끌러주니 첩되어

[암] 마담께 **장애물**인 **압수터 클**러주니 **세컨드**되 **시중들다**.
(obstacle) (second)

▶ an obstacle to our cooperation 우리들의 협력을 방해하는 것

大 **obstinacy** [ábstənəsi / ɔ́b-]

완고, 고집

▶ obstina(te)(완고한, 고집센) + cy(명사 어미) = obstinacy(완고, 고집)

高 **obstinate** [ábstənit / ɔ́b-]

[형] 완고한, 고집센, 완강한

아이가 부수더니 트기께

[암] 틀니를 **고집센 아(兒) 브스터니 트**기께 **돈**을 **물러**(내)
(obstinate) (moola(h))

高 **obstruct** [əbstrʌ́kt]

[동] 막다, 봉쇄하다, 방해하다.

주차를 앞 수대의 트럭(=truck)을 연관시켜 기억할 것

[암] **파킹**을 **업 스(數) 트럭 트**러(틀어) 놓고 **막다**.
(parking) (obstruct)

大 **obstruction** [əbstrʌ́kʃən]

[명] 방해, 장애, 장애물, 방해물

▶ obstruct(방해하다) + ion(명사 어미) = obstruction(방해, 장애물, 장애, 방해물)

中 **obtain** [əbtéin]

[동] 얻다, 손에 넣다, 획득하다.

업종에 종사하는 사람이

[암] **바**를 **서비스 업태인(業態人)**이 **손에 넣다**.
(bar) (service) (obtain)

▶ obtain permission(information) 허가(정보)를 얻다.

大 **obtainable** [əbtéinəbəl]

[형] 얻어지는, 얻을 수 있는

▶ obtain(얻다) + able(…할 수 있는, 형용사 어미) = obtainable(얻어지는, 얻을 수 있는)

O

高 **obvious** [ábviəs / ɔ́b-]

형 명백한, 빤한, 분명한

앞이 비었으니
암 **테이블 앞 비어스**니 **명백한** 결석.
(table) (obvious)

▶ an obvious flattery 속이 들여다보이는 아첨.

大 **obviously** [ábviəsli / ɔ́b-]

부 명백하게, 분명히

▶ obvious(명백한, 분명한) + ly(부사 어미) = obviously(명백하게, 분명히)

高 **occasion** [əkéiʒən]

명 경우, 기회, 때, 호기

어씨가 캐 이전에
암 다이아를 **어(魚)캐 이전**에 **호기**의 **기회**를 잡어.
(occasion)

▶ a special occasion 특별한 경우의 행사

高 **occasional** [əkéiʒənəl]

형 이따금씩의, 가끔의, 때때로의

▶ occasion(경우, 기회) + al(…의) = occasional(이따금씩의, 때때로의)

▶ an occasional visitor 가끔 오는 손님

高 **occasionally** [əkéiʒənəli]

부 때때로, 이따금, 임시로

▶ occasional(때때로의, 이따금씩의) + ly(부사를 만듦) = occasionally(때때로, 이따금, 임시로)

大 **Occident** [áksədənt / ɔ́k-]

명 서양, 서양 문명

▶ occidental(서양의, 서방의)–al(…의) = Occident(서양, 서양문명)

※ 아래 단어의 명사형임

大 **occidental** [àksədéntl / ɔ̀k-]

형 (보통O–)서양의, 서방의 명 서양 사람

악을 써 해댄 틀니가
암 **서방의**분께 **악써 댄틀**니가(홀랑)빠진 **서양 사람**
(occidental)

大 **occupant** [ákjupənt / ɔ́k-]

명 점유자, 선점자

▶ occup(y)(점유하다) + ant(…하는 사람) = occupant(점유자, 선점자)

高 **occupation** [àkjupéiʃən / ɔ̀k-]

명 직업, 업무, 점유, 점유권

▶ occup(y)(차지하다, 점유하다) + ation(명사 어미) = occupation(직업, 업무, 점유, 점유권)

▶ men out of occupation 실업자

大 **occupational** [àkjupéiʃənəl / ɔ̀k-]

형 직업의, 점유의

▶ occupation(직업, 점유) + al(…의) = occupational(직업의, 점유의)

O

高
occupy
[ákjupài]

[동] 차지하다, 점유하다, 종사하고 있다.

아이가 큐자모양 묶은 파를 이고
[암] **아(兒) 큐(Q) 파이**고 판매에 **종사하고 있다**.
(occupy)

▶ occupy a position 지위를 차지하다.

高
occur
[əkə́ːr]

[동] 일어나다, 발생하다, (사건 등이)생기다.

[암] 보이에게 **어!커**다란 일이 **생기다(일어나다)**.
(occur)

▶ A fresh idea occurred to me.
참신한 생각이 머리에 떠올랐다.

大
occurrence
[əkə́ːrəns, əkʌ́r-]

[명] (사건의) 발생, 사건

▶ occur(r)(일어나다, 발생하다) + ence(명사 어미) = occurrence(사건, 발생)

中
ocean
[óuʃən]

[명] (the~)대양, 바다

오셨
[암] **바다** 건너 **오션**냐고 **스승**께 **물어**.
(ocean) (mulla(h))

▶ an ocean flight 대양 횡단 비행

中
o'clock
[əklɑ́k / əklɔ́k]

[명] ~시(時)

▶ What o'clock is it? ((영)) 지금 몇 시입니까?

大
octave
[ɑ́ktiv, -teiv / ɔ́k-]

[명] 옥타브, 8도 음정

中
October
[ɑktóubər / ɔk-]

[명] 10월 [약어]Oct.

[암] 하이킹을 **10월**에도 **옥토 버**리**고 가다**.
(October) (go)

▶ the October Revolution (러시아의) 10월 혁명

高
octopus
[ɑ́ktəpəs / ɔ́k-]

[명] 낙지

삽을 들고 / 옥터(기름진 흙) 펐으니
[암] **보이**가 **쉬블**들고 **낙지** 잡으려고 뻘흙 **옥터(沃土)퍼스**니....
(boy) (shovel) (octopus)

高
odd
[ɑd / ɔd]

[형] 이상한, 여분의, 나머지의 [명] 차이

아들이 / 계산하다
[암] **아드**리 **여분의 이상한 차이**를 **카운트하다**.
(odd) (count)

▶ the odd money (나머지의)잔돈, 푼돈

大
oddly
[ɑ́dli / ɔ́d-]

[부] 기묘하게, 이상하게

▶ odd(이상한, 묘한) + ly(부사 어미) = oddly(기묘하게, 이상하게)

大 **odds** [ɑdz / ɔdz]

명 차이, 불평등, 유리한 조건

▶ odd(차이) + s(소유격의 뜻) = odds(차이, 불평등, 유리한 조건)

大 **ode** [oud]

명 송시(頌詩-공덕을 기리는 시), 공덕의 시

암 **오우(五友)드**레게 **송시(공덕의 시)**를 **읊프는 늑대**
(오우(다섯벗) 들에게 / 읊으는)
(ode) (wolf)

大 **odious** [óudiəs]

형 싫은, 얄미운, 밉살스러운

암 **얄미운**놈께 **오우(五友) 디어스**니 **내시**처럼 **이를 갈다**.
(오우(다섯벗이) 디였으니(데이다 방언))
(odious) (gnash)

高 **odo(u)r** [óudər]

명 향기, 냄새, 평판, 낌새

암 **불독**이 **향기**나는 **냄새(낌새)**맡고 **오더**(오다)
(bulldog) (odo(u)r)

▶ He noticed a strange odor in the room.
그는 방 안에서 이상한 냄새를 맡았다.

中 **of** [ɑv, ʌv / ɔv]

전 (소속)~의; ~에 관하여, …중에

▶ I have heard of it. 나는 그것에 대해 들었다.

中 **off** [ɔːf, ɑf / ɔf]

전 부 떨어져, 끊어져 동 끄다.

암 **스위치**를 **오프**해 **끄다**.
(switch) (off)

▶ She stood a few yards off.
그녀는 몇 야드 떨어져 서 있었다.

高 **offend** [əfénd]

동 성나게 하다, 감정을 상하게 하다, 죄를 범하다.

암 **급사**인 **보이 어(魚) 팬 드**놈이 **죄를 범하다**.
(어씨를 팬 두 놈이)
(boy) (offend)

▶ offend against the law. 법을 위반하다.

大 **offender** [əféndər]

명 범죄자, 위반자

▶ offend(죄를 범하다) + er(…사람) = offender(범죄자, 위반자)

高 **offense, -fence** [əféns]

명 위반, 공격, 죄(범죄)

▶ offen(d)(화나게 하다, 죄를 범하다) + se(c.e)(추상명사 어미)
= offense(위반, 범죄, 공격)

▶ a first offense[offence] 초범(初犯)

高 **offensive** [əfénsiv]

형 불쾌한, 무례한, 공격적인

▶ offens(e)(위반, 무례, 공격) + ive(형용사 어미) = offensive(불쾌한, 무례한, 공격적인)

O

中	**offer** [ɔ́(:)fər / áfər]	ⓢ 제공하다, 제안하다, 권하다. ⓜ 제안, 제의 암 **비터민**을 **아퍼**하는 자에게 **제공하다**. (vitamin(e)) (offer) ▶ We offered him our help. 우리는 그에게 원조를 제공했다.
大	**offering** [ɔ́(:)fəriŋ / áf-]	명(신에의)공물, 헌납, 신청, 제의 ▶ offer(제의[신청]하다) + ing(현재분사 어미) = offering([신에의]공물, 헌납, 신청, 제의)
中	**office** [ɔ́(:)fis, áf-]	명 회사, 관청, 사무실 사무소 여직원 암 **오피스 걸**. (office) (girl) ▶ Maria works in an office. 마리아는 사무실에서 일한다. 
中	**officer** [ɔ́(:)fisər]	명 장교, 관리 ▶ offic(e)(관청) + er(…사람) = officer(장교, 관리) ▶ This is a club for army officers. 여기는 육군 장교 클럽이다.
高	**official** [əfíʃəl]	명 공무원 형 공공의, 공식적인 ▶ offic(e)(관청) + ial(= al 형용사, 명사 어미) = official(공무원, 공식적인, 공공의) ▶ official documents 공문서
高	**officially** [əfíʃəli]	부 공무상, 공식으로 ▶ official(공식적인) + ly(부사 어미) = officially(공식상, 공식으로)
大	**off-season** [ɔ́(:)fsíːzən / áf-]	형부 철이 지난 ▶ off(…떨어져서) + season(철, 계절) = off-season(철이 지난)
大	**offset** [ɔ́(:)fsét / áf-]	타 차감 계산을 하다, 상쇄하다, 오프셋[인쇄] ▶ off(…떨어져서) + set(두다, 놓다) = offset(차감 계산을 하다, 상쇄하다, 오프셋[인쇄])
高	**offspring** [ɔ́(:)fspriŋ / áf-]	명 자식, 자손, 후예 ▶ off(…떨어져서) + spring(봄) → 나무에서 떨어진 씨앗이 봄에 자라기 시작 한다는 뜻에서 = offspring(자식, 자손, 후예)
大	**off-street** [ɔ́(:)fstríːt]	형 큰길에서 들어간, 길 밖의 ▶ off(…떨어져서) + street(길, 거리) = off-street(큰길에서 들어간, 길 밖의)

中 **often**
[ɔ́(:)ftən, ɑ́f- / ɔ́:f(ə)n]

[부] 자주, 몇 번이고, 여러번

오 픈(다섯 픈)
[암] **오 픈**내고 **몇 번이고 쇼**를 **변두리**에서 **보더**(다).
(often) (show) (border)

▶ I have often been told that. 나는 자주 그런 말을 들었다.

中 **oh**
[ou]

[감] 오오!, 아!, 어머나! (감탄, 놀람, 공포, 원망 등을 나타냄)
※일반적으로 보통 뒤에 구두점을 붙임

▶ Oh, mother! 오오, 어머니!

中 **oil**
[ɔil]

[명] 기름 [동] 기름을 치다.

[암] **엔진**에 **오일**(기름)을 **치다**.
(engine) (oil)

▶ cooking oil 식용유

大 **oilcloth**
[ɔ́ilklɔ̀(:)θ, -klɑ̀θ]

[명] 유포(油布)

▶ oil (기름) + cloth(천, 헝겊) = oilcloth(유포[油布])

大 **oily**
[ɔ́ili]

[형] 기름의, 유질(油質)의

▶ oi(l)(기름) + ly(형용사를 만듦) = oily(기름의, 유질(油質)의)

大 **ointment**
[ɔ́intmənt]

[명] 오인트먼트, 연고, 고약

▶ oi(l) → nt(기름) + ment(명사 어미)

高 **OK, O.K**
[òukéi]

[명] ((美)) 승인, 시인 [형][부] 좋다, 틀림 없다. [동] 승인[시인]하다.

▶ all(→ oll, 모두) + correct(→ Korrect 바른) = 모두 바르다 좋다 → OK(= 오케이, 좋다)

▶ The machine is working OK.
기계는 순조롭게 돌아가고 있다.

中 **old**
[ould]

[형] (비교급 older, elder, 최상급 oldest, eldest)
늙은, 나이 먹은 [명] 옛날

늙은, 나이 먹은
[암] **나이 먹은 올드 미스**(노 처녀)
(old) (Miss)

▶ grow old 나이를 먹다, 늙다

大 **olden**
[óuldən]

[형] 오래된, 옛날의

▶ old(오래된) + en(…의 [된]) = olden(오래된, 옛날의)

高 **old-fashioned**
[óuldfǽʃənd]

[형] 구식[고풍]의 유행에 뒤진

▶ old(오래된, 고풍의) + fashioned(유행의) = old-fashioned(구식[고풍]의, 유행에 뒤진)

▶ old-fashioned clothes 유행에 뒤떨어진 옷

大 **oldtime** [ouldtaim]

㊔ 이전의, 옛날의

▶ old(오래된) + time(때, 시대) = oldtime(이전의, 옛날의)

高 **olive** [ɑ́liv / ɔ́l-]

㊅ [植] 올리브 (나무), 올리브 열매

▶ accept the olive branch.
화의를[화해의 손길을]받아들이다.

高 **Olympic** [əlímpik, ou-]

㊅ 올림픽

▶ The Seoul Olympic Games were held in 1988.
서울 올림픽 경기 대회는 1988년에 열렸다.

大 **Olympus** [əlímpəs, ou-]

올림포스산(그리스 북부의 높은 산)

大 **omega** [oumí:gə, -méi-, -mé-]

①오메가(그리스 문자의 마지막 글자)

大 **omelet(te)** [ɑ́məlit / ɔ́m-]

오믈렛(서양요리), 달걀을 부친 음식

高 **omen** [óumən]

㊅ 전조, 징조

㊍ 낌새가 일도록 빌다, 전조가 되다.

㊙ 기도 마친후 **오멘**(omen)하고 **징조(낌새)가 일도록 빌다**.

▶ be of good(bad) omen. 조짐이 좋다(나쁘다).

大 **ominous** [ɑ́mənəs / ɔ́m-]

㊔ 불길한, 나쁜 징조의

㊙ **포켓**(pocket)에 **불길한** 액땜 하려고 **아(뭣)뭐 너스**(ominous)니... (아(아이가) 뭐 넣으니(부적을 주머니에))

大 **omission** [oumíʃən]

㊅ 생략, 빠짐

▶ omi(t) → s(생략하다) + sion(명사 어미) = omission(생략, 빠짐)

高 **omit** [oumít]

㊍ ~을 생략하다, 빠뜨리다, 빼다, ~하기를 잊다.

㊙ **커트라인**(cutline)인 **오(五)밑**(omit)으로는 합격**을 생략하다**. (오점 밑)

▶ omit his name from list. 명단에서 이름을 빼다.

O

中 **on** [ɑn, ɔːn / ɔn]

[전] (위치)~의 위에 [부] 위에

[암] 하늘 **위에서 온 비너스**(미의 여신)
(on) (Venus)

▶ The cat is on the table. 고양이가 식탁 위에 앉아있다.

中 **once** [wʌns]

[부] 한 번, 일찍이

원수를 편히 쉬
[암] **일찍이 한 번**에 **원스**를 **펀니쉬**라며 **처형하다**.
(once) (punish)

▶ I have been to America once. 나는 미국에 한번 가본 적이 있다.

中 **one** [wʌn]

[명] 하나, 한 사람 [형] 하나의, 어떤 [대] (일반적으로)사람

▶ They have two daughters and one son.
그들에게는 딸 둘과 아들 하나가 있다.

高 **one's** [wʌnz]

[대] one의 소유격, one is의 간약형

中 **oneself** [wɔnsélf]

[대] 자기 자신; 스스로, 몸소

▶ one(일반적으로 사람) + self(…자신) = oneself(자기 자신, 스스로, 몸소)

高 **onion** [ʌ́njən]

[명] 양파 [동] 양파로 양념하다.

어! 계집년이
[암] 고기에 **어! 년**이 **양파로 양념을 하다**.
(onion)

▶ beef and boilde onions 데친 양파를 곁들인 쇠고기

中 **only** [óunli]

[형] 유일한 [부] 겨우, 오직

한국인
[암] 뉴욕에서 **온 리**양은 **유일한 코리언**.
(only) (Korean)

大 **onset** [ánsèt, ɔ́(ː)n-]

[명] 공격, 습격

▶ (위에 = on) + (set = 놓다) → 적진에 포탄을 쏘아 놓다 = onset(공격, 습격)

中 **on-ward** [ánwərd, ɔ́(ː)n-]

[부] 앞으로, 전방으로

▶ (위로, 앞쪽으로 = on) + ward(s)(방향을 뜻하는 어미) = onward(s)(앞으로, 전방으로)

▶ move onward. 전진하다.

大 **ooze** [uːz]

[동] (물이) 스며나오다, 줄줄 흘러나오다, 새다.

우주베키스탄
[암] **우즈**베키스탄에서 **(물이)줄줄 흘러나오다**.
(ooze)

O

大 **opal** [óupəl]	명 (광물) 단백석(蛋白石), 오팔(보석 이름) 암 **단백석**을 **오(옺)팔**(오씨가 팔에, opal)에 안고 **소년**에게 **보이**다.(boy)
中 **open** [óupəl]	동 열다 형 열린, 트인 암 **셔터**(shutter)를 **오(五)픈**(다섯 푼, open) 넣고 **열다**. ▶ Is the job still open? 그 일자리는 아직 비어 있니?
高 **open-air** [óupənέər]	형 옥외의, 야외의, 노천의 ▶ poen(열다) + air(공기) = open-air(옥외의, 야외의, 노천의) ▶ the open-air market 노천 시장
高 **opening** [óupəniŋ]	명 열기, 개방 ▶ open(열다) + ing(현재분사 어미) = opening(열기, 개방) ▶ an opening speech 개회사
高 **openly** [óupənli]	부 공공연히, 숨김없이 ▶ open(열다) + ly(부사 어미) = openly(공공연히, 숨김없이)
高 **opera** [ápərə / ɔ́p-]	명 오페라, 가극 ▶ a new opera 신작 오페라
高 **operate** [ápərèit / ɔ́p-]	동 수술을 하다, 작동하다. 암 **아(兒) 퍼레 이 트**(아이 팔에 두 트기, operate)기가 **수술을 하다**. ▶ operate on a patient. 환자를 수술하다. 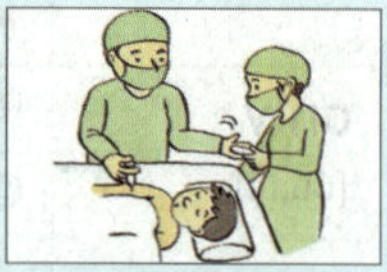
大 **operating** [ápərèitiŋ / ɔ́p-]	형 수술의 ▶ operat(e)(수술하다) + ing(현재분사 어미) = operating(수술의)
高 **operation** [àpəréiʃən / ɔ̀p-]	명 가동(稼動), 작용, 수술 ▶ operat(e)(가동[수술, 작용]하다) + ion(명사 어미) = operation(가동, 작용, 수술) ▶ the operation of breathing 호흡작용
大 **operational** [àpəréiʃənəl / ɔ̀p-]	형 조직상의 ▶ operation(작용, 가동) + al(…의) = operational(조직상의)

大 **operat*ive***
[ápərətiv / ɔ́p- / ápərèitiv]

㊟ 작용하는, 작업의

▶ operat(e)(움직이다, 작용하다) + ive(형용사 어미) = operative(움직이는, 작업의)

高 **operat*or***
[ápərèitər / ɔ́p-]

㊐ (기계의) 조작자, 기사, 수술자

▶ operat(e)(작용[조작, 수술]하다) + or(…사람) = operator([기계의]조작자, 기사, 수술자)

▶ a computer operator 컴퓨터 조작자

高 **opinion**
[əpínjən]

㊐ 의견, 생각, 견해

업힌 년의
㊕ 오빠께 **어피 년**의 **의견**.
(opinion)

▶ a personal opinion 개인적인 의견

大 **opium**
[óupiəm]

㊐ 아편

㊕ **아편**을 **오! 폄**(피엄)으로 발음하는 **양키**
(opium) (Yankee)

高 **opponent**
[əpóunənt]

㊐ 적, 대항자 ㊟ 맞은편

다섯개의 포는 틀어
㊕ **적**에게 **오포(五砲)넌 트**러 **포**를 **억수로 퍼붓다**.
(opponent) (pour)

▶ a weak opponent 약한 상대

大 **opportune**
[àpərtjú:n / ɔ̀pər-]

㊟ 형편이 좋은

아파서 추운
㊕ **형편이 좋은** 자가 **아퍼 튜운** 애에게 **코트를 덮다**.
(opportune) (coat)

高 **opportun*ity***
[àpərtjú:nəti / ɔ̀pər-]

㊐ 기회, 호기

▶ opportun(e)(형편이 좋은) + ity(명사 어미) = opportunity(기회, 호기)

高 **oppose**
[əpóuz]

㊗ 반대하다, 저항(대항)하다, 방해를 하다.

어! 포즈(=pose 자세)
㊕ **헤딩**으로 **어! 포즈**잡고 **저항(반대)하다**.
(heading) (oppose)

▶ oppose the enemy. 적에 대항하다.

大 **oppos*ed***
[əpóuzd]

㊟ 반대의, 대항하는

▶ oppos(e)(반대[대항]하다) + ed(형용사를 만듦) = opposed(반대의, 대항하는)

大 **oppose*less***
[əpóuzlis]

㊟ (詩)저항하기 어려운

▶ oppose(저항하다) + less(…이 없는, …어려운) = opposeless(저항하기 어려운)

高 **opposite** [ápəzit / ɔ́p-]

㉯ 정반대의, 마주 보고 있는 ㉰ 적수

▶ oppos(e)(반대(대항)하다) + ite(형용사 어미) = 반대의 마주보고 있는

㉱ **레슬러**가(wrestler) **어퍼 짓**누르는(opposite) **마주 보고 있는 적수**

▶ the house opposite to ours 우리 집 맞은편의 집

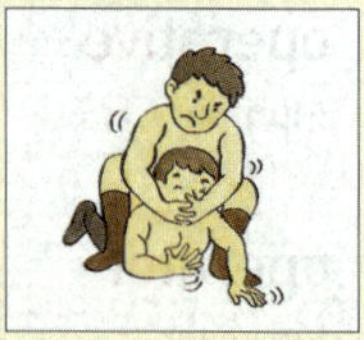

大 **oppositely** [ápəzitli]

㉲ 반대의 위치에, 맞은 편에, 거꾸로

▶ opposite(맞은편, 반대의) + ly(부사 어미) = oppositely(반대의 위치에, 맞은 편에, 거꾸로)

高 **opposition** [àpəzíʃən, ɔ̀p-]

㉰ 반대, 대립, 저항

▶ opposit(e)(맞은편, 반대의) + ion(명사 어미) = opposition(반대, 대립, 저항)

▶ bitter[strong] opposition 강력한 [단호한]반대

高 **oppress** [əprés]

㉳ 압박하다, 억압하다, (기운을)꺾다.

▶ op(= against) + press(누르다) = oppress(억압(압박)하다.

㉱ **어! 프레스**(oppress)를 눌러 **억압(압박)하다**.

高 **oppression** [əpréʃən]

㉰ 압박, 억압

▶ oppress(압박[억압]하다) + ion(명사 어미) = oppression(압박, 억압)

▶ a feeling of oppression 압박감

大 **oppressive** [əprésiv]

㉯ 압제적인, 압박하는

▶ oppress(압제[압박]하다) + ive(형용사 어미) = oppressive(압제적인, 압박하는)

大 **oppressor** [əprésər]

㉰ 압제자, 박해자

▶ oppress(압박하다, 압제하다) + or(…사람) = oppressor(압제자, 박해자)

大 **optic** [áptik / ɔ́p-]

㉯ 눈의, 광학의 ㉰ 시력

㉱ **앞 틱**끌이(optic) **눈의 시력**을 **머들**머들하게(muddle) **망쳐 혼란시키다**.

大 **optical** [áptikəl / ɔ́p-]

㉯ 눈의, 시력의, 광학의

▶ optic(눈, 시력) + al(…의) = optical(눈의, 시력의, 광학의)

大 **optics** [áptiks / ɔ́p-]

㉰ 광학(光学)

▶ opt(ic)(눈의, 시력의, 광학의) + ics(…학) = optics(광학)

高 **optimism**

[áptəmìzəm / ɔ́pt-]

㊔ 낙천주의, 낙관, 무사태평

앞터에 미점(쌀가게)

㊞ **무사태평**인 **앞터 미점(米店)**주인의 **낙천주의**

(optimism)

大 **optimist**

[áptəmist / ɔ́pt-]

㊔ 낙천주의자

▶ optim(ism)(낙천주의) + ist(…하는 사람) = optimist(낙천주의자)

高 **optimistic, istical**

[àptəmístik / ɔ̀pt-]

㊔ 낙천[낙관]주의의

▶ optimist(낙천주의자) + ic(…의) = optimistic(낙천[낙관]주의의)

高 **option**

[ápʃən / ɔ́p-]

㊔ 취사(取捨), 선택권, 선택

㊞ **앞선**자에게 주는 **취사, 선택권**

(option)

大 **optional**

[ápʃənəl / ɔ́p-]

㊛ 임의의, 선택의

▶ option(취사 선택) + al(…의) = optional(임의의, 선택의)

中 **or**

[ɔːr, ər]

㊇ 혹은, 또는

▶ Shall we walk or take a bus? 걸을까 또는 버스를 탈까?

大 **oracle**

[ɔ́(:)rəkəl, ár-]

㊔ 신의 계시, 예언자, 신탁, 예언

옳어 끌러

㊞ **예언자**가 **신의 계시**가 **오러 클**러 보이며 **예언**하네

(oracle)

高 **oral**

[ɔ́ːrəl]

㊛ 구두(구술)의, [해부]입의 ㊔ 구두 시험

오씨를

㊞ **구두 시험**으로 **오(吳)**렬 **테스트하다**.

(oral) (test)

▶ an oral test 구술 시험

大 **orally**

[ɔ́ːrəli]

㊙ 구두로, 말로

▶ oral(구두의, 구두 시험) + ly(부사 어미) = orally(구두로, 말로)

中 **orange**

[ɔ́(:)rindʒ, ár-]

㊔ 오렌지, 오렌지색 ㊛ 오렌지(색)의

▶ Americans like oranges.
미국 사람들은 오렌지를 좋아한다.

大 **oration** [ɔːréiʃən]	명 연설 ▶ ora(l)(구두의, 구술의) + tion(명사 어미) = oration(연설)
大 **orator** [ɔ́(ː)rətər]	명 연설자, 웅변가 ▶ ora(l)(구두의, 구술의) + tor(= or…하는 사람) = orator(연설자, 웅변가) 암 **웅변가**의 말이 **옳러터(옳았다)** = orator
大 **oratory** [ɔ́ːrətɔ̀ːri, ár- / ɔ́rətəri]	명 웅변, 웅변술 ▶ ora(l)(구두의, 구술의) + tory(= ory 명사 어미) = oratory(웅변, 웅변술)
大 **orb** [ɔːrb]	명 구(球), 천체 암 **오(五)브**자가 만든 **천체 구(球)** (다섯 부자(富者)) (orb) 
高 **orbit** [ɔ́ːrbit]	명 궤도, 활동 범위 동 궤도에 진입하다. 암 인공위성이 **오(五)빛**을 발하며 **궤도에 진입하다.** (다섯가지 빗깔(=여러 빛깔)) (orbit) ▶ put a satellite into orbit. 인공위성을 궤도에 올리다.
高 **orchard** [ɔ́ːrtʃərd]	명 과수원, (집합적) 과수원의 모든 과수 암 **과수원**으로 **오(吳)처드**러가 사과 **서리**하며 **망쳐놓다.** (오씨가 쳐 들어가) (orchard) (sully) ▶ an apple orchard 사과 과수원, a peach orchard 복숭아 과수원
高 **orchestra** [ɔ́ːrkəstrə / -kes-]	명 관현악단, 오케스트라 ▶ conduct [direct, lead] an orchestra. 오케스트라를 지휘하다.
高 **ordain** [ɔːrdéin]	동 명령하다, 성직을 주다(임명하다) 암 **유태인**인 **주**께서 **오! 대인(大人)**에게 **성직을 주다.** (Jew) (오! 대인(큰 사람)에게) (ordain) 
大 **ordeal** [ɔːrdíːəl, ɔ́ːrdiːl]	명 시련, 모진 시련. 암 **모진 시련** 없게 **오(吳)될 업 저 브**인이 **살피다.** (오씨 뒤를 앞 저 부인이) (ordeal) (observe)
中 **order** [ɔ́ːrdər]	명 순서 동 명령하다, 주문하다. 암 **서선생님**이 **오더**니 **순서**있게 **주문(명령)하다.** (sir) (order)

大 **orderly** [ɔ́ːrdərli]	ⓗ 순서 바른, 규율 있는 ▶ order(순서) + ly(형용사를 만듦) = orderly(순서 바른, 규율 있는)
大 **ordinarily** [ɔ́ːdinərili]	ⓑ 보통, 대개 ▶ ordinar(y) → i(보통의) + ly(부사 어미) = ordinarily(보통, 대개)
高 **ordinary** [ɔ́ːdinəri]	ⓗ 보통의, 평범한 암 오(吳)뒤 널이 보통의 평범한 것. (오씨 뒤에 널이 / ordinary) ▶ an ordinary man 보통 사람 
高 **ore** [ɔːr]	ⓜ 원광(原鑛), 광석 암 오대(五大) 광석(원광) (ore) ▶ copper ore 구리 광석. iron ore 철광석
大 **Oregon** [ɔ́ːrigàn / -gən / ɔ́rigən / −gɔ̀n]	오리건 ((미국의 태평양 연안 북부의 주 略 : Ore(g)))
中 **organ** [ɔ́ːrgən]	ⓜ 기관, 오르건, 풍금 암 오르건을 두들겨 멋대로 연주하다. (organ) (doodle) ▶ Electric organ 전자 오르간 
大 **organic** [ɔːrgǽnik]	ⓗ 기관의, 유기체의 ▶ organ(생물의 기관) + ic(…의) = organic(기관의, 유기체의)
大 **organic acid** [ɔːrgǽnik ǽsid]	ⓜ [化] 유기산 ▶ organic(유기체의) + acid (산) = organic acid(유기산)
大 **organism** [ɔ́ːrgənìzəm]	ⓜ 유기체[물] ▶ organ(기관, 유치게) + ism(명사 어미, 체계, 물의 뜻) = organism(유기체[물])
高 **organist** [ɔ́ːrgənist]	ⓜ 오르간 연주자 ▶ organ(오르간) + ist(…사람) = organist(오르간 연주자)

高 **organization** [ɔ̀ːrgənəzéiʃən]

명 조직, 단체, 기구

▶ organiz(e)(조직하다) + ation(명사 어미) = organization(조직, 기구, 단체)

▶ the World Health Organization 세계 보건 기구

高 **organize** [ɔ́ːrgənàiz]

동 조직(화)하다, 창립하다.

▶ (기관, 조직 = organ) + (ize = …화하다) = 창립(조직[화])하다

다섯명의 건아(건강한 아이)가 이즈음

암 **서클**을 **오(五) 건아(健兒) 이즈**음 **창립(조직[화])하다.**
(circle) (organize)

▶ organize an army. 군대를 조직하다.

大 **organizer** [ɔ́ːrgənàizər]

명 조직자, 창립자, 발기인

▶ organiz(e)(조직[창립]하다) + er(…사람) = organizer(조직자, 창립자, 발기인)

大 **orgy, orgie** [ɔ́ːrdʒi]

명 진탕 마시고 떠들기, 유흥, 방탕

암 위스키를 **진탕 마시고 떠들기**하며 **오지.**
(orgie[orgy])

高 **orient** [ɔ́ːriənt, -ènt]

명 (theO-)동양 형 동양의

동 (건물 등을) 동쪽을 향하게 하다.

암 **찬란히 빛나는 동양의 오리엔트 와취**(시계)
(orient) (watch)

▶ orient a building east. 건물을 동향으로 세우다.

高 **oriental** [ɔ̀ːriéntl]

형 (보통O-) 동양의, 동양식의

▶ orient(동양) + al(…의) = oriental(동양의, 동양식의)

▶ Oriental history 동양사

大 **orientation** [ɔ̀ːrientéiʃən]

명 방위(方位), 방위 측정, 적응 지도

▶ orient(동양) + ation(명사 어미) = orientation(방위, 방위 측정, 적응 지도)

高 **origin** [ɔ́ːrədʒin, ɑ́rə- / ɔ́ri-]

명 기원, 발단

오리 덕분 오리를 진

암 **오리 덕**에 생긴 **오리 진 기원.**
(duck) (origin)

▶ the Origin Species 종의 기원(다윈의 저서)

高 **original** [ərídʒinəl]

형 독창적인, 본래의, 원작의

▶ origin(기원, 발달, 출처) + al(…의, …한 성질의) = original(독창적인, 본래의, 원작의)

▶ the original picture[plan] 원화 [안]

大 **originality** [ərìdʒinǽləti:]

명 독창 [력], 진짜임

▶ original(독창적인, 진짜의) + ity(명사 어미) = originality(독창[력], 진짜임)

O

高 **originally** [ərídʒinəli]

[부] 최초에(부터), 독창적으로

▶ original(독창적인, 본래의) + ly(부사 어미) = originally(최초에[부터], 독창적으로)

高 **originate** [ərídʒinèit]

[동] 시작하다, 일으키다, 창작[발명]하다

▶ origin(기원, 발달, 원천) + ate(…하다) = originate(시작하다, 일으키다, 창작[발명]하다)

▶ Jazz originated in the US. 재즈는 미국에서 시작되었다.

大 **originator** [ərídʒinèitər]

[명] 창시자, 창작자, 창설자

▶ originat(e)(시작[창작]하다) + or(…하는 사람) = originater(창시자, 창작자, 창설자)

大 **Orion** [əráiən]

[명] ((천문)) 오리온 성좌(그리스 신화) 오리온

高 **ornament** [ɔ́:rnəmənt]

[명] 장식(물), 꾸밈 [동] 장식하다.

[암] **장식물**을 **오(옷) 너먼 트**레 **장식하다**. (오씨가 넘은 틀에) (ornament)

▶ personal ornaments 장신구

大 **ornamental** [ɔ̀:rnəméntl]

[형] 장식의, 장식용의

▶ ornament(장식, 꾸밈) + al(…의) = ornamental(장식의, 장식용의)

高 **orphan** [ɔ́:rfən]

[명] 고아, 양친이 없는 아이 [형] 고아의

[동] 고아로 만들다, 고아가 되게 하다.

[암] **고아**가 쓴 **오(五)편**(편)의 **드라마** (orphan) (drama)

▶ The boy was orphaned by war. 그 소년은 전쟁 고아였다.

大 **orphanage** [ɔ́:rfənidʒ]

[명] 고아원, 고아임

▶ orphan(고아, 고아의) + age(명사 어미) = orphanage(고아원, 고아임)

高 **orthodox** [ɔ́:rθədɑ̀ks / -dɔ̀ks]

[형] 정통의, 정통파의, 정설의

[암] **정통파의** 사범에 **오서 독스**로 **잽**싸게 **찌르다**. (오셔서 독수(독있는 손)) (orthodox) (jab)

大 **orthodoxy** [ɔ́:rθədɑ̀ksi / -dɔ̀ksi]

[명] 정통적인 설, 정설(正說)

▶ orthodox(정통파의, 정설의) + y(명사 어미) = orthodoxy(정통적인 설, 정설(正說))

高 **ostrich** [ɔ́(:)stritʃ, ɑ́s-]

명 타조

암 **오(五)스트리 치**어놓은 **타조** — 오(다섯) 수틀이 치여놓은 (ostrich)

中 **other** [ʌ́ðər]

형 다른 대 다른 것(사람)

암 **다른 사람**에게 **다른 것**을 **어더**(얻어) (other)

I have no other son(s). 나는 또 다른 아들은 없다.

高 **otherwise** [ʌ́ðərwàiz]

부 다른 방법으로, 다른 방식으로

▶ other(다른) + wise(…한 방식으로) = otherwise다른 방법(방식)으로

大 **otter** [ɑ́tər / ɔ́t-]

명 수달, 수달피

암 **오(奧)터**로 숨은 **수달(피)** — 오(=외질오 : 오터 = 외진터(곳)) (otter)

中 **ought** [ɔːt]

조 (의무 · 당연)~해야만 한다. ~하는 것이 당연하다.

암 나전칠기는 **오트**로 칠**하는 것이 당연하다**. — 옻으로(옻나무 진을 칠함이) (ought)

▶ You ought to start at once. 즉시 출발해야 한다.

高 **ounce** [auns]

명 (중량 단위의) 온스((略 : oz 보통 28.4그램)

▶ He hasn't got an ounce of humanity.
인정이라고는 털끝 만큼도 없다.

中 **our** [áuər, ɑːr]

대 우리의, 우리들의

▶ our country 우리 나라

中 **ours** [áuərz, ɑːrz]

대 우리의 것, 우리들의 것

▶ our(우리) + s(소유격 어미) = ours(우리의 것, 우리들의 것)

▶ this country of ours 우리의 이 나라

大 **ourself** [àuərsélf, ɑːr]

대 내 자신(저자, 군주 등이 씀)

▶ our(우리) + self(자신, 스스로) = ourself(내 자신[저자, 군주등이 씀])

中 **ourselves** [àuərsélvz]

대 우리자신, 우리들이, 우리들에게

▶ our(우리) + selves(self의 복수 스스로) = ourselves(우리자신, 우리들이, 우리들에게)

大 **oust** [aust]	[타] 내쫓다, 구축하다. [명] 추방, 축출 (동생)아우 수(손을) 틀어서 [암] **놀부**가 **아우 스(手)트**러서 **내쫓다.** (Nolboo) (oust) 
中 **out** [aut]	[부] 밖으로, 밖에 [형] 밖의 [전] ~에서 [명] 외부 ▶ go out for a walk. 산책하러 나가다.
高 **outbreak** [áutbrèik]	[명] 발발, 돌발, 폭동, 반란 ▶ out(밖에, 밖으로) + break(깨뜨리다, 부수다) → 밖에서 치고 받고 부수는 폭동이 발발하다 = outbreak(발발, 돌발, 폭동, 반란) ▶ the outbreak of the war 전쟁의 발발
大 **outburst** [áutbə̀ːrst]	[명] 폭발, 파열 ▶ out(밖에, 밖에서) + burst(폭발하다) = outburst(폭발, 파열)
高 **outcome** [áutkʌ̀m]	[명] 결과, 과정, 성과 ▶ out(밖에, 밖으로) + come(오다, 일어나다) = outcome(결과, 과정, 성과) ▶ the outcome of the election 선거의 결과
大 **outcry** [áutkrài]	[명] 부르짖음, 고함소리 ▶ out(밖에, 밖으로) + cry(소리치다) = outcry(부르짖음, 고함소리)
高 **outdoor** [áutdɔ̀ːr]	[형] 집 밖의, 야외의, 옥외의 ▶ out(밖에, 밖으로) + door(문, 출입문) = outdoor(집 밖의, 야외의, 옥외의) ▶ outdoor advertising 옥외광고
高 **outdoors** [àutdɔ́ːrz]	[부] 문밖에서, 야외에서 ▶ out(밖에, 밖으로) + door(문) + s(부사 어미) = outdoors(문밖에서, 야외에서) ▶ an outdoors man 옥외 생활[운동]을 좋아하는 사람
高 **outer** [áutər]	[형] 밖의, 바깥의 ▶ out(밖에, 밖으로) + er(…하는 것) = outer(밖의, 바깥의) ▶ outer garments 겉옷, 외투
大 **outfield** [áutfìːld]	[명] 변두리, 변경 ▶ out(밖에, 밖으로) + field(들판) = outfield(변두리 변경)

高	**outfit** [áutfìt]	ⓜ 채비, 장비 ⓢ 몸차림을 하다, 준비하다. ▶ out(밖에, 밖으로) + fit(…맞다, …맞추다) → 밖에 나가려고 채비하여 준비하다 = outfit(채비, 장비, 몸차림을 하다, 준비하다) ▶ an outfit for a bride 신부의상, 일습
大	**outgoing** [áutgòuiŋ]	ⓗ 나가는, 떠나가는 ▶ out(밖에, 밖으로) + going(가는) = outgoing(나가는, 떠나가는)
大	**outing** [áutiŋ]	ⓜ 소풍, 피크닉 ▶ out(밖에, 밖으로) + ing(현재분사 어미) → 밖으로 나가는것 = outing(소풍, 피크닉)
高	**outlet** [áutlet, -lit]	ⓜ 배출구, 출구, 배수구 ▶ out(밖에, 밖으로) + let(들여 보내다) = outlet(배출구, 출구, 배수구) ▶ an outlet for one's anger 화풀이할 곳
高	**outline** [áutlàin]	ⓜ 윤곽, 약도 ⓣ 윤곽을(약도를) 그리다. ▶ out(밖에, 밖으로) + line(선을 긋다) = outline(윤곽, 약도, 윤곽을[약도를] 그리다) ▶ the outlines of new cars 신형차의 윤곽
大	**outlive** [àutlív]	ⓣ 보다 오래 살다, 살아남다. ▶ out(밖에, 마지막까지) + live(살다) = outlive(보다 오래 살다, 살아남다)
高	**out-look** [áutlùk]	ⓜ 조망, 전망, 경치, 예측 ▶ out(밖에, 밖으로) + look(보다, 바라보다) = outlook(조망, 전망, 경치, 예측) ▶ an outlook on[over] the sea 바다의 전망
大	**out-of-date** [áutəvdéit]	ⓗ 구식의, 낡은 ▶ out(밖에, 벗어나서) + of(…의) + date(날짜) = out-of-date(구식의, 낡은)
高	**out-put** [áutpùt]	ⓜ 생산, 산출, 출력 ▶ out(밖에, 밖으로) + put(놓다, 두다) = output(생산, 산출, 출력) ▶ output data 출력 자료
高	**out-rage** [áutrèidʒ]	ⓜ 침범, 불법, 난폭 ⓣ 폭행[학대]하다. ▶ out(밖에, 밖으로) + rage(격노, 분노) = 밖에서 격노해서 폭행하다 = outrage(침범, 불법, 난폭, 폭행[학대]하다) ▶ commit an outrage 폭행을 저지르다

O

大	**outrageous** [autréidʒəs]	ⓗ 난폭한, 포학한 ▶ outrage(불법, 침범, 난폭) + ous(형용사 어미) = outrageous(난폭한, 포학한)
大	**outright** [áutráit]	ⓑ 철저하게, 완전히 ▶ out(마지막까지) + right(바른, 옳은) = outright(철저하게, 완전히)
大	**outrun** [áutrʌ́n]	ⓣ 달려서 이기다, 달리어 앞지르다. ▶ out(마지막까지) + run(달리다) = outrun(달려서 이기다, 달리어 앞지르다)
大	**outset** [àutsèt]	ⓜ 착수, 시작 ▶ out(밖에, 밖으로) + set(놓다) → 밖으로 놓아 착수하다 = outset(착수, 시작)
中	**outside** [àutsáid]	ⓜ 바깥쪽, 외면 ▶ out(밖에, 밖으로) + side(쪽, 측면) = outside(바깥쪽, 외면) ▶ the outside of a house 집의 바깥쪽
大	**outsider** [àutsáidər]	ⓜ 문외한, 외부인 ▶ outsid(e)(바깥쪽, 외면) + er(…사람) = outsider(문외한, 외부인)
大	**outskirts** [àutsáidər]	ⓜ 변두리, 교외 ▶ out(밖에, 밖으로) + skirts(스커트, 치마, 변두리) = outskirts(변두리, 교외)
高	**outstanding** [àutstǽndiŋ]	ⓗ 눈에 띄는, 현저한 ▶ out(밖에, 밖으로) + standing(서 있는) = outstanding → 밖에 서 있는 눈에 잘 띄는(눈에 띄는, 현저한) ▶ an outstanding figure 뛰어난[탁월한]인물
大	**outstretched** [áutstrétʃt]	ⓗ 펼친, 뻗친 ▶ out(밖에, 밖으로) + stretched(뻗쳐있는) = outstretched(펼친, 뻗친)
大	**outward** [áutwərd]	ⓗ 밖을 향한, 외부로의 ▶ out(밖에, 밖으로) + ward(…향한, …쪽으로) = outward(밖을 향한, 외부로의) ▶ an outward form 외형 외관

高

oval
[óuvəl]

[형] 달걀 모양의, 타원형의 [명] 달걀 모양

다섯 친구가 벌린 원
[암] **오우(五友)벌린 달걀 모양의 서클.**
(oval) (circle)

高

oven
[ʌ́vən]

[명] 오븐, 가마, 솥, 화덕

업은채 무부(=무사)
[암] **가마 솥을 어븐채 무브(武夫)가 옮기다.**
(oven) (move)

中

over
[óuvər]

[부] 위에, 끝나서 [전] ~의 위의

[암] **위에 오버 코트를 덮다.**
(over) (coat)

▶ The sky is over heads.
하늘은 우리 머리 위에 있다.

大

overall
[óuvərɔ̀ːl]

[형] 전부의, 전체에 걸친, 전체적으로

▶ over(…넘어서) + all(모든) = overall(전부의, 전체에 걸친, 전체적으로)

大

overboard
[óuvərbɔ̀ːrd]

[부] 배 밖으로, (배에서) 물 속으로

▶ over(…넘어서) + board(판자, 배) = overboard(배 밖으로, [배에서]물 속으로)

高

overcame
[òuvərkéim]

overcome(이기다, 정복하다)의 과거

大

overcast
[òuvərkǽst, -kɑ́ːst]

[동] 구름으로 덮다, 어두워지다

▶ over(…넘어서, …보다 위에) + cast(던지다) → 땅에 구름을 던져

▶ 어두워지다 = overcast(구름으로 덮다, 어두워지다)

高

overcoat
[òuvərkòut]

[명] 오버(코트) 외투

▶ over(…넘어서, …보다 위에) + coat(코트) = overcoat(오버(코트), 외투)

高

overcome
[òuvərkʌ́m]

[타] 이겨내다, 극복하다, 정복하다.

▶ over(…보다 위에) + come(오다) → 보다 위로 오다 = overcome(이겨내다, 극복하다, 정복하다)

▶ overcome difficulties. 곤난을 이겨내다.

大

overcrowd
[òuvərkráud]

[동] 사람을 너무 많이 들이다, 혼잡하게 하다.

▶ over(…보다 위에) + crowd(군중, 붐비다) = overcorwd(사람을 너무 많이 들이다, 혼잡하게 하다)

大 **overeat** [òuvəríːt]	ⓢ 과식하다. ▶ over(넘어서 많이) + eat(먹다) = overeat(과식하다)
高 **overflow** [òuvərflóu]	ⓢ 넘쳐 흐르다, 넘치다. ⓜ 범람, 홍수 ▶ over(넘어서) + flow(흐르다) = overflow(넘쳐 흐르다, 넘치다, 범람, 홍수) ▶ an overflow of goods 상품의 과잉
大 **overhang** [òuvərhǽŋ]	ⓢ 위에 걸치다, 위에 쑥 내밀다 ▶ over(보다 위에, 넘어서) + hang(걸치다, 걸다) = overhang(위에 걸치다, 위에 쑥 내밀다)
大 **overhaul** [òuvərhɔ́ːl]	ⓣ (기계를) 분해 검사[수리]하다. ▶ over(보다 위에, 넘어서) + haul(세게 끌어 당기다) → 위에 물건을 세게 끌어 당기어 분해하다 = overhaul(분해 검사 [수리]하다)
高 **overhead** [óuvərhéd]	ⓑ 머리 위에, 머리 위의 ▶ over(보다 위에) + head(머리) = overhead(머리 위에, 머리 위의) ▶ the stars overhead 머리 위의 별
大 **overhear** [òuvərhíər]	ⓣ 귓결에[어쩌다] 듣다, 엿듣다. ▶ over(보다 위에) + hear(듣다) → 위에서 엿듣다 = overhear(귓결에 [어쩌다]듣다, 엿듣다)
大 **overland** [óuvərlæ̀nd, -lənd]	ⓗ 육로[육상]의 ⓑ 육로로 ▶ over(보다 위에) + land(육지) = overland(육로[육상]의, 육로로)
大 **overlap** [òuvərlǽp]	ⓢ 겹치다, 포개다. ▶ over(부다 위에) + lap(겹치게 하다) = overlap(겹치다, 포개다)
大 **overload** [òuvərlóud]	ⓢ 짐을 너무 많이 싣다. ⓜ 과중한 짐 ▶ over(보다 위에) + load(짐) = overload(짐을 너무 많이 싣다, 과중한 짐)
高 **overlook** [òuvərlúk]	ⓣ 바라보다, 내려다보다, 감독하다. ⓜ 전망 ▶ over(보다 위에) + look(보다) = overlook(바라보다, 내려다보다, 감독하다, 전망) ▶ overlook men at work. 현장에서 감독하다.

O

高 **overnight** [óuvərnàit]	ⓗ 밤을 새는, 밤새껏의 ⓟ 밤새껏 ▶ over(보다 위에, 넘어서) + night(밤) = overnight(밤을 새는, 밤새껏의, 밤새껏)
大 **overpower** [òuvərpáuər]	ⓣ 제압하다, 눌러버리다. ▶ over(보다 위에) + power(힘) = overpower(제압하다, 눌러버리다)
大 **overrun** [òuvərʌ́n]	ⓓ 널리 퍼지다, 범람하다, [곤충이]들끓다. ▶ over(보다 위에, 넘어서) + run(달리다) = overrun(널리 퍼지다, 범람하다, [곤충이]들끓다)
大 **overseas** [óuvərsí:z]	ⓗ 해외의, 해외로 ▶ over(넘어서) + sea(바다) + s(부사 어미) = overseas(해외의, 해외로)
大 **overshadow** [òuvərʃǽdou]	ⓣ 그늘지게 하다, 가리다. ▶ over(보다 위에) + shadow(그림자, 그늘지게 하다) = overshadow(그늘지게하다. 가리다)
大 **overshoe** [óuvərʃù:]	ⓜ 오버슈즈, 덧신 ▶ over(보다 위에) + shoe(신) = overshoe(오버슈즈, 덧신)
大 **oversleep** [òuvərslí:p]	ⓓ 너무 오래 자다, 늦잠 자다. ▶ over(보다 위에 많이) + sleep(잠자다) = oversleep(너무 오래 자다, 늦잠 자다)
大 **overspread** [òuvərspréd]	ⓣ …의 일대에 펼치다, 온통 뒤덮다. ▶ over(부다 위에) + spread(펴다, 펼치다) = overspread(…의 일대에 펼치다, 온통 뒤덮다)
高 **overtake** [òuvərtéik]	ⓓ …을 따라잡다[붙다], 추월하다. ▶ over(보다 위에) + take(잡다) = overtake(…을 따라잡다[붙다]. 추월하다) ▶ No Overtaking 추월 금지(게시)
大 **overtax** [òuvərtǽks]	ⓣ …에 지나치게 과세하다. ▶ over(보다 위에, 지나치게) + tax(세금, 과세하다) = overtax(…에 지나치게 과세하다)

高 **overthrow** [òuvərθróu]
[동] 뒤집어 엎다. [명] 타도, 전복
▶ over(뒤집어서) + throw(던지다) = overthrow(뒤집어 엎다, 타도, 전복)
▶ overthrow a king. 왕을 폐위시키다.

大 **overture** [óuvərtʃər, -tʃùər]
[명] 신청, 제안
▶ over(…에 관하여, 보다 위에) + ture(명사 어미) = overture(신청, 제안)

高 **overturn** [òuvərtə́:rn]
[동] 전복시키다[하다], 뒤집다. [명] 전복
▶ over(보다 위에, 뒤집어서) + turn(돌리다, 회전시키다) = overturn(전복시키다[하다], 뒤집다, 전복)
▶ The car overturned after skidding.
차가 미끄러져서 전복되었다

大 **overuse** [óuvərjú:z]
[타] 남용하다, 지나치게 쓰다. [명] 남용
▶ over(보다 위에, 지나치게) + use(쓰다) = overuse(남용하다, 지나치게 쓰다, 남용)

高 **overweight** [óuvərwèit]
[명] 초과중량
▶ over(넘어서는, 보다 위에) + weight(무게, 중량) = overweight(초과중량)

高 **overwhelm** [òuvərhwélm]
[타] 압도하다, 질리게 하다.
▶ over(넘어서는, 보다 위에) + whelm(압도하다) = overwhelm(압도하다, 질리게 하다)
▶ an overwhelming victory 압도적 승리

大 **overwinter** [òuvərwíntər]
[자] 겨울을 지내다, 월동하다.
▶ over(넘어서는, 보다 위에) + winter(겨울) = overwinter(겨울을 지내다, 월동하다)

大 **overwork** [òuvərwə́:rk]
[동] 너무 일을 하다, 과로하다. [명] 과로
▶ over(지나치게, 보다 위에) + work(일하다) = overwork(너무 일을 하다, 과로하다, 과로)

高 **owe** [ou]
[동] (은혜를)입고 있다, 빚이 있다, 빚지고 있다.
[암] **보이**에게 **오우(五友)**가 **(은혜를) 입고 있다.**
(보이: 소년에게 (boy), 오우(五友): 다섯 사람의 벗 (owe))

▶ We owe a lot of money to Mr. Green.
우리는 그린씨에게 많은 빚이 있다.

高 **owing** [óuiŋ]
[형] 빚지고 있는, …덕택에
▶ ow(e)(빚지고 있다) + ing(현재분사 어미) = owing(빚지고 있는, …덕택에)
▶ large sums still owing 아직 빚지고 있는 큰 돈

O

高 **owl** [aul]

명 [동물] 올빼미, 부엉이

암 (아이)**아(見) 울**리는 **올배미**.
(owl)

▶ Did you hear an owl? 올빼미 우는 소리를 들었니?

大 **owl-et** [áulət]

명 새끼 올빼미, 작은 올빼미

▶ owl(올빼미) + et(작은의 뜻을 가짐) = owlet(새끼 올빼미, 작은 올빼미)

中 **own** [oun]

형 자신의 동 소유하다.

암 **고드**신 **신**이 **오운** 천지를 **자신의** 걸로 **소유하다**.
(곧으신 / 온)
(God) (own)

▶ This is her own house.
이것은 그녀 소유의 집이다.

高 **owner** [óunər]

명 임자, 소유자

▶ own(소유하다) + er(…사람) = owner(소유한 사람 → 소유자, 임자)

암 **오!너(owner)**가 **소유자**인 **임자**냐?

▶ the current owner of the car 그 차의 현소유주

大 **ownership** [óunərʃìp]

명 소유권, 소유자 자격

▶ owner(소유자) + ship(명사 어미, 신분, 상태의 뜻) = ownership(소유권, 소유자 자격)

高 **ox** [ɑks / ɔks]

명 (노역・식육용인 거세한) 수소(황소)

암 거세시킨 수의사에게 **악스**는 **(거세한)수소**
(악 쓰는)
(ox)

▶ a pair of oxen 한 쌍의 소

大 **oxen** [ɑ́ksən / ɔ́ks-]

명 ox(거세한) 수소[황소]의 복수

▶ ox(거세한 수소[황소]) + en(복수의 뜻을 지님) = oxen(거세한 수소들)

大 **oxford** [ɑ́ksfərd / ɔ́ks-]

명 오스퍼드(잉글랜드 남부의 도시)
※옥스퍼드 대학이 있는 곳임.

高 **oxygen** [ɑ́ksidʒən / ɔ́ks-]

명 산소

암 **옥시(玉氏) 전(前)**에 놓인 **산소**통.
(옥씨(玉氏) 전(앞에))
(oxygen)

▶ an oxygen mask 산소 마스크.

大 **oxyen mask** [ɑ́ksidʒən mɑːsk]

명 산소 마스크

▶ oxygen(산소) + mask(가면) = oxygen mask(산소 마스크)

高 **oyster** [ɔ́istər]

㉮ 굴 ㉶ 굴을 따다.

암 오이(= oy) + ster(…하는 사람) → 오이와 굴을 섞어 요리하는 사람 = oyster(굴, 굴을 따다)

▶ oyster farm 굴 양식장[양식]

P

高 **pace** [peis]

㉮ 걸음 ㉯ 천천히 걷다.

암 홀 바닥에 **폐(弊)**(폐(비단폐) 깔려 있으니) **이스**니 **걸음**을 **천천히 걷다**. (pace)

▶ an ordinary pace 정상[보통] 걸음

高 **pacific** [pəsífik]

㉰ 평화의; [P–]태평양의 ㉮ [the P–]태평양

▶ paci(평화) + fic(형용사 어미) = pacific(평화의 태평양의)

암 헬리콥터(helicopter)로 **태평양의** 물을 **퍼 쉬 픽!**(퍼서 쉽게 픽! (pacific)) 부어.

大 **pacify** [pǽsəfài]

㉯ 평화롭게 하다, 진정시키다.

▶ paci(fic)(평화의) + fy(…화하다) = pacify(평화롭게하다, 진정시키다)

高 **pack** [pæk]

㉮ 보따리, 짐 ㉯ 싸다, 짐을 꾸리다, 포장하다.

암 와이프(아내가 (wife))가 **팩!**(pack)하고 (토라져) **보따리**를 **싸다**.

▶ Pack a sandwich for me. 샌드위치를 포장해 주세요.

中 **pack-age** [pǽkidʒ]

㉮ 짐꾸리기, 포장, 소포

▶ pack(짐, 싸다, 포장하다) + age(명사 어미, 집합상태) = package(짐꾸러기, 포장, 소포)

▶ send a package. 소포를 보내다.

高 **packer** [pǽkər]

㉮ 짐 꾸리는 사람, 포장업자, 포장기

▶ pack(짐, 싸다, 포장하다) + er(…하는 사람[것]) = packer(짐 꾸리는 사람, 포장업자, 포장기)

大 **packet** [pǽkit]

㉮ 소포, 한 다발

▶ pack(짐, 싸다, 포장하다) + et(작은 것) = packet(소포, 한 다발)

大 **packing** [pǽkiŋ]

㉮ 짐꾸리기, 포장 (美) 통조림(제조)업

▶ pack(짐, 싸다, 포장하다) + ing(현재분사 어미) = packing(짐꾸리기, 포장, (美)통조림[제조]업)

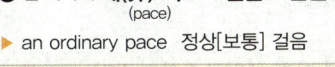

高
pad
[pæd]

명 덧대는 물건, 패드 타 속을 넣다.

암 옷에 **덧대는 물건 패드**로 **속을 넣다.**
(pad)

▶ a knee pad 무릎 패드

高
paddle
[pǽdl]

명 노(櫓) 동 노를 젓다, 물장난을 치다.

암 **노**를 든 **패들**이 **물장난을 치며 노를 젓다.**
(paddle)

大
pagan
[péigən]

명 이교도 형 이교도의

암 **이교도 패 이건**만 **러브하다.**
(pagan) (love)

大
page[1]
[peidʒ]

명 페이지, 책면 동 페이지 수를 매기다.

암 **책면**에 **페이지 수를 매기다.**
(page)

▶ turn a page 페이지를 넘기다.

大
page[2]
[peidʒ]

명 (제복 입은) 보이, 사환 타 급사로서 일하다.

암 **(제복입은)사환보이**가 **페이지**를 쓰며 **급사로서 일하다.**
(page)

大
pageant
[pǽdʒənt]

명 야외극 구경거리, 패전트

암 **야외극**에서 **구경거리**로 보이는 **패전트(敗戰鬪)**장면
패한 전투(敗戰鬪)
(pageant)

中
paid
[peid]

pay(지불[지급]하다)의 과거 과거분사 형 유급(有給)의, 유로의

高
pail
[peil]

명 들통, 물통, 양동이

암 **해머**로 **갱 패 일**그러트린 **물통(양동이)**
망치로 깡패 일그러트린
(hammer)(gang) (pail)

▶ an ice pail 얼음통

高
pain
[pein]

명 아픔, 고통 동 괴로워하다.

암 **페인(廢人)**이 **아픔(고통)**에 **괴로워하다.**
(pain)

▶ a pain in the head 두통

高
painful
[péinfəl]

형 아픈, 힘드는, 곤란한

▶ pain(아픔) + ful(형용사 어미) = painful(아픈, 힘드는)

▶ It was a painful experience. 그것은 괴로운 경험이었다.

中 **paint**
[peint]

㈜ 페인트를 칠하다. ㈔ 그림물감, 도료

▶ Mr. Han likes to paint pictures. 한씨는 그림 그리기를 좋아한다.

高 **painter**
[péintər]

㈔ 화가, 도장공, 페인트공

▶ paint(페인트 칠하다, 그리다) + er(…사람) = painter(화가, 도장공, 페인트공)

▶ a house painter 주택 도장공

高 **painting**
[péintiŋ]

㈔ 그림, 회화, 유화, 페인트칠

▶ paint (그리다, 페인트 칠하다) + ing(현재분사 어미) = painting(그림, 회화, 유화, 페인트칠)

▶ exhibit paintings 그림을 전시하다.

中 **pair**
[pɛər]

㈔ 한 쌍, 한 켤레, 부부

암 **갱**이 **한쌍**의 **부부**를 **패어**.
(gang) (pair)

▶ He bought a pair of new socks.
그는 새 양말 한 켤레를 샀다.

大 **pajamas**
[pədʒɑ́:məz / -dʒǽməz]

㈔ 파자마(잠옷), (회교도의)헐렁한 바지

高 **pal**
[pæl, pɑ́l]

㈔ [구어]친구 ㈜ 친해지다.

암 **펜 팔 친구**와 **친해지다**.
(pen)(pal)

▶ I have many pen pals. 나는 펜팔 친구가 많다.

中 **palace**
[pǽlis, -əs]

㈔ 궁전, 관저; 대저택

암 **궁전(궁궐)**같은 **팰리스 호텔**.
(palace) (hotel)

▶ The king lives in al palace. 왕은 궁전에 산다.

高 **pale**
[peil]

㈗ (안색이)창백한 ㈜ 창백해지다.

암 놈이 **부끄러운 민(民)폐 일**으키고 (안색이) **창백해지다**.
(mean) (pale)

▶ go[turn]pale 창백해지다.

大 **Palestime**
[pǽləstàin]

㈔ 팔레스타인(지중해 동쪽의 옛 국가)

大 **palette**
[pǽlit]

㈔ 팔레트, 조색판(調色板)

大 **pall** [pɔːl]

명 관을 덮는 보, 휘장 타 …을 덮다.

암 (대)포를 덮던 **폴** 덮던 **휘장**을 **관을 덮는보**로 써 관을 **덮다**. (pall)

高 **palm**[1] [pɑːm]

명 손바닥

암 순례자에게 **손바닥**같은 **종려나무**잎을 **팜**니다. (palm)

▶ read a person's palm. 아무의 손금을 보다.

高 **palm**[2] [pɑːm]

명 종료나무, 종려, 야자

암 순례자에게 **손바닥**같은 **종려나무**잎을 **팜**니다. (palm)

▶ the coconut palm 코코야자

大 **palmer** [pάːmər]

명 성지 순례자

▶ palm(종려, 야자) + er(…사람) → 종려나무 잎을 보며 관광하는 성지 순례자 = palmer(성지 순례자)

高 **pamphlet** [pǽmflit]

명 팸플릿, 작은 책자

암 **작은 책자 팸플릿** (pamphlet)

高 **pan** [pæn]

명 (납작한) 냄비

암 **(납작한) 냄비** 후라이 **팬** (pan)

高 **pancake** [pǽnkèik]

명 팬케이크

▶ pan(납작한 남비) + cake(케이크, 과자) → 프라이팬에 얇게 구운 과자 = pancake(팬케이크)

高 **pane** [pein]

명 (한 장의) 창유리, (미닫이의)틀 타 창유리를 끼우다.

암 페인트(=paint:도료)를 연관시켜 기억할 것 **페인**트칠한 **(미닫이 창)틀**에 **창유리를 끼우다**. (pane)

高 **panel** [pǽnl]

명 판벽널, 패널, 화판; 계기판;

▶ an instrument panel (비행기나 차량의)계기판

大 **pang** [pæŋ]

명 쑤시고 아픔, 격통, 고통, 고민

암 **팽**팽부어 **쑤시고 아픔**에 그 老友는(그늙은 벗은) **그로(老)운 신음하다**. (pang) (groan)

高 **panic**
[pǽnik]

명 공포, 당황 형 당황한 동 당황하(게 하다).

암 **오일**을 **프라이 팬**에 부으니 **팬니 크**게 튀겨 **당황하다**.
(oil) (frying pan) (panic)

▶ Don't panic! 당황하지 마라!

高 **panorama**
[pæ̀nərǽmə, -rɑ́:mə]

명 파노라마, 회전 그림:개관, 전경(全景)

▶ panoramic camera 파노라마 사진기

高 **pansy**
[pǽnzi]

명 (植) 팬지, 삼색제비꽃, 여자 같은 사내

암 **여자 같은 사내**가 **팬지**(편지에)에 넣어 보낸 **삼색제비꽃**
(pansy)

高 **pant**
[pænt]

동 헐떡거리다, 열망(갈망)하다. 명 헐떡거림

암 **불독**이 **팬 트**(프라이팬 틀어)러가며 **헐떡거리다**.
(bulldog) (pant)

▶ The horse panted along.
말은 헐떡거리면서 달렸다.

大 **pantomime**
[pǽntəmàim]

명 팬터마임, 무언극

大 **pantry**
[pǽntri]

명 식료품(저장)실

암 **쿡**(요리사가)이 **식료품(저장)실**에서 프라이 **팬트리**(프라이팬 틀이(틀다))
(cook) (pantry)

大 **pants**
[pænts]

명 (남자의)팬츠 바지, 속바지

▶ Ben has red pants on. 벤은 빨간색 바지를 입고 있다.

高 **papa**
[pɑ́:pə, pəpɑ́:]

명 아빠

中 **paper**
[péipər]

명 종이, 신문지, 서류

▶ Give me a sheet of paper. 종이 한 장 주세요.

大 **papyrus**
[pəpáiərəs]

명 (植) 파피루스((고대 이집트의 제지 원료))

파피루스 종이((파피루스로 만든 종이))

大

par

[pɑːr]

명 동등, 동가(同價)

암 **동등**한 **동가(同價)**인 **파**
(par)

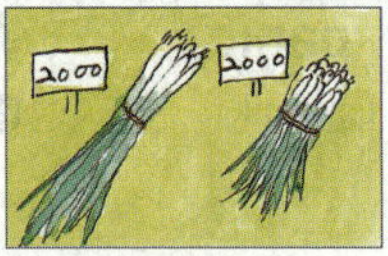

大

parachute

[pǽrəʃùːt]

명 낙하산 동 낙한산으로 떨어뜨리다.

암 적을 **패러 숱** 같은 검은 폭탄을 **낙하산으로 떨어뜨리다**.
(패려고 숯같은 / parachute)

高

parade

[pəréid]

명 행렬, 열병식, 과시, 행진 동 행진하다, 열병하다, 과시하다.

암 **보이 스카우트**가 **퍼레이드(열병식)행진을 하다**.
(Boy Scouts) (parade)

高

paradise

[pǽrədàis, -dàiz]

명 천국, 극락, 낙원

암 **고드신 신(神)**들께서 **패(牌)로 다 이스**신(계신) 곳이 **천국**.
(곧으신 / God) (패거리로 다 있으신 / paradise)

高

paradox

[pǽrədɑ̀ks / -dɔ̀ks]

명 역설, 모순된 설, 모순된 인물(일)

▶ para(이상, 부정) + dox(= opinion 의견) = paradox(역설)

암 **역설**로 **패(牌)로 독스(毒手)**를 휘두른 **모순된 인물**들.
(패거리로 독수(독 있는 손) / paradox)

大

paraffin, -fine

[pǽrəfin]

명 파라핀, 파라핀유(油)

中

paragraph

[pǽrəgræ̀f, -grɑ̀ːf]

명 절, 항(項), 단평

동 문장을 절로 나누다, 단평 기사를 쓰다.

암 보이가 **패(牌)로 그라프**를 그려 **단평 기사를 쓰다**.
(패거리로 그라프 / paragraph)

高

parallel

[pǽrəlèl]

형 평행의, 유사한 명 평행선, 대등한 자

동 평행하다, 비교하다, 필적하다.

암 **대등한 자**끼리 **패럴 랠**려고 **비교(필적)하다**.
(패(집)를 낼려고 / parallel)

高

paralyse

[pǽrəlàiz]

타 (英) = paralyze 동 마비시키다, 활동 불능이 되게 하다, 무력케 하다.

大

paralysis

[pərǽləsis]

명 마비, 중풍

▶ paraly(se)(마비시키다) + sis(명사 어미) = paralysis(마비, 중풍)

高 **paralyze**
[pǽrəlàiz]

㊍ 마비시키다, 활동 불능이 되게 하다, 무력케 하다.

술집에 갱 패(牌)를 놔(놓아)
㊙ **바**에 **갱 패(牌)럴 라 이즈**음 **무력케 하다**.
(bar) (gang) (paralyze)

大 **paramount**
[pǽrəmàunt]

㊕ 지상의, (권위 따위가) 최고의 ㊔ 수령, 군주

패거리로 마운트(산)
㊙ **군주**와 **수령**들이 **패(牌)로 마운트**(산)에 올라.
(paramount)

高 **paraphrase**
[pǽrəfrèiz]

㊍ 쉬운 말로 바꾸어 설명하다.
㊔ 바꾸어 설명하기

패거리로 수풀에 아주
㊙ **펠리컨**새가 **패(牌)로 풀에 이즈** 했음을 **쉬운 말로 설명하다**.
(pelican) (paraphrase)

大 **parasite**
[pǽrəsàit]

㊔ 아첨꾼, 기생충[균], 식객

잇따라
㊙ 비타민을 **기생충**같은 **식객**이 **패로사 잇**따라 **악어**같이 **먹어**
(parasite) (mugger)

高 **parasol**
[pǽrəsɔ̀ːl, -sɑ̀l / -sɔ̀l]

㊔ 파라솔, 양산
▶ beach parasol 해수욕장(해변가) 파라솔

高 **parcel**
[pɑ́ːrsəl]

㊔ 소포, 꾸러미

팥을
㊙ **파슬** 싼 **소포꾸러미**
(parcel)

大 **parch**
[pɑːrtʃ]

㊍ (콩 따위를) 볶다, 굽다, 태우다.

팥쥐
㊙ **햄**을 **공자**님이 **콩지 파치**와 **굽다**.
(ham) (Kongzi)(parch)

大 **parchment**
[pɑ́ːrtʃmənt]

㊔ 양피지(羊皮紙), 모조 양피지
▶ parch(태우다, 타다) + ment(명사를 만듦) → 불에 타서 흠이 있는 물건을 싸두는 종이 = parchment(양피지, 모조 양피지)

高 **pardon**
[pɑ́ːrdn]

㊏ 용서하다, 사면하다, 허락하다. ㊔ 용서, 허용 특사

인퍼메이션을 팔던자를
㊙ **스파이**에게 **정보**를 **파든**자를 **용서하다**.
(spy) (information)(pardon)
▶ I pardon your offense. 너의 과실을 용서해 준다.

大 **pare**
[pɛər]

㊏ 껍질을 벗기다, 잘라내다.

㊙ **완두콩 피(皮)**를 **패어**서 **껍질을 벗기다**.
(pea) (pare)

中 **parent** [pέərənt]

㉮ 아이를 기르다. ㉯ 부모, 양친

깡패인 어른 트기가

㉰ 강패 어런 트기가 양친 부모되 아이를 기르다.

(parent)

▶ our first parents . 우리들의 최초의 부모.(아담과 이브)

大 **parentage** [pέərəntidʒ]

㉯ 어버이임, 부모됨

▶ parent(부모, 양친) + age(명사 어미) = parentage(어버이임, 부모됨)

P

高 **parental** [pərέntl]

㉱ 어버이의, 부모의

▶ parent(부모, 양친) + al(형용사 어미, …의) = parental(어버이의, 부모의)

中 **Paris** [pǽris]

㉯ 파리 ((프랑스의 수도))

大 **parish** [pǽriʃ]

㉯ 교구, 교구민 본당(本堂)

파리시(市)의

㉰ 본당에 모인 패리시(市)의 교구민.

(parish)

大 **Parisian** [pərí(:)ʒiən / pərízìən]

㉱ 파리(사람)의

▶ Paris(파리) + ian(…의, …사람) = Parisian(파리의, 파리사람의)

中 **park** [pɑːrk]

㉯ 공원, 주차장 ㉮ 주차하다.

㉰ 박넝쿨 있는 공원 주차장에 주차하다.

(park)

▶ Pagoda Park 파고다 공원

高 **parking** [pάːrkiŋ]

㉯ 주차, 주차 허가

▶ park(주차하다) + ing(현재분사 어미) = parking(주차, 주차 허가)

大 **parkland** [pάːrklæ̀nd]

㉯ 공원 용지

▶ Park(공원, 주차장) + land(땅, 용지) = parkland(공원 용지)

大 **parley** [pάːrli]

㉯ 회담, 교섭 ㉮ 회담(상의)하다, 교섭(담판)하다.

㉰ 덩(똥)에서 파리들이 담판(회담)하다.

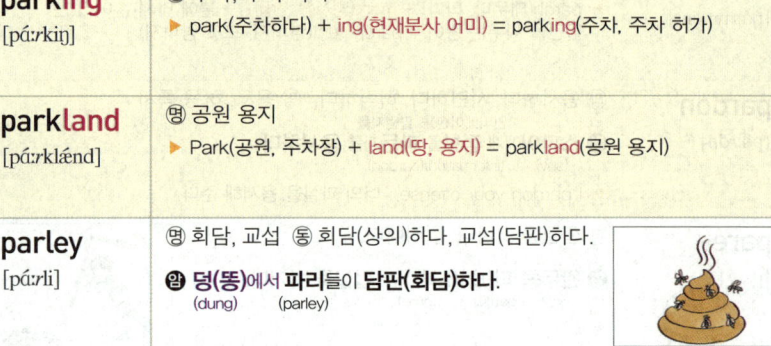

(dung) (parley)

高 **parliament** [pɑ́ːrləmənt]

[명] (보통P–), (영국 따위의)의회, 국회

팔려고 하면 트집
[암] **국회**를 **파러먼 트**집 잡는 **의회**.
(parliament)

大 **parliamentary** [pɑ̀ːrləméntəri]

[형] 의회(제도)의, ((속어)) 공손한

▸ parliament(의회) + ary(형용사 어미, …의) = parliamentary(의회[제도]의, ((속어))공손한)

高 **parlo(u)r** [pɑ́ːrlər]

[명] (미)객실, 거실, (미)…점(店), (호텔 따위의)담화실, 응접실

팔어
[암] **커피**를 **거실**에서 **팔러**.
(coffee) (parlo(u)r)

高 **parrot** [pǽrət]

[명] [조류] 앵무새 [동] 앵무새처럼 되뇌(게 하)다, 흉내내다.

파릇파릇
[암] **앵무새**가 **패럿**패럿 돋은 싹을 **팩**팩 **쪼아먹다**.
(parrot) (peck)

大 **parsley** [pɑ́ːrsli]

[명] 파슬리 [미나리과의 초본(草本)]

高 **parson** [pɑ́ːrsən]

[명] 교구 목사, 성직자

[암] 난**파선(破船)**에서 **성직자**가 살아남는 **인복(人福)**을 **신께 빌다**.
(parson) (invoke)

大 **parsoness** [pɑ́ːrsənis]

[명] 목사의 아내

▸ parson(교구 목사) + ess(여성명사 어미) = parsoness(목사의 아내)

中 **part** [pɑːrt]

[명] 부분 [부] 얼마간 [동] 나누어 넣다.

파를 틀어
[암] **수프**에 **얼마간**의 **파 트**러 **나누어 넣다**.
(soup) (part)

▸ part as friends. 사이좋게 헤어지다.

高 **partake** [pɑːrtéik]

[동] 참가[참여]하다, 함께 하다, 관여하다.

파를 가지려고 (=take)
[암] **파 테이크**하려고 뽑기에 **함께[참여]하다**.
(partake)

▸ partake of food and drink. 함께 먹고 마시다.

大 **partaker** [pɑːrtéikər]

[명] 함께 하는 사람, 참여자

▸ partak(e)(함께[참여]하다) + er(…하는 사람) = partaker(함께 하는 사람, 참여자)

P

高 **partial** [pάːrʃəl]

형 부분적인, 불완전한, 불공평한

▶ part(부분) + ial(= al, …한 성질의) = partial(부분적인, 불완전한, 불공평한)

▶ a partial opinion 편파적인 의견

大 **partiality** [pὰːrʃiǽləti]

명 불공평, 편애, 치우침

▶ partial(불공평한, 부분적인) + ity(명사 어미) = partiality(불공평, 편애, 치우침)

高 **partially** [pάːrʃəli]

부 불공평하게, 편파적으로, 부분적으로

▶ partial (부분적인, 불공평한) + ly(부사 어미) = partially(불공평하게, 편파적으로, 부분적으로)

高 **participant** [paːrtísipənt]

명 참가자 형 참여하는

▶ particip(ate)(참가하다) + ant(…하는 사람, 형용사 어미) = participant(참가자, 참여하는)

高 **participate** [paːrtísipèit]

동 관여[참가]하다.

▶ parti(= part) + cipate(= take) = participate (관여[참가]하다)

(party =)파티에 시(청) 패 2 트기도

암 **뷔페 파티 시(市)패 이트**기도 **참가하다**.

(buffet) (participate)

高 **participation** [paːrtìsipéiʃən]

명 참가, 관여, 참여

▶ participat(e)(참가[관여]하다) + ion(명사 어미) = participation(참가, 관여, 참여)

高 **participial** [pὰːrtisípiəl]

형 ((문법)) 분사의, 분사적인

▶ particip(le)(분사) + ial(…의[적인]) = participial(분사의, 분사적인)

高 **participle** [pάːrtisìpəl]

명 ((문법)) 분사

(party =)파티시 풀어

암 책벌레가 **파티시 플**어 보이는 **분사**활용법

(participle)

▶ a present[past] participle 현재[과거]분사

高 **particle** [pάːrtikl]

명 미립자, 분자; 미소, 근소, 극소량

파의 티끌

암 **수프**에 빠뜨린 **극소량**의 **파티클**.

(soup) (particle)

▶ He has not a particle of malice to you.
그는 네게 티끌 만큼도 악의가 없다.

大 **particle physics** [pάːrtikl fíziks]

명 소립자 물리학

▶ particle(소립자) + physics(물리학) = particle physics(소립자 물리학)

高

particular
[pərtíkjulər]

형 독특한, 특별한

(party)파티 굴러

암 **독특한(특별한)** 댄스 **파티 큘러**가며 해.

(particular)

▶ its particular advantages 그 특유의 이점

高

particularly
[pərtíkjulərli]

부 특히, 상세히, 크게, 특별히

▶ particular(독특한, 특별한) + ly(부사 어미) = particularly(특히, 상세히, 크게, 특별히)

▶ I particularly asked him to be careful. 나는 그에게 신중하도록 특별히 부탁했다.

高

parting
[pá:rtiŋ]

명 헤어짐, 이별, 사별, 분할

▶ part(나누다, 갈라지다, 헤어지다) + ing(현재분사 어미) = parting(헤어짐, 이별, 사별, 분할)

大

partisan, -zan
[pá:rtizən / pà:rtizǽn]

명 일당, 당원, 유격병, 한동아리

▶ parti(나누다, 갈라지다) + san, zan(…하는 사람) → 갈라져 전투하는 사람 = partisan(zan)(일당, 당원, 유격병, 한동아리)

大

partition
[pa:rtíʃən, pər-]

명 구획, 분할, 분배

▶ parti(나누다, 갈라지다) + tion(명사 어미) = partition(구획, 분할, 분배)

高

partly
[pá:rtli]

부 부분적으로, 일부(는), 얼마간

▶ part(나누다, 부분) + ly(부사 어미) = partly(부분적으로, 일부(는), 얼마간)

▶ You are partly right. 네 말도 일리는 있다.

高

partner
[pá:rtnər]

명 배우자, 상대자, 파트너 동 짝짓다.

암 평생의 **배우자(상대자) 파트너**.

(partner)

▶ a business partner 사업 동업자(파트너)

大

partnership
[pá:rtnərʃip]

명 공동, 협력, 조합

▶ partner(동료, 협력자, 파트너) + ship(명사 어미, …이 합한상태) = partnership(공동, 협력, 조합)

高

part-time
[pa:rttaim]

형 파트타임의, 비상근의

▶ part(부분, 일부) + time(시간) = part-time(파트타임의, 비상근의)

中

party
[pá:rti]

명 파티, 모임, 당(黨)

▶ part(부분, 일부) + y(명사를 만듦) = party(파티, 모임, 당(黨))

▶ a birthday party 생일 파티

P

P

中

pass
[pæs, pɑːs]

[동] 통과하다, 합격하다. [명] 통행, 합격

면접
[암] **인터뷰**에 **패스**하여 **통과하다(합격하다)**.
(interview) (pass)

▶ I passed the entrance exam.
나는 입학 시험에 합격했다.

大

passable
[pǽsəbəl, pάːs-]

[형] 통행[합격]할 수 있는

▶ pass(통행[합격]하다) + able(…할 수 있는) = passable(통행[합격]할 수 있는)

高

passage
[pǽsidʒ]

[명] 통행, 통과, 통행권

▶ pass(통과하기) + age(명사 어미) = passage(통행, 통과 통행권)

▶ free passage 자유[무상]통행권

大

passageway
[pǽsidʒwèi]

[명] 통로, 낭하, 복도

▶ passage(통행, 통과) + way(길) = passageway(통로, 낭하, 복도)

中

passenger
[pǽsəndʒər]

[명] 승객, 여객

▶ pass(지나가다, 통과하다) + en(…하다) + ger(= er …사람) = passenger(승객, 여객)

▶ a first-class passenger 1등칸의 승객

高

passerby
[pǽsərbái, pάːs-]

[명] 지나가는 사람, 통행인

▶ pass(지나가다, 통행하다) + er(…사람) + by(옆에) → 옆으로 지나가는 사람 = passerby(지나가는 사람, 통행인)

中

passing
[pǽsiŋ, pάːs-]

[명] 통행, 통과, 통행(통과)하는

▶ pass(통행[통과]하다) + ing(현재분사 어미) = passing(통행, 통과, 통행[통과]하는)

▶ passing history 현대사

高

passion
[pǽʃən]

[명] 정열, 격정, 열심, 정욕, 아주 좋아하는 것, 열렬한 연애

폐선(=폐기한 배)
[암] **폐선(廢船)**에서 **열정**적인 **열애**하는 **올드미스**.
(passion) (oldmiss)

高

passionate
[pǽʃənit]

[형] 열렬한

▶ passion(열정, 열애) + ate(…이 있는) = passionate(열렬한)

▶ a passionate rage 격노

大

passionately
[pǽʃənitli]

[부] 열렬히

▶ passionate(열렬한) + ly(부사 어미) = passionately(열렬히)

高
passive
[pǽsiv]

형 수동의, 소극적인, 수동적인

▶ (통과하다 = pass) + (ive = …하게 하는) → 쉽게 통과하도록 대충 건문하는 = passive(수동의, 소극적인, 수동적인)

▶ a passive disposition 소극적인 성질

高
passport
[pǽspɔ̀ːrt / pάːs-]

명 여권, 패스포트, 허가증

▶ (통과하다 = pass) + (port = 항구) → 세관을 통과해 항구로 나갈 수 있는 = passport(여권, 패스포트, 허가증)

▶ show me your passport please. 여권을 보여주십시오.

中
past
[pæst / pɑːst]

명 과거 전 ~을 지나(서) 형 지나간

암 **흑사병 페스트**가 **패스트**하여 **지나간 과거**.
(pest) (past)

▶ Don't think the past. 과거는 생각하지 말아라.

高
paste
[peist]

명 풀; 반죽 동 풀로 붙이다.

벽보를 실패한 이씨가 서투르게
암 **포스터**를 **패(敗)이(李) 스트**르게 **풀로 붙이다**.
(poster) (paste)

▶ paste a wall with paper. 벽지를 바르다.

大
pastime
[pǽstàim / pάːs-]

명 기분 전환[풀이], 오락

▶ (지나가다, 보내다 = pas[s]) + (time = 시간) → 시간을 보내는 놀이 = pastime(기분 전환[풀이], 오락)

大
pastor
[pǽstər / pάːs-]

명 목사, 정신적 지도자, 목자

폐수를 버리는 터 같이 더러운 세상을
암 **폐스(廢水) 터** 같은 세상의 **정신적 지도자**인 **목사**
(pastor)

大
pastoral
[pǽstərəl]

형 목자의,목사의, 전원(田園)의

▶ pastor(목사, 목자) + al(…의) = pastoral(목자의, 목사의, 전원의)

高
past participle
[pæst pάːrtəsìpəl]

[문법] 과거 분사

▶ (과거 = past) + (participle = 분사) = past participle(과거 분사)

高
past perfect
[pæst pə́ːrfikt]

[문법] 과거 완료

▶ (과거 = past) + (perfect = 완료한, 완전한) = past perfect(과거 완료)

高
past tense
[pæst tens]

[문법] 과거 시제

▶ (과거 = past) + (tense = 시제) = past tense(과거, 시제)

P

P

高 **pasture** [pǽstʃər / pɑ́:s-]

㉮ 목장, 목초(지) ㉯ 방목하다.

암 소를 **목초지**에 **페스(廢水) 쳐** 내고 **방목하다**.
(pasture)

▶ a pasture ground 목초지

高 **pat** [pæt]

㉯ 가볍게 치다; 쓰다듬다, 무마하다. ㉮ 가볍게 두드리기

두목이 깡 패 틀어지잖게
암 **보스**가 **갱 패 트**러지잖게 **가볍게 치며 쓰다듬다**.
(boss) (gang) (pat)

大 **pat-ball** [pæt bɔ:l]

㉮ 패트볼(야구 비슷한, 영국의 구기)

高 **patch** [pætʃ]

㉮ 헝겊, 고약, 안대
㉯ 헝겊을 대(고 깁)다, 주워 맞추다.

폐(비단폐) 취(取)
암 **가운**을 **폐(幣)치(取)**해들고 **헝겊을 대(고 깁)다**.
(gown) (patch)

▶ sew on a patch. 천 조각을 대어 깁다.

大 **patchy** [pǽtʃi]

㉰ 누럭누럭 기운, 주워모은

▶ patch(헝겁을 대고 깁다) + y(형용사 어미) = patchy(누럭누럭 기운, 주워모은)

高 **patent** [pǽtənt / péit-]

㉮ 전매 특허(권 품) ㉯ (전매)특허를 얻다(받다).

폐(비단폐) 텐트(=텐트)
암 **폐(幣)텐트**를 만들어 (전매)**특허를 얻다(받다)**.
(patent)

大 **paternal** [pətə́:rnl]

㉰ 아버지(로서)의

▶ (아버지 = pater) + (nal = al,…의) = paternal(아버지[로서]의)

中 **path** [pɑ:θ]

㉮ 작은 길, 보도, 통로

암 **파스**(수)꾼이 지키는 **작은 길** 같은 **통로**
(path)

▶ the path to success 성공에 이르는 길

高 **pathetic** [pəθétik]

㉰ 애처로운, 가련한, 감상적인

펴 새끼새 티끌로
암 **멋진 부리**를 **퍼 새 틱**끌로 싸는 **가련하**고 **감상적인**새
(bully) (pathetic)

高 **pathetical** [pəθétikəl]

㉰ 애치러운, 가련한, 감상적인

펴 새끼새 티끌로
암 **멋진 부리**를 **퍼 새 티컬**로 싸는 **가련하**고 **감상적인**새
(bully) (pathetical)

大 **path-way** [pǽθwèi, pɑ́:θ-]

㉢ 통로, 좁은 길, 오솔길

▶ (좁은 길 = path) + (way = 길) = pathway(통로, 좁은 길, 오솔길)

高 **patience** [péiʃəns]

㉢ 인내, 참을성, 끈기

암 **인내**와 **끈기**로 **패 이(二)션스**를 **다운시키다**.
(패서 두 선수를) (patience) (down)

▶ show[display] patience. 인내심을 발휘하다.

高 **patient** [péiʃənt]

㉨ 인내심이 강한 ㉢ 환자

▶ patien(ce)(인내, 끈기) + t(형용사 어미) = patient(인내심이 강한, 환자)

▶ He is patient of insults. 그는 모욕을 잘 참는다.

高 **patriot** [péitriət, -ɑ̀t / pǽtriət]

㉢ 애국자, 지사, 우국지사

암 **애국자**가 만든 **페트리어트 미사일(유도탄)**
(patriot) (missile)

▶ He is an ardent patriot. 그는 열렬한 애국 지사이다.

大 **patriotic** [pèitriɑ́tik / pæ̀triɔ́tik]

㉨ 애국적인, 애국의

▶ patriot(애국자) + ic(…의) = patriotic(애국적인, 애국의)

大 **patriotism** [péitriətìzəm]

㉢ 애국심

▶ patriot(애국자, 지사) + ism(주의, 신앙의 뜻) = patriotism(애국심)

高 **patrol** [pətróul, -rɔ́ul]

㉢ 순회, 순찰, 패트롤, 순찰대, 순라

㉣ 순회하다, 순찰하다, 패트롤하다, 순라하다.

암 **세파트개**를 **퍼트러 울** 밑을 **순찰대**가 **순찰하다**.
(shepherd) (퍼뜨려 울) (patrol)

高 **patron** [péitrən]

㉢ 후원자, 고객 보호자

암 **패(敗)이(李) 트런. 후원자(보호자)**
(패(실패)한 이씨의 삶을 틀언(돌린)) (patron)

▶ a patron of the arts 예술 후원자

大 **patronage** [péitrənidʒ, pǽt-]

㉢ 후원, 보호, (상업상의)단골, 애호

▶ patron(후원자, 보호자) + age(명사 어미) = patronage([상업상의]단골, 애호)

大 **patronize** [péitrənàiz, pǽt-]

㉤ 보호하다, 후원하다

▶ patron(보호자, 후원자) + ize(…화하다) = patronize(보호하다, 후원하다)

P

大
patter¹
[pǽtər]

[동] 또닥또닥 소리가 나다, (비 먼지가)후두두 내리다.

[암] 구름이 비를 **패 터**(뱉어)내니 **(비가)후두두 내리다**.
(patter)

大
patter²
[pǽtər]

[명] 재잘거림, 쓸데 없는 이야기, 수다. [동] 재잘대다, 은어를 지껄이다.

[암] 미스들이 침을 **패 터**(뱉어)가며 **수다**떨며 **은어를 지껄이다**.
(patter)

高
pattern
[pǽtərn]

[명] 도안, 무늬, 모범 [동] 본뜨다.

먼지묻은 상패 턴후
[암] 상 **패 턴**후 놓고 **모범 무늬**를 **본뜨다**.
(pattern)

▶ follow a pattern. 귀감(본보기)을 따르다.

高
pause
[pɔːz]

[명] 휴지(休止), 중지 [동] 휴지(중단)하다.

포주(=창녀를 두고 영업을 하는 행위)
[암] **마담**이 **포즈** 짓을 **중단하다**.
(madam) (pause)

高
pave
[peiv]

[타] 포장하다, 준비하다, 닦다. [명] 포장길

[암] **탱크**가 지나가 **포장길**이 **폐(弊)이브**(입으)니 또 **포장하다**.
(tank) (pave)

▶ pave a street. 도로를 포장하다.

高
pavement
[péivmənt]

[명] 포장 도로, 포장한 바닥

▶ pave(포장하다) + ment(명사 어미) = pavement(포장, 도로, 포장한 바닥)

大
paver
[péivər]

[명] 포장공, 포장 기계

▶ pav(e)(포장하다) + er(…하는사람[것]) = paver(포장공, 포장 기계)

高
pavilion
[pəvíljən]

[명] 큰 천막, 관람석 [타] …에 천막을 치다.

펴 빌려온자가
[암] **큰 천막**을 **펴 빌련**자가 **관람석에 천막을 치다**.
(pavilion)

高
paw
[pɔː]

[명] (발톱 있는 동물의) 발

[동] (말이) 앞발로 차다(긁다).

건어물 포
[암] **경주마**가 **쥐포(脯)**를 **앞발로 긁다**.
(gee) (paw)

大
pawn
[pɔːn]

[명] 전당(典當), 전당물 [동] 전당잡다.

포는
[암] **전당(典當)폰 전당물**을 **전당잡다**.
(pawn)

中 **pay** [pei]

㊐ 지불하다. ㊔ 지불, 급료, 보수

암 **보스**가 **패이(敗李)**에게도 **급료**를 **지불하다**.
주인이 (boss) / 패이(실패한 이씨) (pay)

▶ I paid money to him. 그에게 돈을 치렀다.

大 **payable** [péiəbəl]

㊕ 지불할 수 있는

▶ pay(지불하다) + able(…할 수 있는) = payable(지불할 수 있는)

高 **payment** [péimənt]

㊔ 지불, 납부

▶ pay(지불하다) + ment(명사를 만듦) = payment(지불, 납부)

高 **pea** [piː]

㊔ 완두, 완두콩

암 **완두콩 피(皮)**를 **패어**서 **껍질을 벗기다**.
(pea) (pare)

中 **peace** [piːs]

㊔ 평화, (마음의)평안

암 **피 스**(수)없이 흘려 찾은 **평화**
(peace)

▶ in peace and war 평화시에나 전시에나

大 **peaceable** [píːsəbəl]

㊕ 평온한, 태평한, 평화로운

▶ peace(평화) + able(…할 수 있는, …할 만한) = peaceable(평온한, 태평한, 평화로운)

高 **peaceful** [píːsfəl]

㊕ 평화로운, 평화적인

▶ peace(평화) + ful(형용사 어미, …이 많은) = peaceful(평화로운, 평화적인)

高 **peach** [piːtʃ]

㊔ 복숭아, 복숭아 나무

암 **복숭아**를 **피치**못해 **손니 치**마로 **훔치다**.
(peach) 순이(가) 치마로 (snitch)

▶ Would you like peaches for dessert?
후식으로 복숭아를 드시겠습니까?

高 **peacock** [píːkàk / -kɔ̀k]

㊔ 공작 (특히 수컷)

암 **빈 콩꼬투리 피(皮)콕!** 쪼아 먹는 **공작**(특히 수컷)
(bean) 껍질을 콕! (peacock)

高 **peak** [piːk]

㊔ 산꼭대기, 절정, 봉우리, 뾰족한 끝 ㉶ 최고점에 이르다.

암 등산가가 **피 크**게 흘려가며 **산꼭대기 최고점에 이르다**.
(peak)

▶ the peak of happiness 행복의 절정

大 **peal** [piːl]

명 (종의)울림 동 (종 따위가)울리다, 울려퍼지다.

필(皮를=껍질을)
암 **쌩쌩!소리**가 **징 필**치니 **울림**이 **울려 퍼지다**.
(zing)(peal)

高 **pea-nut** [píːnʌ̀t]

명 땅콩, 낙화생

▶ (완두콩 = pea) + (nut = 나무 열매) → 콩과 식물로 단단한 열매 맺힌 것이 = peanut(땅콩, 낙화생)

高 **pear** [pɛər]

명 서양배(나무)

암 **양키**가 **엑스**(x)자형 **도끼**로 **서양배나무**를 **패어**
(Yankee) (ax[e]) (pear)

中 **pearl** [pəːrl]

명 진주

암 갯 **펄**(벌)에서 캔 **진주**
(pearl)

▶ a cultured pearl 양식 진주

高 **peasant** [pézənt]

명 농부 소작농, 시골뜨기, 촌사람

못 쓰게 된밭 틀어서
암 **시골뜨기, 농부**가 **폐전(廢田)트**러서 그 곳에 **풀장 물웅덩이를 만들다**.
(peasant) (pool)

▶ a poor peasant 영세 농민

高 **pebble** [pébəl]

명 자갈, (둥근)조약돌 동 작은 돌로 치다, 자갈로 덮다.

암 **거리**의 **매춘부**를 **조약돌**로 **패 블**(불)륜녀를 **작은 돌로 치다**.
(girlie) (pebble)

高 **peck** [pek]

명 쪼기 동 부리로 쪼다, 쪼아먹다.

암 **펭귄**이 **크릴**새우를 **팩! 부리로 쪼아먹다**.
(penguin) (krill) (peck)

▶ The hen pecked the corn. 암탉이 옥수수를 쪼아먹었다.

高 **peculiar** [pikjúːljər]

형기묘한, 괴상한, 특별한, 독특한

피양이 귤을 이어서 목걸이
암 미스 **피(皮) 귤 리여**서 만든 **괴상한 가짜 목커리**.
(peculiar) (mockery)

大 **peculiarity** [pikjùːliǽrəti]

명 특성, 특색

▶ peculiar(독특한, 특별한) + ity(추상 명사 어미) = peculiarity(특색, 특성)

大 **peculiarly** [pikjúːljərli]

부 특히, 특별히

▶ peculiar(독특한, 특별한) + ly(부사를 만듦) = peculiarly(특히, 특별히)

高	**pedal** [pédl]	명 발판, 페달 동 페달을 밟다(밟아 달리다). 암 보이가 자전거 **페들(발판)을 밟아 달리다.** (페달) (pedal)
大	**peddle** [pédl]	동 행상을 하다, 도부치다, 소매하다. 암 장돌뱅이 **패들이 행상을 하다.** (peddle)
大	**peddler** [pédlər]	명 행상인 ▶ peddl(e)(행상을 하다) + er(…하는 사람) = peddler(행상인)
大	**pedlar,-ler** [pédlər]	명 peddler 와 같은 단어 임 ▶ ped(d)l(e)(행상을 하다) + ar, er(…하는사람) = pedlar, pedler(행상인)
大	**pee** [piː]	명 오줌 자 오줌누다, 쉬하다. 암 **보이**가 **피!**하고 **오줌을 싸다(갈기다).** (boy) (pee)
高	**peek** [piːk]	자 몰래 엿보다, 흘끗보다. 명 몰래 엿보기 [컴퓨] 집어내기 암 **미스**의 **멘스 피 크**게 나는걸 **몰래 엿보다.** (Miss Mens-)(peek)
高	**peel** [piːl]	동 겁질을 벗기다[이 벗어지다]. 명 (과일의) 껍질 암 **바나나 필** 잡고 **껍질을 벗기다.** (피(皮)를) (banana)(peel)
高	**peep** [piːp]	동 엿보다, 들여다보다; 나타나다. 명 엿보기 암 **그렇게 소피 프**러놓고 보는 걸 **엿보다.** ((소변봄)소피 풀어) (so)(peep) ▶ peep into a room. 방안을 들여다보다. 
高	**peer[1]** [piər]	명 동료, 또래집단 암 **동료**와 **또래집단**간에 정이 **피어** (peer) 
大	**peer[2]** [piər]	자 자세히 보다, 응시하다. 암 **동료**와 **또래집단**간에 **피어**나는 정을 **자세히 보다.** (peer)

高 **peg** [peg]

㊔ 나무못, …걸이 ㊉ 나무못을 박다.

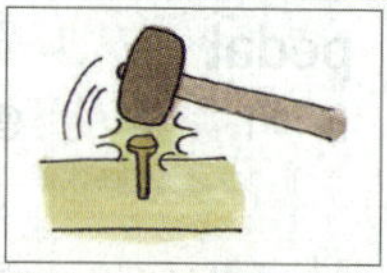

암 해머로 나무못을 패(서) 그 나무못을 박다. (hammer) (peg)

▶ a hat peg 모자걸이

大 **Peking, Beijing** [pí:kíŋ, béidʒíŋ]

㊔ 베이징 (北京) 중국의 수도

大 **pelican** [pélikən]

㊔ 펠리컨; 사다새

大 **pelt** [pelt]

㊔ 내던 짐 ㊍ 던지다 (욕설을) 퍼붓다, 내던지다.

암 (욕설을) 퍼붓다가 팰트(팰 듯이)시 물건을 내던지다. (pelt)

中 **pen[1]** [pen]

펜, 필적, 작가

▶ the best pens of the day 당대 일류의 작가들

高 **pen[2]** [pen]

(가축의)우리, 축사 ㊉ 우리 안에 가두다.

암 펜대같이 박아놓은 (가축의) 우리(축사) (pen)

▶ a pig pen 돼지우리, a sheep pen 양의 우리

大 **penal** [pí:nəl]

㊕ 형벌의, 형(形)의

암 (pin=)핀을 연관시켜 기억할 것 핀 늘 들고 찌르는 형벌의 형을 애드(애들에게)레게 가하다. (penal) (add)

大 **penalize** [pí:nəlàiz, pén-]

㊍ 유죄를 선고하다, (경기에서 반측자에게)형벌을 주다

▶ penal(형벌의, 형의) + ize(…화하다, 동사 어미) = penalize(형별을 주다)

高 **penalty** [pénəlti]

㊔ 형벌, 처벌, 벌금, 패널티

▶ penal(형벌의) + ty(명사 어미) = penalty(형벌, 처벌, 벌금, 패널티)

암 축구에서 형벌로 패널티 킥을 차다. (penalty) (kick)

大 **penance** [pénəns]

㊔ 참회, 후회

▶ pen(al)(형벌의) + ance(명사 어미) → 형벌 받을 짓을 한것에 대한 참회(후회)를 하다 = penance(참회, 후회)

高 **pence**
[pens]

명 펜스 (영국 화폐의 단위 penny의 복수)

中 **pencil**
[pénsəl]

명 연필 동 연필로 쓰다.

암 **펜 슬**며시 두고 **연필로 쓰다**.
(pencil)

▶ a colored pencil 색연필

大 **pencil case**
[pénsəl keis]

명 필통

▶ pencil(연필) + case(상자) = pencil case(필통)

大 **pend**
[pend]

동 미결인 채로 있다, 매달리다.

펜을 들고가
암 **펜 드**고가 결재가 **미결인 채로 있다**며 **매달리다**.
(pend)

大 **pendant**
[péndənt]

명 늘어져 있는 물건, 늘어뜨린 장식, 부속물

▶ pend(매달리다) + ant(…하는 것) = pendant(늘어져 있는 물건, 늘어뜨린 장식, 부속물)

高 **pending**
[péndiŋ]

형 드리워진, 미정[미결]의(매달려 있는 상태)

▶ pend(매달리다) + ing(현재분사 어미) = pending(드리워진, 미정[미결]의[매달려 있는 상태])

大 **pendulum**
[péndʒələm / -də-]

명 (시계 따위의) 흔들리는 추, 매다는 램프

▶ pend(매달리다) + ulum(라틴어계의 명사 어미) = pendulum([시계 따위의]흔들리는 추, 매다는 램프)

高 **penetrate**
[pénitrèit]

동 꿰뚫다, 관통하다, 통찰하다.

펜이 틀에 이(톱니) 틀어지게
암 **페니 트레 이 트**러지게 걸려 **관통하다**.
(penetrate)

▶ The bullet penetrated his chest.
총알이 그의 가슴을 관통했다.

大 **penetrating**
[pénitrèitiŋ]

형 꿰뚫는, 통찰력이 있는

▶ penetrat(e)(꿰뚫다) + ing(현재분사 어미) = penetrating(꿰뚫는, 통찰력이 있는

大 **penetration**
[pènitréiʃən]

명 관통, 통찰(력)

▶ penetrat(e)(꿰뚫다, 관통하다) + ion(명사 어미) = penetration(관통, 통찰[력])

P

高 **penguin**
[péŋgwin]

㊔ 펭귄새

大 **penicillin**
[pènisílin]

㊔ 페니실린

P

高 **peninsula**
[pinínʃələ]

㊔ 반도

핀 인술(어진 의술)로
암 반도에 **핀 인술(仁術)로 멍키**를 **닥터**가 **치료하다**.
(peninsula) (monkey) (doctor)

▶ The Korean Peninsula 한반도

大 **peninsular**
[pinínʃələr]

㊞ 반도[모양]의

▶ peninsul(a)(반도) + ar(…의) = peninsular(반도[모양]의)

大 **pennant**
[pénənt]

㊔ 페넌트, 길고 좁은 삼각기

大 **penniless**
[pénilis]

㊞ 무일푼의, 몹시 가난한

▶ penn(y) → i(페니: 영국의 화폐 단위) + less(…이 없는) = penniless(무일푼의, 몹시 가난한)

高 **penny**
[péni]

㊔ 페니 (영국의 화폐 단위)

▶ A penny saved is a penny earned
((격언)) 한푼의 절약은 한푼의 이득

高 **pen pal**
[pén pæ̀l]

㊔ 펜팔, 편지를 통하여 사귀는 친구

▶ (펜 = pen) + (pal = 친구) = pen pal(펜팔, 편지를 통하여 사귀는 친구)

高 **pension**
[pénʃən]

㊔ 연금, 은급 ㊍ 연금을 주다.

펜대만 놀리던 선생에게
암 퇴직한 **펜(pen)션**생에게 **연금을 주다**.
(pension)

▶ draw one's pension. 연금을 타다.

大 **pensive**
[pénsiv]

㊞ 생각에 잠긴, 구슬픈, 시름에 젖은

연애편지 펜 씹으며
암 러브레터 쓰다가 **펜 시브**며 **구슬픈 생각에 잠긴** 보이.
(love-letter) (pensive)

大

pentagon
[péntəgàn / péntəgɔ̀n]

명 오각형, ((theP-))미국 국방부(건물이 오각형임)

펜을 타고는　날다
암 외계인 ET가 **5각형**의 **펜타곤 미국방부** 월 **플라이 하다.**
(pentagon)　(fly)

大

pentagonal
[pentǽgənəl / péntagɔ̀nəl]

형 오각형의

▶ pentagon(5각형) + al(…의) = pentagonal(오각형의)

高

people
[pí:pl]

명 사람들, 국민 동 ~에 사람을 살게 하다.

피　풀어
암 맺힌 **피 플**어 주어 **사람(국민)을 살게 하다.**
(people)

▶ They are good pelple. 그들은 좋은 사람들이다.

高

pepper
[pépər]

명 고추, 후추 타 후추가루를 뿌리다.

암 **아이눈**에 **갱 패 퍼**든 **고추(후추)가로를 뿌리다.**
(eye)　(gang)(pepper)

▶ red pepper 붉은 고추(향신료)

高

per
[pə:r, pər]

전 ~마다, 에 대해, ~에 따라서, …에 의하여

암 물을 저**마다 퍼 가글**가글(소리내) **양치질을 하다.**
(per)(gargle)

▶ per Mr. Han 한씨에 의하여(의해)

高

perceive
[pərsí:v]

명 지각(知覺)하다, 이해하다

▶ per(완전히) + ceive(= take) = perceive(이해하다)

퍼　씹으며
암 **팝-콘**을 **퍼 시브**며 맛을 **지각(이해)하다.**
(popcorn)　(perceive)

高

percent
[pərsént]

명 퍼센트, 백분(%)

▶ a five percent increase 5퍼센트의 증가

高

percentage
[pərséntidʒ]

명 백분율, 비율; 수수료, 이율

▶ percent(퍼센트) + age(명사 어미) = (백분율, 비율, 수수료, 이율)

大

perceptible
[pərséptəbəl]

형 지각할 수 있는

▶ perce(ive) → pt(지각하다) + ible(= able…할 수 있는) = perceptible(지각할 수 있는)

大

perception
[pərsépʃən]

명 지각, 인식, 이해

▶ perce(ive) → pt(지각[이해]하다) + ion(명사 어미) = perception(지각, 인식, 이해)

高

perch
[pəːrtʃ]

㉮ (새의) 횃대, 높은지위 ㉯ (새가) 횃대에 앉다.

뻗치어
암 새가 **퍼치**어 있는 **횃대에 앉다.**
(perch)

▶ A bird perches on a twig. 새가 가지에 앉는다.

中

perfect
[pə́ːrfikt]

㉮ 완전한, 숙달된, 완벽한 ㉯ 완성하다.

펴서픽! 틀어
암 **콜탄**을 **퍼 픽 트**러 싣는걸 **완벽한** 기술로 **완성하다.**
(coal) (perfect)

▶ a perfect wife 완벽한 아내

大

perfecter
[pəːrféktər]

㉮ 완성자, 개량자

▶ perfect(완전한) + er(…사람) = perfecter(완성자, 개량자)

高

perfection
[pərfékʃən]

㉮ 완전, 완벽

▶ perfect(완전한) + ion(명사 어미) = perfection(완전, 완벽)

▶ remain in perfection 온전[완전]한 채로 남아 있다

高

perfectly
[pərféktli]

㉮ 완전히, 완벽히, 충분히

▶ perfect(완전한) + ly(부사 어미) = perfectly(완전히, 완벽히, 충분히)

高

perform
[pərfɔ́ːrm]

㉮ 수행하다, ~하다, 실행하다.

▶ per(완전히) + form(하다) = perform(수행[실행]하다)

암 **프라이**를 **버터**를 **퍼 폼**(펴서 폼)잡고 **수행하다.**
(fry) (butter) (perform)

▶ perform one's promise. 약속을 수행하다.

高

performance
[pərfɔ́ːrməns]

㉮ 수행, 실행, 동작

▶ perform(수행[실행]하다) + ance(명사 어미) = performance(수행, 실행, 동작)

▶ the performance of one's duty 직무의 수행

高

performer
[pərfɔ́ːrmər]

㉮ 행위자, 수행자, 실행자

▶ perform(수행[실행]하다) + er(…하는 사람) = performer(행위자, 수행자, 실행자)

大

performing
[pərfɔ́ːrmiŋ]

㉮ 실행[이행,수행]하는

▶ perform(수행[실행,이행]하다) + ing(현재분사 어미) = performing(실행[이행, 수행]하는)

高

perfume
[pə́ːrfjuːm / pərfjúːm]

㉮ 향기, 향수 향료 ㉯ 향기를 풍기다.

펴서퍼지게 함으로
암 **향료**를 **퍼 피움**으로 **향기를 풍기다.**
(perfume)

▶ (a) heady[strong]perfume 향이 강한 향수.

中

perhaps

[pərhǽps, pərǽps]

[부] 아마, 어쩌면, 혹시나

퍼 했슈(퍼서 했수?)
[암] 이것은 **버터**를 **혹시나 퍼햅스?**
(butter) (perhaps)

▶ Perhaps he has lost it. 아마 그는 그것을 잃었을 것이다.

高

peril

[pérəl]

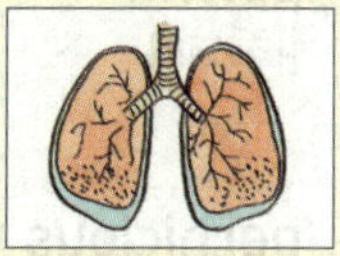

[명] 위험, 위험한 것 [동] 위험하게 하다.

폐(肺)를
[암] **점**같은 **병원균**이 **폐(肺)럴 위험하게 하다.**
(germ) (peril)

▶ I was in peril. 나는 위험에 처했다.

高

perilous

[pérələs]

[형] 위험한, 위험이 많은

▶ peril(위험) + ous(형용사 어미) = perilous(위험한, 위험이 많은)

中

period

[píəriəd]

[명] 기간, 시대, 종지부, 시간

꽃 피어 리(이익) 얻으려고
[암] 꽃 **피어 리(利) 어드**려고 그 **기간**에 **셀** 수 없이 **팔다.**
(period) (sell)

▶ a period of change 변화기

大

periodic

[pìəriɑ́dik / -ɔ́dik]

[형] 시대의 주기적인

▶ period(기간, 주기, 시대) + ic(…의[적인]) = periodic(시대의 주기적인)

大

periodical

[pìəriɑ́dikəl / -ɔ́d-]

[명] 정기 간행물 [형] 정기 간행의, 정기적인

▶ periodic(주기적인) + al(…의) = periodical(정기 간행물, 정기간행의, 정기적인)

中

perish

[périʃ]

[동] 멸망하다(시키다), 죽다, [주로 영] 몹시 괴롭히다.

패 리씨가 쉬
[암] 몽둥이로 **패 리(利) 쉬 죽다(멸망하다).**
(perish)

▶ Hundreds perished in the earthquake. 수백 명이 지진으로 죽었다.

大

perishing

[périʃiŋ]

[형] 죽는, 멸망하는

▶ perish(죽다, 멸망하다) + ing(현재분사 어미) = perishing(죽는, 멸망하는)

高

permanent

[pə́ːrmənənt]

[명] [미속] 파마 [형] 불변의, 영구적인

파마는 틀어
[암] **퍼머넌 트**러 **영속적인** 것 되게 **번**번히 **지지다.**
(permanent) (burn)

▶ a permanent tooth 영구치

大

permanently

[pə́ːrmənəntli]

[부] 영구히, 영구적으로

▶ permanent(영구적인, 불변의) + ly(부사 어미) = permanently(영구히, 영구적으로)

P

高 **permission** [pəːrmíʃən]

[명] 허락, 허가

▶ permi(t) → s(허락(허가)하다) + sion(추상명사를 만듦) = permission(허락, 허가)

高 **permit** [pəːrmít]

[동] 허락(허가)하다.

[암] 흙을 **퍼 밑**에 쏟게 **허락(허가)하다.**
(permit)

▶ Permit me to pass. 지나가게 해 주십시오.

P

大 **pernicious** [pəːrníʃəs]

[형] 유해한, 치명적인, 악질적인

편히 섰으면 / 화를 입으리

[암] 벌집에 **퍼니 셔스**면 **치명적인 벌집 화이브**리
(pernicious) (hive)

大 **perpendicular** [pə̀ːrpəndíkjulər]

[형] 수직의 [명] 수직면, 수직

퍼 편뒤 굴러도

[암] 모래를 **퍼 펀뒤 큘러**도 되게 **수직의 댐(둑)을 만들다.**
(perpendicular) (dam)

高 **perpetual** [pərpétʃuəl]

[형] 영구의, 영구적인, 종신의

펴 배추 얼잖게

[암] 비닐을 **퍼 패츄 얼**잖게 **영구적인 텐트를 치다.**
(perpetual) (tant)

▶ perpetual snow 만년설

大 **perpetuate** [pə(ː)rpétʃuèit]

[동] 영속시키다, 영원히 남기다

▶ perpetu(al)(영구적인) + ate(동사 어미) = perpetuate(영속시키다, 영원히 남기다)

大 **perplex** [pərpléks]

[동] 난처하게 하다, 어절 줄 모르게 하다.

퍼 풀 액수(풀 물)

[암] 풀을 **퍼 풀 액스(液水)** 튀게 해 **난처하게 하다.**
(perplex)

▶ I was somewhat perplexed by his answer.
나는 그이 대답에 다소 당황했다.

大 **perplexity** [pərpléksəti]

[명] 난처함, 어리둥절함, 당황

▶ perplex(난처하게 하다) + ity(추상명사 어미) = perplexity(난처함, 당황, 어리둥절함)

高 **persecute** [pə́ːrsikjùːt]

[타] (이교도 따위를) 박해하다, 괴롭히다.

퍼 쉬 큐자형을 틀도록

[암] **일(—)**자 **뱀장어**를 **퍼 쉬 큐(Q)트**도록(흔들어) **괴롭히다.**
(eel) (persecute)

大 **persecution** [pə̀ːrsikjúːʃən]

[명] (특히 종교상의) 박해, 괴롭힘

▶ persecut(e)(박해하다, 괴롭히다) + ion(명사 어미) = persecution([특히 종교상의]박해, 괴롭힘

高 **perseverance** [pə̀ːrsivíːrəns]

명 인내, 고집, 참음

▶ persever(e)(참아내다) + ance(명사 어미) = perseverance(인내, 참음)

▶ great perseverance 대단한 인내

高 **persevere** [pə̀ːrsivíər]

동 (장애・반대가 있어도) 참다, (끝까지)해내다, 참아내다.

멋이있게 / 펴 시비거는 말을

암 **머시**있게 **자비**를 **퍼 시비 어(語)**를 **참아내다**.

(mercy) (persevere)

大 **persevering** [pə̀ːrsivíəriŋ]

형 참을성 있는

▶ persever(e)(참아내다) + ing(현재분사 어미) = persevering(참을성 있는)

大 **Persia** [pə́ːrʒə / -ʃə]

명 페르시아(1935년에 Iran으로 개칭)

高 **Persian** [pə́ːrʒən / -ʃən]

형 페르시아의 명 페르시아 사람(말)

▶ Persi(a)(페르시아) + an(…의, …사람) = Persian(페르시아의, 페르시아 사람[말])

大 **persimmon** [pəːrsímən]

명 감(나무)

정원에 / 펴 심은

암 **가든**에 **퍼시먼 감나무**.

(garden)(persimmon)

高 **persist** [pəːrsíst]

동 고집하다, 주장하다, 지속하다.

펴 쉬 서투르게

암 뜻을 **퍼 시 스트**르게 고집을 **주장(지속)하다**.

(persist)

▶ persist in folly. 잘못을 고치려고 하지 않다.

高 **persistence** [pəːrsístəns]

명 끈덕짐, 고집

▶ persist(고집하다) + ence(명사 어미) = persistence(끈덕짐, 고집)

大 **persistency** [pəːrsístənsi]

명 끈덕짐, 고집

▶ persist(고집하다) + ency(명사 어미) = persistency(끈덕짐, 고집)

高 **persistent** [pəːrsístənt]

형 고집하는, 끈덕진, 영속하는

▶ persist(고집하다) + ent(형용사 어미) = persistent(고집하는, 끈덕진, 영속하는)

▶ a persistent headache 계속적인 두통

P

P

中
person [pə́ːrsən]

명 사람, 개성, 신체, 풍채, 인격

암 **전저리** 나도록 **참기름**을 **퍼슨 사람**.
(gingili) 퍼슨 (person)

▶ He's a very dangerous person. 그는 매우 위험한 인물이다.

大
personage [pə́ːrsənidʒ]

명 명사(名士), 사람

▶ person(사람) + age(명사 어미) = personage(명사(名士), 사람)

高
personal [pə́ːrsənəl]

형 개인의, 자신의 본인의

▶ person(사람) + al(형용사 어미, …의) = personal(개인의, 자신의, 본인의)

▶ That's my personal opinion. 그것이 나의 개인적인 의견이다.

高
personality [pə̀ːrsənǽləti]

명 개성, 인격, 인물

▶ personal(개인의, 자신의) + ity(명사 어미) = personality(개성, 인격, 인물)

▶ She has a friendly personality. 그녀는 다정한 성격을 지녔다.

高
personally [pə́ːrsənəli]

부 몸소, 스스로

▶ personal(개인의, 자신의) + ly(부사 어미) = personally(몸소, 스스로)

▶ I will thank him personally. 직접 그를 만나서 인사하겠다

大
personification [pəːrsɑ̀nəfikéiʃən /-sɔ̀-]

명 의인화, 인격화

▶ personif(y) → i(의인화[인격화]하다) + cation(명사 어미) → fy 끝나는 동사에는 y를 I로 고쳐서 cation 붙이는 경우가 많음 = personification(의인화, 인격화)

大
personify [pəːrsɑ́nəfài / -sɔ́-]

타 의인화하다, 인격화하다.

▶ person(사람) + ify(…화하다) = personify(의인화하다, 인격화하다)

大
personnel [pə̀ːrsənél]

명 (集合的) 전직원, 인원 형 인사의

▶ person + n(사람) + el(명사 어미) = personnel(전직원, 인원, 인사의)

高
perspective [pəːrspéktiv]

형 원근법의 명 원근 화법, 원경

▶ per(= through) + spect(= see) + ive(형용사 어미) = (전망, 원경)

암 안테나를 **퍼 스팩(數百) 티브**이로 보는 **전망(원경)**
퍼 수백(數百) 티 브이(T.V) (perspective)

大
perspectively [pəːrspéktivli]

부 원근법에 의해,

▶ perspective(원근법의, 원근화법) + ly(부사 어미) = perspectively(원근법에 의해)

大

perspiration
[pə̀ːrspəréiʃən]

명 땀, (땀 날 정도의)노력

▶ perspir(e)(땀을 흘리다) + ation(명사 어미) = perspiration(땀, [땀 날 정도의]노력)

大

perspire
[pərspáiər]

동 땀을 흘리다, (땀 날 정도로) 노력하다.

암 **친구**가 **팔**을 **퍼 스(數)파 이어** 뽑느라 **땀을 흘리다**.
(팔: pal) (퍼 스(數)파 이어 → 펴 수개의 파를 이어: perspire)

高

persuade
[pəːrswéid]

동 믿게하다, 설득하다.

암 좋은 오이를 **퍼 스(數)외 이드**니 **믿게 설득하다**.
(퍼 스(數)외 이드 → 퍼 수개의 외 이더니: persuade)

▶ We could not persuade him to wait.
그에게 기다리도록 권하였으나 듣지 않았다.

大

persuasion
[pərswéiʒən]

명 설득, 설득력

▶ persua(de)(설득하다) + sion(명사 어미) = persuasion(설득, 설득력)

高

persuasive
[pərswéisiv]

형 설득력 있는, 설득 잘하는

▶ persuas(ion)(설득) + ive(형용사 어미) = persuasive(설득력 있는, 설득 잘하는)

大

pertain
[pəːrtéin]

자 관계하다, 어울리다, 속하다.

암 **쥬스**를 **퍼 태인(泰人)**과 **관계하며 어울리다**.
(쥬스: juice) (퍼 태인(泰人) → 퍼 태인(큰 사람): pertain)

大

Peru
[pərúː]

명 페루(나라 이름)

大

pervade
[pərvéid]

동 스며들다, 침투하다.

암 **유격대 게릴라**를 **퍼 배 이드**리 저어 **스며들다(침투하다)**.
(게릴라: guerilla) (퍼 배 이드 → 펴 배 이들이: pervade)

大

perverse
[pərvə́ːrs]

형 외고집의, 괴팍한

암 팬티를 **퍼 버스**며 **괴팍한** 짓 하는 **올드 미스**
(퍼 버스 → 펴 벗으며: perverse) (올드 미스 → 노처녀: old miss)

大

perversity
[pəːrvə́ːrsəti]

명 외고집, 괴팍함

▶ pervers(e)(외고집의, 괴팍한) + ity(명사 어미) = perversity(외고집, 괴팍함)

大 **pessimism** [pésəmìzəm]

명 염세주의, 비관

패서 미점(米店:싸전)

암 매로 **패서 미점**주인의 **염세주의**를 **닥터**가 **고치다**.

(pessimism) (doctor)

大 **pessimist** [pésəmist]

명 염세주의자, 염세가

▶ pessim(ism)(염세주의) + ist(…하는 사람) = pessimist(염세주의자, 염세가)

高 **pessimistic** [pèsəmístik]

형 비관적인, 염세적인

▶ pessimist(염세가, 염세주의자) + ic(…의) = pessimistic(비관적인, 염세적인)

高 **pest** [pest]

명 골칫거리, 페스트, 흑사병

암 **골칫거리 페스트 흑사병**

(pest)

大 **pestilence** [péstələns]

명 페스트, 유행병

▶ pest(페스트, 흑사병) + il(…에 대한) + ence(명사 어미) = pestilence(페스트, 유행병)

中 **pet** [pet]

명 애완 동물, 귀염둥이

암 **펫**병든 **귀염둥이 애완동물**

(pet)

▶ a pet shop 애완동물 상점

大 **petal** [pétl]

명 (植) 꽃 잎

폐(비단폐) 틀어

암 미스가 **폐(幣)트**러가며 **꽃잎**을 **디자인하다**.

(petal) (design)

高 **petition** [pitíʃən]

명 청원, 탄원, 기원 동 청원[기원]하다, 빌다.

피 튀니 션처를

암 **가운**에 **피 튀 션**처를 **빌다(기원하다)**.

(gown) (petition)

▶ petition for mercy. 자비를 빌다.

大 **petitioner** [pitíʃənər]

명 청원[탄원, 기원]자

▶ petition(청원[탄원,기원]하다) + er(…하는 사람) = petitioner(청원[탄원,기원]자)

大 **petroleum** [pitróuliəm, pətrə́uliəm]

명 석유

퍼 틀여(쏟아) 자루걸레

암 **석유**를 잘못 **퍼트려 우리 엄**마가 **모프**로 **닦다**.

(petroleum) (mop)

大	**petticoat** [pétikòut]	명 페티코트, 작은[대단찮은]코트 ▶ pett(y) → i(작은, 대단찮은) + coat(코트) = petticoat(페티코트, 작은[대단찮은]코트)
高	**petty** [péti]	형 사소한, 대단잖은, 시시한, 옹졸한 암 **대단찮은 페티**김의 **시시한 코트**. (petty) (coat) ▶ petty revenge 비열한(옹졸한)복수
大	**petty cash** [péti kæʃ]	명 잔돈, 용돈, 소액 지급 자금 ▶ petty(작은, 대단찮은) + cash(현금) = 잔돈, 용돈, 소액 지급 자금
大	**phantom** [fǽntəm]	명 유령, 도깨비, 팬텀 전폭기 암 **유령**과 **도깨비**를 닮은 **팬텀 전폭기** (phantom)
高	**pharmacy** [fɑ́ːrməsi]	명 약학, 조제술, 약국 파(派) 멋이있게 열다 암 **약학**에 **조제술파(派) 머시**있게 **약국**을 **오펀하다**. (pharmacy) (open)
高	**phase** [feiz]	명 국면, 형세, 단계, 위상 동 (단계적으로)실행하다. 암 **댐**을 민**페 이즈**음없게 **(건설을 단계적으로) 실행하다**. (dam) (phase)
大	**pheasant** [fézənt]	명 꿩 민 폐 준 트기가 선물하다 암 **목사**(님)께 **민 폐 즌 트**기가 잡은 **꿩**을 **프리젠트하다**. (Min) (pheasant) (present)
大	**pheasantry** [féznṭri]	명 꿩 사육장 ▶ pheasant(꿩) + ry(…기르는 곳) = pheasantry(꿩 사육장)
大	**phenomena** [finɑ́mənə / -nɔ́m-]	phenomenon의 복수
高	**phenomenon** [finɑ́mənɑ̀n / -nɔ́mnən]	명 현상, 이상한 것(사람), 사건 피(흔적) 남어 나는 암 **사건** 현장에 **피 나머 난 현상**을 **가**에서 **보더**(다) (phenomenon) (border) ▶ a natural phenomenon 자연 현상 

大	**philharmonic** [filhɑːrmɔ́nik/-mάn-]	ⓗ 음악 애호의, 필하모니 **암 서울 필하모니 오케스트라** Seoul Philharmonic Orchestra
高	**philosopher** [filάsəfər / -lɔ́s-]	ⓜ 철학자, 냉정하고 침착한 사람 ▶ philosoph(y)(철학) + er(…사람) = philosopher(철학자) ▶ a moral philosopher 윤리학자
高	**philosophic** [filəsάfik]	ⓗ 철학의, 달관한, 철학에 통달한 ▶ philosoph(y)(철학) + ic(…의) = philosophic(철학의, 철학에 통달한) ▶ a philosophic indian 철학에 통달한 인디언
高	**philosophical** [filəsάfikəl / -sɔ́f-]	ⓗ철학의, 달관한, 철학에 통달한 ▶ philosoph(y)(철학) + ical(형용사 어미, …의[한]) = philosophical (철학의, 달관한, 철학에 통달한)
高	**philosophy** [filάsəfi / -lɔ́s-]	ⓜ 철학, 철리, 인생 철학, 원리 ▶ philo(= love) + sophy(= wisdom) = (철학, 천리, 인생철학) **암 피로서 피**를 부르는 **철 리**가 **인생 철학**의 **원리**지 (philosophy) ▶ a moral philosophy 도덕적 철학 
大	**phoenix, phe-** [fíːniks]	ⓜ 피닉스, 불사조
高	**phone** [foun]	ⓜ [구어] 전화(기) ⓢ 전화하다. **암 전화기 폰**으로 **전화하다**. (phone) ▶ hang up the phone. 수화기를 내려놓다, 전화를 끊다. 
大	**phonetic** [founétik]	ⓗ 음성의, 음성상의 ▶ phone(전화기, 음성) + tic(= ic, …의) = phonetic(음성의, 음성상의)
大	**phonetical** [fòunətikəl]	ⓗ 음성의, 음성상의 ▶ phone(전화기, 음성) + tical(= ical, …의) = phonetical(음성의, 음성상의)
大	**phonograph** [fóunəgræ̀f / -grɑ̀ːf]	ⓜ 축음기 ▶ phono(= phone, 전화기, 음성) + graph(기록하다) → 소리를 기록하다 기계 = phonograph(축음기)

高	**photo** [fóutou]	㉮ 사진 ㉯ 사진을 찍다. ㉰ **포토** 라인에서 **사진을 찍다**. (photo) ▶ a photo album 사진첩
中	**photo-graph** [fóutougræ̀f / grɑːf]	㉮ 사진 ▶ photo(사진) + graph(그래프, 그림) = photograph(사진) ▶ a black-and-white photograph 흑백 사진
高	**photographer** [fətágrəfər / -tɔ́g-]	㉮ 사진사, 촬영자 ▶ photograph(사진) + er(…하는 사람) = photographer(사진사, 촬영자)
大	**photographic** [fòutəgrǽfik]	㉱ 사진의, 사진용의 ▶ photograph(사진) + ic(…의) = photographic(사진의, 사진용의)
大	**photographical** [fòutəgrǽfikəl]	㉱ 사진의, 사진용의 ▶ photograph(사진) + ical(…의) = photographical(사진의, 사진용의)
高	**photography** [fətágrəfi / -tɔ́g-]	㉮ 사진술, 사진 촬영 ▶ photograph(사진) + y(…술[촬영]) = photography(사진술, 사진 촬영)
大	**photomap** [fóutoumæ̀p]	㉮ (공중 촬영에, 의한) 사진 지도 ▶ photo(사진) + map(지도) = photomap(사진 지도)
大	**photomontage** [fòutoumantáːʒ / -mɔn-]	㉮ 몽타주 사진, 포토몽타주 ▶ photo(사진) + montage(몽타주) = photomontage(몽타주 사진, 포토몽타주)
高	**phrase** [freiz]	㉮ 구(句); 숙어; 표현(법), 말씨 ㉲ 말로 표현하다; 진술하다. 여러 패로 풀에 이주 ㉰ **참새**가 **스(數)패로 풀레이즈**했음을 **진술하다**. (sparrow) (phrase) ▶ an adverb phrase 부사구 
大	**phrasing** [fréiziŋ]	㉮ 어법, 말씨, 구절법 ▶ phras(e)(말씨, 표현[법]) + ing(현재분사 어미) = phrasing(어법, 말씨, 구절법)

高 **physic**
[fízik]

명 의술, 의업, 약 동 치료하다, 약을 먹다.

피를 직수입

암 환자를 **약**과 **피 직**수입하여 **치료하다**.

(physic)

高 **physical**
[fízikəl]

형 육체의, 물리적인, 물질의

▶ physic(의술, 자연) + al(…의) = phsical(육체의, 물리적인)

大 **physically**
[fízikəli]

부 물리적으로, 물질적으로

▶ physical(육체의, 물리적인, 물질의) + ly(부사 어미) = physically(물리적으로, 물질적으로)

高 **physician**
[fizíʃən]

명 의사, 내과의사

▶ physic(의술) + ian(…하는 사람) = physician(의사, 내과의사)

▶ consult a physician 의사의 치료를(진찰을)받다

大 **physicist**
[fízisist]

명 물리학자, 유물론자

▶ physic(물리) + ist(…하는 사람) = physicist(물리학자, 유물론자)

高 **physics**
[fíziks]

명 (단수 취급)물리학, 물리적 현상

▶ phys(ic)(의술, 물리) + ics(…학, …론) = physics(물리학, 물리적현상)

▶ particle(quantum) physics 미립자(양자) 물리학

大 **physiognomy**
[fìziəgnəmi / -ɔ́n-]

명 골상학, 관상학, 얼굴, 인상

피(=가죽피) 쥐어 그놈이 보다

암 **관상학**을 **얼굴 피(皮) 지어 그너미 가**에서 **보더**

(physiognomy) (border)

大 **physiological**
[fìziəlɑ́dʒikəl / -lɔ́dʒ-]

형 생리학(상)의, 생리적인

▶ physiolog(y)(생리학) + ical(…의) = physiological(생리학[상]의, 생리적인)

大 **physiologist**
[fìziɑ́lədʒist / -ɔ́l-]

명 생리학자

▶ physiolog(y)(생리학) + ist(…하는 사람) = physiologist(생리학자)

大 **physiology**
[fìziɑ́lədʒi / -ɔ́l-]

명 생리학

▶ physi(자연 물리) + ology(…학[론]) → 자연적인 생물의 현상을 연구하는 학문 = physiology(생리학)

피씨와 지씨가 오로지

암 **피(皮) 지(池) 오러지 생리학**을 공부해.

(physiology)

高	**pianist** [piǽnist / píːənist]	명 피아니스트, 피아노 연주자 ▶ pian(o)(피아노) + ist(…하는 사람) = pianist(피아니스트, 피아노 연주자) ▶ a jazz pianist 재즈피아니스트
高	**piano** [piǽnou, pjǽnou]	명 피아노 ▶ a grand piano 그랜드 피아노
大	**piano stool** [piǽnou stuːl]	명 피아노용 의자 ▶ piano(피아노) + stool(등받이가 없는 의자) = piano stool(피아노용 의자)
中	**pick** [pik]	동 쑤시다, 골라내다, 줍다. 암 **튜브**를 **픽**! 소리 나게 **쑤시다**. (tube) (pick) ▶ You can pick any book you want. 네가 원하는 책을 아무것이나 골라도 좋다.
大	**picket** [píkit]	명 끝이 뾰족한 말뚝, 피켓 동 말뚝을 박다. ▶ pick(찌르다) + et(작은 뾰족한) → 찌르기 좋게 끝이 뾰족하게 만든 말뚝 = picket(피켓, 끝이 뾰족한 말뚝)
大	**picking** [píkiŋ]	명 파기, 채집 ▶ pick(찌르다, 파다) + ing(현재분사 어미) = picking(파기, 채집)
高	**pickle** [píkəl]	명 절인 것, 소금절임 타 소금에 절이다. ▶ pick(찌르다) + le(박복의 뜻) → 소금기를 찌르듯 반복하여 침투시키다 = pickle(절인 것, 소금절임, 소금에 절이다)
大	**pickpocket** [píkpὰkit / -pɔ̀k-]	명 소매치기 ▶ pick(찌르다) + pocket(호주머니) → 손을 남의 호주머니에 찔러 넣는 사람 = pickpocket(소매치기)
高	**pickup** [píkʌ̀p]	명 픽업, 승객 태우기 형 선발된 (팀 따위) ▶ pick(찌르다, 골라내다) + up(…위로) = pickup(픽업, 승객 태우기, 선발된[팀 따위])
中	**picnic** [píknik]	명 피크닉, 소풍 동 피크닉(소풍)가다. 암 **피크닉(소풍) 가다**. (picnic) ▶ Spring is the time for picnics. 봄은 소풍에 좋은 시기다.

大 **pictorial** [piktɔ́ːriəl]

형 그림의, 그림을 넣은

▶ pict(ure) → or(그림) + ial(…의) = pictorial(그림의, 그림을 넣은)

中 **picture** [píktʃər]

명 그림, 사진 동 그리다.

암 **복서**가 **그림**을 **픽!처**.
권투선수
(boxer) (picture)

▶ a picture postcard 그림 엽서

高 **picturesque** [pìktʃərésk]

형 그림과 같은, 아름다운

▶ pictur(e)(그림) + esque(…같은[다운], 형용사 어미) = picturesque(그림과 같은, 아름다운)

▶ a picturesque Indian 그림과 같은 인디언

高 **pie** [pai]

명 파이(고기, 과일 따위를 밀가루 반죽에 넣어 구운 것)

▶ an apple pie 사과 파이

中 **piece** [piːs]

명 파편, 조각

암 **파편 조각**같은 **피(皮) 스**개.
피(가죽) 수(數)개
(piece)

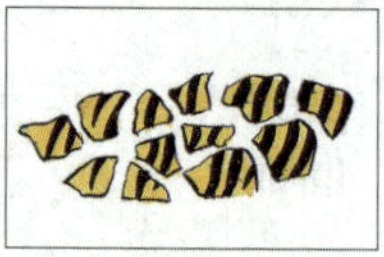

高 **pier** [piər]

명 부두, 잔교(棧橋), 방파제, 선창

암 **코스모스 피어** 있는 **선창**가 **부두**.
(cosmos) (pier)

中 **pierce** [piərs]

동 꿰찌르다, 관통하다, 꿰뚫다, 간파하다.

암 나무에 **왠 혹**이 **피어스**(피었으)니 **꿰뚫어 관통하다**.
(wen) (pierce)

▶ The hill is pierced by a tunnel.
그 언덕에는 터널이 뚫려 있다.

大 **piercing** [píərsiŋ]

형 꿰찌르는, 꿰뚫는, 통찰력 있는

▶ pierc(e)(꿰찌르다, 꿰뚫다, 관통하다) + ing(현재분사 어미) = piercing(꿰찌르는, 꿰뚫는, 통찰력 있는)

大 **piety** [páiəti]

명(종교적인) 경건, 신앙심, 충성심

암 그는 **경건**하고 **신앙심**이 깊은(아멘)**파(派) 이어티**
말끝마다 아멘하는 파 이었지
(piety)

中 **pig** [pig]

명 돼지

암 **돼지 피 그 악어**가 **머거**(먹어)
(pig) (mugger)

▶ The pig is very fat. 그 돼지는 매우 살쪘다.

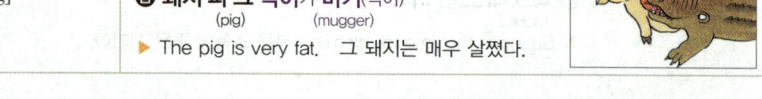

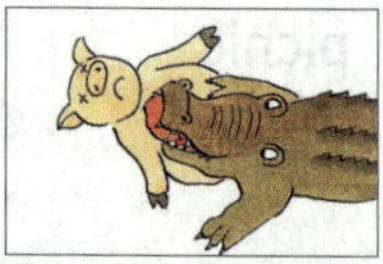

高 **pigeon** [pídʒən]

[명] 비둘기 [동] 비둘기로 통신하다.

피씨 전(앞)에

[암] 편지를 **피 전(前)**에 보내 **비둘기로 통신하다.**

(pigeon)

▶ a carrier(homing) pigeon
전서구(傳書鳩), 편지를 전하는 비둘기

大 **pigment** [pígmənt]

[명] 그림 물감, 안료 [동] …에 색칠하다.

도안가가 돼지(pig) 얼굴 트기에게

[암] **디자이너**가 **피그 면(面)트**기에게 씌워 **안료**로 **색칠하다.**

(designer) (pigment)

大 **pike** [paik]

[명] 창, 가시, 못 [동] 찌르다, 창으로 찌르다.

[암] **에스키모**가 얼음을 **창**으로 **파 이 크**다란 놈을 **창으로 찌르다.**

(Eskimo) (pike)

高 **pile** [pail]

[명] 말뚝, 대량 [동] 쌓아올리다; 말뚝을 박다.

[암] 흙이 잘 **파일** 곳에 **말뚝을 박다.(쌓아올리다)**

(pile)

▶ He piled up books on the desk.
그는 책을 책상 위에 쌓아올렸다.

大 **pile hammer** [pail hǽmər]

[명] 말뚝(박는) 해머

▶ pile(말뚝을 박다) + hammer(해머, 망치) = pile hammer(말뚝[박는]해머)

高 **pilgrim** [pílgrim]

[명] 순례자, 나그네

필(=붓필) 그림(=붓 그림)

[암] 항상 **필(筆) 그림**만 그리는 **나그네 순례자**

(pilgrim)

大 **pilgrimage** [pílgrimidʒ]

[명] 순례 여행, 성지 참배

▶ pilgrim(순례자) + age(명사 어미) = pilgrimage(순례 여행, 성지 참배)

高 **pill** [pil]

[명] 환약, 알약 [동] (껍질을) 벗기다, 까다.

(껍질을)피(皮)를

[암] **알약 필 (껍질을)벗기다.**

(pill)

高 **pillar** [pílər]

[명] 기둥, 지주(支柱), 대들보, 중심 세력[인물]

[암] **빌러**(빌라)에 사는 **필러**씨는 회사의 **기둥**같은 **중심 인물**

(villa) (pillar)

大 **pillar box** [pílər bɑks]

[명] (기둥 모양의 빨간) 우체통

▶ pillar(기둥) + box(통) = pillar box([기둥 모양의 빨간]우체통)

高 **pillow**
[pílou]

명 베개 동 베개를 베다.

암 **피로(疲勞) 우(友)가 베개를 베다.**
피로(피로한) 우(친구) (pillow)

▶ I can't sleep without a pillow.
나는 베개 없이는 잠을 못 잔다.

中 **pilot**
[páilət]

명 조종사, 파일럿, 수로 안내인

암 **파일럿 조종사.**
(pilot)

中 **pin**
[pin]

명 핀, 못바늘, 시침 바늘 타 핀 따위로 고정시키다.

암 **리본을 바늘 핀으로 고정시키다.**
(ribbpn) (pin)

▶ a safety pin 안전핀

高 **pinch**
[pintʃ]

명 꼬집기, 압박, 뺀찌 타 잡다, 꼬집다, 괴롭히다.

암 **링을 핀치로 잡다(꼬집다)**
고리 뺀찌 (ring) (pinch)

▶ I pinched his leg. 나는 그의 다리를 꼬집었다.

大 **pine**[1]
[pain]

동 연모하다, 갈망하다.

암 그는 **파인**애플 먹기를 **갈망(연모)하다.**
(pine)

高 **pine**[2]
[pain]

명 솔, 소나무

암 **소나무**열매 같은 **파인애플.**
(pine)(apple)

▶ pine cone 솔방울

高 **pine-apple**
[páinæ̀pl]

명 [植]파인애플, (軍俗) 수류탄, 폭탄

▶ pine(소나무) + apple(사과) → 솔방울처럼 생긴 과일 = pineapple(파인애플, 수류탄, 폭탄)

大 **ping-pong**
[píŋppɑ̀ŋ / -pɔ̀(:)ŋ]

명 탁구, 핑퐁, 주거니 받거니 하기
동 왔다갔다 하다, 주거니 받거니 하다.

高 **pink**
[piŋk]

명 연분홍색; [식물] 패랭이꽃
형 연분홍색의, 핑크색의; (속어) 몹시, 대단한

암 **연분홍색**인 **핑크**빛 **카드(명함 엽서).**
(pink) (card)

▶ have a pink fit. 몹시 부아가 나다, 몹시 당황하다.

大 **pint**
[paint]

명 파인트(액량의 단위 (美)16온스 약2홉 4작)

高 **pioneer**
[pàiəníər]

명 개척자, 선구자 동 개척(주창, 솔선)하다.

암 싼 **피자**를 **개척자**가 **파 이어 뉘어** 넣어 **개척하다**.
(pizza) 파를 이어 뉘어 (pioneer)

▶ the pioneer days 초창기

高 **pious**
[páiəs]

형 경건한, 신앙심이 깊은, (종교를)빙자한.

암 그는 **신앙심이 깊은 파(派)이어스**니 늘 **아멘하다**.
파(派)이었으니 (pious) (amen)

▶ a pious fraud 종교를 빙자한 속임수

高 **pipe**
[paip]

명 (가스·수도의)관, 파이프, 피리 동 피리를[로]불다.

암 수도**관 파이프**로 만든 **피리를 불다**.
(pipe)

大 **pipeline**
[páiplàin]

명 파이프 라인, 송유관, 가스 수송관

▶ pipe(파이프, 관) + line(라인 선) = pipeline(파이프 라인, 송유관, 가스 수송관)

大 **piper**
[páipər]

명 피리 부는 사람.

▶ pip(e)(관, 피리) + er(…하는 사람) = piper(피리 부는 사람)

大 **piping**
[páipiŋ]

명 피리를 붊, 피리를 부는

▶ pip(e)(관, 피리) + ing(현재분사 어미) + piping(피리를 붊, 피리를 부는)

高 **pirate**
[páiərət, -ərit]

명 해적, 저작권(특허권), 침해자

동 표절 행위를 하다, 약탈하다.

암 **해적(海賊) 파(派) 이어 릿**따라 **표절 행위를 하다**.
저작자 몰래 복사하는 파(무리)가 이여 잇따라 (pirate)

大 **pirate radio**
[páiərit réidiòu]

명 해적 방송, 무허가 방송

▶ pirate(해적, 무허가) + radio(방송) = pirate radio(해적 방송, 무허가 방송)

大 **pistil**
[pístəl]

명 (식물의)암술

암 미스 **피(皮) 스(繡)틀**에 놓은 **(식물의) 암술**
피(피양이) 수(繡)틀에 (pistil)

高 **pistol**
[pístl]

명 피스톨, 권총 타 권총으로 쏘다.

암 **스파이**를 **피스톨 권총으로 쏘다**.
(spy) (pistol)

▶ a revolving pistol 연발 권총

大	**piston** [pístən]	ⓜ (엔진의) 피스톤
高	**pit** [pit]	ⓜ 구덩이, 구멍; 탄갱 ⓣ 구덩이를 파다. 암 **쉬블**(삽을)들고 **핏**대 내며 **구덩이를 파다**. (shovel) (pit) ▶ a clay pit 점토 채굴장(구덩이)
高	**pitch** [pitʃ]	 ⓢ 던지다, 팽개치다, 설치하다. ⓜ [야구] 투구; 가락; 피치 암 야구**투수 피처**가 **물주전자**를 **피치**못할 사정으로 **던지다**. (pitcher) (pitch) ▶ pitch a letter into the fire 편지를 불속에 던지다.
高	**pitcher** [pítʃər]	ⓜ (야구) 투수, 던지는 사람, 물주전자 ▶ pitch(던지다, 팽개치다) + er(…하는 사람) = pitcher([야구]투수, 던지는 사람, 물주전자)
大	**pitching** [pítʃiŋ]	ⓜ (야구) 투구, 피칭, 공을 던짐 ▶ pitch(던지다, 팽개치다) + ing(현재분사 어미) = pitching([야구]투구, 피칭, 공을 던짐)
大	**piteous** [pítiəs]	ⓗ 불쌍한, 비참한 ▶ pit(y) → e(불쌍히 여김) + ous(형용사 어미) = piteous(불쌍한, 비참한)
大	**pitier** [pítiər]	ⓜ 불쌍히 여기는[동정하는] 사람 ▶ pit(y) → i(불쌍히 여김, 동정) + er(…하는 사람) = pitier(불쌍히 여기는, [동정하는]사람)
大	**pitiful** [pítifəl]	ⓗ 가엾은, 불쌍한 ▶ pit(y) → i(불쌍히 여김) + ful(…이 가득찬[많은]) = pitiful(가엾은, 불쌍한)
大	**pitiless** [pítilis]	ⓗ 무자비한, 냉혹한 ▶ pit(y) → i(불쌍히 여김) + less(…이 없는) = pitiless(무자비한, 냉혹한)
高	**pity** [píti]	 ⓜ 불쌍히 여김, 유감 ⓢ 불쌍히(애석하게)여기다. 암 옷에 **피티**(튀)니 **유감**이라며 **불쌍히 여기다**. (pity) ▶ I don't feel any pity for him. 나는 그를 조금도 불쌍히 여기지 않는다.

大 **pivot** [pívət]

명 피벗, 선회축 동 추축으로 회전하다.

피씨 벗을
암 강강술래를 **피(皮) 벗**을 **추축으로 회전하다**.
(pivot)

高 **placard** [plǽkɑːrd]

명 플래카드, 포스터, 삐라 동 게시하다, 공시하다.

암 **빌딩**에 **플래카드(포스터)**를 **게시하다**.
(building) (placard)

中 **place** [pleis]

명 장소, 위치 동 놓다, 두다.

풀에 있으니
암 **돌 인형**이 **플레 이스**니 그 **장소**에 **놓다**.
(doll) (place)

▶ I have no place to go. 나는 갈곳이 없다.

大 **placement** [pléismənt]

명 놓음, 배치, 직업 소개, 채용

▶ place(장소, 위치, 두다) + ment(명사 어미) = placement(놓음, 배치, 직업소개, 채용)

大 **place-name** [pléisnèim]

명 지명

▶ place(장소, 위치) + name(이름) = place-name(지명)

大 **placid** [plǽsid]

형 고요한, 평온한

풀에 쉬 들어가
암 **고요한** 산속 **프레 쉬 드**러가 **싱**그럽게 **노래하다**.
(placid) (sing)

高 **plague** [pleig]

명 역병, 페스트, 재앙 타 괴롭히다.

풀에서 익으며(자라며)
암 **역병**균 **페스트**가 **풀에 이그**며 **재앙**되 **괴롭히다**.
(plague)

▶ the black plague 페스트

大 **plague spot** [pleig spɔt]

명 역병 유행지, 역병[페스트]발진지

▶ plague(역병, 페스트) + spot(지점, 장소) = plague spot(역병 유행지, 역병[페스트]발진지)

中 **plain** [plein]

형 검소한, 평범한, 평평한 명 평원, 평야

풀옷 입은 애인
암 **평원**에 사는 **검소한 플 애인**(愛人).
(plain)

▶ His talk was very plain. 그의 말은 매우 솔직했다.

大 **plainly** [pléinli]

부 검소하게, 수수하게

▶ plain(검소한) + ly(부사 어미) = plainly(검소하게, 수수하게)

大

plaint
[pleint]

[명] 슬픔, 비탄

풀옷 입은 애인 트기의 껌(gum)퍼틀어
[암] **풀애인 트**기의 **슬픔**을 **컴 퍼트**러 놓고 **위로하다**.
(plaint) (comfrot)

大

plaintive
[pléintiv]

[형] 구슬픈, 슬픈 듯한, 비탄하는

▶ plaint(슬픔, 비탄) + ive(형용사 어미) = plaintive(구슬픈, 슬픈 듯한, 비탄하는)

P

大

plait
[pleit]

[명] (천의)주름 [타] …에 주름잡다, 접다.

쌀 풀에 이 틈에
[암] **(옷에) 주름**을 (쌀)**플레 이 트**메 먹여 **옷에 주름을 잡다**.
(plait)

中

plan
[plæn]

[명] 계획, 설계, 플랜 [동] 계획(연구, 설계)하다.

[암] **비즈니스(영업)**을 **플랜(계획)**을 세워 **설계하다**.
(business) (plan)

▶ a five-year plan 5개년 계획

高

plane
[plein]

[명] 비행기 [형] 평평한, 평평하게 하다.

풀옷 입은 애인이
[암] **플 애인(愛人)**이 닦는 **평평한 비행기**
(plane)

a passenger plane 여객기

大

planer
[pléinər]

[명] 대패질하는 사람, 대패

▶ plan(e)(대패질하다) + er(…하는 사람[것]) = planer(대패질 하는 사람, 대패)

高

planet
[plǽnət]

[명] 행성, 유성

풀 아이니 틀어
[암] **행성(유성)**의 비밀을 **플 애니 트**러가며 **가를 보더**.
(planet) (border)

▶ major planet 대유성

大

planetary
[plǽnətèri / -təri]

[형] 행성의, 행성 같은

▶ planet(행성) + ary(…의[같은]) = planetary(행성의, 행성 같은)

高

plank
[plæŋk]

[명] 두꺼운 판자, 널판지 [타] 판자를 깔다.

풀 랭기 크게
[암] 거지가 바닥에 **플 랭(冷)크**게 스미잖게 **두꺼운 판자를 깔다**.
(plank)

▶ plank the study. 서재를 판자로 깔다.

高

plankton
[plǽŋktən]

[명] 플랑크톤, 부유 생물

P

中 **plant**
[plænt / plɑːnt]

명 식물, 공장, 묘목 동(초목을)심다.

풀과 같은 란초 틀어
암 **플란(蘭) 트**러 버리고 **식물 공장**에 **묘목**을 **심다**.
(plant)

▶ plant trees 나무를 심다.

高 **plantation**
[plæntéiʃən]

명 재배지, 농원

▶ plant(식물, 심다) + ation(명사 어미) = plantation(재배지, 농원)

▶ a coffee[sugar] plantation 커피[사탕]재배원

大 **planter**
[plǽntər / plɑ́ːntər]

명 심는 사람[기계], 경작자

▶ plant(식물, 심다) + er(…하는 사람[것]) = planter(심는사람[기계], 경작자)

大 **plasma**
[plǽzmə]

명 혈장, 원형질, 플라즈마

※ (원자핵과 전자가 분리된 가스상태를 플라즈마 상태라함)

高 **plaster**
[plǽstər / plɑ́ːs-]

명 석회반죽, 석고 타 석회반죽을 바르다.

풀옷 입은 애 수(여러) 터에
암 **풀애 스(數) 터**에 **석회반죽을 바르다**.
(plaster)

大 **plastering**
[plǽstəriŋ / plɑ́ːs-]

명 회반죽 바르기(공사)

▶ plaster(회반죽을 바르다) + ing(현재분사 어미) = plastering(회반죽 바르기(공사))

高 **plastic**
[plǽstik]

형 유연한 명 플라스틱, 합성 수지

암 **유연한 합성수지 플래스틱(플라스틱)**
(plastic)

▶ plastic bomb 플라스틱 폭탄

高 **plate**
[pleit]

명 판, 접시 동 도금하다.

풀옷 입은 애 이틈에
암 **플애 이트**메 **접시 판**에 **도금하다**.
(plate)

▶ a plate of soup 수프 한 접지

大 **plateau**
[plætóu]

명 고원(高原), 큰 쟁반

▶ plate(접시, 판) + au(…같이 큰) = plateau(고원(高原), 큰 쟁반)

高 **platform**
[plǽtfɔ̀ːrm]

명 (역의) 플랫폼, 고대(高臺)

▶ plat(e)(접시, 판) + form(꼴, 형태) → 접시같이 평평한 형태를 한 곳 = platform([역의]플랫폼, 고대(高臺))

大 **platinum** [plǽtənəm / plǽtinəm]

명 백금, 플래티나

풀에 튄 엄마의

암 **풀레 튄 엄마의 백금 링(반지)**

(platinum) (ring)

中 **play** [plei]

동 놀다, 경기하다, 연주하다. 명 놀이, 경기

암 **훌륭한 파인 플레이 경기를 하다.**

(fine) (play)

▶ play at keeping shop. 가게 놀이를 하다.

中 **player** [pléiər]

명 운동 선수, 연주자

▶ play(경기하다) + er(…하는 사람) = player(운동 선수, 연주자)

▶ He is a key player of his team. 그는 자기 팀의 주전 선수이다.

大 **playful** [pléifəl]

형 놀기 좋아하는, 농담의

▶ play(놀다) + ful(…성질을 가진) = playful(놀기 좋아하는, 농담의)

高 **playground** [pléigràund]

명 운동장, 놀이터

▶ play(놀다, 경기하다) + ground(운동장) = playground(운동장, 놀이터)

▶ There were many boy in the playground.
운동장에는 많은 소년들이 있었다.

高 **playmate** [pléimèit]

명 놀이 친구

▶ play(놀다) + mate(동료, 친구) = playmate(놀이 친구)

大 **plaything** [pléiθìŋ]

명 장난감, 노리개

▶ play(놀다) + thing(물건) = plaything(장난감, 노리개)

大 **playwright** [pléiràit]

명 각본가, 극작가

▶ play(출연하다) + wright(작자, 작가) = playwright(각본가, 극작가)

大 **plea** [pliː]

명 핑계, 변명, 탄원, 구실, 소송

거러지(=거지의 사투리) 풀리(풀다)

암 **그러지가 한(恨)을 소송을 해 플리!**

(grudge) (plea)

高 **plead** [pliːd]

동 탄원하다, 변호하다, 항변하다.

▶ plea(소송, 탄원) + d(do = 하다) = plead(탄원하다, 변호하다)

▶ plead with a person for one's life …에게 목숨을 구해 달라고 빌다

中

pleasant [plézənt]

[형] 즐거운, 기분 좋은, 유쾌한

▶ pleas(e)(기쁘게 하다) + ant(형용사를 만듦) = pleasant(즐거운, 기분 좋은, 유쾌한)

▶ We had a pleasant time. 우리는 즐거운 시간을 보냈다.

大

pleasantly [plézəntli]

[부] 즐겁게, 유쾌하게

▶ pleasant(즐거운, 유쾌한) + ly(부사 어미) = pleasantly(즐겁게, 유쾌하게)

中

please [pli:z]

[동] 기쁘게 하다. [부] 제발

풀이 주어

[암] 먹이를 **풀이 즈**어 **기쁘게 하다**.

(please)

▶ Please don't be late! 제발 지각하지 말아요!

高

pleasing [plí:ziŋ]

[형] 유쾌한, 즐거운

▶ pleas(e)(기쁘게 하다) + ing(현재분사 어미) = pleasing(유쾌한, 즐거운)

中

pleasure [pléʒər]

[명] 즐거움, 기쁨, 만족

▶ pleas(e)(기쁘게 하다) + ure(명사 어미) = pleasure(즐거움, 기쁨)

高

pledge [pledʒ]

[명] 맹세, 서약, 보증, 저당(물)

[동] 맹세하다, 담보로 잡히다, 저당 잡히다.

매리가 지씨와 풀을 내서 쥐고

[암] **매리 지(池)**와 **결혼**을 **플 래 지**고 **맹세하다**.

(marriage) (pledge)

大

pledger [plédʒər]

[명] 저당잡힌 사람, 저당권 설정자

▶ pledg(e)(저당 잡히다) + er(…하는 사람) = pledger(저당잡힌 사람, 저당권 설정자)

大

plenteous [pléntiəs / -tjəs]

[형] 많은, 윤택한, 풍부한

▶ plent(y) → e(많음, 풍부) + ous(형용사 어미) = plenteous(많은, 윤택한, 풍부한)

高

plentiful [pléntifəl]

[형] 많은, 윤택한, 풍부한

▶ plent(y) → i(많은, 풍부) + ful(형용사 어미) = plentiful(많은, 윤택한, 풍부한)

▶ a plentiful harvest 풍작

中

plenty [plénti]

[명] 많음, 다량 [부] 충분히

풀에는 티끌이 노우(늙은 벗)

[암] **플엔 티**가 **많음**을 **충분히 노우(老友)**는 **알다**.

(plenty) (know)

▶ I've had plenty, thank you. 많이 먹었습니다, 고맙습니다.

高 **plight**
[plait]

㉢ 곤경, 궁지, (나쁜)상태

정원에 풀이 라이트(light : 빛 광선)
암 **가든**의 **풀 라이트** 빛받이 **(나쁜)상태**로 자라다.
(garden) (plight)

大 **plod**
[plɑd / plɔd]

㉢ 터벅터벅 걷다, 끈기있게 일(공부)하다.

풀로 들어가
암 **타잔**이 **정글 플로 드**러가 **터벅터벅 걷다**.
(Tarzzan jungle) (plod)

高 **plot**
[plɑt / plɔt]

㉢ 음모, 구상, 계획 ㉢ 구상하다, 음모를 꾸미다.

암 **인디언**이 풀로 **풀옷** 만들 **계획**을 **구상하다**.
(Indian) (plot)

大 **plotless**
[plɑ́tlis / plɔ́-]

㉢ 계획이 없는, 구상이 없는

▶ plot(계획, 구상) + less(…이 없는) = plotless(계획이 없는, 구상이 없는)

高 **plough, plow**
[plau]

㉢ 쟁기, 경작(지) ㉢ 갈다, 경작하다.

풀라우!(푸시요!)
암 **쟁기**로 **경작지**를 **갈아** 고민을 **프라우**.
(plow, plough)

大 **plow-boy**
[pláubɔ̀i]

㉢ 쟁기 멘 소를[말을]끄는 소년, 노동자

▶ plow(쟁기, 갈다) + boy(소년) = plowboy(쟁기 멘 소를[말을]끄는 소년, 노동자)

高 **pluck**
[plʌk]

㉢ 용기, 잡아당기기 ㉢ (열매 따위를)따다.

목도리 펄럭
암 **머플러**를 **플럭**이며 **(과일을)따다**.
(muffler) (pluck)

高 **plug**
[plʌg]

㉢ 플러그, 마개 ㉢ 막다, 채우다.

암 **마개** 같은 엔젠 **플러그**를 **채우다**.
(plug)

高 **plum**
[plʌm]

㉢ (植) 플럼, 서양자두, (제과용)건포도

푸렴
암 **스푼**으로 **서양 자두, 건포도**를 **플럼**.
(spoon) (plum)

高 **plume**
[plu:m]

㉢ (큰)깃털 ㉢ 깃털로 장식하다.

푸름
암 **녹색베레**모가 **프름**을 발하게 **깃털로 장식하다**.
(Green Beret) (plume)

高 **plump**[1]
[plʌmp]

㉠ 포동포동 살찌게 하다. ㉬ 포동포동한

풀옷입은 놈 풀어
암 버크셔를 **플럼 프**러 놓아 **포동포동 살찌게 하다.**
(Berkshire) (plump)

大 **plump**[2]
[plʌmp]

㉠ 갑자기 뛰어들다, 털썩 떨어지다.

풀옷입은 놈 풀어
암 버크셔를 **플럼 프**러 놓으니 **갑자기 뛰어들다.**
(Berkshire) (plump)

大 **plunder**
[plʌ́ndər]

㉠ 약탈하다, 탈취하다. ㉥ 약탈

의사가 아편 풀은 더
암 닥터가 **오폄 플런 더** 탐내 **약탈(탈취)하다.**
(docter) (opium) (plunder)

高 **plunge**
[plʌndʒ]

㉠ ~을 던져 넣다, 파고 들다. ㉥ 뛰어듦, 돌진

암 컴퓨터로 **퀴즈**를 **풀런지?**하며 **파고 들다.**
(computer) (quiz) (plunge)

▶ He ran to the river and plunged in.
그는 강으로 달려가 뛰어들었다.

大 **plunger**
[plʌ́ndʒər]

㉥ 뛰어드는 사람, 잠수자(인부)

▶ plung(e)(파고들다, 뛰어들다) + er(…하는 사람) = plunger(뛰어드는 사람, 잠수자(인부))

高 **plural**
[plúərəl]

㉬ [文法] 복수의 ㉥ 명수

▶ plu(s) + r(플러스 더하기) + al(명사, 형용사 어미) = plural(복수의, 복수)

▶ the plural number 복수

高 **plus**
[plʌs]

㉶ …을 더한 ㉬ 플러스의 ㉥ ((수학)) 플러스

※ 3 plus 2 equals 5. 3에 2를 더하면 5

高 **ply**
[plai]

㉠ 열성을 내다, 부지런히 일하다, 왕복하다.

암 프라이 튀김하며 **프라이**씨가 **부지런히 일하다(열성을 내다).**
(fry) (ply)

▶ The dressmaker plies her needle. 양재사는 부지런히 바느질을 한다.

高 **p.m**
[pí:ém]

P.M (약어) 오후 ((라) post meridiem의 약어)
a.m., A.M. (ante meridiem) 오전

大 **pneumonia**
[nju:móunjə / -niə]

㉠ 폐렴

유모 뉘어(눕혀)놓고
암 폐렴걸린 **뉴모 뉘어**놓고 **닥터**가 **치료하다.**
(pneumonia) (doctor)

P

中 **pocket**
[pákit / pɔ́k-]

명 포켓, 호주머니 동 포켓에 넣다.

▶ He took the money out of his pocket.
그는 호주머니에서 돈을 꺼냈다.

大 **pocket knife**
[pákit naif]

명 주머니칼

▶ pocket(호주머니, 주머니) + knife(칼) = pocketknife(주머니칼)

中 **poem**
[póuim]

명 시, 운문

암 목포 이(2) 트기 시인이 포(砲) 임을 그리며 쓴 시
(목포에사는 이(2) 트기 = poet, 포병인 님을 = poem)

▶ an epic poem 서사시

高 **poet**
[póuit]

명 시인, 시적 재능을 가진 사람, 가인(歌人)

암 목포 이(2) 트기 시인이 포(砲) 임을 그리며 쓴 시
(목포에사는 이(2) 트기 = poet, 포병인 님을 = poem)

大 **poetic**
[pouétik]

형 시의, 시적인

▶ poet(시인) + ic(…의[적인]) = poetic(시의, 시적인)

高 **poetry**
[póuitri]

명 시가(詩歌), 작시(作詩), (집합적으로)시

▶ poet(시인) + ry(명사 어미) = poetry(시, 시가, 작시)

▶ lyric[epic] poetry 서정[서사]시

中 **point**
[pɔint]

명 점, 요점; 첨단 동 점을 찍다, 지시하다.

암 얼굴에 포인트 점을 찍다.
(포인트 = point)

▶ the point of the tongue 혀 끝

高 **pointed**
[pɔ́intid]

형 뾰족한, 날카로운, 노골적인

▶ point(뾰족한 끝, 점) + ed(형용사를 만듦) = pointed(뾰족한, 날카로운, 노골적인)

▶ a pointed beak 날카로운 [뾰족한] 부리

大 **pointer**
[pɔ́intər]

명 가리키는 사람, 포인터종의 사냥개

▶ point(지시하다) + er(…하는 사람) = pointer(가리키는 사람, 포인터종의 사냥개)

大 **pointless**
[pɔ́intlis]

형 뾰족한 끝이 없는, 무딘

▶ point(뾰족한 끝) + less(…이 없는) = pointless(뾰족한, 끝이 없는, 무딘)

大

poise
[pɔiz]

[동] 균형잡히게 하다, 평형이 되게 하다. [명] 균형, 평형

[암] **좁은 내로 건너**온 **포병**이 **포 이즈**음 **균형**잡아 **평형이 되게 하다**.
(narrow)(gunner) (poise)

高

poison
[pɔ́izən]

[명] 독(약) [동] 독살하다.

포(砲) 잊은
[암] **포(砲) 이존** 자를 **독(약)**으로 **독살하다**.
(poison)

▶ Kill oneself by taking poison. 음독 자살하다.

大

poisonous
[pɔ́izənəs]

[형] 유독한, 유해한

▶ poison(독) + ous(형용사 어미) = poisonous(유독한, 유해한)

大

poke
[pouk]

[타] 찌르다, 쑤시다. [명] 찌름, 주먹으로 때림

투수
[암] **투스**가 **이**를 **폭**폭 **쑤시다**.
(tooth) (poke)

大

poker
[póukər]

[명] 찌르는 사람[물건], 부지깽이

▶ pok(e)(찌르다) + er(…하는 사람) = poker(찌르는 사람[물건], 부지깽이)

大

Poland
[póulənd]

[명] 폴란드(나라이름 수도: Warsaw)

高

polar
[póulər]

[형] 극지(極地)의, 남극[북극]의

▶ pol(e)(극) + ar(형용사 어미, …의) = polar(극지(極地)의, 남극[북극]의)

▶ the polar route 북극 항로

高

pole[1]
[poul]

[명] 막대기, 장대, 기둥

포(대포) 울타리
[암] **장대**같은 **기둥**으로 싼 **포(砲)울**.
(pole)

▶ a fishing pole 낚싯대

高

pole[2]
[poul]

[명] [天地] 극(極), 극지

[암] **포울**같은 **막대기 장대**끝이 지구의 **극**, **극지**지
(pole)

▶ the magnetic pole 자극(磁極)

大

pole jump
[poul dʒʌmp]

[명] 장대높이뛰기

▶ ploe(장대, 막대기) + jump(높이뛰기) = pole jump(장대높이뛰기)

P

P

中 **police** [pəlíːs]

명 경찰

▶ I think you should call the police.
내 생각에는 경찰을 부르는 게 좋겠어.

高 **policeman** [pəlíːsmən]

명 경찰관

▶ police(경찰) + man(사람) = policeman(경찰관)

▶ a policeman on guard 경호경관

大 **police station** [pəlí stéiʃən]

명 경찰서

▶ police(경찰) + station(정거장, 서) = police station(경찰서)

高 **policy** [páləsi / pɔ́l-]

명 정책, 방침, 현명, 신중

암 **버스 콘트롤**은 **파리시(市)**의 **신중**을 기한 **정책(방침)**
(버스 콘트롤: 산아 제한은 (birth, control)) (파리시: 파리시(=Paris : 프랑스의 수도)를 연관시켜 기억할 것 (policy))

▶ foreign policies 외교 정책

高 **polio** [póuliòu]

명 폴리오, 소아마비

大 **Polish** [páliʃ / pɔ́l-]

형 폴란드의, 폴란드 사람[말]의 명 폴란드어

高 **polish** [páliʃ / pɔ́l-]

동 닦다, 윤을 내다. 명 광내는 재료, 닦기

암 **미사일 폴 리(李)시**가 **광내는 재료**로 **닦다**.
(미사일: (missile)) (폴 리(李)시가: 포(砲)를 리(李)씨가 (polish))

▶ I always polish my father's shoes for him
나는 항상 아버지 구두를 닦아 드린다.

高 **polite** [pəláit]

형 공손한, 교양있는

암 **펄 아이 트**러가며 **공손한 마사지를 하다**.
(펄 아이 트러가며: 팔 아이 틀어가며 (polite)) (마사지를: 안마를 (massage))

▶ in polite language 정중한 말씨

高 **politely** [pəláitli]

부 공손히, 은근히

▶ polite(공손한) + ly(부사 어미) = politely(공손히, 은근히)

大 **politeness** [pəláitnis]

명 공손, 정중

▶ polite(공손한) + ness(명사 어미) = politeness(공손, 정중)

P

大 **politic**
[pálitik / pɔ́l-]

[형] 사려 깊은, 정책적, 현명한

권씨 더
[암] **파리 틱**끌 없엘 **현명한** 법을 **퀀시 더 생각하다**.
(politic) (consider)

高 **political**
[pálitikəl / pɔ́l-]

[형] 정치적인, 정치의
▶ politic(정책적) + al(형용사 어미) = political(정치적인, 정치의)

高 **politician**
[pàlitíʃən / pɔ̀l-]

[명] 정치가, 정당[직업], 정치가
▶ politic(정책적) + ian(…하는 사람) = politician(정치가, 정당[직업]정치가)
▶ a great politician 위대한 정치가

高 **politics**
[pálitiks / pɔ́l-]

[명] 정치, 정치학
▶ polit(ic)(정치적, 정책적) + ics(…학, …론) = politics(정치, 정치학)
▶ What are his politics? 그의 정견은 어떤가?

高 **poll**
[poul]

[명] 투표, 투표결과, 투표소 [동] 투표하다.

폴(표를)
[암] **투표소**에서 한 **폴** 던져 **투표하다**.
(poll)
▶ declare the poll. 선거결과를 공포하다.

大 **pollen**
[pálən / pɔ́l-]

[명] 꽃가구, 화분(花粉) [타] (꽃) 가루받이하다.

빠른
[암] **꽃가루**가 **파런** 속도로 **(꽃)가루받이하다**.
(pollen)

大 **pollute**
[pəlúːt]

[동] (환경 따위를) 더럽히다, 오염시키다.

순대를 팔로 틀어서
[암] **소시지**를 **펄루 트**러서 **더럽히다**.
(sausage) (pollute)
▶ The air is polluted. 공기가 오염되었다.

高 **pollution**
[pəlúːʃən]

[명] 오염, 공해, 더럽힘, 더러움
▶ pollut(e)(더럽히다) + ion(명사 어미) = pollution(오염, 공해, 더럽힘)
▶ noise pollution 소음공해

大 **pollution tax**
[pəlúːʃən tæks]

[명] 공해세, 환경 오염세
▶ pollution(공해, 오염) + tax(세금) = pollution tax(공해세, 환경오염세)

大 **pomade**
[paméid / poumáːd]

[명] 포마드, 향유, 머릿기름 [타] 포마드를 바르다.

[암] **젠틀맨**이 **암적갈색 머리**에 **향유 포마드를 바르다**.
(gentleman) (murrey) (pomade)

高

pomp
[pamp / pɔmp]

명 겉치레, 화려(함)

펌프(=pump)와 구별하여 기억하세요

암 **화려함**을 보이려고 **폼프**를 **겉치레**로 **어! 돈**을 써 **꾸미다**.
(pomp) (adorn)

▶ pomps and vanities 허식과 공허

大

pompous
[pámpəs / pɔ́m-]

형 점잔 빼는, 젠체하는

▶ pomp(겉치레) + ous(형용사 어미) = pompous(점잔 빼는, 젠체하는)

P

高

pond
[pand / pɔnd]

명 연못, 못 타 (물줄기를)막다.

판 들고

암 **베니어 판 드**고 **연못**의 **(물줄기를)막다**.
(veneer) (pond)

▶ a fish pond 양어장

高

ponder
[pándər / pɔ́n-]

동 ~을 숙고하다, 곰곰이 생각하다, 깊이 생각하다.

판다

암 **어머니**가 **몸**을 **판더**며 **깊이 생각하다**.
(mom) (ponder)

大

ponderous
[pándərəs / pɔ́n-]

형 육중한, 다루기에 불편한

▶ ponder (깊이 생각하다) + ous(형용사 어미) → 깊이 생각하여야 할 만치 다루기에 불편한, 육중한 … = ponderous(육중한, 다루기에 불변한)

高

pony
[póuni]

명 조랑말 형 보통보다 작은

암 **보통보다 작은 포니 조랑말**.
(pony)

▶ ride a pony. 조랑말을 타다.

大

poodle
[pú:dl]

명 푸들개

大

pooh-pooh
[pú:pú:]

동 업신여기다, 멸시하다, 코방귀 뀌다.

암 **푸푸**하며 **코방귀 뀌다(업신여기다)**.
(pooh–pooh)

高

pool[1]
[pu:l]

명 물웅덩이, 풀

암 **물웅덩이 풀**장.
(pool)

大

pool[2]
[pu:l]

명 기업연합, 공동 출자 동 공동 출자하다.

암 **물웅덩이 풀**장을 파려고 **기업연합**이 **공동 출자하다**.
(pool)

中 **poor** [puər]

형 가난한, 불쌍한, 서투른

암 **덩(똥)만 푸어 가난한 인디언.**
(dung) (poor) (Indian)

▶ Look at that poor dog. 저 불쌍한 개를 봐라

高 **poorly** [púərli]

부 가난하게, 부족하게

▶ poor(가난한, 부족한) + ly(부사를 만듦) = poorly(가난하게, 부족하게)

▶ poorly dressed 초라한 차림을 하고

P

大 **pop** [pap / pɔp]

동 펑 소리가 나다, 파열하다.

명 펑[팡]하는 소리, 발포

암 **펑(팡)하는소리** 내며 튀긴 **팝 콘 옥수수.**
(pop) (corn)

大 **pop-corn** [pápkɔ̀ːrn / pɔ́p-]

명 팝콘, 튀긴 옥수수

▶ pop(팡하고 튀긴) + corn(옥수수) = popcorn(팝콘, 튀긴 옥수수)

大 **Pope** [poup]

명 로마 교황

(축포)포를 읊조리듯

암 **로마 교황**을 환영해 **포(砲) 읊**조리듯 **포**를 **퍼붓다.**
(Pope) (pour)

大 **poplar** [pɔ́plər]

명 포플러(미루나무)

大 **populace** [pápjələs / pɔ́p-]

명 대중, 민중

▶ popula(r)(대중의, 대중적인) + ce(명사 어미) = populace(대중, 민중)

中 **popular** [pápjulər / pɔ́p-]

형 인기있는, 대중의

포를 풀러

암 **인기있는 포(砲) 풀러 소년**에게 **보이**네
(popular) (boy)

▶ a popular novel 인기있는 소설

高 **popularity** [pàpjulǽrəti / pɔ̀p-]

명 인기, 평판, 대중성

▶ popular(인기있는, 대중의) + ity(명사 어미) = popularity(인기, 평판, 대중성)

▶ popularity poll 인기 투표

大 **popularly** [pápjulərli / pɔ́p-]

부 일반적으로, 대중 사이에 널리

▶ popular(대중의, 대중적인) + ly(부사 어미) = popularly(일반적으로, 대중 사이에 널리)

大 **populate** [pɑ́pjulèit / pɔ́p-]

Ⓢ ~에 살(게 하)다, ~의 주민이다.

몰래 밥풀을 내서 2 트기가

암 **두더지**를 **모울**래 **팝퓰 래 이 트**기가 **살게 하다**.
(mole) (populate)

高 **population** [pɑ̀pjuléiʃən / pɔ̀p-]

Ⓜ 인구, (어느 지역의)전주민

▶ populat(e)(…의 주민이다) + ion(명사 어미) = pupulation(인구, [어느 지역의]전주민)

▶ What is the population of Seoul? 서울의 인구는 얼마나 됩니까?

大 **populous** [pɑ́pjuləs / pɔ́p-]

Ⓗ 인구가 많은, 주민이 많은

▶ popul(ate)(…주민이다, …에 살게 하다) + ous(…많은) = populous(인구가 많은, 주민이 많은)

高 **porcelain** [pɔ́:rsəlin]

Ⓜ 자기, 사기그릇

암 옛날 회**포 서린 사기그릇 자기**
(porcelain)

高 **porch** [pɔ:rtʃ]

Ⓜ 현관, (미) 베란다, 입구

마포(=자루 달린 걸레)를 연관시켜 기억할 것

암 **엄마**가 **마포 취(取)**해 들고 닦는 **현관 입구 베란다**.
(ma) (porch)

▶ a back porch 뒤편의 베란다

大 **pore** [pɔ:r]

Ⓢ 숙고하다, 곰곰이 생각하다, 열심히 연구하다.

암 포병이 **미사일 포**에 관해 **곰곰이 생각하다**.
(missile)(pore)

高 **pork** [pɔ:rk]

Ⓜ 돼지고기

암 **폭** 삶은 **돼지고기**.
(pork)

▶ A lot of people do not eat pork.
많은 사람들이 돼지고기를 먹지 않는다.

高 **porridge** [pɔ́:rid / pɔ́r-]

Ⓜ 포리지(오트밀에 우유를 넣어 만든 죽)

高 **port** [pɔ:rt]

Ⓜ 항구, 항구 도시

대포를 틀어

암 **포(砲)트**러 싣는 **항구 도시(항구)**.
(port)

▶ enter(make) (a) port. 입항하다.

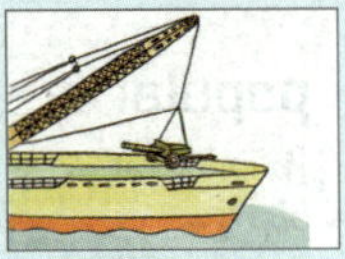

高 **portable** [pɔ́:rtəbl]

Ⓗ 휴대용의, 운발할 수 있는

▶ port(항구, 나르다) + able(…할 수 있는) = portable(휴대용의, 운반할 수 있는)

▶ a portable bed 이동식 침대

大
portal [pɔ́ːrtl]

명 (우람한) 문, 입구, 정문

▶ port(항구) + al(명사 어미) → 바다의 출입문 항구의 문 = portal([우람한]문, 입구, 정문)

高
porter[1] [pɔ́ːrtər]

명 운반인, 짐꾼

▶ port(항구 나르다) + er(…하는 사람) = porter(운반인, 짐꾼)

▶ swear like a porter 고래고래 소리지르다[나르다의 뜻에서]

高
porter[2] [pɔ́ːrtər]

명 문지기, 수위, (공동 주택의) 관리인

▶ port(al)(문, 정문, 입구) + er(…하는 사람) → 문을 지키는 사람 = porter(문지기, 수위, [공동주택의] 관리인)

高
portion [pɔ́ːrʃən]

명 일부분, 상속분, 몫 타 분배(분할)하다.

암 **장보고**(Jangbogo)가 **포션(砲船)**(portion)(포선(포를 갖춘 배))의 **일부분**을 **상속분 몫**으로 **분배하다**.

高
portrait [pɔ́ːrtrit / -treit]

명 초상(화)

▶ portra(y)(…초상을 그리다) + it(…한 그것) = portrait(초상[화])

大
portray [pɔːrtrei]

타 그리다, 묘사하다 , …의 초상을 그리다.

암 **포(布) 트레 이(李)**(portray)(피륙 천을 엮은 수틀에 이씨가)가 님**의 초상을 그리다**.

大
Portugal [pɔ́ːrtʃəgəl / pɔ́ːtju-]

명 포르투칼

大
Portuguese [pɔ̀ːrtʃəgíːz / -gíːs / pɔ̀ːtjugìːz]

형 포르투칼(사람・어)의 명 포르투칼 사람(어)

▶ Portug(al) → u(포르투갈) + ese(…의, …말, …사람) = Portuguese(포르투칼[사람・어]의, 포르투칼 사람[어])

高
pose[1] [pouz]

명 자세, 포즈 동 자세를 취하다[취하게]하다.

암 **포즈**(pose)잡고 **자세를 취하다**.

▶ Will you pose for me? 당신의 사진을 찍어도 좋겠습니까?

大
pose[2] [pouz]

타 (어려운 문제 따위로) 괴롭히다, 궁지에 빠지게 하다.

암 **포즈**(pose)잡고 **(어려운 문제를 주어) 괴롭히다**.

中 **position** [pəzíʃən]

㉮ 위치, 신분, 근무처

퍼서 지선(=철로가 본선에서 갈려나간 선)

㉰ 자갈을 **퍼 지선**(position)이 지날 **위치**에 **덤프**(dump)로 **부리다**.

▶ a social position 사회적 지위(신분)

大 **positional** [pəzíʃənəl]

㉱ 위치(상)의, 신분의

▶ position(위치, 신분) + al(…의) = positional(위치[상]의, 신분의)

高 **positive** [pázitiv / pɔ́z-]

㉱ 명확한, 적극적인, 긍정적인

못쓰게된 종이 집으며

㉰ 보이가 **파지(破紙) 티브**(positive)며 **적극적인 잡**(job) **일을 한다**.

▶ a positive reply 긍적적인 대답

大 **positively** [pázitivli / pɔ́z-]

㉯ 확실히, 적극적으로, 명확하게

▶ positive(명확한, 적극적인) + ly(부사 어미) = positively(확실히, 적극적으로, 명확하게)

高 **possess** [pəzés / pozés]

㉳ 소유하다, 점유하다.

포를 재수

㉰ **게릴라**(guerilla)들이 **포(砲) 재스**(possess) 좋게 **소유(점유)하다**.

▶ possess genius. 재능을 갖고 있다.

高 **possession** [pəzéʃən]

㉮ 소유, 소유물, 재산

▶ possess(소유하다) + ion(명사 어미) = possession(소유, 소유물, 재산)

高 **possessive** [pəzésiv]

㉱ 소유의 ㉮ ((문법)) 소유격

▶ possess(소유하다) + ive(…의, 형용사어미) = possessive(소유의, (문법) 소유격)

▶ possessive instinct 소유욕[본능]

大 **possessor** [pəzésər]

㉮ 소유자, [法] 점유자

▶ possess(소유하다) + or(…하는 사람) = possessor(소유자, [法] 점유자)

高 **possibility** [pàsəbíləti / pɔ̀s-]

㉮ 가능성, (장래의)가망, 예상

▶ possible → possibil(가능한) + ity(명사 어미) = possibility(가능성, [장래의]가망, 예상)

▶ exhaust every possibility 모든 수단[가능성]을 다하다

中 **possible** [pásəbəl / pɔ́s-]

㉱ 가능한, 있을 수 있는

포섭을

㉰ 미스를 **가능한** 한 **포서블**(possible)해 **러브하다**(love).

▶ Come as early as possible. 가능한 한 일찍 오너라.

高 **possibly** [pásəbli / pɔ́s-]

㉮ 어쩌면, 아마, 십중팔구는

▶ possib(le)(가능한) + ly(부사 어미) = possibly(어쩌면, 아마, 십중팔구는)

▶ He may possibly recover. 그는 아마 회복될 것이다.

高 **post¹** [poust]

㉰ 기둥, 말뚝, 문기둥

암 **서울 포스트(우체국)의 포스트(기둥)**
(Seoul) (post) (post)

▶ a starting post 출발점 표주(標柱)

高 **post²** [poust]

㉰ 지위, 직, 부서

암 (서울)**포스트(우체국)**에서 그의 **포스트(지위)**는 집배원이다.
(post) (post)

▶ a diplomatic post 외교관직

中 **post³** [poust]

㉰ 우편 우체국

암 **서울 포스트(우체국)**
(Seoul) (post)

▶ take a letter to (the) post.
편지를 우체국[우체통]에 가지고 가다.

高 **post-age** [póustidʒ]

㉰ 우편 요금

▶ post(우편) + age(요금) = postage(우편 요금)

▶ postage free 우편 요금 무료

高 **post-age stamp** [póustidʒ stæ̀mp]

㉰ 우표

▶ postage(우편 요금) + stamp(우표, 인지) = postage stamp(우표)

高 **postal** [póustəl]

㉲ 우편의, 우체국의

▶ post(우편) + al(…의) = postal(우편의, 우체국의)

▶ postal matters 우편물

大 **postal card** [póustəl kaːrd]

㉰ (美) 관제 엽서 = post card

▶ postal(우편의) + card(카드, 엽서) = postal card(관제 엽서)

高 **post-card** [póustkɑ̀ːrd]

㉰ 우편 엽서 (특히) 그림 엽서

▶ post(우편) + card(카드, 엽서) = postcard(우편 엽서, 그림 엽서)

▶ a picture postcard 그림 엽서

大 **poster** [póustər]

㉰ 포스터, 벽보 ㉱ 포스터로 선전하다.

▶ post(게시하다) + er(명사 어미) = poster(포스터)

P

大 **posterior** [pɑstíəriər / pɔs-]

형 (위치가)뒤의; (시간 순서가) 뒤에, 나중의

(전신주) 포수 티가 속살이 비쳐 부점(부자되는 점) 불에 그가

암 뒤에 포스 티어리어 부점 가슴을 불레그가 자랑하다.

(posterior) (bosom) (brag)

大 **posteriorly** [pɔstíəriəli]

부 다음에, 뒤에

▶ posterior(뒤의) + ly(부사 어미) = posteriorly(다음에, 뒤에)

高 **posterity** [pɑstérəti]

명 (집합적)자손, 후세

▶ poster(ior)(뒤의, 뒤에 오는) + ity(명사 어미) = posterity((집합적) 자손, 후세)

大 **post-man** [póustmən]

명 우편물 집배인, 우체부

▶ post(우편) + man(사람) = post-man(우편물 집배인, 우체부)

大 **post-master** [póustmæ̀stər / -mɑ̀:s-]

명 우체국장(略 ; P.M)

▶ post(우편) + master(주인) = post-master(우체국장)

中 **post office** [poust ɔ́(:)fis]

명 우체국

▶ post(우편) + office(사무소) = post office(우체국)

▶ the Post Office ((미)) 우정공사 ((영)) 체신 공사

高 **postpone** [poustpóun]

동 연기하다, 미루다.

▶ post(뒤의, 다음의) + pone(놓다, 두다) = postpone(연기하다, 미루다)

大 **postscript** [póustskrìpt]

명 (편지의)추신, 후기

▶ post(뒤의, 다음의) + script(손으로 쓴) = postscript(추신, 후기)

大 **posture** [pɑ́stʃər / pɔ́s-]

명 (몸의)자세, 상태, 자태 동 자세를 취하다.

포수 처가

암 카빈총 들고 포스 처가 자세를 취하다.

(carbine) (posture)

大 **postwar** [póustwɔ̀:r]

형 전후의

▶ (~이후에 = post) + (war = 전쟁) = pastwar(전후의)

高 **pot**
[pɑt / pɔt]

명 단지, 항아리

암 **팥 단지(항아리)**
(pot)

▶ a coffeepot 커피 주전자

大 **potassium**
[pətǽsiəm]

명 포타슘(금속원소, 기호 K: 번호 19)

中 **potato**
[pətéitou]

명 감자

감자를 잘게 썰어서 튀긴것
암 **포테이토 칩**(조각).
(potato) (chip)

▶ Henry peels a potato. 헨리는 감자 껍질을 벗기고 있다.

大 **potent**
[póutənt]

형 강한, 유력한, 강력한, 세력 있는

포(대포) 텐트(=tent 천막)
암 **전방의 포**를 가린 **강력한 포(砲)턴트**.
(fore) (potent)

大 **potentate**
[póutəntèit]

명 권력가, 유력자, 주권자

▶ potent(강력한) + ate(…직위, …자) = optentate(권력자, 유력자, 주권자)

高 **potential**
[pouténʃəl]

형 잠재적인, 가능한 명 가승성

▶ potent (강력한) + ial(…한 성질) = potential(잠재적인, 가능한)

▶ a potential customer 단골이 될 가망이 있는 사람

大 **potentiality**
[poutènʃiǽləti]

명 잠재력, 가능성

▶ potential(잠재적인, 가능한) + ity(명사 어미) = potentiality(잠재력, 가능성)

大 **potter**
[pátər / pɔ́t-]

명 도공, 옹기장이, 도예가

▶ pot + t(항아리, 단지) + er(…하는 사람) = potter(도공, 옹기장이, 도예가)

高 **pottery**
[pátəri / pɔ́t-]

명 도기, 오지그릇, 도기 제조법, 도기 제조소

▶ pot + t(항아리, 단지) + ery(…제조법, 장소, 것) = pottery(도기, 오지그릇, 도기 제조법, 도기 제조소)

大 **potting**
[pátiŋ / pɔ́t-]

명 도기 제조, 화분에 심기

▶ pot + t(항아리, 단지) + ing(현재분사 어미) = potting(도기 제조, 화분에 심기)

大

pouch
[pautʃ]

명 작은 주머니, 파우치, 우편 행낭

大

poultry
[póultri]

명 가금류(닭, 칠면조, 오리 따위)

대포를 에워싼 울타리
암 군인이 **포(砲)울트리**안에서 기른 **가금류**
(poultry)

大

pounce
[pauns]

동 달려들다, 갑자기 덮벼들다. 명 급습

막가는 파가 운수
암 **마담**에게 막가**파(派) 운스**사납게 **급습**해 **달려들다**.
(madam) (pounce)

高

pound¹
[paund]

명 (영국의 화폐 단위, 100펜스)

大

pound²
[paund]

명 파운드(중량의 단위, 약 454그램)

동 세게두드리다, 연타[난타]하다.

벽돌
암 **블록**을 수 **파운드**의 힘으로 **연타(난타)하다**.
(block) (pound)

高

pour
[pɔːr]

동 따르다, 쏟다, 억수로 퍼붓다.

암 **포**를 **억수로 퍼붓다(쏟다)**.
(pour)

▶ The rain is pouring down. 비가 세차게 내린다.

大

pout
[paut]

동 입을 삐죽거리다, 토라지다. 명 입을 삐죽거림

파우(파산한 벗이) 틀어져
암 부도난 **파우(破友) 트**러져 **입을 삐죽거리**며 **토라지다**.
(pout)

高

poverty
[pávərti / pɔ́v-]

명 빈곤, 빈약, 결핍, 가난

포(砲)를 버티어
암 **빈약**한 **포(砲) 버티**여 놓고 **게릴라**병이 **포**를 **억수로 퍼붓**다.
(poverty) (guerilla) (pour)

高

powder
[páudər]

명 가루; 화약; 분

젖먹이에게 바르는 가루분
암 **베이비 파우더 가루 분**.
(baby) (powder)

大

powdery
[páudəri]

형 가루(모양)의, 가루투성이의

▶ powder(가루) + y(형용사 어미) = powdery(가루[모양]의, 가루투성이의)

中 **power**
[páuər]

명 힘, 능력, 권력

암 **콜탄**을 **힘**껏 **파워**.
(coal) 파와 (power)

▶ The power of nature is great.
자연의 힘은 위대하다.

高 **powerful**
[páuərfəl]

형 강력한, 유력한

▶ power(힘) + ful(형용사 어미, …이 많은) = powerful(강력한, 유력한)

▶ a powerful argument 강력한 논증

大 **powerless**
[páuərlis]

형 무력한, 무능한

▶ power(힘) + less(…할 수 있는) = powerless(무력한, 무능한)

大 **practicable**
[prǽktikəbl]

형 실행할 수 있는

▶ practic(e) (실행하다) + able(…할 수있는) = practicable(싱행할 수 있는)

高 **practical**
[prǽktikəl]

형 실제적인, 실용적인, 실지의

▶ practic(e)(실행, 연습) + al(형용사 어미) = practical(실제적인, 실용적인, 실지의)

▶ a practical defeat 사실상의 패배

高 **practically**
[prǽktikəli]

부 실제적으로, 실용적으로

▶ practical(실제적인, 실용적인) + ly(부사 어미) = practically(실제적으로, 실용적으로)

▶ practically speaking 사실을 말한다면, 실은

中 **practice**
[prǽktis]

명 연습, 실행, 관습 동 연습하다, 실행하다.

암 풀 가는 **연습하다**가 **풀액(液)튀스**니 **스태인**의 옷이 **얼룩지다**.
풀 액(液)이 튀었으니 (practice) 수태인(아이를 밴 사람) (stain)

▶ daily piano practice. 매일하는 피아노 연습.

大 **practician**
[præktíʃən]

명 실행자, 숙련가

▶ practic(e)(실행[연습]하다) + ian(…하는 사람) = practician(실행가, 숙련가)

高 **practise**
[prǽktis]

= practice

▶ daily piano practise 매일하는 피아노 연습

大 **practitioner**
[præktíʃənər]

명 개업의사, 변호사

▶ practi(ce)(실행하다) + tion(명사 어미) + er(…사람) → 개업을 실행하는 사람 = practitioner(개업의사, 변호사)

大	**pragmatic** [prægmǽtik]	[형] 실제적인, 실용적인 풀에 그 매가 틱! [암] **플레 그 매 틱!**쓰러지게 **실제적인 피스톨을 쏘다.** (pragmatic) (pistol)
大	**pragmatism** [prǽgmətìzəm]	[명] 실용주의 ▶ pragmat(ic)(실제[실용]적인) + ism(…주의) = pragmatism(실용주의)
高	**prairie** [prέəri]	[명] (특히 북미 미시시피 강 유역의)대초원, 대목초지 풀에 어른어른 거리는 [암] **대초원 플레 어리**는 온갖 **플라워(꽃).** (prairie) (flower)
高	**praise** [preiz]	[명] 칭찬, 찬미 [동] 칭찬하다, (신 등을)찬미하다. 맷돌 틀어 모우니 풀옷입은애 이즈음 [암] **결혼**비용을 **매트러 모우니 플애 이즈**음 서 **칭찬하다.** (matrimony) (praise) ▶ be worthy of praise. 칭찬받을 만하다. 
大	**prance** [præns / prɑːns]	[동] 날뛰며 나아가다, 활개치며 돌아다니다. [암] **파리**시를 **프랑스**인 **프란스**시가 **활개치며 돌아다니다.** (Paris) (France) (prance)
大	**prank** [præŋk]	[명] 농담, 장난 [암] **농담(장난)**잘하는 **프랭크**(누스벨트)씨 (prank)
大	**prate** [preit]	[동] 재잘재잘 지껄이다, 수다떨다. [명] 수다, 지껄이기 풀에 이(2) 트기가 [암] **플레 이(2) 트**기가 앉아 **재잘재잘 지껄이다.** (prate) 
高	**pray** [prei]	[동] 빌다, 기원하다, 기도하다. 경기(시합) 전에 [암] **플레이** 전에 **프레이**씨가 **기도하다.** (play) (pray) ▶ pray twice a day 하루에 두 번 기도하다.
高	**prayer**[1] [prεər]	[명] 빌기,기도 ▶ pray(빌다, 기도하다) + er(…하는 것) = prayer(빌기, 기도)
高	**prayer**[2] [prεər]	[명] 기도하는 사람 ▶ pray(빌다, 기도하다) + er(…하는 사람) = prayer(기도하는 사람)

高 **preach**
[priːtʃ]

㊍ 설교하다, 전도하다, 설유(說諭)하다.

뿌리치라고

암 **사탄**의 유혹을 **프리치**라고 **설교하다**.

(Santan) (preach)

▶ preach against sin. 죄의 해악을 설교하다.

大 **preacher**
[príːtʃər]

명 설교자, 전도자

▶ preach(설교[전도]하다) + er(…하는 사람) = preacher(설교자, 전도자)

大 **preaching**
[príːtʃiŋ]

명 설교하기 형 설교의(같은)

▶ preach(설교하다) + ing(현재분사 어미) = preaching(설교하기, 설교같은, 설교의)

大 **precarious**
[prikέəriəs]

형 불확실한, 불안한, 위험한

삼뿌리 캐어 리씨가 어스름

암 삼**프리 캐어 리(李) 어스**름 밤까지 **위험한 잡일을 하다**.

(precarious) (job)

大 **precaution**
[prikɔ́ːʃən]

명 예방책, 조심, 경계

▶ (미리 = 프리 = pre) + (caution = 코션 = 조심) = **조심**해

암 **미리(앞서)프리 코션** 놈의 행동을 **조심**하고 = **조심**

大 **precautious**
[prikɔ́ːʃəs]

형 조심[경계]하는

▶ precauti(on)(조심, 경계) + ous(…하는) = precautious(조심하는, 경계하는)

高 **precede**
[priːsíːd]

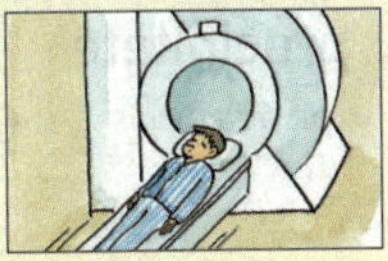

동 (때 중요성 따위에서)~에 앞서다. 선행(능가)하다.

▶ (미리 = 프리 = pre) + (cede = 쉬드 = 가다) = 앞서다, 능가하다

암 **미리(MRI)프리** 촬영에 **쉬들**어**가서** = **앞서다. 능가하다**.

MRI 풀이 촬영에 쉬들어가

大 **precedent**
[présədənt]

명 선례, 전례, 관례

▶ preced(e)(앞서다) + ent(명사 어미) = precedent(선례, 전례, 관례)

大 **precedented**
[présədəntid]

형 선례 있는, 전례 있는

▶ precedent(선례, 전례) + ed(형용사를 만듦) = precedented(선례있는, 전례있는)

大 **preceding**
[priːsíːdiŋ]

형 이전의, 바로 전의

▶ preced(e)(앞서다) + ing(현재분사 어미) = preceding(이전의, 바로 전의)

P

大 **precept** [príːsépt]

㉮ 훈계, 교훈, 가르침

삼 뿌리(요)셉트기가 / (precept)

㉰ 삼 **프리 셉트**기가 들고 **훈계**하듯 **가르치**네

大 **preceptor** [priséptər / príːsep-]

㉮ 훈계자, 교사

▶ precept(훈계, 가르침) + or(…사람) = preceptor(후계자, 교사)

P

高 **precious** [préʃəs]

㉱ 귀중한, 소중한 값비싼

풀에 셔츠(=shirt)를 연관시켜 기억할 것 / 날씨를 봐 / (precious) / (weather)

㉰ **플레 셔스**를 **소중한(귀중한)**듯 **왜더** 봐 **말리다**.

▶ precious knowledge 귀중한 지식

大 **preciously** [préʃəsli]

㉲ 귀중하게, 비싸게

▶ precious(귀중한, 값비싼) + ly(부사 어미) = preciously(귀중하게, 비싸게)

大 **precious metal** [préʃəs métl]

㉮ 귀금속

▶ precious(귀중한) + metal(금속) = precious metal(귀금속)

大 **precious stone** [préʃəs stoun]

㉮ 보석, 보석용 원석

▶ precious(귀중한) + stone(돌) = precious stone(보석, 보석용 원석)

大 **precipitate** [prisípətèit]

㉳ 서두르다, 거꾸로 던지다.

화풀이하고 싶어 / 태(큰) / 이씨 / 틀어 / (precipitate)

㉰ 갱이 화**플리 시퍼 태(泰)이(李) 트**러 **거꾸로 던지다**.

大 **precipitation** [prisìpətéiʃən]

㉮ 다급함, 투하

▶ precipitat(e)(서투르다, 거꾸로 떨어뜨리다) + ion(명사 어미) = precipitation(다급함, 투하)

大 **precipitator** [prisípətèitər]

㉮ 서두르[촉진시키]는 사람[것]

▶ precipitat(e)(서두르다) + or(…사람) = precipitator(서두르[촉진시키]는 사람[것])

大 **precipitous** [prisípətəs]

㉱ 직하(直下)하는, 험한, 가파른

▶ precipit(ate)(거꾸로 떨어지다) + ous(형용사 어미) = precipitous(직하(直下)하는, 험한, 가파른)

高 **precise** [prisáis]

㊗ 명확한, 정밀한, 꼼꼼한, 정확한

▶ (미리 = pre) + (cise = 사이스 = 자르다) = 정확한 셈하다

암 **미리**셈 **프리사(士)이스**면서 **자르듯** = **정확한** 셈하다
미리 셈 풀이하는 사람 있스면서

高 **precisely** [prisáisli]

㊕ 정밀하게, 꼼꼼하게

▶ precise(정확한, 꼼꼼한) + ly(부사 어미) = precisely(정밀하게, 꼼꼼하게)

▶ at 2 o'clock precisely 두 시 정각에

大 **precision** [prisíʒən]

㊔ 정확, 정밀, 꼼꼼함

▶ precis(e)(정확한, 정밀한, 꼼꼼한) + ion(명사 어미) = precision(정확, 정밀, 꼼꼼함)

大 **predecessor** [prédisèsər / príːdisèsər]

㊔ 전임자, 선배, 선조

▶ pre(이전에) + de(아래로) + cess(가다) + or(사람) = 전임자, 선배
문제풀이 뒤(로) 새(여)서 (직장 빼고)편히 쉬라고

암 문제 **플리 뒤새서 전임자(선배)**를 **편니 쉬**라고 **벌하다**.
(predecessor) (punish)

大 **predetermine** [prìːditə́ːrmin]

㊍ 미리 결정하다, 예정하다

▶ (미리 = pre) + (determine = 결정하다) = 예정하다

암 **미리**공사비**프리 뒤터민**자가 **결정하여 예정하다**.
미리 공사비풀이 뒤터를 민자가 결정하여

大 **predetermination** [prìːditə̀ːrminéiʃən]

㊔ 미리 결정함, 예정

▶ predetermin(e)(미리 결정하다, 예정하다) + ation(명사 어미) = predetermination(미리 결정함, 예정)

高 **predicate** [prédikit]

㊐ 단언[단정]하다, 서술하다. ㊔ (문법)술어

▶ (미리 = pre) + (dicate = 말하다) = 단정하다

암 **미리 프레 뒤 케이(k)트**기가 **말하며** 삼이라 **단정하다**.
미리 풀에서 뒤에 케이(K) 트기가

大 **predicative** [prédikèitiv]

㊗ 단정적인, 서술적인

▶ predicat(e)(단정하다, 서술하다) + ive(형용사어미, …적인) = predicative(단정적인 서술적인)

高 **predict** [pridíkt]

㊐ 예언하다, 예보하다.

▶ (미리 = pre) + (dict = 딕트 = 말하다) = 예언하다

암 **미리** 운**프리 딕!트**러졌음을 **말하며** = **예언하다**
미리 운풀이 딕! 틀어졌음을

大 **prediction** [pridíkʃən]

㊔ 예언하기, 예언, 예보

▶ predict(예언하다, 예보하다) + ion(명사 어미) = prediction(예언, 예언하기, 예보)

高 **preface** [préfis]

명 서문, 머리말 동 서문을 쓰다.

▶ (미리 = pre) + (face = 피스 = 얼굴) = 서문, 머리말

암 **미리 프레 피스(얼굴)**대신 내놓은 게 = **서문, 머리말**이다.
피스(얼굴)

▶ write a preface to a book. 책에 서문을 쓰다.

高 **prefer** [prifə́:r]

동 ~보다 ~을 좋아하다.

풀이 퍼레(서)
암 **오아시스**는 **프리 퍼레 ~보다 좋아하다.**
(oasis) (prefer)

▶ I prefer beer to wine. 포도주보다 맥주를 좋아한다.

大 **preferable** [préfərəbəl]

형 보다 더 좋은, 오히려 더 나은

▶ perfer(보다 …을 좋아하다) + able(…할 만한) = preferable(보다 더 좋은, 오히려 더 나은)

高 **preference** [préfərəns]

명 더 좋아함, 선택, 편애

▶ perfer(보다…을 좋아하다) + ence(명사 어미) = preference(더 좋아함, 선택, 편애)

▶ I have a preference for vegetables. 나는 야채를 더 좋아한다.

大 **prefix** [pri:fiks]

명 [문법] 접두사 타 앞에, 고정시키다.

▶ (미리:프리 = pre) + (fix = 픽스:고정시키다) = 접두사, 앞에 고정시키다

미리 앞서 풀이 픽!스(쓰)러지잖케 **고정시키듯**해 **접두사**를 **앞에 고정시키다.**

大 **pregnancy** [prégnənsi]

명 임신, 함축

풀에 그녀는 쉬
암 잔디 **프레 그넌 시**면서 **임신**을 **함축**있게 알려
(pregnancy)

大 **pregnant** [prégnənt]

형 임신한, 함축성 있는

▶ pregnan(cy)(임신, 함축) + t(…한[있는]) = pregnant(임신한, 함축성 있는)

大 **prehistoric** [prì:histɔ́:rik]

형 유사, 이전의

▶ (이전의 = pre) + (historic = 역사의) = prehistoric(유사 이전의)

高 **prejudice** [prédʒədis]

타 손상시키다, 불리케 하다. 명 편견, 손상

풀에 저 뒤가 수채(례)
암 **프레 저뒤스**차 걸려 전진을 **불리케 하다(손상시키다).**
(prejudice)

▶ race[racial] prejudice 인종적 편견

大 **prejudiced** [prédʒədist]

형 불리케 하는, 편견을 가진

▶ prejudic(e)(불리케[편견을 갖게]하다) + ed(형용사를 만듦) = prejudiced(불리케 하는, 편견을 가진)

P

高 **preliminary** [prilímənèri]

(형) 예비적인 (명) 준비

풀이 리씨가 뭐 내리 받아

(암) 범인의 DNA **프리 리(李)뭐 내리**받아 **예비적인 테스트하다.**

(preliminary) (test)

大 **prelude** [préljuːd]

(명) 전주곡, 서곡 (동) 전주(서)곡을 연주하다.

▶ (앞에 = 프레 = pre) + (lude = 류(柳)드) = 전주(서)곡을 연주하다

정원 **앞프레(풀에) 류(柳)드**러(들어)가 = **전주(서)곡을 연주하다**

高 **premature** [prìːmətjúər]

(형) 조숙한, 너무 이른

▶ (미리 = 프리 = pre) + (mature = 성숙한) = 조숙한 자다

(암) **미리 기분 프리 머튜어** 춤추니 **성숙하**고 = **조숙한** 자다

미리 기분 풀이 맞추어

大 **prematurely** [prìːmətjúərli]

(부) (너무)이르게, 시기상조로

▶ premature(조숙한, 너무 이른) + ly(부사를 만듦) = prematurely([너무]이르게, 시기상조로)

高 **premier** [primíər / príːmi-]

(명) 수상, 국무총리 (형) 첫째가는

굿풀이 미어(아름다운 말로)

(암) **수상**을 위한 굿**플리 미어(美語)**로 **인(人)복**을 **빌다.**

(premier) (invoke)

大 **premium** [príːmiəm]

(명) 포상금, 프리미엄, 할증료

(암) **포상금**으로 받은 **프리미엄 할증금**

(premium)

大 **preoccupancy** [priːákjupənsi]

(명) 선점, 선취(권), 몰두

▶ preoccup(y)(먼저 차지하다, 마음을 빼앗다) + ancy(명사 어미) = preoccupancy(선점, 선취(권), 몰두)

大 **preoccupation** [priːàkjupéiʃən]

(명) 선점, 몰두

▶ preoccup(y)(먼저 차지하다, 마음을 빼앗다) + ation(명사 어미) = preoccupation (선점, 몰두)

大 **preoccupied** [priːákjupàid]

(형) 선취된, 정신이 팔린

▶ preoccup(y) → i(먼저 차지하다, 마음을 빼앗다) + ed(형용사를 만듦) = preoccupied(선취된, 정신이 팔린)

大 **preoccupy** [priːákjupài]

(타) 먼저 차지하다, 마음을 빼앗다.

▶ (먼저 = pre) + (occupy = 차지하다) = 먼저 차지하다

(암) **아(兒)큐(Q) 파 이(= occupy)**고 공간을 **차지하다.**

아이가 Q자로묶은 파 이고

P

高 **preparation** [prèpəréiʃən]

명 준비, 예습

▶ prepar(e)(준비하다) + ation(명사 어미) = preparation(준비, 예습)

大 **preparatory** [pripǽrətɔ̀:ri / -təri]

형 준비의, 예비의

▶ prepar(e)(준비하다) + atory(형용사 어미, …의) = preparatory(준비의, 예비의)

中 **prepare** [pripɛ́ər]

동 ~을 준비하다, 채비하다.

▶ (미리 = 플이 = pre) + (pare = 패어:한벌) = 준비하다

암 하우스를 **미리** 모종**플이 패어**(피어)나게 **한 벌**을 (prepare) = **준비하다**

高 **prepared** [pripɛ́ərd]

형 준비가 되어 있는, 각오하고 있는

▶ prepare(준비하다) + ed(형용사를 만듦) = prepared(준비가 되어 있는, 각오하고 있는)

高 **preposition** [prèpəzíʃən]

명 (문법) 전치사

▶ (앞쪽에 = pre) + (position = 위치) → 늘 타단어 앞쪽에 위치하는 품사가 전치사이다 = preposition(전치사)

大 **prerogative** [prirɔ́gətiv]

명 특권, 특성 형 특성이 있는

암 사하라에 **특성있는 프리**(풀이) **로거**(녹아) **티브**(TV로)이로 **변두리**를 **보더**(다). (prerogative) (border)

高 **prescribe** [priskráib]

동 (법률 따위를) 규정하다, 명하다.

▶ (미리 = pre) + (scribe = 쓰다) → 미리 법률 따위 써서 규정하다 = prescribe([법률 따위를]규정하다, 명하다)

高 **prescription** [priskrípʃən]

명 명령, 규정, 법규

▶ prescri(be) → p(규정하다) + tion(명사 어미) = prescription(명령, 규정, 법규)

高 **presence** [prézəns]

명 존재, 현존, 출석

▶ presen(t)(존재하는, 출석한) + ce(명사 어미) = presence(존재, 현존, 출석)

中 **present**[1] [prézənt]

형 존재하는, 현재의, 출석한

▶ present members 현재의 회원

中 **present**[2]
[prézənt]

[명] 선물

[암] 그녀에게 준 **프레젠트 선물**
(present)

▶ a birthday present 생일 선물

中 **present**[3]
[prézənt]

[동] 선물하다, 증정하다, 바치다, 나타내다.

[암] 핸드백을 **프리젠트**해 **증정하다**.
(present)

▶ They presented an award to her.
그들은 그녀에게 상을 주었다.

高 **presentation**
[prèzəntéiʃən]

[명] 증정, 소개, 발표

▶ present (증정[표시]하나, 나타내다) + ation(명사 어미)
= presentation(증정, 소개, 발표)

大 **present-day**
[prézəntdéi]

[형] 현대의, 오늘날의

▶ present(현재) + day(날) = present-day(현대의, 오늘날의)

高 **presently**
[prézəntli]

[부] 이내 곧

▶ present(현재) + ly(부사 어미) = presently(이내, 곧)

▶ He will be here presently.
그는 곧(이내) 여기에 있을 것이다

大 **preservable**
[prizə́ːrvabəl]

[형] 보존[보호]할 수 있는

▶ preserv(e)(보존[보호]하다) + able(…할 수 있는) = preservable(보존[보호]할 수 있는)

大 **preservation**
[prèzərvéiʃən]

[명] 보존, 보호

▶ preserv(e)(보존[보호]하다) + ation(명사 어미) = preservation(보존, 보호)

大 **preservative**
[prizə́ːrvətiv]

[형] 보존하는, 보호하는

▶ preserv(e)(보존[보호]하다) + ative(…하는) = preservative(보존하는, 보호하는)

高 **preserve**
[prizə́ːrv]

[동] 보존하다, 보호하다. [명] 설탕 절임

풀이 저 부인
[암] 알로에 **프리 저 브**인에 의해 **보전되다(하다)**.
(preserve)

▶ preserve historical places. 사적을 보존하다.

大 **preserver**
[prizə́ːrvər]

[명] 보존자, 보호자

▶ preserv(e)(보존[보호]하다) + er(사람) = preserver(보존자, 보호자)

高

preside
[prizáid]

㉶ 통솔하다, 의장이 되다, 사회하다.

뿌리자 이틀을
㉮ **거물 명사가 돈 프리자 이드를 통솔하여 의장이 되다.**
(don) (preside)

中

president
[prézidənt]

㉢ [종조P-]대통령, 총장, 총재, 의장, 회장

▶ presid[e](의장이 되다, 통솔하다) + ent(명사 어미) = president(대통령, 총장, 의장, 회장)

▶ the president of a society 협회의 회장

P

大

presidential
[prèzidénʃəl]

㉬ 대통령의, 주재하는

▶ president(대통령) + ial(형용사 어미) = presidential(대통령의, 주재하는)

中

press
[pres]

㉣ 누르다, 압박하다. ㉢ 압착기, 신문

㉮ **신문을 압착기 프레스로 누르다.(압박하다)**
(press)

▶ Press this button to open the box.
상자를 열려면 이 단추를 눌러라.

高

pressing
[présiŋ]

㉬ 절박한, 간청하는

▶ press(압박하다) + ing(현재분사 어미) = pressing(절박한, 간청하는)

▶ a pressing need 절박한 필요

高

pressure
[préʃər]

㉢ 압력, 압축

▶ press(누르다, 압박하다) + ure(명사 어미) = pressure(압력, 압축)

▶ blood pressure 혈압

大

presumable
[prizú:məbəl]

㉬ 추측[가정]할 수 있는

▶ presum(e)(추측[가정, 생각]하다) + able(…할 수 있는) = presumable(추측[가정] 할 수 있는)

高

presume
[prizú:m]

㉣ 가정하다, 추정하다, 생각하다, 믿다.

풀이 준 것임을
㉮ **토마토도 프리 줌을 생각하다.**
(tomato) (presume)

▶ Mr. Smith, I presume?
(실례지만) 스미스 씨죠?(초면에 말을 건넬 때)

大

presumption
[prizʌ́mpʃən]

㉢ 추정, 가정, 추측

▶ presum(e) → P(추정[가정]하다) + tion(명사 어미) = presumption(추정, 가정, 추측)

大

presumptuous
[prizʌ́mptʃuəs]

㉬ 주제넘은, 건방진

▶ presumpt(ion) → u(추정, 가정, 추측) + ous(형용사를 만듦)
= presumptuous(주제넘은, 건방진)

高 **pretend** [priténd]

[동]~인 체하다, (~라고)속이다, 요구하다.

▶ (앞쪽으로 = pre) + (tend = 펼치다) = 속이다

[암] **앞쪽으로** 셈**프리** **텐(10)드**고 **펼치며** = **속이다**
셈 풀이 텐(10) 들고

大 **pretense-tence** [prì:téns]

[명] 거짓 꾸미기, ~인 체하기, 구실, 핑계

▶ preten(d)(…인 체하다, 요구하다) + se(= ce 추상명사 어미)
= pretense,pretence(…인 체하기, 구실, 핑계)

大 **pretension** [priténʃən]

[명] 요구, 겉치레, 핑계

▶ preten(d)(…인 체하다, 요구하다, 속이다) + sion(명사 어미)
= pretension(요구, 겉치레, 핑계)

大 **pretentious** [priténʃəs]

[형] 자부[자만]하는, 겉치레하는

▶ preten(d)(…인 체하다, 요구하다, 속이다) + tious(형용사 어미)
= pretentious(자부[자만]하는, 겉치레하는)

大 **pretext** [prí:tekst]

[명] 핑계, 구실

▶ (앞에 = 프리 = pre) + (text = 택스 = 교과서)
= 핑계, 구실

[암] **앞에** 그림**프리**(풀이) **택수트**러(틀어)**교과서**로
핑계되며쓰네

大 **prettify** [prí:tifài]

[타] 아름답게[곱게] 하다, 치레하다.

▶ prett(y) → i(예쁜, 아름다운) + fy(…하게 하다) = prettify(아름답게[곱게] 하다, 치레하다)

大 **prettily** [prítili]

[부] 곱게, 아름답게, 귀엽게

▶ prett(y) → i(예쁜, 아름다운) + ly(부사 어미) = prettily(곱게, 아름답게)

大 **pretty** [príti]

[형] 예쁜, 귀여운, 아름다운

풀이 티셔츠에
[암] **프리 티(T)**에 그려진 **아름다운**(셔츠)
(pretty)

▶ a pretty girl 예쁜(귀여운)처녀

大 **prevail** [privéil]

[자] 널리 보급되다; 유행하다; 압도하다, 우세하다, 이기다.

풀이 뵈일
[암] **알프스**에도 **클로버** **플이 뵈일** 정도로 **널리 보급되다**.
(Alps) (clover) (prevail)

▶ This custom prevails in the south.
이 풍습은 남부에서 널리 행하여지고 있다.

大 **prevailing** [privéiliŋ]

[형] 우세한, 널리 보급되어[행하여지고]있는

▶ prevail(널리 보급되다, 우세하다) + ing(현재분사 어미)
= prevailing(널리 보급되어[행하여지고]있는, 우세한)

大	**prevalence, -ency** [prévələns]	ⓜ 널리 퍼짐, 유행, 보급 ▶ preva(i)l (널리 보급되다, 유행하다) + ence, ency(명사 어미) = prevalence,-ency(널리 퍼짐, 유행, 보급)
高	**prevalent** [prévələnt]	ⓗ (널리)보급된, 널리 행해지는, 유행하는 ▶ preva(i)l(널리 보급되다, 유행하다) + ent(형용사 어미) = prevalent([널리]보급된, 널리 행해지는, 유행하는)
高	**prevent** [privént]	ⓓ ~을 막다, 막아서~못하게 하다, 방해하다. 풀이 배는 틈을 암 갈대 **풀이 밴 트**를 수 없게 앞을 **막다**. (prevent) ▶ prevent accidents 사고를 예방하다. 
高	**prevention** [privénʃən]	ⓜ 방지, 예방 ▶ prevent(막다, 방해하다) + ion(명사 어미) = prevention(저지, 방지, 예방)
大	**preventive** [privéntiv]	ⓗ 예방의, 예방적인 ▶ prevent(막다, 예방하다) + ive(형용사 어미) = preventive(예방의, 예방적인)
高	**previous** [prí:viəs]	ⓗ 이전의, 앞에(의), 이전의(에), 다급한 접착제 풀이 비었으니(텅비다) 암 **본드 피리 피어스**니 **다급한** 자가 **앞에** 것을 **이전에** 가져 (bond) (previous) ▶ a previous engagement 선약 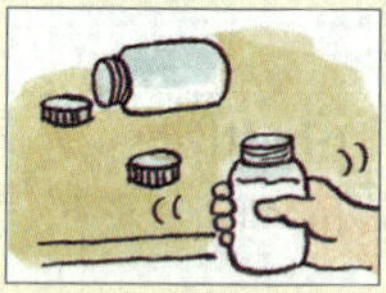
大	**previously** [prí:viəsli]	ⓑ 전에[는], 사전에 ▶ previous(이전의) + ly(부사 어미) = previously(전에[는], 사전에)
大	**prewar** [prí:wɔ́:r]	ⓗ 전전(戰前)의 ▶ (미리, 이전의 = pre) + (war = 전쟁) = prewar(전전(戰前)의)
高	**prey** [prei]	ⓜ 먹이, 희생 ⓓ 잡아먹다, 먹이로 하다. 플레이(=play)보이를 연상해 기억할 것 암 **미스**를 **플레이**보이가 **희생**시켜 **먹이로 하다**. (Miss) (prey)
中	**price** [prais]	ⓜ 가격, 값 ⓓ 값을 매기다. 풀모양의 아이스 암 **플 아이스** 케이크의 **값**이 **원 달러**. (price) (one dollar) ▶ a fixed price 정가(定價) 

大 **priceless** [práislis]

[형] 값을 매길 수 없는, 대단히 귀중한

▶ price(가격) + less(…이 없는) = priceless(값을 매길수 없는, 대단히 귀중함

高 **prick** [prik]

[동] (뾰족한 것으로)찌르다, 쑤시다. [명] 찌름, 쑤심

[암] 버크셔(Berkshire)를 그가(he) 히프릭(prick)(익)었나 (뾰족한 걸로) 찌르다.

히프(=hip:엉덩이)를 연관시켜 기억할 것

大 **pricking** [príkiŋ]

[형] 뜨끔뜨끔 찌르(쑤시)는

▶ prick(찌르다, 쑤시다) + ing(현재분사 어미) = pricking(뜨끔뜨끔 찌르[쑤시]는)

高 **pride** [praid]

[명] 자존심, 자만 [동] 자랑하다.

[암] 자존심 프라이드(pride)를 앞세워 자랑하다.

▶ pride of birth 가문의 자랑

高 **priest** [pri:st]

[명] 성직자, 목사

[암] 성경 프리(풀이) 스트(서투른)른 목사. (priest)

▶ I respect the priest. 나는 목사님을 존경한다.

大 **primarily** [praimérəli / práimәri]

[부] 첫째로, 최초로

▶ primar(y) → i(첫째의, 최초의) + ly(부사 어미) = primarily(첫째로, 최초로)

高 **primary** [práimèri / -məri]

[형] 으뜸가는, 초보의, 최초의

▶ prim(e)(= 제1의 뜻) + ary(형용사 어미) = primary(기초적인)

[암] 최초의 셈을 풀(풀) 라이(아이) 머리로(머리로) 카운트하다. (primary) (count)

高 **primary education** [práimèri édʒukèiʃən]

[명] 초등 교육

▶ primary(초등, 초보) + education(교육) = primary education(초등 교육)

大 **primary industry** [práimèri índəstri]

[명] 제 1차 산업

▶ primary(제1의) + industry(산업) = primary industry(제1차 산업)

高 **primary school** [práimèri sku:l]

[명] 초등 학교

▶ primary(초등, 초보) + school(학교) = primary school(초등 학교)

P

高	**prime** [praim]	ⓗ 최고의, 제일의, 중요한, 원시의 ⓜ 청춘 풀옷 입은 아 임에게 암 **플라(芃) 임**에게 **제일의 청춘**을 바쳐. (prime) ▶ of prime importance. 가장 중요한 
高	**prime minister** [praim mínistər]	ⓜ 국무총리, 수상 ▶ prime(제일의) + minister(장관) = prime minister(국무총리, 수상)
大	**primer** [práimər]	ⓜ 첫걸음 ((책)), 입문서, 초보 독본 ▶ prim(e)(제1의, 기초의) + er(…하는 것) = primer(첫걸음((책)), 입문서, 초보 독본)
高	**primitive** [prímətiv]	ⓗ 원시의, 원시적인 ▶ prim(제1의, 원시의) + itive(형용사 어미, …의[적인]) = primitive(원시의, 원시적인) ▶ a primitive man 원시인
大	**primross** [prímròuz]	ⓜ (植) 앵초(櫻草) ▶ prim(제1의) + rose(장미) = primrose(앵초)
中	**prince** [prins]	ⓜ 왕자 풀 인수(넘겨받음) 암 궁에서 **플 린스(引受)**한 **왕자**. (prince) ▶ the Prince Regent 섭정 왕자 
大	**princely** [prínsli]	ⓗ 왕자의, 왕자다운 ▶ prince(왕자) + ly(형용사를 만듦) = princely(왕자의, 왕자다운)
高	**princess** [prínsis, -səs / prinsés]	ⓜ 공주, 왕비, 공작 부인, 왕녀 ▶ princ(e)(왕자) + ess(여성명사를 만듦) = princess(공주, 왕비, 공작 부인, 왕녀) ▶ the Princess Regent 섭정 공주, 섭정비
高	**principal** [prínsəpəl]	ⓗ 중요한 ⓜ 장관, 교장, 우두머리 풀린시(時)에 풀려난 암 혐의가 **플린시 플**려난 **중요한 장관**과 **교장** (principal) ▶ a principal cause 주요한 원인
大	**principally** [prínsəpəli]	ⓟ 주로, 대개 ▶ principal(중요한, 주요한) + ly(부사 어미) = principally(주로, 대개)

高 **principle** [prínsəpl]

㊔ 원리, 원칙, 주의

암 의혹이 플린시(풀린시) 플어주는(풀어주는) 원칙 주의 (principle)

▶ the principle relativity 상대성 원리

大 **principled** [prínsəpld]

㊔ 절조있는 주위, 원칙에 의거한

▶ principl(e)(원리, 원칙, 주의) + ed(형용사를 만듦) = principled(절조있는 주위, 원칙에 의거한)

高 **print** [print]

㊔ 인쇄하다. ㊔ 인쇄물, 활자

암 인쇄물을 활자로 프린트(인쇄)하다. (print)

高 **printer** [príntər]

㊔ 인쇄기, 인쇄업자, 인쇄공

▶ print(인쇄하다) + er(…하는 사람[것]) = printer(인쇄기, 인쇄업자, 인쇄공)

▶ a laser printer 레이저 프린터

高 **printing** [príntiŋ]

㊔ 인쇄, 인쇄술[업]

▶ print(인쇄하다) + ing(현재분사 어미) = printing(인쇄, 인쇄술[업])

▶ three-colored printing 3색판 인쇄술[업]

高 **prior** [práiər]

㊔ 앞의, 보다 중요한, 먼저의

암 보다 중요한 것은 앞의 물을 풀 아이어. (prior)

▶ I have a prior engagement. 저는 선약(先約)이 있습니다.

大 **priority** [praiɔ́(:)rəti / -ár-]

㊔ 먼저임, 우선

▶ prior(앞의, 이전의) + ity(명사 어미) = priority(먼저임, 우선)

大 **prism** [prizəm]

㊔ 프리즘, 일곱가지 색

암 프리즘으로 본 빛의 일곱가지 색 (prism)

高 **prison** [prízn]

㊔ 교도소, 감옥 ㊔ (詩) 감금(투옥)하다.

암 적에게 암호 코드(code) 플리 존(풀이를 준)(prison) 자를 교도소에 감금하다.

▶ Unfortunately he died in prison. 불행히도 그는 옥사하였다

高 **prisoner** [príznər]

㊔ 죄수, 포로

▶ prison(교도소, 감옥) + er(…사람) = prisoner(죄수, 포로)

▶ prisoner of war 전쟁 포로[약어 = POW]

大
privacy [práivəsi / prív-]

명 개인적 자유, 프라이버시, 사생활, 비밀

암 개인의 **사생활 비밀 프라이버시**
(privacy)

高
privinate [práivit]

형 개인의, 은밀한, 비공개의, 비밀의

▶ (사생활 = priv(acy) + (ate = …이 있는) = 개인의, 사적인

풀 아이(팔을) 비틀며
암 **개인의 은밀한 비밀을 플 라이 비트**며 묻다.
(private)

大
private school [práivit skuːl]

명 사립 학교

▶ private(개인의, 사립의) + school(학교) = private school(사립학교)

高
privilege [prívəlidʒ]

명 특권, 특전 동 특권(특전)을 주다.

풀 사람이 빌리지
암 장비를 **특권(특전)**을 가지고 콜탄을 **풀이 빌리지**.
(privilege)

▶ enjoy a privilege. 특권을 누리다.

大
privileged [prívəlidʒd]

형 특권[특전]이 있는

▶ privileg(e)(특전, 특권, 특전[특권]을 주다) + ed(형용사를 만듦) = privileged(특권[특전]이 있는)

中
prize [praiz]

명 상(품), 상

풀 아(아이) 이즈음
암 소원을 **플라(뒨) 이즈**음 **상**과 **상품**을 타.
(prize)

大
pro [prou]

명 프로, 전문가, 직업 선수 형 프로의, 직업 선수의

高
probability [pràbəbíləti / prɔ̀b-]

명 있을 법한 것, 가망, 확률

▶ probable → probabil(있을 법한) + ity(명사 어미) = probability(있을 법한 것, 가망, 확률)

▶ What are the probabilities? 가망성은 어떤가?

高
probable [prábəbl / prɔ́b-]

형 있음직한, 유망한

명 있음직한 일, (스포츠의), 신인

프로선수 법을
암 아마추어 **신인**이 **있을 법한 프로 버블 스승**께 **물어**.
(probable) (mulla(h))

▶ a probable evidence. 있음직한 증거

中
probably [prábəbli / prɔ́b-]

부 아마, 필시

▶ probab(le)(있을 법한) + ly(부사를 만듦) = probably(아마, 필시)

▶ Probably you are right. 아마 자네 말이 옳겠지.

中 **problem** [prάbləm / prɔ́b-]

명 문제, 의문

암 **의문**나는 **문제**를 **프러 브럼**. (풀어 보렴) (problem)

▶ That noisy girl is a problem. 저 시끄러운 소녀가 문제이다.

高 **procedure** [prəsíːdʒər]

명 순서, 수속, 처리

▶ proceed → proced(나아가다) + ure(명사 어미) = procedure(순서, 수속, 처리)

▶ follow a procedure. 절차를 따르다.

高 **proceed** [prousíːd]

동 나아가다, 계속해서 ~하다, 법적 수속(소송)을

▶ (프로 = pro) + (ceed = 가다) = 나아가다

암 플레카드를 앞**프로 쉬드**(들)고 **가며** = 나아가다

高 **proceeding** [prousíːdiŋ]

명 진행, 행동, 조처, [복수] 소송절차

▶ proceed(나아가다) + ing(현재분사 어미) = proceeding(진행 행동, 조처, [pl]소송절차)

▶ institute divorce proceeding. 이혼 소송을 제기하다.

高 **process** [prάses / próu-]

명 경과, 과정, 진행

동 처리하다, (자료를)조사 분류하다, 행진하다.

▶ (프로 = pro) + (cess[稅收] = 가다) = 조사 분류하다

암 각개인 앞**프로 세스**(수,稅收)를 찾아**가며** = 조사 분류하다.

高 **procession** [prəséʃən]

명 행렬, 행진

▶ process(행진하다) + ion(명사 어미) = procession(행렬, 행진)

▶ lead a procession 행렬을 이끌다.

高 **proclaim** [proukléim / prə-]

동 선언[포고]하다.

▶ (프로 = pro) + (claim = 요구하다) = 선언[포고]하다

암 가장으로 앞**프로 클애 임**금을 **요구하며** = 투쟁을 **선언하다**.

大 **proclamation** [prὰkləméiʃən / prɔ̀k-]

명 선언, 포고

▶ proclaim → proclam(선언[포고]하다) + ation(명사 어미) = proclamation(선언, 포고)

高 **procure** [proukjúər / prə-]

동 (애써서) 손에 넣다, 획득하다.

▶ (그물프러 = pro) + (cure[Q 魚] = 살피다) = 손에 넣다

암 그물을 **프러**(풀어) **큐어**(Q자형 고기)를 **살피어** = **손에 넣다**.

大 **procurement** [proukjúərmənt]

명 획득 조달

▶ procure([애써서]손에 넣다, 획득하다) + ment(명사 어미) = procurement(획득, 조달)

P

大 **prodigal**
[prάdigəl / prɔ́-]

형 통이 큰, 방탕한 명 방탕아

프로선수가 뒤 걸어 비틀어
암 **방탕한 방탕아**를 **프로 뒤 걸**어 **비트**러 **물리치다**.
(prodigal) (beat)

大 **prodigality**
[prὰdəgǽləti]

명 낭비, 방탕

▶ prodigal(낭비하는, 방탕한) + ity(명사 어미) = prodigality(낭비, 방탕)

大 **prodigious**
[prədídʒəs]

형 거창한, 놀라운

▶ prodig(y) → i(경이, 천재) + ous(형용사 어미) = prodigious(거창한, 놀라운)

大 **pordigy**
[prɔ́dədʒi]

명 비범한 사람, 천재(아), 경이

전문가 푸로(가)더 지식을 인(人) 되보려고
암 (pro)**프로 더 지**식을 쌓아 **천재인(人) 되버려**고 **노력하다**.
(pordigy) (endeavor)

高 **produce**
[prədjúːs]

동 제조하다, 생산하다, 산출하다.

명 (농)산물, 제품

▶ (앞으로 = pro) + (duce = 이끌다, 가져오다) = 생산하다

전동장치 풀어 한수 두수만에
암 **기어**를 **플러 듀스**만에 **제품**을 **생산하다**.
(gear) (produce)

高 **producer**
[prədjúːsər]

명 생산자, 제작자

▶ produc(e)(생산하다) + er(…하는 사람) = producer(생산자, 제작자)

▶ a film [movie] producer 영화 제작자

高 **product**
[prάdəkt / -dʌkt / prɔ́d-]

명 산출물, 생산품, 성과

▶ produc(e)(생산하다) + t(= th 명사 어미) = product(산출물, 생산품, 성과)

▶ farm products 농산물

高 **production**
[prədʌ́kʃən]

명 생산, 산출, 제작, 제품

▶ produc(e)(산출[생산]하다) + tion(명사 어미) = production(생산, 산출, 제작, 제품)

▶ oil production 석유 생산

高 **productive**
[prədʌ́ktiv]

형 생산적인, 생산력이 있는

▶ product(산출물, 생산품) + ive(형용사 어미) = productive(생산적인, 생산력이 있는)

大 **productivity**
[pròudʌktívəti / prὰd-]

명 생산성

▶ productiv(e)(생산적인) + ity(명사 어미) = productivity(생산성)

大 **profane** [prəféin]

형 신성을 모독하는 타 신성을 모독하다.

풀어 폐인(미친 사람)이

암 **브래지어**를 **프러 폐인(廢人)**이 **신성을 모독하다.**

(brassiere) (profane)

大 **profess** [prəfés]

동 ~(을) 직업으로 삼다, 고백(공언)하다.

▶ (앞 프로 = pro) + (fess (廢水) = 말하다]) = 고백(직업으로)하다

암 하수구 앞**프로 페스**(폐수)버렸음을 **말하고** = **고백(직업으로)하다.**

高 **profession** [prəféʃən]

명 직업, 전문직, 고백

▶ profess(직업으로 하다) + ion(명사 어미) = profession(직업, 전문직, 고백)

▶ a man of profession 지적 직업을(자유업을) 가진 사람

高 **professional** [prəféʃənəl]

형 직업의, 전문직의, 프로의

▶ profession(직업, 전문직) + al(…의) = professional(직업의, 전문직의)

▶ a professional golfer 프로 골퍼

高 **professor** [prəfésər]

명 교수

▶ profess([가르침을]직업으로 하다) + or(…사람) = porfessor(교수)

▶ a full professor 정교수

大 **proffer** [prɔ́fər]

타 제공하다, 제의하다. 명 제공, 제의

프로 선수가 퍼

암 **수프**를 **(pro)프로 퍼 제공하다.**

(soup) (proffer)

大 **profile** [próufail / próufi:l]

명 옆모습;인물 단평, 윤곽 동 인물평을 하다.

▶ (프로 = pro) + (file = 서류철) = profile(인물 단평을 쓰다)

암 선수중 **프로 파일**인 **서류철**에 = **프로파일(인물 단평을 쓰다)**

高 **profit** [práfit / prɔ́f-]

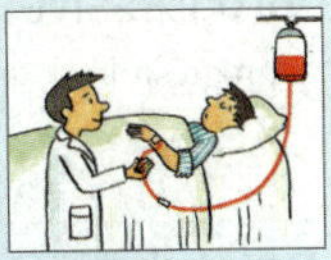

명 이익, 소득 동 이익을 얻다.

▶ (앞**프로** = pro) + (fit = 피트:적당한) = 이익을 얻다

암 닥터가 앞**프로 피트**(틀)어 **적당**량 넣어 = **이익을 얻다**

高 **profitable** [práfitəbəl / prɔ́f-]

형 유리한, 유익한

▶ profit(이익) + able(…이 있는, …이 되는) = profitable(유리한,유익한)

▶ a profitable deal 유리한 거래

大 **profitless** [práfitlis / prɔ́f-]

형 이익 없는, 무익한

▶ profit(이익) + less(…이 없는) = profitless(이익 없는, 무익한)

高

profound
[prəfáund]

㉬ 심원한, (동정심 따위가), 대단히 깊은, 깊은

▶ (앞**프로** = pro) + (found = 파운드:기초바닥) = **깊은**기소를 해

㉰ 땅을 앞**프로** **파운드**(운도)좋게 **기초바닥**을 = **깊은**기소를 해

大

profoundly
[prəfáundli]

㉮ 깊이, 마음 속으로부터

▶ profound(심원한) + ly(부사를 만듦) = profoundly(깊이, 마음속으로부터)

P

大

profuse
[prəfjúːs]

㉬ 아낌없는, 풍부한, 넘치는

▶ (앞**프로** = pro) + (fuse = 퓨즈:녹다) = 풍부한, 넘치는

㉰ 얼음이 앞**프로** **퓨즈**처럼 **녹아**흐르니 = **풍부한**물이 **넘치는** 곳 되다

大

profusion
[prəfjúːʒən]

㉱ 풍부, 대량

▶ profus(e)(풍부한, 아낌없는) + ion(명사 어미) = profusion(풍부, 대량)

高

program(me)
[próugræm]

㉱ 프로그램, 예정표 ㉲ 프로그램을 편성하다.

㉰ (MBC에서)**예정표 프로그램을 편성하다.**
(program(me))

▶ What's the program for today?
오늘 예정은 어떻게 되어 있나?

高

progress
[prágres / próug-]

㉱ 향상, 진행 ㉳ 진행하다, 진보(향상)하다.

▶ (프로 = pro) + (gress = 그 레스:가다) = 향상하다

㉰ 선수**프로** **그 레스**링을 **가서**연습해 = **향상하다**

大

porgression
[prəgréʃən]

㉱ 전진, 진행, 진보

▶ progress(진행[진보]하다) + ion(명사 어미) = progression(전진, 진행, 진보)

高

progressive
[prəgrésiv]

㉬ 진보적인, 진보주의의 ㉱ 진보주의자

▶ progress(진행하다) + ive(형용사 어미) = progressive(진보적인, 진보주의의, 진보주의자

▶ a progressive nation 진취적인 국민

高

prohibit
[prouhíbit]

㉳ (법률, 권위로)금하다, 방해하다.

㉰ (부부 싸움시)옷 **프러 희(姬) 비트**려는 짓을 **금하다.**
(옷 풀어 희(계집) 비틀려는)
(prohibit)

高

prohibition
[pròuhəbíʃən]

㉱ 금지, 금지령

▶ prohibit(금하다) + ion(명사 어미) = prohibition(금지, 금지령

▶ repeal (a) prohibition. 금지를 철회하다.

高 **project** [prədʒékt / prɔ́-]

[동] 계획하다, 돌출하다. [명] 계획, 프로젝트, 계획 사업

▶ (앞**프로** = pro) + (ject = 젝트:던지다) = 계획하다

모두가 앞**프로 제트**기사업에 몸을 **던져**서 = **계획하다**

大 **projection** [prədʒékʃən]

[명] 발사, 방사, 계획

▶ project[발사[계획]하다] + ion(명사 어미) = projection(발사, 방사 계획)

大 **projector** [prədʒéktər]

[명] 계획자, 설계자, 영사(투영)기

▶ project(계획하다, 투가[투영, 돌출]하다) + or(…하는 자[것]) = projector(계획자, 설계자, 투영[투사]기)

大 **proletarian** [pròulitέəriən]

[형] 프롤레타리아의, 무산계급의

[명] 프롤레타리아

大 **prologue, -log** [próulɔːg / -lɔg]

[명] 머리말, (연극의) 개막사

▶ (앞**프로** = pro) + (logue = 로구(老軀):말) = 개막사, 머리말

단상 앞**프로 로그**(구,늙은몸이)나아가 말로 = **개막사**를 하다

高 **prolong** [proulɔ́ːŋ, -lάŋ]

[타] 늘이다, 연장하다, 오래 끌게 하다.

▶ (앞**프로** = pro) + (long = 롱:긴) = 늘이다, 연장하다

시간을 앞**프로** + **롱(긴)**타임 되게 = **늘이다, 연장하다**

大 **prolongation** [pròulɔːŋgéiʃən]

[명] 연장, 연기

▶ porlong(늘이다, 연장하다) + ation(명사 어미) = prolongation(연장, 연기)

大 **promenade** [prɑ̀mənéid/ prɑ́-]

[명] 산책, 행진, 산보 [동] 산책(행진, 산보)하다.

프로선수가 뭐를 내 이들이

[암] 등산가 **(pro)프로 뭐 내 이드**리 함께 **행진하다**.

(promenade)

大 **prominence, -nency** [prάmənəns, -si]

[명] 저명, 걸출

▶ prominen(t)(저명한, 걸출한) + ce,cy(명사 어미) = prominence, -nency(저명, 걸출)

高 **porminent** [prɔ̀mənənt]

[형] 저명한, 걸출한, 탁월한

프로선수가 뭐는 틀어

[암] **저명한 (pro)프로 뭐넌 트**러 **탁월한 쇼를하다**.

(porminent) (show)

▶ a prominent writer 저명한 작가

中 **promise** [prámis / prɔ́m-]

㉢ 약속 ㉣ 약속하다.

▶ (앞**프로** = pro) + (mise = 미스:보내다) = 약속하다

돈을 앞**프로** **미스**(miss)에게 **보내기**로 = **약속하다**

▶ He promised help. 그는 원조를 약속했다.

大 **promiser** [prámis / prɔ́m-]

㉢ 약속자

▶ promis(e)(약속하다) + er(…하는 사람) = promiser(약속자)

高 **promising** [prámisiŋ / prɔ́m-]

㉥ 가망있는, 유망한

▶ pormis(e)(가망이 있다, 약속하다) + ing(현재분사 어미) = promising(가망있는, 유망한)

▶ a promising youth 유망한 청년

高 **promote** [prəmóut]

㉣ 촉진시키다, 승진시키다, 증진하다, 촉진시키다.

▶ (프로 = pro) + (mote = 모트:움직이다) = 촉진시키다

㉲ 게임을 **프로** **모트**가 직접**움직여**일을 = **촉진시키다**

大 **promoter** [prəmóutər]

㉢ 촉진자, 후원자, 발기인

▶ promot(e)(촉진하다) + er(…사람) = pormoter(촉진자, 후원자, 발기인)

高 **promotion** [prəmóuʃən]

㉢ 승진, 진급, 촉진

▶ promot(e)(승진시키다, 촉진하다) + ion(명사 어미) = promotion(승진, 진급, 촉진)

▶ Promotion goes by merit. 승진은 공적에 의한다

高 **prompt** [prɑmpt / prɔmpt]

㉥ 신속한, 기민한, 재빠른 ㉣ 자극하다.

㉲ **마담**(madam)에게 **재빠른** **플롬 프트**(prompt)며 **자극하다**.
(플롬 프트: 풀옷 입은 놈 붙으며)

▶ prompt to respond 즉시 응답하는

高 **promptly** [prámptli / prɔ́m-]

㉤ 재빠르게, 신속히, 기민하게

▶ prompt(신속한, 기민한) + ly(부사 어미) = promptly(재빠르게, 신속히, 기민하게)

大 **prone** [proun]

㉥ 수그린, 납작 엎드린, …하기 쉬운

㉲ (pro)**프로** **운**(prone)좋게 **하기 쉬운** **수그린** 자세로 **잽**(jab)싸게 **찌르다**.
(프로 운: 프로 선수가 운)

高 **pronoun** [próunàun]

㉢ ((문법)) 대명사

▶ pro(앞에서) + noun(명사) → 문장 앞에서 대신 명사 역할을 하는 품사 = pronoun(대명사)

高 **pronounce** [prənáuns]

⑤ 발음하다, 선언(단언)하다.

▶ (앞**프로** = pro) + (nounce = 말하다) = 단언하다

암 앞**프로** 될 **나운스**(수)를 **말하며** = **단언하다**

大 **pronouncement** [prənáunsmənt]

명 선언, 발표

▶ pronounce(선언하다) + ment(명사 어미) = pronouncement(선언, 발표)

大 **pronouncing** [prənáunsiŋ]

명 발음(하기), 선언, 발표

▶ pronounc(e)(발음[선언]하다) + ing(현재분사 어미) = pronouncing(발음[하기], 선언, 발표)

高 **pronunciation** [prənʌ̀nsiéiʃən]

명 발음

▶ pronounce → pronunci(발음하다) + ation(명사 어미) = pronunciation(발음)

▶ English pronunciation 영어의 발음

高 **proof** [pru:f]

명 증거, 증명, 시험

물을 펌프로 푸는

암 **노새가 뮬**을 펌**프루 프**는 걸 **증명**해.

(mule) (proof)

▶ stand a severe proof. 엄격한 시험에 견디다.

大 **proofless** [prú:flis]

형 증거 없는, 증명 안 된

▶ proof(증거, 증명) + less(…이 없는) = proofless(증거 없는, 증명 안 된)

大 **proofmark** [prú:fmɑ̀:rk]

명 (총 따위의) 시험필 필지, 검인

▶ proof(증거, 증명, 시험) + mark(표, 기호) = proofmark([총 따위의]시험필 표지, 검인)

高 **propaganda** [prɑ̀pəgǽndə / prɔ̀p-]

명 (주의, 사상 따위의)선전, 주장

동 선전(포고)하다.

앞으로 포갠 다음

암 **드레스**를 앞**프로 포갠 더**음 **선전하다.**

(dress) (propaganda)

▶ political propaganda 정치 선전

大 **propagandist** [prɑ̀pəgǽndist]

명 선전자, 선교사

▶ propagand(a)(선전, 주장) + ist(…사람) = propagandist(선전자, 선교자)

大 **propagandize** [prɑ̀pəgǽndaiz / prɔ̀p-]

동 선전[선교]하다

▶ propagand(a)(선전, 주장) + ize(…하다) = propagandize(선전[선교]하다)

大 **propagate** [prápəgèit / prɔ́p-]

[동] 선전하다, 보급(번식)시키다.

[암] 드레스(dress)를 (pro)프로 행상인 퍼개 포개 이 트메 이틈에(propagate) 선전(보급)하다.

大 **propagation** [pràpəgéiʃən / prɔ̀p-]

[명] 보급, 번식

▶ propagat(e)(보급[번식]하다) + ion(명사 어미) = propagation(보급, 번식)

大 **propagator** [prápəgèitər]

[명] 번식자, 포교자

▶ propagat(e)(보급[번식]하다) + or(…하는 사람) = propagator(번식자, 포교자)

高 **propel** [prəpél]

[타] 추진하다, 나아가게 하다.

[암] 비행기를 프로펠(propel)러 힘으로 나아가게 하다, 추진하다.

大 **propellant** [prəpélənt]

[명] 추진시키는 것[사람], [로켓 등의] 추진제

▶ propel + l(추진하다) + ant(…하는 사람[것]) = propellant(추진시키는것[사람], [로켓 등의] 추진제)

高 **propeller** [prəpélər]

[명] 프로펠러, 추진기, 추진시키는 사람[것]

▶ propel + l(추진하다) + er(…사람[것]) = propeller(프로펠러 추진기, 추진시키는 사람[것])

中 **proper** [prápər / prɔ́p-]

[형] 타당한, 적당한, 고유의

[암] 국을 적당한량 (pro)프로 프로요리사 퍼(proper) 세어(share) 분배하다.

▶ the proper word 꼭 들어맞는 말

高 **properly** [prápərli / prɔ́p-]

[부] 적당하게, 알맞게, 당연히

▶ proper(적당한) + ly(부사 어미) = properly(적당하게, 알맞게, 당연히)

▶ He very properly refused.
그가 거절한 것은 아주 당연한 일이다.

大 **proper noun** [prápər naun]

[명] 고유 명사

▶ proper(고유의) + noun(명사) = proper noun(고유 명사)

高 **property** [prápərti / prɔ́p-]

[명] 재산, 특성, 자산

▶ proper(적당한, 고유의) + ty(…함, …한 성질, 명사 어미) → 고유의 사람이 가진 것 = property(재산, 특성, 자산)

▶ a man of property 재산가

P

大 **prophecy** [práfəsi]

명 예언

▶ prophe(sy)(예언하다) + cy(명사 어미) = prohpecy(예언)

大 **prophesy** [práfisài / prɔ́-]

동 예언하다, 예고하다, 예측하다.

경기도 포천 운풀어 피(살갗) 사이

암 **포천**댁의 **운플러 피(皮)사이** 주름보고 **예언하다.**

(fortune) (prophesy)

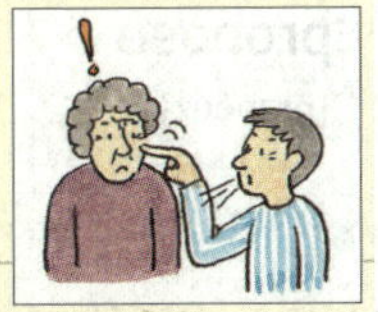

高 **prophet** [práfit / prɔ́-]

명 예연자

▶ prophe(sy)(예언하다) + t(= th, 명사 어미) = prophot(예언자)

▶ a false prophet 거짓 예언자

大 **prophetic** [prəfétik]

형 예언의, 예언적인, 예언자의

▶ prophet(예언자) + ic(…의) = prophetic(예언의, 예언적인, 예언자의)

大 **prophetical** [prəfétikəl]

형 예언의, 예언적인, 예언자의

▶ prophet(예언자) + ical(…의) = prophetical(예언의, 예언적인, 예언자의)

大 **proportion** [prəpɔ́:rʃən]

명 비(比), 몫, 할당[배당], 균형

동 균형잡히게 하다.

풀어 표선(砲船=포를 설치한 배)

암 **와이어**를 **풀어 포션**을 **균형잡히게 하다.**

(wire) (proportion)

▶ a sense of proportion 균형 감각

大 **proportionable** [prəpɔ́:rʃənəbəl]

형 균형되게 할 수 있는, 균형이 잡힌

▶ proportion(균형잡히게 하다) + able(…할 수 있는, …한) = proportionable(균형되게 할 수 있는, 균형이 잡힌)

大 **proportional** [prəpɔ́:rʃənəl]

형 균형이 잡힌, 비례하는

▶ proportion(비례, 균형잡히게 하다) + al(형용사 어미) = proportional(비례하는, 균형이 잡힌)

大 **proportionate** [prəpɔ́:rʃənit, -nèit]

타 균형잡히게 하다, 비례시키다.

▶ proportion(비례, 균형잡히게 하다) + ate(…하다[시키다]) = proportionate(균형잡히게 하다, 비례시키다.)

大 **proportioned** [prəpɔ́:rʃənd]

형 비례한, 균형잡힌

▶ proportion(비례, 균형잡히게 하다) + ed(형용사를 만듦) = proportioned(비례한, 균형잡힌)

高 **proposal** [prəpóuzəl]

㉠ 신청, 제의, 제안

▶ propos(e)(신청하다, 제의하다) + al(명사 어미) = proposal(신청, 제의)

▶ a concrete proposal 구체적인 제안

高 **propose** [prəpóuz]

㉣ 신청하다, 제의하다, 청혼하다.

▶ (앞**프로** = pro) + (pose = 포우즈:자세) = 청혼하다

여성 앞**프로** **포우즈(자세)** 낮추어 **청혼하다**.

▶ propose a marriage to a woman. 여자에게 청혼하다.

高 **proposition** [pràpəzíʃən]

㉠ (특히 사업상의)제안, 제의

▶ propose(e) → i(신청[제의]하다) + tion(명사 어미) = proposition(제의, 제안)

▶ make propositions of peace 강화를 제의하다.

高 **prose** [prouz]

㉠ 산문(체), 평범, 단조로운 이야기 ㉡ 산문의

프로급인 우주(宇宙)

㉢ **프로 우주(宇宙)**인이 쓴 **산문체**의 **단조로운 이야기**.

(prose)

▶ prose style 산문체

高 **prosecute** [prásəkjùːt / prɔ́-]

㉤ 해내다, 수행하다, 기소하다.

프로가 서서 큐자로 트는(꼬는)

㉢ 요가의 **포르 서 큐(Q) 트**는 몸을 **수행하다**.

(prosecute)

大 **prosecution** [pràsəkjúːʃən / prɔ̀-]

㉠ 실행, 수행

▶ prosecut(e)(해내다, 수행하다) + ion(명사 어미) = prosecution(실행, 수행)

大 **prosecutor** [pràsəkjùːtər / prɔ́-]

㉠ 실행자, 수행자

▶ prosecut(e)(해내다, 수행하다) + or(…하는 사람) = prosecutor(실행자, 수행자)

高 **prospect** [práspekt / prɔ́-]

㉠ [보통 복수] 성공의 가망, 전망, 기대, 예상

㉥ 답사하다, 시굴하다.

▶ pro(= forward) + spect(= look) = prospect(예상)

프로선수가 손을 팩! 틀어

㉢ 상대를 **프로 스(手)팩트**러 **예상**대로 **다운시키다**.

(prospect) (down)

高 **prospective** [prəspéktiv]

㉡ 예기된, 기대되는, 장래의

▶ prospect(예상, 기대, 전망) + ive(형용사 어미) = prospective(예기된, 기대되는 장래의)

大 **prospector** [práspektər]

㉠ 답사자, 시굴자

▶ prospect(답사(시굴)하다) + or(…하는 사람) = prospector(답사자, 시굴자)

高 **prosper** [práspər / prɔ́s-]

㊍ 번영하다, 잘 자라게 하다, 번창하다.

프로농사꾼이 수(물) 퍼주어

㉰ **토마토를 (pro)프로 스(水) 퍼주어 잘 자라게 하다.**

(tomato) (prosper)

高 **prosperity** [prɑspérəti / prɔs-]

㊔ 번영, 번성, 행운, 성공

▶ prosper(번영[번창]하다) + ity(명사 어미) = prosperity(번영, 번성, 번창, 행운, 성공)

▶ I wish you all prosperity. 번영[성공]을 빕니다.

高 **prosperous** [práspərəs / prɔ́s-]

㊕ 번영하는, 번창하고 있는

▶ prosper(번영[번창]하다) + ous(형용사 어미) = prosperous(번영하는, 번창하고 있는)

▶ a prosperous family 번창하는(부유한)집안

大 **prostrate** [prástreit]

㊕ 엎어진, 엎드린, 항복한 ㊇ 항복(굴복)시키다.

프로급형사가 여러 틀에 이(2) 트기를

㉰ **(pro)프로 스(數)트레 이(2) 트기를 항복(굴복)시키다.**

(prostrate)

大 **prostration** [prɑstréiʃən]

㊔ 부복, 엎드림

▶ prostrat(e)(엎어진, 엎드린) = ion(명사 어미) = prostration(부복, 엎드림)

高 **protect** [prətékt]

㊍ ~을 지키다, 보호하다.

수컷을 풀어 쳇바퀴(집)을 틀게

㉰ **다람쥐 스쿼럴 플러 택(宅) 트게 해 건강을 지키다.**

(squirrel) (protect)

▶ a protected state 보호국

高 **protection** [prətékʃən]

㊔ 보호

▶ protect(보호하다) + ion(명사 어미) = protection(보호)

▶ government protection 정부의 보호

大 **protective** [prətéktiv]

㊕ 보호하는, 보호 무역[정책]의

▶ protect(보호하다, …지키다) + ive(형용사 어미, …하는) = protective(보호하는)

大 **protector** [prətéktər]

㊔ 보호자, 보호 장치[물]

▶ protect(보호하다, …지키다) + or(…하는 사람[것]) = protector(보호자, 보호 장치[물])

大 **protectory** [prətéktəri]

㊔ 고아원, 소년원

▶ protect(보호하다, …지키다) + ory(…하는 곳) = protectory(고아원, 소년원)

高 **protein** [próutiːn]

명 단백질 형 단백질의

프로급인 친구가 티입은 사람에게

암 **프로우(友) 티(T)인**에게 **단백질**을 **세어**서 **분배하다**.
(protein) (share)

▶ (a) simple protein 단순 단백질

高 **protest** [prətést]

동 항의하다. 명 항의, 단언

풀어 테스트(=test 검사)

암 **미스**인가 **브래지어 플러 테스트**한 것에 **항의하다**.
(Miss) (brassiere) (Protest)

大 **Protestant** [prátəstənt / prɔ́-]

명 [기독교] 프로테스탄트, 신교도

▶ protest(항의하다) + ant(…하는 사람) → 기독교에서 항의를 잘하는 교파 = Protestant(신교도)

大 **protesting** [prətéstiŋ]

형 불복[항의]하는

▶ protest(항의하다) + ing(현재분사 어미) = protesting(불복[항의]하는)

中 **proud** [praud]

형 뽐내는, 자랑하는, 자랑스러운

풀옷 입은 아이 우(소를) 들어

암 **플아(兒) 우(牛)드**러 **자랑하는 폼을 하다**.
(proud) (form)

▶ Mother is proud of me.
어머니께서는 나를 자랑으로 여기신다.

大 **proudly** [praudli]

부 자랑스럽게; 거만하게

▶ proud(자랑스러운) + ly(부사를 만듦) = proudly(자랑스럽게, 거만하게)

高 **prove** [pruːv]

동 증명하다; 시험하다.

(상추쌈) 부루 부터

암 **마담**이 **프루 브**터 좋음을 **증명(시험)하다**.
(madam) (prove)

prove one's identity 신원을 증명하다.

高 **proverb** [právəːrb / prɔ́v-]

명 속담, 널리 알려진 말, 격언

풀어 법으로

암 **격언**을 **플러 버브**로 만든 **속담**집.
(proverb)

大 **proverbial** [prəvə́ːrbiəl]

형 속담의, 속담투의

▶ proverb(속담) + ial(형용사 어미) = proverbial(속담의, 속담투의)

大 **proverbially** [prəvə́ːrbiəli]

부 속담대로

▶ porverbial(속담의, 속담투의) + ly(부사 어미) = proverbially(속담대로)

中	**provide** [prəváid]	동 공급[지급]하다, 제공하다, 준비하다. ▶ pro(= before …앞으로의 뜻) + vide(보다의 뜻) 암 청구서를 **프러봐 이드**리 그대로 **지급[제공]하다**. (풀어봐 이들이) (provide) ▶ Cows provide milk for us[to us]. 암소는 젖을 제공한다 
高	**provided** [prəváidid]	접 ~의 조건으로, 만약…이라면 형 준비된 ▶ provide(준비하다) + ed(형용사를 만듦) → 준비된 조건으로 한다면 = provided(준비된, …의 조건으로, 만약…이라면)
大	**providence** [prάvədəns / prɔ́v-]	명 섭리, 신의뜻, 심려 ▶ provid(e)(준비하다, 규정하다) + ence(명사 어미) = providence(준비한 것 → 신의 뜻 섭리, 심려)
大	**providing** [prəváidiŋ]	접 = provided, …의 조건으로, 만약…이라면 ▶ provid(e)(준비[제공, 공급]하다) + ing(현재분사 어미) = providing(…의 조건으로, 만약…이라면)
高	**province** [prάvins / prɔ́v-]	명 주(州); 영토; 시골, 지방 암 **브로커**를 **프러 빈(賓)**스스로 산 **시골 지방**의 **주 영토** (중개인을) (풀어) (손님) (스스로) (broker) (province) ▶ Seoul and the provinces 수도 서울과 지방
高	**provincial** [prəvínʃəl]	형 지방의, 시골의 ▶ provinc(e)(시골, 지방) + ial(…의) = provincial(지방의, 시골의)
大	**provincialism** [prəvínʃəlìzəm]	명 지방 제일주의, 지방 근성 ▶ provincial(지방의, 시골의) + ism(…주의, 근성) = provincialism(지방 제일주의, 지방 근성)
大	**provincialist** [prəvínʃəlist]	명 지방 제일주의자, 시골[지방]의 주민 ▶ provincial(지방의, 시골의) + ist(…사람) = provincialist(지방 제일주의자, 시골[지방]의 주민
高	**provision** [prəvíʒən]	명 예비, 준비, 식량 ▶ provi(de)(준비[예비]하다) + sion(명사 어미) = provision(준비, 예비, 식량) ▶ make provision for one's old age. 노년에 대비하다.
大	**provisional** [prəvíʒənəl]	형 일시적인, 임시의 ▶ provision(예비, 준비) + al(…의) = provisional(일시적인, 임시의)

P

大 **provocation** [prὰvəkéiʃən / prɔ̀v-]	ⓜ 성나게 함, 도전, 도발 ▶ provoke → provoc(화나게 하다) + ation(명사 어미) = provocation(성나게 함, 도전, 도발)
大 **provocative** [prəvάkətiv / -vɔ́k-]	ⓗ 성나게 하는, 도발적인 ▶ provocat(ion)(성나게 함) + ive(형용사 어미) = provocative(성나게 하는, 도발적인)
高 **provoke** [prəvóuk]	ⓓ 자극(도발)하다, 노하게(성나게)하다. 암 **햄**을 **프러 보크**며 코를 **자극하다**. (풀어 볶으며) (ham) (provoke) ▶ provoke a person to anger. 아무를 성나게 하다. 
大 **proximate** [prάksəmit / prɔ́k-]	ⓗ 가장 가까운, 바로앞의 암 **허리케인 폭풍우**에 **바로 앞의 프락 섬이 트**러져 (hurricane) (부락 섬이 틀어져) (proximate) 
大 **proximately** [prάksəmitli / prɔ́k-]	ⓑ 가장 가깝게, 바로앞으로 ▶ proximate(가장 가까운) + ly(부사를 만듦) = proximately(가장가깝게, 바로앞으로)
大 **prudence** [prú:dəns]	ⓜ 신중, 사려, 분별 ▶ pruden(t)(신중한) + ce(명사 어미) = prudence(신중, 사려, 분별)
高 **prudent** [prú:dənt]	ⓗ 신중한, 총명한, 분별있는, 빈틈없는 암 눈이 **프루던 트**기 아인 **총명하**고 **빈틈없는 보이(소년)** (푸르던 트기) (prudent) (boy) ▶ a prudent man 신중한(총명한)사람
大 **prune**[1] [pru:n]	ⓣ (가지 뿌리 등을)잘라내다, 치다, 베다. 암 **프룬**(푸른)**서양 자두** 나무의 **프룬**(푸른)**(가지를)잘라내다**. (prune) (prune)
大 **prune**[2] [pru:n]	ⓜ 서양 자두, 말린 자두 암 **프룬**(푸른)**서양 자두** 나무의 **프룬**(푸른)**(가지를)잘라내다**. (prune) (prune)
大 **pry** [prai]	ⓙ 엿보다, 동정을 살피다, 파고들다. 암 **바 걸**의 **프라이버시**를 **프라이**씨가 **엿보다**. (bar girl) (privacy) (사생활을) (pry)

高 **psalm**
[sɑːm]

[명] 찬송가, 성가, [P-1(구약 성서의)시편

[암] **찬송가**로 **삶**을 **힘**차게 **찬미하다**.
(psalm)(hymn)

▶ recite a psalm. 시편을 암송하다.

高 **psychological**
[sàikəládʒikəl / -lɔ́dʒ-]

[형] 심리학(상)의, 심리학적인

▶ psycholog(y)(심리학) + ical(형용사 어미, …의[적인]) = psychological(심리학[상]의, 심리학적인)

高 **psychologist**
[saikálədʒist / -kɔ́l-]

[명] 심리학자

▶ psycholog(y)(심리학) + ist(…사람) = psychologist(심리학자)

高 **psychology**
[saikálədʒi / -kɔ́l-]

[명] 심리학, 심리(상태)

▶ psycho(= 정신, 영혼) + logy(= 학문) = psychology(심리학)

사위 고르지

[암] **어머니**가 **맘** 먹고 **심리학**적으로 **사이 코러지**
(mom) (psychology)

▶ medical psychology 임상 심리학

中 **public**
[pʌ́blik]

[형] 사회 일반의; 공공의, 공중의
[명] [the~]공중; 사회, ~계(界)

멋이있게 펴 불익(불이익)

[암] **머시**있게 **자비**를 **퍼 불릭(不益)**없게 만든 **공공의. 사회**
(public)

▶ public welfare 공공의 복지

高 **publication**
[pʌ̀bləkéiʃən]

[명] 발표, 공표, 출판

▶ public(공공의, 공중의) + ation(명사 어미) → 공공의 사업으로 시중에 출판해서 발표(공포)하다 = publication(발표, 공표, 출판)

▶ the publication of a person's death 아무의 사망 공표

高 **publicity**
[pʌblísitiə]

[명] 주지, 공표, 선전

▶ public(공공의, 공중의) + ity(명사 어미) = publicity(주지, 공표, 선전)

▶ avoid [shun] publicity 세상에 알려지는 것[이목]을 피하다

大 **publicly**
[pʌ́blikli]

[부] 공공연하게

▶ public(공공의, 공중의) + ly(부사 어미) = publicly(공공연하게)

大 **public school**
[pʌ́blik skuːl]

[명] ((美)) (초 중등)공립학교, ((英))시립 중·고등학교

▶ public(공공의) + school(학교) = public school(공립학교, 시립 중 고등학교)

大 **public service**
[pʌ́blik sə́ːrvis]

[명] 공무, 공용, 공익 사업

▶ public(공공의) + service(봉사) = public service(공무, 공용, 공익 사업)

高 **publish** [pʌ́bliʃ]

ⓢ 출판하다, 널리 알리다.

퍼서 불리시(不利時)
ⓐ **플래카드 퍼 블리시 널리 알리다.**
(placard) (publish)

▶ publish an edict [alaw]. 칙령[법령]을 공포하다.

高 **publisher** [pʌ́bliʃər]

ⓜ 출판업자, 발행자, 출판사

▶ publish(출판하다) + er(…하는 사람[곳]) = publisher(출판업자, 발행자, 출판사)

▶ a magazine publisher 잡지사

高 **pudding** [púdiŋ]

ⓜ 푸딩(과자이름)

▶ Pudding rather than praise. 금강산도 식후경

大 **puddle** [pʌ́dl]

ⓜ 웅덩이, 이긴 흙 ⓢ 진흙을 바르다.

ⓐ **웅덩이 이긴 흙**을 **퍼들**고 **진흙을 바르다.**
(puddle)

高 **puff** [pʌf]

ⓜ 훅 불기, 한 번 휙 불기
ⓢ 훅 불다, (연기 등을)내뿜다.

애가 쉬 퍼(서) 푸!하고
ⓐ **애 쉬 재**를 **퍼 프!**하고 **훅 불다.**
(ash) (puff)

▶ a puff of the wind 한 바탕 휙 부는 바람

高 **pug** [pʌg]

ⓜ 퍼그(불독 비슷한 얼굴의 발바리의 일종)

中 **pull** [pul]

ⓢ 잡아당기다, 뽑다

ⓐ 애가 **풀**을 **잡아당기다(뽑다).**
(pull)

▶ The boy pulled his sister's hair.
소년은 여동생의 머리를 잡아당겼다.

大 **pulley** [púli]

ⓜ 도르래, 활차, 풀리

ⓐ **바보**도 **뮬**(뮬)을 **도르래**로 **풀리**(푸리 → 푸다)
(mule) (pulley)

高 **pulp** [pʌlp]

ⓜ 과육(果肉), 연한 덩어리, 펄프(제지 원료)

ⓐ (제지 원료)**펄프**같은 **연한 덩어리 과육(果肉)**
(pulp)

大 **pulpit** [púlpit / pʌ́l-]

ⓜ 설교단(壇), 목사, 설교

풀을 비틀어서
ⓐ **인디언 목사**가 **풀피트**러서 만든 **설교단**
(Indian) (pulpit)

高 **pulse**
[pʌls]

명 맥박, 고동 동 맥이 뛰다, 고동치다.

팔에 수

암 **펄 스** 없이 **맥박**이 **고동치다**.
(pulse)

▶ His pulse is still beating.
그의 맥박은 아직 뛰고 있다.

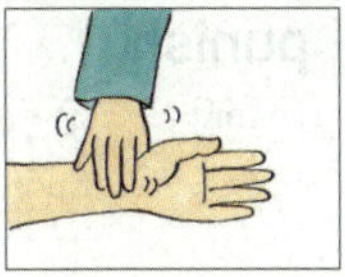

大 **puma**
[pjú:mə]

명 퓨마

高 **pump**
[pʌmp]

명 펌프, 양수기 동 (물을)펌프로 푸다.

▶ a feed(ing) pump 급수(給水) 펌프

高 **pumpkin**
[pʌ́mpkin / pʌ́ŋkin]

명 호박, (俗)대가리

암 **호박**이고 **펌프 킨** 골빈 **대가리**
(pumpkin)

▶ a pumpkin pie 호박 파이

高 **punch**
[pʌntʃ]

타 (표 따위에)구멍을 뚫다; 후려갈기다, 주먹질하다.

명 타격, 펀치(포도주 따위의 혼합 음료)

암 **샌드 백**을 **펀치**로 **후려갈기다**.
(sandbag) (punch)

大 **punch bag**
[pʌntʃ bæg]

명 (권투 연습용의) 달아맨 자루(가방)

高 **punctual**
[pʌ́ŋktʃuəl]

형 시간을 엄수하는, 꼼꼼한, 어김없는

펑크내지않고 추월해

암 약속시간 **펑크 추월(追越)**해 **시간을 엄수하는 택시**
(punctual) (taxi)

▶ I was always punctual for class.
나는 수업에 언제나 늦는 일이 없었다.

大 **punctuate**
[pʌ́ŋktʃuèit]

동 구두점을 찍다, 강조하다.

펑크를 추한 애가 잇따라

암 청바지에 **펑크 추(醜)애 잇**따라 내 **구두점을 찍다**.
(punctuate)

高 **punctuation**
[pʌ̀ŋktʃuéiʃən]

명 구두점

▶ punctuat(e)(구두점을 찍다) + ion(명사 어미) = punctuation(구두점)

大 **puncture**
[pʌ́ŋktʃər]

명 찌르기, (타이어의)펑크 동 …에 구멍을 뚫다.

암 **타이어**를 찔러 **펑크 처**럼 **구멍을 뚫다**.
(tire, tyre) (puncture)

P

高 **punish** [pʌ́niʃ]

㊍ 벌하다, 처형하다.

편히 쉬라며

㊙ 죽어서 **펀니 쉬**라며 **처형하다**.

(punish)

▶ punish a person with a fine.
아무를 벌금형에 처하다.

高 **punish**ment [pʌ́niʃmənt]

㊔ 형벌, 체벌, 처벌

▶ punish(벌하다) + ment(명사를 만듦) = punishment(형벌, 체벌)

▶ capital punishment 극형

中 **pupil** [pjúːpəl]

㊔ 제자, 학생, 눈동자

부필(=부피를)

㊙ **눈동자 퓨필** 크게 한 **제자 학생**.

(pupil)

▶ dilated pupils. 확대된 동공

大 **puppy** [pʌ́pi]

㊔ 강아지, 건방진

펴서 피는

㊙ **강아지**를 **퍼 피**는 **건방진 애송이**

(puppy)

高 **purchase** [pə́ːrtʃəs]

㊍ 사다, 얻다. ㊔ 구매, 매입품, 사들일 물건

뻗쳐스니

㊙ **사들일 물건**이 길게 **퍼쳐스**니 다 **사다**.

(purchase)

▶ He purchased a new car. 그는 새 자동차를 샀다.

大 **purchas**er [pə́ːrtʃəsər]

㊔ 사는 사람, 구매자

▶ purchas(e)(사다, 구입하다) + er(…사람) = purchaser(사는 사람, 구매자)

高 **pure** [pjuər]

㊎ 순수한, 순결한, 깨끗한

㊙ 담배를 **순수한** 것만 **퓨어**. 피워

(pure)

▶ pure gold 순금

高 **pure**ly [pjúərli]

㊛ 순수하게, 순결하게, 깨끗하게

▶ pure(순수한, 순결한, 깨끗한) + ly(부사 어미)
= purely(순수하게, 순결하게, 깨끗하게)

高 **purge** [pəːrdʒ]

㊍ 추방하다, 깨끗이 하다, 숙청하다.

㊙ **먹**같은 **오물**이 **퍼지**잖게 **깨끗이하다**.

(muck) (purge)

大 **purg**er [pə́ːrdʒər]

㊔ 깨끗이 하는 사람(것), 숙청자

▶ purg(e)(추방하다, 깨끗이 하다) + er(…하는 사람) = purger(깨끗이 하는 사람[것], 숙청자)

大	**purification** [pjùərifikéiʃən]	명 정화, 정제 ▶ purif(y) → i(깨끗하게 하다, 정화하다) + cation(fy 로 끝나는 동사의 명사 어미) = purification(정화, 정제)
大	**purify** [pjúərifài]	동 깨끗하게 하다, 정화하다 ▶ pur(e) → i(순수한, 깨끗한) + fy(…화하다) = purify(깨끗하게 하다, 정화하다)
高	**Puritan** [pjúəritən]	명 퓨리턴, 청교도 ▶ purit(y)(순수, 깨끗함) + an(…사람) → 순수하고 깨끗한 사람 즉 청교도 = puritan(퓨리턴, 청교도)
大	**purity** [pjúəriti]	명 순수, 깨끗함 ▶ pur(e)(순수한, 깨끗한) + ity(명사 어미) = purity(순수, 깨끗함)
高	**purple** [pə́ːrpəl]	명형 자주빛(의), 자주색(의) 암 **자주색**물감을 **퍼 플**(퍼 풀어)(purple)어 **자주빛**갈로 **셔츠**(shirts)를 **물들인 다이**(dye) ▶ royal purple 푸르스름한 자주색
中	**purpose** [pə́ːrpəs]	명 목적 동~하려고 목적하다, 의도하다. 암 **오일**(oil) **기름**을 마음껏 **퍼 퍼스려고**(퍼 퍼쓰려고)(purpose) **목적하다**. ▶ For what purpose did you do it? 무슨 목적으로 그랬나요?
高	**purse** [pəːrs]	명 돈지갑;돈, 돈주머니 동 오므라들다. 암 **돈지갑**에서 **돈**을 **퍼스**(퍼쓰고)(purse)고 나니 **오무라들다**. ▶ a long [fat, heavy] purse 두둑한 돈지갑
高	**pursue** [pərsúː / -sjúː]	동 추적하다, 뒤쫓다, 따라가다 ▶ (앞으로 = pur) + (sue = 슈:따르다) = 추적하다 암 손을 **앞으로 퍼**(펴) **슈**퍼맨이 **따르며** = **추적하다** ▶ pursue a robber. 도둑을 뒤쫓다. 
大	**pursuer** [pərsúːər / -sjúː]	명 추적자, 추구자 ▶ pursu(e)(추적하다, 추구하다) + er(…사람) = pursuer(추적자, 추구자)
高	**pursuit** [pərsúːt / -sjúːt]	명 추적, 추구, 활동, 직업 ▶ pursu(e)(추적(추구)하다) + it(명사 어미) = pursuit(추적, 추구) ▶ the pursuit of happiness 행복의 추구

中 **push**
[puʃ]

동 밀다, 밀어내다, 강요하다. 명 밀기

암 **덩(똥)**을 **푸시**라고 **밀어내다**싶이 **강요하다**.
(dung) (push)

▶ push a door open. 문을 밀어 열다.

大 **pussy**
[púsi]

명 (兒) 고양이

암 **코너모퉁이**에서 **푸시**시 일어나는 **고양이**
(corner) (pussy)

大 **pussyfoot**
[púsifùt]

자 살그머니 걷다

▶ pussy(고양이) + foot(발) = pussyfoot(살그머니 걷다)

中 **put**
[put]

동 놓다, 두다.

암 **물건**이 **싱**싱한 **풋**것만 **놓다(두다)**.
(thing) (put)

▶ Put your book on the desk.
책을 책상 위에 놓아라.

高 **puzzle**
[pʌ́zl]

명 난문(難問), 수수께끼, 난제, 당혹 동 당혹케 하다.

암 병이 **퍼즐**(퍼질 때)때 생기는 **수수께끼(난제)**에 **당혹해 하다**.
(puzzle)

This question puzzles me. 이 문제는 도저히 모르겠다.

大 **puzzler**
[pʌ́zlər]

명 당혹게 하는 사람[것], 난문제

▶ puzzl(e)(당혹게 하다) + er(…하는 사람[것]) = puzzler(당혹게 하는 사람[것]난문제)

大 **puzzling**
[pʌ́zliŋ]

형 당혹게 하는, 어리둥절케 하는

▶ puzzl(e)(당혹게 하다) + ing(현재분사 어미) = puzzling(당혹게 하는, 어리둥절게 하는)

大 **Pygmy, Pigmy**
[pígmi]

명 피그미족, 난쟁이

大 **pygmyish**
[pígmiiʃ]

명 난쟁이 같은, 왜소한

▶ pygmy(난쟁이) + ish(형용사 아미, …같은[한]) = pygmyish(난쟁이 같은, 왜소한)

高 **pyramid**
[pírəmìd]

명 피라미드, 금자탑

▶ the food pyramid 먹이 프라미드(사슬)

Q

大 **quack** [kwæk]	ⓢ 꽥꽥 울다. ⓜ (오리가) 꽥꽥(우는 소리) **암 (오리가) 꽥꽥** (꽥꽥 / (quack)) **울다**.
大 **quail** [kweil]	ⓜ 메추라기, 그 고기 **암 그 고기** 맛이 **퀘 일**품인 **메추라기** (꽤 일품인 / (quail))
高 **quaint** [kweint]	ⓗ 예스런 멋이 있는, 특이한, 재미있는 **암 재미있는 쾌인(快人) 트**기들이의 **특이한 훌라 댄스**. (쾌인(쾌활한 사람) 트기 / (quaint) / (hula dance)) ▶ What a quaint old house! 얼마나 멋진 옛날 집인가? 
大 **quake** [kweik]	ⓙ 흔들리다, 진동하다. ⓜ 지진, 진동 **암 지진**이 나서 **퀘이크!** 놀랄만치 **흔들리다**. (꽤 이크! / (quake))
高 **quaker** [kwéikər]	ⓜ 퀘이커교도
大 **qualification** [kwɑ̀lifikéiʃən]	ⓜ 자격, 면허장 ▶ qualif(y) → i(자격을 주다) + cation(fy 끝나는 동사의 명사어미) = qualification(자격, 면허장)
大 **qualified** [kwɑ́lifàid]	ⓗ 자격이 있는, 적임의 ▶ qualif(y) → i(자격을 주다) + ed(형용사를 만듦) = qualified(자격이 있는, 적임의)
大 **qualifier** [kwɑ́lifàiər]	ⓜ 자격을 주는 사람[것] ▶ qualif(y) → i(자격을 주다) + er(…하는사람[것]) = qualifier(자격을 주는 사람[것])
高 **qualify** [kwɑ́lifài / kwɔ́l-]	ⓢ 자격(권한)을 주다. **암 미스 쿠월**(九月)**리 파이** 요리사 **자격을 주다**. (구월(九月)이 / 파이(피자 파이)를 연관시켜 기억할 것 / (Miss) / (qualify)) ▶ She recently qualified as a pilot. 그녀는 최근에 비행 조종사 자격을 땄다. 

大 **qualitative**
[kwάlitèitiv]

㉡ 질적인, 성질상의

▶ qualit(y)(성질, 품질, 질) + ative(…적인[상의]) = qualitative(질적인, 성질상의)

高 **quality**
[kwάliti / kwɔ́l-]

㉢ 성질, 품질, 질, 특성

구월(九月)이 티(=티셔츠)의
㉣ **미스 쿠월(九月)리 티(T)**의 품질을 보증해
(Miss) (quality)

▶ the quality of students 학생의 질

大 **quantitative**
[kwάntitèitiv]

㉡ 양적인, 수량상의

▶ quantit(y)(양) + ative(…적인[상의]) = quantitative(양적인, 수량상의)

高 **quantity**
[kwάntiti / kwɔ́n-]

㉢ 양, (일정한)양, 다수, 다량

권씨가 티와 티
㉣ 미스 **퀀(權) 티 티**를 **다량 바겐 세일**해.
(quantity) (bargain sale)

▶ an unknown quantity 미지수, 미지량

高 **quarrel**
[kwɔ́:rəl]

㉢ 불화, 말다툼 ㉤ 싸우다.

코를
㉣ **보이**가 **불화**로 **쿼럴** 맞대고 **싸우다**.
(boy) (quarrel)

大 **quarrelsome**
[kwɔ́:rəlsəm]

㉡ 싸우기(잘하는)좋아하는

▶ quarrel(싸우다) + some(…좋아하는, …잘하는) = quarrelsome(싸우기[잘하는] 좋아하는)

大 **quarry**
[kwɔ́:ri]

㉢ 채석장, 지식의 원천, 출처 ㉤ 돌을 떠내다.

꺼리
㉣ **바보 도 쿼리**는 **채석장**.
(daw)(quarry)

大 **quart**
[kwɔ:rt]

㉢ 쿼트(1/4가론)

中 **quarter**
[kwɔ́:rtər]

㉢ 4분의1, (1/4시간 =)15분

파투 내고 뀌었다
㉣ 화투 **파트**내고 **방귀**를 **15분 쿼터**.
(fart) (quarter)

▶ a quarter of a pound. 4분의 1파운드

中 **queen**
[kwi:n]

㉢ 여왕, 왕비

퀸
㉣ **덩**(똥) **퀸 여왕**.
(dung) (queen)

高
queer
[kwiər]

(형) 묘한, 기묘한, 괴상한 (명) 괴짜

똥뀌니 / 뀌어
(암) **당나귀**가 **동키**니, **괴짜**도 **묘한** 걸 **퀴어**.
(donkey) (queer)

大
quell
[kwel]

(타) (반란 따위를) 진압하다, (공포 따위를)진정시키다.

꾈(=꾀를)써서
(암) **조조**가 **퀠** 써서 **반란을 진압하다**.
(Jojo) (quell)

高
quench
[kwentʃ]

(타) (불을)끄다, (반대자 등을)침묵시키다

(암) **창부**와 **하룻**밤은 **퀜취**않치하며 **(불을)끄다**.
(harlot) (quench)

▶ Water quenches fire. 물로 불을 끈다.

大
query
[kwíəri]

(명) 질문, 의문 (동) 묻다, 질문하다, 캐어묻다.

키를 어린이가
(암) **키 어리**니가 들고 **의문**점을 **질문하다**.
(query)

高
quest
[kwest]

(명) 탐색, 탐구(물) (동) 탐색하다.

점 괘 수(손을) 틀어
(암) 무당이 점**퀘 스(手)트**러 던져 **탐색하다**.
(quest)

▶ quest for treasure. 보물을 찾다.

中
question
[kwéstʃən]

(명) 질문, 물음

▶ quest(탐색, 탐색하다) + ion(명사 어미) = question(질문, 물음)

▶ question and answer 질의 응답

大
questionable
[kwéstʃənəbəl]

(형) 의심스러운, 수상한

▶ question(질문, 물음) + able(…할 만한) = questionable(의심스러운, 수상한)

大
questionless
[kwéstʃənlis]

(형) 의심 없는, 명백한

▶ question(질문, 물음) + less(…이 없는) = questionless(의심 없는, 명백한)

高
question mark
[kwéstʃən mɑːrk]

(명) 물음표((?))

▶ question(질문, 물음) + mark(표, 점) = question mark(물음표(?))

大
queue
[kju(:)]

(명) 변발, 땋아 늘인 머리

(암) **바걸**이 **큐(Q)**자로 **땋아 늘인 변발 머리**
(bar girl)(queue)

Q

中 **quick** [kwik]

형 빠른, 잽싼 부 빨리

더디게 더디게 빨리 빨리

암 **스로우 스로우 퀵퀵**하며 **댄스 춤추다**.

(slow) (slow)(quick)(quick) (dance)

高 **quicken** [kwíkən]

동 빠르게 하다, 서두르게 하다.

▶ quick(빠른) + en(동사 어미, …하다) = quicken(빠르게 하다, 서두르게 하다)

中 **quickly** [kwíkli]

부 서둘러, 빨리; 곧

▶ quick(빠른) + ly(부사를 만듦) = quickly(서둘러, 빨리, 곧)

中 **quiet** [kwáiət]

형 조용한, 고요한 동 진정시키다.

(꼬아)과 이여 틀어

암 몸을 **콰 이어 트**러 **조용한**데서 **진정시키다**.

(quiet)

中 **quietly** [kwáiətli]

부 조용히, 고요히

▶ quiet(고요한) + ly(부사를 만듦) = quietly(조용히, 고요히)

大 **quill** [kwil]

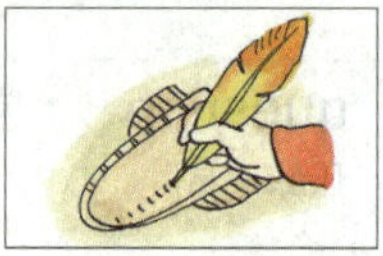

명 깃, 깃촉, 깃촉으로 만든 펜, 이쑤시개

킬(=키를)

암 **깃촉으로 만든 펜**으로 **퀼 스케치하다**.

(quill) (sketch)

高 **quilt** [kwilt]

명 누비이불 타 누비이불을 누비다.

(열쇠를=키를=)킬 틀어

암 방문을 **퀼 트**러 연후 **누비이불을 누비다**.

(quilt)

高 **quit** [kwit]

동 놓아주다, 그만두다.

귀뚜리(=귀뚜라미)

암 **큇**뚜리를 **놓아주다**.

(quit)

中 **quite** [kwait]

부 완전히, 아주, 꽤

(꼬아=)꽈 이 틈에

암 **도넛**을 **콰 이 트**메 **아주 완전히** 끝네

(doughnut) (quite)

高 **quiver** [kwívər]

자 흔들리다, 떨리다, 떨다. 명 떨림, 진동

꿔 버리니(=지진을 일으키니)

암 지구가 **덩(똥)**을 **퀴 버**리니 땅이 **흔들리다**.

(dung) (quiver)

大 **quiz**
[kwiz]

㉮ 퀴즈, 질문 ㉰ 질문하다, 테스트를 하다.

㉱ **퀴즈**로 **질문** 해 **테스트를 하다**.
(quiz)

高 **quotation**
[kwoutéiʃən]

㉮ 인용, 시세놓기

▶ quot(e)(인용하다, 시세를 놓다) + ation(명사 어미) = quotation(인용, 시세놓기)

▶ give a quotation from the Bible 성서를 인용하다.

高 **quotation marks**
[kwoutéiʃən mɑːrk]

㉮ 인용 부호, 따음표((' '))

▶ quotation(인용) + marks(부호의 복수) = quotation marks(인용 부호, 따음표' ')

▶ double quotation marks 큰 따음표((" ")))

高 **quote**
[kwout]

㉮ 인용문, 따옴표 ㉯ 인용하다, 값을 놓다, 견적하다.

㉱ **캐비지**가 **쿼 트**기가 비싼 **값을 놓다**. **인용하다**.
양배추 (cabbage) / 커 트기(=튀기) (quote)

▶ quote in full 고스란히 인용하다.

R

中 **rabbit**
[rǽbit]

㉮ 토끼

㉱ **캐비지**를 **여자 몰래 비트**는 **토끼**
양배추를 (cabbage) (moll) (rabbit)

▶ The rabbits are arcing. 토끼들이 경주하고 있다.

中 **race**
[reis]

㉮ 인종, 민족, 경주 ㉯ 경주하다.

㉱ **인종**이 **민족**끼리 **레이스 경주하다**.
(race)

▶ a race against time 시간과의 경쟁

大 **racer**
[réisər]

㉮ 경주자

▶ rac(e)(경주) + er(…하는 사람) = racer(경주자)

高 **racial**
[réiʃəl]

㉵ 인종[상]의, 민족[간]의

▶ rac(e)(인종, 민족) + ial(형용사 어미, …의) = racial(인종[상]의, 민족[간]의)

大 **racing**
[réisiŋ]

㉮ 경주, 경기, 경마, 경륜

▶ rac(e)(경주, 경주하다) + ing(현재분사 어미) = racing(경주, 경기, 경마, 경륜)

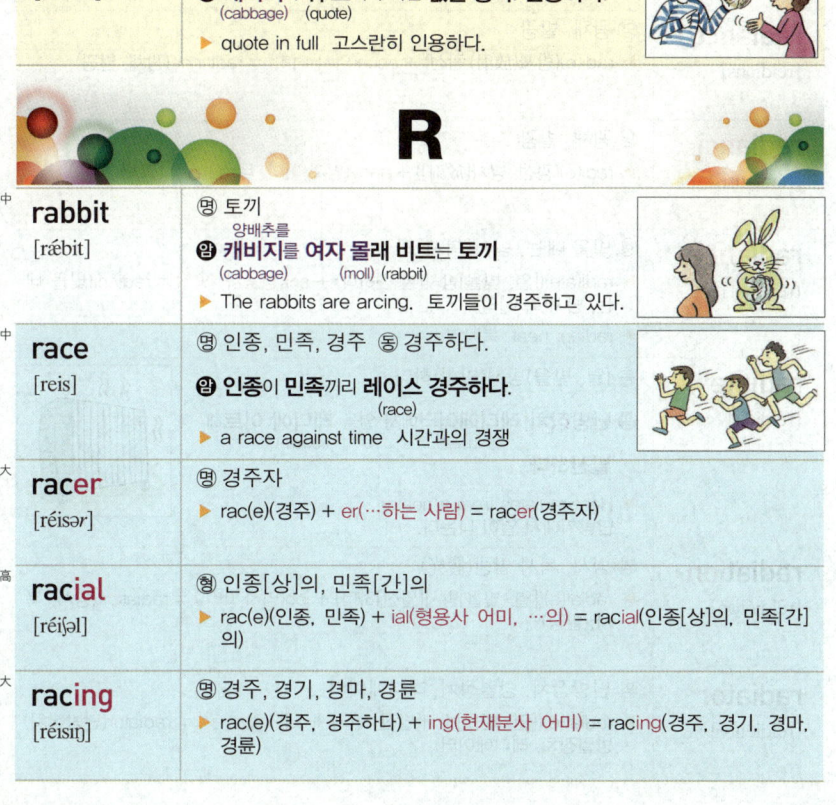

高	**rack** [ræk]	명 선반, 그물선반, 걸이 타 선반[대]에 얹다[걸다]. 암 **불랙** 박스를 **그물선반[대]에 얹다**. (rack) ▶ a clothes rack 옷걸이
中	**racket** [rǽkit]	명 (테니스, 탁구 등의) 라켓 타 라켓으로 치다. ▶ a tennis racket 테니스 라켓
高	**radar** [réidɑːr]	명 레이더, 전파 탐지기
大	**radial** [réidiəl]	형 광선의, 관선 모양의 ▶ radi(o)(방사(放射), 광선) + al(…의) = radial(광선의, 광선 모양의)
大	**radiance** [réidiəns]	명 광채, 발광 ▶ radi(o)(방사(放射),광선) + ance(명사 어미) = radiance(광채, 발광)
大	**radiancy** [réidiənsi]	명 광채, 발광 ▶ radi(o)(광선, 방사[放射]) + ancy(명사 어미) = radiancy(광채, 발광)
高	**radiant** [réidiənt]	형 빛을 내는, 방사[복사]의 ▶ radi(ate)([열, 빛을]방사[발산]하다) + ant(형용사 어미) = radiant(빛을 내는, 방사[복사]의) ▶ radiant heat 복사열
高	**radiate** [réidièit]	동 (열, 빛을)방사(발산)하다. 암 **난방장치 레디에이터**에서 열을 **레디에 이트**해 **발산하다**. (radiater) (radiate) ▶ Heat radiates from a heater. 난방기에서 열이 나온다. 
大	**radiation** [rèidiéiʃən]	명 방사, 복사 발광(發光) ▶ radiat(e)([열, 빛을]방사[발산]하다) + ion(명사 어미) = radiation(방사, 복사, 발광)
大	**radiator** [réidièitər]	명 난방장치, 방열장치, 레디에이터 ▶ radiat(e)([열, 빛을]방사[발산]하다) + or(…하는 것) = radiator(난방장치, 방열장치, 레디에이터)

高 **radical**
[rǽdikəl]

[형] 근본적인, 기본적인, 철저한

몰래 뒤 끌러
[암] 여자가 몰래 뒤 클러 놓고 철저한 샤워하네.
(moll) (radical)

▶ a radical change 근본적(철저한)변화

中 **radio**
[réidiòu]

[명] 라디오, 라디오 방송 [동] 라디오로 방송하다.

▶ a portable radio 휴대용 소형 라디오

大 **radioactive**
[rèidiouǽktiv]

[형] 방사성의, 방사능이 있는

▶ radio(방사(放射)) + active(활동중인) = radioactive(방사성의, 방사능이 있는)

高 **radish**
[rǽdiʃ]

[명] [[植]] 무

[암] 사공이 오래 뒤 시(市)에 무를 쉽게 배로 수송하다.
(oar) (radish) (ship)

大 **radium**
[réidiəm]

[명] 라듐(방사성 원소 기호 Ra:번호88)

高 **raft¹**
[ræft / rɑːft]

[명] 뗏목, 구명 뗏목 [자] 뗏목으로 가다.

이라 붙으며
[암] 다수가 구명 뗏목이라 프트며 뗏목으로 가다.
(raft)

大 **raft²**
[ræft / rɑːft]

[명] ((美口)) 다수, 다량((of))

이라 붙으며
▶ [암] 다수가 구명 뗏목이라 프트며 뗏목으로 가다.
(raft)

▶ a whole raft of people 많은 사람

大 **rafter**
[rǽftər / rάːftər]

[명] 서까래 [타] (집에)서까래를 얹다.

▶ raft(뗏목) + er(…같은 것) → 뗏목 같은 것으로 된 것 = rafter(서까래, 서까래를 얹다)

高 **rag**
[ræg]

[명] 넝마, (복수)누더기, 걸레 [동] (방을) 어질러 놓다.

[암] 보이가 여자 몰래 그 넝마 걸레로 (방을)어질어 놓다.
(boy) (moll) (rag)

▶ a rag of cloud 조각 구름

大 **rag-bag**
[rǽgbæ̀g]

[명] 헝겊 주머니, 너절한 사람

▶ rag(걸레, 헝겊) + bag(푸대, 주머니, 손가방) = rag-bag(헝겊 주머니, 너절한)

R

高

rage
[reidʒ]

명 격노, 대유행, 열광

동 사납게 날뛰다, 화나게 하다.

암 다방 **레이지**(레–지)(rage)가 **격노**해 **사납게 날뛰다**.

▶ It quite the rage. 그것은 대유행이다.

高

ragged
[rǽgid]

형 헤어진, 남루한

▶ rag + g(넝마, 누더기) + ed(형용사를 만듦) = ragged(헤어진, 남루한)

▶ a ragged fellow 누더기 옷을 입은 사내

大

raid
[reid]

명 급습, 습격 타 급습[침입]하다.

암 **룸**(room)을 **여자**를 **몰래**(몰 래)(moll) **이드**(이들이)(raid)리 **습격**해 **침입하다**.

R

高

rail
[reil]

명 레일, (울타리의)가로대, 철도 동 철도를 깔다.

암 **인천**(Incheon)까지 **레일**(rail) **철도를 깔다**.

▶ send it by rail. 철도편으로 보내다.

高

railing
[réiliŋ]

명 난간

▶ rail(레일, [울타리]가로대) + ing(현재분사 어미) = railing(난간)

中

railroad
[réilròud]

명 철도, 철도선로

▶ rail(레일) + road(길) = railroad(철도, 철도선로)

▶ a single–track railroad 단선 철도

高

railroad station
[réilròud stéiʃən]

명 (美) 철도역

▶ railroad(철도) + station(역) = railroad station(철도역)

中

railway
[réilwèi]

명 철도

▶ rail(레일) + way(길) = railway(철도)

▶ a cable railway 케이블 철도

大

railway crossing
[réilwèi krɔ́:siŋ]

명 철도 건널목

▶ railway(철도) + crossing(횡단, 교차로) = railway crossing(철도, 건널목)

高

railway station
[réilwèi stéiʃən]

명 철도역

▶ railway(철도) + station(역) = railway station(철도역)

中 **rain** [rein]

㉮ 비 ㉯ 비가 오다.

래인(온 사람)
암 비 맞고 온 **래인**(來人).
(rain)

▶ It looks like rain. 비가 올 것 같다.

中 **rainbow** [réinbòu]

㉮ 무지개

▶ rain(비) + bow(활) → 비 온후 하늘에 활처럼 걸린 것이 무지개 = rainbow(무지개)

▶ a rainbow appears. 무지개가 나타나다.

高 **raincoat** [réinkòut]

㉮ 비옷, 레인코트

▶ rain(비) + coat(코트) = raincoat(비옷, 레이코트)

高 **raindrop** [réindràp / -drɔ̀p]

㉮ 빗방울

▶ rain(비) + drop(방울) = raindrop(빗방울)

▶ raindrops fall. 빗방울이 떨어지다.

高 **rainfall** [réinfɔ̀ːl]

㉮ 강우(降雨), 강수(우)량

▶ rain(비) + fall(떨어지다) = rainfall(강우, 강우(수)량)

▶ average rainfall 평균 강우량

中 **rainy** [réini]

㉱ 비오는, 우천의

▶ rain(비) + y(형용사 어미) = rainy(비오는, 우천의)

▶ the rainy season 우기, 장마철

中 **raise** [reiz]

㉯ 끌어 올리다, 기르다, 모으다.

오래 이즈음
암 광석을 **오래 이즈**음 **끌어 올리다**.
(ore) (raise)

▶ Raise your hand. 손을 들어라

大 **raised** [reizd]

㉱ 높인, 높아진

▶ rais(e)(끌어 올리다) + ed(형용사를 만듦) = raised(높인, 높아진)

大 **raisin** [réizən]

㉮ 건포도, 레이즌

오래 잊은 찾어
암 뱃사람이 **오래 이즌 건포도**를 **큰 접시**위에서 **차저**
(ore) (raisin) (charger)

高 **rake** [reik]

㉮ 갈퀴, 쇠스랑 ㉰ 긁어 모으다.

암 광석을 **오래 이 크**다란 **갈퀴**로 **긁어 모으다**.
(ore) (rake)

▶ rake together dead leaves. 낙엽을 갈퀴로 긁어 모으다.

R

高
rally
[rǽli]

동 다시 불러 모으다, 회복하다. 명 다시 모임, 회복

암 종친회에서 **뉴욕**에서 온 **래(來)리(李)**들을 **다시 불러 모으다**.
(New York) (rally)

▶ The leader rallied the workers. 감독은 노무자들을 불러 부았다.

大
ram
[rǽm]

명 숫양, (거세하지 않은)숫양

암 **유**순한 **암양**에게 날**램**을 보이는 **숫양**
(ewe) (ram)

高
ramble
[rǽmbəl]

명 산책 자 어슬렁어슬렁 거닐다.

▶ ram(숫양) + ble(블 → 불[알]) → 숫양이 불(알)을 덜렁거리며 = ramble(어슬렁 어슬렁 거닐다)

大
rampart
[rǽmpɑːrt]

명 성벽, 방어 타 방어하다.

▶ ram(숫양) + part(부분, 몫) → 군인들이 숫양처럼 부분별로 나누어져 성벽을 돌며 방어하다 = rampart(성벽, 방어하다)

中
ran
[rǽn]

run(달리다)의 과거

▶ She ran to the doctor. 그녀는 의사에게 달려갔다.

高
ranch
[rǽntʃ]

명 농장, 대목장 동~을 경영하다.

암 **흥부**가 **농장**에서 **란(蘭)취**급도하며 **대목장**을 **경영하다**.
(Heungboo) (ranch)

大
rancher
[rǽntʃər]

명 농장주, 목장주

▶ ranch(농장, 대목장) + er(하는사람) = rancher(농장주, 목장주)

高
random
[rǽndəm]

형 손에 잡히는 대로의, 임의의, 무작위의

명 손에 잡히는 대로함

암 **팁**을 **손에 잡히는 대로 랜덤**(낸담).
(tip) (random)

▶ a random remark 되는 대로 하는 말

大
randomize
[rǽndəmàiz]

타 무작위로 고르다, [컴퓨터]무작위화하다.

▶ random(임의의,무작위의) + ize(…화하다) = randomize(무작위로 고르다, [컴퓨터]무작위화하다

高
rang
[rǽŋ]

ring(울리다)의 과거

▶ the bells rang out a merry peal. 맑은 종소리가 울리고 있었다.

R

高 **range** [reindʒ]

명 범위, 영역 동 정렬시키다, 왔다갔다 거닐다.

암 **싱크대**(sink)에 가스**레인지**(range)를 **정렬시키다**. (싱크대: 부엌 설거지대)

▶ He has a wide range of knowledge. 그는 광범위한 지식을 갖고 있다.

大 **ranger** [réindʒər]

명 돌아 다니는 사람, 방랑자

▶ rang(e)(왔다갔다 거닐다) + er(…하는 사람) = ranger(돌아 다니는 사람, 방랑자)

高 **rank** [ræŋk]

명 등급, 지위, 열 동 등급을 매기다, 줄짓다.

암 한랭 전선을 **랭(冷)크**(rank)기에 따라 **등급을 매기다**.

▶ He's above me in rank.
그는 계급이 나보다 높다.

大 **ransom** [rǽnsəm]

명 몸값, 배상금 속전(贖錢)

암 심청이 사공에게 **랜 섬**(ransom)은 **몸값**으로 낸 **속전(배상금)** (랜 섬: 낸 섬(=볏섬))

大 **rap¹** [ræp]

명 톡톡 두드림 동 톡톡 두드리다.

암 기생이 **랩 음악**(rap)에 맞추어 상을 **톡톡 두드리다**.

大 **rap²** [ræp]

명 랩 음악

암 기생이 **랩 음악**(rap)에 맞추어 상을 **톡톡 두드리다**.

高 **rapid** [rǽpid]

형 빠른, 급한 명 [보통 복수]급류

암 **빠른 급류**에 **빨래 피드**(rapid)러 **런더**(launder)리내며 **빨다**. (빨래 피드러 런더리: 빨래 펴서 들어 넌더리)

大 **rapid-fire** [rǽpidfáiər]

형 속사의, 빨리쏘는

▶ rapid(빠른, 급한) + fire(불, 발포하다) = rapid-fire(속사의, 빨리쏘는)

大 **rapidity** [rəpídəti]

명 신속, 급속, 민첩

▶ rapid(빠른, 급한) + ity(명사 어미) = rapidity(신속, 급속, 민첩)

高 **rapidly** [rǽpidli]

부 재빨리, 급하게

▶ rapid(빠른, 급한) + ly(부사 어미) = rapidly(재빨리, 급하게)

▶ Don't speak too rapidly. 너무 빨리 지껄여서는 안된다.

大 **rapt**
[ræpt]

[형] 넋을 잃은, 황홀한

랩음악 틀어
[암] **황홀한 랩 트**러놓고 **넋을 잃은 베토벤**
(rapt) (Beethoven)

高 **rapture**
[rǽptʃər]

[명] 큰 기쁨, 환희, 황홀, 지극한 행복(감)

▶ rapt(넋을 잃은, 황홀한) + ure(명사 어미) = rapture(큰 기쁨, 환희, 황홀)

▶ complete rapture 완전한 행복(황홀)

高 **rare**
[rɛər]

[형] 신기한, 드문

호주머니 내어
[암] **포켓**에서 **진기한** 것을 **래어**.
(pocket) (rare)

▶ A talking bird is rare. 말하는 새는 드물다.

高 **rarely**
[rɛ́ərli]

[부] 드물게, 좀처럼…않는, 특출하게

▶ rare(드문) + ly(부사를 만듦) = rarely(드물게 좀처럼…않는)

高 **rascal**
[rǽskəl / rɑ́:s-]

[명] 부랑배, 악당, 녀석

라 숟갈(=밥줄)을 코를
[암] **부랑배라 스컬**을 위해 **쿼럴** 맞대고 **싸우다**.
(rascal) (quarrel)

高 **rash**
[ræʃ]

[형] 분별없는(이) 경솔한, 성급한, 덤비는듯

[암] 인디언이 **연인**과 **혼례(禮)시 덤비듯 분별없는 키스하다**.
(hon) (rash) (kiss)

高 **rat**
[ræt]

[명] 쥐 [동] 쥐를 잡다.

초콜렛(chocolate)를 연상해 기억할 것
[암] **술취한**자가 **초커 렛**으로 **쥐를 잡다**.
(chocker) (rat)

中 **rate**
[reit]

[명] 비율, 요금 [동] 견적하다, 어림 잡다.

혼례 이틀이나
[암] **연인**과 **혼례 이트**리나 치를 **요금**을 **견적하다**.
(hon) (rate)

大 **rateable**
[réitəbəl]

[형] 평가할 수 있는, 비례하는

▶ rate(요금, 비율) + able(…할 수 있는, …하는) = rateable(평가할 수 있는, 비례하는)

中 **rather**
[rǽðər / rɑ́:ð-]

[부] 오히려; 약간, 얼마간

[암] 거지가 **팁**을 **오히려 약간 래더**(내다)
(tip) (rather)

大 **ratification** [rӕ̀təfikéiʃən]

㉠ 비준, 재가

▶ ratif(y) → i(비준[재가]하다) + cation(fy로 끝나는 동사의 명사어미) = ratification(비준, 재가)

大 **ratify** [rǽtəfài]

㉩ 비준[재가]하다.

㉳ **광석**을 **오래 터파 이**를 캐게 **재가[비준]하다**.
(오래 땅파 이를) (ore) (ratify)

大 **ration** [rǽʃən]

㉠ 식량, 배급 ㉩ 지급하다, 배급하다.

㉳ **정부(情婦) 여자**에게 **몰래 션**주가 **식량**을 **지급하다**.
(몰래 선주) (moll)(ration)

大 **rational** [rǽʃənl]

㉵ 합리적인, 이성적인

▶ ration(배급[량]) + al(형용사 어미) → 배급을 합리적이고 이성적으로 하다 = rational(합리적인, 이성적인)

高 **rattle** [rǽtl]

㉢ 덜컥덜컥 소리나다(내다). ㉠ 재잘거림

㉳ **바보**가 **뮬레 틀**어 **덜컥덜컥 소리를 내다**.
(물레 틀어) (mule)(rattle)

▶ He rattled at the door.
그는 문을 덜컥덜컥 흔들었다.

大 **rattlesnake** [rǽtlsnèik]

㉠ 방울뱀, 배반자

▶ ralttle(덜컥덜컥 소리내다) + snake(뱀, 엉큼한 사람) = rattlesnake(방울뱀, 배반자)

大 **ravage** [rǽvidʒ]

㉠ 파괴, 황폐 ㉢ 약탈(파괴, 황폐하게)

㉳ **사공**이 **오래비지**만 먹어(몸을) **파괴하다**.
(oar)(ravage)

高 **rave** [reiv]

㉠ 큰소리치기 ㉢ (미친자 같이)헛소리를 하다, 소리지르다.

㉳ **갱**이 **마이크**를 **래 이브**로 **큰소리치기**하며 **소리 지르다**.
(내 입으로) (gang) (mike) (rave)

大 **raven** [réivən]

㉠ 갈가마귀, 큰까마귀 ㉵ 검고 윤나는

㉳ **검고 윤나는** 털옷을 **래 이번 갈가마귀**
(내서 입은) (raven)

大 **ravine** [rəví:n]

㉠ 협곡, 산골짜기, 계곡

㉳ **소녀**가 **걸러 빈**번히 찾는 **산골짜기**
(걸어 빈번히) (girl)(ravine)

R

高 **raw** [rɔː]

[형] 생(날)것의 [명] 날것, 생것

[암] **생것(날것)** 채**로** **악어**같이 **먹거**(먹어)
(raw) (mugger)

▶ eat oysters raw. 굴을 날로 먹다.

高 **ray** [rei]

[명] 광선, 방사선, 엑스레이

[동] 복사하다, 엑스레이 사진을 찍다.

[암] **방사선 엑스레이 사진을 찍다.**
(Xray)

▶ rays of the sun 햇빛

大 **rayon** [réiɑn / -ɔn]

[명] 레이온, 인조견사

高 **razor** [réizər]

[명] 면도칼, 전기 면도기

레이저(=laser)광선을 연관시켜 기억할 것

[암] **레이저** 광선같이 예리한 **면도칼**
(razor)

▶ a safety razor 안전 면도칼

大 **razoredge** [réizərédʒ]

[명] 면도날

▶ razor(면도칼) + edge(칼날, 가장자리) = razoredge(면도날)

中 **reach** [riːtʃ]

[동] 도착하다, 닿다. [명] 미치는 범위

리씨가 취해

[암] **술집 바**에 **리(李)취**해 **도착하다.**
(bar) (reach)

▶ reach the top of a hill. 산꼭대기에 도착하다.

高 **react** [riːǽkt]

[동] 반응하다, (상호)작용하다.

▶ re(= back) + act = react(반응하다, (상호)작용하다)

리씨가 액체를 저으니

[암] **리(李) 액(液) 트**니 **상호 작용하다. 반응하다.**
(react)

高 **reaction** [riːǽkʃən]

[명] 반동, (정치적)반동, 반응

▶ react(반응하다) + ion(명사 어미) = reaction(반응, 반동)

▶ an allergic reaction 알레르기 반응

大 **reactionary** [riːǽkʃənèri / -ʃənəri]

[형] 반동의, 반응의

▶ reaction(반동, 반응) + ary(형용사 어미) = reactionary(반동의, 반응의)

大 **reactor** [riːǽktər]

[명] 반응자, 반응을 나타내는 사람

▶ react(반응하다) + or(…하는 사람) = reactor(반응자, 반응을 나타내는 사람)

中 **read** [ri:d]

㊐ 읽다, 독서하다.

암 **메모**를 **리(李) 드**고 **읽다.** (리씨가 들고) (memo) (read)

▶ He reads Hebrew. 그는 헤브 라이어를 읽을 줄 안다.

高 **reader** [rí:dər]

명 독자, 읽는 사람

▶ read(읽다) + er(…하는 사람) = reader(독자, 읽는 사람)

▶ the common reader 일반 독자

高 **readily** [rédəli]

부 쉽사리, 손쉽게, 곧, 즉시

▶ read(y) → i(준비된) + ly(부사를 만듦) → 준비가 되어 있는 것을 하니

▶ 손쉽게 하다 = readily(쉽사리, 손쉽게, 곧, 즉시)

大 **readiness** [rédinis]

명 준비, 채비, 용이

▶ read(y) → i(준비된) + ness(명사 어미) = readiness(준비, 채비, 용이)

中 **reading** [rí:diŋ]

명 독서 읽기

▶ read(읽다) + ing(현재분사 어미) = reading(독서 읽기)

中 **ready** [rédi]

형 준비된 동 채비(준비)하다.

암 **레디**고에 **준비된**걸 할 **준비한다.** (준비 땅!에) (ready)

▶ Dinner is ready. 식사 준비가 됐다.

大 **ready-made** [rédimeid]

형 기성복의 명 기성복

▶ ready(준비된) + made(만들어진) = ready-made(기성복의, 기성복)

中 **real** [rí:əl / ríəl]

형 현실의, 진짜의, 실제의 부 실제로

암 **실제로 리(李) 얼**빠지게 **키스하다.** (리씨가 얼빠지게) (real) (kiss)

▶ the real thing 진짜, 극 상품

大 **real estate** [rí:əlistèit]

명 부동산

▶ real(실제의) + estate(재산) = real estate(부동산)

大 **realism** [rí:əlizəm]

명 현실주의

▶ real(현실의, 실제의) + ism(…주의) = realism(현실주의)

R

大	**realist** [rí:əlist]	[명] 현실주의자, 실제가 ▶ real(현실의, 실제의) + ist(…주의자, …사람) = realist(현실주의자, 실제가)
高	**realistic** [rí:əlistik]	[형] 현실주의의, 실제주의의 ▶ realist(현실주의자, 실제가) + ic(…의) = realistic(현실주의의, 실제주의의)
高	**reality** [riǽləti]	[명] 현실, 실제 ▶ real(현실의, 실제의) + ity(명사 어미) = reality(현실, 실제) ▶ not a dream, but a reality 꿈이 아닌 현실
大	**realization** [rì:ələzéiʃən]	[명] 사실로 깨달음, 현실로 ▶ realize(실현하다, 실감하다) + ation(명사 어미) = realization(사실로 깨달음, 현실)
中	**realize** [rí:əlàiz]	[동] 실현하다, 현실화하다, 깨닫다. ▶ real(실제의, 현실의) + ize(…화하다) = realize(실현하다, 현실화하다, 깨닫다) ▶ I never realized that. 그러한 것은 전혀 깨닫지 못했다.
中	**really** [rí:əli]	[부] 참으로, 정말(이지), 실제로 ▶ real(실제의, 현실의) + ly(부사를 만듦) = really(참으로, 정말로, 실제로) ▶ Is it really so? 정말 그렇습니까?
高	**realm** [relm]	[명] 영역, 왕국, 영토, 분야 낼름(=날름) 제비가 수월(수개월)내로 [암] **왕국의 영토를 랠름 제비가 스월(數月)로 삼키다.** (realm) (swallow) ▶ The queen rules her realm. 여왕이 자신의 왕국을 통치한다.
高	**reap** [ri:p]	[동] 베어들이다, 베다, 수확하다, 거둬들이다. [암] **가득한 풀 맆(잎)을 베어(거둬)들이다.** (full) (reap) ▶ Farmers reap grains in autumn 농부들은 가을에 곡식을 수확한다. 
大	**reaper** [rí:pər]	[명] 수확자, (자동)수확기 ▶ reap(베다, 수확하다) + er(…사람, …하는 것) = reaper(수확자, [자동]수확기)
大	**reappear** [rì:əpíər]	[자] 다시 나타나다, 재현하다. ▶ (다시 = re) + (appear = 나타나다) = 다시 나타나다 **다시 리(李)어피어(업히어)나타나다 다시 나타나다** 

高 **rear[1]**
[riər]

명 뒤, 배면, 배후 형 배후의

암 불독개를 **배후**에 **리어**놓고 **사육하다.(기르다)**
(이어놓고) (rear)

▶ She followed them in the rear.
그녀는 뒤에서 그들을 따라갔다.

高 **rear[2]**
[riər]

동 기르다, 사육[재배]하다, (가족을)부양하다.

암 **불독개**를 **배후**에 **리어**놓고 **사육하다.(기르다)**
(bulldog) (이어놓고) (rear)

▶ rear crops. 농작물을 재배하다.

大 **rearrange**
[rì:əréindʒ]

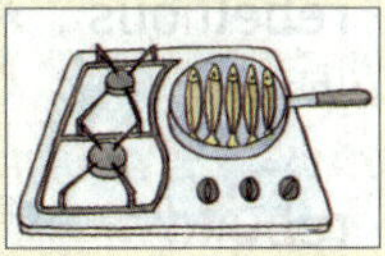

동 재[다시]정렬하다.

▶ (다시 = re) + (arrange = 정열하다) = 재정렬하다

암 **다시 리(李) 어(魚)레인지에 정열하다 = 재정렬하다**
(고기를 가스레인지에)

大 **rearrangement**
[rì:əréindʒmənt]

명 재정렬

▶ rearrange(재[다시]정렬하다) + ment(명사 어미) = rearrangement(재정렬)

中 **reason**
[rí:zən]

명 이유, 이성, 까닭 동 추론하다.

암 **리즌**(잊은) **이유**를 **추론하다**.
(reason)

▶ There is no reason to doubt him.
그를 의심할 이유가 하나도 없다.

中 **reasonable**
[rí:zənəbəl]

형 분별있는, 합리적인, 이치에 맞는

▶ reason(이성, 이유, 까닭) + able(…할 수 있는, 형용사 어미)
= reasonable(분별있는, 이치에 맞는, 합리적인)

大 **reasonably**
[rí:zənəbli]

부 합리적으로, 사리에 맞게

▶ reasonab(le)(합리적인, 이치에 맞는) + ly(부사 어미) = reasonably(합리적으로, 사리에 맞게)

大 **reasoning**
[rí:zəniŋ]

명 추리, 추론 형 추리의

▶ reason(이유, 이성, 추론하다) + ing(현재분사 어미) = reasoning(추리, 추론, 추리의)

大 **reassurance**
[rì:əʃúərəns]

명 재보충, 확신

▶ reassur(e)(재보증하다, …에게 장담하다) + ance(명사 어미)
= reassurance(재보증, 확신)

大 **reassure**
[rì:əʃúər]

타 재보증하다, 재보험에 부치다.

▶ (다시 = re) + (assure = 보증하다) = 재보증하다

암 **다시 리(李) 어(魚)슈어(數魚)있음을 보증하다**
재보증하다 (고기가 여러마리 있음을)

R

高 **rebel**
[rébəl]

[자] 반항[모반]하다. [명] 반역자, 모반자

[암] **반항자**가 **리(李)밸**(리씨의 배를)(rebel) 차며 **반항하다**.

▶ She rebelled against her parents.
그녀는 부모님께 반행했다.

高 **rebellion**
[ribéljən]

[명] 모반, 반란

▶ rebel + l(모반[반란]하다) + ion(명사 어미) = rebellion(모반, 반란)

▶ an armed rebellion 무장반란

大 **rebellious**
[ribéljəs]

[형] 모반하는, 반란하는

▶ rebelli(on)(모반, 반란) + ous(혀용사 어미) = rebellious(모반하는, 반란하는)

大 **rebuild**
[ri:bíld]

[타] 재건하다, 다시 짓다, 개축하다.

▶ (다시 = re) + (build = 건설하다) = rebuild(재건하다, 다시짓다, 개축하다)

高 **rebuke**
[ribjú:k]

[명] 꾸짖다, 문책하다. [명] 비난, 힐책

[암] **태만한 아이들**(idle)을 **리북**(이북)(rebuke) 사람이 **꾸짖다**.

高 **recall**
[rikɔ́:l]

[동] 생각해내다, 다시 불러들이다(물건을 회수하다)

[명] 상기, 소환, 회수

▶ (다시 = re) + (call = 부르다) = 다시불러들이다

[암] **다시 리(李) 콜**하여**부르다** = **다시 불러들이다**

大 **recapture**
[ri:kǽptʃər]

[타] 탈환하다, 되찾다. [명] 탈환 회복

▶ (다시 = re) + (capture = 사로잡다, 획득하다) = recapture(탈환하다, 되찾다, 탈환, 회복)

大 **recede**
[ri:sí:d]

[동] 물러나다, 감소하다, 하락하다, 손을 떼다.

▶ (뒤로 = re) + (cede = 쉬드:가다) = 물러나다, 감소(하락)하다

뒤로 리(李) 쉬드러(들어)**가듯해** 물러나다, 감소(하락)하다.

高 **receipt**
[risí:t]

[명] 영수증, 영수

▶ recei(ve)(받다, 영수하다) + pt(= th)(추상 명사 어미) = receipt(영수, 영수증)

中 **receive**
[risí:v]

[동] 받다, 수령하다, 영수하다.

[암] **볼**(ball)을 **리시브**(receive)하여 **받다**.

▶ How many presents did you receive?
얼마나 많은 선물을 받았니?

高 **receiver** [risíːvər]	ⓜ 받는 사람, 수취인. 수화기 ▶ receiv(e)(받다) + er(…하는 사람) = receiver(받는 사람, 수취인)
高 **recent** [ríːsənt]	ⓗ 최근의, 근래의 이씨가 쓴 틀에 암 **최근에 리(李) 손 트레 오일을 치다.** (recent) (oil) ▶ a recent film 최근의 영화 
高 **recently** [ríːsəntli]	ⓟ 요즈음, 근래에, 최근에 ▶ recent(근래의, 최근의) + ly(부사를 만듦) = recently(요즈음, 근래에, 최근에)
高 **reception** [risépʃən]	ⓜ 환영회, 리셉션, 응접, 접대, 받아들임 ▶ (받다 = rece[ive] → recep) + (tion 명사 어미) → 손님을 받아서 하는것 (= 접대) = reception(환영회, 리셉션, 받아들임, 응접, 접대) ▶ a wedding reception 결혼 피로연
高 **recess** [ríːses / risés]	ⓜ 쉼, 휴회, 휴게 ⓓ 휴회하다, 휴정하다. ▶ (뒤로 = re) + (cess = 세스:가다) = 휴회하다, 휴정하다 **뒤로 리(李) 세스(洗手)하려 가려고 = 휴회하다, 휴정하다**
大 **recipe** [résəpiː]	ⓜ 조리법, 요리법, 비책, 비결 내서 피로 순대 암 **비책의 요리법을 래서 피로 만든 소시지.** (recipe) (sausage) 
大 **reciprocal** [risíprəkəl]	ⓗ 상호[간]의, 답례의 리씨 풀어 끌러 암 박스를 **리시 프러 클러 보며 상호간의 답례에 생크하며 감사해하다.** (reciprocal) (thank)
大 **recital** [risáitl]	ⓜ 암송, 읊음, 독주(회), 리사이틀 ▶ recit(e)(암송하다, 읊다) + al(명사 어미) = recital(암송, 읊음, 독주(회), 리사이틀)
大 **recitation** [rèsətéiʃən]	ⓜ 암송, 읊음, 낭독 ▶ recit(e)(암송하다, 읊다) + ation(명사어미) = recitation(암송, 읊음, 낭독)
高 **recite** [risáit]	ⓣ 암송(낭독)하다, 읊다. 이씨 사이 트기가 암 **바다의 시를 리(李) 사이 트기가 읊다.** (sea) (recite) ▶ recite a poem. 시를 암송하다. 

大 **reck**
[rek]

[동] 주의하다, 마음을 쓰다.

신사가 넥타이(=necktie)를 연관시켜 기억할 것
[암] **젠틀맨**이 **렉**타이에 **마음을 쓰다(주의하다)**.
(gentleman) (reck)

高 **reckless**
[réklis]

[형] 분별없는, 무모한

▶ reck(주의하다, 마음을 쓰다 + less(…이 없는) = reckless(분별없는, 무모한)

高 **reckon**
[rékən]

[동] 세다, 지불하다, 합산하다, 계산하다.

내건(내 것은)
[암] **달로**로 **래컨 계산하다. 지불하다**
(dollar) (reckon)

大 **reckoning**
[rékəniŋ]

[명] 계산, 셈, 지불

▶ reckon (계산[셈, 지불]하다) + ing(현재분사 어미) = reckoning(계산, 셈, 지불)

大 **reclaim**
[rikléim]

[타] 교정하다, 개선하다.

▶ (다시 = again = re) + claim(요구하다) → 다시 요구해 틀린 것을 교정하다 = reclaim(교정하다, 개선하다)

大 **recline**
[rikláin]

[동] 기대다, 의지하다.

리씨의 끌이 라인(선)
[암] 조각가 **리(李)끌 라인** 따라 깍는 걸 **의지하다**.
(recline)

大 **recognition**
[rèkəgníʃən]

[명] 분간하기, 인식, 승인

▶ recogni(ze)(인정(승인)하다) + tion(명사 어미) = recognition(인정, 승인, 인식)

高 **recognize**
[rékəgnàiz]

[동] 알아보다, 인정하다, 승인하다.

가방에 내꺼라고 그어 나 이즈음
[암] **백**에 **래(내)커 그나 이즈**음 곧 **알아보다**.
(bag) (recognize)

大 **recoil**[1]
[rikɔ́il]

[명] 움추림, 반동 [자] 움츠리다, 주춤하다.

▶ (다시의 뜻 = re) + (coil = 코일, 고리, 감다) = recoil(움츠리다, 주춤하다)

리씨가 코일을
[암] **리(李) 코일**을 **다시 감다**가 몸을 **움츠리며 주춤하다**.
(recoil)

大 **recoil**[2]
[rikɔ́il]

[동] 다시 감다, 다시 감기다.

리씨가 코일을
[암] **리(李)코일**을 **다시 감다**가 몸을 **움츠리며 주춤하다**.
(recoil)

高 **recollect** [rèkəlékt]	ⓢ 생각해 내다, 회상하다, 기억이 있다. ▶ (다시:래 = re) + (collect = 모으다) = 생각해 내다 **암 다시 래(내) 컬 액(液)트**러 **모으는 일을 생각해 내다** 칼로 오징어먹물틀어 
高 **recollection** [rèkəlékʃən]	ⓜ 회상, 회고, 상기 ▶ recollect(회상하다, 생각해 내다) + ion(명사 어미) = recollection(회상, 회고, 상기) ▶ I have a dim recollection of it. 나는 그것을 어렴풋이 기억하고 있다.
高 **recommend** [rèkəménd]	ⓢ 추천(천거)하다, 권하다. ▶ (다시:래 = re) + (commend = 추천하다) = 천거(추천)하다 **암 다시 래(내) 커 맨드**러 줄자를 **추천하다** = **천거(추천)하다** (옷을)다시 내 꺼(것)맨드러 
高 **recommendation** [rèkəmendéiʃən]	ⓜ 추천(장), 권고 ▶ recommend(추천하다, 권하다) + ation(추상명사 어미) = recommendation(추천(장), 권고)
高 **recompense** [rékəmpèns]	ⓜ 보답, 보상 ⓣ 보답하다, 갚다. ▶ (다시:래 = re) + (compense = 컴펜스:보상하다) = 보답하다 **다시 래(내) 컴(劍)펜 스**많이 주어 **보상함으로** = **보답하다** 검(칼)과 펜을 수 많이
高 **reconcile** [rékənsàil]	ⓢ 화해시키다, 조정하다. ▶ (다시:래 = re) + (concile = 컨사일:달래다) = 화해시키다 **암 다시 래(내) 컨사 일**삼아 **달래고 달래서** = **화해시키다** 다시 내(가) 권사(=교회여신도 직분의 하나) 
高 **reconciliation** [rèkənsìliéiʃən]	ⓜ 화해, 조정, 조화 ▶ reconcil(e) → i(화해시키다, 조정하다) + ation(명사 어미) = reconciliation(화해, 조정, 조화)
大 **reconsider** [rì:kənsídər]	ⓣ 다시 생각하다, 재고하다. ▶ (다시:리 = re) + (consider = 컨시더:생각하다) = 다시 생각하다. **암 다시 리(李) 컨씨(權氏)더 생각하다** = **다시 생각하다.** 권씨더((權氏)더
高 **reconstruct** [rì:kənstrʌ́kt]	ⓣ 재건하다, 재건축하다. ▶ (다시:리 = re) + (construct = 건설하다) = 재건하다 **암 다시 리(李) 컨스(數) 트럭 트**러 **건설하다** = **재건하다** 큰 수대의 트럭틀어 
高 **reconstruction** [rì:kənstrʌ́kʃən]	ⓜ 재건, 재건축 ▶ reconstruct(재건[재건축]하다) + ion(명사 어미) = reconstruction(재건, 재건축)

R

中	**record**[1] [rékərd / -kɔ:rd]	[명] 기록, 레코드, 음반 [암] **팝**송을 **기록**한 **레코드 음반** (pop) (record) ▶ a national record 국내 기록
中	**record**[2] [rékərd / -kɔ:rd]	[타] 기록하다, 녹음[녹화]하다. [암] (샹송을) **리코드**에 **기록[녹음, 녹화]하다.** (record) ▶ His speech has been recorded on tape. 그의 연설은 테이프에 녹음되어 있다.
高	**recorder** [rékɔ́:rdər]	[명] 기록자, 녹음기, 녹화기, 리코더 ▶ record(기록[녹음, 녹화]하다) + er(…하는 사람[것]) = recorder(기록자, 녹음기, 녹화기, 리코더) ▶ a time recorder 타임 리코더, 시간 기록기
大	**recording** [rékɔ́:rdiŋ]	[형] 기록하는 [명] 녹음, 녹화, 리코딩 ▶ record(기록[녹음, 녹화]하다) + ing(현재분사 어미) = recording(기록하는, 녹음, 녹화, 리코딩)
高	**record player** [rékərd pléiər]	[명] 리코드 플레이어, 전축 ▶ record(기록하다) + player(연주자, 연주장치) = record player(리코드 플레이어, 전축)
大	**recount**[1] [rikáunt]	[타] 자세히 얘기하다, 자세히 말하다. ▶ (다시 = re) + (count = 세다, 계산하다) → 다시 계산한 것을 = recount(자세히[말,얘기]하다)
大	**re-count**[2] [rikáunt]	[동] 다시 세다. [명] 다시 세기, 재계표 ▶ (다시 = re) + (count 세다) = re-count(다시 세다, 다시 세기, 재계표)
大	**recourse** [rí:kɔ:rs / rí:kɔ́:rs]	[명] 의지, 의뢰 ▶ (다시 = re) + (course = 코스, 진행) → 다시 전번 진행코스 대로 의지하듯 따라 등반하다 = recourse(의지, 의뢰)
高	**recover** [rikʌ́vər]	[동] 되찾다, 회복하다. ▶ (분리하다 = re) + (cover = 덮개를 벗기고) = 되찾다, 회복하다  [암] **분리해서 리(李) 커버 덮개**를 벗기고 = **되찾다, 회복하다.**
高	**recovery** [rikʌ́vəri]	[명] 되찾기, 회복, 복구 ▶ recover(되찾다, 회복하다) + y(명사 어미) = recovery(되찾기, 회복, 복구) ▶ a complete recovery 완전한 회복

大 **recreate** [rékrièit]

㊍ 휴양(시키다)하다

▶ (다시:래 = re) + (create = 창조[고안]하다) = 휴양하다

다시와서 치과의사로 클 리씨애 이 틀어

암 **다시 래(來)**해 **클 리(李)애 이트**러 빼는걸 **고안하고 휴양하다**

(recreate)

中 **recreation** [rèkriéiʃən]

㊔ 휴양, 레크레이션, 오락, 기분전환

▶ recreat(e)(휴양[시키다]하다) + ion(명사 어미) = recreation(휴양, 레크레이션, 오락, 기분전환)

大 **recreational** [rèkriéiʃənəl]

㊕ 휴양의, 오락의

▶ recreation(휴양, 오락) + al(…의) = recreational(휴양의, 오락의)

大 **recruit** [rikrúːt]

㊔ 신병, 신입생, 풋내기

㊍ 신병(새 회원)을 모집하다.

리씨가 나무그루 틀려고

암 **리(李) 크루 트**려고 **신병(새 회원)을 모집하다.**

(recruit)

大 **recruitment** [rikrúːtmənt]

㊔ 신규 모집, 신병 모집

▶ recruit(신병[새 회원]을 모집하다) + ment(명사 어미) = recruitment(신규 모집, 신병 모집)

大 **rectangle** [réktæ̀ŋgəl]

㊔ 직사각형

(neck=)넥(목이) 탱글 탱글한 것을 연관시켜 기억할 것

암 **렉 탱글** 탱글한 곰이 든 직사각형의 **박스.**

(rectangle) (box)

大 **rectangular** [rektǽŋgjulər]

㊕ 직사각형의, 직각의

▶ rectang(le)(직사각형) + ular(…의) = rectangular(직사각형의, 직각의)

大 **recur** [rikə́ːr]

㊆ 회상하다, 다시 마음에 떠오르다, 재발하다.

리씨가 커갈수록

암 옛님이 **리(李) 커**갈수록 **다시 마음에 떠오르다.**

(recur)

大 **recurrence** [rikə́ːrəns / -kʌ́r-]

㊔ 재기, 재현, 회상

▶ recur + r(다시 마음에 떠오르다) + ence(명사 어미) = recurrence(재기, 재현, 회상)

大 **recurrent** [rikə́ːrənt / -kʌ́r-]

㊕ 재발[재현, 재기]하는

▶ recur + r(다시 마음에 떠오르다) + ent(형용사 어미, …하는) = recurrent(재발[재현,재기]하는)

R

中 **red** [red]	ⓗ 빨간색의, 붉은 ⓜ 적색, [종종 R-]공산주의자 **암 적색인 레드 카드** (red) (card) ▶ The sun rises red. 태양이 붉게 떠오르다.
高 **Red Cross** [red krɔːs]	ⓜ 적십자사, (국제)적십자사 ▶ Red(적색) + Cross(십자가, 십자형) = Red Cross(적십자사) ▶ the International Red Cross 국제 적십자사
大 **redden** [rédn]	ⓢ 붉게 하다(되다) ▶ red + d(붉은) + en(…하다) = redden(붉게 하다[되다])
大 **reddish** [rédiʃ]	ⓗ 불그스레한, 불그레한 ▶ red + d(붉은) + ish(형용사 어미) = reddish(불그스레한, 불그레한)
大 **redeem** [ridíːm]	ⓣ 되사다, 도로찾다, 회복하다. ▶ (다시:리 = re) + (deem = 딤:생각하다) = 도로찾다 **다시 리(李) (디)딤판을 생각해서 도로찾다.** 
大 **redemption** [ridémpʃən]	ⓜ 되찾음, 되삼 ▶ redeem → redemp(되사다, 되찾다) + tion(명사 어미) = redemption(되찾음, 되삼)
大 **red-hot** [rédhɑ́t / -hɔ́t]	ⓗ 적열(赤熱)의, 작열의 ▶ (붉은 = red) + (hot = 뜨거운) = red-hot(적열의, 작열의)
大 **red light** [red lait]	ⓜ 적[위험]신호 ▶ (붉은 = red) + (light = 빛) = red light(적[위험]신호)
大 **redouble** [riːdʌ́bəl]	ⓢ 다시 배가(倍加)하다. ▶ (다시 = re) + (double = 두배로 하다) = redouble(다시 배가(倍加)하다)
大 **redress** [ridrés]	ⓣ 고치다, 교정하다. ▶ (다시 = re) + (dress = 옷, 의복) = redress(고치다, 교정하다)

高 **reduce** [ridjúːs]

[동] 감소시키다, 줄이다, 축소하다, 진압하다.

▶ (서로:리 = re) + (duce = 듀스:이끌다) = 줄이다, 감소시키다

직원을 **서로 리(李) 듀스**를 서 **토의를 이끌어서 줄이다, 감소시키다**

서로 리(李)가 두가지 수를 써 토의를

高 **reduction** [ridʌ́kʃən]

[명] 감소, 축소

▶ reduc(e)(감소시키다, 축소하다) + tion(명사 어미) = reduction(감소, 축소)

▶ great reductions in price 대할인

高 **reed** [riːd]

[명] 갈대 [타] (지붕을) 갈대로 이다.

리씨 들이

[암] **오두막 헛**간 **지붕을 리(李)드**리 **갈대로 이다.**

(hut) (reed)

▶ a thinking reed 생각하는 갈대(인간)

大 **reedy** [ríːdi]

[형] 갈대 많은, 갈대 같은, 삐익삐익 소리나는

▶ reed(갈대) + y(형용사 어미) = reedy(갈대 많은, 갈대 같은, 삐익~소리나는[= 갈대소리])

高 **reel** [riːl]

[명] 릴, 얼레, 실패 [타] (실을)얼레[실패]에 감다.

[암] **실패**가 달린 **릴** 낚싯대에 **실을 감다.**

(reel)

▶ reel in a fish. 물고기를 릴로 끌어당기다.

高 **refer** [rifə́ːr]

[동] ~을 언급하다, 참고로하다, 적용되다

▶ (다시:리 = re) + (fer = 퍼:가져오다) = (관세음보살을)언급하다

[암] 시주를 **다시 리(李) 퍼 가져오니** 관세음보살을 **언급하다**

(refer)

▶ The rule refers to this case. 이 규칙은 이 경우에 적용되다.

大 **referee** [rèfəríː]

[명] 주심, 심판원, 레페리

▶ refer(언급하다, 적용하다) + ee(…하는 사람) → 법칙을 적용해 판정을

▶ 언급하는 사람 = referee(주심, 심판원, 레페리)

高 **reference** [réfərəns]

[명] 참조, 참고, 인용문, 언급, 문의

▶ refer(언급(참조 문의)하다) + ence(명사 어미) = reference(언급, 참조, 문의, 참고)

▶ make reference to a dictionary. 사전을 참고하다.

大 **reference book** [réfərəns buk]

[명] 참고 서적

▶ reference(참고) + book(서적, 책) = reference book(참고 서적)

大 **reference mark** [réfərəns mɑːrk]

[명] 참조 부호

▶ reference(참조) + mark(부호) = reference mark(참조 부호)

R

大 **refine** [rifáin]

㉦ 세련되다, 정련[제련]하다.

▶ (다시 = re) + (fine = 파인:훌륭한) = 정련하다

㉣ **다시 리(李) 파인(훌륭한)**플레이하듯 **정련하다**.

高 **refined** [rifáind]

㉧ 정련한, 정제한

▶ refin(e)(정련하다,세련되다) + ed(형용사를 만듦) = refined(정련한, 정제한)

▶ refined products 정제품

大 **refinement** [ri:fáinmənt]

㉥ 정련, 정제, 세련

▶ refine(정련하다, 세련되다) + ment(명사 어미) = refinement(정련, 정제, 세련)

大 **refinery** [ri:fáinəri]

㉥ 정련[정제]소

▶ refin(e)(정련하다, 세련하다) + ery(…하는곳, …소) = refinery(정련[정제]소)

高 **reflect** [riflékt]

㉦ 반사하다, 반영하다, 곰곰이 생각하다.

리씨가 풀 액(즙) 틀어

㉣ **리(李) 플액(液) 트**러 짜는 법을 **곰곰이 생각하다**.

(reflect)

▶ The mirror reflected the light.
거울이 그 빛을 반사하였다.

高 **reflection** [reflection]

㉥ 반사(광 · 열), 반사 작용, 반영, 반성, 숙고

▶ reflect(반사(반영, 숙고)하다, 곰곰이 생각하다) + ion(명사 어미) = reflection(반사, 반영, 숙고, 반성)

▶ an angle of reflection 반사각

大 **reflectional** [reflectional]

㉧ 반사의, 반사에 의한

▶ reflection(반사, 반사 작용) + al(…의) = reflectional(반사, 반사에 의한)

大 **reflective** [rifléktiv]

㉧ 반사하는, 반영하는

▶ reflect(반사[반영]하다) + ive(형용사 어미, …하는) = reflective(반사하는, 반영하는)

大 **reflector** [rifléktər]

㉥ 반사물, 반사경[기]

▶ reflect(반사하다) + or(…하는 것) = reflector(반사물, 반사경[기])

大 **reflex** [rí:fleks]

㉧ 반사의, 되접힌 ㉤ 되접다, 되굽히다.

▶ (다시:리 = re) + (flex = 풀엑(液)스(水):구부리다) = 되굽히다

㉣ **다시 리(李) 플엑(液)스(水)**짜려고 **구부리어** = **되굽히다**

풀에서 엑즙물 짜려고

高 **reform**
[riːfɔ́ːrm]

동 개정(개혁, 개량)하다. 명 개정, 개혁

▶ (다시:리 = re) + (form = 폼:모양) = 개량(개혁)하다

다시 리(李) 폼을 잡고 모양을 = 개량(개혁)하다

▶ an educational reform 교육 개혁

大 **reformation**
[rèfərméiʃən]

명 개혁, 개성, 개선

▶ reform(개혁[개정, 개선]하다) + ation(명사 어미) = reformation(개혁, 개정, 개선)

大 **reformer**
[rifɔ́ːrmər]

명 개혁가

▶ reform(개혁하다) + er(…하는사람) = reformer(개혁가)

高 **refrain**[1]
[rifréin]

자 그만두다, 삼가다, 참다.

암 **반복**해 **리(李) 프레 인(人)**을 밀쳐도 싸움을 **참다(삼가다)**
(리씨가 / 풀에 / 인(사람)을 / (refrain))

▶ refrain from smoking. 흡연을 삼가다.

大 **refrain**[2]
[rifréin]

명 후렴, 반복[구]

암 **반복**해 **리(李) 프레 인(人)**을 밀쳐도 싸움을 **참다(삼기다)**.
(리씨가 / 풀에 / 인(사람)을 / (refrain))

高 **refresh**
[rifréʃ]

동 (기억을)새롭게 하다, (기분을) 상쾌하게 하다.

▶ (다시:리 = re) + (fresh = 플에쉬:새로운) = 새롭게 하다

암 **다시 리(李) 플에쉬**며 **새로운** 기분으로 = **새롭게 하다**

▶ I was quite refreshed. 나는 아주 기분이 상쾌하였다.

大 **refreshing**
[rifréʃiŋ]

형 상쾌한, 새롭고 재미있는

▶ refresh([기분을]상쾌하게 하다) + ing(현재분사 어미) = refreshing(상쾌함, 새롭고 재미있는)

高 **refreshment**
[rifréʃmənt]

명 기분을 상쾌하게 함, 원기 회복

▶ refresh([기분을]상쾌하게 하다) + ment(명사 어미) = refreshment(기분을 상쾌하게함, 원기 회복)

▶ feel refreshment of mind and body. 심신이 상쾌해지다.

大 **refrigerate**
[rifrídʒərèit]

동 차게 하다, 냉동하다.

암 **캐비지**의 **이프리 절에 이트**리나 두어 **차게하다**.
(이파리 / 절에 / 이틀이나)
((cabbage) / (refrigerate))

大 **refrigerator**
[rifrìdʒəréitər]

명 냉장고

▶ refrigerat(e)(차게하다, 냉동하다) + or(…하게 하는것) = refrigerator(냉장고, 냉장 장치)

R

R

高 **refuge** [réfjuːdʒ]

[명] 피난, 대피소, 대피, 피난처

엽궐련 담배를 　　 내서 　 피우지
[암] **시가**를 **대피소**에서 **래 피우지**.
(cigar) 　　　　 (refuge)

▶ seek refuge. 피난처를 찾다.

大 **refugee** [rèfjudʒíː]

[명] 피난자, 난민, 망명자

▶ refug(e)(피난, 대피소, 피난소) + ee(…사람[들]) = refugee(피난자, 난민, 망명자)

高 **refusal** [rifjúːzəl]

[명] 거절, 거부

▶ refus(e)(거절[거부]하다) + al(명사 어미) = refusal(거절, 거부)

高 **refuse** [rifjúːz]

[동] 거절하다, 거부하다. [명] 쓰레기, 폐물

▶ re(= back) + fuse(= pour) = refuse(거절하다, 거부하다)

리씨가 퓨즈(=도화선:fuse)
[암] **리(李)퓨즈**가 **쓰레기**되 받기를 **거절하다**.
(refuse)

大 **refute** [rifjúːt]

[타] 논박[반박]하다, …에 이의를 제기하다.

리씨가 붙으며
[암] **마담**에게 **리(李)퓨트**며 **논박[반박]하다**.
(madam) 　 (refute)

高 **regain** [rigéin]

[타] 되찾다, 회복하다

▶ (다시:리 = re) + (gain = 개인:얻다) = regain(되찾다)

다시 리(李) + **개인**적으로 전부 **얻어** = regain(되찾다)

大 **regal** [ríːgəl]

[형] 국왕의, 국왕다운, 당당한

리성계 　 걸출해
[암] **국왕다운 리(李) 걸**출해 **국왕의 당당한 폼을 짓다**.
(regal) 　　　 (form)

中 **regard** [rigáːrd]

[동] (~으로)간주하다, 응시하다, 주시하다.

[명] 관심, 주의, 배려

리(李)씨가 　 들어
[암] **브래지어**를 **리(李)가 드**러 **응시하다. 주시하다**
(brassiere) 　 (regard)

高 **regarding** [rigáːrdiŋ]

[전] …에 관하여[는], …의 점에서는

▶ regard(주시하다) + ing(현재분사 어미) = 주시하여야 할 점에 관하여는 = regarding(…에 관하여[는], …의 점에서는)

大 **regardless** [rigáːrdlis]

[형] 무관심한, 부주의한

▶ regard(주시[주의]하다) + less(…이 없는) = regardless(무관심한, 부주의한)

大 **regatta** [rigǽtə]

명 레가타, 보트 레이스

高 **region** [ríːdʒən]

명 지방, 지대, 지역, 영역

암 **보이**가 **리전(以前)**에 살던 **지방(지역)**
(보이: boy, 리전: region, 리전(以前): 이전(以前))

▶ the region of space science 우주 과학의 영역

大 **regional** [ríːdʒənəl]

형 지역의, 지방의

▶ region(지방, 지역) + al(…의) = regional(지방의, 지역의)

高 **register** [rédʒistər]

동 (온도계 등이)가리키다, 표시하다, 등기하다, 기록하다.

명 표, 목록, 기록부, 등기(부)

암 다방**레지 수(數)터**를 사 **등기부**에 **등기하다**
(레지 수(數)터: register, (다방)레지가 수필지의 터를)

▶ You should register important letters..
중요한 편지는 등기로 하는 편이 좋다.

大 **registered** [rédʒistərd]

형 등록한, 등기를 필한

▶ register(등기[등록]하다) + ed(형용사를 만듦) = registered(등록한, 등기를 필한)

大 **registration** [rèdʒistréiʃən]

명 등록, 등록[기재]

▶ regist(e)r(등기[등록]하다) + ation(명사 어미) = registration(등록, 등록[기재])

高 **regret** [rigrét]

동 후회하다, 애통해 하다. 명 유감, 후회

암 **에이즈**에 걸려 **리(李)그랬**음을 **후회하다**.
(에이즈: AIDS, 리(李)그랬: regret, 리씨가 그랬음을)

▶ I regret my mistake. 나는 잘못을 후회하고 있다.

大 **regretful** [rigrétfəl]

형 후회하는, 유감으로 생각하는

▶ regret(후회하다, 후회) + ful(형용사 어미, …하는) = regretful(후회하는, 유감으로 생각하는)

大 **regretless** [rigrétlis]

형 유감스럽게[서운하게] 생각지 않는

▶ regret(유감으로 생각하다, 후회하다) + less(…하자 않는)
= regretless(유감스럽게[서운하게] 생각지 않는)

大 **regrettable** [rigrétəbəl]

형 유감스러운, 후회되는

▶ regret + t(유감으로 생각한다, 후회한다) + able(…할 만한)
= regrettable(유감스러운, 후회되는)

R

高 **regular** [régjələr]

[형] 정기적인, 규칙적인 [명] 단골 손님

[암] 정부와 몰래 귤러 규칙적인( )한 단골 손님. (몰래 귤러 = (moll) (regular))

▶ keep regular hours. 규칙 바른 생활을 하다.

高 **regularly** [régjələrli]

[부] 규칙적으로, 정기적으로

▶ regular(규칙적인, 정기적인) + ly(부사를 만듦) = regularly(규칙적으로, 정기적으로)

▶ go to church regularly. 정기적으로 교회에 다니다.

大 **regulate** [régjəlèit]

[타] 규정하다, 규제하다, 조절하다

▶ regul(ar)(규칙[정기]적인) + ate(…하다) = regulate(규정하다, 규제하다, 조절하다)

大 **regulation** [règjəléiʃən]

[명] 규정, 규제, 조절

▶ regulat(e)(규정[규제, 조절]하다) + ion(명사 어미) = regulation(규정, 규제, 조절)

大 **rehabilitation** [rìːhəbìlətéiʃən]

[명] 사회 복귀, 리허빌러테이션, 복직, 복권

▶ (다시 = re) + (habilitation = 자격을 얻음) = (사회 복귀, 복직, 복권)

大 **rehearsal** [rihə́ːrsəl]

[명] 연습, 예행 연습, 리허설

▶ rehears(e)(연습[예행연습]하다) + al(명사 어미) = rehearsal(연습, 예행연습, 리허설)

大 **rehearse** [rihə́ːrs]

[동] 연습하다, 예행 연습을 하다.

[암] 리허(李許)스없이 예행 연습을 하다. (리허(리씨, 허씨)수 없이 = (rehearse))

高 **reign** [rein]

[명] 통치 기간, (왕의)지배, 권력 [동] 통치(지배)하다.

[암] 인디언을 래인(來人)이 권력으로 통치하다. (인디언 = (Indian), 래인(찾아온 사람)이 = (reign))

▶ the reign of law 법의 지배

高 **rein** [rein]

[명] [보통 복수]고삐, 구속(력)

[동] (말을)고삐로 제어하다

[암] 포니를 래인(來人)이 고삐로 제어하다. (포니 = 조랑말을 (pony), 래인(온 사람) = (rein))

大 **reinforce** [rìːinfɔ́ːrs]

[동] 보강(증원)하다, 강화하다

▶ rein(고삐) + force(힘) → 고삐를 힘써 조여 = reinforce(보강[증원]하다, 강화하다)

高 **reject**
[ridʒékt]

㊍ 거절하다, 거부하다.

▶ (다시:리 = re) + (ject = 젝트:던지다) = 거부하다

암 다시 리(李) **젝트**기 탑승권을 **던지며** 타기를 **거부하다**
리(李) 제트기

大 **rejection**
[ridʒékʃən]

명 거절, 부인

▶ reject(거절하다) + ion(명사 어미) = rejection(거절, 부인)

高 **rejoice**
[ridʒɔ́is]

㊍ 기쁘게 하다, 기뻐하다, 즐겁게 하다.

리씨와 조(趙)씨 있으면서
암 **리(李)조(趙) 이스**면서 노인을 **기쁘게 하다**.
(rejoice)

▶ She rejoiced to hear of his success.
그의 성공 소식을 듣고 그녀는 기뻐했다.

大 **rejoicing**
[ridʒɔ́isiŋ]

명 기쁨, 환희

▶ rejoic(e)(기쁘게 하다) + ing(현재분사 어미) = rejoicing(기쁨, 환희)

高 **relate**
[riléit]

㊍ 말하다, 관계시키다

(relay=)릴레이를 연관시켜 기억할 것
암 **마라톤**과 **릴레이 트**기를 **관계시키다**.
(marathon) (relate)

▶ They were closely related to the tribes.
그들은 그 부족과 밀접한 관계에 있었다.

大 **related**
[riléitid]

형 관계 있는, 관련되어 있는

▶ relat(e)(관계시키다) + ed(형용사를 만듦) = related(관계 있는, 관계되어 있는)

高 **relation**
[riléiʃən]

명 관계; 친족 관계, 관련 친척

▶ relat(e)(관계시키다) + ion(명사 어미) = relation(관계, 친족관계, 관련, 친척)

▶ He is near relation to me. 그는 나의 가까운 친척이다.

大 **relationship**
[riléiʃənʃip]

명 친족 관계, 관계

▶ relation(관계, 친족 관계) + ship(명사 어미) = relationship(관계, 친족 관계)

高 **relative**
[rélətiv]

명 친척, 인척 형 관계 있는, 상대적인, 비교상의

▶ relat(e)(관계시키다) + ive(형용사 어미) = relative(관계 있는, 상대적인, 비교상의)

▶ relative pronoun [문법] 관계대명사

大 **relatively**
[rélətivli]

부 비교적, …에 비교하여

▶ relative(관계 있는, 비교상의) + ly(부사 어미) = relatively(비교적, …에 비교하여)

R

高 **relative pronoun**
[rélətiv próunàun]

[[문법]] 관계대명사

▶ relative(관계 있는) + pronoun(대명사) = relative pronoun(관계대명사)

高 **relax**
[rilǽks]

동 긴장을 풀다, 늦추다, 편히 쉬다.

다리를 액수(液水)
암 아빠가 다릴 액스에 넣고 편히 쉬다. 긴장을 풀다.
(da) (relax)

▶ relax one's grip on the rope.
로프를 움켜 잡은 손을 늦추다.

大 **relaxation**
[rìːlækséiʃən]

명 느즈러짐, 풀림, 이완

▶ relax(긴장을 풀다, 늦추다) + ation(명사 어미) = relaxation(느즈러짐, 풀림, 이완)

大 **relay**
[ríːlei]

명 교체반, 교대자 타 교대하다, 교체자를 준비하다.

암 릴레이 경주를 교대자와 교대하다.
(relay)

高 **release**
[rilíːs]

동 해방(석방)하다, 풀어놓다. 명 해방, 석방

허리를 리씨가 수(손으로)
암 그녀의 허릴 리(李) 스(手)로 풀어놓다.
(her) (release)

▶ He released the rabbit from the trap.
그는 토끼를 덫에서 풀어 주었다.

大 **reliable**
[riláiəbəl]

형 믿을 수 있는, 신뢰할 수 있는

▶ rel(y) → i(의지하다, 신뢰하다) + able(…할 수 있는) = reliable(믿을 수 있는, 신뢰할 수 있는)

大 **reliance**
[riláiəns]

명 믿음, 의지, 신뢰

▶ rel(y) → i(의지하다, 신뢰하다) + ance(명사 어미) = reliance(믿음, 의지)

大 **relic**
[rélik]

명 [복수](역사적)유물, 유적, 유품

걸레를 익수씨의
암 소녀가 걸렐 릭(익)수씨의 유품으로 갖져
(girl) (relic)

高 **relief**
[rilíːf]

명 (고통 따위의)경감, 제거, 휴식, 구출, 구제

▶ relie(ve)(경감(구제)하다) + f(명사를 만듦) = relief(경감, 구제, 구출)

▶ great relief 큰 위로

高 **relieve**
[rilíːv]

동 경감하다, 제거하다, 구제(구원)하다.

리(마을)의 이씨 부인
암 인디언을 리(里) 리(李)브인이 구제(구원)하다.
(Indian) (relieve)

▶ relieve the poor from poverty
빈곤으로부터 빈민을 구제하다.

高

religion
[rilídʒən]

명 종교, 신앙

리씨가 이전

암 **힌두교**는 **리(李) 리전**에 믿던 **종교**

(Hindu) (religion)

▶ believe in religion. 종교를 믿다.

高

religious
[rilídʒəs]

형 종교의, 신앙의, 종교상의, 신앙심이 깊은

▶ religi(on)(종교 신앙) + ous(형용사 어미) = religious(종교의, 신앙의, 종교상의)

▶ a religious man 신앙인

大

relinquish
[rilíŋkwiʃ]

타 포기하다, 단념하다, 그만두다.

허리를 링(=고리:ring)과 연관시켜 기억할 것

암 **댄서**가 **그녀의 허릴 링퀴시**(끼시)어 가리기를 **포기하다**.

(dancer) (her) (relinquish)

大

relinquishment
[rilíŋkwiʃmənt]

명 포기, 철회

▶ relinquish(포기하다, 단념하다) + ment = relinquishment(포기, 철회)

高

relish
[réliʃ]

명 맛, 양념, 풍미, 향기 동 상미하다, 맛보다, 감상하다.

암 **섹스 영화 무비**를 계속(내)**래리 쉬**며 **맛**을 **감상하다**.

(sex) (movie) (relish)

▶ with relish 맛있게, 풍미있게

高

rely
[rilái]

동 의지하다, 기대(신뢰)하다.

(gorilla=)고릴라를 연관시켜 기억할 것

암 **가는 것**을 **고릴라 이**놈에게 **의지하다**.

(go)(rely)

▶ rely heavily. 많이 의존하다.

中

remain
[riméin]

명 나머지, 유적, 유물 동 남다, 머무르다

암 미스터 **리매인** 몸이라 **나머지 유물**을 팔려고 **머무르다**.

(remain)

▶ remain abroad 계속 외국에 체류하다.

大

remainder
[riméindər]

명 나머지, 잔여, 잔류자[물]

▶ remain + d(남다) + er(…하는 사람[것]) = remainder(나머지, 잔여, 잔류자[물])

高

remark
[rimáːrk]

명 주의, 관찰 동 주목(관찰)하다, 알아채다.

암 **클로버**가 (마을) **리(里)마크**임을 **알아채다(주목하다)**.

(clover) (remark)

▶ She remarked that it would be fine.
그녀는 날씨가 맑을 것이라고 말했다.

高

remarkable
[rimáːrkəbəl]

형 주목할 만한, 현저한

▶ remark(주목하다) + able(…할 만한) = remarkable(주목할 만한, 현저한)

R

高	**remedy** [rémidi]	ⓜ 치료, 치료약, 구제책 ⓓ 고치다, 치료하다. 한 어레미(체) 뒤에 암 **알레르기**를 **한 어레미 뒤**에 놓아둔 **치료약**으로 **고치다**. (Allergie) (a) (remedy) ▶ a cold remedy 감기약 
中	**remember** [rimémbər]	ⓓ 기억하다 ▶ (re = 다시…하다) + (member = 일원, 멤버) = remember(기억하다) 다시 마을의 회원을 암 **마담**이 **다시 리(里) 멤버**를 **기억하다**. (madam) (remember)
高	**remembrance** [rimémbrəns]	ⓜ 기억, 기념, 추억, 기념품[비] ▶ rememb(e)r(기억하다) + ance(명사 어미) = remembrance(기억, 기념, 추억, 기념품[비])
高	**remind** [rimáind]	ⓓ 생각나게 하다 ▶ (re = 다시…하다) + (mind = 마음) = 생각나게 하다 다시 마을의 마인(마부) 들을 암 **조랑말 포니**가 **다시 리(里) 마인(馬人)드**를 **생각나게 하다**. (pony) (remind) 
大	**reminder** [rimáindər]	ⓜ 생각나게 하는 사람[것] ▶ remind(생각나게 하다) + er(…하는 사람[것]) = reminder(생각나게 하는 사람[것])
大	**remit** [rimít]	ⓓ (죄를) 용서하다, 송금하다. 리씨 밑으로 암 **사환 보이**가 **리(李) 미트**로 들어가 비니**(죄를)용서하다**. (boy) (remit) 
大	**remittance** [rimítəns]	ⓜ 송금, 송금액 ▶ remit + t(송금하다) + ance(명사 어미) = remittance(송금, 송금액)
大	**remodel** [riːmádl / -mɔ́dl]	ⓣ …의 형을 고치다, 개조(개작)하다. ▶ (다시 = re) + (model = 모델:모형) = remodel(…의 형을 고치다) **다시 리(李) 모델**의 **모형**을 바꾸어 = remodel(…의 형을 고치다)
大	**remorse** [rimɔ́ːrs]	ⓜ 양심의 가책, 후회 이모 수 없이 암 **이전에 애버**린 걸 **리모 스**없이 **후회**하네 (ever) (remorse) 
高	**remote** [rimóut]	ⓗ 먼, 먼곳의, 멀리 떨어진 (리모우 컨)으로 암 TV를 **멀리 떨어진**곳에서 **리모우트 컨트롤하다**. (remote) (control)

大

removal

[rimúːvəl]

명 이동, 이전, 전거

▶ remov(e)(옮기다, 치우다, 이동하다) + al(명사 어미) = removal(이동, 이전, 전거)

大

remove

[rimúːv]

동 옮기다, 제거하다, 이동하다.

▶ (다시:리 = re) + (move = 무브(武夫):움직이다) = 옮기다

암 **포를 다시 리(李) 무브(武夫)**와 함께 **움직이다** = 옮기다.

무부(武夫=무사)

大

removed

[rimúːvd]

형 떨어진, 제거된

▶ remov(e)(옮기다, 제거하다) + ed(형용사를 만듦) = removed(떨어진, 제거된)

大

Renaissance

[rènəsάːns, -zάːns]

명 문예 부흥, 르네상스

형 문예 부흥(시대)의, 르네상스 양식의

大

rend

[rend]

동 찢다, 찢어지다, 째지다.

(빛)바랜 드레스(dress)

암 **카키색**으로 바**랜 드**레스가 **찢어지다(째지다)**.

(rend)

高

render

[réndər]

동 되게 하다, 주다, 제출하다, 제공하다.

냅다며

암 **도울 몫**으로 **원 달러**를 **랜더**며 **주다(제출하다)**.

(dole) (one, dollar) (render)

▶ render evil for good. 선을 악으로 보답하다[주다].

大

rendezvous

[rάndivùː / rɔ́n-]

명 만날 약속, (우주선의)궤도 회합, 랑데부

高

renew

[rinjúː]

타 다시 새롭게 하다, 회복하다

▶ (다시:리 = re) + (new = 뉴:새로운) = renew(다시 새롭게 하다)

다시 리(李) 뉴형의 **새로운** 걸로 = renew(다시 새롭게 하다)

▶ renew one's youth 회춘(回春)하다, 다시 젊어지다.

大

renewal

[rinjúːəl]

명 새롭게 하기, 일신, 소생

▶ renew(새롭게 하다) + al(명사 어미) = renewal(새롭게 하기, 일신, 소생)

大

renounce

[rináuns]

동 포기하다, 기권하다, 버리다.

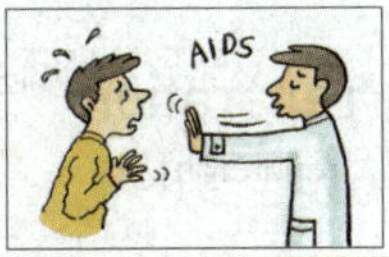

리씨가 나의 운수를

암 **에이즈**라며 닥터 **리(李) 나 운스**를 **포기하다**.

(AIDS) (renounce)

大	**renown** [rináun]	ⓜ 명성, 명망 암 미스터 **리(李) 나운**(명)을 바꾼 **명성**있는 **리더**이지 (리씨는 나의 운(명)을 / renown / leader)
大	**renowned** [rináund]	ⓗ 명성이 있는, 유명한 ▶ renown(명성) + ed(형용사를 만듦) = renowned(명성이 있는, 유명한)
高	**rent** [rent]	ⓜ 집세, 임차료 ⓓ 임대하다, 빌리다. 암 **렌트** 카를 **임차료**를 내고 **빌리다**. (rent) ▶ They rent a house from Mr. Smith. 그들은 스미스씨로부터 집을 빌리고 있다.
大	**rental** [réntl]	ⓜ 임대[임차]료, 지대[집세, 사용료]의 수입 ▶ rent(임차하다) + al(명사 어미) = rental(임대[임차]료, 지대[집세, 사용료]의 수입)
大	**reopen** [riːóupən]	ⓓ 다시 열다, 다시 시작하다 ▶ (다시 = re) + (open = 열다) = reopen(다시 열다, 다시 시작하다)
大	**reorganization** [riːɔ̀ːrgənizéiʃən]	ⓜ 재편, 개조 ▶ reorganiz(e)(재편성하다, 개조하다) + ation(명사 어미) = reorganization(재편, 개조)
大	**reorganize** [riːɔ́ːrgənàiz]	ⓓ 다시 편성하다, 개조하다. ▶ (다시 = re) + (organize = 편성하다) = 개조하다 암 **다시 리(里) 오(五)건아(健兒)이즈**음 **편성하다** ((조를)다시 마을에 / 다섯명의 건강한아이 이즈음) **개조하다**. 
高	**repair** [ripέər]	ⓓ 수선하다, 고치다, 배상하다. ⓜ 수선, 보상 ▶ (다시 = re) + (pair = 패어:한벌, 한쌍) = 수선하다 암 **다시 리(李) 패어**가며 **한 벌**의 구두를 = **수선하다**. ▶ repair a house [road, watch]. 집 [도로, 시계]을 수리[수선]하다. 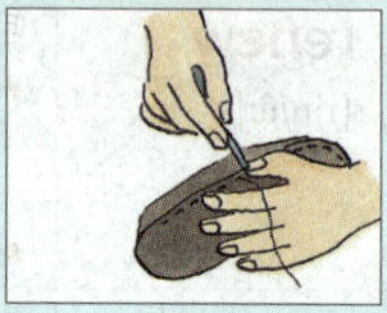
大	**reparable** [répərəbəl]	ⓗ 수선할 수 있는, 배상[보상]할 수 있는 ▶ repair → repar(수선[배상]하다) + able(…할 수 있는) = reparable(수선할 수 있는, 배상[보상]할 수 있는)
大	**reparation** [rèpəréiʃən]	ⓜ 배상, 보상, 배상금 ▶ repair → repar(배상하다) + ation(명사 어미) = reparation(배상, 보상, 배상금)

高 **repay** [ripéi]

㊍ 갚다, 상환[보답]하다.

▶ (다시 = re) + (pay = 패이(敗李):지불하다) = 갚다

㉠ **다시 리(李) 패이(敗李)**에게도 월급을 **지불하다** = **갚다**
다시 리(李) 패이(실패한이씨)에게도

大 **repeal** [ripí:l]

㉕ 무효로 하다, 철회하다. ㊐ 폐지, 철회

▶ (다시 = re) + (peal = 울림:소리침) = 무효로(철회)하다

다시 리가 **필**(= 피를)보고 **소리쳐**서 일을 **무효로(철회)하다**.

高 **repeat** [ripí:t]

㊍ 되풀이하다, 반복하다. ㊐ 반복

순대 리(씨)가 피 틀어
㉠ **소시지**하려고 **리(李) 피 트**러 섞는걸 **반복하다**.
(sausage) (repeat)

▶ History repeats itself. 역사는 반복하다.

大 **repeated** [ripí:tid]

㊈ 되풀이 된, 종종 있는

▶ repeat(되풀이하다) + ed(형용사를 만듦) = repeated(되풀이 된, 종종 있는)

大 **repeatedly** [ripí:tidli]

㊕ 되풀이 하여, 몇 번이고

▶ repeated(되풀이 된) + ly(부사를 만듦) = repeatedly(되풀이 하면, 몇 번이고)

大 **repel** [ripél]

㊍ 쫓아버리다, 격퇴하다, 물리치다, 반발하다

리(씨)가 팰려고
㉠ **인디언**을 **리(李) 팰**려고 해 **쫓아버리다**.
(Indian) (repel)

高 **repent** [ripént]

㊍ 후회하다, 뉘우치다, 회개(참회)하다

방망이로 리씨를 팬 트기가
㉠ **배트**로 **리(李) 팬 트**기가 **뉘우치며 후회하다**.
(bat) (repent)

▶ He repented his folly. 자기의 어리석음을 후회했다.

大 **repentance** [ripéntəns]

㊐ 후회, 회개

▶ repent(후회[회개]하다) + ance(명사 어미) = repentance(후회, 회개)

大 **repertory** [répərtɔ̀:ri / -təri]

㊐ 레퍼토리(연주 곡목), 창고, 저장소

高 **repetition** [rèpətíʃən]

㊐ 되풀이, 반복, 재현

▶ repeat → repet(되풀이[반복]하다) + ition(명사를 만듦) = repetition(되풀이, 반복, 재현)

▶ by repetition 복창하여

R

高 **replace** [ripléis]

[동] ~에 대신하다; 제자리에 두다; (돈따위)를 갚다.

▶ (다시 = re) + (place = 플에이스:자리 두다)
= 제자리에 두다

[암] **다시 리(里) 플에 이스**니 제**자리**에 **두다 제자리에 두다.**
인형이 다시 리(마을) 풀에 있으니

大 **replacement** [ripléismənt]

[명] 제자리에 되돌림, 교체

▶ replace(제자리에 놓다) + ment(명사 어미) = replacement(제자리에 되돌림, 교체)

中 **reply** [riplái]

[동] 대답하다. [명] 대답

[암] **안써**놓은 **대답**을 **나에게 미리 풀 아이**가 **대답하다.**
(answer) (me)(reply)

▶ send a reply. 회답을 보내다.

中 **report** [ripɔ́ːrt]

[동] 보고하다. [명] 보도, 기사, 리포트

[암] **보도 기사 리포트**를 써 **보고하다.**
(report)

大 **reporter** [ripɔ́ːrtər]

[명] 보고자, 보고하는 사람

▶ report(보고하다) + er(···사람) = reporter(보고자, 보고하는 사람)

高 **repose** [ripóuz]

[동] 휴식하다, 안정하다, 쉬다. [명] 휴식

리씨가 포즈(자세 : pose)
[암] **소파**에서 **리(李) 포즈**잡고 **안정(휴식)하다.**
(sofa) (repose)

▶ He reposed on the lawn. 그는 잔디 위에서 쉬었다.

大 **re-present** [rèprizént]

[타] 다시 선사하다, 다시 제출하다.

▶ (다시 = re) + (present = 선사[제출]하다) = represent(다시[선사,제출]하다)

高 **represent** [rèprizént]

[동] 대표하다, 말하다, 나타내다, 표현하다.

몰래 프리젠트(=선물)
[암] **여자**에게 **몰래 프리젠트**하겠다고 **말하다.**
(moll) (represent)

▶ The dove represents peace.
비둘기는 평화를 상징한다.

大 **representation** [rèprizentéiʃən]

[명] 대표(제). 설명, 연출

▶ represent(나타나다, 대표하다, 표현하다) + ation(명사 어미)
= representation(대표,설명,연출)

大 **representative** [rèprizentèitiv]

[형] 대표적인, 대표하는 [명] 대표자, 대행자

▶ represent(나타나다, 대표하다) + ative(형용사, 명사를 만듦)
= representative(대표적인, 대표하는, 대표자, 대행자)

高 **repress**
[riprés]

[타] 억제하다, 다시 억누르다, 진압하다.
▶ (다시 = re) + (press = 프레스:내리누르다) = 다시 억누르다

다시 리(李) 프레스압착기로 **내리눌러서** = **다시 억누르다**

大 **reprint**
[riːprínt]

[타] 재판하다, 재인쇄하다. [명] 재판
▶ (다시 = re) + (print = 인쇄하다) = 다시[재]인쇄하다

다시 리(李) 프린트하여 **인쇄하다** = **다시[재]인쇄하다**

高 **reproach**
[ripróutʃ]

[동] (남을) 비난하다, 꾸짖다. [명] 비난, 질책

리씨인 프로선수가 취(醉)
[암] **리(李) 프로 취(醉)**해 (남을)**비난하다**.
(reproach)
▶ a bitter reproach 심한 비난

大 **reproachful**
[ripróutʃfəl]

[형] 꾸짖는, 비난하는
▶ reproach(꾸짖다, 비난하다) + ful(…하는) = reproachful(꾸짖는, 비난하는)

高 **reproduce**
[rìːprədjúːs]

[동] 재생하다, 복사하다, 생식하다.

▶ (다시 = re) + (produce = 생산하다) = 재생하다

[암] 기어를 **다시 리(李) 프러듀스**만에 **생산하여** = **재생하다**
기어를 다시 리 풀어한수두수만에

大 **reproduction**
[rìːprədʌ́kʃən]

[명] 재생, 재생산
▶ reproduc(e)(재생하다) + tion(명사 어미) = reproduction(재생, 재상산)

大 **reproval**
[riprúːvəl]

[명] 비난, 질책, 책망, 꾸지람
▶ reprov(e)(꾸짖다, 비난하다) + al(명사 어미) = reproval(비난, 질책, 책망, 꾸지람)

大 **reprove**
[riprúːv]

[타] 꾸짖다, 비난[질책]하다.

▶ (다시 = re) + (prove = 시험[증명]하다) = 꾸짖다, 비난[질책]하다

자기를 다시 리(李)가 **시험 증명해 본다고** = 꾸짖다, 비난[질책]하다

[암] 마담이 상추쌈**(prove)프루부**터 좋음을 **시험[증명]하다**

大 **republic**
[ripʌ́blik]

[명] 공화국, 공화 정체, …사회, …계(界)

이익을 펴 불익(=불이익)
[암] **공화국**에서 각 **계(界)**에 **리(李)퍼 블릭(不益)**을 없애다.
(republic)
▶ Our country is an independent republic.
우리 나라는 독립 공화국이다.

大 **republican**
[ripʌ́blikən]

[형] 공화 정체의 [명] 공화주의자
▶ republic(공화국) + an(…의, …사람) = republican(공화국 정체의, 공화주의자)

高
reputation
[rèpjutéiʃən]

㉧ 평판, 명성

▶ reput(e)(평판, 명성, …평하다) + ation(명사 어미) = reputation(평판, 명성)

高
repute
[ripjúːt]

㉧ 명성, 평판 ㉣ ~라 생각하다, 평하다.

암 **명성**있게 **리(李) 퓨트**리라 **생각하다**.
(리씨가 … 붙으리라 / repute)

▶ be held in high repute. 평판이 좋다.

大
reputed
[ripjúːtid]

㉩ 평판이 좋은, 유명한

▶ reput(e)(평판, 평하다) + ed(형용사를 만듦) = reputed(평판이 좋은, 유명한)

高
request
[rikwést]

㉣ 요청하다, 신청하다, 간청하다. ㉧ 소망, 요청

암 KBS의 **리퀘스트** 프로에 **소망**을 **간청하다**.
(request)

▶ I requested him to wait there.
나는 그에게 그 곳에서 기다리라고 부탁했다.

中
require
[rikwáiər]

㉣ 필요로 하다, 구하다, 요구하다.

▶ re(= again) + quire(= ask, seek)
= require(요구하다)

암 **로프**를 **리(李) 콰 이어** 달라고 **요구하다**.
(rope) (리씨가 꽈서 이어 / require)

高
requirement
[rikwáiərmənt]

㉧ 요구, 필요조건

▶ require(필요로 하다, 요구하다) + ment(명사를 만듦) = requirement(필요, 요구, 필요조건)

▶ university entrance requirements 대학 입학 필요 조건

大
requisite
[rékwəzit]

㉩ 필요한, ㉧ 필수품

▶ require → requis(필요로 하다) + ite(형용사 및, 명사 어미)
= requisite(필요한, 필수품)

高
rescue
[réskjuː]

㉣ (파괴로부터)보호하다, 구출하다, 구하다.

㉧ 구조, (법), 구원, 해방

암 **여자**를 **몰래 스(數)큐**대로 **구출하다**.
(몰래 수개의 큐(=cue) / (moll) rescue)

大
rescue boat
[réskjuː bout]

㉧ 해난 구조선

▶ rescue(구출[구조]하다) + boat(보우트, 배) = rescue boat(해난 구조선)

高
research
[risə́ːrtʃ, ríːsəːrtʃ]

㉧ 연구, 조사, 탐구 ㉣ 연구하다, 조사하다.

▶ (다시 = re) + (search = 서치:수색하다) = 연구(조사)하다

다시 리(李) 서치라이트로 **수색**하여 = **연구(조사)하다**

▶ research into a problem. 문제를 조사하다.

大 **resemblance** [rizémbləns]

명 유사, 닮음, 유사점

▶ resembl(e)(…와 닮다, 유사하다) + ance(명사 어미) = resemblance(유사, 닮음, 유사점)

高 **resemble** [rizémbəl]

동 ~와 닮다, 유사하다, ~와 비슷하다

▶ re(= 서로) + semble(= look like)
= resemble(유사하다)

리(이씨가) 잼(jam)을 연관시켜 기억할 것

암 **리(李) 잼 블**(불)로 조리니 캔디와 **유사하다. 닮다**
(resemble)

高 **resent** [rizént]

동 분개하다, 원망하다, ~에 골내다.

▶ re(= back) + sent(= feel) = resent(분개하다)

이제는 틀어

암 **데이트**가 **리젠 트**러졌다며 **분개(원망)하다.**
(date) (resent)

大 **resentful** [rizéntfəl]

형 분개한, 성 잘내는

▶ resent(분개하다) + ful(…이 많은, …한) = resentful(분개한, 성 잘내는)

大 **resentment** [rizéntmənt]

명 분개, 분노, 노함

▶ resent(분개하다) + ment(명사 어미) = resentment(분개, 분노, 노함)

大 **reservation** [rèzərvéiʃən]

명 보전, 보류, 예약

▶ reserv(e)보존[보류, 예약]하다) + ation(명사 어미) = reservation(보전, 보류, 예약)

高 **reserve** [rizə́ːrv]

동 보존하다, 예약하다, 보류하다.

마을에 저 분이

암 **쿠프**왕의 **미라**를 **리(里) 저 브**니 **보존하다.**
(khufu) (mirra) (reserve)

▶ This table is reserved.
이 좌석은 예약된 것입니다.

大 **reserved** [rizə́ːrvd]

형 보류된, 예약한

▶ reserv(e)(보류[예약]하다) + ed(형용사를 만듦) = reserved(보류된, 예약한)

大 **reservist** [rizə́ːrvist]

명 예비병, 재향군인, 향토 예비군

▶ reserv(e)(보류[예약]하다) + ist(…하는 사람) = reservist(예비병, 재향군인, 향토 예비군)

大 **reservoir** [rézərvwàːr]

명 저장소, 저수지, 급수소[탱크]

▶ reserfv(e)(보존하다) + oir(…하는 곳[장소] = reservoir(저장소, 저수지, 급수소[탱크])

R

高 **reside** [riːsáid]

[동] 살다, 거주하다(사물, 성질 등이)~에 존재하다.

▶ (뒤에 = re) + (side = 자(者)이드 = 앉다) = 거주하다 살다

[암] **뒤에 리(李) 자(者)이드**(들)리 터 잡고 **앉아서** = **거주하며 살다**

高 **residence** [rézidəns]

[명] 주거, 주택, 주재, 거주지

▶ resid(e)(살다, 거주하다) + ence(명사 어미) = residence(주거, 주택, 주재, 거주지)

▶ one's legal residence 합법적 거주지

高 **resident** [rézidənt]

[형] 거주하는, 거류하는 [명] 거주자, 전문의 수련자, 레지던트

▶ resid(e)(살다, 거주하다) + ent(…하는, …하는 자) = resident(거주하는, 거류하는 거주자, 전문의 수련자)

▶ summer residents 피서객

大 **residential** [rèzidénʃəl]

[형] 거주의, 거주에 적합한

▶ resident(거주하는, 거주자) + ial(…의, …에 알맞은) = residential(거주의, 거주에 적합한)

高 **resign** [rizáin]

[동] (관직, 직위 따위를)그만두다, (권리 따위를) 포기하다, 단념하다, 사직하다.

▶ (다시 = re) + (sign = 자인:도장을 찍다) = (권리를)포기하다

[암] **다시 리(李) 자인**과 **도장을 찍고** = **(권리를)포기하다**

▶ She resigned from her job.
그녀는 직장을 그만두었다.

大 **resignation** [rèzignéiʃən]

[명] 사직, 사임, 사표, 포기

▶ resign(사임[사직,포기]하다) + ation(명사 어미) = resignation(사직, 사임, 사표, 포기)

大 **resin** [risínd, rézin]

[명] (나무의)진, 수지(樹脂), 송진

[암] 푹**파인 소나무 래(內)진**액이 **송진(수지)**이다.
(내(안에) 진액이) (pine) (resin)

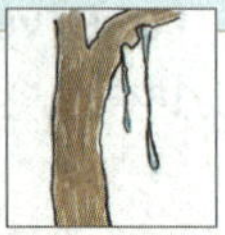

高 **resist** [rizíst]

[동] 저항하다, 격퇴하다, 참다, 반대하다.

▶ (반대해 = re) + (sist = 지스트:서다) = 저항하다

[암] **반대해 리(李) 지스(池手) 트**러가며 **서서** = **저항하다**
(반대해 리(李) 지씨의 손을 틀어가며)

高 **resistance** [rizístəns]

[명] 저항, 반항, 레지스탕스, 반대

▶ resist(저항하다, 반대하다) + ance(명사 어미) = resistance(저항, 반대)

▶ electric resistance 전기 저항

大 **resister** [rizístər]

[명] 저항자, 항쟁자, 반정부주의자

▶ resist(저항[반대]하다) + er(…하는 사람) = resister(저항자, 항쟁자, 반정부주의자)

大 **resolute** [rézəlùːt]

형 굳게 결심한, 단호한

례절(禮節)로 틀어 / 신사

암 갱을 **례절루 트**러 교화키로 **굳게 결심한 젠틀맨**

(resolute) / (gentleman)

大 **resolutely** [rézəlùːtli]

부 단호히, 결연히

▶ resolute(굳게 결심한, 결연한) + ly(부사 어미) = resolutely(단호히, 결연히)

高 **resolution** [rèzəlúːʃən]

명 결심, 결의, 결의안

▶ resolut(e)(굳게 결심한, 결연한) + ion(명사 어미) = resolution(결심, 결의, 결의안)

▶ reject a resolution. 결의안을 거부하다.

高 **resolve** [rizálv / -zɔ́lv]

동 결심하다, 해결하다, 분해하다. 명 결심

▶ (다시 = re) + (solve = 잘브 = 풀어주다) = 해결(결심)하다

암 **다시 리(李) 잘브**(부)탁하니 고민을 **풀어주어** = **해결(결심)하다**

大 **resolved** [rizálvd / -zɔ́l-]

형 결심한, 단호한

▶ resolv(e)(결심하다) + ed(형용사를 만듦) = resolved(결심한, 단호한)

大 **resolver** [rizálvər / -zɔ́l-]

명 결심하는 사람, 해결자

▶ resolv(e)(결심[해결]하다) + er(…하는 사람) = resolver(결심하는 사람, 해결자)

高 **resort** [riːsɔ́ːrt]

명 놀이터, 유흥지, 의지, 수단 동 잘 가다, ~에 의지하다.

암 애들이 용평 **리조트(놀이터)**에 **잘 가다**.

(resort)

▶ a popular resort 유명한 유원지(유흥지)

大 **resound** [rizáund]

동 (소리가)울리다, 울려 퍼지다.

▶ (다시 = re) + (sound = 소리, 소리가 나다) = 울려 퍼지다

암 **다시 리**(이)**차 사운드**박스에서 **소리가 나서** = **울려퍼지다**

高 **resource** [ríːsɔːrs / -zɔ́ːrs]

명 [복수] 자원, 재산, 자산

▶ (다시 = re) + (source = 소스:원천) = 자원 자산

암 **다시 리(利) 소스**(솟으)니 부의 **원천** = **자원 자산**

大 **resourceful** [risɔ́ːrsfəl / -zɔ́ːrs-]

형 자원[재원]이 풍부한

▶ resource(자원, 재원, 재산) + ful(…풍부한) = resourceful(자원[재원]이 풍부한)

R

中 **respect**
[rispékt]

[동] 존경하다. [명] 존경, 경의, 점, 세목

▶ (다시 = re) + (spect = 스(手)팩트 = 보이다)
= 존경하다

[암] **다시 리(李)** (손)**수 팩!트**(틀)어 경례를 **보이며** = **존경하다.**

高 **respectable**
[rispéktəbəl]

[형] 존경할 만한, 품위 있는, 훌륭한

▶ respect(존경하다) + able(…할 만한) = respectable(존경할 만한, 훌륭한)

▶ respectable citizens 훌륭한 시민들

大 **respectful**
[rispéktfəl]

[형] 공손한, 정중한

▶ respect(존경하다) + ful(…이 가득한) = respectful(공손한, 정중한)

R

高 **respectfully**
[rispéktfəli]

[부] 공손하게, 정중하게

▶ respectful(공손한, 정중한) + ly(부사 어미) = respectfully(공손하게, 정중하게)

▶ Yours respectfully = Respectfully yours 경백(敬白)(편지의 끝맺음말)

大 **respective**
[rispéktiv]

[형]각각의, 각자의

▶ respect(점, 개소, 세목) + ive(형용사 어미) → 점 같은 세목은
= respective(각각의, 각자의)

大 **respectively**
[rispéktivli]

[부] 각각, 각기, 따로따로

▶ respective(각각의, 각자의) + ly(부사 어미) = respectively(각각, 각기, 따로따로)

大 **respiration**
[rèspəréiʃən]

[명] 호흡

▶ respir(e)(호흡하다, 숨쉬다) + ation(명사 어미) = respiration(호흡)

大 **respire**
[rispáiər]

[동] 호흡하다, 숨쉬다, 한숨 돌리다.

[암] **코속**에 **리(李) 스(數) 파이어** 놓고 **호흡하다.**
(코속: core / 리(李) 스(數) 파이어: 리(李)가 수개의 파이어, respire)

高 **respond**
[rispánd / -spɔ́nd]

[동] 대답(응답)하다, 응하다.

[암] **카운트**한걸 **리(李) 스판**드고 **대답하다.**
(카운트한걸: 계산한 걸, count / 리(李) 스판드고: 리씨가 수판 들고, respond)

▶ respond to a question. 질문에 답하다.

高 **response**
[rispáns / -spɔ́ns]

[명] 응답, 대답, 반응

▶ respon(d)(대답(응답)하다) + se(명사를 만듦) = response(응답, 대답, 반응)

▶ a delayed response 뒤늦은 반응

高 **responsibility**
[rispὰnsəbíləti / -spɔ̀n-]

[명] 책임, 의무, 책무, 능력

▶ responsib(le) → il(책임있는) + ity(명사 어미) = responsibility(책임, 의무, 책무, 능력)

▶ a position of responsibility 책임있는 지위

高 **responsible**
[rispánsəbəl]

[형] 책임있는, 책임을 져야 할

▶ respons(e)(대답, 응답) + ible(= able …할 수 있는) → 대답할 수 있는 → 대답에 책임질 수 있는 = responsible(책임있는, 책임을 져야 할)

▶ make oneself responsible for …의 책임을 떠맡다

大 **responsive**
[rispánsiv / -spɔ́n-]

[형] 대답하는, 응하는

▶ respons(e)(대답, 응답) = ive(형용사 어미) = responsive(대답하는, 응하는)

中 **rest¹**
[rest]

[명] 휴식, 안식 [동] 쉬다, 휴양하다.

휴게소(쉬는 집)
[암] **휴식**하며 **쉬다** 가는 **레스트 하우스**.
(rest) (house)

▶ a day of rest 안식일, 일요일

高 **rest²**
[rest]

[명] 나머지, 잔여, 여분, 잔류자

휴게소방에
[암] **레스트**룸에 남아있는 **나머지 잔류자**
(rest)

▶ The rest is simple arithmetic. 나머지는 간단한 계산이다.

高 **restaurant**
[réstərənt / -rɔ̀ːŋ]

[명] 식당, 레스토랑

▶ work in a restaurant
식당에서 일하다

高 **restless**
[réstlis]

[형] 침착하지 못한, 들더 있는, 안면할 수 없는

▶ rest(휴식, 안식) + less(…이 없는) → 휴식을 갖이 못하여 침착하지 못하고 들더 있는... = restless(침착하지 못한, 들떠 있는, 안면할 수 없는)

▶ a restless night 잠 못 이루는 밤

大 **restoration**
[rèstəréiʃən]

[명] 회복, 복구, 부활

▶ restor(e)(회복[복구, 부활]하다) + ation(명사 어미) = rsttoration(회복, 복구, 부활)

高 **restore**
[ristɔ́ːr]

[동] 회복시키다, 부흥(부활)하다. 되돌려 주다.

▶ (다시 = re) + (store = 스(數)토 = 가게) = 되돌려 주다

다시 리(李) 수(數)토기를 가져와 **가게**로 = **되돌려 주다**

大 **restorable**
[ristɔ́ːrəbəl]

[형] 회복[복구]할 수 있는

▶ restor(e)(회복[복구]하다) + able(…할 수 있는) = restorable(회복[복구]할 수 있는)

高

restrain
[riːstréin]

㊍ 제지하다, 억제하다, 구속하다.

▶ (다시 = re) + (strain = 스트레인:꽉죄다) = 구속(억제)하다

㊙ **다시 리(李) 스(數)트레인(人)을 꽉죄여서 = 구속(억제)하다**
수대의 형틀에 인(人)

▶ restrain one's anger. 분노를 참다.

大

restrained
[riːstréind]

㊊ 삼가는, 자제하는

▶ restrain(억제하다) + ed(형용사를 만듦) = restrained(삼가는, 자제하는)

大

restraint
[riːstréint]

㊐ 자제력

▶ restrain(억제하다) + t(= th)(명사를 만듦) = restraint(억제, 자제력)

大

restrict
[ristríkt]

㊍ 제한하다, 한정하다.

▶ (다시 = re) + (strict = 스틀익트:엄한) = 제한하다

㊙ **다시 리(李) 스틀 익(益) 트러씀을 엄한 = 제한하다**
수틀 이익금 틀어 쓰는 것을

大

restricted
[ristríktid]

㊊ 한정된, 제한된

▶ restrict(제한[한정]하다) + ed(형용사를 만듦) = restricted(한정된, 제한된)

大

restriction
[ristríkʃən]

㊐ 제한, 한정

▶ restrict(제한[한정]하다) + ion(명사 어미) = restriction(제한, 한정)

大

restrictive
[ristríktiv]

㊊ 제한하는, 한정하는

▶ restrict(한정[제한]하다) + ive(형용사 어미, …하는) = restrictive(제한하는, 한정하는)

中

result
[rizʌ́lt]

㊐ 결과 ㊍ (결과로서)일어나다.

이씨가 잘 틀어
㊙ **코스를 리(李)잘 트러 좋은 결과가 일어나다.**
(course) (result)

▶ in the result I couldn't meet her. 결국 나는 그녀를 만나지 못했다.

大

resultant
[rizʌ́ltənt]

㊊ 결과로서 생기는

▶ result(결과) + ant(형용사 어미) = resultant(결과로서 생기는)

大

resultful
[rizʌ́ltfəl]

㊊ 결과 있는, 효과 있는

▶ result(결과) + ful(…있는, 형용사 어미) = resultful(결과 있는, 효과 있는)

高	**resume** [rizú:m / -zjú:m]	[동] 다시 시작하다, 다시 차지하다, 회복하다, 계속하다 [암] **빅 딜을 리쥬음**(이즈음)**다시 시작하다**. (big deal) (resume) ▶ resume one's liberty. 자유를 되찾다. 
大	**resumption** [rizʌ́mpʃən]	[명] 되찾음, 재개시, 회복 ▶ resum(e) → p(다시 시작[회복]하다) = tion(명사 어미) = resumption(되찾음, 재개시, 회복)
大	**retail** [rí:teil]	[명][형] 소매(의) [동] 소매를 하다(되다) ▶ (다시 = re) + (tail = 태(泰)일:꼬리) = 소매를 하다 **다시 리(李) 태(泰)일** 없어 **꼬리** 단계인 = **소매를 하다** 큰일이 없어
高	**retain** [ritéin]	[동] 보유하다, 유지하다, 기억하다, 고용하다. (猶太人)이 리(마을)의 태인(큰사람) [암] 유태인이 **리(里) 태인(太人)**을 **고용하다. 유지하다**. (retain) 
高	**retire** [ritáiər]	[동] 퇴직하다, 은퇴하다, 물러나다. ▶ (다시 = re) + (tire = 타이어:피곤해지다) = 물러나다, 은퇴하다 **다시 리(李) 타이어**끼우다 **피곤해지니** = **물러나다, 은퇴하다** ▶ retire from one's job. 퇴직하다.
大	**retired** [ritáiərd]	[형] 은퇴한, 퇴직한, 퇴역의 ▶ retir(e)(은퇴[퇴직]하다) + ed(형용사를 만듦) = retired(은퇴한, 퇴직한, 퇴역한)
大	**retirement** [ritáiərmənt]	[명] 은퇴, 퇴직 ▶ retire(은퇴[퇴직]하다) + ment(명사 어미) = retirement(은퇴, 퇴직)
大	**retiring** [ritáiəriŋ]	[형] 은퇴하는, 퇴직의 ▶ retir(e)(은퇴[퇴직]하다) + ing(현재분사 어미) = retiring(은퇴하는, 퇴직의)
高	**retreat** [ri:trí:t]	[명] 퇴각, 은신처 [동] 물러나다, 퇴각하다. ▶ (뒤로 = re) + (treat = 트리트:다루다) = 퇴각하다 **뒤로**가 **리(李) 다르던 트리 트**러져 일못하니 **퇴각하다** 뒤로가 리씨가 다루던 틀이 틀어져 
大	**retreatant** [ritrí:tənt]	[명] (일시적으로 수도원 등에 들어가)피정을 하는 사람 ▶ retreat(은신처로 물러나다) + ant(…하는 사람) = retreatant([일시적으로 수도원 등에 들어가] 피정을 하는 사람)

中 **return** [ritə́ːrn]

동 되돌아가다. 명 귀한, 반환

▶ (다시 = re) + (turn = 턴:돌다, 돌리다) = 되돌아가다

암 **다시 리(李) 턴하여 코스를 돌리어 = 되돌아가다**

▶ She will return soon. 그녀는 곧 돌아올 것이다.

高 **reveal** [rivíːl]

동 (비밀 따위를)누설하다, 나타내다, 알리다, 폭로하다.

리씨가 빌렸음을

암 **달러를 아이 앰 에프에서 리(李) 빌렸음을 누설하다.**

(I.M.F) (reveal)

大 **revel** [révəl]

명 술잔치 동 마시고 흥청거리다.

(네명인=)네 불량배가

암 **술잔치에서 레블량배가 술을 마시고 흥청거리다.**

(revel)

R

大 **revelation** [rèvəléiʃən]

명 폭로, 누설

▶ reve(a)l → revel(폭로[누설]하다) = ation(명사 어미) = revelation(폭로 누설)

高 **revenge** [rivéndʒ]

동 ~에게 원수를 갚다, ~에게 복수하다.

아내가 남편 리씨애 밴 지양에게

암 **와이프가 리(李) 밴 지(池)양에게 복수하다.**

(wife) (revenge)

高 **revenue** [révənjùː]

명 (국가의)세입, 수익, 수입

▶ (다시 = re) + (venue = 비뉴:들어온 돈) = revenue(세입, 수입)

암 **다시 리(李) 비뉴팔아 들어온돈이 = revenue(세입, 수입)**

大 **reverence** [révərəns]

명 존경, 경의, 숭배 동 존경(숭배)하다.

오! 너처럼 내버린 스님을

암 **오! 너처럼 명예와 달러를 래버런 스님을 존경 하다.**

(honor) (dollar) (reverence)

高 **reverse** [rivə́ːrs]

동 거꾸로 하다, 역전시키다

형 역의 명 역, 이면 반대

▶ (반대 = re) + (verse = 버스:돌리다) = 거꾸로 하다

암 **반대로 리(李) 버스려고 몸을 돌리어 = 거꾸로 하다**

반대로 리(李) 벗으려고

大 **reverser** [rivə́ːrsər]

명 역으로 하는 사람[것], 반전기

▶ revers(e)(역으로[거꾸로]하다) + er(…하는 사람[것]) = reverser(역으로 하는 사람[것], 반전기)

大 **reversion** [rivə́ːrʒən / -ʃən]

명 역전, 전환, 복귀

▶ revers(e)(역으로 [거꾸로]하다) + ion(명사 어미) = reversion(역전, 전환, 복귀)

高	**review** [rivjúː]	동 [미] 복습하다, 평론하다, 재조사하다. 명 복습, 재조사, 평론 ▶ (다시 = re) + (view = 뷰:보다) = 복습하다, 재조사하다 **다시 리(李) 인터뷰할것을 보아서 = 복습하다, 재조사하다** ▶ review today's lessons. 오늘 배운것을 복습하다.
大	**revile** [riváil]	동 욕하다,욕설하다 ▶ (다시 = re) + (vile = 봐일:비열한) = 욕하다, 욕설하다 **다시 리(李) 봐 일않는 비열한 자라 = 욕하다, 욕설하다**
大	**revise** [riváiz]	동 교정하다, 수정하다, 개정하다. ▶ (다시 = re) + (vise = 봐이즈:보다) = 교정하다, 수정하다 **다시 리(李) 봐 이즈음 원고를 보며 = 교정(수정)하다**
大	**revision** [rivíʒən]	명 개정, 교정, 수정 ▶ revis(e)(개정[교정, 수정]하다) + ion(명사 어미) = revision(개정, 교정, 수정)
大	**revival** [riváivəl]	명 재생, 소생, 부활 ▶ reviv(e)(소생하게 하다, 부활하다) + al(명사 어미) = revival(재생, 부활, 소생)
高	**revive** [riváiv]	동 소생하(게 하)다, 부활하다. ▶ (다시 = re) + (vive = 봐 이브:살다) = 소생하(게 하)다. 암 **다시 리(李) 봐 이브(부)자리에서 살아나 = 소생하(게 하)다** 
高	**revolt** [rivóult]	동모반(반역)하다, 배반하다. 명 반역, 반란, 배반 암 **보이**가 **리(李)볼 트**러서 **배반(반역)하다.** (보이 = boy; 리씨 볼을 틀어 = revolt) ▶ People revolted against the government. 국민은 정부에 반기를 들었다. 
大	**revolted** [rivóult]	형 반란을 일으킨 ▶ revolt(반란을 일으키다) + ed(형용사를 만듦) = revolted(반란을 일으킨)
高	**revolution** [rèvəlúːʃən]	명 혁명, 변혁, 회전 암 **레벌루 션**애가 일으킨 **변혁(혁명).** (네 발로 선 애가 = revolution) ▶ the English Revolution 영국 혁명, 명예 혁명 
大	**revolutionary** [rèvəlúːʃənèri / -nəri]	형 혁명의, 혁명적인 ▶ revolution (혁명) + ary(…의[적인]) = revolutionary(혁명의, 혁명적인)

大	**revolve** [rivάlv / -vɔ́lv]	ⓢ 회전하다(시키다), 궁리하다, 곰곰이 생각하다. ▶ (다시 = re) + (volve = 발브:굴러가다) = 회전하다 암 발판을 **다시 리(李) 밟브**니 바퀴가 **굴러가** = **회전하다** 
大	**revolver** [rivάlvər / -vɔ́lv-]	명 (회전식의)연발 권총, 리발버 권총 ▶ revolv(e)(회전하다) + er(…하는 것) = revolver([회전식의] 연발 권총, 리발버 권총)
大	**revolving** [rivάlviŋ / -vɔ́lv-]	형 회전[윤전]식의 ▶ revolv(e)(회전하다) + ing(현재분사 어미) = revolving(회전[윤전]식의)
高	**reward** [riwɔ́ːrd]	명 보수, 포상, 보답 ⓢ 보답하다, 상을 주다. 암 집에 **슬레이트**(slate)를 **리워**(이워) **드**(들이며)리며 **보답하다**. (reward) ▶ I don't expect anything in reward. 저는 아무런 보상도 바라지 않습니다.
高	**rewrite** [riːráit]	타 다시(고쳐) 쓰다 ▶ (다시 = re) + (write = 쓰다) = rewrite(다시 쓰다, 고쳐 쓰다)
大	**rheumatism** [rúːmətìzəm]	명 류머티즘(병명)
大	**Rhine** [rain]	명 (the~) 라인강(독일에 있는 강 이름)
大	**rhinoceros** [rainάsərəs / -nɔ́s-]	명 ((동물)) 코뿔소, 무소 암 **코뿔소**가 **라인(裸人) 나서러스**니 **스톱**해 **서다**. (라인(벗은 사람)이 낯설었스니 = rhinoceros) (stop) 
大	**rhyme, rime** [raim]	명 운, 운문, 시 ⓢ 시를 짓다, 운을 달다. 암 소월이 **라(羅)임**(라(라씨)님)을 그리며 **운문 시를 짓다**. (rhyme, rime)
大	**rhymed** [raimd]	형 운을 단, 운을 맞춘 ▶ rhym(e)(운을 달다) + ed(…한, 형용사를 만듦) = rhymed(운을 단, 운을 맞춘)

高 **rhythm** [ríðəm]

명 리듬, 율동, 운율

▶ dance to the rhythm of drums. 드럼의 리듬에 맞춰 춤추다.

高 **rib** [rib]

명 늑골, 갈빗대, 갈비

암 스(數) 파스붙인 앙상한 리(李)브인의 갈빗대(늑골)
(수(수개의)파스 (sparse) / 리(리씨) 부인의 (rib))

高 **ribbon** [ríbən]

명 리본, 띠 동 리본을 달다.

▶ a blue ribbon. 파란 리본, 최고의 상.

中 **rice** [rais]

명 쌀, 밥, 벼

암 카레 라이스(쌀 밥)
(카레를 친 (curry) (rice))

▶ curry and rice 카레라이스

中 **rich** [ritʃ]

형 부자의, 부유한, 풍부한, (the rich)부자들

암 풍부한 리취(利取)한 부자들.
(리취(이익 취한) (rich))

▶ He is a rich man. 그는 부자이다.

高 **riches** [rítʃiz]

명 부, 재산, 재물

▶ rich(부유한, 풍부한) + es(명사의 복수 어미) = riches(부, 재산, 재물)

▶ great [untold, vast] riches 막대한 부[재물]

高 **richly** [rítʃli]

형 풍부하게, 부유하게

▶ rich(풍부한, 부유한) + ly(부사 어미) = richly(풍부하게, 부유하게)

大 **richness** [rítʃnis]

명 풍부, 부유

▶ rich(풍부한, 부유한) + ness(명사 어미) = richness(풍부, 부유)

高 **rid** [rid]

타 치우다, 제거하다, 쫓아버리다.

암 이등박문이 리(李)드를 제거하여 쫓아버리다.
(왕족인 리씨들을 (rid))

高 **ridden** [rídn]

ride(타고, 타고가다)의 과거분사

高 **riddle**
[rídl]

명 수수께기, 난문(難問), 알아맞히기 동 수수께끼를 내다(풀다).

암 **센스**있는 **리(李)들**이 **난문(難問)**제 **수수께끼를 풀다**.
(sense) (riddle) — 리(李)씨들이 어려운 문제

中 **ride**
[raid]

동 타다, 타고 가다. 명 타기

암 **야크**를 **라(羅) 이(李) 드**리 **타다**.
(yak) (ride) — 리씨와 이(李)씨 들이

高 **rider**
[ráidər]

명 타는 사람, ((美)) 카우보이, 추서(追書)

▶ rid(e)(타다) + er(…하는 사람) = rider(타는사람, ((미))카우보이, 추서(追書))

▶ by way of rider 추가로서 첨부하여

高 **ridge**
[ridʒ]

명 봉우리, 산마루, 용마루를 올리다.

암 **빌딩**에 **리지**적으로 **산마루**같은 **용마루를 올리다**.
(building) (ridge)

▶ ridge tile 용마루 기와

大 **ridicule**
[rídikjùːl]

명 비웃음, 조소 동 비웃다, 조롱하다.

암 **리(李) 뒤 큘** 보고 **조소**지어 **비웃다**.
(ridicule) — 리가 뒤에 귤

高 **ridiculous**
[ridíkjuləs]

형 웃기는, 어리석은, 우스운

▶ ridicul(e)(비웃다, 조소하다) + ous(형용사 어미) = ridiculous(웃기는 어리석은, 우스운)

大 **riding**
[ráidiŋ]

명 승마, 승차 형 승마용의

▶ rid(e)(타다) + ing(현재분사 어미) = riding(승마, 승차, 승마용의)

高 **rifle**[1]
[ráifəl]

명 소총, 라이플 총 타 소총으로 쏘다.

암 캥거루를 **라이플 소총으로 쏘다**.
(rifle)

大 **rifle**[2]
[ráifəl]

타 (훔치려고)샅샅이 뒤지다, …에게서 강탈하다.

암 **라이플 소총**을 **(훔치려고)샅샅이 뒤지다(강탈하다)**.
(rifle)

大 **rig**
[rig]

명 범장(帆裝), 장비 동 장비를 갖추다, 출항 준비를 하다.

암 **바지선**에 **리(李) 그**가 **범장 장비를 갖추고 출항 준비를 하다**.
(barge) (rig) — 거룻배에 리씨 그가

中 **right** [rait]

[형] 바른 [명] 권리, 오른쪽, 정의
[부] 바르게 [동] 바로잡다.

[암] **복서**가 **라이트**훅 **오른쪽**을 **바르게 바로잡다**.
(boxer) (right)

▶ Mary raised her right hand. 메리는 오른손을 들었다.

高 **right angle** [rait ǽŋgl]

[명] 직각
▶ right(바른) + angle(각도) = right angle(직각)
▶ at right angle with …와 직각으로, 수직으로

大 **righteous** [ráitʃəs]

[형] 올바른, 정당한, 정의의
▶ right(바른, 정의) + eous(형용사를 만듦) = righteous(올바른, 정당한, 정의의)

大 **rightful** [ráitfəl]

[형] 올바른, 정의에 근거를 둔
▶ right(바른, 정의) + ful(형용사 어미) = rightful(올바른, 정의에 근거를 둔)

大 **right-hand** [ráithǽnd]

[형] 오른손의, 우측의
▶ right(오른쪽) + hand(손) = right-hand(오른손의, 우측의)

大 **rightly** [ráitli]

[부] 올바르게, 정당하게
▶ right(바른, 정의) + ly(부사를 만듦) = rightly(올바르게, 정당하게)

大 **rigid** [rídʒid]

[형] 굳은, 단단한, 완고한, 엄격한

이성과 지혜
[암] **코치**가 **엄격한 리지(理智)** 드러내 **코치하다**.
(coach) (rigid) (coach)

大 **rigo(u)r** [rígər]

[명] 엄함, 엄격, 혹독함
리씨를 걸어 수 없이
[암] **엄(혹독)함**을 보이며 **리(李) 거**러 **슈**없이 **고소하다**.
(rigo(u)r) (sue)

大 **rigorist** [rigərist]

[명] 엄격한 사람, 엄한사람)
▶ rigor(엄함, 엄격) + ist(…한 사람) = rigorist(엄격한 사람, 엄한 사람)

大 **rigorous** [rígərəs]

[형] 엄한, 엄격한
▶ rigor(엄함, 엄격) + ous(형용사 어미) = rigorous(엄한, 엄격한)

R

大	**rill** [ril]	⑱ 작은 내, 실개천 암 졸졸 **그렇게 소릴**(so)(rill)내여 흐르는 **작은 내 실개천**
高	**rim** [rim]	⑱ 가장자리, 테두리, 테 암 **림(林)**(rim)야의 **가장자리 테두리(테)**
大	**rind** [raind]	⑱ 껍질, 외피(外皮) ⑮ 껍질을 벗기다. 암 **바나나**(banana) **외피(外皮)**를 **라인드**(rind)(궁녀=)라인들이)리 잡고 **껍질을 벗기다.**
中	**ring¹** [riŋ]	⑱ 권투장, 고리, 반지 ⑤ 둘러싸다. 암 **권투장 링**(ring)을 **고리**모양 **둘러싸다.**
中	**ring²** [riŋ]	⑤ (종, 벨 따위가)울다, 울리다. ⑱ 벨 소리 암 **고리**같은 **링**(ring)을 치니 **벨 소리**가 **울리다.**
大	**rinse** [rins]	⑮ 헹구다, 씻어내다. ⑱ 헹구기, 헹구는[유성세제]린스 암 **암적갈색 머리**(murrey)를 **린스**(rinse)로 **헹구기**해 **씻어내다(헹구다).**
高	**riot** [ráiət]	⑱ 폭등 ⑤ 폭동에 가담하다. 폭동을 일으키다. 암 **라이플 소총**(rifle)을 **라(羅)이어 트**(riot)(라씨 이어 틀어가며)러가며 **폭동을 일으키다.** ▶ put down a riot. 폭동을 진압하다.
大	**rip** [rip]	⑤ 찢다, 째다, 쪼개다. ⑱ 터짐, 찢음, 찢어진 곳 암 **팬더**(panda)가 **뱀부**(bamboo)(뱀 붙은)튼 **대나무 립**(rip)(잎)을 **째다(찢다).**
高	**ripe** [raip]	⑱ (과실 따위가)익은, 여문, 성숙한, 원숙한, 노련한 암 **라이프**(life) 주택에서 **생활**하는 **라이프**(ripe)씨의 **노련(원숙)한** 매너 ▶ Those bananas aren't ripe yet. 이 바나나들은 아직 익지 않았다.
大	**ripen** [ráipən]	⑤ 익다, 원숙하게 하다. ▶ rip(e)(익은, 원숙한) + en(…되다, 동사어미) = ripen(익다, 원숙하게 하다)

R

大 **ripple**
[rípəl]

[명] 잔물결, (미) 작은 여울, 파문 [동] 잔물결(파문)이 일다.

잃을
[암] **잔물결**위에 **리플 세일** 수 없이 **띄우다**.
(ripple) (sail)

中 **rise**
[raiz]

[동] 오르다, 일어서다, 뜨다. [명] 오름

[암] 돌쇠는 오뚝이 **라 이즈**음도 **일어서다**.
(rise)

▶ rise up into the air. 곧장 하늘로 올라가다.

大 **risen**
[rízən]

rise(뜨다, 오르다, 일어서다)의 과거분사 [형] 오른, 일어난, 부활한

▶ ris(e)(오르다 일어나다) + en(…된[한]) = risen(오른, 일어난, 부활한)

大 **rising**
[ráiziŋ]

[형] (태양 따위가)떠오르는, 올라가는

▶ ris(e)(오르다, 일어서다) + ing(현재분사 어미) = rising(떠오르는, 올라가는)

高 **risk**
[risk]

[명] 위험, 모험 [동] 위험을 무릅쓰다.

(허리둘레=)허리 수(數)크면
[암] **그녀의 허리 스 크**면 **위험**해
(her) (risk)

▶ run [take] a risk. 위험을 무릅쓰고 해보다.

大 **riskful**
[rískfəl]

[형] 위험한, 위험이 많은

▶ risk(위험) + ful(…많은[한]) = riskful(위험한, 위험이 많은)

大 **rite**
[rait]

[명] 의식, 관습

(오른쪽)right을 연관시켜 기억할 것
[암] 복서가 **의식**적으로 **라이트 훅**을 **잽**싸게 **찌르다**.
(rite) (hook) (jab)

大 **ritual**
[rítʃuəl]

[형] 의식의, 관습의 [명] (종교적인) 의식

▶ rit(e) → u(의식, 관습) + al(형용사 어미) = ritual(의식의, 관습의)

高 **rival**
[ráivəl]

[명] 경쟁자, 라이벌, 적수 [타] 필적하다; 경쟁하다.

나이 뻘
[암] 자기 **라이벌** 되는 **경쟁자**와 **경쟁하다**.
(rival)

▶ They were rivals for the throne.
그들은 왕자를 노리고 서로 겨루었다.

大 **rivalry**
[ráivəlri]

[명] 경쟁, 대항, 맞겨룸

▶ rival(경쟁자, 경쟁하다) + ry(명사 어미) = rivalry(경쟁, 대항, 맞겨룸)

R

中	**river** [rívər]	[명] 강 [암] **나일 리버.** (나일: Nile) (강: river) ▶ There are lots of fish in this river. 이 강에는 물고기가 많다.
大	**riverside** [rívərsàid]	[명][형] 강가(의); 강변(의) ▶ river(강) + side(옆) = riverside(강가[의]. 강변[의])
大	**rivet** [rívit]	[명] 리벳, 대갈못 [동] 리벳[대갈못]을 박다. [암] 철판에 **리벳 대갈못을 박다.** (rivet)
大	**rivulet** [rívjəlit]	[명] 시내, 개울, 개천 ▶ riv(er) → rivu(강) + let(작다는 뜻) = rivulet(시내, 개울, 개천)
中	**road** [roud]	[명] 도로, 길 [암] **비단길 실크 로드** (비단: silk) (길: road) ▶ a high road 간선도로
大	**road show** [roud ʃou]	[명] 지방 흥행, 로드 쇼 ▶ road(길) + show(쇼) → 길 따라 가며 하는 순회(지방)흥행 공연 = road show(지방흥행, 로드쇼)
大	**roadside** [róudsàid]	[명] 길가, 노변 ▶ road(길) + side(옆, 측면) = roadside(길가, 노변)
大	**roadway** [róudwèi]	[명] 도로, 차도 ▶ road(길, 도로) + way(길, 도로) = roadway(도로, 차도)
高	**roam** [roum]	[동] 돌아다니다, 방랑(배회)하다. [암] **아가씨**가 **거리**를 외**로움** 달래며 **방랑(배회)하다.** (girlie) (roam) ▶ We roamed through the fields. 우리는 들판을 배회했다.
大	**roamer** [roumər]	[명] 배회자, 방랑자 ▶ roam(방랑[배회]하다) + er(…하는 자) = roamer(배회자, 방랑자)

高 **roar**
[rɔːr]

[동] 으르렁거리다, 고함치다. [명] 으르렁거리는 소리

[암] **고릴라**가 **로(怒)**하여 **으르렁거리다**.
노(怒)
(gorilla) (roar)

大 **roaring**
[rɔ́ːriŋ]

[형] 포효[노호]하는

▶ roar(으르렁거리다) + ing(현재분사 어미) = roaring(포효[노호]하는)

高 **roast**
[roust]

[동] 불에 쬐어 굽다, 불에 굽다. [명] 불고기, 굽기

[암] **마튼 양고기**를 **로스트(불고기)**구이 하려고 **불에 굽다**.
맡은
(mutton) (roast)

高 **rob**
[rɑb / rɔb]

[동] (남에게서)~을 빼앗다, 겁탈하다, 강도질하다.

[암] **마담**을 **로브(老夫)**가 **겁탈하다**.
로부(늙은 남자)
(madam) (rob)

高 **robber**
[rɑ́bər]

[명] 강도, 도둑

▶ rob + b(겁탈하다, 빼앗다) + er(…사람) = robber(겁탈하는 사람 → 강도, 도둑)

▶ The bank robber had a gun. 은행 강도는 총을 갖고 있었어.

大 **robbery**
[rɑ́bəri / rɔ́b-]

[명] 강도, 약탈, 도둑질

▶ rob + b(강도질하다, 빼앗다) + ery(…하는 행위, 명사를 만듦) = robbery(강도, 약탈, 도둑질)

高 **robe**
[roub]

[명] 길고 품이 큰 겉옷 예복 [동] …을 입다.

[암] **좋은 굿**판에서 **로우브(老愚夫)**가 **길고 품이 큰 겉옷 예복을 입다**.
로우부(늙고 어리석은 지아비)
(good) (robe)

高 **robin**
[rɑ́bin / rɔ́b-]

[명] ((조류)) 울새

[암] **로빈**후드가 좋아하는 **울새**
(robin)

高 **robot**
[róubət]

[명] 인조인간, 로봇

[암] **인조인간 로봇**.
(robot)

▶ industrial robots 산업용 로봇

中 **rock**
[rɑk / rɔk]

[명] 바위 [동] 흔들다.

[암] **삼손**이 이끼낀 **록**색 **바위**를 **흔들다**.
(Samson) (rock)

高 **rocket** [rákit]

명 로켓; 봉화 동 돌진하다, 로켓으로 공격하다, 로켓을 발사하다.

▶ a long-range rocket 장거리 로켓

高 **rocky** [ráki / rɔ́ki]

형 바위가 많은, 바위 같은

▶ (바위) = rock) + (y = …많은[같은]) = rocky(바위가 많은, 바위 같은)

大 **Rocky Mountains** [ráki máuntən]

명 록키 산맥(미국 서부에 있는 바위가 많은 대산맥)

高 **rod** [rɑd / rɔd]

명 장대; 작은 가지; 회초리, 지팡이

암 **장대**같은 **로(櫓)드**러(로(櫓) 들어 = rod) **로(櫓)를 젓다**(노(櫓) = row).

▶ a fishing rod 낚시대

高 **rode** [roud]

ride(타다)의 과거

▶ He rode over to see her yesterday.
그는 어제 말을 타고 그녀를 만나러 갔다.

高 **rogue** [roug]

명 불량배; 사기꾼, 악당

암 **로그(老軀)**(로구(늙은 몸) = rogue)를 괴롭히는 **불량배 악당**.

高 **role** [roul]

명 (배우의)역할, 배역, 임무

암 **로울**((저녁)노을 = role) 질 때까지 **배역**, **임무**를 맡은 **스타**(배우 = star)

▶ a leading role 지도적 역할

中 **roll** [roul]

동 굴리다, 감다. 명 출석부, 두루마리

암 당 고르는 기계 **로울러**(roller)를 타고 **로울**러를 **굴리다**(roll).

▶ The planets roll around the sun.
행성은 태양 주위를 공전한다.

高 **roller** [róulər]

명 로울러, 땅 고르는 기계

▶ roll(굴리다, 회전하다) + er(…하는 것[기계]) = roller(롤러, 땅 고르는 기계)

高 **rolling** [róuliŋ]

형 구르는, 회전하는, 기복이 있는

▶ roll(굴리다, 회전하다) + ing(현재분사 어미) = rolling(구르는, 회전하는, 기복이 있는)

▶ a rolling country 기복이 진 땅

中 **Roman** [róumən]

[명][형] 로마사람(의), 로마의

▶ Rom(e)(로마) + an(…의, …사람) = Roman(로마사람[의], 로마의)

▶ the Roman alphabet 로마자, 라틴 문자

高 **romance** [roumǽns]

[명] 로맨스, 연애 사건 [동] 꾸며낸 이야기를 하다.

[암] 젊은 날의 **로맨스(연애 사건)**….
(romance)

▶ a wartime romance 전쟁터에서의 사랑

高 **romantic** [roumǽntik]

[형] 로맨틱한, 공상적인, 낭만적인 [명] 낭만주의자

▶ roman(ce) → (t)(로맨스, 연애 사건) + ic(…형용사를 만듦) = romantic(로맨틱한, 낭만적인)

[암] **공상적**이고 **로맨틱한 낭만주의자**.
(romantic)

中 **Rome** [roum]

로마, (이탈리아의 수도) 고대 로마

▶ All roads lead to Rome. ((속담)) 모든 길은 로마로 통한다
: 목적달성의 방법은 여러 가지가 있다.

R

中 **roof** [ru:f]

[명] 지붕 [동] 지붕을 이다(덮다).

[암] **루핑**으로 **루프 지붕을 이다**.
(roofing) (roof)

高 **roofless** [rú:flis / rúf-]

[형] 지붕이 없는, 집 없는(떠돌이 등)

▶ roof(지붕) + less(…이 없는) = roofless(지붕이 없는, 집없는[떠돌이 등])

中 **room** [ru:m / rum]

[명] 방, 장소 [동] 유숙(숙박)하다.

[암] **룸**살롱 **방**에 **숙박하다**.
(room)

大 **rooster** [rú:stər]

[명] 수탉

루(여러루) 수(나무수) 터(=땅) → 어러 나무 가지에

[암] 뒤뜰 **루(屢)스(樹)터**에 오른 **수탉**
(rooster)

高 **root** [ru:t]

[명] 뿌리, 토대 [동] 뿌리를 박다, 정착하다.

[암] **토대**에 **루트**(뿌리)를 **박다**.
(root)

▶ I dug up the root of the tree. 나는 나무의 뿌리를 파냈다.

大 **rooted** [rú:tid / rút-]

[형] 뿌리를 박은, 뿌리가 있는

▶ root(뿌리) + ed(형용사를 만듦) = rooted(뿌리를 박은, 뿌리가 있는)

中 **rope** [roup]

명 밧줄, 로프 동 밧줄을매다.

▶ His feet were tied with a piece of rope.
그의 발은 밧줄로 묶여 있었다.

中 **rose** [rouz]

rise(오르다, 일어나다, 떠오르다)의 과거

▶ The people rose against the oppression.
사람들은 압제에 반항하여 일어났다.

中 **rose** [rouz]

명 장미, 장밋빛

암 **로즈**인(老主人)보자 **장밋빛**이 된 **바 걸**.
(로즈인: 노주인(늙은 주인), 장밋빛: 얼굴을 붉힌, 로즈: (rose), 바 걸: (bar girl))

▶ There is no rose without a thorn.
가시 없는 장마는 없다.

大 **rosebud** [róuzbʌ̀d]

명 장미 봉오리, 묘령의 예쁜 소녀

▶ rose(장미) + bud(봉오리) = rosebud(장미 봉오리, 묘령의 예쁜 소녀

高 **rosy** [róuzi]

형 장밋빛의, 홍안의, 장미로 만든

▶ ros(e)(장미) + y(형용사 어미, …(빛)의) = rosy(장미빛의, 홍안의, 장미로 만든)

▶ a rosy bower 장미로 꾸민 정자[암자]

大 **rot** [rat / rɔt]

동 썩이다, 썩다. 명 부패 [속어]허튼 소리

암 **유스(流水)**같은 **청춘**을 **롯**데에서 **썩이다**.
(유스(流水)같은: 유수(흐르는 물)같은, 유스: (youth), 롯: (rot))

大 **rotary** [róutəri]

형 회전[선회]하는, 도는 명 로터리 교차로

암 **회전하는 교차로 로터리**
(rotary)

大 **rotate** [róuteit]

동 회전하다[시키다], 교대시키다.

▶ rot(ary)(회전하는, 도는) + ate(…하다) = rotate(회전하다[시키다], 교대시키다)

大 **rotation** [routéiʃən]

명 회전, 교대

▶ rotat(e)(회전하다, 교대시키다) + ion(명사 어미) = rotation(회전 교대)

大 **ROTC** [rizə́ːrv ɔ́ːfisərs tréiniŋ kɔər]

Reserve Officers' Training Corps(예비역 장교 훈련단, 학생군사 훈련단)

高 **rotten**
[rátn / rɔ́tn]

[형] 썩은, 더러운, 불쾌한
▶ rot(t)(썩다, 부패하다) + en(…으로 된, …한) = rotten(썩은, 불쾌한)

大 **rouge**
[ruːʒ]

[명] 연지 [동] 연지를 바르다.
[암] **립(입)술**에 **루즈(연지)를 바르다.**
(lip) (rouge)

高 **rough**
[rʌf]

[형] 거친, 난폭한 [동] 난폭하게 굴다.
거칠어 풀어놓고
[암] **갱**패가 **난폭하**고 **거칠러 프**러놓고 **난폭하게 굴다.**
(gang) (rough)

高 **roughly**
[rʌ́fli]

[부] 거칠게, 난폭하게, 대충
▶ rough(거친, 난폭한) + ly(부사 어미) = roughly(거칠게, 난폭하게, 대충)
▶ roughly speaking 대충[대략]말하면

中 **round**
[raund]

[형] 동근, 사방에 [전] 둘러싸여 [부] 돌아서
라씨가 운도
[암] **라(羅)운드** 좋게 **사방에 둘러싸여**
(round)
▶ The table is round. 그 탁자는 둥글다.

大 **roundabout**
[ráundəbàut]

[형] 우회하는, 빙도는
▶ round(둥근, 둥글게 하다) + about(…에 대하여, …의 주위에)
= roundabout(우회하는, 빙도는)

高 **rouse**
[rauz]

[동] 깨우다, 깨다, 자극하다.
곧으신 신이라 우주(宇宙)
[암] **하나님**은 **고드**신 **신**이**라 우즈(宇宙)**까지 **깨우다(자극하다).**
(god) (rouse)

大 **rout**
[raut]

[명] 참패, 대패, 패주 [타] 참패[패주]시키다.
라 우(벗)을 틀어
[암] **챔피언**이**라 우(友)트**러 **대패(참패)시키다.**
(champion) (rout)

高 **route**
[ruːt]

[명] 길, 노선 [동] 보내다, 발송하다.
[암] **싱**싱한 **물건**을 **루트 길**따라 **보내다.**
(thing) (route)
▶ a air route 항공로

高 **routine**
[ruːtíːn]

[명] 일상의 정해진 일, 일과 [형] 틀에 박힌, 일상의
▶ rout(e)(길,노선) + ine(명사및 형용사 어미) → 늘 같은 노선(길)을 가는 것이 일과다 = routine(일상의 정해진 일, 일과, 틀에 박힌, 일상의)

R

大 **rove**
[rouv]

[동] 표류하다, 배회하다. [명] 배회, 표류

성과 진(陣)터 / 노부(늙은 지아비)
[암] **성채(城砦)**있는 **거리**를 **로브(老夫)**가 **배회하다.**
(gurry) (rove)

大 **rover**
[róuvər]

[명] 배회자, 유랑자

▶ rov(e)(배회[표류]하다) + er(…하는 사람) = rover(배회자, 유랑자)

高 **row**[1]
[rou]

[명] 열, 줄, 횡렬

로우(늙은 벗)들이 / 라우(벗은 친구)와
[암] **로우**가 **줄**을 서 **배를 젓다**가 **라우(裸友)**와 **싸우다.**
(row) (row)

▶ a row of houses 한 줄로 늘어선 집들

高 **row**[2]
[rou]

[타] (노로 배를) 젓다, (배로)저어 나르다.

로우(늙은 벗)들이 / 라우(벗은 친구)와
[암] **로우**가 **줄**을 서 **배를 젓다**가 **라우(裸友)**와 **싸우다.**
(row) (row)

高 **row**[3]
[rau]

[명] 법석, 소동 [동] 떠들다, 싸움[언쟁]하다, 싸우다.

로우(늙은 벗)들이 / 라우(벗은 친구)와
[암] **로우**가 **줄**을 서 **배를 젓다**가 **라우(裸友)**와 **싸우다.**
(row) (row)

高 **royal**
[rɔ́iəl]

[형] 왕(국왕의), 당당한, 고귀한, 왕실의, 위엄있는

놓이얼(=놓일 만한)
[암] **당당한 국왕의** 자리에 **로이얼 위엄있는** **나폴레옹.**
(royal) (Napoleon)

▶ a royal house 왕가

大 **royal road**
[rɔ́iəl roud]

[명] 왕도, 지름길

▶ royal(왕의) + road(길, 도(道)) = royal road(왕도, 지름길)

大 **royalty**
[rɔ́iəlti]

[명] 왕위, 왕권, 왕의 특권, 특허권[저작권]

▶ royal(왕의) + ty(명사 어미) = royalty(왕위, 왕권, 왕의 특권, 특허권[저작권])

高 **rub**
[rʌb]

[동] 문지르다, 비비다, 마찰하다.

(love)러브를 연관해서 기억할 것
[암] 서로 **러브**해 얼굴을 **비비다. 마찰하다.**
(rub)

高 **rubber**
[rʌ́bər]

[명] 지우개, 고무, 고무 제품

▶ rub + b(문지르다, 비비다) + er(…하는 것) = rubber(지우개, 고무, 고무 제품)

大 **rubbish** [rʌ́biʃ]

명 쓰레기, 폐물, 잡동사니

암 **잡동사니 쓰레기 너비 쉬**(넓이 쉬)(rubbish) 줄이려 **철야**로 **비질**(vigil)하네.

大 **ruby** [rú:bi]

명 루비, 홍옥(紅玉)

大 **rucksack** [rʌ́ksæ̀k]

명 배낭, 룩색

암 **룩색(배낭)**(rucksack)메고 **피크닉(소풍)**(picnic)**가다**.

大 **rudder** [rʌ́dər]

명 (배의)키,방향타, 지도자

암 **보트**(boat)주며 **러더러**(너더러)(rudder) **(배의)키**를 잡게 한 **지도자**

大 **ruddy** [rʌ́di]

형 혈색이 좋은, 붉은 부 몹시 자 붉어지다.

암 **마담**(madam)을 **황소**같은 **경관**이 **불러 뒤**(bull)(ruddy)를 만지니 **붉은** 얼굴이 더 **붉어지다**.

高 **rude** [ru:d]

형 버릇없는, 무례한

암 **격렬한 소리**로 **자루드**(자루 들고)(jar)(rude)고 **무례한** 짓하는 **버릇없는** 놈

▶ a rude servant 예의를 모르는 하인

大 **rudely** [rú:dli]

부 버릇없이, 무례하게

▶ rude(버릇없는) + ly(부사 어미) = rudely(버릇없이, 무례하게)

大 **rue** [ru:]

명 후회, 비탄 동 슬퍼[후회]하다.

암 **에이즈**(AIDS)로 **후회**와 **비탄**의 **루(淚)**(루(눈물 루)를)(rue)를 흘리며 **슬퍼하다**.

大 **rueful** [rú:fəl]

형 후회하는, 슬픈 듯한

▶ rue(슬퍼[후회]하다) + ful(…하는) = rueful(후회하는, 슬픈 듯한)

大 **ruffian** [rʌ́fiən]

명 악한, 불량배 형 잔인한 무법의

암 골초가 **잔인한 불량배**를 **불러 피언**(불러서 피운)(ruffian) **마리화나**(마약 담배)(marihuana)

大

ruffle

[rʌ́fəl]

㉧ (깃발 따위가) 펄럭이다, 헝클어(뜨리다)지다.

너풀너풀

㉰ **(깃발이)러플**러플 **펄럭이다**.

(ruffle)

高

rug

[rʌg]

㉨ 깔개, 무릎덮개, 양탄자 [[미속어]] 남성용 가발

㉰ **마담**이 **수컷**을 **불러 그**에게 사 준 **양탄자**와 **남성용 가발**

(madam) (bull) (rug)

大

Rugby

[rʌ́gbi]

㉨ 럭비

高

rugged

[rʌ́gid]

㉧ 울퉁불퉁한, 거친, 모난 어려운

기 러기들이

㉰ **부두**에 **키 러기드**리 쉬는 **거칠**고 **울퉁불퉁한** 바위

(quay) (rugged)

高

ruin

[rú:in]

㉨ [복수]폐허, 유적, 파멸 ㉧ 파멸하다 (여자의)처녀성을 빼앗다.

유인(誘引)

㉰ 여자를 **루인(誘引)**하여 **(여자의) 처녀성을 빼앗다**.

(ruin)

▶ We visited the ruins of Rome. 우리는 로마의 유적을 방문했다.

中

rule

[ru:l]

㉨ 규칙, 법칙, 지배 ㉧ 정하다, 판결(지배)하다.

㉰ **복싱**을 **법칙 룰**대로 **판결하다**.

(boxing) (rule)

▶ break(observe) the rule 규칙을 깨뜨리다(지키다)

高

ruler

[rú:lər]

㉨ 통치자, 지배자

▶ rul(e)(지배, 지배하다) + er(…하는 사람) = ruler(통치자, 지배자)

▶ a colonial ruler 식민지 지배자(통치자)

高

ruling

[rú:liŋ]

㉧ 지배하는, 통치하는

▶ rul(e)(지배, 지배하다) + ing(현재분사 어미) = ruling(지배하는, 통치하는)

▶ the ruling classes 지배 계급

大

rum

[rʌm]

㉨ 럼주(酒) (사탕수수, 당밀로 만듦)

大

rumble

[rʌ́mbəl]

㉨ 덜커덕덜커덕 울리는 소리, 소문

㉧ 덜커덕 소리나다, 시끄럽게 하다

염불(念佛)

㉰ 중이 **럼불(念佛)**을 **시끄럽게 하다**.

(rumble)

高 **rumo(u)r** [rúːmər]

명 소문, 풍문, 유언 비어 동 소문을 내다.

암 **유언 비어**로 **루머를(소문을) 내다.** (rumo(u)r)

▶ Some rumors are going round about his past.
그의 과거에 관한 소문이 떠돌아다닌다.

大 **rump** [rʌmp]

명 (새, 짐승의) 궁둥이(살), 엉덩이

암 **엉덩이**에 부스**럼 프**러 **닥터**가 **치료하다.** (부스럼 풀어 의사가 / (rump) (doctor))

中 **run** [rʌn]

동 달리다, 도망치다. 명 달림

암 **홈 런**을 치고 **달리다.** (Hpme)(run)

▶ The boys suddenly started to run.
소년들이 갑자기 달리기 시작했다.

大 **runaway** [rʌ́nəwèi]

명 도망자, 탈주자 형 도주한

▶ run(달리다) + away(떨어져, 멀리) = runaway(도망자, 탈주자, 도주한)

高 **rung** [rʌŋ riŋ]

ring(울리다)의 과거분사

高 **runner** [rʌ́nər]

명 달리는 사람, 주자, 경주자

▶ run + n(달리다) + er(…하는 사람) = runner(달리는 사람, 주자, 경주자)

▶ a long-distance [distance] runner 장거리 주자

大 **running** [rʌ́niŋ]

형 달리는, 흐르는

▶ run + n(달리다) + ing(현재분사 어미) = running(달리는, 흐르는)

大 **runway** [rʌ́nwèi]

명 활주로, 통로

▶ run(달리다) + way(길) → 비행기가 달리는 길 = runway(활주로, 통로)

高 **rural** [rúərəl]

형 시골의, 전원 생활(풍)의, 지방의

암 **시골**의 친구에게 **루(累)럴** 끼친 **서울 깍쟁이.** (루(=폐)를 / (rural) (Seoulite [sóulait]))

▶ live a rural life. 전원 생활을 하다.

中 **rush** [rʌʃ]

동 돌진하다. 형 쇄도하는, 붐비는 명 돌진

암 차가 **붐비는 러쉬 아워.** (시간 / (rush) (hour))

高 **Russia** [rʌ́ʃə]

[명] 러시아, 러시아제국

高 **Russian** [rʌ́ʃən]

[형] 러시아(사람, 말)의 [명] 러시아 사람(말)

▶ Russi(a)(러시아) + an(…의, …사람) = Russian(러시아 사람[말], 러시아[사람, 말]의)

高 **rust** [rʌst]

[명] 녹 [동] 녹슬다, 녹슬게 하다

차의 도색이 물러 서투르게
[암] **카 페인트**가 물**러 스트**르게 관리해 **녹슬다**.
(car) (paint) (rust)

▶ remove rust from …의 녹을 닦다[없애다]

R

高 **rustic** [rʌ́stik]

[형] 시골의, 소박한 [명] 시골뜨기, 농부, 시골 사람

스틱(stick : 지팡이를 연관시켜 기억할 것)
[암] **시골 사람**을 불러 **스틱**을 사준 **시골의 소박한 농부**
(rustic)

高 **rustle** [rʌ́səl]

[동] (나무 잎이) 와삭[바스락]거리다.

불러 쓸적마다
[암] 청소부를 불**러 슬**적마다 **(나무 잎이)바스락 거리다**.
(rustle)

▶ The reeds rustled in the wind. 갈대가 바람에 바스락거리다.

高 **rustling** [rʌ́stliŋ]

[형] 와삭와삭[바스락바스락] 소리나는 [명] 바삭바삭 나는 소리

▶ rustl(e)(와삭[바스락]거리다) + ing(현재분사 어미) = rustling(와삭와삭[바스락바스락] 소리나는, 바삭바삭 나는 소리)

高 **rusty** [rʌ́sti]

[형] 녹슨, 부식한, 녹빛

▶ rust(녹슬다) + y(형용사를 만듦) = rusty(녹슨, 녹빛의, 부식한)

▶ a rusty knife 녹슨 칼

大 **ruth** [ru:θ]

[명] 동정, 불쌍히 여김

집이 루수(물이 샘)
[암] 달동네 **하우스**가 비가 **루스(漏水)**되 새니 **동정**해 **불쌍히여김**
(house) (ruth)

大 **ruthless** [rú:θlis]

[형] 무정한, 무자비한

▶ ruth(동정, 불쌍히 여김) + less(…이 없는) = ruthless(무정한, 무자비한)

大 **rye** [rai]

[명] 호밀 [형] 호밀로 만든

라씨 이씨가
[암] **호밀**을 **라(羅)이(李)**가 **밀**방앗간에서 **빻다**.
(rye) (mill)

S

大

Sabbath
[sǽbəθ]

명 안식일

새 버스(=bus)를 연관시켜 기억할 것

암 교회를 **안식일**에 **새 버스** 타**고 가다**.

(Sabbath) (go)

大

saber, sabre
[séivər]

명 기병용 지휘도, 세이버, 군도(軍刀), 무력

쇠(갑옷) 입어

암 무사가 **군도** 들고 **쇠 이버 무력**을 **앎**으로 **무장하다**.

(saber) (arm)

大

sable
[séibəl]

명 검은담비, 검은담비의 모피

새 이불

암 **검은담비의 모피**로 만든 **새 이블**

(sable)

大

sabre
[séibər]

명 = saber 기병용 지휘도, 세이버, 군도, 무력

高

sack
[sæk]

명 자루 부대 타 자루(부대)에 넣다.

암 **토마토**를 **색(色)부대 자루에 넣다**.

(tomato) (sack)

▶ a mail sack 우편물 자루, 우편낭

高

sacred
[séikrid]

형 신성한, 종교적인, 신에게 바치는

세명의 이씨 그리 들어가

암 교회로 **세 이(李) 크리 드**러가 **신께 바치는 힘**찬 **찬송가를 부르다**.

(sacred) (hymn)

▶ a sacred building 신전

高

sacrifice
[sǽkrəfàis]

명 희생, 제물 동 제물로 바치다.

그 새 끓어 파 있으니

암 **수프**가 그 **새 크러 파 이스**니 넣어 **제물로 바치다**.

(soup) (sacrifice)

▶ sacrifice a sheep to God.
신에게 양을 제물로 바치다.

中

sad
[sæd]

형 슬픈, 슬프게 하는

암 **슬픈 새드 무비(영화)**.

(sad) (movie)

▶ Why are you looking so sad? 왜 그렇게 슬퍼 보이니?

大

sadden
[sǽdn]

동 슬프게 하다, 슬퍼지다.

▶ sad + (d)(슬픈) + en(…하다) = sadden(슬프게 하다, 슬퍼지다)

高 **saddle** [sǽdl]	ⓜ 안장 ⓢ 안장을 얹다. 암 **새들**이 말 **안장**에서 **싱**그럽게 **지저귀다**. (saddle) (sing) ▶ saddle a horse 말에 안장을 얹다.
高 **sadly** [sǽdli]	ⓟ 슬프게, 애처롭게 ▶ sad(슬픈) + ly(부사 어미) = sadly(슬프게, 애처롭게) ▶ She stood sadly beside the grave. 그녀는 무덤옆에 슬퍼하며 서 있었다.
高 **sadness** [sǽdnis]	ⓜ 슬픔, 비애 ▶ sad(슬픈) + ness(명사 어미) = sadness(슬픔, 비애) ▶ deep [profound] sadness 깊은 슬픔
中 **safe** [seif]	ⓗ 안전한 ⓜ 금고 암 (야구에서 주자가) **안전한 세이프**하다. (safe) ▶ a safe guide 안잔한 안내인
大 **safeguard** [séifgὰːrd]	ⓜ 보호, 호위 ⓣ 보호[호위]하다. ▶ safe(안전) + guard(지키다) = safeguard(보호, 보호하다)
高 **safely** [séifli]	ⓟ 안전하게, 무사히 ▶ safe(안전한) + ly(부사를 만듦) = safely(안전하게, 무사히) ▶ The plane landed safely. 비행기는 안전하게 착륙했다.
高 **safety** [séifti]	ⓜ 안전, [야구]안타 ▶ safe(안전한) + ty(명사 어미, …함, …한 성질) = safety(안전,[야구]안타) ▶ Satety First [게시] 안전 제일
大 **sagacious** [səgéiʃəs]	ⓗ 총명한, 명민한 ▶ sagaci(ty)(총명, 명민) + ous(형용사 어미) = sagacious(총명한, 명민한)
大 **sagacity** [səgǽsəti]	ⓜ 총명, 명민 암 **솔로몬**이 **총명(명민)**함을 보이며 **서 계서티** (Solomon) 서 계셨지 (sagacity)
大 **sage** [seidʒ]	ⓜ 현인, 성인, 철인 ⓗ 슬기로운, 경험 많은 암 **멋진 봉(鳳)**은 **슬기로운 현인**같은 **새이지**. 봉황새는 (bong) (sage)

中 **said** [sed]

say(말하다)의 과거 과거분사

中 **sail** [seil]

동 항행하다, 출범하다. 명 돛, 돛단배

암 **세일** 수 없이 **돛단배**가 **항행하다**.
(sail)

▶ sail round a cape. 곶을 돌아 항해하다.

大 **sailing** [séiliŋ]

명 항해, 출항

▶ sail(항해하다) + ing(현재분사 어미) = sailing(항해, 출항)

大 **sailor** [séilər]

명 뱃사람, 성원, 수병

▶ sail(항해하다) + or(…하는 사람) = sailor(뱃사람, 선원, 수병)

大 **saint** [séint]

명 성인(聖人), 성도(聖徒), 독실한 사람 타 성인으로 공경하다.

암 **마담**이 (속)**세인(世人)트**기가 **독실한 사람**되니 **성인으로 공경하다**.
(madam) (saint)

▶ the departed saint 고인, 사자

大 **sake** [seik]

명 위함, 목적 이유; 이익

삼인의 이씨가 크게

암 **세(三) 이(李) 크**게 **이익**을 볼 **목적**으로 **바겐 세일** 하네.
(sake) (bargain sail)

▶ Do it for my sake. 나를 위해서 그것 좀 해줘

大 **salad** [sǽləd]

명 생채 요리, 샐러드, 샐러드용 생야채

▶ a fruit salad 과일 샐러드

大 **salary** [sǽləri]

명 봉급, 급료 동 봉급을 주다.

암 **샐러리** 맨에게 **급료**인 **봉급을 주다**.
(salary)

▶ a yearly salary 연봉

大 **sale** [seil]

명 판매, 할인 판매

암 **할인 판매**하는 바겐 **세일**.
(sale)

▶ He offered his car for sale.
그는 차를 팔려고 내놓았다.

大 **salesman** [séilzmən]

명 남자 점원, 판매원; [미]세일즈맨

▶ sales(판매의) + man(사람) = salesman(남자 점원, 판매원, 세일즈맨)

S

大	**saleswoman** [séilzwùmən]	ⓜ 여자 판매원, 여점원 ▶ sales(판매의) + woman(여자) = saleswoman(여자판매원, 여점원)
高	**sally** [sǽli]	ⓜ 출격, 외출 ⓙ 출격하다, 신나게 출발하다. 암 세금을 징수하려 **세리(稅吏)**(세리(세금을 받는 관리), sally)가 **외출**을 **신나게 출발하다**.
高	**salmon** [sǽmən]	ⓜ (단수와 복수가 같음) 연어 암 **연어**를 **세먼**(세면)(salmon)서 **도매상**이 **잡어**(jobber)
大	**salon** [səlάn / -lɔ́n]	ⓜ 객식, 응접실, 싸롱(샐롱) 암 **응접실** 룸 **싸롱**(salon)
大	**saloon** [səlúːn]	ⓜ (호텔의)큰 홀, (여객선) 담화실 암 **서룬**(서른(=30)명이, saloon)명이 쉴수 있는 **(호텔의) 큰 홀**
中	**salt** [sɔːlt]	ⓜ 소금 ⓗ 짠 ⓓ 소금에 절이다. 암 **솔 트**(소를 틀어, salt)러 **짠 소금에 절이다**. ▶ a pinch of salt 소량의 소금, 소금 한줌 
大	**saltish** [sɔ́ːltiʃ]	ⓗ 소금기가 있는, 짭짤한 ▶ salt(소금) + ish(형용사 어미, …가 있는, …한) = saltish(소금기가 있는, 짭짤한)
大	**salty** [sɔ́ːlti]	ⓗ 짠, 바다의, 짭짤한 ▶ salt(소금) + y(형용사 어미) = salty(짠, 바다의, 짭짤한)
大	**salutation** [sæ̀ljətéiʃən]	ⓜ 인사, 인사말 ▶ salut(e)(인사하다) + ation(명사 어미) = salutation(인사, 인사말)
高	**salute** [səlúːt]	ⓓ 인사하다, 경례하다. ⓜ 인사, 경례, 갈채, 예포 암 **친구**(pal)가 **팔**을 **서루 트**(서로 틀어가며, salute)러 가며 **인사하다**. ▶ They saluted their national flag. 그들은 국기에 경례했다. 

大 **salvage** [sǽlvidʒ]

㉧ 해난 구조 ㉣ (해난, 화재 따위로부터)구조하다.

▶ salv(e)(구조하다) + age(명사 및 동사 어미) = salvage(해난 구조, 구조하다)

大 **salvation** [sælvéiʃən]

㉧ 구조, 구제

▶ salv(e)(구조하다) + ation(명사 어미) = salvation(구조, 구제)

大 **salve** [sælv]

㉣ [해난 화재 따위에서] 구조[구출]하다.

사람들이 사람들을 쇠를 부수고

㉮ **멘**이 **멘**을 **쉘 브**수고 **구조(구출)하다**.

(men) (men) (salve)

中 **same** [seim]

㉨ 같은, 동일한

세 사람 임(任)씨가

㉮ **세 임(任)**이 받은 **같은(동일한) 보너스(상여금)**

(same) (bonus)

▶ much the same 거의 같은

高 **sample** [sǽmpəl / sɑ́ːm-]

㉧ 견본; 표본, 샘플 ㉣ 견본을 만들다.

삼(인삼)풀의

㉮ **표본**으로 쓸 **삼(蔘)풀**의 **견본을 만들다**.

(sample)

▶ buy by sample. 견본을 보고 사다.

大 **sampling** [sǽmpliŋ]

㉧ 견본 추출, 추출 견본

▶ sampl(e)(견본, 견본을 뽑다) + ing(현재분사 어미) = sampling(견본 추출, 추출 견본)

大 **sanctify** [sǽŋktəfài]

㉣ 신성하게 하다, 정당화하다

▶ sancti(on)(생선만큼 신성한) + fy(…하다) = sanctify(신성하게 하다, 정당화하다)

大 **sanction** [sǽŋkʃən]

㉧ (권위자에 의한)승인, 재가 ㉢ 재가(인가)하다, 시인하다.

생선

㉮ 가락동 시장에 **생크션** 판매를 **재가[인사]하다**.

(sanction)

大 **sanctity** [sǽŋktəti]

㉧ 신성함, 맑고 깨끗함

▶ sancti(on)(생선만큼 신성한) + ty(…함, …한것) = sanctity(신성함, 맑고 깨끗한)

大 **sanctuary** [sǽŋktʃuèri / -əri]

㉧ 신성한 곳, 신전

▶ sanct(ion)(생선만큼 신성한) + uary(= ary …한 곳, …장소) = sanctuary (신성한 곳, 신전)

S

中 **sand**
[sænd]

[명] 모래

(자루)
[암] **모래**를 넣은 **샌드 백**.
(sand)(bag)

▶ a grain of sand 모래 한 알

大 **sandal**
[sǽndl]

[명] 샌들(신) [타] ~에게 샌들을 신기다.

高 **sandwich**
[sǽn(*d*)witʃ]

[명] 샌드위치 [동] 사이에 끼우다.

[암] **햄**을 **샌드위치 사이에 끼워넣다**.
(ham) (sandwich)

▶ My mother made sandwiches for me.
어머니께서는 나에게 샌드위치를 만들어 주셨다.

大 **sandy**
[sǽndi]

[형] 모래의, 모래땅의

▶ sand(모래) + y(…의 …있는) = sandy(모래의 모래땅의)

大 **sane**
[sein]

[형] 제정신의, 건강한, 온건한, 분별있는

세인(=세상 사람)
[암] **분별 있는 온건한 세인(世人)**들과 하는 **파티**
(sane) (party)

中 **sang**
[sæŋ]

sing (노래하다)의 과거

▶ Homer sang of Troy.
호머는 트로이 전쟁을 시로 읊었다.

大 **sanguine**
[sǽŋgwin]

[형] 다혈질의, 낙천적인, 혈색이 좋은

생긴
[암] **다혈질로 생권 낙천적인 김선달**
(sanguine) (Kim seondal)

高 **sanitary**
[sǽnitèri / -təri]

[형] 위생상의, 위생적인, 깨끗한 [명] 공중 변소

▶ sanit(= health) + ary(형용사 어미) = sanitary(깨끗한)

[암] 닭은 **깨끗한 새니 터리**(털이)없게 해 **프라이하다**.
(sanitary) (fry)

▶ a sanitary cup (종이로 만든) 위생컵

大 **sanitation**
[sæ̀nətéiʃən]

[명] (공중)위생, 위생 설비

▶ sanit(ary)(위생적인, 깨끗한) + ation(명사 어미) = sanitation([공중] 위생, 위생 설비)

高 **sank**
[sæŋk]

sink(가라앉다, 침몰하다)의 과거

▶ The ship sank. 배가 가라앉았다.

中 **Santa Claus** [sǽntəklɔ̀ːz]
명 산타 클로스

高 **sap** [sæp]
명 수액(樹液), (식물의)액즙, 활력 타 …에서 수액을 짜내다.
암 **알로에**(aloe)에서 **샙**(sap)파란 **활력**소인 **액즙 수액을 짜내다**.
▸ the sap of life 활력, 정력

大 **sapphire** [sǽfaiər]
명 청옥(靑玉), 사파이어

高 **sash** [sæʃ]
명 새시, 창틀, 내리 닫이 창 타 ~에 창틀을 달다.
암 **보이**(boy) **세시**(sash)(셋이(세명이))서 **내리닫이 창틀을 달다**.
▸ sash window 내리닫이 창

中 **sat** [sæt]
sit(앉다)의 과거, 과거분사
▸ She sat reading in the sitting room.
그녀는 거실에 앉아 책을 읽고 있었다.

高 **Satan** [séitən]
명 사탄, 악마, 마왕
▸ Satan rebuking sin
죄를 비난하는 악마(자신이 나쁜짓을 모른 체하는 사람)

大 **satchel** [sǽtʃəl]
명 작은 가방, 학생 가방
암 **쇠철**(satchel) 같이 무거운 **작은 학생 가방**

高 **satellite** [sǽtəlàit]
명 위성, 인공위성, 위성국(도시), 종속기관
암 우주공간에 **새털 라이트**(satellite)하게 해 띄운 **인공위성** (새로운 터를(light=가볍게)를 연관시켜 기억할 것)
▸ a communications and weather satellite
통신기상 위성

大 **satin** [sǽtən]
명 새틴, 공단 수자 형 공단으로 만든, 비단결 같은

高 **satire** [sǽtaiər]
명 비꼼, 풍자
암 **새 타이어**(satire)가 터지니 **풍자**하며 **비꼽니다**.
▸ a satire on the politics 정치에 대한 풍자

S

高 **satisfaction** [sæ̀tisfǽkʃən]	ⓜ 만족, 흡족 ▶ satis(fy)(만족시키다) + faction(fy로 끝나는 동사의 명사형을 만듦) = satisfaction(만족, 흡족) ▶ find satisfacation in …에 만족하다.
大 **satisfactorily** [sæ̀tisfǽktərəli]	ⓟ 만족하게 ▶ satisfactor(y) → i(만족한) + ly(부사를 만듦) = satisfactorily(만족하게)
大 **satisfactory** [sæ̀tisfǽktəri]	ⓗ 만족한, 만족스러운 ▶ saticfact(ion)(만족, 흡족) + ory(형용사 어미, …한, …스러운) = satisfactory(만족한, 만족스러운)
大 **satisfied** [sǽtisfàid]	ⓗ 만족한, 흡족한 ▶ satisf(y) → (만족시키다) + ed(형용사를 만듦) = satisfied(만족한, 흡족한)
高 **satisfy** [sǽtisfài]	ⓓ 만족시키다, (요구 따위에)응하다, 갚다, 만족하다. 새티셔츠 스파이(spy)발음을 이용하여 기억할 것 암 정보 캐려고 **새티(T) 스파이**가 주며 **만족시키다**. (satisfy) ▶ satisfy completely. 완전히 만족시키다. 
大 **satisfying** [sǽtisfàiiŋ]	ⓗ 만족한, 만족을 주는 ▶ satisfy(만족시키다) + ing(현재분사 어미) = satisfying(만족한, 만족을 주는)
大 **saturate** [sǽtʃərèit]	ⓣ 삼투시키다, 배어들게 하다, 담그다. ⓗ [문어] 스며든 쇠 철(鐵)에 이틀이나 암 **엔진 오일**을 **쇠철레 이트**리나 **삼투시키다(배어들게 하다)**. (engine oil) (saturate)
中 **Saturday** [sǽtərdi, -dèi]	ⓜ 토요일[약어] Sat ⓟ [구어] 토요일에 새로 산 터 뒤를 수위 풀어 암 **토요일**마다 **새 터 뒤**를 **스위 프**러 **청소하다**. (Saturday) (sweep) 
大 **Saturn** [sǽtərn]	ⓜ [로마 神] 농업의 신, [夫](관사없이)토성 새로운 터는 암 **농업의 신**을 모신 **새턴 토성**같은 **고지**대 **골자기** (Saturn) (gorge)
大 **Saturnian** [sætə́ːrniən]	ⓗ 농신의, 토성의 ▶ Saturn(농업의 신, 토성) + ian(형용사를 만듦, …의) = 농신의, 토성의

高
sauce
[sɔːs]

명 소스, 양념, 맛난이 타 소스를 치다, 양념을 치다.

암 **수프**에 **양념 소스를 치다.**
(soup) (sauce)

▶ Hunger is the best sauce. 시장이 반찬(맛난이)

大
saucepan
[sɔ́ːspæ̀n]

명 소스 냄비

▶ sauce(소스, 양념) + pan(냄비) = saucepan(소스 냄비)

高
saucer
[sɔ́ːsər]

명 받침 접시, 받침

암 **받침 접시**에 **소서** 하는 **서커스(곡예)**
(saucer) (circus)

▶ a flying saucer 비행 접시

高
saucy
[sɔ́ːsi]

형 건방진, 멋진, 뻔뻔스런, 불손한

암 **소시**적부터 **불손하고 건방지고 뻔번스런 놀부**
소년때
(saucy) (Nolboo)

大
saury
[sɔ́ːri]

명 꽁치류, 꽁치

암 **꽁치**가 **소리**내며 **스웜**스웜 **떼지어 모여들다.**
쉬엄쉬엄
(saury) (swarm)

高
sausage
[sɔ́ːsidʒ]

명 소시지, 순대

▶ pork sausage 돼지고기 소시지

高
savage
[sǽvidʒ]

형 잔인한, 야만의 명 야만인 동 잔인하게 다루다.

암 이끼 긴 **록**색 **바위**가 **잔인한 야만인**의 **세 비(碑)지.**
잔인했던 세 개의 비석이지
(rock) (savage)

大
savagely
[sǽvidʒli]

부 잔인하게, 사납게

▶ savage(잔인한, 미개의) + ly(부사를 만듦) = savagely(잔인하게, 사납게)

大
savanna(h)
[səvǽnə]

명 (열대, 아열대 지방의) 대초원, 사바나

암 **(열대 지방)대초원 사바나**
(savanna(h))

大
savanna monkey
[səvǽnəmʌ́ŋki]

명 사바나 멍키

▶ savanna(사바나) + monkey(멍키, 원숭이) = savanna monkey(사바나 멍키)

S

高

save[1]

[seiv]

㉠ ~을 제외하고, 이외에, …은 별도로 치고

(집)세 이부로

암 수입은 **세 이브**로 받는것**을 제외하고**는 **이외에**는 없다.

(save)

▶ all dead save him.
그를 제외하고는 모두 죽어

中

save[2]

[seiv]

㉦ 구하다, 구조[저축]하다, 절약하다.

암 집 **세 이브**(부)로 받아 **절약하고 저축하다**.

(save)

▶ save money for a new TV.
새 TV를 사려고 돈을 저축하다.

高

saving

[séiviŋ]

㉢ 절약하는, 검소한

▶ sav(e)(절약하다, 저축하다) + ing(현재분사 어미) = saving(절약하는, 검소한)

▶ Saving is getting.
((격언)) 절약이 곧 돈 버는 것이다.

大

savio(u)r

[séivjər]

㉥ 구조자, 구세주

▶ sav(e)(구하다, 구조하다) + io(u)r(…하는 사람) = savio(u)r(구조자, 구세주)

大

savor

[séivər]

㉥ 맛, 풍미, 운치 ㉦ 맛보다, 맛을 음미하다.

암 펭귄 새 이(二) 버려지의 **운치**있는 **맛**을 **맛보다**.

(penguin) (savor)

中

saw[1]

[sɔː]

see(보다)의 과거

▶ I saw her kniting wool into stockings.
그녀가 털실로 양말을 뜨고 있는 걸 보았다.

高

saw[2]

[sɔː]

㉥ 톱 ㉦ 톱으로 켜다, 톱질하다.

암 아카시아를 작은 **소(小)톱으로 켜다**.

(acacia) (saw)

▶ saw wood. 재목을 톱으로 켜다.

大

sawmill

[sɔ́ːmìl]

㉥ 제재소

▶ saw(톱) + mill(제조공장, 물방앗간) = sawmill(제재소)

大

sawn

[sɔːn]

▶ saw(톱질하다)의 과거분사

大

Saxon

[sǽksən]

㉥㉢ 색슨사람(의), 색슨말(의), 영국 사람(의)

中 **say** [sei]

㊍ 《 p., pp. said[sed] 》 말하다.

잊은 세분의 이씨
㊙ **리즌 이유**를 **세 이(李)**에게 **말하다**.
(reason) (say)

▶ Say it again. 다시 한번 말하시오.

高 **saying** [séiiŋ]

㊔ 말하기, 말, 진술

▶ say(말하다) + ing(현재분사 어미) = saying(말하기, 말, 진술)

大 **scabbard** [skǽbərd]

㊔ (칼) 집, 권총집

숫개 버둥거리 봐 이틈에
㊙ **스캐 버드**둥 거리며 **권총집**을 **봐 이트**메 **물어 뜯다**.
(scabbard) (bite)

大 **scaffold** [skǽfəld]

㊔ (건축장의) 비계, 교수대, 처형대

수캐를 앞발 들어 편히 쉬라며
㊙ 교수대에 **스캐 펄 드**러 올려 **펀니 쉬**라며 **처형하다**.
(scaffold) (punish)

高 **scale**[1] [skeil]

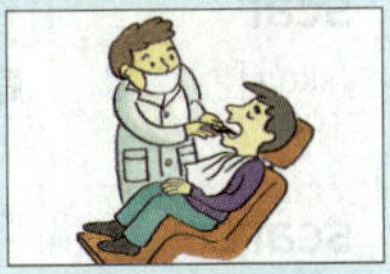

㊔ 자, 눈금, 저울눈

㊙ **자 눈금**보듯 **이똥**을 **스케일**(scale)하여 **벗기다**.

▶ on a large(small)scale 대(소)규모로

高 **scale**[2] [skeil]

㊔ 저울 접시

㊙ **저울 접시 스케일**(scale)

大 **scale**[3] [skeil]

㊔ 비늘 ㊍ 이똥(비늘)을 벗기다.

㊙ **비늘**같은 **이똥**을 **스케일**(scale)하여 **벗기다**.

大 **scalp** [skælp]

㊔ 머릿 가죽 ㊉ 머릿 가죽을 벗기다.

수캐를 풀어
㊙ **개 백장**이 **스캘 프**러헤쳐 **머릿가죽을 벗기다**.
(dog killer) (scalp)

大 **scamper** [skǽmpər]

㊋ 재빨리 달리다[달려 들어가다] ㊔ 질주

수(여러) 캠퍼스(=campus:대학)를 연관시켜 기억할 것
㊙ 대입시험 응시자가 **스(數)캠퍼**스 있는데로 **재빨리 달리다**.
(scamper)

大 **scan** [skæn]

㊍ 자세히 조사하다, 세밀히 살피다. ㊔ 관찰

수캔(=수캐는)
㊙ 발정한 암캘 **스캔 세밀히(살피다)관찰하다**.
(scan)

S

高 **scandal** [skǽndl]

㉮ 추문; 수치, 불명예, 스캔들

암 **불명예**스러운 **추문 스캔들**(scandal)

大 **scandalous** [skǽndələs]

㉯ 수치스러운

▶ scandal (수치, 스캔들) + ous(형용사 어미) = scandalous(수치스러운)

大 **scant** [skænt]

㉯ 부족한, 불충분한 ㉰ 아까와하다, 아끼다.

암 **불충분한** 뼈를 **스캔 트**러잡고 **아끼다**. (수캐는=)수캔 틀어 (scant)

高 **scanty** [skǽnti]

㉯ 소량의, 모자라는, 부족한

▶ scant(부족한, 불충분한) + y(형용사를 만듦) = scanty(모자라는, 부족한, 소량의)

▶ The rice crop was scanty this year. 금년의 쌀 농사는 흉작이다.

S

高 **scar** [skɑːr]

㉮ 상처자국, 흉터 ㉰ …에 흉터[상처]를 남기다.

암 **스(數)카**가 부딪쳐 **상처 자국 흉터를 남기다**. 수(여러) 차가 (scar)

高 **scarce** [skɛərz, -s]

㉯ 부족한, 결핍한, 희귀한

암 **오아시스**(oasis)에서 **부족한 스(水) 캐어 스**은 **희귀한** 일. 수(물) 캐어 씀은 (scarce)

▶ Food is scarce. 식량이 부족하다.

高 **scarcely** [skɛ́ərsli]

㉱ 거의 ~아니다, 겨우, 가까스로

▶ scarce(부족한) + ly(부사를 만듦) = scarcely(겨우, 가까스로, 겨우 …아니다)

大 **scarcity** [skɛ́ərsiti]

㉮ 부족, 결핍, 기근

▶ scarc(e)(부족한, 결핍한) + ity(명사 어미) = scarcity(부족, 결핍, 기근)

高 **scare** [skɛər]

㉰ 위협하다, 겁나게 하다. ㉮ 겁, 공포, 소동

암 **스캐 어(魚)**를 **위협하다. 겁나게 하다**. 수캐 어(고기)를 (scare)

▶ I am scared of the dark. 나는 어둠이 무섭다.

高 **scarecrow** [skɛ́ərkròu]

㉮ 허수아비, 초라한 사람

▶ scare(겁나게[위협]하다) + crow(까마귀) → 까마귀를 위협하는 것 = scarecrow(허수아비, 초라한 사람)

高 **scarf**
[skɑːrf]

[명] 스카프, 목도리 [타] ~에 스카프를 하다(두르다).

[암] 미스가 **스카프(목도리)를 하다(두르다).**
(scarf)

▶ a silk scarf 실크 스카프

高 **scarlet**
[skɑ́ːrlit]

[명] 주홍, 진홍색 [형] 음란한, 주홍의

[암] 마담이 **스칼 릿**따라 저어 **진홍색 주스 즙을 타다.**
(숱 갈 잇따라 / scarlet) (juice)

▶ scarlet letter 주홍글자

高 **scatter**
[skǽtər]

[동] 분산하다, 흩어지다, 흩뿌리다.

[암] **수프**를 **스캐 터**에 **흩뿌리다.**
(soup) (수캐 터에(집터에) / scatter)

▶ They scattered through the woods.
그들은 숲속으로 흩어졌다.

大 **scattered**
[skǽtərd]

[형] 뿔뿔이 된, 흐트러진

▶ scatter(흩뿌리다, 흩어지다) + ed(형용사를 만듦) = scattered(뿔뿔이 된, 흐트러진)

大 **scenario**
[sinέəriòu]

[명] 시나리오, 영화 각본, 계획 안

中 **scene**
[siːn]

[명] 장면; 풍경; (무대의) 배경; (사건의) 현장

[암] **(사건)현장**에서 본 **신**나는 **장면.**
(scene)

高 **scenery**
[síːnəri]

[명] (연극의)무대 장면, 배경, 풍경

▶ scene(장면, 배경, 풍경) + ry(명사 어미) = scenery(무대장면, 배경, 풍경)

▶ wild scenery 황폐한[황량한] 풍경

大 **scenic**
[síːnik / sén-]

[형] 경치의, 경치가 좋은, 풍경의, 배경의

▶ scen(e)(장면, 배경, 풍경) + ic(…의) = scenic(경치의, 경치가 좋은, 풍경의, 배경의)

高 **scent**
[sent]

[명] 향기, 냄새, 후각, 흔적

[동] 냄새맡다, 냄새를 맡아내다, 낌새채다.

[암] 달라돈 일 **센트**의 **향기**를 **센트**씨가 **냄새 맡다.**
(cent) (scent)

▶ a cold scent 희미한 흔적[단서]

高 **schedule**
[skédʒu(ː)l]

[명] 알림표, 시간표

[암] **스캐 줄**에 단 **시간표**
(수캐 줄에 / schedule)

▶ my schedule for tomorrow 나의 내일 일정(시간표)

S

高

scheme
[ski:m]

[명] 계획, 음모 [자] 음모를 꾸미다.

수명의 김씨가
[암] **쿠데타**하려고 **스(數)킴(金)**이 **계획**과 **음모를 꾸미다**.
(coup d'é tat) (scheme)

▶ adopt a scheme. 계획을 채택하다.

高

scholar
[skɑ́lər / skɔ́l-]

[명] 학자; 장학생, 특대생, 제자

수개의 콜라(=cola)
[암] **학자**가 **장학생 제자**에게 준 **스(數) 콜러**.
(scholar)

▶ an eminent scholar 저명한 학자

大

scholarly
[skɑ́lərli / skɔ́l-]

[형] 학자다운, 학문적인

▶ scholar(학자) + ly(형용사를 만듦) = scholarly(학자다운, 학문적인)

高

scholarship
[skɑ́lərʃìp / skɔ́l-]

[명] 학문, 장학금(제도), 학식

▶ scholar(학자, 장학생) + ship(상태, 신분등을 나타냄, 명사 어미) = scholarship(학문 장학금[제도], 학식)

▶ solid scholarship 견실한 학식

S

大

scholastic
[skəlǽstik]

[형] 학교의, 학자의

▶ schola(r)(학자) + stic(= ic …의) = scholastic(학교의, 학자의)

中

school
[sku:l]

[명] 학교; 수업

학교 버스
[암] **스쿨 버스**.
(school) (bus)

▶ I go to school every day. 나는 매일 학교에 간다.

中

schoolboy
[skú:lbɔ́i]

[명] 남학생

▶ school(학교) + boy(소년) = schoolboy(남학생)

▶ schoolboy mischief 학생다운 장난

中

schoolgirl
[skú:lgə̀:rl]

[명] 여학생

▶ school(학교) + gril(소녀) = schoolgirl(여학생)

高

schoolhouse
[skú:lhàus]

[명] 교사(校舍)

▶ school(학교) + house(집) = schoolhouse(교사[校舍])

大

schooling
[skú:liŋ]

[명] 학교 교육

▶ school(학교) + ing(현재분사 어미) = schooling(학교 교육)

高 **schoolmaster** [skúːlmæ̀stər / -mɑ̀ːs-]

명 남자 교원, 교장

▶ school(학교) + master(주인, 선생) = schoolmaster(남자 교원, 교장)

大 **schoolroom** [skúːlrù(ː)m]

명 교실

▶ school(학교) + room(방) = schoolroom(교실)

大 **schooner** [skúːnər]

명 스쿠너

(두 개 이상의 돛을 가진 세로돛의 범선)

中 **science** [sáiəns]

명 과학, ~학, 기술

그 사이에 언 수(물)

암 **과학 기술**로 그 **사이 언 스(水)**로 만든 **아이스크림**.

(science) (ice cream)

▶ natural science 자연 과학

高 **scientific** [sàiəntífik]

형 과학적인, 과학의

▶ scien(ce) → scient(과학) + ific(= ic …의) = scientific(과학적인, 과학의)

▶ a scientific discovery 과학상의 발견

高 **scientist** [sáiəntist]

명 과학자

▶ scien(ce) → scient(과학) + ist(…하는 사람) = scientist(과학자)

▶ a nuclear scientist 핵 과학자

高 **scissors** [sízərz]

명 [복수] 가위

쉬하는 걸 저주(詛呪)

암 **가위**들고 **쉬 저즈(詛呪)**해 **원**수에게 **경고하다**.

(scissors) (warn)

▶ manicure scissors 매니큐어 가위

大 **scoff** [skɔːf / skɑf]

명 비웃음, 냉소 동 비웃다, 조소하다.

수(물) 코 푸니

암 **임금**이 **킹**킹거리며 **스(水)코 프**니 이를 **냉소**해 **비웃다**.

(king) (scoff)

高 **scold** [skould]

동 꾸짖다, 잔소리하다. 명 잔소리가 심한 사람

코딱지진 여러개의 코를 들여다 보며

암 **코 속**에 **응어리**진 **스(數)콜 드**려다 보며 **꾸짖다**.

(core) (scold)

大 **scoop** [skuːp]

명 국자, 특종기사, 스쿠프 동 푸다, 퍼올리다.

암 **특종기사 스쿠프**

(scoop)

S

高 **scope** [skoup]

명 (활동, 능력 따위의)범위, 영역, 지역, 시야

암 국왕이 킹하고 집범위 밖으로 스(水)코 프네.
(king) 수(물)코 푸네(풀다) (scope)

▶ the scope of science 과학이 미치는 범위.

高 **scorch** [skɔːrtʃ]

동 그슬리다, 태우다, 타다.

암 코치들이 코치하느라 스(數)코치가 볕에 그슬리다.
(coach) (coach) 수(여러) 코치(=coach:감독)를 연관시켜 기억할 것 (scorch)

▶ The grass was scorched by the sun. 풀들이 햇볕에 시들어 있었다.

高 **score** [skɔːr]

명 득점 동 득점을 매기다(올리다).

암 스코어 판에 득점을 매기다.
(score)

▶ Our team scored first. 우리 팀이 먼저 득점했다.

大 **scoreboard** [skɔ́ːrbɔ̀ːrd]

명 스코어보드, 득점 게시판

▶ score(득점) + board(판) = scoreboard(스코어보드, 득점 게시판)

S

大 **scorn** [skɔːrn]

명 경멸, 웃음 거리, 경멸의 대상 동 경멸하다.

암 납작코인 스(獸) 콘 웃음거리라며 경멸하다.
수(짐승) 코는 (scorn)

大 **scornful** [skɔ́ːrnfəl]

형 경멸하는, 비웃는

▶ scorn(경멸, 경멸하다) + ful(…하는) = scornful(경멸하는, 비웃는)

大 **scornfully** [skɔ́ːrnfəli]

부 경멸하여, 경멸적으로

▶ scornful(경멸하는) + ly(부사를 만듦) = scornfully(경멸하여, 경멸적으로)

大 **Scot** [skɑt / skɔt]

명 스코틀랜드 사람

高 **Scotch** [skɑtʃ / skɔtʃ]

형 스코틀랜드의, 스코틀랜드 사람[말]의

高 **Scotland** [skɑ́tlənd, skɔ́t-]

명 스코틀랜드(나라 이름)

大	**scour** [skauər]	ⓓ 문질러 닦다, …을 씻어내다. ⓜ 씻어내기, (가축의)설사 수(여러) 카우(=cow:암소)를 연관시켜 기억할 것 암 카우보이가 **수(數) 카우 어**르며 소똥을 **문질러 닦다**. (scour)
大	**scourer** [skáurər / skáuərər]	ⓜ 문질러 닦는 사람[물건], 세탁인[기] ▶ scour(문질러 닦다) + er(…하는 사람) = scourer(문질러 닦는 사람[물건], 세탁인[기])
大	**scourge** [skəːrdʒ]	ⓜ (천재, 전쟁등)하늘의 응징, 회초리, 천벌 ⓓ 채찍질하다. 부(부인) 이즈음 / 수컷(=남편이) 쥐고 암 **브(婦)리즈**음 **산들바람** 피우니 **회초리**를 **스커 쥐**고 **채찍질하다**. (breeze) (scourge)
高	**scout** [skaut]	ⓜ 소년단원 ⓓ 정찰하다, 소년(소녀)단원으로 활약하다. 암 **소년**이 **보이 스카우트(소년단원)**으로 **활약하다**. (boy) (scout)
大	**scowl** [skaul]	ⓜ 우거지상 ⓓ 얼굴을 찌푸리다, 우거지상을 하다. 목동이 / 수(여러) 카울(=카우를=cow를:암소를=cowl) 암 **카우보이**가 **스(數)카울** 기르느라 **우거지상을 하다**. (cowboy) (scowl)
高	**scramble** [skrǽmbəl]	ⓓ 기다; 기어오르다, 다투다. ⓜ 기어 오름 수(數) 그램(g) 불알을 암 황소가 **스(數)크램 불**을 흔들며 **기어오르다**. (scramble) 
高	**scrap** [skræp]	ⓜ 조각, 잡동사니 ⓣ 폐기하다, 부스러기로 하다. 암 **스크랩**북을하고 난 **잡동사니 조각**을 **폐기하다**. (scrap)
大	**scrapbook** [skrǽpbùk]	ⓜ 스크랩북, (신문 따위에서) 오려낸 책 ▶ scrap(스크랩) + book(책) = scrapbook(스크랩북)
高	**scrape** [skreip]	ⓓ 문지르다, 문질러 반반하게 하다. ⓜ 문지르기, 비비기 수개의 끝에 이 풀어 암 치과의사가 **스(數)크레 이 프**러 **문지르다**. (scrape) 
高	**scratch** [skrætʃ]	ⓓ 할퀴다, 긁다, 지우다, 갉죽, 갉죽 긁다. ⓜ 긁기 수개의 끝에 치아(틀니)를 암 치과 의사가 **스(數)크레 치**아를 대고 **갉죽갉죽 긁다**. (scratch) 

S

高
scream
[skriːm]

[동] 큰 소리로 외치다, 날카로운 비명을 지르다.
[명] 외침, 비명

[암] 애가 **스(數) 크림**을 달라고 **큰 소리로 외치다.**
(수개의 크림을 / scream)

高
screen
[skriːn]

[명] 병풍, 스크린, 막 [동] 가로막다.

[암] **병풍** 같은 **스크린 막**으로 **가로막다.**
(screen)

▶ She hid herself behind the screen. 그녀는 병풍 뒤에 숨었다.

高
screw
[skruː]

[명] 나사; 추진기 [동] 나사로 죄다, 돌리다.

[암] 보트 타고 **나사** 같은 **스크루(추진기)**를 **돌리다.**
(screw)

▶ turn a screw. 나사를 돌리다.

大
scribble
[skríbəl]

[명] 갈겨쓰기 [동] 갈겨 쓰다
▶ scri(pt) → scribb(쓰다) + le(반복해서) → 반복해서 쓰다 = scribble(갈겨 쓰기, 갈겨 쓰다)

高
script
[skript]

[명] 손으로 쓴것, 각복, 대본, 스크립트 [타] 스크립트를 쓰다.

[암] **손으로 쓴 것**인 **대본**을 만드려고 **스크립트을 쓰다.**
(script)

▶ a film script 영화 대본(스크립트)

高
scripture
[skríptʃər]

[명] 성서, 경전
▶ script(손으로 쓴 것) + ure(명사 어미) = scripture(성서, 경전)

大
scriptwriter
[skríptràitər]

[명] (영화, 방송의) 각본가, 각색가
▶ script(손으로 쓴 것) + writer(기록자) = scriptwriter([영화, 방송의]각본가, 각색가)

大
scroll
[skroul]

[명] 두루마리, 두루마리책, 족자 [자] 두루말다.
▶ sc(ript)(손으로 쓴 것) + roll(구르다, 두루마리) = skroll(두루마리, 두루마리책, 족자)

高
scrub
[skrʌb]

[동] 북북 문지르다. [명] 북북 문지르기

[암] **엄마**가 **마스크 러브**하며 **북북 문지르다.**
(마 스크 러브(mask love)의 발음을 응용하여 기억할 것 / (ma) (scrub))

▶ scrub out a dish. 접시를 북북문질러 닦다.

大
scrubber
[skrʌ́bər]

[명] 박박 문지르는 사람, 솔, 수세미, 걸레
▶ scrub + b(북북 문지르다) + er(…하는 사람[것]) = scrubber(박박 문지르는 사람, 솔, 수세미, 걸레)

大 **scruple** [skrúːpəl]

명 양심의 가책, 주저 동 망설이다, 꺼리다.

스크루(=screw:추진기)를 연관시켜 기억할 것

암 **보트**에 **스크루 풀**에 감겨 전진을 **주저**하고 **망설이다**.
(boat) (scruple)

大 **scrupulous** [skrúːpjuləs]

형 양심적인, 성실한, 신중한

▶ scruple → scrupul(양심의 가책, 주저) + ous(형용사 어미) = scrupulous(양심적인, 성실한, 신중한)

大 **scrutinize** [skrúːtənàiz]

동 자세히 조사하다, 유심히 바라보다.

▶ scrutin(y)(면밀한 조사, 응시) + ize(…화하다) = scrutinize(자세히 조사하다, 유심히 바라보다)

大 **scrutiny** [skrúːtəni]

명 면밀한 조사, 응시

배의 (screw turn이=추진기 돌아감이)를 연관시켜 기억할 것

암 배의 **스크루 턴이** 이상해 **면밀한 조사**후 **체인지하다**.
(scrutiny) (change)

大 **sculptor** [skʌ́lptər]

명 조각가, 조각사

▶ sculpt(ure)(조각하다) + or(…하는 사람) = sculptor(조각가, 조각사)

高 **sculpture** [skʌ́lptʃər]

명 조각 동 조각하다.

숟갈을 붙여

암 **돌 인형**에 **스컬 프쳐 조각하다**.
(doll) (sculpture)

▶ I like the sculpture of a hourse.
나는 말 조각품을 좋아한다.

大 **scurry** [skə́ːri / skʌ́ri]

자 허둥지둥 달리다, 갈팡질팡하다. 명 종종 걸음

실업자가 숟 갈이(=밥줄이)

암 **룸펜**이 **스컬리** 없어져 **종종 걸음**으로 **갈팡질팡하다**.
(Lumpen) (scurry)

大 **scythe** [saið]

명 자루가 긴 큰 낫 타 낫으로 베다.

사이 들어가

암 **가득한 풀 사이 드**러가 **자루가 긴 큰 낫으로 베다**.
(full) (scythe)

中 **sea** [siː]

명 바다, 해양

읊으

암 **바다 시(詩)**를 **읊프**는 **늑대이리**
(sea) (wolf)

▶ We swam in the sea.
우리는 바다에서 헤엄쳤다.

大 **seacoast** [síːkòust]

명 해안, 해변

▶ sea(바다) + coast(연안) = seacoast(해안, 해변)

S

大 **seal[1]** [siːl]

명 물개, 바다표범

암 **토실** 토**실** 살진 **바다표범(물개)**
(seal, seal)

高 **seal[2]** [siːl]

명 도장, 인(印), 봉인 타 …에 날인하다, 밀봉하다.

암 계약서에 **실(實)인(印) 도장**을 **날인하다 밀봉하다**.
(인감도장 / seal)

▶ affix a seal 도장을 찍다[날인하다]

高 **seam** [siːm]

명 솔기, 이은 곳 동 꿰매다.

암 옷 **솔기**에 **심**을 박고 **이은 곳**을 **꿰매다**.
(seam)

▶ The seam has started. 솔기가 터졌다.

高 **seaman** [síːmən]

명 선원, 뱃사람, 항해자

▶ (바다 = sea) + man(사람) = seaman(선원, 뱃사람, 항해자)

▶ a good[poor] seaman 배를 잘[잘못] 다루는 뱃사람

S

高 **seaport** [síːpɔ̀ːrt]

명 항구, 항구도시

▶ (바다 = sea) + port(항구) = seaport(항구, 항구도시)

▶ a bustling [busy] seaport 활기가 넘치는 항구도시

高 **search** [səːrtʃ]

동 (장소를)수색하다, 탐색하다.

암 **서치**라이트로 **수색하다**.
(search)

▶ They searched the house.
그들은 그 집을 수색했다.

大 **searching** [sə́ːrtʃiŋ]

형 수색하는 명 수색, 탐색

▶ search(수색하다, 탐색하다) + ing(현재분사 어미) = searching(수색하는, 수색, 탐색)

高 **seashore** [síːʃɔ́ːr]

명 해변, 해안

▶ (바다 = sea) + shore(물가) = seashore(해변, 해안)

▶ play on the seashore 바닷가에서 놀다

大 **seasick** [síːsìk]

형 배멀미가 난, 뱃멀미의

▶ (바다 = sea) + sick(병의, 병든) = seasick(배멀미가 난, 배멀미의)

高 **seaside** [síːsàid]

명 해안, 해변

▶ (바다 = sea) + side(쪽, 옆) = seaside(해안, 해변)

▶ go to the seaside (해수욕하러) 해변으로 가다

中 **season** [síːzən]
명 계절 동 익숙해지다.
암 잎이 폴폴 떨어지는 가을은 싫즌 계절. (fall) 싫은 (season)
▶ the tourist season 여행 시즌

大 **seasonal** [síːzənəl]
형 계절의, 계절에 의한
▶ season(계절) + al(…의) = seasonal(계절의, 계절에 의한)

中 **seat** [siːt]
명 좌석, 자리 동 앉히다.
암 자리를 쉬 트러 주며 앉히다. 쉬 틀어 (seat)
▶ Please be seated. 자리에 앉아 주시오.

大 **seaward** [síːwərd]
명 바다쪽 부 바다 쪽으로
▶ (바다 = sea) + ward(…쪽[쪽으로]) = seaward(바다쪽, 바다쪽으로)

大 **seaweed** [síːwìːd]
명 해초
▶ (바다 = sea) + weed(잡초) = seaweed(해초)

中 **second** [sékənd]
형 제2의; 두 번째의 명 초
동 지지하다, 시중들다.
암 두 번째의 세컨드 부인이 초를 다투며 시중들다. (second)
▶ He is called a second Napoleon.
그는 제2의 나폴레옹으로 불려지고 있다.

高 **secondary** [sékəndèri / -dəri-]
제2위의, 2차의, 2류의
▶ second(제2의) + ary(…의) = secondary(제2위의, 2차의, 2류의)
▶ a secondary cause 제2의 원인

大 **second hand** [sékənd hænd]
명 초침
▶ second(초) + hand(손, 바늘) = second hand(초침)

高 **secondhand** [sékəndhǽnd]
형 간접적인, 중고품의
▶ second(제2의) + hand(손) → 두번째로 제2의 손을 거친 것 = secondhand(간접적인, 중고품의)
▶ secondhand car [furniture] 중고차[가구]

大 **secondly** [sékəndli]
부 제2로, 다음으로
▶ second(둘째) + ly(부사를 만듦) = secondly(제2로, 다음으로)

S

高
secrecy
[síːkrəsi]

명 비밀[성], 비밀 엄수

▶ secre(t)(비밀의, 비밀) + cy(…성질 및 상태) = secrecy(비밀[성], 비밀 엄수)

▶ in secrecy 비밀히(= secretly)

中
secret
[síːkrit]

형 비밀의 명 비밀

암 **비밀**을 **쉬 클잇**대여 **조심 조심 캐어**.
(secret) 쉽게 끌을 잇대여(협박하며) (care)

▶ an open secret 공공연한 비밀

高
secretary
[sékrətèri / -tri]

명 비서, 서기(관), [미]장관, [영]대신, 차관

▶ secret(비밀의) + ary(~에 관한 사람) = secretary(비서, 서기(관),장관)

▶ the Secretary of Defense (미국의) 국방 장관

高
secretly
[sikríːtli]

부 비밀로 몰래

▶ secret(비밀의) + ly(부사 어미) = secretly(비밀로, 몰래)

S

大
sect
[sekt]

명 분파, 종파, 교파, 당파

암 **섹스**교는 **매춘부**인 **호(好)색(色)트**기가 믿는 **종파(교파)**지
(sex) (whore) (sect)

大
sectary
[séktəri]

명 한 종파에 속하는 사람, 열렬한 신도

▶ sect(종파) + ary(…하는 사람) = sectary(한 종파에 속하는 사람, 열렬한 신도)

高
section
[sékʃən]

명 부분, 구분, 지역, 절단 동 분할하다, 구분하다.

암 **색션(色線)**을 **절단**해 **부분**별로 **구분하다**.
(section) 색선(色線)

▶ a business section 상업 지역(지구)

大
sectional
[sékʃənəl]

형 부분의, 구분의, 지역의

▶ section(부분, 구분, 지역) + al(…의) = sectional(부분의, 구분의, 지역의)

大
sectionalize
[sékʃənəlàiz]

타 부분[지역]으로 나누다.

▶ sectional(부분[지역]의) + ize(…화하다) = sectionalize(부분[지역]으로 나누다)

大
sector
[séktər]

명 부채꼴, 부채꼴 지구, 부분, 분야

▶ sect(ion)(부분, 구역, 분할하다) + or(…형으로 분할한 것) = sector(부채꼴, 부채꼴 지구, 부분, 분야)

大	**secular** [sékjulər]	ⓗ 현세의, 세속적, 비종교적인 돈, 명예, 권력을 빨아먹는 세명의 큘러(=드라큘러) **암 현세에** 나타난 **세속적**인 **세 큘러**(드라큘러) (secular) 
大	**secularly** [sékjulali]	ⓟ 현세적으로, 세속적으로 ▶ secular(현세의, 세속적) + ly(부사 어미, …적으로) = secularly(현세적으로, 세속적으로)
高	**secure** [sikjúər]	ⓗ 안전한, 확실한 ⓓ 안전하게 하다, 보증하다. ▶ (쉬 = se) + (cure = 큐어:치료하다) = 안전하게 하다 **암** 의사가 **쉬 큐[Q]어(魚)를 치료하여 = 안전하게 하다** 의사가 쉬 Q자형의 고기를 
大	**securely** [sikjúərli]	ⓟ 안전하게, 확실하게 ▶ secure(안전한, 확실한) + ly(부사를 만듦) = securely(안전하게, 확실하게)
大	**security** [sikjúəriti]	ⓜ 안전, 안심, 보증 ▶ secur(e)(안전한) + ity(추상명사 어미) = security(안전, 안심, 보증)
大	**seduce** [sidjú:s]	ⓣ (여자를) 유혹하다, 꾀다, 부추기다. ▶ (時 = se) + (duce = 듀스를 서 이끌다) = (여자를) 유혹하다 **암 연애 시(時) 듀스** 즉 돈과 선물을 써 **이끌다 = (여자를)유혹하다** 연애 시 두가지 수 즉 돈과 선물을 써
大	**seducement** [sidjú:smənt]	ⓜ 유혹하는 [부추기는] 것 ▶ seduce(유혹하다, 부추기다) + ment(명사 어미) = seducement(유혹하는 [부추기는] 것)
中	**see** [si:]	ⓓ 보다, 깨닫다, 알다. **암 호텔**안을 **시(視)**찰하듯 **보다 깨닫다.** (hotel) (see) ▶ We see with our eyes. 우리는 눈으로 본다.
高	**seed** [si:d]	ⓜ 종자, 씨앗 ⓓ 씨를 뿌리다. 씨 들어 **암 종자 씨 드**러 **씨를 뿌리다.** (seed) ▶ seed the field with wheat. 밭에 소맥을 파종하다. 
大	**seeing** [sí:iŋ]	ⓜ 보기, 보는 일, 봄 ▶ (보다 = see) + (ing = 현재분사 어미) = seeing(보기, 보는 일, 봄)

S

中 **seek** [siːk]

동 찾다, 구하다, (~하려고)하다, 노력하다.

암 **풀레 틴 엄**마의 **백금**링을 **시크**들이 **찾아내다**.
(풀에 튄 엄마의 백금반지 식구) (platinum) (seek)

▶ He seeks a situation as cook. 그는 요리사 자리를 찾고 있다.

中 **seem** [siːm]

동 ~처럼 보이다, …인 것 같다.

암 **미스**가 **심**청이 **처럼 보이다**.
(Miss) (seem)

▶ He seemed to be angry. 그는 화난 것처럼 보였다.

大 **seeming** [síːmiŋ]

형 겉으로의, 외관상의

▶ seem(…처럼 보이다) + ing(현재분사 어미) = seeming(겉으로의, 외관상의)

大 **seemingly** [síːmiŋli]

부 겉으로는, 외관상으로는

▶ seeming(겉으로의, 외관상의) + ly(부사를 만듦) = seemingly(겉으로는, 외관상으로는)

S

中 **seen** [siːn]

see(보다)의 과거분사 형 눈에 보이는

大 **seer** [síər]

명 보는 사람, 선각자, 예언자, 손금쟁이

▶ (보다 = se[e]) + er(…하는 사람) = seer(보는 사람, 선각자, 예언자, 손금쟁이)

高 **seesaw** [síːsɔ̀ː]

명 시소(놀이), 동요, 변동 동 시소를 타다, 널뛰다.

암 애들이 **시소**에서 **시소를 타다(널뛰다)**.
(seesaw)

▶ a seesaw game[match] 쫓고 쫓기는 접전(시합)

大 **seethe** [siːð]

동 끓어오르다, 비등하다, 끓다. 명 비등, 분출

암 **스위치**를 **시 드**리우니(국이) **끓어오르다**.
(쉬 드리우니(=아래로 내리니)) (switch) (seethe)

大 **segment** [ségmənt]

명 단편, 조각, 구획 동 분할[분열]하다.

암 **그린벨트**를 **세 그 먼(面) 트**러 **구획**해 **분활하다**.
(녹지대 세개의 그 지면 틀이) (greenbelt) (segment)

大 **segmental** [segméntl]

형 구획의, 조각의, 단편의

▶ segment(단편, 조각, 구획) + al(…의) = segmental(단편의, 조각의, 구획의)

高 **segregate** [ségrigèit]

[동] 분리[격리]하다.

[암] **펭귄 새 그리 게이트**(문으)로 몰아 **분리(격리)하다.**
(새 그리 게이트(gate=문) / penguin / segregate)

大 **segregation** [sègrigéiʃən]

[명] 분리, 격리

▶ segregat(e)(분리[격리]하다) + ion(명사 어미) = segregation(분리, 격리)

大 **seil** [zail]

[명] 등산용 밧줄, 자일

大 **seize** [si:z]

[동] (붙)잡다, 차압하다, 압수하다, 가로채 빼앗다.

[암] **백정**이 **부처**께 드린 **시즈**물을 **가로채 빼앗다.**
(시주물을 / butcher / seize)

大 **seizure** [sí:ʒər]

[명] 붙잡기, 차압, 압수

▶ seiz(e)(붙잡다, 차압[압수]하다) + ure(명사 어미) = seizure(붙잡기, 차압, 압수)

高 **seldom** [séldəm]

[부] 좀처럼 ~않는, 드물게

[암] IMF로 인해 **좀처럼** 내리지 **않는** (집) **셀 덤**으로 **드물게**(내리다).
(집세를 덤으로(깍아주다) / seldom)

▶ I seldom see him. 나는 그와 좀처럼 만나지 않는다.

高 **select** [silékt]

[동] 선발하다, 고르다, 선택하다.

[암] **그렇게 소(小)실(實)액 트**러 줄자를 **고르다.**
(작은 / 열매 즙을 틀어 / so / select)

▶ Select the book you want.
갖고 싶은 책을 골라라.

高 **selection** [silékʃən]

[명] 선택, 선발

▶ select(고르다, 선택하다) + ion(명사 어미) = selection(선발, 선택)

▶ Her selection of a hat took a long time.
그녀가 모자를 고르는 데는 오랜 시간이 걸렸다.

大 **selective** [siléktiv]

[형] 선택하는, 선택력 있는

▶ select(고르다, 선택하다) + ive(형용사 어미, …하는[있는]) = selective(선택하는, 선택력 있는)

大 **selector** [siléktər]

[명] 선택자, 선별기, (통신, 컴퓨터)선택 장치

▶ select(고르다, 선택하다) + or(…하는 사람[것])
= selector(선택자, 선별기, (통신, 컴퓨터) 선택 장치)

S

高	**self** [self]	ⓜ 자기, 자아, 사리, 사욕(*pl.* selves) ⓐ **사리 사욕** 없이 **자기 샐 프**러 주네. (새를 풀어 / self) ▶ one's former self 과거의 자기 
大	**self-control** [sélfkəntróul]	ⓜ 자제[심], 극기 ▶ self(자기) + control(지배, 관리) = self-control(자제[심], 극기)
大	**self-defense, -defence** [sélfdiféns]	ⓜ 자위(自衛), 자기 방어 ▶ self(자기) + defense(방어) = self-defense(자위, 자기 방어)
大	**self-evident** [sélfévədənt]	ⓗ 자명한 ▶ self(자기) + evident(명백한) = self-evident(자명한)
大	**self-government** [sélfgʌ́vərnmənt]	ⓜ 자치, 자제 ▶ self(자기) + government(정치, 정부) = self-government(자치, 자제)
大	**self-help** [sélfhélp]	ⓜ 자조, 자립 ▶ self(자기) + help(돕다) = self-help(자조, 자립)
大	**self-interest** [sélfíntərist]	ⓜ 이기심, 사리 사욕 ▶ self(자기) + interest(이익, 흥미) = self-interest(이기심, 사리 사욕)
高	**selfish** [sélfiʃ]	ⓗ 이기적인, 이기주의의 ▶ self(자기) + ish(…적인[주의의]) = selfish(이기적인, 이기주의의) ▶ It is selfish of you to say so. 그런 말을 한다는 것은 너의 이기주의다.
大	**self-respect** [sélfrispékt]	ⓜ 자존심 ▶ self(자기) + respect(존중) = self-respect(자존심)
大	**self-sacrifice** [sélfsǽkrəfàis]	ⓜ 자기희생, 헌신 ▶ self(자기) + sacrifice(희생) = self-sacrifice(자기희생, 헌신)

S

大 **selfsame** [sélfsèim]

㉖ 꼭 같은, 동일한

▶ self(자기) + same(같은) = selfsame(꼭 같은, 동일한)

大 **self-satisfaction** [sélfsæ̀tisfǽkʃən]

㉑ 자기 만족, 자부

▶ self(자기) + satisfaction(만족) = self-satisfaction(자기 만족, 자부)

中 **sell** [sel]

㉔ 팔다, 팔리다.(*p*, *pp*. sold)

암 **셔츠**를 **셀** 수 없이 **팔다**.
(shirt) (sell)

▶ This store sells candies.
이 상점에서는 캔디를 팔고 있다.

大 **seller** [sélər]

㉑ 파는 사람, 판매인, 팔리는 물건

▶ sell(팔다) + er(…하는 사람[것]) = seller(파는 사람, 판매인, 팔리는 물건)

大 **selling** [séliŋ]

㉖ 판매하는 [의], 판매

▶ sell(팔다) + ing(현재분사 어미) = selling(판매하는[의], 판매)

大 **semblance** [sémbləns]

㉑ 외관, 모양, 겉보기, 유사, 닮음

암 **로케트**의 **셈블언 스**없이 터지는 **외관 모양**이 **유사**해
(힘)센 불은 수없이
(semblance)

高 **semicolon** [sémikòulən]

㉑ 세미콜론(세미콜런, ;)

▶ place[put in] a semicolon.
세미콜론을 넣다(쓰다).

高 **seminar** [sémənɑ̀ːr / séminaː]

㉑ 세미나, (대학의) 연구실, 연구 집회

암 **(대학교의) 연구 집회 세미나**
(seminar)

▶ attend a seminar. 세미나에 참석하다.

大 **seminary** [sémənèri / -nəri]

㉑ 학교, 학원, 신학교

▶ seminar(연구실, 세미나) + ry(제작소, 배양소, …등의 장소)
= seminary(학교, 학원, 신학교)

大 **seminarist** [sémənərist]

㉑ 신학생, 카톨릭 성직자

▶ seminar(y)(신학교, 학원) + ist(…하는 사람) = seminarist(신학생, 카톨릭 성직자)

高
senate
[sénət]

명 (미) 상원, 이사회, 입법부

▶ senator(원로원[상원]의원, 이사)–or(…하는 사람) = senate(상원, 이사회, 입법부)

▶ a senate hearing 상원 청문회

高
senator
[sénətər]

명 원로원 의원, 상원 의원, 이사

암 **사기꾼**이 **집**에 **상원 의원**을 **세 놓 터**(더)니 **사이**사이 **한숨 쉬다**.
(gyp) (senator) (sigh)

▶ a senior senator 원로 상원 의원

中
send
[send]

동 보내다, 부치다.(*p, pp*. sent)

암 **샌드위치** 빵을 **센드**씨에게 **보내다**.
(sandwich) (send)

▶ I will send you a picture of myself. 네게 내 사진을 보내겠다.

大
sender
[send]

명 발송인, 출하자

▶ send(보내다) + er(…하는 사람) = sender(발송인, 출하자)

高
senior
[síːjər]

형 연상의, 손위의 명 연장자, 선배

자기보다 나이 많은, 시중드는 여자
암 **연상의 시녀**(侍女)는 **손위의 선배**.
(senior)

▶ He is three years senior to me. 그는 나보다 세 살 위다.

高
sensation
[senséiʃən]

명 감각; 느낌, 지각; 감동; 대사건; 센세이션

암 사람에게 **감동**을 주어 큰 **센세이션**을 일으킨 **대사건**.
(sensation)

▶ a great sensation
대단한 대사건(이야깃거리, 센세이션)

大
sensational
[senséiʃənəl]

형 선풍적인 인기의, 선정적인

▶ sensation(감각, 감동) + al(형용사 어미, …의[적인]) = sensational(선풍적인 인기의, 선정적인)

中
sense
[sens]

명 감각, 육감 동 느기다, 알아채다.

암 스파이가 **센스**있는 **감각**으로 **알아채다**.
(sense)

▶ the sixth sense 제 6감

大
senseless
[sénslis]

형 무감각의(한), 무의미한

▶ sense(감각) + less(…이 없는) = senseless(무감각의[한], 무의미한)

大
sensibility
[sènsəbíləti]

명 감각[력], 감수성

▶ sensible → sensibil(e)(느낄 수 있는) + ity(명사 어미) = sensibility(감각[력], 감수성)

高 **sensible** [sénsibəl]

[형] 분별할 수 있는, 느낄 수 있는, 몸으로 느끼는

▶ sens(e)(분별, 감각) + ible(= able …할 수 있는) = 분별할[느낄]수 있는, 몸으로 느끼는

[암] 원코 **원턴 화냥년**과의 **센씨블 몸으로 느기는 카사노바**
(wanton) (sensible) (Casanova)

高 **sensitive** [sénsitiv]

[형] 감성이 예민한, 민감한

▶ sens(e)(감각, 느끼다) + itive(형용사 어미) = sensitive(감성이 예민한, 민감한)

▶ a sensitive ear 민감[예민]한 귀

大 **sensitivity** [sènsitívəti]

[명] 감성, 민감도

▶ sensitiv(e)(감성이 예민한, 민감한) + ity(명사 어미) = sensitivity(감성, 민감도)

大 **sensual** [sénʃuəl]

[형] 관능적인, 육욕의

▶ sens(e)(감각, 느끼다) + ual(…의[적인]) = sensual(관능적인, 육욕의)

中 **sent** [sent]

send(보내다)의 과거 과거분사

▶ I sent letters to all my friends.
나는 모든 친구들에게 편지를 보냈다.

中 **sentence** [séntəns, -tens]

[명] 문장, 판결문 [동] 판결하다.

[암] **판결 문 센텐스**를 보고 **판결하다.**
(sentence)

▶ This is a long sentence. 이것은 긴 문장이다.

高 **sentiment** [séntəmənt / séntimənt]

[명] (어떤 일에 대한)태도, 감정, 심정

[암] **센티먼트**한 **감정**에 젖어...
(sentiment)

▶ Those are my sentiments. 그것이 나의 심정이다.

大 **sentimental** [sèntiméntl]

[형] 감정적인, 감상적인

▶ sentiment(감정, 감상, 정서) + al(…의[적인]) = sentimental(감정적인, 감상적인)

大 **sentinel** [séntənəl]

[명] 보초, 파수 [타] 망보다, …에 보초를 두다.

센터(=center : 중앙)를 연관시켜 기억할 것

[암] (119)**센터 늘 파수**꾼과 **보초를 두어 망보다.**
(sentinel)

大 **sentry** [séntri]

[명] 보초, 파수병

▶ sent(inel)(보초 파수) + ry(명사 어미) = sentry(보초, 파수병)

高 **separate** [sépərèit]

㊐ 분리되다(하다). ㊎ 분리된

전차가 인조인간 쇠 팔에 이 틈에

암 **탱크**가 **로봇**의 **쇠펄에 이 트**메 **분리되다**.

(tank) (robot) (separate)

高 **separation** [sèpəréiʃən]

명 분리, 별거

▶ separat(e)(분리하다) + ion(명사 어미) = separation(분리, 별거)

▶ separation of the (three) powers 삼권분립

大 **separatist** [sépərèitist / -ərətist]

명 (종종 S-)분리주의자, 이탈[탈퇴]자

▶ separat(e)(분리[이탈]하다) + ist(…하는 자) = separatist(분리주의자, 이탈[탈퇴]자)

中 **September** [septémbər]

명 9월 [약어] Sep., Sept.

(미스)구월이가 옷섶 땜질 버리고

암 **구월**이가 옷**섶 탬 버**리고 **고스톱**해.

(September) (go stop)

▶ September has thirty days. 9월은 30일이다.

S

大 **sepulcher, -chre** [sépəlkər]

명 묘, 무덤, 매장소

쇠 뻘걸게

암 **무덤**에서 **쇠 펄커**게 나오게 **뒤 그**가 **파헤치다**.

(sepulcher) (dig)

高 **sequence** [síːkwəns]

명 연속, 순서, 결과, 귀결

식권 수

암 수프를 **연속**해 **시퀀 스**대로 **세어**서 **분배하다**.

(sequence) (share)

▶ in alphabetical sequence 알파벳 순으로

高 **serenade** [sèrənéid]

명 세레나데, 소야곡 타 세레나데를 들려주다(노래하다).

암 님에게 **소야곡 세레나데**를 **들려주다**.

(serenade)

高 **serene** [siríːn]

형 고요한, 온화한, 화창한, 말게 갠, (바다가) 잔잔한

암 눈 **시린**걸 느낄 만큼 **말게 갠 고요한** 날

(serene)

▶ a serene temper[look] 온화한 성질(얼굴 생김)

大 **serenity** [sərénəti]

명 고요함, 화창함, 침착함

▶ seren(e)(고요한, 화창한, 침착한) + ity(명사 어미, …함) = serenity(고요함, 화창함, 침착함)

大 **serge** [səːrdʒ]

명 서지(능직의 모직물), 세루(피륙)

암 **서지 피륙**으로 만든 **유니폼**

(serge) (uniform)

高 **sergeant, -jeant** [sá:rdʒənt]

명 하사관; 경사, 중(상)사

암 **하사관**이 **사(死) 전트**에서 **죽었다이**
(죽음의: 사(死) / 전투에서: 전트 / (sergeant) / (die))

大 **serial** [síəriəl]

형 연속의, (간행물 따위)정기의 명 연속물

▶ seri(es)(시리즈, 연속) + al(명사및 형용사 어미) = serial(연속의, 정기의, 연속물)

高 **series** [síəri:z]

명 연속, 시리즈, 연속 출판물, 제 …집

암 **연속**해 **시리즈**로 나오는 **연속출판물 제 …집**
((series))

▶ a TV series 텔레비전 연속물

高 **serious** [síəriəs]

형 사려깊은, 진지한, 중대한

암 **진지한 시어(詩語) 리어 스**며 하는 **미팅**.
(시에 쓰는말: 시어(詩語) / 이여: 리어 / 쓰며: 스 / (serious) / (meeting))

▶ Let's have a serious talk. 진지한 이야기를 하자.

大 **seriously** [síəriəsli]

부 진지하게, 진정으로, 중대하게

▶ serious(진지한, 중대한) + ly(부사를 만듦) = seriously(진지하게, 중대하게, 진정으로)

高 **sermon** [sə́:rmən]

명 설교, 설법, 잔소리, 훈계

암 교단에 **서먼**(면) **잔소리 훈계**하는 **티쳐**(스승)
((sermon) / (teacher))

▶ preach a sermon 설교하다

高 **serpent** [sə́:rpənt]

명 뱀, 음흉한(내숭한) 사람

암 **음흉한 사람**인 **서편(西便)트**기가 **바걸**을 **대리**고 **희롱하다**.
(서편(西便) / 트기가 / (serpent) / (bar girl) / (dally))

▶ the (Old) Serpent. 유혹자, 악마(성경 창세기에 나옴)

中 **servant** [sə́:rvənt]

명 하인, 고용인, 공무원

▶ serv(e)(섬기다, 봉사하다) + ant(…하는 사람) = servant(하인, 고용인, 공무원)

▶ a servant woman[maid] 가정부

中 **serve** [sə:rv]

동 ~을 섬기다, 봉사하다. 명 서브(넣기)

암 **유태인**의 **주**를 **서브**인이 **섬기다**.
(서부(西部): 서브 / (Jew) / (serve))

▶ serve one's God. 신을 섬기다.

大 **server** [sə́:rvər]

명 봉사자, 급사, 근무자

▶ serv(e)(섬기다, 봉사하다) + er(…사람) = server(봉사자, 급사, 근무자)

S

中 **service** [sə́:rvis]

명 봉사, 서비스 동 봉사해 주다.

암 **서비스**로 **봉사해 주다**.
(service)

▶ social service 사회봉사

大 **serviceable** [sə́:rvisəbəl]

형 쓸모 있는, 편리한, 봉사를 좋아하는

▶ service(봉사, 서비스) + able(…할 만한) = serviceable(쓸모 있는, 편리한, 봉사를 좋아하는)

大 **servile** [sə́:rvil / -vail]

형 노예의, 비굴한

암 (서)**서 빌**고 비는 **노예의 비굴한 모션몸짓**
(servile) (motion)

大 **servitude** [sə́:rvətjù:d]

명 노예 상태, 노예임, 예속

▶ servi(le)(노예의) + tude(명사 어미, 성질, 상태…) = servitude(노예 상태, 노예임, 예속)

大 **sesame** [sésəmi]

명 참깨

세 섬이나
암 **세 서미**나 되는 **참깨**.
(sesame)

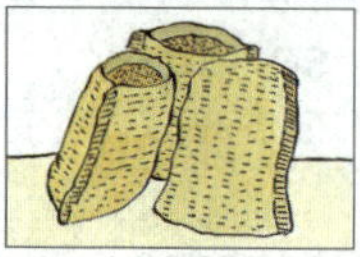

高 **session** [séʃən]

명 (의회 따위의) 개회중, 회기, 수업 시간 (미) 학기

세분 선생이
암 **회기(학기) 수업 시간**중에 **세 션**생이 여는 **세미나**
(session) (seminar)

▶ a winter session 겨울 학기

中 **set** [set]

동 두다(놓다). 명 한 벌, 세트

암 **컵**을 **한 벌 세트** 별로 **놓다**.
(cup) (set)

▶ Bill set a vase on the table. 빌은 식탁위에 꽃병을 놓았다.

大 **setting** [sétiŋ]

명 놓음, 배경, 무대 장치, 일몰, 셋팅

▶ set + t(놓다, 두다) + ing(현재분사 어미) = setting(놓음, 배경, 무대 장치, 일몰, 셋팅)

中 **settle** [sétl]

동 자리 잡다, (문제 등을)해결[처리]하다, 고정(정주)시키다.

새로운 틀을
암 **콘크리트**를 쳐 **새 틀**을 **고정시키다**.
(concrete) (settle)

▶ settle a gun 포를 설치하다(고정시키다)

大 **settled** [sétld]

형 정해진, 고정된

▶ settl(e)(자리 잡다, 고정시키다) + ed(형용사를 만듦) = settled(정해진, 고정된)

高	**settlement** [sétlmənt]	[명] 정착, 이민, 생활의 안정, 해결 ▶ settle(정주시키다, 정주하다) + ment(명사 어미) = settlement(정착, 이민, 생활의 안정, 해결) ▶ settlement of a strike 스트라이크의 해결
高	**settler** [sétlər]	[명] 식민자, 이민, 이주자 ▶ settl(e)(정주시키다) + er(…사람) = settler(식민자, 이민, 이주자)
大	**setup** [sétʌ̀p]	[명] 자세, 체격, 구성, 조립 ▶ set(놓다, 두다) + up(위로) → 위쪽으로 해 놓은 것들 = setup(자세, 체격, 구성, 조립)
中	**seven** [sévən]	[명] 7 [형] 7의
中	**seventeen** [sévəntíːn]	[형] 열 일곱의, 17의, 열 일곱 개[사람]의 [명] 열 일곱, 17 ▶ seven(7) + teen(10의 뜻) = seventeen(열 일곱[의], 17[의], 열 일곱 개[사람][의])
高	**seventeenth** [sévəntíːnθ]	[명][형] 제17[의], 열 일곱[번]째[의], 17분의 1[의] ▶ seventeen(17) + th(서수를 나타냄) = seventeenth(제17[의], 열 일곱[번]째[의], 17분의 1[의])
中	**seventh** [sévənθ]	[명][형] 제7[의], 일곱 번째[의] ▶ seven(7) + th(서수를 나타냄) = seventh(제7[의], 일곱 번째[의])
大	**seventh heaven** [sévənθ hèvn]	[명](the~)제 7천국(신이 사는 최상천 하늘나라) ▶ seventh(제7) + heaven(천국) = seventh heaven(제7천국)
大	**seventieth** [sévəntiiθ]	[형] 제 70의 ▶ seventy → tie(70) + th(서수를 나타냄) = seventieth(제 70의)
中	**seventy** [sévənti]	[명][형] 70, 70의 ▶ seven(7) + ty(10의) = seventy(70, 70의)

S

大

sever
[sévər]

[동] 분리하다, 떨어지다, 갈라(헤어)지다.

아내와 사이가 벌어져
[암] **와이프**와 **새 버**려져 **갈라지다. 떨어지다.**
(wife) (sever)

中

several
[sévərəl]

[형] 여럿의, 여러 가지의, 각자의 [명] 몇몇

▶ sever(분리하다, 떨어지다) + al(형용사, 및 명사 어미) → 분리해서 생겨진것들 = several(여럿의, 여러 가지의, 각자의, 몇몇)

▶ several men several mind (속담) 각인각색

高

severe
[sivíər]

[형] 호된, 심한, 엄한

시비거는 말로 아니 꼬웁게
[암] **호된 시비 어**로 아니 **코웁**게 **맞서다.**
(severe) (cope)

▶ He is severe with his children.
그는 자식들에게 엄하다.

高

severely
[səvíərli]

[부] 호되게, 격심하게, 엄하게

▶ severe(호된, 심한, 엄한) + ly(부사 어미) = severely(호되게, 격심하게, 엄하게)

▶ be severely ill 중병이다

大

severity
[səvérəti]

[명] 엄격, 엄정

▶ sever(e)(엄한) + ity(명사 어미) = severity(엄격, 엄정)

高

sew
[sou]

[동] 꿰매다, 바느질하다.

소씨가
[암] **커튼**을 **소(蘇)**가 **바느질하여 꿰메다.**
(curtain) (sew)

▶ She sewed a dress for me.
그녀는 나를 위해 옷을 지어 주었다.

大

sewer
[sóuər]

[명] 바느질하는[꿰메는] 사람, 재봉사, 재봉틀

▶ sew(바느질하다, 꿰매다) + er(…하는 사람[것]) = sewer(바느질하는[꿰매는]사람, 재봉사, 재봉틀)

大

sewing
[sóuiŋ]

[명] 재봉, 바느질, 재봉업

▶ sew(바느질하다, 꿰매다) + ing(현재분사 어미) = sewing(재봉, 바느질, 재봉업)

大

sewing machine
[sóuiŋ məʃíːn]

[명] 재봉틀

▶ sewing(재봉, 바느질) + machine(기계) = sewing machine(재봉틀)

大

sewn
[soun]

sew(꿰매다, 바느질하다)의 과거분사

高 **sex** [seks]

㉢ 성, 성별; (집합적으로) 남성, 여성, 성교, 성욕, 성행위

㉠ **성행위**하며 **색스**(쓰)는 **남성**과 **여성**
(sex)

▶ good [great] sex 기분 좋은 성관계

高 **sexual** [sékʃuəl]

㉯ 성의, 성적인

▶ sex → sexu(성) + al(…의) = sexual(성의, 성적인)

▶ sexual appetite 성욕

大 **sexuality** [sèkʃuǽləti]

㉢ 성별, 성적임, 성적 관심

▶ sexual(성의, 성적인) + ity(명사 어미) = sexuality(성별, 성적임, 성적 관심)

高 **shabby** [ʃǽbi]

㉯ 초라한, 보잘 것 없는, 추레한, 누추한

㉠ 국회의원의 **보잘것 없는, 초라한 세비(歲費)**.
세비(국회의원의 보수) (shabby)

▶ a shabby raincoat 낡아빠진 비옷

中 **shade** [ʃeid]

㉢ 그늘, 응달 ㉧ 그늘지게 하다, 덮다, 가리다.

㉠ **커튼**으로 창을 그**새 이드**리(들이)**가리다. 그늘지게 하다.**
(curtain) (shade)

▶ The trees shade the house nicely.
수목들이 그 집을 시원하게 그늘지운다.

高 **shadow** [ʃǽdou]

㉢ 그림자, 그늘 ㉫ 어둡게(그늘지게)하다.

㉠ **새도 우**지지는 **그늘(그림자)**진 **정글**
(shadow) (jungle)

大 **shadowy** [ʃǽdoui]

㉯ 그림자가 있는[많은], 그림자 같은

▶ (그림자 = shadow) + (y = …있는[많은, 같은]) = shadowy(그림자가 있는[많은], 그림자 같은)

大 **shady** [ʃéidi]

㉯ 그늘이 많은, 그늘 같은, 그늘의

▶ (그늘 = shad[e]) + (y = …많은, 같은, 의) = shady(그늘이 많은, 그늘 같은, 그늘의)

高 **shaft** [ʃæft / ʃɑːft]

㉢ 창자루 샤프트, 굴대
㉫ 자루[장대]로 밀다[찌르다].

㉠ **인디언**이 **새 프트**(붙으)니 **창자루[장대]로 찌르다.**
(Indian) (shaft)

▶ a shaft of light[lightning] 한 줄기 광선[번갯불]

大 **shaggy** [ʃǽgi]

㉯ 털이 텁수룩한, 털[숱]이 많은

㉠ **털숱이 많은 털이 텁수룩한** 풀쐐기
(shaggy)

S

高	**shake** [ʃeik]	ⓓ 떨다, 흔들다, 동요시키다. 의사가 새 이를 크게 ㉠ **닥터**가 **새 이 크**게 **흔들다**. (doctor) (shake) ▶ shake hands with a person 아무와 악수하다(흔들다) 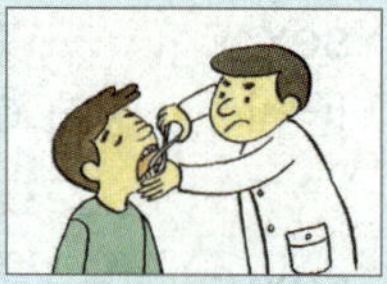
高	**shaken** [ʃéikən]	shake(흔들다)의 과거분사 ⓑ 흔들린, 동요된 ▶ shak(e)(흔들다) + en(과거분사를 만듦) = shaken ▶ easily shaken 쉽게 동요하는
高	**Shakespeare** [ʃéikspiər]	ⓜ 셰익스피어(영국의 시인, 극작가)
大	**shaky** [ʃéiki]	ⓗ 흔들리는, 흔들흔들하는 ▶ shak(e)(흔들다) + y(형용사를 만듦) = shaky(흔들리는, 흔들흔들하는)
中	**shall** [ʃæl, ʃəl]	ⓩ … 일 것이다, … 할 작정이다. ▶ We shall succeed. 우리는 성공할 것이다. ▶ Shall I open the window? 창문을 열까요?
高	**shallow** [ʃǽlou]	ⓗ 얕은; 천박한 ⓜ 여울 새로 늙은 친구 ㉠ **샐 로우(老友)**가 **얕은 여울**에서 잡어. (shallow) ▶ a shallow man [mind]. 천박한 사람[마음] 
高	**shame** [ʃeim]	ⓜ 부끄럼; 수치심 ⓓ 부끄러워하게 하다, 창피 주다, 부끄러워 망설이다. 새임(새님) ㉠ **키스**를 **쉐임**이 **부끄러워 망설이다**. (kiss) (shame) ▶ Shame on you! 부끄럽지 않느냐! 
大	**shameful** [ʃéimfəl]	ⓗ 부끄러운, 창피스러운 ▶ shame(부끄러움) + ful(형용사 어미) = shameful(부끄러운, 창피스러운)
大	**shameless** [ʃéimlis]	ⓗ 부끄럼을 모르는, 뻔뻔스러운 ▶ shame(부끄러움) + less(…이 없는) = shameless(부끄럼을 모르는, 뻔뻔스러운)
大	**shampoo** [ʃæmpúː]	ⓜ 세발제, 샴푸 ⓣ (머리를)감다, 씻다. ㉠ **샴푸 세발제**로 **(머리를) 감다(씻다)**. (shampoo)

S

大 **shan't** [ʃænt / ʃɑːnt]

shall not의 간약형

中 **shape** [ʃeip]

명 모양, 모습 동 모양짓다, 형성하다.

쇠로된 이를 풀어(빼서)
암 **닥터**가 **쇠이 프**러 틀니 **모양을 짓다**.
(doctor) (shape)

▶ What shape is it? 그 것은 어떤 모양을 하고 있느냐?

大 **shapeless** [ʃéiplis]

형 형태가[모양이] 없는, 볼품없는

▶ shape(모양) + less(…이 없는) = shapeless(형태가[모양이]없는, 볼품없는)

中 **share** [ʃεər]

명 몫, 주식 동 분배하다, 나누다.

암 **주식 몫**을 **쉐어**(세어) **분배하다, 나누다**.
(share)

▶ He wants more than his share. 그는 자기 몫 이상의 것을 바란다.

高 **shark** [ʃɑːrk]

명 상어, 사기꾼 동 먹어치우다.

암 **사기꾼**이 **상어**처럼 **샥! – 먹어치우다**.
(shark)

▶ The shark is chasing fishers. 상어가 어부들을 쫓고 있다.

中 **sharp** [ʃɑːrp]

형 날카로운, 뾰족한

암 **뾰족하**고 **날카로운 샤프 펜슬**.(**연필**)
(sharp)(pencil)

▶ A sharp knife is dangerous.
날카로운 칼은 위험하다.

大 **sharpen** [ʃáːrpən]

타 날카롭게 하다, 뾰족하게 하다, 깎다

▶ sharp(날카로운) + en(…하게 하다) = sharpen(날카롭게 하다, 뾰족하게 하다, 깎다)

大 **sharper** [ʃáːrpər]

명 날카롭게 하는[깎는] 사람[기구]

▶ sharp (날카로운) + er(…하는 사람[기구]) = sharper(날카롭게 하는, [깎는] 사람[기구])

高 **sharply** [ʃáːrpli]

부 날카롭게, 뾰족하게, 급격하게

▶ sharp(날카로운, 뾰족한) + ly(부사를 만듦) = sharply(날카롭게, 뾰족하게, 급격하게)

▶ The path turns sharply to the left.
그 오솔길은 갑자기 왼쪽으로 꺾어진다.

高 **shatter** [ʃǽtər]

동 산산이 부수다, 좌절되다, 깨지다. 명 파편, 깨진 조각

수명의 김씨 새로운 터(땅)
암 **스(數)김(金)**의 **농간**에 **새터**사는 일이 **좌절되다(깨지다)**.
(scheme) (shatter)

▶ shattered hopes 산산히 부서진 희망

S

高 **shave** [ʃeiv]

명 면도 동 면도하다, 깎다.

새 이불에

암 **양키**가 **새 이브**레 앉아 **면도하다**.

(Yankee) (shave)

▶ have a shave. 면도하다.

大 **shaving** [ʃéiviŋ]

명 면도질, 깎음

▶ shav(e)(면도하다, 깎다) + ing(현재분사 어미) = shaving(면도질, 깎음)

大 **shawl** [ʃɔːl]

명 숄, 어깨 걸치개 타 숄을 걸치다.

中 **she** [ʃiː, ʃi]

대 그녀는(각) 형 여자의, 암컷의

▶ Is the baby a he or a she?
아기는 사내아이입니까, 계집아이입니까.

S

大 **sheaf** [ʃiːf]

명 (pl, sheaves) (곡식의)묶음, 다발 타 단으로 묶다.

쉬 풀어지잖게

암 **(곡식)다발**이 **쉬 프**러지잖게 **단으로 묶다**.

(sheaf)

大 **shear** [ʃiər]

명 큰 가위 동 베다, 가위질하다, 잘라내다.

암 **양털 울**을 **큰 가위**로 **쉬어**쉬어 가며 **잘라내다** **(베다)**.

(wool) (shear)

大 **sheath** [ʃiːθ]

명 칼집, (연장의)집, 덮개 타 칼집에 넣다(꽂다).

암 **나이프 칼**을 **쉬 스**스로 **칼집에 넣다(꽂다)**.

(knife) (sheath)

高 **shed**[1] [ʃed]

동 (눈물, 피 땀 등을)흘리다, 뿌리다 (잎, 씨등이) 떨어지다.

세 들어

암 스타가 **가축 우리**같은 **헛간**에 **쉐 드**러 살며 **(눈물을)흘리다**.

(shed)

▶ Trees shed their leaves in autumn.
가을에는 나뭇잎이 떨어진다.

大 **shed**[2] [ʃed]

명 가축 우리, 광, 헛간

세 들어

암 스타가 **가축 우리**같은 **헛간**에 **쉐 드**러 살며 **(눈물을)흘리다**.

(shed)

高 **she'd** [ʃiːd, ʃid]

she had[would]의 간약형

中 **sheep** [ʃiːp]

명 양, 면양, 신자

암 **풀**이 **가득한** 곳에 **신자**가 **양**을 **쉬프**러(풀어)
(full) (sheep)

高 **sheer** [ʃiər]

형 순전한, 극히 엷은, 순수한 부 완전히, 수직으로, 아직

암 **게으른 아이들**이 **아주 완전히 쉬어**
(idle) (sheer)

高 **sheet** [ʃiːt]

명 시트, 홑이불; (종이)한 장 타 시트를 깔다.

암 **더블 베드**에 **한 장**의 **시트(홑이불)을 깔다**.
(double bed) (sheet)

高 **shelf** [ʃelf]

명 선반, 시렁, 모래톱

새를 풀어
암 **보이**가 **선반**에 **쉘 프**러.
(boy) (shelf)

高 **shell** [ʃel]

명 껍질, 조가비

셀
암 **쉘** 수 없는 **조가비 껍질**.
(shell)

大 **shellfish** [ʃélfiʃ]

명 조개, 갑각류(甲殼類: 새우, 게 따위)

▶ shell(껍질, 조가비) + fish(고기) = shellfish(조개, 갑각류)

高 **shelter** [ʃéltər]

명 피난 장소, 은신처 동 보호하다.

하룻밤 지낼 곳(땅)인
암 **창부**를 **하룻**밤 지**샐 터**인 **은신처**에 **보호하다**.
(harlot) (shelter)

大 **shelve** [ʃelv]

동 시렁(선반)에 얹다.

새를 부근
암 **인디언**이 **카나리아샐 브**근 **시렁(선반)에 얹다**.
(Indian) (canaria) (shelve)

大 **shelves** [ʃelvz]

명 shelf(시렁, 선반)의 복수

▶ shel(f)(시렁, 선반) + ves(복수 어미) → f로 끝나는 단어를 복수로 만들시 f를 v를 바꾸고 es를 붙여 복수를 만듦 = shelves(시렁, 선반)

高 **shepherd** [ʃépərd]

명 양치는 사람, 목양자, 세파드개 타 (양을) 지키다, 안내하다.

암 **양치는 사람**이 **세파드개**로(양을) **지키다**.
(shepherd)

高
sheriff
[ʃérif]

명 군(郡) 보안관, 주(州)장관

세금받는 관리 풀어 / 주택수(數)에

암 **주(州)장관**이 **셰리(稅吏)프**러 (주)**택스**에 따라 **세금을 매기다**.

(sheriff) (tax)

▶ a deputy sheriff 군 보안관 대리

中
she's
[ʃiːz]

she is [has]의 간약형

高
shield
[ʃiːld]

명 방패, 방어물 동 보호하다, 막다.

실 들어가

암 **군사 공병**이 **암실 드**러가 **방패**같은 **방어물**로 벽을 **막다**.

(arm)(shield)

▶ both sides of the shield 방패의 양면

大
shift
[ʃift]

동 옮기다, 바꾸다, 이리저리 바꾸다.

명 수단, 전환(시간,근무 따위의)교대

쉽게 붙으니

암 그는 **파트너**가 **쉬 프트**니 **이리저리 바꾸다**.

(partner) (shift)

S

高
shilling
[ʃíliŋ]

명 실링(영국의 옛 화폐 단위로 1971년 폐지.

大
shimmer
[ʃímər]

명 어렴풋한 빛, (불)빛 동 희미하게 반짝이다.

(불을 붙여 놓은=)심어놓은

암 **램프**에 **쉼머**놓은 **(불)빛**이 **희미하게 반짝이다**.

(lamp) (shimmer)

大
shin
[ʃin]

명 정강이, 정강이 뼈 타 정강이를 차다(까다), 기어오르다.

암 **범**같은 **부랑자**가 **쉰**(신)나게 **정강이를 차며 기어오르다**.

(bum) (shin)

中
shine
[ʃain]

동 비추다, 닦다, 빛나다.

암 **구두**를 **슈 샤인** 보이가 **닦다**.

(shoe) (shine)

▶ The moon shines at night.
달은 밤에 비친다.

大
shingle
[ʃíŋgəl]

명 지붕널, 지붕 이는 판자 타 지붕널로 이다.

암 **오두막 헛**간을 **쉥글** 벙글 거리며 **지붕널로 이다**.

(hut) (shingle)

大
shiny
[ʃáini]

형 빛나는, 번쩍이는

▶ shin(e)(빛나다) + y(형용사 어미) = shiny(빛나는, 번쩍이는)

中 **ship**
[ʃip]

명 배 동 수송하다, 배에 싣다.

암 **쉽**게 **배**로 **수송하다**.
(ship)

▶ a ship of the desert 사막의 배, 낙타

大 **shipment**
[ʃípmənt]

명 배에 싣기, 선적, 수송

▶ ship(배, 배에 싣다) + ment(명사를 만듦) = shipment(배에 싣기, 선적, 수송)

高 **shipping**
[ʃípiŋ]

명 해운업, 선적

▶ ship + p(배, 배에 싣다) + ing(현재분사 어미) = shipping(해운업, 선적)

▶ merchant shipping 해운업

大 **shipwreck**
[ʃíprèk]

명 난선, 난파, 배의 조난 사고

▶ ship(배) + wreck(난파) = shipwreck(난선, 난파, 배의 조난 사고)

大 **shipyard**
[ʃípjɑ̀ːrd]

명 조선소

▶ ship(배) + yard(마당, 제조소) = shipyard(조선소)

中 **shirt**
[ʃəːrt]

명 셔츠, 와이셔츠

▶ a long-sleeve shirt 긴소매 셔츠

高 **shiver**
[ʃívər]

동 (추위, 흥분 따위로) 와들와들[후들후들] 떨다.

암 놈이 **파카코트**를 **쉬 버**리고 **(추워) 와들와들[후들후들] 떨다**.
(parka-coat) (shiver)

▶ shiver from the cold. 추위로 후들후들 떨다.

大 **shoal**
[ʃoul]

명 여울목 형 얕은 자 여울이 되다.

암 **얕은 여울목**에서 **숄**(솔로)로 **샌들**을 **런더**(넌더리)리 내며 **빨다**.
(shoal) (sandal) (launder)

高 **shock**
[ʃɑk / ʃɔk]

명 충격, 쇼크 동 충격을 주다.

암 **쇼크 충격을 주다**.
(shock)

▶ His death was a great shock to his friends.
그의 죽음은 친구들에게 매우 큰 충격이었다.

大 **shocking**
[ʃákiŋ / ʃɔ́kiŋ]

형 충격적인, 소름끼치는

▶ shock(충격, 충격을 주다) + ing(현재분사 어미) = shocking(충격적인, 소름끼치는)

S

中 **shoe**
[ʃuː]

명 구두

암 **구두**를 **슈 샤인**보이가 **닦다**.
(shoe)(shine)

▶ I wore new shoes. 나는 새 구두를 신고 있었다.

大 **shoemaker**
[ʃuːmèikər]

명 구두방, 구두 고치는 사람

▶ shoe(구두) + maker(만드는 사람[곳]) = shoemaker(구두방, 구두 고치는 사람)

高 **shone**
[ʃoun / ʃɔn]

shine(빛나다)의 과거, 과거분사

▶ The sun shone out. (구름 등에 가려져 있던)태양이 비치기 시작했다.

高 **shook**
[ʃuk]

shake(흔들다)의 과거

▶ The explosion shook the house. 그 폭발로 집이 흔들렸다

S

中 **shoot**
[ʃuːt]

동 쏘다, 던져 넣다, 슛하다. 명 발사

암 공을 **슈트**하여 **쏘다(던져 넣다)**.
(shoot)

▶ The plane was shot down.
그 비행기는 격추되었다.

高 **shooting**
[ʃúːtiŋ]

명 사격, 저격

▶ shoot(쏘다, 슛하다) + ing(현재분사 어미) = shooting(사격, 저격)

中 **shop**
[ʃap / ʃɔp]

명 [주로 영] 가게, 상점

암 **코피 숍**(가게)
(coffee)(shoot)

▶ She opened a flower shop. 그녀는 꽃가게를 열었다.

大 **shopgirl**
[ʃápgəːrl / ʃɔ́p-]

명 여점원

▶ shop(가게) + girl(소녀) = shopgirl(여점원)

高 **shopkeeper**
[ʃápkìːpər / ʃɔ́p-]

명 가게 주인, 소매 상인

▶ shop(가게) + keeper(관리인, 소유자) = shopkeeper(가게 주인, 소매 상인)

▶ a nation of shopkeepers 상업 국민, 영국사람(Adam Smith의 말)

中 **shopping**
[ʃápiŋ / ʃɔ́p-]

명 쇼핑, 물건사기, 장보기

▶ shop + p(가게) + ing(현재분사 어미) = shopping(쇼핑, 물건사기, 장보기)

▶ I've some shopping to do. 나는 살 것이 좀 있다.

中

shore
[ʃɔːr]

[명] 물가 해안

[암] **물가 해안**에 **쇼**(소)
(shore)

▶ We walked along the shore of the lake.
우리는 호숫가를 따라 걸었다.

中

short
[ʃɔːrt]

[형] 짧은, 간단한, 부족한

[암] **짧은 쇼트 패스.**
(short) (pass)

▶ Summer seems short. 여름은 짧은 것 같다.

高

shortage
[ʃɔ́ːrtidʒ]

[명] 부족, 결핍

▶ short(짧은, 불충분한) + age(명사 어미) = shortage(부족, 결핍)

▶ a food shortage 식료품 부족

大

shortcoming
[ʃɔ́ːrtkʌ̀miŋ]

[명] 결점, 단점

▶ short(불충분한) + coming(오는, 생기는) = shortcoming(결점, 단점)

大

shorten
[ʃɔ́ːrtn]

[타] 짧게 하다, …의 치수를 줄이다

▶ short(짧은) + en(…하다) = shorten(짧게 하다, …의 치수를 줄이다)

高

shorthand
[ʃɔ́ːrthæ̀nd]

[명] 속기 [동] 속기하다

▶ short(짧은) + hand(손) → 짧은 시간에 손으로 기록하는 것
= shorthand(속기, 속기하다)

▶ take shorthand 속기로 받아 적다

大

short-lived
[ʃɔ́ːrtlívd / -láivd]

[형] 단명의, 일시적인

▶ short(짧은) + lived(삶의) = short-lived(단명의, 일시적인)

高

shortly
[ʃɔ́ːrtli]

[부] 곧, 이내, 즉시

▶ short(짧은) + ly(부사를 만듦) = shortly(곧, 이내, 즉시)

▶ He will arrive shortly.
그는 곧 도착할 것이다.

大

shortness
[ʃɔ́ːrtnis]

[명] 짧음, 가까움

▶ short(짧은) + ness(명사 어미) = shortness(짧음, 가까움)

高

shortsighted
[ʃɔ́ːrtsáitid]

[형] 근시[안]의, 근시적인

▶ short(짧은) + sighted(보는 것의) = shortsighted(근시[안]의, 근시적인)

▶ It was shortsighted of her not to make a reservation.
그녀가 예약을 하지 않는 것은 근시안적이었다.

高	**shot** [ʃɑt / ʃɔt]	㉷ 발포; 사정; 탄환 ㉶ 장탄하다, ~에 총알을 재다. 암 **전방의 포**(fore)에 **탄환**을 **숏**(숏)(shot)구치게 **장탄하다**.
中	**should** [ʃud, ʃəd]	㉳ shall(…일 것이다) 의 과거형 …해야한다. ▶ She should help. 그녀는 도와야 한다.
中	**shoulder** [ʃóuldər]	㉷ 어깨 암 **암말**(mare)을 **메어**(매여)보니 **어깨**가 **숄더**(솔다(=좁다))(shoulder). 
中	**shouldn't** [ʃúdnt]	should not의 간약형
中	**shout** [ʃaut]	㉷ 외침 ㉸ 외치다. 암 **밀**(mill) 빻는 **방앗간**을 **샤우(四友)트**(사우(네 벗이) 틀며)(shout)며 **외치다**. ▶ Don't shout! 소리치지 말아라! 
高	**shove** [ʃʌv]	㉸ 밀(치)다, 떠밀다. ㉷ 한 번 밀기, 떠밀기 암 **덩(똥)거름**(dung)을 **숴브**(삽으로)(shove)로 **밀치다(떠밀다)**.
高	**shovel** [ʃʌ́vəl]	㉷ 삽, 부삽 ㉶ 삽(부삽)으로 푸다, 삽질하다. ▶ shov(e)(밀치다) + el(명사, 동사 어미) = shovel(삽, 부삽, 삽으로 푸다, 삽질하다) 암 (삽을)**숴블(shovel)**들고 **삽(부삽)으로 푸다 삽질하다**.
中	**show** [ʃou]	㉸ 보이다, 보여주다. ㉷ 구경거리, 전시회 암 **구경거리 쇼**(show)를 **보이다**. ▶ The light showed through the fog. 안개 사이로 빛이 보였다. 
高	**shower** [ʃáuər]	㉷ 소나기, 샤워 ㉸ 흠뻑 적시다. 암 **소나기**같은 **샤워**(shower)로 **흠뻑 적시다**. ▶ Gildong is taking a shower. 길동이는 샤워를 하고 있다. 
大	**showing** [ʃóuiŋ]	㉷ 전시, 진열, 전람회 ▶ (전시회, 보이다, 보여주다 = show) + (ing = 현재분사 어미) = showing(전시, 진열, 전람회)

高 **shown** [ʃoun]

show(보이다, 나타내다)의 과거분사

大 **showy** [ʃóui]

형 화려한, 눈에 띄는

▶ (보이다 = show) + (y = 형용사를 만듦) = showy(화려한, 눈에 띄는)

大 **shrank** [ʃræŋk]

shrink(오그리 들다)의 과거

大 **shred** [ʃred]

명 조각 단편, 파편 동 조각조각으로 되다.

쉬 레드(=red : 붉은)

암 **파편**이 **쉬 레드** 빛으로 터져 **조각조각으로 되다**.

(shred)

高 **shrewd** [ʃruːd]

형 예민한, 약삭빠른, 재치있는

시루 들고

암 **좋은 굿**판에서 **약삭빠른**자가 (떡)**쉬루 드고 가다**.

(good) (shrewd)(go)

▶ a shrewd observer 예민한 관찰자

高 **shriek** [ʃriːk]

명 날카로운(새된) 소리, 비명 동 외마디 소리를 지르다.

암 **비명**을 **쉬 릭크!**(익크!)하며 **외마디소리로 지르다**.

(shriek)

▶ shriek for help. 살려달라고 비명을 지르다.

高 **shrill** [ʃril]

형 날카로운(새된) 소리의

동 날카롭게 소리지르다.

암 **코 속**이 **쉬릴**(시릴)때 마다 **날카롭게 소리지르다**.

(core) (shrill)

大 **shrimp** [ʃrimp]

명 작은 새우 자 작은 새우를 잡다.

쉬림(림씨가) 풀어서

암 **네트**를 **쉬 림(林) 프**러서 **작은 새우를 잡다**.

(net) (shrimp)

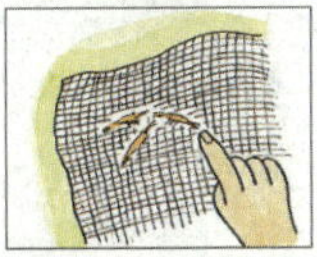

高 **shrine** [ʃrain]

명 성당,전당, 사원; 사당, 성지(聖地) 타 사원(사당)에 모시다.

어머니 넋을 쉽게 나인(=궁녀)

암 **군주가 모(母)넋**을 **쉬 라인**과 **성지(聖地) 사당에 모시다**.

(monarch) (shrine)

▶ a shrine of art[learning] 예술[학문]의 전당

高 **shrink** [ʃriŋk]

동 오그라(줄어)들다, 움츠리다, 줄다, 겁내다, 회피하다.

쉽게 잉크(=ink)를 연관시켜 기억할 것

암 뚜껑이 없어 **쉬 링크**가 **줄어들다**.

(shrink)

▶ shrink (up) with cold. 추위로 움츠리다.

高 **shrub**
[ʃrʌb]

명 관목, 키 작은 나무

쉽게 러브(=love)를 연관시켜 기억할 것

암 **키 작은나무 관목(灌木)**밑에서 **쉬 러브**하는 (shrub) **피그미(난쟁이)족** (Pygmy, Pigmy)

大 **shrug**
[ʃrʌg]

동 (어깨를) 으쓱하다. 명 어깨를 으쓱하기

암 **와이프**(wife)에게 푹 **쉬라그**(shrug)하며 **어깨를 으쓱하다.**

大 **shrunk**
[ʃrʌŋk]

shrink(오그라들다)의 과거, 과거분사

高 **shudder**
[ʃʌ́dər]

자 떨다; 몸서리치다. 명 전율, 진저리

암 **지긋지긋한 단드**대(darned)에 **셔더**니(shudder) **전율**에 **몸서리치다.**

大 **shuffle**
[ʃʌ́fl]

타 (발을)질질 끌다, (발을) 끌며 걷다. 명 발을 질질 끌기

암 **림(林)**(limb)씨가 **다리**를 **셔플**리(shuffle, 섣불리(어설프게)) 다쳐 **(발을)질질 끌다.**

大 **shun**
[ʃʌn]

타 피하다, 꺼리다, 싫어하다.

암 **범**(bum)같은 **부랑자**를 **션**수쳐(shun, 선수쳐) **피하다.**

中 **shut**
[ʃʌt]

동 닫다, 가두다, 닫히다.

암 **셔터 덧문**(shutter)을 옆에 **셧**(shut)다가 **닫다.**

高 **shutter**
[ʃʌ́tər]

명 덧문, 겉문, 셔터

▸ shut + t(닫다) + er(…하는 것) → 닫는 것 = shutter(덧문, 겉문, 셔터)

▸ close[open] the shutters 덧문[겉문]을 닫다[열다]

大 **shuttle**
[ʃʌ́tl]

명 (베틀의) 북, 단거리 왕복 버스 타 왕복하다.

암 **(베틀의)북**이 **단거리 왕복 버스(셔틀버스)**(shuttle)처럼 **왕복하다.**

高 **shy**
[ʃai]

형 수줍어하는, 부끄럼 타는

암 **매일 남성**(male) (사)**샤이**(shy)에서 **수줍어하는 마담**(madam)

▸ a shy look[smile] 수줍어하는 표정[미소]

大 **shyly** [ʃáili]

㉮ 수줍게, 부끄럽게

▶ shy(수줍어하는, 부끄러워하는) + ly(부사 어미) = shyly(수줍게, 부끄럽게)

大 **shyness** [ʃáinis]

㉯ 수줍음, 부끄러움

▶ shy(수줍어하는, 부끄러워하는) + ness(명사 어미) = shyness(수줍음, 부끄러움)

中 **sick** [sik]

㉱ [주로 미] 병난, 아픈

그 로운(=그 로우(老友)는 =그 늙은 벗은)

㉲ **식**식 거리며 **병난 그 로(老)운 신음하다.**

(sick) (groan)

▶ He was taken sick. 그는 병에 걸렸다.

大 **sicken** [síkən]

㉰ 병나다, 병에 걸리다, 진저리나다.

▶ sick(병난, 병든) + en(…하다[되다]) = sicken(병나다, 병에 걸리다, 진저리나다)

大 **sickle** [síkəl]

㉯ 낫, 작은 낫

시끌시끌

㉲ (애들이) **낫**들고 **시클**시클 떠들며 **낫질하다.**

(sickle)

大 **sickly** [síkli]

㉱ 병약한, 허약한, 병적인

▶ sick(병난, 병든) + ly(형용사를 만듦) = sickly(병약한, 허약한, 병적인)

高 **sickness** [síknis]

㉯ 병, 멀리

▶ sick(병난) + ness(명사 어미) = sickness(병, 멀미)

▶ a severe [slight] sickness 중[가벼운]병

中 **side** [said]

㉯ 쪽, 측면, 옆 ㉰ 편들다.

사이 들어가

㉲ **마담**이 **사이 드**러가 **옆쪽**을 **편들다.**

(madam) (side)

▶ Our house is by the river side.
우리 집은 강가에 있다.

大 **sideboard** [sáidbɔ̀ːrd]

㉯ 찬장, 식기대

▶ side(측면, 곁) + board(판자) → 부엌 곁에 판자로 짠 것이
= sideboard(찬장, 식기대)

高 **sidewalk** [sáidwɔ̀ːk]

㉯ 인도, 보도

▶ side(측면) + walk(걷다) = sidewalk(인도, 보도)

▶ a sidewalk cafe 보도상의(간이 식당)다방

S

大

sideways [sáidwèiz]

㈜ 옆(쪽)으로, 옆으로

▶ side(옆) + ways(…쪽으로) = sideways(옆[쪽]으로, 옆으로)

高

siege [siːdʒ]

명 포위, 공격, 공략 동 둘러(에워)싸다, 포위하다.

암 **포위공격**해 **시지**않고 **에워싸다**. (시지않고: 쉬지않고 / siege)

▶ a city under siege 포위 공격을 받고 있는 도시

大

sieve [siv]

명 (고운) 체, 조리 동 체질하다, 체로 거르다, 조사하다.

▶ si[ft] → si(체질하다, 체로 거르다) + eve(명사[동사]어미) = sieve(체, 조리, 체질하다, 체로 거르다, 조사하다)

高

sift [sift]

동 체질하다, 체로 거르다, 가려내다.

암 **파 티**끌같은 **미립자**가 **쉬프트**니 **체로 거르다**. (파 티: 파의 티끌 / particle; 쉬프트: 쉬 붙으니 / sift)

高

sigh [sai]

명 한숨 동 한숨쉬다, 탄식하다.

암 **바 걸**이 **그 로(老)인**의 **사타구니 사이**에서 **한숨쉬다(탄식하다)**. (bar girl) (groin) (sigh)

▶ The old man sighed deeply. 노인은 깊이 한숨을 쉬었다.

中

sight [sait]

명 광경; 시력, 봄, 명소 타 보다, 찾아내다.

암 **선글라스**를 **사 이트**리니 **명소**의 **관경**을 **봄** (선글라스: 색안경을 / sunglass; 사 이트: 사 이틀이나 / sight)

▶ A rainbow is a lovely sight. 무지개는 아름다운 광경이다.

大

sightless [sáitlis]

형 보지 못하는, 시력이 없는, 보이지 않는

▶ sight(광경, 보다) + less(…이 없는[않는]) = sightless(보지 못하는, 시력이 없는, 보이지않는)

大

sightsee [sáitsìː]

동 유람하다, 관광하다

▶ sight(광경, 보다) + see(보다) = sightsee(유람하다, 관광하다)

高

sightseeing [sáitsìːiŋ]

명 관광, 유람

▶ sightsee(관광[유람]하다) + ing(현재분사 어미) = sightseeing(관광, 유람)

▶ a sightseeing bus 관광 버스

大

sightseer [sáitsìːər]

명 관광객, 유람객

▶ sightse(e)(관광[유람]하다) + er(…하는 사람) = sightseer(관광객, 유람객)

中 **sign** [sain]

㉮ 부호, 기호 ㉯ 서명하다.

암 **사인**을 해 **서명하다**.
(sign)

高 **signal** [sígnl]

명 신호기 동 신호를 보내다.

▶ sign(신호) + al(…의 명사 어미) = signal(신호, 신호기)

암 역에서 **시그널 신호기**로 **신호를 보내다**.
(signal)

▶ a signal of danger 위험 신호

高 **signature** [sígnətʃər]

명 서명[하기], 사인, 기호

▶ sign + at(사인, 서명하다) + ure(명사 어미) = signature(서명[하기], 사인, 기호)

高 **significance** [signífikəns]

명 중요성, 의미, 의미 심장

▶ signif(y) → ic(의미하다) + ance(명사 어미)
= 중요성, 의미

식으니 껍질을 큰 수저로
암 피자가 **시그니 피(皮) 컨 스**저로 **의미**있게 **픽! 찌르다**.
(significance) (pick)

高 **significant** [signífikənt]

형 중요한, 의미있는

▶ signific(ance)(중요성, 의미, 의미심장) + ant(형용사를 만듦)
= significant(중요한, 의미있는)

大 **signify** [sígnifài]

동 나타내다, 의미하다.

▶ sign + i(신호, 사인) + fy(…화하다) = 나타내다, 의미하다

식으니 파이(틀렸다)
암 **수프**가 **시그니 파이**라며 식성을 **나타내다**.
(soup) (signify)

中 **silence** [sáiləns]

명 침묵 동 억누르다.

사이를 언수(언 손으로)
암 겨드랑 **사일 언스(手)**로 **침묵**케 **억누르다**.
(silence)

▶ break(keep) silence. 침묵을 깨뜨리다(지키다).

中 **silent** [sáilənt]

형 조용한, 고요한

▶ sil(ence)(침묵) + ent(형용사 어미) = silent(조용한, 고요한)

高 **silently** [sáiləntli]

부 잠자코, 조용히, 고요히

▶ silent(조용한, 고요한) + ly(부사 어미) = silently(잠자코, 조용히, 고요히)

大 **silhouette** [sìluːét]

명 실루엣, 그림자 그림 타 실루엣으로 그리다.

암 **그림자 그림**을 **실루엣으로 그리다**.
(silhouette)

S

中 **silk** [silk]

명 비단, 명주실, 생사(生絲); (복수) 비단옷

비단 길
암 **실크 로드**.
(silk) (road)

▶ fine silk 고운 비단

大 **silken** [sílkən]

형 비단의, 비단으로 만든

▶ silk(비단) + en(…의, …으로 만든) = silken(비단의, 비단으로 만든)

大 **silkworm** [sílkwə̀ːrm]

명 누에

▶ silk(명주 비단) + worm(벌레) = silkworm(누에)

高 **silly** [síli]

동 어리석은 명 [구어] 바보(= fool)

암 **어리석고 바보**같게 **시리 사이**사이 **탄식하다**.
(silly) (sigh)

▶ You were silly to buy it.
그것을 사다니 자네 참 어리석은 짓을 했군.

S

中 **silver** [sílvər]

명 은 형 은(빛, 제품)의

암 **은**으로 된 **실버 메달(메들)**.
(silver) (medal)

▶ a silver wedding 은혼식

大 **silvery** [sílvəri]

형 은과 같은, 은빛의, 은의

▶ silver(은, 은빛) + y(형용사를 만듦, …같은[의]) = silvery(은과 같은, 은빛의, 은의)

高 **similar** [símilər]

형 유사한, 비슷한, 서로 닮은

▶ simil(= same) + ar(형용사, 명사 어미)
= similar(비슷한)

시(詩) 밀어 읊으는
암 **비슷한 시(詩) 밀러** 놓고 **울프**는 **늑대**.
(similar) (wolf)

▶ similar figures 닮은 꼴[모양]

大 **similarity** [sìmilǽrəti]

명 비슷한 점, 닮음, 유사

▶ similar(비슷한, 서로 닮은, 유사한) + ity(명사 어미) = similarity(비슷한 점, 닮음, 유사)

大 **similarly** [símilərli]

부 유사하게, 비슷하게, 닮게

▶ similar (유사한, 비슷한, 서로 닮은) + ly(부사 어미) = similarly(유사하게, 비슷하게, 닮게)

大 **simmer** [símər]

동 부글부글(지글지글) 끓다, (주전자 물이) 픽픽하고 끓다.

고깃국이 심어(붙여)놓은
암 **수프**가 **심머**놓은 불에 **부글부글(지글지글) 끓다**.
(soup) (simmer)

中 **simple** [símpəl]

㉻ 간단한, 단순한

암 **간단한** 심**심풀**이 **게임**.
(simple) (game)

▶ That's a simple problem. 그것은 간단한 문제이다.

高 **simplicity** [simplísəti]

명 간단함, 간소함, 단순, 간단

▶ simpl(e) → simplic(간단한, 단순한) + ity(명사 어미) = simplicity(간단함, 간소함, 단순, 간단)

▶ It's simplicity itself. ((구어)) 그것은 아주 간단하다

大 **simplify** [símplifài]

동 간단히 하다, 간소화하다

▶ simple → simpli(간단한, 간소한) + fy(…화하다) = simplify(간단히 하다, 간소화하다)

高 **simply** [símpli]

부 간단히, 단순히, 간소하게

▶ simp(le)(간단한, 단순한) + ly(부사를 만듦) = simply(간단히, 단순히, 간소하게)

▶ describe simply 간소하게 표현하다

大 **simulate** [símjulèit]

타 흉내내다, 가장하다.

쉬 물 레 이 틈에

암 **멍키**가 **쉬 뮬레 이 트**메 돌리는 **흉내내다**.
(monkey) (simulate)

大 **simulation** [sìmjuléiʃən]

명 흉내, 시뮬레이션, 모의 실험

▶ simulat(e)(흉내내다) + ion(명사 어미) = simulation(흉내, 시뮬레이션, 모의 실험)

大 **simulator** [símjulèitər]

명 흉내내는 사람, 시뮬레이터, 모의 조종[실험]장치

▶ simulat(e)(흉내내다) + or(…하는 사람[것])
= simulator(흉내내는 사람, 시뮬레이터, 모의 조종[실험] 장치

大 **simultaneous** [sàiməltéiniəs / sìm-]

형 동시에 일어나는, 동시의

사이가 멀 때 사람이 고기를 쓰면(주면)

암 개와 **사이 멀태 인(人)이 어(魚)스**면 **동시에 일어나는 불독**.
(simultaneous) (bulldog)

高 **simultaneously** [sàiməltéiniəsli / sìm-]

부 동시에, 일제히

▶ simultaneous(동시에 일어나는, 동시의) + ly(부사 어미)
= simultaneously(동시에, 일제히)

高 **sin** [sin]

명 (종교상, 도덕상의)죄, (예의 범절 따위에 대한)과실 동 죄를 짓다.

암 인간이 **신**에게 **죄를 짓다**.
(sin)

▶ commit a sin. 죄를 범하다.

S

中 **since** [sins]

접전 ~이래 부 그후(이래)

주를 / 신수가

암 **유태인**의 **주**를 믿고 난 **이래 신스**가 풀려.
(Jew) (since)

▶ long since 오래 전부터

高 **sincere** [sinsíər]

형 거짓없는, 진짜의, 성실한, 진실한

신씨(申氏)가 아니고 신(神)의 씨여

암 그는 **진짜의 진실한 신씨(神氏)어!**
(sincere)

▶ a sincere friend 성실한 친구

高 **sincerely** [sinsíərli]

부 마음으로부터, 진정으로

▶ sincere(거짓없는, 성실한) + ly(부사를 만듦) = sincerely(마음으로부터, 진정으로)

▶ I sincerely hope I'll see her again.
나는 그녀를 다시 만나길 진정으로 원한다.

大 **sincerity** [sinsérəti]

명 진실, 진심, 성실, 진지

▶ sincer(e)(거짓없는, 성실한) + ity(명사 어미) = sincerity(진실, 진심, 성실, 진지)

S

大 **sinew** [sínjuː]

명 (복수) 근육, 체력, 정력 타 힘을 돋우다, 지지하다.

시누이

암 테니스로 **시뉴**이가 **체력**과 **정력**에 **힘을 돋우다.**
(sinew)

中 **sing** [siŋ]

동 노래하다.

암 **새들**이 **안장**에서 **싱**그럽게 **노래하다.**
(saddle) (sing)

▶ Let's sing together. 함께 노래를 부르자.

高 **singer** [síŋər]

명 노래하는 사람, 가수

▶ sing(노래하다) + er(…사람) = singer(노래하는 사람, 가수)

高 **singing** [síŋiŋ]

명 노래하기, 창가 형 노래하는, 지저귀는

▶ sing(노래하다) + ing(현재분사 어미) = singing(노래하기, 창가, 노래하는, 지저귀는)

中 **single** [síŋgəl]

형 단 하나의, 고독한 명 독신자

암 **싱글**벙글하는 **단 하나의 고독한 독신자.**
(single)

▶ He remained single all his life.
그는 일생을 독신으로 지냈다.

高 **singular** [síŋgjələr]

형 단수의, 단독(독자)의, 남다른, 기이한

▶ sing(le) → ul(단일의) + ar(형용사 어미, …한 성질) = singular(단수의, 단독(독자)의, 남다른, 기이한)

大	**sinister** [sínistər]	형 못된, 사악한, 악한, 재난의 신(神)이 수(여러) 곳(땅)에 혼(魂) 들어 암 **사(악)한 신(神)이 스(數)터**에 **혼(魂)트**러가려고 (sinister) (haunt) **출몰하다**. 
高	**sink** [siŋk]	동 가라앉다, 스며들다. 명 하수구, 싱크대 국물이 암 **수프**가 **싱크대 하수구**로 **스며들다**. (soup) (sink)
大	**sinner** [sínər]	명 (종교, 도덕상의) 죄인, 죄 많은 사람 ▶ ([종교, 도덕상의])죄 = sin + [n]) + (er = …사람) = sinner([종교, 도덕상의]죄인, 죄 많은 사람)
高	**sip** [sip]	동 홀짝이다, 마시다, 홀짝홀짝 마시다. 명 한 모금 암 **고릴라**가 **콜라**를 **쉽**게 **한모금씩 홀짝홀짝 마시다**. (gorilla) (cola) (sip)
大	**siphon, sy-** [sáifən]	명 사이펀, 빨아 올리는 관 동 사이펀으로 빨아 올리다. 암 **오일 기름**을 **빨아 올리는 관 사이펀**으로 **빨아 올리다**. (oil) (siphon)
中	**sir** [səːr, sər]	명 선생님; (영) (s-) 경(卿), 나리님 암 **서**(sir) **선생님**된 **나리님** ▶ Sir knight 기사님 / sir judge 재판관님
大	**sire** [saiər]	명 조상, 폐하, 아버지 사이여(중간이여) 암 **조상**의 서열은 **폐하**와 **아버지 사이어** (sire) 
大	**siren** [sáiərən]	명 사이렌, 호적(號笛), (그)(신화) 바다의 요정, 마녀 자 사이렌을 울리며 나아가다 암 **바다의 요정 마녀**가 **사이렌을 울리며 나아가다**. (siren)
中	**sister** [sístər]	명 자매, 언니, 여자 형제 암 **여자 형제 자매**인 펄**시스터** (sister) ▶ an elder [a younger] sister 누나[누이 동생]
大	**sister-in-law** [sístərinlɔ̀ː]	명 형수, 계수, 동서 시누이, 올케, 처형, 처제 ▶ sister(자매) + in(안에서) + law(법) → 법에 의해 연결된 자매 = sister-in-law(형수, 계수, 동서, 시누이, 올케, 처형, 처제)

中
sit
[sit]

[동] 앉다, 앉히다.

[암] 소파를 씻고 걸터앉다(앉다).
(sofa) (sit)

▶ sit on (in) a chair. 의자에 앉다.

高
site
[sait]

[명] 부지, 집터, 현장

사 이틈에

[암] 집터 부지를 사 이트메 (땅을)불도저로 고르다.
(site) (bulldoze)

▶ the site of the murder 살인현장

大
sitter
[sítər]

[명] 착석자

▶ sit + t(앉다) + er(…하는 사람) = sitter(착석자)

大
sitting
[sítiŋ]

[명] 착석, 앉음

▶ sit + t(앉다) + ing(현재분사 어미) = sitting(착석, 앉음)

S

大
sitting height
[sítiŋ hait]

[명] 앉은 키

▶ sitting(착석) + height(키, 높이) = sitting height(앉은 키)

中
sitting room
[sítiŋ ruːm]

[명] 거실, 객실, 사랑방

▶ sitting(착석) + room(방) = sitting room(거실, 객실, 사랑방)

高
situate
[sítʃuèit]

[동] (보통 수동으로) ~을 위치를 정하다, 설치하다.

시추(땅에 구멍을 파는 일) 두 트기가

[암] 땅 시추(試錐)에 이(二) 트기가 위치를 정하다.
(situate)

高
situated
[sítʃuèitid]

[형] 위치해 있는, 놓여 있는, 처해 있는

▶ situat(e)(위치를 정하다, 놓다, 설치하다) + ed(형용사를 만듦)
= situated(위치해 있는, 놓여 있는, 처해 있는)

▶ conveniently situated 편리한 위치에 있는

高
situation
[sìtʃuéiʃən]

[명] 상황, 위치, 장소, 정세, 상태

▶ situat(e)(위치를 정하다, 설치하다) + ion(명사 어미)
= situation(상황, 위치, 장소, 정세, 상태)

▶ The situation grew worse. 상황은 악화되었다.

大
situation room
[sìtʃuéiʃən ruːm]

[명] (軍) 전황 보고실, 상황실

▶ situation(정세, 상태, 상황) + room(방) = situation room(전황 보고실, 상황실)

中	**six** [siks]	명 6, 여섯 형 여섯의, 6의
大	**sixpence** [síkspəns]	명 6펜스 은화(1971년 폐지) ▶ six(6의) + pence(화폐단위) = sixpence(6펜스 은화)
中	**sixteen** [sìkstí:n]	명형 16, 16의 ▶ six(6) + teen(10의) = sixteen(16, 16의)
高	**sixteenth** [sìkstí:nθ]	명형 16번째(의) ▶ sixteen(16) + th(서수를 나타냄) = sixteenth(16번째[의])
中	**sixth** [siksθ]	명형 6번째(의) ▶ six(6) + th(서수를 나타냄) = sixth(6번째[의])
中	**sixty** [síksti]	명형 60(의) ▶ six(6) + ty(10의) = sixty(60[의])
中	**size** [saiz]	명 크기, 치수 암 **치수 사이즈**에 맞는 **크기**. (size) ▶ This book is the same size at that. 이 책은 저 책과 같은 크기다.
中	**skate** [skeit]	명 스케이트 동 스케이트를 타다. ▶ She can skate very well. 그녀는 스케이트를 아주 잘 탄다. 
大	**skater** [skéitər]	명 스케이트를 타는 사람 ▶ skat(e)(스케이트, 스케이트를 타다) + er(…하는 사람) = skater(스케이트를 타는 사람)
中	**skating** [skéitiŋ]	명 얼음지치기, 스케이팅 ▶ skat(e)(스케이트를 타다) + ing(현재분사 어미) = skating(얼음지치기, 스케이팅) ▶ figure skating 피겨스케이팅

高 **skeleton** [skélətn]

명 해골, 뼈대, 개략, 뼈만 앙상한 사람
형 해골의, 말라빠진

암 **말라빠진 뼈대**로 **스캘 이튼**(수캐를 이튼(틀은)) **뼈만 앙상한 사람**.
(skeleton)

▶ a human skeleton 인골(人骨)

高 **sketch** [sketʃ]

명 스케치, 사생(화), 밑그림; 개략 동 사생(스케치)하다.

암 **사생화 밑그림**을 **스케치하다**.
(sketch)

中 **ski** [ski:]

명 스키, 스키용구 동 스키를 타다.

암 **스키(용구)**로 **스키를 타다**.
(ski)

▶ She bought a pair of skis.
그녀는 스키 1대를 샀다.

大 **skier** [skí:ər]

명 스키를 타는 사람, 스키어

▶ ski(스키) + er(…하는 사람) = skier(스키를 타는 사람, 스키어)

S

中 **skiing** [skí:iŋ]

명 스키(타기), 스키술

▶ ski(스키) + ing(현재분사 어미) = skiing(스키[타기], 스키술)

▶ cross-country skiing 크로스컨트리 스키

高 **skilful** [skílfəl]

형 (= skillful), 능숙[능란]한, 솜씨 좋은

▶ skil(l)(능숙, 능란함, 뛰어난 솜씨) + ful(…많은[좋은]) = skilful(능숙[능란]한, 솜씨좋은)

▶ skilful surgeon 숙련된 외과의사

中 **skill** [skil]

명 뛰어난 솜씨, 기술, 기능, 능숙함, 숙련

암 **뛰어난 솜씨**로 **스킬**((ski =)스키를) 타는 **숙련**된 **기술**
(skill)

▶ professional skill(직업상의)전문 기술

高 **skilled** [skild]

형 숙련된, 능숙한, 기술이 좋은

▶ skill(숙련, 능숙함, 기술) + ed(형용사를 만듦) = skilled(숙련된, 능숙한, 기술이 좋은)

▶ highly skilled 고도로 숙련된

高 **skillful** [skílfəl]

형 능숙[능란]한, 솜씨좋은

▶ skill(능숙, 능란함, 뛰어난 솜씨) + ful(…많은[좋은]) = skillful(능숙[능란]한, 솜씨좋은)

▶ skillful with one's fingers 손재주가 좋은

大 **skillfully** [skílfəli]

부 솜씨있게, 능숙[능란]하게

▶ skillful(솜씨좋은, 능숙[능란]한) + ly(부사를 만듦) = skillfully(솜씨있게, 능숙[능란]하게)

高 **skim**
[skim]

동 (액체의) 위에 뜬 찌끼를 걷어내다; (수면을) 미끄러지듯 가다.

수명의 김씨가

암 체로 **스(數)김(金)**이 **(액체) 위에 뜬 찌끼를 걷어내다.**

(skim)

▶ skim off the grease(from soup) (수프에서) 지방분을 걷어내다.

高 **skin**
[skin]

명 살갗, 피부, 가죽 동 가죽을 벗기다.

암 **피부**에 바르는 **스킨 로션(화장수).**

(skin) (lotion)

▶ The hunter skined the rabbit.
사냥꾼은 토끼의 가죽을 벗겼다.

大 **skin diver**
[skin dáivər]

명 스킨 다이빙을 하는 사람, 스킨다이버

▶ skin(피부) + diver(잠수하는 사람) = skin diver(스킨다이버)

大 **skin diving**
[skin dáiviŋ]

명 스킨 다이빙

※ ((안경, 물갈퀴, 애쿼렁 등의 장비를 갖추고 하는 잠수법)

高 **skip**
[skip]

동 가볍게 뛰다, 튀다; (영) 줄넘기하다.

명 도약, 줄넘기, 건너뜀

수(물이) 깊은

암 **다이버**가 **스(水)깊**은 데서 **가볍게 뛰다(튀다).**

(diver) (skip)

▶ skip about for joy. 기뻐서 깡충깡충 뛰어다니다.

大 **skipper**
[skípər]

명 가볍게 뛰는[춤추는]사람, 방아벌레

▶ skip + p(가볍게 뛰다) + er(…사람[것들]) = skipper(가볍게 뛰는[춤추는] 사람, 방아벌레)

大 **skirmish**
[skə́ːrmiʃ]

명 전초전, 작은 충돌 자 작은 접선을 하다.

숫 거미 쉬잖코

암 **스커미 쉬**잖코 벌레와 **작은 접전을 하다.**

(skirmish)

高 **skirt**
[skəːrt]

명 스커트, 치마, 가장자리

▶ Mary is wearing a red skirt.
메리는 빨간 치마를 입고 있다.

大 **skull**
[skʌl]

명 두개골, 머리

암 (숟갈) **스컬**로 **두개골**에 **머릿**골을 파먹는 **사탄**

(skull) (Satan)

大 **skunk**
[skʌŋk]

명 (動) 스컹크, 밉살맞은 놈, (美俗)흑인

S

中 **sky** [skai]

명 (종종 복수) 하늘, 천국

암 **하늘**에서 하는 **스카이**(sky) **다이빙**(diving).

▶ The sky is blue. 하늘은 푸르다.

高 **skylark** [skáilɑ̀ːrk]

명 종다리, 종달새

▶ sky(하늘) + lark(종다리, 종달새) = skylark(종다리, 종달새)

大 **skyline** [skáilàin]

명 지평선

▶ sky(하늘) + line(선) → 땅이 하늘 선과 맞닿는 곳 = skyline(지평선)

大 **skyscraper** [skáiskrèipər]

명 마천루, 고층빌딩

▶ sky(하늘) + scraper(긁는 도구) → 하늘을 긁고 찌르는 건물 = skyscraper(마천루, 고층빌딩)

S

大 **skyway** [skáiwèi]

명 항공로, 항로

▶ sky(하늘) + way(길) → 하늘길 = skyway(항공로, 항로)

大 **slab** [slæb]

명 평석, 널판지 타 슬래브로(평석 같이)덮다.

암 **빌딩**(building)을 **평석**같은 **슬래브로**(slab) **덮다**.

▶ a concrete slab 콘크리트 슬래브(판)

高 **slack** [slæk]

형 느슨한 부 느슨하게, 늘어진 동 축처지다.

암 **양키**(Yankee)목에 늘어진 **슬 렉**(slack)타이가 **축처지다**. (술달린 넥타이가)

大 **slacken** [slǽkən]

동 느슨해[느즈러]지다, 늦추다, 완화하다.

▶ slack(느슨한, 늘어진) + en(…하다) = slacken(느슨해[느즈러]지다, 늦추다, 완화하다)

高 **slain** [slein]

slay(살해하다, 근절하다)의 과거분사

大 **slam** [slæm]

동 (문을) 탕(쾅)닫다[닫히다], 힘차게 팽개치다.

암 술을 **솥**(sot)채마신 **주정꾼**을 **슬램**(slam)새 난다고 **힘차게 팽개치다**. (술냄새)

大 **slander**
[slǽndər]

명 중상, 비방 타 중상(비방)하다, 헐뜯다.

우면서(울면서) 술엔 더
암 **여자**가 **우먼**서 **계집**과 **슬렌 더** 빠진다고 **헐뜯다**.
(woman) (slander)

高 **slang**
[slæŋ]

명 속어, (특정한 집단의)전문어
동 속어로 지껄이다.

술이 랭(차다)
암 **맥주**잔을 **비어**내고 **슬 랭(冷)**하다면 **속어로 지껄이다**.
(beer) (slang)

▶ students' slang 학생어, 학생 속어

高 **slant**
[slænt / slɑ:nt]

형 기운 명 경사, 비탈 동 기울이다, 기울다.

술을 낸 트기가
암 **샴페인**술을 **슬 랜 트**기가 **경사**지게 **기울이다**.
(champagne) (slant)

高 **slap**
[slæp]

명 손바닥으로 (뺨을)때림 타 찰싹 때리다.

암 **갱**이 **바걸**에게 **슬랩**(술냅)다 뿌리며**(뺨을) 찰싹 때리다**.
(gang bar girl) (slap)

高 **slate**
[sleit]

명 슬레이트, 석판 타 (지붕을)슬레이트로 이다.

암 **사기꾼**이 **집 (지붕을)석판 슬레이트로 이다**.
(gyp) (slate)

高 **slaughter**
[slɔ́:tər]

명 도살, 학살 타 도살[학살]하다.

(쇠)사슬로 터지게
암 **갱**이 **이란 왕**을 **샤슬로 터**지게 패 **학살하다**.
(gang) (shah)(slaughter)

高 **slave**
[sleiv]

명 노예 형 노예의 자 노예처럼 일하다.

수레 이부(이씨 부인)
암 **스레 이브(李婦)**인이 끌며 **노예처럼 일다**.
(slave)

大 **slaver**
[sléivər]

명 노예 상인, 노예 무역선
▶ slav(e)(노예) + er(…하는 사람[것]) = slaver(노예 상인, 노예 무역선)

高 **slavery**
[sléivəri]

명 노예 상태, 노예의 신분, 노예 제도
▶ slav(e)(노예, 노예의) + ery(= ry 명사 어미) = slavery(노예 상태, 노예의 신분, 노예 제도)

高 **slay**
[slei]

동 죽이다, 살해하다, 근절하다.

독술 내 이씨를
암 **개새끼**가 **독슬 래 이(李)**를 **죽이다(살해하다)**.
(dog) (slay)

S

大 **sled** [sled]

[명] 썰매, 소형 썰매 [동] 썰매로 가다.

술 내(서)들고
[암] 술꾼이 **그린란드**를 **슬래 드**고 **소형 썰매로 가다.**
(Greenland) (sled)

大 **sledge** [sledʒ]

[명] (말, 개, 순록이 끄는)썰매 [동] 썰매로 가다, 설매를 타다.

술 내(서)쥐고
[암] 술꾼이 **그린란드**를 **슬래 쥐**고 **썰매로 가다.** ※ 위 그림 참조하세요.
(Greenland) (sledge)

中 **sleep** [sliːp]

[동] 잠자다, 자다. [명] 수면, 잠

침낭
[암] **슬리핑 백**에서 **슬리프**하며 **자다.**
(sleeping bag) (sleep)

▶ It's easy to sleep when it's quiet. 조용할 때 잠자기가 쉽다.

大 **sleeper** [slíːpər]

[명] 잠자는[자고 있는]사람, 잠꾸러기

▶ sleep(잠자다) + er(…하는 사람) = sleeper(잠자는[자고 있는]사람, 잠꾸러기)

大 **sleeping** [slíːpiŋ]

[명] 잠, 수면 [형] 자고 있는, 자는

▶ sleep(잠자다) + ing(현재분사 어미) = sleeping(잠, 수면, 자고 있는, 자는)

高 **sleepy** [slíːpi]

[형] 졸린, 멍한, 적막한

▶ sleep(잠자다) + y(형용사를 만듦) = sleepy(졸린, 멍한, 적막한)

▶ a sleepy hollow 적막한 골짜기

大 **sleepyhead** [slíːpihèd]

[명] 잠꾸러기, 멍청이

▶ sleepy(졸린, 졸음이 오는) + head(머리) = sleepyhead(잠꾸러기, 멍청이)

大 **sleet** [sliːt]

[명] 진눈깨비, 우빙(雨氷) [자] 진눈깨비가 내리다.

수리가 틀어져
[암] **우빙**에 **스리 트**러져 묻힐만큼 **진눈깨비가 내리다.**
(sleet)

高 **sleeve** [sliːv]

[명] 소매 [동] 소매를 달다.

수리부(修理部=수리하는 부서)
[암] 옷 **스리부(修理部)**에서 옷에 **소매를 달다.**
(sleeve)

大 **sleigh** [slei]

[명] 썰매, (대형)썰매 [동] 썰매로[가다]나르다.

수레 이(李)씨
[암] **산타**와 **스레 이(李)**씨가 **(대형) 썰매로 가다.**
(Santa) (sleigh)

高 **slender** [sléndər]

㊧ 홀쭉한, (우아하고)날씬한, 빈약한, 약한

술엔 더

암 **슬랜더 약한 날씬하**고 **홀쭉한 젠틀먼**.

(slender) (gentleman)

▶ He is slender in build.
그는 체격이 호리호리하다.

中 **slept** [slept]

sleep(잠자다)의 과거, 과거분사

▶ I slept in his house last night. 나는 어젯밤에 그의 집에서 잤다.

大 **slew** [sluː]

slay(살해하다, 근절하다)의 과거

高 **slice** [slais]

명 얇은 조각 동 얇게 베다, 썰다.

슬라(=순라군:밤에 도둑, 화재를 감시하던 군졸)

암 마담이 문에 **슬라 이스**(있으)니 **얇게 벤 조**각을 주네.

(slice)

▶ a slice of bread 빵 한 조각

大 **slid** [slid]

slide(미끄러지다)의 과거, 과거분사

高 **slide** [slaid]

동 미끄러지다. 명 미끄러짐

암 **슬라이드**하여 **미끄러지다**.

(slide)

▶ Let's take a slide on the ice.
얼음을 지치자.(얼음에서 미끄러지기 하자)

高 **slight** [slait]

형 약간의, 사소한 동 무시하다. 명 무시

슬라(=순라=옛날 경비병)

암 **슬라 이(二) 트**기를 **사소한**자로 여겨 **무시하다**.

(slight)

高 **slightly** [sláitli]

부 약간, 조금

▶ slight(근소한, 약간의, 적은) + ly(부사를 만듦) = slightly(약간, 조금)

大 **slim** [slim]

형 호리호리한, 가날픈 (음식을 적게 먹고) 홀쭉해지다, 체중을 줄이다

쓰림(=쓰리다)

암 **충격**에 **속 슬림**을 느껴**(음식을 적게 먹고)홀쭉해지다**.

(sock) (slim)

大 **slime** [slaim]

명 차진 흙, 갯벌, 끈적끈적한 물건

동 진흙을 (뒤)바르다.

수명의 벌거벗은 아이밴자가

암 **갯벌**에서 **스(數) 라임(裸姙)**이 **진흙을 바르다**.

(slime)

S

大 **sling** [sliŋ]

[명] 새총, 투석기 [동] (돌을)투석기로 던지다.

[암] **레슬링**선수에게 **슬링**씨가 **(돌을) 새총 투석기로 던지다.**
(wrestling) (sling)

高 **slip** [slip]

[동] 미끄러지다, 벗겨지다. [명] 미끄러짐, 실수

[암] **슬리퍼** 신고 **슬립**하여 **미끄러지다.**
(slipper) (slip)

▶ He slipped on the ice.
그는 얼음 위에서 미끄러져 넘어졌다.

高 **sipper** [slípər]

[명] 실내화, 슬리퍼, 덧신

▶ slip + p(미끄러지다, 벗겨지다) + er(…하는 것) → 잘 벗겨지는 것 = slipper(실내화, 슬리퍼, 덧신)

▶ a pair of slippers 덧신 한 켤레

大 **slippery** [slípəri]

[형] (땅이) 미끄러운, 미끈거리는

▶ slip + p(미끄러지다) + ery(형용사 어미) = slippery(미끄러운, 미끈거리는)

S

大 **slogan** [slóugən]

[명] 외침, 함성, 슬로건, 표어

高 **slope** [sloup]

[명] 비탈, 경사지 [동] 경사지다, 기울이다.

[암] 화를 **슬로 프**려고 잔을 **기울이다.**
(술로 풀려고) (slope)

▶ The roof slopes. 지붕은 비탈져 있다.

高 **slow** [slou]

[형] 느린, 더딘 [부] 늦게, 천천히

[암] **슬로우 슬로우!**하며 **천천히 댄스 춤추다.**
(slow) (slow) (dance)

▶ My watch is 3minutes slow.
내 시계는 3분 늦게 간다.

大 **slowdown** [slóudàun]

[명] 감속, 조업 단축

▶ slow(느린, 더딘) + down(아래로) = slowdown(감속, 조업 단축)

大 **slow-footed** [slóufútid]

[형] 걸음이 느린, 굼뜬

▶ slow(느린, 더딘) + footed(걸음 걷는) = slow-footed(걸음이 느린, 굼뜬)

中 **slowly** [slóuli]

[부] 천천히, 느리게, 느릿느릿

▶ slow(느린, 더딘) + ly(부사 어미) = slowly(천천히, 느리게, 느릿느릿)

▶ A snail moves slowly. 달팽이는 느리게 움직인다.

大 **slug** [slʌg]

명 느림보, 민달팽이

동 게으름을 피우다, 민달팽이를 잡다.

쓸어 그

암 **느림보**가 비로 **쓰러 그 민달팽이를 잡다.**

(slug)

大 **slugg*ish*** [slʌ́giʃ]

형 느린, 완만한, 게으른

▶ slug + g(느림보) + ish(…같은[다운]) = sluggish(느린, 완만한, 게으른)

大 **slum** [slʌm]

명 빈민굴, 슬럼가 동 빈민굴을 찾다.

암 **시주**하여 **도울**려고 **슬럼가 빈민굴을 찾다.**

(dole) (slum)

高 **slumber** [slʌ́mbər]

명 (흔시 복수) 잠, 선잠

동 (편안히)자다, 활동을 멈추다.

운동가로 쓸놈 버림당해

암 **스포츠맨**으로 **슬럼 버**림당해 **잠**자며 **활동을 멈추다.**

(sportsman) (slumber)

▶ I fell into a deep slumber. 난 깊이 잠들어 버렸다.

大 **slump** [slʌmp]

명 푹[쑥] 떨어짐, 슬럼프, 불황 자 폭락하다.

암 코스피가 **불황**의 **슬럼프**에 **폭락하다.**

(slump)

大 **slung** [slʌŋ]

sling(던지다)의 과거, 과거분사

高 **sly** [slai]

형 교활한, 음흉한

술라(=순라=옛날 경비병)

암 **교활하**고 **음흉한 슬라 이(李)**씨

(sly)

▶ sly questions 음흉한 질문

大 **smack[1]** [smæk]

명 낌새, 기미 동 맛이나다, 낌새가 있다.

수맥(水脈 : 물맥, 수로) 삽을

암 사막에 **스맥(水脈)**있는 **낌새** 알고 **쉬블**들고 **삽질 하다.**

(smack) (shovel)

大 **smack[2]** [smæk]

동 세게 때리다, 강타하다, 쩍쩍 입맛을 다시다.

수맥(水脈 : 물맥, 수로)

암 사막에서 **스맥(水脈)**못 찾는다고 **강타하니 쩍쩍 입맛을 다시다.**

(smack)

大 **smack*er*** [smǽkər]

명 입맛다시는 사람, 때리는 사람

▶ smack(쩍쩍 입맛을 다시다, 강타하다) + er(…하는 사람) = smacker([쩍쩍]입맛을 다시는 사람, 때리는 사람)

中	**small** [smɔːl]	ⓗ 작은, 소형의 암 **작은 스몰 사이즈(차수, 호수).** (small) (size) ▶ small hope of success 적은 성공의 가망
大	**smallpox** [smɔ́ːlpɑ̀ks / -pɔ̀ks]	ⓜ 천연두 ▶ small(작은, 소형의) + pox(병에 걸리면 팍! 쓰러지는 병, 마마, 천연두) = smallpox
高	**smart** [smɑːrt]	ⓗ 말쑥한, 영리한, 스마트한 암 **스마트**하고 **말쑥한 젠틀맨(신사)** (smart) (gentleman) ▶ a smart remark 영리한(재치있는)말 
大	**smash** [smæʃ]	ⓢ 박살내다, 분쇄하다, 세차게 내리치다. ⓜ 스매시, 분쇄, 충돌 암 볼을 **스매시**로 **세차게 내리치다(박살내다).** (smash) 
大	**smear** [smiər]	ⓣ (기름을) 바르다, 문대다, 칠하다. 암 **오일 기름**이 바닥에 **스미어**지도록 **칠하다(문대다).** (oil) 스미여 (smear)
高	**smell** [smel]	ⓜ 냄새 ⓢ 냄새맡다, 냄새를 풍기다. 암 **스(數)맬** 길러 **냄새를 풍기다.** 수 마리의 매를 (smell) 
大	**smelt** [smelt]	smell(냄새가 나다)의 과거, 과거분사
中	**smile** [smail]	ⓢ 미소짓다, 웃다. ⓜ 미소 암 **걸 프렌드**와 **스(數)마일**을 가며 **미소짓다.** (girl friend) 수(數) 마일을 (smile) ▶ Mrs. Brown smiled happily. 브라운 부인은 기쁜 듯이 미소지었다. 
大	**smileless** [smáillis]	ⓗ 웃지 않는, 진지한 ▶ smile(웃다) + less(…이 없는) = smileless(웃지 않는, 진지한)
大	**smiling** [smáiliŋ]	ⓗ 방글거리는, 미소하는 ▶ smil(e)(웃다) + ing(현재분사 어미) = smiling(방글거리는, 미소하는)

大	**smite** [smait]	⑧ 세게 때리다, 치다, 강타하다. ⑲ 타격, 강타 수마(많은 말) 이 틈에 **암** **카우보이**가 **스마(數馬)이 트**에 모느라 **세게 때리다**. (cowboy) (smite)
大	**smith** [smiθ]	⑲ 대장장이, 금속세공장 **암** **대장장이 스미스**씨 (smith)
大	**smock** [smɑk / smɔk]	⑲ (어린이용, 작업용) 덧옷, 작업복 수(물을)막으려고 **암** 인디언이 **스(水)막**으려고 **작업복(덧옷)** 입고 **잡일을 하다**. (smock) (job)
大	**smog** [smɑg / smɔ(:)g]	⑲ 연무(煙霧), 스모그, 연기 ▶ sm(oke)(연기) + (f)og(안개) → smog(연무, 스모그) **암** 날씨가 **연무(煙霧)**로 뿌옇게 되는 **스모그** 현상 (smog)
中	**smoke** [smouk]	⑲ 연기 ⑧ 담배를 피우다. 수목(樹木):나무 **암** **스목(樹木)**에 앉아 **담배를 피우다**. (smoke) ▶ Let us have a smoke. 한 대 피웁시다. 
大	**smoker** [smóukər]	⑲ 흡연자, 담배 피우는 사람, 흡연실 ▶ smok(e)(담배 피우다) + er(…사람) = smoker(흡연자, 담배 피우는 사람, 흡연실)
大	**smoking** [smóukiŋ]	⑲ 흡연, 연기가 낌 ▶ smok(e)(담배 피우다) + ing(현재분사 어미) = smoking(흡연, 연기가 낌)
大	**smoky, smokey** [smóuki]	⑱ 연기나는, 연기가 많은 ▶ smok(e)(연기) + y(형용사를 만듦) = smoky, smokey(연기나는, 연기가 많은)
高	**smooth** [smuːð]	⑱ 매끄러운, 잔잔한 ⑧ 매끈하게 하다. 수개의 무 들고 **암** **스(數)무 드**고 **매끄러운**데서 **슬립**하듯 **미끄러지다**. (smooth) (slip) ▶ The sea is smooth. 바다는 잔잔하다. 
高	**smoothly** [smúːðli]	⑭ 매끈하게, 반드럽게 ▶ smooth(매끄러운) + ly(부사를 만듦) = smoothly(매끈하게, 반드럽게)

S

大 **smote** [smout]

mite(치다, 세게 때리다)의 과거

大 **smother** [smʌ́ðər]

[동] 숨막히게 하다, 숨차게 하다. [명] 자욱한 먼지, 짙은 안개

수(여러)어머니를

[암] **자욱한 먼지**가 **스(數)머더**를 **숨막히게 하다**.

(smother)

大 **smuggle** [smʌ́gəl]

[동] 밀수입[밀수출]하다, 밀매매하다.

어부(가) 서둘러 수(수입) 먹을려고

[암] **어브 서드**러 **엄청난 스(收) 머글**려고 **밀수입[밀수출]하다**.

(absurd) (smuggle)

大 **snack** [snæk]

[명] 간식, 간단한 식사 [자] 가벼운 식사를 하다.

[암] **간단한 식사**를 파는 **스낵 바**.

(snack)(bar)

高 **snail** [sneil]

[명] 핀둥거리는 사람, 달팽이, 늘보

수(물을) 내 일삼아

[암] **핀둥거리는 사람**이 **스(水)내 일**삶아 기르는 **달팽이**

(snail)

S

高 **snake** [sneik]

[명] 뱀

순애(가) 이크!

[암] **뱀**보자 **스내 이크!**하며 **홀로 외치다**.

(snake) (holler)

高 **snap** [snæp]

[동] 찰깍(딱)하고 소리를 내다, 소냅 사진을 찍다.

[명] 스냅 사진

[암] **카메라**로 **찰깍 스냅 사진을 찍다**.

(camera) (snap)

▶ The door snapped shut[open].
문이 꽝하며 닫혔다[열렸다].

大 **snapping** [snǽpiŋ]

[형] 딱 하고 소리 내는, 달려 들어 무는

▶ snap + p(딱하고 소리를 내다) + ing(현재분사 어미) = snapping(딱하고 소리 내는, 달려들어 무는)

大 **snare** [snɛər]

[명] 덫, 올가미, 함정

[동] 덫으(올가미)로 잡다, 유혹하다.

병아리를 수를 내여(써서)

[암] **치킨**을 **스내어 올가미 덫으로 잡다**.

(chicken) (snare)

大 **snarl** [snɑːrl]

[동] (개가) 으르렁거리다, 고함치다. [명] 으르렁거리는 소리

수(여러) 날고기

[암] **불독**이 **스(數) 날**고기 놓고 **으르렁거리다**.

(bulldog) (snarl)

高 **snatch** [snætʃ]

동 와락 붙잡다, 잡아채다, 달려(덤벼)들다. 명 강탈, [복수]단편(斷片)

순애 치마를

암 **범**같은 **부랑자**가 **손애치**마를 **와락 잡아채다**.

(bum) (snatch)

大 **sneak** [sniːk]

동 살금살금 달아나다(들어오다). 명 살금살금 몰래함

(갑)순이 크게

암 **키스하다 스(順)니 크**게 들켜 **살금살금 달아나다**.

(kiss) (sneak)

大 **sneer** [sniər]

동 냉소하다, 비웃다, 경멸하다. 명 냉소, 비웃음

순(順)이 여서

암 **바걸**이 **스(順)니** 어서 **냉소**로 **경멸하다**.

(bar–girl) (sneer)

大 **sneeze** [sniːz]

명 재채기 자 재채기하다, 깔보다.

K N 제 순이에게 주니

암 **케이엔**제 **고춧가루**를 **스(順)니 즈**니 **깔보다**가 **재채기하다**.

(cayenne) (sneeze)

高 **sniff** [snif]

동 킁킁 냄새맡다, 들이쉬다. 명 냄새 맡음

(갑)순이 풀어놓고

암 **레몬**을 **스(順)니 프**러놓고 **킁킁 냄새맡다**.

(lemon) (sniff)

大 **snort** [snɔːrt]

동 콧김을 뿜다 . 명 거센 콧바람, 기관의 배기음

수(數) 노트(=Knot 배 속도의 단위)

암 **사탄**이 **스(數)노트**의 **거센 콧김을 뿜다**.

(Satan) (snort)

中 **snow** [snou]

명 눈 동 눈이 내리다.

암 **눈**올 때 끼우는 **스노우 타이어**.

(snow) (tire)

▶ Look at the snow on the mountains. 산 위에 눈을 보아라.

大 **snowball** [snóubɔ̀ːl]

명 눈뭉치, 눈덩이, 눈싸움

▶ snow(눈) + ball(공) = snowball(눈뭉치, 눈덩이, 눈싸움)

大 **snow-covered** [snóukʌ̀vərd]

형 눈으로 덮인

▶ snow(눈) + covered(덮인) = snow–covered(눈으로 덮인)

大 **snowfall** [snóufɔ̀ːl]

명 강설, 강설량

▶ snow(눈) + fall(떨어지다, 내리다) = snowfall(강설, 강설량)

大 **snowflake**
[snóuflèik]

명 눈송이

▶ snow(눈) + flake(조각, 엷은 조각) = snowflake(눈송이)

大 **snowman**
[snóumæ̀n]

명 눈사람

▶ snow(눈) + man(사람) = snowman(눈사람)

大 **snowshoe**
[snóuʃùː]

명 눈신, 동철 박은 눈신

▶ snow(눈) + shoe(신, 신발) = snowshoe(눈 신)

大 **snowstorm**
[snóustɔ̀ːrm]

명 눈보라

▶ snow(눈) + storm(폭풍우) = snowstorm(눈보라)

大 **snow-white**
[snóuhwáit]

형 눈같이 흰, 순백의

▶ snow(눈) + white(흰) = snow-white(눈같이 흰, 순백의)

高 **snowy**
[snóui]

형 눈의, 눈으로 덮인, 눈이 많은

▶ snow(눈) + y(…의[많은, 덮인]) = snowy(눈의, 눈으로 덮인, 눈이 많은)

大 **snuff**
[snʌf]

명 코담배, 스너프 동 코로 냄새를 맡다.

암 **스너프 코담배**를 들고 **코로 냄새를 맡다.**
(snuff)

大 **snug**
[snʌg]

형 아늑한, 편안한 타 아늑하게 하다.

수(繡)넣어
암 **커튼**에 **스(繡)넣 그** 곳을 **편안하**고 **아늑하게 하다.**
(curtain) (snug)

中 **so**
[sou]

명 그렇게 접 그래서, 그러므로

쏘우(쏘는 것 이유)
암 총은 **그렇게 소우?**
(so)

▶ Don't speak so fast.
그렇게 빨리 말하지 마십시오.

高 **soak**
[souk]

동 담그다, 잠기다; 적시다, 흠뻑 적시다.

물 쏘욱
암 **노새**가 **뮬**에 **쏙 잠기다.**
(mule)(soak)

▶ soak bread in milk. 빵을 우유에 적시다.

大 **so-and-so**
[sóuənsòu]

㉮ 아무개, 무엇무엇, 여차여차

高 **soap**
[soup]

㉮ 비누 ㉰ 비누로 씻다, 비느칠을 하다.

소 풀어
암 **어머니**가 **몸**을 **몸소 프**러 놓고 **비누로 씻다**.
(mom) (soap)

高 **soar**
[sɔːr]

㉯ 날아오르다, (물가가)급등하다.
㉮ 급등, 솟아오름

암 **소**값이 **치솟다(급등하다)**.
(soar)

▶ The glider soared high into the air.
글라이더는 하늘 높이 날아 올라갔다.

高 **sob**
[sɑb / sɔb]

㉮ 흐느낌 ㉯ 흐느끼다, 목메어 울다.

사부(죽은 남편)
암 **사브(死夫)**를 안고 **흐느끼다.(목매어 울다)**
(sob)

高 **sober**
[sóubər]

㉱ 침착한, 술취하지 않은 ㉯ 술이 깨다, 반성하다.

소사육 포기한 걸
암 **소**값이 **급등**해 **소 버**린 걸 **침착한 반성하다**.
(soar) (sober)

▶ lead a sober life. 착하게 살아가다.

高 so-**called**
[sóukɔ́ːld]

㉱ 소위, 이른바

▶ (그와 같이, 그렇게 = so) + (called = 불러지는) → 그렇게 불러지는 = so-called(이른바, 소위)

▶ so-called high society 소위 상류사회

高 **soccer, socker**
[sɔ́kə]

㉮ 축구, 아식 축구

소씨가 커서(자라서)
암 **소(蘇)커**서 하는 **아식축구**.
(soccer, socker)

大 soci**able**
[sóuʃəbəl]

㉱ 사교적인, 사귀기 쉬운

▶ soci(al)(사회적인, 사교적인) + able(…할 수 있는) = sociable(사교적인, 사귀기 쉬운)

高 **social**
[sóuʃəl]

㉱ 사회의, 사회적인; 사교적인 ㉮ 친목회

암 **친목회**에서 낸 **사회(사교)적인 쇼설**(소설)
(social)

大 social**ism**
[sóuʃəlizm]

㉮ 사회주의

▶ social(사회적인) + ism(…주의) = socialism(사회주의)

S

大 **socialist** [sóuʃəlist]

㉢ 사회주의자

▶ social(사회적인) + ist(…사람[주의자]) = socialist(사회주의자)

大 **socialization** [sòuʃəlizéiʃən]

㉢ 사회[주의]화

▶ socializ(e)(사회화하다) + ation(명사 어미) = socialization(사회[주의]화)

大 **socialize** [sóuʃəlàiz]

㉧ 사회[주의]화하다

▶ social(사회적인) + ize(…화하다) = socialize(사회[주의]화하다)

高 **society** [səsáiəti]

㉢ 협회, 사회, 상류 사회

암 그 보이는 (상류)사회의 소사이어티.
(boy: 보이; society: 소사이어티 — 소사(=사환) 이였지)

▶ Everyone is a member of society.
누구나 사회의 일원이다.

S

大 **sociology** [sòusiɑ́lədʒi / -ál-]

㉢ 사회학

▶ soci(ety)(사회) + ology(…학[론]) = sociology(사회학)

高 **sock** [sɑk / sɔk]

㉢ 짧은 양말, 양말

암 짧은 속 양말
(sock: 속)

▶ Put on a pair of clean socks. 깨끗한 양말을 신어라.

大 **socket** [sɑ́kit / sɔ́k-]

㉢ 꽂는[끼우는] 구멍, 소켓 ㉫ 소켓에 끼우다.

大 **sod** [sɑd / sɔd]

㉢ 뗏장, 떼, 잔디. ㉫ 떼를 입히다.

암 무덤에 두툼하게 잔디를 사드니 떼를 입히다.
(tomb: 무덤; sod: 사드 — 사더니)

高 **soda** [sóudə]

㉢ 소다, 소다수, 수산화 나트륨

▶ washing soda 세탁용 소다

高 **sofa** [sóufə]

㉢ 소파, 긴 의자

中 **soft**
[sɔ(:)ft, sɑft]

㊌ 부드러운, 매끄러운

암 부드러운 소프트 볼.
(soft) (ball)

※ 소프트볼: 가죽으로 만든 부드럽고 큰 공

▶ This pillow feels very soft. 이 베개는 매우 부드럽다.

高 **soften**
[sɔ́(:)fən, sɑ́fən]

㊍ 부드럽게[연하게]하다.

▶ soft(부드러운) + en(…하다) = soften(부드럽게 하다)

▶ soften leather. 가죽을 부드럽게 하다.

高 **softly**
[sɔ́(:)ftli / sɑ́ft-]

㊎ 부드럽게, 너그럽게

▶ soft(부드러운) + ly(부사를 만듦) = softly(부드럽게, 너그럽게)

大 **software**
[sɔ́(:)ftwɛər]

㊏ 소프트웨어(컴퓨터프로그램 체계의 총칭)

▶ soft(부드러운) + ware(제품, 상품) = software(소프트웨어)

S

高 **soil**[1]
[sɔil]

㊏ 토양, 흙, 땅

암 소 일하는 곳 **흙**.
(soil)

▶ sandy soil 모래가 많은 땅

大 **soil**[2]
[sɔil]

㊏ 오물, 분뇨, 거름 ㊍ 더럽히다, 더러워지다.

소가 일하는

암 소 일하는 **땅**이 **분뇨 거름**에 **더러워지다**.
(soil)

大 **sojourn**
[sóudʒəːrn]

㊍ 묵다, 체류하다, 머무르다. ㊏ 체류

소전(소를 사고 파는 곳)

암 그렇게 소가 **소전**에 **체류**해 **머무르다**.
(so) (sojourn)

大 **solace**
[sɑ́ləs / sɔ́l-]

㊏ 위로, 위안 ㊍ 위안이 되다, 위안을 주다.

살었스니

암 병자가 **식**식거리며 **사러스**니 **위로**하며 **위안을 주다**.
(sick) (solace)

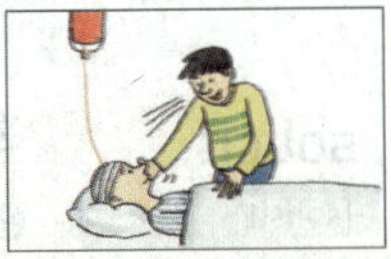

高 **solar**
[sóulər]

㊌ 태양의 ㊏ 일광욕실

▶ sol(태양) + ar(형용사 어미) = msolar(태양의)

살었스니

암 소 우러러 보는 **태양의** 빛.
(solar)

▶ solar heating 태양열 난방

中 **sold**
[sould]

sell(팔다)의 과거 과거분사

▶ I sold him my car. 그에게 차를 팔았다.

中 **soldier** [sóuldʒər]

명 군인, 병사

(소나무)솔 저(짊어저)

암 **솔 정신**을 기리며 **군인**이 **솔저**.
(soul) (soldier)

▶ a foot soldier 보병

高 **sole**[1] [soul]

형 유일한, 독점적인, 오직 하나뿐인

소울(=소를 가두는 곳)

암 **오직 하나뿐인 소울**에서 (소)**발바닥**에 **구두창을 대다**.
(sole)

▶ the sole living relative 생존하고 있는 유일한 친척

大 **sole**[2] [soul]

명 발바닥, 밑 부분 타 구두창을 대다.

소울(=소를 가두는 곳)

암 **오직 하나뿐인 소울**에서 (소)**발바닥**에 **구두창을 대다**.
(sole)

高 **solely** [sóulli]

부 혼자서, 단독으로, 오로지

▶ sole(오직 하나뿐인) + ly(부사를 만듦) = solely(혼자서, 단독으로, 오로지)

S

高 **solemn** [sáləm / sɔ̀l-]

형 장엄한, 엄숙한, 진지한

소름

암 **소럼** 기치도록 **장엄하**고 **엄숙한 유태인**의 **주**.
(solemn) (Jew)

▶ a solemn promise 성의 있는 약속

大 **solemnity** [səlémnəti]

명 장엄, 엄숙

▶ solemn(장엄한, 엄숙한) + ity(명사 어미) = solemnity(장엄, 엄숙)

大 **solemnly** [sɔ́ləmli / sàl-]

부 장엄하게, 진지하게

▶ solemn(장엄한, 진지한) + ly(부사를 만듦) = solemnly(장엄하게, 진지하게)

大 **solicit** [səlísit]

동 간청하다, 구하다, 부탁하다, 권유하다.

유리창을 서리 쉬 틀어

암 **택시**의 **윈도우**를 **서리쉬 트**러 닦도록 **부탁하다(간청하다)**.
(taxi) (window) (solicit)

大 **solicitation** [səlìsitéiʃən]

명 간청, 권유

▶ solicit(간청[권유]) + ation(명사 어미) = solicitation(간청, 권유)

大 **solicitor** [səlísitər]

명 간청자, 사무 변호사

▶ solicit(간청[권유]하다) + or(…사람) = solicitor(간청자, 사무 변호사)

高 **solid** [sálid / sɔ́l-]

㉻ 고체의, 견고한

(불타의 유골=)사리 들고 염불(念佛)

㉱ 중이 **고체의 견고한 사리드**고 **럼불(念佛)**을 **시끄럽게 하다**.
(solid) (rumble)

▶ solid food 고형(견고한) 식품

高 **solitary** [sálitèri / sɔ́litəri]

㉻ 고독한, 쓸쓸한, 유일한 ㉹ 혼자사는 사람, 은자

소리나는 틀이(=기계)

㉱ **고독한 은자**가 가진 **유일한 소리트리 라디오**.
(solitary) (radio)

▶ He took a solitary walk. 그는 혼자서 산책했다.

高 **solitude** [sɔ́litjù:d]

㉹ 고독, 외로움, 쓸쓸한 장소

▶ soli(tary)(혼자의) + tude(명사 어미) = solitude(고독, 외로움, 쓸쓸한 장소)

大 **solo** [sóulou]

㉹ 독주, 독창(곡) ㉻ 혼자 하는

㉱ **혼자 하는 솔로 독창**
(solo)

大 **solomon** [sáləmən / sɔ́l-]

솔로몬(기원전 10세기 이스라엘의 현왕)

大 **soluble** [sáljubəl / sɔ́l-]

㉻ 녹는, 용해할 수 있는, 해결할 수 있는

▶ solu(tion)(용해, 해결) + ble(= able …할 수 있는) = soluble(녹는, 용해할 수 있는, 해결할 수 있는)

高 **solution** [səljú:ʃən]

㉹ 해결(책), 해답, 용액, 용해

서류 선별해

㉱ **서류 선**별해 **해답**으로 찾은 **해결(책)**
(solution)

高 **solve** [sɑlv / sɔlv]

㉸ (문제를)풀다, 설명하다, 해결하다.

몸살 부터

㉱ 약으로 **어머니**가 **몸살 브**터 **해결하다**.
(mom)(solve)

▶ solve a problem. 문제를 풀다.

大 **solvent** [sálvənt / sɔ́l-]

㉻ 지불 능력이 있는, 용해력이 있는 ㉹ 용제, 용매

▶ solv(e)(풀다, 해결하다) + ent(…할 힘이 있는) → 풀(해결할) 수 있는 = solvent(지불 능력이 있는, 용해력이 있는, 용제, 용매

大 **somber, -bre** [sámbər / sɔ́m-]

㉻ 어둠침침한, 침울한

㉱ **솜버**선 속같이 **어둠침침한 지하도 터널**
(somber) (tunnel)

高

some

[sʌm, səm, sm]

㊔ 어떤 ㊐ 어떤 사람, 약간(의 수, 양)

섬 바위

암 **어떤 사람**들이 **약간의 섬 바이를 사다**.

(some)(buy)

▶ I have read that in some book. 나는 그것을 어떤 책에서 읽었다.

中

somebody

[sʌ́mbɑ̀di]

㊐ 누군가, 어떤 사람

▶ some(어떤) + body(몸, 몸통) = somebody(누군가, 어떤 사람)

▶ Somebody has taken my pen. 누군가 내 펜을 가져갔다.

大

someday

[sʌ́mdèi]

㊊ 언젠가, 후일

▶ some(어떤) + day(날) = someday(언젠가, 후일)

▶ I'll see you again someday. 훗날 다시 봅시다.

高

somehow

[sʌ́mhàu]

㊊ 어떻게든지 하여, 여하튼

▶ some(어떤) + how(어떻게) = somehow(어떻게든지 하여, 여하튼)

▶ Somehow I must find her.
나는 어떻게 해서든지 그녀를 찾아야 한다.

S

中

someone

[sʌ́mwʌ̀n]

㊐ 누군가, 어떤 사람

▶ some(어떤) + one(사람) = someone(어떤 사람, 누군가)

▶ Someone is knocking at the door.
누군가 노크를 하고 있다.

大

someplace

[sʌ́mpléis]

㊊ 어딘가에

▶ some(어떤) + place(장소) = someplace(어딘가에)

中

something

[sʌ́mθiŋ]

㊐ 무엇인가, 어떤 것

▶ some(어떤) + thing(물건, 것) = something(무언인가, 어떤 것)

▶ You always forget something. 너는 언제나 무엇인가를 잊어버린다.

中

sometime

[sʌ́mtàim]

㊊ 언젠가, 머지 않아

▶ some(어떤) + time(때, 시간) = sometime(언젠가, 머지 않아)

▶ Come to see us sometime. 언제 놀러 오너라.

中

sometimes

[sʌ́mtàimz]

㊊ 때때로, 대로는, 이따금

▶ some(어떤, 얼마간) + time(때, 시간) + s(부사 어미) = sometimes(때때로, 때로는, 이따금)

▶ We visit there sometimes. 우리는 가끔 그 곳에 간다.

高

somewhat

[sʌ́m*h*wɑ̀t / -*h*wʌ̀t]

㊊ 얼마간, 다소, 약간

▶ some(어떤, 얼마간) + what(무엇, 무슨) = somewhat(얼마간 다소, 약간)

▶ It is somewhat cold today. 오늘은 약간 춥다.

高 **somewhere** [sʌ́mhwὲər]

[부] 어딘가에(서) [명] 어떤 장소

▶ some(어떤) + where(어디에) = somewhere(어딘가에[서])

▶ He lives somewhere in this neighborhood.
그는 이 부근 어딘가에 살고 있다.

中 **son** [sʌn]

[명] 아들, 자식, 젊은이, 자손

[암] **선**한 **아들(자식)**
(son)

▶ Mr. and Mrs. Kim have two sons. 김선생님 부부는 아들이 둘 있다.

大 **sonata** [sənɑ́:tə]

[명] 소나타, 주명곡

中 **song** [sɔ(:)ŋ]

[명] 노래, 창가

송씨의
[암] **송(宋)**의 **노래**.
(song)

▶ Mrs. Jones is singing a song. 조운즈 부인은 노래를 부르고 있다.

大 **songster** [sɔ́(:)ŋstər / sɑ́ŋ-]

[명] 가수, 유행가수

▶ song(노래) + ster(…하는 사람) = songster(가수, 유행 가수)

大 **sonnet** [sɑ́nət / sɔ́n-]

[명] 14행시(行詩), 소네트

大 **sonorous** [sənɔ́:rəs / sɑ́nə-]

[형] 낭랑한, 울려 퍼지는

서씨가 놀었으니
[암] **낭랑한** 음이 **울려 퍼지는** 바에서 **서(徐) 노러스**니......
(sonorous)

中 **soon** [su:n]

[부] 곧, 이내, 일찍

[암] 봄되니 **이내 곧 순**이 **일찍 버드**나무에서 **돋다**.
(soon) (bud)

▶ It will be dark soon. 곧 어두워질 것이다.

大 **soot** [sut, su:t]

[명] 검댕, 매연 [타] 그을리다, 검댕으로 더럽히다.

[암] **어머니**가 **몸**을 **숯 검댕**이처럼 **그을리다**.
(mom) (soot)

高 **soothe** [su:ð]

[동] 달래다, 위로하다, 진정시키다, 누그러지게 하다.

우면 수두룩이
[암] **여성**이 **우먼 스드**룩이 나와 **위로하다**.
(woman) (soothe)

▶ She tried to soothe the crying child.
그녀는 우는 아이를 달래려 했다.

S

大 **sooty** [súti / sú:ti]

[형] 그을은, 거메진

▶ (검댕, 그을음 = soot) + (y = …투성이의) = sooty(그을은, 거메진)

[암] **숯(soot)검댕**이 같은 **그을음**

大 **soprano** [səprǽnou / -prá:n-]

[명] 소프라노

大 **sordid** [sɔ́:rdid]

[형] 더러운, 심보가 더러운

소 뒤 들고 와이프(=wife 아내)를 연상해 기억할 것
[암] **더러운 소 뒤 드**고 **와이프**가 **닦다(훔치다)**.
(sordid) (wipe)

大 **sore** [sɔ:r]

[형] 슬픈, 아픈, 쑤시는

[암] **쑤시고 아픈 소**씨가 **페인(廢人)**같이 **괴로워하다**.
(sore) (pain)

▶ He felt sore at heart. 그는 비탄에 잠겼다.

大 **sorely** [sɔ́:rli]

[부] 아파서, 견디기 어려워

▶ sore(아픈, 슬픈, 쑤시는) + ly(부사를 만듦) = sorely(아파서, 견디기 어려워)

大 **sorra** [sárə / sɔ́rə]

[명] 슬픔, 비탄, 비애, 비통

첩이 살어
[암] **똥똥한 처비 비탄**과 **슬픔** 속에 **살러**.
(chubby) (sorra)

大 **sorrel** [sɔ́:rəl]

[형] 밤색의, 밤색털인 [명] 밤색

소를
[암] **밤색 소럴 도매상**이 **잡어**.
(sorrel) (jobber)

大 **sorrow** [sárou, sɔ́:r-]

[명] 비애, 유감, 슬픔 [동] 슬퍼하다.

죽은 늙은 벗을
[암] 벗이 **사(死) 로우(老友)**를 보며 **비애**에 차 **슬퍼하다**.
(sorrow)

大 **sorrowful** [sároufəl / sɔ́:r-]

[형] 슬퍼하는, 슬픈

▶ sorrow(슬픔, 슬퍼하다) + ful(형용사 어미) = sorrowful(슬퍼하는, 슬픈)

▶ a sorrowful news 슬픈 소식

大 **sorry** [sári / sɔ́:ri]

[형] 가엾은, 유감스러운, 미안합니다만

[암] **가엾은 소리**로 **얼빠진 듯 우지**(울지)
(sorry) (woozy)

▶ I'm sorry I have kept you waiting.
기다리게 해서 미안합니다.

中 **sort** [sɔːrt]

(명) 종류 (동) 분류하다.

목동이 소를 틀어서
(암) **카우보이**가 **소 트**러서 **종류**별로 **분류하다**.
(cowboy) (sort)

大 **SOS** [ésòués]

(명) 조난(구난)신호, 긴급 원조 요청

흔히 말하는 Save Our Souls[ship]의 약어는 아님.

高 **sought** [sɔːt]

seek(찾다)의 과거 과거분사

高 **soul** [soul]

(명) 정신, 넋, 기백

솔을 짊어져
(암) **솔**의 **정신(넋)**과 **기백**을 기리며 **군인**이 **솔저**.
(soul) (soldier)

▶ an immortal soul 불멸의 정신(영혼)

中 **sound**[1] [saund]

(명) 소리, 음향, 울림 (동) 소리가 나다, 울리다.

공명(共鳴)상자
(암) **사운드** 박스에서 **음향**의 **울림 소리가 나다**.
(sound)

▶ There was no sound. 아무 소리도 들리지 않았다.

高 **sound**[2] [saund]

(형) 건전한, 정상적인, 건강한

(암) **사운드** 박스 소리는 **건전하**고 **정상적인** 소리
(sound)

高 **sound**[3] [saund]

(동) (물 깊이를) 측량하다, 물 깊이를 재다.

(암) **사운드** 박스 소리를 써 **(물 깊이를)측량하다**.
(sound)

高 **soup** [suːp]

(명) 수프, 고깃국(물)

(암) **수프 고깃국**(물).
(soup)

▶ Soup is boiling. 수프가 끓고 있다.

高 **sour** [sáuər]

(형) 시큼한, 맛이 신 (명) 시큼한 맛

(암) 삼강 **사우어**같이 **시큼한 맛**.
(sour)

高 **source** [sɔːrs, sɔːs]

(명) 수원(水原), 원천, 근원

(암) 물이 **소스**(솟으)니 **수원(水原)**의 **근원**이지.
(source)

▶ The river takes its source from this lake.
그 강은 이 호수에 근원을 두고 있다.

S

中	**south** [sauθ]	명 (보통 the~) 남쪽, 남방 형 남쪽의 암 **사우스 아메리카**. (south) (America) ▶ New York is south of Boston. 뉴욕은 보스톤 남쪽에 있다.
高	**South America** [sauθ əmérikə]	명 남아메리카(남미) ▶ south(남쪽, 남방) + America(아메리카) = South America(남아메리카, [남미])
高	**south-east** [sàuθíːst]	명 남동 형 남동의 ▶ south(남쪽) + east(동쪽) = southeast(남동, 남동의)
大	**southeastern** [sàuθíːstərn]	형 남동의, 남동으로의(쪽의) ▶ southeast(남동) + ern(…쪽의) = southeastern(남동의, 남동으로의[쪽의])
高	**southern** [sʌ́ðərn]	형 남쪽의, 남쪽에 있는 ▶ south(남쪽) + ern(쪽의) = southern(남쪽의, 남쪽에 있는) ▶ the southern states 남부 여러 주
大	**South pole** [sauθ poul]	명 남극 ▶ South(남쪽) + pole(극) = South pole(남극)
大	**southward** [sáuθwərd]	형부 남쪽으로(의) ▶ south(남쪽) + ward(…방향) = southward(남쪽으로[의])
大	**southwest** [sàuθwést]	명 남서 형 남서의 ▶ south(남쪽) + west(서쪽) = southwest(남서, 남서의)
高	**southwestern** [sàuθwéstərn]	형 남서의, 남서로의 ▶ southwest(남서) + ern(…쪽의) = southwestern(남서의, 남서로의)
大	**souvenir** [sùːvəníər]	명 기념품, 선물 수번(여러번) 이여 암 **밴드 띠로 수번(數番)이어 맨 기념품**. (band) (souvenir) ▶ I bought a model plane as a souvenir. 나는 기념품으로 모형 비행기를 샀다. 

大 **sovereign** [sάvərin, sʌ́v- / sɔ́vrin]

명 군주, 원수, 독립국, 소브린(영국에서 1파운드의 금화)
형 최고의, 주권을 가진, 탁월한

암 **독립국**을 **사버린 탁월한 군주**.
(sovereign)

大 **sovereignty** [sάvərinti / sʌ́v-ti]

명 주권, 통치권
▶ sovereign(주권자, 군주) + ty(ity 명사 어미) = sovereignty(주권, 통치권)

高 **Soviet** [sóuviὲt / sóuviit]

명 소비에트(구 소련의) 평의회

大 **Soviet Union** [sóuviὲt jú:njən]

명 소비에트 연방
▶ Soviet(소비에트) + Union(연합, 동맹) = Soviet Union(소비에트 연방)

高 **sow** [sou]

(씨를)뿌리다. 명 암퇘지

암 **소**를 몰고**(씨를) 뿌리다**.
(sow)
▶ sow a field with barley. 밭에 보리를 뿌리다.

大 **sown** [soun]

sow(씨를 뿌리다)의 과거분사

高 **space** [speis]

명 공간, 장소, 우주 동 공간을 잡다.

숲에 있으면서
암 **스페 이스**면서 **우주 공간을 잡다**.
(space)
▶ Time and space 시간과 공간

高 **spaceman** [spéismæ̀n]

명 우주 비행사(여행가)
▶ space(우주) + man(사람) = spaceman(우주 비행사[여행사])

高 **spaceship** [spéisʃìp]

명 우주선
▶ space(우주) + ship(배) = spaceship(우주선)

大 **space station** [speis stéiʃən]

명 우주 정류장
▶ space(우주) + station(정류장) = space station(우주 정류장)

S

大 **space travel** [speis trǽvəl]

명 우주 여행

▶ space(우주) + travel(여행) = space travel(우주 여행)

高 **spacious** [spéiʃəs]

형 넓은, 광대한

▶ spac(e) → i(우주, 공간) + ous(형용사 어미) = spacious(넓은, 광대한)

高 **spade¹** [speid]

명 가래; 삽 타 가래로(삽으로) 파다.

암 정글 **스페 이드**리 가서 **가래로(삽으로)파다.**
(스페: 숲에, 이드: 이들이, 스페이드: (spade))

▶ spade up a hole. 구멍을 파다.

大 **spade²** [speid]

명 (카드놀이) 스페이드

中 **Spain** [spein]

명 스페인, 에스파냐 ((수도 Madrid))

S

高 **span** [spæn]

명 한 뼘, 기간, 길이

동 손가락(뼘)으로 재다; (다리 따위를) 놓다, 걸치다.

암 **프라이팬** 놓고 **스(數)팬**의 폭을 **손가락(뼘)으로 재다.**
(프라이팬: (frypan), 스(數)팬: 수개의 팬(=남비), (span))

▶ a wing span (항공기의)날개 길이

大 **spangle** [spǽŋgəl]

명 (의상의)번쩍이는 장식, 스팽글

동 번쩍이게 하다.

암 **쇼-걸**이 **스(手) 팽글** 돌려 **번쩍이는 장식**을 **번쩍이게 하다.**
(쇼-걸: (show-girl), 스(手) 팽글: 수(손을) 팽글팽글, (spangle))

大 **Spaniard** [spǽnjərd]

명 스페인 사람

▶ Spain → Spani(스페인) + ard(…하는 사람) = Spaniard(스페인 사람)

大 **spaniel** [spǽnjəl]

명 아첨꾼, 스페니얼(개의 일종)

高 **Spanish** [spǽniʃ]

명 스페인 말, 스페인 사람 형 스페인 사람(말)의

▶ Spain → Span(스페인) + ish(…말[사람]의) = Spanish(스페인 말[사람], 스페인 말[사람]의)

大

spank
[spæŋk]

㊐ (손바닥 등으로)의 볼기짝을 찰싹 때리다.

수(여러) 펑크를 연관시켜 기억할 것

암 튜부 물통에 **스(數) 펑크**내니 놈의 **볼기짝을 찰싹 때리다.**

(spank)

高

spare
[spɛər]

㊐ 아끼다, (시간을)할애하다, (불행을)덜다.

㊐ 예비품 ㊐ 아끼는

암 **예비품**으로 **아끼는 스페어 타이어.**

(spare) (tire)

▶ Don't spare your efforts. 너의 노력을 아끼지 말아라.

高

spark
[spɑːrk]

㊐ 불똥, 섬광 ㊐ 불똥이 튀다, 불동을 튀기다.

암 **라이터**로 **스파크**를 내여 **섬광 불똥을 튀기다.**

(lighter) (spark)

▶ emit [produce] a spark. 불꽃이 나다.

高

sparkle
[spɑ́ːrkəl]

㊐ 불꽃, 섬광, 번쩍임 ㊐ 불꽃(불똥)을 튀기다.

▶ spark(불똥, 불똥을 튀기다) + le(반복의 의미를 가진 어미)
= sparkle(불꽃, 섬광, 불꽃(불똥)을 튀기다)

大

sparkling
[spɑ́ːrkliŋ]

㊐ 불꽃을 튀기는, 스파크하는

▶ sparkl(e)(불꽃, 불꽃을 튀기다) + ing(현재분사 어미) = sparkling(불꽃을 튀기는, 스파크하는)

高

sparrow
[spǽrou]

㊐ 참새

수(여러) 패로

암 무리져 **스(數)패로** 몰려 온 **참새**

(sparrow)

▶ a flock of sparrows 참새 한 무리

大

sparse
[spɑːrs]

㊐ 많지않은, 희박한, 드문드문한, 부족한

수개의 파스

암 **드문드문한** 간격으로 **스(數)파스**를 붙인 **로인**의 **허리**

(sparse) (loin)

大

Sparta
[spɑ́ːrtə]

㊐ 스파르타 (그리스의 옛 도시 국가)

大

Spartan
[spɑ́ːrtən]

㊐ 스파르타의, 스파르타 사람의 ㊐ 스파르타 사람

▶ Spart(a)(스파르타) + an(…사람[의]) = Spartan(스파르타의, 스파르타사람[의])

大

spat
[spæt]

spit(뱉다, 토하다)의 과거, 과거분사

S

大 **spacial, -tial** [spéiʃəl]

㊞ 공간의, 우주의, 공간적인

▶ (공간, 우주 = spac[e]) + ial(…의) = spacial, spatial(우주의, 공간의, 공간적인)

大 **spatter** [spǽtər]

㊐ 튀기다, 물장구치다. ㊎ 튀김, 튀기는 소리

암 **다이버**(잠수부가)(diver)가 입으로 **스(水)패터**(수(물) 뱉어가며)(spatter)가며 **물장구치다**.

大 **spawn** [spɔːn]

㊎ (물고기 등의)알 ㊐ 알을 낳다.

암 새가 **스폰**(spawn)지 같은 곳에 **알을 낳다**. (스폰지(sponge)를 연관시켜 기억할 것)

中 **speak** [spiːk]

㊐ 이야기하다, 말하다.

암 **스피**(숲이) **크**(크)(speak)다고 **말하다**.

▶ speak from experience. 실지 경험한 바를 이야기하다.

高 **speaker** [spíːkər]

㊎ 연설가, 확성기, 이야기하는 사람

▶ speak(이야기하다) + er(…사람, …하는 것) = speaker(연설가, 확성기, 이야기하는 사람)

▶ He is a good speaker. 그는 능숙한 연설가이다.

大 **speaking** [spíːkiŋ]

㊎ 말하기, 담화, 연설 ㊞ 말[이야기]하는

▶ speak(이야기하다) + ing(현재분사 어미) = speaking(말하기, 담화, 연설, 말[이야기]하는)

高 **spear** [spiər]

㊎ 창; 새싹 ㊐ 창으로 찌르다.

암 **뱀 부**(뱀이 붙은)(bamboo)튼 **대나무**는 **창**(대)같은 **스피어**(숲이여)(spear).

▶ hurl [throw]a spear at …을 향해 창을 던지다.

中 **special** [spéʃəl]

㊞ 특별한, 독특한, 전문의

암 **특별한 스페 셜**(숲에 설)(special)려고 **점프(도약)하다**(jump).

▶ This is a special case. 이건 특별한 경우이다.

高 **specialist** [spéʃəlist]

㊎ 전문가, 전공자

▶ special(특별한, 전문의) + ist(…하는 사람, …가) = specialist(전문가, 전공자)

大 **speciality** [spèʃiǽləti]

㊎ 전문, 전공, 특색

▶ special(전문의, 특별한) + ity(명사 어미) = speciality(전문, 전공, 특색)

大

specoalization
[spèʃəlaizéiʃən / -lizéiʃən]

㉮ 특수화, 전문화

▶ specializ(e)(특수화[전문화]하다) + ation(명사 어미) = specialization(특수화, 전문화)

高

specialize
[spéʃəlàiz]

㉯ 특수화하다, 전문화하다, 전공하다.

▶ special(특별한, 전문의) + ize(…화하다) = specialize(특수화하다, 전문화하다, 전공하다)

▶ specialize in chemistry. 화학을 전공하다.

大

specially
[spéʃəli]

㉰ 특히, 특별히

▶ special(특별한, 전문의) + ly(부사를 만듦) = specially(특히, 특별히)

大

specialty
[spéʃəlti]

㉮ 전문, 전공, 특산품

▶ special(특별한, 전문의) + ty(명사 어미, …함) = specialty(전문, 전공, 특산품)

高

species
[spíːʃi(ː)z]

㉮ [동, 식물] 종(種), 종류, 인류

암 **백정**이 **부처**께 여러 **종류 스피(獸皮) 시주**하네.
(butcher) — 수피(짐승 가죽)을 시주 (species)

▶ It is a rare species of roses.
그것은 희귀한 장미종이다.

大

specific
[spisífik]

㉱ 명확한, 특유한 ㉮ 특성, 특질, 상론

▶ speci(es)(종, 종류) + fic(…관찰하다) → 종(種)을 잘 관찰하여 얻어지는 것 = specific(명확한, 특성, 특유한, 특질, 상론)

大

specifically
[spisífikəli]

㉰ 종(種)적으로 보아, 명확하게, 특히

▶ specific(종(種)을 관찰한 명확한 상론) + ally(부사 어미)
= specifically(종(種)적으로 보아, 명확하게, 특히)

大

specification
[spèsəfikéiʃən]

㉮ 상술, 열거, 명세서

▶ specif(y) → i(명기[상술]하다) + cation(fy로 끝나는 동사인 경우 y를 I로 고치고 cation 명사 어미를 붙임) = specification(상술, 열거, 명세서)

大

specify
[spésəfài]

㉲ 일일이 이름을 들어 말하다, 명기[상술]하다

▶ speci(es)(종, 종류) + fy(…화하다) = specify(일일이 이름을 들어 말하다, 명기[상술]하다)

高

specimen
[spésəmən]

㉮ 견본, 표본, 예

▶ speci(es)(종, 종류) + men(사람들) = specimen(견본, 표본, 예)

▶ a specimen page 견본 페이지, 견본쇄(見本刷)

S

高 **speck** [spek]

[명] 오점(汚點), 작은 반점, 작은점 [타] 반점을 찍다.

수 백
[암] 어머니가 몸에 스팩군데 반점을 찍다.
(mom) (speck)

▶ specked apples 흠이 있는 사과

大 **speckle** [spékəl]

[명] 작은 반점, 작은 얼룩

▶ speck(오점, 반점) + le(작은) = speckle(작은 반점, 작은 얼룩)

高 **spectacle** [spektəkəl]

[명] 광경, (호화로운)구경거리, [복수] 안경, 스팩터클(영화)

▶ specta(= see) + cle(접미사) = spectacle(광경, 안경)

[암] 안경쓰고 스펙터클 영화를 변두리서 보더.(보다)
(spectacle) (border)

▶ a curious spectacle 호기심 나는 광경

高 **spectacular** [spektǽkjələr]

[형] 구경거리의, 장관의

▶ spectac(le)(광경, 구경거리) + ular(…의) = spectacular(구경거리의, 장관의)

高 **spectator** [spékteitər]

[명] 구경꾼, 관객

▶ specta(= see, 보다) + tor(= or …하는 사람) = spectator(구경꾼, 관객)

▶ seat spectators 관객을 수용하다

大 **specter, -tre** [spéktər]

[명] 유령, 망령, 요괴

수(數) 백(百) 터(땅)에
[암] 지구상 스(數)팩(百) 터에 나타나는 유령(요괴)
(specter)

大 **spectral** [spéktrəl]

[형] 유령의, 유령과 같은, 괴기한

▶ spectr(e)(유령, 요괴) + al(…의[같은]) = spectral(유령의, 유령과 같은, 괴기한)

大 **spectrum** [spéktrəm]

[명] [物]스펙트럼, 분광

※ 빛을 프리즘 등 분광기로 분해했을 때 생기는 무지개와 같은 빛깔의 띠

大 **speculate** [spékjulèit]

[동] 투기하다, 추측하다, 짐작하다.

숲에(상한) 귤을 내 2 트기가
[암] 가든 스페 큘 래 이 트기가 버렸슴을 추측하다.
(garden) (speculate)

高 **speculation** [spékjuléiʃən]

[명] 추측, 추론, 짐작, 투기

▶ speculat(e)(추측(짐작)하다 + ion(명사 어미) = speculation(추측, 추론, 짐작, 투기)

▶ A speculation is rife. 추측[억측]이 난무하다[분분하다].

大 **speculative** [spékjulèitiv]

㉻ 사색적인, 명상적인, 투지적인

▶ speculat(e)(사색[추측, 투기]하다) + ive(…적인) = speculative(사색적인, 명상적인, 투기적인)

大 **speculator** [spékjulèitər]

㉷ 사색가, 투기꾼

▶ speculat(e)(사색[투기]하다) + or(… 하는 사람) = speculator(사색가, 투기꾼)

高 **sped** [sped]

speed(급히 가다, 서두르다)의 과거 과거분사

▶ The car sped along[down] the streets.
자동차는 거리를 질주해 갔다

中 **speech** [spiːtʃ]

㉷ 말하는 능력, 연설, 스피치

암 **말하는 능력 스피치.**
(speech)

▶ Speech is silver, silence is gold.
웅변은 은이고, 침묵은 금이다. [속담]

大 **speechless** [spìːtʃlis]

㉻ 말 못 하는, 벙어리의, 말하지 않는

▶ speech(말, 연설) + less(…이 없는) = speechless(말 못 하는, 벙어리의, 말하지 않는)

中 **speed** [spiːd]

㉷ 속력, 속도; 신속 ㉸ 급히 가다.

암 **스피드(속도)**를 내 **급히가다.**
(speed)

▶ maintain a speed. 속도를 유지하다.

大 **speedily** [spíːdəli]

㊀ 빨리, 급히

▶ speed(y) → i(빠른, 신속한) + ly(부사를 만듦) = speedily(빨리, 급히)

大 **speedup** [spíːdʌ̀p]

㉷ 능률 촉진, 속력 증가

▶ speed(속도) + up(위로) = speedup(능률 촉진, 속력 증가)

大 **speedway** [spíːdwèi]

㉷ (오토바이, 자동차 따위의)경주장 (美)고속 도로

▶ speed(속도) + way(길, 도로) = speedway(경주장, (美)고속 도로)

大 **speedy** [spíːdi]

㉻ 빠른, 신속한, 즉시의

▶ speed(속도) + y(형용사 어미, …있는) = speedy(빠른, 신속한, 즉시의)

S

S

中 **spell**[1]
[spel]

철자하다, 판독하다, 의미하다.

암 **잠시 동안, 주문(呪文)을 스펠에 맞게 철자하다.**
(spell)

高 **spell**[2]
[spel]

명 한 동안의 계속, 한 차례, 잠시 동안

암 **잠시 동안 주문(呪文)을 스펠에 맞게 철자하다.**
(spell)

▶ a sunny spell 한동안 화창한 날씨

高 **spell**[3]
[spel]

명 주문(呪文), 마법, 매력

암 **잠시 동안 주문(呪文)을 스펠에 맞게 철자하다.**
(spell)

▶ break[remove]a spell. 마법을 풀다.

高 **spelling**
[spéliŋ]

명 철자법, 정자(正字)

▶ spell(철자하다) + ing(현재분사 어미) = spelling(철자법, 정자)

中 **spend**
[spend]

동 소비하다, 보내다.

숲엔 들어가
암 **쿨쿨 서늘한 스팬 드러가 (시간을)보내다.**
(cool) (spend)

▶ spend much money on clothes.
옷에 많은 돈을 들이다.

中 **spent**
[spent]

spend(쓰다, 소비하다)의 과거, 과거분사

▶ She spent a lot of money on clothes. 그녀는 옷에 많은 돈을 소비했다.

高 **sphere**
[sfiər]

명 구, 영역, 범위, 구면(球面), 구형(球形)
동 둘러싸다.

수(손을) 피어(펴)
암 **이없는 거미가 스(手)피어 먹이를 구형으로 둘러싸다.**
(gummy) (sphere)

▶ His social sphere is small. 그의 사회적 활동 영역은 좁다.

大 **spherical**
[sférikəl]

형 구의, 구면의

▶ shper(e)(구(球), 구면(球面) + ical(…의) = spherical(구의, 구면의)

高 **sphinx**
[sfiŋks]

명 스핑크스, 스핑크스상(像)

高 **spice**
[spais]

명 향료, 양념, 향기 동 ~에 양념으로서 곁들이다.

요리사가 수개의 파 있으니
암 **쿡이 스(數)파 이스니 양념으로서 곁들이다.**
(cook) (spice)

▶ Foods with spices taste good.
양념한 음식은 맛이 좋다.

高 **spider**
[spáidər]

[명] [동물] 거미

스파이다
[암] **간첩**도 **스파이**고 **거미**도 **스파이더**.
(spy) (spider)

▶ I don't like spiders. 나는 거미를 좋아하지 않는다.

大 **spike**
[spaik]

[명] 왕못, (구두 바닥에 박는) 스파이크 [동] 스파이크를 박다.

[암] **(구두 바닥에) 왕못 스파이크를 박다.**
(spike)

高 **spill**
[spil]

[동] 엎지르다, 내동댕이치다.

수필(짐승의 피를)
[암] **마담**이 **수(獸필) 엎지르다. 내동댕이치다**
(madam) (spill)

大 **spilt**
[spilt]

spill(엎지르다, 내동댕이치다)의 과거, 과거분사

高 **spin**
[spin]

[동] (실을)잣다, 뽑아내다. [명] 회전

수개의 핀
[암] **이없는 거미**가 **스(數)핀**을 **회전**하며**(실을)뽑아내다**.
(gummy) (spin)

▶ spin threads out of cotton. 솜으로 실을 잣다.

大 **spinac, -age**
[spínidʒ]

[명] 시금치

숲이니 지나다 내리 쉬며
[암] 벌레에겐 **시금치**도 **스피니지**나다 **래리 쉬**며 **감상하다**.
(spinage) (relish)

大 **spindle**
[spíndl]

[명] 북, 방추, (기계의) 굴대

▶ spin([실을]잦다) + dle(여러가지것들) → 실을 잣는 도구들 = spindle(북, 방추, [기계의]굴대)

大 **spine**
[spain]

[명] 등뼈, 척추, (산맥의) 마루

수많은 파 인
[암] **스(數)파 인**자의 **등뼈**가 **산마루**같이 **여기서 휘어**
(spine) (here)

大 **spined**
[spaind]

[형] 등뼈가 있는, 척추가 있는

▶ spin(e)(등뼈, 척추) + ed(형용사를 만듦) = spined(등뼈가 있는, 척추가 있는)

大 **spineless**
[spáinlis]

[형] 척추가 없는, 줏대가 없는, 결단력 없는

▶ spine(등뼈, 척추) + less(…이 없는) = spineless(척추가 없는, 줏대가 없는, 결단력 없는)

S

大

spinner
[spínər]

명 실 잣는 사람, 방적공, 방적기

▶ spin + n([실을]잣다) + er(…하는 사람[것]) = spinner(실 잣는 사람, 방적공, 방적기)

大

spinning
[spíniŋ]

명 방적, 방적업 형 방적의, 방적업의

▶ spin + n([실을]잣다) + ing(현재분사 어미) = spinning(방적[의], 방적업[의])

大

spinster
[spínstər]

명 실 잣는 여자, 미혼여자, 노처녀

▶ spin([실을]잣다) + ster(…하는 사람) = spinster(실 잣는 여자, 미혼여자, 노처녀)

大

spiral
[spáiərəl]

형 나선형의 동 나선형으로 하다.

▶ spir(e)(뾰족탑) + al(…의[같은]) → 뾰족탑 같은 = spiral(나선형의, 나선형으로 하다)

高

spire
[spaiər]

명 뾰족탑, (풀의)가는 줄기(싹) 동 싹트(게 하)다.

여러 파가 이여
암 밭에 **스(數)파 이여** 나와 **가는 싹**이 **뾰족탑**처럼
(spire)
싹트다.

高

spirit
[spírit]

명 정신, 망령, 영혼

수(짐승의)피 잇달아
암 **정신**없이 **스(獸)피 릿**다라 먹는 **망령.**
(spirit)

▶ His spirit is noble. 그의 영혼은 고귀하다.

大

spirited
[spíritid]

형 기운찬, 용기있는

▶ spirit(정신, 영혼) + ed(형용사를 만듦, …있는, …갖춘) = spirited(기운찬, 용기있는)

高

spiritual
[spíritʃuəl]

형 정신의, 정신적인

▶ spirit(정신, 영혼) + ual(= al …의[적인]) = spiritual(정신의, 정신적인)

高

spit
[spit]

동 ((*p*., *pp*. (주로 영) spat or (주로 미)spit)) 침을 뱉다. (욕설을)퍼붓다

명 침

수개의 핏덩이
암 **미스**가 **가운**에 묻은 **수(數) 핏**덩이 보고 **침을 뱉다.**
(Miss gown) (spit)

▶ The gun spat fire. 총이 불을 뿜었다.

高

spite
[spait]

명 악의, 원한, 앙심 타 괴롭히다, 학대하다.

스파이(spy)를 연관시켜 기억할 것
암 **제일 구치소**에서 **스파이 트**러(틀어)가며 **괴롭히다.**
(jail) (spite)

▶ have a spite against. …에게 원한을 품다.

高 **splash** [splæʃ]

㊀ (물, 흙탕을)튀기다, 철벅이며 나아가다.
명 (흙탕의)튀김

수풀에 쉬
암 **보이**가 **스플래 쉬**하여 **(흙탕물을)탕기다**.
(boy) (splash)

▶ splash water about. 물을 사방에 튀기다.

大 **splendid** [spléndid]

형 장려한, 빛나는, 멋진, 위대한

수풀엔 뒤를 들고서
암 애가 **멋진 스플렌 뒤 드**고서 **덩(똥)거름을 주다**.
(splendid) (dung)

▶ a splendid scene 멋진 광경(장면)

大 **splendor-dour** [spléndər]

명 빛남, 훌륭함, 장려함

▶ splend(id)(멋진, 빛나는) + or(= our 명사 어미) = splendor, dour(빛남, 훌륭함, 장려함)

▶ the splendor of the palace 궁전의 장려함

大 **split** [split]

동 조개(지)다, 찢다. 형 쪼개진 명 쪼개짐, 금, 불화, 분일

폭풍우에 수풀이 틀어져
암 **허리케인**에 **스플리 트**러져 **쪼개지다**.
(hurricane) (split)

▶ My jeans split when I jumped the fance.
담을 뛰어넘을 때 청바지가 찢어졌다.

大 **spoil** [spɔil]

동 망쳐놓다, 못스게 되다, (아이를)버릇 없게 기르다.
명 [종종 복수]전리품, 약탈품, (古)탈취

수대의 대포 일그러져
암 **전리품**으로 **탈취**한 **스(數) 포 일**그러져 **못쓰게 되다**.
(spoil)

大 **spoke** [spouk]

speak (말하다, 이야기하다)의 과거

大 **spoken** [spóukən]

형 말로 하는, 구두의, speak(말하다)의 과거분사

▶ spok(e)(말하다의 과거) + en(…의, …하는) = spoken(말로 하는, 구두의)

▶ spoken language 음성 언어, 구어

大 **spokesman** [spóuksmən]

명 대변인

▶ spoke(말하다의 과거) + s + man(사람) = spokesman(대변인)

大 **sponge** [spʌndʒ]

명 스펀지, 해면, (구어) 식객 동 해면으로 닦다 (흡수하다).

암 **타일**을 **식객**이 **스펀지**인 **해면으로 닦다**.
(tile) (sponge)

大 **spongy** [spʌ́ndʒi]

형 해면질의, 해면 모양의

▶ spong(e)(해면, 스펀지) + y(형용사를 만듦) = spongy(해면질의, 해면 모양의)

S

大 **sponsor** [spánsər / spɔ́n-]

명 (상업 방송의)광고주, 스폰서 타 스폰서가 되다, 후원(보증)하다.

암 MBC를 **(상업 방송의)광고주 스폰서**가 **후원(보증)하다.**
(sponsor)

大 **spontaneous** [spɑntéiniəs / spɔn-]

형 자발적인, 스스로의, 자진해서 하는, 자연의

수판태를 인(사람)이 으스러지게

암 **스판태 인(人)니 어스**러지게 **자진해서 해머로 치다.**
(spontaneous) (hammer)

大 **spool** [spuːl]

명 실감개, 실패 동 실패에 감다, 실감개에 감다.

수풀에

암 **마담**이 하**얀 실**을 **스풀**에 놓고 **실패에 감다.**
(madam) (yarn) (spool)

中 **spoon** [spuːn]

명 숟가락, 스푼 동 숟가락으로 떠내다.

▶ I eat soup with a spoon. 나는 숟가락으로 수프를 먹는다.

大 **spoonful** [spúːnfùl]

명 한 숟갈 가득(한 양), 소량

▶ spoon(스푼, 숟가락) + ful(…가득) = spoonful(한 숟갈 가득[한 양], 소량)

中 **sport** [spɔːrt]

명 스포츠, 운동경기, 운동

동 즐기다, 운동하다, 놀다.

암 **운동경기 스포츠.**
(sport)

▶ I enjoy all kinds of sports.
나는 스포츠는 무엇이나 다 즐긴다.

大 **sporting** [spɔ́ːrtiŋ]

형 스포츠를 좋아하는, 운동가다운

▶ sport(스포츠, 운동) + ing(현재분사 어미) = sporting(스포츠를 좋아하는, 운동가다운)

大 **sports car** [spɔːrts kaːr]

명 스포츠카

▶ sports(스포츠의) + car(카, 차) = sports car(스포츠카)

高 **sportsman** [spɔ́ːrtsmən]

명 운동가, 스포츠맨

▶ sports(스포츠의) + man(사람) = sportsman(운동가, 스포츠맨)

高 **sportsmanship** [spɔ́ːrtsmənʃìp]

명 운동가 정신, 스포츠맨 쉽

▶ sportsman(운동가, 스포츠맨) + ship(…정신) = sportsmanship(운동가 정신, 스포츠맨 쉽)

▶ show [display] sportsmanship 스포츠맨 정신을 보이다.

高	**spot** [spɑt / spɔt]	㊔ 장소, 반점, 얼룩 ㊕ 즉석의 ㊙ **얼룩**진 사건을 **즉석의 장소**에서 전하는 **스포트 뉴스** (spot) (news) ▶ a grease spot. 기름 얼룩 ▶ a high spot 높은 곳(장소)
大	**spotless** [spɑ́tlis / spɔ́t-]	㊕ 더럽혀지지 않은, 얼룩이 없는 ▶ spot(반점, 얼룩) + less(…이 없는) = spotless(더럽혀지지 않은, 얼룩이 없는)
大	**spotlight** [spɔ́tlàit]	㊔ 스포트라이트, 각광 ▶ spot(특정, 장소) + light(빛) = spotlight(스포트라이트, 각광)
大	**spouse** [spaus / spauz]	㊔ 배우자, 부부 ㊖ …와 결혼하다. 수많은 파(무리) 웃으며 ㊙ **부부**될 **스(數)파(派) 우스**며 **배우자와 결혼하다**. (spouse)
大	**sprain** [sprein]	㊔ 삠; 접질림 ㊖ (발목, 손목등을) 삐다. 수풀에 인(人) ㊙ **스프레 인(人)**이 걸려 **접질림**되어 **(발목을)삐다**. (sprain) 
高	**sprang** [spræŋ]	spring(튀다, 뛰어오르다)의 과거 ▶ He sprang out of bed. 그는 침대에서 벌떡 일어났다.
高	**spray** [sprei]	㊔ 물보라, 분무기, 스프레이 ㊗ 물보라를 날리다, 물을 뿜다[뿌리다]. ㊙ **슬프레이 분무기**로 **물보라를 날리다(물을 뿌리다)**. (spray)
中	**spread** [spred]	㊗ 퍼지다, 살포하다, 펴다. 살충제를 수풀에 들어가 ㊙ **에어로졸**을 **스프레 드**러가 **살포하다**. (aerosol) (spread) ▶ The bird spread its wings and flew away. 그 새는 날개를 펴고 날아갔다. 
中	**spring** [spriŋ]	㊔ 봄, 도약, 샘물, 스프링(용수철) ㊗ 튀다, 싹트다. ㊙ **봄**이 되니 **샘물**이 **스프링**같이 **튀다(싹트다)**. (spring) ▶ in the spring of life 인생의 봄, 청춘기에
高	**springtime** [spríŋtàim]	㊔ 봄(철), 청춘(기) ▶ spring(봄) + time(때, 시간) = springtime(봄[철], 청춘[기])

S

高	**sprinkle** [spríŋkəl]	ⓢ 뿌리다, 끼얹다. ※ 아래 sprinkler 단어 참조하여 기억하세요. ㉭ **자동물뿌리개 장치(= 스프링클러)**로 물을 **스프링클**해 **뿌리다**.
大	**sprinkler** [spríŋklər]	ⓜ 스프링클러, 자동 물뿌리개 장치 ▶ sprinkl(e)(뿌리다, 끼얹다) + er(…하는 것) = sprinkler(스프링클러, 자동물뿌리개 장치)
大	**sprinkling** [spríŋkliŋ]	ⓜ 살포, 흩뿌리기 ▶ sprinkl(e)(뿌리다, 끼얹다) + ing(현재분사 어미) = sprinkling(살포, 흩뿌리기)
高	**sprout** [spraut]	ⓜ 눈, 싹, 새싹 ⓢ 싹트(게 하)다. ▶ spr(ing)(봄) + out(밖으로) 봄되니 밖으로 새싹이 싹트다 = sprout(싹, 새싹, 싹트[게 하]다)
大	**sprung** [sprʌŋ]	spring(뛰다, 뛰어오르다)의 과거, 과거분사
大	**spun** [spʌn]	spin(잣다, 돌리다)의 과거, 과거분사
高	**spur** [spəːr]	ⓜ 박차, 자극, 유인, 자극물 ⓢ 고무하다, 서두르다, 자극하다. ㉭ **마담**(madam)을 **자극물**을 탄 **스(水)퍼**(수(물) 퍼)(spur) 먹여 **자극하다**. ▶ Poverty is the best spur to the artist. 가난은 예술가에게 가장 좋은 자극이 된다
高	**spurn** [spəːrn]	ⓢ 일축하다, 걷어차다. ⓜ 걷어참, 일축, 멸시 ㉭ 놈이 **카운터**(counter)를 **멸시**해 **스펀**(수판)(spurn)을 **걷어차다**. ▶ spurn a person's offer. 남의 제안을 일축하다.
大	**spurt, spirt** [spəːrt]	ⓜ 분출, 뿜어나옴 ⓢ 뿜어내다, 뿜어 나오다. ㉭ **고래**가 **훼일**(헤일)(whale)수 없이 **스(水) 퍼트**(수(물) 퍼뜨리려고)(spurt, spirt)리려고 물을 **뿜어내다**. 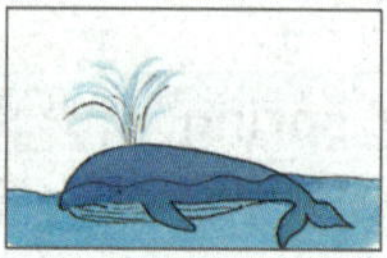
高	**spy** [spai]	ⓜ 스파이, 간첩 ⓢ 염탐하다. ㉭ 비밀을 **간첩 스파이**(spy)가 **염탐하다**. ▶ spy into a secret. 몰래 비밀을 염탐하다.

高

squadron
[skwɑ́drən / skwɔ́d-]

명 소함대, 기병 중대

(수컷=)수커 들어서 올린

암 **포니 조랑말 스쿼 들언 기병 중대원**들

(pony) (squadron)

大

squander
[skwɑ́ndər / skwɔ́n-]

동 낭비하다, (시간, 금전 따위를)헛되게 쓰다.

수컨(=남자는)

암 **달러 돈**을 **스퀀 더** (여자)보다 **낭비하다**.

(dollar) (squander)

中

square
[skwɛər]

명 정사각형, 광장, 제곱 형 정사각형의

암 **정사각형**통 안에 개는 **스퀘어**(수캐여(숫개여))

(square)

高

squarely
[skwɛ́ərli]

부 네모꼴로, 네모지게, 직각으로, 정면으로

▶ square(정사각형의) + ly(부사를 만듦) = squarely(네모꼴로, 네모지게, 직각으로, 정면으로)

大

squash
[skwɔʃ]

동 으깨다, 찌브러지게 하다. 명 와싹, 과즙, 스쿼시

수컷이

암 **매어**있는 **암말**을 **스쿼시 찌브러지게 하다**.

(mare) (squash)

大

squeal
[skwiːl]

동 비명을 지르다, 깩깩 울다. 명 비명, 깩깩

스키타는 사람 스킬(=스키를=ski를) 연관시켜 기억할 것

암 **스키어**가 **스퀼** 타다 넘어져 **깩깩울며, 비명을 지르다**.

(skier) (squeal)

高

squeeze
[skwiːz]

동 압착하다, 짜내다, 찌부러 뜨리다.

명 압착, 서로 밀치기

스키 주인이

암 **스키**를 **스퀴즈**인이 **찌브러 뜨리다**.

(ski) (squeeze)

大

squire
[skwaiər]

명 시골의 대지주, 시골 신사

구두 상표이름

암 **에스콰이어** 신을 산 **시골신사**인 **스콰이어**씨

(Esquire) (squire)

高

squirrel
[skwə́ːrəl / skwír-]

명 [동물] 다람쥐

수컷을(수커를) 풀어 쳇바퀴(집)을 틀게

암 **다람쥐 스쿼럴 플러 택(宅) 트**게 해 **보호하다**.

(squirrel) (protect)

高

stab
[stæb]

동 (칼 따위로) 찌르다, 꿰다. 명 찌르기, 찔린 상처

실업자 수태(아이를 밴) 부인을

암 **룸 펜**이 **스태(受胎) 브**인을 **칼로 찌르다**.

(Lumpen) (stab)

S

高

stability
[stəbíləti]

명 안정, 확고함

▶ stable = stabil(안정된) + ity(명사 어미) = stability(안정, 확고함)

大

stabilization
[stèibəlizéiʃən]

명 안정[시킴], 안정화

▶ stabiliz(e)(안정시키다) + ation(명사 어미) = stabilization(안정[시킴], 안정화)

大

stabilize
[stéibəlàiz]

타 안정시키다, 견고하게 하다.

▶ stable → stabil(안정된) + ize(…화하다) = stabilize(안정시키다, 견고하게 하다)

高

stable
[stéibl]

형 안정된, 견고한, 착실한

명 마구간 동 마구간에 넣다.

목동이 수개의 테이블
암 **카우보이**가 **견고한 스(數) 테이블**을 **마구간에 넣다.**
(cowboy) (stable)

▶ a man of stable character 착실한 성격의 사람

S

大

stack
[stæk]

명 낟가리, (건초)더미, 퇴적 동 쌓다, 쌓아올리다.

수(여러) 택(집)
암 목동이 **(건초)더미**를 **스(數)택(宅)**에 **쌓아 올리다.**
(stack)

高

stadium
[stéidiəm]

명 경기장, 운동 경기장, 스타디움(엄)

주 경기장
암 **메인 스타디엄(움)**
(main) (stadium)

高

staff
[stæf, stɑːf]

명 직원, 참모, 지팡이, 막대기 동~에 직원(부원)을 두다.

암 영화 제작사의 **참모 직원**인 **스탭**진이 든 **지팡이**
(staff)

大

stag
[stæg]

명 숫사슴, 수컷

하인들이 수태(새끼뱀을)
암 **하인드**리 기르는 **암사슴**타고 **스태(受胎)그**렇게 시킨 **숫사슴**
(hind) (stag)

高

stage
[steidʒ]

명 무대, 연극 동 공연하다.

수태(아이를 밴) 이씨와 지씨
암 **연극 무대**에서 **스태(受胎) 이(李)지(池)**가 **공연하다.**
(stage)

▶ She appeared on the stage.
그녀가 무대에 나타났다.

大

stagecoach
[stéidʒkòutʃ]

명 (예전의) 역마차, 승합 마차

▶ stage(무대) + coach(마차) → 무대같이 안을 꾸민 마차
= stagecoach([예전의] 역마차, 승합 마차)

高

stagger
[stǽgər]

㊐ 비틀거리다. ㊐ 비틀거림

항거하며 수대(아이밴) 거지가
암 **굶주림**에 **헝거**하며 **스태(受胎)거**지가 **비틀거리다**.
(hunger) (stagger)

大

staggering
[stǽgəriŋ]

㊐ 비틀거리는

▶ stagger(비틀거리다) + ing(현재분사 어미) = staggering(비틀거리는)

高

stain
[stein]

㊐ 얼룩지게 하다, 더럽히다. ㊐ 얼룩, 때, 흠

홑이불 수태인(아이밴 사람)
암 피로**시트**를 **스태인(受胎人)**이 **얼룩지게 더럽히다**.
(sheet) (stain)

▶ a kettle stained with soot
검댕으로 더러워진 주전자

大

stainless
[stéilis]

㊐ 더럽혀지지 않은, 흠이 없는, 녹슬지 않는

▶ stain(더럽히다, 녹슬다, 흠) + less(…않는, …이 없는) = stainless(더럽혀지지 않은, 흠이 없는, 녹슬지 않는)

高

stair
[stεər]

㊐ 계단, 사다리의 한 단

수태(아이를 벤) 어(魚)씨
암 **계단**에 선 **스태(受胎) 어**씨.
(stair)

▶ We went up the stone stairs.
우리는 돌 계단을 올라갔다.

大

staircase
[stέərkèis]

㊐ (한줄의) 계단, 계단

▶ stair(계단) + case(상자, 케이스) = staircase([한줄의]계단, 계단)

大

stairway
[stέərwèi]

㊐ 계단, 층계

▶ stair(계단) + way(길) → 계단 길 = stairway(계단, 층계)

高

stake
[steik]

㊐ 말뚝, 막대기, 내기

㊐ 말뚝을 박다, (돈 따위를)내기 걸다.

수(나무수) 태이크(=take : 들고)
암 **말뚝** 용 **스(樹) 태이크**해(= 들고) **말뚝을 박다**.
(stake)

大

stale
[steil]

㊐ 상한, 신선하지 않은 ㊐ 김빠지(게 하)다.

수태(아이밴것을) 잃어(=유산해)
암 **와이프**가 **상한** 걸 먹고 **스태(受胎) 잃**어 **김빠지게 하다**.
(wife) (stale)

大

stalemate
[stéilmèit]

㊐ 수가 막힘, 궁지

▶ stale(김빠지다) + mate(동료) → 김빠진 꼴이 된 동료
= stalemate(수가 막힘, 궁지)

S

高 **stalk¹** [stɔːk]	명 줄기, 대, 잎자루 암 선생이 **줄기 대**로 **스(首) 톡**(수(머리) 톡!)(stalk) 치려고 **몰래 접근하다**. 
大 **stalk²** [stɔːk]	동 몰래 접근하다, 성큼성큼 걷다. 명 성큼성큼 걷기, 다가감 암 선생이 **줄기 대**로 **스(首)톡!**(수(머리) 톡!)(stalk) 치려고 **몰래 접근하다**.
高 **stall** [stɔːl]	명 매점, 마굿간 동 마굿간에 넣다. 암 **인디언**(Indian)이 **매점**에서 산 **스톨을**(숫 돌을)(stall) **마구간에 넣다**.
高 **stammer** [stǽmər]	동 말을 더듬다, 더듬으며 말하다. 명 말더듬기 암 처녀가 **스태(受胎) 뭐!**(수태(아이를 뱀이) 뭐!)(stammer)냐며(핀잔의) **말을 더듬다**.
中 **stamp** [stæmp]	명 스탬프, 우표, 도장 동 도장을 찍다, 우표를 붙이다. 암 **포스트먼**(우체부가)(postman)이 **우표**에 **스탬프**(stamp) **도장을 찍다**.
中 **stand** [stænd]	동 서다, 세우다. 명 관람석 암 **치어 걸**(cheer girl)이 **관람석 스탠드**(stand)에 **서다**. ▶ They stood still. 그들은 가만히 서 있었다. 
高 **standard** [stǽndərd]	명 표준, 기준 형 표준의 ▶ stand(서다) + ard(…하는 사람) → 줄 앞에 서서 기준이 되는 사람 = standard(표준, 기준, 표준의) ▶ the standard of living[life] 생활수준
大 **standardize** [stǽndərdàiz]	타 표준에 맞추다, 표준화하다. ▶ standard(표준, 기준, 표준의) + ize(…화하다, 맞추다) = standardize(표준에 맞추다, 표준화하다)
大 **standby** [stǽndbài]	명 의지가 되는 사람[것], (비상시)교대요원 형 대역의, 대기의 ▶ stand(서다) + by(…의 곁에) → 곁에 서있는 사람 = standby(의지가 되는 사람[것], [비상시]교대요원, 대역의, 대기의)
大 **stand-in** [stǽndìn]	명 대역, 대신할 사람 ▶ stand(서다) + in(안에) → 대역을 하려고 안에 서 있는 사람 = stand-in(대역, 대신할 사람)

大 **standing** [stǽndiŋ]

[형] 서 있는, 상비의 [명] 기립, 설 자리, 신분

▶ stand(서다) + ing(현재분사 어미) = standing(서 있는, 상비의, 기립, 설 자리, 신분)

高 **standpoint** [stǽndpɔ̀int]

[명] 입장, 견지, 관점

▶ stand(서다) + point(점, 지점) = standpoint(입장, 견지, 관점)

▶ from our standpoint 우리 입장에서 보면

大 **standstill** [stǽndstìl]

[명] 막힘, 정지, 멈춤

▶ stand(서다) + still(조용한, 정지한) = standstill(막힘, 정지, 멈춤)

中 **star** [stɑːr]

[명] 인기배우, 스타, 별

[암] **별** 같은 **인기배우 스타**(star).

▶ The stars are shining in the sky. 별이 하늘에 빛나고 있다.

大 **starch** [stɑːrtʃ]

[명] 녹말, 전분, 풀 [타] (옷에) 풀을 먹이다.

[암] **스타 치**(스타가 차마; starch)마에 **녹말(전분) 풀을 먹이다**.

高 **stare** [stɛər]

[동] 응시하다, ~을 노려보다. [명] 응시, 노려보기

[암] **계단**(stair)에 **스태(受胎)어**(수태(아이 밴))씨가 **스태(受胎) 어(魚)**(수태(아이 밴); stare)씨를 **응시하다**.

▶ Don't stare at me like that.
나를 그렇게 노려 보지 마라

大 **staring** [stέəriŋ]

[형] 응시하는, 노려보는

▶ star(e)(응시하다, 노려보다) + ing(현재분사 어미) = staring(응사하는, 노려보는)

大 **stark** [stɑːrk]

[형] 홀랑 벗은, 황량한, 빳빳해진(시체)

[암] **황량한** 벌에서 **스타 크**(stark)게 다쳐 **빳빳해진(시체된)**채 **죽었다이**(die)

大 **starlight** [stɑ́ːrlàit]

[명] 별빛 [형] 별빛의

▶ star(별) + light(빛) = starlight(별빛, 별빛의)

大 **starry** [stɑ́ːri]

[형] 별이 많은, 별의

▶ star + r(별) + y(…있는, …투성이의) = starry(별이 많은, 별의)

S

中 **start** [stɑːrt]
㉧ 출발하다, 시작하다. ㉥ 출발(점), 시작
▶ We start at eight o'clock. 우리는 8시에 출발한다.

大 **starter** [stɑ́ːrtər]
㉥ 출발자, 개시자, 시초, 개시
▶ start(출발) + er(…사람) = starter(출발자, 개시자, 시초, 개시)

大 **starting** [stɑ́ːrtiŋ]
㉥ 출발, 개시
▶ start(출발) + ing(현재분사 어미) = starting(출발, 개시)

大 **starting point** [stɑ́ːrtiŋ pɔint]
㉥ 출발점, 기점
▶ starting(출발) + point(점) = starting point(출발점, 기점)

高 **startle** [stɑ́ːrtl]
㉧ 깜짝 놀라게 하다[놀라다].

경주자가 스타트를(=start를)
㉰ **러너**가 **스타틀** 잘 해 **깜짝 놀라게 하다**.
(runner) (startle)
▶ She startle at the sound.
그녀는 그 소리를 듣고 깜짝 놀랐다.

S

大 **startling** [stɑ́ːrtliŋ]
㉨ 깜짝 놀라게 하는, 놀라운
▶ startl(e)(깜짝 놀라게 하다[놀라다]) + ing(현재분사 어미) = startling(깜짝 놀라게 하는, 놀라운)

大 **starvation** [stɑːrvéiʃən]
㉥ 굶주림, 기아, 아사
▶ starv(e)(굶어 죽다, 굶주리다) + ation(명사 어미) = starvation(굶주림, 기아, 아사)

高 **starve** [stɑːrv]
㉧ 굶어 죽다, 굶주리다.
단역 배우 스타 부터
㉰ IMF되니 **엑스트라 스티 브**터 **굶어 죽다**.
(extra) (starve)
▶ He starved to death. 그는 굶어 죽었다.

中 **state** [steit]
㉥ 상태, 국가, 계급, 신분 ㉧ 진술하다, 말하다.

아메리카 합중국의
㉰ **유나이티드 스테이트**의 **국가 상태**를 **말하다**.
(United) (state)
▶ Mr. Smith stated the facts in detail.
스미스씨는 그 사실을 상세히 말하였다.

高 **stately** [stéitli]
㉨ 당당한, 위엄 있는
▶ state(계급, 신분, 상태) + ly(형용사를 만듦) → 계급있는 사람이 된 상태 = stately(당당한, 위엄 있는)

高 **statement** [stéitmənt]

㉑ 말함, 진술

▶ state(말하다, 진술하다) + ment(명사 어미) = statement(말함, 진술)

▶ deny a statement 진술을 부인하다

高 **statesman** [stéitsmən]

㉑ 정치가, 경세가(経世家)

▶ states(= state 말하다) + man(사람) = statesman(정치가, 경세가)

▶ an elder statesman 정치 원로

中 **station** [stéiʃən]

㉑ 역, 정거장, 부서

㉠ **서울 스테이션 역.**
(Seoul) (station)

▶ This train stops at every station. 이 기차는 모든 정거장에 선다.

大 **stationary** [stéiʃənèri / -ʃənəri]

㉞ 움직이지 않는, 주둔한

▶ station(역) + ary(형용사 어미) → 역에 닿은
= stationary(움직이지 않는, 주둔한)

大 **stationery** [stéiʃənəri]

㉑ 문방구, 문구

▶ station(역) + ery(제조소, 점포) = stationery(문방구, 문구)

高 **statue** [stǽtʃuː]

㉑ 상(像), 조각상

수태(새끼 밴) 투우(鬪牛)
㉠ **스태(受胎) 튜우(鬪牛)**의 **상.**
(statue)

▶ The statue of Liberty is in New York.
자유의 여신상은 뉴욕에 있다.

大 **statuette** [stæ̀tʃuét]

㉑ 작은 조상(彫像)

▶ statue(조각상) + tte(작은) = statuette(작은 조상)

高 **stature** [stǽtʃər]

㉑ 신장, 키, 성장

수태(아이를 밴) 처(아내)
㉠ **젠틀먼**이 **스태(受胎)처(妻)**의 **신장**을 **체크하다.**
(gentleman) (stature) (check)

▶ small in stature 키[신장]가 작은

大 **status** [stéitəs, stǽtəs]

㉑ 지위, 신분, 높은 신분, 상태

수태(아이를 밴) 이씨가 땅이 수려한
㉠ **신분 높은 스태(受胎)이(李) 터 스**려한 **상태**를
(status)
힘차게 **찬미하다.**
(hymn)

大 **status symbol** [stéitəs símbəl]

㉑ 높은 사회적 신분의 상징

▶ status(높은 신분) + symbol(상징) = status symbol(높은 사회적 신분의 상징)

S

S

大 **statute** [stǽtʃuːt]

㉮ 법령, 법규, 규칙, 정관

암 **스태(水苔)튜우 트**지못하게 **규칙(법규)** 대로 **펜스를 치다.**
(수태(김)을 / 투우가 / 틀지 / 담장을) (statute) (fence)

大 **statute book** [stǽtʃuːt buk]

㉮ 법령집

▶ statute(법령) + book(책) = statute book(법령집)

大 **stave** [steiv]

㉮ 통널, 널빤지, 디딤대, 단
㉯ 단을(디딤대를)대다.

암 **스태(水苔) 이(李)브**인이 말리러 **널빤지**에 **디딤대를 대다.**
(수태를(김을) / 이씨 / 부인이) (stave)

中 **stay** [stei]

㉯ (같은 장소, 상태에)머무르다. ㉮ 체류

암 **호텔**에 **스태(受胎) 이(李)**가 **머무르다.**
(hotel) (수태(아이 밴) / 이(李)씨) (stay)

▶ stay with one's uncle. 숙부 집에 묵다.

大 **stead** [sted]

㉮ 대신, 장소, 이익, 도움, 대리

암 미스가 **스태(受胎) 드**러나니 **대신 매리**와 **결혼하다.**
(수태(아이뱀이) / 드러나니) (stead) (marry)

▶ in stead of …의 대신으로

高 **steadfast** [stédfæ̀st / -fǽst]

㉱ 확고 부동한, 고정된

▶ stead(= steady 확고한, 착실한) + fast(…에 견디다) = steadfast(확고 부동한, 고정된)

高 **steadily** [stédili]

㉲ 착실하게, 견실하게, 꾸준히, 확고하게

▶ stead(y) → (i)(확고한, 착실한) + ly(부사를 만듦) = steadily(착실하게, 견실하게, 확고하게)

高 **steady** [stédi]

㉱ 확고한, 착실한, 불변의 ㉯ 확고해 지다.

암 결혼이 **스태(受胎)뒤**에 **착실한**자라 더 **확고해 지다.**
(수태(아이를 밴) 뒤에) (steady)

▶ He's a steady young man. 그는 착실한 젊은이야.

高 **steak** [steik]

㉮ 불고기, 스테이크

암 **두껍게 썬 불고기 스테이크.**
(steak)

大 **steakhouse** [stéikhàus]

㉮ 스테이크 전문점

▶ steak(스테이크) + house(집, 전문점) = steakhouse(스테이크 전문점)

中 **steal** [stiːl]	ⓢ 훔치다, 몰래 가지다. ⓐ 스틸 검을 스틸씨氏가 훔치다. (강철 검을 / steel … steal) ▶ It is wrong to steal. 도둑질하는 것이 나쁘다.
大 **stealing** [stíːliŋ]	ⓜ 훔친, 절도 ⓗ 훔치는 ▶ steal(훔치다) + ing(현재분사 어미) = stealing(훔친, 절도, 훔치는)
大 **stealth** [stelθ]	ⓜ 몰래 하기, 비밀 ▶ steal(훔치다, 몰래가지다) + th(명사 어미) = stealth(몰래 하기, 비밀)
大 **stealthy** [stélθi]	ⓗ 비밀의, 남의 눈을 피하는 ▶ stealth(몰래 하기, 비밀) + y(형용사를 만듦) = stealthy(비밀의, 남의 눈을 피하는)
高 **steam** [stiːm]	ⓜ 증기, 김 ⓢ 김으로 찌다. ⓐ 피자를 스팀 증기(김으로)로 찌다. (pizza) (steam) ▶ steam boiler 증기 보일러
高 **steamboat** [stíːmbòut]	ⓜ 기선 ▶ steam(증기) + boat(배) = steamboat(기선)
大 **steam engine** [stiːm éndʒən]	ⓜ 증기 기관 ▶ steam(증기) + engine(엔진) = steam engine(증기 기관)
高 **steamer** [stíːmər]	ⓜ 기선, 증기 기관, 찌는 기구[사람] ▶ steam(증기) + er(…하는 것[사람]) = steamer(기선, 증기 기관, 찌는 기구[사람]) ▶ go by steamer 기선으로 가다
高 **steamship** [stíːmʃìp]	ⓜ (대형)기선, 증기선 ▶ steam(증기) + ship(배) = steamship([대형]기선, 증기선)
大 **steamy** [stíːmi]	ⓗ 증기의(같은), 증기를 내는 ▶ steam(증기) + y(형용사를 만듦) = steamy(증기의[같은], 증기를 내는)

S

中

steel

[stiːl]

명 강철, 검 형 강철로 만든

암 **강철로 만든 스틸 검(steel)**

中

steep¹

[stiːp]

형 가파른, 험한 명 절벽 동 담그다, 축이다.

　　　　　　　　숱이　풀어지니

암 **비너스**가 머리**스티 프**러지니 **가파른 절벽**밑에 **담그다**.

　(Venus)　　　　(steep)

高

steep²

[stiːp]

동 적시다, 담그다. 명 담김, 담금

　　　　　　　　숱이　풀어지니

암 **비너스**가 머리**스티 프**러지니 **가파른 절벽**밑에 **담그다**.

　(Venus)　　　　(steep)

大

steeple

[stíːpəl]

명 (교회 따위의) 뾰족탑

　　머리숱이　풀어지잖케

암 머리 **스티 플**어지잖케 **뾰족탑 핀으로 고정시키다**.

　　(steeple)　　　　(pin)

大

steepletop

[stíːpəltɑ̀p / -tɔ̀p]

명 뾰족탑의 꼭대기

▶ steeple(뾰족탑) + top(꼭대기) = steepletop(뾰족탑의 꼭대기)

高

steer

[stiər]

동 나아가다, (배의)키를 잡다, 조종하다.

　　　　수(물이) 튀어

암 **보트**에 **스(水)튀어**도 **키를 잡고 조종하다**.

　(boat)　　(steer)

大

steerer

[stíərər]

명 키잡이

▶ steer(키를 잡다) + er(…하는 사람) = steerer(키잡이)

高

stem¹

[stem]

명 줄기, 대, 개통

　　　　　　　　여러번 땜을

암 **파이프**의 **줄기(대)**에 **스(數)탬**을 하다.

　(pipe)　　　　　(stem)

高

stem²

[stem]

동 저지하다, (흐름을)막다.

　　　　　　　　여러번 땜을

암 **파이프**의 **줄기**(대)에 **스(數)탬**을 하여 **(흐름을)막다**.

　(pipe)　　　　　(stem)

中

step

[step]

동 스텝을 밟다. 명 보행, 걸음, 단계

암 **댄서**가 **걸음** 걷듯 **스텝을 밟다**.

　(dancer)　　(step)

▶ make a step forward. 한걸음 나아가다.

大 **step**
[step]

㉠ 의붓, 계(繼), 아버지[어머니]가 다른

大 **stepmother**
[stépmʌ̀ðər]

㉠ 의붓어머니, 계모
▶ step(의붓, 계) + mother(어머니) = stepmother(의붓어머니, 계모)

大 **stepsister**
[stépsìstər]

㉠ 배다른 자매, 이복자매
▶ step(의붓, 이복) + sister(자매) = stepsister(배다른 자매, 이복자매)

大 **stepson**
[stépsʌ̀n]

㉠ 의붓아들[자식]
▶ step(의붓, 이복) + son(아들) = stepson(의붓아들[자식])

大 **stereo**
[stériòu, stíər-]

㉠ 스테레오, 입체 음향

大 **stereotype**
[stériətàip / stíər-]

㉠ 스태로판, 연필
▶ stereo(스테레오) + type(형, 양식, 활자) = stereotype(스테로판[활자], 연관)

大 **sterile**
[stéril / -rail]

㉡ 불임의, 아이를 못 낳는, 불모의, 메마른
㉢ 인공수정해 **애 못 낳는** 리를 **스태(受胎)릴**(sterile) (수태(아이 밴) 리씨를) 만든 **닥터**(doctor) (의사)

高 **stern**[1]
[stə́ːrn]

㉠ 고물, 선미(船尾),(동물의)엉덩이
㉢ **선미**에서 **(소)엉덩이**를 손**스(手)턴**(stern) (손수(手)턴) **엄격한 카우보이**(cowboy)
▶ down by the stern 고물이(물 속에) 내려 앉아

高 **stern**[2]
[stə́ːrn]

㉡ 엄격한, 엄한, 단호한
㉢ **선미(船尾)**에서 **(소)엉덩이**를 손**스(手) 턴**(stern) (손수(手)턴) **엄격한 카우보이**(cowboy)
▶ stern towards [with] 에 대해 엄격한

大 **stew**
[stjuː]

㉠ 스튜(요리) ㉣ 약한 불로 끓이다.
㉢ **스튜어디스**(stewardess)가 **스튜(요리)**(stew)를 **약한 불로 끓이다.**

大 **steward** [stjúːərd]	명 급사, 사무장, [큰 집의]청지기 암 **(큰 집의) 청지기[급사] 스튜어드** (steward)
高 **stewardess** [stjúːərdis]	명 스튜어디스, 여안내원 ▶ steward (청지기, 급사, 안내원) + ess(여성 명사 어미) = stewardess(스튜어디스, 여안내원)
中 **stick** [stik]	명 지팡이, 스틱, 막대기, 막대 동 찌르다, 찔리다, 달라붙다. 암 **코브라**(cobra)**를 지팡이 스틱**(stick)으로 **찌르다(달라붙다).** ▶ stick a finger with a pin. 핀으로 손가락을 찌르다.
高 **sticky** [stíki]	형 들러붙는, 점착성의, (구어)무더운 ▶ stick(달라붙다) + y(형용사를 만듦) = sticky(들러붙는, 점착성의, 끈적끈적[끈끈]한) ▶ a sticky evening 무더운 밤
高 **stiff** [stif]	형 어색한, 경직된, 딱딱한, 뻣뻣한, (어깨가) 빼근한 암 **뻣뻣한** 머리 **스티**(stiff) **프**려져(술이 풀어져) **어색한 폼**(form)**을하다.** ▶ New boots are always stiff. 새 구두는 항상 딱딱하다. 
大 **stiffen** [stífən]	동 뻣뻣해지다, 굳어지다, 딱딱하게 하다. ▶ stiff(뻣뻣한, 딱딱한) + en(…하다) = stiffen(뻣뻣해지다, 굳어지다, 딱딱하게 하다)
大 **stiffly** [stífli]	부 뻣뻣하게, 딱딱하게 ▶ stiff(뻣뻣한, 딱딱한) + ly(부사를 만듦) = stiffly(뻣뻣하게, 딱딱하게)
大 **stifle** [stáifəl]	동 숨막히게 하다, 질식[사]시키다. 원숭이를 수(여러) 타이(=넥타이)를 연관시켜 기억할 것 암 **멍키**(monkey)**를 스(數)타이**(stifle)**풀**로 묶어 **질식사키시다.** 
中 **still** [stil]	형 조용한, 고요한, 정지한 부 더욱 동 침묵케 하다, 달래다. 암 **스틸 검**(steel)으로 위협 해 **스틸**(still)씨를 **더욱 침묵케 하다.** ▶ stand still 가만히 서 있다. 활동하지 않다. 
大 **stillness** [stílnis]	명 고요, 정지, 정적 ▶ still(고요한, 정지한) + ness(명사 어미) = stillness(고요, 정지, 정적)

S

大 **stimulant** [stímjulənt]

㉮ 흥분제, 자극[물] ㉻ 자극하는

▶ stimul(ate)(자극하다) + ant(…하는 것) = stimulant(흥분제, 자극[물], 자극하는)

高 **stimulate** [stímjulèit]

㊁ 자극하다, 격려하다, 자극이 되다.

(김 steam=)스팀을 내 2 트기를

㉱ **보일러**에서 **스티뮬 레 이 트**기를 **자극하다**.

(boiler) (stimulate)

▶ Coffee stimulates the heart. 커피는 심장을 자극한다.

大 **stimulation** [stímjuléiʃən]

㉮ 자극, 격려, 고무, 흥분

▶ stimulat(e)(자극하다) + ion(명사 어미) = stimulation(자극, 격려, 고무, 흥분)

大 **stimulus** [stímjuləs]

㉮ 자극(물), 고무(鼓舞), 흥분제

▶ stimul(ate)(자극하다) + us(명사 어미(주로 Latin 어미로 명사에 쓰임) = stimulus(자극[물], 흥분제)

高 **sting** [stiŋ]

㊁ (침, 가시 따위로)쏘다, 찌르다. ㉮ 따가움, 고통

수(손을) 튕기여

㉱ **백**씨가 **등**에 **스(手) 팅**기여 **바늘침으로 찌르다**.

(back) (sting)

▶ a jest with a sting in it 가시를 품은 농담

大 **stinging** [stíŋiŋ]

㉻ 찌르는, 쏘는, 쑤시는 뜻한

▶ sting(쏘다, 찌르다) + ing(현재분사 어미) = stinging(찌르는, 쏘는, 쑤시는 뜻한)

大 **stink** [stíŋk]

㉮ 악취, 악평, 추문 ㊁ 역겹다, 악취가 나다.

스핑크스를 연관시켜 기억할 것

㉱ **피라미드**앞 **스팅크스**에서 **악취**가나 **역겹다**.

(Pyramid) (stink)

大 **stinkard** [stíŋkərd]

㉮ 악취를 풍기는 사람[동물]

▶ stink(악취를 풍기다) + ard(…하는사람[것] = stinkard(악취를 풍기는 사람[동물])

高 **stir** [stəːr]

㊁ 움직이게 하다, 움직이다, 휘젓다 .

㉮ 법석, 휘젓기

수(물) 고인 터(웅덩이)

㉱ 포클레인으로 **스(水)터**를 **법석** 떨며 **휘젓다**.

(stir)

▶ Not yet. Stir it a little. 아직 안됐어, 조금만 더 저어

大 **stirring** [stə́ːriŋ]

㉻ 감동시키는, 마음을 동요시키는

▶ stir + r(움직이다, 휘젓다) + ing(현재분사 어미) = stirring(감동시키는, 마음을 동요시키는)

S

S

高 **stitch**
[stitʃ]

㉢ 한 바늘, 한 땀 ㉣ 바느질하다, 꿰매다, 뜨다.

수 놓을 티셔츠 쳐(가지고)
암 **마담**이 **스(繡)티(T)취(取)**해 들고 **한땀 한땀 꿰매다**.
(madam) (stitch)

▶ make a stitch. 한땀 한땀 꿰매다.

高 **stock**
[stɑk / stɔk]

㉢ 재고품, 저장, 가축; 주식 ㉣ 사들이다.

수탉
암 **얼**바진 **백작**이 **재고품 주식**으로 **가축**과 **스탉**을 **사들이다**.
(earl) (stock)

大 **stockholder**
[stɑ́khòuldər / stɔ́k-]

㉢ 주주, 공채[국채]소유자

▶ stock(주식) + holder(소유자) → 주식의 소유자
= stockholder(주주, 공채[국채]소유자)

中 **stocking**
[stɑ́kiŋ / stɔ́k-]

㉢ (보통 복수) 스타킹, 긴 양말

▶ a pair of stockings 긴 양말 한 켤레

高 **stole**
[stoul]

steal(훔치다)의 과거

▶ A pickpocket stole my watch.
소매치기가 내 시계를 훔쳐갔다.

高 **stolen**
[stóulən]

steal(훔치다)의 과거분사 ㉥ 훔친

高 **stomach**
[stʌ́mək]

㉢ 위, 배, 식욕 ㉣ 맛보다.

수(물) 떠 먹고
암 **컵**으로 **스(水) 터 먹**고 채운 **위(배)**
(cup) (stomach)

▶ He hit me in the stomach. 그는 내 배를 쳤다.

大 **stomachache**
[stʌ́məkèik]

㉢ 위통, 복통

▶ stomach(위) + ache(아픔, 통증, 아프다) = stomachache(위통, 복통)

中 **stone**
[stoun]

㉢ 돌 ㉣ 돌을 쌓다.

돌 대가리
암 **스토운 헤드**.
(stone) (head)

▶ The bridge is made of stone. 그 다리는 돌로 되어 있다.

高 **stoney, stony**
[stóuni]

㉥ 돌의, 돌 같은, 돌이 많은

▶ stone(돌) + y(형용사를 만듦) = stoney(= stony)[돌의, 돌같은]

▶ a stony road 돌이 많은 길

中 **stood** [stud]

stand(서다, 일어서다)의 과거, 과거분사

▶ She stood waiting for her husband. 그녀는 남편을 기다리며 서 있었다.

高 **stool** [stu:l]

명 발판; (등받이가 없는)의자, 그루터기, 앞잡이, (미) 사복경관

암 **(등받이가 없는)의자**에 걸쳐 놓은 **수틀**(수틀)
(stool)

▶ a bar stool 바의 걸터앉는 나무 의자

高 **stoop** [stu:p]

동 몸을 굽히다. 명 구부림

수마리의 투우(鬪牛) 풀어
암 투우장에서 **스(數)투우(鬪牛) 프**러 나려고 **몸을 굽히다**.
(stoop)

▶ She stooped to pick it up.
그녀는 그것을 줍기 위해 몸을 굽혔다.

中 **stop** [stap / stɔp]

동 멈추다. 명 중지

▶ It has stopped raining. 비가 그쳤다.

S

大 **storage** [stɔ́:ridʒ]

명 저장, 보관

▶ stor(e)(저장하다) + age(명사 어미) = storage(저장, 보관)

中 **store** [stɔ:r]

명 가게, 상점 동 저장하다.

수종의 토기(=진흙으로 구운 그릇)
암 **가게 상점**에 **스(數)토**기를 **저장하다**.
(store)

▶ have stores of wine. 포도주를 대량으로 저장하고 있다.

大 **storehouse** [stɔ́:rhàus]

명 창고, (지식 따위의)보고

▶ store(저장하다) + house(집) = storehouse(창고, 보고)

大 **storekeeper** [stɔ́:rkìpər]

명 가게 주인, 창고 관리인

▶ store(가게, 상점) + keeper(지키는 사람, 관리인) = storekeeper(가게 주인, 창고 관리인)

大 **storeroom** [stɔ́:rrù(:)m]

명 저장실, 광

▶ store(가게, 상점) + room(방, 실(室)) = storeroom(저장실, 광)

大 **stork** [stɔ:rk]

명 황새

미꾸리 수(머리) 톡!
암 **온순한 미크**리 **스(首)톡!** 쪼아먹는 **황새**
(meek) (stork)

中

storm
[stɔːrm]

명 폭풍(우) 동 강습하다.

암 **스토(水土) 옮**기는 **폭풍우**가 **강습하다**.
(스토: 수토(물과 흙), 옮기는; storm)

▶ After a strom comes a calm.
[속담] 폭풍우 뒤에는 고요가 따른다(고진감래(苦盡甘來)).

高

stormy
[stɔ́ːrmi]

형 푹풍의, 푹풍우의, 날씨가 험악한

▶ storm(폭푸우) + y(형용사를 만듦) = stormy(폭풍의, 푹풍우의 날씨가 헐악한)

▶ It was a stormy night. 폭풍우치는 밤이었다.

中

story[1]
[stɔ́ːri]

명 이야기, 동화 동 이야기하다.

암 **스토리**를 **이야기하다**.
(story)

▶ to make a long story short 요약해서 말하면

高

story[2], storey
[stɔ́ːri]

명 층, 계층

암 여러 **계층**사람이 **층**에 관한 **스토리**를 **이야기하다**.
(story)

S

大

storyteller
[stɔ́ːritèlər]

명 이야기를(잘) 하는[쓰는]사람, 작가

▶ story(이야기) + teller(말하는 사람) = storyteller(이야기를 [잘] 하는[쓰는] 사람, 작가)

高

stout
[staut]

형 살찐, 튼튼한 명 스타우트(독한 흑맥주)

암 **튼튼하**고 **살찐**자가 마시는**(독한 흑맥주)스타우트**.
(stout)

▶ a stout ship 튼튼한 배

高

stove
[stouv]

명 스토브, 난로 타 난로로 뜨뜻이 하다(말리다)

▶ a coal stove 석탄 난로

中

straight
[streit]

형 곧은, 굳추서서, 직선의

암 **스테레 이트**메 **곧추서서 쇼**한 **코브라**.
(스테레: 수틀에, 이트메: 이틀에; straight; show cobra)

▶ Sit up straight. 똑바로 앉아라.

高

straighten
[stréitn]

동 똑바르게 하다(되다), 정리[정돈]하다.

▶ straight(똑바로) + en(…하다) = straighten(똑바르게 하다[되다]

▶ straighten up one's room 방을 정돈하다

大

straightforward
[stréitfɔ́ːrwərd]

형 똑바른, 똑바로

▶ straight(똑바로) + forward(앞으로) = straightforward(똑바른, 똑바른)

大 **straightway** [stréitwèi]

㊄ 곧, 즉시, 당장

▶ straight(똑바로, 직접으로) = way(길, 방법) = straightway(곧, 즉시, 당장)

高 **strain** [strein]

㊊ 잡아당기다, 꽉 죄다, 긴장시키다.

㊐ 간장, 과로, 부담

수대의 형틀에 인(人)을

㉰ **제일 형무소**에서 **스(數)트레 인(人)**을 꽉 **죄다**.

(jail) (strain)

▶ strain one's voice. 쥐어짜듯 소리를 지르다.

大 **strainer** [stréinər]

㊐ 잡아당기는 사람[물건], 여과기, 체

▶ strain(잡아당기다) + er(…하는 사람[것]) = strainer(잡아당기는 사람[물건], 여과기, 체)

高 **strait** [streit]

㊐ (종종 복수) 해협; 궁핍 ㊌ 좁은

수틀에 2 트기가

㉰ **해협**처럼 **좁은 스트레 이 트**기가 **스케치 하다**.

(strait) (sketch)

▶ the strait gate [성서] 좁은 문

大 **strand** [strænd]

㊊ 좌초시키다, 꼼작 못하다. ㊐ (시어) 해안, 물가

수틀 애는 들고

㉰ **마담**앞에서 **수틀 앤 드**고 **꼼작 못하다**.

(madam) (strand)

中 **strange** [streindʒ]

㊌ 이상한, 낯선

(자)수틀에 사람이 쥐고

㉰ **이상한 스트레 인(人)쥐**고 있던 **오일을 치다**.

(strange) (oil)

▶ I heard a strange noise.
나는 이상한 소리를 들었다.

高 **strangely** [stréindʒli]

㊄ 이상[기묘]하게, 별스럽게

▶ strange(이상한) + ly(부사를 만듦) = strangely(이상[기묘]하게, 별스럽게)

中 **stranger** [stréindʒər]

㊐ 모르는[낯선] 사람

▶ strang(e)(이상한) + er(…한 사람) = stranger(모르는[낯선] 사람)

▶ He is stranger to me. 나는 그를 모릅니다.

高 **strap** [stræp]

㊐ 가죽, 끈, 혁대 ㊏ 가죽 끈으로 묶다.

(비행기)승강 사닥다리 수(여러) 트랩을

㉰ 비행기 **트랩**을 모아 **스(數) 트랩**을 **가죽끈으로 묶다**.

(trap) (strap)

大 **strapless** [strǽplis]

㊌ (여성복 따위의)어깨끈이 없는

▶ strap(가죽, 끈) + less(…이 없는) = strapless([여성복 따위의] 어깨끈이 없는)

S

高

straw
[strɔː, strɑː]

명 짚, 밀짚 모자, (음료용) 빨대

수(손을) 들어
암 **인디언**이 **스(手) 트러** 짠 **밀짚 모자**.
(Indian) (straw)

▶ a man of straw 짚 인형, 재산없는 사람

高

strawberry
[strɔ̀ːbèri]

명 양딸기, 딸기

▶ straw(밀짚) + berry(딸기류) + 밀짚 같은 덩굴에 열린 딸기류 = strawberry(양딸기, 딸기)

高

stray
[strei]

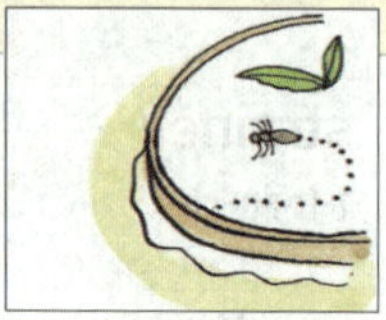

자 헤매다, 길을 잃다.
형 길 잃은 명 길잃은 사람(가축), 미아

수틀에 이가
암 **길잃은 사람**같이 **스틀레 이**가 **헤매다**.
(stray)

高

streak
[striːk]

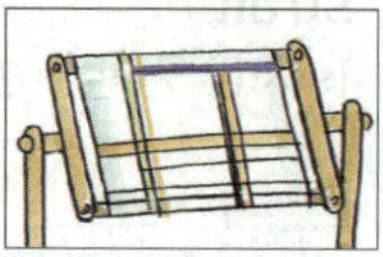

명 줄, 선, 줄무늬 동 줄무늬를 넣다

수(繡)틀이 크니
암 **디자이너**가 **스(繡)트리 크**니 **선**과 **줄무늬를 넣다**.
(designer) (streak)

高

stream
[striːm]

명 시내, 물줄기, 흐름

(해일) 수(물) 트림(=물 트림)
암 **고래**가 **훼일** 수 없이 **스(水)트림**으로 뿜는 **시내** 같은 **물줄기**.
(whale) (stream)

▶ the stream of time 세월의 흐름

中

street
[striːt]

명 거리, 길, ~가(街) [약어]St. 스트리트

高

streetcar
[stríːtkɑ̀ːr]

명 시내 전차

▶ street(거리) + car(차) = streetcar(시내 전차)

高

strength
[streŋkθ]

명 힘, 세기, 세력, 병력

수틀과 냉수
암 **스트 랭스**를 드는 **힘**.
(strength)

▶ He is a man of great strength.
그는 힘이 센 사람이다.

高

strengthen
[stréŋkθən]

동 강화하다, 세게하다

▶ strength(힘, 세기) + en(…하다) = strengthen(세게하다, 강화하다)

大

strenuous
[strénjuəs]

형 분투하는, 불요불굴의, 열렬한

▶ stren(gth)(힘, 세기) + uous(= ous 형용사 어미) = strenuous(분투하는, 불요불굴의, 열렬한)

S

高 **stress** [stres]

[명] 긴장; 압력; (정신적)압박, 강조
[동] 악센트(강세)를 두다; 강조하다, 긴장시키다.
[암] **(정신적)압박**인 **스트레스**를 주어 **긴장시키다**.
(stress)

高 **stretch** [stretʃ]

[동] ~뻗다, 늘어나다. [명] 뻗기
작은 복슬개 수틀에 치여
[암] **푸들**개가 **스트레 치**여 **뻗다**.
(poodle) (stretch)
▶ She stretched out her hand for the hat.
그녀는 모자를 집으려고 손을 내밀었다.

大 **stretcher** [strétʃər]

[명] 들것, 뻗는[펼치는]물건[것]
▶ stretch(뻗다) + er(…하는 물건[것]) = stretcher(들것, 뻗는[펼치는]물건[것])

大 **stricken** [stríkən]

(古) strike(치다, 때리다)의 과거분사 [형] 맞은, 다친

高 **strict** [strikt]

[형] 엄중한, 엄격한, 정밀한
수틀 판 이익금 틀어
[암] **스틀익(益) 트**러 쥐고 **정밀한 카운트를 하다**.
(strict) (count)

高 **strictly** [stríktli]

[부] 엄격히, 엄중하게, 엄격하게
▶ strict(엄중한, 엄격한) + ly(부사를 만듦) = strictly(엄격히, 엄중하게, 엄격하게)

高 **stride** [straid]

[동] 성큼성큼 걷다, 넘(어서)다.
[명] 활보, 큰 걸음, 진보
수(손을)틀 아(兒) 이들이
[암] **핸들**잡고 **스(手)틀 라(兒)이드**리 **활보로 성큼성큼 걷다**.
(handle) (stride)
▶ He strode along the street. 그는 성큼성큼 거리를 걸었다.

高 **strife** [straif]

[명] 반목, 다툼, 싸움, 투쟁
레슬링선수 수(손을)틀 아(兒)이 풀어놓고
[암] **레슬러**의 **스(手)틀 라(兒)이 프**러놓고 **싸움**하듯 **투쟁**하네
(wrestler) (strife)
▶ bitter strife 심한투쟁

中 **strike** [straik]

[동] 치다, 때리다. [명] 스트라이크, 파업
타격(스트라이크)
[암] **스트라이크**로 들어온 공을 **치다(때리다)**.
(strike)

高 **striking** [stráikiŋ]

[형] 현저한, 두드러진, 치는, 파업중인
▶ strik(e)(치다, 인상을 주다) + ing(현재분사 어미) = striking(현저한, 두드러진, 치는, 파업중인)

S

高 **string** [striŋ]

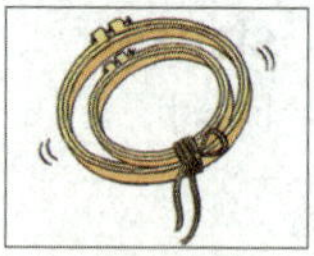

명 실, 끈, 줄 동 끈으로 묶다.

수틀의 링(=둥근 태)
암 **스틀 링**을 **실 끈으로 묶다**.
(string)

▶ a string of dried fish 한 꿰미의 건어물

高 **strip** [strip]

동 벗기다, 옷을 벗다, 빼앗다. 명 가느다란 조각

암 **스트립**쇼 하며 **옷을 벗다(벗기다)**.
(strip)

高 **stripe** [straip]

명 줄무늬 ,줄 동 줄무늬로 장식하다(되다).

비단에 수(繡)틀 아(兒)이 푸른
암 **실크**에 **스(繡)틀 라(兒)이 프**른 **줄** 넣어 **줄무늬로 장식하다**.
(silk) (stripe)

▶ a horizontal stripe 평행 줄무늬

大 **strive** [straiv]

자 노력하다, 분투하다, 항쟁하다, 싸우다.

수(손을)틀 아(兒)이 부단히
암 **친구**의 **팔**을잡고 **스(手)틀 라(兒)이 브**단히 **노력(항쟁)하다**.
(pal) (strive)

大 **striven** [strívən]

strive(노력하다, 힘쓰다)의 과거분사

高 **strode** [stroud]

stride(성큼성큼 걷다)의 과거

高 **strok** [strouk / strəuk]

명 한번 치기, 타격, 일격

동 치다, 때리다, 쓰다듬다.

레슬링 선수를 수(손을)틀어 욱죄며
암 **레슬러**가 **레슬러**를 **스(手)트러 욱**죄며 **일격**을 가해**치다**.
(wrestler) (wrestler) (strok)

▶ The boy stroked his dog. 소년은 개를 쓰다듬었다.

中 **stroll** [stroul]

동 한가롭게 거닐다, 산책하다. 명 산책, 산보

수(손을) 틀어 울밑을
암 **보이**가 **핸들**을잡고 **스(手) 트러 울**밑을 **산책하다**.
(boy) (handle) (stroll)

大 **strong** [strɔ(:)ŋ / straŋ]

형 강한, 힘센, 튼튼한

암 **강하**고 **힘센 스트롱맨**.(사람)
(strong)(man)

大 **strong**hold [strɔ́ŋhòuld]

명 요새, 본거지, 성채

▶ strong(강한, 튼튼한) + hold(지니다, 쥐다)강하고 튼튼함을 지닌곳 = stronghold(요새, 본거지, 성채)

高 **strongly**
[strɔ́ːŋli / strɑ́ŋ-]

[부] 튼튼하게, 강하게, 강력히

▶ strong(튼튼한, 강한) + ly(부사를 만듦) = strongly(튼튼하게, 강하게, 강력히)

▶ He strongly supported the plan.
그는 그 계획을 강력히 지지했다.

大 **strove**
[strouv]

strive(노력하다, 애쓰다)의 과거

高 **struck**
[strʌk]

strike(치다, 때리다)의 과거, 과거분사

▶ He struck the table with his fist.
그는 주먹으로 테이블을 쳤다.

大 **structural**
[strʌ́ktʃərəl]

[형] 구조[상]의, 조직의

▶ structur(e)(구조, 조직) + al(…의) = structural(구조[상]의, 조직의)

高 **structure**
[strʌ́ktʃər]

[명] 체계, 구조, 조직 [동] 조직화하다.

수 트럭 처내려고(실어내려고)
[암] **콜 탄**을 **스 트럭 쳐**내려고 **구조**를 **조직화하다**.
(coal) (structure)

▶ the structure of society 사회의 구조

大 **structurize**
[strʌ́ktʃəràiz]

[타] …을 구조[조직]화하다

▶ structur(e)(구조, 조직) + ize(…화하다) = structurize(…을 구조[조직]화하다)

高 **struggle**
[strʌ́gəl]

[동] 버둥)(허위적)거리다, 노력하다. [명] 버둥질, 노력

운전사가 수대의 트럭을(=truck) 연관시켜 기억할 것
[암] **드라이버**가 **스(數) 트럭글** 처박고 **허우적거리다**.
(driver) (struggle)

▶ We struggled to succeed in business.
우리는 사업에 성공하려고 분투했다.

大 **struggling**
[strʌ́gliŋ]

[형] 노력하는, 분투하는

▶ struggl(e)(노력하다) + ing(현재분사 어미) = struggling(노력하는, 분투하는)

大 **strung**
[strʌŋ]

string(실에 꿰다)의 과거, 과거분사

大 **strut**
[strʌt]

[동] 뽐내며[점잔빼며]걷다. [명] 활보, 과시

수(수명의) 트로트(=trot)춤을 연관시켜 기억할 것
[암] **명동**을 **스(數) 트러트**댄서들이 **뽐내며 걷다**.
(Meongdong) (strut)

S

S

大 **stub** [stʌb]

명 (나무의) 그루터기, 꽁초 타 그루터기를 파내다.

수(물고인)터 부근에

암 **스(水)터 브**근에 있는 **나무 그루터기**

(stub)

大 **stubble** [stʌ́bəl]

명 (보통, *pl*) 그루터기, 짧게 깎은 머리[수염]

▶ stub + b(그루터기) + le(명사 어미) = stubble(그루터기, 짧게 깎은머리[수염])

高 **stubborn** [stʌ́bərn]

형 완고한 고집센, 완강한

▶ stub(그루터기) + born(타고난) → 나무 그루터기 같이 타고난 성질이 = stubborn(완고한, 고집센, 완강한)

高 **stuck** [stʌk]

stick(찌르다)의 과거, 과거분사

▶ I stuck my hands in my trouser pockets. 나는 바지 호주머니에 손을 찔러 넣었다.

大 **stud** [stʌd]

명 장식 못, 대못 타 대못을 박다.

수(여러)터(에) 들어가

암 일본인이 **스(數)터 드**러가 지맥끊는 **대못을 박다**.

(stud)

中 **student** [stjú:dənt]

명 학생, 연구가

▶ stud(y)(공부하다, 연구하다) + ent(…하는 사람) → 공부[연구]하는 사람 = student(학생, 연구가)

▶ a work-study student 고(苦)학생

大 **studied** [stʌ́did]

형 연구한, 깊이 생각한

▶ stud(y) → i(공부하다, 연구하다) + ed(형용사를 만듦) = studied(연구한, 깊이 생각한)

高 **studio** [stjú:diòu]

명 스튜디오, 작업장

▶ stud(y) → i(공부하다, 연구하다) + o(…하는 곳) → 공부[연구]하는 곳 = studio(스튜디어, 작업장)

▶ a radio studio 라디오 스튜디오

大 **studious** [stjú:diəs]

형 학문을 좋아하는, 하고 싶어하는, 주의 깊은

▶ stud(y) → i(공부하다, 연구하다) + ous(형용사 어미) = studious(학문을 좋아하는, 하고 싶어하는, 주의 깊은)

中 **study** [stʌ́di]

명 공부, 연구 동 공부하다, 연구하다.

숯 굽는 터 뒤

암 **보이**가 **숯터 뒤**에서 **연구(공부)하다**.

(boy) (study)

▶ study for a degree. 학위를 받기 위해 공부하다.

高
stuff
[stʌf]

[동] 채워 넣다, 매우다. [명] 재료, 잡동사니, 폐물

수(여러) 터를 푸어서
[암] **포클레인**으로 **스(數)터 프**어 **잡동사니 폐물**을
(poclain) (stuff)
채워 넣다.

▶ stuff feathers into a pillow. 베개에 깃털을 넣다.

大
stuffing
[stʌ́fiŋ]

[명] 채워 넣기, [의자 이불 따위에 채우는]깃털[솜, 짚]

▶ stuff(채워 넣다) + ing(현재분사 어미) = stuffing(채워 넣기, [의자 이불 따위에 채우는]깃털[솜, 짚])

高
stumble
[stʌ́mbəl]

[동] 넘어지다, 비틀거리다. [명] 비틀거림, 과실

수(나무) 덤불에
[암] **캥거루**가 **스(樹) 텀블**에 걸려 **비틀거리다**가
(Kangaroo) (stumble)
넘어지다.

▶ The boy stumbled and fell.
소년은 비틀거리며 넘어졌다.

高
stump
[stʌmp]

[명] 그루터기, (부러진 이의)뿌리

수(수대의) 덤프(=dump)트럭을 연관시켜 기억할 것
[암] **스(數)텀프** 트럭에 실린 **(나무)그루터기**
(stump)

大
stun
[stʌn]

[타] 기절시키다, 아찔하게 하다. [명] 충격, 기절상태

수(머리수) 턴다며
[암] **바버 이발사**가 **스(首) 턴**다며 머리를 **(때려서)**
(barber) (stun)
기절시키다.

大
stung
[stʌŋ]

sting(찌르다, 쏘다)의 과거, 과거분사

大
stunk
[stʌŋk]

stink(악취가나다, 역겹다)의 과거, 과거분사

大
stunning
[stʌ́niŋ]

[형] 기절할 만큼의, 귀를 멍멍하게 하는

▶ stun + n(기절시키다, 귀를 멍멍하게 하다) + ing(현재분사 어미) = stunning(기절할 만큼의, 귀를 멍멍하게 하는)

大
stunt
[stʌnt]

[명] 묘기, 아슬아슬한 재주 [동] 묘기를 부리다.

[암] **스턴트** 맨이 **묘기(아슬아슬한 재주)를 부리다.**
(stunt)

大
stunt man
[stʌnt mæn]

[명] 위험한 장면의 대역, 스턴트 맨

▶ stunt(묘기) + man(사람) = stunt man(위험한 장면의 대역, 스턴트 맨)

高 **stupid**
[stjú:pid]

㊉ 어리석은, 우둔한

수마리의 투우(鬪牛) 피나는 머리

암 어리석은 스(數) 튜우 피드(頭)가 되게 **헤딩**해.
(stupid) (heading)

▶ It is stupid of you to wait for him.
그를 기다리다니, 넌 참 바보다.

大 **stupidity**
[stju:pídəti]

명 우둔, 어리석음

▶ stupid(우둔한, 어리석은) + ity(명사 어미) = stupidity(우둔, 어리석음)

大 **sturdy**
[stə́:rdi]

형 튼튼한, 억센, 건강한

숯터뒤(숯굽는 터 뒤)

암 스터뒤에서 **건강한** 자가 **잡 일을 하다**.
(sturdy) (job)

大 **sturdy beggar**
[stə́:rdi bégər]

명 육체가 멀쩡한 거지

▶ sturdy(튼튼한, 육체가 멀쩡한) + beggar(거지) = sturdy beggar(육체가 멀쩡한 거지)

S

高 **style**
[stail]

명 형, 유행, 문체, 스타일

암 패션 모델의 **팬티**는 **유행**과 **형(型)**에 맞는 **스타일**
(fashion model)(panties) (style)

▶ She knows a special style of swimming.
그녀는 특별한 수영 방법을 알고 있다.

高 **subdue**
[səbdjú:]

타 정복하다, 진압하다, 억제하다.

암 히틀러가 **탱크**로 **서브(西部)듀**(서부도) **정복하다**.
(Hitler) (tank) (subdue)

▶ subdue a desire to laugh. 웃음을 참다.

中 **subject**
[sʌ́bdʒikt / sʌ́bdʒékt]

동 복종시키다, 종속시키다

명 주제(主題), 국민 주어, 주관

▶ (아래 = sub) + (ject = 젝트:던지다) = 복종시키다

암 아래로 **서부** (제)**젝트**기로 폭탄을**던져** = **복종시키다**

大 **subjection**
[səbdʒékʃən]

명 정복, 복종

▶ subject(복종시키다) + ion(명사 어미) = subjection(정복, 복종)

大 **subjective**
[səbdʒéktiv, sʌb-]

형 주관적인, 주격의

▶ subject(주관, 극제, 주어) + ive(형용사 어미, …적인[의]) = subjective(주관적인, 주격의)

大 **subjectivity**
[səbdʒéktívəti, sʌb-]

명 주관성, 주관[주의]

▶ subjectiv(e)(주관적인, 주격의) + ity(명사 어미) = subjectivity(주관성, 주관[주의])

高 **sublime** [səbláim]

㉻ 웅대한, 숭고한, 고상한 ㊍ 웅대하게 높이다, 승화시키다.

▶ (sub = 서브:밑) + (lime = 라임(羅任):생석회) = 웅대하게 높이다

서부쪽 땅밑을 **라임(羅任)**이 **생석회**로 다져 (집을)**웅대하게 높이다**
라씨와 임씨가

大 **sublimer** [səbláim]

㊔ 승화자[기(器)]

▶ sublim(e)(승화시키다) + er(…하는 사람[것]) = sublimer(승화자, 승화기(器))

大 **submarine** [sʌ́blməriːn]

㊔ 잠수함 ㉻ 바다 속의

▶ (sub = 서브:밑) + (marine = 머린:바다의) = 잠수함

서브쪽 밑으로 **머린**(머리는) **바다의** = **잠수함**
같이 내밀다.

大 **submariner** [sʌ̀bməríːnər]

㊔ 잠수함, 승무원

▶ submarin(e)(잠수함) + er(… 하는 사람) = submariner(잠수함, 승무원)

高 **submerge** [səbmə́ːrdʒ]

㊍ (물속에)가라앉히다, (물속에)잠기다, 잠수하다.

▶ (sub = 서브:밑) + (merge = 뭐쥐:잠기다) = 잠수하다

서부쪽 밑으로 **뭐쥐**고 푹 **잠기어** = **잠수하다**

大 **submergence** [səbmə́ːrdʒəns]

㊔ 물속에 가라앉음, 잠수, 침몰

▶ submerg(e)([물속에]잠수하다) + ence(명사 어미) = submergence(물속에 가라앉음, 잠수, 침몰)

大 **submission** [səbmíʃən]

㊔ 복종, 굴복

▶ submi(t) → s(굴복(복종)시키다) + sion(추상명사를 만듦) = submission(복종, 굴복)

高 **submit** [səbmít]

㊍ 굴복(복종)시키다, 굴복하다, 제출하다

▶ (sub = 서브:밑) + (mit = 미트:던지다) = 복종[굴복]하다

종이 **서부**인 **밑 미트로**(밑으로)몸을 **던져** = **복종[굴복]하다**

▶ submit to authority. 권위에 복종하다.

大 **subordinate** [səbɔ́ːrdənit] [səbɔ́ːrdənèit]

㊅ 종속시키다, 하위에 두다 .

㉻ 하위의 ㊔ 하위 부하

서씨보 더 내 두 트기를
❸ 돈을 **서보 더 내 이 트**기를 **하위의 부하**로 **종속시키다**.
(subordinate)

大 **subordination** [səbɔ̀ːrdənéiʃən]

㊔ 종속시킴, 종속(관계), 복종

▶ subordinat(e)(종속시키다) + ion(명사 어미) = subordination(종속시킴, 종속[관계], 복종)

S

大 **subscribe** [səbskráib]

㊐ 기부자 명부에 서명하다, 기부하다, 구독하다.

▶ (아래, 밑에 = sub) + (scribe = 쓰다, 적다) → 아래에 쓰다 = 기부자 명부에 서명하다

大 **subscriber** [səbskráibər]

㊐ 기부자, 신청자, 응모자

▶ subscrib(e)(기부[서명, 청약]하다) + er(…하는 사람) = subscriber(기부자, 신청자, 응모자)

大 **subscription** [sʌ́bskrípʃən]

㊐ 신청, 응모, 기부

▶ subscri(be) → pt(기부[서명, 청약]하다) + ion(명사 어미) = subscription(신청, 응모, 기부)

大 **subsequent** [sʌ́bsikwənt]

㊐ 다음의, 뒤의, 후의

서부(서양 양식) 식권 틀어

㊐ **뒤에**자가 **서브(西部)시퀀 트**러 **세어 분배하다.**

(subsequent) (share)

大 **subsequently** [sʌ́bsikwəntli]

㊐ 그 후, 뒤에, 계속해서

▶ subsequent(다음의, 뒤의, 후의) + ly(부사를 만듦) = subsequently(그 후, 뒤에, 계속해서)

高 **substance** [sʌ́bstəns]

㊐ 물질, 실체, 본질, 내용, 실질

서부(서쪽) 나무를 턴 스님이 모아

㊐ **서브(西部) 스(樹) 턴 스**님이 **실체 물질**을 **많이 모어.**

(substance) (more)

▶ There is no substance to your report.
네 보고서는 내용이 없다.

大 **substance abuse** [sʌ́bstəns əbjúːz]

㊐ 물질, 남용

▶ substance(물질) + abuse(남용) = substance abuse(물질, 남용)

高 **substantial** [səbstǽnʃəl]

㊐ 실질의, 실질적인, 실재하는

▶ substan(ce) → ti(실질, 물질) + al(형용사 어미) = substantial(실질의, 실질적인, 실재하는)

▶ a substantial victory 실질적인 승리

大 **substantialize** [səbstǽnʃəlàiz]

㊐ 실체[실재]화하다

▶ substantial(실질적인, 실재하는) + ize(…화하다) = substantialize(실체[실재]화하다)

大 **substantially** [səbstǽnʃəli]

㊐ 실체상, 본질상, 사실상

▶ substantial(실질적인, 실재하는) + ly(부사를 만듦) = substantially(실체상, 본질상, 사실상)

高	**substitute** [sʌ́bstitjùːt]	㉢ 대용하다, 대체하다. ㉣ 대리(인), 대용품 ▶ (아래 = sub) + (stitute = 두다) = 대용(대체)하다 ㉡ 아래 서브(西部) 스티 투우 트려고 두었다가 = 대용하다 아래 서부(쪽)에 수(數)티를 투우 틀려고 두었다가 
大	**substitution** [sʌbstitjúːʃən]	㉣ 대리, 대용, 대체 ▶ substitut(e)(대신[대리, 대체]하다) + ion(명사 어미) = substitution(대리, 대용, 대체)
大	**substitutive** [sʌ́bstitjùːtiv]	㉤ 대리가[대용이] 되는, 대체할 수 있는 ▶ substitut(e)(대리[대체]하다) + ive(형용사어미) = substitutive(대리가[대용이]되는, 대체할 수 있는)
高	**subtle** [sʌ́tl]	㉤ 미묘한, 치밀한, 교묘한, 형언할 수 없는 ㉡ 복싱에 서틀으니 치밀한 코치가 코치하다. 서툴으니 (subtle) (coach) ▶ suvtle senses 예민한 감각 
大	**subtlety** [sʌ́tlti]	㉣ 미묘, 치밀, 파악하기 어려움 ▶ subtle(미묘한, 치밀한, 파악하기 어려운) + ty(명사 어미) = subtlety(미묘, 치밀, 파악하기 어려움)
大	**subtract** [səbtrǽkt]	㉢ [수학] 빼다; 감하다; 공제하다. ▶ (아래로 = sub) + (tract = 끌다) = 빼다 ㉡ 아래로 서부 트랙트로 끌어서 빼다. (뿌리를) 서부(서양) 트랙터로 끌어서 
大	**subtraction** [səbtrǽkʃən]	㉣ 빼냄, 공제, 빼기 ▶ subtract(빼다, 공제하다) + ion(명사 어미) = subtraction(빼냄, 공제, 빼기)
大	**subtractive** [səbtrǽktiv]	㉤ 감하는, 뺄셈 기호가 있는 ▶ subtract(빼다, 공제하다) + ive(형용사 어미) = subtractive(감하는, 뺄셈 기호가 있는 마이너스의)
大	**suburb** [sʌ́bəːrb]	㉣ (종종 복수) 교외; 변두리, 도시 근교 ㉡ 스파이를 서(西) 버브로 도시 근교의 제일 큰 감옥에 가두다. 서(서양) 법으로 (suburb) (jail)
大	**suburban** [səbə́ːrbən]	㉤ 도시 근교의, 변두리의, 교외의 ▶ suburb(도시 근교, 변두리, 교외) + an(…의) = suburban(도시 근교의, 변두리의, 교외의)

S

高	**subway** [sʌ́bwèi]	ⓜ (영) 지하도; (미)지하철 ⓐ 지하철을 타고 가다. ▶ (아래로 = sub) + (way = 길) = subway(지하도[철]) ▶ go by subway. 지하철로 가다.
中	**succeed** [səksí:d]	ⓢ 성공하다, 상속(계승)하다, 뒤를 잇다. ▶ (밑으로:석 = suc) + (ceed = 시드:가다) = 성공하다 암 보리수 **밑으로 석 시드**러 **가더니**부처로 = **성공하다** (석가모니=)석가 씨들어 가더니 
大	**succeeding** [səksí:diŋ]	ⓗ 계속되는, 계속 일어나는, 다음의 ▶ succeed(계속되다, 계승하다) + ing(현재분사 어미) = succeeding(계속되는, 계속 일어나는, 다음의)
高	**success** [səksés]	ⓜ 성공, 성취 ▶ succ(eed)(성공하다) + ess(명사 어미) = success(성공, 성취) ▶ enjoy success. 성공을 누리다.
高	**successful** [səksésfəl]	ⓗ 성공한, 잘된, 대성공의 ▶ success(성공) + ful(형용사 어미) = successful(성공한, 잘된, 대성공의) ▶ highly [very] successful 상당히 성공한
大	**successfully** [səksésfəli]	ⓑ 성공적으로, 훌륭하게 ▶ successful(성공한, 잘된) + ly(부사를 만듦) = successfully(성공적으로, 훌륭하게)
高	**succession** [səkséʃən]	ⓜ 연속, 계승[권], 계속, 상속 ▶ success(= succeed, 뒤를 잇다) + ion(명사 어미) = succession(연속, 계승[권], 계속, 상속) ▶ the succession to the throne 왕위 계승
高	**successive** [səksésiv]	ⓗ 연속하는, 계속되는 ▶ success(= succeed, 뒤를 잇다) + ive(형용사 어미) = successive(연속하는, 계속되는)
高	**successor** [səksésər]	ⓜ 상속[계승]자, 후계[후임]자 ▶ success(= succeed, 뒤를 잇다) = or(…하는 사람) = successor(상속[계승]자, 후계[후임]자)
大	**succo(u)r** [sʌ́kər]	ⓜ 원조자, 구원자 ⓣ 돕다, 구제[구원]하다. 암 **주스**에 **비타민**을 **서커**주면 **구원자**가 **돕다(구원하다)**. (juice) (vitamin) (succo(u)r) 섞어주며

大

succumb
[səkʌ́m]

[자] 굴복하다, 압도되다, 굽히다.

서(=경찰서) 컴컴한
[암] **스파이**가 **서(署) 컴**컴한 데서 **굴복하다(굽히다)**.
(spy) (succumb)

中

such
[sʌtʃ, sət]

[형] 그러한, 대단한 [대] 그런 사람[것]

[암] **사치**가 **대단한 그런 사람**.
(such)

▶ I have never seen such a flower.
나는 이런 꽃을 지금까지 본적이 없다.

大

suchlike
[sʌ́tʃlàik]

[형] 이와 같은, 그러한 [대] 그런 것

▶ such(그러한) + like(같은) = suchlike(이와 같은, 그러한, 그런 것)

高

suck
[sʌk]

[동] 빨다, 빨아들이다, 핥다. [명] 빨기, 젖빨기

[암] **아이스 크림**을 **석**석(썩썩)**빨다**.
(ice cream) (suck)

大

sucker
[sʌ́kər]

[명] 빠는 사람[것], 젖먹이, 젖먹는 새끼

▶ suck(빨다) + er(··· 하는 사람[것]) = sucker(빠는 사람[것], 젖먹이, 젖먹는 새끼)

大

suckle
[sʌ́kəl]

[동] 젖을 먹이다, 양육하다.

▶ suck(빨다) + le(반복과 강조를 뜻하는 동사 어미) = suckle(젖을 먹이다, 양육하다)

大

suckler
[sʌ́kəl]

[명] 젖먹이, 유아, 포유동물

▶ suckl(e)(젖을 먹이다, 양육하다) + er(···하는 것 들[자]) = suckler(젖먹이, 유아, 포유동물)

高

sudden
[sʌ́dn]

[형] 별안간의, 갑작스러운, 돌연한

서두르는
[암] **갑작스러운** 일을 **서든 사환 보이**
(sudden) (boy)

▶ His marriage was very sudden.
그의 결혼은 아주 뜻밖이었다.

中

suddenly
[sʌ́dnli]

[부] 갑자기, 별안간

▶ sudden(갑작스러운) + ly(부사 어미) = suddenly(갑자기, 별안간)

大

sue
[suː, sjuː]

[동] 고소하다, 소송을 제기하다, 청(청원)하다.

수 없이
[암] **나쁜 일**로 **수** 없이 **소송을 제기하다**.
(ill) (sue)

S

中

suffer
[sʌ́fər]

동 경험하다, 괴로워하다, 겪다

서서 퍼
암 **덩(똥)을 서 퍼**가며 **괴로워하다.**
(dung) (suffer)

大

sufferer
[sʌ́fərər]

명 괴로워하는[고민하는]사람, 수난자, 조난자

▶ suffer(괴로워하다) + er(…하는 사람) = sufferer(괴로워하는[고민하는]사람, 수난자, 조난자)

高

suffering
[sʌ́fəriŋ]

명 괴로움, 고통, 고생, 피해, 수난

▶ suffer(괴로워하다, 겪다) + ing(현재분사 어미) = suffering(괴로움, 고통, 고생, 피해, 수난)

▶ endure suffering. 고통을 참다.

高

suffice
[səfáis / sɔfáis]

동 충분하다, 족하다, 만족시키다.

소파(=sofa 긴의자)를 연상해 기억할 것
암 **홀**에 **소파 이스**(있으)니 쉬기에 **충분하다.(족하다)**
(hall) (suffice)

S

高

sufficient
[səfíʃənt]

형 충분한, 족한, 풍족한

서서 피 선(줄) 틀어 피를
암 닥터가 **서 피선(線)트**러 **충분한 필 보충하다.**
(sufficient) (fill)

▶ The food was not sufficient.
음식이 충분하지 않았다.

大

sufficiently
[səfíʃəntli]

부 충분히, 풍족하게, 족하게

▶ sufficient(충분한, 족한, 풍족한) + ly(부사를 만듦) = sufficiently(충분히, 풍족하게, 족하게)

大

suffix
[sʌ́fiks]

명 접미사 타 첨부하다.

▶ (아래, 밑에:서 = suf) + (fix = 픽쓰:고정시키다) = suffix(접미사)

단어 **밑(끝)에 = 서 픽 쓰**러지잖게세워 **고정시키는 말** suffix(접미사)

大

suffocate
[sʌ́fəkèit]

동 질식시키다, 질식하다, 숨을 막다.

서서부엌에 이(2) 트기가
암 **가스**곁에 **서 풔케 이(2)트**기가 **질식하다.**
(gas) (suffocate)

大

suffocation
[sʌ̀fəkéiʃən]

명 질식

▶ suffocat(e)(질식하다) + ion(명사 어미) = suffocation(질식)

大

suffrage
[sʌ́fridʒ]

명 투표, 투표권, 선거권, 참정권

서서뿌리지!
암 **투표** 하라고 **선거권** 전단지를 **서프리지!**
(suffrage)

中 **sugar** [ʃúgər]

명 설탕 동 설탕으로 달게 하다.

▶ a spoonful of sugar 설탕 한 스푼

中 **suggest** [səgdʒést]

동 제안하다, 암시하다

서서 죄수(罪囚) 틀며

암 경찰이 **서 죄스(罪囚) 트**며 자백을 **제안하다**.

(suggest)

▶ suggest a plan. 계획을 제안하다.

高 **suggestion** [səgdʒéstʃən]

명 암시, 제안, 제의

▶ suggest(제안[암시, 제의]하다) + ion(명사 어미) = suggestion(암시, 제안, 제의)

▶ take a suggestion. 제안을 받아들이다.

大 **suggestive** [səgdʒéstiv]

형 시사하는, 암시하는, 생각나게 하는

▶ suggest(제안[암시, 제의]하다) + ive(형용사 어미) = suggestive(시사하는, 암시하는, 생각나게 하는)

高 **suicide** [sú:əsàid]

명 자살(자), 자멸

동 자살하다, ~을 죽이다, 자멸하다.

수마리의 고기 사이 들어가

암 **자살자**가 **수어(數魚) 사이 드**러가 **자살하다**.

(suicide)

▶ commit suicide. 자살하다.

大 **suicide pilot** [sú:əsàid páilət]

명 자살 특공대 비행사, 특공대 비행사

▶ suicide(자살, 자살하다) + pilot(조종사, 비행사) = suicide pilot(자살 특공대 비행사, 특공대 비행사)

高 **suit** [su:t]

명 소송, 한 벌의 옷

동 적합하게 하다, 만족시키다.

수우(여러벗이) 틀어져

암 **수우(數友) 트**러져 **소송**않게 **한 벌 옷** 주어 **만족시키다**.

(suit)

▶ a civil suit 민사소송

高 **suitable** [sú:təbəl]

형 (목적 따위에) 합치된, 적당한, 어울리는

▶ suit(만족시키다, 어울리다) + able(형용사 어미, …할 만한, …적합한) = suitable((목적 따위에) 합치된, 적당한, 어울리는)

▶ suitable for me 남자에게 어울리는

大 **suitcase** [sú:tkèis]

명 여행 가방, 슈트케이스

▶ suit(한 벌의 옷) + case(상자) → 한 벌의 옷을 넣는 상자 = suitcase(여행 가방, 슈트케이스)

大 **suitor** [sú:tər]

명 소송인, 원고, 탄원자, 구혼자

▶ suit(소송하다, 적합하게 하다) + or(…하는 사람) = suitor(소송인, 원고, 탄원자, 구혼자)

S

S

高 **sulfur, -phur** [sʌ́lfər]

명 [화학] 황; 유황 타 유황으로 그슬리다(녹이다).

암 **드럼통**(drum)에 **설(雪)**(설(눈)을 퍼)(sulfur) **퍼** 담아 **유황불로 녹이다**.

大 **sulky** [sʌ́lki]

형 골난, 기분이 언짢은, 실쭉한

암 **나쁜 일**(ill)이 얽히고 **설키**(sulky)어 **기분이 언짢은** 마담

高 **sullen** [sʌ́lən]

형 찌무룩한, 불쾌한, 샐쭉한, 뚱한

암 **서런**(sullen)(서른) 살 되어 **샐쭉한 올드미스**(oldmiss).

▶ I was served by a sullen-faced youth.
뚱한 표정의 한 청년이 나를 접대했다.

大 **sultry** [sʌ́ltri]

형 무더운 찌는 듯한, 끔찍한, 무시무시한

암 **찌는듯한** 더위에 알뜰(알뜰) **설트리**(살뜰히)(sultry) 포옹하는 **끔찍한 플레이보이**(호색한)(playboy)

高 **sum** [sʌm]

명 합계, 총액, 요점 동 합계하다, 요약하다.

암 벼 **섬**(sum)의 **총액**을 **합계하다 요약하다**.

▶ History is not a sum of events.
역사는 사실의 총합이 아니다.

大 **summarize** [sʌ́mərὰiz]

타 요약하다, 요약하여 말하다.

▶ summar(y)(요약) + ize(…화하다) = summarize(요약하다, 요약하여 말하다)

高 **summary** [sʌ́məri]

명 요약, 대략, 개요

▶ sum + m(요약하다) + ary(명사 어미) = summary(요약, 대략, 개요)

▶ a news summary 뉴스 개요

中 **summer** [sʌ́mər]

명 여름 형 여름(철)의

암 **돼지고기**(pork)를 **폭 여름**에 **섬어**(삶어)(summer).

大 **summerly** [sʌ́mərli]

형 여름의, 여름 같은

▶ summer(여름) + ly(형용사 어미, …의[같은]) = summerly(여름의, 여름 같은)

高 **summertime** [sʌ́mərtὰim]

명 여름철, 하절

▶ summer(여름) + time(때, 철) = summertime(여름철, 하절)

高 **summit** [sʌ́mit]

[명] (언덕 따위의)정상(= top), 정점, 수뇌급, 절정

섬이 틀어져 쏘옥
[암] 쓰나미에 **섬미 트**려져 **정상**이 **쏙 잠기다**.
(summit) (soak)

▶ summit conference 정상회담

高 **summon** [sʌ́mən]

[동] (법원 따위로)출두를 명하다, 요구하다, 소집하다

서면(書面)
[암] (법원에서) **서먼(書面)**으로 **출두를 명하다**.
(summon)

大 **summons** [sʌ́mənz]

[명] 소환, 호출(장) [타] 법정에 소환하다.

▶ summon(출두를 명하다, 요구하다) + s(주며) → 출두를 명하는 소환[호출장]주며 = summons(소환, 호출[장], 법정에 소환하다)

大 **sumptuous** [sʌ́mptʃuəs]

[형] 호화로운, 화려한, 값비싼

[암] **훌라 댄스**로 **하와이**의 **호화로운 섬 츄어스**니
(hula) (dance) (Hawaii) (sumptuous)
…(모두 환호해)…

中 **sun** [sʌn]

[명] [보통 the~]태양, 햇빛, 별

해 꽃(=해바라기)
[암] **태양 별**에 **선 선플라우어(해바라기)**.
(sun) (sunflower)

▶ Now the sun is shining. 지금 해가 비치고 있다.

高 **sunbeam** [sʌ́nbiːm]

[명] 태양 광선, 햇살

▶ sun(태양) + beam(광선) = sunbeam(태양 광선, 햇살)

大 **sunburn** [sʌ́nbə̀ːrn]

[명] 볕에 탐 [동] 햇볕에 타다[그을리다].

▶ sun(태양, 볕) + burn(타다) = sunburn(볕에 탐, 햇볕에 타다[그을리다])

高 **Sunday** [sʌ́ndi / -dei]

[명] 일요일

▶ Sun(태양, 日) + day(날, 요일) = Sunday(일요일)

▶ We do not go to school on Sunday.
우리는 일요일에 학교에 가지 않는다.

大 **sundown** [sʌ́ndàun]

[명] 일몰

▶ sun(태양, 별, 일(日)) + down(아래로 꺼짐) = sundown(일몰)

大 **sundry** [sʌ́ndri]

[형] 갖가지의, 잡다한

▶ sun(태양) + dry(말리다) → 볕에 말리는 갖가지의, 잡다한 옷들 = sundry(갖가지의, 잡다한)

S

中	**sung** [sʌŋ]	sing(노래하다)의 과거분사
高	**sunk** [sʌŋk]	sink(가라앉다)의 과거분사 ▶ a sunk fence 은장(隱墻) (땅속에 만든 담)
大	**sunken** [sʌ́ŋkən]	sink(가라앉다)의 과거분사 ⓗ 움푹 들어간, 침몰한
高	**sunlight** [sʌ́nlàit]	ⓜ 햇빛, 일광 ▶ sun(태양) + light(빛) = sunlight(햇빛, 일광) ▶ a patch of sunlight 한 조각 햇빛
高	**sunny** [sʌ́ni]	ⓗ 양지바른, 햇볕이 잘 드는 ▶ sun + n(태양) + y(…이 있는[잘 드는]) = sunny(양지바른, 햇볕이 잘 드는) ▶ a sunny room 양지바른 방
高	**sunrise** [sʌ́nràiz]	ⓜ 해돋이, 일출, 해뜨는 시각 ▶ sun(태양) + rise(오르다, 뜨다) = sunrise(해돋이, 일출, 해뜨는 시각) ▶ a beartiful sunrise 아름다운 일출
高	**sunset** [sʌ́nsèt]	ⓜ 해넘이, 일몰, 해질녘 ▶ sun(태양) + set(두다, 지다) = sunset(해넘이, 일몰, 해질녘) ▶ after sunset 일몰 후에
高	**sunshine** [sʌ́nʃàin]	ⓜ 햇빛, 일광, 양지, 맑은 날씨 ▶ sun(태양) + shine(빛나다) = sunshine(햇빛, 일광, 양지, 맑은 날씨) ▶ in the warm sunshine 따뜻한 햇볕에서
大	**sunward** [sʌ́nwərd]	ⓑ 태양 쪽으로 ⓗ 태양을 향한 ▶ sun(태양) + ward(…쪽으로, …향한) = sunward(태양쪽으로, 태양을 향한)
大	**sup** [sʌp]	ⓓ 홀짝이다, 홀짝홀짝 마시다. ⓜ (음료의) 한 모금 암 헤어지기 **섭**섭해 **(음료를)한 모금**씩 **홀짝홀짝 마시다.** (sup)

大 **super** [sú:pər]

㉻ 최고[급]의, 훌륭한 멋진

㊙ **최고급의 훌륭한 멋진 슈퍼**맨
(super)

大 **superb** [supə́:rb]

㉻ 훌륭한, 화려한

▶ super(훌륭한) + b(브[부]인) → 훌륭하고 화려한 부(婦) = superb(훌륭한, 화려한)

高 **superficial** [sù:pərfíʃəl]

㉻ 표면[상]의, 피상적인

▶ super(최고의, 훌륭한) + ficial(피셜 = 피서를) → 최고의 훌륭한 피서를 하려고 해변을 돌며 표면상의 여행을 하다 = superficial(표면[상]의)

大 **superfluity** [sù:pərflú:əti]

㉹ 여분, 과잉

▶ superflu(ous)(남는, 여분의) + ity(명사 어미) = superfluity(여분, 과잉)

大 **superfluous** [su:pərfluəs]

㉻ 남는, 여분의

▶ (최고의, 멋진 = super) + (fluous = 플루어스) = 남은, 여분의

최고의 멋진 **슈퍼 플루 어스**름 밤까지 = **남은**걸 굽다
풀로 어스름

大 **superintend** [sù:pərintént]

㉸ 감독하다, 관리하다

▶ (최고의, 멋진 = super) + (intend = 인 탠[10]드:하고자하다) = 감독(관리)하다

최고의 멋진 **슈퍼 인(人) 탠(10) 드**고 쇼핑**하고자하니** = **감독(관리)하다**
슈퍼맨 인이 탠(10) 들고

大 **superintendence** [sù:pərinténdəns]

㉹ 감독, 관리

▶ superintend(감독[관리]하다) + ence(명사 어미) = superintendence(감독, 관리)

大 **superintendent** [sù:pərinténdənt]

㉹ 감독자, 관리자

▶ superintend(감독[관리]하다) + ent(…하는 자[者]) = superintendent(감독자, 관리자)

高 **superior** [səpíəriər / s(j)u(:)píər-]

㉻ 뛰어난, …보다 위의, 우수한

㊙ 물에 금강산의 **뛰어난 슈피 어리어**.
숲이 어른거리어
(superior)

▶ He is superior to me in every way.
그는 모든 점에 있어서 나보다 낫다.

大 **superiority** [supìərió:riti]

㉹ 우월, 우위, 우세

▶ superior(뛰어난, 보다 위의) + ity(명사 어미) = superior(우월, 우위, 우세)

S

大 **superman** [sú:pərmæ̀n]

명 슈퍼맨, 초인

▶ (최고의, 초월의 = super) + (man = 사람) = superman(슈퍼맨, 초인)

大 **supermarket** [sú:pərmɑ̀:rkit]

명 슈퍼마켓

▶ (최고의 = super) + (market = 시장) = supermarket(슈퍼마켓)

大 **supernatural** [sù:pərnǽtʃərəl]

형 초자연의, 불가사의한

▶ (최고의, 초월의 = super) + (natural = 자연의) = supernatural(초자연의, 불가사의한)

高 **superstition** [sù:pərstíʃən]

명 미신

▶ (최고의 = super) + (stition = 스(繡) 티(T)선 무당) = 미신

최고로 이름난 수놓은 티를 입은 선무당이 믿는 = 미신

大 **superstitious** [sù:pərstíʃəs]

형 미신적인, 미신에 의한

▶ superstiti(on)(미신) + ous(형용사 어미) = superstitious(미신적인, 미신에 의한)

大 **supervise** [sú:pərvàiz]

타 관리[감독, 지도]하다

▶ (최고의 = super) + (vise = 봐이즈:보다) = supervise(관리[감독]하다)

최고의 위에서 **보고 또 봐 이즈음** 슈퍼**봐이즈**(관리[감독]하다)

大 **supervision** [sù:pərvíʒən]

명 관리, 감독, 지도

▶ supervis(e)(관리[감독,지도]하다) + ion(명사 어미) = supervision(관리, 감독, 지도)

大 **supervisor** [sú:pərvàizər]

명 관리자, 감독자, 지도자

▶ supervis(e)(관리[감독, 지도]하다) + or(…하는 자[者]) = supervisor(관리자, 감독자, 지도자)

中 **supper** [sʌ́pər]

명 저녁 식사, 만찬, 야식

암 여행가가 **저녁 식사**(supper)로 **서 퍼**(서서 퍼먹는)먹는 **수프**(soup)

▶ It's time for supper. 저녁 식사 시간입니다.

大 **suppertime** [sʌ́pərtàim]

명 저녁, 식사때

▶ supper(저녁 식사) + time(때, 시간) = suppertime(저녁, 식사때)

高
supplement
[sʌ́plmənt]

㉠ 보충[추가]하다. ㉡ 보충

서(서) 풀어 사람들이 　틀어
암 물을 **서 프러 멘(men)트**러 쓰게 **보충[추가]하다**.
(supplement)

▶ a supplement to magazine 잡지의 부록

大
supplementary
[sʌ̀pləméntəri]

㉠ 보충의, 추가의

▶ supplement(보통[추가]하다) + ary(형용사 어미, …하의) = supplementary(보충의, 추가의)

大
suppliant
[sʌ̀pliənt]

㉠ 탄원하는, 애원하는

▶ suppli(cate)(탄원[애원]하다) + ant(형용사 어미 …하는) = suppliant(탄원하는, 애원하는)

大
supplicate
[sʌ́plikèit]

㉠ 탄원하다, 애원하다.

섣불리 　캐 　이(2) 　트기를
암 **스파이를 서프리 캐 이(2) 트**기를 벌하니 **탄원하다**.
(spy) 　(supplicate)

大
supplication
[sʌ̀plikéiʃən]

㉠ 탄원, 애원

▶ supplicat(e)(탄원[애원]하다) + ion(명사 어미) = supplication(탄원, 애원)

大
supplicator
[sʌ́plikèitər]

㉠ 탄원자, 애원자

▶ supplicat(e)(탄원[애원]하다) + or(…하는 자[者]) = supplicator(탄원자, 애원자)

中
supply
[səplái]

㉠ 공급하다, 나누어 주다. ㉡ 공급, 보급

서서 풀 아이가
암 물을 **서 풀아이**가 **공급하다**.
(supply)

▶ Cow supply us (with)milk.
암소는 우리에게 우유를 제공한다.

中
support
[səpɔ́ːrt]

㉠ 지탱하다, 지지하다, 후원하다. ㉡ 후원

서서 　대포 　틀어
암 **게릴라병**을 **서 포(砲)트**러 쏘며 **지지(후원)하다**.
(guerilla) 　(support)

▶ support a plan. 계획을 지지하다.

大
supportable
[səpɔ́ːrtəbəl]

㉠ 지탱[지지]할 수 있는

▶ support(지탱[지지]하다) + able(…할 수 있는) = supportable(지탱[지지]할 수 있는)

大
supporter
[səpɔ́ːrtər]

㉠ 지지자, 후원자

▶ support(지지[후원]하다) + er(…하는 자[者]) = support(지지자, 후원자)

S

中 **suppose** [səpóuz]

㊐ 상상하다, 가정하다

암 **미스**가 **서 포즈** 잡고 **상상하다**.
서서 포즈(자세)
(Miss) (suppose)

▶ Let's suppose that he is innocent.
그가 결백하다고 가정하자.

大 **supposed** [səpóuzd]

형 상상된, 가정의, 가상의

▶ suppos(e)(상상[가정,가상]하다) + ed(형용사를 만듦) = supposed(상상된, 가정의, 가상의)

大 **supposition** [sʌ̀pəzíʃən]

명 상상, 가정, 가상

▶ suppos(e)(상상[가정,가상]하다) + ition(명사 어미) = supposition(상상, 가정, 가상)

高 **suppress** [səprés]

동 진압하다, 누르다, 금지하다, 숨기다.

▶ sup(= under) + press(누르다) = suppress(누르다)

암 **마크**를 **서 프레스**로 **누르다**.
서서 압착기로
(mark) (suppress)

▶ suppress a riot. 폭동을 진압하다.

S

大 **suppression** [səpréʃən]

명 억압, 억제

▶ suppress(억압[억제]하다) + ion(명사 어미) = suppression(억압, 억제)

大 **supremacy** [səpréməsi / su(:)pré-]

명 최고, 최상, 주권

▶ suprem(e)(최고의, 최상의) + acy(명사 어미) = supremacy(최고, 최상, 주권)

高 **supreme** [səprí:m, su(:)-]

형 최고의, 지상의, 절대의

암 **지상 최고(최상)의 슈프림(林)**은 **아마존 정글**.
수풀림(林)
(supreme) (Amazon jungle)

▶ the Supreme Court 최고 법원

中 **sure** [ʃuər]

형 확실한, 꼭(반드시)~하는 부 확실히

암 **풀**장에 **확실히 수어**(數魚)가 있나 **가**에서 **보더**.
수어(수마리의 고기) 보다
(pool) (sure) (border)

▶ a sure method 확실한 방법

中 **surely** [ʃúərli]

부 확실히, 틀림없이

▶ sure(확신하는, 틀림없는) + ly(부사를 만듦) = surely(확실히, 틀림없이)

▶ Tom will surely succeed. 톰은 틀림없이 성공할 거야.

大 **surety** [ʃúərti, ʃúərəti]

명 보증, 저당[물건], 담보[물건]

▶ sure(확신하는 틀림없는) + ty(명사 어미) = surety(보증, 저당[물건], 담보[물건])

高 **surface** [sə́ːrfis]

㉠ 표면, 외관 ㉡ 표면적인

서서 피수(피묻은 손) / 썩썩

암 사탄이 **서 피스(手)**의 **표면**을 **석**석 **빨다**.

(surface) / (suck)

大 **surge** [sə́ːrdʒ]

㉧ 큰 파도가 일다, 물결치다. ㉠ 큰 파도

암 **파도타기 서핑**을 하며 **큰 파도**에 **서지**.

(surfing) / (surge)

高 **surgeon** [sə́ːrdʒən]

㉠ 외과 의사, 군의관

서전(=스웨덴의 음역) / 서서 지껄이네

암 **서전(瑞典)**의 **외과 의사**가 **수술상의** 지시를 **서 지컬**이네

(surgeon) / (surgical)

大 **surgical** [sə́ːrdʒikəl]

㉡ 외과의, 외과적인, 수술(상)의

서전(=스웨덴의 음역) / 서서 지껄이네

암 **서전(瑞典)**의 **외과 의사**가 **수술상의** 지시를 **서 지컬**이네

(surgeon) / (surgical)

大 **surly** [sə́ːrli]

㉡ 지르퉁한, 무뚝뚝한

암 **보스**에게 **서리**맞고 **지르퉁한(무뚝뚝한)** 마담

(boss) / (surly)

大 **surmis*able*** [sərmáizəbəl]

㉡ 추측[짐작]할 수 있는

▶ surmis(e)(추측[짐작]하다) + able(…할 수 있는) = surmisable(추측[짐작]할 수 있는)

高 **surmise** [sərmáiz / sə́ːrmaiz]

㉢ 추측[짐작]하다. ㉠ 추측, 짐작

서(서씨가) 많이 주리라

암 **보너스**를 **서(徐) 마이즈**리라 **추측[짐작]하다**.

(bonus) / (surmise)

大 **sur*mount*** [sərmáunt]

㉢ 극복하다, ~위에 있다, 오르다.

▶ (위에 = sur) + (mount = 마운트:산) = surmount(오르다, 극복하다)

땅**위에 서**(서) **마운트 산**을 타고 = **서 마운트**에**(오르다, 극복하다)**

大 **sur*name*** [sə́ːrnèim]

㉠ 성 ㉣ 성을 붙이다, 성[별명]으로 부르다

▶ (위에 = 서:sur) + (name = 이름) → 위에 붙이는 이름 = surname(성, 성을 붙이다, 성[별명]으로 부르다)

高 **sur*pass*** [sərpǽs / -pάːs]

㉢ ~보다 낫다, 능가하다, (능력, 업적 따위가) 우월하다.

▶ (위에 = sur) + (pass = 패스:주고받다) = 우월하다

암 **운동장 위에 서**(서) **패스**로 공을 **주고 받음**이 = **우월하다**

S

高 **surplus** [sə́ːrplʌs, -pləs]

[명] 여분, 나머지, 잉여금 [형] 여분의

▶ (위에 = sur) + (plus = 플러스:더하여) = 나머지, 잉여금

[암] **위에 서 플러스시켜 더하여 준 돈 = 나머지, 잉여금**

▶ surplus funds 잉여금

大 **surplus value** [sə́ːrplʌs vǽljuː]

[명] 잉여 가치

▶ surplus(잉여, 잉여금) + value(가치) = surplus value(잉여 가치)

中 **surprise** [sərpráiz]

[명] 놀람 [동] 놀라게 하다.

[암] **퀴즈를 서 플 아(兒) 이즈음 놀라게하다.**
(퀴즈(quiz)를 서서 풀 아이가 이즈음; 서 플 아 이즈(surprise))

▶ show surprise
놀란 모습을 보이다, 놀란 표정을 하다.

高 **surprising** [sərpráiziŋ]

[형] 놀랄 만한, 불가사의한

▶ surpris(e)(놀라게 하다) + ing(현재분사 어미) = surprising(놀랄 만한, 불가사의한)

大 **surprisingly** [sərpráiziŋli]

[부] 놀랄정도로, 대단히

▶ surprising(놀랄만한) + ly(부사를 만듦) = surprisingly

高 **surrender** [səréndər]

[동] 넘겨주다, 항복하다, 포기하다. [명] 항복, 인도

[암] **하이웨이 타기를 설 렌 더 포기하다.**
(하이웨이(highway); 설 렌 더(surrender): 설날 엔 더)

▶ surrender to the enemy. 적에게 항복하다.

高 **surround** [səráund]

[동] 에워(둘러)싸다. [명] (보통 pl)환경

▶ (위에, 너머 = sur) + (round = 둥근) = 에워싸다

[암] **위에 너머 서 라(羅)운드좋게 둥글게 = 에워싸다**
주위에 넘어 서(서) 라씨가 운도 좋게 둥근꼴로

高 **surrounding** [səráundiŋ]

[명] 주위 환경, 상황, 둘러싸는

▶ surround(둘러싸다) + ing(현재분사 어미) = surrounding(주위환경, 상황, 둘러싸는)

高 **survey** [səːrvéi]

[동] 전망하다, 검사하다, 측량하다, 내려다 보다.
[명] 개관, 관찰, 측량(도)

▶ (위에 = sur) + (vey = 뵈이:보다) = 내려다 보다

[암] **위에 서 뵈이는곳을 보려고 = 내려다 보다**

▶ They surveyed the lake. 그들은 호수를 내려다 보았다.

大 **surveyor** [səːrvéiər]

[명] 측량사, 감시인

▶ survey(내려다 보다, 측량하다) + or(…하는 사람) = surveyor(측량사, 감시인)

大 **survival** [sərváivəl]

㉮ 살아 남음, 생존, 잔존

▶ surviv(e)(살아남다, 견디어 내다) + al(명사 어미) = survival(살아 남음, 생존, 잔존)

高 **survive** [sərváiv]

㉯ 살아남다, 견디어 내다

▶ (위에 = sur) + (vive = 봐이브:살다) = 견디어 내다

암 맨땅 **위에서 봐!이부**자리없이 **살아** = **견디어내다**

大 **survivor** [sərváivər]

㉮ 생존자, 살아 남은 사람

▶ surviv(e)(생존하다, 살아남다) + or(…하는 사람) = survivor(생존자, 사람 남은 사람)

高 **suspect** [səspékt]

㉯ 수상히 여기다, 의심하다, …인가 하고 의심하다.

▶ (아래 = su) + (spect = 스팩트:보다) = 중풍인가 의심하다

암 **아래서 스(手)팩트**러지는걸 **보고** 중풍인가 **의심하다**.
아래서 수(손이) 팩!틀어 지는 걸

高 **suspend** [səspénd]

㉯ (매)달다, 드리우다, 정지하다, 중지하다.

▶ (아래에 = sus) + (pend = 펜드:매달다) = 중지하다

암 **아래에서 수(數) 펜드**러서 **매달고** 쓰기를 = **중지하다**
아래에서 여러 펜들어서

大 **suspender** [səspéndər]

㉮ 매다는 사람[물건], 바지 멜빵

▶ suspend(매달다) + er(…하는 사람[것]) = suspender(매다는 사람[물건], 바지 멜빵)

高 **suspense** [səspéns]

㉮ 걱정, 불안, 미결정, 긴장감, 서스펜스

셔츠 팬츠가 외투
암 **마담**의 **서스 펜스**가 **걱정 불안 긴장감**에 **젖은 외트**처럼 **젖다**.
(madam) (suspense) (wet)

大 **suspension** [səspénʃən]

㉮ 매달기, 미결정, 미결

▶ suspens(e)(미결정, 어중간) + ion(명사 어미) = suspension(매달기, 미결정, 미결)

高 **suspicion** [səspíʃən]

㉮ 혐의, 낌새 챔, 알아챔, 기미, 의심

서 수개의 피 맺힌 선
암 경찰이 **서 스(數) 피션(線)**보고 맞은 **낌새**를 **알아챔**.
(suspicion)

▶ He's been arrested on suspicion of theft
그는 절도 혐의로 구속되었다.

高 **suspicious** [səspíʃəs]

㉱ 의심하는, 의심 많은

▶ suspici(on)(낌새, 의심) + ous(형용사 어미, …이 많은) = suspicious(의심 많은, 의심하는)

▶ My sister has a very suspicious nature.
나의 여동생은 아주 의심이 많은 성격이다.

S

高 **sustain** [səstéin]

동 떠받치다, 부양하다. (패배, 상처 따위를)입다, 참고 견디다.

▶ (아래 밑에 = sus) + (tain = 태인 = 붙잡다) = 부양하다

암 **아래 밑에 셔스 태(胎)인(人)을 붙잡고 부양하다.**
아래 밑에 셔츠 아이를 밴 자를

大 **sustenance** [sʌ́stənəns]

명 생계, 살림, 먹을 것

▶ sust(ain) → en(떠받치다, 부양하다) + ance(명사 어미) = sustenance(생계, 살림, 먹을 것)

大 **swagger** [swǽgər]

동 뽐내며 걷다, 활보하다. 명 뽐냄, 활보

암 **유랑민족 집시가 스외(數外) 거리를 활보로 뽐내며 걷다.**
(집시 = Gypsy) (스외(數外) = 수외(여러 외국) = swagger)

大 **swain** [swein]

명 시골의 멋쟁이, 연인, 시골 젊은이

암 **시골의 멋쟁이 연인이 스(數) 왜인과 도쿄에서 미팅하네**
(스(數) 왜인 = 수(여러) 왜인(倭人) = swain) (도쿄 = Tokyoi) (미팅 = meeting)

S

高 **swallow** [swɑ́lou / swɔ-]

동 삼키다, 흡수하다. 명 제비

암 **마담의 달러돈을 제비가 스(數)월(月)로 꿀걱 삼키다.**
(마담 = madam) (달러 = dollar) (제비가 = 제비족이) (스(數)월(月)로 = 수개 월(月)내로 = swallow)

中 **swam** [swæm]

swim(헤엄치다)의 과거

高 **swamp** [swɑmp / swɔmp]

명 습지, 늪 동 물에 잠기게 하다.

암 **크레인으로 늪지에 스(數)와(臥)암(岩)프러 물에 잠기게 하다.**
(크레인 = crane) (스(數)와(臥)암(岩)프러 = 수개의 누워있는 바위 풀어 = swamp)

高 **swan** [swɑn / swɔn]

백조; (시어) 시인

암 **백조 같은 스원 댁이 갑판에서 댄스 춤을 추다.**
(스원 = 수원 = swan) (댁 = deck) (댄스 = dance)

高 **swarm** [swɔːrm]

명 떼 무리 동 떼지어 모여들다, 떼를 짓다.

암 **똥 덩이에 스(數) 웜 벌레 무리가 떼지어 모여들다.**
(똥 덩 = dung) (스(數) 웜 = 수많은 웜(옴)벌레 = swarm)

高 **sway** [swei]

명 동요, 흔들림 동 흔들다, 흔들리다.

암 **트럭으로 스(數)웨이를 달리니 흔들리다.**
(트럭 = truck) (스(數)웨이 = 수많은 웨이(길)을 = sway)

高 **swear** [swɛər]

[동] 맹세하다, 욕설하다. [명] 선서, 욕설

수마디 왜어(일본어로)
[암] **욕설** 않기로 **스(數) 왜어**로 **맹세하다**.
(swear)

▶ I swear to God. 신에게 맹세한다.

高 **sweat** [swet]

[명] 땀 [동] 땀을 흘리다(흘리게 하다).

수(여러벌의) 외투
[암] **스(數)외트**입고 **땀을 흘리다**.
(sweat)

▶ A sweat will do you good.
땀을 한 차례 흘리면 몸에 좋을 것이다.

大 **sweater** [swétər]

[명] 스웨터, 땀플리는 사람, 발한제, 노동 착취자

▶ sweat(땀을 흘리다) + er(…하는 사람[것]) = sweater(스웨터, 땀흘리는 사람, 발한제, 노동 착취자)

大 **sweaty** [swéti]

[형] 땀투성이의, 땀에 젖은

▶ sweat(땀을 흘리다) + y(형용사 어미) = sweaty(땀투성이의, 땀에 젖은)

大 **swede** [swiːd]

[명] 스웨덴 사람

大 **Sweden** [swíːdn]

[명] 스웨덴 (수도는 스톡홀름)

大 **Swedish** [swíːdiʃ]

[형] 스웨덴의, 스웨덴 말의 [명] 스웨덴 사람[말]

▶ Swed(en)(스웨덴) + ish(…의, …에 속하는) = Swedish(스웨덴의, 스웨덴 말의, 스웨덴 사람[말])

高 **sweep** [swiːp]

[동] 청소하다, 쓸다; 일소하다. [명] 청소 쓸기

수위 풀어
[암] **안마당** 수십 **야드**를 **스위 프**러 **청소하다**.
(yard) (sweep)

▶ sweep a chimney. 굴뚝 청소를 하다.

大 **sweeper** [swíːpər]

[명] 청소부, 청소기

▶ sweep(청소하다) + er(…하는 사람[것]) = sweeper(청소부, 청소기)

大 **sweeping** [swíːpiŋ]

[형] 청소하는, 소탕하는 [명] 쓰레질, 일소

▶ sweep(청소하다) + ing(현재분사 어미) = sweeping(청소하는, 소탕하는, 쓰레질, 일소)

中
sweet
[swiːt]

[형] 단, 향기로운, 달콤한 [명] 단 것

[암] **달콤한 스위트 홈.**
(sweet)(home)

▶ Sometimes we eat sweet thing. 가끔 우리는 단것을 먹는다.

大
sweeten
[swíːtn]

[동] 달[향기롭]게 하다, 달아지다.

▶ sweet(단, 향기로운) + en(…하다) = sweeten(달[향기롭]게 하다, 달아지다)

大
sweetheart
[swíːthàːrt]

[명] 연인, 애인(특히 여성에 대해서)

▶ sweet(단, 향기로운) + heart(심장, 마음) = sweetheart(연인, 애인)

高
sweetly
[swíːtli]

달게, 감미롭게, 향기롭게

▶ sweet(단, 향기로운, 감미로운) + ly(부사를 만듦) = sweetly(달게, 향기롭게, 감미롭게)

大
sweetness
[swíːtnis]

[명] 단맛, 감미로움, 맛좋음

▶ sweet(단, 감미로운) + ness(명사를 만듦) = sweetness(단맛, 감미로움, 맛좋음)

高
swell
[swel]

[동] 부풀다, 부풀게 하다, 뽐내다, 늘리다.

[명] 팽창, 융기, 증대

수개의 외를(오이를)
[암] **색자루**에 **스(數) 윌** 넣어 **부풀게 하다.**
(sack) (swell)

大
swelling
[swéliŋ]

[명] 팽창, 불룩함, 부풀어 오름

▶ swell(부풀다) + ing(현재분사 어미) = swelling(팽창, 불룩함, 부풀어 오름)

高
swept
[swept]

sweep(청소하다)의 과거, 과거분사

▶ A storm swept the plain.
폭풍우가 평야를 휩쓸었다.

高
swift
[swift]

[형] 빠른, 신속한, 순식간의

[부] [복합어로] 신속하게

사장 / 수위가 붙으며
[암] **보스**에게 **신속하게 스위 프트**며 **굿 모닝 서!** 하네
(boss) (swift) (good morning sir!)

▶ He is swift to anger. 그는 곧잘 화를 낸다.

大
swiftly
[swíftli]

[부] 신속히, 빠르게

▶ swift(신속한, 빠른) + ly(부사를 만듦) = swiftly(신속히, 빠르게)

中 **swim**
[swim]

[명] 헤엄 [동] 헤엄치다, 수영하다.
작은 못 수위 임(守衛 任)씨가
[암] **풀**에서 **스위 임**(守衛 任)이 **헤엄치다**.
(pool) (swim)

▶ Let's go out for a swim. 수영하러 나가자.

高 **swimmer**
[swímər]

[명] 헤엄치는 사람[동물]
▶ swim + m(헤엄치다) + er(…하는 사람[것]) = swimmer(헤엄치는 사람[동물])
▶ a good [poor] swimmer 헤엄을 잘[못]치는 사람

高 **swimming**
[swímiŋ]

[명] 수영, 헤엄
▶ swim + m(헤엄치다) + ing(현재분사 어미) = swimming(수영, 헤엄)
▶ swimming eyes 눈물이 글썽한 눈

大 **swine**
[swain]

[명] 돼지, 비열한 사람
수(여러) 와인(wine:포도주)
[암] **스數)와인**만 마시고 노는 **돼지**같이 **비열한 사람**
(swine)

高 **swing**
[swiŋ]

[동] 흔들(리)다, 휘두르다. [명] 휘두름
방망이를
[암] **배트**를 **스윙**하고 **휘두르다**.
(bat) (swing)

▶ George began to swing his bat.
죠오지는 그의 배트를 휘두르기 시작하였다.

大 **swinging**
[swíŋiŋ]

[형] 흔들리는, 휘두르는
▶ swing(흔들리다, 휘두르다) + ing(현재분사 어미) = swinging(흔들리는, 휘두르는)

大 **swirl**
[swəːrl]

[동] 소용돌이치다, 소용돌이에 휩쓸리다. [명] 소용돌이, 회오리
수월하게
[암] **보트**가 **스월**하게 **회오리**치는 **소용돌이에 휩쓸리다**.
(boat) (swirl)

高 **Swiss**
[swis]

[명] 스위스, 스위스 사람

高 **switch**
[switʃ]

[명] 스위치, 개폐기 [동] 스위치를 돌리다[켜다].
▶ Turn on [off] the light switch, please.
전기 스위치를 켜[꺼]주십시오.

大 **switchboard**
[swítʃbɔ̀ːrd]

[명] 배전반, [전화의]교환대
▶ switch(스위치) + board(널판지) = switchboard(배전반, 교환대)

S

高 **Switzerland** [swítsərlənd]
명 스위스(= Swiss)

高 **swollen** [swóulən]
swell(부풀다)의 과거분사 형 부푼, 패창한

大 **swoon** [swuːn]
명 졸도; 기절 자 기절하다, 졸도하다.

수운
암 마담이 **스운**에 중독되 **기절(졸도)하다**.
(swoon)

高 **swoop** [swuːp]
동 위로부터 와락 덤벼들다, 급습하다. 명 급습

수(여러마리) 우(소) 풀어놓으니
암 산에 **스(數)우(牛) 프**러놓으니 **위로부터 와락 덤벼들다**.
(swoop)

▶ The army swooped down on the town. 군대가 읍을 급습하였다.

高 **sword** [sɔːrd]
명 칼, 검 (보통 the~) 무력, 전쟁

소씨가 들어
암 **칼**과 **검**을 **소(蘇) 드**러 **소년**에게 **보이**다.
(sword) (boy)

▶ He drew his sword. 그는 검을 뺐다.

大 **swore** [swɔːr]
swear(맹새하다)의 과거

▶ They swore eternal friendship.
그들은 영원한 우정을 서로 맹세했다.

大 **sworn** [swɔːrn]
swear(맹새하다)의 과거분사 형 맹세한

高 **swum** [swʌm]
swim(헤엄치다)의 과거분사

高 **swung** [swʌŋ]
swing(흔들다, 휘두르다)의 과거, 과거분사

▶ The door swung in the wind. 문이 바람에 흔들렸다.

高 **syllable** [síləbəl]
명 음절, 한마디, 실러블 동 이야기하다.

암 **베토벤**이 **음절 실러블**에 관해 **한마디 이야기하다**.
(Beethoven) (syllable)

▶ Not a syllable! 한마디도 하지 마라

高 **symbol** [símbəl]

[명] 상징, 부호 [동] 부호로 하다.

[암] **포니**는 말표 **심벌**의 **상징 보호**.
(조랑말은: 포니 (pony), 신발의: 심벌 (symbol))

▶ the symbol of peace 평화의 상징

大 **symbolic** [simbálik / -bɔ́l-]

[형] 상징하는, 기호의, 부호의

▶ symbol(상징, 기호, 부호) + ic(…의[하는]) = symbolic(상징하는 기호의, 부호의)

大 **symbolize** [símbəlàiz]

[동] 상징하다, 상징화하다, 기호로 나타내다.

▶ symbol(상징, 기호) + ize(…화하다[하다, 나타내다]) = symbolize(상징하다, 상징화하다, 기호로 나타내다)

高 **sympathetic** [sìmpəθétik]

[형] 동정적인, 인정 있는

▶ sympath(y)(동정, 인정) + etic(= ic …적인[있는]) = sympathetic(동정적인, 인정 있는)

▶ a sympathetic strike 동정 파업

高 **sympathize** [símpəθàiz]

[동] 동정하다, 공명하다, 동조하다

▶ sympath(y)(동정, 공감) + ize(동사 어미, …하다) = sympathize(동정하다, 공명(공감)하다)

▶ She sympathized with me in my grief. 그녀는 나의 슬픔을 같이 했다.

高 **sympathy** [símpəθi]

[명] 동정(심), 공감, 연민

▶ sym(같은) + pathy(감정, 고통의 뜻) = sympathy(동정(심))

[암] 원달러를 **동정심 펴시**어 **기브**해 **주다**.
(동정심 펴시어: (sympathy), 기부해: 기브 (give))

▶ display[show] sympathy for. …에 대한 동정의 뜻을 표하다.

高 **symphony** [símfəni]

[명] 심포니, 교향곡

▶ compose [write] a symphony. 교향곡을 작곡하다.

大 **symposium** [simpóuziəm]

[명] 주연(酒宴), 향연, 심포지엄, 좌담회

大 **symptom** [símptəm]

[명] 징후, 조짐, 전조

[암] **놀부**가 **놀부 심(心)프 텀**은 좋은 **조짐**의 **징후**
(놀부 (Nolboo), 심(心)보를 텀은(=털어없앰은): 심(心)프 텀 (symptom))

大 **symptomatic** [sìmptəmǽtik]

[형] 징후[조짐]인, 전조가 되는

▶ symptom(징후, 조짐, 전조) + atic(…인, …가 되는) = symptomatic(징후[조짐]인, 전주가 되는)

S

大	**synchronize** [síŋkrənàiz]	ⓢ 동시에 발생[진행]하다, 동시성을 가지다. 암 **싱크러나이즈**드 수영을 **동시에 진행 하다**. (synchronize) 
大	**synchronizer** [síŋkrənàizər]	명 동기(同期) 장치, 동시 장치 ▶ synchroniz(e)(동시에 진행하다) + er(…하는 것[장치]) = synchronizer(동기(同期)장치, 동시 장치)
大	**synchronized swimming** [síŋkrənàiz swímiŋ]	명 수중 발레, 싱크로나이즈드 스위밍 ▶ synchronized(싱크로나이즈드, 동시) + swimming(수영, 발레) = synchronized swimming(수중 발레, 싱크로나이즈드 스위밍)
大	**syndicate** [síndikit / -kèit]	ⓢ 기업합동[신디케이트]를 만들다[조직하다]. 명 기업 조합(연합), 신디케이트, ((미)) 조직 폭력, 연합 암 잘 팔리는 **부츠 신뒤캐이트**에 **기업합동을 조직하다**. (잡화신 거래처 뒤캐 이틈에) (boots) (syndicate)
大	**syndication** [sìndikéiʃən]	명 신디케이트[기업합동] 조직하기, 신디케이트 조직 ▶ syndicat(e)(신디케이트를 조직하다) + ion(명사 어미) = syndication(신디케이트[기업합동] 조직하기, 신디케이트 조직)
大	**synonym** [sínənim]	명 동의어, 비슷한 말 암 **파트너**는 **신어(新語) 님**의 뜻과 **비슷한 말** (신어(새낱말) 님의) (partner) (synonym)
大	**Syria** [síriə]	명 시리아
大	**Syrian** [síriən]	형 시리아의, 시리아인의 명 시리아 사람 ▶ Syri(a)(시리아) + an(…의, …사람) = Syrian(시리아의, 시리아인의, 시리아 사람)
大	**syrup** [sírəp]	명 시럽, 당밀 ⓣ 시럽으로 씌우다[달게 하다].
大	**syrupy** [sírəpi]	형 시럽의, 시럽 같은 ▶ syrup(시럽, 당밀) + y(형용사 어미, …의[같은]) = syrupy(시럽의, 시럽 같은)

S

高 **system** [sístəm]

명 체계, 조직(망), 시스템

암 **체계**에 맞는 **조직(망) 시스템**.
(system)

▶ the social system 사회 조직

大 **systematic** [sìstəmǽtik]

형 체계(조직, 계통)적인, 질서 있는

▶ system(체계, 조직, 계통) + atic(…적인, …의) = systematic(체계[조직, 계통]적인, 질서있는)

▶ in a systematic way 질서 정연하게

T

大 **tabernacle** [tǽbəːrnæ̀kəl]

명 가건물, 막사, 유태신전, 예배당

대번에 끌러
암 **태버네 클**러 옮길 수 있는 **가건물 막사(예배당)**
(tabernacle)

中 **table** [téibəl]

명 테이블, 식탁 동 탁상에 놓다.

암 **커피**를 **식탁 테이블에 놓다**.
(coffee) (table)

▶ There is an apple on the table. 테이블 위에 사과가 한 개 있다.

大 **tablecloth** [téibəlklɔ̀ːθ]

명 식탁[테이블]보

▶ table(테이블, 식탁) + cloth(천, 보) = tablecloth(식탁[테이블]보)

大 **tablespoon** [téibəlspùːn]

명 식탁용 큰 스푼

▶ table(테이블, 식탁) + spoon(스푼) = tablespoon(식탁용 큰 스푼)

高 **tablet** [tǽblit]

명 평판(平板), 패(牌), 정제(錠劑)

테이블이 틀어져
암 **테브리 트**러져 흩어진 명**패(牌)**와 **정제(錠劑)**.
(tablet)

▶ memorial tablet 기념패

大 **taboo, -bu** [təbúː]

명 터부, 금기; 금제 타 금하다, 금기(피)하다.

부(富)티(=부유한 티)
암 **뷰(富)티** 나는 **미인**이라 **터부**룩한 차림을 **금(피)하다**.
(beauty) (taboo)

大 **tack** [tæk]

명 납작한 못, 압정 동 압정으로 고정시키다.

암 **포스터**를 **유태인**이 **주택**벽에 **압정으로 고정시키다**.
(poster) (Jew)(tack)

T

高 **tackle**
[tǽkəl]

명 도구, 기구, 도르래, [럭비]태클
동 달려들다, 붙잡다, ~와 논쟁하다.

암 **태클**을 넣으며 **달려들다(붙잡다)**.
(tackle)

▶ I tackled her about current topics.
나는 시사 문제에 대해 그녀와 논쟁했다.

大 **tackler**
[tǽkəl]

명 달려붙는 사람, 태클거는 사람
▶ tackl(e)(달려들다, 태클하다) + er(…하는 사람) = tackler(달려붙는 사람, 태클거는 사람)

大 **tact**
[tækt]

명 약삭빠름, 재치. 기지, 요령

암 **엔지니어**가 **재치**와 **기지**로 **요령**있게 **택(宅)트**러.
(engineer) 택(집을) 틀어(틀다) (tact)

大 **tactful**
[tǽktfəl]

형 재치 있는, 솜씨 좋은, 기지 있는
▶ tact(재치, 솜시, 기지) + ful(형용사 어미) = tactful(재치있는, 솜씨 좋은, 기지 있는)

大 **tactic**
[tǽktik]

명 용병, 작전, 전술

암 **작전 전술**대로 **택(宅) 틱** 쓰러지게 **밤**에 **폭격하다**.
택(집을) 틱! (tactic) (bomb)

大 **tactical**
[tǽktikəl]

형 용병상의, 전술상의, 전술적인, 용병적인
▶ tactic(용병, 전술) + al(형용사 어미, …상의[적인]) = tactical(용병[전술]상의, 용병[전술]적인)

大 **tactics**
[tǽktiks]

명 pl[단수 취급] 용병학, 전술[학]
▶ tactic(용병, 전술) + s(…학) + tactics(용병학, 전술[학])

大 **tadpole**
[tǽdpòul]

명 올챙이

암 **태드(泰頭)폴** 닮은 **올챙이**
큰 머리(클태 머리두)포를 (tadpole)

大 **tadpole galaxy**
[tǽdpòul galaxy]

명 태드폴 은하, 올챙이 모양을 한 은하
▶ tadpole(올챙이, 대드폴) + galaxy(은하) = tadpole galaxy(태드폴 은하, 올챙이 모양을 한 은하)

大 **tag**
[tæg]

명 느림장식, 꼬리표, 물표

암 **느림장식 태 그**리 느리고 **사로우(死老友)**를 **슬퍼하다**.
(tag) 사로우(죽은 늙은 벗)을 (sorrow)

T

大 **tail**
[teil]

[명] 꼬리, 말미 [동] 꼬리를 달다.

원숭이 태씨가 일삼아

[암] **멍키** 들고 **태(太) 일**삼아 **꼬리를 달다.**

(monkey) (tail)

▶ A peacock spread his beautiful tail.
공작이 아름다운 꼬리를 펼쳤다.

大 **taillight**
[téillàit]

[명] (자동차 열차 따위의) 미(尾)등, 테일라이트

▶ tail(꼬리, 미(尾)) + light(등) = taillight(미[꼬리]등, 테일라이트)

大 **tailor**
[téilər]

[명] (주로 남성복의) 재봉사, 양복 짓는 사람, 재단사

▶ tail(꼬리, 끝) + or(…사람) → 옷감의 끝을 다듬는 사람 = tailor(재봉사, 재단사)

大 **tailormade**
[téilərméid]

[형] 양복점에서 지은, 주문을 받아서 만든 [명] (보통pl)맞춤옷

▶ tailor(재봉사, 재단사) + made(만든, 지은) = tailormade(양복점에서 지은, 주문을 받아서 만든 맞춤옷)

大 **taint**
[teint]

[명] 오점, 흠, 징조, 타락 부패 [동] 더럽히다, 썩(히)다.

[암] **인도**에서 **당신**을 **유태인 트**기라고 **흠**잡아 **썩히다.**

(indo) (you) (taint)

大 **take**
[teik]

[동] (손에) 잡다, 받다, 먹다, 웅켜잡다.

태익(큰 이익)

[암] **보이**가 **로또**해 **태익**(太益)을 **잡다.(웅켜잡다)**

(boy) (lotto) (take)

▶ He took her by the arm. 그는 그녀의 팔을 잡았다.

大 **taken**
[téikən]

take(잡다, 움켜잡다)의 과거분사

大 **taking**
[téikiŋ]

[형] 마음[관심을]끄는 매력[애교]있는

▶ tak(e)(잡다) + ing(현재분사 어미) → 사람의 마음을 잡다
= taking(마음[관심을]끄는, 매력[애교]있는)

大 **tale**
[teil]

[명] 거짓말, 설화, 이야기

[암] 리즈 **테일**러에 관한 **거짓말 이야기**

(tale)

▶ tales of adventure 모험담

大 **talent**
[tǽlənt]

[명] 재능, 수완, 탤런트

[암] **재능**과 **수완** 있는 **탤런트.**

(talent)

▶ a man of talent 재능이 있는 사람

T

T

中 **talk** [tɔːk]

[동] 이야기하다, 말하다. [명] 이야기, 상담

[암] **상담**하듯 **토크**(talk)쇼로 **이야기하다**.

▶ Try to talk in English.
영어로 말하도록 노력하십시오.

大 **talkative** [tɔ́ːkətiv]

[형] 이야기하기 좋아하는, 수다스러운, 말많은

▶ talk(말하다, 이야기하다) + ative(…를 좋아하는[많은]) = talkative(이야기하기 좋아하는, 수다스러운, 말많은

大 **talker** [tɔ́ːkər]

[명] 이야기하는 사람, (서커스 등에서의)여리꾼

▶ talk(말하다, 이야기하다) + er(… 하는 사람) = talker(이야기하는 사람, 여리꾼)

大 **talkie** [tɔ́ːki]

[명] 발성영화, 토키, 휴대용 무선 전화기

▶ talk(말하다, 이야기하다) + ie(= y, 명사 어미) = talkie(발성영화, 토키, 휴대용 무선 전화기)

高 **talking** [tɔ́ːkiŋ]

[형] 말을 하는, 표정이 있는 [명] 담화, 수다.

▶ talk(말하다, 이야기하다) + ing(현재분사 어미) = talking(말을 하는, 표정이 있는, 담화, 수다)

▶ She did all the talking. 그녀가 말을 다 했다[모두를 대변했다]

大 **tall** [tɔːl]

[형] (키가) 큰, [구어] 과장된, 높은, 엄창난

[암] (키가) **큰 톨**(tall)스**토이**(toy)의 **장난감**.

高 **tame** [teim]

[형] 유순한, 따분한

[동] 길들다, 복종시키다, 억누르다, 길들이다.

아이밴 님이
[암] **유순한 태(胎)임**(tame)이 **따분한** 마음을 **억누르며 길들이다**.

▶ tame a lion. 사자를 길들이다.

大 **tan** [tæn]

[명] (떡갈나무의) 탠 껍질로 [동] (가죽을) 모두질하다.

[암] **(떡갈나무의)탠**(tan) **껍질**로 **(가죽을) 모두질하다**.

大 **tangible** [tǽndʒəbəl]

[형] 만져서 알 수 있는, 명백한, 확실한

탠탠한 저 불(부처)를
[암] **탠 저 불(佛)**(tangible)을 **만져서 알 수 있는** 자는 **명백한** 장님

大 **tangle** [tǽŋgəl]

[동] 엉키다, 얽히다. [명] 혼란, 엉킴, 뒤죽박죽

[암] **로프**(rope)에 **뒤죽박죽 탱글**(tangle)탱글 **얽히다**.

中 **tank**
[tæŋk]

㉠ (물)탱크, 유조전차, 전차(戰車)
㉠ 탱크에 넣다, 탱크에 가득 채우다.
▶ tanks for storing oil 석유 저장탱크

大 **tanker**
[tǽŋkər]

㉠ 유조선, 탱커, 탱크 로리(lorry)
▶ tank([물]탱크) + er(…하는 것) = tanker(유조선, 탱커, 탱크 로리)

大 **tap**
[tæp]

㉠ 주둥이, 마개 ⓢ 가볍게 치다.

암 **탭**댄스 신 **주둥이**로 **가볍게 치다**.
(tap)

中 **tape**
[teip]

㉠ 테이프, 납작한 끈 ⓣ 테이를 감다.
암 **납작한 끈 테이프를 감다**.
(tape)
▶ a blank tape 공 테이프

大 **taper**
[téipər]

㉠ 작은 초 ㉠ 끝이 가는 ⓣ 끝이 점점 가늘어지다.
▶ tape(테이프) + er(…하는 것) → 작은 초에 끝이 가는 끈을 감다
= taper(작은 초, 끝이 가는, 끝이 점점 가늘어지다)

高 **tape recorder**
[teip rékɔ́:rdər]

㉠ 테이프 리코드, 녹음기
▶ tape(테이프) + recorder(녹음기) = tape recorder(테이프 리코드, 녹음기)
▶ a cassette tape recorder 카세트 녹음기

大 **tapestry**
[tǽpistri]

㉠ 태피스트리, (장식용)양탄자 ⓣ 태피스트리로 장식하다.
암 홀을**(장식용) 양탄자 태피스트리로 장식하다**.
(tapestry)

大 **tar**
[tɑ:r]

㉠ 콜타르 피치, 타르 ⓣ 타르를 칠하다.
암 벽에 **콜타르 피치 타르를 칠하다**.
(tar)

大 **tardy**
[tɑ́:rdi]

㉠ 느린, 더딘, 늦은 ㉠ 지각
느린차를 타고뒤 늦은
암 **느린**차 **타 뒤 늦은 지각**에 **허리**굽혀 **허둥지둥하다**.
(tardy) (hurry)

高 **target**
[tɑ́:rgit]

㉠ 타깃, 과녁, 목표 ⓢ 목표로 정하다.

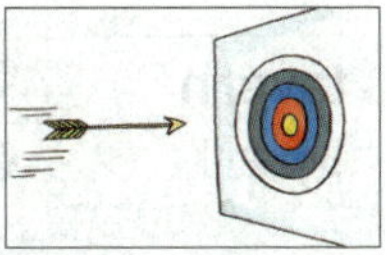

암 **과녁**을 **타깃 목표로 정하다**.
(target)
▶ aim at a target. 과녁을 겨누다.

T

高 **tariff** [tǽrif]

[명] 관세표, 요금 [타] …의 세율(요금)을 정하다.

택(집) 수대로 태리(큰 이익) 풀어
[암] **세금**을 **택(宅)스**대로 **태리(泰利) 프**러 **세율을 정하다**.
(tax) (tariff)

大 **tarry** [tǽri]

[동] 꾸물거리다, 늦어지다, 기다리다.

게으를태 관리리(=태리:게으른 관리)
[암] 승진이 **태(怠) 리(吏)**가 **꾸물거리다 늦어지다**.
(tarry)

大 **tart** [tɑːrt]

[형] 시큼한, 신, 신랄한

[명] (과일을 넣은)작은 파이, 매춘부, 행실이 나쁜 여자

[암] **매춘부**가 **(작은)파이**에 **신**걸 타 **트러**(틀어) **믹스**해 **섞다**.
(tart) (mix)

高 **task** [tæsk / tɑːsk]

[명] 일, 직무, 과제 [동] 일으 맡기다.

(작업조) 태수(지방관리) 커다란
[암] **팀**에게 **태스(太守) 크**다란 **일을 맡기다**.
(team) (task)

大 **taskwork** [tǽskwəːrk]

[명] 고된 일, 강제노동

▶ task(일, 과제) + work(일, 노동) = taskwork(고된 일, 강제노동)

大 **tassel** [tǽsəl]

[명] 술, 장식술 [타] …에 술을 달다.

태(큰) 술인
[암] **베레모**에 **태(泰)슬**인 **장식술을 달다**.
(beret) (tassel)

中 **taste** [teist]

[명] 미각, 맛 [동] 맛을 보다.

태씨가 두(2) 손을 틀어
[암] **아이스 바**를 **태(太) 이(2)스(手) 트**러 짜 **맛보다**.
(ice bar) (taste)

大 **tatter** [tǽtər]

[명] 두더기옷, 넝마 [동] 너덜너덜 해뜨리다.

커러지(=거지의 사투리) 태(큰) 터(땅)에
[암] **크러지 목사**가 **넝마**를 **태(泰)터**에 **너덜너덜 해뜨리다**.
(clergy) (tatter)

中 **taught** [tɔːt]

teach(가르치다)의 과거, 과거분사

大 **tavern** [tǽvərn]

[명] 선술집, 여인숙, 주막

대번에
[암] **여인숙**에서 **주막**으로 **태번**에 개점한 **선술집**
(tavern)

T

大 **tawny** [tɔ́ːni]

㉯ 황갈색, ((美俗)) 최고의 ㉮ 황갈색의 것

흙 이니?

㉰ **황갈색**인 흙이 **최고의 토(土)니?**하고 **스승**이 **물어**

(tawny) (mulla[h])

高 **tax** [tæks]

㉮ 세금 ㉱ 세금을 부과하다, 과세하다.

주 택 수에

㉰ **유태인**에게 **주택 스**에 따라 **세금을 부과하다.**

(Jew)(tax)

▶ We pay an income tax. 우리는 소득세를 낸다.

高 **taxation** [tækséiʃən]

㉮ 과세, 징세, 조세(액)

▶ tax(세금을 부과하다, 과세하다) + ation(명사 어미) = taxation(과세, 징세, 조세[액])

▶ taxation at the source 원천과세

中 **taxi** [tǽksi]

㉮ 택시 (?) 택시로 가다[나르다].

▶ go by taxi 택시로 가다

大 **tax-payer** [tǽkspèiər]

㉮ 납세자, 납세 의무자

▶ tax(세금) + payer(지불하는 사람) = tax-payer(납세자, 납세 의무자)

中 **tea** [tiː]

㉮ 차, 차나무(잎사귀), 홍차 ㉱ 차를 마시다(대접하다).

㉰ **서 선생님**께 **홍차(차) 티를 대접하다.**

(sir) (tea)

▶ green tea 녹차

中 **teach** [tiːtʃ]

㉱ 가르치다.

티를 치며

㉰ **티**가 **차**임을 **티 치**며 **가르치다.**

(tea) (teach)

▶ teach children. 아이들을 가르치다.

大 **teachable** [tíːtʃəbl]

㉯ 가르칠 수 있는, 학습력[의욕]이 있는

▶ teach(가르치다) + able(…할 수 있는) = teachable(가르칠 수 있는, 학습력[의욕]이 있는)

中 **teacher** [tíːtʃər]

㉮ 선생, 교사, 교수자

▶ teach(가르치다) + er(…하는 사람) = teacher(선생, 교사, 교수자)

▶ a teacher of English 영어 교사(선생)

高 **teaching** [tíːtʃiŋ]

㉮ 교육, 수업, 교수

▶ teach(가르치다) + ing(현재분사 어미) = teaching(교육, 수업, 교수)

▶ practice [student] teaching 교육[교생]실습

T

大 **teacup** [tíːkʌ̀p]

명 찻잔

▶ (차 = tea) + (cup = 컵) = teacup(찻잔)

中 **team** [tiːm]

명 팀, 작업조

암 **작업조 팀.**
(team)

▶ Our baseball team won the game.
우리 야구 팀이 승리했다.

大 **teamwork** [tíːmwɔ̀ːrk]

명 팀 워크, 협동

▶ team(팀) + work(일) = teamwork(팀 워크, 협동)

中 **tear**[1] [tɛər]

명 눈물, 물방울 자 눈물을 흘리다.

악마 태어(큰 물고기)
암 **사탄**의 **눈물**이 **튀어 태어**(泰魚)의 살점이 **찢어지다.**
(Satan) (tear) (tear)

▶ Tears rolled down her cheeks.
눈물이 그녀의 볼 위로 흘러 내렸다.

高 **tear**[2] [tɛər]

동 찢다, 째다, 찢어지다. 명 째진 틈

악마의 태어(큰 물고기)
암 **사탄**의 **눈물**이 **튀어 태어(泰魚)**의 살점이 **찢어지다.**
(Satan) (눈물 tear) (tear)

▶ She tore up the letter. 그녀는 편지를 갈기갈기 찢어버렸다.

T

大 **tearful** [tíərfəl]

형 눈물 어린, 눈물을 자아내는

▶ tear(눈물) + ful(형용사 어미) = tearful(눈물 어린, 눈물을 자아내는)

大 **tearing** [tɛ́əriŋ]

형 잡아찢는, 쥐어뜯는 듯한

▶ tear(찢다, 째다) + ing(현재분사 어미) = tearing(잡아찢는, 쥐어뜯는 듯한)

高 **tease** [tiːz]

동 지분거리다, 괴롭히다, 놀리다, 약올리다, 놀려대다.

(tea =)티 주(주시요!)
암 **게이른** 다방 **레이지**에게 **티 즈**하며 **지분거리다.**
(lazy) (tease)

▶ tease a girl. 소녀를 괴롭히다.

大 **teaser** [tíːzər]

명 지분거리는[괴롭히는]사람

▶ teas(e)(지분거리다, 괴롭히다) + er(…하는 사람) = teaser(지분거리는 사람, 괴롭히는 사람)

大 **teaspoon** [tíːspùːn]

명 찻숟가락

▶ (차 = tea) + (spoon = 숟가락) = teaspoon(찻숟가락)

大 **technic** [téknik]	⑲ 테크닉, 기술, 전문 암 고도의 **기술 테크닉**으로 **컷**하여 **절단하다**. (technic) (cut) 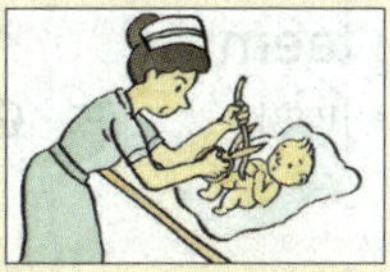
高 **technical** [téknikəl]	⑱ 기술[전문]적인, 공업의, 기술의 ▶ technic(테크닉, 기술, 전문) + al(…적인[의]) = technical(전문[기술]적인, 기술의, 공업의) ▶ a technical director (映) 기술감독
大 **technically** [téknikəli]	⑮ 기술적으로, 전문직으로 ▶ technical(전문[기술]적인) + ly(부사 어미, …으로) = technically(기술적으로, 전문적으로)
大 **technician** [tekníʃən]	⑲ 기술자, 전문가 ▶ technic(기술, 전문) + ian(= an…사람) = technician(기술자, 전문가)
高 **technique** [tekní:k]	⑲ 기술, 기법, 수법 ▶ techni(c)(기술, 테크닉) + que(…법) = technique(기술, 기법, 수법) ▶ a dance technique 댄스 기법
大 **technological** [tèknəládʒikəl / -lɔ́dʒ-]	⑱ 과학기술의 ▶ technolog(y)(기술, 공학, 과학기술) + ical(…의) = technological(과학기술의)
大 **technologize** [teknálədʒàiz / -nɔ́l-]	⑭ 기술화(공업화)하다 ▶ technolog(y)(기술, 기술 공학, 공업) + ize(…화하다) = technologize(기술화하다, 공업화하다)
大 **technology** [teknálədʒi / -nɔ́l-]	⑲ 기술 공학, 기술 ▶ (기술:태큰 = techn) + (ology = 오러지:학문) = 기술 **기술**을 써서 **태큰**걸 **오로지** 배운 **학문**대로 = **기술** 컷하다 
高 **tedious** [tí:diəs, -dʒəs]	⑱ 지루한, 지겨운, 싫증나는 티끌 뒤 중송아지를 암 소가 **티 뒤 어스**러기를 **지겨운**듯 **혼**이나게 **뿔로 받다**. (tedious) (horn) ▶ a tedious lecture 지루한 강의 
大 **tediously** [tí:diəsli]	⑮ 지겨웁게, 지루하게, 싫증나게 ▶ tedious(끈덕진, 지루한, 싫증나는) + ly(부사어미) = tediously(끈덕지게, 지루하게, 싫증나게)

大	**teem** [tiːm]	ⓢ 풍부하다, 많이 있다, 충만하다, 가득 차다. 암 **(작업)조 팀이 많이 있다** 그리고 **팀**의 사기도 **충만하다**. (team) (teem)
大	**teen** [tiːn]	ⓐ 십대의(어미가 teen으로 끝나는 13-19세의 연령) 암 **십대의 틴에이저**(= 십대의 소년, 소녀). (teen) (ager)
大	**teenager** [tíːnèdʒər]	ⓝ 10대의 소년(소녀), 틴에이저 ▶ teen(십대의) + ager(= age[나이] + er[사람]) = teenager(10대의 소년[소녀], 틴에이저)
大	**teener** [tíːnər]	ⓝ 10대의 소년[소녀] ▶ teen(십대의) + er(…사람) = teener(10대의, 소년[소녀])
大	**teens** [tiːnz]	ⓝ 10대(13-19세 숫자가 teen으로 끝나는 나이) ▶ teen(십대의) + s(복수 어미) = teens(10대)
大	**teenster** [tíːnstər]	ⓝ 10대의 소년[소녀] ▶ teen(십대의) + ster(…사람) = teenster(10대의 소년[소녀])
中	**teeth** [tiːθ]	tooth(이 치아)의 복수
大	**telecast** [téləkæ̀st / -kɑ̀ːst]	ⓝ 텔레비전 방송 ⓢ 텔레비전 방송을 하다. ▶ tele(원거리, 텔레비전) + cast(던지다) → 텔레비젼 방송으로 원거리까지 전파를 던지다 = telecast(텔레비젼 방송)
高	**telegram** [téləgræ̀m]	ⓝ 전보, 전문 ▶ tele(원거리) + gram(기록, 문서) = telegram(전보, 전문) ▶ send a telegram 전보를 치다
高	**telegraph** [téləgræ̀f / -grɑ̀ːf]	ⓝ 전신, 전보 ⓢ 전보를 치다 ▶ tele(원거리) + graph(기록하는 기구) = telegraph(전신, 전보, 전보를 치다) ▶ by telegraph 전신[전보]으로

T

大 **telegraphy** [təlégrəfi]

명 전신술[학], 전신법

▶ telegraph(전신, 전보) + y(…학[법] = telegraphy(전신술[학], 전신법)

中 **telephone** [téləfòun]

명 전화, 전화기 동 전화를 걸다

▶ tele(원거리) + phone(음(音), 소리의) = telephone(전화, 전화기, 전화를 걸다)

▶ a public telephone 공중전화

高 **telescope** [téləskòup]

명 망원경

▶ tele(원거리) + scope(보는 기계) = telescope(망원경)

▶ a sighting telescope (총포의) 조준 망원경

大 **teletype** [télətàip]

명 텔레타이프 동 텔레타이프로 송신하다.

▶ tele(원거리) + type(타이프) = teletype(텔레타이프, 텔레타이프로 송신하다)

大 **television** [téləvìʒən]

명 텔레비전(TV)

▶ tele(원거리) + vision(보다, 보기) = television(텔레비젼[TV])

大 **telex** [téleks]

명 텔렉스 동 텔렉스로 송신(교대)하다.

암 **뉴스**를 **텔렉스로 교신하다**.
(news) (telex)

中 **tell** [tel]

동 말하다, 알리다, 이야기하다.

암 보이가 **건방진 말씨**로 **조텔 말하다**.
조퇴를
(Jaw)(tell)

▶ Tell me a story. 이야기를 해 주시오.

大 **teller** [télər]

명 이야기하는 사람, 말하는 사람

▶ tell(이야기[말]하다) + er(…하는 사람) = teller(이야기하는 사람, 말하는 사람)

高 **temper** [témpər]

명 기질, 기분, 화 동 완화하다, 진정시키다.

암 **따분한 자**에게 **보탬 퍼**주어 **기분**을 **진정시키다**.
보탬되게 퍼주어
(bore)(temper)

▶ He is in a temper. 그는 화가 나 있다.

大 **temperament** [témpərəmənt]

명 기질, 성미, 소질

▶ temper + a(기질, 성질) + ment(명사 어미) = temperament(기질, 성미, 성질)

T

大 **temperance** [témpərəns]

㉮ 절제, 자제, 절도, 금주

▶ temper(기질, 성질) + ance(상태, 성질을 나타내는 명사 어미) = temperance(절제, 자제, 절도)

大 **temperate** [témpərit]

㉻ 자제하는, (기후 따위가)온화한, 온건한

▶ temper(기질, 성질) + ate(형용사 어미) = temperate(자제하는, [기후가] 온화한, 온건한)

高 **temperature** [témpərətʃər]

㉮ 온도, 체온, 기온

▶ temperat(e)(자제하는, 온건한, 온화한) + ure(명사 어미) = temperature(온도, 체온, 기온)

▶ a normal temperature 정상 체온

高 **tempest** [témpist]

㉮ 폭풍우, 야단법석 ㉯ 야단법석을 일으키다.

태움이 피씨가 서투르니

㉰ **트럭**에 사람 **탬 피(皮)스트**르니 **야단법석을 일으키다.**

(truck) (tempest)

▶ a tempest of weeping 울며불며 난리 피우기

高 **temple¹** [témpəl]

㉮ 성당, 신전, 사원, 전당

㉰ 인디언이 **템플 사원**에서 부처의 **관자놀이**에 **키스하다.**

(temple) (kiss)

▶ a temple of art 예술의 전당

大 **temple²** [témpəl]

㉮ (해부) 관자놀이

㉰ 인디언이 **템플 사원**에서 부처의 **관자놀이**에 **키스하다.**

(temple) (kiss)

大 **tempo** [témpou]

㉮ 템포, 박자, 빠르기

㉰ 한 **템포** 느린 **박자.**

(tempo)

大 **temporal** [témpərəl]

㉻ 일시적인, 현세의, 시간의

▶ tempor(시간) + al(…의, …한 성질의, 형용사 어미) = temporal(시간의, 일시적인)

(박자) 템포를 느슨

㉰ **일시적인 템퍼럴 루슨**하게 **늦추다.**

(temporal) (loosen)

大 **temporarily** [témpərərili]

㉱ 일시적으로, 임시로

▶ temporar(y) → i(일시적인, 임시의) + ly(부사를 만듦) = temporarily(일시적으로, 임시로)

大 **temporary** [témpərèri / -rəri]

㉻ 일시적인, 덧없는, 순간의, 임시의

▶ tempor(시간) + ary(형용사 어미) = temporary(일시적인, 순간의)

템포(박자)로 리씨가

㉰ **일시적인** 느린 **템퍼로 리(李)**가 **드럼을 치다.**

(temporary) (drum)

高

tempt
[tempt]

㊂ 유혹하다, 부추기다, (마음 따위를) 돋우다.

(차) 태움에 붙으라고
암 야타족이 야!타 하며 차 **탬 프트**라고 **유혹하다**.
(tempt)

▶ The serpent tempted Eve. 뱀은 이브를 유혹했다..

高

temptation
[temptéiʃən]

㊂ 유혹, 유혹함, 유혹물

▶ tempt(유혹하다, 꾀다) + ation(명사 어미) = temptation(유혹, 유혹함, 유혹물)

大

tempter
[témptər]

㊂ 유혹하는 사람[물건]

▶ tempt(유혹하다, 꾀다) + er(…하는 사람[물건]) = tempter(유혹하는 사람[물건])

中

ten
[ten]

㊂ 10 ㊂ 10의

▶ He is ten. 그는 10살이다.

高

tenant
[ténənt]

㊂ 차지인(借地人), 소작인, 세든 사람

▶ (10, 10달러 = ten) + (ant = …하는 사람) → 탠달러를 내는 사람 = tenant(소작인, 세든 사람)

高

tend
[tend]

㊂ ~의 경향이 있다, 돌보다.

텐(달러) 들어
암 **보이**에게 **텐(ten)드**러 주며 **돌보다**.
(boy) (tend)

▶ He tends to exaggerate.
그는 과장해서 말하는 경향이 있다.

高

tendency
[téndənsi]

㊂ 경향, 풍조, 추세

▶ tend(…의 경향이 있다) + ency(명사 어미) = tendency(경향, 풍조, 추세)

▶ a growing tendency 증대하는 경향

高

tender
[téndər]

㊂ 상냥한, 부드러운, 연약한, 친절한

㊂ 신청하다, 제출하다.

텐(달러) 더
암 **팁**을 **텐(ten)더** 내라고 **상냥한** 소리로 **신청하다**.
(tip) (tender)

大

tenement
[ténəmənt]

㊂ 보유물, 셋집, 주택집

(가수 tenor=)테너 면(얼굴) 틀어(찡그리어)
암 가수**테너 면(面)트**러가며 **셋집**에서 **비통**게**사러**(살어)
(tenement) (sorra)

中

tennis
[ténis]

㊂ 테니스, 정구

▶ play tennis 테니스를 치다.

T

大 **tenor** [ténər]

명 방침, 테너, 테너 가수, [인생의]진로

암 **테너**씨가 **테너 가수**되겠다며 **(인생의)진로**를 **세 이(李)**에게 **말하다**.
(tenor) / 세분의 이씨에게 (say)

高 **tense** [tens]

형 팽팽한, 긴장한 명 (문법) 시제(時制)

암 **텐(ten) 스(手)**로 **팽팽한 하프를 타다**.
텐(열) 수(손가락) (tense) (harp)

▶ a tense moment 긴장된 순간

大 **tension** [ténʃən]

명 긴장, 팽팽함, 팽창력

▶ tens(e)(팽팽한, 긴장한) + ion(명사 어미) = tension(긴장, 팽팽한)

中 **tent** [tent]

명 텐트, 천막 동 천막으로 덮다.

▶ pitch[strike] a tent 텐트를 치다[걷다]

中 **tenth** [ténθ]

명 제10 형 제10의

▶ (10 = ten) + (th = 서수를 나타냄) = tenth(제10의)

T

中 **term** [təːrm]

명 기간, 임기, 학기, [복수]교제, 관계

암 **학기 기간**내 **텀**텀이 하는 **교제**.
틈틈이의 방언 (term)

▶ the spring(fall) term 봄(가을)학기

大 **terminal** [tə́ːrmənəl]

형 말단의, 경계의; 종점의 명 끝, 말단; 종점, 터미널

암 **경계의 끝(종점)**에 있는 버스 **터머널**
(terminal)

高 **terminate** [tə́ːrmənèit]

동 끝나게 하다, 종결하다, 끝내다

▶ termin(al)(종점, 터미널, 종점의) + ate(…하다) = terminate(끝나게 하다, 종결하다, 끝내다)

▶ terminate a contract. 계약을 해제하다.

大 **termination** [tə̀ːrmənéiʃən]

명 종료, 종결, 말단

▶ terminat(e)(끝내다, 종결하다. 끝나게 하다) + ion(명사 어미) = termination(종료, 종결, 말단)

高 **terrace** [térəs]

명 단지(段地), 대지(臺地), 높은 지대, 테라스

암 **대지(臺地)**같이 **높은 지대 테라스**
(terrace)

▶ The children are out on the terrace. 아이들은 테라스에 나와 있다.

中 **terrible** [térəbəl]

[형] (구어) 지독한, 무서운, 서투른, 무시무시한

▶ (공포 = terr[or]) + (ible = 불·할 수 있는) = 무서운

[암] **공포**의 **테러**단이 **불**질러 범행 **할 수 있는** = **무서운** 짓

高 **terribly** [térəbli]

[부] 무섭게, 지독하게, 몹시

▶ terrib(le)(무서운, 지독한) + ly(부사를 만듦) = terribly(무섭게, 지독하게, 몹시)

▶ He is terribly tired. 그는 몹시 지쳐 있다.

大 **terrific** [tərífik]

[형] 무시무시한, 굉장한

▶ terri(ble)(무시무시한, 무서운) + fic(…더욱, …한) = terrific(무시무시한, 굉장한)

高 **terrify** [térəfài]

[타] 겁나게(무섭게)하다.

▶ terri(ble)(무시무시한, 무서운) + fy(…하게 하다) = terrify(겁나게(무섭게) 하다)

中 **territorial** [tèrətɔ́:riəl / tèritɔ́:riəl]

[형] 영토의, 구역의, 토지의

▶ territor(y) → i(영토, 구역) + al(…의) = territorial(영토의, 구역의, 토지의)

▶ territorial air [waters, seas] 영공(領空), 영해

高 **territory** [térətɔ̀:ri / téritɔ̀:ri]

[명] 영토, 구역, 지방

큰(넓은) 마을 터 리시가

[암] **영토**만한 **태(泰)리(里)터 리**가 **틸**틸거리며 **갈다**.
(territory) (till)

▶ occupy territory. 영토를 점령하다.

高 **terror** [térər]

[명] 공포, [구어] 성가신 녀석, 두려움

[암] **공포**의 **테러**단.
(terror)

▶ He ran away in terror. 그는 무서워서 도망쳤다.

中 **test** [test]

[명] 시험, 검사 [동] 테스트(시험, 검사)하다.

[암] **테스트**하여 **시험(검사)하다**.
(test)

▶ a blood test 혈액 검사

大 **testament** [téstəmənt]

[명] 유언, 유서

▶ test(테스트, 시험하다, 검사하다) + ament(= ment:명사 어미) → 검사하여 가짜와 진짜를 가리는 것 = testament(유언, 유서)

高 **testify** [téstəfài]

[동] 증명하다, 증언하다

▶ test(테스트, 검사, 시험) + ify(…하다) → 검사 시험해서 우수함을 증명(증언)하다 = testify(증명(증언)하다)

▶ testify about a case. 사건에 대해 증언하다.

T

高 **testimony** [téstəmóuni / -məni]

명 증언, 증명, 입증

▶ testi(fy)(증명[증언, 입증]하다) + mony(명사 어미) = testimony(증명, 증언, 입증)

▶ give [offer]testimony 증거를 보이다[주다]

大 **Texas** [téksəs]

명 텍사스(미국 남서부의 주 이름 약((Tex))

高 **text** [tekst]

명 본문, 주제, [미]교과서

암 **택스(澤秀) 트**러 보이는 **교과서**의 **본문**.
(택수(澤秀) 틀어 / (text))

▶ This book does not contain much text.
이 책에는 많은 본문이 들어 있지 않다.

大 **textbook** [tékstbùk]

명 교과서

▶ text(본문) + book(책) = textbook(교과서)

大 **textile** [tékstail]

명 직물, 옷감, 직물의 원료 형 직물의

▶ text(본문 → 엮어서 짠 것) + ile(…와 관계 있는) = textile(직물, 옷감, 직물의 원료, 직물의)

T

大 **texture** [tékstʃər]

명 직물, 피륙, 직조법

▶ text(본문 → 엮어서 짠것) + ure(명사 어미) = texture(직물, 피륙, 직조법)

中 **than** [ðæn, ðən]

접전 ~보다(도)

암 **보다**(도) 좋게 **된 서울 스테이션**.
(서울 역(정거장) / (than)(Seoul Station))

▶ He loves me better than you.
그는 너보다도 나를 더 사랑한다.

中 **thank** [θæŋk]

동 감사하다. 명 (보통 복수) 감사

암 **생크**시 웃으며 **감사해하다**.
(thank)

▶ Thank you for your present. 선물에 대하여 감사합니다.

高 **thankful** [θǽŋkfəl]

형 감사하는, 고마워하는

▶ thank(감사하다) + ful(형용사 어미) = thankful(감사하는, 고마워하는)

▶ with a thankful heart 감사하는 마음으로

大 **thankless** [θǽŋklis]

형 검사하지 않는, 감사할 줄 모르는

▶ thank(감사하다) + less(…이 없는) = thankless(감사하지 않는, 감사할 줄 모르는)

高 **thanksgiving** [θæŋksgíviŋ]

명 감사하기, 감사

▶ thanks(감사) + giving(주는) = thanksgiving → 주는 것에 대한 감사 = thanksgiving(감사하기, 감사)

▶ Thanksgiving Day 감사절

大 **Thanksgiving Day** [θæŋksgíviŋ dei]

명 [미] 추수 감사절

▶ Thanks(감사) + giving(주는) + Day(날) = Thanksgiving Day(추수 감사절)((미국은 11월의 제 4 목요일))

中 **that** [ðæt, ðət, ðt]

대 그것, 저것

암 **싱**싱한 **물건**이 **저것**이 **됐**다.
(thing) (that)

▶ What is that? 저것은 무엇입니까?

大 **thatch** [θætʃ]

명 짚, 억새, 풀 타 (지붕을) 짚으로 이다.

암 **사기꾼**이 **집**을 **억새 짚**을 **새치**기해 **짚으로 이다**.
(gyp) (thatch)

大 **thaw** [θɔː]

명 눈의 녹음 동 (눈이나, 얼음이) 녹다, 녹이다.

암 **고지(高地) 골짜기**에 **(눈이나 얼음이)소**리없이 **녹다**.
(gorge) (thaw)

中 **the** [ðə]

관 그, 저 부 ① 그만큼 ② …할수록 ~하다.

▶ Give me the blue book. 그 파란 책을 나에게 주시오.

高 **theater, -tre** [θíːətər / θíːə-]

명 극장, 영화관, 연극

암 **눈**오는 **정오**에는 **극장**에서 **쉬어터**(쉬었다).
(noon) (theater)

▶ We went to the theater by taxi. 우리는 택시로 극장에 갔다.

大 **theatrical** [θiǽtrikəl]

형 극장의, 연극의

▶ theatr(e)(극장, 연극) + ical(…의) = theatrical(극장의, 연극의)

大 **thee** [ðiː]

대 그대에게, 그대를

암 **뒤 그대에게 미스**가 **어피어 나타나다**.
(thee) (Miss) (appear)

高 **theft** [θeft]

명 도둑질, 절도, 절도죄, 도루

그사이 붙으며

암 **쓰리**꾼 **셋**이 **그새 프트**며 **도둑질(절도)**하네.
(three) (theft)

▶ commit (a) theft. 도둑질을 하다.

T

中 **their** [ðεər]

㉠ 그들의, 저 사람들의; 그것들의

▶ They sold their old car and got a new one.
그들은 중고차를 팔고 새 차를 샀다.

中 **theirs** [ðεərz]

㉠ 그들의 것, 그것들의 것

▶ their(그들의) + s(소유격 어미) = theirs(그들의 것, 그것들의 것)

▶ Theirs is [are] good. 그들의 것은 좋다.

中 **them** [ðem]

㉠ 그들을[에게], 그것들을[에게]

▶ He teaches them. 그는 그들을 가르친다.

高 **theme** [θiːm]

명 논제, 화제, 주제, 테마, (짧은)논문

암 **심(心)**을 **논제**로 해서 쓴 **논문**
(theme)

▶ the theme of discussions 토론의 주제

中 **themselves** [ðəmsélvz, ðèm-]

㉠ 그들 자신

▶ (그들 = them) + selves(self의 복수,-자기들, 자신들) = themselves(그들 자신)

▶ They did it themselves. 그들 스스로가 그것을 했다.

中 **then** [ðen]

부접 그때, 그때에, 그때에는

▶ Things will be different then.
그때는 사정이 달라질 것이다.

高 **thence** [ðens]

부 ((고어)) 거기서, 그 때부터, 그러므로

암 **그 때부터 거기서 댄스**씨와 **댄스 춤추다**.
(thence) (dance)

▶ a year thence 그 때부터 1년

大 **theological, -logic** [θìːəlάdʒikəl / -lɔ́dʒi-]

형 신학[상]의

▶ theolog(y) → i(신학) + cal(…의) = theological(신학[상]의)

大 **theologize** [θiːάlədʒàiz]

동 신학을 연구하다, 신학적으로 다루다.

▶ theolog(y)(신학) + ize(…을[연구]하다, …다루다) = theologize(신학을 연구하다. 신학적으로 다루다)

大 **theology** [θiːάlədʒi / -ɔ́l-]

명 신학, (가톨릭)(4년간의)신학과정

커러지(거지의 사투리) 쉬 알려진
암 **크러지 목사**에게도 **쉬 알러지**인 **신학(신학과정)**
(clergy) (theology)

高 **theoretical** [θìːərétikəl]

[형] 이론의, 이론상의

▶ theory → theoreti(이론) + cal(…의) = theoretical(이론의, 이론상의)

▶ theoretical physics 이론, 물리학

大 **theorize** [θíːəràiz]

[동] 이론을 세우다, 이론화하다.

▶ theor(y)(이론) + ize(…화하다[세우다]) = theorize(이론을 세우다, 이론화하다)

高 **theory** [θíəri]

[명] 이론, 원리, 론(論), 학설

[암] **학설**의 **원리**와 **이론**을 익히며 푹 **쉬어리**. (쉬리(=쉬겠다)) (theory)

▶ Newton's theory of gravitation
뉴턴의 인력론

中 **there** [ðεər / ðər]

[부] 거기에, 그곳에(으로)

[암] **대어(大魚)**를 **거기에**서 **삯일꾼**이 **잡어**. (대어(큰 고기)를) (there) (jobber)

▶ They lived there last year.
그들은 지난 해 거기에서 살았다.

高 **Thereafter** [ðεərǽftər / ðὲərάːf-]

[부] 그 후, 그 뒤로, 그리하여

▶ there(거기에, 거기서) + after(후) = thereafter(그 후, 그 뒤로, 그리하여)

高 **thereby** [ðὲərbái]

[부] 그것에 의하여, 그 때문에, 그것으로

▶ there(거기에, 거기서) + by(…옆에, …의하여) = thereby(그것에 의하여, 그 때문에, 그것으로)

▶ Thereby hangs a tale.
그것에는 어떤 까닭이 있다.

中 **therefore** [ðέərfɔ̀ːr]

[부][접] 그런 까닭에, 그러므로, 따라서

▶ there(거기에, 거기서) + fore(전방의, 앞의) = therefore(그런 까닭에, 그러므로, 따라서)

▶ I think, therefore I am.
나는 생각한다, 고로(따라서) 나는 존재한다.

大 **therein** [ðὲərín]

[부] 그 가운데에, 그 속에, 그 점에서

▶ there(거기에, 거기서) + in(…의 안에) = therein(그 가운데에, 그 속에, 그 점에서)

高 **thereupon** [ðέərəpɔ́ːn]

[부] 거기서, 그래서

▶ there (거기에, 거기서) + upon(= on … 때문에, …으로) = thereupon(거기서, 그래서)

高 **therewith** [ðὲərwíθ / −wíθ]

[부] 그것과 함께, 그와 함께

▶ there(거기에, 거기서) + with(…와 함께) = therewith(그것과 함께, 그와 함께)

T

大 **therm** [θəːrm]

명 [[物]]섬(열량의 단위)

암 화산**섬**의 **((열량의 단위는))섬**이지
(therm) (therm)

大 **thermal** [θə́ːrməl]

명 열의, 열량의, 온도의

▶ therm(열량, 열) + al(…의) = thermal(열의, 열량의, 온도의)

高 **thermometer** [θərmɑ́mitər / -mɔ́m-]

명 온도계

▶ thermo(= therm:열) + meter(미터, 계량기) = thermometer(온도계)

中 **these** [ðiːz]

대형 this의 복수꼴, 이것들(의)

▶ These are my books. 이것들은 내 책이다.

中 **thesis** [θíːsis]

명 (학위를 위한) 논문; 논제

시시한 스님이
암 **시시 스**님이 쓴 **(학위)논문**.
(thesis)

▶ submit a thesis. 논문을 제출하다.

T

中 **they** [ðei, ðe]

대 그들, 그것들; 세상 사람들

▶ They do least who talk most.
말 많은 사람은 실행이 적다.

高 **they'd** [ðeid]

they had[would]의 간약형

高 **they'll** [ðeil]

they will[shall]의 간약형

中 **they're** [ðeiər]

they are의 간약형

中 **they've** [ðeiv]

they have의 간약형

中 **thick** [θik]

[형] 두꺼운 [부] 두껍게, 짙게, 빽빽한

[암] 파리 **식**(式)으로 **두껍게** 바른 **루즈**.
(thick) (rouge)

▶ ice three inches thick 3인치 두께의 얼음

大 **thicken** [θíkən]

[동] 두껍게 하다, 굵게 하다

▶ thick(두꺼운, 굵은) + en(…하다) = thicken(두껍게 하다, 굵게 하다)

高 **thicket** [θíkit]

[명] 수풀, 덤불, 총림

▶ thick(빽빽한) + et(작은 것들) = thicket(수풀, 덤불, 총림)

大 **thickly** [θíkli]

[부] 두껍게, 진하게

▶ thick(두꺼운, 굵은) + ly(부사를 만듦) = thickly(두껍게, 진하게)

大 **thickness** [θíknis]

[명] 두께, 굵기, 두꺼움

▶ thick(두꺼운, 굵은) + ness(명사 어미) = thickness(두께, 굵기, 두꺼움)

T

高 **thief** [θiːf]

[명] 도둑, 도적, 절도

녹쓴 쉬 푸는(풀다)
[암] **록**쓴 **자물쇠**도 **쉬프**는 **도둑**.
(lock) (thief)

▶ a car thief 차량절도범.

高 **thigh** [θai]

[명] 넓적다리, 가랑이

썩썩
[암] 불독이 **넓적다리 사이**를 **석**석 **빨다**.
(thigh) (suck)

高 **thimble** [θímbəl]

[명] (재봉용)골무, 끼우는 고리

심부름
[암] **심블**음 값으로 얻은 **골무**
(thimble)

中 **thin** [θin]

[형] 얇은, 여윈, 깡마른, 홀쭉한

[암] **신(身)**이 **깡마른(여윈) 복서**(권투선수)
(thin) (boxer)

▶ Girls like looking thin.
소녀들은 홀쭉해 보이기를 좋아한다.

中 **thing** [θiŋ]

[명] 물건, 일; (종종 복수) 정세; (복수) 용구; 소지품

[암] **싱**싱한 **물건**.
(thing)

▶ I have many things to do. 나는 할 일이 많다.

中 **think** [θiŋk]

㊀ 생각하다, 상상하다.

암 **싱크**시 웃으며 **생각하다**.
(think)

▶ I think she is kind.
나는 그녀가 친절하다고 생각한다.

大 **think*er*** [θíŋkər]

명 상상가, 사색가

▶ think(상상하다) + er(…사람) = thinker(상상가, 사색가)

高 **think*ing*** [θíŋkiŋ]

형 생각하는, 사고하는 명 생각[하기]

▶ think(생각[상상]하다) + ing(현재분사 어미) = thinking(생각하는, 사고하는, 생각[하기])

▶ the thinking people 이성적인 민중

中 **third** [θəːrd]

형 제 3의 명 제3, 세 번째 [약어] 3rd, 3d

▶ The third month of the year is March.
한 해 중 세 번째 달은 3월이다.

大 **third*ly*** [θə́ːrdli]

부 셋째로, 세 번째로

▶ third(3의) + ly(부사를 만듦) = thirdly(셋째로, 세 번째로)

T

高 **thirst** [θəːrst]

명 갈증, 갈망 동 갈망하다.

서서 수(물을) 틀며
암 **갈증**에 **서 스(水) 트**며 (물을) **갈망하다**.
(thirst)

▶ I have a terrible thirst. 나는 목이 너무 마르다.

高 **thirst*y*** [θə́ːrsti]

형 목마른, 갈망하는, 건조한

▶ thirst(갈등, 갈망) + y(형용사를 만듦) = thirsty(목마른, 갈망하는)

▶ thirsty soil 메마른 땅

中 **thirteen** [θə́ːrtíːn]

형명 13[의], 13개[의], 13인[의], 13세[의]

高 **thirteen*th*** [θə́ːrtíːnθ]

형명 제13[의], 제13번째[의]

▶ thirteen(13의, 13번째) + th(서수를 나타냄) = thirteenth(제13[의], 제13번째[의])

高 **thirtieth** [θə́ːrtiiθ]

명형 제30[의], 30번째[의], 30분지1[의]

中 **thirty** [θə́ːrti]

㉠㉡ 30[의], 30 개[의], 30 세[의]

中 **this** [ðis]

㉠ 이, 지금 ~ ㉢ 이것, 이 사람

▶ Look at this box. 이 상자를 보다.

大 **thistle** [θísl]

㉡ 엉겅퀴(스코틀랜드의 국화)

씻을려고 와이프(=wife)부인을 연상하여 기억할 것

암 슬리퍼를 **시슬**려고 **엉겅퀴**로 **와이프**가 **문지르다(닦다).**
(thistle) (wipe)

大 **thither** [θíðər]

㉣ 저쪽에, 저쪽으로, 저리로

암 **뒤 더 저쪽으로(저리로)**해 **파트**내고 **방귀**를 **뀌다.**
(thither) (fart)

高 **thorn** [θɔːrn]

㉡ 가시나무, 가시

암 **사탄**의 **가시** 같은 **손**
(Satan) (thorn)

▶ Roses have thorn. 장미는 가시가 있다.

大 **thorny** [θɔ́ːrni]

㉠ 가시가 많은, 가시 같은, 곤란한

▶ thorn(가시) + y(…많은[같은]) = thorny(가시가 많은, 가시 같은, 곤란한)

高 **thorough** [θə́ːrou, θʌ́r-]

㉠ 완전한, 철저한, 면밀한

암 넘녀가 **서러**(서로)**완전한**가 **철저한 체크하다.**
(thorough) (check)

▶ They did a thorough search.
그들은 철저한 수색을 했다.

大 **thoroughbred** [θə́ːroubrèd]

㉠ 순종의, 순혈종의

▶ thorough(철저한, 완전한) + bred(…하게 자란[양육된])
= thoroughbred(순종의, 순혈종의)

大 **thoroughfare** [θə́ːroufɛ̀ər]

㉡ 통로, 도로, 통행

▶ thorough(철저한, 완전한) + fare(요금) → 완전한 요금을 내고 도로를 통행하다 = thoroughfare(통로, 도로, 통행)

大 **thoroughly** [θə́ːrouli]

㉣ 철저히, 충분히, 완전히

▶ thorough(철저한, 완전한) + ly(부사 어미) = thoroughly(철저히, 완전히, 충분히)

T

中
those
[ðouz]

((that의 복수형)) (대) 그것들 (형) 그것들의

▶ Those are my shoes. 저것들은 내 구두다.

大
thou
[ðau]

(대) 그대, 너는 그대는

다우(많은 벗) 남자 친구
(암) **너는(그대는) 다우(多友)**를 가진 **보이 프렌드**
(thou) (boy firend)

中
though
[ðou]

(접) ~임에도 불구하고, 비록 ~라도 (부) 그렇지만

(암) **도우**려 함**에도 불구하고** …….
(though)

▶ Though it was cold, he went out
춥기는 했지만 그는 외출했다.

中
thought
[θɔ:t]

(명) 생각; 사상 (동) think의 과거, 과거분사

소가 틀을 수 밀 찧는
(암) **소 트**를 수 있게 **생각**해 만든 **밀 방앗간**.
(thought) (mill)

▶ modern thought 근대사상

高
thoughtful
[θɔ́:tfəl]

(형) 생각이 깊은, 사려깊은

▶ thought(생각) + ful(…많은[깊은]) = thoughtful(생각이 깊은, 사려깊은)

▶ a thoughtful look[face] 생각에 잠긴 표정[얼굴]

大
thoughtfully
[θɔ́:tfəli]

(부) 생각이 깊게, 사려깊게

▶ thoughtful(생각이 깊은, 사려깊은) + ly(부사를 만듦) = thoughtfully(생각이 깊게, 사려깊게)

大
thoughtless
[θɔ́:tlis]

(형) 생각이 없는, 분별 없는

▶ thought(생각) + less(…이 없는) = thoughtless(생각이 없는, 분별 없는)

中
thousand
[θáuzənd]

(명) 천, 1000 (형) 천의

▶ Thousands of students joined the demonstration.
수천 명의 학생이 그 데모에 참가했다.

大
thrall
[θrɔ:l]

(명) 노예, 노예의 신분

수롤(=수로를:물길을)
(암) **스롤**파는 **노예(노예의 신분)**
(thrall)

大
thralldom
[θrɔ́:ldəm]

(명) 노예의 신분, 속박

▶ thrall(노예) + dom(명사 어미) = thralldom(노예의 신분, 속박)

大 **thrash** [θræʃ]

[타] 때리다, 채찍질하다. [명] 때리기, 탈곡

[암] **포니 조랑말**을 **스레 쉬**잖고 끌게 **채찍질하다**.
(pony: 포니) (thrash: 수레 쉬잖코)

高 **thread** [θred]

[명] 실; 줄 [동] 누비듯 지나가다.

[암] 줄지어 **스레드**리 **누비듯 지나가다**.
(thread: 수레들이)

▶ sew with thread. 실로 꿰매다.

高 **threat** [θret]

[명] 협박, 으름, (나쁜) 징조

[암] **레슬러**가 **스레 트**러 보이며 **협박**해.
(wrestler: 레슬링 선수) (threat: 수레 틀어)

▶ There was a threat of rain. 비가 올 것 같았다.

高 **threaten** [θrétn]

[동] 협박하다, 으르다, …의 위험성이 있다.

▶ threat(협박, 으름) + en(동사 어미) = threaten(협박하다, 으르다)

▶ The boy threatened him with a knife.
그 소년은 그를 칼로 협박했다.

大 **threatening** [θrétniŋ]

[형] 협박하는, 위험한, 위협적인

▶ threaten(협박하다) + ing(현재분사 어미) = threatening(협박하는, 위험한, 위협적인)

中 **three** [θriː]

[명] 3 [형] 3의, 세 사람(의)

▶ He's three years old. 그는 3살이다.

大 **threefold** [θríːfòuld]

[형][부] 3 배의[로], 세 겹의[으로]

▶ three(셋의) + fold(접다, 겹치다) = threefold(3 배의[로], 세 겹의[으로])

大 **three-quarter[s]** [θríːkwɔ́ːrtər]

[형][명] 4분지 3(의)

▶ three(셋의) + quarter(s)(4분의1) → 4분의 1이 세 번 → 4분지3
= three-quarter(s)(4분지 3[의])

大 **threescore** [θríːskɔ́ːr]

[형][명] 예순[의], 육십[의]

▶ three(셋의) + score(20개) → 20이 세 번 → 육십
= threescore(예순[의], 육십[의])

大 **three-seater** [θríːsíːtər]

[명] 3인승[의](자전거, 자동차, 비행기 따위)

▶ three(셋의) + seater(…인승) = three-seater(3인승[의], 자전거, 자동차, 비행기 따위)

T

高 **threshold** [θréʃhòuld]

[명] 문지방, 입구, 발단, 시초

수레 쉬 집울타리 드나들
[암] **스레 쉬 호(戸)울 드**나들 수 있게 낮춘 **문지방 입구**
(threshold)

▶ cross the threshold. 문지방을 넘어서다, 집으로 들어가다.

高 **threw** [θruː]

throw (던지다, 발사하다, 보내다)의 과거형

▶ throw a missile 미사일을 발사하다.

▶ throw a kiss 키스를 보내다.

高 **thrice** [θrais]

[부] 3회, 세 번, 3배로

수(많은) 라이스(=rice : 밥)
[암] **스(數) 라이스** 밥을 **3회**에 걸쳐 **3배로 세어**서 **분배하다**.
(thrice) (share)

大 **thrift** [θrift]

[명] 검소, 절약, 검약, 무성한 성장, 번성

쓰리꾼 붙으니
[암] **절약 검소**한 자가 **스리 프트**니 **포켓**을 **소년**에게 **보이**다.
(thrift) (pocket) (boy)

大 **thrifty** [θrífti]

[형] 검소한, 절약하는, 번영하는

▶ thrift(검소, 절약) + y(형용사 어미, 형용사를 만듦) = thrifty(검소한, 절약하는, 번영하는)

高 **thrill** [θril]

[동] 오싹(짜릿)하다(하게 하다)

[명] 오싹(짜릿짜릿)함, 스릴, 오싹하는 느낌, 전율, 감동

[암] **오싹하는 스릴(전율)**로 **짜릿하게 하다**.
(thrill)

▶ a story full of thrills 스릴 넘치는 이야기

大 **thrilling** [θríliŋ]

[형] 오싹하는, 소름이 끼치는

▶ thrill (오싹함, 전율) + ing(현재분사 어미) = thrilling(오싹하는, 소름이 끼치는)

高 **thrive** [θraiv]

[자] 성공하다, 번창[번영]하다.

수라(임금님 밥상) 이씨부인
[암] **스라(水剌)이(李)브**인이 차리는 데 **성공하다**, **번창하다**.
(thrive)

大 **thriven** [θrívən]

thrive(성공하다, 번영[번창]하다)의 과거, 과거분사

高 **throat** [θrout]

[명] 좁은 길, 목구멍 [타] 홈을 내다(파다).

들에 인접한 수로(물 길) 틀어
[암] **드레 인**접한 **하수구**로 **좁은 길**같은 **수로(水路)트**러 **홈을 내다**.
(drain) (throat)

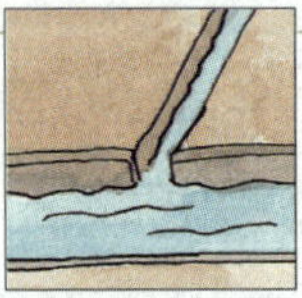

大 **throb** [θrɑb / θrɔb]

㉮ 흥분, 맥박, 고동 ㉳ 고동치다, 두근거리다.

수(많은) 로부(늙은 지아비)

㉴ **섹스**로 **스(數) 로브(老夫)**의 **맥박**이 **흥분**되 **고동치다**.

(sex) (throb)

高 **throne** [θroun]

㉮ 왕위, 옥좌, 왕좌

㉯ 즉위시키다, 즉위하게 하다.

수명의 로운(老友는=늙은 벗은)

㉴ 이성계를 **스(數) 로(老)운 왕위**에 **즉위시키다**.

(throne)

高 **throng** [θrɔ(:)ŋ, θrɑŋ]

㉯ 떼지어 모이다, ~을 충만시키다.

㉮ 군중, 많은 사람, 다수

수롱(수 마디의 농담)

㉴ **개그맨**의 **스(數)롱(弄)**을 듣고자 **군중**이 **떼지어 모이다**.

(gagman) (throng)

中 **through** [θru:]

㉶ …를 통(과)하여

수루(戍樓=망대)

㉴ 한산섬 달 밤에 **스루를 통하여 경계를 보터**.

(through) (border)

▶ look through a window. 창문을 통해 보다.

高 **throughout** [θrú:áut]

㉶㉷ 모조리, 처음부터 끝까지, 구석구석까지

▶ through(…을 통하여) + out(밖으로, 끝까지) = throughout(모조리, 처음부터 끝까지, 구석구석까지)

大 **throve** [θrouv]

thrive(성공[번창,번영]하다)의 과거

中 **throw** [θrou]

㉯ 던지다, 던져넣다.

자유로이 던지기해

㉴ 볼을 **프리 스로**해 **던져 넣다**.

(free) (throw)

▶ I threw the dog a bone.
나는 개에게 뼈를 던져 주었다.

中 **thrown** [θroun]

throw(던지다, 던져넣다)의 과거분사

大 **throw-off** [θróuɔ̀:f / -ɔ̀f]

㉮ (사냥, 경주 등의) 개시, 출발

▶ throw(던지다) + off(멀리, 저쪽에) → 먹이를 멀리 저쪽으로 던져 사냥개를 출발시키다 = throw-off([사냥, 경주 등의]개시, 출발)

大 **thrush** [θrʌʃ]

㉮ 〖鳥〗 개똥지빠귀, 〖醫〗 아구창(鵝口瘡)

수(여러) 러시아(=Russia)를 연관시켜 기억할 것

㉴ **스(數)러시**아 땅에 사는 **개똥지빠귀**

(thrush)

高 **thrust**
[θrʌst]

동 찌르다, 꿰찌르다. 명 찌르기, 밀기; 꿰지름

권투선수 수(손)으로 수툴은(=서툴은)
암 **복서**가 **스(手)로 스트**른 자를 **꿰찌르다**.
(boxer) (thrust)

高 **thumb**
[θʌm]

명 엄지손가락 타 만지작거리다, 서투르게 다루다.

암 **미스**가 **룸펜**의 **엄지손가락**을 **섬**섬옥수로 **만지작거리다**.
(Miss Lumpen) (thumb)

大 **thump**
[θʌmp]

명 (주먹으로)광 때림 동 (탁)치다, 때리다.

섬 풀어
암 **놀부**가 (벼)**섬 프**러 헤친자를 **(주먹으로)광 때리다, 치다**.
(Nolbu) (thump)

高 **thunder**
[θʌ́ndər]

명 천둥, 우레, 벼락 동 천둥[호통]치다.

암 **사탄**은 **벼락**쳐도 **산더**(산다).
(Satan) (thunder)

大 **thunderbolt**
[θʌ́ndərbòult]

명 천둥번개, 벼락

▶ thunder (우레, 천둥) + bolt(전광, 볼트) = thunderbolt(천둥번개, 벼락)

高 **thunderous**
[θʌ́ndərəs]

형 우레같은, 우레같이 울리는

▶ thunder(우레, 천둥) + ous(형용사 어미) = thunderous(우레같은, 우레같이 울리는)

中 **Thursday**
[θə́:rzdi, -dei]

명 목요일 [약어]Th, Thur(s).

서서 주(主)님 뒤
암 **목요일**에 목타게 **서 주(主)뒤** 따르는 **베드로**
(Thursday) (Petrus)

▶ We'll have a history test next Tursday.
다음 목요일에 역사 시험이 있다.

中 **thus**
[ðʌs]

부 이와같이, 이처럼, 따라서

더 수(물)을 모아
암 댐으로 **이처럼(이와같이) 더 스(水)**를 **보다 많이 모어**
(thus) (more)

大 **thwart**
[θwɔ:rt]

부 횡단하여, 가로질러 타방해하다, 훼방놓다.

밀림을 수(물)워터(water:물)를 연관시켜 기억할 것
암 **정글**을 **가로질러** 흐르는 **스(水)워트**가 진로를 **방해하다**.
(jungle) (thwart)

大 **tick**
[tik]

명 똑딱소리 동 똑딱 소리를 내다.

손목 시계가
암 **리스트 와취**가 **틱**틱한 소리로 **똑딱 소리를 내다**.
(wrist, watch) (tick)

中	**ticket** [tíkit]	명 표, 입장권, 승차권 타 표를 발행하다(팔다). 암 **승차권 티킷 표를 발행하다(팔다).** (ticket)
大	**tickle** [tíkəl]	명 간지럼 동 (몸을) 간질이다; 기분 좋게 만들다. 티끌 암 **코 속을 티클로 간질이다.** (core) (tickle)
大	**tidal** [táidl]	형 조수의, 조수 같은 ▶ tid(e)(조수) + al(…의[같은]) = tidal(조수의, 조수 같은)
高	**tide** [taid]	명 조수, 조류, 성쇠, 시대의 조류 동(곤란을)극복하다, 이겨내다. 타고 이들이 암 **시대의 조류를 잘 타 이드리 이겨내다.(극복하다)** (tide) ▶ go with the tide. 시대 풍조를 따르다.
大	**tidings** [táidiŋz]	명 통지, 소식 ▶ tid(e)(조수, 조류) + ing(현재분사 어미) → 조수(조류)같이 몰려(들려)오는 것들 = tidings(통지, 소식)
高	**tidy** [táidi]	형 깔끔한, 잘 정돈된 동 치우다, 정돈하다. 불에 타 이 뒤까지 암 **멋있는 도시가 타 이 뒤까지 깔끔한 정돈하다.** (dossy) (tidy)
中	**tie** [tai]	동 매다, 묶다, 동점이 되다. 명 매듭 암 **목을 넥타이로 매다(묶다).** (neck)(tie)
大	**tiepin** [táipìn]	명 넥타이 핀, 타이 핀 ▶ tie(타이, 넥타이) + pin(핀) = tiepin(넥타이 핀, 타이 핀)
大	**tie-up** [táiʌ̀p]	명 정체, 막힘, 불통, 제휴 ▶ tie(매다, 묶다) + up(위로) → 끈으로 위로 매여 제휴한것 같이 하여 놓으니 정체되다 = tie–up(정체, 막힘, 불통, 제휴)
中	**tiger** [táigər]	명 호랑이 타 익어 암 **가스불에 타 이거 버린 호랑이.** (gas) (tiger) ▶ work like a tiger 맹렬히 일하다.

T

高
tight
[tait]

(형) 단단히 맨, 꼭 끼는 (부) 단단히, 굳게, 꽉

(암) (주름이 없이) **꼭 끼는 타이트 스커트.**
(tight) (skirt)

▶ This skirt is tight for me. 이 치마는 내게 꼭 낀다.

高
tighten
[táitn]

(동) 죄다, 단단하게 하다, 팽팽하게 되다.

▶ tight(단단한) + en(…하다) + tighten(죄다, 단단하게 하다, 팽팽하게 되다)

▶ tighten (up) a bolt. 볼트를 단단히 죄다.

高
tile
[tail]

(명) 타일, 기와 (타) 타일을 붙이다, 기와를 이다.

(암) **타일을(기와를)붙이다[이다].**
(tile)

大
tiler
[táilər]

(명) 기와[타일]장이

▶ til(e)(타일, 기와) + er(…하는 사람[장이]) = tiler(기와[타일]장이)

中
till[1]
[til]

(전) …까지 (접) 할 때 까지

(암) 트랙터로 **틸**틸거리며 늦게**까지** 밭을 **갈다(경작하다).**
(till)

高
till[2]
[til]

(동) 갈다, 경작하다.

(암) 트랙터로 **틸**틸거리며 늦게**까지** 밭을 **갈다(경작하다).**
(till)

大
tilt[1]
[tilt]

(명) 기울기, 경사, 물매 (동) 기울이다, 기울다.

상태를 틀어
(암) **차양**의 평평한 **틸 트**러 **물매**가 **경사**지게 **기울이다.**
(tilt)

大
tilt[2]
[tilt]

(명) (마차, 배 따위의) 포장, 차양, 차일 (타) 차일[차양]을 치다.

상태를 틀어
(암) **차양**의 평평한 **틸 트**러 **물매**가 **경사**지게 **기울이다.**
(tilt)

高
timber
[tímbər]

(명) 목재, 숲, 대들보 (타) 재목을 공급하다.

(team=)팀을 연관시켜 기억할 것
(암) **숲**에 벌목 **팀 버**리고 간 **목재 대들보**
(timber)

▶ seasoned timber 잘 마른 목재

大
timber mill
[tímbər mil]

(명) (건축용 목재의) 제재소

▶ timber(목재, 재목) + mill(제작소, 제조 공장) = timber mill([건축용 목재의]제재소)

T

中 **time** [taim]

㉫ 때, 시간, 세월, 시대, 기간 ㉬ 시기를 정하다, 박자를 맞추다.
▶ Time is money. ((속담)) 시간은 돈이다.

高 **timely** [táimli]

㉵ 적시의, 때에 알맞은, 시기적절한
▶ time(시간, 때) + ly(형용사를 만듦) = timely(적시의, 때에 알맞은, 시기적절한)
▶ a timely hit 적시 안타

大 **timetable** [táimtèibl]

㉫ 시간표, 예정표
▶ time(시간, 때) + table(테이블, 서판) = timetable(시간표, 예정표)

高 **timid** [tímid]

㉵ 겁 많은, 마음이 약한, 소심한, 수줍은

(team=)팀이 들어와
암 **겁 많은 팀미 드**러와 **와들**와들 떨며 **비척비척 걷다**.
(timid) (waddle)
▶ He is (as) timed as a rabbit.
그는 (토끼처럼) 매우 겁이 많다.

大 **timidity** [timídəti]

㉫ 겁 많음, 소심, 수줍음
▶ timid(겁많은, 소심한, 수줍은) + ity(명사 어미) = timidity(겁 많음, 소심, 수줍음)

大 **timing** [táimiŋ]

㉫ 타이밍, 시기를 맞추기
▶ 시간 때 (tim[e]) + ing(현재분사 어미) = timing(타이밍, 시기를 맞추기)

高 **tin** [tin]

㉫ 주석, 양철, 통조림, 깡통냄비
암 **양철(함석)** 통으로 **틴 밍크(족제비)**
(tin)(mink)
▶ a cake tin 케이크 굽는 팬(주석그릇)

大 **tingle** [tíŋgəl]

㉫ 욱신거림 ㉬ 욱신거리다, 쑤시다, 얼얼하다.

암 **돌출부 젖**이 **팅글**팅글 부어 **욱신거리다**.
(jut) (tingle)

大 **tinker** [tíŋkər]

㉫(떠돌이) 땜장이, 만물 수선인
▶ tink(le)(딸랑딸랑 울리다) + er(…하는 사람) → 딸랑딸랑울리며 다니는 땜장이 = tinker([떠돌이] 땜장이, 만물 수선인)

大 **tinkle** [tíŋkəl]

㉫ 딸랑딸랑 ㉬ 딸랑딸랑 울리다[울다].
은방울을
암 **실버 벨**을 **팅클팅클(딸랑딸랑)울리다**.
(silver bell) (tinkle)

T

高	**tint** [tint]	ⓜ 엷은 빛깔, 담색 ⓣ 색을 물들이다. (티셔츠는=)틴 틀어서 암 **드럼통**에 **틴 트**려서 **엷은 빛깔 담색을 물들이다.** (drum) (tint) 
大	**tinter** [tíntər]	ⓜ 염색[색칠]하는 사람[것] ▶ tint(염색[색칠]을 하다) + er(…하는 사람[것]) = tinter(염색[색칠]하는 사람[것])
高	**tiny** [táini]	ⓗ 조그마한, 아주 적은 타인이 암 **타이니** 준 **아주 적은 팁** (tiny) (tip)
高	**tip¹** [tip]	ⓜ 끝, 첨단 ⓓ 끝을 달다[붙이다]. 암 **바-걸**에게 가지 **끝**에 **팁**을 달아 **팁을 주다.** (bar girl) (tip) ▶ the tip of one's nose 코 끝 
高	**tip²** [tip]	ⓜ 팁, 사례금 ⓓ 팁을 주다. 암 **바-걸**에게 가지 **끝**에 **팁**을 달아 **팁을 주다.** (bar girl) (tip)
高	**tiptoe** [típtòu]	ⓜ 발끝 ⓗ 발끝으로 선 ⓙ 발끝으로 걷다, 발돋움하다. ▶ tip(끝, 첨단) + toe(발가락) = tiptoe(발끝, 발끝으로선, 발끝으로 걷다, 발돋움하다)
高	**tire¹** [taiər]	ⓜ 타이어 바퀴 ⓣ …에 타이어를 끼우다. 암 **펑크**난 **타이어(바퀴)**가 운전수를 **피로하게[지치게]하다.** (puncture) (tire) ▶ change a tire. 타이어를 바꾸다. 
高	**tire²** [taiər]	ⓓ 피로하게[지치게]하다, 피곤해지다. ⓜ 피로 암 **펑크**난 **타이어(바퀴)**가 운전수를 **피로하게[지치게]하다.** (puncture) (tire)
中	**tired** [taiərd]	ⓗ 피곤한, 싫증난, 정나미가 떨어진 ▶ tir(e)(피곤하게[지치게] 하다) + ed(형용사를 만듦) = tired(피곤한, 싫증난, 정나미가 떨어진) ▶ get tired 피로해지다
大	**tireless** [táiərlis]	ⓗ 지칠 줄 모르는, 싫증내지 않는 ▶ tir(e)(피곤하게[지치게]하다) + less(…이 없는) = tireless(지칠 줄 모르는, 싫증내지 않는)

大 **tiresome** [táiərsəm]

㉦ 지치는, 지루한, 싫증이 오는

▶ tire(피곤하게[지치게]하다) + some(…이 있는, …한) = tiresome(지치는, 지루한, 싫증이 오는)

高 **tissue** [tíʃuː]

㉤ 조직, 얇은 직물, 티슈, 얇은 종이, 종이 손수건

㉣ 화장지로 닦다.

㉠ 얼굴을 **얇은 종이 티슈 화장지로 닦다.**
(tissue)

▶ cleansing tissue 화장용 티슈

大 **titan** [táitən]

㉤ 거인, 천하장사

㉠ **천하장서 거인**같이 힘이 센 **타이탄 트럭**
(titan) (truck)

大 **Titan** [táitən]

㉤ 타이탄, 태양신, 거인, 장사

大 **tithe** [taið]

㉤ 십일조, 10분의1 ㉥ 십일조를 바치다.

타 이틀이
㉠ **보너스**를 **타 이드**리 그중 **10분의1**을 **십일조로 바치다.**
(bonus) (tithe)

高 **title** [táitl]

㉤ 제명, 제목, 책이름, 칭호 [미] 선수권 타이틀

㉠ **선수권** 방어 **타이틀 매치.(시합)**
(title) (match)

▶ defend [lose] one's title
선수권을 방어하다[상실하다]

中 **to** [tə, tu, tuː]

㉧ …으로, …에, …까지, …위하여

▶ turn to the right. 오른쪽으로 돌다.

▶ get to London. 런던에 도착하다.

大 **toad** [toud]

㉤ [동물] 두꺼비; 징그러운 놈

토우(토인 친구)들이
㉠ **토우(土友)드**리 잡은 **두꺼비.**
(toad)

高 **toast**[1] [toust]

㉤ 군빵, 토스트 ㉥ (빵따위를) 굽다.

㉠ **군빵 토스트**를 **축배를 받을 사람**들이 먹으며 **건배하다.**
(toast)

大 **toast**[2] [toust]

㉤ 축배를 받는 사람, 축배 ㉥ 건배하다.

㉠ **군빵 토스트**를 **축배를 받을 사람**들이 먹으며 **건배하다.**
(toast)

高 **tobacco** [təbǽkou]

[명] 담배

담배 터 뺏고 (몸이)퍼지도록
[암] 인디언을 **담배터 배코 퍼지**도록 패서 **추방하다**.
(tobacco)(purge)

中 **today** [tədéi, tu-]

[명][부] 오늘; 오늘날[현대, 현재] (에는), 지금, 금일

大 **toddle** [tɔ́dl]

[자] 아장아장 걷다. [명] 아장아장 걷기

[암] **베이비**가 **토들**토들한 위를 **아장아장 걷다**.
(baby) (toddle)

高 **toe** [tou]

[명] 발가락, 발끝

토우(흙으로 만든 인형)
[암] **토우(土偶)**의 **발가락**에 칠한 **메니 큐어**.
(toe) (manicure)

▶ a little toe 새끼발가락

中 **together** [təgéðər]

[부] 함께, 같이 잇달아서

털게 더
[암] 먼지를 **함께 터게 더 같이 잡 일을 하다**.
(together) (job)

▶ sew pieces together. 꿰매어 붙이다.

高 **toil** [tɔil]

[자] 애써 일하다. [명] 수고, 힘드는 일

토요일과 일요일
[암] **미스**가 **토(土)일(日)**에도 **애써 일하다**.
(Miss) (toil)

高 **toilet** [tɔ́ilit]

[명] 변소 [미]화장실 [동] 화장하다.

토요일과 일요일 잇다라
[암] **토(土)일(日)잇**달아 **화장실**에서 **화장하다**.
(toilet)

▶ a pay(public) toilet 유료(공중) 화장실

高 **token** [tóukən]

[명] 표상, 표, 기념품, 증거

[암] **버스 표 토컨** 모양의 **기념품**이 **증거**다.
(bus) (token)

大 **token coin** [tóukən kɔin]

[명] 대용 화폐(버스 요금 자동 판매기에 쓰임)

▶ token(표, 표상, 기념품) + coin(돈, 화폐) = token coin(대용 화폐[버스 요금 자동 판매기에 쓰임])

中 **told** [tould]

tell(말하다)의 과거, 과거분사

大 **toler**able [tálərəbəl]

형 견딜 수 있는, 참을 수 있는

▶ toler(ate)(관대히 다루다, 참다) + able(…할 수 있는) = tolerable(견딜 수 있는 참을 수 있는)

大 **toler**ance [tálərəns / tɔ́l-]

명 관용, 관대, 관대함

▶ toler(ate)(관대히 다루다) + ance(명사 어미) = tolerance(관용, 관대, 관대함)

大 **toler**ant [tálərənt]

형 관대한, 아량 있는

▶ toler(ate)(관대히 다루다) + ant(…한, …이 있는) = tolerant(관대한, 아량 있는)

大 **tolerate** [tálərèit / tɔ́l-]

타 관대히 다루다, 참다, 견디다.

타러 례(종례) 이(2) 트기를

암 무동 **타러 례(隷) 이(2) 트**기를 **관대히 다루니 참다.**

(tolerate)

大 **toler**ation [tàləréiʃən / tɔ̀l-]

명 관용, 묵인

▶ toler(ate)(관대히 다루다) + ation(명사 어미) = toleration(관용, 묵인)

大 **toll**[1] [toul]

동 (만종, 조종등을) 치다, 울리다. 명 종소리, 종을 울리기

암 **톨**게이트에서 **종소리**나게 **(종을)치다.**

(toll)

大 **toll**[2] [toul]

명 통행세, 통행료 동 (요금을)과하다[징수하다].

암 **톨**게이트에서 **통행세(통행료)**를 **징수하다.**

(toll)

大 **toll**gate [tóulgèit]

명 통행료 징수소(도로의), 통행료 징수문

▶ toll(통행료) + gate(장소, 문, 출입문) = tollgate(통행료 징수문(도로의), 통행료 징수문)

大 **toll**keeper [tóulkìːpər]

명 통행료 징수인

▶ toll(통행료) + keeper(징수인, 받는사람) = tollkeeper(통행료 징수인)

高 **tomato** [təméitou / -máː-]

명 토마토

▶ tomato juice 토마토 주스

T

高 **tomb** [tuːm]

㉮ 무덤, 묘, 죽음 ㉯ 매장하다.

㉰ **죽음**뒤 **무덤**을 두**툼**히 해 **매장하다**.
(tomb)

▶ The tourist visited an ancient king's tomb.
그 여행자는 옛 왕릉을 방문했다.

大 **tombstone** [túːmstòun]

㉮ 묘석, 묘비

▶ tomb(무덤, 묘) + stone(돌) → 무덤 앞에 돌
= tombstone(묘석, 묘비)

中 **tomorrow** [təmɔ́ːrou, -mɑ́r-, tu-]

㉮㉱ 내일, 명일

▶ Mother will come back home tomorrow.
어머니는 내일 집에 돌아오실 것이다.

高 **ton** [tʌn]

㉮ 톤(중량 또는 용적 단위:1000kg), (구어) 상당한 중량

▶ This box weighs (half) a ton. 이 상자는 상당히 무겁다.

高 **tone** [toun]

㉮ 음, 가락, 어조 ㉯ 음(가락)을 맞추다.

㉰ **힘**찬 **찬송가** **가락**에 **톤(음)을 맞추다**.
(hymn) (tone)

▶ speak in a sad tone. 슬픈 어조로 이야기하다.

T

大 **tongs** [tɔ(ː)ŋz / tɑŋz]

㉮ 집게, 부젓가락

보신탕 주니 배불리
㉰ 보신**탕 즈**니 **부젓가락**같은 **집게**로 **배블**리 먹고 **재잘거리다**.
(tongs) (babble)

高 **tongue** [tʌŋ]

㉮ 혀, 언어, 말 ㉯ 꾸짖다, …에게 지껄이다.

배불리

㉰ **말**마다 **혀**로 **텅**텅소리치며 **꾸짖다**.
(tongue)

▶ He stuck out his tongue at me.
그는 나에게 혀를 내밀었다.

大 **tonguetie** [tʌ́ŋtài]

㉮ 혀가 짧음 ㉲ 말을 못하게 하다.

▶ tongue(말, 혀) + tie(매다, 묶다) = tonguetie(혀가 짧음, 말을 못하게 하다)

中 **tonight** [tənáit, tu-]

㉮㉱ 오늘 저녁, 오늘밤

▶ I am going to the movie tonight. 나는 오늘밤 영화를 보러 갈 것이다.

大 **tonnage** [tʌ́nidʒ]

㉮ (선박의) 욕적 통수, 톤세(稅), 총톤수

▶ (톤 = ton + [n]) + (age = 명사 어미, 수량 요금의 뜻) = tonnage([선박의]용적 톤수, 톤세(稅), 총톤수)

中 **too**
tuː]

㊕ ~도 또한, 너무, 지나치게

㊙ **투우도 또한 너무 지나쳐.**
(too)

▶ The dog is hungry and thirsty too.
그 개는 배도 고프고, 목도 마르다.

中 **took**
[tuk]

take(잡다)의 과거

中 **tool**
[tuːl]

㊔ 도구, 남의 앞잡이, 연장

㊙ **연장** 들고 **툴**툴 거리는 **남의 앞잡이.**
(tool)

中 **tooth**
[tuːθ]

㊔ 이, 이빨

투수
㊙ **투스**의 **이(이빨).**
(tooth)

▶ My back teeth are floating.
내 어금니가 흔들리고 있다.

高 **toothache**
[túːθèik]

㊔ 치통

▶ tooth(이) + ache(아픔) = toothache(치통)

▶ have (a) toothache. 이가 아프다.

大 **toothbrush**
[túːθbrʌ̀ʃ]

㊔ 칫솔

▶ tooth(이) + brush(솔) = toothbrush(치솔)

中 **top**[1]
[tɑp / tɔp]

㊔ 정상, 꼭대기 ㊐ 정상에 오르다.

㊙ **팽이**들고 **탑 꼭대기 정상에 오르다.**
(top)

▶ the top of a mountain 산꼭대기

高 **top**[2]
[tɑp / tɔp]

㊔ 팽이

㊙ **팽이**들고 **탑 꼭대기 정상에 오르다.**
(top)

▶ The top sleeps. 팽이가 (가만히)섰다.

高 **topic**
[tápik / tɔ́p-]

㊔ 화제, 논제, 주제

㊙ 해외 **토픽**된 **화제(논제).**
(topic)

▶ We changed the topic of conversation. 우리는 화제를 바꾸었다.

大 **topical**
[tápikəl / tɔ́p-]

㊗ 화제의, 논제의, 제목의

▶ topic(화제, 논제, 주제) + al(…의) = topical(화제의, 논제의, 제목의)

高 **torch** [tɔːrtʃ]

명 횃불; (지식 문화의) 빛; (영) 회중 전등

암 **횃불** 같은 **토치 램프**
(torch) (lamp)

高 **tore** [tɔːr]

tear(찢다, 째다)의 과거

高 **torment** [tɔ́ːrment]

명 고통, 두통거리 동 괴롭히다, 곤란하게 하다.

토착민 맨(=men=사람)
암 **갱**이 **토(土) 멘 트**기를 **두통거리**로 여겨 **괴롭히다**.
(gang) (torment)

▶ suffer torment(s). 고통을 받다.

高 **torn** [tɔːrn]

tear(찢다, 째다)의 과거분사

大 **tornado** [tɔːrnéidou]

명 토네이도, 회오리 바람, 폭풍

大 **torpedo** [tɔːrpíːdou]

명 어뢰 동 어뢰로 공격하다.

도피(달아남)도
암 **기선**을 **토피(逃避)도** 못하게 **어뢰로 공격하다**.
(steamboat) (torpedo)

高 **torrent** [tɔ́ːrənt, tɑ́r- / tɔ́r-]

명 급류, 분류(奔流), 억수

(가면) 탈은 틀어
암 **탈런 트**러가며 **급류**에 씻는 **댄서**
(torrent) (dancer)

▶ torrent of lava 용암의 분류

高 **tortoise** [tɔ́ːrtəs]

명 (물에 사는) 거북, 남생이, 느림보

토(흙) 터와 수(물)을
암 **토(土)터 스(水)**를 자유로이 다니는 **느림보 거북**
(tortoise)

▶ hare and tortoise 토끼와 거북(의 경주)

高 **torture** [tɔ́ːrtʃər]

명 고문, 고통 동 고문하다.

토처(토인 처)
암 **양키**가 **토처(土妻)**를 **고문하다**.
(Yankee) (torture)

▶ He confessed under torture.
그는 고문에 시달려 자백했다.

高 **toss** [tɔːs, tɑs / tɔs]

동 던져 올리다, 던지다. 명 던져 올리기

암 **볼**을 **토스**하여 **던져 올리다**.
(ball) (toss)

▶ She tossed the ball to me.
그녀는 나에게 공을 던졌다.

高 **total**
[tóutl]

명 총계 형 전체의, 전적인 동 합계하다.

암 **토틀(전체의) 총계**를 **합계하다**.
(total)

大 **total*ly***
[tóutəli]

부 완전히, 전적으로, 모조리

▶ total(전체의, 전적인) + ly(부사를 만듦) = totally(완전히, 전적으로, 모조리)

中 **touch**
[tʌtʃ]

동 닿다, 건드리다. 명 접촉

암 불을 **닿게**해 **더치 아웃 시키다**.
(touch) (out)

▶ His head touches the ceiling.
그의 머리가 천장에 닿는다.

高 **touch*ing***
[tʌ́tʃiŋ]

형 감동시키는, 감동적인

▶ touch(대다, 건드리다, 닿다) + ing(현재분사 어미) → 건드리어 닿게해 감동시키는 = touching(감동시키는, 감동적인)

▶ a touching scene 감동적인 장면

高 **tough**
[tʌf]

형 단단한, 강인한, 튼튼한

터를 푸려고 / 삽을들고
암 **단단한 터프**려고 **튼튼한 쉬블**들고 **삽질하다**.
(tough) (shovel)

▶ Our dog is big and tough. 우리 개는 크고 억세다.

高 **tour**
[tuər]

명 여행, 관광 여행 동 (관광)여행을 하다.

암 **아빠**가 걸음을 **다투어** 가며 **관광 여행하다**.
(da)(tour)

高 **tour*ist***
[túərist]

명 여행가, 관광객

▶ tour(여행하다) + ist(사람을 뜻하는 접미사, …하는 사람) = tourist(여행가, 관광객)

▶ The tourist has a big suitcase. 그 관광객은 큰 여행 가방을 가지고 있다.

大 **tournament**
[túərnəmənt / tə́:r-]

명 토너먼트, 경기대회, 승자 진출전

암 **경기대회**를 **토너먼트 승자 진출전**으로 하다.
(tournament)

中 **toward(s)**
[tɔ:rd, təwɔ́:rd]

전 [방향]~쪽으로, ~에 가까이, …에 대하여

더워도
암 **이집트**는 **터워드** 좋다며 그 **쪽으로, 가까이** 가네
(Egypt) (toward(s))

高 **towards**
[tɔ:rdz / təwɔ́:rdz]

전 = toward

(英)에서는 산문체, 구어체에서 towards가 보통임

T

高 **towel** [táuəl]

명 세수, 수건, 타월 동 타월로 닦다(훔치다).

암 **핸드**를 **세수 수건 타월로 닦다(훔치다).**
(hand) (towel)

▶ a bath towel 목욕 수건

中 **tower** [táuər]

명 탑, 누대 동 우뚝 솟다.

암 **타워 답**이 **우뚝 솟다.**
(tower)

▶ Look at that tower. 저 탑을 보아라.

大 **towering** [táuəriŋ]

형 높이 솟은, 크고 높은

▶ tower(탑, 솟다) + ing(현재분사 어미) = towering(높이 솟은, 크고 높은)

中 **town** [taun]

명 읍, 도회지

중국인 도회지(거리)
암 **차이나 타운, 도회지**
(China) (town)

▶ They live in a small town. 그들은 작은 읍에 살고 있다.

大 **township** [táunʃip]

명 군구(郡區), 읍구(邑區)

▶ town(읍, 시) + ship(명사 어미) = township(군구, 읍구)

T

大 **townsman** [táunzmən]

명 도회지 사람, 같은 읍내사람

▶ towns(town의 복수, 읍, 도회지) + man(사람) = townsman(도회지 사람, 같은읍내 사람)

中 **toy** [tɔi]

명 장난감 자 가지고 놀다, 장난하다.

암 **(키가) 큰 톨스토이**가 **장난감**을 **가지고 놀다.**
(tall) (toy)

▶ He has a toy truck. 그는 장난감 트럭을 가지고 있다.

大 **toyman** [tɔimən]

명 장난감 상인, 완구 제조인

▶ toy(장난감) + man(사람) = toyman(장난감 상인, 완구 제조인)

中 **trace** [treis]

명 자취, 흔적, 발자국 동 자국을 더듬다, 탐색하다.

틈에 있으니
암 **밍크**의 **발자국**이 **트레 이스**니 **흔적**을 **탐색하다.**
(mink) (trace)

▶ traces of an old civilization
고대 문명의 자취(유적)

大 **tracing** [tréisiŋ]

명 자취를 밟음, 추적

▶ trac(e)(자취, 발자국, 탐색하다) + ing(현재분사 어미) = tracing(자취를 밟음, 추적)

高 **track**
[træk]

㉮ 지나간 자국, (복수) 발자국, 경주로 ㊐ 뒤를 쫓다, 추적하다.

㉰ **스타디움 트랙**위에 남긴 **발자국**을 **추적하다**.
(stadium) (track)

▶ many automobile tracks 많은 자동차 바퀴 자국

高 **tract**
[trækt]

㉮ 넓은 토지, 지역, 지방

㉰ **트랙트**씨가 **지방**의 **넓은 토지**를 **트랙터**로 **틸**틸 거리며 **갈다**.
(tract) (tractor) (till)

▶ a wooded tract 삼림지대

大 **tractor**
[trǽktər]

㉮ 트랙터, 견인[자동]차

▶ tract(넓은 토지) + or(…하는 것[기계, 장비]) → 넓은 토지를 경작하는 장비 = tractor(트랙터, 견인[자동]차)

中 **trade**
[treid]

㉮ 상업; 무역 ㊕ 장사하다, 무역하다.

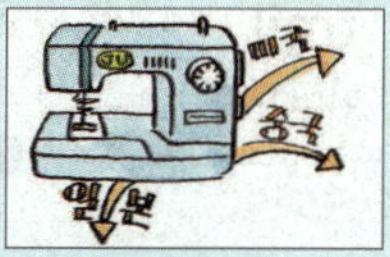

㉰ **마크**를 미싱 **트레이드**리 붙여 **무역 장사하다**.
(미싱)틀에 이들이
(mark) (trade)

▶ free trade 자유 무역

大 **trademark**
[tréidmὰːrk]

㉮ (등록)상표, 트레이드마크

▶ trade(무역, 교역) + mark(상표, 마크) = trademark([등록]상표, 트레이드마크)

高 **trader**
[tréidər]

㉮ 상인, 무역업자

▶ trad(e)(무역, 교역) + er(…하는 사람) = trader(상인, 무역업자)

▶ a fur trader 모피 상인

大 **tradesman**
[tréidzmən]

㉮ 소매 상인, 점원

▶ trades(trade의 복수 무역) + man(사람) = tradesman(소매 상인, 점원)

大 **trading**
[tréidiŋ]

㉮ 상거래, 무역

▶ tred(e)(무역, 교역) + ing(현재분사 어미) = trading(상거래, 무역)

高 **tradition**
[trədíʃən]

㉮ 전설, 전통

㉰ **엄마**가 **몸**을 **트러 뒤션**자에게, **전설**을 **뭐뭐**라 **속삭이다**.
틀어 뒤선
(mom) (tradition) (murmur)

▶ Keep your family tradition. 네 가족의 전통을 지켜라.

大 **traditional**
[trədíʃənəl]

㉱ 전설의, 전통의

▶ tradition(전설, 전통) + al(…의) = traditional(전설의, 전통의)

T

中 **traffic** [trǽfik]

㉑ 교통, 왕래, 통행 ㉗거래하다, 팔다.

(미싱)틀에 픽!

암 (왕래)**통행**하다가 **트레 픽!** 걸린 **마담**.

(traffic) (madam)

高 **tragedy** [trǽdʒədi]

㉑ 비극, 참사

쥐틀레 쥐뒤

암 쥐 **트레 쥐뒤** 치이는 **비극**(참사).

(tragedy)

▶ a personal tragedy 개인적 비극

高 **tragic** [trǽdʒik]

㉗ 비극의, 비극적인, 비참한

▶ trag(edy)(비극, 참사) + ic(…의[적인]) = tragic(비극의, 비극적인, 비참한)

▶ a tragic actor[poet] 비극배우[시인]

高 **trail** [treil]

㉗ 질질 끌다, 끌고 가다, (구름 따위가)길게 퍼지다. ㉑ 지나간 자국, 발자국, 냄새

암 **트레일러**를 **트레일**시가 **끌고가다**.

(trailer) (trail)

大 **trailer** [tréilər]

㉑ 끄는 사람, 트레일러

▶ trail(끌다) + er(…사람[것]) = trailer(끄는 사람, 트레일러)

T

中 **train** [trein]

㉑ 열차, 기차 ㉗ 교육하다, 훈련하다.

틀에 인(人)을

암 **열차**(기차)기관 **틀레 인**을 **교육하다**.

(train)

▶ catch (miss) the train 기차를 타다(놓치다)

高 **trainer** [tréinər]

㉑ 훈련자, 코치, 트레이너

▶ train(훈련하다) + er(…하는 사람[것]) = trainer(훈련자, 코치, 트레이너)

高 **training** [tréiniŋ]

㉑ 훈련, 트레이닝, 단련, 연습

▶ train(훈련하다) + ing(현재분사 어미) = training(훈련, 트레이닝, 단련, 연습)

大 **trait** [treit]

㉑ 특색, 특성, 버릇, 얼굴 생김새

형틀에 이 트기를

암 형 **트레 이(2)트**기를 묶고 **생김새** 죄의 **특성**을 **조심**것 **캐어**

(trait) (care)

大 **traitor** [tréitər]

㉑ 배신자, 반역자

▶ trait(특색, 특성) + or(…하는 사람) → 특색, 특성있는 행동을 하여 배신(배반)하는 사람 = traitor(배신자, 반역자)

高

tram

[træm]

㊔ 시가 전차, 궤도(차), 전차 ㊌ 전차로 운반하다.

트림

㊎ **전차**가 **트램**하듯 **사이렌 경적을 울리며 나아가다**.

(tram) (siren)

高

tramcar

[trǽmkɑ̀ːr]

㊔ 시가 전차, 전차

▶ tram(전차) + car(차) = tramcar(시가 전차, 전차)

高

tramp

[træmp]

㊌ 짓밟다, 밟다. ㊔ 도보 여행, 방랑자

(trump)를 연상해서 기억할 것

㊎ **트럼프** 하던 **방랑자**가 **트램프**를 **짓밟다**.

(tramp) (tramp)

▶ He tramped on the flowers. 그는 꽃을 짓밟았다.

高

trample

[trǽmpəl]

㊌ 내리밟다, 짓밟다.

▶ tramp(짓밟다) + le(반복의뜻) = trample(내리밟다)

▶ trample on a person's toes. 남의 발을 짓밟다.

高

transfer

[trænsfə́ːr]

㊌ 옮기다, 이양하다, 운반하다, 갈아타다.

㊔ 이전, 운반, 갈아타는 표

▶ (저리로 = trans) + (fer = 퍼:싣고 나르다) = 옮기다

(trump)를 연상해서 기억할 것

㊎ **저리로** 핸들을 **틀 앤 스(水)퍼**서 **싣고 나르며** = **옮기다**

(transfer)

大

transferable

[trænsfə́ːrəbəl]

㊗ 옮길 수 있는, 양도할 수 있는

▶ transfer(옮기다, 이양하다) + able(…할 수 있는) = transferable(옮길 수 있는, 양도할 수 있는)

高

transform

[trænsfɔ́ːrm]

㊌ (외관, 성질 등을)바꾸다, 변형시키다. ㊔ 변형

▶ (저리로 = trans) + (form = 모양, 형태) = 바꾸다

틀 애는 수(자수) 폼의

㊎ **저리로** 손을 **틀 앤 스(繡) 폼**의 **모양**과 **형태**를 = **바꾸다**

(transform)

大

transformation

[træ̀nsfərméiʃən]

㊔ 변형, 변화, 변질

▶ transform(변형시키다) + ation(명사 어미) = transformation(변형, 변화, 변질)

高

transgress

[trænsgrés]

㊌ 넘다, 벗어나다, 위반하다.

▶ (저리로 = trans) + (gress = 그래스:가다) = 위반하다

틀 애는 수그리어 수없이

㊎ **저리로** 몸을 **틀 앤 스그래 스**없이 반칙해**가며 위반하다**.

(transgress)

大

transgression

[trænsgréʃən]

㊔ 위반, 법을 어김

▶ transgress(넘다, 벗어나다, 위반하다) + ion(명사 어미) = transgression(위반, 법을 어김, 죄)

T

大

transient
[trǽnʃənt / -ziənt]

㉠ 일시적인, 순간적인, 무상한

틀애는 선(배를) 틀어 스피드(속도)를 내다
㉡ 키를 **틀앤 션(船)트**러 **순간적인 스피드를 내다**.
(transient) (speed)

高

transistor
[trænzístər / -sís]

㉢ 트랜지스터, 트랜지스터 라디오

▶ a solidstate transistor 반도체를 이용한 트랜지스터(라디오)

高

translate
[trænsléit / trænz-]

㉣ 번역하다, 옮기다.

▶ (저리로 = trans) + (late = 레이트:옮기다) = 번역하다

틀 애는 슬레이트(=석판)
㉡ **저리로** 핸들을 **틀 앤 슬레이트**석판을 **옮기듯**
(translate)
반역하다.

高

translation
[trænsléiʃən / trænz-]

㉢ 번역, 번역물, 해석

▶ translat(e)(번역하다, 옮기다) + ion(명사 어미) = translation(번역, 번역물)

▶ do(make) a translation into Korean. 한국어로 번역하다.

大

translator
[trænsléitər / trænz-]

㉢ 역자, 번역자

▶ translat(e)(번역하다, 옮기다) + or(…하는 사람) = translator(역자, 번역자)

T

大

transmission
[trænsmíʃən / trænz-]

㉢ 전달, 전송, (자동차)변속기

▶ transmi(t) → s(보내다, 보급하다, 전하다) + sion(명사 어미)
= transmission(전달, 전송, [자동차] 변속기)

高

transmit
[trænsmít / trænz-]

㉣ 보내다, 보급하다, 전달하다.

▶ (저리로 = trans) + (mit = 미트:보내다) = 보급하다

틀 애는 물을 밑으로
㉡ **저리로** 호스를 **틀 앤 스(水) 미트**로 밑으로 **보내며**
(transmit)
보급하다.

大

transmitter
[trænsmítər / trænz-]

㉢ 선달자, 유전자, 송달자

▶ transmit + t(보내다, 보급하다, 전하다) + er(…하는 사람)
= transmitter(전달자, 유전자, 송달자)

高

transparent
[trænspέərənt]

㉠ 투명한, 비치는, 명로한

▶ (저리로 = trans) + (parent = 페어런트 = 부모) = 비치는

틀애는 빼어난 어머니의 상을
㉡ **저리로** 렌즈를 **틀앤 스(秀) 페어런트**(부모)상을
(transparent)
사진에 = **비치는**대로 찍네

大

transparentize
[trænspǽərəntàiz]

㉤ 투명하게 하다.

▶ transparent(투명한, 비쳐 보이는, 명료한) + ize(…하게 하다)
= transparentize(투명하게 하다)

高 **transport**
[trænspɔ́ːrt]

[동] 수송하다, 운반하다. [명] 수송선

▶ (저리로 = trans) + (port = 포트:나르다) = 운반하다

틀 애는 수대의 포(대포)를 틀어

[암] **저리로** 크레인을 **틀 앤 스(數)포(砲)트**러 **나르며**

(transport)

운반하다.

▶ transport goods by truck. 트럭으로 짐을 운반하다.

高 **transportation**
[trӕnspərtéiʃən]

[명] 수송, 운송기관, 운송

▶ transport(수송하다) + ation(명사 어미) = transportation(수송, 운송기관, 운송)

▶ a means of transportation 수송 기관

高 **trap**
[træp]

[명] 덫(올가미), 사닥다리, 발판

[동] 덫을(올가미를)놓다.

[암] **덫**같은 **(비행기의)승강 사닥다리 트랩.**

(trap)

▶ fall into a trap. 덫에 걸리다.

大 **trapper**
[trǽpər]

[명] 덫을 놓는 사람, 올가미를 놓는 사람

▶ trap + p(덫, 올가미) + er(…을 놓는 사람) = trapper(덫을 [올가미를] 놓는 사람)

高 **trash**
[træʃ]

[형] [주로 미] 쓰레기, 잡동사니

틀에 쉬(쉽게)

[암] **트레 쉬** 버려진 **잡동사니 쓰레기.**

(trash)

大 **trash can**
[træʃ kæn]

[명] 쓰레기통

▶ trash(쓰레기) + can(통, 생철통) = trash can(쓰레기통)

大 **travail**
[trəvéil, trǽveil]

[명] 산고(産苦), 진통 [동] 진통을 겪다, 괴롭히다.

틀어 (죽움이)뵈일

[암] **어머니**가 **몸**을 **트러 뵈일** 정도로 **산고**의 **진통을 겪다.**

(mom) (travail)

中 **travel**
[trǽvəl]

[동] 여행하다. [명] 여행

틀에 불

[암] 공중을 기구 **트레 블** 붙여 **여행하다.**

(travel)

▶ Is he still on his travels? 그는 아직 여행중이냐?

高 **raveler, -eller**
[trǽvlər]

[명] 여행자

▶ travel(여행하다) + er(…하는 사람[자]) = travel(l)er(여행자)

▶ an air travl(l)er 비행기 여행을 하는 사람

高 **traveling, -elling**
[trǽvliŋ]

[형] 여행용의, 여행의, 여행하는

▶ travel(여행하다) + ing(현재분사 어미) = travel(l)ing(여행용의, 여행의, 여행하는)

高 **traverse** [trǽvəːrs]

[동] 가로지르다, 횡단(방해)하다. [명] 횡단, 방해(물)

틀(앞)에 벗으며
[암] **갱**이 **콤바인 트레 버스**며 **횡단**으로 누워 일을
(gang combine) (traverse)
방해하다.

大 **traverser** [trǽvəːrsər]

[명] 가로질러 가는 사람[물건], 거부자

▶ travers(e)(가로지르다) + er(…하는 사람[물건]) = traverser(가로질러 가는 사람[물건], 거부자)

高 **tray** [trei]

[명] 쟁반, 접시

[암] **쟁반 접시 트레이.**
(tray)

大 **treacherous** [trétʃərəs]

[형] 믿을 수 없는, 배반하는

▶ treacher(y)(배반) + ous(형용사 어미) = treacherous(믿을 수 없는, 배반하는)

大 **treachery** [trétʃəri]

[명] 배신, 반역, 배반, 반역행위

형틀에 처리
[암] 형 **트레 처리**하는 **배신 반역행위.**
(treachery)

高 **tread** [tred]

[동] 걷다, 밟다, 짓밟다. [명] 밟음, 발소리, 디딤판

물 틀에 들어가
[암] **바보**도 **뮬** 푸는 **트레 드**러가 **디딤판**을 **밟다.**
(mule) (tread)

▶ walk with a heavy tread. 무거운 발걸음으로 걷다.

大 **treason** [tríːzən]

[명] 반역(죄); 불신, 배신

틀 잊은
[암] **마담**이 **미싱 트 리즌**놈을 **불신**해 **반역(죄)**로 몰아
(madam)(machine) (treason)

中 **treasure** [tréʒər]

[명] 보물, 귀중품 [동] 비장하다, 소중하게 간수하다.

(미싱) 틀에 저
[암] (미싱)**트레 저 보물**을 **소중하게 간수하다.**
(treasure)

▶ Youth is a treasure. 젊음이 보배다.

大 **treasurer** [tréʒərər]

[명] 회계원, 출납계원

▶ treasur(e)(보물, 귀중품) + er(…하는 사람) → 보물(귀중품)을 관리하는 사람 = treasurer(회계원, 출납계원)

高 **treasury** [tréʒəri]

[명] 보고, 국고, 자금

▶ treasur(e)(보물, 귀중품) + y(명사를 만듦) = treasury(보고, 국고, 자금)

▶ a treasury of information 지식의 보고

T

高	**treat** [triːt]	[동] 치료하다, 다루다, 대우하다. [명] 대접 [암] 드럼 북 트리 트러지잖게 잘 다루다. (드럼 북 = drum, 틀이 / 트 = 틀어, treat) ▶ Let's treat the matter lightly. 그 문제는 가볍게 다루기로 하자. 
大	**treatable** [tríːtəbl]	[형] (특히 병 따위가) 치료할 수 있는 ▶ treat(다루다, 치료하다) + able(…할 수 있는) = treatable([특히 병 따위가]치료할 수 있는)
大	**treatise** [tríːtis / -tiz]	[명] [학술]논문, 보고서 ▶ treat(다루다) + ise(…를 글로 나타 낸) → 연구하여 다룬 것을 글로 나타낸 것 = treatise([학술]논문, 보고서)
高	**treatment** [tríːtmənt]	[명] 치료(법), 대우, 대접 ▶ treat(대우하다, 치료하다) + ment(명사 어미) = treatment(치료(법), 대우, 대접) ▶ emergency treatment 응급 치료
高	**treaty** [tríːti]	[명] 조약, 협정 ▶ treat(대우하다, 치료하다) + y(명사를 만듦) = treaty(국가간에 최혜국 대우를 하기로 조약을 협정하다 → 조약, 협정) ▶ a peace treaty 평화 조약
大	**treble** [trébəl]	[명] 3배, 세겹 [형] 3배의 [자][타] 3배로 하다. [암] (미싱)트레 블 지르고 3배의 돈을 물어. ((미싱) 틀에 불 = treble, 돈을 = moola[h])
大	**trebly** [trébəli]	[부] 3배로, 세겹으로, 세열로 ▶ trebl(e)(3배, 세겹, 세열) + ly(부사를 만듦) = trebly(3배로, 세겹으로, 세열로)
中	**tree** [triː]	[명] 나무, 수목, 목제 [암] 크리스마스트리(나무). (크리스마스 = Christmas, 트리 = tree) ▶ Look at that big tree. 저 큰 나무를 보아라
大	**tree-dozer** [triːdóuzər]	[명] 벌채용 불도저 ▶ tree(나무) + dozer(도저, 불도저) = tree-dozer(벌채용 불도저)
大	**treetop** [tríːtɑ̀p / -tɔ̀p]	[명] 나무 꼭대기, 우듬지 ▶ tree(나무) + top(꼭대기) = treetop(나무 꼭대기, 우듬지)

高 **tremble** [trémbəl]

[동] (공포 따위로) 떨다, 전율하다. [명] 떨림

(비)틀 엠(M) 부처님
[암] **사탄**이 **마왕**을 **틀 엠(M)불(佛)**보자 **(공포로) 떨다.**
(Satan) (tremble)

▶ tremble to think of. ~을 생각하니 몸이 떨리다.

大 **trembling** [trémbliŋ]

[명] 떨기, 전율 [형] 떠는, 전율하는

▶ trembl(e)(떨다, 전율하다) + ing(현재분사 어미) = trembling(떠는, 전율하는, 떨기, 전율)

高 **tremendous** [triméndəs]

[형] 무서운, 굉장한

▶ trem(ble) → end(떨다, 전율하다) + ous(형용사 어미) = tremendous(무서운, 굉장한)

[암] (속이)**굉장한 트림엔 더 쓰**리다.
(tremendous)

▶ a tremendous truth 놀라운[무서운] 사실

大 **tremor** [trémər]

[명] 전율, 떨림 [자] 떨다, 불안해하다.

▶ trem(ble)(떨다, 전율하다) + or(명사, 동사를 만듦) = tremor(전율, 떨림, 떨다, 불안해하다)

大 **tremulous** [trémjuləs]

[형] 떠는, 전율하는

▶ trem(ble)(떨다, 전율하다) + ulous(= ous, 형용사 어미) = tremulous(떠는, 전율하는)

高 **trench** [trentʃ]

[명] 해자, 참호 트렌치 [동] 도랑을 파다[내다].

[암] **참호**를 만드려고 **트렌치 도랑을 파다.**
(trench)

▶ open the trenches. 참호를 파기 시작하다.

大 **trench coat** [trentʃ kout]

[명] 참호용 방수 외투, 트렌치 코트

▶ trench(트렌치) + coat(코트, 외투) = trench coat(참호용 방수 외투, 트렌치 코트)

大 **trespass** [tréspəs / -pæ̀s]

[자] (남의 땅, 권리를) 침입하다. [명] 침입, 침해

틀에 수(물) 퍼쓰려고
[암] 중방비 **트레 스(水) 퍼쓰**려고 땅을 **침입하다.**
(trespass)

高 **trial** [tráiəl]

[명] 시도, 노력

▶ (시도하다 = tr(y) → i) + (al = 명사 어미) = trial(시도, 노력)

▶ by way of trial 시험삼아

大 **trial run(trip)** [tráiəl rʌn, trip]

[명] 시운전, 시승

▶ trial(시도) + run(달리기) trip(여행) = trial run(trip)(시운전, 시승)

大 **triangle** [tráiæ̀ŋgəl]

명 삼각형

▶ (3개의 = tri) + (angle 각, 모서리, 각도) = triangle(삼각형)

大 **triangular** [traiǽŋgjələr]

형 삼각형의, 3자간의

▶ triang(le)(삼각형) + ular(…의, …같은) = triangular(삼각형의, 3자간의)

大 **tribal** [tráibəl]

형 부족의, 종족의

▶ trib(e)(부족, 종족) + al(…의) = tribal(부족의, 종족의)

高 **tribe** [traib]

명 부족, 종족, …족(族)

▶ (3, 3개의 = tre) + (be = 브 = 부족) → 인간은 백인종, 황인종, 흑인종의 3부족으로 이루어진 종족 이란 뜻 = tribe(부족, 종족, …족)

▶ Indian [Mongol] tribes 인디언[몽골]족

大 **tributary** [tríbjətèri / -təri]

형 공물을 바치는, (나라 따위에)종속하는

▶ tribut(e)(공물, 현물 지급) + ary(형용사 어미) = tributary(공물을 바치는, [나라 따위에]종속하는)

高 **tribute** [tríbjuːt]

명 공물, [역사] 연공(年貢), 현물 지급

(미싱) 틀이 붙으니

암 **롯**데에서 **추첨**해 미싱 **트리 뷰트**니 **현물**을 **지급**하네.

(lot) (tribute)

▶ pay tribute to the ruler. 지배자에게 공물을 바치다.

高 **trick** [trik]

명 속임수, 장난, 계교 동 속이다, 속여서 빼앗다.

(미싱) 틀 이익금을

암 (미싱)**틀 익(益)**을 **속임수**를 써 **속이다**.

(trick)

▶ I suspect some trick. 어쩐지 속는 것 같다.

高 **tried** [traid]

try(시도하다, 노력하다)의 과거, 과거분사

▶ (시도하다, 노력하다 = tr[y] → i) + (ed = 과거, 과거분사를) = tried(try의 과거, 과거분사)

高 **trifle** [tráifəl]

명 사소한 일, 하찮은 것(일), 약간

동 만지작 거리다, 우습게 보다.

틀 아이 풀어놓고

암 **믹서**기를 **트라이 풀**어놓고 **하찮은 일**하느라 **만지작 거리다**.

(mixer) (trifle)

▶ He's not a man to be trifled with. 그는 우습게 볼 수 없는 사람이다.

高 **trifling** [tráifliŋ]

형 하찮은, 시시한, 약간의

▶ trifl(e)(하찮은 것(일), 사소한 일, 약간) + ing(현재분사 어미) = trifling(하찮은, 시시한, 약간의)

▶ a trifling matter 하찮은 일

高	**trim** [trim]	ⓗ 산뜻한, 정돈된 ⓜ 정돈 ⓓ 정돈[진지]하다. 암 **아카시아**를 용**트림**한 것처럼 **산뜻한 전지하다**. (acacia) (trim) ▶ She trimmed the tree yesterday. 그녀는 어제 나무를 손질했다. 
大	**trimming** [trímiŋ]	ⓜ 정돈, 말끔하게 함, 다듬질, 트리밍 ▶ trim + m(다듬다, 정돈하다) + ing(현재분사 어미) = trimming(정돈, 말끔하게 함, 다듬질, 트리밍)
大	**Trinity** [tríniti]	ⓜ 삼위 일체 ▶ (3의 뜻 = Tri = Trin) + (ity = 명사 어미) = Trinity(삼위 일체, 3인조)
大	**trio** [tríːou]	ⓜ 트리오, 삼중주, 3인조 ▶ (3, 3배 = tri) + (o = or, …사람) = trio(트리오, 삼중주, 3인조) 암 **3인조** 가수 팀 새샘 **트리오(trio)**
中	**trip** [trip]	ⓜ 여행 ⓓ 경쾌하게 걷다. 출입구로 암 **틀립**구로 **여행**하듯 **경쾌하게 걷다**. (trip) ▶ make(take)a trip to ~에 여행하다.
高	**triple** [trípəl]	ⓗ 3중의, 3배의 ⓜ 3배, 3루타 ⓓ 3배[3중으로]하다[되다] ▶ (3, 3배 = tri) + (ple = 겹, 곱) = triple(3중의, 3배의) ▶ a triple mirror 삼면경
高	**triumph** [tráiəmf]	ⓜ 승리, 대성공 ⓓ 이기다, 성공하다. 틀 아이가 엄포 암 몸을 **틀아이 엄프** 놓아 **대성공**을 거두고 **이기다**. (triumph) ▶ achieve triumphs. 큰 업적을 이룩하다. 
大	**triumphal** [traiʌ́mfəl]	ⓗ 개선의, 개선식의, 승리를 축하하는 ▶ triumph(승리, 개선) + al(…의, …축하하는) = triumphal(개선의, 개선식의, 승리를 축하하는)
大	**triumphant** [traiʌ́mfənt]	ⓗ 승리를 거둔, 의기 양양한 ▶ triumph(승리, 개선) + ant(형용사 어미) = triumphant(승리를 거둔, 의기 양양한)
高	**trivial** [tríviəl]	ⓗ 사소한, 천박한, 하찮은, 평범한 틀이 비얼하고 암 **하찮은 트리 비얼**하고 **평범한 라이스**씨의 **밥**(줄). (trivial) (rice) ▶ the trivial round of daily life 평범한 일상생활 

T

大 **triviality** [trìviǽləti]

[명] 하찮음, 평범, 평범한 것

▶ trivial(하찮은, 평범한) + ity(명사 어미) = triviality(하찮음, 평범, 평범한 것)

大 **trod** [trɑd / trɔd]

tread(걷다, 밟다)의 과거, 과거분사

大 **trodden** [trɑ́dn / trɔ́dn]

tread(걷다, 밟다)의 과거분사

大 **trolley** [trɑ́li / trɔ́li]

[명] 고가 수송 활차, 트롤리, 손수레

[암] **손수레**같은 **고가수송 활차 트롤리**(trolley)

高 **troop** [truːp]

[명] 대(隊), 군대, 무리 [자] 모이다.

[암] **슈퍼 로봇트 룹**(super, robot)(troop)히려고 **군대 무리**가 **모이다**. (로보 트 놉)

▶ a troop of deer 한 떼의 사슴

大 **troopship** [trúːpʃìp]

[명] 군대[무리] 수송선

▶ troop(군대, 무리) + ship(배, 수송선) = troopship(군대[무리], 수송선)

高 **trophy** [tróufi]

[명] 우승배, 트로피, 전리품, (우승)기념품

▶ award [give, pressnt] a trophy. 트로피를 수여하다.

高 **tropic** [trɑ́pik / trɔ́p-]

[명] 회귀선, 열대

▶ tropical(열대의) −al(…의) = tropic(열대, 회귀선)

▶ the Tropic of Cancer 북회귀선(북위 23° 27′)

高 **tropical** [trɑ́pikəl / trɔ́p-]

[형] 열대의, 열대지방의

▶ tropic(열대) + al(형용사 어미) = tropical(열대의, 열대지방의)

[암] 트로피 비슷한 **파인애플**(pineapple)은 **열대지방의 트로피컬**(tropical). (우승배(=trophy)를 연관해서 기억할 것)

高 **trot** [trɑt / trɔt]

[동] 바쁘게 뛰어가다. [명] [보통 a~] 빠른 걸음

[암] **트로트**(trot) 춤 추듯 **빠른 걸음**으로 **바쁘게 뛰어가다**.

▶ at a trot 빠른 걸음으로

T

中 **trouble**
[trʌ́bəl]

[명] 분쟁, 근심거리, 근심 [동] 괴롭히다, 난처하게 하다.

[암] **트러블**로 **분쟁**이 생겨 **난처하게 하다(괴롭히다)**.
(trouble)

高 **trouble**some
[trʌ́blsəm]

[형] 골치아픈, 귀찮은, 성가신

▶ trouble(근심거리, 근심) + some(…이 있는) = troublesome(골치아픈, 귀찮은, 성가신)

大 **trough**
[trɔ(:)f / trə:f]

[명] 구유 여물통, 반죽 그릇

틀어 풀어
[암] **거친 밀가루**를 **반죽 그릇**에 **트러 프**러 넣네
(meal) (trough)

高 **trousers**
[tráuzərz]

[명] [복수 취급]바지, 양복 바지

(트시라우=)틀라우! 젖으면
[암] 어서 **바지**를 **트라우 저즈**면 안돼.
(trousers)

大 **trout**
[traut]

[명] (魚) 송어, 지겨운 여자[할망구] [자] 송어를 잡다.

그물을 틀라우 틀어하며
[암] **네트**를 어서 **트라우 트**레!하며 **할망구**가 **송어를 잡다**.
(net) (trout)

高 **truck**
[trʌk]

[명] 트럭, 화물 자동차 [동] (트럭으로)운반하다.

[암] (수)**스(數)톤**의 **돌**을 **트럭 화물 자동차**로 **운반하다**.
(stone) (truck)

大 **truck**er
[trʌ́kər]

[명] 트럭 운전사, 트럭 운송업자

▶ truck(트럭) + er(…하는 사람) = trucker(트럭 운전사, 트럭 운송업자)

大 **trudge**
[trʌdʒ]

[명] 무거운 발걸음 [동] 무거운 발걸음을 옮기다.

틀어 지옥
[암] 사형수가 몸을 **트러 지**옥행의 **무거운 발걸음을 옮기다**.
(trudge)

中 **true**
[tru:]

[형] 진짜의, 성실한, 참된 [부] 진실로

(truman 대통령)을 연관시켜 기억할 것
[암] **진실로 성실한. 진짜의 트루**만(대통령)
(true)

高 **tru**ly
[trú:li]

[부] 진실로, 참으로, 진심으로, 올바르게

▶ tru(e)(참된, 정말의) + ly(부사를 만듦) = truly(진실로, 참으로, 진심으로, 올바르게)

T

高 **trump** [trʌmp]

[명] 트럼프 [동] 비상 수단을 쓰다, 으뜸 패를 쓰다.

[암] **트럼프**(trump)게임에서 **으뜸 패를 쓰다.**

▶ play a trump 으뜸패를 내놓다, 최후 수단을 쓰다

高 **trumpet** [trʌ́mpit]

[명] 나팔, 트럼펫 [동] 나팔을 불다.

▶ play the trumpet 트렘펫을 불다.

高 **trunk** [trʌŋk]

[명] (나무의)줄기, 대형 여행 가방, 트렁크

[암] **(나무)줄기**에 둔 **대형 여행 가방 트렁크**(trunk).

▶ pack one's trunk 트렁크에 짐을 꾸리다.

高 **trust** [trʌst]

[명] 신뢰, 기업 활동 [동] 위탁하다, 신뢰하다.

[암] **기업 활동**인 **트러스트**(trust)를 **신뢰하다.(위탁하다)**

▶ He trusted the pearls to her.
그는 그녀에게 진주를 맡겼다.

大 **trustworthy** [trʌ́stwə̀ːrði]

[형] 신뢰할 수 있는

▶ trust(신뢰, 신뢰하다) + worthy(…할 가치가 있는) = trustworthy(신뢰할 수 있는)

大 **trusty** [trʌ́sti]

[형] 믿을 만한, 신뢰할 수 있는

▶ trust(신뢰, 신뢰하다) + y(형용사 어미) = trusty(믿을 만한, 신뢰할 수 있는)

高 **truth** [truːθ]

[명] 진리, 진실성, 참, 진실

▶ (참된, 정말의 = tru[e]) + (th = 추상명사를 만드는 어미) = truth(진리, 진실성, 참, 진실)

▶ speak[tell] the truth 진실(참)을 말하다

大 **truthful** [trúːθfəl]

[형] 정직한, 진실한, 정말의

▶ truth(진리, 진실성, 참) + ful(형용사 어미) = truthful(정직한, 진실한, 정말의)

中 **try** [trai]

[동] 노력하다, 시도하다, 시험해 보다. [명] 시도

[암] 흥정을 **트라이**(try)하여 **시도하다.**

▶ They tried my skill. 그들은 내 솜씨를 시험해 보았다.

高 **trying** [tráiiŋ]

[형] 견딜 수 없는, 괴로운

▶ try(시도하다, 시련을 주다) + ing(현재분사 어미) = trying(견딜 수 없는, 괴로운)

▶ I've had a trying day at work. 직장에서 고된 하루를 보냈다.

T

高 **tub** [tʌb]

명 통, 물통, 목욕통 동 목욕하다, 통에 넣다.

터부
암 **목욕통**에서 **터브**룩한 몸을 **목욕하다**.
(tub)

▶ empty the tub. 욕조의(목욕통) 물을 빼다.

高 **tube** [tju:b]

명 관, 튜브, (영국)지하철, 터널 동 튜브[관]에 넣다.

▶ This is a tube of red paint. 이것은 빨간 그림물감이 든 튜브다.

大 **tuberculin** [tju:bə́:rkjəlin]

명 투베르쿨린(결핵 진단 검사용 주사액)

大 **tuberculosis** [tju:bə̀:rkjəlóusis]

명 결핵, 폐결핵

▶ tubercul(in)(투베르쿨린) + osis(…검사) → 투베르쿨린 반응 검사로 결핵을 진단하다 = tuberculosis(결핵, 폐결핵)

高 **tuck** [tʌk]

명 단, 시친 단 타 걷어(접어) 올리다.

암 놈이 **스커트**의 **시친 단**을 **턱**까지 **걷어(접어)올리다**.
(skirt) (tuck)

▶ tuck up one's sleeves. 소매를 걷어 올리다.

T

中 **Tuesday** [tjú:zdi, -dei]

명 화요일 [약어]Tu, Tues.

추수뒤
암 **튜즈뒤 화요일**에 **화전(火田)**을 **번**번이 **불태우다**.
(Tuesday) (burn)

▶ Tomorrow is Tuesday. 내일은 화요일이다.

高 **tug** [tʌg]

동 잡아 당기다, (배를) 끌다. 명 끌기, 힘껏 당김

자세잡고
암 **포즈**잡고 서려고 **턱**을 끌어 **당기다**.
(pose) (tug)

▶ tug at a rope. 줄을 강하게 잡아 당기다.

大 **tugboat** [tʌgbòut]

명 예인선, 터그보트

▶ tug(잡아 당기다, 끌다) + boat(보트, 배, 선[船]) = tugboat(예인선, 터그보트)

中 **tulip** [tjú:lip]

명 튤립, 튤립꽃

▶ tulip tree 목련과의 나무

高 **tumble** [tʌ́mbəl]

동 넘어지다; 뒤범벅을 만들다. 명 전도; 전락

덤불
암 **캥거루**가 (가시)**텀블**에 걸려 **넘어지다**.
(Kangaroo) (tumble)

▶ tumble out of a chair. 의자에서 굴러 떨어지다.

大 **tumbler**
[tʌ́mblər]

명 텀블러, 뒹구는 사람, 곡예사, ((장난감)) 오뚝이

▶ tumbl(e)(넘어지다, 뒹굴다) + er(…하는 사람) = tumbler(텀블러, 뒹구는 사람, 곡예사, 오뚝이)

高 **tumult**
[tjúːmʌlt, -məlt]

명 소동, 소란, 흥분, 법석

암 **튜우 뭘 트**러 생긴 **법석 소동**
(투우 뭘 틀어) (tumult)

▶ The whole class was in tumult.
반 전체가 떠들썩했다.

大 **tumultuous**
[tjuːmʌ́ltʃuəs]

형 소란스러운, 소동을 일으키는

▶ tumult + u(소란, 소동) + ous(형용사 어미) = tumultuous(소란스러운, 소동을 일으키는)

高 **tune**
[tjuːn]

명 곡조, 가락, 선율 동 조율하다.

암 **곡조 가락**에 서**튠**(서툰)(tune) **사환 보이**(boy)

▶ These tunes are easy to remember.
이 곡은 외기 쉽다.

高 **tunnel**
[tʌ́nl]

명 지하도, 터널 동 터널을 파다, 터널을 만들다.

▶ tunnel through [into] a hill
터널을 파서 산을 관통하다.

大 **turban**
[tə́ːrbən]

명 터번(이슬람교도 남자가 머리에 감는 두건)

大 **turbine**
[tə́ːrbin, -bain]

명 [[機]] 터빈

▶ a steam turbine 증기 터빈

大 **turf**
[təːrf]

명 잔디, 뗏장 타 뗏장을 떠서 덮다.

암 두**툼**한(tomb) **무덤**에 **터프**룩한(터부룩한)(turf) **뗏장을 떠서 덮다.**

高 **Turkey**
[tə́ːrki]

명 터키(중동의 공화국 수도 Ankara) 터키 공화국

암 **터키 공화국**(Turkey)산인 **터키 칠면조**(turkey)

高 **turkey**
[tə́ːrki]

명 칠면조

암 **터키 공화국**(Turkey) 산인 **터키 칠면조**(turkey)

▶ Turkeys gobble. 칠면조가 울다.

高 **Turkish** [tə́ːrkiʃ]

[형] 터키의, 터키 사람[어]의 [명] 터키어

▶ (터키 = Turk[ey]) + ish(형용사 어미) = 터키의, 터키 사람[어]의

中 **turn** [təːrn]

[동] 돌다, 돌리다. …이 되다. [명] 회전, 차례

[암] **택시**가 **유턴**하여 **돌다(돌리다)**.
(taxi) (U)(turn)

▶ The earth turns around the sun.

高 **turning** [tə́ːrniŋ]

[명] 회전, 굴국; 분기점, 모퉁이

▶ turn(돌다, 돌리다) + ing(현재분사 어미) = turning(회전, 굴곡, 분기점, 모퉁이)

▶ take a turning 방향을 바꾸다

大 **turnip** [tə́ːrnip]

[명] 식(植) 순무, 순무의 뿌리

[암] **아카시아 턴 잎** 위에 놓은 **순무**
(acacia) (turnip)

高 **turtle** [tə́ːrtl]

[명] 바다 거북

[암] **전구**를 **밟브**며 **터틀**이는 **바다 거북**.
밟으며 (bulb) 터트리는 (turtle)

▶ Turtles are show. 거북이는 느리다.

高 **tutor** [tjúːtər]

[명] 가정교사 [동] (학생을)지도하다, 가르치다.

[암] **튜우(鬪牛) 터**에서 **가정교사**가 **(학생을)지도하다**.
투우하는 (tutor) 터(투우장)

▶ tutor a boy in mathematics.
소년에게 수학을 가르치다.

高 **TV** [Tíːvíː]

[명] 텔레비전(television)

▶ watch TV. TV를 보다[시청하다].

大 **tweed** [twiːd]

[명] 트위드(옷감의 일종) (*pl*) 트위드 옷

中 **twelfth** [twelfθ]

[형] 열 둘째의, 제12의 [명] 제12, 12일

▶ twel(ve) → f(12) + th(서수를 나타냄) = twelfth(제 12의, 열 둘째의)

中 **twelve** [twelv]

[형] 12의, 12개(사람)의 [명] 12, 열 두 사람[개]

高	**twentieth** [twéntiiθ]	ⓗ 제20의, 제20(번째)의 ⓜ 제20 ▶ twent(y) → ie(20, 20의) + th(서수를 나타냄) = twentieth(제20의, 제20[번째]의, 제20)
大	**twenty** [twénti]	ⓗⓜ 20(의), 20개[사람](의)
高	**twice** [twais]	ⓑ 두 번, 2회, 2배로 로봇트 와 있으니 향상 암 **호텔**에 **로봇트 와 이스**니 능률을 **2배로 엎 그레이드시키다**. (hotel) (robot) (twice) (upgrade) ▶ I have been here twice. 나는 이 곳에 두 번 온 일이 있다.
高	**twig** [twig]	ⓜ (가지 끝의) 작은 가지, 잔 가지 총잡이의 헬멧 트 위(에)그 암 **건맨**의 **헬멧트 위 그 작은 가지** (gunman)(helmet) (twig) 
高	**twilight** [twáilàit]	ⓜ (해질 무렵의) 땅거미; [비유적으로] 쇠퇴(기), 황혼 ▶ (중간의 = twi) + (light = 빛) → 중간의 빛 = twilight(황혼, 땅거미) ▶ in the twilight of one's life 만년에
高	**twin** [twin]	ⓗ 쌍둥이의 ⓜ 쌍둥이의 한 쪽, [복수] 쌍둥이 트인 암 **쌍둥이의 한 쪽**이 먼저 **트윈** 길을 **오픈하다**(열다). (twin) (open) ▶ twin brother(s) [sister(s)] 쌍둥이 형제[자매] 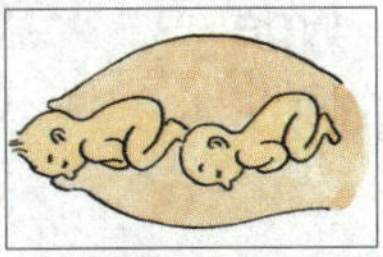
大	**twine** [twain]	ⓜ 꼬은 실, 끈, 노끈 ⓢ (실을) 꼬다, 엮다. 로봇트 와인(포도주)을 연관시켜 기억할 것 암 **홀**에 **로봇트 와인**병을 **노끈 실로 엮다**. (hall) (robot) (twine) 
大	**twinkle** [twíŋkəl]	ⓗ 눈을 깜박이다, 반짝반짝 빛나다. ⓜ 깜박임, 반짝임 로봇트 윙크를(wink : 눈짓) 암 **인조 인간 로봇트 윙클** 하니 **눈이 반짝반짝 빛나다**. (robot) (twinkle)
高	**twinkling** [twíŋkliŋ]	ⓗ 반짝반짝하는, 빛나는 ⓜ 반짝임, 깜박거림 ▶ twinkl(e)(반짝반짝 빛나다) + ing(현재분사 어미) = twinkling(반짝반짝하는, 빛나는, 반짝임, 깜박거림)
大	**twirl** [twəːrl]	ⓢ 빙빙 돌리다, 빙빙 돌다, 회전하다. ⓜ 회전, 빙빙 돎 로봇트 훨훨 암 **코트**장에 **로봇트 훨**훨 날듯이 **빙빙 돌다(회전하다)**. (court) (robot) (twirl)

T

高 **twist** [twist]

㉠ 꼬다, 비틀다. ㉡ 꼬기, 비틀기, 트위스트(댄스의 일종)

❸ **댄서**가 **트위스트**추며 (몸을) **비틀다**.
(dancer) (twist)

▶ He twisted my arm. 그는 나의 팔을 비틀었다.

大 **twitch** [twitʃ]

㉠ 씰룩실룩 움직이다, 잡아채다. ㉡ 홱 잡아당김, 씰룩거림

로봇트 위치를

❸ **인조 인간 로봇트 위취**를 바꾸려고 **씰룩씰룩 움직이다**.
(robot) (twitch)

大 **twitter** [twítər]

㉡ 지저귐 ㉠ (새가) 짹짹[찍찍]울다.

로봇트 위 터(=높은곳)

❸ **펭귄**따라 **로봇트 위 터**에 오르며 **짹짹(찍찍)울다**.
(penguin) (robot) (twitter)

中 **two** [tuː]

㉡ 2, 두 개 ㉢ 2의, 두 개의

大 **twopence** [tʌ́pəns]

㉡ 2펜스[은화]

▶ two(2) + pence(펜스) = twopence(2펜스[은화])

中 **type** [taip]

㉡ 형(型), 타입, 견본, 활자

❸ **견본**이 될 **활자 타입(형)**.
(type)

▶ men of this type. 이런 유형의 사람들

大 **typeset** [táipsèt]

㉣ (기사 따위를) 활자로 짜다, 식사하다.

▶ type(활자) + set(놓다, 짜다) = typeset(활자로 짜다, 식자하다)

大 **typewrite** [táipràit]

㉣ 타자기로 치다, 타이프하다.

▶ type(타입, 활자) + write(쓰다, 치다) = typewrite(타자기로 치다, 타이프하다)

高 **typewriter** [táipràitər]

㉡ 타이프라이터, 타자기

▶ typewrit(e)(타자기로 치다, 타이프하다) + er(…하는 것) = typewriter(타이프라이터, 타자기)

大 **typewriting** [táipràitiŋ]

㉡ 타이프라이터를 치기, 타이프라이터 인쇄물

▶ typewrit(e)(타자기로 치다, 타이프하다) + ing(현재분사 어미) = typewriting(타이프라이터를 치기, 타이프라이터 인쇄물)

高 **typhoon** [taifúːn]

명 태풍

(necktie=)넥 타이를 연관시켜 기억할 것

암 목에 넥 타이 푼 태풍.
(neck) (typhoon)

▶ The typhoon hit several islands.
태풍이 몇몇 섬을 덮쳤다.

高 **typical** [típikəl]

형 전형적인, 대표적인

▶ typ(e)(형, 전형) + ical(…의, …에 관한) = typical(전형적인, 대표적인)

▶ a typical gentleman 전형적인 신사

大 **typically** [típikəli]

부 (more~, most~) 대표[전형, 상징, 일반]적으로

▶ typical(대표[전형, 상징]적인) + ly(부사 어미, …으로) = typically(대표[전형, 상징]적으로)

高 **typify** [típəfài]

타 표본[전형]이 되다, 대표[상징]하다.

▶ typ(e)(표본, 전형, 상징, 대표) + ify(…화하다, 되다) = typify(표본[전형]이 되다, 대표[상징]하다)

大 **typing** [táipiŋ]

명 타자기 사용법, 타이프로 침

▶ typ(e)(형, 활자, 타이프) + ing(현재분사 어미)
= typing(타자기 사용법, 타이프로 침)

高 **typist** [táipist]

명 타이피스트, 타자수

▶ typ(e)(활자, 타이프) + ist(…하는 사람) = typist(타이피스트, 타자수)

▶ a clerk-typist 타자수 겸 사무원

大 **tyrannic, -nic(al)** [tirǽnik, tai-]

형 폭군적인, 전제군주의, 포학한)

▶ tyran(t) → n(폭군, 압제자) + ic + -al(형용사 어미)
= tyrannic, -nical(폭군적인, 전제군주의, 포학한)

高 **tyranny** [tírəni]

명 포학(한 행위), 폭정, 전제정치

▶ tyrant(t) → n(폭군 압제자) + y(추상 명사 어미) = tyranny(포학[한 행위], 폭정, 전제정치)

▶ an act of tyranny 포악한 행위

高 **tyrant** [táiərənt]

명 폭군, 압제자, [역사] 참주(僭主)

타이른 트기

암 압제자 폭군을 타이런 트기 갱단.
(tyrant) (gang)

▶ a domestic tyrant 가정의 폭군

高 **tyre** [taiər]

명 타이어, 바퀴 타 …에 타이어를 끼우다.

T

U

中
ugly
[ʌ́gli]

[형] 추한, (날씨 따위가)험악한 [명] 추남, 추녀

[암] **어! 그리**도 **추한 추녀**.
(ugly)

▶ an ugly sight 보기에 불쾌한 광경

大
ulcer
[ʌ́lsər]

[명] 궤양, 종기

내시경을 써
[암] 내시경**얼 써** 위**궤양(종기)**인가 **테스트**해 **검사하다**.
(ulcer) (test)

高
ultimate
[ʌ́ltəmit]

[형] 최후의, 근본적인 [명] 최후의 수단

얼치기가 밑으로 빌어
[암] **최후의 수단**으로 **얼티 미트**로가 **별장**에서 **비러**.
(ultimate) (villa)

▶ What is your ultimate goal? 최후의 목표가 뭐니?

大
ultimately
[ʌ́ltəmitli]

[부] 마침내, 최후로, 결국

▶ ultimate(최후의, 궁극의) + ly(부사를 만듦) = ultimately(마침내, 최후로, 결국)

大
ultra
[ʌ́ltrə]

[명] 과격론자 [형] 과격한 [전] 극단으로, 초(超)

넋이 틀어지게(=나가게) 토처(토인 처)
[암] **과격론자**가 **얼 트러**지게 **극단으로 토처(土妻)**를 **고문하다**.
(ultra) (torture)

大
ultrasound
[ʌ́ltrəsàund]

[명] [[物]] 초음파

▶ ultra(극단으로, 초(超)) + sound(음, 음파) = ultrasound(초음파)

高
umbrella
[ʌmbrélə]

[명] 우산, 박쥐, 우산 [동] 우산으로 가리다[보호하다].

▶ open an umbrella. 우산을 펴다.

高
umpire
[ʌ́mpaiər]

[명] (경기의)심판자, 중재자 [동] 심판(중재)하다.

엄 파를 이여
[암] **미스 엄 파 이여** 놓고 **심판자**처럼 **심판하다**.
(Miss) (umpire)

▶ umpire in a dispute. 논쟁을 중재하다.

高
UN
[júːén]

United Nations(국제연합)

高 **unable**
[ʌnéibəl]

형 …할 수 없는

▶ (않 = not = un) + (able = …할 수 있는) = unable(할 수 없는)

▶ He was unable to attend the meeting.
그는 그 모임에 참석할 수 없었다.

高 **unaccountable**
[ʌ̀nəkáuntəbəl]

형 설명할 수 없는, 책임이 없는

▶ un(않 = not = un) + (accountable = 책임이 있는, 설명할 수 있는) = unaccountable(설명할 수 없는, 책임이 없는)

高 **unaccustomed**
[ʌ̀nəkʌ́stəmd]

형 익숙지 않은, 숙달되지 않은

▶ un(않 = not = un) + (accustomed = 익숙한) = unaccustomed(익숙지 않은, 숙달되지 않은)

▶ unaccustomed to …에 익숙하지 않은

大 **unanimous**
[juːnǽnəməs]

형 만장[전원]일치의, 합의의

암 알코올술을(alcohol) 유(柳)(유씨가) 내니 머스미(내니 머슴이)(unanimous) 만장 일치로 브라보(bravo)하네

大 **unarmed**
[ʌ̀nάːrmd]

형 무장하지 않은

▶ un(않 = not = un) + (armed = 무장한) = unarmed(무장하지 않은)

大 **unattainable**
[ʌ̀nətéinəbəl]

형 도달하기[얻기], 어려운

▶ un(않 = not = un) + (attainable = 도달할 수 있는) = unattainable(도달하기[얻기], 어려운)

大 **unaware**
[ʌ̀nəwέər]

형 눈치 못챈, 알지 못하는

▶ un(않 = not = un) + (aware = 알아 차리는) = unaware(눈치 못챈, 알지 못하는)

大 **unbelievable**
[ʌ̀nbilíːvəbəl]

형 믿을 수 없는

▶ un(않 = not = un) + (believable = 믿을 수 있는) = unbelievable(믿을 수 없는)

大 **unbroken**
[ʌ̀nbróukən]

형 파손되지 않은, 꺾이지 않는

▶ un(않 = not = un) + (broken = 깨어진) = unbroken(파손되지 않은, 꺾어지 않은)

高 **uncertain**
[ʌnsə́ːrtən]

형 불확실한, 불명확한

▶ un(않 = not = un) + (certain = 확실한) = uncertain(불확실한, 불명확한)

▶ a woman of uncertain age 나이가 분명치 않은 여자

高 **unchanged**
[ʌ̀ntʃéindʒd]

[형] 불변의, 변화하지 않은
▶ (않 = not = un) + (changed = 변화, 바뀐) = unchanged(불변의, 변화하지 않은)
▶ remain unchanged 불변인채로 있다.

中 **uncle**
[ʌ́ŋkəl]

[명] 아저시, 백부, 외삼촌
[암] **아저씨**가 **엉클**어진 **머리카락**을 **헤어**.
(uncle) (hair)
▶ I am staying with my uncle.
나는 아저씨 댁에 머물고 있다.

大 **unclean**
[ʌ̀nklíːn]

[형] 더러운, 불결한
▶ un(않 = not = un) + (clean = 깨끗한) = unclean(더러운, 불결한)

高 **uncomfortable**
[ʌ̀nkʌ́mfərtəbəl]

[형] 불유쾌한, 기분이 언짢은
▶ un(않 = not = un) + (comfortable = 안락한, 기분좋은) = uncomfortable(불유쾌한, 기분이 언짢은)
▶ feel uncomfortable …을 불편하게 느끼다

大 **uncommon**
[ʌ̀nkɑ́mən / -kɔ́m-]

[형] 드문, 보기 드문
▶ un(않 = not = un) + (common = 공통의, 보통의) = uncommon(드문, 보기 드믄)

高 **unconscious**
[ʌ̀nkɑ́nʃəs / -kɔ́n-]

[형] 무의식의, 모르는
▶ un(않 = not = un) + (conscious = 의식적인) = unconscious(무의식의, 모르는)
▶ become unconscious 의식을 잃다

高 **uncover**
[ʌ̀nkʌ́vər]

[동] 폭로하다, 덮개를 벗기다, 뚜껑을 열다.
▶ un(않 = not = un) + (cover = 덮다, 가리다) = uncover(폭로하다, 덮개를 벗기다, 뚜껑을 열다)
▶ uncover oneself 모자를 벗다(인사의 표시)

高 **under**
[ʌ́ndər]

[전] ~의 아래에 [형] 아래(밑)의, 하위의
[암] **낮은 밑의** 것도 **안더**(안다).
(under)
▶ a bench under a tree 나무 아래의 벤치

高 **undergo**
[ʌ̀ndərgóu]

[타] (검열을)받다, 경험하다, 견디다, 참다.
▶ (밑에 = under) + (go = 가다) → 밑으로 가서 = 경험하다, 견디다, 참다
[암] **아가씨**가 **거리**의 **매춘부**짓을 **안다고 참고 견디며 경험하다**.
(girlie) 알겠다고 (undergo)

大 **undergone**
[ʌ̀ndərgɔ́ːn / gɔ́n]

undergo(받다, 경험하다, 견디다, 참다)의 과거분사

大 **undergraduate** [ʌ̀ndərgrǽdʒuit / -èit]

명 대학 재학생

▶ (…아래쪽에 = under) + (graduate = 졸업하다) → 졸업 아래쪽에 있는 학생 = undergraduate(대학 재학생)

高 **underground** [ʌ́ndərgràund]

형 지하의 명 지하도, 지하

▶ under(…아래쪽에) + (ground = 땅, 운동장) = underground(지하의, 지하도, 지하)

▶ an underground burst 지하폭발

高 **underline** [ʌ̀ndərláin]

타 아래에 선을 긋다, 강조하다. 명 밑줄

▶ under(…아래쪽에) + (line = 선) = underline(아래에 선을 긋다, 강조하다, 밑줄)

▶ an underlined part [section] 밑줄 친 부분[곳]

大 **undermine** [ʌ̀ndərmáin]

타 …의 밑을 파다, 갱도를 파다.

▶ under(…아래쪽에) + (mine = 광산) → 광산의 밑을 파다 = undermine(…의 밑을 파다, 갱도를 파다)

高 **underneath** [ʌ̀ndərní:θ]

전 …의 아래에 부 아래에, 밑에

▶ under(…아래쪽에) + (neath = 바로 밑에) = underneath(…의 아래에, 아래에, 밑에)

▶ an underneath room 아래층 방

大 **underrate** [ʌ̀ndəréit]

타 낮게[과소] 평가하다.

▶ under(…아래쪽에) + (rate = 비율, 평가하다) = underrate(낮게[과소], 평가하다)

中 **understand** [ʌ̀ndərstǽnd]

동 이해하다, 알다.

▶ (밑 = under) + (stand = 서다) → 강단 밑에 서서 강의 내용을 = 이해하다

암 **스탠드**(stand)들고 **안더 스탠드**(understand)하며 **이해하다. 알다**
(안다 = 안더, 스탠드 = 스탠드)

大 **understandable** [ʌ̀ndərstǽndəbəl]

형 이해할 수 있는

▶ understand(이해하다, 알아듣다, 알다) + able(…할 수 있는) = understandable(이해할 수 있는)

高 **understanding** [ʌ̀ndərstǽndiŋ]

명 이해, 납득

▶ understand(이해하다, 알다) + ing(현재분사 어미) = understanding(이해, 납득)

中 **understood** [ʌ̀ndərstúd]

understand(이해하다, 알다)의 과거, 과거분사 형 충분히 이해된

高 **undertake** [ʌ̀ndərtéik]	ⓢ 맡다, 떠맡다 ▶ (…아래쪽에 = under) + (take = 잡다, 쥐다) = undertake(맡다, 떠맡다) ▶ Who undertakes the patient? 누가 환자의 간호를 맡나?
高 **undertaken** [ʌ̀ndərtéikən]	undertake (맡다, 떠맡다)의 과거분사
高 **undertaking** [ʌ̀ndərtéikiŋ]	ⓜ 떠 맡은 일, 사업, 기업 ▶ undertak(e)(맡다, 떠맡다) + ing(현재분사 어미) = undertaking(떠 맡은 일, 사업, 기업) ▶ It's quite an undertaking. 그것은 꽤 큰 사업이다.
大 **undertook** [ʌ̀ndərtúk]	undertake(맡다, 떠맡다)의 과거
高 **underwear** [ʌ́ndərwɛ̀ər]	ⓜ 속옷, 내의 ▶ (…아래쪽에 = under) + (wear = 착용하다, 옷을 입다) = underwear(속옷, 내의) ▶ thermal underwear 보온용 내의
大 **underwent** [ʌ̀ndərwént]	undergo(받다, 경험하다, 참다)의 과거
大 **underworld** [ʌ́ndərwə̀ːrld]	ⓜ 하층사회, 지하계, 저승 ▶ (…아래쪽에 = under) + (world = 세계, 세상) = underworld(하층사회, 지하계, 저승)
大 **undesirable** [ʌ̀ndizáiərəbəl]	ⓗ 바람직하지 않은 ▶ (않 = not = un) + (desirable = 바람직한) = undesirable(바람직하지 않은)
大 **undid** [ʌ̀ndíd]	undo(원상태로 돌리다)의 과거
大 **undo** [ʌ̀ndúː]	ⓣ 원상태로 돌리다. ▶ (않 = not = un) + (do = 하다) → 한 것을 부정하고 원상태로 돌리다 = undo(원상태로 돌리다)

大	**undone** [ʌndʌ́n]	undo(원상태로 돌리다)의 과거분사
大	**undoubted** [ʌndáutid]	ⓗ 의심할 여지가 없는, 확실한 ▶ (않 = not = un) + (doubted = 의심하는) = undoubted(의심할 여지가 없는, 확실한)
高	**undoubtedly** [ʌndáutidli]	ⓑ 의심할 여지없이 ▶ undoubted(의심할 여지가 없는) + ly(부사를 만듦) = undoubtedly(의심할 여지 없이) ▶ This is undoubtedly her signature. 이것은 그녀의 서명이 확실하다.
大	**undue** [ʌndjúː / -djúː]	ⓗ 과도한, 심한 ▶ (않 = not = un) + (due = 정당한, 적당한) = undue(과도한, 심한)
大	**unduly** [ʌndjúːli]	ⓑ 과도하게, 심하게 ▶ undu(e)(과도한, 심한) + ly(부사를 만듦) = unduly(과도하게, 심하게)
大	**uneasily** [ʌníːzili]	ⓑ 불안하게, 꺼림칙하게, 거북하게 ▶ uneas(y) → i(불안한, 꺼림칙한, 거북한) + ly(부사를 만듦) = uneasily(불안하게, 꺼림칙하게, 거북하게)
高	**uneasiness** [ʌníːzinis]	ⓜ 불안, 꺼림칙함, 거북함 ▶ uneas(y) → i(불안함, 꺼림칙한, 거북한) + ness(명사 어미) = uneasiness(불안, 꺼림칙함, 거북함) ▶ cause uneasiness 불안을 초래하다
高	**uneasy** [ʌníːzi]	ⓗ 불안한, 꺼림칙한, 거북한 ▶ (않 = not = un) + (easy = 쉬운, 안락한) = uneasy(불안한, 꺼림칙한, 거북한) ▶ uneasy about …에 대해 불안한
高	**unemployment** [ʌnimplɔ́imənt]	ⓜ 실업, 실직, 실직 상태 ▶ (않 = not = un) + (employment = 사용, 고용) = unemployment(실업, 실직, 실직 상태) ▶ high unemployment 높은 실업률
大	**unequal** [ʌníːkwəl]	ⓗ 같지 않은, 불공평한 ▶ (않 = not = un) + (equal = 같은, 동등한) = unequal(같지 않은, 불공평한)

U

大 **UNESCO, Unesco** [ju:néskou]	명 유네스코 국제 연합 교육 과학 문화 기구 [United Nations Educational Scientific and Cultural Organization]
大 **uneven** [ʌní:vən]	형 평탄하지 않은, 고르지 않은 ▶ (않 = not = un) + (even = 평평한) = uneven(평탄하지 않은, 고르지 않은)
高 **unexpected** [ʌnikspéktid]	형 예기치 않은, 뜻밖의 ▶ (않 = not = un) + (expected = 예기한) = unexpected(예기치 않은, 뜻밖의) ▶ an unexpected result 뜻밖의 결과
大 **unfinished** [ʌnfíniʃt]	형 미완성의, 다 되지 않은 ▶ (않 = not = un) + (finished = 끝마친 완성된) = unfinished(미완성의, 다 되지 않은)
大 **unfit** [ʌnfít]	형 부적당한, 어울리지 않은 ▶ (않 = not = un) + (fit = 적당한, 알맞은) = unfit(부적당한, 어울리지 않은)
大 **unfold** [ʌnfóuld]	동 펼치다, 펴다, 열리다. ▶ (않 = not = un) + (fold = 접다, 겹치다) = unfold(펼치다, 펴다, 열리다)
高 **unfortunate** [ʌnfɔ́:rtʃənit]	형 불운한, 불행한 ▶ (않 = not = un) + (fortunate = 운좋은) = unfortunate(불운한, 불행한) ▶ unfortunate for …에게 불행한
大 **unfriendly** [ʌnfréndli]	형 불친절한, 우정이 없는 ▶ (않 = not = un) + (friendly = 친한) = unfriendly(불친절한, 우정이 없는)
大 **ungrateful** [ʌngréitfəl]	형 은혜를 모르는 ▶ (않 = not = un) + (grateful = 고맙게 여기는) = ungrateful(은혜를 모르는)
高 **unhappy** [ʌnhǽpi]	형 불행한, 불운한 ▶ (않 = not = un) + (happy = 행복한) = unhappy(불행한, 불운한) ▶ bitterly [very] unhappy 매우 불행한

U

高	**uniform** [júːnəfɔ̀ːrm]	명 제복, 유니폼 형 균일한 동 제복을 입히다. ▶ (uni = 하나의) + (form = 폼:형태, 모양) = 유니폼 제복을 입히다 **균일한 하나의 유니 + 폼같은 형태[모양]의 = 유니폼 제복을 입히다**
大	**uniformity** [jùːnəfɔ́ːrməti]	명 한결 같음, 획일(성) ▶ uniform(한결 같은, 균일한) + ity(명사 어미) = uniformity(한결 같음, 획일[성])
大	**unimportant** [ʌ̀nimpɔ́ːrtənt]	형 중요하지 않은, 하찮은 ▶ (않 = not = un) + (inportant = 중요한) = unimportant(중요하지 않은, 하찮은)
高	**union** [júːnjən]	명 결합, 연합, 일치 ▶ uni(하나의, 단일의 뜻) + ion(명사 어미) = union(결합, 연합) 암 **윤(尹)니**(미스 윤이) **언**니와(언니와) **일치 결합**해 (union) 
高	**unique** [juːníːk]	형 독특한, 진기한, 유일의 암 **윤이**(윤이) **크**게(크게) 나는 **독특한 왝스**(윤내는 약) (unique) (wax) ▶ He has a unique lifestyle. 그는 독특한 생활 방식을 가지고 있다. 
高	**unit** [júːnit]	명 단위, 부대, 단일체 암 **밀 방앗간**(밀찧는)을 **단위 부대**원인 **유니 트**러.((윤씨가=)윤(尹) 틀어) (mill) (unit) ▶ A sentence is a unit of thought. 글은 사상의 단위다. 
高	**unite** [juːnáit]	동 결합하다, 합병하다, 합치다. ▶ England and Scotland united in 1707. 잉글랜드와 스코틀랜드는 1707년에 합병했다.
高	**united** [juːnáitid]	합병한, 연합한 ▶ unit(e)(결합[합병]하다) + ed(형용사를 만듦) = united(합병한, 연합한) ▶ in one united body 일체가 되어
高	**United Kingdom** [juːnáitid kíŋdəm]	명 연합 왕국 ▶ (연합한, 합병한 = United) + (Kingdom = 왕국) = United Kingdom(연합 왕국)
高	**United Nations** [juːnáitid néiʃən]	명 국제 연합, 유엔((略:UN, U.N) ▶ (연합한, 합병한 = United) + Nations(국가들) = United Nations = (국제 연합, 유엔,[약]UN, U.N)

中 **United States** [juːnáitid steit]
(of America) 아메리카 합중국, 미국((略:U.S.A., USA))

大 **unity** [júːnəti]
명 단일, 개체, 통일, 일치
▶ (하나의, 단일의 = uni) + ty(명사 어미) = unity(단일, 개체 통일, 일치)

高 **universal** [jùːnəvə́ːrsəl]
형 우주의, 보편적인, 전세계의
▶ univers(e)(우주, 만물) + al(…의) = universal(우주의, 보편적인, 전세계의)
▶ universal peace 세계 평화

大 **universally** [jùːnəvə́ːrsəli]
부 보편적으로, 일반적으로
▶ universal(보편적인, 전세계의) + ly(부사를 만듦) = universally(보편적으로, 일반적으로)

高 **universe** [júːnivə̀ːrs]
명 우주, 만물, 삼라만상, 은하계
암 **우주 만물** 앞에서 **유니 벗스**((윤앙)윤이 벗으며)며 하는 **쇼**.
(universe) (show)
▶ the known universe
알려진 우주

高 **university** [jùːnəvə́ːrsəti]
명 대학교, 종합 대학교
▶ univers(e)(우주, 만물) + ity(명사 어미) → 우주및 만물을 연구하는 곳 = university(대학교)

U

高 **unjust** [ʌndʒʌ́st]
형 불공평한, 부당한, 부정한
▶ (않 = not = un) + (just = 올바른, 공평한) = unjust(부당한, 부정한, 불공평한)
▶ unjust enrichment 부당 이득

高 **unkind** [ʌnkáind]
형 불친절한, 무정한, 고약한
▶ (않 = not = un) + (kind = 친절한) = unkind(불친절한, 무정한, 고약한)
▶ an unkind problem 고약한 문제

高 **unknown** [ʌnnóun]
형 알려지지 않은, 알 수 없는
▶ (않 = not = un) + (known = 알려진, 알다) = unknown(알려지지 않은, 알 수 없는)
▶ an unknown place 미지의 장소

高 **unless** [ənlés]
접 만약…아니면, …하지 않으면
▶ (않 = not = un) + (less = …보다 적은, 보다 적게) → 만약 …보다 적지 않다면 = unless(만약 …아니면, …하지 않으면)
▶ Unless you hurry up, you'll be late. 서두르지 않으면 늦을 것이다.

高	**unlike** [ʌ̀nláik]	ⓗ 같지(닮지) 않은, 다른 ▶ (않 = not = un) + (like …같은) = unlike(같지[닮지] 않은, 다른) ▶ It's unlike her to be late. 늦는 것은 그녀 답지 않다.
大	**unlikely** [ʌ̀nláikli]	ⓟ 있을 것 같지 않게 ⓗ 있음직하지 않은 ▶ unlike(같지[닮지]않은) + ly(부사를 만듦) = unlikely(있을 것 같지 않게, 있음직하지 않은)
大	**unlimited** [ʌ̀nlímitid]	ⓗ 한없는, 끝없는, 광대한 ▶ (않 = not = un) + (limited = 한정된, 유한한) = unlimited(한없는, 끝없는, 광대한)
大	**unload** [ʌ̀nlóud]	ⓓ 짐을 부리다(내리다). ▶ un(않 = not= un) + (load = 짐, 짐을 싣다) = unload(짐을 부리다[내리다])
大	**unlock** [ʌ̀nlák / -lɔ́k]	ⓓ 자물쇠를 열다, 자물쇠가 풀리다. ▶ un(않 = not= un) + (lock = 자물쇠를 잠그다) = unlock(좌물쇠를 열다, 좌물쇠가 풀리다)
高	**unlucky** [ʌ̀nlʌ́ki]	ⓗ 불운한, 성공하지 못한 ▶ un(않 = not= un) + (lucky = 행운의, 운좋은) = unlucky(불운한, 성공하지 못한) ▶ an unlucky day 불운한[재수없는] 날
大	**unmarried** [ʌ̀nmǽrid]	ⓗ 미혼의, 독신의 ▶ un(않 = not= un) + (married = 결혼한) = unmarried(미혼의, 독신의)
大	**unmmistakable** [ʌ̀nmistéikəbl]	ⓗ 명백한, 틀림없는 ▶ un(않 = not= un) + (mistakable = 틀리기 쉬운) = unmistakable(명백한, 틀림없는)
大	**unmoved** [ʌ̀nmú:vd]	ⓗ 확고부동한, 태연한, 흔들리지 않은 ▶ un(않 = not= un) + (moved = 움직이는) = unmoved(확고부동한, 태연한, 흔들리지 않은)
高	**unnatural** [ʌ̀nnǽtʃərəl]	ⓗ 부자연한, 이상한 ▶ un(않 = not= un) + (natural = 자연의) = unnatural(부자연한, 이상한) ▶ an unnatural smile 억지[부자연한]웃음

U

高	**unnecessary** [ʌ̀nnésəsèri / -səri]	ⓗ 불필요한, 쓸데없는 ▶ (않 = not = un) + (necessary = 필요한) = unnecessary(불필요한, 쓸데없는)
大	**unnoticed** [ʌ̀nnóutist]	ⓗ 주목되지 않는, 무시된 ▶ un(않 = not = un) + (noticed = 주목하는, 주목되는) = unnoticed(주목되지 않는, 무시된)
大	**unoccupied** [ʌ̀nákjəpàid / -ɔ́k-]	ⓗ 임자가 없는, 점거되지 않은 ▶ un(않 = not = un) + (occupied = 점령된, 점유된) = unoccupied(임자가 없는, 점거되지 않은)
大	**unofficial** [ʌ̀nəfíʃəl]	ⓗ 비공식적인, 공인되지 않은 ▶ un(않 = not = un) + (official = 공적인) = unofficial(비공식적인, 공인되지 않은)
高	**unpleasant** [ʌ̀nplézənt]	ⓗ 불쾌한, 싫은 ▶ un(않 = not = un) + (pleasant = 유쾌한) = unpleasant(불쾌한, 싫은) ▶ an unpleasant smell [noise] 불쾌한 냄새[소리]
大	**unpopular** [ʌ̀npápjələr / -pɔ́p-]	ⓗ 인기없는, 인망이 없는 ▶ un(않 = not = un) + (popular = 인기있는) = unpopular(인기없는, 인망이 없는)
大	**unprecedented** [ʌ̀nprésədèntid]	ⓗ 선례[전례]가 없는 ▶ un(않 = not = un) + (precedented = 전례가 있는) = unprecedented(선례[전례]가 없는)
大	**unprepared** [ʌ̀npripέərd]	ⓗ 준비가 없는 ▶ un(않 = not = un) + (prepared = 준비가 되어 있는) = unprepared(준비가 없는)
大	**unquestionable** [ʌ̀nkwéstʃənəbəl]	ⓗ 의심할 나위 없는, 확실한 ▶ un(않 = not = un) + (questionable = 의심나는) = unquestion(의심할 나위 없는, 확실한)
大	**unreal** [ʌ̀nríːəl]	ⓗ 실재하지 않는, 진실이 아닌 ▶ un(않 = not = un) + (real = 실재의, 정말의) = unreal(실재하지 않는, 진실이 아닌)

U

高 **unreasonable** [ʌnríːzənəbəl]	ⓗ 비합리적[비현실적]인 ▶ (않 = not = un) + (reasonable = 합당한, 합리적인) = unreasonable(비합리적[비현실적]인) ▶ an unreasonable demand 무리한[비합리적인]요구
大 **unrest** [ʌnrést]	ⓜ 불안, 걱정, 근심 ▶ un(않 = not = un) + (rest = 휴식, 안심) = unrest(불안, 걱정, 근심)
大 **unsafe** [ʌnséif]	ⓗ 안전하지 않은, 위험한 ▶ un(않 = not = un) + (safe = 안전한) = unsafe(안전하지 않은, 위험한)
大 **unsatisfactory** [ʌnsætisfǽktəri]	ⓗ 불만족스러운 ▶ un(않 = not = un) + (satisfactory = 만족한) = unsatisfactory(불만족스러운)
大 **unseen** [ʌnsíːn]	ⓗ (사람에게) 보이지 않는, (눈에) 안 보이는 ▶ un(않 = not = un) + (seen = 보이는) = unseen(보이지 않는, 안 보이는)
大 **unsettled** [ʌnsétld]	ⓗ 변하기 쉬운, 일정치 않은 ▶ un(않 = not = un) + (settled = 고정된) = unsettled(변하기 쉬운, 일정치 않은)
大 **unskilled** [ʌnskíld]	ⓗ 숙련[숙달]되지 않은 ▶ un(않 = not = un) + (skilled = 숙달된) = unskilled(숙련[숙달]되지 않은)
大 **unspeakable** [ʌnspíːkəbəl]	ⓗ 말로 다할 수 없는 ▶ un(않 = not = un) + (speakable = 이야기해도 좋은) = unspeakable(말로 다할 수 없는)
大 **unsuccessful** [ʌnsəksésfəl]	ⓗ 성공하지 못한, 실패한 ▶ un(않 = not = un) + (successful = 성공한) = unsuccessful(성공하지 못한, 실패한)
大 **untie** [ʌntái]	ⓢ 풀다, 끄르다, 풀리다. ▶ un(않 = not = un) + (tie = 묶다, 매다) = untie(풀다, 끄르다, 풀리다)

U

中	**until** [əntíl]	[전][접] ~까지 [암] 덩(똥)이 안될 곳까지 선수쳐(선수쳐) 피하다. (dung) (until) (shun) ▶ Wait until I call. 내가 부를 때까지 기다려라.
大	**untimely** [ʌ̀ntáimli]	[형] 때가 아닌, 철이 아닌 ▶ (않 = not = un) + (timely = 시기에 맞은) = untimely(때가 아닌, 철이 아닌)
大	**unto** [ʌ́ntu]	[전] (고어) …에, …에게로
大	**untold** [ʌ̀ntóuld]	[형] 언급하지 않은, 말로 다할 수 없는 ▶ un(않 = not = un) + (told = 말하여지다) = untold(언급하지 않은, 말로 다할 수 없는)
大	**untouched** [ʌ̀ntʌ́tʃt]	[형] 손대지 않은, 만지지 않은 ▶ un(않 = not = un) + (touched = 손대여진) = untouched(손대지 않은, 만지지 않은)
大	**untrue** [ʌ̀ntrúː]	[형] 진실이 아닌, 불성실한 ▶ un(않 = not = un) + (true = 진실한) = untrue(진실이 아닌, 불성실한)
高	**unusual** [ʌ̀njúːʒuəl]	[형] 보통이 아닌, 진기한, 비범한 ▶ un(않 = not = un) + (usual = 보통의) = unusual(보통이 아닌, 진기한, 비범한) ▶ an unusual expression 진기한 표현
大	**unwelcome** [ʌ̀nwélkəm]	[형] 환영받지 못하는, 맞이하는 싫은 ▶ un(않 = not = un) + (welcome = 환영하다) = unwelcome(환영받지 못하는, 맞이하기 싫은)
大	**unwise** [ʌ̀nwáiz]	[형] 지각(분별) 없는, 현명하지 못한 ▶ un(않 = not = un) + (wise = 현명한) = unwise(지각[분별]없는, 현명하지 못한)
高	**unworthy** [ʌ̀nwə́ːrði]	[형] 가치 없는, 보잘것 없는 ▶ un(않 = not = un) + (worthy = 가치 있는) = unworthy(가치 없는, 보잘것 없는) ▶ an unworthy person 가치 없는 사람

中	**up** [ʌp]	[부] 위로(에) [암] **업!**하고 **위로 점프하다.** (up) (jump) ▶ come up to Seoul. 상경하다. 
大	**upheld** [ʌphéld]	uphold(옹호[지지]하다)의 과거, 과거분사
高	**uphold** [ʌphóuld]	[타] 유지하다, (떠)받치다, (들어)올리다. ▶ (위로 = up) + (hold 쥐다, 붙잡다) = uphold(유지하다, [떠]받치다, (들어)올리다) ▶ No one could uphold such opinion. 아무도 그와 같은 의견을 떠 받칠 수 없을 것이다.
大	**upland** [ʌ́plənd, -lӕ̀nd]	[명] 고지, 고원 ▶ (위로 = up) + (land 육지, 땅) = upland(고지, 고원)
大	**uplift** [ʌplíft]	[타] 들어올리다, 향상시키다. ▶ (위로 = up) + lift(들어올리다) = uplift(들어올리다, 향상시키다)
中	**upon** [əpàn, əpɔ́:n]	[전] on과 같은 뜻
高	**upper** [ʌ́pər]	[형] 위쪽의 [명] 상단 침대 ▶ (위에 = up + p) + er(비교급 어미) = 위쪽의, 상단 침대) [암] 몸을 **위쪽의 상단 침대**에 **어퍼** 엎어 (upper) ▶ the upper lip 윗입술 
大	**uppermost** [ʌ́pərmòust]	[형] 최상[최고]의 ▶ upper(위쪽의) + most(가장) = uppermost(최상[최고]의)
高	**upright** [ʌ́pràit, ʌpráit]	[형] 똑바로 선, 정직한, 곧은 ▶ (위로 = up) + (right = 곧장) = upright(위로 곧장, 바로선, 곧은) [암] **앞 라이트** 훅을 **똑바로 선**채 **비틀**어지게 **치다.** (upright) (beat) ▶ an upright posture 똑바른 자세 
大	**uprising** [ʌ́pràiziŋ]	[명] 반란, 폭동, 일어남 ▶ (위로 = up) + (rising = 올라가는, 반란) = uprising(반란, 폭동, 일어남)

U

大	**uproar** [ʌ́prɔ̀ːr]	ⓜ 소란, 소동, 소음 ▶ (위로, 뒤접어 엎다 = up) + roar(고함치다) = uproar(소란, 소동, 소음)
大	**uproot** [ʌprúːt]	ⓢ 뿌리채 뽑다, 근절시키다. ▶ (위로, 위로 뽑다 = up) + root(뿌리) = uproot(뿌리째 뽑다, 근절시키다)
高	**upset** [ʌpsét]	ⓢ 뒤엎다, 당황하게 하다. ▶ (위로 = up) + (set = 놓다) = upset(밑을 위로 가게 놓다 = 뒤엎다) 암 팥 항아리(pot)중 엎셋(upset)을 뒤집어 엎다. (앞 셋을) 
高	**upside** [ʌ́psàid]	ⓜ 상부, 윗면, 위쪽 ▶ (위로 = up) + side(쪽, 측면) = upside(상부, 윗면, 위쪽)
大	**upside down** [ʌ́psàid daun]	거꾸로, 뒤집히어 ▶ upside(상부, 위쪽) + down(아래로) → 윗쪽이 아래가 된 = upside down(거꾸로, 뒤집히어)
大	**upside-down** [ʌ́psàiddaun]	ⓗ 거꾸로 된, 거꾸로의 ▶ upside(상부, 위쪽) + down(아래로) = upside-down(거꾸로 된, 거꾸로의)
高	**upstairs** [ʌ́pstɛ́ərz]	ⓑ 2층에, 위층에 ⓗ 2층의 ⓜ 2층 ▶ (위로 = up) + stair(계단), s(부사 어미) = upstairs(2층에, 위층에, 2층의, 2층) ▶ go upstairs. 이층[위층]으로 가다.
高	**up-to-date** [ʌ́ptədéit]	ⓗ 최근의, 최신의 ▶ (위로 = up) + to(까지) + date(날짜) = up-to-date(최근의, 최신의) ▶ an up-to-date dictionary 최신(정보를 담은)사전
高	**upward(s)** [ʌ́pwərd(z)]	ⓗ 위로 향한 ⓑ 위로 향하여 ▶ (위로 = up) + ward(s)(방향을 표시함) = upward(s)(위로 향한, 위로 향하다) ▶ look upward(s). 위쪽을 보다.
大	**uranium** [juəréiniəm]	ⓜ 우라늄(방사선, 금속 원소)

U

大 **urban**
[ə́ːrbən]

㉑ 도시의, 도시에 사는

암 **어!번**번이 **도시에 사는**자가 찾는 **시골 컨트리**
(urban) (country)

大 **urban design**
[ə́ːrbən dizáin]

명 도시 설계[계획]

▶ urban(도시의) + design(설계, 계획) = urban design(도시, 설계[계획])

大 **urchin**
[ə́ːrtʃin]

명 개구쟁이, 장난꾸러기 소년

암 **걸 프렌드**인 **미스 어(魚)친 개구쟁이 소년** (어양을 팬)
(girl friend) (Miss) (urchin)

高 **urge**
[əːrdʒ]

동 재촉하다, 다그치다, 격려하다, 독촉하다.

암 **바 걸**이 **팁**을 **어지**간히도 **독촉하다.**
(bar girl) (tip) (urge)

▶ He urged her to hurry up.
그는 서두르라고 그녀를 재촉했다.

大 **urgency**
[ə́ːrdʒənsi]

명 긴급, 절박, 재촉

▶ urge(재촉하다, 다그치다) + ncy(= cy 명사 어미) = urgency(긴급, 절박, 재촉)

高 **urgent**
[ə́ːrdʒənt]

형 재촉하는, 강요하는, 긴급한

▶ urg(e)(재촉하다, 다그치다) + ent(형용사 어미) = urgent(재촉하는, 강요하는, 긴급함)

▶ urgent telegram 긴급 전보

大 **urger**
[ə́ːrdʒər]

명 몰아대는 것[사람]

▶ urg(e)(재촉하다, 다그치다) + er(…하는 사람[것]) = urger(몰아대는 사람, 몰아대는 것)

大 **urn**
[əːrn]

명 항아리, 단지, 납골 단지

암 **언** 땅에 묻인 **납골 단지**인 **항아리**
(urn)

中 **us**
[ʌs, əs]

대 (we의 목적격) 우리들(에게)

▶ Why didn't you tell us? 왜 우리에게 말하지 않았던가?

高 **U.S.A(USA)**
[USA]

U.S.A(USA) : United States of America(미국)

高 **usage** [jú:sidʒ, -zidʒ]

[명] 사용(법), 관습, 관례, 어법

▶ us(e)(사용하다, 습관, 관습) + age(명사 어미) = usage(사용[법], 관습, 관례, 어법)

▶ common usage 일반적인 용법

中 **use** [ju:s]

[동] 이용하다, 쓰다. [명] 사용, 효용

[암] 댐(dam)을 막아 유스(流水)(use)를 이용하다. (유스: 유수(흐르는 물))

▶ That's no use. 그건 불필요하다.

中 **used** [ju:st]

[형] ~에 익숙하여 익숙한 [자] 늘 ~하다.

▶ us(e)(쓰다, 사용하다) + ed(형용사를 만듦) = used(…에 익숙하여, 익숙한, 늘~하다)

▶ He isn't used to walking. 그는 걷는 데 익숙하지 못하다.

中 **useful** [jú:sfəl]

[형] 쓸모있는, 유용한, 편리한

▶ use(쓰다, 사용하다) + ful(형용사 어미, …이 많은) = useful(쓸모있는, 유용한, 편리한)

▶ useful information 유익한 정보

高 **useless** [jú:slis]

[형] 쓸모없는, 무용한, 무익한

▶ use(쓰다, 사용하다) + less(…이 없는) = useless(쓸모없는, 무용한, 무익한)

▶ It is useless to ask him. 그에게 물어봐도 소용이 없다.

高 **user** [jú:zər]

[명] 사용자, 소비자

▶ us(e)(쓰다, 사용하다) + er(…하는 사람) = user(사용자, 소비자)

▶ a computer user 컴퓨터 사용자

大 **usher** [ʌ́ʃər]

[명] 안내인, 수위 [동] 안내하다, 전갈하다.

[암] 안내인이 어셔(usher)옵쇼 하며 안내하다.

大 **USSR** [jú:és:és:a:r]

[명] 소련

소련(the Union of Soviet Socialist Republics)

中 **usual** [jú:ʒuəl, -ʒwəl]

[형] 평소(일상)의, 평범한, 보통의

[암] 평범한 보통의 유(柳)(usual) 절 받고 (세배)돈을 물어(moola[h]). (유(柳): 유씨, 절: 절)

▶ He asked the usual questions. 그는 일상적인 질문을 했다.

中 **usually** [jú:ʒuəli, -ʒwəli]

[부] 보통, 대개, 평소에는

▶ usual(보통의) + ly(부사 어미) = usually(보통, 대개, 평소에는)

▶ I usually get up at 7. 난 대개 7시에 일어난다.

高 **utensil**
[juːténsəl]

[명] 가정 용품, 부엌세간, 기구 도구

유씨가 열칸 방에
[암] **유(兪) 텐 실(室)**내에 진열한 **가정용품(부엌세간)**
(utensil)

▶ Kitchen utensils 주방용품, 주방 부엌세간

高 **utility**
[juːtíləti]

[명] 유익, 유용, 유익 [형] 실용적인

버크셔 우리에 유씨가 티끌을 넣 티끌을
[암] **버크셔 하우스**에 **유(兪) 틸러 티**끌을 **유용(유익)**하게 쓰네
(Berkshire house) (utility)

▶ utility furniture 실용적인 가구

高 **utilize**
[júːtəlàiz]

[타] 이용하다, 소용되게 하다.

▶ util(ity)(유용, 유익) + ize(…하다, …되게하다) = utilize(이용하다, 소용되게 하다)

▶ utilize fully. 충분히 이용하다.

高 **utmost**
[ʌtmòust]

[형] 최대(한)의, 극도의

▶ (어(語)트(套) = ut) + (most = 최상급) = 을 써서 **최대(한)의** 강조를 하네

(어(語)트(套) = ut) + (most = 최상급) = utmost(최대[한]의, 극도의)

▶ We did our utmost to help. 우리는 전력을 다하여 도왔다.

大 **Utopia**
[juːtóupiə]

[명] 유토피아, 이상향

高 **utter**
[ʌ́tər]

[형] 완전한, 단호한, 전적인 [명] 말[발언]하다.

연애하면 어떠냐고
[암] **러브**하면 **어터**냐고 **단호하**고 **전적인 발언을 하다.**
(love) (utter)

▶ utter belief 전적인 믿음

大 **utterance**
[ʌ́tərəns]

[명] 입밖에 냄, 발언, 말함

▶ utter(입밖으로 내다, 발언하다) + ance(명사 어미) = utterance(입밖에 냄, 발언, 말함)

大 **utterly**
[ʌ́tərli]

[부] 아주, 전혀, 완전히

▶ utter(완전한, 단호한) + ly(부사를 만듦) = utterly(완전히, 아주, 전혀)

大 **uttermost**
[ʌ́tərmòust / -məst]

[형] 최대 한도의, 극도의

▶ utter(전적인, 완전한) + most(최상급을 만듦) = uttermost(최대 한도의, 극도의)

高 **U-turn**
[júːtəːrn]

[명] (자동차 등의)U 턴 ((비유)), (정책 등의) 방향 전환

▶ make a U-trun = U턴을 하다
No U-truns ! ((게시)) U턴 금지

V

大 **vacancy**
[véikənsi]

명 빈방, 공허, 공간
▶ vacan(t)(비어있는, 공허한) + cy(명사 접미사) = vacancy(공허, 공간, 빈방)

高 **vacant**
[véikənt]

형 빈, 공석중인, 텅빈
▶ vac(빈) + ant(형용사 어미) = vacant(빈, 텅빈)

배가 이 큰 틀을(기계를)
암 **텅빈 배 이 컨트**를 **싣고 가다.**
(vacant) (go)

▶ look into vacant space. 허공을 바라보다.

大 **vacate**
[véikeit / vəkéit]

동 그만두고 물러나다, 사퇴하다, 휴가를 얻다.

부엌에 이(2) 트기가
암 **붜케 이(2)트**기가 일을 **그만두고 물러나다. 휴가를 얻다.**
(vacate)

中 **vacation**
[veikéiʃən, və-]

명 방학, 휴가, 사직, 퇴임 자 휴가를 얻다.
▶ vacat(e)(그만두고 물러나다, 휴가를 얻다) + ion(명사 어미) = vacation(방학, 휴가, 사직, 퇴임, 휴가를 얻다)

高 **vaccinate**
[vǽksinèit]

동 백신 주사를 놓다, 예방 접종을 하다.

백신을 내 이름에
암 **닥터**가 **(예방접종)백신 내 이 트**메 **백신 주사를 놓다.**
(doctor) (vaccinate)

大 **vaccination**
[væ̀ksənéiʃən]

명 백신(예방) 접종, 종두
▶ vaccinat(e)(백신[예방]접종을 하다) + ion(명사 어미) = vaccination(백신[예방] 접종, 종두)

高 **vacuum**
[vǽkjuəm / -kjəm]

명 진공 타 진공 청소기로 청소하다.

방을 배씨인 귀염둥이가
암 **룸**을 **배(裵)퀴엄**둥이가 **진공 청소기로 청소하다.**
(room) (vacuum)

大 **vagabond**
[vǽgəbɑ̀nd / -bɔ̀nd]

명 방랑자 형 방랑하는, 무뢰한의

베고 반듯이
암 **친구 팔**을 **베거 반드**시 누워자는 **무뢰한의 방랑자**
(pal) (vagabond)

大 **vague**
[veig]

형 불명확한, 애매한, 의미한, 막연한

배가 익으니(불룩하니)
암 씨가 **불명확한 배 이그**니 **월(月)이** 갈수록 **고민하다.**
(vague) (worry)

V

高 **vain**
[vein]

(형) 헛된, 공허한, 공연한

(암) **공연한 헛된** 짓하다 **베인 (손)핸드.**
(vain) (hand)

▶ It is vain for you to try. 해 봐야 소용 없다.

大 **vainly**
[veinli]

(부) 헛되이, 공연히

▶ vain(헛된, 공연한) + ly(부사를 만듦) = vainly(헛되이, 공연히)

大 **vale**
[veil]

(명) 골짜기, 계곡, 속세

(암) **계곡 골짜기**가 **뵈일 마운트 산에 오르다.**
(vale) (mount)

大 **valiant**
[vǽljənt]

(형) 용감한, 씩씩한, 영웅적인

배련(=배려는) 단지해(손가락을 잘라)

(암) **용감한 배련 트**기에게 **피 풀**어 주어 **사람을 살게 하다.**
(valiant) (people)

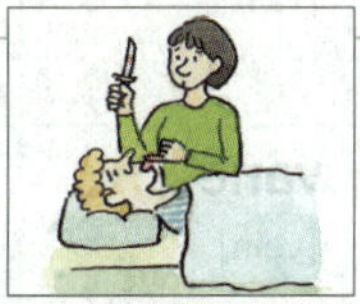

高 **valid**
[vǽlid]

(형) (이유 따위가)타당한, 유효한, 정당한

배를 들고

(암) 아내가 **(이유가)타당한 밸이 드**고 **폼을 잡다.**
(valid) (form)

▶ a valid marriage 정식 결혼

高 **validity**
[vəlídəti]

(명) 정당성, 타당성, 유효성

▶ valid(정당한, 타당한, 유효한) + ity(명사 어미) = validity(정당성, 타당성, 유효성)

中 **valley**
[vǽli]

(명) 골짜기; (큰 강의) 유역, 계곡

뵈오리

(암) **유태인**이 **주**를 **골고다 골짜기**에서 **뵈리.**
(Jew) (Golgotha) (valley)

▶ Mississippi Valley 미시시피강 유역

中 **valuable**
[vǽljuːəbəl, -ljəbəl]

(형) 가치있는, 귀중한, 값비싼

▶ valu(e)(가치, 평가하다) + able(…할 만한) = valuable(가치있는, 귀중한, 값비싼)

▶ valuable furniture 값비싼 가구

大 **valuation**
[væ̀ljuéiʃən]

(명) 평가, 값을 매김, 가치(평가)

▶ valu(e)(가치, 평가하다) + ation(명사 어미) = valuation(평가, 값을 매김, 가치[평가])

中 **value**
[vǽljuː]

(명) 가치 (동) (금전적으로)평가하다.

배 종류의

(암) **배 류(類)**의 **가치**를 **평가하다.**
(value)

▶ the value of education 교육의 가치

V

高 **valve**
[vælv]

명 판(瓣), 밸브, (수문 따위의) 막이판

암 (수문 따위의) **막이판 밸브**
(valve)

▶ a safety valve 안전 밸브(판)

大 **vampire**
[vǽmpaiər]

명 흡혈귀; 착취자

암 **흡혈귀**의 **뱀파 이어**서 만든 **가짜 목커리**.
(뱀 피를 이어서 — vampire) (목걸이 — mockery)

高 **van**
[væn]

명 (뚜껑이 있는)짐마차, 밴 대형차 동 밴으로 캠프 여행하다.

암 **짐마차** 같은 **밴으로 캠프 여행하다**.
(van)

▶ a delivery van 배달용 밴 대형차

大 **vane**
[vein]

명 바람개비, (풍차, 추진기 따위의)날개

암 **바람개비 날개**에 **베인 핸드**(손)
(vane) (hand)

高 **vanilla**
[vənílə]

바닐라(식물이름)

高 **vanish**
[vǽniʃ]

동 (갑자기) 보이지 않게 되다, 사라(없어)지다.

암 **미스**가 **섬 아일 배니 쉬**쉬하며 **사라(없어)지다**.
(Miss) (isle) (vanish)

高 **vanity**
[vǽniti]

명 허영심, 자만심, 공허, 덧없음

암 **허영심**에 찬 자의 **배니 티**를 높혀 **다이아 밴드를 매다**.
(복부니 티를 — vanity) (dia) (band)

▶ Vanity of vanity all is vanity.
[성서] 헛되고 헛되니 모든 것이 헛되다.

大 **vanquish**
[vǽŋkwiʃ]

동 정복하다, 격파하다.

암 **덩(똥)**을 **뱅퀴쉬**며 **격파하다**.
(dung) (뻥! 꿔시 — vanquish)

大 **vanquisher**
[vǽŋkwiʃ]

명 승리자, 정복자

▶ vanquish(싸워서 이기다, 정복하다) + er(…사람) = vanquisher(승리자, 정복자)

大 **vantage**
[vǽntidʒ, vɑ́:n-]

명 우세, 유리, 이익

암 잘 먹어 영양이 **우세**하면 **밴 튀지**.
(배는 튀지(눈에 튀지) — vantage)

高 **vapo(u)r**
[véipər]

[명] 증기 수증기, 김 [동] 발산하다, 증기로 만들다.

배가 이런 퍼런
[암] **십**퍼런 **함선배 이 퍼런 수증기 김**을 **발산하다**.
(ship) (vapo(u)r)

▶ water vapo(u)r 수증기

大 **variable**
[véəriəbəl]

[형] 변하기 쉬운, 변덕스러운

▶ var(y) → i(바꾸다, 변경하다) + able(…할 수 있는, …할 만한) = variable(변하기 쉬운, 변덕스러운)

大 **variance**
[véəriəns]

[명] 변화, 변동, 변천

▶ var(y) → i(바꾸다, 변경하다) + ance(명사 어미) = variance(변화, 변동, 변천)

大 **variant**
[véəriənt]

[형] 다른, 상이한, 부동(不同)의

▶ var(y) → i(바꾸다, 다르다) + ant(형용사 어미) = variant(다른, 상이한, 부동(不同)의)

高 **variation**
[vɛ̀əriéiʃən]

[명] 변화, 변동, 변이(變異)

▶ var(y) → i(바꾸다, 변경하다) + ation(명사 어미) = variation(변화, 변동, 변이[變異])

▶ (a) wide variation 큰 변화

高 **varied**
[véərid]

[형] 가지가지의, 가지각색의, 다채로운

▶ var(y) → i(바꾸다, 다양하게 하다) + ed(형용사를 만듦) = varied(가지가지의, 가지각색의 다채로운)

▶ highly varied 매우 다채로운

高 **variety**
[vəràiəti]

[명] 변화 다양(성), 불일치

▶ vary(변하다) + ity(= ety 명사 어미) = variety(다양성, 변화, 불일치)

[암] **다양성**을 지난 **버라이어티 쇼**.
(variety) (show)

▶ a variety of opinions. 여러 가지 의견

中 **various**
[véəriəs]

[형] 여러 가지의, 가지각색의

▶ var(y) → i(바꾸다, 다양하게 하다) + ous(형용사 어미, …이 많은) = various(여러가지의, 가지각색의)

▶ for various reasons 여러 가지 이유로

大 **varnish**
[vá:rniʃ]

[명] 광택제, 바니쉬, 니스
[타] 바니쉬를 칠하다.

高 **vary**
[véəri]

[동] 바꾸다, 변화하다, 다양하게 하다, 바뀌다.

[암] **팥 단지**처럼 애 **배어 리**씨의 배가 **변화하다(바뀌다)**.
(pot) (vary)

▶ The weather varies hourly.
날씨는 시시각각으로 변한다.

V

中
vase
[veis, veiz]

명 꽃병
배를 이즈음
암 **배 이즈**음 **꽃병**으로 **디자인하다**.
(vase) (design)
▶ flower vase 꽃병

大
vassal
[vǽsəl]

명 가신(家臣), 부하, 머슴, 노예
두목의
암 **보스**의 **배설**물을 치우는 **부하 머슴(노예)**
(boss) (vassal)

高
vast
[væst, vɑːst]

형 광대한, 거대한, (수량 정도가)막대한
배수(상류에 물) 틀어
암 **댐**에서 **거대한 배스(背水)트**러
(dam) (vast)
▶ a vast plain 광대한 평야

大
Vatican
[vǽtikən]

명 바티칸 궁전(로마 교황청)

大
vaudeville
[vɔ́ːdəvil / vóud-]

명 보드빌, 짧은 희극
암 **보드빌** 술을 마시고 **짧은 희극(보드빌)**을 **변두리**에서 **보더**(다)
(vaudeville) (border)

大
vaudevillian
[vɔ̀ːdəvíljən / vòud-]

명 브드빌 배우, 보드빌 대본 작가
▶ vaudevill(e)(보드빌) + ian(…하는 사람) = vaudevillian(보드빌 배우, 보드빌 대본 작가)

V

高
vault
[vɔːlt]

명 둥근 천장, 아치형 천장, 저장실
(volt)볼트(전압의 단위)를 연관시켜 기억할 것
암 **둥근 천장**에 달린 220 **볼트**의 **서치라이트(탐조등)**
(vault) (searchlight)
▶ the vault of heaven. 창공(푸른 하늘)

大
veal
[viːl]

명 송아지 고기(식용)
암 **송아지 고기**를 제물로 놓고 **빌**은 **인디언**
(veal) (Indian)

中
vegetable
[védʒətəbəl]

명 야채, 채소
배씨가 저 테이블
암 **배(裵) 저 터블**에 둔 **야채**.
(vegetable)
▶ the vegetable kingdom. 식물계

大
vegetation
[vèdʒətéiʃən]

명 초목, 식물
▶ veget(able)(야채) + ation(명사 어미) = vegetation(초목, 식물)

大

vehemence,-mency
[víːəməns, -si]

명 격렬, 맹렬

▶ vehemen(t)(격렬한, 맹렬한) + ce,cy(명사 어미) = vehemence-mency(격렬, 맹렬)

大

vehement
[víːəmənt]

형 격렬한, 맹렬한, 열렬한

비어(쌍말이)면 트기도

암 인사말이 **격렬한 비어(卑語)면 트**기도 **로(怒)**해 **고함치다**.

(vehement) (roar)

高

vehicle
[víːikəl, víːhi-]

명 탈 것, 차량, 운송수단, 매개물

비석 이(두)개를 끌러내려

암 **차량**에서 **비이(碑二)클**러……내린 **보이**

(vehicle) (boy)

高

veil
[veil]

명 베일, 덮개, 면사포, 베일을(로) 쓰다(가리다)

암 **미스**가 **면사포 베일을 쓰다**.

(Miss) (veil)

▶ She veiled her animosity. 그녀는 반감을 숨겼다.

高

vein
[vein]

명 혈관, 정맥, 잎맥, 광맥, 기질

해군용 접칼

암 **잭 · 나이프**(칼)에 **베인 혈관**.

(jack knife) (vein)

大

velocity
[vilάsəti]

명 속력, 빠르기, 속도

암 소나기 **비라서 튀**듯 **속력**을 내 **션**수쳐 **피하다**.

(velocity) (shun)

高

velvet
[vélvit]

명 우단, 비로도, 벨벳 형 우단과 같은

암 **벨빗 비로도 스커트**

(velvet) (skirt)

▶ silk velvet 우단

大

venerable
[vénərəbəl]

형 존경할 만한, 덕망 있는

▶ vener(ate)(존경하다, 받들어 모시다) + able(…할 만한) = venerable(존경할 만한, 덕망 있는)

大

venerate
[vénərèit]

타 존경하다, 숭배하다, 받들어 모시다.

(주인)배씨가 널에 이씨 트기를

암 **배(裵) 너레 이(李)트**기를 **받들어 모시니 존경하다**.

(venerate)

※ 옛날에는 좋은 관을 쓰지않고 장사지냈음

大

Venetian
[viníːʃən]

명 베네치아 사람 형 베네치아(사람)의

▶ Veneti(a)(베네치아, 베니스) + an(…사람[의]) = Venetian(베네치아 사람, 베네치아[사람]의)

高

vengeance

[véndʒəns]

[명] 복수, 원수 갚기, 앙갚음

배는 전수(전부)

[암] **원수 갚기 앙갚음**으로 **밴 전스(全數) 밤**에 **폭파(폭격)하다**.

(vengeance) (bomb)

▶ swear vengeance against. …에 대하여 복수를 맹세하다.

大

Venice

[vénis]

[명] 베니스(베네치아의 영어명) 이탈리아의 항구도시

大

venison

[vénəzən / -sən]

[명] 사슴고기(사냥에서 잡은) 짐승의 고기

배(갑절을) 넣어준

[암] **요리사 쿡**이 **배(倍) 넣즌 사슴고기**

(cook) (venison)

大

venom

[vénəm]

[명] 원한, 독액, 독, 독설

배 놈(=뱃놈) 컷으니

[암] **배넘**이 **독설**로 **원한**입은바 **커스**니 **저주하다**.

(venom) (curse)

大

vent

[vent]

[명] 구멍, 새는 구멍 [타] (감정 등을) 드러내다.

배는 틀려다

[암] 사공이 **밴 트**려다 **새는 구멍**이 생겨(놀램을)**드러내다**.

(vent)

大

ventilate

[véntəlèit]

[타] 공기를 통하게 하다, 환기시키다

앙고라 토끼의 벤 털에 잇따라

[암] **앙고라**의 **벤 텔레 일**따라 **공기를 통하게 하다, 환기시키다**.

(Angora) (ventilate)

高

ventilation

[vèntəléiʃən]

[명] 통풍, 환기

▶ ventilat(e)(공기를 통하게 하다, 환기시키다) + ion(명사 어미) = ventilation(통풍, 환기)

▶ a room with good ventilation 환기가 잘되는 방

V

高

venture

[véntʃər]

[명] 모험, 모험적 사업 [동] 위험을 무릅쓰고~하다, 감행하다.

[암] **모험적 사업**인 **벤처 사업**을 **감행하다**.

(venture)

▶ He is ready for any venture. 그는 어떠한 모험도 각오하고 있다

大

Venus

[víːnəs]

[명] 비너스(사랑과 미의 여신)

▶ the Venus of Milo(밀로의 비너스)

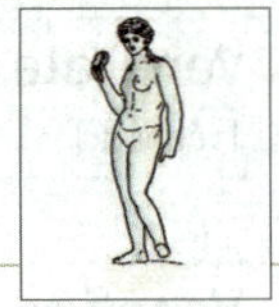

高

veranda(h)

[vərǽndə]

[명] 베란다(아파트 베란다)

高 **verb**
[vəːrb]

명 [문법] 동사 (약어) vb, v

문법으로
암 문**버브**로 따져 본 **동사** 활용법을 **스승**님께 **물어**
(verb) (mulla[h])

大 **verbal**
[vɔ́ːrbəl]

형 말의, 말로 나타낸

▶ verb(동사) + al(형용사 어미, …의) → 동사의 변화를 말로 나타낸 법을… = verbal(말의, 말로 나타낸)

大 **verdict**
[vɔ́ːrdikt]

명 (배심원의)답신, 평결, 판단, 의견

벼 딕! 틀어져
암 태풍에 **버 딕 트**러져 망침을 **배심원이 판단(평결)** 하네
(verdict)

大 **verge**
[vəːrdʒ]

명 가장자리, 도로변

동 경계가 되다, (성질 상태 등에)다가가다, 접근하다.

암 **도로변**, **가장자리**로 아**버지**가 쉬려고 **다가가다(접근하다)**.
(verge)

大 **verify**
[vérifài]

타 입증하다, 확실히하다, 실증하다.

▶ (매우, 대단히 = ver[y] → i) + (fy = …하다) → 물건이 매우[대단히]좋고, 견고 하다며 이를 입증하다 = verify(입증하다, 확실히하다, 실증하다)

大 **verily**
[vérili]

부 참으로, 실제로

▶ (매우, 대단히 = ver[y] → i) + (ly = 부사를 만듦) = verily(참으로, 실제로)

大 **Versailles**
[vərsái, vɛər-]

명 베르사유(파리 서남쪽의 도시)

高 **versatile**
[vɔ́ːrsətl / -tàil]

형 재주가 많은, 다능의, 다재한

벗어 틀어가며 원숭이
암 **재주가 많은** 놈이 옷 **버서 틀**어가며 **멍키 쇼를 보이다**.
(versatile) (monkey)(show)

高 **verse**
[vəːrs]

명 운문, 시; (시나 성서의) 1절 동 시를(로) 짓다.

암 **버스**에서 **버스**氏가 **운문 시를 짓다**.
(bus) (verse)

▶ write in verse. 운문으로 쓰다.

大 **version**
[vɔ́ːrʒən, -ʃən]

명 설명; ~판(版); 번역

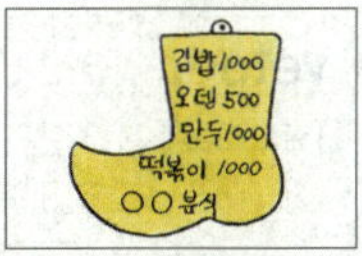

버선 식단표
암 **버션** 같은 **번역 판(版)**에 쓴 **메뉴**.
(version) (menu)

V

大 **versus** [vɔ́ːrsəs]

㊇ (소송, 경기 등에서) …대(對)

벗었으니
암 **게임**하려고 청군 **대(對)** 백군이 옷을 **버서스**니.....
(game) (versus)

高 **vertical** [vɔ́ːrtikəl]

형 수직의, 세로의

버티걸(맞설걸)
암 **코브라**가 덤비며 **수직의** 자세로 **버티걸**.
(cobra) (vertical)

▶ a vertical turn 수직선회

中 **very** [véri]

부 대단히, 매우

▶ She is very kind. 그녀는 매우 친절하다.

高 **vessel** [vésəl]

명 용기, 그릇, (대형의)배

암 **배**같은 **용기 그릇**에 담긴 **배설**물
(vessel)

高 **vest** [vest]

명 조끼, 속옷, 셔츠

타 (권리를)주다, 부여하다, 옷을 입히다.

암 **디자이너**가 **베스트 셀러**책에 **베스트 조끼 옷을 입히다**.
(designer) (best seller) (vest)

大 **vestige** [véstidʒ]

명 자취, 흔적, 표적

배수(배수로) 튀지
암 **인플레**가지난 **자취(흔적)**따라 물가가 **배스(倍數) 튀지**
(inflation) (vestige)

大 **veteran** [vétərən]

명 노련한 사람, 노병, 베테랑 형 노련한

지팡이 배 털은
암 **스틱**들고 **노련한** 솜씨로 **배 터런 베테랑**급 **노병**.
(stick) (veteran)

大 **veterinarian** [vètərənέəriən]

명 수의사

솔로 배를 털어 내리언(=내린)
암 **브러시**로 개 **배 털어 내리언 수의사**.
(brush) (veterinarian)

大 **veto** [víːtou]

명 거부권, 거부(권 행사) 타 부인[거부]하다.

비를 토인이
암 **철야**로 **비질**하기를 **비 토**인이 들고 **거부권**으로 **거부하다**.
(vigil) (veto)

大 **vetoer** [víːtouər]

명 거부권자, 거부권 행사자, 금지자

▶ veto(부인[거부]하다) + er(…하는 자[者]) = vetoer(거부권자, 거부권 행사자, 금지자)

高 **vex** [veks]

㊐ 괴롭히다, 짜증나게 하다, 학대하다.

암 미스를 **백스**(수) 건달이 **괴롭히다(짜증나게 하다)**.
(vex)

▶ I shall be vexed if you are late. 만약 늦게 오면 나 화낼 거야.

大 **vexation** [vekséiʃən]

명 애탐, 애태움, 괴로움, 고민

▶ vex(짜증나게 하다, 괴롭히다) + ation(명사 어미) = vexation(애탐, 애태움, 괴로움, 고민)

高 **via** [váiə, víːə]

전 ~을 거쳐서, ~을 경유하여

암 외국 **바이어**가 홍콩을 **바이어(경유)하여 명령**받고 **오더**
구매자가 (buyer) (via) (order)

▶ via the Panama Canal 파나마 운하를 경유하여

高 **vibrate** [váibreit]

동 떨다, 진동하다, 감동시키다.

암 **벌거**벗은 **서민**좀 **봐 이브레 이트**리나 들어가 **떨다**.
(vulgar) 봐 이불에 이틀이나 (vibrate)

▶ He vibrated with rage. 그는 분노로 가슴이 떨렸다.

大 **vibration** [vaibréiʃən]

명 떨림, 진동, 마음의 동요

▶ vibrat(e)(떨다, 진동하다, 감동하다) + ion(명사 어미) = vibration(떨림, 진동, 마음의 동요)

大 **vibrator** [váibreitər]

명 진동하는[시키는]사람[물건], 진동기

▶ vibrat(e)(떨다, 진동하다) + or(…하는 사람[물건]) = vibrator(진동하는[시키는]사람[물건], 진동기)

高 **vice¹** [vais]

명 악덕, 악, 비행, 결점

암 놈의 **악덕**과 **비행**을 **봐 이스**(있으)면 **수**없이 **고소하다**.
(vice) (sue)

▶ virtue and vice 미덕과 악덕

大 **vice²** [vais]

명 바이스, 대리, 부(副)

암 재산을 **봐 이스**(있으)니 **대리**가 **부대리**를 **러브하다**.
(vice) (love)

大 **vice-king** [vaiskiŋ]

명 부왕(副王)

▶ vice(부(副)) + king(왕) = vice-king (부왕[副王])

大 **vice-president** [váisprézədənt]

명 부통령, 부회장

▶ vice(부(副)) + president(대통령) = vice-president(부통령, 부회장)

V

高 **vicinity**
[visínəti]

명 가까운 곳, 부근, 근처

빛이 느티나무
암 **비시 너티**나무에 가려진 **근처 가까운 곳**
(vicinity)

▶ There was no hospital in the vicinity.
부근에는 병원이 없었다.

高 **vicious**
[víʃəs]

형 심술궂은, 사악한, 악덕한

비(비석) 셧으니
암 **사악(악덕)한** 놈의 **비(碑) 셔스**니 **뒤 그**가 **파헤치다**.
(vicious) (dig)

▶ vicious remarks 악의 있는 말

高 **victim**
[víktim]

명 희생(자), 피해자, (종교적)희생

큰팀(big team)빅팀 발음을 응용하여 기억할 것
암 **빅팀**에게 **희생**된 **피해자 빅팀**씨.
(big team) (victim)

▶ an accident victim 사고의 피해자

高 **victor**
[víktər]

명 승리자, 전승자, 정복자

▶ vict(ory)(승리, 전승) + or(…사람 [者]) = victor(승리자, 전승자, 정복자)

大 **Victorian**
[viktɔ́:riən]

형 빅토리아 여왕(시대)의

▶ Victor(y) → i(빅토리아, 빅토리아 여왕) + an(…의) = Victorian(빅토리아 여왕[시대]의)

高 **victorious**
[viktɔ́:riəs]

형 승리를 거둔, 이긴

▶ victor(y) → i(승리, 전승) + ous(형용사 어미) = victorious(승리를 거둔, 이긴)

▶ a victorious war 승전

高 **victory**
[víktəri]

명 (전쟁, 전투에서의)승리, 전승, 승전, 빅토리!

▶ That was his victory. 그의 승리였다.

大 **victual**
[vítl]

명 음식물, (보통 복수)식량 동 식량을 공급하다.

암 **고지 골짜기**에 **비틀**거리며 **음식물**과 **식량을 공급하다**.
(gorge) (victual)

大 **video**
[vídiòu]

명 영상, 비디오.

大 **vie**
[vai]

자 우열을 다투다, 경쟁하다, 겨루다.

바위의 사투리
암 **사탄**과 **삼손**이 **바이**들고 힘을 **겨루다(우열을 다투다)**.
(Satan) (Samson) (vie)

中 **view** [vjuː]

명 경치, 의견 동 보다, 점검하다.

암 **서로 인터뷰**해 **의견**을 **점검하다**.
(inter)(view)

▶ What are your views on his proposal?
그의 제안에 대한 너의 의견은 무엇이냐?

高 **viewer** [vjúːər]

명 보는 사람, 구경꾼, 감독관

▶ view(바라보다) + er(…사람) = viewer(보는 사람, 구경꾼, 감독관)

▶ viewer response (텔레비전) 시청자의 반응

大 **viewpoint** [vjúːpɔ̀int]

명 관점, 견해, 견지

▶ view(바라보다) + point(점) = viewpoint(관점, 견해, 견지)

大 **vigil** [vídʒil]

명 철야, 불침번, 밤샘

암 **워싱턴** 광장을 **불침번**이 **철야**로 **비질**하네.
(Washington) (vigil)

大 **vigilance** [vídʒiləns]

명 경계, 조심, 불침번, 불면증

▶ vigil(밤샘, 철야) + ance(명사 어미) = vigilance(경계, 조심, 불침번, 불면증)

大 **vigilant** [vídʒilənt]

형 자지 않고 지키는, 경계하고 있는

▶ vigil(밤샘, 철야) + ant(형용사 어미) = vigilant(자지 않고 지키는, 경계하고 있는)

高 **vigo(u)r** [vígər]

명 활력, 세기, 체력, 정력, 원기, 힘

암 **체력**의 **힘**으로 **비(碑)거**러 **보이**는 **소년**.
비(비석) 걸어
(vigo(u)r) (boy)

▶ He is always full of vigor.
그녀는 언제나 활력이 넘친다.

高 **vigorous** [vígərəs]

형 기운찬, 활발한, 원기 왕성한

▶ vigo(u)r(체력, 힘) + ous(형용사 어미) = vigorous(원기 왕성한, 기운찬)

▶ have a vigorous argument 활발한 토론을 하다.

大 **Viking** [váikiŋ]

명 바이킹, 북유럽의 해적(8–11 세기경)

高 **vile** [vail]

형 비열한, 야비한, 천한

암 **천하**고 **비열한** 놈 좀**봐** **일**않고 **곧장 쉬어**
(vile) (sheer)

▶ vile language 천한 말씨

大 **villa** [vílə]

㉮ 별장, 별저, (영) 교외주택

암 **백정**이 **부처**님께 **별장**에서 **비러**.(빌어)
(bucher) (villa)

中 **village** [vílidʒ]

㉮ 마을, 마을 사람, 촌락

암 **달러**를 **마을 사람**이 **마을**에서 **빌리지**.
(dollar) (village)

▶ a farm village. 농촌

高 **villager** [vílidʒər]

㉮ 마을 사람, 시골 사람

▶ villag(e)(마을) + er(…사람) = villager(마을 사람, 시골 사람)

大 **villain** [vílən]

㉮ 악인, 악한(惡漢)

암 **고드**신(곧으신) **하느님**께 **빌언**(빌은) **악한(惡漢) 악인**
(God) (villain)

大 **villein** [vílin]

㉮ 농노, 반 자유인

암 (젖)**비린**내 나는 **농노**를 **로브(老夫)**(로부(늙은 남자))가 **겁탈하다**.
(villein) (rob)

高 **vine** [vain]

㉮ 포도나무, 덩굴풀, 덩굴 식물

암 **포도 덩굴**을 **봐인(人)**(봐서 사람이)이 용**트림**한 것처럼 **전지하다**(가지치기).
(vine) (trim)

▶ rose vines (美) 덩굴장미

大 **vineyard** [vínjərd]

㉮ 포도원, 포도밭

▶ vine(포도나무) + yard(마당, 구내) = vineyard(포도원, 포도밭)

大 **viny** [váini]

㉮ [化] 비닐

高 **violate** [váiəléit]

㉶ (조약, 법률 따위를)위반하다, 어기다.

암 년들 **봐 이 얼레 이트**리나(봐 이 얼레를 이틀이나) 두고 (지시를)(고스톱 말라는) **어기다**.
(violate)

▶ We must not violate the law.
우리는 법을 위반하면 안된다.

高 **violation** [vàiəléiʃən]

㉮ 위반, 위배, 침해

▶ violat(e)(위반하다, 위배하다) + ion(명사 어미) = violation(위배, 위반, 침해)

高 **violence**
[váiələns]

명 격렬함, 맹렬, 폭력, 난폭

▶ viol(ate)(어기다, 방해하다) + ence(명사 어미) = violence(어기고, 방해함 → 맹렬, 격렬함, 난폭, 폭력)

▶ use [resort to] violence. 폭력을 쓰다, 완력에 호소하다.

高 **violent**
[váiələnt]

형 격렬한, 폭력적인

▶ viol(ate)(위반하다, 어기다) + ent(형용사 어미) = violent(어기니 격렬한 언쟁하다 = 격렬한, 폭력적인)

▶ a violent earthquake 격렬한 지진

高 **violet**
[váiəlit]

명 바이올렛(제비꽃), 보랏빛

▶ the tricolored violet 삼색(三色) 제비꽃, 팬지 ([식물]pansy)

高 **violin**
[vàiəlín]

명 바이올린

▶ play the violin. 바이올린을 켜다.

大 **violinist**
[vàiəlínist]

명 바이올린 연주자

▶ violin(바이올린) + ist(…하는사람) = violinist(바이올린 연주자)

高 **virgin**
[vəːrdʒin]

명 처녀 형 순결한

암 **정말! 예버진 순결한 처녀.** (예 빠진 — yeah)(virgin)

▶ a virgin peak 처녀봉

高 **virtue**
[vəːrtʃuːə]

명 미덕, 정조, 장점

암 여자가 **미덕**인 **정조**를 지키며 **버튜우**(버티유 — virtue)

▶ have a virtue. 장점을 가지고 있다.

大 **virtuous**
[vəːrtʃuəs]

형 덕있는, 고결한, 덕이 높은

▶ virtu(e)(미덕, 덕) + ous(형용사 어미) = virtuous(덕있는, 고결한, 덕이 높은)

大 **virus**
[váiərəs]

명 바이러스 병원체, 병균

大 **visa**
[víːzə]

명 여권, 비자 타~에 배서(사증)하다.

암 **여권 비자에 배서(사증)하다.** (버티유)(visa)

大 **viscount** [váikàunt]

명 자작

▶ (바이: 바위의 방언 = vis) + (count = 계산하다)
→ 정원을 꾸미려고 바위를 사서 계산하는 자가 자작이다 = viscount

高 **visible** [vízəbəl]

형 눈에 보이는, 명백한, 가시(可視)의

▶ vis(= see) + ible(= can) = visible(눈에 보이는)

빗자루 집을
암 **눈에 보이는 비 지블**려는 **마담**
(visible) (madam)

▶ Is he visible? 그를 만날 수 있을까요?

高 **vision** [víʒən]

명 시력(= sight), 환상, 상상력, 통찰력, 비전

암 **멀리 떨어진** 것을 **텔레비전**으로 보는 **통찰력**.
(tele)(vision)

▶ a field of vision 시계, 시야

大 **visionary** [víʒənèri / -nəri]

형 환영의, 환상의, 꿈같은

▶ vision (시각, 상상력, 환상) + ary(…의) = visionary(환영의, 환상의, 꿈같은)

中 **visit** [vízit]

동 방문하다

암 두부 공장을 **비지 트**러(틀어) 보려고 **방문하다**.
(visit)

▶ We visited our uncle in the country.
우리는 시골에 사시는 삼촌댁에 방문했다.

大 **visitation** [vìzətéiʃən]

명 방문, 문병

▶ visit(방문하다) + ation(명사 어미) = visitation(방문, 문병)

中 **visitor** [vízitər]

명 방문자(객), 내객, 손님

▶ visit(방문하다) + or(…사람) = visitor(방문자[객], 내객, 손님)

▶ We have visitor. 집에 손님이 (머물고) 계십니다.

大 **visual** [víʒuəl]

형 눈에 보이는, 보는 시각의

빗자루 주을려는
암 홀에서 **눈에 보이는 비주얼**려는 **마담**
(visual) (madam)

大 **visualize** [víʒuəlàiz]

동 보이게 하다, 마음에 떠오르게 하다.

▶ visual(시각의, 눈에 보이는) + ize(…하게 하다) = visualize(보이게 하다, 마음에 떠오르게 하다)

大 **visually** [víʒuəli]

부 시각적으로, [눈에]보이도록

▶ visual(시각의, 눈에 보이는) + ly(부사를 만듦) = visually(시각적으로, [눈에]보이도록)

V

高	**vital** [váitl]	ⓗ 생명의, 활기찬, 중대한 ▶ vit(생명의 뜻) + al(형용사 어미) = vital(생명의, 활기있는) 암 (바위)**바이 틀**어 안은 **활기찬** 놈. (vital) ▶ vital energies[power(s)] 생명력 활력 
大	**vitality** [vaitǽləti]	명 생명력, 활기, 생활력 ▶ vital(생명의, 활기찬) + ity(명사 어미) = vitality(생명력, 활기, 생활력)
大	**vitally** [váitəli]	부 치명적으로, 긴요하게, 참으로 ▶ vital(생명의, 활기찬, 중대한) + ly(부사를 만듦) = vitally(치명적으로, 긴요하게, 참으로)
高	**vitamin(e)** [váitəmin / vít-]	명 비타민 형 비타민의 ▶ Vitamin A. 비타민A
高	**vivid** [vívid]	형 (빛 색이)선명한, 생생한, 강렬한 비비더니 보다 암 **아이**가 **눈**을 **비비드**니 **생생한**걸 **가**에서 **보더**. (eye) (vivid) (border) ▶ a vivid face 생기있는 얼굴 
高	**vocabulary** [voukǽbjəlèri / -ləri]	명 어휘, 단어집 폭풍우가 부엌에 불어리(부리=불다) 암 **허리케인**이 **단어집**을 날리며 **버케 뷸러리**. (hurricane) (vocabulary) ▶ a basic vocabulary 기초 어휘 
高	**vocal** [vóukəl]	형 목소리의. 성악의, 소리를 내는 암 **성악가의 목소리를 내는 보우컬** 그룹 (vocal) ▶ the vocal organs 발성 기관
大	**vocalization** [vòukəlizéiʃən]	명 발성, 발성법 ▶ vocaliz(e)(목소리를 내다, 발음하다) + ation(명사 어미) = vocalization(발성, 발성법)
大	**vocalize** [vóukəlàiz]	동 목소리를 내다, 소리치다, 발음하다. ▶ vocal(목소리의, 성악의) + ize(…화하다) = vocalize(목소리를 내다, 소리치다, 발음하다)
大	**vocally** [vóukəli]	부 구두로, 목소리를 내여 ▶ vocal(목소리의, 성악의) + ly(부사를 만듦) = vocally(구두로, 목소리를 내여)

V

大 **vocation** [voukéiʃən]

명 천직, 소질, 직업

요리사는 부엌에 이선생

암 **쿡**은 **버케 이션**생의 **소질**에 맞는 **직업**.

(cook) (vocation)

大 **vocational** [voukéiʃənəl]

형 직업의, 직업상의

▶ vocation(직업) + al(…의) = vocational(직업의, 직업상의)

大 **vogue** [voug]

명 유행, 성행, 인기

보그러(=보려고의 사투리)

암 **인기**있는 **유행**을 **보그**러 **그룹**지어 **모이다**.

(vogue) (group)

大 **voice** [vɔis]

명 목소리, 음성

암 **목쉰 허스키 보이스**(음성)

(husky) (voice)

大 **voiceless** [vɔ́islis]

형 목소리가 없는, 무언의, 벙어리의

▶ voice(목소리, 음성) + less(…이 없는) = voiceless(목소리가 없는, 무언의, 벙어리의)

大 **void** [vɔid]

형 공허한, 빈 명 허공, 진공

동 배설하다, 오줌누다.

암 **투브 관**을 **보이드**(더)니 **빈** 것에 **오줌누다**.

(tube) (void)

▶ a void space 공간

V

大 **volcanic** [valkǽnik / vɔl-]

형 화산의, 화산성의

▶ volcan(o)(화산) + ic(…의) = volcanic(화산의, 화산성의)

大 **volcano** [valkéinou / vɔl-]

명 화산, 분화구

밝게 이노(=이느냐?)

암 **화산 분화구**에 불이 왜 **발케 이노**?

(volcano)

▶ a submarine volcano 해저 화산

大 **volley** [váli / vɔ́li]

명 일제 사격 동 일제 사격을 퍼붓다.

밭이

암 **보리**밭을 포 수백 **바리 일제 사격을 퍼붓다**.

(volley) (volley)

大 **volleyball** [válibɔ̀ːl]

명 배구, 배구용

▶ volley(일제사격) + ball(공) → 공을 띄워 일제 사격하듯이 공을 치는 경기 곧 배구 = volleyball(배구, 배구공)

▶ play volleyball. 배구를 하다.

高 **volt**
[voult]

명 [電] 볼트 (요즘은, 220볼트 [略:V])

高 **volume**
[válju:m / vɔ́l-]

명 다량, 책, 분량, 음량

암 **보륨**(보름) 동안 쓴 **다량**의 **책**. (volume)

▶ He carried a volume of mail. 그는 다량의 우편을 배달했다.

高 **voluntary**
[válәntèri / vɔ́lәntәri]

형 자발적인 지원의, 자유의사에서 나온

암 **콤팩트**(휴대용 분첩)들고 그녀는 **자발적**으로 **볼언터리**(붉은 터리(털다)). (compact) (voluntary)

▶ Man is a voluntary agent. 인간은 자유 행위자다.

高 **volunteer**
[vàlәntíәr / vɔ̀l-]

명 지원자, 의용병 동 자발적으로 하다, 지원하다. 형 자발적인

▶ volunt(ary)(자발적) + eer(사람을 뜻하는 명사 어미, 동사를 만들기도 함) = volunteer(지원자, 의용병, 지원하다)

▶ a volunteer nurse 지원 간호사

高 **vomit**
[vámit / vɔ́m-]

동 토하게 하다, 토하다. 명 구토(물), 게운 것

암 먹은 걸 **테이블 보 밑**에 **토하다**. (table) (vomit)

大 **vomitous**
[vámitәs / vɔ́m-]

형 구역질나게 하는, 싫은

▶ vomit(토하다) + ous(형용사 어미) = vomitous(구역질나게 하는 싫은)

高 **vote**
[vout]

명 투표(권) 동 투표하다.

암 **보트** 타고 가 **보트**씨가 **투표하다**. (boat) (vote)

▶ We put the matter to the vote. 우리는 그 문제를 투표에 부쳤다.

大 **voter**
[vóutәr]

명 투표자, 선거인, 유권자

▶ vot(e)(투표, 투표하다) + er(…사람) = voter(투표자, 선거인, 유권자)

大 **vouch**
[vautʃ]

동 보장하다, 보증하다.

암 치과 의사가 **바우 치**아 임을 **보증(보장)하다**. ((바위=)바우 치아=바위같은 치아) (vouch)

大 **vouchsafe**
[vautʃséif]

타 허용하다, 주다, 내리다.

▶ vouch(보증하다) + safe(안전한) → 안전하다고 보증하여 주니 (대출)융자를 허용하다 = vouchsafe(허용하다, 주다, 내리다)

V

高 **vow**
[vau]

㉱ 맹세, 서약 ㉮ 맹세(서약)하다.

부인께 바우(=바위의 방언)
암 **와이프**께 철석같이 **바우**들고 **맹세하다**.
(wife) (vow)

大 **vower**
[vau]

㉱ 맹세하는 사람, 서약자

▶ vow(맹세[서약]하다) + er(…사람) = vower(맹세하는 사람, 서약자)

高 **vowel**
[váuəl]

㉱ 모음, 모음 글자 ㉳ 모음의

바우(=바위의 방언)
암 **보이**가 **바우 얼**싸 안고 쓴 **모음 글자**
(boy) (vowel)

高 **voyage**
[vɔ́iidʒ]

㉱ 여행, 항행 ㉮ 여행하다.

암 긴 **여행(항행)하다** 보면 많은게 **보이지**.
(voyage)

▶ We made a long voyage to India.
우리는 인도로 가는 긴 향해를 했다.

高 **vulgar**
[vʌ́lgər]

㉳ 악취미의, 교양없는, 천한, 저속한 ㉱ [古語]서민, 평민

암 **벌거** 벗은 **저속한(교양없는) 서민**.
(vulgar)

▶ a vulgar fellow 저속한 사내, 속물

大 **vulture**
[vʌ́ltʃər]

㉱ 독수리, 콘도르, 욕심쟁이

발을 쳐 보다
암 **욕심쟁이**가 **발쳐** 놓고 **콘도르**를 **가**에서 **보더**.
(vulture) (border)

W

高 **wade**
[weid]

(강 따위를)걸어서 건너다, 힘들여 걷다. ㉱ 여울

오이를 이씨가 들고
암 **여울**을 **외 이(李)드**고 **힘들여 걸어서 건너다**.
(wade)

▶ wade across a stream. 시내를 걸어서 건너다.

高 **wafer**
[wéifər]

㉱ 웨이퍼(살짝 구운 과자의 일종)

▶ wafer paper(sheet) 오블라토

大 **waft**
[wɑːft / wæft]

㉱ 한바탕 부는 바람, 풍기는 향기 ㉮ 떠돌다, 부동하다.

실업자에게 와 붙으니
암 **룸펜**에게 **마담**이 **와 프트**니 **풍기는 향기**가 **떠돌다**.
(Lumpen) (madam) (waft)

高 **wag** [wæg]

㉠ 흔듦 ㉢ 요동하다, 흔들다, 흔들어 움직이다.

암 백기를 **왜그(倭寇)**가 **흔들다**. (왜구(일본해적)) (wag)

▶ The dog wagged his tail. 개가 꼬리를 흔들었다.

高 **wage** [weidʒ]

㉠ 임금, 노임, (죄의)응보

암 **사환 보이**의 **임금**이 싼 것은 **왜이지**? (boy) (왜지?) (wage)

▶ living wages 생활에 필요한 최저 임금

大 **wager** [wéidʒər]

㉠ 내기, 노름 ㉢ 내기를 하다.

▶ wag(e)(임금, 노임) + er(…하는 것) → 임금으로 돈 내기를 하는 것 = wager(내기, 노름, 내기를 하다)

高 **wag(g)on** [wǽgən]

㉠ 짐마차, 4륜차 ㉢ 수송(운반)하다.

암 **마담**을 **외건(外間)** 남자가 **사륜 짐마차로 수송(운반)하다**. (madam) (외간(外間)) (wag(g)on)

▶ a hot dog waggon 핫도그를 파는 수레[차]

高 **wail** [weil]

㉢ 소리 내어울다, 비탄하다, 울부짖다. ㉠ 울부짖음

암 쓰나미에 **왜(倭)일**제히 **소리 내어울다**가 **울부짖다**. (왜(일본이) 일제히) (wail)

高 **waist** [weist]

㉠ 허리

암 **젠틀맨**이 **왜! 이스(二手) 트**러 **허리**를 안니? (신사가) (gentleman) (왜! 이수(두손을) 틀어) (waist)

大 **waistcoat** [wéskət, wéistkòut / wéistkòut]

㉠ 양복 조끼

▶ waist(허리) + coat(웃옷) → 허리에 꼭 맞은 웃옷 = waistcoat(양복 조끼)

中 **wait** [weit]

㉢ (기회, 차례 따위를)기다리다, 대기하다, 시중들다.

암 **강풍**이 **개일**때 까지 **왜(倭) 이트**리나 **기다리다**. (gale) (왜인이 이틀이나) (wait)

▶ Please wait a minute. 잠시 기다려 주시오.

高 **waiter** [wéitər]

㉠ 기다리는 사람, 웨이터, 사환 [잔]심부름꾼

▶ wait(기다리다) + er(…사람) = waiter(기다리는 사람, 웨이터 사환, [잔]심부름꾼)

高 **waiting** [wéitiŋ]

㉠ 기다림, 시중들기

▶ wait(기다리다, 시중들다) + ing(현재분사 어미) = waiting(기다림, 시중들기)

▶ No Waiting! 정차 금지

W

大

waiting room
[wéitiŋ ruːm]

명 대합실

▶ waiting(기다림) + room(방) = waiting room(대합실)

高

waitress
[wéitris]

명 웨이트리스, 여급

▶ wait(e)r(웨이터) + ess(여성 명사 어미) = waitress(웨이트리스, 여급)

中

wake
[weik]

동 잠깨다, 각성시키다.

경적에 왜인이 이크!
암 **사이렌**에 **왜(倭) 이크!**하며 **잠깨다**.
(siren) (wake)

▶ Don't wake the baby. 아기를 깨우지 마세요.

高

waken
[wéikən]

동 잠이 깨다, 깨우다

▶ wak(e)(잠깨다) + en(…하다, …되다) = waken(잠이 깨다, 깨우다)

中

walk
[wɔːk]

동 걷다. 산책하다. 명 산책길, 산책

암 **산책길**따라 **워크**하며 **걷다**.
(walk)

▶ It is a ten minutes's walk to the school.
학교까지 걸어서 10분이다.

大

walker
[wɔ́ːkər]

명걷는 사람, 보행자, 워커(군용구두)

▶ walk(걷다) + er(…사람 [것]) = walker(걷는 사람, 보행자, 워커[군환])

大

walking
[wɔ́ːkiŋ]

명 걷기, 보행, 산책, 경보

▶ walk(걷다) + ing(현재분사 어미) = walking(걷기, 보행, 산책, 경보)

W

中

wall
[wɔːl]

명 벽, 담, 둑

월담(담을 넘음)
암 **월(越)담**해 **점프**로 **뛰어넘다**.
(wall) (jump)

▶ Wall have ears. 벽에도 귀가 있다.

高

wallet
[wálit / wɔ́l-]

명 지갑, 전대

매월(달) 잇따라
암 매**월(月)잇**따라 잃은 **지갑**(전대).
(wallet)

▶ a leather wallet 가죽 지갑

大

wallpaper
[wɔ́ːlpèipər]

명 벽지 타 벽지를 바르다.

▶ wall(벽) + paper(종이) = wallpaper(벽지, 벽지를 바르다)

大 **walnut** [wɔ́:lnət]

명 호두, 호두나무

월(달) 낯(= 달의 얼굴)

암 표면이 **월(月)낯** 같이 우둘두둘한 **호두**.

(walnut)

大 **waltz** [wɔ:lts]

명 왈츠, 왈츠춤 동 왈츠를 추다.

大 **wan** [wɑn / wɔn]

형 핏기없는, 파리한, 병약한

암 **원**기없고 **파리하**고 **병약한** **룸펜**(실업자)

(wan) (Lumpen)

大 **wand** [wɑnd / wɔnd]

명 막대기, 장대, 지팡이

원도 없게 검도를 하네

암 **막대기** 같은 **장대**들고 **원드**없게 **펜싱**을하네

(wand) (fencing)

高 **wander** [wɑ́ndər / wɔ́n-]

동 돌아다니다, 방랑하다, 헤매다.

유랑민족이 소원 더

암 **집시**들이 **원 더** 이루려고 **방랑하다**.

(Gypsy) (wander)

▶ The children wandered through the woods.
아이들은 숲 속을 돌아다니다.

高 **wandering** [wɑ́ndəriŋ / wɔ́n-]

형 헤매는, 방랑하는, (강물이) 굽이쳐 흐르는

▶ wander(헤매다, 방랑하다) + ing(현재분사 어미)
= wandering(헤매는, 방랑하는, [강물이]굽이쳐 흐르는)

▶ wandering tribes 유목민족

大 **wane** [wein]

자 작아지다, (달이)이지러지다. 명 쇠퇴, 감소

암 (달이)**이지러지더**니 **쇠퇴**해 **왜인(倭人)**같이 **작아지다**.

(wane)

中 **want** [wɔ(:)nt / wɑnt]

명 빈곤, 부족 동 필요하다, 원하다, 부족하다.

원(願)이 틀어

암 **원(願)트**러지니 **부족**한 걸 **원하다**.

(want)

▶ The boy wanted something to eat. 그 소년은 뭔가 먹을 것을 원했다.

大 **wanted** [wɔ́:ntid / wɑ́nt-]

want(원하다, 부족하다)의 과거, 과거분사

형 [광고] …을 요구함, …모집 채용코자 함

大 **wanting** [wɔ́(:)ntiŋ, wɑ́nt-]

형 모자라는, 결핍한

▶ want(모자라다, 부족하다) + ing(현재분사 어미) = wanting(모자라는, 결핍한)

W

大	**wanton** [wɔ́(:)ntən, wάnt-]	ⓗ 터무니없는, 무리한 ⓜ 바람둥이, 화냥년 **암 바람둥이**가 원코 **원(源)턴 화냥년**과 **레슬링을 하다**. (wanton) (wrestle)
中	**war** [wɔːr]	ⓜ 전쟁, 투쟁 ⓓ 싸우다, 전쟁하다. **암 전쟁**을 지겨**워**하며 **싸우다**. (war) ▶ the First World War 제1차 세계 대전 
大	**warble** [wɔ́ːrbəl]	ⓓ (새가) 지저귀다, 노래하다. ⓜ 지저귐, 노래 ▶ war(= 전쟁) + ble(拂[불]식시켜 없어지니) = warble(지저귐의 노래로 노래하다) 
高	**ward** [wɔːrd]	ⓜ 감방, 감독, 보호, 병동 ⓣ 지키다, 보호하다. ▶ war(= 전쟁) + d(드리 = 들이) → 전쟁들이 일어날까봐 = ward(감방 병동을 감독해 지키다) ▶ a child in ward 보호[후견]받고 있는 아이
大	**warden** [wɔ́ːrdn]	ⓜ 감시원, 감독자, 간수 ▶ ward(감시, 감독, 감방) + en(…하다, 하는자) = warden(감시원, 감독자, 간수)
大	**wardrobe** [wɔ́ːrdròub]	ⓜ 옷[양복]장 ▶ ward(감시, 감독) + robe(겉옷) = wardrobe(옷[양복]장)
大	**wardroom** [wɔ́ːrdrù(:)m]	ⓜ (군함의) 상급 사관실 ▶ ward(감시, 감독) + room(방, 실) = wardroom([군함의]상급 사관실)
高	**ware** [wɛər]	ⓜ 상품, 세공품, 제품 **암 세공(상)품**인 소프트**웨어 제품** (ware) ▶ household ware 가정용품
高	**warehouse** [wɛ́ərhàus]	ⓜ 창고, 저장소, 도매 상점 ▶ ware(상품, 세공품, 제품) + house(집) = warehouse(창고, 저장소, 도매 상점)
大	**wareroom** [wɛ́ərù(:)m]	ⓜ 상품 전시실, 상점, 가게 ▶ ware(상품, 세공품, 제품) + room(방, 실) = wareroom(상품 전시실, 상점, 가게)

W

高

warfare
[wɔ́ːrfὲər]

㉮ 전투(행위), 교전, 전쟁, 싸움

▶ (전쟁 = war) + (fare = farewell, 안녕!) → 전쟁이여 안녕하고 이를 이끌어 내려고… = warfare(전투, 교전, 전쟁, 싸움)하네

▶ after long warfare 오랜 전투 끝에

大

warlike
[wɔ́ːrlàik]

㉯ 호전적인, 전쟁이 될 것 같은, 전쟁의

▶ (전쟁 = war) + (like = …같은, 좋아한다) = warlike(호전적인, 전쟁이 될 것 같은, 전쟁의)

中

warm
[wɔːrm]

㉯ 따뜻한, 더운, 열렬한

암 **따뜻한**데, 생기는 **웜**(옴)균.
(warm)

▶ They gave him a warm welcome. 그들은 그를 따뜻하게 맞았다.

高

warmly
[wɔ́ːrmli]

㉰ 따뜻이, 다정[친절]하게, 열렬히

▶ warm(따뜻한, 더운, 열렬한) + ly(부사를 만듦) = warmly(따뜻이, 다정[친절]하게, 열렬히)

高

warmth
[wɔːrmθ]

㉮ 따뜻함, 온정, 열렬, 흥분

▶ warm(따뜻한, 더운, 열렬한) + th(명사 어미) = warmth(따뜻함, 온정, 열렬, 흥분)

高

warn
[wɔːrn]

㉱ 경고하다, 알리다.

암 **원**수에게 **경고하다**.
(warn)

▶ He warned me of the danger.
그는 나에게 위험하다고 경고했다.

高

warning
[wɔ́ːrniŋ]

㉮ 경고, 경계

▶ warn(경고하다) + ing(동명사를 만듦) = warning(경고, 경계)

▶ He paid no attention to my warning. 그는 나의 경고를 무시했다.

大

warp
[wɔːrp]

㉱ 휘게 하다, 구부리다, 휘다. ㉮ 휨, 비틀림

암 **소시지**는 **휨**과 **비틀림**이 쉬**워 프**러서 **구부리다**.
(sausage) (warp) — 쉬워 풀어서

高

warrant
[wɔ́(ː)rənt, wɑ́r-]

㉱ 보증하다, 보장하다.

㉮ 보증, 허가증, (법)영장, 보증서

암 **잡 일**을 한 **월(月)런 트**러짐이 없게 (계산에)**보증하다**.
(job) (warrant) — 월(달)은 틀어짐(빠짐)

▶ an arrest[a search] warrant 체포[가택 수색]영장

大

warrantor
[wɔ́(ː)rəntɔ̀ːr]

㉮ [法] 보증인, 담보인

▶ warrant(보증하다) + or(…하는 사람) = warrantor(보증인, 담보인)

高	**warrior** [wɔ́(:)riər / wɑ́r-]	ⓜ 전사, 무인, 역전의 용사 ▶ (전쟁 = war + [r]) + (ior = …하는 사람, 명사 어미) = warrior(전사, 무인, 역전의 용사) ▶ the Unknown Warrior 무명 용사
高	**warship** [wɔ́ːrʃìp]	ⓜ 군함, 전함 ▶ (전쟁 = war) + (ship = 배) = warship(군함, 전함) ▶ command a warship. 군함을 지휘하다.
大	**wary** [wέəri]	ⓗ 조심성 많은, 신중한 암 **조심성 많고 신중한 외(外) 어리**광대의 **서커스** (외국 어릿 광대의) (wary) (circus)
中	**was** [wɑz, wəz / wɔz]	BE의 제1,3인칭 단수, 직설법 과거 ▶ It is time he was going to bed. 이제 그는 잘 시간이다.
中	**wash** [wɑʃ, wɔ(:)ʃ]	ⓓ 씻다, 세탁하다. ⓜ 세탁 암 **어머니**가 **몸**이 더러**워 쉬**지않고 **씻다(세탁하다)**. (mom) (더러워 쉬지) (wash) ▶ Please wash these clothes clean. 이 옷들을 깨끗이 세탁해 주시오
大	**washer** [wɑ́ʃər / wɔ́(:)ʃ-]	ⓜ 세탁기, 세척기, 씻는[빨래하는]사람 ▶ wash(씻다, 세탁하다) + er(…하는 사람[것]) = washer(세탁기, 세척기, 씻는[빨래하는]사람)
大	**washing** [wɑ́ʃiŋ / wɔ́(:)ʃ-]	ⓜ 빨기, 씻기, 세탁 ▶ wash(씻다, 세탁하다) + ing(현재분사 어미) = washing(빨기, 씻기, 세탁)
中	**Washington** [[wɑ́ʃiŋtən, wɔ́(:)ʃ-]	워싱턴(미국의 수도)
中	**wasn't** [wɑ́znt, wʌ́z- / wɔ́z-]	was not의 간약형
大	**wasp** [wɑsp, wɔːsp / wɔsp]	ⓜ 말벌; [W-][흔히 경멸적으로] 백인 특권계급 암 **말벌**이 **와 숲**위를 **윙**윙 **날다**. (와 숲) (wasp) (wing)

W

高

waste
[weist]

[명] 쓰레기, 낭비 [동] 낭비하다, 헛되이 쓰다.

[암] **왜(倭) 이스(二手) 트**러 힘을 **낭비하다**.
(왜인이 이수(두손을) 틀어 … (waste))

▶ It's waste of time. 그건 시간 낭비다.

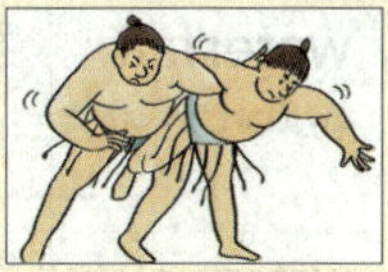

大

wastebasket
[wéistbæ̀skit / -bɑ̀ːs-]

[명] 휴지통

▶ waste(쓰레기) + basket(바구니) = wastebasket(휴지통)

大

wasteful
[wéistfəl]

[형] 낭비하는, 낭비적인, 허비의

▶ waste(낭비[허비]하다) + ful(형용사 어미) = wasteful(낭비하는, 낭비적인, 허비의)

大

wastepaper
[wéistpèipər]

[명] 휴지, 헌종이

▶ waste(쓰레기, 낭비[허비]하다) + paper(종이) = wastepaper(휴지, 헌종이)

中

watch
[watʃ / wɔːtʃ]

[명] 손목 시계 [동] 지켜보다, 주의하다, 주시하다.

[암] **손목 시계**를 **지켜보다**가 **웠찌**(왔지). (watch)

▶ Mother watched the children. 엄마는 아이들을 지켜보았다.

大

watchful
[wɑ́tʃfəl / wɔ́ːtʃ-]

[형] 주의 깊은, 경계하는, 조심스러운

▶ watch(지켜보다, 주의[주시]하다) + ful(…이 많은) = watchful(주의 깊은, 경계하는, 조심스러운)

大

watchmaker
[wɑ́tʃmèikər]

[명] 시계 제조인[수리인]

▶ watch(손목 시계) + maker(제조인, 수리인) = watchmaker(시계 제조인[수리인])

大

watchman
[wɑ́tʃmən]

[명] 야경꾼, 경비원, 지키는 사람

▶ watch(지켜보다) + man(사람) = watchman(야경꾼, 경비원, 지키는 사람)

中

water
[wɔ́ːtər]

[명] 물

[암] **물** 담는 **워터 탱크**.
(water) (tank)

▶ Without water, nothing could live.
물이 없다면, 아무것도 살 수 없을 것이다.

大

watercolor
[wɔ́ːtərkʌ̀lər]

[명] 수채화 물감, 그림 물감

▶ water(물) + color(색깔) = watercolor(수채화 물감, 그림 물감)

W

高	**waterfall** [wɔ́ːtərfɔ̀ːl]	⑲ 폭포, 폭포수, 쇄도 ▶ water(물) + fall(떨어지다) = waterfall(폭포, 폭포수) ▶ a waterfall of fan letters 쇄도하는 팬레터
大	**watermelon** [wɔ́ːtərmèlən]	⑲ 수박 ▶ water(물) + melon(참외) = watermelon(수박)
大	**water power** [wɔ́ːtər páuər]	⑲ 수력 ▶ water(물) + power(힘) = water power(수력)
大	**waterproof** [wɔ́tərprùːf]	⑱ 방수의, 물이 새지않는 ⑲ 방수복, 레인코트 ▶ water(물) + proof(…을 막는) = waterproof(방수의, 물이 새지않는, 방수복, 레인코트)
大	**water supply** [wɔ́ːtər səplái]	⑲ 급수, 상수도 ▶ water(물) + supply(공급) = water supply(급수, 상수도)
大	**waterway** [wɔ́ːtərwèi]	⑲ 수로, 항로, 운하 ▶ water(물) + way(길) = waterway(수로, 항로, 운하)
大	**watery** [wɔ́ːtəri / wɑ́t-]	⑱ 물의, 물같은, 물을 너무 탄 ▶ water(물) + y(형용사 어미) = watery(물의, 물같은, 물을 너무 탄)
大	**watt** [wɑt / wɔt]	⑲ 와트 ((전력[일률]의, 단위, 略:W)
中	**wave** [weiv]	⑲ 파도, 물결 ⑤ 파도(물결)치다. 암 **보이**(boy)가 **파도**치는 **물결** 위에서 티는 **왜이브?**(wave) (왜 입우?) ▶ a huge wave 커다란 파도 
高	**waver** [wéivər]	⑳ 흔들리다, 동요하다. ⑲ 동요, 흔들림 ▶ wav(e)(파도, 물결치다, 흔들다) + er(반복을 나타내는 동사 어미) = waver(흔들리다, 동요하다, 동요, 흔들림) ▶ He felt his courage waver. 그는 그의 용기가 흔들리는 것을 느꼈다.

高 **wax**
[wæks]

㉮ 윤내는, 약, 밀초 ㉯ 밀을 바르다, 왁스로 닦다.

암 **아스타일**을 **윤내는 약 왁스(왁스)로 닦다**.
(Astile) (wax)

▶ wax furniture 가구를 왁스로 닦다.

中 **way**
[wei]

명 길; 도로; 방향, 방법, 방면

암 북악 **스카이 웨이**.
고가 간선 도로
(sky) (way)

▶ We found a way through the woods. 우리는 숲으로 난 길을 발견했다.

大 **wayfarer**
[wéifɛ̀ərər]

명 도보 여행자, 나그네

▶ way(길) + farer(가는 사람) = wayfarer(도보 여행자, 나그네)

大 **wayside**
[wéisàid]

명 길가, 노변

▶ way(길) + side(옆, 변) = wayside(길가, 노변)

大 **wayward**
[wéiwərd]

형 말을 안 듣는, 제 마음대로의

▶ way(길, 방법) + wary(방향, 쪽) → 길을 방향 없이 가는…
= wayward(말을 안듣는, 제 마음대로의)

中 **we**
[wiː / wi]

대 우리(들), (총칭적으로)사람(들)

▶ We are not naturally bad. 사람은 천성적으로 악하지는 않다.

中 **weak**
[wiːk]

형 약한, 무력한

암 **약한 위 크**게 늘어나게 **이 트**기가 **먹다**.
위(胃)크게 이(두) 트기(=튀기)
(weak) (eat)

▶ She is weak by nature.
그녀는 천성적으로 허약하다.

高 **weaken**
[wíːkən]

동 약화시키다, 약해지다, 무력화시키다.

▶ weak(약한, 무력한) + en(…하다의 뜻, 동사를 만듦) = (약화[무력화]시키다, 약해지다)

▶ weakened eyesight 약해진 시력

大 **weakly**
[wíːkli]

형 약한, 부 약하게

▶ weak(약한) + ly(형용사 및 부사를 만듦) = weakly(약한, 약하게)

高 **weakness**
[wíːknis]

명 약함, 가냘픔, 약점, 결함

▶ weak(약한, 허약한) + ness(명사 어미) = weakness(약함, 가냘픔, 약점, 결함)

▶ a basic weakness 기본적인 약점

W

高 **wealth** [welθ]

명 재산, 풍부, 부

암 **재산**이 **월스**(외울 수) 없이 **풍부**한 **삼성**.
(wealth) (Samsung)

▶ Health is more important than wealth. 건강이 재산보다 중요하다.

高 **wealthy** [wélθi]

형 부유한, 풍부한

▶ wealth(부, 재산) + y(형용사를 만듦) = wealthy(부유한, 풍부한)

高 **weapon** [wépən]

명 무기, 병기

암 **무기**만 파는 **외펀**(외판) 사원
(weapon)

中 **wear** [wεər]

명 의복 동 입고 있다, 착용하다.

암 스포츠**웨어**(의복)를 **착용하다**.
(sports) (wear)

高 **wearily** [wíərəli]

부 지쳐서, 싫증이 나서

▶ wear(y) → i(지친, 싫증이 난) + ly(부사 어미) = wearily(지쳐서, 싫증이 나서)

大 **weariness** [wíərinis]

명 피로, 싫증

▶ wear(y) → i(지친, 실증이 난) + ness(명사 어미) = weariness(피로, 싫증)

大 **wearisome** [wíərisəm]

형 지치게 하는, 싫증[진력]이 나는

▶ wear(y) → i(지친, 실증이 난) + some(형용사 어미) = wearisome(지치게 하는, 싫증[진력]이 나는)

高 **weary** [wíəri]

형 피곤한, 싫증나는 동 지치(게 하)다, 싫어지다.

암 **링 위 어리**고 **피곤한** 자를 **지치게 하다**.
(ring) (weary)

▶ I'm always weary after my day's work. 나는 일과 후에는 늘 녹초가 된다.

中 **weather** [wéðər]

명 날씨, 기후

암 **날씨**가 **왜 더**운지 **스승**님께 **물어**
(weather) (mullah)

大 **weatherman** [wéðərmæ̀n]

명 일기 예보자, 예보관, 기상대 직원

▶ weather(날씨, 기상) + man(사람) = weatherman(일기 예보자, 예보관, 기상대 직원)

高 **weave** [wiːv]

명 짜는 법, 뜨는 법

동 짜다, 베를 짜다, 직조하다, 엮다.

(멍석) 위부터

암 **매트**를 **위 브**터 **엮어짜다**.

(mat) (weave)

▶ weave thread into cloth. 실을 짜서 천을 만들다.

大 **weaver** [wíːvər]

명 (베) 짜는 사람, 직공(織工)

▶ weav(e)(짜다, 뜨다) + er(…사람) = weaver([베]짜는 사람, 직공(織工))

高 **web** [web]

명 거미줄, 직물

외부(外部)에

암 **빌딩 외브(外部)**에 처놓은 **거미줄 (거미줄**같은 **직물)**

(building) (web)

大 **wed** [wed]

동 결혼하다.

오이 들고

암 **얼**빠진 **백작**이 **외 드**고 **결혼하다**.

(earl) (wed)

高 **we'd** [wiːd, wid]

we had[would, should]의 간약형

大 **wedded** [wédid]

형 결혼한, 결합한, 결혼의

▶ wed + d(결혼하다) + ed(형용사를 만듦) = wedded(결혼한, 결합한, 결혼의)

高 **wedding** [wédiŋ]

명 결혼, 결혼식, 혼례

▶ wed + d(결혼하다) + ing(현재분사 어미) = wedding(결혼, 결혼식, 혼례)

▶ a silver[golden] wedding 은[금]혼식

高 **wedge** [wedʒ]

명 쐐기 타 쐐기를 박다.

우두커니 왜이지?

암 **우드**커니 선 **나무**에 **쐐기**를 박는 건 **왜지?**

(wood) (wedge)

中 **Wednesday** [wénzdi, -dei]

명 수요일 [약어] W., Wed.

왠 주(배) 뒤에 잠수부(해녀)

암 **수요일**날 **왠 즈(舟)뒤**에 선 **다이버**.

(Wednesday) (diver)

大 **wee** [wiː]

형 조그마한, 극히 작은

위(밥통)

암 **조그마한** 아이의 **극히 작은 위(胃)**

(wee)

高 **weed** [wiːd]

㉮ 잡초 ㉯ 잡초를 뽑다, 제초하다.

위 들어

㉱ 두툼한 무덤 위 드러나게 잡초를 뽑다.

(tomb) (weed)

中 **week** [wiːk]

㉮ 주(週), 1주간

위(胃)가 크게 이(두) 트기(=튀기)

㉱ 주(週)마다 위(胃) 크게 되게 이 트기가 먹다.

(week) (eat)

▶ See you next week. 다음 주에 봐요.

高 **weekday** [wíːkdèi]

㉮ 주일, 평일(일요일, 토요일 이외의 요일)

▶ week(주(週)) + day(날) = weekday(주일, 평일)

高 **weekend** [wíːkènd]

㉮ 주말 ((토요일 오후[금요일 밤]부터 월요일 아침까지))

▶ week (주(週)) + end(끝) = weekend(주말)

▶ a weekend trip 주말 여행

高 **weekly** [wíːkli]

㉰ 매주의, 주1회의, 1주간(분)의 ㉲ 주마다

▶ week(주(週)) + ly(형용사 부사를 만듦) = weekly(매주의, 주1회의, 1주간[분]의, 주마다)

▶ a weekly wage 주급(週給)

高 **weep** [wiːp]

㉯ 울다, 눈물을 흘리다, 비탄[슬퍼]하다.

부점(부자가 되는 점) 위 풀어

㉱ 바걸이 부점(富點)있는 젖가슴 위 프러 보이며 눈물을 흘리다.

(bosom) (weep)

▶ weep bitter tears. 애절한 눈물을 흘리다.

大 **weeping** [wíːpiŋ]

㉰ 눈물을 흘리는, 우는 ㉮ 울음

▶ weep(눈물을 흘리다, 울다) + ing(현재분사 어미) = weeping(눈물을 흘리는, 우는, 울음)

W

高 **weigh** [wei]

㉯ (무게가)~나가다, 무게를 달다, 고찰하다.

오이 이(두)개의

㉱ 외 이(二)개의 무개를 달다.

(weigh)

▶ He weighed the fish. 그는 물고기의 무게를 달았다.

中 **weight** [weit]

㉮ 무게, 체중

▶ weigh(무게를 달다) + t(= th, 추상명사를 반드는 어미) = weight(무게, 체중)

▶ lose weight. 체중이 줄다.

大 **weighty** [wéiti]

㉰ 무거운, 무게 있는, 벅찬

▶ weight(무게, 체중) + y(형용사를 만듦) = weighty(무거운, 무게 있는, 벅찬)

中 **welcome** [wélkəm]

㉠ 환영 ㉡ 환영하다, 기꺼이 맞이하다.

㉢ **웰컴**하며 **기꺼이 맞이하다**.
(welcome)

▶ Welcome to Seoul! 서울에 오신 것을 환영합니다

高 **welfare** [wélfὲər]

㉠ 행복, 번영, 복지, 복지 사업
㉣ 복지원조를 받는

▶ (원장이 곧 잘 = wel) + (fare = 가다) = 복지 사업 번영

㉢ 원장이 곧 **잘 웰**(왜인을) **패여 가면**서 **복지 사업**해 **번영**하네

大 **welfare hotel** [wélfὲər houtél]

㉠ 복지(사업에 의한) 숙박소

▶ welfare(복지) + hotel(호텔, 숙박조) = welfare hotel(복지[사업에 의한] 숙박소)

高 **well** [wel]

㉤ 잘 ㉠ 우물 ㉣ 좋은

㉢ **우물**에서 **좋은 윌 잘 맨드**려고 **손보다**
(외를 = 윌, well) (만드려고의 방언 = 맨드, mend)

▶ I don't know him well. 나는 그를 잘 알지 못한다.

中 **we'll** [weːl]

we shall[will]의 간약형

大 **well-being** [wélbíːiŋ]

㉠ 복지, 행복, 안녕(安寧)

▶ well(잘, 만족스럽게) + being(존재하고 있다) = well-being(잘 지내고 있다, 행복, 복지, 안녕)

高 **well-known** [wélnóun]

㉣ 유명한, 잘 알려진, 주지의

▶ well(잘) + known(알려진) = well-known(유명한, 잘 알려진, 주지의)

▶ a well-known actress 유명한 여배우

大 **well-to-do** [wéltədúː]

㉣ 넉넉한[편한]살림의, 유복한

▶ wel(잘) + to-do(하다, 되어가다) = well-to-do(넉넉한[편한]살림의, 유복한)

中 **went** [went]

go(가다)의 과거

▶ We went to see the show last evening.
우리는 어제 저녁 쇼를 보러갔다.

高 **wept** [wept]

weep(눈물을 흘리다, 울다)의 과거, 과거분사

▶ She wept herself [her heart] out.
그녀는 실컷 울었다.

W

中 **were** [wəːr, wər]

be(···이다)의 과거

▶ I wish I were[was] a bird. 내가 새라면 좋을 텐데

中 **we're** [wəːr, wər]

we are의 간약형

中 **were-n't** [wəːrnt]

were not의 간약형

中 **west** [west]

명 [the~] 서(西), 서부(쪽) 형 서쪽의

서부 지방
암 **웨스트 컨트리.**
(west) (country)

▶ The wind blows from the west. 바람은 서쪽에서 불어오고 있다.

高 **western** [wéstərn]

형 서쪽의, 서양의 명 서부 작품

▶ west(서, 서쪽) + ern(···쪽의 뜻) = western(서쪽의, 서양의, 서부 작품)

서부 음악
암 **웨스턴 뮤직.**
(western) (music)

▶ Western civilization 서양문명

高 **westward(s)** [wéstwərd]

부 서쪽으로 형 서쪽으로 향하는, 서부의

▶ west(서, 서쪽) + ward(s)(···방향) = westward(s)(서쪽으로, 서쪽으로 향하는, 서부의)

高 **wet** [wet]

형 젖은, 축축한, 비오는

외투
암 **젖은 외트.**
(wet)

高 **whale** [hweil]

명 고래 자 고래잡이에 종사하다.

(헤일)
암 **고래**를 **훼일** 수 없이 **도매상**이 **잡어.**
(whale) (jobber)

大 **wharf** [hwɔːrf]

명 부두, 선창

회푸는
암 미스에게 **선창**가 **부두**에서 **훠프**는 **마도로스.**
(wharf) (matroos)

中 **what** [hwat, hwʌt / hwət]

대 무엇, 무슨 일 형 무슨, 어떤

왔니?
암 **무엇(무슨 일)** 때문에 **왓**니?
(what)

高 **whatever**
[*hw*ɑtévər, *hw*ʌt- / *hw*ɔt-]

[대] ~(하는(인)) 것은 무엇이든 [형] 어떤(~이라도)

▶ what(무엇, 어떤) + ever(강조의 뜻) = whatever(무엇이든지, 어떤[…이라도])

▶ Whatever you do, do it well. 무엇을 하든지 훌륭히 해다.

中 **what's**
[*w*ɑ́ts]

what is, what has의 간약형

中 **wheat**
[*hw*iːt]

[명] 밀, 보리, 소맥

위를 틀어 잎
[암] **보리 위 트**러 잡고 **립**을 **베어들이다**.
(wheat) (reap)

▶ They grow wheat. 그들은 밀을 재배한다.

大 **wheedle**
[*hw*íːdl]

[동] 감언 이설로 속이다(유혹하다).

부(富)티 나는 미희(美姬=아름다운 여자)
[암] **젠틀맨**을 **뷰(富)티** 나는 **미희(姬)들**이 **유혹하다**.
(gentleman) (beauty) (wheedle)

高 **wheel**
[*hw*iːl]

[명] 바퀴

[암] **바퀴**달린 **휠 체어(의자)**
(wheel)(chair)

▶ A car has four wheels. 자동차에는 바퀴가 넷 있다.

中 **when**
[*hw*en]

[부] 언제 [접] ~할 때

[암] **데이트할 때**는 **왠**지 **언제**고 힘이 나.
(date) (when)

▶ When is your birthday? 생일이 언제입니까?

大 **whence**
[*hw*ens]

[부] 어떻게, 어디로부터

▶ when(언제) + ce(어디로) → 언제 어디로
= whence(어디로부터, 어떻게)

高 **whenever**
[*hw*enévər]

[부] …할 때에는 반드시, 언제든지

▶ when(언제) + ever(언제나) = whenever(… 할 때에는 반드시, 언제든지)

中 **where**
[*hw*εər]

[부] 어디에(서) [접] …하는 곳에서 [대] 어디

[암] **달러**를 **어디에**서나 **훼어**(헤어).
(dollar) (where)

▶ Where is your coat? 네 코트는 어디에 있느냐?

高 **whereabouts**
[*hw*έərəbàuts]

[부] 어디(쯤)에

▶ where(어디에, 어디로) + about(…의 주위에, 대략) + s → 어디에 대략…
= whereabouts(어디[쯤]에)

W

高	**whereas** [hwέərӕ̀z]	㊇ …인 까닭으로, …이므로, …에 반하여 ▶ where(어디에, 어디에서) + as(…이므로) = whereas(…이므로, …에 반하여, …인 까닭으로)
大	**whereat** [hwεərӕ́t]	㊊ 무엇에 대하여[관하여] ▶ where(어디에, 어디에서) + at(…에) = whereat(무엇에 대하여[관하여])
高	**whereby** [hwεərbài]	㊊ 무엇에 의하여 ▶ where(어디에, 어디에서) + by(…에 의하여) = whereby(무엇에 의하여)
高	**wherefore** [hwέərfɔ̀ːr]	㊊ 무엇 때문에 왜, ▶ where(어디에서) + fore(앞, 앞의) → 어디에서고 앞이 막히면 무엇 때문에 왜… = wherefore(무엇 때문에, 왜)
高	**wherein** [hwεərìn]	그 곳에, 그 중에, 어떤 점에서 ▶ where(어디에,어디로) + in(…안에) = wherein(그 곳에, 그 중에, 어떤 점에서)
大	**whereof** [hwεərάv / -rɔ́v]	㊊ 무엇의, 무엇에 관하여 ▶ where(어디에서고 무엇) + of(…의[관하여]) = whereof(무엇의, 무엇에 관하여)
大	**whereon** [hwεərάn / -rɔ́v]	㊊ 무엇의 위에, 그 위에 ▶ where(어디에, 어디로) + on(…위에) = whereon(무엇의 위에, 그 위에)
大	**whereyupon** [hwέərəpάn / -pɔ́n]	㊊ 그래서, 그 때문에 ▶ where(어디에서) + upon(…위에, … 때문에) = whereupon(그래서, 그 때문에)
高	**wherever** [hwεərévər]	㊊ 어디든지, …하는 곳에 ▶ wher(e)(어디에, 어디로) + ever(강조의 뜻) = wherever(어디든지, …하는 곳에) ▶ He was liked wherever he went. 그는 가는 곳마다 호감을 받았다.
大	**wherewith** [hwεərwíð, -wíθ]	㊊ 무엇을 가지고, 그것을 가지고 ▶ where(어디에) + with(…가지고) → 어디에서고 그 것을 할 때는 반드시… = wherewith(무엇을 가지고, 그것을 가지고)

W

中

whether

[hwéðər]

[접] ~인지, ~이든 아니든, 어느쪽인지

[암] 예이든 아니든 어느쪽인지 왜 더 밝히지 않니?
(whether)

中

which

[hwitʃ]

[대] 어느 쪽, 어느 사람 [형] 어느, 어떤

[암] 어는 쪽의 위치에서도 또한 옳소.
(which) (also)

▶ Which will you take? 어느 쪽을 택하겠니?

高

whichever

[hwitʃévər]

[대] 어느 쪽이든지, (의문문)도데체 어느 쪽을

▶ which(어느 쪽, 어느 것) + ever(강조의 뜻) = whichever(어느 쪽이든지, 도데체 어느 쪽을)

▶ Whichever do you prefer? 도대체 어느 쪽을 좋아하니?

大

whift

[hwif]

[명] 내뿜기 [동] 담배를 피우다.

희부연

[암] 골초가 희프연 걸 내뿜기하며 담배를 피우다.
(whift)

中

while

[hwail]

[명] 동안, 잠깐 [접] …하는 동안

와서 일했니?

[암] 한창 눈오는 정오 그 동안도 와 일했니?
(noon) (while)

高

whip

[hwip]

[명] 채찍 [동] 때리다, 매질하다.

홑이불

[암] 놈을 시트로 휩싸 매질하다.
(sheet) (whip)

▶ The cabman whipped the horses on. 마부는 말에게 채직질했다.

高

whirl

[hwəːrl]

[명] 회전, 선풍, 선회 [동] 선회하다, 빙빙돌다.

[암] 갈매기가 훨훨 선회하다(빙빙돌다).
(gull) (whirl)

▶ whirl a stick[club]. 지팡이[곤봉]를 빙빙 돌리다.

大

whirlpool

[hwə́ːrlpùːl]

[명] 소용돌이, 혼란

▶ whirl(빙빙돌다) + pool(풀, 웅덩이) → 웅덩이 물이 회전 하는 것 = whirlpool(소용돌이, 혼란)

大

whirlwind

[hwə́ːrlwìnd]

[명] 회오리 바람, 선풍

▶ whirl(빙빙돌다) + wind(바람) = whirl wind(회오리 바람, 선풍)

高

whisk(e)y

[hwíski]

[명] 위스키

▶ whisk(e)y and water 물탄 위스키

W

高 **whisper** [*h*wíspə*r*]

㊐ 속삭이다. ㊐ 속삭임

위에 물을 펴

㊙ **미스**가 **위 스(水)펴** 주며 **속삭이다**.
(Miss) (whisper)

▶ He whispered something to a girl.
그는 소녀에게 무엇인가를 속삭였다.

高 **whistle** [*h*wísəl]

㊐ 휘파람을 불다. ㊐ 휘파람, 경적

신사가 계집의 무릎(계집희 무릎슬)

㊙ **젠틀먼**이 **희슬(姬膝)**을 베고 **휘파람을 불다**.
(gentleman) (whistle)

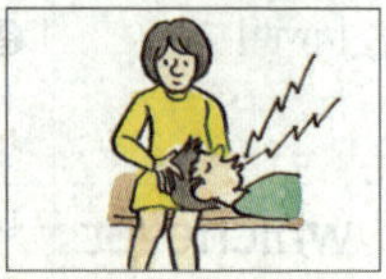

▶ whistle a merry tune
휘파람으로 즐거운 곡을 불다.

中 **white** [*h*wait]

㊐ 흰, 창백한 ㊐ 흰색

㊙ **흰**색의 **화이트 하우스**(백악관).
(white) (House)

▶ I have a white dog. 나는 흰 개를 키우고 있다.

大 **White House** [*h*wait haus]

(the~)화이트하우스, 백악관

▶ White(흰) + House(집) = White House(화이트하우스, 백악관)

大 **whiten** [*h*wáitn]

㊐ 희게 하다, 표백하다.

▶ whit(e)(흰) + en(…하다) = whiten(희게 하다, 표백하다)

大 **whiteness** [*h*wáitnis]

㊐ 흼, 순백, 순결

▶ white(흰) + ness(명사 어미) = whiteness(흼, 순백, 순결)

大 **whitewash** [*h*wáitwɑ̀ʃ / -wɔ̀(:)ʃ]

㊐ 흰 도료, 회반죽

▶ white(흰) + wash(씻다, 세척) = whitewash([수성의] 흰 도료, 회반죽)

大 **whither** [*h*wíðə*r*]

㊐ (고어) 어디에, 어디에든지

㊙ **한창 눈**오는 **정오**라 **어디에든지 휘더**(희다)
(noon) (whither)

中 **who** [hu:, hu]

㊐ [소유격 whose, 목적격 whom] 누가, 어떤 사람

㊙ **누가 후**한지 **스승**이 **물어**.
(who) (mulla[h])

▶ Who is that lady? 저 부인은 누구냐?

高 **whoever** [hu:évə*r*]

㊐ 누구, 어떤 사람, ~한(사람)

▶ who(누구, 어느사람) + ever(강조를 나타냄) = whoever(누구, 어떤 사람, ~한[사람])

▶ Whoever did it? 도대체 누가 그것을 하였는가.

中

whole
[houl]

[명] 전부, 전체, 전체의, 모든

범을 가둔 울타리
[암] **호(虎)울 전체**에 **펜스 방벽을 두르다.**
(whole) (fence)

▶ The whole class went on a picnic.
클라스 전체가 소풍갔다.

大

wholehearted
[hóulhɑ́ːrtid]

[형] 전심전력의, 진심의

▶ whole(모든, 전체의) + hearted(…한 마음씨의) = wholehearted(전심전력의, 진심의)

大

wholesale
[hóulsèil]

[형] 도매의 [명] 도매

▶ whole(모든, 전체의) + sale(판매) = wholesale(도매의, 도매)

高

wholesome
[hóulsəm]

[형] 건강에 좋은, 건전한

▶ whole(모든, 전체의) + some(…에 적합한) = wholesome(건강에 좋은, 건전한)

▶ wholesome exercise[food] 몸에 좋은 운동[음식물]

高

wholly
[hóu*l*li]

[부] 전혀, 완전히, 전적으로

▶ whol(e)(모든, 전체의) + ly(부사를 만듦) = wholly(전혀, 완전히, 전적으로)

▶ wholly bad example 아주 좋지 않은 한 예

中

whom
[huːm, hum]

who(누구)의 목적격

大

whore
[hɔːr]

[명] 매춘부, [성경] 타락한 사회

뒤에 졸부(=벼락 부자)
[암] **매춘부**가 **호**호 거리며 **뒤 졸브(猝富)를 녹이다.**
(whore) (dissolve)

高

who's
[huː, hu]

who is, who has 간약형

中

whose
[huːz]

[대] 누구의 그의(who의 소유격)

▶ Whose is this book? 이 책은 누구의 것입니까?

中

why
[*h*wai]

[부] 왜 [명] 이유

▶ Why are you late? 왜 늦었는지요?

▶ Why did you refuse? 왜 거절(을)했나?

W

高 **wicked** [wíkid]

[형] 사악한, 지독한, 심술궂은

위에 키 들어

[암] **위 키 드**러 던진 **심술궂은 보이**

(wicked) (boy)

▶ I had a wicked cold. 나는 지독한 감기에 걸렸다.

中 **wide** [waid]

[형] 폭넓은, 광대한, 넓은

[암] **폭넓은 와이드 스크린**.

(wide) (screen)

▶ He has a wide knowledge of history.
그는 역사에 관한 폭넓은 지식을 갖고 있다.

高 **widely** [wáidli]

[부] 넓게, 크게, 널리

▶ wide(폭넓은, 넓은) + ly(부사를 만듦) = widely(넓게, 크게, 널리)

▶ differ widely in opinions. 의견이 크게 다르다.

高 **widen** [wáidn]

[동] 넓히다, 넓게 되다, 넓어지다.

▶ wide(폭넓은, 넓은) + en (…하다, …되다) = widen(넓히다, 넓게 되다, 넓어지다)

大 **widespread** [wáidspréd]

[형] 널리 보급되어 있는, 펼친

▶ wide(폭넓은, 넓은) + spread(펴다, 펼치다) = widespread(널리 보급되어 있는, 펼친)

高 **widow** [wídou]

[명] 미망인, 과부

아래자식과, 윗부모 도우면서

[암] **과부**가 아래 **위 도우**며 **슬픔**속에 **사러**.

(widow) (sorra)

▶ a widow bounty 과부 보조금

高 **width** [widθ / witθ]

[명] 폭, 너비, 가로

▶ wid(e)(폭넓은, 넓은) + th(명사 어미) = width(폭, 너비, 가로)

大 **wield** [wi:ld]

[타] (칼 따위를) 휘두르다, 지배하다.

해녀가 가위를 들고

[암] **다이버**가 **동갈치**보자 **가윌드**고 **휘두르다**.

(diver) (gar) (wield)

中 **wife** [waif]

[명] 아내, 처, 와이프

▶ have a wife 아내를 얻다

大 **wig** [wig]

[명] 가발, 머리칼 [타] 가발을 씌우다.

위 그에게

[암] **와이프**가 **소파 위 그**에게 **가발을 씌우다**.

(wife) (sofa) (wig)

W

中 **wild**
[waild]

㉠ 야생의, 거친, 난폭한, 야생의, 황폐한

㉢ 성격이 **거친 와일드**한 **갱**패.
(wild) (gang)

▶ Lions and tigers are wild animals.
사자와 호랑이는 야생 동물이다.

大 **wildcat**
[wáildkæ̀t]

㉡ 살쾡이

▶ wild(야생의) + cat(고양이) = wildcat(살쾡이)

高 **wilderness**
[wíldərnis]

㉡ 황야, 황무지, 사막, 미개지

▶ wild(야생의, 황폐한) + er(…하는 것) + ness(명사 어미)
= wilderness(황야, 황무지, 사막, 미개지)

▶ a desolate wilderness 황폐한 땅

高 **wildly**
[wáildli]

㉣ 격렬하게, 사납게, 난폭하게

▶ wild(거친, 난폭한) + ly(부사를 만듦) = wildly(격렬하게, 사납게, 난폭하게)

中 **will**
[wil]

㉡ 뜻, 의지, 유언, 유언장 ㉤…할(일)것이다.

위를
㉢ **윌** 보며 **뜻** 모아 기도**할 것이다**.
(will)

▶ He has a strong will. 그는 의지가 굳다.

大 **willful, wilful**
[wílfəl]

㉠ 일부러의, 고의의, 외고집의

▶ will(의지, 뜻하다) + ful(형용사 어미) = willful, wilful(일부러의, 고의의, 외고집의)

高 **willing**
[wíliŋ]

㉠ 기꺼이 …하는

▶ will(의지, 뜻하다) + ing(현재분사 어미) = willing(기꺼이 …하는)

▶ She is willing to help. 그녀는 기꺼이 도울 것이다.

高 **willow**
[wílou]

㉡ 버드나무, 버드나무 제품

위를 로우(늙은 친구)가
㉢ **버드나무 윌 로우(老友)**가 **톱니바퀴**처럼 **기어**(여)
(willow) (gear)

中 **win**
[win]

㉥ 이기다, 우승하다. ㉡ 우승, 승리

㉢ 실력이 (위인)**윈―**자가 **이기다. 우승하다.**
(win)

▶ Sam will win easily 샘이 쉽게 이길거야.

中 **wind**[1]
[wind]

㉢ **바람** 받아 타는 **윈드 서핑**(파고타기)
(wind) (surfing)

▶ The wind is blowing. 바람이 불고 있다.

W

高

wind²

[waind]

㊍ 감다, 돌리다, 구부리다.

㊞ **와이어**(wire)[철사]를 **그룹**(group)[집안]으로 **와 인(人)드**(wind)[와서 사람 들이]리 **감다(돌리다)**.

▶ wind yarn. 털실을 감다.

大

winding

[wáindiŋ]

㊔ 감기, 감음, 감아들이기

▶ wind(감다) + ing(현재분사 어미) = winding(감기, 감음, 감아들이기)

高

windmill

[wíndmìl]

㊔ 풍차, 팔랑개비

▶ wind(바람) + mill(맷돌, 맷돌로 갈다) = windmill(팔랑개비)

▶ A windmill turns. 풍차가 돌다.

中

window

[wíndou]

㊔ 창(문), 창유리

▶ wind(바람) + ow(= 바람 막는 것) = 창문, 창유리

▶ He closed all the windows. 그는 모든 창문을 닫았다.

大

windowpane

[wíndoupèin]

㊔ (끼워놓은) 창유리

▶ window(창문) + pane(창유리) = windowpane([끼워놓은] 창유리)

高

windy

[windi]

㊕ 바람이 부는

▶ (바람 = wind) + (y = …있는) = windy(바람이 부는)

▶ It is windy today. 오늘은 바람이 분다.

高

wine

[wain]

㊔ 포도주 ㊍ 포도주를 마시다.

㊞ **와인(臥人)**(wine)[와인(누워있는 사람)]이 마시는 **포도주**.

▶ I'll have a glass of red wine.
저는 적포도주로 한잔 주세요.

W

高

wing

[wiŋ]

㊔ 날개, 깃 ㊍ 날다, 날개를 달다.

㊞ **날개 깃**을 **윙**(wing)윙저어 **날다**.

▶ The eagle spread its wings.
독수리는 날개를 폈다.

大

winged

[wiŋd / wiŋid]

㊕ 날개 있는, 날 수 있는

▶ wing(날개) + ed(형용사를 만듦, …을 가진) = winged(날개 있는, 날 수 있는)

高

wink

[wiŋk]

㊔ 눈을 깜박임; 순간 ㊍ 눈을 깜박이다; 눈짓하다.

㊞ **거리**의 **아가씨**(girlie)가 **눈을 깜박이며 윙크**(wink)로 **눈짓하다**.

▶ The girl winked at him. 소녀는 그에게 눈짓[윙크]을 했다.

高 **winner**
[wínər]

명 승리자, 우승자, 수상자[작품]

▶ (승리하다 = win + n) + (er = …사람)
= winner(승리자, 우승자, 수상자[작품])

▶ a Pulitzer Prize winner 퓰리처상 수상자[작품]

大 **winning**
[wíniŋ]

명 승리, 성공 형 이긴

▶ (승리하다 = win + n) + (ing = 현재분사 어미) = winning(승리, 성공, 이긴)

中 **winter**
[wíntər]

명 겨울 동 겨울을 지내다.

암 앙상하게 여윈 터(여원 땅)에서 **겨울을 지내다.** ((winter))

▶ Last winter we went skiing.
지난 겨울 우리는 스키 타러 갔다.

大 **wintry**
[wíntri]

형 겨울의[같은]

▶ wint(e)r(겨울) + y(…의 [같은]) = wintry(겨울의[같은])

高 **wipe**
[waip]

동 훔치다, 닦다. 명 닦음

암 **테이블**(table)을 **와이프**(wipe)가 **닦다.** (와이프(=wife) 부인을 연상하여 기억할 것)

▶ He wiped the sweat from his brow. 그는 이마의 땀을 닦았다.

大 **wiper**
[wáipər]

명 닦는 사람, 걸레, (자동차)와이퍼

▶ wip(e)(씻다, 닦다) + er(하는 사람[것]) = wiper(닦는 사람, 걸레, [자동차] 와이퍼)

高 **wire**
[waiər]

명 철사; 전선, 와이어

▶ copper wire 동선

高 **wireless**
[wáiərlis]

형 무선의, 무선 전신의 명 무선 전신

▶ wire(철사, 전선) + less(…이 없는) = wireless(무선의, 무선 전신)

▶ a wireless officer[operator] 무선 전신 통신사

大 **wirer**
[wáiərər]

명 철사를 감는 사람

▶ wir(e)(철사) + er(…하는 사람) = wirer(철사를 감는 사람)

大 **wiry**
[wáiəri]

형 철사로 만든, 철사 같은

▶ wir(e)(철사) + y(…같은[만든]) = wiry(철사로 만든, 철사 같은)

W

高
wisdom
[wízdəm]

[명] 현명함, 지혜

▶ wis(e)(현명한) + dom(추상 명사 어미) = wisdom(현명함, 지혜)

▶ They say he is a man of wisdom. 그는 현명한 사람이라고들 한다.

中
wise
[waiz]

[형] 슬기로운, 현명한 [명] 방법 [동] 알다.

와서 이즈음

[암] **현명한 방법**을 **와 이즈**음 **알다**.

(wise)

▶ a wise old man 현명한 노인

高
wisely
[wáizli]

[부] 슬기롭게, 현명하게

▶ wise(슬기로운, 현명한) + ly(부사를 만듦) = wisely(슬기롭게, 현명하게)

中
wish
[wiʃ]

[동] 원하다, 바라다. [명] 소원

구경을

[암] **쇼**를 **마담**을 **위시(爲始)**해 (모두)**원하다**.

(show)(madam) (wish)

▶ What do you wish? 무엇을 원하니?

大
wishful
[wíʃfəl]

[형] 원하는, 바라고 있는

▶ wish(바라다) + ful(형용사 어미) = wishful(원하는, 바라고 있는)

高
wit
[wit]

[명] 분별, 재치, 기지, 지혜, 재치(분별)있는 사람

[암] **재치**있는 **위트**와 유머를 잘하는 **분별있는 사람**

(wit)

▶ (a) keen [sharp] wit 예리한 재치

高
witch
[witʃ]

[명] 마녀, 무당 [타] 마법을 걸다[쓰다].

[암] **무당**이 **마녀**의 **위치**에서 **마법을 걸다**.

(witch)

W

中
with
[wið, wiθ]

[전] ~와 함께; ~을 가지고

위를 들어

[암] **판 단지**를 **위 드**러 **함께** 잡**고**가다.

(pot) (with) (go)

▶ have dealings with …와 거래관계가 있다.

高
withdraw
[wiðdrɔ́ː, wiθ-]

[동] 빼다, 물러나다, 철회하다

▶ (반대로 = with) + (draw + 당기다) → 반대쪽으로 당기어 빼다, 철회하다 = withdraw(빼다, 물러나다, 철회하다)

大
withdrawal
[wiðdrɔ́ːəl / wiθ-]

[명] 물러남, 철회

▶ withdraw(철회하다, 물러나다) + al(명사 어미) = withdrawal(물러남, 철회)

大	**withdrawn** [wiðdrɔ́:n / wiθ-]	withdraw(빼다, 철회하다, 물러나다)의 과거분사
大	**withdrew** [wiðdrú:]	withdraw(빼다, 철회하다, 물러나다)의 과거
高	**wither** [wíðər]	동 (식물이) 시들다, 쇠퇴하다, 말라 비틀어지다. 암 코스모스(cosmos)가 위 더(wither) 말라 시들다. ▶ The flowers withered soon. 그 꽃은 곧 시들었다.
中	**within** [wiðín]	전 ~의 안에(안쪽에) ▶ (…와 함께 = with) + (in = 안의) = within(…의 안에[안쪽에]) 암 뜨거운 홑(hot)떡 먹고 안에 위(胃)딘(within) 보이(boy) 위(胃) 딘(데다의 사투리)  ▶ within a week 1주일 이내에
中	**without** [wiðàut]	전 ~없이 ▶ (…와 함께 = with) + (out = 밖에, 밖의) = without(…없이) ▶ I can do it without your help. 너의 도움 없이도 그것을 할 수 있다.
高	**withstand** [wiðstǽnd / wiθ-]	동 저항하다, 견디어 내다. ▶ (반대로 = with) + (stand = 서다) → 반대로 서다 → 저항하다 = withstand(저항하다, 견디어 내다) ▶ withstand an attack 공격에 저항하다
高	**withstood** [wiðstúd / wiθ-]	withstand(저항하다, 견대어내다)의 과거, 과거분사
高	**witness** [wítnis]	명 목격자, 증인 동 목격하다, 증언하다. ▶ (기지,재치 = wit) + (ness = 명사 어미) → 재치있게 목격자가 된 증인 = witness(목격자, 증인, 목격하다, 증언하다)
大	**witty** [wíti]	형 재치가 있는, 기지가 있는 ▶ (재치, 기지 = wit + t) + (y 형용사 어미, …가 있는) = witty(재치가 있는, 기지가 있는)
大	**wives** [waivz]	wife(아내)의 복수

大	**wizard** [wízərd]	명 (남자)마법사, 마술사, 요술쟁이, 명인 암 **마법사**가 **위 저(箸)드**러 **저글 요술로 속이다**. 위 저(젓가락) 들어 적을 / (wizard) (juggle) 
高	**woe** [wou]	명 (문어) 비애, 재난, 슬픔, 고뇌, 비통 암 **재난**의 **비애**가 지겨**워 우**는 **마담** (woe) (madam) ▶ She told him all her woes. 그녀는 그에게 자신의 비통함을 모두 이야기했다.
大	**woeful, woful** [wóufəl]	형 슬픈, 비참한, 애처로운 ▶ woe(슬픔, 비통, 비애) + ful(형용사 어미) = wo(e)ful(슬픈, 비참한, 애처로운)
高	**woke [wouk]** [wouk]	wake(잠이 깨다, 깨우다)의 과거, 과거분사 ▶ She woke from a deep sleep. 그녀는 깊은 잠에서 깼다.
中	**wolf** [wulf]	명 이리, 늑대 암 **여자(암컷)**의 **시(詩)**를 **읊프**는 **늑대**. 읊으 / (she) (wolf) ▶ A wolf appeared behind a tree. 늑대 한 마리가 나무 뒤에서 나타났다. 
大	**wolves** [wulvz]	wolf(이리 늑대)의 복수
中	**woman** [wúmən]	명 여성, 여자 암 잘 **우먼**(우면) **여성**. (woman) ▶ Who's that woman? 저 여자는 누구냐?
大	**womanhood** [wúmənhùd]	명 여자임, 여자다움 ▶ woman(여자, 여성) + hood(명사, 어미, 성질, 상태를 나타냄) = womanhood(여자임, 여자다움)
大	**womanly** [wúmənli]	형 여자다운, 상냥한 ▶ woman(여자, 여성) + ly(…다운, …한) = womanly(여자다운, 상냥한)
大	**womb** [wu:m]	명 자궁, 아이집, 사물이 발생하는 곳 암 **베이비**가 **자궁(아이집)**에서 나와 **움**니다(울다) (baby) (womb)

中 **won**
[wʌn]

win(이기다, 승리하다)의 과거, 과거분사

▶ Which side won? 어느 편이 이겼느냐

中 **wonder**
[wʌ́ndər]

명 경탄하기, 놀라움 동 놀라다.

암 **미스코리아**(Miss Korea) 되니 **원(願)**(원이)(wonder) **더**(더) 없다며 **놀라다.**

▶ They wondered at my skill.
그들은 나의 솜씨에 놀랐다.

中 **wonerful**
[wʌ́ndərfəl]

형 경탄할 만한, 놀라운

▶ wonder(놀라움, 경탄하기) + ful(형용사 어미) = wonderful(경탄할 만한, 놀라운)

▶ I had a wonderful time. 나는 멋진 시간을 보냈다.

大 **wondrous**
[wʌ́ndrəs]

형 놀랄만한, 불가사의한

▶ wond(e)r(이상하게 여기다) + ous(형용사 어미) = wondrous(놀랄만한, 불가사의한)

高 **wont**
[woːnt / wount / wʌnt]

형 …에 익숙한 명 습관, 풍습

▶ as he was wont to say 그가 늘 말한 것처럼

中 **won't**
[wɑn, wɔn / wʌn]

will not의 간약형

中 **woo**
[wuː]

타 구호하다, 사랑을 호소하다.

암 **올드 미스**(노처녀가)(old miss)가 **우**(우며(울며))(woo)며 **사랑을 호소하다.**

▶ pitch woo 구애하다, 비위를 맞추다.

中 **wood**
[wud]

명 [보통 복수] 숲, 목재, 나무

암 **우드**(우두커니)(wood)커니 선 **나무.**

▶ a box made of wood 나무로 만들어진 상자

中 **wooden**
[wúdn]

형 나무로 만든, 나무의

▶ wood(나무, 목재) + en(…으로 된, …의) = wooden(나무로 만든, 나무의)

▶ a wooden house 목조 가옥

高 **woodland**
[wúdlənd / -lænd]

명 삼림지, 삼림지대

▶ wood(나무, 목재) + land(육지, 땅, 지대) = woodland(삼림지, 삼림지대)

大	**woodman** [wúdmən]	명 나무꾼, 삼림 감독관 ▶ wood(나무, 목재) + man(사람) = woodman(나무꾼, 삼림 감독관)
大	**woodpecker** [wúdpèkər]	명 딱따구리 ▶ wood(나무, 목재) + pecker(부리로 쪼는 새) = woodpecker(딱따구리)
大	**woody** [wúdi]	형 숲이 우거진, 나무의 ▶ wood(나무, 목재) + y(…의, … 많은) = woody(숲이 우거진, 나무의)
中	**wool** [wul]	명 양털, 모직물, 울 ▶ This blanket was made of wool. 이 담요는 양탈로 만들어졌다.
高	**wool(l)en** [wúlən]	형 양털의, 모직물의, 양털로된 ▶ wooll(양털, 모직물) + en(…의, …으로 된) = woollen(양털의, 모직물의, 양털로 된 ▶ wool(l)en cloth 나사, 모직 옷감
大	**woo(l)ly** [wúli]	형 양털의, 양털 같은 ▶ woll(양털, 모직물) + ly(…같은, …다운) = woo(l)ly(양털의, 양털 같은)
中	**word** [wəːrd]	명 낱말, 말, 단어 암 컴퓨터에 의한 **단어 워드 프로세서(처리기)** (word) (processor) ▶ How do you spell the word? 그 낱말은 어떻게 쓰지요?
大	**word game** [wəːrd geim]	명 (각종) 언어[단어]놀이 ▶ word(낱말 단어) + game(게임, 놀이) = word game(언어[단어]놀이)
高	**wordless** [wə́ːrdlis]	형 말없는, 무언의, 벙아리의 ▶ word(낱말, 말) + less(…이 없는) = wordless(말없는, 무언의, 벙아리의)
中	**wore** [wɔːr]	wear(입다, 신다, [머리, 수염 등을]기르고 있다)의 과거 ▶ He wore his hair long[short]. 그는 머리를 길게 [짧게]하고 있었다.

中 **work**
[wəːrk]

명 일, 노동 동 일하다.

작업화(靴)
암 **워크**화(靴) 신고 **노동일하다**.
(work)

▶ He works in a hospital. 그는 병원에서 일한다.

高 **worker**
[wə́ːrkər]

명 일하는 사람, 노동자

▶ work(일, 일하다) + er(…하는 사람) = worker(일하는 사람, 노동자)

▶ She's a real worker. 그녀는 진짜 일꾼이다.

高 **working**
[wə́ːrkiŋ]

형 일하는 명 일, 노동

▶ work(일, 일하다) + ing(현재분사 어미) = working(일하는, 일, 노동)

▶ a working population 노동 인구

大 **workingman**
[wə́ːrkiŋmæ̀n]

명 노동자, 장인, 직공

▶ working(일하는, 노동하는) + man(사람) = workingman(노동자, 장인, 직공)

高 **workman**
[wə́ːrkmən]

명 노동자, 직공

▶ work(일, 일하다) + man(사람) = workman(노동자, 직공)

▶ a good [skilled] workman 솜씨가 좋은[수련된]직공

大 **workmanship**
[wə́ːrkmənʃip]

명 기량, 기능, 솜시

▶ workman(노동자, 직공) + ship(신분, 기술, 수완등의 뜻)
= workmanship (기량, 기능, 솜씨)

大 **workshop**
[wə́ːrkʃɑ̀p / -ʃɔ̀p]

명 작업장, 일터, 공동 연구회

▶ work(일, 일하다) + shop(상점, 일터) = workshop(작업장, 일터, 공동 연구회)

中 **world**
wəːrld]

명 세계; 세상; 세상 사람

암 **세상(세계)사람**이 즐기는 **월드 컵**.
(world)(cup)

▶ This is a map of the world. 이것은 세계 지도다.

高 **worldly**
[wə́ːrldli]

형 세상의, 세속적인

▶ world(세계) + ly(형용사를 만듦) = worldly(세상의, 세속적인)

▶ worldly affairs 세속적인 일

高 **worldwide**
[wə́ːrldwáid]

형 세계에 미치는, 세계적인

▶ world(세계) + wide(넓은) = worldwide(세계에 미치는, 세계적인)

▶ a worldwide depression 세계적인 불경기

高 **worm** [wəːrm]

[명] 벌레(지렁이, 촌충, 거머리 따위), 구더기

[암] **웜(옴)**(worm)**벌레**같은 **구더기**.

高 **worn** [wɔːrn]

wear(입다, 신다, 닳아 없어지다)의 과거 분사

[형] 닳아해진, 초췌한, 야윈

▶ worn rugs 닳아 빠진 깔개

高 **wornout** [wɔ̀ːrnáut]

[형] 닳아빠진, 기진맥진한

▶ worn(닳아해진, 초췌한) + out(밖에, 밖의) → 닳아해져 밖에서 볼 수 있을 정도.. = wornout(닳아빠진, 기진맥진한)

▶ a worn-out man 기진맥진한 노인

大 **worried** [wə́ːrid / wʌ́rid]

[형] 난처한, 딱한, 걱정스러운

▶ worr(y) → i(걱정하다) + ed(형용사를 만듦) = worried(난처한, 딱한, 걱정스러운)

中 **worry** [wə́ːri]

[동] 근심(걱정)하다. [명] 근심(거리)

[암] **근심거리**로 **월(月)이**(월(달)이)(worry) 갈수록 **걱정하다**.

▶ live without worries. 근심 없이 살다.

中 **worse** [wəːrs]

[형] 보다 나쁜 [부] 더 나쁘게

[암] **사인**(sign)을 **놈**이 **지워스**(gee)(worse)(지웠으니)니 **더 나쁘게** 됐네.

高 **worship** [wə́ːrʃip]

[명] 존경, 숭배 [동] 존경(숭배, 예배)하다.

▶ (가치 = wor(th]) + (ship = 명사 어미) = 존경, 숭배(하다)

[암] **유태인**(Jew)이 **주(主)**가 **존경**스러**워 십**(worship)(스러워 십자가를)자가를 **숭배하다**.

▶ the worship of wealth 부(富)의 숭배

大 **worshiper** [wə́ːrʃip]

[명] 숭배자, 예배자

▶ worship(숭배하다, 예배하다) + er(…하는 자) = worshiper(숭배자, 예배자)

中 **worst** [wəːrst]

[형] 최악의 [부] 가장 나쁘게

[명] [보통 the~] 최악의 사태, 최악, 최악의 사람

※ worse 참조

大 **worst-case** [wəːrstkeis]

[형] 최악의 경우도 고려한

▶ worst(최악의) + case(경우) = worst-case(최악의 경우도 고려한)

W

中 **worth** [wəːrθ]

(형) 가치가 있는 (명) 가치

(암) **다이아**(dia)를 끼**워스**(worth)(끼웠으니)니 **가치가 있는** 거지.

▶ That book is worth reading.
그 책은 읽을 가치가 있다.

高 **worthless** [wə́ːrθlis]

(형) 가치 없는, 소용 없는

▶ worth(…의 가치가 있는) + less(…이 없는) = worthless(가치 없는, 소용 없는)

大 **worthwhile** [wə́ːrθhwáil]

(형) 할 보람이 있는, 시간을 들일 만한

▶ worth(…의 가치가 있는) + while(하는 동안) → 일한 가치를 받을 수 있을 동안에 만… = worthwhile(시간을 들일 만한, 할 보람이 있는)

高 **worthy** [wə́ːrði]

(형) 가치 있는, 훌륭한, 명사(名士)

▶ worth(…의 가치가 있는) + y(…이 있는) = worthy(가치 있는, 훌륭한, 명사(名士))

▶ a worthy life 훌륭한 인생

中 **would** [wud, wəd, əd]

(조) will의 과거, …할 것이다

▶ I thought I would do my best.
전력을 다하려고 생각했다(의지)

大 **would-be** [wúdbìː]

(형) …이 되려고 하는

▶ would(…할 것이다) + be(이다) = would-be(…이 되려고 하는)

大 **would'n't** [wúdnt]

would not의 간약형

大 **wound**[1] [waund]

wind(꾸불거리다, 감다)의 과거, 과거분사

高 **wound**[2] [wuːnd]

(명) 부상, 상처 (동) 상처를 입히다(입다), (명예 따위를)훼손하다(= injure)

(암) **외이프**가 **운(運)드**(wound)(운(運)도) 사납게 **상처를 입다**.

▶ a mortal[fatal] wound 치명상

高 **wounded** [wúːndid]

(형) 상처 입은, 부상당한, 상한

▶ wound(상처, 부상) + ed(형용사를 만듦) = wounded(상처 입은, 부상당한, 상한)

▶ wounded soldiers 부상병

高 **wove**
[wouv]

weave(짜다, 뜨다)의 과거, 과거분사

▶ She wove a basket for us. 그녀는 우리에게 바구니를 짜 주었다.

大 **woven**
[wóuvən]

weave(짜다, 뜨다)의 과거분사

大 **wrangle**
[rǽŋgəl]

동 말다툼하다, 논쟁하다. 명 말다툼, 언쟁

아내가 마음이 냉한 그를
암 **와이프**가 **랭(冷) 글** 잡고 **말다툼하다(논쟁하다)**.
(wife) (wrangle)

高 **wrap**
[ræp]

동 싸다(~up), 휘감다.

암 **피자**를 **랩**으로 **휘감아 싸다**.
(pizza) (wrap)

▶ Mother wrapped the parcel in paper.
어머니께서는 소화물을 종이에 싸셨다.

大 **wrapper**
[rǽpər]

명 싸는 사람, 포장지, (책의)커버

▶ wrap + p(싸다) + er(…하는 사람[것]) = wrapper(싸는 사람, 포장지, [책의]커버)

大 **wrath**
[ræθ, rɑːθ / rɔːθ]

명 격노, 분노, 복수, 격분, 화

사장이 냈으니
암 **보스**가 **격노**해 **화**를 **래스**니.....
(boss) (wrath)

高 **wreath**
[riːθ]

명 화환; 동그라미, 고리

리씨가 수(손)으로 위부터
암 **둥근 화환**을 **리(李) 스(手)**로 **위브**터 **엮다**.
(wreath) (weave)

▶ make a wreath. 화환을 만들다.

大 **wreathe**
[riːð]

동 고리로 만들다, 화환으로 만들다

▶ wreath(화환, 고리) + e(= en, …하다[만들다]) = wreathe(고리로 만들다, 화환으로 만들다)

高 **wreck**
[[rek]

명 난파(선), 파괴 동 난파시키다(하다), (희망) 좌절시키다.

해적선
암 **바이킹**호를 알**렉**산더 대왕이 **난파시키다**.
(Viking) (wreck)

▶ The ship was wrecked. 배가 난파됐다.

大 **wreckage**
[rékidʒ]

명 난파, 난선, 난파 화물

▶ wreck(난파하다[시키다]) + age(명사 어미) = wreckage(난파, 난선, 난파 화물)

大 **wren** [ren]

명 굴뚝새

암 **코브라 대가리**보고 **놀랜 굴뚝새**
(cobra) (noll)(wren)

大 **wrench** [rentʃ]

동 비틀다, 비틀어 돌리다. 명 비틀기, 꼬기

빨랜(빨래는)
암 **친구**와 **팔랜 취(取)**하여 맞잡고 **비틀다(비틀어 돌리다)**
(pal)(wrench)

大 **wrest** [rest]

동 비틀다. 명 비틂

암 **레슬러**가 몸을 **레스트**하여 **비틀다.**
(wrestler) (wrest)

大 **wrestle** [résəl]

동 맞붙어 싸우다, 레슬링을 하다.

▶ wrest(비틀다) + le(반복을 뜻하는 어미) = wrestle(레슬링을 하다)

암 **레슬**링하며 **맞붙어 싸우다. 레슬링을 하다.**
(wrestle)

大 **wrestler** [réslər]

레슬링 선수, 레슬러

▶ wrestl(e)(레슬링을 하다) + er(…하는 사람) = wrestler(레슬링 선수, 레슬러)

大 **wrestling** [résliŋ]

명 레슬링, 씨름

▶ wrestl(e)(레슬링을 하다) + ing(현재분사 어미) = wrestling(레슬링, 씨름)

大 **wretch** [retʃ]

명 가엾은 사람, 비열한 사람, 불쌍한 사람

몰 래 취(取)
암 **매춘부**를 **몰래 취(取)**한 **비열한 사람.**
(moll) (wretch)

高 **wretched** [rétʃid]

형 가엾은, 비열한, 불쌍한, 초라한

▶ wretch(가엾은[비열한, 불쌍한]사람) + ed(형용사를 만듦) = wretched(가엾은, 비열한, 불쌍한 초라한)

▶ wretched house[inn] 초라한 집[여인숙]

大 **wriggle** [rígəl]

동 꿈틀거리다, 몸부림치다.

이글
암 **뱀**이 **흥분제**먹고 **리글**이글 **꿈틀거리다(몸부림치다).**
(bam) (wriggle)

高 **wring** [riŋ]

동 틀다, 비틀어 짜다, 우려내다.

링(ring=고리)을 연관시켜 기억할 것
암 **주스**를 **링**에 넣어 **비틀어 짜다.**
(juice) (wring)

▶ I wrung my old friend's hand
나는 옛친구의 손을 꽉 쥐었다.

W

高 **wrinkle** [ríŋkəl]

명 주름, 구김살 동 주름을 잡다, 주름이 지다.

볼링선수가 (bowling=)볼링 클럽(=club)을 연관시켜 기억할 것

암 **보울러**가 **나무공 볼링 클**럽을 **주름잡다.**
(bowler) (bowl)(wrinkle)

▶ make a wrinkle. 조름이 지게 하다.

高 **wrist** [rist]

명 손목

암 **손목**에 차는 **리스트 와취(시계)**
(wrist) (watch)

▶ He caught me by the wrist.
그는 내 손목을 잡았다.

중 **write** [rait]

동 쓰다, 저술하다; 글씨를 쓰다.

암 **타이프 라이트**로 **글씨를 쓰다.**
(type) (write)

▶ write with a pen. 펜으로 글씨를 쓰다.

高 **writer** [ráitər]

명 저자, 필자, 기자

▶ writ(e)(글씨를 쓰다) + er(…사람) = writer(저자, 필자, 기자)

中 **writing** [ráitiŋ]

명 쓰기, 필적, 쓴 것, [복수로]전집

▶ writ(e)(글씨를 쓰다) + ing(현재분사 어미) = writing(쓰기, 필적, 쓴 것,[복수] 전집)

▶ the writings of Milton 밀턴 전집

中 **written** [rítn]

write (글씨를 쓰다)의 과거분사 형 씌어진, 서면으로 된

▶ a written application 신청서, 원서, 의뢰장

中 **wrong** [rɔːŋ, rɑŋ]

형 나쁜, 부정한 타 학대하다. 명 부정, 과오

암 **미스**에게 **나쁜 롱(弄)**하며 **학대하다.**
(Miss) (wrong)

中 **wrote** [rout]

write(글씨를 쓰다)의 과거

▶ I wrote a long letter to my parents.
나는 부모님께 긴 편지를 썼다.

大 **wrought** [rɔːt]

(古, 文語) work의 과거, 과거분사 형 가공한, 만든, 정교한

大 **wrung** [rʌŋ]

wring(짜다, 비틀다)의 과거, 과거분사 형 쥐어 짠, 비튼

X

高 **Xmas** [krísməs, éksməs]

명 성탄절, 크리스마스(= Christmas)

大 **X-ray** [éksrèi]

명 (복수) X선, 뢴트겐선
타 X레이로 검사하다(치료하다).

암 **로인(老人)**이 **허리**를 **엑스레이로 검사하다**.
노인(老人) / (loin) / (X-ray)

大 **xylophone** [záiləfòun / zíl-]

명 실로폰, 목금(木琴)

암 **실로폰 목금(木琴)**
(xylophone)

Y

高 **yacht** [jɑt / jɔt]

명 쾌속정, 요트 자 요트에(를) 타다.

암 **요트먼**이 **쾌속정 요트를 타다**.
(yacht'sman) (yacht)

▶ sail a yacht. 요트를 조종하다.

高 **Yankee** [jǽŋki]

명 양키, 미국사람 형 양키의, 미국 사람의

암 **미국 사람**인 **양키**
(Yankee)

高 **yard** [jɑːrd]

명 안마당, 구내, 야드(3피트, 약 0.914미터) [약어]yd

암 수십 **야드**가 되는 **구내 안마당**.
(yard)

▶ You can play in the front yard. 앞마당에서 놀아도 좋다.

高 **yarn** [jɑːrn]

명 방사(紡絲), 뜨개질 이야기 동 이야기를 하다.

암 새하**얀 뜨개질 방사(紡絲)**에 대해 **이야기를 하다**.
(yarn)

高 **yawn** [jɔːn]

명 하품 동 하품하다.

암 **보이**가 **욘** 깔고, **하품하다**.
요는 / (boy) (yawn)

中 **year** [jiər / jəːr]

명 연(年), 해, 연령, 나이

이여
암 **연년**(年年)이 **이어**지는 **새해**.
(year)

▶ Winter has come early this year. 올해는 겨울이 빨리 왔다.

高 **yearly** [jíərli / jə́ːr-]

형 연1회의, 매년의 부 매년

▶ year(해, 년) + ly(형용사 및 부사 어미) = yearly(연1회의, 매년의, 매년)

▶ a yearly income 연수(입)

高 **yearn** [jəːrn]

동 그리워(동경)하다, 사모하다, 가절히(몹시)~하고 싶어하다.

암 님을 **연(戀)**연(戀)히 **그리워(동경)하다**.
(yearn)

▶ We yearn for a long vacation. 우리는 긴 여름 휴가를 갈망하다.

大 **yearning** [jə́ːrniŋ]

명 동경, 열망, 사모

▶ yearn(동경[열망, 사모]하다) + ing(현재분사 어미) = yearning(동경, 열망, 사모)

大 **yeast** [jiːst]

명 이스트, 효모 동 발효하다, 이스트를 넣다.

암 막걸리를 **이스트 효모**로 **발효하다**.
(yeast)

高 **yell** [jel]

동 고함치다, 외치다.

옐(예(禮)를)
암 **인디언**에게 **옐** 지키라고 **고함(외)치다**.
(Indian) (yell)

中 **yellow** [jélou]

형 황색의 명 노란색

암 **황색의 옐로 카드**.
(yellow)(card)

大 **yellowish** [jélouiʃ]

형 누르스름한, 황색을 띤

▶ yellow(노란) + ish(…을 띤, …의 기미가 있는) = yellowish(누르스름한, 황색을 띤)

大 **yelp** [jelp]

동 큰 소리를 지르다, (개가) 깽갱 울다

애를 풀어
암 **보이 프렌드**가 묶인 짝 **앨 프**러달라고 **큰 소리를 지르다**.
(boy friend) (yelp)

中 **yes** [jes]

부 네 승낙, 그래요

▶ I said yes. 나는 네라고 대답했다.

▶ He gave me a yes. 그는 승낙의 대답을 했다.

Y

中 **yesterday**
[jéstərdi]

명부 어제, 어저께

예수님이 교회터 뒤에서 　 비틀어
암 **예수 터 뒤**서 **어제**부터 **사탄**을 **비트**러 **치다**.
(yesterday) (Satan) (beat)

▶ This is a yesterday's newspaper.
이것은 어제 신문이다.

中 **yet**
[jet]

부 아직, 여전히, 지금까지, 이미

암 **옛**부터 **지금까지 여전히 똥똥한 첩이 비통**케 **살어**.
(yet) (chubby) (sorra)

大 **yew**
[juː]

명 (식물) 주목(朱木), 주목나무

암 이게 **주목 나무 유?**
(yew)

高 **yield**
[jiːld]

동 산출하다, 굴복하다, 주다.
명 산출량, 수확, 이윤

일 들어가
암 **싱**싱한 **물건**을 **일 드**러가 **이윤**을 얻고자 **산출하다**.
(thing) (yield)

▶ Land yields crops. 땅에서 농작물이 난다.

大 **yielding**
[jíːldiŋ]

형 다산의, 수확량이 많은

▶ yield(산출하다, 낳다) + ing(현재분사 어미) = yielding(다산의, 수확량이 많은)

大 **yodel, yodle**
[jóudl]

명 요들 타 요들 가락으로 노래하다, 요들을 부르다.

암 **요들 송**을 **요들 가락으로 노래하다**.
(yodle song) (yodel)

高 **yoke**
[jouk]

명 멍에, 속박, 지배 동 멍에를 씌우다.

암 **요크셔돼지**목에 **요크**씨가 **멍애를 씌우다**.
(Yorkshire) (yoke)

高 **yonder**
[jάndər / jɔ́n-]

형 저쪽의 부 저쪽(저기)에

요는 더 　 베더니
암 **저쪽에** 있는 **욘 더** 포개어 **배드**니 **침대**에서 **자다**.
(yonder) (bed)

▶ Look yonder. 저쪽을 보아라

中 **you**
[juː, ju, jə]

대 당신, 당신들

암 **당신** 이**유**?
(you)

中 **you'd**
[juːd, jəd]

you had, you would의 간약형

Y

中 **you'll** [juːl, jul, jəl]

you will, you shall의 간약형

中 **young** [jʌŋ]

형 젊은, 어린 명 젊은 사람들, (동물의)새끼

암 **영**영 가버린 **젊은(어린)**시절.
(young)

▶ We are young only once. 젊은 시절은 단 한 번뿐이다.

高 **youngster** [jʌ́ŋstər]

명 젊은이, 어린이, 소년

▶ young(젊은) + ster(…하는 사람) = youngster(젊은이, 어린이, 소년)

中 **your** [juər, jɔːr, jər]

대 당신(들)의, 너(희들)의

▶ What's your opinion about that?
그것에 대한 당신의 의견은 무엇입니까?

中 **you're** [juər, jər]

you are의 간약형

中 **yours** [juərz, jɔːrz]

대 당신(들)의 것, 댁내

▶ your(당신) + s(소유격 어미) = yours(당신의 것)

▶ Yours is better than mine.
너의 것이 내 것 보다 좋다.

中 **yourself** [juərsélf / jər- / jɔːr-]

대 당신 자신

▶ your(당신의) + self(자신) = yourself(당신, 자신)

▶ Know yourself. 너 자신을 알라

中 **yourselves** [juərsélvz, jər-]

yourself(당신 자신)의 복수

▶ yoursel(f)(당신 자신) + ves(복수를 만듦) = yourselves

高 **youth** [juːθ]

명 청춘(기), 젊음, (남성인)젊은이

▶ you(ng)(젊은) + th(추상명사 어미) = youth(청춘)

암 **청춘**이 **유스(流水)**(유수(흐르는 물))같아 **사이**사이 **탄식하다**.
(youth) (sigh)

▶ I was quite a good actor in my youth.
나는 젊은 시절에 꽤 훌륭한 배우였다.

高 **youthful** [júːθfəl]

형 젊은, 발랄한, 팔팔한

▶ youth(젊음) + ful(형용사 어미) = youthful(젊은, 발랄한, 팔팔한)

▶ a youthful mother [bride] 젊은 어머니[신부]

Y

中 **you've** [juːv, juv, jəv]

you have의 간약형

Z

高 **zeal** [ziːl]

[명] 열중, 열정, 열심

[암] **게임**에 **질**까바 **열심**껏 **파이팅**하다.
(game) (zeal) (fighting)

▶ I always choose zeal over ability.
나는 항상 능력보다 열정을 선택하다.

高 **zealous** [zéləs]

[형] 열심인, 열광적인

▶ zeal(열심, 열정) + ous(형용사 어미) = zealous(열심인, 열광적인)

▶ make zealous efforts. 열심히 노력하다.

大 **zebra** [zíːbrə]

[명] 얼룩말

집으로 개를 업고
[암] **얼룩말**이 **집브러** **보이**와 **갤 업**고 **질주하다**.
(zebra) (boy) (gallop)

大 **zenith** [zíːniθ / zén-]

[명] 천정

제(동생이) 니스
[암] **천정**에 **제(弟)니스** **페인트 칠하다**.
(zenith) (paint)

高 **zero** [zíərou]

[명] 제로, 영점, 영도; 무(無)

▶ zero growth (경제, 인구 등의)제로

大 **zest** [zest]

[명] 풍미, 맛, 풍취 [타] 풍치(풍미)를 더하다.

식탁에 제수(제사 음식) 틀어
[암] **테이블**에 **제스(祭需) 트**러 놓으며 **풍치(맛)을 더하다**.
(table) (zest)

大 **zigzag** [zígzæ̀g]

[형] 지그자그의(지그재그의) [부] 꼬불꼬불하게 [자] 지그재그로 걷다.

[암] **꼬불꼬불하게 지그재그로 걷다**.
(zigzag)

高 **zinc** [ziŋk]

[명] 아연 [타] 아연으로 도금하다.

대장장이가
[암] **블랙스미스**가 **징 크**게 만들어 **아연으로 도금하다**.
(blacksmith) (zinc)

大 **zip** [zip]

명 ((英)) 지퍼 동 지퍼로 잠그다(열다).

암 **잠바**를 **집**(또는 **지퍼로**)으로 **잠그다(열다)**.
(jumper) (zip[또는 zipper])

高 **ZIP code** [zip koud]

우편 번호/ZIP(zone improvement program) + code(번호)
→ ZIP code(우편번호)

高 **zone** [zoun]

명 지대, 지역 동 띠로 두르다.

암 살기 **좋은 지대(지역)**
(zone)

▶ Japan is in an earthquake zone. 일본은 지진 지대에 속해 있다.

高 **zoo** [zuː]

명 동물원

주에서 세운
암 **주(州)**립 **동물원**.
(zoo)

▶ We visited the zoo yesterday. 우리는 어제 동물원에 갔다.

高 **zoological** [zòuəládʒikəl / -lɔ́dʒ-]

형 동물학(상)의

▶ zoolog(y)(동물학) + ical(…의, [상의]) = zoological(동물학(상)의)

大 **zoologist** [zouálədʒist / -ɔ́l-]

형 동물학자

▶ zoolog(y)(동물학) + ist(…하는 사람) = zoologist(동물학자)

高 **zoology** [zouálədʒi / -ɔ́l-]

명 동물학, 동물 상태

▶ zoo(동물원, 동물) + logy(학문) = zoology(동물학)

조(趙) 오로지 몰입하다
암 미스 **조(趙)오러지 동물학**에 **쏙 잠기다**.
(zoology) (soak)

大 **zoom** [zuːm]

명 (비행기의) 급상승
동 (비행기가)급상승하다, 붕하고 소리나다.

암 **엔진**에 **오일**을 듬뿍 **줌**으로**(비행기가) 붕하고 급상승하다**.
(engine) (oil) (zoom)

大 **zoom lens** [zuːm lenz]

명 줌 렌즈

▶ zoom(줌, 급상승) + lens(렌즈) = zoom lens

※ 줌 렌즈(= 초점 거리를 임의로 바꿀 수 있는 렌즈)

Z

뒷장 예문처럼 100% 그림으로 풀이한

한자능력 검정시험

책을 소개합니다

한문박사	한자능력 검정시험	1급	4도 인쇄	정가 ₩30,000원
한문박사	한자능력 검정시험	3~2급	2도 인쇄	정가 ₩15,000원
저절로 외워지는	한자능력 검정시험	3~2급	2도 인쇄	정가 ₩15,000원
저절로 외워지는	한자능력 검정시험	5~4급	4도 인쇄	정가 ₩15,000원
그림 풀이 한자	한자능력 검정시험	4급	4도 인쇄	정가 ₩9,000원
그림 풀이 한자	한자능력 검정시험	5급	4도 인쇄	정가 ₩9,000원
저절로 외워지는	한자능력 검정시험	8~6급	4도 인쇄	정가 ₩8,000원

책 크기 25.5cm×18.7cm

퀸출판사 엄기창 저

TEL. 02-848-7618 FAX. 02-832-0618
HP. 010-9112-7618 HP. 010-6668-7618

beautiful **색안경**을 쓰고 (꽃)**사슴**을 보니 **곱다** (고울 **려**)

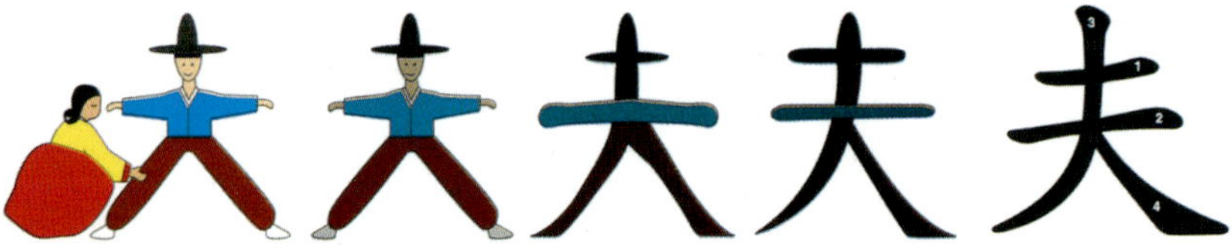

husband **지아비**의 모양을 본뜬 글자 (지아비 **부**)

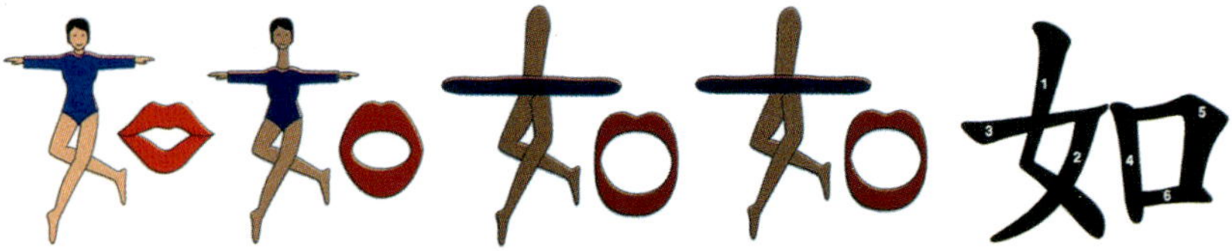

same **여자**의 **입**은 수다스럽기가 다 **같다** (같을 **여**)

swallow **제비**의 모양을 본뜬 글자 (제비 **연**)

dangerous **사람**이 선 **바위** 밑에 **구부리고** 있으면 **위험하다** (위태할 **위**)

be / born **풀 포기**에서 **열매**가 생겨 **나는** 모양 **(날 생)**

subject **신하**의 옆 모습을 본뜬 글자 **(신하 신)**

talent (곡예사가) 그네 위에서 **재주**를 부리는 모양 **(재주 재)**

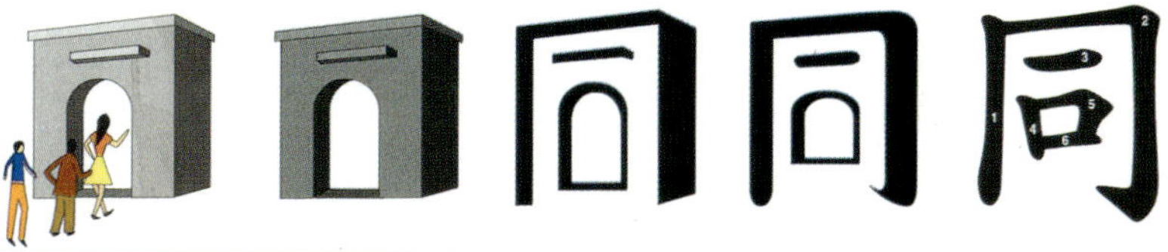

alike / same **성문**의 모양. 성문으로 **같이** 다닌다는 뜻 **(같이 동)**

carve **돼지** 모형을 **칼**로 새기다 **(새길 각)**

rule **주살**을 **만드는** 데도 **법식**이 있다 (법 식)

stay **사람**이 **정자**에 올라 잠시 **머무르다** (머무를 정)

peaceful **집**에 **여자**가 있으면서 일을 돌보니 (집안이) **편안하다** (편안할 안)

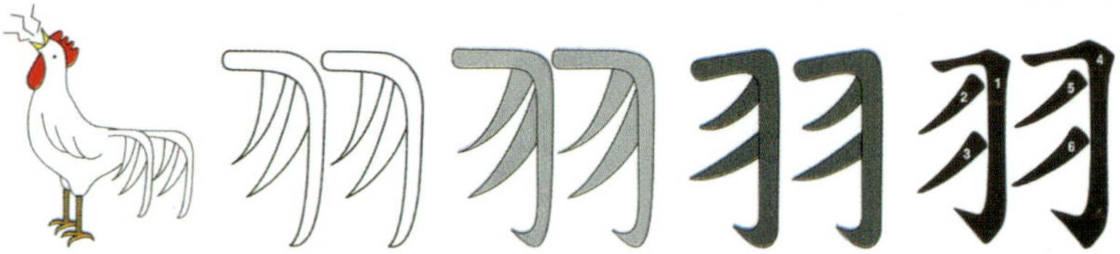

wings **깃**의 모양을 본뜬 글자 (깃 우)

cucumber 넝쿨에 달린 **오이**의 모양을 본뜬 글자 (오이 과)

rest　사람이 나무 밑에서 쉬다　(쉴 휴)

near　도끼로 달려가 찍을 수 있을 만큼 가깝다　(가까울 근)

weak　부러져 동여맨 활은 약하다　(약할 약)

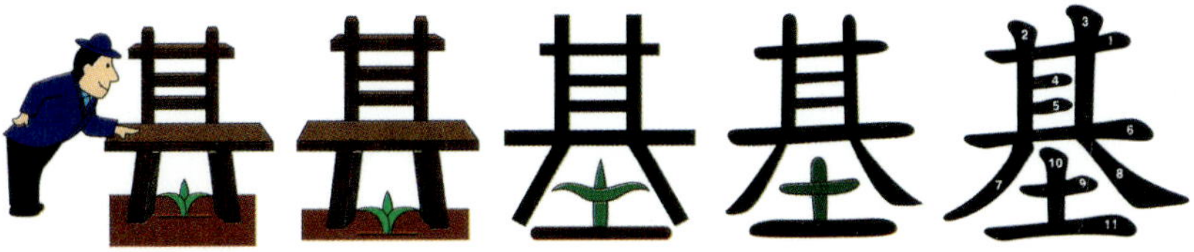

base　그 땅(흙)에 터를 잡다　(터 기)

mix　물가 햇볕 아래 나란히 앉아 섞이다　(섞일 혼)

letter **책**을 **책상**에 놓고 **글월**을 읽다 (글월 **문**)

step **사마귀**가 발을 휘저으며 **걸음**을 걷는 모양 (걸음 **보**)

color **사람**이 **큰 뱀**을 밟고 낯 **빛**이 변하다 (빛 **색**)

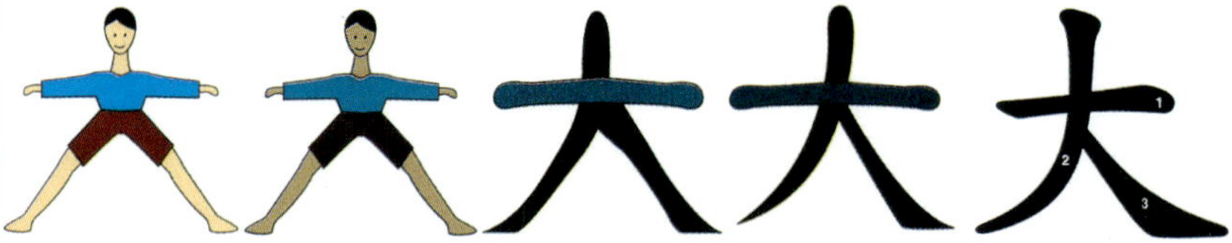

big / great 사람이 양 팔과 다리를 **크게** 벌리고 있는 모양 (클 **대**)

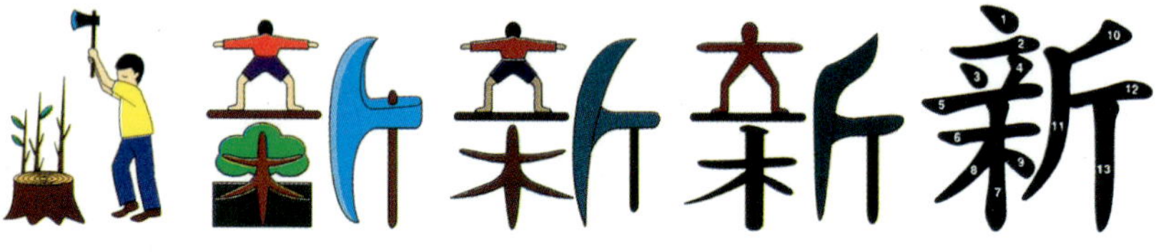

new **서서 나무**를 **도끼**로 자르니 **새**순이 나오다 (새 **신**)

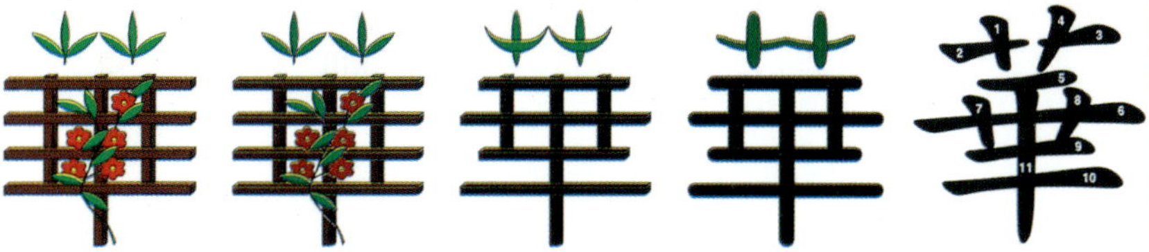

brilliant 풀(꽃)이 담장을 타고 피어 화려하게 빛나다 (화려할 빛날 화)

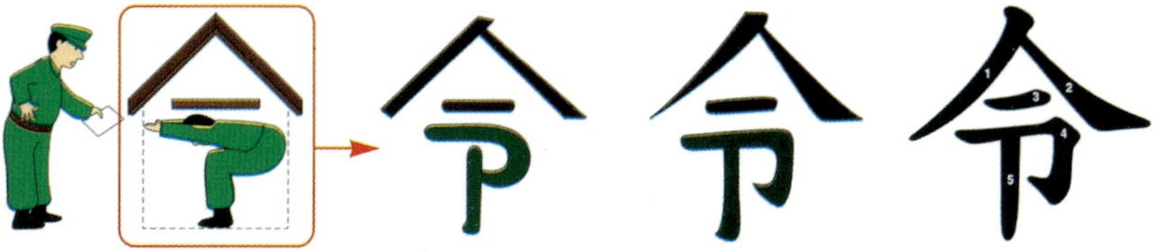

order 집 안에 있는 자에게 명령하다 (명령할 하여금 령)

subjugate / hit 사람을 창으로 치다 (칠 벌)

bamboo 대나무 잎을 본뜬 글자 (대 죽)

lean 사람이 옷에 의지하다 (의지할 의)

漢字學習의 革新版. 圖解式

漢字펜글씨교본

엄기창 지음. 엄혜용 그림

퀸출판사

책 크기 25.5cm×18.7cm
정가 ₩7,000

1210

집안을 상품이 **차지하고**있는 곳이 **가게**다. 가게 점

店 店 店 店

店員
전 원

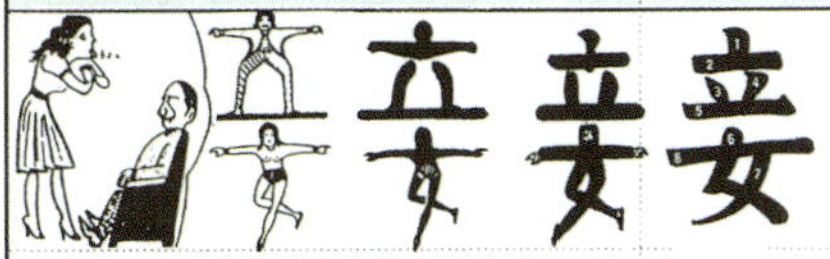

(늘 남편곁에)서서 아양떠는 여자가 **첩**이다첩 첩

妾 妾 妾 妾

妾室
첩 실

손으로 **첩**을 안아 자기몸에 **접하다**. 접할 접 접속할 접

接 接 接 接

接近
접 근

갈라지게 머리를 땋고 활을 메고 있는 자가 **아우다**. 아우 제

弟 弟 弟 弟

弟子
제 자

대나무에 **아우** (새순이)가 **차례**로 생겨나다. 차례 제

第 第 第 第

第一
제 일

고기를 집어다 제사상을 차리고 **제사**를 지내다. 제사 제

祭 祭 祭 祭

祭天
제 천

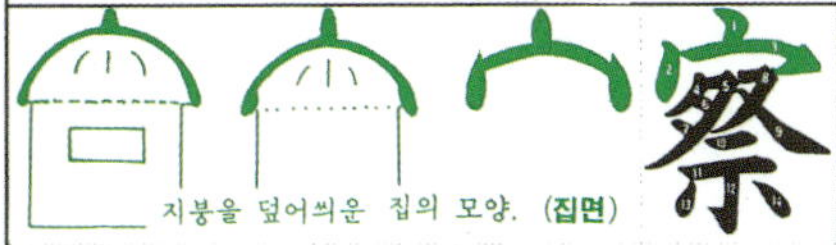

집에서 **제사**를 지내려고 젯상을 **살피다**. 살필 찰

察 察 察 察

觀察
관 찰

すらすら
覚えられる

小学 漢字博士 (1006)

일본한자암기법
(日本漢字暗記法)

일본한자 암기법

책을 소개합니다
책 크기 22.4cm×16cm
정가 ₩10,000

퀸 출판사
Queen

1212

0045

部首 青(あお)
総画 8画

植木鉢の草花が青い。

ことば
青年(청년)・群青(군청색)・青葉(푸른 잎)・青空(푸른 하늘)

blue
화분의 화초가 푸르다. (푸를 청)

おん セイ
ショウ
くん あお
あおい

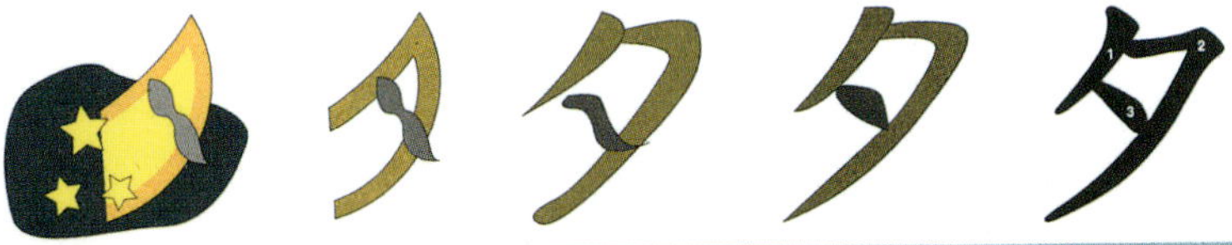

0046

部首 夕(ゆう)
総画 3画

雲に遮られた半月の形状。夕方を意味する。

ことば
夕方(석양)・夕焼け(저녁놀)・夕刊(석간)・一朝一夕(일조일석)

evening
구름에 가려진 반달의 모양. 저녁을 뜻함. (저녁 석)

おん セキ
くん ゆう

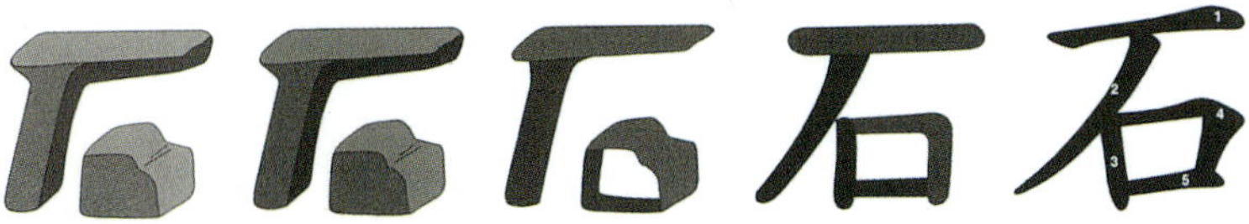

0047

部首 石(いし)
総画 5画

石(岩)の形状。

ことば
岩石(암석)・磁石(자석)・石器(석기)・石橋(돌다리)

stone
돌(바위)의 모양. (돌 석)

おん セキ
シャク・(コク)
くん いし

0048

部首 赤(あか)
総画 7画

刀で切られた亀の首の血が赤い。

ことば
赤道(적도)・赤銅色(적동색)・赤字(적자)・赤とんぼ(고추잠자리)

red
칼에 베인 거북의 목 피가 붉다. (붉을 적)

おん セキ
(シャク)
くん あか・あかい
あからむ
あからめる

0229 部首 鳥(とり) 総画 14画

ことば cry

口を開けて鳥が鳴く。

共鳴(공명)・悲鳴(비명)・鳴き声(울음소리)・耳鳴り(이명)

입을 벌리고 새가 울다. (울 명)

おん メイ

くん なく なる ならす

0230 部首 毛(け) 総画 4画

ことば hair

(しっぽ)毛の形状。

毛布(모포)・羊毛(양모)・毛虫(모충)・毛皮(모피)

(꼬리) 털의 모양. (털 모)

おん モウ

くん け

0231 部首 門(もんがまえ) 総画 8画

ことば gate

門の形状。

校門(교문)・門限(폐문시각)・門口(집의 출입구)・門松(새해에 문앞에 세우는 장식 소나무)

문의 모양. (문 문)

おん モン

くん (かど)

0232 部首 夕(ゆう) 総画 8画

ことば night

笠をかぶった者が月夜に杖をついて夜道を行く。

夜間(야간)・昼夜(주야)・夜風(밤바람)・月夜(달밤)

갓 쓴 자가 달밤에 지팡이 짚고 밤길을 가다. (밤 야)

おん ヤ

くん よ よる

0269
部首 月(つき)
総画 12画
ことば
time / meet

椅子でその月に時を期する。
期間(기간)・予期(예기)・周期(주기)・最期(임종)
의자에서 그 달에 때를 기약하다. (기약할 / 때 기)

おん キ (ゴ)
くん —

0270
部首 宀(うかんむり)
総画 9画
ことば
guest

(旅館)家に各々来た客。
客室(객실)・乗客(승객)・客席(객석)・客観的(객관적)
(여관)집에 각각 찾아온 손님. (손 객)

おん キャク (カク)
くん —

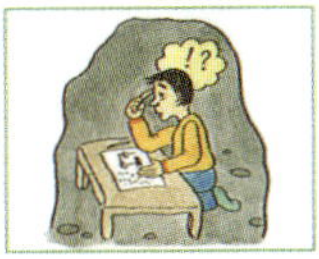

0271
部首 穴(あなかんむり)
総画 7画
ことば
examine into

洞穴で九回(何回)回って究める。
究明(구명)・研究(연구)・探究(탐구)
굴에서 아홉(여러) 번 돌려 연구하다. (궁구할 / 연구할 구)

おん キュウ
くん (きわめる)

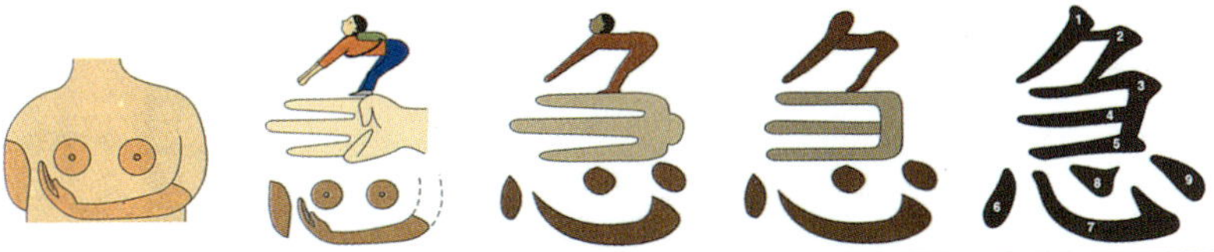

0272
部首 心(こころ)
総画 9画
ことば
hurried

(痛い)人に手をさしのべようと心が急がれる。
急行(급행)・急流(급류)・救急車(구급차)・大急ぎ(매우 급함)
(아픈) 사람에게 손 쓰자니 마음이 급하다. (급할 급)

おん キュウ
くん いそぐ

Designer Profile

姓名 엄혜용(嚴惠鎔)

生年月日 1968年 11月 1日

西紀 1987年 경기여고 졸업

西紀 1994年 덕성여대
산업 미술학과 졸업

영어박사 단어 암기 사전

초판 발행 2014. 10. 30
사판 발행 2022. 3. 8
저자 : 노부강
발행처 : 퀸출판사

서울특별시 영등포구 신길로 15가길 8
등록 : 1999년 10월 25일(제12-268호)
ISBN : 978-89-92620-06-2
TEL : 848~7618
FAX : 832~0618
H · P : 010-9112-7618, 010-6668-7618
정가 : ₩40,000

03740
9 788992 620062
ISBN 978-89-92620-06-2